한문 해석 사전

허사 1000자로 익히는 한문 해석의 모든 것

虛詞辭典

한문 해석 사전

김원중 편저

ㅎ

편저자 서문

식견 있는 전문가든 초학자든 한문 학습자 대부분이 공부하면서 힘든 점은 같은 문장이라도 다양하게 해석된다는 것이다. 해석된 문장의 결을 두고 하는 말이 아니라, 오역이냐 아니냐를 따질 만큼 해석의 향방이 달라지는 데에 그 문제의 심각성이 있다. 저마다 내놓는 번역본의 해석이 근본적으로 다르다 보니 어느 것이 옳고 그른지 따져보기가 곤란할 때도 종종 있다.

한문 해석에 관한 논란의 상당 부분이 허사(虛詞)에서 시작되고 허사에서 끝난다 해도 과언이 아니다. '허사'는 실사(實詞)와 대비되는 별 의미 없는 단어처럼 보이지만, 실상 단순한 문장과 문장의 문법적 고리 역할에 그치지 않는다. 각 단어의 형태 변화가 없고 시제도 엄격하지 않으며 수천 년 동안 이어져 내려온 유구한 한문의 연속성 속에서 이해해야 하는 변화무쌍한 허사의 용법은 해석의 다양성과 난해성을 불러온다. 그러므로 허사를 모르고 한문을 해석하는 것은 마치 어두운 밤길을 등불 없이 가는 것과 같다. 다시 말해서 한문을 해석하려면 반드시 '허사'라는 관문을 거쳐야 한다는 것이다.

한문은 단어 하나하나에 의미가 있고, 그런 개별 단어가 모여 문장을 이루며, 그 문장은 실사와 허사가 서로 유기적으로 구성되어 구축된다.

한문의 복잡한 품사 변화와 문맥적 의미의 상당 부분, 아니 거의 대부분을 허사가 담당한다고 볼 수 있다. 아무리 단순한 유형의 문장이라도 실사만으로는 그 의미가 표현될 수 없으며, 논리를 명확하게 전달하려는 문장은 물론이고 일상의 대화로 이루어진 문장에서도 허사가 중요한 역할을 담당한다.

이처럼 허사는 비교적 실질적인 의미를 갖는 실사보다 기능이 훨씬 더 복합적이고 다양하다. 그러므로 한문 문법을 허사 문법이라는 말로 바꾸어도 무방할 만큼 허사는 한문 해석의 지름길로 인식되고 있다. 즉 한문 해석을 제대로 하거나 오역을 최소화하려면 허사의 용법에 대해 정확하게 이해해야 한다. 예를 들어, 저 유명한 《논어(論語)》의 첫머리인 〈학이(學而)〉 편에 "학이시습지(學而時習之), 불역열호(不亦說乎). 유붕자원방래(有朋自遠方來), 불역낙호(不亦樂乎). 인부지이불온(人不知而不慍), 불역군자호(不亦君子乎)."라는 문장이 있다. 이 문장은 30자로 이루어져 있는데, 이 가운데 허사의 범주에 속하는 대사·부사·접속사·어조사 등이 절반을 넘는다.

전통적인 한문 해석에서 금과옥조로 받아들이는 다독과 암기는 여전히 한문의 문리(文理)를 키우기 위한 매우 적합한 수단임은 분명하다. 그러나 한문에 대한 이해나 번역의 수준을 끌어올리기 위해서는 무엇보다 먼저 허사의 용례와 기능 및 문법적 의미를 적확하게 파악해야 한다.

이 책은《한문 해석 사전》(글항아리, 2013)을 전면 개정·증보한 것으로, 기존 해석과 문법의 개요 등을 보완했다. 기존 책과 다른 점은 허사 용법과 용례 설명을 좀 더 사전 체제에 맞추어 일목요연하게 했으며, 출처의 오류나 엄밀하지 못한 번역문은 가려내어 크게 손을 보았다. 또한《사기(史記)》《논어(論語)》《한비자(韓非子)》《손자병법(孫子兵法)》《명심보감(明心寶鑑)》《삼국유사(三國遺事)》 등 필자의 번역본이 있는 책들 속의 용례는 다시 원전의 의미를 살펴보면서 문법적 기능에 맞게 재번역했고, 용례가 너무 긴 문장은 문법적 기능이 손상되지 않는 범위 내에서 대부분 손질했다.

본문에서 여전히 논란이 되는 문법 용어는 학계의 다양한 논의를 수용하여 절충하는 방식을 취했다. 개사(介詞)는 전치사로 바꾸었으나 대사(代詞)는 대명사로 바꾸지 않고 그 명칭을 그대로 사용한 것이 한 예다. 설명 방식과 용어 정리는 중국식 용어에 의존하던 허사의 용례 설명과 해석 방법에서 벗어나 되도록 우리 방식에 맞게 새롭게 집필한 본래 취지를 그대로 살렸다.

책 제목은 이 책의 실제 기능과 일반 대중에게 더욱 친숙하게 다가가려는 의미에서 《한문 해석 사전》이라 붙였다. '허사 1000자로 익히는 한문 해석의 모든 것'이라는 부제가 말해주듯, 일종의 '허사 용례 사전'의 역할을 하는 책이다.

이른 새벽에 일어나 글을 쓰고 고전을 번역한 지 어느덧 20년이 훌쩍 넘었다. 거의 하루도 거르지 않고 해온 일이건만, 아직도 한문을 해석을 하는 데에 두려움이 앞선다. 그러므로 감히 사전이라는 이름을 붙이는 것 자체가 필자보다 실력이 탁월한 강호제현께 반문농부(班門弄斧)의 만용을 부리는 것임을 널리 양해해주길 바란다. 다양한 해석의 용례를 수록한 '한문 해석 용례집'으로 이해하면 좋을 듯하다. 물론 수록해놓은 예문 대부분은 시대와 역사를 지탱해온 명문들이니 이런 문장들을 해석과 대조해가며 음미해보는 호사를 누려보는 것이 어떨까 한다.

오랫동안 이 책을 아껴주신 독자 덕분에 이번에도 품을 내어 전면 개정판을 출간할 수 있었다. 늘 그렇듯 작업은 고되지만 책을 내면서 평가는 오로지 이 땅에서 한문을 사랑하는 독자들의 몫임을 필자는 마음속

깊이 새기고 있다. 다만 독자들이 이 책을 통해 한문 해석의 묘미를 느끼고 좀 더 정확한 해석으로 나아가게 된다면 이 책의 소명은 어느 정도 이루지 않을까 한다. 긴 시간 동안 틈틈이 해온 작업을 마치고 나니 어느덧 계절이 여러 번 바뀌고 경자년의 초여름이 성큼 다가와 있다.

2020년 6월

선효재(宣曉齋)에서

김원중

일러두기

1. 이 사전은 한문을 처음 익히려는 사람뿐만 아니라 전문가도 어려움을 겪는 한문 해석의 용례를 주로 허사를 중심으로 살펴보려는 의도에서 편찬한 것이며, 한문 해석의 구체적 방법을 제시하기 위한 것이다.
2. 이 책에는 모두 1000여 자의 허사가 수록되어 있는데, 일부 항목 뒤에 병기한 이체자(異體字)와 해당 허사의 통용자(通用字)까지 포함한 수다. 그 배열 방식은 가나다순과 한자 획수에 따랐다.
3. 허사의 설명 방식은 허사마다 ①품사 규정 ②용법 ③해석 방법 ④실례와 해석 등으로 구성되어 있으며, 각 시대에 따른 어법 차이도 아울러 설명했다.
4. 실사의 의미를 겸하는 허사는 【참고】란을 두어 해당 허사의 용법과 비교·대조함으로써 해석상의 혼동을 막고자 했다.
5. 이 책에 실린 용례의 자료는 중국 문헌이 대부분이며, 일정 부분 한국의 고전 문헌에서도 뽑았다. 중국 쪽 자료 선정 범위는 선진(先秦)부터 양한(兩漢)과 위진남북조(魏晉南北朝) 시기에 이르는 산문(散文) 문헌이 대체로 많고, 당송(唐宋) 이후부터 청대(淸代)에 이르는 자료는 상대적으로 적다.
6. 용례에 대한 해석은 허사의 용법에 따른 직역을 위주로 했으며, 제한된 범위에서 의역을 한 것도 있다. 원문에서 생략된 내용을 보충할 때는 [ ](대괄호) 안에 넣어 표시했다.

7. 난해한 한자나 용어는 원문에 ◆ 표시를 하고 해석 아래에 각주를 달았다. 특별히 주의해야 할 한자는 따로 음과 훈을 달았으며, 자전적 의미 외에 출전에 관한 초보적인 설명을 부기했다.
8. 예문마다 판본과 제가의 견해가 분분한 경우 필자 나름대로 취사선택했으며, 일일이 출전을 밝히지는 않고 참고 문헌에 포괄적으로 포함시켰다.
9. 이 책의 용법을 설명하는 방식 등은 철저하게 우리 실정에 맞게 고쳐 썼고 적지 않은 예문과 설명을 부가했다. 또한 해당 예문은 원문 확인 과정을 거쳤으며, 뒤의 참고문헌에서 그 구체적인 자료를 확인할 수 있다.
10. 이 책에 수록된 품사의 범위는 비교적 넓으며, 그 구분은 부사·전치사·접속사·대사·조동사·어조사·감탄사 등 7개 항목이고, 부사와 전치사의 용례가 가장 많다.
11. 이 책에 나오는 용어는 대부분 국문법과 영문법 등의 용어와 유사성이 있으나, 경우에 따라 다소 다른 점도 있다. 개사(介詞)의 경우 전치사로 사용하고, 대사(代詞)는 대명사나 대체사로 하는 경우도 있으나 이 책에서는 그대로 두었다. 우리 식으로 풀어 쓴 문법 용어와 관련하여 일정 부분 논란이 제기될 수도 있지만, 우리 문법 체계와 중국 문법 체계와의 필연적 간극에서 비롯된다는 점을 유념해야 한다.

차례

| ㄴ |

| ㅂ |

| ㅇ |

| ㅈ |

| ㅌ |

|ㄱ|

加(가)

❶ **부사** 정도나 수량의 증가를 나타내며, '다시' '더' '더욱' '한층'이라고 해석한다.

- 子曰: "**加**我數年, 五十以學易, 可以無大過矣." (《論語》〈述而〉)
  공자께서 말씀하셨다. "나에게 몇 년을 **더** 보태주어 쉰 살이 될 때까지 《주역》을 배우게 된다면 [천명을 알아] 큰 허물을 없게 할 것이다."
- 冉有曰: "旣庶矣, 又何**加**焉?" 曰: "富之." 曰: "旣富矣, 又何**加**焉?" 曰: "敎之." (《論語》〈子路〉)
  염유가 여쭈었다. "이미 많아졌는데 또 무엇을 **더** 해야 합니까?" [공자께서] 말씀하셨다. "잘살게 해줘야 한다." [염유가] 여쭈었다. "이미 잘살게 되었는데 또 무엇을 **더** 해야 합니까?" [공자께서] 말씀하셨다. "가르쳐야 한다."
- 察隣國之政, 無如寡人之用心者, 隣國之民不**加**少, 寡人之民不**加**多, 何也? (《孟子》〈梁惠王上〉)
  [내가] 이웃 나라의 정치를 살펴보건대, 과인처럼 마음을 쓰는 이가 없다. [그런데도] 이웃 나라의 백성이 **더** 적어지지 않고 과인의 백성이 **더**

많아지지 않는 것은 무엇 때문입니까?

• 登高而招, 臂非**加**長也, 而見者遠; 順風而呼, 聲非**加**疾也, 而聞者彰. (《荀子》〈勸學〉)

높은 곳에 올라가 손을 흔든다고 하여 팔이 **더** 길어지는 것은 아니지만 먼 곳에 있는 사람이 볼 수 있고, 바람 따라 부른다고 하여 소리가 **더** 빨라지는 것은 아니지만 먼 곳에 있는 사람들도 분명하게 들을 수 있다.

• 軫馳楚·秦之間. 今楚不**加**善秦而善軫, 然則是軫自爲而不爲國也. (《戰國策》◆〈秦策一〉)

진진(陳軫)은 초나라와 진나라 사이를 오가고 있다. [그러나] 지금 초나라는 진나라와 **더** 친해지지 않고 진진과 친하게 지내고 있으니, 그러면 이것은 진진이 자기만을 위하고 국가를 위하지 않는 것이다.

◆《戰國策(전국책)》: 역사 산문의 백미로서 사마천이나 소순, 소식 등이 직간접으로 계승한 명문이다. 서술 방식이 이야기 중심이며, 문장이 간명하고 유창하여 설득력과 서정성이 뛰어나다.

• 哀公館之, 聞此言也, 言**加**信, 行**加**義 …… 終身不敢以儒爲戱. (《禮記》〈儒行〉)

애공은 그곳에 묵으면서 이 말을 듣고는, 말은 **더욱** 미쁘게 하고 행동은 **더욱** 의롭게 했으며 …… 평생 동안 감히 유가를 놀림감으로 삼지 않았다.

• 易王母, 文侯夫人也, 與蘇秦◆私通. 燕王知之, 而事之**加**厚. (《史記》〈蘇秦列傳〉)

[연(燕)나라] 이왕의 어머니는 문후의 부인인데, 소진과 사사로이 [정을] 통했다. 연나라 왕은 이것을 알았으나 [오히려] 소진을 **더욱** 두텁게 대우했다.

◆蘇秦(소진): 동주(東周)의 낙양(洛陽) 사람이다. 제(齊)나라 귀곡 선생(鬼谷先生)에게 배웠고, 혼자서 병서를 공부하여 남의 마음을 읽는 췌마술(揣摩術)을 터득했다. 이후

전국(戰國) 6국의 임금을 설득하고 여섯 나라가 종(從)으로 연합하여 강한 진(秦)나라에 대항하는 합종(合從)을 성사시키고서 여섯 나라의 재상을 겸했다.

- 朕◆親率天下農, 十年於今, 而野不**加**辟. (《漢書》〈文帝紀〉)
  내(문제)가 직접 천하의 농사를 이끈 지 오늘로 10년이 되었으나 들녘은 **더** 개간되지 않았다.
  ◆朕(짐): 원래 일반인의 자칭이었으나 진시황 이후로 천자의 자칭으로만 쓰임. 조고(趙高)는 짐은 조짐(兆朕)이니 사물이 아직 드러나기 이전의 상태로서 남이 볼 수 없는 것이므로, 천자도 남의 앞에 모습을 나타낼 것이 아니라 궁궐 안 깊숙이 숨어 있어야 한다고 했다.
- 後天下兵亂, **加**以饑饉, 百姓皆賣金銀珠玉寶物. (《三國志》〈魏書 后妃傳〉)
  이후 천하에 전란이 일어나 굶주림이 **더욱** 심해지자, 백성은 모두 금·은·구슬·옥 등의 보물을 팔았다.
- 蓋其又深, 則其至又**加**少矣. (王安石, 〈游褒禪山記〉)
  대개 그곳은 또한 깊은 곳이어서, 이르는 이 또한 **더욱** 적었다.

❷ **부사** 앞의 내용 외에 다른 무엇이 더 있음을 나타내며, '게다가' '더구나'라고 해석한다.

- 萬乘之國可謂廣大富厚矣. **加**有治辨强固之道焉, 若是則恬愉無患難矣. (《荀子》〈王霸〉)
  만 대의 수레를 낼 수 있는 나라는 광대하고 부유하다고 할 수 있다. **게다가** [나라를] 굳게 다스리는 방법이 있으니, 이와 같으면 편안하고 즐거우며 환난이 없을 것이다.
  恬: 편안할 염 | 愉: 즐거워할 유
- 自數年以來, 災怪屢見. 比無雨潤, 而沈陰鬱泱. **加**近者月食, 旣於端門之側. (《後漢書》〈李固列傳〉)
  몇 년 이래로 재앙과 괴이한 일이 자주 일어났다. 근래 비가 내리지 않아서 음침한 기운이 많이 쌓여 있다. **게다가** 최근 월식이 이미 대궐의 정문 옆까지 완전히 나타났다.

• 典謝曰: "典駑怯功微, 而爵寵過厚, 誠宜擧宗盡力. **加**以征伐未息, 宜實郊遂之內, 以制四方, 非慕純也." (《三國志》〈魏書 李典傳〉)

이전(李典)이 대답했다. "저 이전은 겁이 많고 능력이 없으며 공로도 미미하지만 작위와 총애가 지나치게 두터우니, 진실로 온 집안이 힘껏 보답해야 합니다. **게다가** 정벌이 아직 끝나지 않았으므로 국도(國都) 주변을 튼튼히 하여 사방을 제어하려는 것이지 경순을 모방하는 것이 아닙니다."

• 足下譏吾恃黑山以爲救, 獨不念黃巾之合從邪? **加**飛燕之屬悉以受王命矣. (《三國志》〈魏書 臧洪傳〉)

당신(여포呂布)은 제가 흑산적이 도와줄 것을 믿는다고 조롱하는데, [당신께서는] 황건적과 연합한 사실을 생각지 못합니까? **게다가** 장연의 무리는 모두 왕의 명을 받았습니다.

• 吾自發寒雨, 全行日少, **加**秋潦浩汗, 山溪猥至 …… 始以今日食時, 僅及大雷. (鮑照, 〈登大雷岸與妹書〉)

나는 찬비를 무릅쓰고 떠났으나 종일 걸은 날이 적었으며, **게다가** 가을비가 끊임없이 내리고, 산의 계곡물은 무섭게 흘러와서 …… 오늘 정오에야 겨우 대뢰에 이르렀다.

• 子衡旣士大夫, **加**手下已有大衆, 立功於外, 豈宜復屈小職, 知軍中細事乎? (《資治通鑑》〈漢紀〉 獻帝興平二年)

여자형(呂子衡)은 이미 사대부이며, **게다가** 수하에 이미 많은 사람이 있고 밖에서 전공을 세웠는데, 어찌 다시 직책을 낮추어서 군중의 자잘한 일을 맡겠는가?

知: 맡을 지

• **加**以官貪吏虐, 民日貼婦賣兒, 更無休止. (《聊齋志異》◆ 〈促織〉)◆

◆《聊齋志異(요재지이)》: 청대 포송령(蒲松齡)이 지은 단편소설집으로서 귀신 이야기가 대부분이다.

◆促織(촉직): 가을밤에 집 안에서 우는 귀뚜라미. 길쌈을 재촉하느라고 운다는 데서 붙은 이름.

게다가 관리들은 탐욕스럽고 이속들은 잔학하여, 백성은 매일 부녀자를 맡기고 아이들을 팔아도 더욱 그침이 없다.

【참고】

① 본래의 의미는 말이 더욱 증가한다는 뜻이다. 더하다, 위에 놓다, 맡다, 베풀다, 쓰다, 펼치다: • 言出乎身, **加**乎民 …… 可不愼乎? (《周易》〈繫辭傳〉) 말은 몸에서 나와 백성에게 **베풀어지는데** …… 어찌 삼가지 않겠는가? • 今之君子, 進人若將**加**諸膝, 退人若將墮諸淵. (《世說新語》◆〈方正〉) 오늘날의 군자는 사람을 임용할 때는 그를 무릎 **위에 놓을** 것처럼 [애지중지]하고, 사람을 물러나게 할 때는 깊은 연못으로 밀어 넣는 것처럼 [냉혹하게] 한다. ◆《世說新語(세설신어)》: 송나라 유의경(劉義慶)이 한(漢)나라 말에서 동진(東晉) 사이의 문인과 명사들의 언행을 덕행·언어·정사·문학·상예(賞譽)·아량(雅量) 등 36편으로 나누어 기록한 책. 명류(名流)들의 인품을 긍정하고 유가의 명교(名敎)를 선양하며 아울러 풍류와 자연을 숭상하여 산수에의 동경과 은둔 생활을 찬양하는 필치로 그렸다. • 人主賞所愛而罰所惡. 明主則不然, 賞必**加**於有功, 刑必斷於有罪. (《戰國策》〈秦策三〉) [보통의] 군주는 좋아하는 사람에게 상을 주고 싫어하는 사람에게 벌을 준다. [그러나] 영명한 군주는 그러지 않아서 상은 반드시 공로가 있는 사람에게 **베풀고**, 형벌은 반드시 죄가 있는 사람에게 내린다. • **加**官進爵. 관직을 **더하여** 벼슬에 나아감. • **加**冕. 면류관을 **쓰다**. • 我不欲人之**加**諸我也, 吾亦無**加**諸人. (《論語》〈公冶長〉) 저는, 다른 사람이 저에게 **베풀기**를 바라지 않는 바를 저 또한 다른 사람에게 **베풀지** 않으려고 합니다.

② 입히다: • 古之人得志, 澤**加**於民. (《孟子》〈盡心上〉) 옛날 사람은 뜻을 얻으

면 백성에게 은혜를 **입혔다**.

③ [직책을] 맡다: • 夫子**加**齊之卿相, 得行道焉……. (《孟子》〈公孫丑上〉) 선생님께서 제나라의 공경과 재상의 직책을 **맡으시어** 도를 행하게 된다면…….

可(가)

❶ **조동사** 가능이나 허가를 나타내며, '가능하다' '괜찮다' '동의하다' '좋다' '~하면 된다' '~할 수 있다' '~해도 된다' 등으로 해석한다.

• 蔓草猶不**可**除, 況君之寵弟乎? (《左傳》隱公元年)
풀도 자라나면 오히려 제거**하지** 못하는데, 하물며 임금이 사랑하는 아우임에랴?

• 齊人三鼓, 劌曰: "**可**矣." (《左傳》莊公十年)
제나라 사람이 북을 세 번 치니, 조귀(曹劌)가 말했다. "[공격]**해도 됩니다**."

• 子犯請擊之, 公曰: "不**可**." (《左傳》僖公三十年)
자범이 그들을 공격하자고 하니, 공이 말했다. "안 **된다**."

• 師勞力竭, 遠主備之, 無乃◆不**可**乎? (《左傳》僖公三十二年)
군사가 지치고 힘이 다하여 멀리 있는 군주가 방비할 것이니, 아마도 안 **되지** 않겠습니까?

◆無乃(무내): 아마도.

• 晉侯問 "孰**可**以代之?" 對曰: "赤也**可**." (《左傳》襄公三年)
진후(진도공晉悼公)가 물었다. "누가 그를 대신**할 수 있는가**?" [기해(祁奚)가] 대답했다. "양설적(羊舌赤)이면 [대신]**할 수 있습니다**."

• 子貢曰: "貧而無諂, 富而無驕, 何如?" 子曰: "**可**也, 未若貧而樂, 富而好禮者也." (《論語》〈學而〉)

자공이 여쭈었다. "가난하면서도 아첨하지 않고, 부유하면서도 교만하지 않으면 어떻습니까?" 공자께서 말씀하셨다. "**괜찮겠지만**, 가난하면서도 [이를] 즐거움으로 삼고, 부유하면서도 예의를 좋아하는 것보다는 못하다."

諂: 아첨할 첨 | 驕: 교만할 교

- 得見君子者, 斯**可**矣. (《論語》〈述而〉)

  군자라도 만나볼 수 있다면, 그것만으로 **좋겠다**.

- 求也爲之, 比及三年, **可**使足民. (《論語》〈先進〉)

  제가 그 나라를 다스린다면 3년이 될 무렵이면 백성을 풍족하게 **할 수 있습니다**.

- 形固**可**使如槁木, 而心固**可**使如死灰乎? (《莊子》〈齊物論〉)

  형체는 진실로 마른나무처럼 만들 **수 있고**, 마음은 타버린 재처럼 만들 **수 있습니까**?

- 鍥而不舍, 金石**可**鏤. (《荀子》〈勸學〉)

  새기다가 그만두지 않으면 쇠와 돌도 조각**할 수 있다**.

- 今戰而勝之, 齊之半**可**得, 何爲止? (《史記》〈淮陰侯◆列傳〉)

  지금 [한신(韓信)과] 싸워 이기면 제나라의 절반을 얻을 **수 있는데**, 어찌하여 [싸움을] 멈추려 하는가?

  ◆淮陰侯(회음후): 한신.

- 皇太后詔曰: "**可**." (《漢書》〈霍光◆列傳〉)

  황태후가 조서에서 말했다. "**동의한다**."

  ◆霍光(곽광): 전한(前漢) 무제(武帝)의 유조(遺詔)를 받들어 대사마대장군(大司馬大將軍)으로서 소제(昭帝)를 도왔고, 소제를 이어 제위에 오른 창읍왕(昌邑王)이 음란한 생활을 지속하자 폐위시킨 뒤 선제(宣帝)를 세웠다.

- 始者謂子建◆兒中最**可**定大事. (曹操, 〈曹植私出開司馬門下令〉)

  처음에 [나는] 자건이 아들 중에서 가장 큰일을 **할 수 있을** 것으로 생각했다.

◆子建(자건): 조조의 아들 조식(曹植)의 호이다. 조식은 문학적 재능이 뛰어나 조조의 총애를 받았다.

- "疇有愚計, 願與諸君共施之, **可**乎?" 皆曰: "**可**." (《三國志》〈魏書 田疇傳〉)
  "저 전주에게 어리석은 계책이 있어 여러분과 함께 이것을 시행하고 싶은데, **가능하겠습니까**?"라고 하니, 모두 말했다. "[해도] **됩니다**."
- 昔桑弘羊爲漢求利, 卜式以爲獨烹弘羊, 天乃**可**雨. (《三國志》〈魏書 程昱傳〉)
  옛날 상홍양은 한나라를 위해 이익을 추구했지만, 복식은 상홍양을 삶아 죽이기만 하면 하늘이 곧 비를 내릴 **수 있다고** 생각했다.
- 此人**可**就見, 不**可**屈致也. (《三國志》〈蜀書 諸葛亮傳〉)
  이 사람은 가서 만날 **수는 있지만**, 억지로 오게 **할 수는** 없다.
- 强首之功豈**可**忽也. (金富軾, 《三國史記》)
  강수의 공을 어찌 소홀히 **할 수 있겠는가**.
- 夫死生有命, 富貴在天, 其來也, 不**可**拒, 其往也, 不**可**追, 汝何傷乎? (金富軾, 《三國史記》)
  죽고 사는 것은 운명에 달렸고 부유함과 귀함은 하늘에 달려 있어, 그것이 오는 것을 막**을 수** 없고 그것이 가는 것을 쫓**을 수** 없는데, 당신은 어찌 슬퍼하오?
- 未仕之前趨向如此, 他日◆立朝, 其無樹立, **可**知. (李睟光, 《芝峯集》)
  벼슬에 나오기 전에 좇는 것이 이와 같으니, 다음에 조정에 서더라도 수립하는 것이 없을 것임을 알 **수 있다**.

◆他日(타일): 다른 날. 파생되어 '다음에'라는 뜻으로 쓰인다.

❷ **조동사** 이치상 이러해야 함을 나타내며, '[마땅히] ~한다' '~해야 한다'라고 해석한다.

ㄱ

• 天下方未定, 故**可**因遂就宮室. (《史記》〈高祖本紀〉)

천하가 아직 평정되지 않았으므로, 이 기회를 틈타 궁실을 지어**야 한다**.

• 及平◆長, **可**娶妻, 富人莫肯與者. (《史記》〈陳丞相世家〉)

진평(陳平)이 성장하여 아내를 맞아들여**야만 했는데**, 부자들은 그에게 [딸을] 주려고 하지 않았다.

◆陳平(진평): 전한(前漢)의 공신으로서 지모가 뛰어나 고조(유방)를 도와 천하를 평정하고, 혜제(惠帝) 때 좌승상(左丞相)이 되었다. 여공(呂公)이 죽은 뒤에는 주발(周勃)과 함께 여씨(呂氏) 일가를 죽이고 한나라 왕실을 안정시켰다.

• 但**可**勅會◆取艾◆, 不足自行. (《三國志》〈魏書 鍾會傳〉)

그러나 명령에 따라 종회는 등애를 취해**야만 했는데**, 자신이 직접 갈 만한 가치는 없었다.

◆會(회): 종회(鍾會).

◆艾(애): 등애(鄧艾). 삼국시대 위(魏)나라 명장으로, 자는 사재(士載).

• 天下之災禍罪惡, 皆從秘密中出來, 臨事臨言, 切**可**猛省. (丁若鏞, 《與猶堂全書》)

천하의 재앙과 죄악은 모두 비밀 속에서 나오므로, 일을 하고 말을 할 때에 철저하게 살펴**야 한다**.

❸ **부사** 앞의 내용과 반대임을 나타내며, '오히려'라고 해석한다.

• 吾與足下相知久矣, **可**不復相解. (諸葛亮, 〈答李嚴書〉)

나는 당신과 서로 안 지 오래되었는데, **오히려** 서로 이해하지 못하고 있다.

• 相見情已深, 未語**可**知心. (李白, 〈相逢行〉)

서로 보고 감정이 이미 깊어졌으니, 말하지 않아도 **오히려** 마음을 안다.

❹ **부사** 대략적인 수치를 나타내며, '대개' '대략'이라고 해석한다.

• 飮**可**五六斗, 徑醉矣. (《史記》〈滑稽列傳〉)

대략 대여섯 말을 마셔야만 마침내 취한다.

• 烏孫◆ 在大宛東北, **可**二千里. (《史記》〈大宛列傳〉)

오손은 대완에서 동북쪽으로 **대략** 2천 리 되는 곳에 있다.

◆烏孫(오손): 한나라 때 서역에 있던 나라.

• 大夏民多, **可**百餘萬. (《史記》〈大宛列傳〉)

대하국(大夏國)은 인구가 많은데, **대략** 백여만 명이나 된다.

• 章少女, 年**可**十二. (《漢書》〈王章列傳〉)

왕장의 어린 딸은 나이가 **대략** 열두 살이다.

• 一峰特高, **可**三百餘丈. (《述異記》〈山神〉)

한 봉우리가 유독 높아 **대략** 3백여 장이나 되었다.

• 於溪之東山有一水, 發自山樹下, 數丈素湍直注, 魏波委壑, **可**數百丈. (《水經注》◆ 〈淮水〉)

시내 동쪽 산의 물줄기 하나가 산 정상의 나무 밑에서 발원하여, 몇 장 높이의 흰 물결치는 여울이 곧장 내려와 계곡으로 떨어지니 **대략** 몇백 장이나 된다.

◆《水經注(수경주)》: 북조(北朝)의 역도원(酈道元)이 한대의 지리학서 《수경(水經)》을 주석한 책인데, 그 속에는 황하 연안의 고사와 풍물, 나아가 정치와 사회가 반영되었으며, 특히 삼협(三峽)·용문(龍門)·평산(平山)·흑산(黑山) 등의 풍경이 섬세하게 묘사되어 걸작으로 평가된다.

• **可**行二百餘步, 水落於地, 有一魚, **可**長丈餘. (王度,《古鏡記》)

대략 2백여 보를 가서 물은 땅으로 떨어졌고, 물고기 한 마리가 있었는데 길이가 **대략** 1장쯤 되었다.

• 潭中魚**可**百許頭, 皆若空游無所依. (柳宗元◆, 〈小石潭記〉)

연못 속의 물고기는 **대략** 백여 마리 되는데, 모두 의지하는 바도 없이 허공에서 노는 것 같다.

◆柳宗元(유종원): 당송 8대가의 한 사람으로 청담한 시풍의 소유자이면서 한유(韓愈)와

더불어 당대의 양대 고문가로 손꼽힌다. 왕유(王維)·맹호연(孟浩然)·위응물(韋應物) 등과 함께 도연명(陶淵明) 유파에 속하는 시인.

潭: 소 담

❺ **부사** 감탄문이나 의문문에 쓰여 반문 혹은 의문을 나타낸다. '무엇 때문에' '설마 ~일 리가 있겠는가' '어떻게' '어찌'라고 해석하거나 때로는 해석하지 않아도 된다.

- 我曲楚直, 其衆莫不生氣, **可**謂老? (《國語》〈晉語四〉)

  우리(진나라)는 그르고 초나라는 바르며 그들의 무리는 모두가 활기찬데, **어떻게** [그들이] 노쇠하다고 하겠는가?

- 當時**可**齊國溫, 魯地寒乎? (《論衡》◆ 〈寒溫〉)

  당시 **무엇 때문에** 제나라는 따뜻하고 노나라는 추웠습니까?

  ◆《論衡(논형)》: 중국 최초의 실증철학자 왕충(王充)이 미신 타파를 주장한 철리(哲理) 산문. 85편 20만 글자에 달한다.

- 李白謁賀知章◆, 知章曰: "公非人世之人, **可**不是太白星精耶?" (《唐摭言》〈知己〉)

  이백이 하지장을 만나자 지장이 말했다. "그대는 인간 세상의 사람이 아니니 **설마** 태백성(太白星)의 정령(精靈)이 아닌가?"

  ◆賀知章(하지장): 당나라 초기의 시인으로 자는 계진(季眞), 호는 사명광객(四明狂客). 시문·초서·예서에 뛰어났으며, 이백의 재능을 발견하여 현종에게 추천한 것으로 유명하다.

- **可**知年四十, 猶自未封侯? (岑參, 〈北庭〉)

  어찌 나이 마흔이 되어서까지 혼자 제후로 봉해지지 않을 줄 알았겠는가?

- 縱使有花兼有月, **可**堪無酒又無人! (李商隱, 〈春日寄懷〉)

  설령 꽃이 있고 달이 있어도, **어찌** 술 없고 또 사람 없는데 견디리!

• 宜有至言來助我, **可**能空寄好詩篇? (王安石, 〈酬鄭閎〉)

마땅히 지극한 말로 나를 도와야 하거늘, **어떻게** 헛되이 시편에 기탁하는가?

• 淸海鎭大使弓福, 嘗以兵助神考◆, 滅先朝之巨賊, 其功烈**可**忘耶? (金富軾, 《三國史記》)

청해진 대사 궁복은 일찍이 병력을 이끌고 신고(신무왕神武王)를 도와 선조의 적을 멸망시켰으니, 그 공을 **어찌** 잊으랴?

◆神考(신고): 문성왕의 돌아가신 아버지 신무왕을 뜻하며, 왕의 돌아가신 아버지를 성고(聖考)라고 한다.

【참고】

① 괜찮다고 여기다: • 吾子◆ 好道而**可**吾文. (柳宗元, 〈答韋中立論師道書〉) 그대가 도(道)를 좋아하여 나의 문장을 **괜찮다고 여긴다**. ◆吾子(오자): 본래 '나의 아들'이라는 뜻이나 동년배의 사람을 친숙하게 부를 때도 쓴다.

② 비준하다: • 胡亥**可**其書. (《史記》 〈李斯◆ 列傳〉) 호해는 그가 상주한 글을 **비준했다**. ◆李斯(이사): 초나라 상채(上蔡) 사람이며 진(秦)나라의 객경(客卿)이 되어 시황제(始皇帝)를 도와 천하를 통일하고 군현제를 창립한 인물.

可得(가득)

조동사 가능을 나타내며, '~할 수 있다'라고 해석한다.

• 夫子之文章, **可得**而聞也. 夫子之言性與天道, 不**可得**而聞也. (《論語》 〈公冶長〉)

선생님의 문장은 얻어들을 **수 있었지만**, 선생님께서 말씀하신 성(性, 본성)과 천도(天道)는 얻어들을 **수 없었다**.

• 然後國之善射御之士, 將**可得**而衆也. (《墨子》〈尙賢上〉)

그런 뒤에야 나라의 활쏘기와 수레몰이 잘하는 사람을 장차 많이 얻을 **수 있을 것이다**.

• 王之所大欲, **可得**聞與? (《孟子》〈梁惠王上〉)

왕이 크게 바라는 바를 들을 **수 있겠습니까**?

• 齊桓晉文之事, **可得**聞乎? (《孟子》〈梁惠王上〉)

제환공과 진문공의 일을 들을 **수 있겠습니까**?

• 莊嶽之間數年, 雖日撻而求其楚, 亦不**可得**矣. (《孟子》〈滕文公下〉)

장악(莊嶽) 거리에 수년 동안 놓아두면, 비록 날마다 종아리를 치면서 [그 아이가] 초나라 [말을 하기를] 요구하더라도 역시 얻지 못**할 것이다**.

• 以此求長生, 其**可得**乎? (《呂氏春秋》〈重己〉)

이렇게 함으로써 오래 살기를 구한다면 그것이 **가능하겠는가**?

• 當是之時, 雖欲爲孤豚, 豈**可得**乎? (《史記》〈老子韓非列傳〉)

이때 그 [소]가 몸집이 작은 돼지가 되겠다고 한들 어찌 그렇게 될 **수 있겠소**?

可以(가이)

❶ **조동사** '可(가)'에 의미가 치중되어 있으며 허가나 가능을 나타낸다. '~할 수 있다'라고 해석하거나 해석하지 않기도 한다. '可用(가용)'과 같은 뜻이다.

• 忠之屬也, **可以**一戰. (《左傳》莊公十年)

충성하는 무리이니, 한 번 싸울 **수 있다**.

• 子曰: "溫故而知新, **可以**爲師矣." (《論語》〈爲政〉)

공자께서 말씀하셨다. "옛것을 익히고 새로운 것을 알면 스승이라고 **할**

수 있다."

- 子曰: "中人以上, **可以**語上也. 中人以下, 不**可以**語上也." (《論語》〈雍也〉)

  공자께서 말씀하셨다. "보통 이상의 사람과는 높은 수준의 것(심오한 학문이나 이론)을 말**할 수 있지**만, 보통 이하의 사람과는 높은 수준의 것을 말**할 수 없다**."

- 子曰: "加我數年, 五十以學易, **可以**無大過矣." (《論語》〈述而〉)

  공자께서 말씀하셨다. "나에게 몇 년을 더 보태주어 쉰 살이 될 때까지 《주역》을 배우게 된다면 [천명을 알아] 큰 허물을 없게 **할 것이다**."

- 子曰: "博學於文, 約之以禮, 亦**可以**弗畔矣夫." (《論語》〈顔淵〉)

  공자께서 말씀하셨다. "글(넓은 의미의 문헌)을 널리 배우고 예로써 단속한다면, 또한 [도리에] 어긋나지 않을 **수 있을** 것이다."

- 法不仁, 不**可以**爲法. (《墨子》〈法儀〉)

  법이 어질지 못하면 법으로 삼을 **수 없다**.

- 五畝◆之宅, 樹之以桑, 五十者**可以**衣帛矣. (《孟子》〈梁惠王上〉)

  다섯 이랑의 택지에 뽕나무를 심으면 쉰 살 된 사람이 비단옷을 입을 **수 있다**.

  ◆畝(묘): 지적(地積)의 단위. 사방 6척(尺)을 1보(步)라 하고 1백 보를 1묘라 함. 진(秦)나라 이후에는 240보를 1묘라 함.

  畝: 이랑 묘 | 衣: 입을 의

- 學不**可以**已. (《荀子》〈勸學〉)

  배움이란 멈출 **수 없다**.

- 譆! 子之先生死矣, 弗活矣, 不**可以**旬數矣. (《列子》〈黃帝〉)

  아! 그대의 선생은 죽게 되고, 살 수 없으니 열흘을 넘길 **수 없을 것이다**.

- 是月也, **可以**罷官之無事者, 去器之無用者. (《呂氏春秋》〈仲冬紀〉)

  이달에는 관리 가운데 일이 없는 사람을 파직시킬 **수 있고**, 그릇 가운데 쓸모없는 것을 버릴 **수 있다**.

- 魏其◆大望曰: "老僕雖棄, 將軍雖貴, 寧**可以**勢奪乎?" (《史記》〈魏其武安◆侯列傳〉)
  위기후(魏其侯)가 크게 원망하며 말했다. "나는 비록 버림받았고 장군(전분田蚡)은 비록 귀하지만, 어찌 권세를 이용하여 [나의 밭을] 빼앗을 **수 있는가**?"
  ◆魏其(위기): 위기후 두영(竇嬰). 한(漢)나라 효문후(孝文后)의 종형(從兄)의 아들인데 효문제(孝文帝) 때 오나라의 정승이 되었다가 병으로 해면되었다. 그 후 효경제(孝景帝) 3년에 위기후가 되었다.
  ◆武安(무안): 무안후 전분(田蚡). 효경후(孝景后)의 동생으로 구변이 좋고 현명했다.
  望: 원망할 망
- 故夫取天下之大計, 不**可以**不先定也. (陳亮, 〈酌古論〉)
  그러므로 천하를 취할 큰 계책은 먼저 정하지 않을 **수 없다**.
- 渙聞唯德**可以**辱人, 不聞以罵. (《三國志》〈魏書 袁渙傳〉)
  [나] 원환은 덕망이 있는 사람만이 다른 사람을 욕보일 **수 있다**는 말은 들었지만, 욕한다는 말은 듣지 못했소.

❷ **조동사** 사물의 값어치나 능력이 어떤 정도에 미침을 나타내며, '~할 만하다'라고 해석한다.

- **可以**仕則仕, **可以**止則止, **可以**久則久, **可以**速則速. (《孟子》〈公孫丑上〉)
  벼슬할 **만하면** 벼슬하고, 그만둘 **만하면** 그만두고, 오래 머물 **만하면** 오래 머물고, 빨리 떠날 **만하면** 빨리 떠난다.

可而(가이)

조동사 허가나 가능을 나타내며, '可以(가이)'와 같다. 용례는 많지 않다.

• 子路曰: "自孔氏." 曰: "是知其不**可而**爲之者與?" (《論語》〈憲問〉)

자로가 대답했다. "공씨 문하에서 왔습니다." [문지기가] 말했다. "그것이 불**가능하다**는 것을 알면서도 하려고 하는 그 사람(공자를 가리킴) 말입니까?"

• 尙同◆之天子可以治天下矣, 中庸之諸侯**可而**治其國矣, 小用之家君**可而**治其家矣. (《墨子》〈尙同下〉)

대동(大同)을 숭상하는 천자는 천하를 다스릴 수 있고, 평범한 제후는 그의 나라를 다스릴 **수 있으며**, [공능(功能)이] 작은 대부는 그의 봉읍(封邑)을 다스릴 **수 있다**.

◆ 同(동): 대동(大同). 인심이 화평하여 잘 다스려짐.

• 又謂梁王曰: "周王病甚矣, 犯請後**可而**復之." (《史記》〈周本紀〉)

다시 양왕에게 일러 말했다. "주왕의 병이 깊으니 제가 이후에 [구정을 보내는 것이] **가능한지** 청하여 회답을 드리겠습니다.

假(가)

❶ **접속사** 가설을 나타내며, 어떤 상황을 설정하여 아래 문장의 결과나 결론을 유도한다. '만일' '설령' 등으로 해석한다.

• **假**濟, 爲之乎? (《列子》〈楊朱〉)

만일 구제할 수 있다면 그것을 하겠는가?

濟: 구제할 제

• **假**有斯事, 亦庶鍾期不失聽也. (曹操, 〈與王修書〉)

설령 이러한 일이 있더라도, 또한 종자기(鍾子期)처럼 실수 없이 듣기를 바랍니다.

- 至於才名之士, 咸被薦擢. **假**有未居顯位者, 皆致之門下, 以爲賓客. (《北齊書》〈文襄帝紀〉)
  재능과 명망 있는 선비는 모두 추천되고 발탁되었다. **설령** 높은 지위에 있지 않은 자라도 모두 문하로 초청하여 빈객으로 삼았다.
- **假**有人焉, 擧我言以復於我, 亦必疑其誑. (魏學洢, 〈核舟記〉)
  만일 어떤 사람이 내 말을 가지고 나에게 보복한다면, 또한 반드시 그가 속인다고 의심할 것이다.

❷ **전치사** 목적어와 함께 동사 앞에 쓰여 동작 혹은 행위가 의지하는 대상을 나타낸다. 이때 목적어와 동사 사이에는 접속사 '以/而(이)'가 있어 '假(가)+명사+以/而(이)+동사'의 형식을 만드는데, '~에 기대어' '~에 의지하여' 등으로 해석한다.

- **假**人之長**以**補其短. 故假人者遂有天下. (《呂氏春秋》〈用衆〉)
  다른 사람의 장점**에 기대어** 그의 단점을 보충한다. 따라서 다른 사람을 빌리는 자는 드디어 천하를 소유하게 되는 것이다.
- 夫死人不能**假**生人之形**以**見, 猶生人不能**假**死人之魂 **以**亡矣. (《論衡》〈論死〉)
  죽은 사람이 산 사람의 형체**에 기대어** 나타날 수 없음은 산 사람이 죽은 사람의 혼**에 기대어** 사라질 수 없는 것과 같다.
- 設如'北風其凉'◆, **假**風**以**刺威虐也. (白居易, 〈與元九書〉)
  '북풍기량'을 예로 들면, 풍자[의 방법]**에 기대어** 난폭한 위세를 빗댄 것이다.

  ◆北風其凉(북풍기량): 《시경(詩經)》〈패풍(邶風) 북풍(北風)〉의 구절. "北風其凉 雨雪其雱(북풍이 싸늘하고 눈보라 치네)."

- 故預與卜人謀, **假**神道**以**定人心耳. (金萬重, 《西浦漫筆》下)
  그러므로 미리 점쟁이와 짜고서 귀신의 도**에 기대어** 인심을 안정시켰을 뿐이다.

❸ **부사** 마음이 한가함을 나타내며, '자유로이' '천천히' '한가로이' 등으로 해석하거나 해석하지 않는다.

- 盛服將朝, 尙早, 坐而**假**寐. (《左傳》 宣公二年)

  옷을 입고 조정에 가려 했으나, 시간이 아직 일러 앉아서 **한가로이** 졸았다.

- 雖情投於魏闕, 或**假**步於山扃. (孔稚圭, 〈北山移文〉◆)

  비록 감정이 위나라 궁궐(조정)로 기울었을지라도 발걸음은 **한가로이** 북산 입구에 들여놓을지 모른다.

  ◆〈北山移文(북산이문)〉: 남조의 산문가인 공치규(孔稚珪)가 산신령의 입을 빌려 관직을 탐하고 이익만을 추구하는 주옹(周顒)의 위선을 신랄하게 풍자한 명문으로 산천초목을 의인화하여 저주와 해학으로 묘사했다.

- **假**乘汫水渭水上, 任隨乘馬去行走遊覽. (阮籍, 〈詠懷詩〉 五十四)

  천천히 병수와 위수 사이에서 [배를] 타고, 마음대로 말을 타고 [도처를] 돌아다니며 유람한다.

- 太尉曰: "吾未晡食, 請**假**設草具." (柳宗元, 〈段太尉逸事狀〉)

  단태위(段太尉)가 말했다. "내가 저녁밥을 먹지 못했으니, 거친 밥이라도 **천천히** 준비해주시오."

❹ **부사** 서술하는 내용을 특정한 범위에 한정하며, '다만' '단지' 등으로 해석한다.

- 丘將以爲師, 而況不如丘者乎! 奚**假**魯國! 丘將引天下而與從之. (《莊子》 〈德充符〉◆)

  나 공구(孔丘)도 장차 [그분을] 스승으로 모시려고 하는데, 하물며 나만 못한 사람이야 더 말할 게 있겠는가! 어찌 **단지** 노나라 사람들뿐이겠는가! 나는 장차 천하 사람들을 이끌고 더불어 그를 따르려 한다.

  ◆〈德充符(덕충부)〉: 덕이 마음에 충만하면 그 부험(符驗), 곧 조짐이 외면으로 나타난다는 뜻이다. 장자는 이를 주장하기 위하여 외형은 불완전하지만 내심에 덕을 갖춘 인물

을 예로 들고 있다.

【참고】

① 빌리다: • 仲尼不**假**蓋於子夏, 護其短也. (《文選》◆〈與山巨源絶交書〉) 중니(공자)는 자하에게 수레 덮개를 **빌리지** 않았는데, [이것은] 자하의 단점을 감싼 것이다. ◆《文選(문선)》: 양무제(梁武帝)의 태자 소통(蕭統)이 동궁(東宮)에 문인 학사를 모아 문학과 비문학을 분명히 하고 경(經)·자(子)·사서(史書) 이외의 것을 정선한 문장집이다. • 衆人皆言國家**假**方進權太甚. (《漢書》〈杜周列傳〉) 사람들 모두 국가가 적방진(翟方進)에게 권력을 **빌려줌**이 너무 심하다고 말한다. • **假**道. 길을 **빌리다**. • 久**假**不歸. 오랫동안 **빌려가** 돌려주지 않는다. • 若棄紹◆近援而求瓚遠助, 此**假**人於越以救溺子之說也. (《三國志》〈魏書 程昱傳〉) 만일 가까이에 있는 원소의 구원을 뿌리치고 멀리 있는 공손찬의 구원을 바란다면, 이는 월나라에서 사람을 **빌려** 물에 빠진 사람을 구하는 것과 같은 [황당한] 말입니다. ◆紹(소): 원소(袁紹). 후한(後漢) 말의 군웅이며 원안(袁安)의 현손(玄孫). 기주(冀州)에서 세력을 길러 위(魏)나라 조조(曹操)와 관도(官渡)에서 싸웠으나 크게 패배했고 결국 병사함.

② 의지하다, 도움을 주다: • 狐**假**虎威. 여우가 호랑이의 위엄에 **의지하다**. • **假**公濟私. 공적인 일에 **의지하여** 사사로운 일을 이룬다. • 道**假**辭而明, 辭**假**書而傳. (柳宗元, 〈報崔黯秀才論文書〉) 도는 말에 **의지하여** 밝아지고, 말은 글에 **의지하여** 전해진다. • 聖朝赦罪責功, …… 將軍之所知, 不**假**僕一二談也. (丘遲, 〈與陳伯之書〉) 성스런 왕조(양梁)는 죄 있는 사람을 사면하고 공을 세울 것을 요구하고 있는데 …… [이것은] 장군이 아는 바이니 나의 몇 마디 말에 **의지할** 필요가 없다.

③ 거짓. 한대(漢代) 이후에는 '진실〔眞〕'과 상대적인 의미를 갖게 되었다: • 以**假**亂眞. **거짓**으로써 진실을 흩트리다. • 弄**假**眞成. **거짓말**을 한 것이 진실이 되다.

④ 휴가: • 求**假**暫歸. **휴가**를 얻어 잠시 돌아가다.

假令(가령)

접속사 가설을 나타내며, '가령' '만일' '설사'라고 해석한다.

- **假令**晏子◆而在, 余雖爲之執鞭, 所忻慕◆焉. (《史記》〈管晏列傳〉)

  가령 안자가 살아 있다면, 나는 비록 그를 위해 [마부가 되어] 채찍을 잡더라도 기쁘게 흠모할 것이다.

  ◆晏子(안자): 춘추시대 제나라의 명신으로 이름은 영(嬰)이다. 재상으로 영공(靈公)·장공(莊公)·경공(景公)을 섬기면서 한결같이 공손하고 검소하며 충성을 다한 것으로 유명하다.

  ◆忻慕(흔모): 기쁜 마음으로 우러러 바람.

- **假令**韓信學道謙讓, 不伐己功, 不矜其能, 則庶幾◆哉! (《史記》〈淮陰侯列傳〉)

  만일 한신이 도리를 배워 겸양한 태도로 자기 공로를 뽐내지 않고 자기 능력을 자랑하지 않았다면 [주공(周公) 등의 공적에] 거의 가까울진저!

  ◆庶幾(서기): 거의 가까움, 거의 비슷함.

- **假令**愚民取長陵一抔土, 陛下何以加其法乎? (《史記》〈張釋之馮唐列傳〉)

  만일 어리석은 백성이 장릉의 흙 한 움큼을 취하면, 폐하께서는 어떤 형벌을 내리겠습니까?

  抔: 움켜쥘 부

- **假令**僕伏法受誅, 若九牛亡一毛, 與螻蟻何以異? (司馬遷, 〈報任少卿書〉)

  설사 제가 벌을 받아 죽는다 하더라도 마치 아홉 마리의 소 가운데 터럭 하나가 없어지는 것과 같으니, 땅강아지나 개미와 무슨 차이가 있겠습니까?

- **假令**當時有其書, 遷豈不見耶? (柳宗元, 〈辯鶡冠子〉)

  만약 당시에 그 책(《할관자鶡冠子》)이 있었다면 사마천(司馬遷)이 어찌 보지 않았겠는가?

- 曩時年壯氣盛, 精力足副, **假令**今日爲之, 恐不復能如昔時矣. (平步青, 《霞

外擴屑·錢東麓》)

지난 시절 나이가 젊고 기운이 성했을 때는 정력이 충분히 부합되었으나, **만일** 오늘 그 일을 한다면 아마도 지난 시절과는 더 이상 같지 않을 것이다.

- **假令**吳王承統, 不克負荷, 則胡氏其又不以畏嫌保身, 不能力爭, 爲無忌◆不忠之罪乎? (金萬重,《西浦漫筆》上)

  가령 오나라 왕이 제위를 이어 책임을 감당하지 못했다면, 호씨 또한 두려워하고 의심하며 자신을 보존하려고 힘써 다투지 않았을 것이고, 무기는 불충의 죄를 지었다고 생각하지는 않았겠지요?

  ◆無忌(무기): 전국시대 위소왕(魏昭王)의 막내아들로 위 안희왕(安釐王)의 이복동생이다. 그는 사람이 어질어서 선비 앞에서 자신을 낮추고 그들과 예를 지켜 사귀어 천하의 선비들이 다투어 모여드니 식객이 3천 명이나 되었다. 그래서 제후들은 감히 위를 치려고 하지 않았다.

- **假令**北軍皆懷右袒◆之心, 胡氏所難, 則太尉初何可輕入其軍? (金萬重,《西浦漫筆》上)

  가령 북군이 모두 한쪽 편을 들 마음을 품었다는 것을 호씨가 비난했다면, 태위는 처음에 어떻게 그 군문에 쉽게 들어갈 수 있었겠는가?

  ◆右袒(우단): 한쪽 편을 듦.

假使(가사)

접속사 가설을 나타내며, '가령' '만일' '설사'라고 해석한다.

- **假使**王之群臣, 有能用之, 費此之半, 弱晉强秦, 若三戰之勝者, 王必加大賞焉. (《商君◆書》〈徠民〉)

  만일 왕의 신하들 가운데 능력 있는 자가 이것을 써서 이 절반을 소비하여, 진(晉)나라를 약하게 하고 진(秦)나라를 강하게 함이 마치 세 차례의 싸움에서 승리하는 것과 같다면, 왕께서는 반드시 큰 상을 더하게 될 것입니다.

◆商君(상군): 이름은 앙(鞅)이고 성은 공손(公孫)이며, 그 조상은 본래 희씨(姬氏)였다.

• **假使**禹爲君, 舜爲臣, 亦如此而已矣. (《韓詩外傳》◆ 卷三 第二十三章)

설사 우가 임금이고 순이 신하라도, 또한 이와 같았을 것이다.

◆《韓詩外傳(한시외전)》: 한나라 문제(文帝) 때 박사(博士)인 연나라 사람 한영(韓嬰)이 지은 역사 산문이다. 모두 309조(條)이고, 조마다 고어(古語)나 성어(成語)를 인용하여 거기에 해당하는 이야기를 서술했으며,《시경》의 구절로 끝맺었다. 원래는 시를 풀이할 목적으로 지었으나 선진 시기의 인물 고사가 많아서 역사 산문으로 간주된다.

• **假使**臣得同行於箕子, 可以有補於所賢之君, 是臣之大榮也; 臣有何恥? (《史記》〈范雎蔡澤◆列傳〉)

만약 신이 기자와 똑같은 행동을 하여 현명한 군주를 도울 수 있다면 이것은 신의 큰 영광인데, 신이 무엇을 부끄러워하겠습니까?

◆蔡澤(채택): 전국시대 연(燕)나라 사람으로 언변에 뛰어났고, 범수(范雎)를 이어 진(秦)나라의 정승이 되었다.

• 賊衆盛, 不可當也. **假使**棄數百人何苦? 而將軍以身赴之? (《三國志》〈魏書 曹仁傳〉)

적군이 많아 감당할 수 없습니다. **설령** 수백 명을 버리더라도 무슨 손해가 있겠습니까? [이것을 알면서도] 장군께서 몸소 그들에게 가시겠습니까?

• **假使**權親與蜀賊相持, 搏戰曠日, 智均力敵, 兵不速決. (《三國志》〈魏書 王郞傳〉)

설령 손권(孫權)이 직접 적국인 촉나라와 서로 대치하여 오랜 기간 싸우더라도, 지혜가 같고 힘이 비슷하므로 승패는 빨리 결정 나지 않을 것입니다.

• 嘗悔恨曰: "**假使**吾不知書, 可不至今日邪!" (《顏氏家訓》◆ 〈雜藝〉)

[왕포(王褒)는] 일찍이 후회하며 말했다. "**만일** 내가 서법을 알지 못했다면, 오늘에 이르지는 않았을 텐데!"

◆《顔氏家訓(안씨가훈)》: 안지추가 자손을 훈계할 목적으로 지은 책.

• **假使**居吉土, 孰能保其躬? (白居易, 〈凶宅〉)
설사 좋은 땅에서 살아도 누가 몸을 보존할 수 있겠는가?

假設(가설)

접속사 가설을 나타내며, '만일' '설사'라고 해석한다.

• **假設**天下如曩時, 淮陰侯尚王楚, 黥布王淮南, …… 令此六七公皆無恙◆, 當是時而陛下則天子位, 能自安乎? (《漢書》〈賈誼◆列傳〉)
만약 천하가 전과 같아서, 회음후는 여전히 초나라에서 왕 노릇 하고 경포는 회남에서 왕 노릇 하고 있다면, …… 이 예닐곱 명 모두가 근심이 없도록 하고 지금 폐하께서 천자에 즉위하여 편안할 수 있었겠습니까?

◆恙(양): 여기서는 근심이란 의미.

◆賈誼(가의): 한대(漢代)의 정치가이자 사부가로, 유배지 장사에서 굴원의 처지를 빌려 자신의 불만과 우울함을 토로한 〈조굴원부(弔屈原賦)〉가 걸작으로 평가된다.

恙: 병 양

• 夫以天子之位, 乘今之時, 因天之助. 尚憚以危爲安, 以亂爲治. **假設**陛下居齊桓之處, 將不合諸侯而匡天下乎? (《漢書》〈賈誼列傳〉)
천자의 지위로 지금 이 시기를 이용하고 하늘의 도움도 받아야 합니다. 그럼에도 불구하고 [폐하께서는] 위태로운 것을 안전하게 하고 혼란을 태평하게 하는 일을 꺼리십니다. **만일** 폐하께서 제환공(齊桓公)의 지위에 있으시다면 장차 제후들을 규합하여 천하를 바로잡지 않으시겠습니까?
憚: 꺼릴 탄

假如(가여)

접속사 가설을 나타내며, '만일' '설사'라고 해석한다. '假而(가이)'와 같다.

- **假如**釋氏能與人爲禍福, 非守道君子之所懼也. (韓愈, 〈與孟簡尙書書〉)
  가령 석씨(부처)가 사람에게 화와 복을 만들어줄 수 있다 하더라도, 도를 지키는 군자가 두려워할 바는 아니다.
- **假如**有賊, 閉門不晩. 請徐觀其變, 無宜自弱. (《舊唐書》◆ 〈李石傳〉)
  만일 도적이 있다면 문 닫는 것이 늦지 않아야 한다. 그 변화를 서서히 살펴보고 스스로 약해지는 일이 없기를 바란다.

  ◆《舊唐書(구당서)》: 당나라의 역사를 적은 책으로 진(晉)나라의 유구(劉昫) 등이 칙명을 받들어 지었다. 총 2백 권이며 《신당서》와 함께 24사(史)의 하나이다.

假而(가이)

접속사 가설을 나타내며, '만일' '설령' '설사' 등으로 해석한다. '假若(가약)'과 같다.

- 故嚮萬物之美而不能嗛也, **假而**得間而嗛之, 則不能離也. (《荀子》〈正名〉)
  그러므로 만물의 아름다움을 다 누려도 만족할 수 없을 것이고, **설사** 잠시 만족할 수 있다 해도 [근심스러운 심정을] 떨쳐버릴 수는 없을 것이다.
  嗛: 만족할 겸
- **假而**有能去其攻穴者, 是物也, 其能有報乎? (柳宗元, 〈天說〉)
  만일 어떤 이가 구멍을 뚫는 놈(벌레)을 없앤다면, 그것이 보답을 할 수 있겠는가?
- **假而**以僕年先吾子, 聞道著書之日不後……. (柳宗元, 〈答韋中立論師道書〉)

가령 내 나이가 그대보다 많아서 도를 듣고 책을 지은 날짜가 뒤지지 않는다 하더라도…….

- **假而**他人可從, 從之久矣. (戴名世, 〈窮鬼傳〉)

  만일 다른 사람이 복종한다고 하면 오랫동안 복종할 것이다.

【참고】

그 글자 자체를 가리킨다: • '**假而**'二字, 今人習用, 不如其爲'**假如**'也. (胡鳴玉, 《訂訛雜錄·假而》) '**가이**(假而)' 두 글자는 오늘날 사람들이 습관적으로 사용하지만, 그것이 '**가여**(假如)'만 하지는 않다.

假之(가지)

접속사 가설을 나타내며, '가령' '만일' '설사'라고 해석한다. '假若(가약)'과 같다. 주로 진한(秦漢) 이전의 문장에 나타난다.

- **假之**有人而欲南無多; 而惡北無寡. 豈爲夫南者之不可盡也, 離南行而北走也哉! (《荀子》〈正名〉)

  만일 어떤 사람이 남쪽으로 가려고 하면 [길이 멀어도] 먼 것이 아니며, 북쪽으로 가려고 하지 않으면 [길이 가까워도] 가까운 것이 아니다. 어찌 남쪽의 길을 끝까지 갈 수 없다고 하여 남쪽으로 가는 것을 버리고 북쪽으로 달려가겠는가!

- **假之**人有弟兄資財而分者. 且順情性, 好利而欲得, 若是則兄弟相拂奪矣. (《荀子》〈性惡〉)

  가령 사람들 중에 한 형제가 있어 재물을 나누게 되었다고 하자. 이때 성정(性情)에 따르게 한다면 이익을 좋아하여 얻고자 할 것이고, 이와 같으면 형제가 서로 빼앗으려고 다툴 것이다.

• **假之**得幸, 庸必爲我用乎? (《戰國策》〈魏策四〉)

설사 요행을 얻는다 하더라도 어찌 반드시 나를 위해 쓰겠는가?

各(각)

부사 주체가 다른 경우 제각각 어떤 행동을 하는 것을 말한다. '각각' '각기' '저마다'라고 해석한다.

• 交易而退, **各**得其所. (《周易》〈繫辭傳〉)

교역을 하고 돌아올 때면 **각각** 그 필요한 바를 얻는다.

• 令外國客偏觀**各**倉庫府藏之積. (《史記》〈大宛列傳〉)

다른 나라의 빈객들로 하여금 **각각의** 창고에 쌓인 재물을 두루 살펴보게 했다.

• 田閭敢怨嗟, 父子**各**悲哭. (梅堯臣, 〈田家語〉)

시골뜨기들이 감히 원망하고 한탄하랴, 아비와 자식이 **각기** 슬피 울 뿐이다.

閭: 마을 려 | 嗟: 탄식할 차

• 是故, 學則乃爲君子, 不學則爲小人, 後之學者, 宜**各**勉之. (《明心寶鑑》〈勤學〉)

이 때문에 배우면 곧 군자가 되고 배우지 않으면 소인이 될 것이니, 뒷날 배우는 자들은 모름지기 **각각** 배움에 힘쓸 일이다.

却/卻(각)

❶ **부사** 동작 혹은 행위의 반전이나 역접을 나타내며, '도리어' '오히려'라고 해석하거나 경우에 따라서는 해석하지 않아도 된다.

- **卻**嫌脂粉汚顔色, 淡掃蛾眉朝至尊. (張祜, 〈集靈臺詩〉)
  도리어 연지와 분으로 얼굴을 더럽히는 것을 혐오하고, 가볍게 눈썹을 정리하고 아침에 군왕에게 간다.
- 人攀明月不可得, 月行**却**與人相隨. (李白, 〈把酒問月〉)
  사람은 밝은 달을 잡으려 해도 얻을 수 없는데, 달은 **도리어** 사람을 따른다.
- 梅子黃時日日晴, 小溪泛◆盡**却**山行. (曾機, 〈三衢道中〉)
  매실이 노랗게 될 때는 날마다 맑고, 작은 시냇물에 배 다 띄우고 **오히려** 산길을 간다.
  ◆泛(범): 배를 띄운다는 뜻.
- 彦章書來, 云欲見訪, **却**不見到, 不知何故. (朱熹, 〈答周叔瓘〉)
  언장에게서 온 편지에 [나를] 방문하려 한다고 했는데, [사람이] **오히려** 나타나지 않으니 무슨 까닭인지 모르겠다.

❷ **부사** 동작 혹은 행위가 이미 완성되었거나 실현되었음을 나타낸다. '이미'라고 해석한다.

- 斫**卻**月中桂, 淸光應更多. (杜甫, 〈一百五日夜對月〉)
  달 속의 계수나무를 **이미** 베었으니, 청명한 달빛은 더욱 밝아지겠지.
  斫: 벨 감

❸ **부사** 둘 이상의 행위나 동작이 이어서 일어남을 나타낸다. '復(부)'와

같고 '다시' '~ 뒤에' '또'라고 해석한다. 당대를 전후한 시문에서 보인다. 화자의 예상이나 희망과 어긋남을 나타내기도 한다.

• 一片花飛減**却**春, 風飄萬點正愁人. (杜甫, 〈曲江〉)
꽃잎 한 잎 날리니 봄은 **또** 줄어들거늘, 바람에 우수수 날려 진정 사람을 시름겹게 하네.

• 何當共剪◆西窓燭, **却**話巴山夜雨時? (李商隱◆, 〈夜雨寄北〉)
어느 때 서쪽 창문 아래에서 함께 촛불 돋우며 **또** 이 파산의 비 오는 밤의 [정경과 심회를] 얘기할 수 있을까?

◆剪(전): 여기서는 촛불의 심지를 잘라 불꽃을 돋운다는 뜻.

◆李商隱(이상은): 만당(晩唐)의 시인이며, 자는 의산(義山)이다.

剪: 자를 전

• 疑此江頭有佳句, 爲君尋取**却**茫茫. (唐庚, 〈春日郊外〉)
이 강 언저리에 멋진 시구가 있을 법하거늘, 그대 위해 막상 적으려 하니 **다시** 아득해진다.

• 朱子曰: "若如此看文字, 有甚精神? **却**要我做甚?" (金萬重, 《西浦漫筆》上)
주자가 말했다. "만일 이와 같이 문자를 본다면 무슨 정신이 있겠는가? **또** 나에게 무엇을 하라고 요구하겠는가?"

[참고]

① 절제하다, 물리치다, 퇴각하다: • 秦軍數**却**, 二世使人讓章邯◆. (《漢書》〈項籍列傳〉) 진나라 군사가 여러 번 **퇴각하자** 이세 황제는 사람을 보내 장한을 꾸짖었다. ◆章邯(장한): 진(秦)나라 명장인데, 초나라 항우에게 항복하여 옹왕으로 봉해졌다가 뒤에 한나라 장군 한신에게 패하여 자살했다. 讓: 꾸짖을 양 • 將兵擊**却**吳楚, 吳楚以故兵不敢西. (《史記》〈韓長孺列傳〉) [양왕이] 병사를 이끌고 오와 초의 반란군을 **물리치라고** 했고, 이 때문에 오와 초의 군대는 감히 서쪽으로 [나아가지] 못했다. • 敵不敢至, 雖至必**卻**. (《商君書》〈農戰〉) 적은 감히 오지 못했고, 비록 왔을지

라도 반드시 **물리쳤을** 것이다.

② 거부하다: • 王者, 不**卻**衆庶. (李斯, 〈諫逐客書〉) 왕 노릇 하는 자는 백성을 **거부하지** 않는다.

間/閒(간)

❶ **부사** 동작 혹은 행위의 진행 방식이나 발생 시간, 조건 등을 나타낸다. 또 어떤 동작이나 행위를 은밀히 진행하는 것을 나타낸다. '비밀리에' '은밀히' '조용히' 등으로 해석한다.

• 魏王使客, 將軍辛垣衍**間**入邯鄲◆. (《戰國策》〈趙策三〉)
위나라 왕은 빈객을 시켜 장군 신원연을 **비밀리에** 한단으로 들여보냈다.
◆邯鄲(한단): 전국시대 조(趙)나라의 수도.

• 漢王使人**間**問之, 乃項王也. (《史記》〈項羽本紀〉)
한나라 왕이 사람을 보내 **은밀히** 탐문해보니 [그 사람은] 바로 항왕이었다.

• 良亡, **間**行歸漢王. (《史記》〈留侯世家〉)
장량(張良)은 도망가 **비밀리에** 한나라 왕에게 투항했다.

• 又**間**令吳廣◆之次所旁叢祠中. (《史記》〈陳涉世家〉)
또 **비밀리에** 오광을 변두리의 잡초가 무성한 사당에 주둔하게 했다.
◆吳廣(오광): 진(秦)나라 말엽의 장군인데, 진승(陳勝)과 반란을 일으켜 진승은 왕이 되고 그는 가왕(假王)이 되었다가 뒤에 부하에게 살해되었다.
次: 주둔할 차

• 侯生乃屛人**間**語. (《史記》〈魏公子列傳〉)
후생은 이에 다른 사람을 물리치고 **은밀히** 말했다.

• 左大都尉欲殺單于◆, 使人**間**告漢. (《漢書》〈匈奴◆列傳〉)

[흉노의] 좌대도위는 선우를 죽이려고 하면서 사람을 시켜 한나라에 **은밀히** 보고하게 했다.

◆單于(선우): 한(漢)나라 때 북방의 흉노(匈奴) 군장의 칭호.

◆匈奴(흉노): 하후씨(夏后氏)의 후손으로 순유(淳維)라고도 한다. 당(唐)과 우(虞) 이전에는 산융(山戎)과 험윤(獫狁) 등이 있었는데, 유목 생활을 했으며 말타기와 활쏘기에 능했다.

❷ **부사** 동작이나 행위가 간격을 두고 일어남을 나타내며, '틈을 보아'라고 해석한다.

• 令初下, 群臣進諫, 門庭若市, 數月之後, 時時而**間**進. 期年之後, 雖欲言, 無可進者. (《戰國策》〈齊策一〉)

명령이 처음 내려졌을 때는 신하들이 나아가 간언을 하여 집안이 마치 시장 같더니, 몇 달 뒤에는 때때로 **틈을 보아** 나아갔고, 1년 뒤에는 비록 말하고 싶어도 나아갈 자가 없었다.

❸ **부사** 동작·행위·상황이 비교적 짧은 시간 안에 일어남을 나타내며, '요즘' '잠시 후' 등으로 해석한다. '選(선)'을 앞에 붙여 써도 뜻은 마찬가지다.

• 選**間**, 食熱, 謁孔子而進食. (《呂氏春秋》〈任數〉)

잠시 후 밥이 익자, [안회(顏回)는] 공자를 뵙고 밥을 들여보냈다.

• 臣誠恐見欺於王而負趙, 故令人持璧◆歸, **間**至趙矣. (《史記》〈廉頗◆藺相如◆列傳〉)

나(인상여)는 진실로 왕에게 속아 조나라의 [기대를] 저버릴까 걱정되었기 때문에 사람을 시켜 벽옥을 갖고 돌아가게 했으니, **잠시 후**면 조나라에 도착할 것입니다.

ㄱ

◆璧(벽): 화씨(和氏)의 구슬. 춘추 때 초(楚)나라의 변화(卞和)가 얻은 보옥. 변화는 초산(楚山)에서 옥돌을 얻어다가 초나라 여왕(厲王)에게 바쳤으나 돌이라 하여 왼발을 베이고, 다시 무왕(武王)에게 바치니 돌이라 하여 오른발을 베였다. 문왕(文王)이 즉위했을 때 변화가 초산 아래에서 통곡하니 왕이 드디어 그것을 가져다 다듬어 천하의 보옥을 얻었다. 그리하여 그것을 화씨벽(和氏璧)이라고 명명했다.

◆廉頗(염파): 전국시대 조나라의 용감한 장수이며 혜문왕(惠文王)의 상경(上卿)이다. 일찍이 인상여(藺相如)와 문경지교를 맺었다.

◆藺相如(인상여): 전국시대 조(趙)나라의 명신으로서, 진(秦) 소양왕(昭襄王)이 열다섯 개의 성과 조나라 화씨(和氏)의 구슬을 바꾸자고 했을 때 사신으로 가 소양왕의 간계를 간파하고 구슬을 잘 보존하여 귀국했다. 후에 상경(上卿)이 되어 용장(勇將)인 염파(廉頗)와 함께 문경지교(刎頸之交)를 맺고 조나라를 융성하게 한 인물이다.

• 充國以爲烏桓**間**數犯塞, 今匈奴擊之, 於漢便. (《漢書》〈匈奴列傳〉)

조충국(趙充國)◆은, 오환이 **요즘** 자주 변방을 침범하고 있으니 지금 흉노가 오환을 공격하는 것이 한나라에 이롭다고 생각했다.

◆趙充國(조충국): 전한(前漢)의 무장으로 무제 때 흉노를 토벌한 공으로 중랑장이 되었다.

• **間**聞賊衆蟻聚向西境. (《三國志》〈吳書 華覈傳〉)

요즘 들으니 도적의 무리가 마치 개미처럼 서쪽 변방을 향해 모여든다고 한다.

• **間**聞足下遷, 惕然不喜. (嵇康◆, 〈與山巨源絶交書〉)

요즘에 당신(산도山濤)이 [자리를] 옮긴다는 말을 듣고 전전긍긍하며 기쁘지 않았습니다.

◆嵇康(혜강): 죽림칠현의 한 사람으로 노장에 심취하여 〈양생편(養生篇)〉을 짓기도 함.

【참고】

① 잠시, 틈, 사이: • 立有**間**, 不言而出. (《莊子》〈列禦寇〉) **잠시** 서 있다가 말없이 갔다. • 彼節者有**間**. (《莊子》〈養生主〉) 그 뼈마디에는 **틈**이 있다. • 天地**間**,

人爲貴. (曹操, 〈度關山詩〉) 하늘과 땅 **사이**에 사람이 존귀하다.

② 이간시키다, 참여하다: • 漢王患之, 乃用陳平計, **間**項王. (《史記》〈項羽本紀〉) 한왕은 그것을 염려하여 곧 진평의 계책을 받아들여 항왕과 [범증(范增)을] **이간시켰다**. • 肉食者◆謀之, 又何**間**焉? (《左傳》莊公十年) 권세 있는 사람이 꾀했는데, 또 무엇 때문에 **참여하겠는가**? ◆肉食者(육식자): 고기를 자주 먹는 사람. 즉 부귀한 사람. 또 많은 봉록을 받는 대부 이상의 벼슬아치를 이르기도 한다.

③ [방 한] 칸: • 方宅十餘畝, 草屋八九**間**. (陶潛, 〈歸田園居·其一〉) 사방의 택지가 10여 무, 초가집이 여덟아홉 **칸**이다.

間者/閒者(간자)

부사 구의 첫머리에 쓰여 동작이나 행위가 얼마 전에 진행되었음을 나타낸다. '근래에' '요즘'이라고 해석한다.

- 始秦時三萬餘戶, **間者**兵數起, 多亡匿, 今見五千戶. (《史記》〈陳丞相世家〉) 당초 진(秦)나라 때에는 3만여 호였는데, **근래에** 병란이 여러 차례 일어나 많은 사람이 도망하고 숨어버려 지금은 5천 호만 남아 있다.
- **間者**匈奴困於西方, 聞烏桓來保塞, 恐兵復從東方起. 數使使尉黎·危須諸國, 設以子女貂裘, 欲沮解之. (《漢書》〈趙充國列傳〉)

  요즘 흉노는 서쪽에서 곤욕을 치르고 있는데, [그는] 오환이 변방의 요새(일찍이 오환이 흉노에게 격파당한 곳)를 지킨다는 소식을 듣고 전쟁이 다시 동쪽에서 일어날까 두려웠다. 그래서 위려와 위수 등을 여러 나라에 사신으로 보내어 노비와 미녀, 담비, 갖옷을 주면서 그들을 이간시키려 했다.

【참고】

사이: • 江漢之**閒**◆**者**. (《史記》〈楚世家〉) 강수와 한수 **사이**. ◆본래 이 '閒(간)'이란 글자는 한가하다는 의미의 '閒(한)'이라는 글자인데, 고문에서 종종 '사이'라는 의미로 쓰일 경우 '間(간)' 자와 통한다.

曷(갈)

❶ **대사** '何(하)'와 같으며, 주로 선진(先秦) 문헌에서 보인다. 원인과 이유를 묻고 '무엇'이라고 해석한다.

• 親弑君者趙穿, 則**曷**爲加之趙盾? (《公羊傳》◆ 宣公六年)

직접 군주를 죽인 자는 조천인데, **무엇** 때문에 그것(죄)을 조돈에게 더 하는가?

◆《公羊傳(공양전)》: 제나라의 공양고(公羊高)가 지은 《춘추》 주해서이다. 《좌씨전(左氏傳)》《곡량전(穀梁傳)》과 함께 춘추삼전(春秋三傳)이라 불린다.

• 縛者, **曷**爲者也? (《晏子春秋》◆ 〈內篇雜下〉)

묶여 있는 사람은 **무엇**을 한 자인가?

◆《晏子春秋(안자춘추)》: 제나라 사람 안자(안영)의 언행을 기술한 책으로, 총 8권이며 저자는 미상이다.

縛: 묶을 박, 포승 박

• 雖聞, **曷**聞? 雖見, **曷**見? 雖知, **曷**知? (《呂氏春秋》〈任數〉)

비록 들었다고 해도 **무엇**을 들었는가? 비록 보았다고 해도 **무엇**을 보았는가? 비록 알았다고 해도 **무엇**을 알았는가?

• 是爲虎傅翼, **曷**爲弗除? (《淮南子》◆ 〈兵略〉)

이것은 호랑이에게 날개를 달아주는 것인데, **무엇** 때문에 제거하지 않는가?

◆《淮南子(회남자)》: 한고조(유방)의 손자인 유안(劉安)이 문객들과 공동으로 저술한 책인데, 도가 사상을 위주로 한 잡가적인 철학서다. 원저는 전하지 않고 지금은 내편 21권만 보인다.

❷ **부사** 동사나 조동사 앞에 쓰여 부사어가 되고, 이유·시간·방법 등을 나타낸다. '무엇 때문에' '어떻게' '어찌' '언제' '왜'라고 해석한다.

- 吾子其**曷**歸? (《左傳》 昭公元年)
  당신은 **언제** 돌아갈 것인가?
- 汝**曷**弗告朕而胥動以浮言◆? (《尚書》〈盤庚上〉)
  너희는 **어찌하여** 나에게 말하지 않고 거짓말을 퍼뜨려 인심을 선동하는가?
  ◆胥動浮言(서동부언): 거짓말을 퍼뜨려 인심을 선동하다.
- 王**曷**不違卜? (《尚書》〈大誥〉)
  왕은 **무엇 때문에** 점을 어기지 않습니까?
- 時日**曷**喪? 予及汝皆亡! (《尚書》〈湯誓〉)
  이 태양(그대)은 **언제** 없어질까? 내가 너와 함께 멸망하리라!
- 君子于役, 不知其期. **曷**至哉? (《詩經》〈王風 君子于役〉)
  전쟁에 나간 님은 그 [돌아올] 기한을 알지 못하니 **언제나** 돌아올까?
- 然則有◆**曷**貴堯禹, **曷**貴君子哉! (《荀子》〈性惡〉)
  그렇다면 또한 **무엇 때문에** 요와 우를 귀하게 여기고, **무엇 때문에** 군자를 귀하게 여기는가!
  ◆有(유): '또한〔又〕'의 의미.
- 夫以出乎衆爲心者, **曷**常出乎衆哉? (《莊子》〈在宥〉)
  무릇 보통 사람보다 앞서려는 마음을 지닌 자가 **어떻게** 항상 보통 사람보다 앞서겠는가?

• 俠客之義, 又**曷**可少哉! (《史記》〈游俠列傳〉)

협객의 의리이니, 또한 **어찌** 경시할 수 있는가?

❸ **대사** 명사 앞에 쓰여 성질 등을 묻고, '누구' '무슨' '무엇' '어느' '어떤' '어떤 사람' '어떤 일' 등으로 해석한다.

• 懷哉, 懷哉! **曷**月予還歸哉? (《詩經》〈王風 揚之水〉)

생각하고 생각하는구나! **어느** 달에 내가 돌아갈 수 있을까?

• 有罪無罪惟我在, 天下**曷**敢有越厥志? (《孟子》〈梁惠王下〉)

죄가 있건 없건 오직 내가 있는데, 천하에 **어떤 사람**이 감히 내 뜻을 거역하겠는가?

• 其得意若此, 則胡禁不止, **曷**令不行. (《漢書》〈王褒列傳〉)

그들이 이와 같이 의기양양하니 어떤 금령으로도 멈추게 할 수 없고, **어떤** 명령도 듣지 않을 것입니다.

• 微言圮絶, 來者**曷**聞? (蔡邕, 〈陳太丘碑文〉)

정묘한 말이 훼손되어 끊어졌으니, [앞으로] 오는 사람들은 **무엇**을 듣겠는가?

圮: 무너질 비

• 藐藐孤女, **曷**依**曷**恃? (陶潛, 〈祭程氏妹文〉)

나약하고 외로운 소녀, **누구**에게 의지하고 **누구**에게 기댈까?

• 而五人生於編伍之間, 素不聞詩經書經之訓, 激昂大義, 蹈死不顧, 亦**曷**故哉! (張溥, 〈五人墓碑記〉)

그러나 [이] 다섯 사람은 민간에서 태어나 평소 《시경》과 《서경》의 가르침을 듣지 않았지만, 대의에 격앙하고 죽음에 임해도 [자신을] 돌보지 않으니 [이것은] 또 **무슨** 까닭인가!

曷其(갈기)

부사 동작이나 상황이 발생한 시간 및 원인을 묻거나 반문을 나타낸다. '무엇 때문에' '어찌 ~하겠는가' '언제나' '언제 ~하겠는가'라고 해석한다.

- 悠悠蒼天, **曷其**有極? (《詩經》〈唐風 鴇羽〉)
  망망한 하늘이여, **언제나** 다함이 있을까?
- 山川悠遠, **曷其**沒矣? (《詩經》〈小雅 漸漸之石〉)
  산천이 유원하니 **언제** 없어지**겠는가**?
- 予**曷其**不于前寧人圖功攸終? (《尙書》〈大誥〉)
  내가 **어찌** 이전 [문왕(文王)의] 사업을 마칠 것을 도모하지 않**겠는가**?
- 天亦惟休于前寧人, 予**曷其**極卜敢弗于從? (《尙書》〈大誥〉)
  하늘도 이전 [문왕에게] 은혜를 베풀었는데, 내가 **어찌** 점을 다 쓰며 감히 [하늘의 뜻을] 따르지 않**겠는가**?
- 嗚呼! **曷其**奈何弗敬? (《尙書》〈召誥〉)
  아아! **어찌** 무엇 때문에 공경하지 않**겠는가**?

曷嘗(갈상)

부사 '曷(갈)'과 '嘗(상)'이 결합된 반어적 표현으로 '어찌 ~하겠는가'라고 해석한다.

- **曷嘗**不法聖人哉! (《莊子》〈胠篋〉◆)
  어찌 성인을 본받지 않**겠는가**!

◆〈胠篋(거협)〉: 상자를 연다는 뜻으로, 좀도둑의 행위를 말하기도 한다. 장자는 성인이 정해놓은 인(仁)·의(義)·예(禮)·악(樂)의 규범은 좀도둑 정도를 막을 뿐, 잠긴 상자를 송두리째 집어가는 큰 도둑에게는 욕망 충족의 수단이 된다는 데 입각하여 위선을 풍

자 비판하고 있다.

- 自初生民以來, 世主**曷嘗**不曆日月星辰? (《史記》〈天官書〉)

처음 백성이 생겨난 이래, 역대의 군주들이 **어찌** 해와 달과 별의 운행을 관찰하지 않았**겠는가**?

- 自古受命帝王, **曷嘗**不封禪◆? (《史記》〈封禪書〉)

예로부터 명을 받은 제왕이 **어찌** 봉선을 행하지 않았**겠는가**?

◆封禪(봉선): 중국 고대 제왕이 하늘로부터 천명을 받았음을 표명하기 위해 거행한 제사로, 태산(泰山) 정상에서 하늘에 제사 지내는 봉(封), 태산 아래 기슭에서 땅에 제사 지내는 선(禪)을 합쳐 이르는 것이다.

- 自古國家**曷嘗**不以任賢使能爲急歟? (葉適, 〈上光宗皇帝劄子〉)

예로부터 국가가 **어찌** 현명한 사람을 임명하고 능력 있는 사람을 부리는 것이 다급하지 않았**겠습니까**?

- 觴酒豆肉, **曷嘗**妄蠹於邦財? (陸游, 〈戊申嚴州勸農文〉)

술 한 잔, 고기 한 접시, **어찌** 마음대로 국가의 재물을 손상시키**겠는가**?

- 且夫天下**曷嘗**有不計功謀利之人哉? (《焚書》〈讀史賈誼〉)

하물며 천하에 **어찌** 공을 계획하여 이익을 도모하지 않는 사람이 있**겠는가**?

- **曷嘗**有一毫計望之心哉! (戴良, 〈跋倪夫人遺事後〉)

어찌 한 터럭만큼의 바라는 마음이 있**겠는가**!

- 亦**曷嘗**先黃老◆而後六經哉! (焦竑, 《焦氏筆乘》〈史公權衡〉)

또한 **어찌** 황로사상을 먼저하고 육경을 뒤로**하겠는가**!

◆黃老(황로): 황로는 황제와 노자를 가리키는 말로 한대 초기에 유행한 융합사상을 말한다.

曷若(갈약)

대사 성질 혹은 상황을 묻거나 반문하거나 가부(可否)를 의논하고, '어떠한가' '어떻게 ~하겠는가' '어찌 ~하겠는가' 등으로 해석하며, '何若(하약)'과 같다. 또 비교하는 문장에 쓰여 여러 상황 가운데 '曷若(갈약)' 뒤쪽의 내용이 옳음을 간접적으로 나타내며, '어느 것이 ~한가'라고 해석한다.

- **曷若**是而可以持國乎? (《荀子》〈强國〉)

  어떻게 이러고서 국가를 유지할 수 있**겠는가**?

- 如是則齊國必斷而爲三四, 國若假城然耳, 必爲天下笑, **曷若**兩者孰足爲也? (《荀子》〈强國〉)

  이와 같으면 제나라는 반드시 서너 개로 나뉘고, 국도(國都)는 마치 다른 나라의 성을 빌려 온 것같이 되어 틀림없이 천하 사람들의 웃음거리가 될 것이니, [이] 두 가지 중에서 **어느 것이** 할 만한 일이**겠는가**?

- 削其半, 民憂瘁矣, **曷若**擧而移之以全其人乎? (柳宗元, 〈封建論〉)

  [제후의 토지를] 절반으로 깎아도 백성이 근심스럽고 고달프니, **어찌하면** [제후를] 제거하여 그 사람들을 보존할 수 있**을까**?

  瘁: 고달플 췌

- 是故事至而後求, **曷若**未至而先備? (柳宗元, 〈劉叟傳〉)

  이 때문에 일이 생기고 나서 강구하는 것이지, **어찌** 생기지도 않았는데 미리 대비**하겠는가**?

- 有諂之者曰: "王爲越王**曷若**爲越帝?" (《資治通鑑》〈唐紀〉 昭宗乾寧元年)

  어떤 아첨하는 자가 말했다. "왕께서 월나라 왕이 되는 것을 **어떻게** 월나라 황제가 되는 것과 비교**하겠습니까**?"

- 然坐而待斃, **曷若**伏而俟命? (《新五代史》〈唐臣傳 任圜〉)

  그러나 앉아서 죽음을 기다리지, **어찌** 엎드려 명을 기다리**겠는가**?

曷爲(갈위)

대사 원인을 물으며, '무슨 이유로' '무엇 때문에' '왜'라고 해석한다.

- 士之妻, 則未知臧氏之母者**曷爲**者也. (《公羊傳》昭公三十一年)
  선비의 아내라면 장씨의 어머니란 자가 **무엇을 하는** 자인지 모를 것이다.
- 虞, 微國也, **曷爲**序乎大國之上? (《公羊傳》僖公二年)
  우나라는 작은 나라인데 **무슨 이유로** 대국의 위에 배열되겠는가?
- **曷爲**祭泰山◆河海? (《公羊傳》僖公三十一年)
  무엇 때문에 태산과 황하와 바다에 제사를 지내는가?
  ◆泰山(태산): 오악(五嶽)의 하나로서 산동성 태안현(泰安縣)에 있는 성산(聖山)이며, 역대 황제의 봉선(封禪) 의식이 이곳에서 거행되었다.
- '冬, 公及齊人狩於郜.' 公**曷爲**與微者狩? (《公羊傳》莊公四年)
  '겨울에 공은 제나라 사람과 고(郜)에서 사냥을 했다.' 공은 **무엇 때문에** 미천한 사람들과 사냥을 했는가?
- **曷爲**三遇齊王而不言事? (《荀子》〈大略〉)
  무엇 때문에 제나라 왕을 세 차례 만났으면서 섬기는 것에 대해 말하지 않았습니까?
- 塗之人可以爲禹, **曷爲**也? (《荀子》〈性惡〉)
  길 가는 사람도 우임금과 같은 사람이 될 수 있다고 하는데 **무엇 때문**인가?
- 莊王曰: "吾使子視之, 子**曷爲**而告之?" (《韓詩外傳》卷二 第一章)
  장왕이 말했다. "나는 당신에게 [적의 상황을] 살펴보라고 했는데, 당신은 **무엇 때문에** [우리 상황을] 그들에게 알렸소?"
- 今吾觀先生之玉貌, 非有求於平原君◆者也. **曷爲**久居此圍城之中而不去? (《史記》〈魯仲連◆鄒陽列傳〉)
  지금 선생의 모습을 보니 평원군에게 바라는 것이 아무것도 없는 것 같습니다. **무슨 이유로** 포위된 이 성에 오랫동안 머무르며 떠나지 않으십니까?

◆平原君(평원군): 조승(趙勝).

◆魯仲連(노중련): 전국시대 제나라의 변사이며 절개가 높은 선비로서, 평원군(平原君)을 설복하여 진(秦)나라를 황제로 섬기지 못하게 했다.

曷以(갈이)

대사 의문문에 쓰여 방법이나 원인을 물으며, '어떻게' '어째서'라고 해석한다.

- **曷以**知舞之意? 曰, 目不自見, 耳不自聞也. (《荀子》〈樂論〉)

  어떻게 춤의 의미를 아는가? 눈으로는 스스로 볼 수 없고, 귀로는 스스로 들을 수 없는 것을 말하는 것이다.

- **曷以**見天地之大哉. (魏源, 《默觚上》〈學篇八〉)

  어떻게 천지의 큼을 보겠는가.

- 欲捄宋詩之流弊, 舍元**曷以**哉! (沈鈞德, 〈元詩百一鈔序〉)

  송시의 유폐를 찾아보겠다고 원시(元詩)를 버리면 **어떻**겠는가!

敢(감)

❶ 조동사 동사의 기능을 수식하거나 한정하고, 일을 과단성 있게 하는 것을 나타내며, '감히' '과감히' '함부로'라고 해석한다. '何(하)'와 함께 쓰면 강조를 나타내고, '不(불)'과 함께 쓰면 강한 부정의 뜻을 나타낸다.

• **敢**問, 何謂禮? (《左傳》 昭公十五年)

감히 묻건대, 무엇을 예(禮)라고 합니까?

• 子謂子貢曰: "女與回也孰愈?" 對曰: "賜◆也何**敢**望回?" (《論語》〈公冶長〉)

공자께서 자공에게 말씀하셨다. "너와 회(안회) 중에 누가 더 나으냐?" [자공이] 대답했다. "제가 어찌 **감히** 회를 바라보겠습니까?"

◆賜(사): 자공(子貢)의 이름.

• 吾攻趙, 旦暮且下, 而諸侯**敢**救者, 已拔趙, 必移兵先擊之. (《史記》〈魏公子列傳〉)

내가 조나라를 공격하면 하루 정도면 공략할 수 있는데, [만일] 제후 중에서 **감히** [조나라를] 구원하는 자는 조나라를 빼앗은 뒤에 반드시 병사를 옮겨 먼저 그를 치겠다.

且: 장차 차 | 下: 떨어뜨릴 하, 함락할 하 | 拔: 덜 발, 제거할 발

• 今大王亦宜齋戒五日, 設九賓◆於廷, 臣乃**敢**上璧. (《史記》〈廉頗藺相如列傳〉)

지금 대왕도 마땅히 닷새 동안 재계하고 뜰에서 구빈(九賓)의 예를 거행하면, 신이 **감히** 화씨벽을 바치겠습니다.

◆九賓(구빈): 천자가 귀빈을 대접할 때, 아홉 명의 손님 접대자를 동원하여 접대하는 최고의 외교 의식.

• 主明臣賢, 左右多忠, 主有失, 皆**敢**分爭正諫. 如此者, 國日安. (《新序》◆〈雜事〉)

군주가 트이고 신하가 어질며 좌우의 신하들이 대부분 충성스러워, 군주에게 과실이 있으면 모두 **과감히** 곧은 말로 간쟁한다. 이와 같이 하면 나라는 나날이 안정될 것이다.

◆《新序(신서)》: 한(漢) 왕조의 종실로서 30여 년 동안 고적 정리에 헌신했던 유향(劉向)이 한대 이전의 사서경전과 전설 등을 정리한 책.

• 朝議欲發兵救之, 帝曰: "權習水戰. 所以**敢**下船陸攻者, 幾掩不備也. 今已

與聘相持, 夫攻守勢倍, 終不**敢**久也." (《三國志》〈魏書 明帝紀〉)

조정에서는 군대를 보내 그를 구해야 한다고 건의했으나, 명제는 말했다. "손권의 군대는 수전에 익숙하다. **감히** 배에서 내려 상륙하여 공격을 하는 까닭은 [그들이] 준비하지 못한 틈을 타서 급습하기 위해서일 것이다. 지금 벌써 문빙과 서로 대치하고 있으나, 공격이란 수비보다 두 배의 병력이 있어야 하므로 그들은 **감히** 오래 머물지 못할 것이다."

- 尙書令陳矯自奏不**敢**辭罰, 亦不**敢**以處重爲恭, 意至懇惻. (《三國志》〈魏書 杜恕傳〉)

  상서령 진교는 직접 상주하여 **감히** 징벌을 멈추지 않고, 또 **감히** 처벌을 무겁게 하여 [폐하를] 공경하지 못하고 있다고 했는데, 그 마음이 지극히 간절하고 측은했다.

- 使天下之人, 不**敢**言而**敢**怒. (杜牧, 〈阿房宮賦〉◆)

  온 세상 사람들을 **함부로** 말하지도, **함부로** 성내지도 못하게 한다.

  ◆〈阿房宮賦(아방궁부)〉: 진시황이 세운 아방궁의 변화하는 과정과 진나라의 흥망성쇠의 과정을 기록하여 후대의 군주들을 경계한 글이다.

❷ **부사** 외교 석상처럼 특정한 상황에서 상대편을 배려하고, 겸허함이나 소극적인 입장 혹은 태도를 나타낸다. '감히'라고 해석한다.

- 貢之不入, 寡君之罪也, **敢**不供給? (《左傳》僖公四年)

  공물을 상납하지 않은 것은 우리 임금님의 잘못이니 **감히** 공급하지 않겠습니까?

- 若亡鄭而有益於君, **敢**以煩執事◆. (《左傳》僖公三十年)

  만일 정나라를 멸망시켜 임금께 이익이 있다면, **감히** [이런 일로] 임금님을 번거롭게 하겠습니까?

  ◆執事(집사): 옆에서 일을 처리하는 사람이란 뜻인데, 귀인을 우회적으로 지칭함.

- **敢**布腹心, 君實圖之. (《左傳》宣公十二年)

감히 마음속의 생각을 얘기하니, 임금께서는 이 점을 헤아려주십시오.

- **敢**辱郊使. (《左傳》 昭公二年)

감히 송구스럽게도 교외까지 나와 사신을 환영한다.

- 赤◆也惑, **敢**問. (《論語》〈先進〉)

저(공서화)는 의아하여 **감히** 여쭙습니다.

◆赤(적): 공자의 제자인 공서화(公西華)의 이름.

- 今乘輿已駕矣, 有司未知所之, **敢**請. (《孟子》〈梁惠王下〉)

지금 수레에 이미 말을 매었는데, 담당 관리가 갈 곳을 알지 못하니 **감히** 묻습니다.

- **敢**問夫子之不動心與告子之不動心, 可得聞與? (《孟子》〈公孫丑上〉)

감히 묻건대 선생님이 마음을 움직이지 않는 것과 고자가 마음을 움직이지 않는 것에 [무슨 차이가 있는지] 들을 수 있겠습니까?

- **敢**問何謂浩然之氣? (《孟子》〈公孫丑上〉)

감히 여쭙건대 무엇을 호연지기라고 합니까?

- 子游曰: "**敢**問其方" (《莊子》〈齊物論〉)

자유가 말했다. "**감히** 그 도리를 여쭙겠습니다."

- 五年春正月, 初令謀反大逆得相告, 其餘皆勿聽治, **敢**妄相告, 以其罪罪之. (《三國志》〈魏書 文帝紀〉)

5년(224) 봄 정월, 반역한 것과 대역죄의 경우는 고발하여도 좋지만, 그 밖의 경우는 모두 듣지도 다스리지도 않을 것이며, **감히** 다른 사람을 무고하는 자가 있다면 무고당한 자의 죄목으로 [무고한 자를] 단죄하겠다고 처음으로 명을 내렸다.

- 今陛下方隆唐堯之化, 而以獵戲多殺群吏, 愚臣以爲不可. **敢**以死請! (《三國志》〈魏書 蘇則傳〉)

지금 폐하께서는 당요의 교화를 융성하게 하려고 하시면서, 오히려 사냥놀이를 하여 많은 관리를 죽이려고 하시니, 어리석은 신으로서는 옳지 않다고 생각합니다. 저는 **감히** 죽음을 각오하고 사면을 청합니다.

- 先生之恩, 生死而肉骨也, **敢**不努力以效龜蛇之誠! (馬中錫, 《中山狼傳》)
  선생의 은혜는 죽은 자를 다시 살아나게 하고 앙상해진 뼈를 살집이 있게 하니, **감히** 노력하지 않고 거북, 뱀과 같은 성의를 본받으려는가!

羌(강)

❶ 어조사 문장의 첫머리에 쓰여 어감을 부드럽게 할 뿐 뜻은 없으므로 해석할 필요는 없다. 《초사(楚辭)》에 제한적으로 보인다.

- **羌**內恕己以量人兮, 各興心而嫉妬. (《楚辭》〈離騷〉◆)
  안으로는 자기 마음을 미루어 남을 헤아리고 각각 흥분하여 질투한다.

  ◆〈離騷(이소)〉: 본래는 '牢騷(뇌소)' '牢愁(뇌수)'로 근심하고 불평한다는 뜻인데, '근심을 만난다'는 뜻으로 파생되었다. 굴원이 동년배들의 참소에 의해 회왕에게 쫓겨나 시름하는 마음을 어디에도 하소연할 길 없어 지은 것이다.

- **羌**靈魂之欲歸兮, 何須臾而忘返? (《楚辭》〈哀郢〉◆)
  [나의] 영혼은 [옛 도읍으로] 돌아가려고 하는데, 어찌하여 잠깐 사이에 돌아갈 것을 잊겠는가?

  ◆〈哀郢(애영)〉: 초(楚)나라의 수도인 영(郢)을 그리워하며 슬퍼한다는 뜻이다. 굴원이 강남으로 재차 쫓겨났을 때 마음만은 초나라를 배회하며 차마 떠나지 못하고, 처음 유랑의 길을 떠날 때의 정경과 당시의 경로 및 나라에 대한 우국충정을 그렸다.

❷ 접속사 문장 첫머리나 중간에 쓰이며, '곧' '이에' 등으로 자유롭게 해석할 수 있다.

- 鞠稚子於懷抱兮, **羌**低徊而不忍. (潘岳, 〈寡婦賦〉)

기르던 어린이를 품에 안으니, **이에** 서성이며 차마 하지 못한다.

【참고】

[목축을 주요한 생업으로 하는] 서융(西戎)족: • 自彼氐**羌**, 莫敢不來享. (《詩經》〈商頌 殷武〉) 그 저족과 **강족**을 비롯하여 감히 조공하러 오지 않는 자가 없다.

ㄱ

彊(강)

부사 어떤 동작이나 행위를 할 때 단호한 태도를 나타낸다. '억지로' '힘써' 등으로 해석한다.

• 漢王病創臥, 張良◆**彊**請漢王起行勞軍, 以安士卒, 毋令楚乘勝於漢. (《史記》〈高祖本紀〉)

한왕(유방)이 상처로 인해 병들어 누웠는데, 장량이 한왕에게 가서 **힘써** 요청하기를 일어나서 군대를 순행하며 위로해 병사들을 안정시키고, 초나라가 이 기회를 틈타 한나라를 이기지 못하도록 하라고 했다.

◆張良(장량): 유방이 초패왕(楚霸王) 항우를 누르고 천하를 차지하는 데 결정적인 공을 세운 전한(前漢)의 공신으로, 소하(蕭何)·한신(韓信)과 함께 한대의 삼걸(三傑)로 꼽힌다. 집안은 대대로 한(韓)나라 대신이었는데, 한이 망하자 그 원수를 갚고자 역사(力士)를 시켜 철퇴로 진시황을 쳤으나 실패했다. 그 후에 하비(下邳)의 이상(圯上)에서 황석공(黃石公)으로부터 태공(太公)의 병서를 받아, 한(漢)고조(유방)의 모신이 되어 진(秦)나라를 멸하고 초(楚)나라를 평정하여 한나라를 건국하는 데 결정적 역할을 했다.

介(개)

전치사 동작이나 행위의 발생이 의지하는 조건이나 방식을 나타낸다. '~에 기대어'라고 해석한다.

- **介**人之寵, 非勇也. (《左傳》文公六年)
  다른 사람의 총애**에 기댄다면** 용기 있는 것은 아니다.
- **介**漢使者權, 謀誅嘉等. (《史記》〈南越列傳〉)
  한나라 사신의 권세**에 기대어** 여가(呂嘉) 무리를 주살하려고 모의했다.

皆(개)

❶ **부사** 상황을 총괄함을 나타낸다. 총괄하는 대상은 일반적으로 '皆(개)' 앞에 놓이지만, '皆'가 수식하는 동사 뒤에 오기도 한다. '모두' '전부'라고 해석한다.

- 小人有母, **皆**嘗小人之食矣, 未嘗君之羹, 請以遺之. (《左傳》隱公元年)
  저에게는 어머니가 계시는데 제[가 먹는] 음식은 **모두** 맛보았지만 임금님의 고깃국은 먹은 적이 없으니 이 국을 어머니께 보내도록 허락해주십시오.
  嘗: 맛볼 상
- 星墮木鳴, 國人**皆**恐. (《荀子》〈天論〉)
  별이 떨어지고 나무가 우니, 나라 사람들이 **모두** 두려워한다.
- 子以公孫龍於馬**皆**條也, 設令發於餘竅, 子亦將承之! (《列子》〈仲尼〉)
  당신은 말에 관한 공손룡의 견해가 **모두** 조리가 있다고 생각하니, 설령

[그가] 허튼소리를 하더라도 당신은 또 그것을 받아들일 것이다.

- 夜聞漢軍四面**皆**楚歌, 項王乃大驚曰: "漢**皆**已得楚乎? 是何楚人之多也!" (《史記》〈項羽本紀〉)

  밤에 한나라 군사가 사방에서 **모두** 초나라의 노래를 부르는 것을 듣고, 항왕은 깜짝 놀라서 말했다. "한나라가 이미 초나라를 **전부** 얻었는가? 어찌 초나라 사람이 이렇게도 많은가?"

- 其改封諸侯王, **皆**以郡爲國. (《三國志》〈魏書 明帝紀〉)

  제후왕들을 바꾸어 봉하여 **모두** 군을 국으로 삼았다.

- 北望八公山上, 草木**皆**類人形. (《晉書》◆〈苻堅載記〉)

  북으로 팔공산 위를 바라보니 초목이 **모두** 사람의 형상 같다.

  ◆《晉書(진서)》: 당태종(唐太宗)이 방현령(房玄齡), 이연수(李延壽) 등에게 명하여 편찬케 한 서진 및 동진의 역사서이다.

- 賊二人得我, 我幸**皆**殺之矣! (柳宗元, 〈童區寄傳〉)

  도적 두 명이 나를 붙잡았지만, 나는 다행히 그들을 **모두** 죽였도다!

- 新豐老翁八十八, 頭髮眉鬚**皆**似雪. (白居易, 〈新豐折臂翁〉)

  신풍의 노인은 여든여덟 살인데, 머리카락과 눈썹, 수염이 **모두** 눈처럼 희다.

❷ **부사** 여러 사람이 어떤 일이나 행동을 동시에 함을 나타내며, '더불어' '함께'라고 해석한다.

- 時日曷喪? 予及汝**皆**亡! (《尙書》〈湯誓〉)

  이 태양은 언제 없어질까? 내가 너와 **함께** 멸망하리라!

- 主人以賓三揖, **皆**行及階. (《儀禮》〈鄕射禮〉)

  주인은 손님과 세 번 절하고 **함께** 계단으로 간다.

- 吾欲與子**皆**行. (《韓非◆子》〈外儲說右上〉)

  나는 당신과 **함께** 가고자 한다.

◆韓非(한비): 이사(李斯)와 함께 순자(荀子)에게서 배웠으며 법가의 시조로 불린다. 하지만 동료 이사에게 무고당해 옥중에서 독살되었다.

【참고】

'皆(개)' 뒤에 '悉(실)'이 쓰이면 사물 전체에 대한 총괄의 의미가 있다: • **皆悉**怖畏. **모두**가 두려워하고 경외한다.

蓋(개)

❶ **부사** 동작·행위·상황에 대한 추측이나 대략적인 수를 나타내며, '대개' '대략' '대체로' '아마'라고 해석한다.

• **蓋**有之矣, 我未之見也. (《論語》〈里仁〉)

아마도 있겠지만, 나는 아직 보지 못했다.

• 丘也聞有國有家者, 不患貧而患不均, 不患寡而患不安. **蓋**均無貧, 和無寡, 安無傾. (《論語》〈季氏〉)

내가 듣건대 국가를 소유하고 있는 자는 [재화가] 적은 것을 근심하지 않고 고르지 못한 것을 근심하며, 가난을 근심하지 않고 안정되지 못함을 근심한다. **대개** [분배가] 고르면 가난한 사람이 없고, 조화로우면 적다고 느끼지 않을 것이며, 안정되면 [나라가] 기울어질 일이 없다.

• **蓋**老子百有◆六十餘歲, 或言二百餘歲. (《史記》〈老子韓非列傳〉)

대략 노자는 160여 년을 살았는데, 어떤 사람은 2백여 년을 살았다고도 한다.

◆有(유): '又(우)'와 같음.

• 諸子中勝最賢, 喜賓客, 賓客**蓋**至者數千人. (《史記》〈平原君虞卿列傳〉)

여러 공자 중에서 조승(趙勝)이 가장 현명하고 빈객을 좋아했는데, [그에게 찾아온] 빈객은 **대략** 수천 명이나 되었다.

• 漢室中微, 王莽◆簒位, 士之蘊藉義憤甚矣. 是時裂冠毁冕相携持而去之者, **蓋**不可勝數. (《後漢書》〈逸民列傳〉)

한 왕조는 중간에 쇠약해져 왕망이 제위를 찬탈했으며, 사대부들의 울분은 극도에 이르렀다. 그 당시 관을 찢고서 서로 손잡고 [왕망을] 떠난 자는 **대체로** 수를 헤아릴 수 없었다.

◆王莽(왕망). 한나라 효원황후(孝元皇后)의 조카로 평제(平帝)를 시해하고 한 왕조를 찬탈했으나 내치외교(內治外交)에 실패하여 재위 15년 만에 광무제(光武帝)에게 망했다.

• 夫蜀, **蓋**藩援之與國, 而非吳人之存亡也. (《文選》〈辨亡論下〉)

촉나라는 **대체로** 울타리가 되는 동맹국이지만, 오나라의 존망이 [촉에 달린 것은] 아니다.

• 愈始聞而惑之, 又從而思之, **蓋**賢者也, **蓋**所謂獨善其身者也. (韓愈, 〈圬者王承福傳〉)

나는 처음에 [그의 말을] 듣고 의혹을 품었으나 다시 생각해보니, **대체로** [그는] 어진 사람이고, **대체로** 그 자신을 잘 보존하는 사람이었다.

• 善始者實繁, 克終者**蓋**寡. (魏徵◆, 〈諫太宗十思疏〉)

시작을 잘하는 사람은 아주 많지만, 마무리를 잘하는 이는 **대개** 적다.

◆魏徵(위징): 《수서(隋書)》를 쓴 초당(初唐)의 역사학자이며, 종경(宗經)·재도(載道)·교화(敎化)·실용(實用)을 주장했다.

• **蓋**予所至, 比好游者尙不能十一. (王安石, 〈游褒禪山記〉)

대체로 내가 이른 곳은 유람을 좋아하는 자에 비하면 오히려 10분의 1도 되지 못한다.

• 玉◆之言**蓋**有諷焉. (蘇轍, 〈黃州快哉亭記〉)

송옥(宋玉)의 말은 **대개** 풍자를 함유하고 있다.

◆玉(옥): 송옥(宋玉). 굴원(屈原)의 낭만주의 문학을 계승했지만, 굴원과는 달리 가난한 선비로 관직에 접근하여 겨우 임금이 개최하는 연회 때 사부를 지어 바치는 문학 시종(侍從)에 머물렀다.

❷ **접속사** 원인을 추측하거나 이유를 진술하며, '대부분' '아마도' '왜냐하면' '원래' 등으로 해석한다.

- 非用於秦者必智, 用於燕者必愚也. **蓋**治亂之資異也. (《韓非子》〈五蠹〉)
  진나라에 임용된 자라고 하여 반드시 총명하고, 연나라에 임용된 자라고 하여 반드시 어리석은 것은 아니다. **원래** [두 나라의] 다스려지고 혼란스러운 상황이 다르기 때문이다.
- 孔子罕稱命, **蓋**難言之也. (《史記》〈外戚世家〉)
  공자는 '명(命)'에 대해 드물게 말했는데, **원래** 그것을 말하기 어렵기 때문이다.
- 屈平之作離騷, **蓋**自怨生也. (《史記》〈屈原◆賈生列傳〉)
  굴평(굴원)이 지은 〈이소〉는 **원래** 원한으로부터 생긴 것이다.

  ◆屈原(굴원): 전국시대 초나라의 문인으로, 회왕(懷王)의 두터운 신임을 받았으나, 소인배들의 참소로 소외당하여 〈이소〉를 짓고 멱라수(汨羅水)에 빠져 죽었다.
- 然侍衛之臣, 不懈於內, 忠志之士, 忘身於外者, **蓋**追先帝之殊遇, 欲報之於陛下也. (諸葛亮, 〈前出師表〉)
  그러나 모시는 신하가 [조정] 안에서 게으르지 않고, 충성스러운 뜻을 가진 군사가 밖에서 몸[의 안위]을 잊는 것은, **원래** 선제의 특별한 대우를 추모하여 폐하께 보답하려는 것입니다.
- 及敵槍再擊, 寨◆中人又驚伏矣, **蓋**借寨墻爲弊也. (《清稗類鈔》〈馮婉貞〉)
  적군이 창으로 다시 공격하자, 울타리 안에 있는 사람들은 또 집오리처럼 엎드렸는데, **원래는** 울타리를 빌려 가린 것이다.

  ◆寨(채): 목책으로 둘러싼 방위 시설.

寨: 나무우리 채 | 鶩: 집오리 목

• **蓋**爲讎家, 反間也. (柳光翼,《楓巖輯話》)

아마도 원수의 집에서 이간질을 했을 것입니다.

❸ **어조사** 화제를 종합적으로 제시하며 '일반적으로 말하다'라는 뜻을 지니지만, 굳이 해석할 필요는 없다.

• **蓋**天下萬物之萌生, 靡不有死. (《史記》〈孝文本紀〉)

천하 만물로 싹이 터서 자란 것은 죽지 않는 것이 없다.

• **蓋**聞王者莫高於周文, 伯◆者莫高於齊桓, 皆待賢人而成名. (《漢書》〈高帝紀〉)

듣건대 왕 가운데 주문왕(周文王)보다 나은 이가 없고, 패주 가운데 제환공보다 나은 이가 없는데, [그들은] 모두 현인에 의지하여 명성을 이루었다.

◆伯(패): '霸(패)'와 같다.

伯: 패도 패

• **蓋**聞爲善者天報以福, 爲非者天報以殃. (《漢書》〈燕荊吳列傳〉)

듣건대 좋은 일을 하는 사람은 하늘에서 복으로써 보답하고, 나쁜 일을 하는 사람은 하늘에서 재앙으로써 보답한다고 한다.

• **蓋**儒者所爭, 尤在於名實. (王安石,〈答司馬諫議書〉)

유생들이 다투는 것은 특히 명분과 실질에 있다.

❹ **대사** 반어를 나타내며, '무엇 때문에' '어떻게' 등으로 해석한다.

• 然而今天下之士君子或以命爲有, **蓋**嘗尙觀於聖王之事? (《墨子》〈非命上〉)

그러나 지금 천하의 책 읽는 군자들 가운데 어떤 이는 운명이 있다고 생각하는데, **무엇 때문에** 일찍이 성왕의 일에서 살피지 않는가?

• **蓋**亦反◆其本矣? (《孟子》〈梁惠王上〉)

무엇 때문에 또한 그 근본을 돌이키지 않는가?

◆反(반): '返(돌이킬 반)'과 같다.

• 善哉! 技**蓋**至此乎? (《莊子》〈養生主〉)

훌륭하구나! 기술이 **어떻게** 이 경지에 이르렀는가?

• 勢位富厚, **蓋** 可忽乎哉! (《戰國策》〈秦策一〉)

세력, 지위, 부를 **어떻게** 홀시할 수 있겠는가!

【참고】

① [갈대나 띠풀로 엮은] 덮개: • 冠**蓋** 관 **덮개**.

② 가리다, 덮다: • 日月欲明, 而浮雲**蓋**之. (《淮南子》〈說林〉) 해와 달은 밝은 빛을 내려 하나, 뜬구름이 그것을 **가린다**. • **蓋**棺論定. 관을 **덮은**(죽은) 뒤에야 의논하여 결정한다. • 功**蓋**天下. 공이 천하를 **가렸다**. • **蓋**世無雙. [기개가] 세상을 **덮어** 대적할 사람이 없다.

③ 압도하다: • 功**蓋**五帝. (《史記》〈秦始皇本紀〉) 공적이 오제를 **압도한다**.

槪(개)

부사 내용이나 상황이 그다지 정확하지 않거나 자세하지 않음을 나타낸다. '대개' '대략적으로' 등으로 해석한다.

• 余以所聞由光義至高, 其文辭不少**槪**見, 何哉? (《史記》〈伯夷列傳〉)

나는 허유와 무광의 절의가 지극히 고결하다고 들었는데, 그들의 문사는 **대략적으로** 나타나 있지 않으니 무엇 때문인가?

更(갱)

❶ **부사** 동작·행위·상황이 거듭됨을 나타내며, '다시' '또한'이라고 해석한다.

- 虞不臘◆矣. 在此行也, 晉不**更**擧矣. (《左傳》 僖公五年)

  우나라는 겨울 제사를 지내지 못할 것이다. [그 나라의 멸망은 바로 진나라의] 이번 행동에 달렸으니 진나라는 **다시** [병사를] 일으키지 않을 것이다.

  ◆臘(납): 소금에 절여 말린 고기 포라는 뜻인데, 여기서는 옛날 동지 뒤의 셋째 술일(戌日)에 지내던 제사를 말한다.

- **更**授匈奴南單于呼廚泉魏璽綬, 賜青蓋車·乘輿·寶劍·玉玦◆. (《三國志》〈魏書 文帝紀〉)

  또한 흉노 남선우 호주천에게 위나라의 옥새와 허리띠를 주고, 청개거·승여·보검·옥결도 하사했다.

  ◆玉玦(옥결): 한 곳이 끊어진 고리 모양의 옥.

- 議者多以爲維力已竭, 未能**更**出. (《三國志》〈魏書 鄧艾傳〉)

  논의하는 자들은 대부분 강유(姜維)의 병력이 이미 다하여 **다시** 출병할 수 없을 것이라고 생각했다.

- 棋者不信, 以帊蓋局, 使**更**以他局爲之, 用相比較, 不誤一道. (《三國志》〈魏書 王粲◆傳〉)

  바둑을 두고 있던 사람들은 믿지 못하여 수건으로 바둑판을 가리고, [그에게] **다시** 다른 바둑판에 바둑알을 늘어놓게 하고는 서로 비교했는데, 한 길도 틀리지 않았다.

  ◆王粲(왕찬): 건안칠자(建安七子)의 한 사람으로 조(曹)씨 부자의 막료, 예하로 있다가 일찍 세상을 떠났다. 정련된 언어와 치밀한 대구 형식으로 건안(建安) 시가의 예술성

을 높인 시인으로 평가된다. 사실적인 악부체(樂府體)로 이루어진 걸작 〈칠애시(七哀詩)〉를 비롯하여 군벌의 혼전이 빚은 참상, 부역의 재난, 봉건가정에서의 문제점 등을 뛰어난 필치로 묘사했다.

• 故汴水之戰數千, 後還到揚州**更**募, 亦復不過三千人. (曹操, 〈讓縣自明本志令〉)

그러므로 변수 싸움에서 [나의 병력은] 몇천 명뿐이었고, 뒤에 양주로 돌아와 **다시** 모집했으나 또한 3천 명을 넘지 못했다.

• 欲窮千里目, **更**上一層樓. (王之渙, 〈登鸛雀樓〉)

눈으로 천 리 밖을 보려면, **다시** 누각으로 한 층 더 올라가야 한다.

• 勸君**更**進一杯酒, 西出陽關◆無故人. (王維◆, 〈送元二使安西〉)

그대에게 술 한 잔 **다시** 권하니, 서쪽 양관을 나서면 친한 벗 없으리.

◆陽關(양관): 중국과 서역 사이의 관문.

◆王維(왕유): 성당(盛唐)의 시인으로서 음악에 정통하고 그림에 뛰어나 남종화(南宗畵)의 시조로 추존된다. 특히 불교를 신봉하여 자를 마힐(摩詰)로 했다. 시불(詩佛)로 시선일치(詩禪一致)의 경지에 이르렀다.

• 安都挺身奮擊, 流血凝肘, 矛折, 易之**更**入. (《資治通鑑》〈宋紀〉 文帝元嘉二十七年)

설안도(薛安都)는 앞장서 나아가 분발하여 적을 치고, 흐르는 피가 팔꿈치에 엉기고 창이 부러지자, 그것을 바꾸어 **다시** [적진을 향해] 들어갔다.

肘: 팔꿈치 주

• 東風忽起垂陽舞, **更**作荷心萬點聲. (劉敞, 〈雨後池上〉)

봄바람이 갑자기 불어오니 늘어진 버들은 춤을 추고, **다시** 연꽃의 마음 되어 온갖 소리를 낸다.

• 年二十八, **更**還國, 見世衰亂, 惟致意於探究古書. (崔致遠, 《桂苑筆耕》)

나이 28세에 **다시** 나라로 돌아와 세상이 쇠하고 혼란스러움을 보고, 오직 옛글을 탐구하는 데 뜻을 두었다.

- 其後, **更**取美貌男子, 粧飾之, 名花郎以奉之, 徒衆雲集. (金富軾, 《三國史記》)

  그 후 **다시** 아름다운 남자를 뽑아 곱게 단장하여 이름을 화랑이라 하여 받들게 하니, 무리가 구름같이 모여들었다.

- **更**有一僧, 被衲衣, 負櫻筒, 從南而來. (一然, 《三國遺事》)

  다시 한 승려가 있어 납의를 입고 앵통을 지고 남쪽에서 왔다.

- 又打頂云者, 一掌山僧自喫, **更**有一掌, 分付阿誰. (《曹溪眞覺國師語錄》〈室中對機〉)

  또 정수리를 때리면서 "한 손바닥은 내가 먹을 것이고 **또** 한 손바닥이 있는데, 누구에게 나누어줄까?"라고 했다.

❷ **부사** 정도가 더 깊어짐을 나타내며, '더' '더욱' '더욱더' '더욱이'라고 해석한다. '更(갱)'이 중복해서 사용되는 경우는 '~하면 할수록 ~하다'라고 해석한다.

- 修士不能以貨賂事人, 恃其精洁而**更**不能以枉法爲治. (《韓非子》〈孤憤〉)

  덕행이 있는 선비는 재물로써 다른 사람을 섬기지 못하며, 자신의 청렴하고 겸손함을 믿기 때문에 **더욱이** 법을 어기면서 다스리지 못한다.

- 求蓬萊◆安期生◆莫能得. 而海上燕·齊怪迂之方士多相效, **更**言神事矣. (《史記》〈武帝本紀〉)

  봉래산의 [신선] 안기생을 찾으려 했지만 찾을 수는 없었다. 그러나 해변의 하북과 산동 일대에서는 괴팍스럽고 우활한 방사(方士)들이 대부분 서로 흉내 내고 **더욱더** 신선의 일을 얘기했다.

  ◆蓬萊(봉래): 방장산(方丈山), 영주산(瀛洲山)과 함께 삼신산(三神仙)의 하나로서 발해(渤海)에 있는 신선이 산다는 산.

  ◆安期生(안기생): 전설의 신선.

• 太祖患猶不息, **更**重其刑. (《三國志》〈魏書 高柔傳〉)

태조(조조)는 [도망치는] 병사가 여전히 멈추지 않는 것을 근심하다가 형벌을 **더욱더** 엄하게 했다.

• 然烏丸·鮮卑稍**更**彊盛, 亦因漢末之亂, 中國◆多事, 不遑外討. (《三國志》〈魏書 烏丸鮮卑東夷傳〉)

그러나 오환과 선비는 **점점 더** 강성해졌고, 게다가 한나라 말기의 혼란으로 인하여 중원에 일이 많아 외부 세력을 토벌할 여유가 없었다.

◆中國(중국): 중원(中原).

• 養陰里 …… 城處水之陽, 而以'陰◆'爲稱, **更**用惑焉. (《水經注》〈汝水〉)

양음 마을은 …… 성이 물의 북쪽에 있는데, 오히려 '음(陰)'으로 명명하니 **더욱** 의심나는구나.

◆陰(음): 산의 북쪽 또는 하천의 남쪽을 가리킴.

• 離恨恰如春草, **更**行**更**遠還生. (李煜, 〈清平樂〉)

이별의 한은 마치 봄풀과 같아서 가**면** 갈**수록** 도리어 자라난다.

• 今日拒之, 事**更**不順. (《資治通鑑》〈漢紀〉 獻帝建安十三年)

오늘날 그에게 항거하면 일이 **더욱** 순탄하지 못하게 된다.

• 生前只爲累, 身後**更**須名. (陳師道, 〈懷遠〉)

살아서는 [재난만을] 일삼았으나 죽어서는 **더욱** 이름이 있기를 바란다.

• 山形秋**更**好, 江色夜猶明. (金富軾, 〈甘露寺次韻〉)

산의 모습은 가을에 **더욱** 좋고, 강의 빛깔은 밤에 오히려 밝다.

• **更**無些子空隙, 可安排理字? (任聖周, 〈鹿廬雜識〉)

더욱이 조그만 틈서리도 없으니, 리(理) 자를 배열할 수 있겠는가?

❸ **부사** 원래의 범위 밖의 일을 나타내며, '따로' '별도로'라고 해석한다.

• 此時孟嘗君◆有一狐白裘, 直千金, 天下無雙. 入秦獻之昭王, **更**無他裘. (《史記》〈孟嘗君列傳〉)

이때 맹상군에게는 여우 털로 만든 흰 갖옷이 하나 있었는데, 값어치가 천금이나 되고 천하에 둘도 없는 것이었다. 진나라로 들어갔을 때 그것을 소왕(昭王)에게 바쳤고, **별도로** 다른 갖옷은 없었다.

◆孟嘗君(맹상군): 전국시대 제나라 전영(田嬰)의 아들로 이름은 문(文)이다. 설(薛) 땅을 봉토로 받아 맹상군이 되었고, 특히 정승이 되었을 때는 현명한 선비를 초빙하여 식객이 3천 명에 이르렀다. 진(秦)나라로 갔다가 소주(昭主)에게 피살될 위험에 처했지만, 계명구도(鷄鳴狗盜)에 뛰어난 식객의 도움으로 화를 모면한 고사로 유명하다.

直: 값나갈 치

• 得**更**求好女, 後日送之. (《史記》〈滑稽列傳〉)

[만일] **별도로** 아름다운 여인을 찾을 수 있으면 뒷날 그녀를 보내겠습니다.

• 雖然, 猶應固守三關, **更**謀進取. (任昉, 〈奏彈曹景宗文〉)

비록 그러할지라도 여전히 세 관문을 굳게 지켜야만 하므로 **따로** 나아가 취할 바를 도모했다.

• 室中**更**無人, 惟有乳下孫. (杜甫, 〈石壕吏〉◆)

집안에는 **별도로** 사람이 없고 오직 젖먹이 손자만 있다.

◆〈石壕吏(석호리)〉: 두보가 사실주의적 기법으로 사회에 대한 비판과 민간의 고통을 대변하고 관리의 횡포를 풍자한 시. 그의 대표작 중 하나로 〈신안리(新安吏)〉 〈동관리(潼關吏)〉와 함께 3리(三吏)라고 불린다.

❹ **부사** 앞 문장의 뜻과 반대되거나 동작 혹은 행위가 의외임을 나타내며, '도리어'라고 해석한다.

• 是商君反爲主, 大王**更**爲臣也. (《戰國策》〈秦策一〉)

이는 상군이 도리어 주인이 되고, 대왕은 **도리어** 신하가 되는 것입니다.

• 季孟嘗折愧子陽, 而不受其爵, 今**更**共陸陸◆, 欲往附之, 將難爲顏乎! (《後漢書》〈馬援列傳〉)

계맹이 일찍이 자양에게 치욕을 당하여 그가 주는 관직을 받지 않았는데, 지금은 **도리어** 하는 일 없이 그를 맞아들이고, 가서 그에게 의지하려 하니, 또한 얼굴을 들기 어렵지 않겠는가!

◆陸陸(육륙): 하는 일 없이 꿈지럭거리는 모양.

• 所以然者, 兵多意盛, 與强敵爭, 儻**更**爲禍始. (曹操, 〈讓縣自明本志令〉)

그렇게 된 까닭은 병사가 많고 마음이 교만하여 강한 적군과 싸웠기 때문으로 **도리어** 재앙의 실마리가 된 것이다.

❺ **부사** 일이 번갈아 일어남을 나타내며, '번갈아' '차례로' 등으로 해석한다.

• 四海迭興, **更**爲霸主◆. (《史記》〈十二諸侯年表〉)

천하의 제후들은 교대로 흥기하여 **차례로** 패주가 되었다.

◆霸主(패주): 제후의 우두머리. 무력과 권모로 천하를 다스리는 자.

• 及其衰也, 亦三百餘歲, 故五伯◆**更**起. (《史記》〈主父偃列傳〉)

[주나라가] 쇠약해지는 과정 역시 3백여 년이나 되었다. 그래서 [그 과정에서] 오패가 **번갈아** 일어났다.

◆五伯(오패): 춘추시대 제후의 우두머리 다섯 명으로 곧 제환공(齊桓公), 진문공(晉文公), 진목공(秦穆公), 송양공(宋襄公), 초장왕(楚莊王)을 말한다.

• 外國使**更**來**更**去. (《漢書》〈張騫◆列傳〉)

외국 사절이 **번갈아** 오고 간다.

◆장건(張騫): 전한의 하내(河內) 사람으로 무제 때 대월지(大月氏)에 사신으로 갔다가 흉노의 포로가 되어 13년 만에 돌아왔다. 그 후 한나라가 서역(西域) 제국(諸國)에 알려져 교통이 크게 열려 그 공으로 박망후(博望侯)에 봉해졌다.

• 祕舞**更**奏, 妙材騁使. (張衡◆, 〈西京賦〉)

신비한 춤이 **번갈아** 연출되고, 뛰어난 재주꾼이 곡예를 한다.

◆張衡(장형): 후한의 학자인데, 문장에 뛰어나 《양경부(兩京賦)》를 지었으며 천문이나

역산(曆算)에 통하여 혼천의(渾天儀)를 발명하기도 했다.

• 乃設壇場, 方共盟誓, 諸州郡**更**相讓, 莫敢當, 咸共推洪. (《三國志》〈魏書 臧洪傳〉)

곧이어 제단을 쌓고 바야흐로 함께 맹세하려는데, 여러 주와 군[의 자사와 태수]은 **차례로** 서로 양보하여 [그 맹주의 역할을] 감히 맡으려 하지 않고, 모두 함께 장홍을 추천했다.

• 繇以爲"古之肉刑, **更**歷聖人, 宜復施行, 以代死刑." (《三國志》〈魏書 鍾繇傳〉)

종요는 "고대의 육형은 성인들을 **차례로** 거치면서 시행되었으니 사형을 대신하는 것이 마땅하다."고 했다.

【참고】

① 바꾸다, 고치다, 바뀌다: • 公膳日雙鷄, 饔人竊**更**之以鶩. (《左傳》 襄公二十八年) 공은 매일 닭 두 마리를 먹었는데, 요리하는 사람이 몰래 오리로 **바꾸었다**. • **更**若役. (柳宗元, 〈捕蛇者說〉◆) 너의 일을 **바꾼다**. 若: 너 약 ◆〈捕蛇者說(포사자설)〉: 영주(永州) 지방의 어느 땅꾼 얘기를 빌려 당시 가렴주구를 일삼던 세리(稅吏)와 백성의 도탄상을 그렸다. 5백 자도 안 되는 짧은 글로서, 설화체의 산문 형식을 빌려 폭정이 호랑이보다 무섭다는 현실을 효과적으로 묘사하기 위해 죽음을 무릅쓰고 독사를 잡는 장씨(蔣氏) 집안의 극단적인 비극을 그려놓았다. • 改弦**更**張. 현을 고치고 거문고 줄을 **고쳐** 매다. • 萬象**更**新. 만물을 새롭게 **고치다**. • **更**僕難數. 종을 **바꾸는** 것은 자주 하기가 어렵다.

② 갱신: • 枷鏁之苦, 未蒙**更**新之澤. (金富軾, 《三國史記》) 가쇄의 고통을 받는 자가 아직 **갱신**의 은혜를 받지 못했다.

③ 경력: • 諺曰: "智若禹湯, 不如嘗**更**." (《齊民要術》〈序〉) 속담에 "총명함이 우(禹)와 탕(湯) 같더라도 일찍이 **경력**이 있는 것만 못하다."고 했다. • 少不**更**事. 나이 어린 사람은 **경력**이 없다.

更復(갱부)

부사 동작이나 행위의 중복을 나타내며, '다시' '또한'이라고 해석한다.

- 夫君道不正, 臣職不明, 此天下第一事也. 於此不言, **更復**何言? (海瑞, 〈治安疏〉)

  무릇 임금의 도리가 바르지 못하고 신하의 직책이 명확하지 않으면, 이것은 천하에서 첫 번째 일이다. 이에 대해서 말하지 않고 **또한** 무엇을 말하겠는가?

更相(갱상)

❶ **부사** 서로 호응하는 관계를 나타내며, '서로'라고 해석한다.

- 諸侯**更相**誅伐, 周天子弗能禁. (《史記》〈秦始皇本紀〉)

  제후들은 **서로** 주살하고 정벌했으나, 주나라 천자는 금지할 수 없었다.

- 鄕里皆謂已死, **更相**慶. (《世說新語》〈自新〉)

  시골 사람들은 모두 이미 죽었다고 말하고 **서로** 축하했다.

- 母孫◆二人, **更相**爲命. (李密◆, 〈陳情表〉)

  할머니와 손자 두 사람이 **서로** 의지하며 목숨을 이어갑니다.

  ◆孫(손): 손자. 여기서는 이밀(李密) 자신.

  ◆李密(이밀): 동진(東晉) 때 사람으로 부모를 일찍이 여의고 할머니 밑에서 자랐는데, 효성이 지극하여 무제(武帝)가 이를 기리어 태자세마(太子洗馬)의 벼슬을 내렸으나 〈진정표(陳情表)〉를 올려 사양했다.

  母: 할미 모 | 孫: 손자 손

- 聞冀州俗, 父子異部, **更相**毁譽. (曹操, 〈整齊風俗令〉)

  기주의 풍속은 아버지와 아들이 다른 부문에 속해 **서로** 훼방하거나 헐뜯는다고 들었다.

• **更相**稱美, **更相**推讓. (歐陽修◆,〈朋黨論〉)

　서로 칭찬하고 **서로** 양보한다.

　◆歐陽修(구양수): 송(宋)나라의 학자이자 문호. 자는 영숙(永叔)이고 호는 취옹(醉翁)

　　또는 육일거사(六一居士). 과거에 급제하여 한림원시독학사(翰林院侍讀學士)와 추밀

　　부사(樞密府使) 등을 역임했으며, 당송 8대가의 한 사람이다.

• 勤者升, 惰者黜, 於是**更相**勉勵. (《元史》〈王思誠傳〉)

　부지런한 사람은 올라가고 게으른 사람은 쫓겨나니, 따라서 **서로** 격려

　한다.

❷ **부사** 두 일이 연속됨을 나타내며, '차례로'라고 해석한다.

• 田文言曰: "今此三君者, 皆丞相也." 其後三人竟**更相**代爲丞相. (《史記》

　〈張丞相列傳〉)

　전문이 "지금 이 세 분은 모두 승상이 될 것이다."라고 했는데, 그 뒤 세

　사람은 마침내 **차례로** 승상이 되었다.

• 盡樹其親黨賓客於名都大郡, 皆賦斂◆吏人, **更相**賂遺, 其餘州郡, 亦復望

　風從之. (《後漢書》〈袁張韓周列傳〉)

　모두 그들의 친척과 무리, 빈객을 이름난 도읍이나 큰 고을에 두었는데,

　다들 벼슬아치들과 백성들에게 세금을 거두어 **차례로** 뇌물을 보냈으며,

　그 나머지 주군들 또한 이러한 풍조를 바라보며 따라 했다.

　◆賦斂(부렴): 조세를 부과하여 징수함.

更互(갱호)

부사 어떤 동작이나 행위를 번갈아 함을 나타내며, '계속하여' '교대로'

'서로' 등으로 해석한다.

- **更互**用之, 瞬息可就. (《夢溪筆談》◆〈技藝〉)

  교대로 그것을 사용하면 눈 깜짝할 사이에 마칠 수 있다.

  ◆《夢溪筆談(몽계필담)》: 송대 심괄(沈括)이 지은 것으로 고사·변증(辨證)·악율(樂律)·유문(遺文)·구전(舊典)·문장·기예로부터 자연과학 및 골목길의 이야기에 이르기까지 광범위한 내용이 수록되어 있다.

- 自靖康丙午歲, 金狄亂華, 盜賊官兵以至居民**更互**相食. (《南村輟耕錄》〈王眉叟〉)

  정강 병오년부터 금나라 오랑캐가 중국을 어지럽혀, 도적과 관병에서부터 주민들까지 **서로** 잡아먹는다.

居(거)

어조사 대사 '誰(수)' '何(하)' 등과 어울려 의문을 나타내거나 '諸(제)'와 함께 쓰여 감탄이나 크게 부르는 것을 나타내며, '~이구나' '~이여' '~인가'라고 해석한다.

- 日**居**! 月諸! 胡迭而微? (《詩經》〈邶風 柏舟〉◆)

  해님**이여**! 달님이여! 어찌하여 번갈아 어두워지는가?

  ◆〈柏舟(백주)〉: 죽은 약혼자를 그리워하며 다른 남자에게 출가할 수 없는 여인의 마음을 읊은 작품이다.

  迭: 번갈아 질

- 國有人焉, 誰**居**? 其孟椒乎! (《左傳》襄公二十三年)

  나라에 인재가 있으니 누구**인가**? 아마도 맹초이겠지!

- 檀弓曰: "何**居**? 我未之前聞也." (《禮記》〈檀弓上〉)

단궁이 말했다. "무엇**인가**? 나는 이것을 전에는 듣지 못했다."

【참고】

거주하다, ~에 처하다, 앉다. 동사로서 '蹲(웅크릴 준)'과 같다.

居常(거상)

부사 동작·행위·상황이 언제나 그러함을 나타내며, '늘' '언제나' '항상' 등으로 해석한다.

- 信由此日夜怨望, **居常**鞅鞅. (《史記》〈淮陰侯列傳〉)

  한신은 이로 말미암아 밤낮으로 원망하며 **항상** 번뇌했다.

- **居常**慷慨嘆曰: "衍少事名賢, 經歷顯位." (《後漢書》〈馮衍列傳〉)

  [풍연(馮衍)은] **항상** 울분에 차 탄식했다. "나는 젊어서는 이름난 현인을 섬겼고 높은 관직을 거쳤다."

- 瑗愛士, 好賓客, 盛脩肴膳, 單極滋味, 不問餘產. **居常**蔬食菜羹而已. (《後漢書》〈崔駰列傳〉)

  최원(崔瑗)은 선비를 사랑하고 빈객을 좋아하여 풍성한 안주를 성대히 차려놓고 맛있는 음식을 모두 준비했으며 남아 있는 식량에 대해서는 묻지도 않았다. [그 자신은] **늘** 푸성귀로 국을 끓일 뿐이었다.

- 朕**居常**忽卿言, 今急矣. 勿以爲懟, 卿其教我當安歸? (《新五代史》〈梁臣傳敬翔〉)

  짐이 **언제나** 당신의 의견을 경시하여 오늘날 [상황이] 급박해졌소. 나를 원망하지 말고 그대는 나에게 어느 곳으로 돌아가야 할지를 가르쳐주시오.

渠(거)

❶ **대사** '他(타)' '伊(이)'와 같은 뜻이며, '그'라고 해석한다. 한대(漢代) 이후의 문헌에 주로 나타난다.

- 雖與府吏要, **渠**會永無緣. (無名氏, 〈焦仲卿妻〉◆)

  비록 관청의 관리와 서약을 했을지라도 **그**와의 만남은 영원히 인연이 없을 것이다.

  ◆〈焦仲卿妻(초중경처)〉: 〈공작동남비(孔雀東南飛)〉라고도 하는데, 봉건 예교하에서 속박당하는 애정을 노래한 작품으로, 1,765자에 달하는 중국에서 가장 긴 서사시이자 시극이라 할 수 있다. 초중경(焦仲卿)과 그의 아내 난지(蘭芝)가 서로 사랑하여 결혼했으나 초중경의 어머니가 난지를 내쫓고 초중경을 관료 집안의 딸과 재혼시키려 하자 두 사람이 자살한다는 내용이다.

- 女婿◆昨來, 必是**渠**所竊. (《三國志》〈吳書 趙達傳〉)

  사위가 어제 왔으니, 틀림없이 **그**가 훔쳐갔을 것이다.

  ◆婿(서): 壻(사위 서)의 속자.

- **渠**從事東川, 近得書, 且知無恙◆矣. (白居易, 〈答戶部崔侍郎書〉)

  그(백거이의 동생)는 일을 좇아 동천에 있는데, 요즘 편지를 받고 근심이 없다는 것을 알았다.

  ◆恙(양): 원래 사람을 무는 독충(毒蟲)의 이름이었다. 옛날에는 사람이 독충으로부터 해독을 많이 입었으므로 질병이나 근심 등의 뜻으로 쓰이게 되었다.

- 問**渠**田父: "定無饑?" 却道: "官人那得知?" (楊萬里◆, 〈至後入城道中雜興〉)

  그 농부에게 물었다. "틀림없이 배고프지 않겠는가?" 오히려 [농부가] 말했다. "관리가 어떻게 알겠는가?"

  ◆楊萬里(양만리): 송대의 시인이며 정치가.

❷ **부사** 정도가 깊음을 나타내며, '매우' '지극히' 등으로 해석한다. 간혹 명사 앞에 쓰여 지시어가 된다.

- 故絶仁棄義以及孝慈, 未**渠**弘也. (《後漢書》〈大宛列傳〉)
  그러므로 인(仁)을 끊고 의(義)를 버리고서 효성과 자애로움에 미치면, **지극히** 큰 것은 아니다.

❸ **부사** '乎(호)'와 어울려 반문을 나타내며, '설마' '어찌'라고 해석한다.

- 今日鷹隼始擊, 當順天氣取奸惡, 以成嚴霜之誅, 掾部**渠**有其人乎? (《漢書》〈孫寶列傳〉)
  오늘 매와 송골매 같은 오랑캐가 막 공격해오니, 마땅히 천명에 순응하여 간악한 적을 공격함으로써 서릿발같이 엄하게 주살해야 하는데, 하급 관리 중에 **설마** 적당한 사람이 있겠는가?
  鷹: 매 응 | 隼: 송골매 준 | 嚴: 혹독할 엄

【참고】

인공적으로 만든 물길. 또한 '渠(거)'는 '詎(거)' '巨(거)'의 가차자이다.

詎/巨(거)

부사 반문을 나타내며, '설마' '어찌'라고 해석한다. '豈(기)'와 같다.

- **詎**士也? 見侮而不鬪, 辱也! (《公孫龍子》〈迹府〉)
  설마 선비이겠는가? 모욕당하고도 상관하지 않는 것은 치욕이구나!
- 沛公* 不先破關中*, 公**巨**能入乎? (《漢書》〈高帝紀〉)
  패공이 먼저 관중을 공격하지 않았는데 그대가 **설마** 들어갈 수 있겠는가?

◆沛公(패공): 한고조(유방)가 제위에 오르기 전의 칭호.

◆關中(관중): 지금의 섬서성 지방.

• 徒設在昔心, 良辰◆**詎**可待? (陶淵明, 〈讀山海經〉)

부질없이 과거의 [웅장한] 마음만을 생각한다면 **어찌** [실현할 수 있는] 좋은 날을 기다릴 수 있을까?

◆良辰(양신): 좋은 날.

• 春桂答, 春華**詎**能久. (王維, 〈春桂問答〉)

봄 계수나무가 대답하기를, 봄꽃이 **어찌** 오래갈 수 있을까.

• 我國家如金甌, 無一傷缺, 今忽受景地, **詎**是事宜? (《資治通鑑》〈梁紀〉武帝太淸元年)

우리나라는 금으로 된 단지와 같아 상한 곳이 하나도 없는데, 지금 갑자기 후경(侯景)이 [관할하는] 땅을 받아들인다면 **어찌** 이 일이 알맞겠는가?

甌: 단지 구

• 劉季述◆謂主上輕佻變詐, 難以奉事, **詎**不信哉? (金萬重, 《西浦漫筆》上)

유계술은 주상이 경박하고 변덕이 심하여 받들어 모시기가 어렵다고 했는데, **어찌** 믿지 못하겠는가?

◆劉季述(유계술): 소종(昭宗) 때의 중위(中尉)로서 정세가 어지럽게 되자 모반을 계획했던 인물 중 하나이다.

• 歐陽史及通鑑綱目於會未有特筆, **詎**非闕文? (金萬重, 《西浦漫筆》上)

구양수(歐陽修)의 《오대사(五代史)》나 《통감강목(通鑑綱目)》에도 정회(丁會)에 대하여 특별히 기록한 것이 없으니, **어찌** 결여된 글이 아니겠는가?

詎非(거비)

접속사 '詎非(거비)'의 형태로만 쓰이며 부정적 가설을 나타낸다. '苟(구)'와 같으며 '만일 ~이 아니라면'이라고 해석한다. 《국어》에만 보인다. 세 번째 예문처럼 '설마 ~이겠는가'라는 뜻으로 쓰일 수도 있다.

- **詎非**聖人, 必偏而後可. (《國語》〈晉語六〉)
  만일 성인**이 아니라면**, 반드시 한쪽에 치우친 이후에야 가능할 것이다.
- **詎非**聖人, 不有外患, 必有內憂. (《國語》〈晉語六〉)
  만일 성인**이 아니라면**, 외부의 근심이 있지 않으면 반드시 내부의 근심이 있을 것이다.
- 何爲獨褒無諍耶? **詎非**矛楯? (《陳書》〈傅縡傳〉)
  어찌하여 홀로 기리며 다투지 않는가? **설마** 모순**이겠는가**?

遽(거)

❶ **부사** 동작 혹은 행위가 갑자기 발생하거나 순식간에 완성되었음을 나타내며, '갑자기' '급히'라고 해석한다.

- 景公**遽**起. (《韓非子》〈外儲說左上〉)
  제(齊)경공은 **갑자기** 출발했다.
- 其隣之父, 言梧樹之不善也, 隣人**遽**伐之. (《呂氏春秋》〈去囿〉)
  그 이웃에 사는 사람이 오동나무는 상서롭지 않다고 말하자, 이웃 사람들은 **급히** 나무를 베었다.
- 吾固知爾之必死, 然不謂若是其遠, 又不謂爾子爾僕, 亦**遽**然奄忽也. (王守仁*, 〈瘞旅文〉)

나는 본래 당신이 반드시 죽을 것임을 알았지만, 이처럼 오래 살리라고는 생각하지 못했고, 또 당신의 아들과 종 또한 **갑자기** 죽으리라고는 예상하지 못했다.

◆왕수인(王守仁): 명나라 때의 학자로 자는 백안(伯安), 호는 양명(陽明). 주자의 객관적 유심론에 대하여 그의 학설은 주관적 유심론이라 하기도 하며, '만물일체' '지행합일설'을 주장, 그의 학문을 양명학(陽明學)이라 한다.

❷ **접속사** 두 일이 서로 이어짐을 나타내며, '곧' '바로' 등으로 해석한다. '遽然(거연)'이나 '遽而(거이)' 역시 동작의 신속함을 나타낸다.

• 自〈九懷〉以下, **遽**躡其迹. (《文心雕龍》〈辨騷〉)

[《초사》] 〈구회〉 이하는 **곧** 굴원(屈原)의 자취를 밟은 것이다.

• 虢國夫人聞之, **遽**命僧至宅. (《大唐奇事》〈虢國夫人〉)

괵국부인은 이것을 듣고 **바로** 화상에게 집으로 오라고 했다.

• 許不勝其情, **遽**前擁之. (《廣異記》〈汝陰人〉)

허생(許生)은 감정을 이기지 못하여 **바로** 앞에서 그녀를 안았다.

❸ **부사** 일반적으로 부사 '豈(기)' '庸(용)'이나 대사 '何(하)' '奚(해)' 등의 뒤에 쓰여서 반어를 나타낸다. '설마'라고 해석한다.

• 何君之志, 何君之學, **遽**可如是而已乎? (陸九淵, 〈送宜黃何尉序〉)

어느 군주의 뜻, 어느 군주의 학업이 **설마** 이처럼 멈출 수 있겠는가?

擧(거)

부사 모든 것을 총괄하는 것을 나타내며, '모두'라고 해석한다. 주어가 되는 사람 혹은 사물이 어떤 동작을 하거나 어떤 정황을 갖추는 것을 의미한다. 부정의 뜻을 나타내는 말과 함께 쓰이면 '전혀'라고 해석한다.

- 僖子不對而泣曰: "君**擧**不信群臣乎?" (《左傳》 哀公六年)
  희자는 대답하지 않고 울면서 말했다. "임금께서는 여러 신하를 **전혀** 믿지 않습니까?"
- **擧**欣欣然有喜色而相告. (《孟子》〈梁惠王下〉)
  모두 기뻐서 즐거운 얼굴빛으로 서로 말한다.
- 王如用予, 則豈徒齊民安? 天下之民**擧**安. (《孟子》〈公孫丑上〉)
  [제나라] 왕이 나를 쓴다면 어찌 단지 제나라 백성만 편안하겠는가? 천하의 백성이 **모두** 편안할 것이다.
- 故凡同類者, **擧**相似也, 何獨至於人而疑之? (《孟子》〈告子上〉)
  그러므로 같은 부류는 **모두** 서로 비슷한데, 무엇 때문에 유독 인간에 이르면 이 사실을 의심하는가?
- 使天下生民之屬, 皆知己之所願欲之**擧**在於是也, 故其賞行, 皆知己之所畏恐之**擧**在於是也, 故其罰威. (《荀子》〈富國〉)
  천하의 모든 백성에게 자기가 바라는 것이 **모두** 여기에 있음을 알게 했기 때문에 그 상이 시행되었고, 자기가 두려워하는 것이 **모두** 여기에 있음을 알게 했기 때문에 그 징벌이 위엄 있게 되었다.

【참고】

① [바둑을] 두다: • **擧**棋不定. 바둑 **두는** 데 순서가 정해져 있지 않다.

② 제기하다: • **擧**一反三. 하나를 **제기하면** 셋을 돌이켜 깨닫는다.

③ 흥기하다: • 大**擧**進攻. 크게 **흥기하여** 진격하다.

④ 추천하다: • 唯才是**擧**. 오직 인재만을 **추천한다**. • **擧**賢授能. 현명한 이를 **추천하고** 능력 있는 이를 받아들인다. • **擧**賢才. 현명하고 재능 있는 인물을 **추천한다**.

⑤ 거동: • 一**擧**成功. 한 번의 **거동**으로 공을 이루다.

⑥ 모든: • **擧**國 **전**국. • **擧**世一 **온** 세상.

謇/蹇(건)

어조사 문장의 맨 앞에 쓰이며, 감탄을 나타내지만 해석할 필요는 없다.

- **謇**吾法夫前脩兮, 非世俗之所服. (《楚辭》〈離騷〉)
  내가 본받는 것은 이전의 현인이지 세속의 [사람들이] 행하는 바가 아니다.
- 君不行兮夷猶◆, **蹇**誰留兮中洲! (《楚辭》〈九歌 湘君〉◆)
  임은 가지 못하고 주저하는데, 누가 그대를 사주(沙洲, 모래톱)에서 붙드는가!

◆夷猶(이유): 주저하는 모양. 망설이는 모양.

◆〈湘君(상군)〉: 상수(湘水)의 남자 신 혹은 요임금의 딸이라고도 한다. 본편은 상수의 신에게 제사 지낼 때 부르던 노래인데, 초나라 사람들은 남무(男巫)가 분장하면 여무(女巫)가 영신(迎神)하고, 또 상부인(湘夫人)인 여무가 분장하면 그 반대로 된다고 생각했다. 그래서 이 작품은 한 쌍의 남녀가 대화하는 형식으로 이루어져 있다.

【참고】

| '謇'은 | ① 말을 더듬다: • 因**謇**而徐言. (《北史》〈李諧傳〉) **더듬기** 때문에 천천히 말한다.

② 정직하다: • 外似**謇**正, 內實諂諛◆. (《北史》〈徐紇傳〉) 겉으로는 **정직한** 것 같으나 속으로는 아첨한다. ◆諂諛(첨유): 아첨.

| '蹇'은 | ① 다리를 절다: • 策**蹇**驢. (馬中錫, 《中山狼傳》) **다리 저는** 당나귀를

채찍질한다. 驢: 당나귀 려

② 고생하다: • **蹇**侘傺二舍憾. (《楚辭》〈九章 哀郢〉) **고생하고** 낙망하여 근심을 품고 있다. 侘: 낙망할 차 | 傺: 낙망할 제 | 憾: 근심할 척

格(격)

부사 '擊(격)' '殺(살)' '鬪(투)' 등과 함께 쓰여 사건이나 행동이 격렬함을 나타낸다. '격렬하게' '당장'이라고 해석하며, 해석하지 않아도 무방하다. 세 번째 예문에서처럼 '분명하게'라는 뜻도 있다.

- 郢人等告定國, 定國使謁者以他法刻捕**格**殺郢人以滅口. (《史記》〈燕王世家〉)

  영인 등공(等控)이 유정국(劉定國, 연왕 유택劉澤의 자)에게 알리자, 유정국은 알자를 시켜 다른 방법으로 체포하여 **당장** 영인을 죽여서 입을 막게 했다.

- 去後, 有數人被甲持兵弩至良家, 良等**格**擊. 或死或傷, 皆狗也. (《漢書》〈五行志〉)

  [개가] 달아난 뒤 몇 사람은 갑옷을 입고 병기와 활을 들고 석량(石良)의 집에 이르렀는데, 석량 등은 [그들과] **격렬하게** 싸웠다. [그들 가운데] 어떤 이는 죽고 어떤 이는 부상을 입었는데, 모두 개였다.

- 用之自此畵**格**進. (《夢溪筆談》〈書畵〉)

  진용지(陳用之)는 이 그림으로부터 **분명하게** 진보했다.

【참고】

① 깊이 연구하다: • 致知在**格**物, 物**格**而後知至. (《禮記》〈大學〉) 지식은 사물을

깊이 연구하는 데서 얻을 수 있으니, 사물을 **깊이 연구한** 이후에야 앎이 지극해진다.

② 바로잡다: • 唯大人爲能**格**君心之非. (《孟子》〈離婁上〉) 대인만이 군주의 그릇된 마음을 **바로잡을** 수 있다.

③ 필적하다: • 且夫爲從者, 無以異於驅群羊而攻猛虎, 虎之與羊不**格**明矣. (《史記》〈張儀◆列傳〉) 그리고 합종을 말하는 것은 양 떼를 몰아서 사나운 호랑이를 공격하는 것과 다름이 없는데, 호랑이와 양은 서로 **필적하지** 못함이 명백하다.

◆〈張儀(장의): 전국시대의 유세가로 위(魏)나라 사람이다. 제후에게 유세하여 소진(蘇秦)의 합종설(合從說)에 반대하고 열국(列國)은 진(秦)나라를 섬겨야 한다는 연횡책(連衡策)을 주장했으나, 진나라 혜왕(惠王)이 죽자 실현되지 못했다.

④ 표준: • 規**格** 규격. • 人**格** 인격.

見(견)

❶ **조동사** 피동을 나타내며, '~당하다' '되다' '받다'라고 해석한다.

• 隋之**見**伐, 不量力也. (《左傳》僖公二十年)

수나라가 정벌**당한** 것은 [자신들의] 힘을 헤아리지 못했기 때문이다.

• 年四十而**見**惡焉, 其終也已. (《論語》〈陽貨〉)

나이 마흔이 되어서도 미움을 **받는다면** 그 사람은 끝이다.

• '投我以桃, 報之以李,' 卽此言愛人者必**見**愛也, 而惡人者必**見**惡也. (《墨子》〈兼愛下〉)

'내게 복숭아를 주면 그에게 오얏으로 갚는다.' 곧 이것은 다른 사람을 사랑하는 사람은 반드시 사랑을 **받고**, 다른 사람을 미워하는 사람은 반드시 미움을 **받음**을 말한다.

• 百姓之不**見**保, 爲不用恩焉. (《孟子》〈梁惠王上〉)

백성이 보살핌을 **받지** 못하는 것은 [왕께서] 은덕을 쓰지 않기 때문입니다.

• 盆成括**見**殺. (《孟子》〈盡心下〉)

분성괄은 피살**되었다**.

• 休居鄕不**見**謂不脩, 臨難不**見**謂不勇. (《莊子》〈達生〉)

[나] 손휴(孫休)는 마을에 살며 수양하지 않았다고 일컬어**지지** 않았고, 어려운 일에 임해서 용감하지 못하다고 일컬어**지지** 않았다.

• **見**侮不辱. (《莊子》〈天下〉◆)

모욕을 **받고** 부끄러워하지 않는다.

◆〈天下(천하)〉: 이 편은 전, 후반으로 나뉘는데, 전반은 고대의 '순일(純一)' '무위(無爲)'의 이상적 시대로부터 그 당시의 극심한 혼란이 발생한 이유 및 각 학파의 주장을 설명하고, 후반은 혜시(惠施)를 중심으로 하는 논리학파들의 논증 명제를 상세하게 서술하고 있다.

• 君子 …… **見**由◆則恭而止◆, **見**閉則敬而齊. (《荀子》〈不苟〉)

군자는 …… [벼슬자리에] 등용**되면** 공순하며 [예를] 따르고, 등용**되지** 못하면 공경하며 알맞게 처신한다.

◆由(유): '用(용)'과 통하여 벼슬자리에 등용되는 것.

◆止(지): [예에] 머물다. 곧 예를 따른다는 의미.

• 故君子恥不修, 不恥**見**汚; 恥不信, 不恥不**見**信; 恥不能, 不恥不**見**用. (《荀子》〈非十二子〉)

그러므로 군자는 수양하지 못한 것을 부끄러워하지 모욕**당하는** 것을 부끄러워하지 아니하며, 신실치 못함을 부끄러워하지 신뢰**받지** 못함을 부끄러워하지 아니하며, 무능함을 부끄러워하지 등용**되지** 못함을 부끄러워하지 아니한다.

• 凡人之動也, 爲賞慶爲之, 則**見**害傷焉止矣. (《荀子》〈議兵〉)

대개 사람이 행동하면서 상과 축하를 바라고 일을 한다면, 상해를 **입으면** 그만둘 것이다.

- 人皆以**見**侮爲辱. (《荀子》〈正論〉)

사람들은 모두 업신여김 **당하는** 것을 치욕으로 여긴다.

- 厚者爲戮, 薄者**見**疑. (《韓非子》〈說難〉)

심한 경우는 죽임을 당하고, 가벼운 경우는 의심을 **받는다**.

- 寡人以王子爲子任, 欲子之厚愛之, 無所**見**醜. (《戰國策》〈趙策二〉)

과인(조왕趙王)은 왕자를 그대(주소周紹)에게 맡기니, 그대는 그를 깊이 사랑하고 미움**받지** 마라.

- 齊趣下三國, 不且**見**屠. (《史記》〈齊悼惠王世家〉)

제나라가 빨리 세 나라에 투항하지 않으면 장차 도륙을 **당할** 것이다.

趣: 빨리 촉

- 皆好辭而以賦**見**稱. (《史記》〈屈原賈生列傳〉)

[그들은] 모두 문사를 좋아했으며 사부(辭賦)로써 [세인들에게] 일컬어**졌다**.

- 初, 蘇秦之燕, 貸人百錢爲資. 及得富貴, 以百金償之. 遍報諸所嘗**見**德者. (《史記》〈蘇秦列傳〉)

처음에 소진은 연나라로 가서 사람들에게 백 전을 빌려 자본으로 삼았다. 부귀를 얻게 되자 백금으로 그들에게 보상하고, 아울러 일찍이 도움을 **받았던** 사람들에게 널리 보답했다.

- 臣誠恐**見**欺於王而負趙. (《史記》〈廉頗藺相如列傳〉)

신은 진실로 왕에게 속임을 **당해서** 조나라의 [임금을] 저버리게 될까 두렵습니다.

- 信而**見**疑, 忠而被謗, 能無怨乎? (《史記》〈屈原賈生列傳〉)

신실했으나 의심**받고**, 충성했으나 비방받으니, 원망이 없을 수 있겠는가?

- 其**見**敬禮如此. (《史記》〈汲鄭列傳〉)

그(급암汲黯)가 [왕의] 존경과 예우를 **받은** 것이 이와 같았다.

- 或成器而**見**擧持, 或遺材而遭廢棄. (《論衡》〈卒偶〉)

  인물이 되어 지지를 **얻기도** 하고, 재능이 없어 버려지기도 한다.

  遺: 빠질 유

- 小心謹愼, 未嘗有過, 甚**見**親信. (《漢書》〈霍光列傳〉)

  [곽광(霍光)은] 삼가고 조심하여 잘못을 저지른 적이 없었으며, 더욱 친애와 신임을 **얻었다**.

- 武帝使中郎將蘇武◆使匈奴, **見**留二十年. (《漢書》〈燕刺列傳〉)

  한무제는 중랑장 소무를 흉노에 사신으로 보냈는데, [그는] 20년 동안 구류**되었다**.

  ◆蘇武(소무): 한(漢)나라 사람으로 자는 자경(子卿)이며, 무제(武帝) 때 중랑장(中郎將)으로서 흉노에 사신으로 가서는 20년 동안 구금되었다가 돌아왔다. 그때 소제(昭帝)가 그의 절개를 기리어 전속국 벼슬을 내렸다.

- 根言雖切, 猶不**見**從. (《漢書》〈張禹◆列傳〉)

  왕근(王根)의 말이 비록 절실하나, 오히려 따름을 **받지** 못했다.

  ◆張禹(장우): 전한(前漢)의 경학가로, 성제(成帝) 때 정승이 되고 안창후(安昌侯)에 봉해졌다.

- 自陳卓幾◆**見**殺之狀. (《後漢書》〈呂布列傳〉)

  스스로 동탁(董卓)에게 거의 살해**당할** 뻔했던 상황을 진술했다.

  ◆幾(기): 거의.

- 沮授不及紹渡, 爲人所執, 詣太祖, 太祖厚待之. 後謀還袁氏, **見**殺. (《三國志》〈魏書 袁紹傳〉)

  저수는 원소가 [황하를] 건널 때 따라가지 못하고, 다른 사람에게 붙잡혀 태조(조조)에게 보내졌는데, 태조는 그를 후하게 대접했다. [그러나 그는] 뒤에 원소에게로 돌아갈 음모를 꾸며 살해**되었다**.

- 文帝在東宮, 茂復爲太子太傅, 甚**見**敬禮. 卒官. (《三國志》〈魏書 凉茂傳〉)

문제가 [태자가 되어] 동궁에 있을 때, 양무는 또 태자태부가 되어 존경과 예우를 크게 **받았으나** 재직 중에 죽었다.

• 鍾繇明察當法, 俱以治獄**見**稱. (《三國志》〈魏書 王郎傳〉)

종요는 분명하게 살펴 법을 합당하게 집행했으며, 세인들에게 옥을 잘 다스렸다는 칭찬을 **받았다**.

❷ **조동사** '見(견)'이 피동을 나타내면 보통 행위의 주체가 드러나지 않는데, 전치사 '於(어)' '于(우)'를 덧붙여 써서 '見+동사+於/于+사람/사물' '於+사람/사물+見+동사'의 형태로 쓰면 '於(어)' '于(우)' 다음의 사람/사물이 행위의 주체가 된다.

• 吾將**見**笑於大方◆之家. (《莊子》〈秋水〉◆)

나는 장차 강호의 군자들에게 비웃음을 **당할** 것이다.

◆大方(대방): 세상의 현인, 강호의 군자.

◆〈秋水(추수)〉: 가을철의 물이란 뜻으로 일곱 장의 우언으로 이루어져 있다. 첫째 우언은 〈제물론〉 편의 만물제동(萬物齊同)의 철학과 〈소요유〉 편의 지인(至人)의 척당불기(倜儻不羈)의 경지를 하백(河白)과 북해약(北海若)의 문답을 빌려 조술하고 있다. 그리고 다섯째 우언인 장주(莊周)와 초나라 대부의 문답, 여섯째와 일곱째 우언인 장주와 혜시(惠施)의 문답은 장자 생활의 일면을 볼 수 있는 매우 좋은 자료이다.

• 齊桓公閨門之內, 縣樂奢泰游抏之脩, 於天下不**見**謂脩. (《荀子》〈王霸〉)

제환공은 집안에 악기들을 늘어놓고는 사치하고 노는 일에만 힘써, 천하 사람들에게 수신을 잘한 사람으로 일컬어**지지는** 않았다.

• 昔者彌子瑕**見**愛於衛君. (《韓非子》〈說難〉)

옛날에 미자하는 위나라 임금에게 총애를 **받았다**.

• 文王所以**見**惡於紂者, 以其不得人心耶? (《韓非子》〈難二〉)

문왕이 주왕에게 미움을 **받은** 까닭이 그가 인심을 얻지 못했기 때문이겠는가?

• 蔡澤**見**逐於趙. (《戰國策》〈秦策三〉)

채택은 조나라에서 축출**당했다**.

• 且夫有高人之行者, 固**見**負於世; 有獨知之慮者, 必**見**訾於民. (《商君書》〈更法〉)

또한 고상한 행실이 있는 자는 진실로 세상에서 버림**받고**, 홀로 지혜로운 자는 반드시 백성에게 조소를 **당할** 것이다.

• 以四百里之地**見**信於天下, 君猶得也. (《呂氏春秋》〈貴信〉)

4백 리의 땅을 갖고서도 천하의 신임을 **받으니**, 임금께서는 오히려 [천하를] 얻을 수 있습니다.

• 先絶齊而後責地, 則必**見**欺於張儀. (《史記》〈楚世家〉)

먼저 제나라와 절교한 뒤 땅을 요구한다면, 반드시 장의에게 속임을 **당할** 것입니다.

❸ **대사** 자신을 나타내며, '나'라고 해석한다.

• 生孩六月, 慈父**見**背. (李密, 〈陳情表〉)

제가 태어난 지 여섯 달 만에 아버지께서 **저**를 떠나셨습니다.

• 家叔以余貧苦, 遂**見**用於小邑. (陶淵明, 〈歸去來兮辭序〉)

숙부께서는 내가 곤궁하기 때문에 마침내 **나**를 조그만 읍에 임명하셨다.

• 冀君實◆或**見**恕也. (王安石, 〈答司馬諫議書〉)

자네(사마광)는 혹 **나**를 양해해주기 바라네.

◆君實(군실): 사마광(司馬光)의 자.

【참고】

| '見'을 '견'으로 읽으면 | ① 보다, 눈에 띄다: • 視而不**見**. 보려 하지만 **보이지** 않는다. • **見**賢思齊. 현명한 자를 **보면** 같아질 것을 생각한다. • **見**義勇爲. 의로움을 **보면** 용감하게 행한다.

② [‘看(간)’과 대비적으로 쓰여] 보이다: • 閒上山來看野水, 忽於水底**見**青山. (翁卷, 〈野望〉) 한가로이 산에 올라 들녘의 시내를 바라보니, 문득 시내보다 낮은 곳에 푸른 산이 **보인다**.

③ 식견, 견해: • 遠**見**卓識. 원대한 **견해**와 뛰어난 식견.

| ‘見’을 ‘현’으로 읽으면 | ① 알현하다, 배알하다: • 曹劌請**見**. (《左傳》 莊公十年) 조귀가 **알현하기를** 청했다. • 冉有季路**見**於孔子. (《論語》 〈季氏〉) 염유와 계로가 공자를 **배알했다**.

② 보이다, 나타나다: • 圖窮匕首**見**◆. 지도가 다 펼쳐지자 비수가 **나타났다**. • 莊王不爲小害善, 故有大名, 不蚤**見**示, 故有大功. (《韓非子》 〈喻老〉) 장왕은 작은 것을 위하여 훌륭한 것을 해치지 않았기에 큰 이름이 있었고, 일찍 [자신을] **드러내지** 않았기에 큰 공적이 있었다. ◆見(현): 상고시대에는 ‘現(현)’ 자가 없었으므로 ‘나타나다’라는 뜻으로 ‘見’을 썼다.

決(결)

❶ **부사** 동작이나 행위의 신속한 발생을 나타내며, ‘갑자기’ ‘재빨리’라고 해석한다.

• 我**決**起而飛, 搶榆枋而止, 時則不至而控於地而已矣. (《莊子》 〈逍遙遊〉◆)
우리는 **재빨리** 날아올라 느릅나무와 박달나무까지 가서 멈추려는데, 때로는 가지 못하고 땅에 떨어지는 수가 있을 뿐이다.

◆〈逍遙遊(소요유)〉: 《장자》 내편의 제1편으로, 소요유란 속세를 초월하여 어떤 구속도 받지 않는 절대적으로 자유로운 인간의 생활을 뜻한다. 장자는 이런 생활을 하는 인간을 지인(至人) 또는 신인(神人)이라 부르면서, 그 특유의 기상천외한 비유와 기지로써 종횡으로 묘사하고 있다.

❷ **부사** 부정의 뜻을 나타내는 말 앞에 쓰일 때는 강한 부정을 나타내며, '결국'이라고 해석한다.

- 相如度秦王雖齋, **決**負約不償城. (《史記》〈廉頗藺相如列傳〉)
  상여는 비록 진나라 왕이 재계할지라도 **결국** 약속을 어기고 성을 보상하지 않을 것이라고 생각했다.

兼(겸)

❶ **부사** 동작 혹은 행위가 일정한 범위 안의 전부에 미치거나 동시에 진행됨을 나타내며, '다' '모두' '전부' '함께' 등으로 해석한다.

- 窮則獨善其身, 達則**兼**善天下. (《孟子》〈盡心上〉)
  궁하면 스스로 그 자신을 관리하고, 통달하면 천하를 **모두** 착하게 한다.
- 心枝則無知, 傾則不精, 貳則疑惑, 以贊稽之, 萬物可**兼**知也. (《荀子》〈解蔽〉)
  마음이 갈라지면 아는 것이 없게 되고, 기울면 정명하지 못하게 되며, 둘로 나뉘면 의혹이 생기고, 꼼꼼하게 고찰하면 만물[의 이치]을 **전부** 알 수 있다.
- 五疾上收而養之, 材而事之, 官施而衣食之, **兼**覆無遺. (《荀子》〈王制〉)
  다섯 가지 질병이 있는 자들은 위에서 거두어 부양하고, 재능에 따라 그들을 부리며, 관청에서 먹을 것과 입을 것을 베풀어주어, **모두** 빠짐없이 돌보아주어야 한다.
- 儒以文亂法, 俠以武犯禁, 而人主**兼**禮之, 此所以亂也. (《韓非子》〈五蠹〉)
  유생은 글로써 법을 어지럽히고, 협객은 힘으로써 금령을 범하지만, 군주는 **모두** 예의로써 대하니, 이것이 혼란의 원인이다.

• 維秦王**兼**有天下, 立名爲皇帝. (《史記》〈秦始皇本紀〉)

진나라 왕은 천하를 **전부** 소유하고 이름을 세워 황제라고 했다.

• 晝累累◆與人**兼**行, 夜則竊齧鬪暴. (柳宗元, 〈三戒 永某氏之鼠〉)

낮에는 사람들과 **함께** [무리 지어] 돌아다니고, 밤에는 도둑질하고 소란 피우며 사납게 싸운다.

◆累累(누누): 무리 짓는 모양. 첩첩이 쌓인 모양.

❷ **부사** 수량이 일반적으로 배수(倍數)임을 나타낸다. '단번에' '배로'라고 해석한다.

• 善者能使敵卷甲趨遠, 倍道**兼**行, 倦病而不得息, 飢渴而不得食. (《孫臏◆兵法》〈善者〉)

[전쟁을] 잘하는 사람은 적이 무장을 풀고 멀리 달아나게 하며, 길을 **배로**(이틀 길을 하루에) 가게 하며, 피곤하고 병들어도 쉬지 못하게 하며, 배고프고 갈증이 나도 먹지 못하게 한다.

◆孫臏(손빈): 전국시대 제나라의 병법가로서 위(魏)나라 장수 방연(龐涓)의 시기로 발이 잘렸다. 그 뒤 위나라가 제나라로 쳐들어왔을 때 손빈이 모계(謀計)로써 방연을 괴롭히자 방연은 백계(百計)가 다하여 자살했다.

• 無令强民有所隱藏, 而弱民**兼**賦也. (曹操, 〈收田租令〉)

강대한 백성이 숨기는 것이 없게 하고, 약한 백성이 세금을 **배로** 내는 일이 없게 한다.

• 晝夜**兼**行, 逾旬至成都. (《宣室志》〈淮南軍卒〉)

밤낮으로 **배로** 가니 열흘 만에 성도에 이르렀다.

❸ **접속사** 관련 있는 또 다른 일이나 이유를 보충하며, '동시에' '또' 등으로 해석한다.

• 入館未安, 信使相繼而召, **兼**屈張秀才. (《博異記》〈張遵言〉)

남관(南館)으로 들어와 아직 안정되지 않았는데, 편지를 전하는 사신이 서로 이어 초청했고, **동시에** 장수재를 거두었다.

• 見生驚曰: "**兼**有一賊墮於墓中!" 乃持出縛之. (《逸史》〈東洛張生〉)

[도적을 찾는 사람은] 장생(張生)을 보고 놀라서 말했다. "**또** 도적 한 명이 묘지 안으로 떨어졌구나!" [그러더니] 끌어내어 묶었다.

• 有天女◆數十人, 狀如天仙, 對舞筵上, **兼**有諸神若觀世音. (《廣異記》〈朱敖〉)

수십 명의 미인은 모습이 마치 하늘의 신선 같았고, 자리 위에서 마주하고 춤추는 것은 **또** 여러 신이 있어 마치 관세음 같았다.

◆天女(천녀): 본래 하늘에 사는 여자란 뜻으로 미인을 가리킴.

【참고】

합병하다: • 秦人以急農**兼**天下. (曹操, 〈置屯田令〉) 진나라 사람은 농업을 긴급하게 여겨 천하를 **합병했다**.

兼相(겸상)

부사 행위 혹은 동작이 양방향으로 작용함을 나타내며, '서로'라고 해석한다.

• 若使天下**兼相**愛, 愛人若愛其身, 猶有不孝者乎? (《墨子》〈兼愛上〉)

만일 온 세상이 **서로** 사랑하고 다른 사람을 사랑하기를 마치 자기 몸 아끼듯이 한다면, 또한 불효자가 있겠는가?

• 順天意者, **兼相**愛, 交相利, 必得賞. (《墨子》〈天志上〉)

하늘의 뜻을 따르는 자는 **서로** 사랑하고 서로 이익을 취하며 반드시 상을 얻는다.

徑/逕(경)

부사 동작 혹은 행위가 일찍 혹은 빠르게 발생했음을 나타내거나 빠른 길로 가는 것을 나타내며, '곧' '곧바로' '곧장' '바로' 등으로 해석한다.

- 髡◆恐懼俯伏而飮, 不過一斗**徑**醉矣. (《史記》〈滑稽列傳〉)

  [나] 순우곤은 몹시 두려워하며 엎드려서 마셨기 때문에 한 말을 못 넘기고 **바로** 취했습니다.

  ◆髡(곤): 여기서는 순우곤을 말함.

  髡: 머리 깎을 곤

- 去, 何以不**徑**行而留三宵乎? (《論衡》〈刺孟〉)

  떠난다며, 어찌 **곧장** 가지 않고 사흘 밤이나 머무는가?

- 自西山道口**徑**北, 逾黄茅嶺而下, 有二道. (柳宗元, 〈小石城山記〉)

  서산 큰길 입구로부터 **곧장** 북쪽으로 가서, 황모령을 넘어 내려가면 길이 두 개 있다.

  逾: 넘을 유

- 肅**徑**迎之, 與備會於當陽長坂. (《資治通鑑》〈漢紀〉 獻帝建安十三年)

  노숙(魯肅)은 **곧장** 그를 영접하러 가서 유비(劉備)와 당양현(當陽縣)의 장판에서 만났다.

- 周游上下, **徑**入寥天一. (辛棄疾, 〈千年調 左手把青霓〉)

  위아래로 주유하더니 **곧장** 하늘로 들어가 하나가 되었다.

- 方共瞻玩, 一鷄瞥來, **徑**進以啄. (《聊齋志異》〈促織〉)

  바야흐로 [사람들이] 함께 구경할 때, 닭 한 마리가 돌연히 와서는 **곧장** 나아가서 쪼았다.

- 少時, 一狼**徑**去, 其一犬坐於前. (《聊齋志異》〈狼〉)

  조금 지나자 이리 한 마리가 **곧장** 달려가서 한 마리의 개처럼 앞에 앉았다.

【참고】

① [사람과 가축은 다닐 수 있으나 마차는 다니지 못하는] 작은 길: • 行不由**徑**. (《論語》〈雍也〉) **작은 길**로 다니지 않는다. • 馬穿山**徑**菊初黃. (王禹偁, 〈村行〉) 말 타고 산**길**에 들어서니 국화꽃은 엷은 노란빛이다.

② 곧다: • **徑**而寡失. (枚乘◆, 〈上書諫吳王〉) **곧고** 실수가 적다. ◆枚乘(매승): 오나라와 양나라의 사객(詞客)으로서 경제(景帝) 때는 홍농(弘農)의 도위(都尉) 노릇을 했고 효왕(孝王)의 상객(上客)이었다.

徑須(경수)

부사 의지가 결연함을 나타내며, '곧장' '반드시' 등으로 해석한다.

- 主人何爲言少錢! **徑須**沽取對君酌. (李白, 〈將進酒〉)
  주인은 어찌 돈이 적다 말하는가! **곧장** 가서 술 사 오시면 그대와 잔질하리.
- 過客**徑須**愁出入, 居人不自解東西◆. (杜甫, 〈將赴成都草堂途中有作〉)
  지나는 나그네는 **반드시** 근심이 드나들고, 머무는 사람은 스스로 돌아다니지 못하는구나.
  ◆東西(동서): 이리저리 돌아다닌다는 뜻.

竟(경)

❶ **부사** 일정한 시간이 지나 마지막으로 보인 결과를 나타내며, '결국' '과연' '끝내는' '드디어' '마침내' 등으로 해석한다.

• 身可危也, 而志不可奪也. 雖危起居, **竟**信其志. (《禮記》〈儒行〉)

몸은 위협할 수 있으나 뜻은 뺏을 수 없다. 비록 행동거지는 위협을 받을지라도 **끝내는** 자신의 뜻을 편다.

• 陳勝雖已死, 其所置遣侯王將相**竟**亡秦. (《史記》〈陳涉世家〉)

진승은 비록 이미 죽었지만 그가 파견한 제후·왕·장수·재상이 **결국** 진나라를 멸망시켰다.

• 信亦知其意, 怒, **竟**絶去. (《史記》〈淮陰侯列傳〉)

한신(韓信)도 그의 뜻을 알고 화가 나서 **결국** 절교하고 떠났다.

• 主父偃盛言其便, 上**竟**用主父計, 立朔方郡. (《史記》〈平津侯主父列傳〉)

주보언이 그것의 좋은 점을 적극적으로 말하자, 황상은 **마침내** 주보언의 방안을 받아들여 삭방군을 세웠다.

• 有志者事**竟**成也. (《後漢書》〈耿弇列傳〉)

뜻있는 사람은 사업이 **결국** 성공한다.

• 後考課**竟**不行. (《三國志》〈魏書 杜恕傳〉)

후에 관리의 공적에 대한 평가는 **결국** 시행되지 않았다.

• 請看今日之域中. **竟**是誰家之天下? (駱賓王, 〈爲徐敬業討武曌檄〉)

청컨대 오늘날의 나라를 보시오. **과연** 누구의 천하입니까?

• 須臾, 便覺, **竟**不知此二人後何所適. (《周氏冥通記》 卷一)

잠시 후에 곧 깨어났으나, **결국** 이 두 사람이 나중에 어느 곳으로 갔는지는 알지 못했다.

• 盜跖日殺不辜, 肝人之肉. 暴戾恣睢, 聚黨數千人, 橫行天下, **竟**以壽終. (《史記》〈伯夷列傳〉)

도척은 날마다 죄 없는 사람을 죽이고 사람들의 간을 회 쳐 먹었다. 제멋대로 잔인한 짓을 하며 수천 명의 무리를 모아 천하를 제멋대로 돌아다녔지만, **끝내** [하늘에서 내려준 자신의] 수명을 다 누리고 죽었다.

ㄱ

❷ **부사** 의외의 결과나 상식에 벗어남을 나타내며, '뜻밖에' '의외로'라고 해석한다.

- 及呂氏時, 事多故矣, 然平**竟**自脫, 定宗廟, 以榮名終, 稱賢相. (《史記》〈陳丞相世家〉)

  여씨의 시대에 이르러 [조정의] 일에 많은 변고가 발생했으나, 진평(陳平)은 **뜻밖에도** 스스로 벗어나 종묘를 안정시켜 영예로운 이름을 남기고 죽었으므로 현명한 재상이라고 일컬어졌다.

- 居無何, 而朔婦免身◆, 生男. 屠岸賈聞之, 索於宮中. 夫人置兒絝中, 祝曰: "趙宗滅乎, 若號, 卽不滅, 若無聲." 及索, 兒**竟**無聲. (《史記》〈趙世家〉)

  오래지 않아 조삭(趙朔)의 아내가 몸을 풀어 사내아이를 낳았다. 도안가(屠岸賈)는 이 소식을 듣고 궁궐 안에서 수색했다. [조삭] 부인은 아이를 바지 속에 넣고 축도했다. "조(趙)씨 종족이 멸망하려면 네가 울 것이고, 멸망하지 않으려면 네가 울지 않을 것이다." 수색할 때 아이는 **뜻밖에도** 소리가 없었다.

  ◆免身(문신): 자식을 낳다, 즉 분만의 의미다.

  免: 해산할 문

- 兵法"右後山陵, 前左水澤." 今將軍令臣等反背水陳, 曰: "破趙會食", 臣等不服. 然**竟**以勝, 此何術也? (《史記》〈淮陰侯列傳〉)

  병법에는 "산과 언덕을 오른쪽에 두거나 등지고 물과 못을 앞으로 하거나 왼쪽에 두라."고 했는데, 오늘 장군께서는 저희에게 도리어 물을 등지고 진을 치게 하면서 "조나라를 무찌른 뒤 다 같이 모여 먹도록 하자."고 하시기에 저희는 마음속으로 받아들이지 않았습니다. 그러나 **뜻밖에도** 이겼으니, 이것은 무슨 전술입니까?

- 操不從, **竟**殺之. (《後漢書》〈方術列傳〉)

  조조가 허락하지도 않았는데 **의외로** 그를 죽였다.

- 觀左氏之書, 爲傳之最, 而時經漢魏, **竟**不列於學官. (《史通》〈鑒識〉)

좌씨의 책(《좌전》)을 보니 사전(史傳) 가운데 가장 뛰어났지만, 한나라와 위나라를 거치면서 **의외로** 학관의 반열에 들지 못했다.

❸ **부사** 동작이나 행위가 지속적으로 진행됨을 나타내며, '계속' '시종' '줄곧' 등으로 해석한다.

- 陵怒, 謝疾免, 杜門**竟**不朝請. (《史記》〈陳丞相世家〉)

  왕릉(王陵)은 분노하여 질병을 핑계로 사직하고, 문을 걸고는 **계속** 조정으로 나가 알현하지 않았다.

- 信釣於城下. 諸母漂, 有一母見信饑, 飯信, **竟**漂數十日. (《史記》〈淮陰侯列傳〉)

  한신(韓信)이 성 아래에서 낚시를 하고 있었다. 여러 여인이 빨래를 하고 있었는데, 한 여인이 한신이 굶주린 것을 보고 한신에게 밥을 주었는데, 빨래를 하는 수십 일 동안 **줄곧** [그렇게] 했다.

  漂: 빨래할 표

- 執手相看淚眼, **竟**無語凝噎. (柳永, 〈雨霖鈴〉)

  손을 잡고 서로 보면서 눈물을 흘리며, 목이 메어 **줄곧** 말하지 못한다.

❹ **부사** 의문문에 쓰여, 이치를 추구하여 결론에 이른 것을 나타낸다. '결국'이라고 해석한다.

- 前歸之天, 今則歸之王, 孟子論稱**竟**何定哉? (《論衡》〈刺孟〉)

  과거에는 하늘로 귀결되었고 지금은 왕에게로 귀결되는데, 맹자의 논술은 **결국** 어느 것을 표준으로 한 것인가?

- 汝**竟**識袁彥道不? (《世說新語》〈任誕〉)

  너는 **결국** 원언도를 알지 않는가?

❺ **전치사** 사태 혹은 상황이 일정한 시기나 조건에 미쳤음을 나타내며, '~에 이르러' '~할 때가 되어'라고 해석한다.

- **竟**頃公卒, 百姓附, 諸侯不犯. (《史記》〈齊太公世家〉)

  제경공(齊頃公)이 죽**을 때가 되어** 백성은 [그에게] 돌아왔고 제후들은 거스르지 않았다.
- 嬰自上初起沛, 常爲太僕◆, **竟**高祖崩, 以太僕事孝惠. (《史記》〈樊酈滕灌列傳〉)

  하후영(夏侯嬰)은 당초 고조(유방)가 패현에서 일어났을 때부터 항상 태복을 맡았고, 고조가 죽었**을 때는** 태복으로서 효혜 황제를 섬겼다.

  ◆太僕(태복): 군정(軍政) 장관.
- **竟**郅都死, 不近雁門. (《史記》〈酷吏列傳〉)

  질도가 죽**을 때**까지 [모두] 안문에 접근하지 않았다.

[참고]

① 끝나다, 완결하다: • 未**竟**之業. 아직 **끝내지** 못한 일.

② 완전하다, 전부: • **竟**日. 온종일. • **竟**夜. 밤새도록.

③ 변경, 국경. 후에 '境(경)'으로 쓰였다.

竟使(경사)

접속사 가설을 나타내며, '만일' '설사'라고 해석한다.

- 如揚州, 過瓜洲揚子橋, **竟使**遇哨, 無不死. (文天祥◆, 〈指南錄後序〉)

  양주에 가서 과주의 양자교를 지나다가, **만일** 파수병을 만나면 죽지 않는 이가 없을 것이다.

  ◆文天祥(문천상): 남송 말기의 충신으로 자는 송서(宋瑞), 호는 문산(文山)이다. 원나라 군대에 포로가 되었으나 굴복하지 않고 〈정기가(正氣歌)〉를 지어서 충정을 보이고 죽었다.

  哨: 파수병 초

頃之(경지)

부사 부사어나 보어로서 동사의 앞뒤에 쓰인다. '얼마 뒤에'라고 해석한다.

- 未來, 而爲留待, **頃之**, 未發. (《戰國策》〈燕策三〉)
  아직 오지 않았기 때문에 머물러서 기다리느라 **얼마 뒤에도** 출발하지 못했다.
- 呂公者, 好相人, 見高祖狀貌, 因重**頃之**, 引入坐. (《史記》〈高祖本紀〉)
  여공은 평소에 관상 보기를 좋아했는데, 고조의 생김새를 보고는 **얼마 뒤에** 그를 매우 높이 사서 이끌어 윗자리에 앉게 했다.
- 居**頃之**, 石建卒, 於是上召廣◆代建爲郎中令. (《史記》〈李將軍◆列傳〉)
  얼마 뒤에 석건이 죽자, 이에 황상은 이광을 불러서 석건을 대신하여 낭중령으로 삼았다.

◆廣(광): 이광(李廣). 한나라의 장군. 흉노 정벌에 공이 컸고, 궁술에 뛰어났다. 농서(隴西) 성기(成紀) 사람이다. 한나라 효문제(孝文帝) 14년에 흉노가 소관(蕭關)에 침입했을 때, 양가의 자제로서 종군하여 공을 세워 중랑(中郎)이 되었다. 어느 날 사냥하다가 풀 속에 있는 돌이 범인 줄 알고 활을 쏘았는데, 화살촉이 돌 깊숙이 박혔다는 일화가 있다.

◆李將軍(이장군): 이광(李廣). 한의 무장으로 무제 때에 북평(北平)의 태수가 되었으며, 흉노와의 싸움에서 전공(戰功)이 많아 흉노가 그를 비장군(飛將軍)이라 부르며 매우 두려워했다.

敬(경)

부사 신이나 어른에 대한 존경, 어떤 일에 대한 엄숙함과 진지한 태도를 나타낸다. '삼가'라고 해석하거나 해석하지 않는다.

- 若**敬**行其禮, 道之以文辭, 以靖諸侯, 兵可以弭. (《左傳》 襄公二十五年)

  만약 **삼가** 그 예의로써 행하고 문사로써 유도하여 제후들을 안정시키면 전쟁은 끝날 것이다.

- 古者先王既有天下, 又崇立上帝·明神而**敬**事之, 於是乎有朝日·夕月, 以教民事君. (《國語》〈周語上〉)

  옛날에 선왕은 천하를 차지하고 나면, 또 상제(하늘을 대표함)와 명신(일월을 대표함)을 숭상하여 세우고 그들을 **공경스럽게** 섬겼기 때문에, [춘분] 아침에는 해에게 인사하고 [추분] 저녁에는 달에게 인사하는 제례를 올림으로써 백성이 임금을 섬기도록 가르쳤다.

- 太后曰: "**敬**諾." (《戰國策》〈趙策四〉)

  태후가 말했다. "좋소."

- 孔子下車而前, 見謁者◆曰: "魯人孔丘, 聞將軍高義, **敬**再拜謁者." (《莊子》〈盜跖〉◆)

  공자는 수레에서 내려 앞으로 가서는 알자를 보고 말했다. "노나라 사람 공구인데, 장군(유하척柳下跖)의 고상한 의기를 듣고 **삼가** 두 번 절하며 뵙기를 청합니다."

  ◆謁者(알자): 알현을 구하는 사람. 응접을 맡은 벼슬.

  ◆〈盜跖(도척)〉: 유가의 예교규범주의와 부귀지상주의를 문답식으로 비판하면서 인간 본래의 자연적인 성정을 존중, 자기 본성을 따를 것을 강조하는 편이다.

- 越石父曰: "夫子禮之, 敢不**敬**從!" (《呂氏春秋》〈觀世〉)

  월석보가 말했다. "당신(안자晏子)은 예로써 하는데, 감히 따르지 않겠습니까!"

- 徒屬皆曰: "**敬**受命." (《史記》〈陳涉世家〉)

  부하들이 모두 말했다. "**삼가** 명령을 받겠습니다."

- 長桑君亦知扁鵲◆非常人也, 出入十餘年, 乃呼扁鵲私坐, 閒與語曰: "我有

禁, 方年老, 欲傳與公. 公毋泄!" 扁鵲曰: "**敬**諾." (《史記》〈扁鵲倉公列傳〉) 장상군도 편작이 보통 사람이 아님을 알고 10여 년간 드나들다가 비로소 편작을 불러 함께 앉아서 그에게 비밀스럽게 말했다. "나는 비방을 갖고 있는데, 바야흐로 나이가 많으니 당신에게 전해주려 하오. 당신은 누설하지 마시오!" 편작이 말했다. "**삼가** 그렇게 하겠습니다."

◆扁鵲(편작): 춘추시대의 명의. 성은 진(秦), 이름은 월인(越人). 구전되어오던 비방과 의술 서적을 장상군에게 물려받아 명의가 되었다.

【참고】

① 엄숙하다: • 子曰: "道千乘之國, **敬**事而信, 節用而愛人, 使民以時." (《論語》〈學而〉) 공자께서 말씀하셨다. "천 대의 전차를 가진 나라(대국大國)를 이끌어 가는 방법은, 일을 **엄숙하게** 처리하고 믿음이 있으며 절약하고 사람을 사랑하며, 백성들을 부리되 때에 맞게 하는 것이다." • 啓◆賢, 能**敬**承繼禹之道. (《孟子》〈萬章上〉) 계(啓)는 현명하므로 우의 전통을 **엄숙하게** 계승할 수 있다. ◆啓(계): 우임금의 아들. 맹자는 그가 현명하다고 했으나 《초사》《묵자》《산해경(山海經)》 등을 보면 꼭 그렇지만은 않다. • 百姓**敬**服, 從者如歸. (《搜神記》◆〈越炳〉) 백성이 **엄숙하게** 복종하며, 따르는 자가 [집으로] 돌아가듯 했다. ◆《搜神記(수신기)》: 동진의 간보(干寶)가 편찬한 필기체 소설집으로서, 민간 신화를 통해 신선이 실재하는 유명(幽冥) 세계 귀신들의 영감을 증명하려는 뜻에서 엮은 책이다. • 執事**敬**. (《論語》〈子路〉) 일을 집행할 때는 **엄숙하다**. • **敬**始而愼終. (《荀子》〈禮論〉) 시작을 **엄숙하게** 하고 끝을 신중히 한다.

② 존경하다, 존중하다: • 門人不**敬**子路. (《論語》〈先進〉) 문인들은 자로를 **존경하지** 않았다.

計(계)

부사 사물 혹은 상황에 대한 추측을 나타내며, '대개' '아마도'라고 해석한다.

- 余以爲其人**計**魁梧◆奇偉, 至見其圖, 狀貌如婦人好女. (《史記》〈留侯世家〉)

  나는 이 사람(장량張良)이 **아마도** 체구가 크고 훤칠할 것이라고 생각했는데, 그의 그림을 보니 모습이 마치 부인이나 예쁜 여자 같다.

  ◆魁梧(괴오): 체격이 크고 훌륭함.

【참고】

① 계산하다, 헤아리다: • **計**較得失. 득실을 **계산하여** 비교한다.

② 계획, 계책: • 一年之**計**在於春. 1년의 **계획**은 봄에 있다. • 一時之**計**. (《史記》〈太史公自序〉) 한때의 **계책** • 王翦之**計**. (《史記》〈太史公自序〉) 왕전의 **계책**.

繼(계)

부사 둘 이상의 주체가 같은 동작이나 행위를 연속적으로 하는 것을 나타내며, '서로' '이어서'라고 해석한다.

- 豈非計久長, 有子孫相**繼**爲王也哉? (《戰國策》〈趙策四〉)

  어찌 계책을 오래고 길게 하여, 자손들이 서로 **이어서** [연(燕)나라의] 왕이 되기를 바라는 것 아니겠습니까?

- 又卽位以來, 十有餘年, 聖嗣未立, 群下**繼**望. (《後漢書》〈李固列傳〉)

또 즉위한 이래로 10여 년간 황태자를 세우지 않아 여러 신하는 **서로** 바라만 보았다.

【참고】

잇다: • 其有不合者, 仰而思之, 夜以**繼**日. 幸而得之, 坐以待旦. (《孟子》〈離婁下〉) 만일 상황에 부합되지 않으면 고개를 들고 생각하기를 밤으로 낮을 **잇는다**(낮부터 밤까지 계속한다). [그리하여] 다행히 생각이 통하면 앉아서 날이 새기를 기다린다.

繼而(계이)

부사 뒤의 어떤 사건이나 상황이 앞의 사건이나 상황과 연이어 발생했음을 나타내며, '계속하여' '이후에' 등으로 해석한다.

- 孟子去齊, 居休. 公孫丑問曰: "仕而不受祿, 古之道乎?" 曰: "非也. 於崇, 吾得見王, 退而有去志, 不欲變, 故不受也. **繼而**有師命, 不可以請, 久於齊, 非我志也." (《孟子》〈公孫丑下〉)
  맹자가 제나라를 떠나 휴에 머물렀다. 공손추가 물었다. "벼슬하고서 봉록을 받지 않는 것이 옛날의 도입니까?" [맹자가] 말했다. "아니다. 숭에서 나는 왕을 만났고, 물러나서는 떠날 뜻이 있어 바꾸고 싶지 않았기 때문에 [봉록을] 받지 않은 것이다. [그러나] **계속하여** 동원령이 있었으므로 [떠나기를] 청하지 못한 것이지, 제나라에 오래 머문 것은 내 뜻이 아니었다."
- **繼而**言之, 使何易于不有得于生, 必有得於死者, 有史官在. (孫樵, 〈書何易于〉)
  이후에 [하역우의 사적을] 말했는데, 하역우가 살아서는 [조정의 상을] 받지 못하고 반드시 죽어서 얻게 된 것은 사관으로 있었기 때문이다.

固(고)

❶ **부사** 이치상 마땅히 이러해야 함을 나타내며, '당연히' '반드시' '본래' 등으로 해석한다. 또 '固(고)'가 대답하는 말로 쓰일 때는 항상 '也(야)'와 함께 쓰여 독립된 구를 이루며, '당연하다' '본래' '확실하다'라고 해석한다.

- 小**固**不可以敵大, 寡**固**不可以敵衆, 弱**固**不可以敵强. (《孟子》〈梁惠王上〉)
  작은 것은 **당연히** 큰 것을 대적할 수 없고, 적은 수로는 **당연히** 많은 수를 대적할 수 없으며, 약한 것은 **당연히** 강한 것을 대적할 수 없다.
- 魯仲連曰: "**固**也. 待吾言之……." (《戰國策》〈趙策三〉)
  노중련이 말했다. "**당연하다**. 내가 말할 때면……."
- 彼天子**固**然. (《戰國策》〈趙策三〉)
  저 천자는 **본래** 그러하다.
- 藉弟令毋斬, 而戍死◆者**固**十六七. (《史記》〈陳涉世家〉)
  설사 목을 베이지 않는다 하더라도 변방을 지키다 죽는 자가 **본래** 열에 예닐곱은 된다.
  ◆戍死(수사): 변방을 지키다가 전사함.
- 人**固**不易知, 知人亦未易也. (《史記》〈范睢蔡澤列傳〉)
  사람은 **본래** 이해받기 쉽지 않고, 다른 사람을 이해하는 것 또한 쉽지 않다.
- 此**固**其理也, 有何怨乎? (《史記》〈廉頗藺相如列傳〉)
  이것은 **본래** 당연한 이치인데 무슨 원망이 있겠는가?
- 李斯曰: "**固**也, 吾欲言之久矣." (《史記》〈李斯列傳〉)
  이사가 말했다. "**본래** 나는 그것을 말하려고 한 지 오래되었다."
- 鼂錯◆曰: "**固**也! 不如此, 天子不尊, 宗廟不安." (《史記》〈袁盎鼂錯列傳〉)

조조가 말했다. "**확실하다**! 이와 같지 않다면 천자는 존경을 받지 못하고, 국가는 편안하지 못할 것이다."

◆鼂錯(조조): 형명(刑名)의 술(術)을 배운 한나라 때의 산문가요 정치가이다. 냉철한 성품에 어사대부(御史大夫)를 지내면서 지혜주머니로 불리었다.

- 至於怨誹之多, 則**固**前知其如此也. (王安石, 〈答司馬諫議書〉)

  원망과 비방이 많음에 이르러서는, **본래** 이전부터 이와 같음을 알고 있었다.

- 執事◆之名滿於天下, 雖不見其文, 而**固**已知有歐陽子矣. (《嘉祐集》〈上歐陽內翰第一書〉)

  당신의 이름은 전국에 가득하므로 설령 당신의 글을 보지 못했다 하더라도 **본래** 구양(歐陽) 선생이 있음을 알고 있었습니다.

  ◆執事(집사): 귀인을 직접 지칭하기가 황송하여 '그의 옆에 모시고 있는 집사에게'라는 뜻으로 편지에서 귀인의 이름 밑에 쓰는 말인데, 귀인의 대명사로 쓰임.

❷ **부사** 사물이나 행위가 진실됨을 긍정하거나 어떤 상황이나 상태를 강조하며, '실로' '정말' '진실로' '확실히' 등으로 해석한다.

- 百姓皆以王爲愛也, 臣**固**知王之不忍也. (《孟子》〈梁惠王上〉)

  백성은 모두 왕을 인색하다고 여기지만, 신은 **진실로** 왕께서 차마 하지 못한 것임을 압니다.

  愛: 아낄 애

- 淸商◆**固**最悲乎? (《韓非子》〈十過〉)

  청상의 곡조가 **정말** 가장 슬픈 곡이오?

  ◆淸商(청상): 주로 순수하고 바른 상음(商音)으로 이루어진 악곡을 가리킨다.

- 州縣之設, **固**不可革也. (柳宗元, 〈封建論〉)

  주현의 설립은 **확실히** 바꿀 수 없는 것이다.

- 豈聖人之制使至於是乎? 吾**固**曰: "非聖人之意也, 勢也." (柳宗元, 〈封建論〉)

설마 성인의 제도가 [천하를] 이에 이르게 했겠는가? 나는 **확실히** 말했다. "[이것은] 성인의 뜻이 아니라 형세입니다."

- 凡四方之士, 無有不過而拜且泣者, 斯**固**百世之遇也. (張溥, 〈五人墓碑記〉)

  무릇 사방의 사람들이 [그들의 묘 앞을] 지나갈 때 절하고 울지 않는 자가 없는데, 이것은 **실로** 백대 만에 만나는 일이다.

- 桓沖深以根本爲憂, 遣精銳三千入衛京師◆, 謝安◆**固**却之. (《資治通鑑》〈晉紀〉 孝武帝太元八年)

  환충은 근본(조정의 안위)을 깊이 근심하여 정예부대 3천 명을 파견하여 경성(京城)을 지키게 했는데, 사안은 **확실히** 물러가게 했다.

  ◆京師(경사): 임금의 궁궐이 있는 곳. 즉 수도.

  ◆謝安(사안): 동진(東晉) 중기의 명신이다.

- 夫中國**固**以奢而亡, 吾邦必以儉而衰, 何也. (朴齊家, 《北學議》)

  중국은 **진실로** 사치로 망하고 우리나라는 반드시 검소함으로 쇠할 것이니, 무엇 때문인가?

- 治民與治兵法, **固**不同. (許筠, 《惺所覆瓿藁》)

  백성을 다스리는 법과 군사를 다스리는 법은 **확실히** 다르다.

- 此**固**大丈夫之事也. (金春澤, 《漢譯九雲夢》)

  이것이 **진실로** 대장부의 일이다.

❸ **부사** 짧은 시간을 나타내며, '잠깐' '잠시'라고 해석한다.

- 將欲翕◆之, 必**固**張之; 將欲弱之, 必**固**强之; 將欲廢之, 必**固**興之; 將欲奪之, 必**固**與之. 是謂微明◆. (《老子》 三十六章)

  장차 그것을 움츠리려면 반드시 **잠시** 그것을 펴고, 장차 그것을 약화시키려면 반드시 **잠시** 그것을 강하게 하며, 장차 그것을 없애려 하면 반드시 **잠시** 그것을 떨쳐 일어나게 하고, 장차 그것을 빼앗으려 하면 반드시 **잠시** 그것을 준다. 이런 것을 속이 깊은 것이라 한다.

◆翕(흡): 본래는 '거두다'라는 뜻이나, 여기서는 '움츠리다' '수축하다'라는 뜻으로 쓰였다.

◆微明(미명): 미묘하고 깊은 도리를 분명하게 안다는 뜻이며, 혹자는 미묘한 도가 밝게 나타나는 법도라고 풀이하기도 한다.

• 請欲**固**置五升之飯足矣. (《莊子》〈天下〉)

청컨대 [우리는] **잠시** 다섯 되의 쌀밥을 놓아주면 충분하다.

• 其事未究, **固**試往, 復問之. (《淮南子》〈人間訓〉)

그 일은 분명하지 않으니, **잠시** 한번 가서 다시 물어보아라.

❹ **부사** 어떤 조건이나 상황 아래에서 어떠함을 나타내며, '곧' '바로'라고 해석한다.

• 依賢**固**不困, 依富**固**不窮. (《說苑》◆〈雜言〉)

어진 이에게 의지하면 **곧** 곤궁하지 않게 되고, 부자에게 의지하면 **곧** 가난하지 않게 된다.

◆《說苑(설원)》: 한나라 유향(劉向)이 지은 것으로 군도(君道)와 신술(臣術)에 관한 명인들의 일화를 20편으로 분류하여 열거한 책이다.

• 任力者**固**勞, 任人者**固**佚. (《說苑》〈政理〉)

힘에 의지하는 사람은 **곧** 수고롭고, 사람에게 의지하는 사람은 **곧** 편안해진다.

• 此一物不具, 君**固**不出. (《史記》〈商君列傳〉)

이 중에 한 가지라도 갖추어지지 않으면 당신은 **곧** 외출하지 않습니다.

• 人心所同然者, 自我發之, 則彼之興感, **固**有所不能自已者矣, 宜乎歌之者衆也. (鄭道傳, 〈贈祖明上人詩序〉)

사람들이 마음속에 공감하는 바는 내 편에서 드러내면 저쪽이 감흥을 일으켜 **곧** 스스로 그만둘 수 없는 바가 있으니, 이것을 노래하는 사람이 많은 것은 당연하다.

• 雖其詞藻◆宏麗侈, 知詩者, **固**不取矣. (洪萬宗, 《小華詩評》)

비록 수식이 화려하고 사치스러워도 시를 아는 사람은 **바로** 취하지 않는다.

◆詞藻(사조): 시문의 수식(修飾).

❺ **부사** 앞 문장과 뜻이 상반되거나 의외의 결과를 가져옴을 나타내며, '굳이' '도리어' '마침내' '오히려' 등으로 해석한다.

- 仁人**固**如是乎? (《孟子》〈萬章上〉)

  어진 사람도 **오히려** 이와 같은가?

- 越鷄不能伏鵠卵, 魯鷄**固**能矣. (《莊子》〈庚桑楚〉)

  월나라 닭은 고니의 알을 품을 수 없지만, 노나라 닭은 **오히려** 할 수 있다.

- 人**固**有美好如陳平而長久貧賤子乎? (《史記》〈陳丞相世家〉)

  사람들 중에 **도리어** 진평같이 아름다우면서 오래도록 가난했던 사람이 있습니까?

- 丁未, 以太傅司馬宣王爲丞相, **固**讓乃止. (《三國志》〈魏書 三少帝紀〉)

  정미일(19일), 태부 사마선왕을 승상으로 임명했지만, **굳이** 사양하고 [원래의 자리에] 머물렀다.

❻ **부사** 앞에서 제시한 사물을 개괄할 경우는 '모두'라고 해석하고, 동작이 어떤 대상에 국한됨을 나타낼 때는 '단지'라고 해석하며, 부정의 뜻을 나타내는 말 앞에 쓰이면 '전혀'라고 해석한다.

- 且臣曰勿予者, 非**固**勿予而已也. (《戰國策》〈趙策三〉)

  또한 신이 주지 말라고 말한 것은 **단지** 주지 말도록 한 것뿐이 아니다.

- 山鬼**固**不過知一歲事耳. (《史記》〈秦始皇本紀〉)

  산 귀신은 **단지** 1년의 일을 아는 것에 불과하다.

- 愚者**固**欲治而惡其所以治, 皆惡危而喜其所以危者. (《韓非子》〈奸劫弑臣〉)

어리석은 사람은 **모두** [국가가 잘] 다스려지기를 바라지만 다스려지는 까닭을 싫어하며, 모두 [국가의] 위태로움을 싫어하지만 위태로움을 조성하는 원인을 좋아한다.

- 來去**固**無迹, 動態如有情. (王勃◆, 〈咏風〉)

  [봉황이] 오가는 데는 **전혀** 흔적이 없건만, 움직이는 모습은 마치 감정이 있는 듯하다.

  ◆王勃(왕발): 초당(初唐)의 산문가이며 사부가. 주로 육조의 문풍(文風)을 계승하고 부(賦)와 서(序)에 뛰어났다. 또한 변려체(騈儷體)의 대가이기도 하다. 그는 비록 스물아홉 살에 죽었지만, 일단 문장을 짓게 되면 한 글자도 고치는 일이 없어 복고(腹藁)라는 별명을 얻기도 했다.

❼ **부사** 동작이나 행위가 어떤 목적을 위해 진행됨을 나타내며, '고의로' '특별히'라고 해석한다.

- 酒闌, 呂公因目**固**留高祖. (《史記》〈高祖本紀〉)

  주연이 끝나자, 여공은 눈짓을 하여 **특별히** 고조(유방)를 남게 했다.

  闌: 끝날 란

- 吾非**固**欲負汝. (馬中錫, 《中山狼傳》)

  나는 **고의로** 당신을 저버리려고 한 것이 아니다.

❽ **부사** 반어의 뜻을 강조하며, '설마' '어떻게' '어찌' 등으로 해석한다.

- 生之物, **固**有不死者乎? (《戰國策》〈燕策二〉)

  생물이 **어찌** 죽지 않는 것이 있겠소?

- 令他馬, **固**不敗傷我乎? (《史記》〈張釋之馮唐列傳〉)

  다른 말이었다면 **어찌** [수레를] 뒤엎어 나를 다치게 하지 않았겠느냐?

- 尙書**固**負若屬耶? (柳宗元, 〈段太尉逸事狀〉)

  상서가 **어찌** 여러분을 저버리겠소?

❾ 접속사 어떤 사실을 먼저 승인한 뒤의 의미 전환을 나타내며, '물론'이라고 해석한다.

- 人**固**有一死, 或重於泰山, 或輕於鴻毛. (司馬遷, 〈報任安書〉)
  사람은 **물론** 한 번 죽지만, 어떤 죽음은 태산보다 무겁고 어떤 죽음은 기러기 털보다 가볍다.
- 今日**固**決死, 願爲諸君快戰, 必三勝之. (《史記》〈項羽本紀〉)
  오늘 [나는] **물론** 죽기를 각오했지만, 여러분을 위해 통쾌하게 싸워서 반드시 그들을 세 차례 이기겠다.
- 子**固**仁者, 然愚亦甚矣. (馬中錫, 《中山狼傳》)
  그대는 **물론** 인자한 사람이지만, 어리석음 또한 심하다.
- 見賜不遺, **固**所願也. (一然, 《三國遺事》)
  남기지 않고 주신다면 **물론** 원하는 일입니다.

【참고】

① [지세가 험준하거나 성곽이] 견고하다: • 守而必**固**者, 守其所不攻也. (《孫子兵法》〈虛實〉) 지키려면 반드시 **견고한** 곳이어야 하니, 그들이 공격하지 못하는 곳을 지키는 것이다. • **固**若金湯◆. **견고함**이 금성탕지(金城湯池)와 같다. ◆金湯(금탕): '금성탕지'의 준말. '쇠붙이를 부어 만든 성과 끓는 물이 고인 못'이란 뜻으로, 견고해서 함락할 수 없는 성읍(城邑)의 비유.

② 굳세다, 완고하다: • **固**執己見. **완고하게** 자기 의견을 지킨다. • **固**辭不受. **굳게** 사양하고 받지 않는다. • 汝心之**固**, **固**不可徹. (《列子》 湯問) 너의 사상은 **완고한데**, [그] **완고함**은 융통성이 없다.

固且(고차)

부사 본격적으로 논하거나 행동하기 전에 먼저 해보는 것을 나타내며, '姑且(고차)'와 같다. '잠깐' '잠시'라고 해석한다.

- *汝奚辱北宮文子之深乎?* **固且**言之. (《列子》〈力命〉)

  당신은 어찌하여 북궁문자를 모욕함이 [이처럼] 심한가? [그 이유를] **잠시** 말해보라.

- 天子曰: "我非忘諸校尉功也. 今**固且**圖之." (《史記》〈匈奴列傳〉)

  천자가 말했다. "내가 여러 교위의 공훈을 잊은 것이 아니다. 이제부터 **잠시** 공을 논하여 상을 줄 것이다."

姑(고)

❶ **부사** 동작 혹은 행위의 발전, 행동의 발생 이전의 짧은 시간 안에 무엇인가 하는 것을 나타내며, '우선' '잠깐' '잠시'라고 해석한다. 잠시 어떤 일을 양보한다는 느낌을 나타내며, '부득이하여 이와 같다'는 의미가 내포되어 있다.

- 多行不義, 必自斃, 子**姑**待之. (《左傳》 隱公元年)

  의롭지 못한 일을 많이 하면 반드시 스스로 망하게 될 테니, 그대는 **우선** 기다리시오.

- 齊侯曰: "余**姑**翦滅此而朝食!" (《左傳》 成公二年)

  제경공(齊頃公)이 말했다. "나는 **우선** 이들(진나라 군대)을 섬멸하고 나서 아침을 먹겠다!"

- **姑**先安大, 以待其所歸. (《左傳》 襄公三十年)

잠시 먼저 대족을 안정시키고 그 돌아가는 바를 기다린다.

• **姑**舍女所學而從我. (《孟子》〈梁惠王下〉)

잠시 네가 배운 것을 내버려두고 나를 따르라.

• 觴數行曰: "**姑**求肉乎!" (《呂氏春秋》〈當務〉)

술을 몇 잔 돌리고, "**잠시** 살코기를 구해볼까!"라고 했다.

• 銀亦細事, 汝**姑**出. (《聊齋志異》〈王者〉)

은 역시 사소한 것이니, 여러분은 **잠시** 나가시오.

❷ **부사** 앞 문장을 이어주는 역할을 하며, '곧'이라고 해석한다.

• 寡人不足爲也, 願君顧先王之宗廟, **姑**反國統萬人乎! (《戰國策》〈齊策四〉)

과인은 할 수 없으니, 그대가 선왕의 종묘를 돌아보고 **곧** 수도로 돌아와 만백성을 통솔하기 바라오!

• 三窟已就, 君**姑**高枕爲樂矣. (《戰國策》〈齊策四〉)

세 개의 굴을 이미 나왔으니, 그대는 **곧** 베개를 높이 베고 즐길 것이다.

【참고】

시어머니, 시누이: • 未諳**姑**◆食性, 先遣小**姑**◆嘗. (王建, 〈新嫁娘〉) 아직 **시어머니**의 식성을 다 알지 못하니, 먼저 **시누이**에게 맛을 보게 해야겠구나. ◆姑(고): 앞의 '姑'는 시어머니, 뒤의 '姑'는 앞에 '小(소)'를 더하여 시누이를 가리킨다.

故(고)

❶ **부사** 어떤 동작이나 행위가 의도적으로 이루어졌음을 나타내며, '고의로' '일부러' '특별히'라고 해석한다.

• 廣**故**數言欲亡, 忿恚尉. (《史記》〈陳涉世家〉)

오광(吳廣)은 **고의로** 도망치겠다고 여러 번 말하여 장위를 성나게 했다.

恚: 성날 에, 분노 에

• 公子往數請之, 朱亥**故**不復謝, 公子怪之. (《史記》〈魏公子列傳〉)

위공자(魏公子)는 자주 찾아가서 [그를 빈객으로] 맞이하려 했지만, 주해는 **일부러** 답례조차 하지 않았으므로, 공자는 이를 이상하게 여겼다.

• 如孟子之言, 是謂天**故**生聖人也. (《論衡》〈刺孟〉)

만일 맹자의 말과 같다면, 그것은 하늘이 **일부러** 성인을 낳은 것이다.

• 他物若買**故**賤, 賣**故**貴, 皆坐贓爲盜. (《漢書》〈景帝紀〉)

다른 재물을 만일 **고의로** 싸게 사서 **고의로** 비싸게 팔면, 모두 매점매석한 것에 연루되어 도적이 된다.

坐: 연루 좌

• 我今**故**與林公來相看. (《世說新語》〈政事〉)

나는 오늘 **일부러** 임공과 당신을 보러 왔다.

❷ **부사** 이유나 상황을 묻고, '어째서' '어찌'라고 해석한다.

• 今王公大人之君人民, 主社稷, 治國家, 欲修保而勿失, **故**不察尙賢爲政之本也? (《墨子》〈尙賢中〉)

지금 왕공대인이 백성을 군주로 삼고 사직을 받들며 국가를 다스려 보존하고 잃지 않기를 바라면서, **어찌** 현인을 숭상하는 것이 정치의 근본이 됨을 살피지 못하는가?

• 公將有行, **故**不送公? (《管子》〈侈靡〉)

군왕이 문을 나서려는데 **어째서** 군왕을 전송하지 않는가?

• 公玉丹答曰: "臣以王爲已知之矣, 王**故**尙未之知邪?" (《呂氏春秋》〈審己〉)

공옥단이 대답했다. "신은 왕께서 그것을 이미 알고 계시리라 여겼는데, 왕께서는 **어찌** 아직 그것을 모르고 계십니까?"

ㄱ

❸ **부사** 어떤 조건이나 상황에서 야기되는 결과를 나타내며, '곧' '바로'라고 해석한다.

- 居十日, 扁鵲望桓侯而還走, 桓侯**故**使人問之. (《韓非子》〈喩老〉)
  열흘이 지나 편작이 채환공(蔡桓公)을 멀리서 바라보고 뛰어 돌아갔는데, 채환공은 **곧** 사람을 보내어 그에게 [이 일을 어찌해야 할 것인가를] 물었다.
- 吳不亡越, 越**故**亡吳; 齊不亡燕, 燕**故**亡齊. (《戰國策》〈秦策三〉)
  오나라가 월나라를 멸망시키지 못하면 월나라는 **곧** 오나라를 멸망시킬 것이고, 제나라가 연나라를 멸망시키지 못하면 연나라는 **곧** 제나라를 멸망시킬 것이다.
- 君子博學如日參己焉, **故**知明則行無過. (《大戴禮記》[◆] 〈勸學〉)
  군자가 넓게 배우고 날마다 자신을 살펴, **곧** 지혜롭고 밝으면 행동에 잘못이 없게 된다.

  [◆]《大戴禮記(대대례기)》: 전한(前漢)의 대덕(戴德)이 2백여 편의《예기(禮記)》를 85편으로 줄여 만든 것인데, 지금은 40편만 남아 있다.
- 太祖悅曰: "怒不變容, 喜不失節, **故**是最爲難." (《三國志》〈魏書 后妃傳〉)
  태조(조조)가 기뻐하며 말했다. "화가 나도 낯빛을 바꾸지 않고, 기뻐도 절도를 잃지 않는 것이 **바로** 가장 어려운 것이다."

❹ **부사** 서술한 일의 상황이나 동작이 과거에 발생했거나 나타났음을 나타내며, '일찍이'라고 해석한다.

- 程不識**故**與李廣俱以邊太守將軍屯. (《史記》〈李將軍列傳〉)
  정불식은 **일찍이** 이광과 함께 변방의 태수로 주둔군을 인솔하던 장수였다.

❺ **부사** '固(고)'와 통하고, 사물이나 상황이 본래 이와 같음을 나타내며, '계속' '늘' '본래' '원래'라고 해석한다.

• 凡禮義者, 是生於聖人之僞, 非**故**生於人之性也. (《荀子》〈性惡〉)

무릇 예의라는 것은 성인이 인위로 만든 것이지, **본래** 인간의 본성에 의해서 생겨난 것이 아니다.

• 黃炎**故**用水火矣. (《呂氏春秋》〈蕩兵〉)

황제(黃帝)와 염제(炎帝)는 **원래** 물과 불을 사용했다.

• 神**故**非質, 形**故**非用, 不得爲異, 其義安在? (《梁書》〈范縝傳〉)

정신은 **본래** 물질이 아니고 형체는 **본래** 작용하는 것이 아니지만, [양자는] 다른 것이 될 수 없으니 그 이유는 어디에 있는가?

• 汝家**故**貧賤也, 吾處之有素矣. (歐陽修, 〈瀧岡阡表〉)

너의 집은 **본래** 가난한데도, 나는 이곳에서 늘상 있었다.

• 此物**故**非西産. (《聊齋志異》〈促織〉)

이 물건은 **본래** 섬서성에서 생산된 것이 아니다.

❻ **부사** 동작 혹은 상황이 지속됨을 나타내며, '여전히'라고 해석한다.

• 三日斷五匹, 大人**故**嫌遲. (無名氏, 〈焦仲卿妻〉)

사흘 동안 다섯 필을 끊었건만, 시어머니는 **여전히** 게으르다 구박하네.

• 雙雙入我廬, 先巢**故**尙在. (陶潛, 〈擬古〉)

[제비가] 쌍쌍이 우리 집으로 날아들고, 옛날 둥지는 **여전히** 있네.

• 狂髡**故**在此, 獨失我耳. (蕭德藻, 〈吳五伯〉)

미친 화상은 **여전히** 이곳에 있는데, 단지 나를 잃었을 뿐이네.

❼ **부사** 상황이나 사실에 대한 확실한 추단 혹은 긍정을 나타내며, '반드시' '확실히' 등으로 해석한다.

• 人之迷也, 其日**故**以久矣. (《韓非子》〈解老〉)

사람들이 미혹에 빠졌는데, 그날이 **확실히** 오래되었다.

• 謝奉**故**是奇士! (《世說新語》〈雅量〉)

사봉은 **확실히** 특이한 선비구나!

❽ 접속사 인과관계를 나타내고, 앞일이 뒷일의 원인이 된다. '그러므로' '그래서' '~ 까닭으로' '~ 때문에' 등으로 해석한다. 결과가 먼저 제시되는 경우가 있는데, 이때는 '~ 때문이다'라고 해석한다.

- 彼竭我盈, **故**克之. (《左傳》莊公十年)

  그들은 힘이 다했지만 우리는 왕성했기 **때문에** 그들을 이긴 것이다.

- **故**說詩者, 不以文害辭, 不以辭害志. (《孟子》〈萬章上〉)

  그러므로 시를 해설하는 사람은 문자로써 사구를 해쳐서는 안 되고, 사구로써 뜻을 해쳐서도 안 된다.

- 有成與虧, **故**昭氏之鼓琴也. (《莊子》〈齊物論〉)

  완성과 파괴가 있는 것은 소씨가 거문고를 탔기 **때문이다**.

- 學至乎沒而後止也. **故**學數有終, 若其義則不可須臾舍也. (《荀子》〈勸學〉)

  학문은 죽은 뒤에야 끝난다. **그러므로** 학문의 방법에는 끝이 있지만, 그 뜻은 잠시도 버려둘 수 없다.

- 强本而節用, 則天不能貧; 養備而動時, 則天不能病; 脩道而不貳, 則天不能禍. **故**水旱不能使之渴, 寒暑不能使之疾, 祆怪不能使之凶. (《荀子》〈天論〉)

  [농업과 양잠 등] 근본에 힘쓰고 비용을 절약하면 하늘이 [사람을] 가난하게 할 수 없고, 잘 보양하고 제때에 움직이면 하늘이 병들게 할 수 없으며, 도리를 닦아 도리에 어긋나지 않으면 하늘이 재앙을 내릴 수 없다. **그러므로** 수해와 가뭄이 사람을 굶주리게 할 수 없고, 추위와 더위가 사람을 병들게 할 수 없으며, 요괴가 사람을 해롭게 할 수 없다.

- 虎以爲然, **故**遂與之行. (《戰國策》〈楚策一〉)

  호랑이는 [여우의 말이] 옳다고 여겼**으므로** 그와 함께 갔다.

- 遠近歸之, **故**王天下. (《呂氏春秋》〈簡選〉)

멀고 가까운 곳이 그에게 돌아왔**으므로** 천하를 지배하게 되었다.

- **故**遣將守關者, 備他盜出入與非常也. (《史記》〈項羽本紀〉)

그러므로 장군을 파견하여 관문을 지키게 한 것은 다른 도적의 출입과 의외의 일을 방비하기 위한 것이다.

- 漢王授我上將軍印, 予我數萬衆, 解衣衣我, 推食食我, 言聽計用, **故**吾得至於此. (《史記》〈淮陰侯列傳〉)

한나라 왕이 나에게 상장군의 관인(官印)을 주고 나에게 수만 명의 병사를 주었으며, 옷을 벗어 나에게 입혀주고 음식을 나에게 주어 먹도록 했으며, [나의] 말을 믿고 [나의] 계획을 채택했기 **때문에** 내가 이러한 상태에 이를 수 있었다.

- 吾聞之也, 義不背親, 忠不違君. **故**東宗本州以爲親援, 中扶郡將以安社稷. (《三國志》〈魏書 臧洪傳〉)

내가 듣기로, 의로운 사람은 부모를 배신하지 않으며, 충성스런 사람은 군주를 거스르지 않는다고 한다. **그러므로** [나는] 동쪽 향리에 있는 주(서주)를 존숭하여 구원병을 삼고, 안으로는 군장을 둠으로써 나라를 안정시키려 한다.

- 軍中以褚力如虎而癡, **故**號曰虎癡. 是以超問虎侯, 至今天下稱焉, 皆謂其姓名也. (《三國志》〈魏書 典韋傳〉)

군영 안에서는 허저(許褚)를, 힘은 호랑이 같으나 어리석다고 여겼**으므로** 호치라고 불렀다. 이에 마초는 [허저를] 호후로 고했으며, 지금까지 세상에서 [이와 같이] 일컬으며 모두 그의 이름이라고 말한다.

- **故**堯·禹有九年之水, 湯有七年之旱, 而國無捐瘠者, 以畜積多而備先具也. (鼂錯, 〈論貴粟疏〉)

그러므로 요임금과 우임금 때에는 9년간 물난리가 있었고 탕임금 때에는 7년간 가뭄이 있었지만, 나라에 굶어 죽고 병들어 죽는 사람이 없었던 것은 [식량을] 축적한 것이 많았고 미리 마련하여 갖추었기 때문이다.

捐: 버릴 연 | 瘠: 파리할 척

- 圖畵無蜂蝶, **故**知之. (金富軾,《三國史記》)
  그림에 벌과 나비가 없기 **때문에** 그것을 알았다.
- 新羅時, 花郞永郞之徒來遊, 三日不返, **故**名爲三日浦. (魚叔權,《稗官雜記》)
  신라 때 화랑 영랑의 무리가 와서 놀고는 3일 동안 돌아가지 않았기 **때문에** 삼일포라고 이름 지었다.
- 方今爲詩者, 尤嗜讀東坡◆之文. **故**每歲榜出之後, 人人爲今年又三十東坡出矣. (李奎報,〈答全履之論文書〉)
  요즘 시를 짓는 자는 동파의 글 읽기를 매우 좋아한다. **그래서** 매년 급제한 자의 방이 나붙은 후에 사람들은 올해에도 30명의 동파가 나왔다고 한다.

  ◆東坡(동파): 소식(蘇軾)의 호.

❾ **어조사** '夫(부)'와 통하고, 화제를 제시할 뿐 뜻은 없다. 해석할 필요는 없다.

- **故**不登高山, 不知天之高也; 不臨深溪, 不知地之厚也; 不聞先王之遺言, 不知學問之大也. (《荀子》〈勸學〉)
  높은 산에 오르지 않으면 하늘이 높음을 알지 못하고, 깊은 시내에 임하지 않으면 땅이 두터움을 알지 못하며, 선왕이 남긴 말을 듣지 않으면 학문이 큼을 알지 못한다.
- **故**大巧在所不爲, 大智在所不慮. (《荀子》〈天論〉)
  큰 기교로도 할 수 없는 일이 있고, 큰 지혜로도 생각하지 못하는 것이 있다.
- 今夫楊, 橫樹之則生, 倒樹之則生, 折而樹之又生. 然使十人樹楊, 一人撥之, 則無生楊矣. **故**以十人之衆, 楊易生之物, 然而不勝一人何也? 樹之難,

而去之易也. (《戰國策》〈魏策二〉)

지금 버드나무는 가로로 심어도 살고, 거꾸로 심어도 살며, 꺾어 심어도 산다. 그러나 설령 열 사람이 버드나무를 심더라도 한 사람이 그것을 뽑으면 살아날 버드나무가 없을 것이다. 열 사람의 무리에 기대 버드나무는 쉽게 살아나는 식물이지만, 한 사람을 이기지 못하는 것은 어째서인가? 그것을 심기는 어렵고 그것을 뽑아버리기는 쉽기 때문이다.

• **故**用人之知去其詐, 用人之勇去其怒, 用人之仁去其貪. (《禮記》〈禮運〉)

사람의 지혜로써 속임을 제거하고, 사람의 용기로써 노여워함을 제거하고, 사람의 어짊으로써 탐욕을 제거한다.

【참고】

① 원인, 이유: • 不解其**故**. 그 **원인**을 풀지 못했다. • 持之有**故**. 돕는 데 **이유**가 있다.

② 사건, 변고: • 王室多**故**. 왕실에 **사건**이 많다. • 兄弟無**故**. 형제간에 **변고**가 없다.

③ 일: • 節儉者以爲陋, 不以便死爲**故**. (《呂氏春秋》〈節喪〉) 절약하고 검소한 [장례를] 욕된 일로 여기고, 죽은 사람을 편안하게 해주는 것을 **일**로 삼지 않는다.

④ 옛날: • 溫**故**知新. **옛**것을 익히고 나아가 새것을 안다. • **故**步自封. **옛날** 걷던 걸음으로 스스로를 얽어맨다. • **故**態復萌. **옛날**의 자태가 다시 피어난다.

⑤ 죽다: • 八月, 詔曰: "**故**中郎西平郭脩, 砥節厲行, 秉心不回." (《三國志》〈魏書齊王紀〉) 8월에 조서를 내려 말했다. "**고인**이 된 서평의 중랑 곽수는 절조를 지켜서 품행을 높이고 마음속이 곧았다."

⑥ 옛 친구: • 一見如**故**. 한 번 봤으나 **옛 친구** 같다.

⑦ 과거, 종전: • 長史欣者, **故**爲櫟陽獄椽. (《史記》〈項羽本紀〉) 장사 사마흔(司馬欣)은 **과거**에 역양현(櫟陽縣)의 옥리였다.

ㄱ

故乃(고내)

접속사 앞 문장의 내용이 원인이 되어 일어난 결과를 이끌며, '때문에'라고 해석한다.

- 先生病矣! 苦于山林之勞, **故乃**肯見于寡人. (《莊子》〈徐無鬼〉)
  선생께선 궁핍하군요! 산림 속에서 수고하다가 고통스러웠기 **때문에** 나를 만나러 왔을 것입니다.
- 故古聖人爲之脈法, 以起度量, 立規矩 …… **故乃**別百病以異之. (《史記》〈扁鵲倉公列傳〉)
  그래서 옛날 성인이 진맥법을 만들어 이것을 표준으로 한 도량(度量)을 가지고, 규구(規矩)로 재고 …… **때문에** 갖가지 질병을 분별하고 다양한 진단을 내릴 수 있는 것입니다.
- **故乃**關沫若, 徼牂柯, 鏤零山, 梁孫原. (《史記》〈司馬相如◆列傳〉)
  때문에 말수와 약수에 관소를 두고 장가강을 경계로 삼았으며, 영산(零山)을 뚫어서 길을 열고 손수(孫水)의 원천에 다리를 놓았습니다.

  ◆司馬相如(사마상여): 한대(漢代)의 사부가(辭賦家)로서 자는 장경(長卿)이며, 매승(枚乘)의 작풍을 계승하여 한부(漢賦)를 극점에 올려놓은 작가다. 말더듬이에다 정치적 행로는 평탄하지 못했지만, 부호의 과부였던 탁문군(卓文君)과의 사랑으로 유명하다.
- 宛·周·齊·魯商遍天下, **故乃**商賈之富, 或累萬金. (《鹽鐵論》◆〈力耕〉)
  완·주·제·노나라의 상인들은 천하를 두루 다니기 **때문에** 상인들은 부유하며, 어떤 이는 만금을 쌓았다.

  ◆《鹽鐵論(염철론)》: 한대(漢代)의 환관(桓寬)이 지은 경제서로서, 소제(昭帝) 때 소금과 철의 전매제도 존속 여부에 관하여 승상 및 어사대부(御史大夫) 등과 현량(賢良) 60여 명이 조정에서 토론한 내용을 편집한 것.

故夫(고부)

❶ **접속사** 앞 문장에서 이미 서술한 사실이나 이유에 뒤이은 결과를 나타내며, '때문에'라고 해석하거나 문맥에 맞게 적절히 해석한다.

- "紂爲天下逋逃主, 萃淵藪." **故夫**致死焉. (《左傳》昭公七年)

  "주는 천하에 [죄를 짓고] 도망한 자들의 주인이 되어 그 무리를 모았다." **때문에** [사람들은] 죽기를 각오하게 된 것이다.

- 祿之去公室五世矣, 政逮於大夫四世矣. **故夫**三桓之子孫微矣. (《論語》〈季氏〉)

  녹봉에 대한 권한(정권을 비유함)이 공실(노나라 조정)을 떠난 지 5대가 되었고, 정권이 대부의 손에 넘어간 지 4대가 되었다. **따라서** 저 삼환의 자손들도 미약해질 것이다.

- **故夫**馴道不純而愚民陷焉. 詩曰: "愷悌君子, 民之父母." 今人有過, 教未施而刑加焉? (《史記》〈孝文本紀〉)

  때문에 교화의 방법이 순수하지 못하여 어리석은 백성들이 죄로 빠져드는구나. 《시경》에서 말하기를 "다정하고 자상한 군자여, 백성의 부모로다."라고 했다. 지금 사람들에게 잘못이 있으면 교화를 베풀지도 않고서 형벌을 먼저 가하는가?

- 原汲黯*之言, 察東方朔之語, 獨非以俗吏之得地, 賢儒之失職哉! **故夫**仕宦失地, 難以觀德. (《論衡》〈狀留〉)

  급암의 말을 고찰하고 동방삭의 말을 살펴보면, 어찌 속리가 지위를 얻고 어진 유학자가 직위를 잃지 않겠는가! **때문에** 관리가 지위를 잃어서 인덕을 보기 어렵다.

  * 汲黯(급암): 한대의 간신(諫臣)으로 복양(濮陽)에서 태어났으며 자는 장유(長孺)이다. 경제(景帝) 때 태자세마(太子洗馬)가 되었으며 무제(武帝) 때 동해(東海)의 태수를 거쳐 구경(九卿)의 반열에 올랐고, 성정이 매우 엄격하여 직간(直諫)을 잘해서 무제로부터 사직의 신하에 가깝다는 평을 들었다.

- **故夫**治國, 譬若張琴, 大弦急則小弦絶矣. (《說苑》〈政理〉)

  때문에 국가를 다스리는 것은, 비유하자면 마치 거문고를 튕기는 것과 같아 대현이 빠르면 소현이 끊어진다.

❷ **어조사** 화제를 제시할 뿐 해석할 필요는 없다.

- **故夫**知效一官, 行比一鄕, 德合一君, 而徵一國者. 其自視也亦若此矣. (《莊子》〈逍遙遊〉)

  지혜는 한 관직을 맡을 수 있고, 품행은 한 고을에 알맞으며, 덕행은 한 임금의 요구에 부합할 수 있고, 능력은 한 나라에서만 신망을 받을 수 있다. 이런 인물은 스스로를 보는 눈도 이와 같다.

- **故夫**握而不見于手, 含而不見于口, 而闢千金者, 珠也. (《管子》〈輕重甲〉)

  손에 잡으면 손에서 보이지 않고, 머금으면 입에서 보이지 않아, 천금에 비견되는 구슬이다.

故嘗(고상)

부사 어떤 상황이 옛날에 발생한 사실이 있음을 나타내며, '일찍이'라고 해석한다.

- 豫讓◆者晉人也, **故嘗**事范氏及中行氏. (《史記》〈刺客列傳〉)

  예양(豫讓)은 진나라 사람으로 **일찍이** 범씨(范氏)와 중항씨(中行氏)를 섬긴 일이 있었다.

  ◆豫讓(예양): 춘추시대 진(晉)나라 사람으로 주군의 원수를 갚으려고 얼굴과 목소리까지 바꾸어 끝까지 원수를 암살하려 했던 자객으로 유명하다.

- 燕太子丹者, **故嘗**質於趙. (《史記》〈刺客列傳〉)

  연나라 태자 단은 **일찍이** 조나라에 볼모로 있었다.

故以此(고이차)

접속사 후자가 전자의 결과임을 나타내며, '그러므로' '이런 이유 때문에' 라고 해석한다.

- 初白公父建亡在鄭, 鄭殺之, 白公亡走吳, 子西復召之, **故以此**怨鄭, 欲伐之. (《史記》〈楚世家〉)

  당초에 백공의 아버지 건이 정나라로 달아났을 때, 정나라가 그를 죽였기 때문에 백공은 오나라로 달아났고, 자서가 다시 그를 불렀으므로 **이런 이유 때문에** 정나라를 원망하여 정나라를 정벌하려고 했다.

- 腎氣有時閒濁, 在太陰脈口而希, 是水氣也. 腎固主水, **故以此**知之. (《史記》〈扁鵲倉公列傳〉)

  신기(腎氣)가 때때로 탁해지기도 하지만, 태음(太陰)의 맥구(脈口)에 있어서 맥박이 다소 뜸한 것은 몸에 수기(水氣)가 있기 때문입니다. 신장은 본래 물을 주재하는 곳이므로 **이런 이유 때문에** 그의 병이 나을 줄 알았던 것입니다.

故此(고차)

접속사 '故玆(고자)'라고도 쓰이며, 앞 문장이 원인이 되어 발생한 결과를 이끈다. '그러므로' '때문에'라고 해석한다.

- 地方二千里, 持戟百萬, 縣隔千里之外, 齊得十二焉. **故此**東西秦地. (《史記》〈高祖本紀〉)

  토지는 사방 2천 리이고 창을 잡은 병사가 백만이며, [각 제후국의] 현과는 1천 리 밖으로 떨어져 있어 제나라가 10분의 2를 차지하고 있다. **때문에** [제와 진은 천하의] 동진(東秦), 서진(西秦)이다.

戟: 미륵창 극

- 或爲請代, 公弗許. **故此**二人怒. (《史記》〈齊太公世家〉)

  어떤 사람이 그들을 대신하길 청했지만 양공은 허락하지 않았다. **그러므로** 두 사람은 화가 났다.

- 可汗愛賞, 下命群屬, 敢加殺害, 有誅無赦. **故此**群鹿, 得終其壽. (《大唐西域記》)

  가한은 [사슴] 감상을 좋아하여, 소속 부하들에게 감히 [사슴을] 살해하면 목을 베어 용서하지 않을 것이라고 명령했다. **때문에** 사슴들은 목숨을 명대로 누렸다.

- 昨夜困甚, 於路旁睡着, 至明, 不見郎君, **故此**尋求. (《逸史》〈東洛張生〉)

  어젯밤 매우 피곤하여 길가에서 잠들었는데, 날이 밝았을 때 낭군이 보이지 않았기 **때문에** 찾았다.

- 尙竭至忠, 共扶新運. **故玆**詔示, 想宜知悉. (陸秀夫, 〈擬景炎皇帝遺詔〉)

  지극한 충성을 다하여 함께 새로운 국운을 부축하자. **때문에** 이 명령을 발표하니 모두 알아야 할 것이다.

顧(고)

❶ **부사** 앞 문장의 뜻과 상반되거나 뜻밖의 상황이 벌어짐을 나타낸다. '却(각)' '反/返(반)'과 비슷하며 '도리어' '마침내' '오히려' 등으로 해석한다.

- 故仲尼反爲臣, 而哀公**顧**爲君. (《韓非子》〈五蠹〉)

  그러므로 중니는 반대로 신하가 되었지만, 애공은 **오히려** 임금이 되었다.

- 秦被其勞而趙受其利, 雖强大不能得之於小弱, 而小弱**顧**能得之强大乎? (《戰國策》〈趙策一〉)

진나라는 수고롭게 되었으나 조나라는 이익을 얻었으니, 강대하다고 하여 약소한 데에서 [장점을] 얻을 수 없고, 약소하면서 **도리어** 강대한 데에서 [장점을] 얻을 수 있는가?

- 若旣得立, 欲分吳國予我, 我**顧**不敢望也. (《史記》〈伍子胥列傳〉)

  그가 [오왕(吳王)이] 되고 나서 오나라를 나에게 나누어주려 했지만, 나는 **오히려** 감히 바라지 않았다.

- 足反居上, 首**顧**居下, 是倒植之勢也. (《漢書》〈賈誼列傳〉)

  발은 반대로 위에 있고 머리는 **도리어** 아래에 있으니, 이것은 거꾸로 심은 형세다.

❷ **부사** '固(고)' '故(고)' '乃(내)'와 통하고, 어떤 조건이나 상황 아래에서 어떠함을 나타내며, '곧' '바로'라고 해석한다.

- 誠臣計劃有可采者, **顧**大王用之. (《史記》〈陳丞相世家〉)

  진실로 신의 계책이 쓸 만하면, **곧** 대왕께서 그것을 사용하십시오.

- 若善守汝國, 我**顧**且盜而城. (《史記》〈張儀列傳〉)

  너는 너의 나라를 잘 지켜라, 나는 **곧** 너의 성을 빼앗을 것이다.

  若: 너 약 | 而: 너 이

- 帝復笑曰: "卿非刺客, **顧**說客耳." (《後漢書》〈馬援列傳〉)

  황제가 또 웃으면서 말했다. "경은 자객이 아니면 **곧** 세객일 뿐이다."

❸ **부사** 반어를 나타내며, '어떻게' '어찌' 등으로 해석한다.

- 襄子必近幸子. 近幸子, 乃爲所欲, **顧**不易邪? (《史記》〈刺客列傳〉)

  조양자는 반드시 당신을 가까이하고 총애할 것이다. 당신을 가까이하고 총애하게 된 뒤에 하고 싶은 일을 한다면 **어찌** 쉽지 않겠는가?

- 且僕與足下俱楚人, 使游揚足下名於天下, **顧**不美乎? (《漢書》〈季布列傳〉)

  하물며 나와 자네는 모두 초나라 사람이니, 유력하여 세상에서 자네 이름을 떨치게 하면 **어찌** 아름답지 않으리?

- 醉則散髮扣舷, 爲吳歌, **顧**不樂哉? (陸游, 〈煙艇記〉)
  취하면 머리를 풀어헤치고 뱃전을 두드리며 오나라 노래를 부르는데, **어찌** 즐겁지 않겠소?
- 人之立志, **顧**不如蜀鄙之僧哉? (彭端淑, 〈爲學一首示子侄〉)
  사람이 뜻을 세웠는데, **어찌** 촉 땅 변방의 스님만 못하겠는가?

❹ **접속사** 가벼운 전환을 나타내며, '다만' '단지' 등으로 해석한다. 문장 끝의 '耳(이)'와 호응하는 경우가 많다.

- 吾每念, 常痛於骨髓, **顧**計不知所出耳. (《戰國策》〈燕策三〉)
  나는 [이 일을] 생각할 때마다 항상 골수에 사무치도록 괴롭지만, **다만** [아무리] 생각해도 어찌해야 할지를 모를 뿐입니다.
- 是故上有大澤, 則惠必及下, **顧**上先下後耳. (《禮記》〈祭統〉)
  이 때문에 위에 큰 은택이 있으면 은혜는 반드시 아래에까지 미치니, **단지** 위가 먼저이고 아래가 나중일 뿐이다.
- 相如雖駑, 獨畏廉將軍哉? **顧**我念之, 彊秦之所以不敢加兵於趙者, 徒以吾兩人在也. (《史記》〈廉頗藺相如列傳〉)
  [나] 인상여가 비록 노둔하지만 설마 염 장군을 두려워하겠는가? **다만** 내가 생각하기에, 강한 진나라가 감히 [우리] 조나라를 침범하지 못하는 까닭은 단지 우리 두 사람이 있기 때문이다.
- 此在兵法, **顧**諸君不察耳. (《史記》〈淮陰侯列傳〉)
  이것은 병법에 있는 것인데, **단지** 여러분이 살피지 않았을 뿐이다.
- 噫! 風雪花草之物, 三百篇中豈舍之乎? **顧**所用何如耳. (白居易, 〈與元九書〉)
  아! 바람·눈·꽃·풀과 같은 사물이 《시경》 3백 편 속에서 어찌 버려졌겠는가? **단지** 인용된 바가 어떠한가를 볼 뿐이다.
- 今者薄暮, 擧網得魚, 巨口細鱗, 狀如松江之鱸, **顧**安所得酒乎? (蘇軾, 〈後

赤壁賦〉)

오늘 해 질 무렵 그물을 펴서 고기를 잡으니 큰 입과 가느다란 비늘을 [가진 물고기의] 모양이 마치 송강(松江)의 농어 같은데, **다만** 술은 어디서 구할까?

【참고】

① 돌아보다: •義無反**顧**. 의리상 **돌아봄**이 없다. •**顧**名思義. 명예를 **돌아보고** 의리를 생각한다. •**顧**影自憐. 그림자를 **돌아보고** 스스로 불쌍히 여긴다. •常獵, 爲虎所逐, **顧**射虎. 應聲而倒. (《三國志》〈魏書 曹眞傳〉) 항상 사냥을 즐겼는데, [한번은 조진이] 호랑이에게 쫓기게 되어 **돌아보고서** 활을 쏘았다. 그러자 [호랑이는 화살] 소리가 나자마자 고꾸라졌다. •見兎而**顧**犬, 未爲晩也, 亡羊而補牢, 未爲遲也. (《戰國策》〈楚策四〉) 토끼를 보고 개를 **돌아본다고** 하여 늦었다고 할 수 없고, 양을 잃고 우리를 고친다고 하여 늦었다고 할 수 없다.

② 돌보다: •奮不**顧**身. 분발하여 몸을 **돌보지** 않는다. •言行相**顧**, 天下之至言也. 말과 행동이 서로 **돌보는** 것은 천하의 지당한 말이다.

顧反(고반)

부사 앞 문장의 뜻과 상반되거나 뜻밖의 상황이 일어남을 나타내며, '顧乃(고내)'와 유사하다. '도리어' '마침내' '오히려' 등으로 해석한다.

- 執彈而招鳥, 揮棁而呼狗, 欲致之, **顧反**走. (《淮南子》〈說山訓〉)

  탄궁을 손에 들어 새를 부르고, 짧은 막대기를 휘둘러 개를 부르면, 이들을 오게 하려고 해도 **오히려** 달아난다.

- 孫子曰: "夫韓·魏之兵未獘而救之, 是吾代韓受魏之兵, **顧反**聽命於韓也." (《史記》〈田敬仲完世家〉)

손자(손무孫武)가 말했다. "한과 위나라의 군대가 지치기 전에 그들을 구원하는 것은 우리가 한나라를 대신해서 위나라 군과 싸우는 것으로, **도리어** 그것은 한나라의 명령을 듣는 것입니다."

- 今蕭何◆未嘗有汗馬之勞◆, 徒持文墨議論, 不戰, **顧反**居臣等上, 何也? (《史記》〈蕭相國世家〉)
  지금 소하는 전공(戰功)을 세운 적이 없으며, 단지 시문을 짓거나 서화를 그리거나 의론만 하고 싸우지 않았는데도 **도리어** [지위는] 우리의 위에 있으니 무엇 때문입니까?
  ◆蕭何(소하): 한대(漢代) 삼걸(三傑)의 한 사람으로서 고조(유방)가 천하를 제패하는 데 큰 공을 세웠으며, 한나라의 율령(律令)은 주로 그에 의해 제정되었다.
  ◆汗馬之勞(한마지로): 말이 땀을 흘리게 한 공로. 즉 전공(戰功)을 뜻함.
- 具符節南使臣於趙. **顧反**命, 起兵擊齊. (《史記》〈樂毅列傳〉)
  부절을 마련하여 저를 남쪽의 조나라에 사신으로 보냈습니다. 저는 **도리어** 보고를 마친 뒤 병사를 일으켜 제나라를 쳤습니다.
- 是時屈平旣疏, 不復在位, 使於齊, **顧反**諫懷王曰: "何不殺張儀." (《史記》〈屈原賈生列傳〉)
  이때 굴원은 이미 멀리 내쳐져 다시 벼슬에 오르지 못했지만, 제나라에 사신으로 갔다가 [초나라로 돌아와] **도리어** 회왕에게 간했다. "어찌하여 장의를 죽이지 않았습니까?"

孔(공)

부사 동작이나 행위의 정도가 지나침을 나타내며, '너무' '매우'라고 해석한다.

• 其新**孔**嘉, 其舊如之何? (《詩經》〈豳風 東山〉◆)

신혼 때는 **매우** 즐거웠는데, 오래되니 어떠한가?

◆〈東山(동산)〉: 주공(周公)의 동정(東征)에 종군했던 사람이 3년 만에 귀가하여 그 당시 고향을 그리워했던 마음을 술회한 작품이다.

• 玁狁◆**孔**熾, 我是用急. (《詩經》〈小雅 六月〉)

험윤은 [세력이] **매우** 강하여, 나는 이 때문에 긴장한다.

◆玁狁(험윤): 중국 북방의 오랑캐족으로서 한나라 때는 흉노라 했음.

熾: 강성할 치

• 謀夫**孔**多, 是用不集. (《詩經》〈小雅 小旻〉)

계책을 세우는 사람이 **매우** 많아서 성공하지 못했다.

集: 이루어질 집

• 詩稱玁狁**孔**熾, 久矣其爲中國患也. (《三國志》〈魏書 烏丸傳〉)

《시경》에 '험윤은 **매우** 강했다.'라고 되어 있으니, 이는 그것이 중원의 근심거리가 된 지 오래임을 설명한 것이다.

• 意欲從君, 讒言**孔**多. (《搜神記》〈紫玉〉)

마음은 그대를 따르려고 하지만, 훼방하는 말이 **너무** 많구나.

共(공)

부사 주어가 대표하는 사람이나 사물이 어떤 동작이나 행위를 함께하는 것을 나타낸다. '모두' '일제히' 등으로 해석한다.

• 其後諸侯**共**擊楚, 大破之, 殺其將唐昧. (《史記》〈屈原賈生列傳〉)

그 후 제후들이 **일제히** 초나라를 공격하여 그들을 크게 쳐부수었으며, 초나라의 장군 당매를 죽였다.

ㄱ

• 蘇秦兄弟三人, 皆游說諸侯以顯名, 其術長於權變. 而蘇秦被反間以死, 天下**共**笑之, 諱學其術. (《史記》〈蘇秦列傳〉)
소진의 형제 세 사람은 모두 제후들에게 유세하여 이름을 드날렸으며, 그들의 술수(종횡책)는 권모와 변화에 뛰어난 것이었다. 소진이 제나라에서 반간(첩자 활동)의 혐의를 받고 죽으니, 천하 사람은 **모두** 그를 비웃고 그 술수 배우기를 꺼려 했다.

空(공)

부사 동작이나 행위가 예상한 목적에 도달하지 못했거나, 혹은 마땅히 얻어야 할 효과를 얻지 못했음을 나타낸다. '공연히' '단지' '헛되이' 등으로 해석한다.

• 出公去矣, 而門已閉, 子可還矣. 毋**空**受其禍. (《史記》〈仲尼弟子列傳〉)
출공은 달아났고 성문은 벌써 닫혔으니 그냥 돌아가는 것이 좋겠습니다. **공연히** 들어갔다가 화를 당하실 필요는 없습니다.

• 其母爲言曰: "今遣少子, 未必能生中子也, 而先**空**亡長男, 柰何?" 朱公不得已而遣長子. (《史記》〈越王句踐◆世家〉)
그의 어머니도 말했다. "지금 막내를 보내 둘째 아들을 반드시 살려낼지 알 수 없는 일인데, 그보다 먼저 **공연히** 큰아들을 잃게 생겼으니 어떻게 하면 좋지요?" 주공은 할 수 없이 장남을 보냈다.

◆ 句踐(구천): 춘추시대 월나라의 제2대 왕인데, 와신상담 끝에 부차(夫差)에게 당한 치욕을 씻었음.

果(과)

❶ 부사 이미 말했거나 추측했던 일이 사실로 드러남을 나타내며, '결국' '과연' '정말' '진실로' 등으로 해석한다.

- 嬖人◆有臧倉者沮君, 君是以不**果**來也. (《孟子》〈梁惠王下〉)

  폐인 장창이라는 자가 임금을 막았고, 임금은 이 때문에 **결국** 오지 않았다.

  ◆嬖人(폐인): 왕의 주위에서 봉사하는 사람.

- 王使人瞯夫子, **果**有以異於人乎? (《孟子》〈離婁下〉)

  왕은 사람을 보내 선생을 살피도록 했는데, **과연** 딴 사람들과 다른 점이 있는가?

- **果**能此道也, 雖愚必明, 雖柔必强. (《禮記》〈中庸〉)

  진실로 이 방법을 행할 수 있다면, 설령 어리석을지라도 반드시 총명하게 될 것이고, 설령 연약할지라도 반드시 강해질 것이다.

- 將尉醉, 廣故數言欲亡, 忿恚尉. 令辱之, 以激怒其衆. 尉**果**笞廣. (《史記》〈陳涉世家〉)

  장위가 취하자 오광(吳廣)은 고의로 도망치겠다고 여러 번 말하여 장위를 성나게 했다. [그가] 자기를 모욕하게 함으로써 그의 부하를 화나게 만들려고 했다. [그러자] 장위는 **과연** 오광을 채찍질했다.

  笞: 매질할 태

- 政◆姊榮聞人有刺殺韓相者, …… 乃嗚咽曰: "其是吾弟歟!" …… 立起如韓之市. 而死者**果**政也. (《史記》〈刺客列傳〉)

  섭정(聶政)의 누이 섭영(聶榮)은 어떤 자객이 한나라의 재상을 죽였다는 말을 듣고 …… 소리 내어 울면서 말했다. "그는 내 동생일 것이다!" …… 곧바로 일어나 한나라 시장으로 갔다. 죽은 자는 **정말** 섭정이었다.

◆政(정): 섭정. 전국시대의 자객. 일찍이 사람을 죽이고 원수를 피하여 어머니, 누나와 함께 제나라에서 도축(屠畜) 일을 하다가 뒤에 엄중자(嚴仲子)를 도와 한(韓)나라의 재상 협루(俠累)를 죽이고 자신도 그 자리에서 자살했다.

- 後數日驛至, **果**地震隴西. (《後漢書》〈張衡列傳〉)
  며칠 뒤, [문서를 전달하는 사람이] 역전에 도착했는데, **과연** 농서에 지진이 발생했다.
- 紹還, 謂左右曰: "吾不用田豊言, **果**爲所笑." (《三國志》〈魏書 袁紹傳〉)
  원소는 돌아와서 측근에 있는 사람들에게 말했다. "나는 전풍의 건의를 받아들이지 않아서 **결국** 웃음거리가 된 것이오."
- 後恪**果**圖新城, 不克而歸. (《三國志》〈魏書 傅嘏傳〉)
  뒤에 제갈각(諸葛恪)은 **과연** 신성을 [포위하여] 공격했지만, 승리하지 못하고 돌아왔다.
- 佗◆曰: "此死胎久枯, 不能自出, 宜使人探之." **果**得一死男. (《三國志》〈魏書 方技傳〉)
  화타(華佗)가 말했다. "이 죽은 태아는 오래전에 말라서 스스로 나올 수 없으므로, 사람을 시켜 찾아내야만 한다." **과연** 죽은 사내아이 하나를 찾아냈다.

  ◆佗(타): 화타(華佗). 후한(後漢) 사람으로 의술이 매우 뛰어났다고 한다.
- "若刺客伏起, 一人之敵耳. 以吾觀之, 必死於匹夫之手." 策臨江未濟, **果**爲許貢客所殺. (《三國志》〈魏書 郭嘉傳〉)
  "만일 자객이 엎드려 있다가 일어나면 한 사람이 대적하는 것일 뿐입니다. 제가 그를 보건대 반드시 필부의 손에 죽을 것입니다." 손책은 장강에 도착하여 건너기 전에 **과연** 허공이라는 자객에게 죽임을 당했다.
- 天地**果**無初乎? (柳宗元, 〈封建論〉)
  천지는 **과연** 처음이 없는가?
- 又試之鷄, **果**如成言. (《聊齋志異》〈促織〉)

또 닭으로 시험하니, **과연** 말이 되는 것 같았다.

- 安樂一身者, **果**孰使之然耶. (洪大容,《湛軒書》)

  [이] 한 몸이 편안하고 즐거운 것은 **과연** 누가 그렇게 해준 것인가.

❷ **부사** 오랜 시간과 과정을 거쳐 어떤 결과에 이르렀음을 나타내며, '결국' '마침내' 등으로 해석한다.

- 晉侯在外十九年矣, 而**果**得晉國. (《左傳》僖公二十八年)

  진나라 임금은 밖에서 19년간 있었으나 **마침내** 진나라를 얻었다.

- 要此三欲, 辟此三惡, **果**何道而便? (《荀子》〈君道〉)

  이 세 가지 바라는 것을 얻으려는 것과 이 세 가지 싫어하는 것을 피하려는 것 중 **결국** 어떤 길이 편하겠는가?

- 故文王**果**收功於呂尚, 卒擅天下而身立爲帝王. (《戰國策》〈秦策三〉)

  그러므로 문왕은 **결국** 여상의 공에 힘입어 마침내 천하를 제 마음대로 하고 몸을 세워 제왕이 되었다.

  擅: 멋대로 천

- 雖知之深, 亦不**果**薦也. (歐陽修, 〈梅聖兪詩集序〉)

  비록 그(매성유)를 아는 것이 깊어도 또한 **결국** 추천하지 않았다.

❸ **부사** 꼭 이루어져야 할 결과를 긍정하며, '결국'이라고 해석한다.

- 敬叔父則敬, 敬弟則敬, **果**在外, 非由內也. (《孟子》〈告子上〉)

  숙부를 존경하게 되면 [숙부를] 존경하고, 아우를 존경하게 되면 [아우를] 존경하니, [존경이란] **결국** 외물에 있지 안에서 말미암는 것이 아니다.

- 擇將付以職, 省兵**果**有年. (王安石, 〈省兵〉)

  장수를 가려 직책을 주고, 병사를 줄이는 것은 **결국** 한 해면 된다.

❹ **부사** 의문사와 호응하여 일의 결과에 의문을 제기한다. '결국' '과연'

등으로 해석한다.

- 天**果**狹於勢耶? (劉禹錫, 〈天論〉)

  하늘은 **결국** 형세에 따라 좁아지는가?

- 夫當今生民之患, **果**安在哉? (蘇軾, 〈敎戰守策〉)

  지금 백성의 근심은 **과연** 어느 곳에 있는가?

❺ **접속사** 가설을 나타내며, '만일 [진실로] ~한다면' 등으로 해석한다.

- **果**遇, 必敗. (《左傳》 宣公十二年)

  만일 만난**다면**, 반드시 패할 것이다.

- **果**爲亂弗誅, 後爲子孫憂. (《史記》 〈晉世家〉)

  만일 어지럽히는 자를 죽이지 않**으면**, 뒤에 자손에게 우환이 될 것이다.

- **果**如是, 是羿亦有罪焉. (馬中錫, 《中山狼傳》)

  만일 이와 같**으면** 후예(后羿) 또한 죄가 있는 것이다.

【참고】

① 과일: • 自食其**果**. 혼자 그 **과일**을 먹었다.

② 결과: • 前因後**果**. 앞은 원인이고 뒤는 **결과**이다. • 無因無**果**. (柳宗元, 〈東海若〉) 원인이 없으면 **결과**도 없다. • 未**果**. **결과**가 없다. [아직 이루지 못한 사실]

③ 과감하다: • **果**者臨敵不懷生. (《吳子》 〈論將〉) **과감한** 사람은 적지에 임해서 살 것을 생각하지 않는다. • 言必信, 行必**果**. 말은 반드시 신실해야 하고, 행동은 반드시 **과감해야** 한다.

果誠(과성)

부사 어떤 사건의 결과나 제기된 의문을 확인하는 것을 나타내며, '과연'

등으로 해석한다.

- 吾聞北方之畏昭奚恤也, **果誠**何如? (《戰國策》〈楚策一〉)

  나는 북방[의 각국]이 소해휼을 두려워한다고 들었는데, **과연** 어떠한가?

果信(과신)

부사 화자가 말의 진실성을 보다 철저히 규명하려는 어감을 나타낸다. '확실히'라고 해석한다.

- 吾聞古者有夔一足, 其**果信**有一足乎? (《韓非子》〈外儲說左下〉)

  내가 듣기에 옛날 기라는 사람은 다리가 하나였다는데, 그는 **확실히** 다리가 하나였습니까?

霍然(곽연)

부사 동작이나 행위가 예상을 벗어나 갑자기 발생하는 것을 나타낸다. '갑자기'라고 해석한다.

- 煥然霧除, **霍然**雲消. (《史記》〈司馬相如列傳〉)

  환하게 빛나던 안개가 없어지자 **갑자기** 구름이 사라졌다.

交(교)

부사 행위 혹은 동작이 양방향으로 작용함을 나타내거나 사건 혹은 동작이 동시에 발생함을 나타낸다. '대체로' '동시에' '서로' '함께' 등으로 해석한다.

ㄱ

- 周鄭**交**質. (《左傳》 隱公三年)

  주평왕(周平王)과 정장공(鄭莊公)은 **서로** 인질을 잡았다.

  質: 인질 잡을 질

- 壬午, 武濟自輔氏, 與鮑**交**伐晉師. (《左傳》 襄公十一年)

  임오일에 [진(秦)나라 장군] 무는 보씨로부터 강을 건너, 포와 **함께** 진(晉)나라 군대를 공격했다.

- 上下**交**征利而國危矣. (《孟子》 〈梁惠王上〉)

  위아래가 **서로** 이로움을 좇으면 나라가 위태로워질 것입니다.

- 今秦萬乘之國, 梁亦萬乘之國, 俱据萬乘之國, **交**有稱王之名. 睹其一戰而勝, 欲從而帝之, 是使三晉之大臣不如鄒·魯之僕妾也. (《戰國策》 趙策三)

  지금 진(秦)나라는 수레 만 대를 낼 수 있는 나라이고, 양나라 또한 만 대를 낼 수 있는 나라인데, 동시에 만 대를 낼 수 있는 나라를 차지하고, **함께** 왕이라는 명칭을 일컫고 있다. 만일 [진나라가] 한 차례 싸워 승리하는 것을 보면 그를 좇아 왕으로 삼으려고 할 텐데, 이것은 삼진의 신하를 추·노의 노비와 첩만 못하도록 하는 것이다.

- 悠悠三千里, 何時復**交**會? (《後漢書》 〈烈女列傳〉)

  머나먼 3천 리, 언제 또 **서로** 만날까?

- 旣婚, **交**禮, 女以手披紗扇, 撫掌大笑曰: "我固疑是老奴, 果如所卜!" (《世說新語》 〈假譎〉)

  결혼했을 때 **서로** 예를 행하고 나서 여자는 손으로 비단 부채를 펴고 손뼉을 치며 크게 웃으면서 말했다. "나는 원래 당신의 노복(온참溫嶠)을 의심했는데 과연 예상대로군요!"

- 初, 建安末, 孫權始遣使稱藩, 而與劉備**交**兵. (《三國志》 〈魏書 王郎傳〉)

  당초, 건안 말년, 손권은 처음으로 사신을 보내어 [위나라에 대하여] 번국(藩國)이라고 일컬으며 유비와 **서로** 싸웠다.

• 風雨雲雷, **交**發而幷至. (陳亮, 〈甲辰答朱元晦書〉)

비바람과 천둥, 구름이 **함께** 일어나서 나란히 온다.

【참고】

① 교차하다: • 矢**交**墜兮士爭先. (《楚辭》〈九歌 國殤〉◆) 화살이 **교차하며** 떨어져도 병사들은 앞을 다툰다. ◆〈國殤(국상)〉: 나라를 위해 목숨을 바친 병사들의 영령에 제사하는 악가(樂歌)이다. 전쟁터의 참상과 병사들의 용전분투 및 장렬한 전사를 노래하여 그 영혼을 위로한다는 내용이다. 굴원은 이 작품을 통해 초나라 백성의 국가에 대한 희생정신을 표현하려 했다.

② 접촉하다: • **交**兵. 병기를 **접하다**(전쟁하다).

③ 왕래: • **交**不忠兮怨長. (《楚辭》〈九歌 湘君〉) **왕래**에 믿음이 없으면 원망이 자라난다.

④ 교류하다: • **交**庶物而便百姓. (《鹽鐵論》〈本議〉) 여러 가지 물건을 **교류하여** 백성이 편리하게 했다. • 因其富厚, **交**通王侯. (《漢書》〈食貨志上〉) 그들의 부유함에 의지하여 왕후와 **교류하며** 왕래했다.

交更(교갱)

부사 행위 혹은 동작이 양방향으로 작용함을 나타내며, '서로'라고 해석한다.

• **交更**相訽病◆. (《詩經》〈小雅 角弓◆〉 孔穎達疏)

서로 꾸짖으며 망신을 준다.

◆訽病(후병): 꾸짖어 망신을 줌.

◆角弓(각궁): 뿔로 장식한 활.

ㄱ

交相(교상)

부사 행위 혹은 동작이 양방향으로 작용함을 나타내며, '서로'라고 해석한다.

- 不令兄弟, **交相**爲瘉*. (《詩經》〈小雅 角弓〉)

  [사이가] 좋지 않은 형제는 **서로** 헐뜯는다.

  *瘉(유): 원래는 '병이 낫는다'는 뜻이나 여기서는 '헐뜯는다'는 뜻이다.

- 故天下兼相愛則治, **交相**惡則亂. (《墨子》〈兼愛〉)

  그러므로 천하 [사람들이] 모두 서로 사랑하면 안정되고, **서로** 미워하면 어지럽게 된다.

- 由是觀之, 世喪道矣, 道喪世矣. 世與道**交相**喪也, 道之人何由興乎世? (《莊子》〈繕性〉)

  이것으로 보면 세상은 도를 잃었고, 도는 세상을 잃었다. 세상과 도는 **서로** 잃었으니, 도를 갖춘 사람이 어떻게 세상에서 일어나겠는가?

- 小之定也必恃大, 大之安也必恃小. 小大貴賤, **交相**爲恃, 然後皆得其衆. (《呂氏春秋》〈諭大〉)

  작은 안정은 반드시 큰 것에 기대야 하고, 큰 안정은 반드시 작은 것에 기대야 한다. 작은 것과 큰 것, 귀한 것과 천한 것은 **서로** 의지한 뒤에 모두 그 무리를 얻는다.

較(교)

부사 두 상황을 비교하거나 상황이 분명함을 나타내며, '명백히' '비교적' 등으로 해석할 수 있다. 또한 '較然(교연)'의 형태로 '분명히'라는 뜻도 있다.

• 制度之士貴其化略**較**要, 策謀之士贊其明思通微. (《三國志》〈魏書 劉劭傳〉)

제도를 만드는 사람들은 그(유소劉劭)의 교화·책략의 **명백한** 요점을 중시하며, 계책을 세우는 사람들은 그의 깊고 세밀한 사고를 칭찬한다.

• 然則利交同源, 派流則異. **較**言其略, 有五術焉. (《文選》〈廣絶交論〉)

그러나 이익을 위해 교류한 것은 근원(출발점)은 같지만 갈래(표현 수단)는 다르다. 그 개요를 **명확히** 말하면 다섯 가지 수단이 있다.

• 言笑擧動, 無心於學, 潛移暗化, 自然似之. 何況操履藝能, **較**明易習者也. (《顔氏家訓》〈慕賢〉)

[다른 사람이] 말하며 웃고 행동하는 것을 생각 없이 배우면 암암리에 변하여 자연스럽게 비슷해진다. 하물며 항상 만들고 접촉하는 예술 기능은 **비교적** 분명하여 배우기 쉽다.

• 然其立意**較**然, 不欺其志, 名垂后世, 豈妄也哉! (《史記》〈刺客列傳〉)

그러나 그들이 세운 뜻이 **분명하여** 자기의 의지를 바꾸지 않았으니, 명성이 후세에까지 전해진 것이 어찌 망령된 일이겠는가!

【참고】

내기: • 孔子之仕於魯也, 魯人獵**較**, 孔子亦獵**較**. (《孟子》〈萬章下〉) 공자가 노나라에서 벼슬할 때, 노나라 사람들이 사냥 **내기**를 하자 공자도 사냥 **내기**를 했다.

具(구)

부사 일정한 범위 안에 있는 대상을 총괄하며, '모두' '완전히' '전부' 등으로 해석한다.

- 赫赫師尹◆, 民**具**爾瞻. (《詩經》〈小雅 節南山〉)
  뛰어난 태사(太師)와 윤씨(尹氏)여, 백성이 **모두** 너희를 보고 있구나.
  ◆師尹(사윤): 주대(周代)의 태사(太師)인 윤씨(尹氏)를 가리킨다고 주장하는 이도 있지만, 태사와 윤씨라는 관직을 일컫는 말로 보는 것이 옳을 것이다. 태사는 삼공(三公)의 하나이며 윤씨와 함께 정사를 맡는 높은 벼슬이다.
- **具**具而王, **具**具而霸, **具**具而存, **具**具而亡. (《荀子》〈王制〉)
  [왕의 조건을] **전부** 갖추면 왕이 될 수 있고, [패(霸)의 조건을] **전부** 갖추면 패가 될 수 있으며, [안존의 조건을] **전부** 갖추면 안존할 수 있고, [멸망할 조건을] **전부** 갖추면 멸망할 것이다.
- 良乃入, **具**告沛公. (《史記》〈項羽本紀〉)
  장량(張良)이 곧 들어가서 [일을] **모두** 패공에게 알렸다.
- 天道難知, 鬼神暗昧◆, 故**具**載列, 今世察之也. (《論衡》〈訂鬼〉)
  천도는 이해하기 어렵고 귀신은 분명하지 않기 때문에 **전부** 기재하고 나열하여 오늘 세상에서 살피게 했다.
  ◆暗昧(암매): 분명하지 않음.
- 計爲兵害及病亡者, 十遺一二. 生民之艱, 辛苦之甚, 豈可**具**陳哉! (《三國志》〈蜀書 許靖傳〉)
  전쟁터에서 해를 입었거나 병으로 죽은 자를 계산하면 열 중 한둘이 남았을 뿐이다. 백성의 고달픔, 고통의 심함을 어찌 **모두** 말할 수 있으리!
- 越明年, 政通人和, 百廢**具**興. (范仲淹, 〈岳陽樓記〉◆)
  이듬해에는 정사가 순조로웠고 백성이 화목했으며, 피폐되었던 것들이 **모두** 일어났다.
  ◆〈岳陽樓記(악양루기)〉: 악양루는 호남성(湖南省) 악양(岳陽)의 서남쪽에 있으며, 중국 제일의 동정호(洞庭湖)에 임해 있다. 이 누각의 창설자는 당나라 개원(開元) 4년 때 중서랑(中書郎)이었던 장열(張說)이 유력시되며, 범중엄(范仲淹)은 태수가 되어 이곳에 와서 누각의 풍경을 읊었고, 이어서 백성을 다스리는 자의 태도에 대해 피력한 〈악양루

기〉를 지었다.

• 已選三萬人, 船·糧·戰**具**俱辦. (《資治通鑑》〈漢紀〉 獻帝建安十三年)

이미 3만 명을 선발하고 배·식량·무기를 **모두** 갖추었다.

辦: 갖출 판

【참고】

① 준비하다, 갖추다: • 臣以爲便當顯其身, 用其言, 使**具**爲課州郡之法, 法**具**施行, 立必信之賞, 施必行之罰. (《三國志》〈魏書 任蘇杜鄭倉傳〉) 신의 생각으로는 마땅히 그의 몸을 부귀하게 하고, 그의 말을 채용하여 주나 군의 성과를 살피는 법률을 **갖추고**, 법률이 **준비되면** 실시하고, 반드시 신뢰하는 상을 제정해야 하며, 반드시 실행되는 형법을 실시해야 합니다. • 謹**具**薄禮. 삼가 **갖추었으나** 예를 가벼이 여긴다. • 敬**具**菲酌. 공경하여 **갖추었는데** 잔이 변변치 못하다.

② 음식: • 草**具**. 거칠고 나쁜 **음식**.

苟(구)

❶ **부사** 짧은 시간을 나타내며, '잠깐' '잠시'라고 해석한다.

• **苟**自救也, 社稷無隕多矣. (《左傳》 桓公五年)

잠시 스스로를 구제하여 나라가 멸망하지만 않으면 다행이다.

隕: 잃을 운

• 人皆求福, 己獨曲全◆, 曰: "**苟**免於咎." (《莊子》〈天下〉)

사람들은 모두 복을 구하는데 홀로 뜻을 굽혀 [자신을] 보전하면서 "**잠시만** 허물을 피하면 된다."고 한다.

◆曲全(곡전): 굽어서 쓸모없는 나무는 사람들에게 베이지 않아 도리어 온전할 수 있다

는 뜻이나, 여기서는 수단 방법을 다 동원하여 자신의 욕망을 채우려는 인간을 비유한 말이다.

- 一日之**苟**安, 數百年之大患也. (陳亮, 〈上孝宗皇帝第一書〉)

  하루 **잠시** 편안함이 수백 년의 큰 근심이다.

- 臣本布衣, 躬耕於南陽, **苟**全性命於亂世, 不求聞達. (《三國志》〈蜀書 諸葛亮傳〉)

  저는 본래 평민으로 남양에서 직접 밭을 갈면서 **잠시** 혼란한 세상에서 목숨을 보존하며 명성과 영달을 구하지 않았습니다.

- **苟**開之有路, 而患其飾眞離本, 雖復嚴責中正, 督以刑罰, 猶無益也. (《三國志》〈魏書 夏侯玄傳〉)

  잠시 그것을 개척하여 길을 만들어도 그들이 진실을 꾸미고 근본을 등지는 것을 걱정할 것이고, 비록 또 중정관을 엄하게 질책하고 형벌을 통해 감독할지라도 여전히 이익은 없을 것입니다.

- 何不使我得早處囊中, 以**苟**延殘喘◆乎? (馬中錫, 《中山狼傳》)

  어찌하여 나를 일찌감치 자루 속으로 들어가게 하지 않고, **잠시** 꾸물거려 한 입 거리가 되게 하는가?

  ◆殘喘(잔천): 얼마 남지 않은 여생, 혹은 남은 목숨.

  延: 끌 연

❷ **부사** 희망·기원·추측·명령을 나타내며, '그런대로' '대체로' '바라건대' '~하시오' '혹시'라고 해석하거나 앞뒤 문장에 따라 알맞게 해석한다.

- 君子于役, **苟**無饑渴? (《詩經》〈王風 君子于役〉)

  낭군께서 전쟁에 나가셨으니 **혹시** 굶주리고 목마르지는 않는지요?

- **苟**捷有功, 無作神羞. (《左傳》 襄公十八年)

  전쟁에서 이기고 공이 있어 신령의 치욕을 받지 않는다.

- 子謂衛公子荊 "善居室. 始有, 曰: '**苟**合矣.' 少有, 曰: '**苟**完矣.' 富有, 曰:

'**苟**美矣.'" (《論語》〈子路〉)

공자께서 위나라 공자 형을 이렇게 평가했다. "그는 재산을 쌓아놓으며 잘 지냈다. 처음에 [재산을] 모을 때에는 '**그런대로** 모아졌다'고 말했고, 다소 모아지고 나서는 '**대체로** 완비되었다'고 말했으며, 풍부하게 모으고 나서는 '**대체로** 호사스럽다'고 말했다."

- 武公伐翼, 殺哀侯, 止欒共子曰: "**苟**無死!" (《國語》〈晉語一〉)

  [진(晉)]무공이 익을 토벌하고 애후를 죽이고는 [목을 매어 자살하려는] 난공자를 말리며 "죽어서는 안 된다."고 했다.

  欒: 모감주나무 란

- 夫維聖哲以茂行兮, **苟**得用此下土. (《楚辭》〈離騷〉)

  단지 덕망 있고 현명한 사람이 선행을 하여 이 아래의 토지를 사용**하시오**.

❸ **부사** 동작 혹은 행위가 미치는 범위를 한정하며, '단지'라고 해석한다.

- 小國之事大國也, **苟**免乎討, 不敢求貺. (《左傳》昭公五年)

  작은 나라가 큰 나라를 섬기는 것은 **단지** 공격을 면하기 위해서이지 감히 주기를 바라는 것이 아니다.

  貺: 줄 황

- **苟**以分異人爲高, 不足以合大衆明大分. (《荀子》〈非十二子〉)

  단지 다른 사람과 구분되는 것(특이한 것)을 고상하다고 하니, 대중을 모아 큰 분별을 밝히기에는 부족하다.

- 古人之所謂難者, 其難非**苟**一而已也. (柳宗元, 〈與楊京兆憑書〉)

  옛사람들이 어렵다고 한 것은, 그 어려움이 **단지** 하나뿐은 아니다.

❹ **접속사** 가설을 나타내며, '만약' '만일' 등으로 해석한다.

- 自始合, **苟**有險, 余必下推車. (《左傳》成公二年)

  일단 교전이 시작되어 **만일** 험준한 곳이 있으면 나는 반드시 내려서 수

례를 밀겠다.

合: 교전할 합

- 寡君以爲**苟**有盟焉, 弗可改也已. 若猶可改, 日盟何益? (《左傳》 哀公十二年)

우리 임금은 **만일** 맹약을 하면 바꿀 수 없다고 생각한다. 만일 바꿀 수 있다고 한다면 날마다 맹약을 하더라도 무슨 소용이 있겠는가?

- **苟**有過, 人必知之. (《論語》〈述而〉)

만약 허물이 있어도 남이 그러한 점을 반드시 알려준다.

- **苟**子之不欲, 雖賞之不竊. (《論語》〈顔淵〉)

만약 선생께서 욕심을 부리지 않는다면, 비록 상을 주면서 하라고 해도 [백성들은] 훔치지 않을 것입니다.

- 夫**苟**不好善, 則人將曰: "訑訑◆ 予旣已知之矣." '訑訑'之聲音顔色距人於千里之處. (《孟子》〈告子下〉)

만일 선을 좋아하지 않는다면 사람들은 "'이이'함을 내가 이미 안다."라고 말할 것이니, '이이'할 때의 [자만으로 가득 찬] 음성과 안색은 사람을 천 리 밖에서 거절하는 것이다.

◆訑訑(이이): 자기 지혜에 만족하여 착한 말을 좋아하지 않는 모양.

- **苟**無歲◆, 何以有民? **苟**無民, 何以有君? (《戰國策》〈齊策四〉)

만일 수확이 없으면 무엇으로 백성을 있게 하겠는가? **만일** 백성이 없으면 누가 임금을 있게 하겠는가?

◆歲(세): 곡식이 잘 여무는 해로서 풍년이란 뜻.

- 其人**苟**可, 其事無不可, 所求盡得, 所欲盡成, 此生於得聖人. (《呂氏春秋》〈勸學〉)

그 사람이 **만일** 옳다면 그의 일에도 옳지 못한 것이 없을 것이니, 구하는 바가 모두 얻어지고 바라는 바가 모두 이루어지는 것, 이것은 성인을 얻음으로써 생겨난다.

• **苟**粟多而財有餘, 何向而不濟? (賈誼, 〈無蓄〉)

만일 양식이 많고 재물이 넉넉하다면, 무슨 목표인들 이루지 못하겠는가?

• **苟**區區於攘患, 不知言乖乎道理矣. (《三國志》〈魏書 臧洪傳〉)

만일 자신의 변변치 못한 생각에 만족하여 걱정하지 않는다면 [그대의] 말이 도리에 어긋남을 알지 못할 것입니다.

• 蓋聞帝制宏深, 聖道奧遠, **苟**非其才, 則道不虛行, 神而明之, 存乎其人. (《三國志》〈魏書 傅嘏傳〉)

황제의 제도는 방대하고 깊으며, 성인의 도는 오묘하고 심원하다고 들었는데, **만일** 재능 있는 사람을 얻지 못한다면 [성인이 나라를 다스리는] 도는 실행될 수 없을 것이니, 신명스럽게 그것을 밝히는 것은 그 인물에게 달려 있다.

• **苟**如君言, 劉豫州何不遂事之乎? (《資治通鑑》〈漢紀〉 獻帝建安十三年)

만일 그대의 말과 같다면, 유예주(유비)가 어찌하여 끝내 [조조를] 섬기지 않는가?

遂: 따를 수

• 如吾輩等, **苟**不收錄傳於後世, 則沒不傳決無疑矣. (李仁老, 《破閑集》)

만일 우리가 수록해서 후세에 전하지 않는다면, 없어져서 전하지 못함은 의심할 것이 없다.

• **苟**虛其心委其分, 而安之若命, 則一枝滿腹, 烏往而不足哉. (林椿, 〈足庵記〉)

만일 마음을 비우고 분수에 맡겨 너의 운명을 편안히 여긴다면, 한 가지에 의탁해도 배가 부를 것이니 어디 간들 만족하지 못하겠는가.

• **苟**舍之, 是失道也. (李奎報, 〈反柳子厚守道論〉)

만약 이것을 버리면 도를 잃게 된다.

ㄱ

[참고]

구차하다, 대충 하다: • 君子於其言, 無所**苟**而已矣. (《論語》〈子路〉) 군자는 자신의 말에 대해 **대충 하는** 것이 없도록 할 뿐이다. • 非其義也, 餓不**苟**食, 死不**苟**生. (《商君書》〈畫策〉) 정의에 합당하지 않으면 굶어도 **구차하게** 먹지 않고, 죽게 되더라도 **구차하게** 살려고 하지 않는다. • 臨財毋**苟**得, 臨難毋**苟**免. (《禮記》〈曲禮〉) 재물에 임하여 **구차하게** 얻지 말고, 어려움에 임하여 **구차하게** 피하지 마라. • 我當必死爲魏國鬼, 不**苟**求活. 逐汝去也, 欲殺我者, 便速殺之. (《三國志》〈魏書 齊王紀〉) 나는 반드시 죽어서 위나라 귀신이 되지, **구차하게** 삶을 구걸하지 않을 것이다. [귀신이 되어서라도] 너희를 따라다닐 테니 나를 죽이려면 빨리 죽여라. • 足下或者見城圍不解, 救兵未至, 感婚姻之義, 惟平生之好, 以屈節而**苟**生, 勝守義而傾覆也. (《三國志》〈魏書 臧洪傳〉) 그대는 아마도 성의 포위가 풀리지 않고 구원병이 이르지 않은 것을 보고도 인척 간의 의리에 마음을 움직이고 평생의 우호 때문에 절개를 굽히고 **구차하게** 살아가니, 의를 지나치게 지켜 뒤집어진 것입니다. • 爲親之心, 雖切, 若少有非義**苟**得之物, 不可. (安鼎福, 《下學指南》) 부모를 위하는 마음이 비록 간절할지라도, 만일 정의롭지 못하고 **구차하게** 얻은 물건이 조금이라도 있어서는 안 될 것이다.

苟令(구령)

접속사 가설을 나타내며, '만일'이라고 해석한다.

- **苟令**性不邪惡, 志在陳力, 便可獎就, 騁其所任. (《三國志》〈吳書 諸葛恪傳〉)

  만일 성정이 사악하지 않고 재력(材力)을 다하려는 뜻이 있으면, 곧 임용을 장려하여 본래 직책에서 재능을 발휘하도록 할 수 있습니다.
- **苟令**孫氏縮手而退, 噤無一言, 則此亦人情所不安. (金萬重,《西浦漫筆》上)

만일 손씨(손권)가 주먹을 쥐고 물러나서 입을 다물고 한마디도 하지 않았다면, 이 역시 사람의 마음을 불안케 했을 것이다.

苟使(구사)

접속사 가설을 나타내며, '만약'이라고 해석한다.

- **苟使**高氏有後, 請致邑. (《左傳》 襄公二十九年)

  만약 고씨에게 후사가 있으면 봉읍을 갖도록 청하겠다.

苟若(구약)

접속사 가설을 나타내며, '만약'이라고 해석한다.

- **苟若**不足, 爲人弟者, 求其兄而不得. (《墨子》〈節葬下〉)

  만약 부족하다면, 동생 된 자가 그의 형에게 구한다고 해도 얻을 수 없을 것이다.

苟爲(구위)

접속사 가설을 나타내며, '만약' '만일'이라고 해석한다. '苟使(구사)' '苟若(구약)'과 같다.

- **苟爲**不畜, 終身不得. (《孟子》〈離婁上〉)

  만일 [평일에] 쌓지 않으면 죽도록 얻을 수 없다.

- 五穀者, 種之美者也. **苟爲**不熟, 不如稊稗. (《孟子》〈告子上〉)

오곡은 농작물에서 가장 좋은 품종이지만, **만일** 익지 않으면 돌피나 피만도 못하다.

稊: 돌피 제 | 稗: 피 패

苟或(구혹)

접속사 가설을 나타내며, '만약' '만일'이라고 해석한다.

- **苟或**知之, 雖憂何害? (《左傳》 昭公元年)

  만약 그 사실을 알고 있다면, 비록 걱정한다고 해도 무슨 해로움이 있겠는가?

- **苟或**非天子民, 尙豈◆天子也? (《新序》〈匈奴〉)

  만약 천자의 백성이 아니라면 어찌 천자를 존중하겠습니까?

  ◆尙豈(상기): '豈尙(기상)'으로 바꾸어 쓸 수 있다.

- **苟或**得其高明, 探其深頤, 雖有蕪敗, 則日月之蝕也, 大圭之瑕也. (柳宗元, 〈與友人論爲文書〉)

  만일 그 고명한 견해를 얻고 그 깊은 이치를 탐구한다면, 설령 [문장에] 잡되고 어긋난 점이 있어도 일식이나 월식, 아름다운 옥의 티 같을 것이다.

- **苟或**反背慢誣逞私務勝, 如古之荀況, 明之王守仁, 近日之尹鑴◆, 則固罪也. (金萬重, 《西浦漫筆》 序)

  만약 사리에 위배되고 터무니없으며 사적으로 마음대로 하여 이기려고만 하는 것이 옛날의 순황, 명나라의 왕수인, 요즈음의 윤휴와 같다면 진실로 죄를 짓는 것이다.

  ◆윤휴: 조선 숙종 때의 학자로 자는 희중(希仲), 호는 백호(白湖).

  逞: 쾌할 령

俱(구)

부사 둘 이상의 주체가 동시에 어떤 동작이나 행위를 하는 것을 나타낸다. '나란히' '모두' '한번에' '함께'라고 해석한다.

- 雖與之**俱**學, 弗若之矣. (《孟子》〈告子上〉)
  비록 그와 **함께** 배운다 하더라도 그만 못하다.
- 事成功立, 上下**俱**富. (《荀子》〈富國〉)
  일이 이루어지고 공이 세워지면, 위아래가 **모두** 부유해진다.
- 曷爲與人**俱**稱帝王, 卒就脯醢◆之地也? (《戰國策》〈趙策三〉)
  어찌하여 사람들과 **함께** 제왕을 칭하여, 마침내 포를 뜨거나 젓을 담그는(참혹한 형벌을 받는) 지경에 이르렀는가?
  ◆脯醢(포해): 포와 젓. 여기서는 사람을 죽여 시체를 포로 뜨거나 젓을 담근다는 뜻으로 참혹한 육형(戮刑)을 말한다.
- 項王瞋目而叱之, 赤泉侯人馬**俱**驚, 辟易數里. (《史記》〈項羽本紀〉)
  항왕이 눈을 부릅뜨고 그를 꾸짖으니, 적천후의 부하와 말이 **모두** 놀라 몇 리 밖으로 피하고 [길을] 바꾸었다.
  瞋: 부릅뜰 진 | 辟: 피할 피
- 宮中府◆中, **俱**爲一體. (諸葛亮, 〈出師表〉)
  궁중과 승상부의 사람들이 **모두** 하나가 되었다.
  ◆府(부): 상부(相府). 곧 재상의 관사.
- 至於公卿及內職大臣, 亦當**俱**以其職考課之也. (《三國志》〈魏書 杜恕傳〉)
  공경 및 궁 안에서 일하는 대신들에 이르기까지 **모두** 그 직무에 따라서 근무 [성적을] 평가해야 한다.
- 覇年十八, 將客數十人徑於費西山中要奪之, 送者莫敢動. 因與父**俱**亡命東海. 由是以勇壯聞. (《三國志》〈魏書 臧覇傳〉)

장패는 [이 당시] 열여덟 살이었으나 빈객 수십 명을 이끌고 비(費) 땅의 서산 속으로 가서 부친을 구하려고 하자, 압송하던 사람들이 감히 반항하지도 못했다. 그래서 아버지와 **함께** 동해로 망명했다. 이 때문에 [그는] 용감하고 씩씩한 기개가 있다고 알려졌다.

• 後歸耕於野, 而豪師有來從之者. 卓與**俱**還, 殺耕牛與相宴樂. (《三國志》〈魏書 董卓傳〉)

뒤에 [고향으로] 돌아와 들녘에서 밭을 가는데, [강족의] 우두머리들 중 와서 따르는 자가 있었다. 동탁은 [그들과] **함께** [집으로] 돌아와 농사짓는 소를 잡아 연회를 열어 즐겼다.

• 誕爲郞, 與僕射杜畿試船陶河, 遭風覆沒, 誕亦**俱**溺. (《三國志》〈魏書 諸葛誕傳注〉)

제갈탄이 상서랑(尙書郞)이 되었을 때 상서복야 두기와 함께 도하에서 배를 시운전했는데, 때마침 바람이 불어 배가 뒤집히자 [두기가 빠지고] 제갈탄도 **함께** 물에 빠졌다.

• 瑒祖奉, 字世叔. 才敏善諷誦, 故世稱應世叔讀書, 五行**俱**下. (華嶠, 《漢書》)

응창의 조부 응봉(應奉)은 자가 세숙이다. 재능이 있고 영민하며 낭송을 잘했기 때문에 세간에서는 응세숙이 책을 읽을 때는 다섯 행을 **한꺼번에** 읽는다고 했다.

• 操悉浮以沿江, 兼有步兵, 水陸**俱**下. (《資治通鑑》〈漢紀〉 獻帝建安十三年)

조조는 [크고 작은 전함을] 모두 띄우고 강을 따라 내려가며 동시에 보병과 협력하여 강과 육지로 **나란히** 내려갔다.

【참고】

① 함께 ~하다: • 漢王出成皐, 東渡河, 獨與滕公**俱**. (《史記》〈淮陰侯列傳〉) 한왕(漢王)은 성고를 떠나 동쪽으로 황하(黃河)를 건넜는데, 등공만이 **함께 있었다**.

• 曹相國參攻城野戰之功所以能多若此者, 以與淮陰侯**俱**. (《史記》〈曹相國世家〉) 상국(相國) 조삼(曹參)이 성을 공격하고 전투에서 세운 공로가 이처럼 많을 수 있었던 것은 회음후(한신韓信)와 **함께했기** 때문이다.

② 같다: • 伊尹, 箕子才**俱**也, 伊尹爲相, 箕子爲奴. (《論衡》〈逢遇〉) 이윤과 기자의 재능은 **같지만**, 이윤은 재상이 되었고 기자는 노예가 되었다.

③ [어떤 일을 할 수 있는] 그릇: • 賈誼亞夫之徒, 皆信命世之才, 抱將相之**俱**. (李陵, 〈重報蘇武書〉) 가의와 주아부(周亞夫)의 무리는 모두 실로 세상을 다스릴 만한 사람으로 대장, 재상의 **그릇**을 갖추고 있다.

躬(궁)

부사 동작이나 행위를 몸소 진행하는 것을 나타낸다. '몸소' '스스로'라고 해석한다.

- 禹稷**躬**稼而有天下. (《論語》〈憲問〉)
  우임금과 직은 **몸소** 농사를 지었는데도 천하를 소유했습니다.
- 今陛下**躬**行大孝, 鑒三王, 建周道, 兼文武, 厲賢予祿, 量能授官. (《史記》〈平津侯主父列傳〉)
  지금 폐하께서는 **몸소** 크게 효도를 실천하시며, [하·은·주] 삼 대를 거울로 삼아 주나라의 정치 원리를 세워 주문왕과 주무왕의 모습을 모두 가지고 있으면서, 어진 사람을 격려하여 봉록을 주시고 능력을 헤아려 벼슬을 주십니다.

躬自(궁자)

부사 동작이나 행위를 몸소 하는 것을 나타낸다. '몸소' '친히' 등으로 해석한다.

- 陛下讓文武, **躬自**切, 及皇子未教. (《史記》〈三王世家〉)
  폐하께서는 문치와 무공을 겸양하시고 **몸소** 엄격하시어 황자들이 아직 다 배우지 못했다고 하셨습니다.

躬親(궁친)

부사 동작이나 행위를 몸소 하는 것을 나타낸다. '몸소' '친히' 등으로 해석한다.

- 古者天子夏**躬親**禮祀上帝於郊 故曰郊. (《史記》〈孝文本紀〉)
  옛날 천자께서 여름에 **몸소** 교외에서 하늘에 제사를 드렸기 때문에 교사(郊祀)라고 했습니다.

權(권)

부사 동작이나 행위에 대한 일시적인 양보를 나타낸다. '우선' '잠시' 등으로 해석한다.

- 治此計, **權**救饑爾. (《世說新語》〈假譎〉)
  이러한 계책을 이루면 **우선** 굶주림을 구제할 뿐이다.

厥(궐)

❶ **대사** '그(그것)' '그들'이라고 해석한다.

- 射其元王, 中**厥**目. (《左傳》 成公十六年)

  그 원왕을 쏘아 **그**의 눈을 맞힐 것이다.

- 寡君聞楚爲不道, 薦伐吳國, 滅**厥**民人. (《左傳》 哀公十五年)

  우리 임금은 초나라가 도리에 어긋나 오나라를 거듭 쳐서 **그** 백성을 멸했다고 들었습니다.

  薦: 거듭 천

- 故興師遣將, 以徵**厥**罪. (《史記》 〈衛將軍驃騎列傳〉)

  그래서 군대를 일으키고 장수를 파견하여 **그**의 죄를 성토했다.

- 齊王嗣位, 肆行非度, 顚覆**厥**德. 皇太后深惟社稷之重, 延納宰輔之謀, 用替**厥**位, 集大命與余一人. (《三國志》 〈魏書 高貴鄕公紀〉)

  제나라 왕은 [황제의] 자리를 이은 뒤, 제멋대로 행동하며 법도를 위반하여 **그**(선조)의 덕을 뒤엎었다. 황태후는 사직의 중대함을 깊이 생각하고 보좌하는 대신들의 계책을 받아들여 **그**의 지위를 바꾸어 [천하를 다스리는] 중대한 임무를 나 한 사람에게 주었다.

- 自炎漢◆中葉, **厥**涂漸異. (蕭統, 〈文選序〉)

  한나라 중엽부터 **그것**(시가)의 길은 점점 달라졌다.

  ◆炎漢(염한): 유방이 세운 한(漢)나라. 화덕(火德)으로 천자가 되었으므로 이렇게 일컬음.

❷ **대사** 비교적 먼 사람이나 사물을 가리키며, '그(그것)'라고 해석한다.

- 率時農夫, 播**厥**百穀. (《詩經》 〈周頌 噫嘻〉◆)

  이 농부들을 거느리고 **그** 온갖 곡물을 파종하네.

  ◆〈噫嘻(희희)〉: 여름에 하느님께 풍년을 빌며 부르던 노래.

- 凡**厥**正人, 旣富方穀. (《尙書》〈洪範〉)

  무릇 **그** 관리들은 부유하게 한 뒤에야 비로소 선하다.

- **厥**后, 問鼎之輕重者有之, 射王中肩者有之, 伐凡伯, 誅萇弘者有之. (柳宗元, 〈封建論〉)

  그 후 구정(九鼎)의 무게를 묻는 사람이 있었고, 왕을 쏘아 어깨를 맞힌 사람이 있었으며, [주 왕조의 사자] 범백(凡伯)을 습격하고, [주 왕조의 대부] 장홍을 죽인 사람이 있었다.

- 各脩**厥**業, 思不出位. 故欒書欲拯晉侯, 其子不聽, 死人横於街路, 邴吉不問. (《三國志》〈魏書 程昱傳〉)

  각자 **그들**의 직업을 연마하고 생각이 직책을 벗어나지 않게 해야 한다. 그래서 [춘추시대의] 난서가 진후를 구제하려고 할 때 그의 자식이 듣지 않았으며, [전한시대에는] 죽은 사람들이 큰길에서 나뒹굴었으나 병길은 [이유를] 묻지 않았다.

❸ **부사** 두 일을 이어주며, '곧' '바로'라고 해석한다.

- 屈原放逐, 乃賦離騷, 左丘失明, **厥**有國語. (司馬遷, 〈報任安書〉)

  굴원은 쫓겨나서 〈이소〉를 지었고, 좌구명(左丘明)은 실명하여 **곧** 《국어》를 지었다.

歸(귀)

부사 어떤 일의 마지막 상황을 나타내며, '결국' '끝내' 등으로 해석한다.

- 聖人之行不同也, 或遠或近, 或去或不去, **歸**潔其身而已矣. (《孟子》〈萬章上〉)

성인의 행위는 [각기] 달라 [그 당시의 군주와] 소원한 사람도 있고 가까이 모신 사람도 있으며, [조정을] 떠난 사람도 있고 떠나지 않은 사람도 있지만, **결국은** 자신을 깨끗하게 할 뿐이다.

• 雖假符僭稱, **歸**將安所容哉? (《後漢書》〈袁術列傳〉)

[원술이] 부명(符命)을 빌려 [천자로] 일컬을지라도 **끝내** 어느 곳에서 받아들여지겠는가?

【참고】

따르다, 흘러가다: • 寡人聞古之賢君, 四方之民**歸**之, 若水之**歸**下也. (《國語》〈越語上〉) 내가 듣건대 고대의 현명한 군주는 사방의 백성이 그를 **따르는** 것이 마치 물이 낮은 곳으로 **흘러가는** 것과 같다고 한다.

克(극)

조동사 어떤 일을 할 능력·조건·가능성을 나타내며, '[충분히] ~할 수 있다'라고 해석한다.

• **克**勤于邦, **克**儉于家. (《尚書》〈大禹謨〉)

나라에 근면**할 수 있고**, 가정에서 절검**할 수 있다**.

• 靡不有初, 鮮**克**有終. (《詩經》〈大雅◆ 蕩〉)

처음에 [선(善)함이] 있지 않은 [사람은] 없지만, 끝까지 **할 수 있는** [사람은] 드물다.

◆大雅(대아): 아(雅)란 하(夏)나라 음악의 전통을 이어받은 정악(正樂)이다. 각국의 민요인 풍에 비해 장중하고 우아하며 대아(大雅)와 소아(小雅)로 구분된다. 대체로 대아는 향연과 조회(朝會)에 쓰인 작품이며 작자는 거의 사대부이다. 소아는 국풍적(國風

的) 가요도 섞여 있는 반면 대아는 더욱 전아한 시라고 보면 무방하다.

- 穆公是以不**克**逞志于我. (《左傳》 成公十三年)

  목공은 이 때문에 나에게 뜻을 자유롭게 **할 수 없었다**.

  逞: 쾌할 령

- 人不能搏噬, 而且無毛羽, 莫**克**自奉自衛. (柳宗元, 〈封建論〉)

  사람은 치거나 물 수 없고, 게다가 털이나 날개가 없어서 스스로 봉양하거나 스스로 지**킬 수 없다**.

- 若其**克**濟, 則臣主同休. (《資治通鑑》 〈晉紀〉 安帝義熙六年)

  만일 [이 전쟁이] 성공**할 수 있다면** 임금과 신하가 함께 복 받을 것이다.

  休: 경사 휴

- 如其**克**諧, 天下可定也. (《資治通鑑》 〈漢紀〉 獻帝建安十三年)

  만일 이 일이 순조롭게 이루어**질 수 있다면**, 천하는 평정될 수 있다.

【참고】

① 싸움에 이기다, 공격하여 무너뜨리다: • 太祖欲援之, 純曰: "今千里蹈敵, 進不能**克**, 退必喪威; 且縣師深入, 難以持久. 彼勝而驕, 我敗而懼. 以懼敵驕, 必可**克**也." (《三國志》 〈魏書 曹仁傳〉) 태조(조조)가 그를 도우려 하자, 조돈(曹純)이 말했다. "지금 [우리 군대는] 천 리나 와서 적과 싸우고 있으므로 나아가도 **이길** 수 없고, 물러나면 반드시 [군대의] 위엄을 잃게 될 것입니다. 더구나 [적지의] 깊숙한 곳까지 [홀로] 들어온 군사들은 오래 버티기 어렵습니다. [그러나] 저들은 [지금] 승리하여 교만해져 있고, 우리는 패배하여 신중합니다. 신중한 우리 군사가 교만하여 느슨해진 적군과 싸우면 반드시 **이길** 수 있을 것입니다." • **克**敵制勝. 적을 **이겨** 통제하다. • 攻無不**克**. 공격하여 **이기지** 못함이 없다.

② 단속하다: • 以柔**克**剛. 부드러움으로 강함을 **단속한다**. • **克**己奉公. 자신을 **단속하여** 공을 받든다.

克能(극능)

조동사 어떤 일을 할 능력이나 조건이 갖추어졌음을 나타내며, '충분히 ~할 수 있다'라고 해석한다.

- 周其有髭王, 亦**克能**修其職. (《左傳》昭公二十六年)

  주나라에 윗수염이 긴 왕이 있었는데, 또한 자기의 직무를 **충분히** 이행 **할 수 있었다**.

  髭: 윗수염 자

亟(극)

부사 시간이 긴박하거나 동작 혹은 행위가 빠르게 진행됨을 나타내며, '재빨리'라고 해석한다.

- 我死, 乃**亟**去之. (《左傳》隱公十一年)

  내가 죽거든 곧 **재빨리** [이곳을] 떠나라.

- 君**亟**定變法之慮, 殆◆ 無顧天下之議之也. (《商君書》〈更法〉)

  임금께서는 법을 바꾸려는 생각을 **재빨리** 결정하고, [이 일에 대해서 꺼리는] 천하 [사람들]의 논의를 돌아보지 말아야 합니다.

  ◆殆(태): '~해야 한다'는 뜻으로 '當(당)'과 같다.

- 趣趙兵**亟**入關◆. (《史記》〈陳涉世家〉)

  조나라 군대를 재촉하여 **재빨리** 관문으로 들어가게 하라.

  ◆關(관): 국경의 요새에 설치하여 군대나 사람이 출입하는 문.

  關: 관문 관

- 子**亟**去, 無汚我. (《史記》〈老子韓非列傳〉)

당신은 **재빨리** 떠나, 나를 모욕하지 마라.

- 秦世之所以**亟**絶者, 其轍迹可見也, 然而不避, 是後車又將覆也. (《漢書》〈賈誼列傳〉)

  진나라가 **빨리** 멸망한 원인은 마치 수레바퀴 자국을 볼 수는 있으나 피하지 못하여 뒤의 수레가 또 엎어진 것과 같다.

- 其郎吏學通一經, 才任牧民, 博士課試, 擢其高第者, **亟**用. (《三國志》〈魏書 明帝紀〉)

  관리들이 하나의 경전을 배워서 통달해야 백성을 다스리는 재능을 갖추게 되니, 박사들에게 시험을 보게 하여 그중에서 우수한 성적을 얻은 자를 뽑아 **재빨리** 등용하라.

- 通親戚部曲流涕曰: "今孤危獨守, 以失大援, 亡可立而待也, 不如**亟**從紹." (《三國志》〈魏書 李通傳〉)

  이통의 친척과 부하들은 눈물을 흘리며 말했다. "지금 [당신은] 홀로 위험하게 지키며 큰 원조를 잃어 망하는 것을 서서 기다리는 처지니, **재빨리** 원소를 따르는 것만 못하다."

- 典與諸將議曰: "蕃軍少甲而恃水, 有懈怠之心, 擊之必克, 軍不內御. 苟利國家, 專之可也, 宜**亟**擊之." (《三國志》〈魏書 李典傳〉)

  이전(李典)은 장수들과 이렇게 상의했다. "고번(高蕃)의 군대는 무장한 자가 적고 물에 의지하고 있으며 게으른 마음이 있어, 공격하면 반드시 승리할 것이고, [그들의] 군대는 내부(조정)에서 통솔하지 못할 것이다. 만일 국가에 이롭다면 독자적으로 결단하는 것도 가능하니, **재빨리** 공격해야 한다."

- 夫人聞之不悅曰: "豈可以官物留私第. **亟**還之" (洪貴達,《虛白亭集》)

  부인이 이것을 듣고 불쾌해하며, "어찌 관청의 물건을 개인 집에 둘 수 있느냐. **빨리** 돌려보내라."고 말했다.

【참고】

① 본래 '極(극)'의 옛 글자로서 '지극하다'라는 뜻이다.

② 빠르다, 급박하다: • 削之, 其反**亟**, 禍小; 不削之, 其反遲, 禍大. (《漢書》〈吳王劉濞列傳〉) [오왕 유비의] 봉지를 줄여 그가 반발하는 것이 **빠르면** 화가 작겠지만, 봉지를 줄이지 않아 반발하는 것이 더디면 화가 클 것이다.

極(극)

부사 정도가 높거나 극한에 이른 것을 나타내며, '매우'라고 해석한다.

- 及聞梁王薨, 竇太后哭**極**哀, 不食, 曰: "帝果殺吾子!" (《史記》〈梁孝王世家〉)
  양효왕이 세상을 떠났다는 소식을 듣자, 두태후는 통곡하며 **매우** 슬퍼 음식을 먹지 못하고 말했다. "황제가 과연 내 아들을 죽였구나!"
- 是日**極**寒, 巖嶺有積雪, 而洞中溫然如春. (《渭南文集》〈入蜀記〉 六)
  이날은 **매우** 추워 가파른 준령에 눈이 쌓였건만, 동굴 속은 마치 봄처럼 따뜻하구나.

僅(근)

❶ **부사** 일이 몹시 애를 써서 어렵게 이루어지거나 일정한 기준에 아슬아슬하게 도달함을 나타내며, '겨우'라고 해석한다.

- 狡兎有三窟, **僅**得免其死耳. (《戰國策》〈齊策四〉)
  교활한 토끼는 굴이 세 개 있어서 **겨우** 죽음을 피할 수 있다.

- 故楚之土壤士民非削弱, **僅**以救亡者, 計失於陳軫. (《戰國策》〈秦策二〉)

  그러므로 초나라의 토양·관리·백성이 쇠약하지는 않았지만 **겨우** 멸망만을 피할 수 있었던 것은 진진에게서 계책을 듣지 않았기 때문이다.

- 向使嬰有庸主之材, **僅**得中佐, 山東雖亂, 秦之地可全而有, 宗廟之祀未當絶也. (《史記》〈秦始皇本紀〉)

  만약 자영이 평범한 군주의 재능을 갖고 있었고 **겨우** 중등의 보좌를 받[을 수만 있었]더라도, 비록 산동에서 동란이 일어나도 진나라 땅을 보전할 수 있었고, 종묘의 제사는 끊어지지 않았을 것이다.

- 船工爲流矢所中死, 褚右手竝泝船, **僅**乃得渡. (《三國志》〈魏書 許褚傳〉)

  사공이 날아오는 화살에 맞아 죽자, 허저는 오른손으로 배를 저어서 **겨우** 황하를 건넜다.

- 劉備奔走, **僅**以身免. (《三國志》〈吳書 吳主傳〉)

  유비는 달아나 **겨우** 제 몸만 피했다.

- 室**僅**方丈, 可客一人居. (歸有光, 〈項脊軒志〉)

  방 안 면적은 **겨우** 사방 한 길로 한 사람이 거주할 만했다.

  脊: 등골뼈 척

❷ **부사** 수사 앞에 쓰여 대강의 수치를 나타내며, '거의' '대략'이라고 해석한다.

- 初守睢陽◆時, 士卒**僅**萬人, 城中居人戶亦且數萬, 巡◆因一見問姓名, 後無不識者. (韓愈, 〈張中丞傳後敍〉)

  처음에 수양을 지킬 때는 병사가 **대략** 만 명이었고, 성안에 가구가 또한 몇 만이나 거주했지만, 장순(張巡)은 한 번 보고 성명을 물은 뒤에는 알지 못하는 자가 없었다.

  ◆睢陽(수양): 현재 하남성 상구현(商丘縣) 남쪽 지방인데, 장순(張巡)이 안녹산(安祿山)의 반군을 막다가 전사한 곳이다.

◆巡(순): 장순. 등주(鄧州) 남양(南陽)에서 태어난 그는 당대(唐代)의 충신으로서 천보(天寶) 연간에 안녹산이 반란을 일으키자 진원(眞源) 현령으로 있으면서 상관의 항복 명령을 거부하고 의병을 일으켜 전공을 세웠다. 덕종(德宗) 2년에 허원(許遠)과 함께 강회(江淮)의 수양성을 수비하다가 전사했다.

- 江國◆踰千里, 山城**僅**百層. (杜甫, 〈泊岳陽城下〉)

  강(江)나라는 천 리가 넘고, 산성은 [높이가] **거의** 백 층이나 된다.

  ◆江國(강국): 춘추시대 중원의 제후국으로 홍국(鴻國), 공국(邛國)이라고도 했다.

- 自足下謫江陵◆至於今, 凡枉贈答詩**僅**百篇. (白居易, 〈與元九書〉)

  그대가 강릉으로 귀양 가 지금에 이르기까지, 무릇 화답해준 시가 **거의** 백 편이나 된다.

  ◆江陵(강릉): 지금의 호북성 강릉현(江陵縣) 지역으로, 춘추시대 초나라의 도읍인 영(郢)이다.

- 靜菴先生, 從文敬於熙川之時, 年**僅**十七矣. (趙光祖, 《靜菴集》)

  정암 선생이 희천에서 문경공을 따를 때의 나이가 **대략** 열일곱 살이었다.

【참고】

어떤 문헌에서는 '僅(근)'을 '廑' '厪' '覲'이라고도 썼다.

僅將(근장)

부사 숫자 앞에 쓰여 일정한 수치에 접근하는 것을 나타내며, '거의'라고 해석한다.

- 近者五六百歲, 遠者**僅將**千載. (《晉書》〈劉頌傳〉)

  가까운 것은 5, 6백 년이고, 먼 것은 **거의** 천 년이다.

謹(근)

❶ **부사** 상대방에 대한 존경을 나타내며, 해석할 필요는 없다.

- **謹**使臣良奉白璧一雙, 再拜獻大王足下, 玉斗◆一雙, 再拜奉大將軍足下. (《史記》〈項羽本紀〉)

  신 장량이 흰 옥 한 쌍을 받들어 대왕께 공손히 바치게 하고, 옥두 한 쌍을 대장군께 공손히 바치게 해주십시오.

  ◆玉斗(옥두): 옥으로 만든 술을 뜨는 기구.

- 曰: "我持白璧一雙, 欲獻項王, 玉斗一雙, 欲獻亞父◆, 會其怒, 不敢獻. 公爲我獻之." 張良曰: "**謹**諾." (《史記》〈項羽本紀〉)

  [유방이] "내가 흰 구슬 한 쌍을 가지고 가서 항왕에게 바치고, 옥두 한 쌍을 가지고 가서 아보(범증范增)에게 바치려 했으나, 때마침 그들이 노하여 감히 바치지 못했으니, 공이 나를 대신하여 바쳐주시오."라고 하니, 장량이 "좋소."라고 했다.

  ◆亞父(아보): 아버지 다음으로 존경하는 사람이라는 뜻으로 군주가 자신을 보좌하는 공신을 부르는 존칭이다. 항우가 그의 신하 범증(范增)을 부른 말에서 연유한다.

❷ **부사** '僅(근)'과 통하고, 일이 어렵게 이루어지거나 아슬아슬하게 일정한 기준에 이름을 나타내며, '겨우'라고 해석한다.

- 而吾**謹**得三人焉. (《尙書》〈大誥〉)

  그러나 나는 **겨우** 세 사람을 얻었다.

[참고]

주의하다, 삼가다: • **謹**小愼微. 사소한 일에도 **삼가고** 하찮은 일에도 신중하다.

今(금)

❶ **부사** 한 가지 일이 다른 일에 이어서 일어남을 나타내며, '곧' '머지않아' 등으로 해석한다.

- 天下必以王爲能市馬, 馬**今**至矣! (《戰國策》〈燕策一〉)
  천하 사람들은 반드시 왕이 [높은 가격으로] 말을 사리라고 생각할 것이니 말(천리마)이 **곧** 이를 것입니다.
- 十日之內, 數萬之衆**今**涉魏境. (《戰國策》〈韓策一〉)
  열흘 안에 수만 명의 군사들이 **곧** 위나라 국경을 넘을 것이다.
- 齊宣王爲大室, 三年而未能成. 春居諫王, 王曰: "寡人請**今**止之." (《呂氏春秋》〈驕恣〉)
  제선왕이 큰 집을 짓는데 3년이 지나도 완성하지 못했다. 춘거가 왕에게 간하니, 왕이 말했다. "나는 **곧** 그것을 그만두도록 하겠다."
- 奪項王天下者, 必沛公也, 吾屬**今**爲之虜矣! (《史記》〈項羽本紀〉)
  항왕에게서 천하를 빼앗을 자는 반드시 패공일 것이니, 우리는 **곧** 그에게 사로잡힐 것이다.
- 使人召二子曰: "來, 吾生汝父, 不來, **今**殺奢也." (《史記》伍子胥列傳)
  사람을 보내 [오사(伍奢)의] 두 아들을 부르며 "[너희가] 오면 나는 너희의 아버지를 살려줄 것이고, 오지 않으면 **곧** 오사를 죽일 것이다."라고 했다.
- 吾數諫王, 王不用, 吾**今**見吳之亡矣! (《史記》〈伍子胥列傳〉)
  내가 왕에게 여러 차례 간언했지만 왕이 쓰지 않으니, 나는 **곧** 오나라의 멸망을 보게 될 것이다!

❷ **접속사** 가설을 나타내며, '만일' '설사'라고 해석한다.

- **今**王與百姓同樂, 則王矣. (《孟子》〈梁惠王下〉)

  만일 왕께서 백성과 함께 즐기신다면 왕 노릇 하실 것입니다.

- **今**有構木鉆燧於夏后氏◆之世者, 必爲鯀◆·禹笑矣. (《韓非子》〈五蠹〉)

  설사 하후씨 시대에 어떤 사람이 나무를 얽어 불을 지폈다면 반드시 곤과 우에게 웃음거리가 되었을 것이다.

  ◆夏后氏(하후씨): 우임금의 별칭인데, 여기에서 후(后)는 선양(禪讓)으로 임금이 되어서 얻은 미칭(美稱)이다.

  ◆鯀(곤): 우왕의 아버지로서 홍수를 막으려다 천제(天帝)의 명을 어긴 죄로 사형되었다. 반면에 그의 아들 우왕은 치수에 성공했다.

  燧: 부싯돌 수 | 鯀: 사람 이름 곤

- **今**不急下, 吾烹太公◆. (《史記》〈項羽本紀〉)

  만일 [네가] 빨리 항복하지 않으면, 나는 너의 아버지를 삶아 죽이겠다.

  ◆太公(태공): 아버지의 별칭.

  下: 항복할 하

❸ **대사** 비교적 가까운 사람이나 사물을 가리키며, '이것' '이 사람'이라고 해석한다. 진(秦)과 한(漢) 때의 문장에 드물게 보인다.

- **今**君之所聞也. (《國語》〈晉語五〉)

  이것은 그대가 들은 바이다.

- 易牙◆烝其子首而進之. 夫人惟情, 莫不愛其子, **今**弗愛其子, 安能愛君? (《韓非子》〈難一〉)

  역아는 자기 아들의 머리를 삶아 [예물로] 바쳤다. 사람은 감정이 있으니 그 자식을 사랑하지 않는 이가 없거늘, **이 사람**은 자기 자식을 사랑하지 않으면서 어찌 군주를 아낄 수 있겠는가?

  ◆易牙(역아): 제환공(齊桓公)을 섬긴 환관으로서 요리를 맡았다.

❹ **어조사** 문장 첫머리에 쓰여 화제를 제시하며, '夫(부)'와 비슷하다. 해석할 필요는 없다.

- **今**離婁見秋毫之末, 不能以明目易人, 烏獲擧千鈞之重, 不能以多力易人. (《商君書》〈弱民〉)

  이루가 가을철 [가늘어진 짐승의] 털끝을 볼 수 있어도 다른 사람에게 [그의] 좋은 눈을 줄 수 없으며, 오확이 3만 근의 무게를 들어올릴 수 있어도 [그의] 많은 힘을 다른 사람에게 옮길 수는 없다.

  鈞: 서른 근 균

- **今**先王之愛民, 不過父母之愛子, 子未必不亂也, 則民奚遽治哉! (《韓非子》〈五蠹〉)

  선왕이 백성을 사랑하는 것은 부모가 자식을 사랑하는 것을 넘지 못했으니, 자식이 난을 일으키지 않는다고 확신하지 못하는데 백성이 어찌 갑자기 다스려질 수 있겠는가!

[참고]

지금, 현재: • 吾不能早用子, **今**急而求子, 是寡人之過也. (《左傳》僖公三十年) 나는 그대를 일찌감치 등용하지 못하고, **지금** 급하게 되고서야 그대를 구하니 이는 나의 잘못이다. • 賢者以其昭昭◆使人昭昭, **今**以其昏昏◆使人昭昭. (《孟子》〈盡心下〉) 어진 사람은 자신의 명백함으로써 다른 사람을 명백하게 하는데, **지금**은 자신의 모호함으로써 다른 사람을 명백하게 하려 한다. ◆昭昭(소소): 밝은 모양. ◆昏昏(혼혼): 정신이 아뜩하여 흐린 모양.

今夫(금부)

어조사 문장 첫머리에 쓰여 화제를 제시하며, '지금'이라고 해석하기도

하고 해석하지 않기도 한다.

- **今夫**顓臾◆, 固而近於費, 今不取, 後世必爲子孫憂. (《論語》〈季氏〉)

  지금 전유는 [성곽이] 견고하고 비읍에 가깝기 때문에, 지금 빼앗지 않으면 후세에 분명히 자손들의 근심거리가 될 것입니다.

  ◆顓臾(전유): 춘추시대 노나라의 속국으로서 지금의 산동성 비현(弗縣)의 서북쪽에 있었다.

- **今夫**奕之爲數, 小數也, 不專心致志, 則不得也. (《孟子》〈告子上〉)

  바둑의 기술은 변변찮은 기술이라 해도 전심으로 뜻을 다하지 않으면 얻을 수 없다.

  奕: 바둑 혁 | 數: 꾀 수

- **今夫**蜀, 西僻之國而戎翟之倫也. (《史記》〈張儀列傳〉)

  지금 촉나라는 서쪽으로 멀리 떨어져 있어 오랑캐의 무리와 다를 바 없습니다.

- **今夫**天下布衣窮居之士, 身在貧賤, 雖蒙堯舜之術, 挾伊管之辯, 懷龍逢比干之意, 欲盡忠當世之君, 而素無根柢之容. (《史記》〈魯仲連鄒陽列傳〉)

  천하에 지위도 벼슬도 없어 곤궁한 선비들은 빈천한 처지에 있기 때문에, 요임금과 순임금의 도를 알고 이윤이나 관중과 같은 말재주를 지니고 관용봉이나 비간과 같은 뜻을 품고 당대의 군주에게 충성을 다하려 해도, 나무뿌리를 다듬어 군주에게 바치듯이 추천해주는 사람이 없습니다.

- **今夫**封建者, 繼世而理. 繼世而理者, 上果賢乎? 下果不肖乎? 則生人之理亂未可知也. (柳宗元, 〈封建論〉)

  봉건제라는 것은 대를 이어 다스리는 것이다. 대를 이어 다스리는 것은 윗사람이 과연 현명해서인가? 아랫사람이 과연 현명하지 못해서인가? 이와 같으니 백성이 안정될지 혼란스러울지를 알 수 없다.

今是(금시)

대사 비교적 가까운 사람이나 사물을 가리키며, '이것'이라고 해석한다.

- **今是**長亂之道也. (《左傳》 襄公二十九年)
  이것은 혼란을 조장하는 길이다.
- 惠王問於內史◆過曰: "**今是**何神也?" (《國語》〈周語〉)
  혜왕은 내사 과에게 "**이것**은 무슨 신인가?"라고 물었다.
  ◆內史(내사): 궁중의 기록을 맡은 벼슬.

及(급)

❶ **전치사** 시간 혹은 조건을 나타내며, '~에 이르러' '~하니' '~하자' '~할 때'라고 해석한다.

- **及**反, 市罷, 遂不得履. (《韓非子》〈外儲說左上〉)
  돌아**올 때**는 시장이 파하여 마침내 신을 사지 못했다.
- **及**其得賢也, 曾不出閭巷. (《三國志》〈魏書 武帝紀〉)
  그가 인재를 얻**을 때**는 왕왕 고향 출신을 등용하지 않았다.
- **及**董卓爲亂, 太祖微服東出避難. (《三國志》〈魏書 后妃傳〉)
  동탁이 난을 일으켰**을 때**, 태조(조조)는 변장을 하고 동쪽으로 달아나 난을 피했다.
- **及**與袁紹戰於官渡, 行督軍校尉. (《三國志》〈魏書 夏侯玄傳〉)
  [조조가] 원소와 관도에서 싸**울 때**는 독군교위를 맡았다.
- **及**袁尙攻兄譚於平原, 譚使毗詣求和. (《三國志》〈魏書 辛毗傳〉)
  원상이 평원에서 형 원담을 공격**할 때**, 원담은 신비를 사자로 보내 [조조에게] 화의를 요청했다.

- **及**敵槍再擊, 寨中人又鶩伏矣. (《清稗類鈔》〈馮婉貞〉)

  적군이 창으로 다시 공격**하자**, 울타리 안에 있는 사람들은 또 집오리처럼 엎드렸다.

  鶩: 집오리 목

- **及**二世之時, 邪臣擅斷, 公道不行, 諸侯叛馳, 宗廟隳亡. (《鹽鐵論》〈非鞅〉)

  이세 황제 **때에 이르러** 간사한 신하들이 권력을 멋대로 휘둘렀으므로 공도는 시행되지 않았으며, 제후들은 분분히 반란을 일으켜 국가가 멸망했다.

- 夫堯舜禹湯之事遠矣, **及**有周而甚詳. (柳宗元, 〈封建論〉)

  요·순·우·탕의 사적은 멀고, 주 왕조**에 이르러서야** 매우 상세하다.

- **及**百濟滅, 新羅文武王元年, 耽羅國主佐平徒冬音律來降. (李荇·洪彦弼, 《新增東國輿地勝覽》)

  백제가 멸망**하자**, 신라 문무왕 원년에 탐라국주의 좌평 도동음률이 와서 항복했다.

- **及**賦詠之際, 心與口相應, 發言成章. (崔滋, 《補閑集》)

  시가를 지어 읊**을 때**에는 마음과 입이 서로 응하여 말만 하면 문장이 된다.

- **及**其曾玄, 蕩敗, 賣其居於洪氏. (趙秀三, 《秋齋集》)

  그의 증손과 현손**에 이르러** 가산을 탕진하여 패가하고, 집을 홍씨에게 팔았다.

- **及**平長, 可娶妻, 富人莫肯與者, 貧者平亦恥之. (《史記》〈陳丞相世家〉)

  진평이 성장**하여** 장가를 갈 나이가 되었는데, 부자들은 그에게 딸을 주려 하지 않았고, 가난한 집은 진평을 부끄럽게 생각했다.

❷ **전치사** 조건이나 기회를 이용함을 나타내며, 앞뒤 문장에 따라 '~는

동안' '~한 틈을 타' 등으로 적절히 해석한다.

- 彼衆我寡, **及**其未旣濟也, 請擊之. (《左傳》僖公二十二年)
  그들은 많고 우리는 적으니, 그들이 아직 완전히 건너지 못**한 틈을 타서** 그들을 공격하십시오.

- 雖少, 願**及**未塡溝壑◆而托之. (《戰國策》〈趙策四〉)
  비록 어리지만, [내가] 아직 죽**기 전에** 그를 [태후(太后)에게] 맡기고자 합니다.
  ◆塡溝壑(전구학): 구렁텅이에 빠져 죽음. 목숨을 잃는 것을 겸손하게 이르는 말.

- 且賢君者, 各**及**其身顯名天下. (《史記》〈商君列傳〉)
  또한 현명한 군주는 각자 자신이 집정하**는 동안에** 천하에 명성을 드러낸다.

- 謹遣子勇隨獻物入塞, **及**臣生在, 令勇目見中土. (《後漢書》〈班超◆列傳〉)
  아들 반용(班勇)을 공납하는 물품을 따라 요새 안으로 들여보내, 제가 살아 있**는 동안에** 반용이 중원 지역을 직접 보게 하십시오.
  ◆班超(반초): 후한의 명장으로, 명제(明帝) 때 서역(西域)이 후한을 배반하자 출정하여 서역 10여 나라를 평정했으며, 그 공으로 서역도호(西域都護)가 되고 정원후(定遠侯)에 책봉되었다.

❸ **전치사** 어떤 문제에 공동으로 대처함을 나타내며, '및' '~와' '~와 함께'라고 해석한다.

- 德音莫違, **及**爾同死. (《詩經》〈邶風 谷風◆〉)
  좋은 말을 어기지 말지니, 당신**과 함께** 죽으련다.
  ◆谷風(곡풍): '谷(곡)'은 '穀(곡식 곡)'과 통하니 '곡식을 자라나게 하는 바람'이라는 뜻이 되어 동풍(東風)의 의미다.

- 屈完**及**諸侯盟. (《左傳》僖公四年)
  굴완은 제후들**과** 맹약했다.

• 宋公**及**楚人戰於泓. (《左傳》 僖公二十二年)
송공은 초나라 사람**과** 홍수(泓水)에서 싸웠다.

• 狐偃**及**秦晉大夫盟於郇. (《左傳》 僖公二十四年)
호언**과** 진(秦)나라, 진(晉)나라의 대부는 순에서 동맹을 맺었다.

• 甲午, 軍次於譙, 大饗六軍**及**譙父老◆百姓於邑東. (《三國志》 〈魏書 文帝紀〉)
갑오일 [조비가 거느리는] 대군이 초현에 머물게 되었는데, 모든 병사 **및** 초현의 장로(長老)와 백성을 모아놓고 읍 동쪽에서 크게 잔치를 열었다.
◆父老(부로): 마을의 나이 많은 어른.
次: 머무를 차

• 明年, 帝遣太尉司馬宣王統中軍**及**儉等衆數萬討淵, 定遼東. (《三國志》 〈魏書 王淩傳〉)
이듬해, 황제는 태위 사마선왕을 보내 중군 **및** 관구검(毌丘儉) 등 수만의 병력을 통솔하고 공손연을 토벌하게 하여 요동을 평정했다.

• 父普, 母脩, 產渙**及**曄. (《三國志》 〈魏書 劉曄傳〉)
아버지는 유보(劉普)이고 어머니는 수씨(脩氏)인데, 유환(劉渙)**과** 유엽(劉曄)을 낳았다.

• 琳作諸書**及**檄, 草成呈太祖. 太祖先苦頭風, 是日疾發, 臥讀琳所作, 翕然而起曰: "此愈我病." (《三國志》 〈魏書 王粲傳〉)
진림(陳琳)은 여러 문서**와** 격문을 만들었는데, 초고가 완성되자 태조(조조)에게 보냈다. 태조는 이전부터 두통으로 고생하고 있었는데, 그날 병이 나 누워 있다가 진림이 지은 글을 읽고 벌떡 일어나 말했다. "이것이 나의 병을 낫게 하오."

• 强首文章自任, 能以書翰致意於中國**及**麗濟二邦, 故能結好成功. (金富軾, 《三國史記》)
강수는 문장이 뛰어나다고 자부했는데, 중국 **및** 고구려, 백제 두 나라에 편지로 뜻을 제대로 전달하여 좋은 관계를 맺는 데 공을 세울 수 있었다.

• 於是郡守歸府, 悉召郡中之士族**及**農工商賈, 悉至於庭. (朴趾源, 〈兩班傳〉)

이에 군수가 동헌으로 돌아와서 온 고을의 사족**과** 농민·장인·장사치를 불러 모두 뜰에 모아놓았다.

❹ **접속사** 병렬 관계를 나타내며, '~와'라고 해석한다.

• 六月食鬱◆**及**薁◆, 七月亨◆葵**及**菽. (《詩經》〈豳風 七月〉)

6월에는 돌배**와** 자두를 먹고, 7월에는 아욱**과** 콩을 삶아 먹는다.

◆鬱(울): 높이 5, 6척의 나무에 달린 오얏만 한 빨간 열매로 아가위[棣]의 일종.

◆薁(욱): 일반적으로 머루라고 해석하는데, 머루는 가을에 익으므로 자두가 옳을 듯하다.

◆亨(형): '팽(烹)'과 통함.

鬱: 돌배 울 | 薁: 자두 욱 | 葵: 아욱 규 | 菽: 콩 숙

• 生莊公**及**共叔段. (《左傳》 隱公元年)

장공**과** 공숙단을 낳았다.

• 田忌信然之, 與王**及**諸公子逐射千金. (《史記》〈孫子◆吳起◆列傳〉)

전기는 참으로 그럴듯하다고 여겨 왕**과** 함께 공자들과 노름 돈 천 냥을 걸었다.

◆孫子(손자): 전국시대 제(齊)나라 사람으로 병법에 능했다.

◆吳起(오기): 전국시대 위(魏)나라 사람으로 용병술에 뛰어났다.

• 自昭帝時, 光子禹**及**兄孫雲皆中郎將. (《漢書》〈霍光列傳〉)

소제 때부터 곽광(霍光)의 아들 곽우**와** [그의] 형의 손자 곽운은 모두 중랑장이었다.

• 紹**及**操聞岐至, 皆自將兵數百里奉迎. (《後漢書》〈趙岐列傳〉)

원소**와** 조조는 조기(趙岐)가 도달했다는 말을 듣고, 모두 직접 병사들을 이끌고 수백 리를 가서 맞이했다.

• 吏兵斬其使**及**從士三十餘級. (《後漢書》〈班超列傳〉)

관리와 병사들은 흉노의 사절**과** 따르는 병사 30여 명을 죽였다.

- 蠶叢◆**及**魚鳧, 開國何茫然. (李白, 〈蜀道難〉◆)

  잠총**과** 어부가 개국한 것이 얼마나 요원하던가.

  ◆蠶叢(잠총)·魚鳧(어부): 모두 옛날 촉나라 왕의 선조 이름.

  ◆〈蜀道難(촉도난)〉: 촉으로 가는 길의 험난함을 묘사한 경물시.

  鳧: 물오리 부

- 至五嶽四海五星, 皆有姓名**及**字. (李睟光, 《芝峯類說》)

  오악, 사해, 오성에 이르기까지 모두 성명**과** 자가 있다.

❺ **접속사** 화제를 전환하며, '~에 이르러'라고 해석한다.

- 謀**及**子孫, 可謂死君乎? (《左傳》 僖公三十三年)

  계책이 자손**에 이르면** 죽은 임금을 말할 수 있겠는가?

- 老子之言道德, 吾有取焉耳, **及**捶◆提仁義, 絶滅禮學, 吾無取焉耳. (《法言》〈問道〉)

  노자가 도덕을 말했을 때 나는 취할 것이 있었으나, [그가] 인의를 힐책하고 예학을 묵살하기**에 이르러서는** 나는 취할 바가 없다.

  ◆捶(추): 여기서는 비난한다는 뜻.

  捶: 종아리 칠 추

- **及**羽背關懷楚, 放逐義帝而自立, 怨王侯叛已, 難矣. (《史記》〈項羽本紀〉)

  항우는 관중[에 대한 약속]을 저버리고 초나라[로 돌아갈 것을] 생각했으며, 의제를 쫓아내고 스스로 [황제가] 되고서 왕과 제후들이 자기를 배반했다고 원망한 데**에 이르러서는** [긍정하기] 어렵다.

- 近年士子以韓蘇爲格卑, 棄而不讀, **及**取李杜詩讀之, 未知李杜詩其可容易而學得耶. (沈守慶, 《遣閑雜錄》)

  근년에는 선비들이 한퇴지(韓退之)와 소동파(蘇東坡)는 격이 낮다고 하여 버리고 읽지 않았으며, 이백과 두보의 시를 취하여 읽는 데**에 이르렀는데**, 이백과 두보의 시를 쉽게 배울 수 있는지는 알지 못하겠다.

❻ 접속사 가설을 나타내며 '가령' '만약'이라고 해석하는데, 용례는 많지 않다.

- 吾所以有大患, 爲吾有身. **及**吾無身, 吾有何患? (《老子》 第十三章)
  내게 큰 근심이 있는 까닭은 내 몸이 있기 때문이다. **만일** 내 몸이 없다면 내게 무슨 근심이 있겠는가?
- 曾子曰: "辱若可避, 避之而已, **及**其不可避, 君子視死若歸." (《春秋繁露》◆〈竹林〉)
  증자(증삼曾參)가 말했다. "치욕을 만일 피할 수 있으면 피하면 그만이지만, **만약** 피할 수 없으면 군자는 죽음을 마치 [집에] 돌아가는 것과 같이 여길 것이다."

◆《春秋繁露(춘추번로)》: 한무제의 정책을 도운 동중서(董仲舒)가 유학에 음양오행을 조화시킨 형이상학으로서, 82편으로 이루어진 설리(說理) 산문이다. 그는 넉넉한 문체로 '천불변, 도역불변(天不變, 道亦不變)'의 신조를 밝혔다.

[참고]

① 뒤따르다: • 望塵莫**及**. 속세를 바라보니 **뒤따르지** 못하겠다.

② 이르다, 도달하다, 미치다, 상당하다: • **及**楚, 楚子饗之. (《左傳》 僖公二十三年) 초나라에 **이르니** 초성왕(楚成王)은 연회를 베풀었다. • 如使不**及**今冬成, 來春桃花水盛, 必羨溢, 有塡游反壞之害. (《漢書》〈沿洫志〉) 만일 올겨울**까지** 완공하지 못하면, 내년 봄 복숭아꽃이 필 때 비가 많이 내려서 반드시 넘쳐흘러 메꾸어지고 토양이 훼손되는 해가 있을 것이다. • 推己**及**人. 나를 미루어 다른 사람에 **이르다**. • 言不**及**義. 말이 의(義)에 **미치지** 못한다. • 芬性疎而不武, 此必無成, 而禍將**及**族. 子其無往! (《三國志》〈魏書 華歆傳〉) 왕분은 성격이 거칠고 무용이 없으므로 이 일을 반드시 성공하지 못할 것이고, 재앙이 장차 일족을 멸하는 데에 **이를** 것이오. 그대는 가지 마시오! • 一毫不**及**聖人, 則吾事未了. (李珥, 《擊蒙要訣》) 조금이라도 성인에 **미치지** 못하면 나의 일은 끝나지 않은 것이다.

ㄱ

及夫(급부)

접속사 화제를 전환하며, '~에 이르러'라고 해석한다. '若夫(약부)'와 같다.

- 樂極則憂, 禮粗則偏矣. **及夫**敦樂而無憂, 禮備而不偏者, 其唯大聖乎. (《禮記》〈樂記〉)

  음악이 지극하면 근심스럽고, 예가 거칠어지면 치우친다. 음악이 정돈되고 근심이 없어지며, 예가 갖추어지고 치우침이 없는 데**에 이르러서는** 오직 위대한 성현의 일인가.

- 此皆有功烈於民者也. **及夫**日月星辰, 民所瞻仰也; 山林川谷丘陵, 民所取財用也. (《禮記》〈祭法〉)

  이것들은 모두 백성에게 공적이 있다. 해·달·별**에 이르러서는** 백성이 우러러보는 바이며, 산림·냇물·골짜기·구릉은 백성이 재물을 얻는 곳이다.

- **及夫**郡邑, 可謂理且安矣. (柳宗元, 〈封建論〉)

  군읍**에 이르러서는** 다스려지고 안정되었다고 할 수 있다.

及至(급지)

전치사 시간이나 조건을 나타내며, 조성하는 구는 전체 구문의 수식어 역할을 한다. '~에 이르러' '~할 때를 기다려'라고 해석한다.

- **及至**文武, 各當時而立法, 因事而制禮. (《商君書》〈更法〉)

  문왕과 무왕**에 이르러** 각기 시대에 알맞은 법도를 세우고, 실제에 근거하여 예를 만들었다.

- **及至**其致好之也, 目好之五色, 耳好之五聲, 口好之五味, 心利之有天下.

(《荀子》〈勸學〉)

그것(학문)의 극치**에 이르러** 눈은 다섯 가지 색보다도 이를 더 좋아하고, 귀는 다섯 가지 소리보다도 이를 더 좋아하며, 입은 다섯 가지 맛보다도 이를 더 좋아하고, 마음은 온 천하를 차지하는 것보다 이를 더 이롭게 여긴다.

• **及至**始皇, 奮六歲之餘烈, 振長策而御宇內 …… 威振四海. (賈誼, 〈過秦論〉)

진시황 때**에 이르러** 6대(六代)의 선인이 남긴 성과를 떨치고, 긴 채찍을 휘둘러 전국을 제어하며 …… 위엄을 천하에 떨쳤다.

• **及至**秦之季世, 焚詩書, 阬術士, 六藝從此缺焉. (《史記》〈儒林列傳〉)

진나라 말기**에 이르러** 《시경》과 《서경》을 불살라버리고 학자들을 구덩이에 매장시켰는데, 육예는 이때부터 없어지게 되었다.

• **及至**漢武用張騫, 而通月氏奪匈奴右方, 以置四郡. (金萬重, 《西浦漫筆》下)

한무제**에 이르러** 장건을 등용하여, 월지와 통하고 흉노의 오른쪽을 빼앗아 사군을 설치했다.

肯(긍)

조동사 행위자의 적극적인 의지를 나타내며, '~하려 한다'라고 해석한다.

• 三歲貫女, 莫我**肯**顧. (《詩經》〈魏風 碩鼠〉)

3년 너를 섬겼거늘, 날 돌보**려 하지** 않는다.

貫: 섬길 관

• 楚雖大, 非吾族也, 其**肯**好我乎? (《左傳》成公四年)

초나라가 비록 크지만 우리 족속이 아닌데, 우리를 좋아**하려고 하겠는가**?

- 宣言曰: "我見相如, 必辱之!" 相如聞, 不**肯**與會. (《史記》〈廉頗藺相如列傳〉)

  [염파가] "나는 인상여를 만나면 반드시 [한번] 그를 모욕하겠다!"라고 선언했는데, 인상여는 [이 말을] 듣고서 만나**려 하지** 않았다.

己(기)

대사 '스스로' '자기'라고 해석한다.

- 不患人之不**己**知, 患不知人也. (《論語》〈學而〉)

  남이 **자기**를 알아주지 않는 것을 근심하지 말고, [자기가] 남을 알지 못하는 것을 근심하라.

- **己**欲立而立人, **己**欲達而達人. (《論語》〈雍也〉)

  자기가 서고자 하면 남을 일으켜주고, **자신**이 이루고자 하면 남을 이루게 해주는 것이다.

- **己**所不欲, 勿施於人. (《論語》〈衛靈公〉)

  자기가 원하지 않는 바를 남에게 베풀지 말아야 한다.

- 知彼知**己**, 百戰不殆. (《孫子兵法》〈謀攻〉)

  상대를 알고 **자신**을 알면 백 번 싸워도 위태롭지 않다.

- 不知夫五尺童子, 方將調飴膠絲, 加**己**乎四仞◆之上. (《戰國策》〈楚策四〉)

  저 어린아이가 막 엿을 휘저어 실에 묻혀, 4인(32척) 높이에서 **자기** 몸에 올려놓으려 하는 줄은 모른다.

◆仞(인): 길이의 단위로서 7척 혹은 8척. 주나라 때는 8척, 한나라 때는 7척임.

忌(기)

어조사 문장 끝에 쓰여 찬미하는 뜻을 나타내며, '아'라고 해석하거나 해석하지 않아도 된다. 《시경》에만 보인다.

- 叔善射**忌**, 又良御◆**忌**. 抑磬控**忌**, 抑縱送◆**忌**. (《詩經》〈鄭風 大叔于田〉)
  숙은 활을 잘 쏘고, 또한 말을 잘 모네. 말고삐를 당겨 천천히 달리기도 하고, 말고삐를 놓아주면서 빨리 달리기도 하네.

  ◆御(어): '馭(어)'와 같다.

  ◆縱送(종송): 활을 쏘아 새를 좇음. 즉 말을 잘 모는 것을 뜻함.

  御: 말 부릴 어 | 抑: 발어사 억 | 磬: 말달릴 경

[참고]

꺼리다: • 臨軍易將, 兵家所**忌**. (《資治通鑑》〈漢紀〉 靈帝中平元年) 싸움에 임하여 장수를 바꾸는 것은 병법가들이 **꺼리는** 것이다.

其(기)

❶ **대사** 사람과 사물을 모두 대신하며, '그(들)' '그것(들)'이라고 해석한다. 또 일인칭인 '나(우리)', 이인칭인 '너(너희)'라고도 해석하는데, 이것은 자기나 상대방을 제삼자로 간주한 것이다.

- 吾視**其**轍亂, 望**其**旗靡, 故逐之. (《左傳》莊公十年)
  나는 **그들**의 수레바퀴 자국이 어지러운 것을 보았고, **그들**의 군기(軍旗)가 쓰러진 것을 바라보았으므로 그들을 추격했다.

- 孟子, 吾見師之出而不見**其**入◆也. (《左傳》 僖公三十二年)

  맹명(孟明)! 나는 군대가 나가는 것은 보았지만 **그들**이 들어오는 것은 보지 못할 것이다.

  ◆其入(기입): '師之入(사지입)'과 같고 목적절이다.

- 太上有立德, **其**次有立功, **其**次有立言, 雖久不廢, 此之謂不朽. (《左傳》 襄公二十四年)

  최상은 덕을 세우는 것이고, **그**다음은 공적을 세우는 것이며, **그**다음은 학설을 세우는 것인데, 비록 오래되어도 마멸되지 않으면 이것을 불후라 한다.

- 工欲善**其**事, 必先利**其**器. (《論語》〈衛靈公〉)

  장인이 **자기**가 맡은 일을 잘하려면 반드시 먼저 **그**의 연장을 날카롭게 해놓아야 한다.

- 鷄豚狗彘之畜, 無失**其**時, 七十者可以食肉矣. 百畝之田, 勿奪**其**時, 數口之家可以無饑矣. (《孟子》〈梁惠王上〉)

  닭·돼지·개를 기르면서 **그것들**의 [번식하는] 때를 놓치지 않으면, 일흔 된 사람이 고기를 먹을 수 있다. 백 묘의 밭에서 **그것들**을 [경작하는] 시기를 빼앗지 않으면, 몇 식구의 가족이 굶주리지 않을 수 있다.

- 風之積也不厚, 則**其**負大翼◆也無力. (《莊子》〈逍遙遊〉)

  바람 쌓인 것이 두텁지 않으면, **그것**이 큰 날개를 띄우기에는 힘이 없다.

  ◆其負大翼(기부대익): '風之負大翼(풍지부대익)'과 같으며 '其(기)'는 주어이다.

- 天有**其**時, 地有**其**財. (《荀子》〈天論〉)

  하늘에는 **그것**의 계절이 있고, 땅에는 **그것**의 재산이 있다.

- 媼之送燕后也, 持**其**踵爲之泣. (《戰國策》〈趙策四〉)

  할머니는 연후를 시집보낼 때, **그녀**의 뒤를 따라가면서 그녀를 위해 눈물을 흘렸다.

- 人有亡鈇者, 疑**其**隣之子. (《列子》〈說符〉)

어떤 사람이 도끼를 잃었는데, **그**의 이웃집 아들을 의심했다.

• 百姓多聞**其**賢◆, 未聞**其**死◆也. (《史記》〈陳涉世家〉)

백성은 대부분 **그**가 어질다는 것은 들었지만, **그**가 죽었다는 것은 듣지 못했다.

◆其賢(기현): '扶蘇之賢(부소지현)'과 같다.

◆其死(기사): '扶蘇之死(부소지사)'와 같다.

• 今者項莊撥劍舞, **其**意常在沛公也! (《史記》〈項羽本紀〉)

지금 항장은 칼춤을 추고 있는데, **그**의 마음은 늘 패공[을 죽이는 일]에 있다.

• 司馬宣王與亮相持, 連圍積日. 亮數挑戰, 宣王堅壘不應. 會亮卒, **其**軍退還. (《三國志》〈魏書 明帝紀〉)

사마선왕은 제갈량(諸葛亮)과 대치했는데, 성을 포위한 채 며칠이 지났다. 제갈량이 여러 차례 싸움을 걸었지만, 선왕은 성채를 굳게 지키고 대응하지 않았다. 때마침 제갈량이 죽자, **그**의 군대는 물러나 돌아갔다.

• 若嗣子◆可輔, 輔之; 如**其**不才◆, 君可自取. (《三國志》〈蜀書 諸葛亮傳〉)

만일 대를 이을 아들(유선劉禪)을 보좌할 만하면 그를 보좌하고, 만일 **그**가 재능이 없으면 그대는 스스로 [권력을] 잡으시오.

◆嗣子(사자): 대를 이을 아들.

◆其不才(기부재): '嗣子之不才(사자지부재)'와 같다.

• **其**若見問, 當作依違◆答之. (《宋書》〈劉劭傳〉)

그가 만일 물어보면 이것도 저것도 아닌 말로 그에게 대답해야 할 것이다.

◆依違(의위): 마음이 확정되지 아니한 모양.

• 郡民龔玄宣云, 神人與**其**玉印玉板書. (《南齊書》〈裵昭明傳〉)

군의 백성 공현이, 신인이 **그**에게 옥으로 만든 인장과 옥으로 만든 판서를 주었다고 했다.

龔: 이바지할 공

* 諸偸恐爲**其**所識, 皆逃走. (《南齊書》〈王敬則傳〉)
  좀도둑들은 **그**에게 알려질 것이 두려워 모두 도망쳤다.
  偸: 훔칠 투
* 修德使**其**來, 羈◆縻◆固不絶. (杜甫, 〈留花門〉)
  문덕(文德)을 닦아 **그들**이 오도록 하여 [그들을] 굳게 매어 끊지 못하게 했다.
  ◆羈(기): '羈(기)'와 같다.
  ◆羈縻(기미): 맴. 매임. 고삐를 잡되 느슨하게 하지 않는다는 뜻.
  羈: 맬 기
* 故敢略陳**其**愚, 惟君子察焉. (楊惲, 〈報孫會宗書〉)
  그러므로 감히 **제** 생각을 간략히 말씀드리니, 당신께서 살피시기 바랍니다.
* 堅默然良久, 曰: "諸君各言**其**志." (《資治通鑑》〈晉紀〉 孝武帝太元八年)
  부견(苻堅)이 묵묵히 한참 있다가 말했다. "여러분은 각자 **여러분**의 생각을 말하십시오."
* **其**下噴雪奔雷, 騰空震蕩, 耳目爲之狂喜! (《徐霞客遊記》〈遊廬山日記〉)
  그것의 아래에 눈 [같은 샘물]이 분출되어 우레 [같은] 소리를 내고, 물보라가 공중에서 날리며 소리는 공중에서 진동하니, [사람들의] 이목이 미칠 정도로 기쁘구나!

❷ **대사** 사람이나 사물, 장소를 가리키며, '그(그런)' '그곳' '이(이런)' '이곳' 등으로 해석한다.

* 吾子取**其**麋鹿◆以閑敝邑, 若何? (《左傳》 僖公三十三年)
  그대는 **그곳**에서 사슴을 잡아서 [떠나] 우리나라를 조용하게 하는 것이 어떤가?
  ◆麋鹿(미록): 순록. 후대에 이르러 정권을 뜻하는 말이 되었다.

麋: 순록 미

• 爾愛**其**羊, 我愛**其**禮. (《論語》〈八佾〉)

너는 **그** 양을 아까워하지만, 나는 **그** 예를 아까워한다.

• 夏后殷周之盛, 地未有過千里者也, 而齊有**其**地矣. 鷄鳴狗吠相聞而達乎四境, 而齊有**其**民矣. (《孟子》〈公孫丑上〉)

하·상(商)·주가 번성할 때에도 국토가 [사방] 천 리를 넘지 않았는데, 제나라는 **그런** 땅을 가졌다. 닭 우는 소리와 개 짖는 소리가 서로 들려 사방의 변방에 이르니, 제나라는 **이런** [정도의] 백성을 가졌다.

吠: 짖을 폐

• 雖然, 臣願悉言所聞, 唯大王裁**其**罪. (《韓非子》〈初見秦〉)

비록 그러할지라도 신은 들은 바를 전부 말씀드릴 것이니, 대왕께서 **이런** 죄를 판단하시기 바랍니다.

• 今欲擧大事, 將非**其**人不可. (《史記》〈項羽本紀〉)

지금 큰일을 하려면 장차 **그** 사람이 아니면 할 수 없다.

• **其**歲, 新垣平事覺. (《史記》〈文帝本紀〉)

이해, 신원평의 일이 발각되었다.

垣: 담 원

• 秋七月, 尙書何晏奏曰: "善爲國者必先治**其**身, 治**其**身者愼**其**所習. 所習正則**其**身正, **其**身正則不令而行. 所習不正則**其**身不正, **其**身不正則雖令不從." (《三國志》〈魏書 三少帝紀〉)

가을 7월, 상서 하안이 다음과 같이 상주했다. "국가를 잘 다스리려는 자는 반드시 먼저 **그** 자신을 다스리고, **그** 자신을 다스리려는 자는 **그**가 배우는 바를 신중하게 합니다. 배우는 것이 바르면 **그** 자신이 바르게 되고, **그** 자신이 바르면 명령하지 않아도 [모든 일이] 잘 시행됩니다. 배우는 것이 바르지 못하면 **그** 자신이 바르지 못하고, **그** 자신이 바르지 못하면 비록 명령을 해도 따르지 않습니다."

- 有蔣氏者, 專**其**利三世矣. (柳宗元, 〈捕蛇者說〉)

  장씨라는 사람이 있었는데, 혼자 **그**(뱀을 잡는 일) 이익을 삼대나 독차지했다.

❸ **대사** 다수 중에 하나 혹은 일부분을 나타내며, '그(이)중 ~'이라고 해석한다.

- 使奕秋誨二人奕, **其**一人專心致志, 惟奕秋之爲聽. (《孟子》〈告子上〉)

  가령 혁추가 두 사람에게 바둑을 가르치는데, **그중** 한 사람은 마음을 집중하고 뜻을 다하여 다만 혁추의 가르침만 들었다.

- 虞常等七十餘人欲發, **其**一人夜亡, 告之. (《漢書》〈蘇武列傳〉)

  우상 등 70여 명이 [난을] 일으키려고 했는데, **그중** 한 사람이 밤에 도망하여 그들을 고발했다.

- 寺僧使小童持斧, 於亂石間擇**其**一二扣之. (蘇軾, 〈石鍾山記〉)

  사찰의 스님은 어린아이에게 도끼를 지니게 하고, 어지럽게 흩어져 있는 돌 가운데 **그중** 한둘을 선택하여 두드렸다.

- 狼曰: "丈人知**其**一, 未知**其**二." (《東田文集》〈中山狼傳〉)

  이리가 말했다. "노인은 **그 가운데** 하나만 알고 **그 가운데** 둘은 모른다."

❹ **부사** 어조를 공손하게 하며, 추측을 나타낸다. '대개' '아마도' '혹'이라고 해석하거나 해석하지 않아도 된다.

- 王送知罃曰: "子**其**怨我乎?" (《左傳》成公三年)

  초공왕(楚共王)이 지앵을 보내며 말했다. "너는 **아마도** 나를 원망하겠지?"

  罃: 병 앵

- 賞而去之, **其**或難焉. (《左傳》襄公二十一年)

  [도적에게] 상을 주고 그를 버린다면 **아마도** 곤란할 것이다.

- 鳥烏之聲樂, 齊師**其**遁. (《左傳》襄公十八年)

새와 까마귀 소리가 유쾌하니 제나라 군대가 **아마도** 달아났을 것이다.

遁: 달아날 둔, 뒷걸음칠 준

• 若趙孟死, 爲政者**其**韓子乎. (《左傳》 襄公三十一年)

만일 조맹이 죽으면 정권을 장악하는 자는 **아마도** 한기(韓起)일 것이다.

• 微管仲◆, 吾**其**被髮左衽◆矣. (《論語》〈憲問〉)

관중이 아니었다면, 우리는 **아마도** 머리를 풀어헤치고 옷섶을 왼쪽으로 여미었을 것이다.

◆管仲(관중): 춘추시대 제나라의 현명한 재상으로 환공(桓公)을 섬겨 부국강병에 힘쓰고 제후를 규합하여 환공이 천하를 광정(匡正)하게 하여 제후의 우두머리가 되게 했던 인물.

◆左衽(좌임): 옷섶을 왼쪽으로 여밈. 중국인은 왼쪽 섶을 오른쪽 섶 위로 여미는 우임(右衽)이었으므로, 좌임은 오랑캐의 옷 입는 방식을 말한다.

微: 없을 미 | 衽: 옷섶 임

• 千金, 重幣也, 百乘, 顯使也, 齊**其**聞之矣. (《戰國策》〈齊策四〉)

천 근의 황금은 많은 예물이고 백 대의 수레는 사신을 빛나게 하는 것이니, 제나라는 **아마도** 이 일을 들었을 것입니다.

幣: 폐백 폐

• 以殘年餘力, 曾不能毁山之一毛, **其**如土石何? (《列子》〈湯問〉)

[너는] 만년의 남은 힘으로는 산의 풀 한 포기조차 뽑을 수 없거늘, **혹** 흙과 돌을 어떻게 할 수 있겠는가?

• 銅鞮伯華而無死, 天下**其**有定矣! (《說苑》〈尊賢〉)

동제백화가 만일 죽지 않으면 천하는 **아마** 안정될진저!

• 若小人者**其**不行歟! (劉禹錫, 〈上杜司徒書〉)

나 같은 사람은 **아마** 하지 못할진저!

❺ **부사** 기원·격려·청구·명령·금지 등을 나타낸다. '마땅히' '부디' 정도

의 의미를 지니지만, 술어를 '~하라' '~하자' '~해야 한다' 등 명령형과 청구형으로 표현하면 별도로 해석하지 않아도 된다.

- 吾子**其**無廢先君之功! (《左傳》 隱公三年)
  그대는 선군의 공을 버리지 마**라**.
- 難不已, 將自斃, 君**其**待之! (《左傳》 閔公元年)
  혼란이 끝나지 않으면 장차 스스로 멸망할 것이니, 임금께서는 기다리**십시오**.
- 昭王之不復, 君**其**問諸水濱! (《左傳》 僖公四年)
  [주나라] 소왕이 돌아오지 못한 까닭을, 임금께서는 물가에서 물어보**시지요**.
- 攻之不克, 圍之不繼, 吾**其**還也. (《左傳》 僖公三十三年)
  그들을 공격해도 이기지 못하고 그들을 포위해도 후원이 없으니, 우리는 돌아**가자**.
- 雖國小, 猶不危之也. 君**其**勿憂. (《韓非子》 〈外儲說左上〉)
  비록 국가는 작지만 위태롭지 않으니, 임금께선 걱정하지 마**십시오**.
- 汝**其**愼哉! 吾復何言? (陶潛, 〈與子儼等疏〉)
  당신은 신중해야 **하오**! 내가 또 무슨 말을 하겠소?
- 二三子**其**佐我, 明揚仄陋◆, 唯才是擧, 吾得而用之. (曹操, 〈求賢令〉)
  그대들 몇 사람은 **마땅히** 나를 도와 신분이 낮은 사람을 밝게 드날리고, 오직 재능만으로 [사람을] 추천하면 내가 [그들을] 얻어 임용하겠다.
  ◆仄陋(측루): 낮은 신분.
- 與爾三矢, 爾**其**無忘乃父之志! (歐陽修, 〈五代史伶官傳論〉)
  너에게 세 개의 화살을 주니, 너는 네 아버지의 뜻을 잊지 마**라**.
- 子**其**熟之! 無羡言侈論, 以益**其**枝葉. (柳宗元, 〈答劉禹錫天論書〉)
  당신은 숙고**하시오**! 많은 말과 호사스런 논의로써 지엽을 더하지 마**시오**.

❻ **부사** 선택적 반문을 나타내며, '乎(호)'와 호응하는 경우가 많다. 문장을 부드럽게 하며, '그래도' '아직' '어떻게' '어찌'라고 해석한다.

- 若闕地及泉, 隧而相見, **其**誰曰不然? (《左傳》 隱公元年)
  만일 물이 나는 데까지 땅을 파고 들어가 굴속에서 서로 만난다면, **어떻게** 누가 [황천이] 아니라고 하겠습니까?
  隧: 굴 수
- 欲加之罪, **其**無辭乎? (《左傳》 僖公十年)
  [나에게] 죄를 주려 하는데, **어찌** 할 말이 없겠는가?
- 國無主, **其**能久乎? (《左傳》 襄公二十九年)
  나라에 군주가 없으면 **어찌** 지속될 수 있겠는가?
- 人雖欲自絶, **其**何傷於日月乎? (《論語》 〈子張〉)
  사람들이 비록 스스로 [해와 달을] 끊으려 해도, **어찌** 해와 달에 손상이 가겠는가?
- 今天以吳賜越, 越**其**可逆天乎? (《史記》 〈越王勾踐世家〉)
  지금 하늘이 오나라를 월나라에 주려고 하는데, 월나라가 **어찌** 하늘을 거스를 수 있겠는가?
- 任人而已, **其**在多乎? (李華, 〈弔古戰場文〉◆)
  사람을 [적절하게] 임용하는 데 달려 있을 뿐이지, **어찌** 병력이 많음에 있겠는가?
  ◆〈弔古戰場文(조고전장문)〉: 옛날에 있었던 비참한 전쟁을 생각하면서 전사자들의 영령을 조문한 글.

❼ **부사** 가까운 미래를 예측하며, '막 ~하다' '장차'라고 해석한다.

- 吾子孫**其**覆亡之不暇, 而況能禋祀許乎? (《左傳》 隱公十一年)
  나의 자손은 **장차** 멸망하는 것을 [구제하기에도] 겨를이 없을 텐데, 하물며 허나라를 [대신하여] 제사 지낼 수 있겠는가?

禋: 제사 지낼 인

- 若以君之靈, 得反晉國, 晉楚治兵, 遇於中原, **其**辟君三舍◆. (《左傳》 僖公二十三年)

  만일 임금님의 도움으로 진나라로 돌아갈 수 있다면, 진나라와 초나라가 전쟁을 하게 되어 중원에서 만났을 때 [나는] **장차** 임금님을 위하여 아주 멀리 퇴각할 것입니다.

  ◆舍(사): 30리. 군대가 하루에 걷는 거리로, 우리나라 거리로는 50~60리 정도이다. 여기서 '三舍(삼사)'는 90리라는 실수가 아니라 '아주 멀리'라는 의미로 해석해야 한다.

- 雖遇執事, **其**弗敢違. (《左傳》 成公三年)

  설사 [군왕의] 일을 맡은 사람을 만날지라도 **장차** 감히 [예의를] 어기지 못할 것이다.

- 日月忽**其**不淹兮, 春與秋**其**代序. (屈原, 〈離騷〉)

  세월은 갑자기 **장차** 머무르지 않고, 봄과 가을은 **장차** 차례로 교체될 것이다.

  淹: 머무를 엄

- 必有凶年, 人**其**流離. (李華, 〈弔古戰場文〉)

  반드시 흉년이 들어, 사람들은 **장차** 떠돌게 될 것이다.

❽ **부사** 동작이나 행위가 이미 발생했거나 상황이 이미 출현했음을 나타내며, '이미'라고 해석한다.

- 宋**其**復爲桀所爲, 不可不誅. (《史記》 〈宋世家〉)

  송나라는 **이미** 걸이 한 일을 했으니 멸망하지 않을 수 없다.

- 已矣! 國**其**莫我知, 獨堙鬱兮, 其誰語? (《史記》 〈屈原賈生列傳〉)

  그만두자꾸나! 나라가 **이미** 나를 알아주지 않으니, 홀로 쌓인 근심을 누구에게 말하리?

❾ 접속사 가설을 나타내며, '만일' '설사'라고 해석한다.

- **其**濟, 君之靈也, 不濟, 則以死繼之. (《左傳》僖公九年)

  만일 이루어지면 임금의 돌보심이고, 이루지 못하면 곧 죽음으로써 뒤를 잇겠습니다.

  濟: 이루어질 제

- **其**俘諸江南, 以實海濱, 亦唯命. (《左傳》宣公十二年)

  만일 [우리나라 사람들을] 강의 남쪽에서 포로로 잡아 바닷가에 채우더라도 명령을 듣겠습니다.

- **其**暴露之, 則恐燥濕之不時而朽蠹, 以重敝邑之罪. (《左傳》襄公三十一年)

  만일 이것을 밖에 쌓아둔다면, 조습이 일정하지 않아 썩고 좀먹어서 우리의 죄를 무겁게 할까 두렵습니다.

  蠹: 나무굼벵이 두

- 天油然作雲, 沛然下雨, 則苗浡然興之矣. **其**如是, 孰能御之? (《孟子》〈梁惠王上〉)

  하늘에 구름이 뭉게뭉게 일어 비가 주룩주룩 내리면 볏모가 왕성하게 자라난다. **만일** 이와 같으면 누가 그것(즉 성장)을 막을 수 있겠는가?

  油: 구름 일 유 | 浡: 우쩍 일어날 발

- 蘭槐◆之根是爲芷◆, **其**漸之滫, 君子不近, 庶人不服. (《荀子》〈勸學〉)

  난괴의 뿌리가 바로 [향기로운] 백지인데, **만일** 그것을 오줌에 적시면 군자는 접근하지 않을 것이고 뭇사람은 갖지 않을 것이다.

  ◆蘭槐(난괴): 향초(香草) 이름. 흰 꽃이 피며 향기가 남.

  ◆芷(지): 백지(白芷). 구릿대의 뿌리. 미나릿과에 속하는 다년초로 약재로 씀.

- 王**其**欲霸, 必親中國以爲天下樞, 以威楚趙. (《史記》〈范雎蔡澤列傳〉)

  왕께서 **만일** [제후의] 우두머리가 되려고 한다면, 반드시 중원[의 한(韓)·위(魏) 등]과 친교를 맺어 천하의 중심이 된 다음 초나라와 조나라를 눌러야 합니다.

⑩ 접속사 두 상황에 대한 선택을 나타내며, '또한' '아니면' '~이든지 아니면'이라고 해석한다.

- 子以爲秦將救韓乎? **其**不乎? (《戰國策》〈韓策二〉)

  그대는 진나라가 장차 한나라를 구할 것이라고 생각하는가? **아니면** 그렇지 않다고 생각하는가?

- 誠愛趙乎? **其**實憎齊乎? (《史記》〈趙世家〉)

  진실로 조나라를 아끼는가? **아니면** 진실로 제나라를 미워하는가?

- 請飮而後辭乎? **其**辭而後飮乎? (《晏子春秋》〈內篇雜下〉)

  청컨대 [벌주를] 마신 뒤에 말하겠소? 아니면 말한 뒤에 마시겠소?

- 嗚呼! 其信然耶? **其**夢耶? **其**傳之非其眞耶? (韓愈, 〈祭十二郎文〉)

  아! 이것이 정말인가? **아니면** 꿈인가? **아니면** 전하는 말이 사실이 아닌가?

- 嗚呼! 其眞無馬邪! **其**眞不知馬也? (韓愈, 〈雜說〉)

  아! 참으로 천리마가 없는 것인가? **아니면** 정말 천리마를 알아보지 못하는 것인가?

⑪ 접속사 앞 문장에서 설정한 상황에 대해, 뒤 문장에서 결과를 미루어 단정 짓는 것을 나타내며, '곧' '~하면 그것은' 등으로 해석한다.

- 如有所譽者, **其**有所試矣. (《論語》〈衛靈公〉)

  만일 칭찬하는 자가 있**다면 그것은** [이미] 시험해본 것이다.

- 人而不爲周南召南, **其**猶正墻面而立也與! (《論語》〈陽貨〉)

  사람이 〈주남〉과 〈소남〉을 배우지 않**으면 그것은** 마치 벽을 마주하고 서 있는 것과 같도다!

  爲: 배울 위

- 君以爲易, **其**難也將至矣, 君以爲難, **其**易也將至矣. (《國語》〈晉語四〉)

  임금께서 쉽다고 생각하면 **곧** 곤란함이 장차 이를 것이고, 임금께서 어렵다고 생각하면 **곧** 용이함이 장차 이를 것이다.

- 一國皆不知而我獨知之, 吾**其**危矣. (《韓非子》〈說林〉)

  온 나라가 모두 모르는데 나 홀로 안다면, 나는 **곧** 위험해질 것이다.

⑫ **어조사** 문장 속에서 감탄이나 강조의 역할을 할 뿐 뜻은 없다. 《시경》에 주로 보인다.

- 若之何**其**? (《尙書》〈微子〉)

  그것을 어떻게 할까?

- 言念君子, 溫**其**如玉. (《詩經》〈秦風 小戎〉)

  임을 생각하니 온화함이 옥과 같다.

  言: 어조사 언

- 旣見君子, 云何**其**愛? (《詩經》〈唐風 揚之水〉)

  그대를 보았으니 또한 무엇을 아끼겠는가?

- 彼人是哉? 子曰何**其**? (《詩經》〈魏風 園有桃〉◆)

  그 사람이 옳습니까? 당신들은 왜 그렇게 말합니까?

  ◆〈園有桃(원유도)〉: 정치가 제대로 이루어지지 않는 시국을 걱정하며, 시인 자신의 불우한 관직 생활을 노래한 풍자시다.

- 擊鼓**其**鏜, 踊躍用兵. (《詩經》〈邶風 擊鼓〉)

  북을 둥둥 울리면 뛰어 일어나 무기를 드네.

  鏜: 종고 소리 당

- 北風**其**凉, 雨雪**其**雱. (《詩經》〈邶風 北風〉)

  북풍이 쌀쌀하고 진눈깨비가 흩날리네.

  雱: 눈 내릴 방

- 八月**其**獲, 十月隕蘀◆. (《詩經》〈豳風 七月〉)

  8월에는 [이른 곡식을] 거두어들이고, 10월에는 잎이 지네.

  ◆隕蘀(운택): 초목의 잎이 시들어 떨어짐.

隕: 떨어질 운

- 子曰: "莫我知也夫!" 子貢曰: "何爲**其**莫知子也?" (《論語》〈憲問〉)

  공자께서 말씀하셨다. "아무도 나를 알아주는 사람이 없구나!" 자공이 여쭈었다. "어찌 아무도 선생님을 알아주지 않는다고 하십니까?"

- 路曼曼◆**其**修遠◆兮, 吾將上下而求索. (屈原, 〈離騷〉)

  길은 끝없이 멀지만, 나는 장차 이리저리 [어진 임금을] 찾아 구하리라.

  ◆曼曼(만만): 긴 모양. 끝이 없는 모양.

  ◆修遠(수원): 길고 멀다.

  修: 길 수

- 是何**其**? 法通乎人情, 關乎治理也. (《韓非子》〈制分〉)

  이것은 무엇 때문인가? 법은 인간의 정서와 통하며 [나라를] 다스리는 원리와 관계있다.

其與(기여)

부사 부사 '其(기)'와 어조사 '與(여)'가 결합된 형태로, '與(여)'는 어기를 느슨하게 하는 작용을 한다. 약한 반어를 나타내며, '도대체' '설마' '어찌' 등으로 해석한다.

- 其居火也久矣, **其與**不然乎? (《左傳》 昭公十七年)

  그것이 화성에 오랫동안 있었으니, **어찌** 그러하지 않겠는가?

- 若壅其口, **其與**能幾何? (《國語》〈周語上〉)

  만일 그들의 입을 막는다면, **도대체** 얼마나 [오랫동안] 막을 수 있겠는가?

- 然則郭氏功名, **其與**存者幾何? (柳宗元, 〈段太尉逸事狀〉)

  그러면 곽희(郭晞)의 공명은 **도대체** 보존되는 것이 얼마나 될까?

其庸(기용)

부사 추측이나 반문을 나타내며, '설마' '아마도' '어찌'라고 해석한다.

- 且吾聞唐叔之封也, 箕子曰: "其後必大." 晉**其庸**可冀乎! (《左傳》 僖公十五年)

  또한 내가 듣건대, 당숙이 봉토를 받을 때 기자(箕子)가 "그 후대가 반드시 크게 되리라."라고 했으니, 진나라를 **어찌** 바랄 수 있겠는가!
- 今此行也, **其庸**有報志? (《左傳》 昭公五年)

  지금 이리 행하는 것은 **설마** 보답하려는 의지가 있는 것인가?
- 其朝多君子, **其庸**可媮乎? (《左傳》 襄公三十年)

  [진나라] 조정에 군자가 많은데, **어찌** 경시할 수 있겠는가?

  媮: 박대할 유
- 而今也以天下惑. 予雖有祈嚮, **其庸**可得邪? (《莊子》 〈天地〉)

  지금은 천하가 미혹되어 있다. 내가 비록 구하는 바가 있더라도 **설마** 얻을 수 있겠는가?

其將(기장)

부사 미래를 나타내며, '장차'라고 해석한다.

- 若以大夫之靈, 得保首領◆以沒, 先君若問與夷, **其將**何辭以對? (《左傳》 隱公三年)

  만일 대부의 은총으로 머리를 보전하고 죽어서 지하에 갔을 때, 선군(송 선공宋宣公)께서 만일 여이(송상공宋殤公)에 대해 물으시면 **장차** 무슨 말로 대답하겠는가?

  ◆ 首領(수령): 머리.

- 雖濟萬世, **其將**與夷狄同也. (《後漢書》〈方術傳論〉)
  비록 만 세대를 지나더라도 **장차** 오랑캐와 같아질 것이다.

其諸(기저)/其者(기자)

❶ **부사** 부정이나 추측을 나타내며, 자신의 말에 대한 확신이 서지 않을 때 하는 말투이다. 제나라와 노나라의 사투리로 보는 견해도 있다. '대개' '아마도' 등으로 해석한다.

- 夫子之求之也, **其諸**異乎人之求之與? (《論語》〈學而〉)
  선생께서 그것을 구하는 것은 **아마도** 다른 사람이 그것을 구하는 것과는 다르겠지요?
- **其諸**以病桓與? (《公羊傳》桓公六年)
  아마도 환공을 꾸짖는 것이겠지요?
- 齊無仲孫, **其諸**吾仲孫與. (《公羊傳》閔公元年)
  제나라에는 중손씨(仲孫氏)가 없으니 **아마** 우리 [노나라의] 중손씨일 것이다.
- **其諸**君子樂道堯舜之道與! (《公羊傳》哀公十四年)
  아마도 군자는 요순의 도에 대해 말하기를 즐거워할 것이로다!
- **其諸**春秋之所不廢歟? (陳亮, 〈問答下〉)
  아마도 《춘추》가 폐기되지 않은 까닭이겠지요?
- 寡人束帶聽朝, 三十餘年, 曾無聞焉, **其者**寡人之不及與? (《漢書》〈燕刺王旦列傳〉)
  과인이 띠를 매고 조정에 선 것이 30여 년인데, 일찍이 [연나라에 현인이 있단 말을] 들은 적이 없으니, **아마** 과인이 미치지 못한 것인가?

❷ **접속사** 선택을 나타내며, '아니면' '혹은'이라고 해석한다.

- 寢不安與? **其諸**侍御有不在側者與? (《公羊傳》僖公二年)
  잠자리가 편안하지 못하십니까? **아니면** 모시는 이(비빈妃嬪)가 곁에 없기 때문입니까?

其殆(기태)

부사 상황에 대한 추측 혹은 사태 발전의 추이를 헤아린다. '아마도'라고 해석한다.

- 顏氏之子, **其殆**庶幾乎! (《周易》〈繫辭傳〉)
  안씨의 아들은 **아마도** [도에] 가까울 것이다.
- 欒書曰: "**其殆**有矣! 願公試使人之周微考之." (《史記》〈晉世家〉)
  난서가 대답했다. "**아마도** 이런 일이 있었겠지요! 주군께서 시험 삼아 주나라 [도성으로] 사람을 보내, 몰래 그 사람을 살펴보기를 원합니다."
- 仁者不以德來, 彊者不以力幷. 意者**其殆**不可乎! (《史記》〈司馬相如列傳〉)
  [중국의] 어진 자는 덕으로써 그들을 따르게 하지 못했고, 강한 자는 무력으로써 그들을 병합하지 못했습니다. 생각해보면 **아마도** 불가능한 것이 아닌가요!

其或(기혹)

접속사 같은 뜻의 글자를 중복하여 사용한 것이다. 앞의 구에서는 상황이나 가설을 제시하고, 뒤의 구에서는 그 결과나 결론을 서술하거나 추단한다. '대개' '만일' '아마도'라고 해석한다.

- **其或**元慶之父, 不免於罪, 師韞之誅, 不愆於法. (柳宗元, 〈駁復仇議〉)

  만일 서원경(徐元慶)의 아버지가 형벌을 피하지 못하여 조사온(趙師韞)이 그를 죽이더라도 법을 어긴 것이 아니다.

  愆: 어그러질 건

- **其或**兆民未安, 思所泰之. (王禹偁, 〈待漏院記〉)

  만일 백성이 아직 안정되지 않았다면, 그들을 평안하게 하려고 생각한다.

- **其或**負者, 輒收捕之, 無所逃. (《資治通鑑》〈漢紀〉 趙廣漢治京兆)

  만일 [은혜를] 저버리고 즉시 그를 체포했다면 달아날 수 없었을 것이다.

祈(기)

부사 최상의 상태를 나타내며, '매우'라고 해석한다.

- 君雅曰: "夏日暑雨, 小民惟曰怨, 資冬**祁**寒, 小民亦惟曰怨." (《禮記》〈緇衣〉)

  《군아(君雅)》에서 말했다. "여름철에 덥고 비 내리면 백성들은 오직 원망하고, 겨울에 **매우** 추워도 백성들은 또한 오직 원망한다."

洎(기)

❶ 전치사 동작 혹은 행위가 발생한 시점이나 사건 혹은 사물이 변하여 어떤 상황에 이른 시간을 나타내며, '洎及(기급)' '洎於(기어)' '洎至(기지)' '洎乎(기호)'의 형태로 쓰이기도 한다. '~에 이르러' '~할 때'라고 해석한다.

• **洎**於梁世, 玆風復闡. (《顔氏家訓》〈勉學〉)

양대(梁代)**에 이르러**, 이러한 [청담] 기풍이 다시 확대되었다.

• **洎**乎周室, 粲焉可觀. (《晉書》〈八王傳序〉)

주 왕실**에 이르러** 찬란하여 볼만해졌다.

• **洎**漢興, 儒者乃考洪範二釋陰陽. (《史通》〈書志〉)

한이 일어**날 때**, 유가들은 곧《홍범》을 살펴 음양[의 이치]을 풀었다.

• **洎**開元中, 上方屬意於神仙之事, 精索道術. (李朝威, 〈柳毅傳〉)

[당현종] 개원 연간**에 이르러** 황상은 신선에 관한 일에 몰두하여 도술 [있는 사람]을 샅샅이 찾았다.

• **洎**周衰秦興, 采詩官廢. (白居易, 〈與元九書〉)

주나라가 쇠미하고 진나라가 일어남**에 이르러**, 시가를 채집하는 관원이 없어졌다.

• **洎**疾之殺也, 雖飮食是念, 無滑甘之思. (劉禹錫, 〈述病〉)

병이 나았을 때**에 이르러** 비록 먹고 마실 것은 생각했지만, 기름기 있는 것과 단 것은 생각이 없었다.

• **洎**不任其苦, 乃自誣殺人, 甘其一死. (《玉堂閑話》〈殺妻者〉)

이런 고통을 받지 않았**을 때**, 자신이 살인했다고 거짓 인정하고 기꺼이 죽었다.

❷ **접속사** 단어와 단어를 연결하여 병렬 관계를 나타낸다. '및' '와' 등으로 해석한다.

• 不十數年, 鳳之妻子**洎**僕使輩, 死喪略盡. (《集異記》〈汪鳳〉)

십수 년이 안 되어서 왕봉(汪鳳)의 아내, 자식 **및** 노복들은 모두 죽었다.

• 嚴四兄卽以美女**洎**美酒甁各納一囊中. (《太平廣記》卷四百四十一)

엄사형은 곧 미녀**와** 맛있는 술병을 각각 하나의 자루에 넣었다.

• 劌之問**洎**嚴公之對, 皆庶乎知戰之本矣. (柳宗元, 〈非國語〉)

조귀(曹劌)의 질문**과** 노장공(魯莊公)의 대답은 모두 전쟁의 근본을 아는 데에 가깝다.

【참고】

미치다: • 惠風廣被, 澤**洎**幽荒. (張衡, 〈東京賦〉) 따스한 봄바람이 널리 불어, 은택이 멀리까지 **미치네**.

豈/幾(기)

❶ **부사** 반문을 나타내며, 문장 끝의 '邪(야)' '哉(재)' '乎(호)' 등과 호응하여 '설마' '어떻게' '어찌' 등으로 해석한다.

- 晉, 吾宗也, **豈**害我哉? (《左傳》僖公五年)

  진나라는 우리의 종족인데 **설마** 우리를 해치겠는가?

- 雖有臺池鳥獸, **豈**能獨樂哉? (《孟子》〈梁惠王上〉)

  비록 누대·연못·새·짐승이 있더라도 **어찌** 홀로 즐길 수 있으리오?

- 矢人, **豈**不仁於函人哉! (《孟子》〈公孫丑上〉)

  화살 만드는 사람이 **어찌** 갑옷 만드는 사람보다 어질지 않아서이겠는가!

  函: 갑옷 함

- 利夫秋毫◆, 害靡國家, 然且爲之, **幾**爲知計哉! (《荀子》〈大略〉)

  무릇 이익은 가을 터럭만큼 작고 손해는 나라를 쓰러뜨릴 [정도인데도] 또 하려고 한다면, **어찌** 현명한 계책이라고 하겠는가!

  ◆秋毫(추호): 지극히 미세한 것으로서 일이 하찮거나 사소한 것을 비유함.

- 日夜望軍至, **豈**敢反◆乎? (《史記》〈項羽本紀〉)

  밤낮으로 장군이 이르기를 바랐는데 **어찌** 감히 배반하겠습니까?

◆ 反(반): '返(반)'과 같다.

- 今東鄕◆爭權天下, **豈**非項王邪? (《史記》〈淮陰侯列傳〉)
  이제 동쪽으로 가서 천하의 대권을 다툴 [상대는] **어찌** 항왕이 아니겠습니까?
  ◆ 東鄕(동향): 동향(東向).
- **豈**訓導未洽, 將進用者不以德顯乎? (《三國志》〈魏書 明帝紀〉)
  어찌 가르치고 이끄는 것이 미흡하다고 하여, 장차 등용하는 인물이 덕으로 드러나지 않게 하겠는가?
- **豈**晏安酖毒, 懷祿而不變哉? (《三國志》〈魏書 鍾會傳〉)
  어찌 편안히 독주에 심취하여 봉록만 생각하고 변화하지 않습니까?
- 名**豈**文章著, 官應老病休. (杜甫, 〈旅夜書懷〉)
  명예로움이 **어찌** 문장에 있을까, 관직은 늙고 병들면 쉬어야겠지.
- **豈**若吾鄕隣之旦旦有是哉! (柳宗元, 〈捕蛇者說〉)
  어찌 나의 이웃 사람들이 아침마다 이런 일을 겪는 것과 같겠는가!
- **豈**其慮之未周歟? (方孝儒, 《遜志齋集》)
  어찌 그 생각이 두루 미치지 못했겠는가?
- **豈**端士壯夫所宜爲也? (李齊賢, 《櫟翁稗說》)
  어찌 단정한 선비와 씩씩한 장부가 해야 할 바인가?
- 天下之義理無窮, **豈**可是己而非人? (李退溪, 《退溪集》)
  천하의 옳은 이치는 끝이 없는데, **어찌** 자기는 옳고 다른 사람은 그르다고 할 수 있겠는가?
- 夫漢祖之起兵, 其心**豈**能一出於弔民討罪乎? (金萬重, 《西浦漫筆》 上)
  한고조(유방)가 병사를 일으킨 것은 그 마음이 **어찌** 백성을 위로하고 [폭왕(暴王)의] 죄를 토벌하려는 한결같은 마음에서 나왔겠는가?
- 曹操滎陽之敗, 使無曹洪之救, **豈**不爲漢家一忠臣哉? (金萬重, 《西浦漫筆》 上)

조조가 형양에서 패했을 때, 조홍의 구원이 없었다면 **어찌** 한나라의 한 충신이 되지 않았겠는가?

- 雖號能詩者, 復**豈**能過? 苟有所敎, 詞調之美, **豈**止是耶? (李圭景, 《詩家點燈》)
  비록 시에 능한 자라 해도 **어찌** 또 넘을 수 있겠는가? 진실로 가르침이 있었더라면 사조의 아름다움이 **어찌** 여기에 그쳤겠는가?
- 十年爲刑官, 服罪者, **豈**皆眞實者乎? (《大同稗林》〈效顰雜記〉)
  10년간 형관으로 있었는데, 죄를 자백한 것이 **어찌** 모두 진실한 것이었겠는가?

❷ **부사** 추측·희망·의문을 나타내며, '아마도' '어쩌면' '어찌' '혹시'라고 해석한다.

- 我東海之波臣◆也, 君**豈**有斗升之水◆而活我哉! (《莊子》〈外物〉◆)
  나는 동해의 물고기인데, 당신께 **혹시** 약간의 물이 있다면 나를 살릴 수 있겠지요!

  ◆波臣(파신): 어류의 또 다른 호칭으로, 파도의 졸개라는 뜻.

  ◆斗升之水(두승지수): 한 말이나 한 되의 물. 즉 약간의 물.

  ◆〈外物(외물)〉: 인간의 욕망의 대상이 되는 외계의 사물 일체를 말한다. 장자는 외물에 유혹되거나 지식의 구속을 받지 않는 무위자연식 처세를 강조하고 있다.
- 今君王卒, 臣**豈**敢忘君王之意乎? (《史記》〈楚世家〉)
  지금 군왕은 죽었지만, 신이 **어찌** 감히 군왕의 뜻을 잊겠는가?
- 僕雖不敏, 又素不能原始見終, 覩微知著, 竊度主人之心. **豈**謂三子宜死, 罰當刑中哉? (《三國志》〈魏書 臧洪傳〉)
  나는 비록 영민하지 못하고 또 본래 시작을 탐구하여 끝을 예측하거나 미미한 것을 보고 명백한 것을 알 수는 없으나, 주인의 마음을 헤아릴 수는 있습니다. 세 사람이 당연히 죽어야 한다면 **어찌** 형벌이 알맞다고 하겠습니까?

• 今奉車所不足者, **豈**魚乎? (《三國志》〈魏書 后妃傳〉)

지금 봉거도위(奉車都尉, 곽표郭表)에게 부족한 것이 **어찌** 물고기이겠습니까?

• 夫孝行著於家門, **豈**不忠恪於在官乎? (《三國志》〈魏書 夏侯玄傳〉)

효행이 집에서 드러났다면, **어찌** 관직에서 충성하고 근신하지 않겠습니까?

• 諸葛孔明者, 臥龍也, 將軍**豈**願見之乎? (《三國志》〈蜀書 諸葛亮傳〉)

제갈공명은 누워 있는 용이니, 장군께서 **아마도** 그를 보기를 원하겠지요?

• 然後世未有能及者, **豈**其學不如彼邪? (曾鞏◆, 〈墨池記〉)

그러나 후대에 [왕희지(王羲之)를] 따를 수 있는 자가 없는 것이 **어찌** 그들의 학습이 그만 못해서이겠는가?

◆ 曾鞏(증공): 이름은 자고(子固)이다. 송나라 남풍(南豊) 사람이며 사관이었고, 구양수에게 배워 고문에 능통했으며, 당송 8대가 가운데 한 사람이다.

• 中原干戈古亦聞, **豈**有逆胡傳子孫. (陸游, 〈關山月〉)

중원에서의 창과 방패 [부딪치는 소리]는 옛날에도 들렸으니, **어쩌면** 오랑캐(금金나라)의 사손이 있을지도 모른다.

• 羅末名儒崔致遠作帝王年代曆, 皆稱某王, 不言居西干等, **豈**以其言鄙野不足稱也. (金富軾,《三國史記》)

신라 말 유명한 유학자 최치원은 제왕 연대력을 지을 때, 모두 무슨 왕이라 칭하고 거서간 등을 말하지 않았으니, **아마도** 그 말이 세련되지 못하여 칭할 만한 것이 못 된다고 여겼기 때문일 것이다.

• **豈**古人未之知耶. (李睟光,《芝峯類說》)

아마 옛사람들은 이것을 알지 못했을 것이다.

[참고]

① 전쟁에서 이기고 돌아와 연주하는 음악으로, 본래 '愷(개)'라고 썼다. '개가

(凱歌)'는 '개악(愷樂)'이라고 쓴다.

② 화락하다: • **豈**樂飮酒. (《詩經》〈小雅 魚藻〉) **화락하여** 술을 마신다.

③ ['覬(기)'와 통하여] 바라다: • **豈**盡忠而有功. (東方朔, 〈七諫〉 沈江) 충성을 다하여 공적이 있기를 **바란다**.

豈鉅/豈渠/豈遽(기거)

부사 반문을 나타내며, '설마' '어찌'라고 해석한다.

- 今俳優·侏儒·狎徒詈侮而不鬪者, 是**豈鉅**知見侮之爲不辱哉? (《荀子》〈正論〉)

  지금 배우·난쟁이·어릿광대가 욕보임을 당하고도 항거하지 않는 것이, 업신여김 당함을 치욕이 아니라고 생각해서임을 **어찌** 알겠는가?

  詈: 꾸짖을 리

- 則是國未能獨立也, **豈渠**得免夫累乎? (《荀子》〈王制〉)

  그러면 이 나라는 독립할 수도 없는데 **어찌** 재난을 피할 수 있겠는가?

- 其父雖善游, 其子**豈遽**善游哉? (《呂氏春秋》〈察今〉)

  그의 아버지가 비록 수영을 잘한다고 하여 그 아들이 **설마** 수영을 잘하겠는가?

豈其(기기)

부사 부사 '豈(기)'와 어조사 '其(기)'가 결합된 형태로, 반문을 나타내고 추측의 어감도 있으며 '어찌'라고 해석한다. 그러나 '其(기)'가 단독으로 의미를 지닌 경우도 있으므로 주의해야 한다. '豈(기)' 항을 참고하라.

• **豈其**食魚, 必河之鯉? (《詩經》〈陳風 衡門〉)

어찌 물고기를 먹는데 반드시 황하의 잉어라야 하리?

• 楚靈王若能如是, **豈其**辱於干溪? (《左傳》 昭公十二年)

초나라 영왕이 만일 이와 같이 할 수 있었다면 **어찌** 간계에서 치욕을 당했겠는가?

• ……慢於禮義故也, **豈其**性異矣哉! (《荀子》〈性惡〉)

……[진나라 사람이] 예의에 엄하지 않기 때문이지 **어찌** 성품이 다르겠는가!

豈徒(기도)

부사 하나에 한정되지 않음을 반어법적으로 나타낸다. '다만 ~뿐만 아니라' '어찌 ~하겠는가'라고 해석한다.

• 及其更也, 民皆仰之; 今之君子, **豈徒**順之, 又從而爲之辭. (《孟子》〈公孫丑下〉)

허물을 고치면 백성들이 모두 우러러보았는데, 지금의 군자들은 **어찌** 그것에 순응하고 또 좇아서 변명까지 **하겠는가**.

豈獨(기독)

부사 하나에 한정되지 않고 부정하는 어투를 나타내며 반어법적으로 나타낸다. '다만 ~뿐만 아니라' '어찌 ~뿐이겠는가'라고 해석한다.

• 君唯不遺德刑, 以伯諸侯, **豈獨**遺諸敝邑? 敢私布之. (《左傳》 成公十六年)

임금께서는 오로지 덕과 형벌을 버리지 않아 제후의 우두머리가 되시는데, **어찌** 저희 성읍만을 버릴 **뿐입니까**? 감히 사사롭게 이 점을 말씀드립니다.

- 然而田成子一旦殺齊君而盜其國. 所盜者**豈獨**其國邪? (《莊子》〈胠篋〉)
  그러고도 전성자는 하루아침에 제나라 군주를 죽이고 그 나라를 훔쳤다. 도적질한 것이 **어찌** 그 나라**뿐이겠는가**?

豈非(기비)

부사 '非(비)'와 함께 쓰여 반문의 어기를 나타낸다. '어찌 ~ 아닌가'라고 해석한다.

- 周子曰: "孤始願不及此, 雖及此, **豈非**天乎!" (《左傳》成公十八年)
  주자가 말하길 "나는 처음부터 이러한 지경에 이르지 않길 원했건만, 비록 여기에 이른 것이 **어찌** 천명이 **아니겠는가**?"라고 했다.
- 故憤發其所爲天下雄, 安在無土不王? 此乃傳之所謂大聖乎? **豈非**天哉? (《史記》〈秦楚之際月表〉)
  이런 까닭에 한고조(유방)는 분을 떨치고 일어나 천하의 영웅이 되었으니, 비록 땅은 없어도 어찌 왕이라 할 수 없겠는가? 이는 곧 전해 내려오는 위대한 성인 아니겠는가? 또한 **어찌** 하늘의 뜻이 **아닌가**?

豈若(기약)

부사 선택을 나타내는 접속사인 '與(여)' '與其(여기)' 등과 호응한다. '豈若(기약)'은 선택해야 하는 어느 한쪽을 나타낸다. '어찌 ~만 하겠는가' '어찌 ~에 비기겠는가' 등으로 해석한다.

• 彼人之才性之相縣也, **豈若**跛鼈之與六驥足哉. (《荀子》〈修身〉)

저 사람들의 재능과 성품이 서로 다른 것을 **어찌** 절름발이와 여섯 마리의 천리마**에 비기겠는가**.

• 今拘學或抱咫尺之義, 久孤於世, **豈若**卑論儕俗, 與世沈浮而取榮名哉! (《史記》〈遊俠列傳〉)

지금 학문에 얽매이거나 작은 의(義)를 품은 채 오랜 세월 세상을 등지고 살아가는 것이 **어찌** 천박한 의논으로 세속에 부합하여 세상의 흐름을 따라 부침하며 영예로운 이름을 얻는 것**만 못하겠는가**?

豈惟/豈唯(기유)

부사 하나에 한정되지 않음을 반어법적으로 나타낸다. '다만 ~뿐만 아니라' '어찌 ~에 그치겠는가'라고 해석한다. '豈適(기적)'과 같다.

• 君能有終, 則社稷之固也, **豈唯**群臣賴之? (《左傳》宣公二年)

임금이 끝을 잘 맺을 수 있다면 나라가 굳건해질 것이니, **어찌** 신하들이 당신에게 의지하는 데**에 그치겠습니까**?

• 吾子之請, 諸侯之福也, **豈唯**寡君賴之? (《左傳》襄公二年)

그대가 바라는 것은 여러 제후에게 복이 될 것이니, **어찌** 우리 임금에게 이로울 **뿐이겠는가**?

• 饑者甘食, 渴者甘飮, 是未得飮食之正也, 飢渴害之也. **豈惟**口腹有飢渴之害? 人心亦皆有害. (《孟子》〈盡心上〉)

배고픈 자는 맛있게 먹고 목마른 자는 달게 마시니, 이는 음식의 올바른 맛을 얻음이 아니라 배고픔과 목마름이 그 맛을 해쳐서 그런 것이다. **어찌** 오직 입과 배에만 배고프고 목마름의 해로움이 **있겠는가**? 사람의 마음에도 모두 이러한 해로움이 있는 것이다.

• 一旦禍機竊發, **豈唯**府朝涂地. 乃實社稷之憂. (《資治通鑑》〈秦紀〉玄武門之變)

하루아침에 멸망의 기틀이 몰래 점화되면, **어찌** [진나라] 조정과 봉토를 더럽게 하는 데**에 그치겠는가**. 바로 사직의 근심이 될 것이다.

豈伊(기이)

부사 하나에 한정되지 않고 반문의 어기를 나타내며, '어찌 ~뿐이겠는가'라고 해석한다.

• 苟遂斯道, **豈伊**傷政爲亂而已. 喪身亡國, 可不愼哉! (《後漢書》〈杜喬列傳〉)

만약 이러한 방법을 실행한다면 **어찌** 정사를 그르쳐 혼란을 만들 **뿐이겠습니까**. 자신을 망치고 나라를 망하게 할 것이니 삼가지 않을 수 있겠습니까!

豈適(기적)

부사 반문의 어기로 어느 범위에 제한되지 않음을 나타내며, '~뿐만 아니라' '어찌 ~에 그치겠는가'라고 해석한다. '豈直(기직)'이나 '豈特(기특)'과 같은 뜻이다.

• 飮食之人無有失也, 則口腹◆**豈適**爲尺寸之膚哉? (《孟子》〈告子上〉)

먹고 마시는 사람이 실수가 없으면 음식이 **어찌** 한 자 한 치의 피부가 되는 것**에 그치겠는가**?

◆口腹(구복): 입과 배. 즉 음식을 뜻함.

豈足(기족)

부사 반문의 어기로 어느 범위에 제한되지 않음을 나타내며, '어찌 ~에 족하겠는가'라고 해석한다.

- 惜乎, 子不遇時! 如令子當高帝時, 萬戶侯**豈足**道哉! (《史記》〈李將軍列傳〉)

  애석하구나, 그대가 좋은 때를 만나지 못했다니! 만일 그대가 고제 때 태어났다면, 만호후의 봉작인들 **어찌 족하**다고 말할 수 있**겠는가**!

豈直(기직)

부사 제한을 나타내는 '直(직)'과 함께 쓰여 반문의 어기를 나타내고, 어느 범위에 제한되지 않음을 나타내며, '어찌 ~뿐이겠는가' '어찌 ~에 그치겠는가' 등으로 해석한다.

- 則望於往世之前, 而視於來世之後, 猶未足爲也, **豈直**禍福之間哉? (《淮南子》〈精神訓〉)

  지나간 세대의 앞에서 바라보고 다가올 세대의 이후를 살펴도 오히려 다스리기에 충분하지 않은데, **어찌** 화복의 사이에 관한 일**뿐이겠는가**?

- 而以義置數十百錢. 病者或以愈, 且死或以生, 患或以免, 事或以成, 嫁子娶婦或以養生; 此之爲德, **豈直**數十百錢哉! (《史記》〈日者列傳〉)

  [점을 부탁하는 사람은] 의무적으로 수십 전에서 백 전까지 냅니다. [점을 친 결과] 이것으로써 아픈 사람은 낫고 죽어가던 자가 되살아나며, 재앙을 면하는 사람도 있고 사업을 이루는 사람도 있으며, 자식을 장가들이고 며느리를 맞이하여 인생을 누립니다. 이것의 은덕이 **어찌** 수십 전에서 백 전의 가치**만 있겠습니까**?

豈特(기특)

부사 '特(특)'과 함께 쓰여 반문의 어기를 나타내며, 사물이 어떤 범위 내에 한정되는 것을 부정한다. '어찌 ~뿐이겠는가'라고 해석한다.

- 則其所用者重而所要者輕也. 夫生者, **豈特**隨侯珠之重哉! (《莊子》〈讓王〉)
  그것은 쓰는 것은 중요하고, 요구하는 바는 하찮기 때문이다. 삶이란 **어찌** 수후의 구슬의 중요한 것일 **뿐이겠는가**!
- 臣死且不辭, **豈特**卮酒乎? (《史記》〈樊酈滕灌列傳〉)
  신은 죽음도 사양하지 않는데, **어찌** 술 한잔을 사양**하겠습니까**?

豈況(기황)

접속사 앞의 일이나 사실에 비추어 뒤의 일이나 사실은 지극히 당연함을 나타내며, '하물며'라고 해석한다.

- 夫以光武之聖德, 嚴光之高賢, 君臣合道, 尙降此變. **豈況**陛下今所親幸, 以賤爲貴, 以卑爲尊哉! (《後漢書》〈爰盎列傳〉)
  광무제(光武帝)의 거룩한 덕과 엄광의 현명함에 의지하여 군주와 신하가 화합했는데도 오히려 이러한 재난을 만났습니다. **하물며** 폐하께서는 지금 비천한 자를 고귀하게 보고 비속한 자를 존귀하게 여겨 가까이 총애하시니 말할 필요가 있겠습니까!

旣(기)

❶ **부사** 일이 완성되었거나 시간이 이미 지났음을 나타내며, '이미' '~ 이후에' '~ 하고 나서' 등으로 해석한다.

- **旣**克, 公問其故. (《左傳》 莊公十年)

  [전쟁에] 이기**고 나서** [노(魯)]장공이 그 까닭을 물었다.

- 宋人**旣**成列, 楚人未旣濟. (《左傳》 僖公二十二年)

  송나라 사람은 **이미** 전열을 이루었는데, 초나라 사람은 아직 [강을] 건너지 못했다.

- 暮春者, 春服**旣**成……. (《論語》〈先進〉)

  늦봄에 봄옷이 완성되**고 나면**…….

- 大寒**旣**至, 民煗◆是利. (《呂氏春秋》〈功名〉)

  큰 추위가 **이미** 닥치자 백성은 따뜻한 곳만 탐한다.

  ◆煗(연): '煖(난)'과 같으며, 따뜻함을 뜻한다.

- 大寒**旣**至, 霜雪**旣**降. (《呂氏春秋》〈愼人〉)

  큰 추위가 **이미** 왔고, 서리와 눈이 **이미** 내렸다.

- 昔韓娥東之齊, 匱糧, 過雍門, 鬻歌假食. **旣**去, 而餘音繞梁欐, 三日不絶. (《列子》〈湯問〉)

  옛날 [한나라의 가수] 한아가 동쪽의 제나라에 갔다가 식량이 떨어져 옹문을 지나면서 노래를 팔아 먹을 것을 빌렸다고 합니다. [그녀가] 떠나간 **후에도** 남아 있는 소리가 대들보를 맴돌며 사흘간 끊이지 않았다고 합니다.

- 噲◆**旣**飮酒, 拔劍切肉食, 盡之. (《史記》〈樊酈滕灌列傳〉)

  번쾌(樊噲)는 술을 마시**고 나서**, 칼을 뽑아 고기를 잘라서 다 먹었다.

  ◆噲(쾌): 번쾌(樊噲). 한고조(유방)의 무장으로, 홍문(鴻門)의 회합에서 고조를 구출하

여 뒤에 무양후(無陽侯)로 봉해졌다.

• 孫武**旣**死, 後百餘歲有孫臏. (《史記》〈孫子吳起列傳〉)

손무가 죽은 **이후**, 백여 년 만에 손빈이 있었다.

• **旣**與紹有隙, 又與劉表◆不平而北連公孫瓚, 紹與瓚不和而南連劉表. (《三國志》〈魏書 袁術傳〉)

[원술은] **이미** 원소와 틈이 생겼고, 또 [형주자사] 유표와 화해하지 못하여 북방의 공손찬과 연합했으며, 원소는 공손찬과 화합하지 못하고 남방의 유표와 연합했다.

◆劉表(유표): 동한(東漢) 사람이며 자는 경승(景升). 헌제(獻帝) 때 형주자사(荊州刺史)가 되었으며 조조가 원소와 싸울 때 중립을 지키며 시대의 변화를 조용히 관망하다가 결국 해를 입었다.

• 人苦無足, **旣**得隴右, 復欲得蜀. (《晉書》〈宣帝紀〉)

사람이 지나치게 만족할 줄을 몰라 **이미** 농서(隴西)의 동쪽을 얻었건만, 또 파촉(巴蜀)을 얻으려 한다.

苦: 심히 고

• 廢棄義理, **旣**爲人倫之蟊賊. (鄭道傳, 〈佛氏乞食之辨〉)

의리를 버려서 **이미** 인륜의 해충이 되었다.

• 我腹**旣**飽, 不察奴饑. (丁若鏞, 《耳談續纂》)

내 배가 부르**고 나면** 종의 배고픔을 살피지 않는다.

• 戰勝功**旣**高, 知足願云止. (乙支文德, 〈與隋將于仲文詩〉)

전쟁에서 승리하여 공이 **이미** 높으니, 만족을 알면 원컨대 싸움을 그치라.

• 人或說勃曰: "君**旣**誅諸呂, 立代王, 威震天下. 而君受厚賞, 處尊位, 以寵, 久之卽禍及身矣." (《史記》〈絳侯周勃世家〉)

어떤 사람이 주발에게 다음과 같이 말했다. "당신이 **이미** 여씨 종족을 주멸하고 군왕(대왕代王)을 황제로 세웠을 때 명망과 위세가 천하를 진동시켰습니다. 게다가 막대한 포상도 받았고 존귀한 지위에 있으며 황제의 총애도 얻었으니, 이렇게 오래가다가는 언제 재난이 당신 몸에 미칠지 모릅니다."

❷ **접속사** 전제를 제시하고 추론을 이끌어내며, '이미 ~한데' '이미 ~한 바에는'이라고 해석한다.

• 使同乎若者正之, **旣**與若同矣, 惡能正之? 使同乎我者正之, **旣**同乎我矣, 惡能正之? (《莊子》〈齊物論〉)

당신과 [의견이] 같은 사람에게 올바로 평가해달라고 한다면, [그는] **이미** 당신과 같**은데** 어찌 [당신을] 올바로 평가할 수 있겠는가? 나와 [의견이] 같은 사람에게 나를 올바로 평가해달라고 한다면 **이미** 나와 같**은데** 어찌 [나를] 올바로 평가할 수 있겠는가?

• 子良使王融謂之曰: "神滅**旣**自非理, 而卿堅執之, 恐傷名教." (《南史》〈范縝傳〉)

자량이 왕융을 시켜 범진에게 "신멸은 **이미** 사리에 부합하지 않**는데** 그대는 이것을 견지하니 명분과 교화에 손상을 입힐까 두렵소."라고 말하게 했다.

• 先生**旣**墨者, 摩頂放踵[◆], 思一利天下, 又何吝一軀啖我而全微命乎? (馬中錫,《中山狼傳》)

선생께서는 **이미** 묵가이며 분골쇄신하여 한번 천하 사람들을 이롭게 하려고 생각**하시면서**, 또한 어찌 한 몸을 아껴 나(이리)를 잡수시어 미천한 목숨을 보존하려 하십니까?

[◆]摩頂放踵(마정방종): 정수리로부터 마멸시켜 발꿈치까지 이른다는 뜻으로 분골쇄신함을 이름.

啖: 먹을 담

• 名**旣**已殊, 體何得一? (范縝, 〈神滅論〉[◆])

이름이 **이미** 다른**데**, 본체가 어떻게 같을 수 있겠는가?

◆〈神滅論(신멸론)〉: 제량(齊梁) 때 무신론파를 대표하는 범진(范縝)이 신은 형체와 함께 훼멸한다는 논리를 문답식으로 개진한 산문.

- 竊謂學問之道, **旣**以堯舜禹湯文武周公爲歸, 則當以實事求是. (金正喜, 《阮堂集》)
  가만히 생각하면 학문의 도는 **이미** 요·순·우·탕·문무·주공으로써 귀결을 **삼은바**, 마땅히 실제 있는 일로써 올바름을 찾아야 한다.

❸ 접속사 두 상황이 동시에 존재하거나 출현함을 나타내며, 흔히 '亦(역)' '又(우)' '終(종)' '則(즉)' '且(차)' '或(혹)' 등의 접속사와 함께 쓰인다. '이미 ~이며 또한 ~' '이미 ~[한 이상] 또한 ~' '이미 ~하면 ~' '이미 ~하고 끝내'라고 해석한다.

- **旣**右◆烈考, 亦右文母. (《詩經》〈周頌 雝〉)
  이미 [업적이] 혁혁한 선친께 제물을 권하고, 문덕(文德)을 갖춘 어머님께도 제물을 올리네.
  ◆右(우): '侑(권하여 먹을 유)'와 통하여 제물을 권한다는 뜻.
  烈: 공 많을 열(렬) | 雝: 화락할 옹
- **旣**立之監, 或佐之史◆. (《詩經》〈小雅 賓之初筵〉)
  이미 감시하는 사람을 세우고, 또한 사(史)를 두어 그를 돕게 했다.
  ◆史(사): 기록하는 사람.
- **旣**辱且危, 死期將至. (《周易》〈繫辭傳〉)
  이미 치욕스럽고 또한 위태로우니 죽을 날이 장차 이를 것이다.
- **旣**來之, 則安之. (《論語》〈季氏〉)
  이미 그들을 오게 했으면, 그들을 편안하게 해주어야 한다.
- 七十子**旣**不問, 世之學者亦不知難◆, 使此言意不解而文不分, 是謂孔子不能吐辭也. (《論衡》〈問孔〉)
  [문하생] 일흔 명이 **이미** 묻지 않았으며, 당시의 학자들 또한 질의할 줄

몰라 이 말의 뜻을 이해하지 못하고 문자를 변별하지 못하게 되었으니, 이는 공자가 말을 토로할 수 없음을 일컬을 것이다.

◆難(난): 질의.

• 三軍**既**惑且疑, 則諸侯之難至矣. (《孫子兵法》〈謀攻〉)

군대가 **이미** 미혹하고 또한 의심하면 [이를 틈타] 제후의 난이 이르게 될 것이다.

• 王看竟, **既**不笑, 亦不言好惡. (《世說新語》〈雅量〉)

왕은 보고 **이미** 웃지 않았으며, 또한 좋고 나쁨을 말하지 않았다.

• **既**爲子孫計, 又已敗則國家傾危, 是以不得慕虛名而處實禍, 此所不得爲也. (曹操, 〈讓縣自明本志令〉)

이미 자손을 위해 계획했고, 또 자기가 실패하면 국가가 기울고 위험해지기 때문에 헛된 이름을 흠모하여 실제 재앙이 없게 해야 하니, 이는 할 수 없는 일이다.

• **既**無叔伯, 終鮮兄弟. (李密, 〈陳情表〉)

이미 숙부와 백부가 안 계시고 끝내 형제도 드물다.

• **既**有聽之之明, 又有振之之力. (韓愈, 〈上兵部李侍郎書〉)

이미 [내 말을] 잘 듣는 현명함이 있고, 또한 위세를 일으키는 역량이 있다.

• **既**竊時名, 又欲竊時之富貴. (白居易, 〈與元九書〉)

이미 당시의 명예를 훔쳤고, 또 당시의 부귀를 훔치려고 한다.

• **既**得志, 則縱情以傲物. (《魏鄭公文集》〈諫太宗十思疏〉)

이미 뜻을 얻으면 성정이 방종해져 사람들에게 오만해진다.

【참고】

① 완결하다, 끝내다: • 吾與汝既其文, 未**既**其實. (《莊子》〈應帝王〉) 나는 당신에게 이미 형식적인 것은 전수했지만, 실질적인 것은 **끝내지** 않았다. • 言未**既**.

(韓愈, 〈進學解〉◆) 말을 아직 **다 하지** 않았다. ◆〈進學解(진학해)〉: 제자들에게 학문을 권려한 문장인데, 한유는 이 글에서 학식이 있으면서도 중용되지 않고 좌천만 당하는 자신의 불우함을 변설하고 있다.

② 지난 후, 얼마 후: • **旣**, 衛人賞之以邑. (《左傳》 成公二年) **얼마 후** 위나라 사람이 그에게 읍을 상으로 주었다. ◆이 용법은 이후에 '而(이)'를 더하여 2음절어를 구성했다. '而' 항을 참고하라.

③ 개기일식, 개기월식: • 五月朔, 日有食之, **旣**. (《三國志》 〈魏書 三少帝紀〉) 5월 삭일(초하루)에 일식이 있었는데, **개기일식**이었다.

旣乃(기내)

부사 어떤 사건이 머지않아 발생함을 나타내며, '곧'이라고 해석한다.

- 來汝說! 台小子舊學于甘盤, **旣乃**遯于荒野, 入宅于河. (《尙書》 〈說命下〉) 오오! 그대 설이여! 이 보잘것없는 사람은 옛날에 감반에게 배웠다가 **곧** 황야로 물러나 살았고, 황하가에서 살았다.
- **旣乃**與巴姬密埋璧於大室之庭, 使五人齊, 而長入拜. (《左傳》 昭公十三年) **곧** [공왕은] 파희와 함께 옥구슬을 몰래 종묘의 정원에 묻어놓고 나서 다섯 아들로 하여금 재계하게 하고 나이 많은 순서로 들어와 절하게 했다.

旣已/旣以(기이)

부사 두 사건이 동시에 발생하거나 두 상황이 동시에 존재함을 나타낸다. 또한 점진적 흐름을 나타내며, '이미'라고 해석한다.

• 小人者, 其未得也則憂不得, **既已**得之, 又恐失之. 是以有終身之憂, 無一日之樂也. (《荀子》〈子道〉)

소인은 자기가 [관직을] 얻지 못했을 때는 얻지 못할까 걱정하고, **이미** 얻은 후에는 또 그것을 잃을까 두려워한다. 이 때문에 죽을 때까지 근심만 있고 단 하루의 즐거움도 없다.

• 魏將龐涓聞之, 去韓而歸, 齊軍**既已**過而西矣. (《史記》〈孫子吳起列傳〉)

위나라 장군 방연이 이것을 듣고 한나라로 갔다가 [병사를 철수하여] 돌아오니, 제나라 군대는 **이미** [국경을] 넘어 서쪽으로 나아갔다.

• 趙奢◆**既已**遣秦閒, 乃卷甲而趨之, 二日一夜至. (《史記》〈廉頗藺相如列傳〉)

조사는 진나라 첩자를 **이미** 돌려보낸 즉시 군사들의 갑옷을 벗겨 급히 진나라 진지를 향해서 진군시키니, 이틀 낮과 하루 밤 사이에 도착할 수 있었다.

◆趙奢(조사): 평원군(平原君)의 천거로 등용되어 조나라의 조세를 관리하는 직책에 있었다. 그로부터 세금은 공평하고 백성은 부유해졌으며 국고는 언제나 가득했다. 진(秦)나라가 한(韓)나라를 치기 위해 알여(閼與)에 진군하자, 조사는 군사를 풀어 진의 군대를 무찔러서 마복군(馬服君)에 봉해졌다.

• **既已**存亡死生矣, 而不矜其能, 羞伐其德, 蓋亦有足多者焉. (《史記》〈游俠列傳〉)

이미 [그들은] 생사와 존망을 돌아보지 않으면서도 자신의 능력을 뽐내지 않았고, 그 덕을 자랑하는 것을 수치로 여기니 아마도 이런 점은 높이 칭찬할 만하다.

• 范蠡◆既雪會稽之恥, 乃喟然而歎曰: "計然之策七, 越用其五而得意. **既已**施於國, 吾欲用之家." (《史記》〈貨殖◆列傳〉)

범려는 회계산의 치욕을 씻고 나서 이렇게 탄식했다. "계연의 일곱 가지 계책 중에서 월나라는 다섯 가지를 써서 뜻을 이루었다. **이미** 나라에서는 써보았으니, 나는 이것을 집에서 써보겠다."

ㄱ

◆范蠡(범려): 춘추시대 구천의 신하.

◆貨殖(화식): 재산을 늘린다는 뜻인데, 무위무관(無位無冠)의 몸으로 정치를 해치거나 백성에게 방해를 하지 않으면서 때에 따라 사고팔아 재산을 늘려 부자가 된 사람을 가리킨다. 사마천은 이들에게 갈채를 보내면서 이 글을 썼다.

- 三桓子孫**旣以**衰微, 分適他國. (趙岐,《孟子題辭》)

  삼환의 자손은 **이미** 쇠미해져, 다른 나라로 나뉘어 가버렸다.

旣而(기이)

부사 두 사건 혹은 현상이 약간의 시간 차이를 두고 일어남을 나타내며, '얼마 지나지 않아' '얼마 후' '오래지 않아' 등으로 해석한다.

- 初, 司城蕩卒, 公孫壽辭司城, 請使意諸爲之. **旣而**告人曰: "君無道, 吾官近, 懼及焉." (《左傳》文公十六年)

  당초 사성 탕이 죽었을 때, 공손수가 사성[의 직책]을 사양하고 의제에게 그것을 맡으라고 했다. **얼마 후** [공손수가] 다른 사람에게 말했다. "군주가 무도한데 내 관직이 [군주] 가까이 있으니 [화가 내게] 미칠까 두려웠다."

- 楚成王以商臣爲太子, **旣而**又欲置公子職, 商臣作亂, 遂殺成王. (《韓非子》〈內儲說下〉)

  초성왕은 [당초] 상신을 태자로 삼으려고 했는데, **오래지 않아** 또 공자 직을 [태자로] 두려고 하니, 상신이 반란을 일으켜 마침내 성왕을 죽였다.

- 衛國之法, 竊駕君車者罪至刖◆. **旣而**彌子之母病, 人聞, 往夜告之. 彌子矯駕君車而出. (《史記》〈老子韓非列傳〉)

  위나라 국법에 군주의 수레를 타는 자는 월형(刖刑)에 처하도록 되어 있었다. **얼마 후** 미자하(彌子瑕)의 어머니가 병이 나자, 어떤 사람이 밤에 [미자하가 있는 곳으로] 가서 이 사실을 알렸다. 미자하는 군주의 명령이라고 속여 군주의 수레를 타고 대궐 문을 빠져나갔다.

◆刖(월): 월형(刖刑). 발꿈치를 베는 형벌.

• 其夫爲相御, 擁大蓋, 策駟馬, 意氣揚揚, 甚自得也. **旣而**歸, 其妻請去. (《史記》〈管晏列傳〉)

그녀의 남편은 재상의 마부였는데, 마차의 큰 차양을 받쳐 들고 네 필 말에 채찍질을 하면서 의기양양 자못 만족스러운 표정이었다. **얼마 지나지 않아** 마부가 돌아오자 그의 아내는 헤어지자고 했다.

旣終(기종)

부사 일이 시종 변치 않음을 나타내며, '결국' '~에 이르러서는'이라고 해석한다.

• 韓豫章遺絹百匹, 不受, 減五十匹, 復不受. 如是減半, 遂至一匹, **旣終**不受. (《世說新語》〈德行〉)

한예장이 비단 백 필을 보냈으나 [그는] 받지 않았고, 오십 필로 줄였으나 또 받지 않았다. 이와 같이 절반씩 줄여 마침내는 한 필에 이르렀으나 **결국** 받지 않았다.

絹: 비단 견

幾(기)

❶ **부사** 부정확한 수를 묻고 '몇' '얼마나'라고 해석하며, 때로는 해석하

지 않기도 한다.

- 古人有言曰: "畏首畏尾, 身其餘**幾**?" (《左傳》 文公十七年)
  옛사람의 말에 "머리를 두려워하고 꼬리를 두려워하니 몸에 남은 것이 **얼마나** 되겠는가?"라고 했다.
- 韓子◆亦無**幾**求. (《左傳》 昭公十六年)
  한자 역시 요구하는 것이 **얼마** 없다.
  ◆韓子(한자): 진나라 한선자(韓宣子) 한기(韓起)의 존칭.
- 子來**幾**日矣? (《孟子》〈離婁上〉)
  그대가 온 지 **며칠** 되었는가?
- 將軍度羌虜何如? 當用**幾**人? (《漢書》〈趙充國列傳〉)
  장군께서 오랑캐 포로를 평가해보니 [역량이] 어떻습니까? **몇** 사람을 써야 합니까?
- 天長地久, 人生**幾**時. (曹植, 〈金瓠哀辭〉)
  하늘과 땅은 영원한데, 인생은 **얼마나** 되는가.

❷ **부사** 어떤 상황에 거의 이르렀음을 나타내며, '거의' '~할 뻔하다'라고 해석한다.

- 月**幾**望. (《易經》〈小畜〉)
  달은 **거의** 둥글게 되었다.
- 一脛之大**幾**如腰, 一指之大**幾**如股. (賈誼, 〈治安策〉◆)
  정강이 하나의 크기가 **거의** 허리 같고, 손가락 하나의 크기가 **거의** 넓적다리 같다.
  ◆〈治安策(치안책)〉: 전한(前漢)의 사부가(辭賦家)였던 가의가 유가적 사상 체계에 입각하여 쓴 정치 논설문으로서 인의(仁義)와 민심의 중요성을 역설하고 있다.
- 往者漢祚衰微, 率土分崩, 生民之命, **幾**於泯滅. (《三國志》〈魏書 鍾會傳〉)
  지난날 한나라의 복이 쇠약하여 미미해졌으므로, 영토는 나뉘고 무너졌으며, 백성의 목숨은 **거의** 소멸되었다.

• 行未十里, 渡橋, 馬驚, 墮水**幾**死. (《三國志》〈魏書 鍾繇傳〉)

10리를 못 가서 다리를 건너는데 말이 놀라, [그는] 물에 떨어져 죽**을 뻔 했다**.

幾多(기다)

부사 확실하지 않은 수량 혹은 정도를 묻고, '많은' '얼마나'라고 해석한다. 어떤 때는 의문문의 형식으로 수량이 적음을 나타내며, '많지 않은' '얼마 없는'이라고 해석한다.

• 念昔同游者, 而今有**幾多**? (劉禹錫, 〈歲夜咏懷〉)

옛날 함께 놀던 이들 생각나네, 지금은 **얼마나** 있나?

• 問君能有**幾多**愁, 恰似一江春水向東流. (李煜, 〈虞美人〉)

그대에게 묻노니 근심이 **얼마나** 있나요, 마치 강의 봄물이 동쪽으로 흐르는 것과 같은가요?

• 夜來能有**幾多**寒, 已瘦了梨花一半. (黃升, 〈鵲橋仙〉)

밤에 **얼마나** 추울지, 이미 배꽃 절반이 말랐으니.

幾所(기소)

부사 정확하지 않은 수량 혹은 정도를 묻고, '얼마나'라고 해석한다. '幾許(기허)'와 같다.

• 數問其家, "金餘尙有**幾所**?" (《漢書》〈疏廣列傳〉)

여러 번 그 가족에게 "아직 남아 있는 금전이 **얼마나** 있는가?" 하고 물었다.

幾何(기하)

❶ **부사** 수량·거리·나이·길이·가치 등을 묻거나 정확하지 않은 수를 나타내며, '몇' '얼마' '얼마나'라고 해석한다.

- 楚昭王曰: "其値**幾何**?" (《吳越春秋》〈闔閭內傳〉)

  초나라 소왕이 말했다. "그것의 가치는 **얼마**인가?"
- 年**幾何**矣? (《戰國策》〈趙策四〉)

  나이가 **몇**인가?
- 昭王曰: "薛公之地大小**幾何**?" (《戰國策》〈齊策四〉)

  소왕이 말했다. "설공의 영토는 크기가 **얼마나** 되는가?"
- 客曰: "人生**幾何**?" (《史記》〈孔子世家〉)

  손님이 말했다. "인생은 **얼마나** 되는가?"
- 如此, **幾何**頃乎? (《史記》〈循吏列傳〉)

  이렇게 된 지 **얼마나** 되었는가?
- 顧問御使曰: "曲逆戶口**幾何**?" (《漢書》〈陳平列傳〉)

  돌아보며 어사에게 물었다. "곡역의 인구는 **얼마나** 됩니까?"
- 禽獸之變詐**幾何**哉? 止增笑耳! (《聊齋志異》〈狼〉)

  금수의 변화와 속임이 **얼마나** 되겠는가? 겨우 웃음을 더할 뿐이다.
- 若復奄延數年, 則如火漸熄, 如酒漸淡, **幾何**不至於不能自立乎? (金萬重, 《西浦漫筆》上)

  만약 또다시 어물어물 몇 년이 지나면, 마치 불이 점점 꺼지고 마치 술이 점점 깨는 것 같아서 **얼마** 못 가서 자립할 수 없는 지경에 이르지 않겠는가?

❷ **부사** 원인을 묻거나 반문을 나타내며, '어찌' '왜'라고 해석한다.

• 毛血日益衰, 志氣日益微, **幾何**不從汝而死也? (韓愈, 〈祭十二郎文〉)

[나는] 모발과 혈기가 나날이 쇠약해지고, 정신과 의지가 나날이 쇠미해지는데 **어찌** 너를 좇아 죽지 않겠는가?

幾許(기허)

부사 정확하지 않은 수량 혹은 정도를 묻고, '많은' '몇' '얼마나' 등으로 해석한다.

• 河漢淸且淺, 相去復**幾許**? (《古詩十九首》〈迢迢牽牛星〉)

은하수는 맑고 얕은데, [견우성과 직녀성은] 서로 떨어져 있는 것이 또한 **얼마**인가?

• 王逸少◆ 張伯英◆, 古來**幾許**浪得名? (李白, 〈草書歌行〉)

왕희지(王羲之)와 장지(張芝)는 예로부터 **얼마나** 헛되이 명성을 얻었던가?

◆王逸少(왕일소): 진나라의 서예가 왕희지의 자.

◆張伯英(장백영): 후한 사람 장지의 자.

• 當時萬事皆眼見, 不知**幾許**猶流傳. (韓愈, 〈桃源圖〉)

당시 모든 일을 눈으로 다 보았는데, **얼마나** 전해 내려왔는지 알지 못하겠네.

• 先生年**幾許**? 顔色似童兒. (《太平廣記》〈神仙二八 李泌〉)

선생의 나이는 **몇**입니까? 얼굴빛이 마치 어린아이 같습니다.

• 早知訣汝, 則予豈肯遠游? 卽游, 亦尙有**幾許**心中言要汝知聞, 共汝籌划也. (袁枚◆, 〈祭妹文〉)

일찍이 너와 결별할 것을 알았더라면, 내가 어찌 멀리 가려 했겠는가? 설령 간다 하더라도, 또한 마음속의 **많은** 말을 너에게 들려주고 너와 함께 삿대를 꾀했을(의논했을) 것이다.

◆袁枚(원매): 청나라 중기의 시인이며, 《소창산방집(小倉山房集)》과 《수원설화(隨園說話)》 등을 지었다.

籌: 꾀할 주 | 划: 삿대 화

ㄱ

綦(기)

부사 최상의 상태를 나타내며, '가장' '극히' '매우'라고 해석한다.

- 故聖王之誅也, **綦**省矣. (《荀子》〈仲尼〉)

  그래서 성왕이 주살을 시행한 것은 **극히** 적었다.

- 其用知甚簡, 其爲事不勞而功名致大, 甚易處而**綦**可樂也. (《荀子》〈王霸〉)

  그가 쓰는 지략은 매우 간단하며, 그가 하는 일은 힘들지 않은데도 공적과 명성이 지극히 커져, 매우 처신하기가 쉽고 **극히** 즐거울 수 있다.

- 夫人之情, 目欲**綦**色, 耳欲**綦**聲, 口欲**綦**味, 鼻欲**綦**臭, 心欲**綦**佚. (《荀子》〈王霸〉)

  사람의 감정이란 눈은 **가장** [아름다운] 색을 보려 하고, 귀는 **가장** [묘한] 소리를 들으려 하며, 입은 **가장** [좋은] 맛을 보려 하고, 코는 **가장** [향기로운] 냄새를 맡으려 하며, 마음은 **가장** [큰] 편안함을 누리려고 한다.

  ◆'綦(기)' 뒤에 각각 형용사가 생략됨.

- 家人受虐已久, 啣恨**綦**深, 一婢近擊之. (《聊齋志異》〈焦螟〉)

  집안사람이 학대받은 지 이미 오래되었고, 품은 한이 **매우** 깊어, 한 여자 노비가 가까이 가서 그를 공격했다.

  啣: 품을 함

[참고]

가득 차다: • **綦**三年而百姓從風矣. (《荀子》〈宥坐〉) 3년이 **다 차서야**(3년 후에야) 백성은 교화를 따랐다.

暨(기)

❶ **접속사** 병렬된 두 개 이상의 명사나 명사구를 이어준다. '및' '~와'라고 해석한다.

• 禹拜稽首◆, 讓於稷契**暨**皐陶. (《尙書》〈舜傳〉)

우는 공손히 절하고 머리를 조아려 직(稷)과 설(契)**과** 고요(皐陶)에게 양보했다.

◆稽首(계수): 머리가 땅에 닿도록 공손히 절하는 것.

• 冬, 母弟辰**暨**仲佗·石彄出奔陳. (《左傳》定公十年)

겨울에 [송경공(宋景公)의] 동모제(同母弟) 신**과** 중타, 석구는 진나라로 달아났다.

• 地東至海**暨**朝鮮, 西至臨洮羌中. (《史記》〈秦始皇本紀〉)

영토의 동쪽은 바다**와** 조선에 이르고, 서쪽은 임조와 강중에 이르렀다.

• 及終, 吏民**暨**屬羌猶長朝夕臨樞前者數日. (范仲淹, 〈東染院使種君墓志銘〉)

[종세형(種世衡)이] 죽자 관리와 백성**과** 소속 우두머리는 아침저녁으로 영구 앞에 있는 것이 여러 날이었다.

❷ **전치사** 동작 혹은 행위가 발생한 시간이나 조건을 나타내며, '~에 이르러'라고 해석한다.

- **暨**昭襄王薨, 太子安國君立, 華陽夫人爲后, 楚爲太子. (《呂氏春秋》〈序〉)
  [진] 소양왕이 죽음**에 이르러**, 태자 안국군이 옹립되고 화양부인이 왕후가 되었으며 초는 태자가 되었다.
- **暨**建安之初, 五言騰踊. (《文心雕龍》〈明詩〉)
  건안 초기**에 이르러** 오언시가 비약적으로 활발해졌다.
- **暨**武帝崇禮, 始立樂府. (《文心雕龍》〈樂府〉)
  [한]무제가 예를 숭상함**에 이르러** 비로소 악부가 세워졌다.

暨臻(기진)

전치사 어떤 일이 발생한 시간을 나타내며, '~에 이르러'라고 해석한다. '及至(급지)'와 같다.

- 性多嫌忌, 果於殺戮, **暨臻**末年, 彌以滋甚. (《三國志》〈吳書 吳主傳〉)
  [그의] 성질은 시기심이 많고 사람을 죽이는 데 과감했는데, 말년**에 이르러서는** 점점 더 심해졌다.

暨乎(기호)

전치사 일정한 시간 혹은 조건에 도달했음을 나타내며, '~에 이르러'라고 해석한다.

- **暨乎**王略虧頹而曠載罔綴, 微言既沒, 六籍泯玷, 何則? 道弘致遠而衆才莫晞也. (《三國志》〈魏書 傅嘏傳〉)
  왕의 제도는 훼손되고 [성인의 도는] 오랫동안 이어지지 않았으며, 정미한 말은 이미 사라지고 여섯 전적은 더럽혀져 흠집이 생기기**에 이르렀**

으니, 무엇 때문인가? [성인의] 도는 방대하고 깊어서 [직책을 맡은] 사람들이 [분명하게 깨우칠] 수 없기 때문이다.

- **曁乎**今歲, 天災流行. (魏徵, 〈十漸不克終疏〉)

금년**에 이르러** 자연재해가 유행한다.

期期(기기)

부사 자신이 하는 말에 대한 결연한 의지를 나타내며, '단연코'라고 해석한다.

- 陛下雖欲廢太子, 臣**期期**不奉詔. (《史記》〈張丞相列傳〉)

폐하께서는 태자를 폐위시키려고 하십니다만, **단연코** 신은 폐하의 명령을 받들지 않겠습니다.

| ㄴ |

諾(낙)

감탄사 독립적으로 구를 이루며 응답이나 동의를 나타내고, '그렇게 하라' '그렇다' '좋다' 등으로 해석한다. '諾諾(낙낙)'이라고 겹쳐 쓰면 보다 강한 느낌을 준다.

- 孔子曰: "**諾**. 吾將仕矣." (《論語》〈陽貨〉)
  공자께서 말씀하셨다. "**좋습니다**. 내 장차 벼슬에 나갈 것입니다."
- 孟嘗君不說曰: "**諾**. 先生休矣" (《戰國策》〈齊策四〉)
  맹상군이 기뻐하지 않고 말했다. "**좋소**. 선생은 [가서] 쉬시오."
- 太后曰: "**諾**. 恣君之所使之." (《戰國策》〈趙策四〉)
  [조(趙)] 태후가 말했다. "**좋소**. 그대가 마음대로 그를 보내시오."
- 有頃, 齊有司趨而進曰: "請奏四方之樂." 景公曰: "**諾**." (《史記》〈孔子世家〉)
  조금 후, 제나라 관리가 앞으로 달려 나와 말했다. "청컨대 사방의 음악을 연주하게 하옵소서." 경공이 말했다. "**좋다**."

[참고]

대답하다: • 夫輕**諾**, 必寡信. (《老子》 第六十三章) 경솔하게 **대답하면** 반드시 믿음이 적다.

曩者(낭자)

부사 문장의 맨 앞에 놓여 과거의 시간을 나타낸다. '과거에는' '[이]전에' '조금 전에' '지난번에' 등으로 해석한다.

• **曩者**辱賜書, 教以順於接物, 推賢進士爲務. 意氣懃懃懇懇. (司馬遷, 〈報任少卿書〉)

지난번 저에게 편지를 보내주셨는데, 저로 하여금 삼가 교우 관계를 원만히 하고 어진 사람과 선비들을 추천하는 데 힘쓰라고 하셨습니다. 그 말씀하시는 뜻이 대단히 간절했습니다.

• 長公主日譽王夫人男之美, 景帝亦賢之, 又有**曩者**所夢日符. 計未有所定. (《史記》〈外戚世家〉)

장공주는 날마다 왕부인의 아들에게 미덕(美德)함이 있다고 칭찬했고, 경제 또한 이 사람이 매우 현능하며 또 **이전에** [왕부인이] 태양이 [가슴으로 들어오는 상서로운 징조의] 꿈을 꾼 것까지 알고 있었다. 그러나 [태자를 바꾸어 세운다는] 생각은 아직 정하지 못했다.

• 文帝曰: "嗟乎, 此眞將軍矣! **曩者**霸上·棘門軍, 若兒戲耳. 其將固可襲而虜也. 至於亞夫, 可得而犯邪!" (《史記》〈絳侯周勃世家〉)

문제가 말했다. "아, 그야말로 진정한 장군이로다! **이전에** 본 패상과 극문의 군대는 아이의 장난과 같았구나. 그곳의 장군은 몰래 공격하여 사로잡을 수 있겠지만, 주아부라면 어찌 범할 수 있겠는가!"

• 蓋聶曰: "**曩者**吾與論劍有不稱者, 吾目之. 試往, 是宜去. 不敢留."(《史記》〈刺客列傳〉)

개섭이 말했다. **전에** 나는 그와 함께 검술을 논하다가, 그의 생각이 탐탁지 않아서 노려본 적이 있소. 속는 셈 치고 한번 가보시면, 그는 반드시 떠났을 거요. 감히 머물러 있지 못할 것이오."

ㄴ

乃/迺(내)

❶ **대사** '若(약)' '汝(여)' '而(이)' '爾(이)' 등과 같은 뜻이며, '그대' '너(너희)'라고 해석한다. 드물게 삼인칭을 가리키기도 한다.

• 古我先王暨**乃**祖**乃**父, 胥及逸勤. (《尙書》〈盤庚上〉)

옛날에 나의 선왕과 **너희** 할아버지, **너희** 아버지가 더불어 편안함과 수고로움을 함께했다.

• 余嘉**乃**勳. (《左傳》僖公十二年)

나는 **그대**의 공훈을 아름답게 여기노라.

• 必欲烹**乃**翁, 幸分我一杯羹. (《漢書》〈項籍列傳〉)

반드시 **너**의 아버지를 삶으려 한다면, 나에게 한 그릇의 고깃국을 나누어주기 바란다.

• 候秋熟, 以馬馳蹂**乃**稼穡◆. (《漢書》〈匈奴列傳〉)

가을에 [곡식이] 익었을 때 말을 달려 **너**의 농작물을 짓밟겠다.

◆稼穡(가색): 곡식을 심고 거두는 일. 즉 농사를 말함.

• 今欲發之, **乃**能從我乎? (《漢書》〈翟義列傳〉)

지금 출병하려는데, **너**는 나를 따를 수 있겠는가?

• 初期會盟津, **乃**心在咸陽. (曹操, 〈蒿里行〉)

처음에 맹진에서 모이기로 기약했거늘, **그들**의 마음은 함양에 있었네.

❷ **대사** 비교적 가까운 사물이나 상황을 가리키며, '이' '이렇게' 등으로 해석한다.

- 公曰: "吾聞之, '五子不滿隅, 一子可滿朝', 非**迺**子耶?" (《晏子春秋》〈外篇〉)

  경공(景公)이 말했다. "나는 '다섯 명의 아들이 한구석도 채우지 못하지만 [오히려] 한 명의 아들이 조정을 채울 수 있다.'고 들었는데, **이** 아이가 아닌가?"

- 子產蹵然改容更貌曰: "子無**乃**稱." (《莊子》〈德充符〉)

  자산은 근심스러워 낯빛을 바꾸고 자세를 고치며 말했다. "자네는 **이렇게** 말하지 말게."

❸ **부사** 어떤 사실의 확인 혹은 감정의 상태나 범위 등을 나타내며, 감탄의 뜻도 내포한다. '곧' '바로'라고 해석한다.

- 吾**乃**梁人也. (《戰國策》〈趙策三〉)

  내가 **바로** 양나라 사람이다.

- 孟嘗君怪之, 曰: "此誰也?" 左右曰: "**乃**歌夫'長鋏歸來'者也." (《戰國策》〈齊策四〉)

  맹상군이 이것을 이상하게 여기며 "이 사람은 누구인가?"라고 하니, 좌우에서 "**바로** 그 '장협귀래'를 노래한 사람입니다."라고 했다.

- 荊軻者, 衛人也, 其先**乃**齊人. (《史記》〈刺客列傳〉)

  형가는 위나라 사람인데, 그의 조상은 **바로** 제나라 사람이었다.

- 吾敗**乃**命, 非用兵之過. (《論衡》〈命義〉)

  나의 실패는 **곧** 운명이지, 용병을 잘못해서가 아니다.

- 口**乃**心之門, 守口不密, 洩盡眞機, 意**乃**心之足, 防意不嚴, 走盡邪蹊. (洪自誠, 〈菜根譚〉)

입은 **바로** 마음의 문이니 입을 엄밀하게 지키지 못하면 참된 기밀이 다 새어버리고, 뜻은 **바로** 마음의 발이니 뜻을 막는 것이 엄격하지 못하면 사악한 길로 모두 달려가게 된다.

- 中有一老嫗, 搔白首向黃葉而獨坐. 扣而問之, **乃**香娘之母月梅也. (兪喆鎭,《漢文春香傳》)

  안에 한 노파가 흰머리를 긁적이며 누렇게 물든 잎을 향해 홀로 앉아 있었다. 문을 두드리며 물으니, **바로** 춘향의 어머니 월매였다.

- 蓋國學, **乃**風化之源. (徐居正,《東文選》)

  대개 국학은 **바로** 풍속 교화의 근원이다.

- 文榮適謁雲峴, 雲峴戲之曰: "君**乃**祖孫也, 破倭有何良策?" (黃玹,《梅泉野錄》)

  문영이 마침 운현(대원군)을 알현하자, 운현은 그를 놀리며 말했다. "그대는 **바로** 할아버지(이순신)의 손자이니, 왜군을 무찌를 어떤 좋은 계책이 있소?"

❹ 부사 두 일이 서로 이어지거나 원인이 됨을 나타내며, '곧' '마침내' '바로' '이에' 등으로 해석한다.

- 劌曰: "肉食者◆鄙, 未能遠謀." **乃**入見. (《左傳》莊公十年)

  조귀(曹劌)는 "벼슬하는 자들이 고루하여 원대하게 도모할 수 없다."고 한 뒤, **곧** [조정에] 들어가 [노장공(魯莊公)을] 뵈었다.

  ◆肉食者(육식자): 고기를 상식(常食)하는 사람. 곧 높은 벼슬아치.

- 吾能弭謗矣, **乃**不敢言. (《國語》〈周語上〉)

  내가 능히 비방을 그만두도록 하니 [사람들은] **이에** 감히 말하지 못한다.

  弭: 그칠 미

- 知彼知己, 勝**乃**不殆; 知天知地, 勝**乃**可全. (《孫子兵法》〈地形〉)

  상대를 알고 자신을 알면 이길 수 있어 **곧** 위험하지 않고, 천기(天氣)를 알고 지형을 알면 승리하여 **곧** 온전하게 할 수 있다.

• 管仲·隰朋從於桓公伐孤竹, 春往冬反, 迷惑失道. 管仲曰: "老馬之智可用也." **乃**放老馬而隨之, 遂得道. (《韓非子》〈說林上〉)

관중과 습붕은 [제(齊)]환공을 따라 고죽국(孤竹國)을 치러 갔는데, 봄에 갔다가 겨울에 돌아오게 되어 미혹하여(혼돈되어) 길을 잃었다. 관중이 "늙은 말의 지혜가 쓸 만할 것입니다."라고 했다. **곧** 늙은 말을 풀어 그 뒤를 따라가 마침내 길을 찾았다.

• 龐涓自知智窮兵敗, **乃**自剄. (《史記》〈孫子吳起列傳〉)

방연은 스스로 지혜가 다하고 병사가 패했음을 안 뒤, **곧** 스스로 목을 찔렀다.

• 衆既寖盛, **乃**相與爲約. "殺人者死; 傷人者償創." (《後漢書》〈劉盆子列傳〉)

무리가 점점 강성해지자 **곧** 함께 약속을 했다. "사람을 죽인 자는 죽이고, 사람을 상하게 한 사람은 그 벌을 받는다."

• 太祖表◆徵之, 朗自曲阿展轉江海, 積年**乃**至. (《三國志》〈魏書 王郎傳〉)

태조(조조)가 상주하여 그를 부르니, 왕랑은 곡아로부터 장강과 바다를 돌아다니다가 여러 해 만에 **마침내** 도착했다.

◆表(표): 군주에게 올리는 서장(書狀).

• 太祖**乃**迎天子都許. (《三國志》〈魏書 董卓傳〉)

태조는 **곧** 천자를 맞이하고 허현을 수도로 정했다.

• 太祖曰: "善", **乃**許譚平, 次于黎陽. (《三國志》〈魏書 辛毗傳〉)

태조는 "좋소."라고 한 뒤, **곧** 원담과 화평할 것을 허락하고 여양에 주둔했다.

次: 주둔할 차

• 好雨知時節, 當春**乃**發生. (杜甫, 〈春夜喜雨〉)

좋은 비가 시절을 알아, 봄이 되니 **곧** [만물이] 태어난다.

• 越明年, 政通人和, 百廢具興. **乃**重修岳陽樓, 增其舊制, 刻唐賢今人詩賦

於其上. (范仲淹, 〈岳陽樓記〉)

이듬해가 되어 정치가 통하고 백성이 화목하며, 폐지된 온갖 것이 모두 다시 일어났다. **이에** 악양루를 다시 수리하여 그 옛 법제보다 크게 만들고, 당나라 때의 명가(名家)와 지금 사람들의 시부를 그 위에 새겨 넣었다.

- 後正會, 積雪始晴, 聽事前餘雪猶濕, **乃**以木屑布地. (《資治通鑑》〈晉紀〉明帝太寧三年)

  후에 설날에 모였는데, 쌓일 만큼 눈이 내렸다가 막 개었으나 집무실 앞의 잔설은 아직 녹지 않아 **곧** 톱밥을 땅에 깔았다.

- 時百濟末王義慈, **乃**武王之元子也. (《三國遺事》〈紀異〉)

  이때에 백제의 마지막 왕인 의자는 **바로** 무왕(武王)의 큰아들이다.

- 不可二三其志, 一於此而直前, **乃**是志之立耳. (作者 未詳, 《句讀幼儀》)

  그 뜻을 여러 곳에 두어서는 안 되며, 여기에 한결같이 하여 곧게 나아가야 **비로소** 뜻이 서는 것이다.

- 此非師友之過也, **迺**父兄之無識也. (李德懋, 《士小節》)

  이는 스승과 벗의 허물이 아니라, **곧** 부형이 식견이 없기 때문이다.

- 恃明之救, **乃**能共斥其敵. (金九, 《屠倭實記》)

  명나라의 구원병을 믿고 **이에** 함께 그 적을 물리칠 수 있었다.

❺ **부사** 상황이 늦게 종결됨을 나타내는데, 어떤 때는 일이 얼마 전에 발생했음을 나타내기도 하며, '비로소'라고 해석한다.

- 先生所爲文市義者, **乃**今日見之. (《戰國策》〈齊策四〉)

  선생께서 [저] 전문(田文)을 위해 의(義)를 산 까닭이 **비로소** 오늘에야 분명해졌다.

- 侯生視公子* 色終不變, **乃**謝客就車. (《史記》〈魏公子列傳〉)

  후생은 공자(신릉군)의 안색이 끝내 바뀌지 않는 것을 보고 **비로소** 손님과 헤어져 수레를 향해 갔다.

◆公子(공자): 신릉군(信陵君)을 가리킨다. 전국시대 위(魏)나라 소왕(昭王)의 아들이며 안희왕(安釐王)의 이복동생으로 이름은 무기(無忌)다. 식객이 3천 명이나 되었고 신의로 이름을 날렸다. 진(秦)나라가 조나라를 포위했을 때, 자형인 조나라 평원군(平原君)의 구원 요청을 받고는 왕명을 거역하고 조나라를 도와주었으며, 또 진나라가 위(魏)나라를 침공했을 때는 다섯 나라의 군사를 거느리고 나가서 크게 격파시켰다.

- 令民入粟受爵至五大夫以上, **乃**復一人耳. (鼂錯, 〈論貴粟疏〉)

  백성에게 식량을 바치고 벼슬을 얻게 하여 오대부 이상이 되어야 **비로소** 한 사람[의 병역]을 면하게 해주었을 뿐이다.

  復: 면할 복

- 因跳踉◆大㘎, 斷其喉, 盡其肉, **乃**去. (柳宗元, 〈三戒 黔之驢〉)

  이에 뛰어 돌아다니다가 크게 소리 지르더니, 그(당나귀) 목을 자르고 고기를 다 먹은 뒤에야 **비로소** 떠났다.

  ◆跳踉(도량): 뛰어 돌아다님.

- 水中有火, **乃**焚大槐是矣. (李睟光, 《芝峯類說》)

  물속에 불이 있어서 **비로소** 큰 느티나무를 태우는 것이 옳은 것이다.

❻ **부사** 두 동작 혹은 상황이 거의 동시에 발생함을 나타내며, '막'이라고 해석한다.

- 鳥**乃**去矣, 后稷呱矣. (《詩經》〈大雅 生民〉◆)

  새가 **막** 날아가니, 후직이 울었다.

  ◆〈生民(생민)〉: 주공(周公)이 예를 정하고 후직(后稷)을 추존하여 지은 노래.

- **乃**深其怨於齊, 又退侵宋以衆其敵. (《穀梁傳》莊公十年)

  막 제나라와 원한이 깊어졌는데, 또 물러나 송나라를 침략하여 그 적을 많아지게 했다.

- 故太子**乃**生而見正事, 聞正言, 行正道, 左右前後皆正人也. (《漢書》〈賈誼

列傳〉)

그래서 태자는 **막** 태어나서부터 바른 일만 보고, 바른 말만 듣고, 바른 도리를 행했으니, 전후좌우에 모두 바른 사람만 있었기 때문이다.

ㄴ

❼ **부사** 범위를 제한하며, '겨우' '단지' 등으로 해석한다.

- 及湯之時, 諸侯三千, 當今之世, 南面◆稱寡者, **乃**二十四. (《戰國策》〈齊策四〉)

  탕임금 때에는 제후가 3천이었으나, 지금 시대에 남쪽을 향하고 과인(寡人)이라 일컫는 자는 **겨우** 24명이다.

  ◆南面(남면): 임금이 조정에서 신하와 대면할 때 남쪽을 향해 앉는 자리. 임금의 자리를 가리킴.

- 項王乃復引兵而東, 至東城, **乃**有二十八騎. (《史記》〈項羽本紀〉)

  항왕은 비로소 다시 [남아 있는] 병사를 이끌고 동쪽으로 갔는데, 동성에 이르니 **겨우** 기병 28명만 있었다.

- 臣**乃**市井鼓刀屠者, 而公子親數存之. (《史記》〈魏公子列傳〉)

  저는 **단지** 시장에서 칼을 쥐고 도살하는 사람인데, 공자께서는 여러 차례 친히 저를 찾아오셨습니다.

  存: 존문할 존

- 且酈生◆一士, 依軾掉三寸舌, 下齊七十餘城, 將軍將數萬之衆, **乃**下趙五十餘城. (《漢書》〈蒯通◆列傳〉)

  또한 역이기(酈食其)는 일개 선비로서 수레 앞턱 가로나무에 기대어 세 치 혀로 제나라의 70여 성을 함락했으나, 장군께서는 수만의 무리를 거느리고도 **겨우** 조나라의 50여 성을 함락했을 뿐이다.

  ◆酈生(역생): 역이기. 한고조(유방)의 책사로서 유세를 통해 제(齊)나라의 70여 성을 항복시켰지만, 한신(韓信)의 병사들이 제나라를 공략한 일로 크게 진노한 제나라 왕 전광(田廣)에게 죽임을 당했다.

◆蒯通(괴통): 제(齊)나라의 변사이다. 회음후(淮陰侯) 한신(韓信)이 천하를 저울질할 수 있는 힘이 있음을 알고 기이한 계책으로 한신의 마음을 움직여 반란을 부추겼다. 그러나 한신은 한나라에 세운 공을 생각하여 배반하지 못하고 주저했다. 그러자 괴통은 거짓으로 미치광이 행세를 하며 무당이 되었다.

• 蘇武使匈奴二十年不降, 還, **乃**爲典屬國◆. (《漢書》〈蘇武列傳〉)
소무는 흉노에 사신으로 가서 20년 동안 굴복하지 않았으나 돌아와서는 **겨우** 전속국에 임명되었다.

◆典屬國(전속국): 속국의 일을 맡은 벼슬.

❽ **부사** 상황이 반전되어 뜻밖임을 나타내며, '도리어' '마침내' '오히려' '의외로' 등으로 해석한다.

• 今子長八尺, **乃**爲人僕御. (《晏子春秋》〈內篇雜下〉)
지금 당신은 키가 8척이나 되면서 **도리어** 다른 사람의 마부 노릇을 합니다.

• 舜猶不以此說堯令從己, **乃**躬親, 不亦無術乎? (《韓非子》〈難一〉)
순은 오히려 이런 방법으로 요를 설득하여 [백성을] 자기 [명령에] 따르게 하지 않고 **오히려** [일을] 몸소 실행했으니, 또한 다스리는 방법이 없는 것 아니겠는가?

• 始以先生爲庸人, 吾**乃**今日而知先生爲天下之士也. (《戰國策》〈趙策三〉)
당초 당신을 평범한 사람으로 생각했는데, 나는 오늘에야 **마침내** 선생이 천하의 선비라는 것을 알게 되었다.

• 諸將皆喜, 人人從各自以爲得大將. 至拜大將, **乃**韓信也, 一軍皆驚. (《史記》〈淮陰侯列傳〉)
장수들은 모두 기뻐하며 저마다 자신이 대장이 될 수 있다고 여겼다. 그런데 대장을 임명함에 이르러 **의외로** 한신이 되자 군대가 모두 놀랐다.

• 身死東城, 尙不覺寤, 不自責過失, **迺**引 "天亡我, 非用兵之罪." 豈不謬哉!

(《漢書》〈項籍列傳〉)

[항우는] 동성에서 죽으면서도 여전히 깨닫지 못하여, 자기 과실을 탓하지 않고 **오히려** "[이것은] 하늘이 나를 멸망시키는 것이지 병사를 잘못 다룬 죄가 아니다."라고 끌어대니, 어찌 잘못이 아니겠는가!

- 問今是何世, **乃**不知有漢, 無論魏晉. (陶淵明, 〈桃花源記〉)

  지금이 어느 세상인가를 물었는데 **오히려** 한나라가 있었음을 알지 못하니, 위진은 말할 것도 없었다.

- 彼人也, 予人也. 彼能是, 而我**乃**不能是? (韓愈, 〈原毁〉)

  그도 사람이고 나도 사람이다. 그가 이것을 할 수 있는데 내가 **도리어** 할 수 없겠는가?

❾ 접속사 전환이나 진전을 나타내며, '그러나' '그래서' '뿐만 아니라' '연후에'라고 해석하고, 문맥에 따라 해석하지 않을 수도 있다.

- 皆古聖人也, 吾未能有行焉. **乃**所願, 則學孔子也. (《孟子》〈公孫丑上〉)

  [그들은] 모두 고대의 성인이고, 나는 아직 행할 수 있는 것이 없다. **그러나** 원하는 바는 바로 공자를 배우는 것이다.

- 小人殉財, 君子殉名, 其所以變其情, 易其性, 則異矣. **乃**至於棄其所爲, 而殉其所不爲, 則一也. (《莊子》〈盜跖〉)

  소인은 재물을 위해서 죽고 군자는 이름을 위해서 죽으니, 그들이 자기의 감정을 변화시키고 본성을 바꾸는 이유는 다르다. **그러나** 해야 할 일을 버려두고, 하지 말아야 할 일로 죽는 점에서는 똑같다.

- 其後, 秦王兼吞天下, 號始皇, 巡狩*至魯, 觀孔子宅, **乃**至沙丘, 道病而崩. (《論衡》〈實知〉)

  그 후 진나라 왕은 천하를 합병하고 [스스로] 시황이라 칭했다. [그는] 노나라를 순수하고 공자의 [옛]집을 본 **뒤에**, 사구에 이르러 여독으로 병들어 죽었다.

◆巡狩(순수): 천자가 제후의 나라를 순회하며 시찰함.

• 非獨政能也, **乃**其姊亦烈女也. (《史記》〈刺客列傳〉)

단지 섭정(聶政)만 훌륭할 **뿐 아니라**, 그의 누이 또한 장한 여자이다.

• 二三子再拜稽首曰: "不惟晉國適享之, **乃**唐叔是賴之, 敢不再拜稽首乎?" (《說苑》〈至公〉)

두세 사람이 재배하고 머리를 조아리며, "단지 진나라만이 이것을 누릴 **뿐 아니라** [선조] 당숙이 이것에 의지하고 있는데, 감히 재배하고 머리를 조아리지 않겠습니까?"라고 말했다.

• 五行定位, 未始相生, **乃**今强爲子母, 分配鹽酸, 其味未純也. (朴趾源, 《熱河日記》)

오행은 위치가 정해져 있어 상생(相生)하지 않는데, 지금 억지로 아들과 어미로 삼아 짠맛 신맛까지 분배했으니, 그 맛이 순수하지 못할 것이다.

⑩ **어조사** 뜻을 강조하며, 해석할 필요는 없다.

• 子以衆退, 我此**乃**止. (《左傳》成公二年)

그대는 군사를 데리고 물러나라, 나는 여기에서 [제나라 군대를] 막겠다.

• **乃**心王室故, 日月奔南征. (文天祥, 〈稽莊即事〉)

마음은 왕실을 향한 까닭에 해와 달조차 남쪽으로 달아나는구나.

• **乃**君玆擢, 予爲不懌. (何景明, 〈鄭子擢郎中序〉)

그대는 이에 [낭중(郎中)으로] 승진했는데, 나는 기쁘지 않구나.

⑪ **부사** 반문을 나타내며, '어찌'라고 해석한다. 확신을 나타낼 때는 '반드시'라고 해석한다.

• 將以致死, **乃**必有偶. (《國語》〈越語上〉)

장차 죽음에 이르게 하면, **반드시** 맞대함이 있을 것입니다.

• 國**乃**滅亡. (《管子》〈牧民〉)

나라는 **반드시** 멸망한다.

- 君**乃**爲不好士乎? (《新序》〈節士〉)

  군주는 **어찌** 선비를 좋아하지 않는가?

- 高皇帝之意, **乃**敢不聽? (《漢書》〈韋玄成列傳〉)

  고조 황제의 뜻을 **어찌** 감히 따르지 않겠는가?

乃今(내금)

부사 어떤 사건이 늦게 발생하거나 끝남을 나타내며, '겨우' '비로소' '지금'이라고 해석한다.

- 吾**乃今**而後知有卜筮◆. (《左傳》襄公七年)

  나는 **비로소** 복서가 있음을 알았다.

  ◆卜筮(복서): 거북이 껍질, 짐승의 뼈, 시초(蓍草), 대나무 등을 써서 길흉을 판단하는 점법(占法).

- 故九萬里則風斯在下矣. 而後**乃今**培風, 背負青天而莫之夭閼◆者. 而後**乃今**將圖南. (《莊子》〈逍遙遊〉)

  그러므로 [대붕(大鵬)이] 구만리를 올라가면 바람이 그 아래에 쌓인다. 그런 뒤에야 **비로소** 바람을 타고 푸른 하늘을 등지며 아무런 장애도 없게 된다. 그런 뒤에야 **비로소** 남쪽으로 날아가려 한다.

  ◆夭閼(요알): 막아 못하게 함.

- 始吾不知水可以滅人之國, 吾**乃今**知之. (《韓非子》〈難三〉)

  처음에 나는 물이 사람의 국가를 멸망시킬 수 있다는 것을 몰랐는데, 나는 **지금** 그것을 알게 되었다.

- 寡人出亡◆二十年, **乃今**得返國. (《韓非子》〈外儲說左上〉)

  과인은 망명한 지 20년 만에 **겨우** 나라로 돌아올 수 있었다.

◆亡(망): 제후의 도피에 '出(출)'을 붙이면 국경을 벗어난 것.

亡: 달아날 망

- 臣聞比干剖心, 子胥鴟夷. 臣始不信, **乃今**知之. (《史記》〈魯仲連鄒陽列傳〉)
  신이 듣건대 비간은 가슴을 찢기고, 오자서는 말가죽 주머니에 넣어져 강물에 던져졌다고 합니다. 신은 처음에 그 말을 믿지 않았지만, **지금은** 그것을 알게 되었습니다.

乃遂(내수)

부사 두 동작 혹은 행위가 서로 긴밀하게 이어지거나 원인이 됨을 나타내며, '바로' '이에'라고 해석한다. '遂乃(수내)'라고 쓰는 경우도 많은데, 뜻은 마찬가지다.

- 秋八月甲戌, 公如公孫有陘氏. 因孫於邾, **乃遂**如越. (《左傳》 哀公二十七年)
  가을 8월 갑술일에 공이 공손 유형씨의 집으로 갔다가, 주나라에서 공손으로 인하여 **바로** 월나라로 갔다.
- 管仲曰: "以地衛君, 非以君衛地, 君其許也." **乃遂**封於汶南, 與之盟. (《呂氏春秋》〈貴信〉)
  관중은 "땅으로써 임금을 지키는 것이지 임금으로써 땅을 지키는 것이 아니니, 임금께서는 이를 허락하십시오."라고 말했다. **이에** 문의 남쪽에 봉해주고 [노나라 장공과] 맹약을 맺었다.
- 居周久之, 見周之衰, **乃遂**去. (《史記》〈老子韓非列傳〉)
  [노자는] 주나라에 머문 지 오래되어, 주나라가 쇠락해가는 것을 보고는 **바로** 떠났다.
- 荊軻知太子不忍, **乃遂**私見樊於期. (《史記》〈刺客列傳〉)
  형가는 태자(단丹)가 차마 하지 못하는 것을 알고, **이에** 몰래 번오기를 만났다.

• 旣已不可奈何, **乃遂**盛樊於期首, 函封之. (《史記》〈刺客列傳〉)

[일이] 이미 어찌할 수 없게 되자, **이에** [태자 단은] 번오기의 목을 상자에 넣어 봉했다.

乃若(내약)

❶ **접속사** 새로운 화제를 제시하며, '그런데'라고 해석한다. '若乃(약내)'라고도 쓴다.

• 是故君子有終身之憂, 無一朝之患也. **乃若**所憂, 則有之. 舜, 人也, 我, 亦人也, 舜爲法於天下, 可傳於後世, 我由未免爲鄕人也, 是則可憂也. (《孟子》〈離婁下〉)

이 때문에 군자는 일생 동안의 근심은 있어도 하루아침의 근심은 없다. **그런데** 근심하는 것이라면 이러한 것이 있다. 순도 사람이고 나 또한 사람인데, 순은 천하의 모범이 되어 후대에까지 전해질 수 있었으나 나는 여전히 시골 사람을 면치 못했으니, 이것이 바로 근심거리다.

• 是以天子親耕, 聖人重粟, 凡爲生民粒食計耳. **乃若**散之棄之, 或在田拋散而不收. (徐有榘,《林園經濟志》)

그러므로 천자가 몸소 밭 갈고 성인이 곡식을 중시한 것은 백성이 양식을 먹게 하기 위한 생각일 뿐이다. **그런데** 그것(곡식)을 흩고 버리며 어떤 때는 밭에 흩어져 있어도 거두지 않는다.

❷ **어조사** 화제를 이끌어낼 뿐 뜻은 없다. 해석하지 않는다.

• **乃若**兼則善矣. 雖然, 不可行之物也. (《墨子》〈兼愛〉)

겸애하면 좋다. 비록 그렇지만 [쉽게] 실행할 수 있는 것이 아니다.

• **乃若**其情, 則可以爲善矣, 乃所謂善也. (《孟子》〈告子上〉)

그 감정은 선량하다고 할 수 있으니, [이것이] 바로 [내가] 말하는 '선'이다.

• **若乃**人考其才, 而時省其用, 雖日變可也. (《淮南子》〈氾論訓〉)

사람은 그 재능을 고찰하고 때때로 그 행위를 성찰하면, 비록 날마다 변해도 괜찮다.

乃如(내여)

어조사 화제를 이끌어내며, 해석할 필요는 없다.

• **乃如**之人也, 懷婚姻也, 大無信也, 不知命也. (《詩經》〈鄘風 蝃蝀〉)

이 사람은 혼인만 생각하고 크게 믿음이 없으며 운명을 알지 못하네.

乃爾/乃耳(내이)

대사 상태 혹은 정도 등에 대한 감탄이나 반문을 나타내며, '이와 같이' '이처럼'이라고 해석한다.

• 作計**乃爾**立. (無名氏, 〈焦仲卿妻〉)

[자살하려는] 생각은 **이와 같이** 결정되었다.

• 蜀卓氏寡女, 亡奔司馬相如, 貴土風俗, 何以**乃爾**乎? (《三國志》〈蜀書 張裔傳〉)

촉 땅 탁왕손(卓王孫)의 과부 딸은 사마상여에게로 도망했으니, 귀(貴) 고장의 풍속이 어찌 **이렇게** 되었는가?

• 臣不意永昌風俗, 敦直**乃爾**! (《三國志》〈蜀書 呂凱傳〉)

나는 영창의 풍속은 생각지 못했는데 순박함이 **이와 같구나**!

• 言辭何至**乃爾**! (《宋書》〈顏延之傳〉)

언사가 어찌 **이러한** 데에 이르렀는가!

• 夫人不受曰: "何必**乃耳**!" (《西廂記諸宮調》卷六)

부인이 받지 않고 말했다. "하필이면 **이렇게** 하는가!"

乃纔(내재)

부사 수사 앞에 쓰여 범위를 제한한다. '겨우'라고 해석한다.

• 長沙◆**乃纔**二萬五千戶耳. (《新書》〈藩强〉)

장사에는 **겨우** 2만 5천 가구가 있을 뿐이다.

◆長沙(장사): 중국 호남성의 주도.

乃者(내자)

부사 대사 앞에 쓰이는 경우 과거의 일을 말한다. '지난번'이라고 해석한다.

• 至朝時, 惠帝讓參◆曰: "與窋胡治乎? **乃者**我使諫君也. (《史記》〈曹相國世家〉)

조회할 때 혜제가 조참을 나무라며 말했다. "왜 조줄(曹窋)을 치죄했소? **지난번** 일은 짐이 시켜서 그대에게 간하게 한 것이었소."

◆曹參(조참): 한나라의 공신. 고조(유방)를 보필하여 천하를 평정하고 평양후(平陽侯)에 봉해졌으며, 소하(蕭何)의 뒤를 이어 재상이 된 뒤 그의 정책을 그대로 시행했으므로 소규조수(蕭規曹隨)라 일컬었다.

乃且(내차)

부사 앞으로 일어날 일을 나타낸다. '乃(내)'는 앞의 일을 이어받고 '且(차)'는 뒤의 동작을 끌어내며, '장차'라고 해석한다.

- 衛有士十人於吾所. 吾**乃且**伐之, 十人者其言不義也. (《呂氏春秋》〈期賢〉)
  위나라의 사인 열 명이 내가 있는 이곳에 있다. 나는 **장차** [위나라를] 토벌하려고 했으나, 열 사람은 의롭지 않다고 말했다.
- 吾屬不死, 命**乃且**縣此兩人. (《漢書》〈外戚列傳上〉)
  우리는 죽지 않았으나 목숨은 **장차** 이 두 사람에게 달려 있을 것이다.

乃後(내후)

부사 앞뒤의 동작이나 상황을 이어준다. '而後(이후)'와 같고 '다음' '뒤에' '비로소' 등으로 해석한다.

- 又讓次弟公子結, 亦不可. 乃又讓次弟公子閭, 五讓, **乃後**許爲王. (《史記》〈楚世家〉)
  다시 둘째 아들 공자 결(結)에게 물려주려고 했으나 또한 안 된다고 했다. 그래서 다시 그다음 아들 공자 여(閭)에게 다섯 번이나 물려주려 하여 **비로소** 왕이 되겠다는 허락을 얻어냈다.
- 大忠無所拂悟, 辭言無所擊排, **乃後**申其辯知焉. (《史記》〈老子韓非列傳〉)
  [군주가 유세자의] 충성심에 반감을 갖지 않고 [유세자의] 말을 내치지 않게 된 **뒤에야** [유세자는] 그의 지혜와 언변을 펼칠 수 있다.
- 昔先王之定國家, 必先龜策日月, 而後乃敢代; 正時日, **乃後**入家; 產子必先占吉凶, 後乃有之. (《史記》〈日者列傳〉)
  옛날 선왕께서 나라를 정할 때에는 반드시 먼저 해와 달을 점친 뒤에 하늘을 대신하여 정치를 맡고, 길한 날을 고른 **다음** 침실에 들었으며, 집에서 자식을 낳으면 반드시 먼저 길흉을 점친 뒤에야 기를 것을 결정했습니다.

- 願爲諸軍決戰, 必三勝, 斬將, 艾◆旗, **乃後**死. (《漢書》〈項籍列傳〉)

  그대들을 위해 [저 한나라의 군대와] 결전을 하여 반드시 세 차례 싸우고, 적장의 목을 베고, 군기(軍旗)를 꺾은 **뒤에** 죽겠다.

  ◆艾(예): '刈(벨 예)'와 통함.

奈/柰(내)

부사 부정문에 쓰여서 한마디로 단정할 수 없는 동작이나 상황을 대신한다. '어찌'라고 해석한다.

- 惟無形者, 無可**奈**也. (《淮南子》〈兵略訓〉)

  오직 형태가 없는 것은 **어찌**할 수 없다.

奈何/柰何(내하)

❶ **부사** '如何(여하)'와 같고, 방식·상황·원인 등을 묻거나 반문을 나타내며, '무엇 때문에' '어떻게' '어찌' 등으로 해석한다.

- 民不畏死, **奈何**以死懼之? (《老子》七十四章)

  백성은 죽음을 두려워하지 않는데, **어떻게** 죽음으로써 그들을 두렵게 하겠는가?

- 敢問, 治身**奈何**, 而可以長久. (《莊子》〈在宥〉)

감히 묻건대, 몸을 다스릴 때 **어떻게** 하면 오래 살 수 있습니까?

• 今我願合六氣◆之精, 以育群生, 爲之**奈何**? (《莊子》〈在宥〉)

지금 내가 원하는 것은 육기의 정수를 모아 모든 생물을 기르는 것인데, 그것을 하려면 **어떻게** 해야 할까?

◆六氣(육기): 하늘과 땅의 여섯 가지 기운인 음(陰)·양(陽)·풍(風)·우(雨)·회(晦)·명(明)을 뜻함.

• 然則**奈何**? (《荀子》〈强國〉)

[이미] 그러하니 **어찌**하겠는가?

• 市義**奈何**? (《戰國策》〈齊策四〉)

의를 산다는 것은 **어떻게** 하는 것인가?

• 晉公子賢, 又同姓. 窮來過我, **奈何**不禮? (《史記》〈晉世家〉)

진공자(중이重耳)는 어질고 또한 [우리와] 성이 같다. 어려울 때 우리를 찾아왔는데 **어찌** 예의를 갖추지 않겠는가?

• 取吾璧, 不予我城, **奈何**? (《史記》〈廉頗藺相如列傳〉)

[진(秦)나라가] 우리 화씨벽(和氏璧)을 취하고 우리에게 성을 주지 않으면 **어찌**하겠는가?

• "將軍擧大事, 欲爲天下除暴, 而專先誅忠義, 豈合天意! 臧洪發擧爲郡將, **奈何**殺之?" (《三國志》〈魏書 臧洪傳〉)

"장군은 큰일을 일으켜 천하를 위하여 포악을 제거하려 하면서, 먼저 충성스럽고 정의로운 사람을 죽이는 데 전념하니, 어찌 하늘의 뜻에 부합되겠소! 장홍이 군사를 일으킨 것은 군의 장수를 위한 것인데 **어째서** 그를 죽이시오?"

• 布謂珪曰: "今致術軍, 卿之由也, 爲之**奈何**?" (《三國志》〈魏書 張邈傳〉)

여포가 진규에게 말했다. "지금 원술의 군대를 불러들인 것은 그대 때문이니, 이 일을 **어찌**하면 되겠소?"

• "袁車騎引軍東向, 此其意不可知, 竊爲將軍危之." 馥曰: "爲之**奈何**?" (《三

國志》〈魏書 袁紹傳〉)

[순심(荀諶)이 말했다.] "거기장군 원소가 군대를 이끌고 동쪽으로 향했는데, 이러한 그의 뜻을 알 수 없으니, 우리는 장군이 위험하다고 생각합니다." 한복이 "그를 위해 **어떻게** 해야 하겠소?"라고 했다.

- 譬如嬰兒在股掌之上, 絶其哺乳, 立可餓殺. **奈何**乃欲以州與之? (《三國志》〈魏書 袁紹傳〉)

  비유컨대 마치 품속의 어린아이에게서 먹던 젖을 떼는 것과 같아 즉시 굶주려 죽을 것입니다. **무엇 때문에** 기주를 그에게 주려 하십니까?

- 原曰: "爲之**奈何**?" (《三國志》〈魏書 任峻傳〉)

  양원이 물었다. "그 일을 하려면 **어떻게** 해야 하오?"

- 覺其非**奈何**? (《雅言覺非》〈小引〉)

  그릇된 점을 깨닫는다는 것은 **어떻게** 하는 것인가?

- 文章無用乃如此, 富貴不來爭**奈何**? (金萬重, 《西浦漫筆》 下)

  문장이 쓸모없기가 이와 같은데, 부귀가 오지 않는다고 **무엇 때문에** 다투랴?

❷ **부사** 부정문에 쓰여 어찌할 수 없는 동작이나 상황을 나타내며, '어떻게' '어찌'라고 해석한다.

- **奈何**哉? 其相物也? (《莊子》〈人間世◆〉)

  어찌하리오? 그것들이 서로 하찮다고 헐뜯는 것을?

  ◆〈人間世(인간세)〉: 인간 사회라는 뜻이다. 장자는 인지(人知)를 배척하면서도 집단생활을 배척하지 않았는데, 이 편에서 문답식을 통해 자신을 다치지 않으며 처세하는 방법을 밝히고 있다.

- 太史伯陽曰: "禍成矣, 無可**奈何**!" (《史記》〈周本紀〉)

  태사 백양이 말했다. "재앙이 만들어졌으나 **어찌**할 수 없구나!"

- 六軍◆不發無**奈何**, 宛轉◆蛾眉◆馬前死. (白居易, 〈長恨歌〉)

육군이 출발하지 않아 **어쩔** 수 없이, 가름한 눈썹의 미인이 말 앞에서 죽었네.

◆六軍(육군): 천자의 군대.

◆宛轉(완전): 군색(窘塞)한 데가 없이 순탄하고 원활함.

◆蛾眉(아미): 가늘고 길게 곡선을 그린 고운 눈썹을 두고 비유하는 말. 여기서는 양귀비를 가리킴.

奈/柰(내)~何(하)

조동사 방법을 모색하는 관용구로서, '어이할까' '어찌해야 하는가' '~을 어떻게 할까'라고 해석한다. '若(약)~何(하)' '如(여)~何(하)'와 같다.

- 虞兮虞兮**奈**若**何**? (《史記》〈項羽本紀〉)

  우여 우여, 그대를 **어찌할까**?

- **奈**地壞**何**? (《列子》〈天瑞〉)

  땅이 무너지면 **어찌해야 하는가**?

- 巫嫗◆·三老◆不來還, **奈**之**何**? (《史記》〈滑稽列傳補〉)

  무당과 삼로가 돌아오지 않으니 이를 **어찌할까**?

  ◆巫嫗(무구): 무당.

  ◆三老(삼로): 강로(工老)·상로(商老)·농로(農老).

- 其在骨髓, 雖司命◆無**柰**之**何**. (《史記》〈扁鵲倉公列傳〉)

  병이 골수까지 들어가면 사명도 **어찌할** 수 없습니다.

  ◆司命(사명): 인간의 생명을 주관하는 고대 전설 속의 신.

- "今徒取富人子上之, 又無智略, 如木偶人衣之綺繡耳. 將**奈**之**何**?" (《史記》〈田叔列傳〉)

  "지금 부유한 집 아들만 골라서 아뢰고자 하시는데, 그들은 지략이 없어 마치 나무로 만든 허수아비에 비단옷을 입힌 꼴입니다. 장차 이 일을 **어찌하려고** 하십니까?"

• 布曰: "**奈**如父子**何**!" (《三國志》〈魏書 呂布傳〉)

여포가 "[나와 그는] 부자간인데 **어떻게** 그럴 수가 있**겠소**!"라고 했다.

• 因涕泣謂惇曰: "當**奈**國法**何**!" (《三國志》〈魏書 夏侯玄傳〉)

[이렇게 말하고는] 눈물을 흘리며 하후돈에게 말했다. "국법을 [저희가] **어찌하겠습니까**!"

• 起看秋月墜江波, 東方漸高**奈**樂**何**? (李白, 〈烏夜啼〉)

보건대 가을 달은 강물에 떨어지고, 동쪽이 점차 높아지니 즐거움을 **어이할까**?

• 我今衰老才力薄, 潮乎潮乎**奈**汝**何**!" (杜甫, 〈李潮八分小篆歌〉)

나 이제 쇠하고 늙어 재주와 힘이 엷으니, 조야 조야, 너를 **어찌해야 하는가**?

• **奈**之**何**民不窮且盜也! (韓愈, 〈原道〉)

어찌 백성이 곤궁하고 도둑질하지 않**겠는가**!

耐(내)/能(능)

❶ **조동사** 능력 혹은 조건을 나타내며, '~할 수 있다'라고 해석한다.

• 夏禮吾**能**言之, 杞不足徵也; 殷禮吾**能**言之, 宋不足徵也. (《論語》〈八佾〉)

하(夏)나라의 예에 대해서는 내가 말**할 수 있지만** [그 뒤를 잇는] 기(杞)나라는 고증하기에 부족하고, 은(殷)나라의 예에 대해서는 내가 말**할 수 있지만** [그 뒤를 잇는] 송(宋)나라는 고증하기에 부족하다.

• 非曰**能**之, 願學焉. (《論語》〈先進〉)

[제가] **할 수 있다**고는 말할 수 없습니다만, 배우기를 원합니다.

- 愛之, **能**勿勞乎? 忠焉, **能**勿誨乎? (《論語》〈憲問〉)

그를 아끼면서, 수고롭게 하지 않**을 수 있겠는가**? 진심이면서, 깨우치게 하지 않**을 수 있겠는가**?

- 察其所**能**而愼予官. (《墨子》〈尙賢中〉)

그가 **할 수 있는** 바를 살펴보고서 신중하게 관직을 준다.

- 故人不**耐**無樂, 樂不**耐**無形. (《禮記》〈樂記〉)

그러므로 사람은 즐거움이 없**을 수** 없고, 즐거움은 드러내지 않**을 수** 없다.

- 故聖人**耐**以天下爲一家, 以中國爲一人者, 非意之也. 必知其情, 辟於其義, 明於其利, 達於其患, 然後**能**爲之. (《禮記》〈禮運〉)

그러므로 성인이 천하를 한 집으로 여기고, 중원을 한 사람으로 여**길 수 있었던** 것은 그것을 의도해서 [그렇게 된 것이] 아니다. 반드시 그 실정을 이해하고 그 의의를 알리며, 그 이익을 분명히 하고 그 환란을 예견한 뒤에야 **할 수 있는** 것이다.

- 寡人已知將軍**能**用兵矣. (《史記》〈孫子吳起列傳〉)

과인은 장군이 병사를 잘 **다룰 수 있다**는 것을 벌써부터 알았다.

- 愚以爲營中之事, 悉以咨之, 必**能**使行陳和睦, 優劣得所也. (諸葛亮, 〈前出師表〉)

제 생각으로는 군영의 일을 모두 그와 의논하면, 반드시 전군이 화목하고 뛰어난 자와 처지는 자가 알맞은 자리를 얻**을 수 있을** 것입니다.

- 初, 粲與人共行, 讀道邊碑, 人問曰: "卿**能**闇誦乎?" 曰: "**能**." 因使背而誦之, 不失一字. (《三國志》〈魏書 王粲傳〉)

이전에 왕찬이 사람들과 함께 걸어가다가 길가에 있는 비석의 글을 읽게 되었는데, 사람들이 물었다. "당신은 욀 **수 있습니까**?" 그가 대답했다. "**할 수 있소**." 그래서 등을 돌리고 외게 하니, 한 글자도 빠뜨리지 않았다.

- 內無賢父兄, 外無嚴師友, 而**能**有成者, 鮮矣. (《明心寶鑑》)

안으로는 현명한 어버이와 형이 없고, 밖으로는 엄한 스승과 친구가 없는데도 성취**할 수 있는** 자는 드물다.

- 不**能**舍己從人, 學者之大病. (李滉,《退溪集》)

  자기를 버리고 다른 사람을 좇**을 수** 없는 것이 배우는 자의 큰 병이다.

- 道備於吾性而其說具在方册, 苟**能**篤志, 無不得之理. (李彦迪,《晦齋集》)

  도는 나의 성품에 갖추어져 있고 그 말은 다 책에 실려 있으니, 진실로 뜻을 독실하게 **할 수 있으면** 이것을 얻지 못할 이유가 없다.

- 予以眇身居上, 不**能**養民, 使老幼至於此極, 是予之罪也. (金富軾,《三國史記》)

  내가 모자란 몸으로 윗자리에 있으면서 백성을 기**를 수** 없어 늙은이와 어린이를 이런 극한 지경에 이르게 했으니, 이것은 나의 죄다.

❷ **부사** '乃(내)'와 같으며, '곧' '마침내'라고 해석한다.

- 中美**能**黃, 上美爲元, 下美則裳, 參成可筮. (《左傳》 昭公十二年)

  중미는 **곧** '황'이고, 상미는 '원'이 되며, 하미는 '상'인데, [이] 세 가지가 갖추어져야 점을 칠 수 있다.

- 今韓信兵號數萬, 其實不過數千, **能**千里而襲我, 亦已罷極. (《史記》〈淮陰侯列傳〉)

  지금 한신의 군사가 수만이라고 칭하지만 사실은 수천 명에 지나지 않는데, **마침내** 천 리를 와서 우리를 습격하니 역시 이미 지치고 힘이 다했을 것이다.

- 鳥則雄者鳴鴝, 雌**能**順服; 獸則牡爲唱導*, 牝乃相從. (《後漢書》〈荀爽列傳〉)

  새는 수컷이 울면 암컷이 **곧** 순종하고, 들짐승은 수컷이 먼저 부르면 암컷이 이에 서로 따른다.

  *唱導(창도): 제일 먼저 부름.

  鴝: 구욕새 구, 울 구

❸ **접속사** '而(이)'와 통하며 순접과 역접에 모두 쓰이고, 해석은 문맥에 따라 적절하게 한다. 구어적 표현에 쓰이는 경우도 있다.

- 雖則佩觿, **能**不我知. (《詩經》〈衛風 芄蘭〉)

  비록 뼈로 만든 송곳을 차고 **있으나**, 우리를 알아보지 못한다.

- 少而示之黑謂黑, 多示之黑謂白 …… **能**少嘗之甘謂甘, 多嘗謂苦. (《墨子》〈天志〉)

  그에게 검은 것을 적게 보여주면 검다고 하고, 많이 보여주면 희다고 말하며 …… 그에게 단 것을 조금 맛보게 하면 달다고 **하고**, 많이 맛보게 하면 쓰다고 말한다.

- 忍**能**對面爲盜賊, 公然抱茅入竹去. (杜甫, 〈茅屋爲秋風所破歌〉)

  뻔뻔스럽게도 이처럼 눈앞에서 도적질을 **하며**, 공공연히 [태풍에 날려간] 띠풀 지붕을 안고 대숲으로 들어간다.

【참고】

① 능력: • 無**能**無官, 無功不賞. (《荀子》〈王制〉) **능력**이 없으면 벼슬하지 못하고, 공이 없으면 상을 받지 못한다.

② 능력 있는 사람: • 尊賢使**能**. (《孟子》〈公孫丑上〉) 어진 이를 존경하고 **능력 있는 사람**을 부린다. • 招賢進**能**. (司馬遷, 〈報任安書〉) 어진 이를 부르고 **능력 있는 사람**을 나오게 한다.

③ 미치다, 이르다: • 於是不**能**期年, 千里馬之至者三. (《戰國策》〈燕策一〉) 이에 1년도 안 **되었는데** 천리마가 이른 것이 세 번이다. • 調校尉*以來, 未**能**十日. (《漢書》〈霍光列傳〉) 교위로 발탁된 지 열흘도 채 안 **되었다**. *校尉(교위): 군사 일을 맡은 무관.

④ 견디다: • 鳥獸希毛, 其性**能**暑. (鼂錯, 〈言守邊備塞疏〉) 새와 들짐승이 털을 드물게 하므로(털갈이를 하므로) 그 본성이 더위를 **견딜** 수 있다.

能克(능극)

조동사 어떤 일을 할 능력과 조건을 나타내며, '충분히 ~할 수 있다'라고 해석한다.

- 豈其德薄者所**能克**堪! (《後漢書》〈竇融列傳〉)
  어찌 덕이 부족한 사람이 **충분히** 감당**할 수 있는** 일이겠는가!

寧/甯(녕)

❶ **부사** 반문을 나타내며, 대부분 의문형 어조사 '邪(야)' '耶(야)' '乎(호)' 등과 함께 쓰인다. '설마' '어찌'라고 해석한다.

- 十人而從一人者, **寧**力不勝, 智不若耶? (《戰國策》〈趙策三〉)
  열 사람이 한 사람을 따르는 것이 **어찌** 힘으로 이길 수 없어서이며, 지혜가 그만 같지 못해서이겠는가?
- 王侯將相◆**寧**有種乎! (《史記》〈陳涉世家〉)
  왕후장상이 **어찌** 씨가 있겠는가!
  ◆王侯將相(왕후장상): 왕과 제후와 장수와 대신.
- 居馬上得之, **寧**可以馬上治之乎? (《史記》〈酈生陸賈列傳〉)
  말 위에서 얻었다고 해서, **설마** 말 위에서 그것을 다스릴 수 있겠는가?
- 將軍受詔擊齊, 而漢獨發間使下齊. **寧**有詔止將軍乎? 《史記》〈淮陰侯列傳〉)
  장군은 조서를 받고 제나라를 치려 하는데, 한왕이 단독으로 밀사를 보내서 제나라를 항복시켰습니다. 그러나 장군에게 치는 것을 멈추라는 조서가 **설마** 있었습니까?
  間: 염탐꾼 간 | 下: 떨어뜨릴 하, 항복시킬 하

- 天下方有急, 王孫**寧**可以讓◆耶? (《史記》〈魏其武安侯列傳〉)

  천하가 마침 급박한데, 왕손이 **어찌** 겸양할 수 있겠는가?

  ◆讓(양): 벼슬을 양보한다는 뜻.

- 備問汜: "君言豪, **寧**有事邪?" (《三國志》〈魏書 張邈傳〉)

  유비가 허범(許汜)에게 물었다. "당신은 [그가] 오만하다고 말했는데, **설마** 이런 일이 있었던 것입니까?"

- 蔣濟**寧**有此事! 有此事, 吾爲不知人也. 此必愚民樂亂, 妄引之耳. (《三國志》〈魏書 蔣濟傳〉)

  장제가 **어찌** 이런 일을 했겠소! 이 일을 했다면, 내가 사람을 알아보지 못한 게 되오. 이것은 반드시 어리석은 백성이 혼란을 좋아하여 망령되이 끌어댄 것일 뿐이오.

- 孺子孺子, '黃中通理', **寧**自知不? (《三國志》〈魏書 劉廙傳〉)

  얘야, 얘야, '황색(黃色)이 가운데 있으니 도리에 통한다.'는 것을 **어찌** 스스로 알지 못하느냐?

- 遼欲去, 覇止之曰: "公明於利鈍, **寧**肯捐吾等邪?" 明日果有令. (《三國志》〈魏書 臧覇傳〉)

  장료가 돌아가려고 했지만, 장패는 그를 멈추게 하고 말했다. "조공은 [사태의] 이로움과 해로움에 밝은데, **어찌** 우리를 버리려고 하시겠소?" 다음 날 과연 [철수하라는] 명령이 있었다.

- 昔樂羊食子, 李通覆家, 經國之臣, **寧**懷妻孥邪? (《三國志》〈魏書 閻溫傳〉)

  예전에 악양은 아들을 먹었고 이통은 집안을 멸했는데, 나라를 다스리는 신하가 **어찌** 처자식을 생각하겠는가?

- 雖畜物其心與人同也. 此勝則彼劣, 使牛聞之, **寧**無不平之心乎? (李睟光, 《芝峯類說》)

  비록 짐승일지라도 그 마음은 사람과 같다. 이것이 낫다고 하면 저것이 못한 것인데, 소에게 들리게 하면 **어찌** 불평하는 마음이 없겠는가?

❷ **부사** 이해득실을 따져 어느 한쪽을 선택하는 결연한 태도를 나타낸다. '차라리'라고 해석한다.

- 夫三子者曰: "若絶君好, **寧**歸死焉." 爲是犯難而來. (《左傳》宣公十七年)
  이 세 사람은 "만일 [우리 때문에 제(齊)와 진(晉) 두 나라] 임금의 우호 관계가 끊어진다면, **차라리** 나라로 돌아가 죽겠다."고 했다. 이 때문에 그들은 위험을 무릅쓰고 [진나라로] 왔다.
- 事畢, 富子諫曰: "……孔張失位, 吾子之恥也." 子産怒曰: "……子**寧**以他規我." (《左傳》昭公十六年)
  일이 끝나자 부자가 간언했다. "……공장이 지위를 잃은 것은 당신의 치욕이오." 자산은 화가 나서 "……당신은 **차라리** 다른 일로 나를 꾸짖으시오."라고 했다.
- 必報仇, 吾**寧**事齊楚. (《國語》〈晉語三〉)
  반드시 원수를 갚아야 하니, 우리는 **차라리** 제나라와 초나라를 섬기겠다.
- 此龜者**寧**其死爲留骨而貴乎? **寧**其生而曳尾於塗中◆乎? (《莊子》〈秋水〉)
  이 거북은 **차라리** 죽어서 뼈를 남겨 귀하게 대접받기를 원했겠는가? **차라리** 살아서 진흙 속에 꼬리를 끌고 다니기를 원했겠는가?
  ◆ 曳尾塗中(예미도중): 거북은 죽어서 점치는 데 쓰여 귀하게 되는 것보다는 살아서 진흙 속에 꼬리를 끌고 다니기를 더 좋아한다는 말로, 벼슬아치가 되어 속박을 받는 것보다는 필부로서 편안히 살기를 원함을 말한다. 이는 장자가 벼슬을 거절할 때 한 말이다.
- 均之二策, **寧**許以負秦曲. (《史記》〈廉頗藺相如列傳〉)
  두 가지 대책을 비교해볼 때 **차라리** [요구를] 받아들여 잘못의 [책임을] 진나라에 덮어씌우는 편이 낫다.
- **寧**自盡, 不死於他人手. (一然, 《三國遺事》)
  차라리 스스로 죽을지언정 다른 사람의 손에는 죽지 않겠다.
- 士大夫**寧**遊食, 而無所事, 農在於野, 或無有知之者. (朴齊家, 《北學議》)
  사대부는 **차라리** 놀고먹을지언정 일을 하지 않으니, 들에서 농사를 지어도 아마 그를 알아주는 사람이 없을 것이다.

- 五百年宗社, 危如綴旒, 二千萬生靈, 行將奴隸, **寧**以國斃, 忍見今日如此羞辱乎. (趙秉世, 〈訣告全國人民書〉)

  5백 년 종묘사직은 마치 깃발을 이은 듯 위태롭고 2천만 목숨은 장차 노예가 될 것이니, **차라리** 나라와 함께 죽을지언정 차마 오늘의 이 같은 치욕을 당하겠는가.

❸ **부사** '乃(내)'와 통하고, 전환이나 일의 결과가 의외임을 나타내며, '마침내' '오히려' '의외로' 등으로 해석한다.

- 胡能有定? **寧**不我顧. (《詩經》〈邶風 日月〉)

  어떻게 하면 [마음을] 잡을 수 있을까? **오히려** 나를 돌아보려고도 않으니.

- 盡瘁以仕, **寧**莫我有! (《詩經》〈小雅 四月〉)

  지치도록 힘을 다하여 [조정을 위해] 일했건만, **오히려** 나를 가까이하지 않는구나!

- 天道難聞, 猶或鑽仰. 文章可見, 胡**寧**勿思? (《文心雕龍》〈徵聖〉)

  천도는 이해하기 어려운 것이지만 오히려 어떤 사람은 [그것만을] 깊이 연구한다. 문장은 [그보다는 쉽게] 알 수 있는 것인데도 어찌하여 **의외로** 생각조차 하지 않을 수 있는가?

寧渠(녕거)

부사 반문을 나타내고 항상 의문형 어조사 '耶(야)' '乎(호)' 등과 호응하며, '어찌 ~하겠는가'라고 해석한다. '寧可(녕가)'와 같다.

- 且蘇君在, 儀**寧渠**能乎? (《史記》〈張儀列傳〉)

또한 소진(蘇秦)이 살아 있는 한, 나 장의가 **어찌** [무슨 일을] 할 수 **있겠는가**?

寧(녕)~無(무)/不(불)~

선택문의 한 형식으로 '차라리 ~할지언정, ~하지 마라/않겠다'라고 해석한다.

- **寧**我薄◆人, **無**人薄我. (《左傳》 宣公十二年)

  차라리 우리가 적을 침노**할지언정**, 적이 우리를 침노하게 **하지 마라**.

  ◆薄(박): 침노하다. '迫(핍박할 박)'의 의미.

- **寧**信度, **無**自信也. (《韓非子》〈外儲說左上〉)

  차라리 [10촌 되는] 자를 믿**을지언정** 자신을 믿**지 마라**.

  度: 자 도

- 吾**寧**鬪智, **不**能鬪力. (《史記》〈項羽本紀〉)

  나는 **차라리** 지혜로 싸**울지언정** 힘으로 싸울 **수는 없다**.

- 臣**寧**負王, **不**敢負社稷. (《漢書》〈霍光列傳〉)

  신은 **차라리** 왕을 등**질지언정** 감히 사직을 등**지지는 못하겠습니다**.

- 我**寧**爲國家鬼, **不**爲賊將也. (《三國志》〈魏書 龐悳傳〉)

  나는 **차라리** 국가의 귀신이 **될지언정** 적의 장수가 되**지는 않겠다**.

- **寧**飮建業水, **不**食武昌魚. **寧**還建業死, **不**止武昌居. (《資治通鑑》〈晉紀〉 武帝泰始二年)

  차라리 건업의 물을 마**실지언정** 무창의 물고기를 먹**지는 않겠다**. 차라리 건업으로 돌아가 죽**을지언정** 무창에 남아 살**지는 않겠다**.

- **寧**作江淮之鬼, **不**爲金國之臣. (《齊東野語》〈李全〉)

  차라리 양자강과 회수의 귀신이 **될지언정** 금나라의 신하가 되**지는 않겠다**.

寧(녕)~**將**(장)~

선택문의 한 형식으로 '차라리 ~할 것인가, 아니면 ~할 것인가'라고 해석한다.

- **寧**誅鋤◆草茅以力耕乎? **將**游大人◆以成名乎? (《楚辭》〈卜居〉)

  차라리 잡초를 제거하고 힘써 경작**할 것인가**? **아니면** 벼슬하는 사람들 사이를 오가며 명성을 이**룰 것인가**?

  ◆鋤(서): 본래는 호미라는 뜻이지만, 여기서는 '풀을 뽑는다'라는 동사로 쓰였다.

  ◆大人(대인): 벼슬이 높거나 관직에 있는 사람.

- **寧**與黃鵠比翼乎? **將**與鷄鶩爭食乎? (《楚辭》〈卜居〉)

  차라리 누런 고니와 날개를 견**줄 것인가**? **아니면** 닭이나 집오리와 먹이를 다**툴 것인가**?

- 王**寧**亡十城邪, **將**亡齊國也? (《新序》〈善謀下〉)

  왕은 **차라리** 열 개의 성을 잃**을 것인가**? **아니면** 제나라를 잃**을 것인가**?

與其(여기)~**寧**(녕)~

선택문의 한 형식으로 '~하기보다는 차라리 ~하는 편이 낫다'라고 해석한다.

- **與其**殺不辜, **寧**失不經. (《尙書》〈大禹謨〉)

  무고한 사람을 죽이기**보다는 차라리** 법대로 하지 않는 실수를 범하는 **편이 낫다**.

- **與其**害其民, **寧**我獨死. (《左傳》定公十三年)

  백성을 해치기**보다는 차라리** 나 혼자 죽는 **편이 낫다**.

- 禮, **與其**奢也, **寧**儉. (《論語》〈八佾〉)

예는 사치스러운 것**보다는 차라리** 검소한 **것이 낫다**.

【참고】

① 안정되다, 편안하다: • 喪亂旣平, 旣安且**寧**. (《詩經》〈小雅 棠棣〉) 상사(喪事)와 혼란이 이미 평정되어, 이미 평안하고도 **안정되었구나**. • **寧**樂今日自還接刃! (《三國志》〈魏書 臧洪傳〉) 나는 오늘날까지 **편안하고** 즐겁게 지내다가 스스로 돌아와 칼을 들고 싸웠다. • 東歸之於海, 而天下永**寧**. (《史記》〈司馬相如列傳〉) [홍수(洪水)는] 동쪽으로 흘러 바다로 돌아가고, 천하는 오래도록 **편안하다**.

② 안정되게 하다: • 除患**寧**亂, 克復舊都, 在此行也. (諸葛亮, 〈爲後帝伐魏詔〉) 근심을 없애고 혼란을 **안정되게 하며** 옛 수도를 되찾는 일은 이번 행동에 달려 있다.

③ 고대에는 정사를 의논하는 곳(조당朝堂·정사당政事堂)의 병풍과 문 사이를 가리켰다.

| ㄷ |

多(다)

❶ **부사** 많은 수를 나타내며, '대다수' '대부분' '많이' '매우' 등으로 해석한다.

- 請城費, 吾**多**與而役. (《左傳》 襄公十年)

  당신이 [계손숙(季孫宿)에게 가서] 비읍에 성을 쌓겠다고 요구하면, 나는 당신에게 일꾼을 **많이** 보내주겠다.

  而: 너 이

- 大夫**多**笑之, 唯晏子信之. (《左傳》 昭公二年)

  대부 **대다수**가 그(한선자韓宣子)를 비웃었는데, 안자만이 그를 신임했다.

- **多**予之重器. (《戰國策》〈趙策四〉)

  그에게 귀중한 재물을 **많이** 주었다.

- 自古帝王**多**疾勝己者, 朕見人之善, 若己有之. (《資治通鑑》〈唐紀〉 太宗貞觀二十一年)

  옛날부터 제왕들은 **대부분** 자기보다 뛰어난 사람을 싫어했는데, 나(당 태종唐太宗)는 다른 사람의 장점을 보면 나 자신에게 이런 장점이 있는 것같이 여긴다.

• 唐人詩**多**有言‘吳鉤’者, 吳鉤, 刀也. (《夢溪筆談》〈器用〉)

당나라 사람의 시에는 **대부분** ‘오구’라는 말이 있는데, 오구는 칼 이름이다.

❷ **부사** 동작 혹은 행위의 횟수가 많거나 범위가 넓고 정도가 심함을 나타낸다. ‘다방면으로’ ‘많아야’ ‘지나치게’ 등으로 해석한다.

• 君子不欲**多**上人, 況敢陵天子乎! (《左傳》 桓公五年)

군자는 **지나치게** 사람들 위에 있는 것을 원하지 않는데, 하물며 감히 천자를 능멸하겠는가!

• 如墻而進, **多**而殺二人. (《左傳》 哀公四年)

담장처럼 [배열하여] 전진하면, **많아야** 두 사람을 죽일 것이다.

• 誠由忠正者**多**忤意, 佞邪者**多**順指, 積忤生憎, 積順生愛, 此親疎之所以分也. (《資治通鑑》〈唐紀〉 玄宗開元元年)

실제로 충정 어린 사람은 **지나치게** [임금의] 뜻을 어기고, 간사한 사람은 **지나치게** [임금의] 뜻을 따르는데, 어기는 일이 쌓이면 미움을 낳게 되고, 순종하는 일이 쌓이면 사랑을 낳게 되니, 이것이 가까이하고 멀리함이 나뉘는 까닭이다.

❸ **부사** 동작의 범위에 제한이 있음을 나타내며, ‘다만’ ‘단지’라고 해석한다. 선진 문헌에 한정된다.

• 存亡有命, 事楚何爲? **多**取費焉. (《左傳》 定公十五年)

존속하고 망함은 천명에 있는데, 초나라를 섬겨서 무엇 하겠는가? **단지** 비용만 들 뿐이다.

• 吾令實過, 悔之何及? **多**遺秦禽. (《左傳》 襄公十四年)

나의 명령이 확실히 틀렸는데, 후회한들 무슨 소용이 있겠는가? **단지** 진나라에 포로를 보내는 것일 뿐이다.

• 不足以害吳, 而**多**殺國士, 不如已也. (《左傳》 哀公八年)

오나라를 해롭게 하기에는 부족하고, **다만** 나라의 선비들만 죽일 뿐이니 그만두는 편이 낫다.

• 人雖欲自絶, 其何傷於日月乎? **多**見其不知量也. (《論語》〈子張〉)
사람들이 비록 스스로 [해와 달을] 끊으려 해도, 어찌 해와 달에 손상이 가겠는가? **다만** 대부분 자신이 분수를 알지 못하는 것을 드러낼 뿐이다.

【참고】

① 다양하다: •**多**才**多**藝. **다양한** 재능과 **다양한** 기예.

② 많다: •**多多**益善. **많으면 많을수록** 더욱 좋다.

③ 칭찬하다: • 士亦以此**多**之. (《漢書》〈灌夫◆列傳〉) 사람들 또한 이 때문에 그(관부灌夫)를 **칭찬한다**. ◆〈灌夫(관부): 관 장군(灌將軍) 부(夫)는 영음(穎陰) 사람인데, 그의 아버지 장맹(張孟)이 영음후(穎陰侯) 관영(灌嬰)의 총애를 받아 관씨 성을 받았다. 오와 초가 반란을 일으켰을 때 아버지와 함께 출정했다가 아버지가 오나라 군대와 싸우다 전사하자, 직접 창을 들고 오나라 군대 속으로 달려 들어가 삼군(三軍)에 이름을 떨쳤다. 그러나 학식이 없고 불손했다.

但/亶(단)

❶ **부사** 동작이 어떤 범위에 한정됨을 나타내며, '겨우' '단지' 등으로 해석한다.

• 天子所以貴者, **但**以聞聲. (《史記》〈李斯列傳〉)
천자가 존귀한 까닭은 **단지** 소리만 듣기 때문이다.

• 莽憂懣不能食, **亶**飲酒啖鰒魚. (《漢書》〈王莽列傳〉)
왕망은 걱정스러워 밥을 먹지 못하고, **단지** 술만 마시고 전복만 먹는다.

• 我州**但**有斷頭將軍, 無有降將軍也. (《三國志》〈蜀書 張飛傳〉)

나의 주에는 **단지** 목숨을 건 장군만 있고, 항복할 장군은 없다.

• 空山不見人, **但**聞人語響. (王維, 〈鹿柴〉)

고요한 산속에 사람은 보이지 않고, **단지** 사람 말소리만 들린다.

• 生不用封萬戶侯, **但**願一識韓荊州. (李白, 〈與韓荊州書〉)

세상에 태어나서 만호의 제후로 봉해질 필요는 없으나, **다만** 한번 형주의 한 자사(韓刺史)를 알기 원한다.

❷ **부사** 동작 혹은 행위가 예상한 결과에 이르지 못함을 나타내며, '그냥' '쓸데없이' '헛되이' 등으로 해석하거나 문맥에 맞추어 적절하게 해석한다.

• 空者**亶**地而已, 不逮物也. (《春秋繁露》〈煖燠孰多〉)

공이란 **쓸데없는** 것일 뿐 사물에 미치지 못한다.

• **亶**費精神於此. (《漢書》〈揚雄列傳〉)

쓸데없이 여기에 정력을 낭비했다.

• 縱不伏誅, 必蒙遷削貶黜◆之罪, 未有**但**已者也. (《漢書》〈淮陽憲王劉欽列傳〉)

설령 죽임을 당하지는 않더라도 틀림없이 쫓겨나거나 봉록이 줄거나 관직이 강등되거나 면직되는 처벌을 받게 될 테지만, **헛되이** 끝난 것은 아니다.

◆黜(출): 관직과 작위를 강등시키거나 파면시키는 것.

黜: 떨어뜨릴 출

• 何**但**遠走, 亡匿於幕北◆寒苦無水草之地爲? (《漢書》〈匈奴列傳上〉)

어찌하여 **쓸데없이** 멀리 달아나서 사막 이북의 춥고 힘들고 물도 풀도 없는 땅에 숨어 살려는가?

◆幕北(막북): 고비 사막 북쪽의 땅으로 외몽고(外蒙古)를 말함.

• 民欲祭祀喪紀而無用者, 錢府以所入工商之貢**但**賒◆之. (《漢書》〈食貨志下〉)

백성이 조상에게 제사 지내고 상사를 치르려 해도 비용이 없자, 전부는 거둬들인 공상세(工商稅)를 백성에게 **그냥** 빌려주었다.

◆賒(사): 외상으로 사고판다는 뜻인데, 단사(但賒)는 이자를 받지 않고 그냥 빌려준다는 뜻이다.

ㄷ

• 不知江月照何人, **但**見長江送流水. (張若虛, 〈春江花月夜〉)

강물의 달이 어떤 사람을 비추는지 알지 못하고, **헛되이** 장강이 흐르는 물을 보내는 것을 본다.

❸ **부사** 조건이나 제한이 없음을 나타내며, '그저' '마음 놓고' '상관없이' '얼마든지' '오로지' 등으로 해석한다.

• 涉因入弔, 問以喪事. 家無所有, 涉曰: "**但**絜掃除沐浴, 待涉." (《漢書》〈原涉列傳〉)

원섭(原涉)은 이에 들어가 조문하고 상사 처리를 물었다. [죽은 사람의] 집이 가진 것이 없자, 원섭이 말했다. "[당신들은] **그저** 깨끗하게 [집을] 청소하고, [죽은 사람을] 목욕시키고, 나를 기다리시오."

• 汝**但**出外留客! 吾自爲計. (《世說新語》〈賢媛〉)

너는 **그저** 밖으로 나가서 손님을 머무르게 해라! 내가 [대접할] 방법을 생각하겠다.

• 愬曰: "**但**東行!" (《資治通鑑》〈李愬雪夜襲蔡州〉)

이소(李愬)가 말했다. "**오로지** 동쪽으로 간다!"

• 黃王爲生靈◆, 不似李家不恤汝輩, **但**各安家! (《舊唐書》〈黃巢傳〉)

황왕이 백성을 위하는 것은 이가 왕조가 너희를 돌보지 않았던 것과는 다를 것이니, **마음 놓고** 각자 집으로 돌아가 편안히 생활하라!

◆生靈(생령): 생물의 영장이라는 뜻으로 백성을 가리킴.

❹ 접속사 가벼운 전환이나 앞뒤가 상반됨을 나타내고 어조사 '耳(이)' '爾(이)'와 호응하기도 하며, '단지 ~에 지나지 않는다' '~에 불과하다'라고 해석한다.

- 人體欲得勞動, **但**不當使極**爾**. (《三國志》〈魏書 吳普樊阿傳〉)

  사람의 몸은 힘써 움직여야 하지만, **단지** 힘을 다하게 해서는 안 된다.

- 使人探之, 果得死胎, 人形可識, **但**其色已黑. (《後漢書》〈華佗列傳〉)

  사람들을 시켜 찾도록 하여 과연 죽은 태아를 얻었는데, 사람 모습은 알아볼 수 있었지만 **단지** 그 색이 이미 검게 [변해] 있었다.

- 洗馬◆潘滔見敦而目之曰: "處仲蜂目已露, **但**豺聲未振. 若不噬人, 亦當爲人所噬." (《晉書》〈王敦傳〉)

  세마 번도가 왕돈(王敦)을 보고 주시하며 말했다. "처중(즉 왕돈)은 예리한 눈은 이미 드러났지만, 날카로운 목소리는 아직 크게 내지 못한 것**뿐이오**. 당신이 다른 사람을 물지 않으면 또한 다른 사람에게 물릴 것이오."

  ◆洗馬(세마): 진한시대의 태자궁(太子宮)의 속궁(屬宮)이다. 일반적으로 행계(行啓)의 전구(前驅)가 되었고 진대(晉代) 이후에는 도적(圖籍)의 일을 함.

- 公幹◆有逸氣, **但**未遒耳. (《三國志》〈魏書 吳質傳〉)

  공간은 분방한 기운은 있으나 **다만** 아직 강건하지 못할 뿐이다.

  ◆公幹(공간): 삼국시대 위(魏)나라의 건안칠자(建安七子) 가운데 한 사람인 유정(劉楨)의 자이다.

❺ 접속사 필요조건이나 가설 조건을 나타내며, 대부분 '當(당)' '則(즉)'과 호응하거나 '令(령)' '使(사)' '須(수)'와 결합하여 '但令(단령)' '但使(단사)' '但須(단수)'의 형태를 만들며, '만일' '오직'이라고 해석한다.

- 汝**但**勿言其使. 無他, 當厚相報. (《世說新語》〈假譎〉)

  너는 **오직** [내가] 시켜서 했다는 말을 해서는 안 된다. [그렇게만 하면]

다른 일은 없을 것이며 마땅히 후하게 보답해줄 것이다.

• **但令**有甁, 何患不得水? (《續齊諧記》〈淸溪廟神〉)

오직 병만 있으면 되는데, 어찌 물을 얻지 못할까 두려워하나?

• **但使**龍城飛將在, 不敎胡馬度陰山. (王昌齡, 〈出塞〉)

만일 용성비장(이광李廣)이 있었다면 오랑캐 말이 음산을 넘어오지 못하게 했을 것이다.

• **但須**鸑鷟巢阿閣, 豈假鴟鴞在泮林. (李商隱, 〈隨師東〉)

오직 봉황(어진 신하)이 조정에서 정치를 했다면, 올빼미(번진藩鎭) 따위가 강호에서 활개 칠 것인가.

鸑: 봉황 악 | 鷟: 봉황 작 | 鴟: 올빼미 치 | 鴞: 올빼미 효 | 泮: 반수 반

• **但**爲人作怪, 人必大怖, 當與卿食. (劉義慶, 《幽明錄》)

만일 사람들에게 괴이한 행동을 하면, 사람들은 틀림없이 매우 두려워하며 당신에게 음식을 줄 것이다.

• **但**勤攻吾之缺, 則事可定. (《三國志》〈蜀書 諸葛亮傳〉)

오직 나의 결점을 부지런히 비판해야만 일이 평정될 수 있다.

• **但**除秦王, 取東宮如反掌耳. (《資治通鑑》〈秦紀〉 玄武門之變)

오직 진나라 왕만 제거하면, 태자의 지위를 얻는 것은 손바닥 뒤집기와 같을 것이다.

❻ **부사** 어떤 상황에 대한 확신이나 긍정을 나타내며, '진실로' '확실히'라고 해석한다.

• 是究是圖, **亶**其然乎! (《詩經》〈小雅 棠棣〉)

이 점을 깊이 생각하고 궁리하면, **진실로** 그렇게 되겠지요!

• 祈父, **亶**不聰! (《詩經》〈小雅 祈父〉)

기부(祈父, 관직명)는 **확실히** 총명하지 않구나!

單(단)

부사 동작 혹은 행위가 단독으로 진행됨을 나타내며, '하나만' '홀로'라고 해석한다.

- 矢不**單**殺, 中必疊雙. (班固, 〈西都賦〉)
  화살로 **하나만** 죽이는 것이 아니라, 적중만 하면 반드시 두 명을 포개어 죽일 수 있다.
- 誕窘急, **單**乘馬, 將其麾下突小城門出. (《三國志》〈魏書 諸葛誕傳〉)
  제갈탄은 [상황이] 위급해지자 **홀로** 말을 타고 자기 부하를 인솔하여 소성문을 뚫고 나갔다.
- 畿知諸縣附已, 因出, **單**將數十騎, 赴張辟拒守. (《三國志》〈魏書 杜畿傳〉)
  두기는 각 현이 모두 자기에게 귀의한다는 것을 알았으므로, 군의 성을 나와 **홀로** 수십 명의 기병만을 인솔하고 장벽에게 달려가서 지켰다.
- 備**單**身走, 獲其妻息. (《三國志》〈蜀書 先主傳注引英雄記〉)
  유비가 **혼자** 도망가자 그의 아내와 자식을 사로잡았다.
- 諸君若棄軍**單**行, 則一亭◆長能束君矣. (《資治通鑑》〈漢紀〉 獻帝初平三年)
  그대들이 만일 군대를 떠나 **홀로** 행동한다면, 정장 한 사람이면 그대들을 붙들 수 있을 것이다.

◆亭(정): 행정 단위의 하나로서 진(秦)나라 때 생긴 제도. 10리마다 한 개의 정이 있고, 정에는 한 명의 정장(亭長)이 있다. 10정이 1향(鄕)이고, 향마다 삼로(三老)가 있다. 향 위에는 현(縣)이 있고, 현 위에는 군(郡) 혹은 국(國)이 있으며, 군 위에는 주(州)가 있다. 정장은 주로 경찰 업무를 맡았다.

[참고]

약하다: • 脣亡齒寒, 毛落皮**單**. (《諸葛亮集》〈便宜十六策 隱察〉) 입술이 없으면

이가 시리고, 털이 빠지면 피부가 **약해진다**.

端(단)

❶ 부사 동작 혹은 행위가 여유 있고 조용하게 진행되거나 한가함을 나타내며, '단정하게' '조용히' '하는 일 없이' '한가롭게' 등으로 해석한다.

- 水至平, **端**不傾, 心術如此象聖人. (《荀子》〈成相〉)
  물은 지극히 평평하고 **단정하여** 기울지 않으니, 마음이 이와 같으면 성인을 형상할 수 있을 것이다.
- **端**拱而四方安, 刑措而兆民治. (《三國志》〈魏書 辛雄傳〉)
  조용히 두 손을 맞잡았으나 천하가 안정되었고, 형법을 사용하지 않았으나 모든 백성이 다스려졌다.
- 遵履法度, 言不戲謔, 從朝至夕, **端**坐徹日. (《三國志》〈蜀書 王平傳〉)
  [왕평(王平)은] 법령 제도를 준수하여 말을 함에 있어 농지거리를 하지 않으며, 아침부터 저녁까지 온종일 **단정하게** 앉아 있다.
- **端**坐台城, 何由得久? (《資治通鑑》〈宋紀〉 文帝元嘉三十年)
  한가하게 태성에 앉아 있으니, 어찌 오랫동안 지킬 수 있겠는가?

❷ 부사 정도가 깊거나 적절한 때를 만났음을 나타내며, '마침' '바로' '진실로' '확실히' 등으로 해석한다. '端的(단적)'의 형태로 '확실히'라는 뜻을 나타낸다.

- 妾薄命, **端**遇竟寧◆前. (《漢書》〈孝成許皇后列傳〉)
  저는 박명하여 **마침** 경녕 이전에 만났습니다.

◆竟寧(경녕): 한원제(漢元帝) 최후의 연호.

• 奮身許國, **端**如柱石之擎天. (《新編醉翁談錄》)

몸을 떨쳐 나라에 보답함은 **진실로** 주춧돌이 하늘을 받치고 있는 것과 같다.

擎: 들 경

• 道是詩壇萬丈高, **端**能辨卻一生勞. (楊萬里, 〈和段季程左藏惠四絶句〉)

시단이 만 장 높이라고 하나, **진실로** 분별하니 오히려 일생의 수고로움이네.

• 待如今, **端的**約鍾山, 長相識. (辛稼軒, 〈滿江紅 建康史師致道席上賦〉)

지금에 이르러서야 종산과 **확실히** 약속하여 오래도록 서로 알게 되었다.

❸ **부사** '無端(무단)'의 형태로, 이유 없이 혹은 의외로 일이 생김을 나타내거나 감탄을 나타낸다. '무심히' '의외로' 등으로 해석한다.

• **無端**又被春風誤, 吹落西家不得歸. (韓愈, 〈落花〉)

의외로 또 봄바람이 잘못 불어, 서쪽 집으로 날려 가 돌아오지 못하네.

• 錦瑟**無端**五十弦, 一弦一柱思華年◆. (李商隱, 〈錦瑟〉)

금슬은 **무심히** 50현, 줄 하나, 기러기발 하나가 젊은 시절을 생각나게 하네.

◆華年(화년): 젊은 시절.

【참고】

단서(실마리): • 多**端**寡要, 好謀無決. (《三國志》〈魏書 郭嘉傳〉) **단서**는 많지만 요령이 부족하고, 모략을 좋아하지만 결단력이 없다.

斷(단)

부사 사실의 필연성을 나타내며, '반드시' '절대적으로' 등으로 해석한다. 또한 '斷斷'(단단)으로 겹쳐 쓰면 어기를 강하게 하며, '절대로'라고 해석한다.

- 王曰: "爲我悔也, 寧亡三城而悔, 無危乃悔. 寡人**斷**講矣." (《韓非子》〈內儲說上〉)

  [진(秦)나라] 왕이 말했다. "만일 내가 후회한다면 차라리 [하동(河東)의] 세 성을 잃고 후회할지언정 국가가 위험해졌을 때 후회하지는 않겠다. 나는 **반드시** 강화를 할 것이다."
- 安危之理, **斷**可識矣. (《文選》〈豪士賦序〉)

  안정되고 위태로워지는 이치는 **절대적으로** 알 수 있다.
- 周之事迹, **斷**可見矣. (柳宗元, 〈封建論〉)

  주나라의 사적은 **반드시** 볼 수 있을 것이다.
- 若私約, 則**斷斷**不可! (《聊齋志異》〈胭脂〉)

  만일 사사로이 약속한다면, [그것은] **절대로** 할 수 없다.

[참고]

① 자르다: • 鳧脛雖短, 續之則憂, 鶴脛雖長, **斷**之則悲. (《莊子》〈駢拇〉) 오리의 다리는 비록 짧지만 그것을 이어주면 근심할 것이고, 학의 다리는 비록 길지만 그것을 **잘라주면** 슬퍼할 것이다.

② 결단하다: • 憑簡子能**斷**大事. (《左傳》 襄公三十一年) 빙간자는 큰일을 **결단할** 수 있다.

倘/儻/黨(당)

❶ **접속사** 가설을 나타내며, '만약' '만일' '설령' '혹시' 등으로 해석한다.

• 呂后欲召, 恐其**黨**不就, 乃與蕭相國謀. (《史記》〈淮陰侯列傳〉)

여후는 [한신을] 불러들이려 하면서도 **혹시** 그가 오지 않을까 염려되어 상국 소하와 상의했다.

• 弊劮之民, **儻**有水旱, 數萬之衆, 不爲國用. (《三國志》〈魏書 蔣濟傳〉)

지칠 대로 지친 백성이라면 **설령** 홍수와 가뭄이 있어 수만 명이 모여들지라도 국가를 위해 쓸 수 없을 것이다.

• **儻**急難有用, 敢效微軀. (李白, 〈與韓荊州書〉)

만일 [당신이] 위급한 곤란이 있어 [저를] 쓰고자 한다면 감히 이 미천한 몸을 바치겠습니다.

效: 바칠 효

• 樂毅**儻**再生, 於今亦奔亡. (李白, 〈贈江夏韋太守良宰〉)

악의가 **만일** 다시 살아나면 지금도 역시 달아났을 것이다.

• **儻**能屈威, 誠副其所望. (《資治通鑑》〈漢紀〉 獻帝建安十三年)

만약 [유비가 앞에 와서] 위세를 낮출 수 있다면, 진실로 나의 희망에 부합된다.

❷ **부사** 동작 혹은 행위의 가능이나 우연을 나타내며, '만에 하나' '아마도' '우연히' '혹시' 등으로 해석한다.

• 物之**儻**來, 寄者也. (《莊子》〈繕性〉)

사물은 **우연히** 찾아와서 잠시 머물 뿐이다◆.

◆결코 자기 것이 아니라는 뜻.

• 夫日月之有蝕, 風雨之不時, 怪星之**黨**見, 是無世而不常有之. (《荀子》〈天論〉)

무릇 태양과 달에 일식과 월식이 생기고, 비바람이 철에 맞지 않게 일어나며, 괴상한 별이 **우연히** 나타나는 이런 현상은 어느 세대에나 항상 있었던 일이다.

• 今漢兵至, 衆强, 計殺餘善◆, 自歸諸將, **儻**幸得脫. (《史記》〈東越列傳〉)
현재 한나라 군사가 이르렀는데 그 수가 많고 강한 데다 여선을 살해할 계획을 가지고 있으니, [한나라] 장군에게 돌아가면 **혹시** 요행히 탈출할 수 있을 것이다.

◆餘善(여선): 동월국(東越國)의 왕.

• 孝婦不當死, 前太守强斷之, 咎**黨**在是乎? (《漢書》〈於定國列傳〉)
효부는 죽이면 안 되는데 전임 태수가 무리하게 그녀를 죽였으니 허물은 **아마도** 이에 있겠지요?

• 所以然者, 兵多意盛, 與强敵爭, **倘**更爲禍始. (曹操, 〈讓縣自明本志令〉)
이렇게 된 까닭은 병사가 많고 의기가 흥성하여 강적과 싸운 것이 **아마도** 도리어 화의 실마리가 되었을 것이다.

• **倘**泛孤舟萬里煙波, 擧目有江山之恨. (駱賓王, 〈與程將軍書〉)
우연히 외로운 배 띄우니 만 리에 안개 자욱하고, 눈을 드니 [변화한] 강산의 한만 서려 있다.

• 斯之不遠, **倘**能從我游乎! (王維, 〈山中與裴秀才迪書〉)
여기서 멀지 않은데, **혹시** 나를 따라 노닐 수 있을까!

【참고】

| '倘(당)'은 | 놀라서 의아해하다: • 雲將見之, **倘**然止, 贄然◆立. (《莊子》〈在宥〉) 운장은 그것을 보고 **놀라** 멈추어서는 가만히 서 있었다. ◆贄然(지연): 똑바로 서서 움직이지 않는 모양.

| '儻(당)'은 | 정신이 황홀하다, 어지럽다: • 文侯**儻**然, 終日不言. (《莊子》〈田子方〉◆) 문후는 **정신이 어지러워** 하루 종일 말하지 않았다. ◆〈田子方(전자방)〉: 속이

충실한 자는 겉을 꾸미는 일이 없고, 지인(至人)은 속세의 평가나 상식을 초월한다는 입장을 밝히고 있다.

倘若/儻若/黨若(당약)

접속사 가설을 나타내며, '만약'이라고 해석한다. '倘使(당사)'와 같다.

- **儻若**果歸言, 共陶暮春時. (謝靈運, 〈酬從弟惠連詩〉)
  만약 [고향으로] 돌아온다는 말이 실현된다면, [우리 형제들] 늦은 봄에 함께 즐기도록 하자꾸나.
  陶: 즐길 도
- **黨若**有諸戱劣於縣司, 我輩必當厚責. (《原化記》〈嘉興繩技〉)
  만일 몇몇 항목이 현의 우두머리보다 못하다면, 우리는 반드시 무거운 책임을 져야만 한다.

倘或/儻或(당혹)

접속사 가설을 나타내며, '만약' '만일' '혹시' 등으로 해석한다.

- **倘或**可採, 瑜死不朽矣. (《三國志》〈吳書 魯肅傳注引周瑜與孫權箋〉)
  만약 [내 말이] 받아들여진다면 나(주유周瑜)는 죽어도 잊지 않을 것이다.
- 汜將食, 妻曰: "食從外來, **倘或**有故." (《三國志》〈魏書 董卓傳注引典略〉)
  곽사(郭汜)가 [이최(李傕)가 보내온] 음식을 먹으려 하자, 아내가 말했다. "음식은 밖에서 들여온 것이니, **혹시** 변고가 있을 수 있습니다."
- **倘或**聽之不聰, 卽將貽誤非淺. (《太平天國文告》〈戒浮文巧言喩〉)
  만일 듣는 것이 밝지 못하면 장차 잘못하는 일이 적지 않을 것이다.

當(당)

❶ 조동사 이치상 당연히 그러함을 나타내며, '당연히' '마땅히' '~해야 한다'라고 해석한다.

- 卽宮車一日晏駕◆, 非大王**當**立誰者? (《史記》〈淮南衡山列傳〉)
  만일 황제가 하루아침에 세상을 떠나면, 대왕 말고 **마땅히** 누구를 세우겠습니까?
  ◆晏駕(안가): 임금이 돌아가심. 붕어(崩御).
- 天果積氣, 日月星宿, 不**當**墜耶? (《列子》〈天瑞〉)
  하늘이 과연 기운이 쌓인 것이라면, 해와 달과 별은 **마땅히** 떨어지지 않겠습니까?
- 丈夫爲志, 窮**當**益堅, 老**當**益壯. (《後漢書》〈馬援列傳〉)
  대장부가 뜻을 세웠으면 곤궁할수록 더욱 굳세**어야 하며**, 나이가 들수록 더욱 씩씩**해야 한다**.
- 休曰: "賊實斷道者, **當**伏兵潛行. 今乃先張聲勢, 此其不能也." (《三國志》〈魏書 曹休傳〉)
  조휴가 말했다. "적병이 정말로 [우리가 돌아갈] 길을 끊으려고 한다면, [그들은] **당연히** 병사를 숨기고 몰래 갈 것입니다. [그러나] 지금 [장비는] 먼저 세력을 소리 내어 과장하고 있으니, 이것은 그가 [이와 같이] 하지 못한다는 것입니다."
- 少壯眞**當**努力. 年一過往, 何可攀援◆? (曹丕, 〈與吳質書〉◆)
  젊고 건장할 때 진실로 노력**해야 한다**. 나이가 한번 지나가면, 어떻게 도로 끌어당길 수 있겠는가?
  ◆攀援(반원): 세력이 있는 사람을 의지한다는 뜻도 있으나, 여기서는 도로 끌어당긴다는 뜻이다.

◆〈與吳質書(여오질서)〉: 오질에게 주는 글이란 뜻인데, 간절한 필치로 죽은 친구를 애도한 단편 서정문이다. 〈우여오질서(又與吳質書)〉의 전편(前篇)에 해당된다.

- 大丈夫不惜千金, **當**斬吾馬佐酒. (徐居正,《太平閑話滑稽傳》)
  대장부는 천금을 아끼지 아니하니 **당연히** 내 말을 베어 술안주로 삼으리라.
- 文章, **當**出機杼成一家◆風骨. (徐居正,《東人詩話》)
  문장은 **당연히** 결구(結構)를 만들어 일가의 풍골을 이루어야 한다.
  ◆機杼成一家(기저성일가): 독특한 문장을 지어 일가를 이룸을 뜻함.
- 視之**當**無彼我之間, 飮食衣服有無, 皆**當**共之. (李珥,《擊蒙要訣》)
  그들(형제)을 볼 때 그와 나 사이의 구분이 없어**야만 하고**, 음식과 의복의 있고 없음을 모두 함께해**야 한다**.
- 只是爲父**當**慈, 爲子**當**孝, 爲臣**當**忠, 爲夫婦**當**別, 爲兄弟**當**友, 爲小者**當**敬長, 爲朋友**當**有信. (李珥,《擊蒙要訣》)
  다만 아비가 되어서는 자애로워**야 하고**, 자식이 되어서는 효성스러워**야 하며**, 신하가 되어서는 충성스러워**야 하고**, 부부가 되어서는 구별이 있어**야 하며**, 형제가 되어서는 우애가 있어**야 하고**, 젊은이가 되어서는 어른을 공경해**야 하며**, 벗이 되어서는 신의가 있어**야 한다**.

❷ **조동사** 가능을 나타내며, '~할 수 있다' '~할 줄 안다'라고 해석한다.

- 以促中小心之性, 統此九患, 不有外難, **當**有內病, 寧可久處人間耶? (嵇康,〈與山巨源絶交書〉)
  [내] 소심한 성격으로 이 아홉 가지 근심을 종합하면, 밖에서 오는 재난이 없어도 몸에 병이 생길 **수 있으니**, 어떻게 오랫동안 인간 세상에서 살 수 있겠는가?
- 上之發長安也, 群衆多不知. 至咸陽, 謂高力士曰: "朝臣誰**當**來, 誰不來?" (《資治通鑑》〈唐紀〉肅宗至德元載)

황제가 장안을 출발했지만 신하들은 대부분 알지 못했다. 함양에 이르러 [황제가] 고력사에게 물었다. "조정 대신들 중 누가 올 **수 있고**, 누가 올 수 없는가?"

❸ **부사** 동작 혹은 행위가 곧 발생하려는 것과 상황이 곧 나타나려는 것을 보여주며, '장차'라고 해석한다. '將(장)'과 같다.

- 知伯曰: "兵著晉陽三年矣, 旦暮**當**拔而饗其利, 乃有他心, 不可. 子愼勿復言." (《戰國策》〈趙策一〉)

  지백이 말했다. "[삼국의] 병사들이 진양을 포위한 지 3년 되었는데, 하루만에 그곳을 공격하여 **장차** 그 이익을 누리려고 하지만, [그들은] 다른 마음을 먹고 있어서 할 수 없을 것이다. 그대는 삼가며 다시는 말하지 마라."

- 越將有福, 吳**當**有憂. (《吳越春秋》〈句踐入臣外傳〉)

  월나라는 장차 복이 있을 것이고, 오나라는 **장차** 근심이 있을 것이다.

- 孤◆**當**續發人衆, 多載資粮, 爲卿後援. (《資治通鑑》〈漢紀〉獻帝建安十三年)

  나는 **장차** 계속해서 군대를 파견하고 물자와 식량을 많이 운송하여 그대를 위해 뒤에서 지원하겠다.

  ◆孤(고): 왕후(王侯)의 겸칭. 작은 나라 임금의 자칭.

❹ **부사** 상황이 계속 변하지 않음을 나타내며, '또한'이라고 해석한다. '尙(상)'과 같다.

- 貧者士之常也, 死者人之終也. 處常得終, **當**何憂哉? (《列子》〈天瑞〉)

  가난은 선비의 일상이고, 죽음은 인간의 끝이다. 일상에 처하면서 끝을 얻었는데 **또한** 무엇을 걱정하겠는가?

- 使秦破大梁◆而夷先王之宗廟, 公子**當**何面目立天下乎? (《史記》〈魏公子列傳〉)

  만약 진나라가 대량을 함락하고 선왕의 종묘를 파헤친다면, 공자는 **또**

한 무슨 면목으로 천하에 설 것인가?

◆大梁(대량): 전국시대 위(魏)나라의 수도.

- 今小國以窮困來告於天子, 天子弗振, 彼**當**安所告愬? (《史記》〈東越列傳〉)
  지금 작은 나라가 곤궁하여 천자에게 고하는데, 천자가 구제하지 않으면 저들은 **또한** 어느 곳에 호소할 것인가?
- 太祖曰: "不憂, 天下**當**無此鼠輩耶?" (《三國志》〈魏書 華佗傳〉)
  태조(조조)가 말했다. "근심하지 마라, 천하에 **또한** 이러한 쥐새끼 같은 무리가 없겠는가?"

❺ **부사** 사건이 얼마 전에 일어났음을 나타내며, '막' '방금'이라고 해석한다. 간혹 동작의 진행이나 상태의 지속을 나타내며, '마침 ~중이다'라고 해석하기도 한다. '方(방)'과 같다.

- 佗久遠家思歸. 因曰: "**當**得家書, 方欲暫還耳." (《三國志》〈魏書 華佗傳〉)
  화타는 오랫동안 집을 떠나 있어서 돌아가려고 생각했다. 그래서 [조조(曹操)에게] 말했다. "[나는] **막** 집에서 온 편지를 받고, 마침 잠시 돌아가려고 합니다."
- 爾時吳興沈充爲縣令, **當**送客過浙江. (《世說新語》〈雅量〉)
  이때 오흥의 심충은 현령이 되어, **마침** 손님을 보내고 절강을 지났다.

❻ **부사** 과거의 경험을 나타내며, '일찍이'라고 해석한다. '嘗(상)'과 같으며, 용례는 비교적 적은 편이다.

- 戎寇**當**至, 幽王擊鼓, 諸侯之兵皆至, 褒姒◆大說而笑. (《呂氏春秋》〈疑似〉)
  서쪽 오랑캐가 **일찍이** 쳐들어왔을 때 유왕이 북을 치자 제후들의 군대가 모두 오니, 포사가 크게 기뻐하며 웃었다.

◆褒姒(포사): 주유왕(周幽王)의 애첩으로 나라를 망치게 함. 포는 나라 이름이고 사는 성이다.

❼ **전치사** 일이 발생한 시간을 나타내며, '~니' '~즈음' '~할 때'라고 해석한다.

- **當**在宋也, 予將有遠行. (《孟子》〈公孫丑下〉)

  송나라에 **있을 때**, 나는 장차 먼 곳으로 가려고 했다.

- **當**是時, 楚兵冠諸侯. (《史記》〈項羽本紀〉)

  이때 초나라 군대는 제후 중에서 으뜸을 차지했다.

- **當**其取於心而注於手也, 汩汩◆然來矣. (韓愈, 〈答李翊書〉)

  내가 마음에서 취하여 손으로 적으**니**, [문장이] 파도처럼 솟아 나왔다.

  ◆汩汩(골골): 물결치는 소리.

  注: 적을 주

- 好雨知時節, **當**春乃發生. (杜甫, 〈春夜喜雨〉)

  좋은 비가 시절을 알아, 봄이 되**니** 곧 [만물이] 태어난다.

- 余年十二, 離家西航, **當**乘舟之際, 亡父戒之曰. (崔致遠, 《桂苑筆耕》)

  내 나이 열두 살에 집을 떠나 서쪽으로 배를 타고 가게 되었는데, 배를 탈 **즈음에** 돌아가신 아버지께서 경계하여 말씀하셨다.

❽ **접속사** 가설을 나타내며, '과연' '만일'이라고 해석한다. '倘(당)' '儻(당)'과 같다.

- 然卽**當**爲之撞巨鍾, 擊鳴鼓, 彈琴瑟, 吹竽笙◆而揚干戚◆, 民衣食之財將安可得乎? (《墨子》〈非樂〉)

  이러한 어려운 상황에서 **만일** 그를 위해 큰 종을 치고, 북을 울리며, 거문고와 비파를 타고, 피리와 생황을 불며, 방패와 도끼를 가지고 춤춘다면, 백성이 입고 먹는 재물은 장차 어떻게 얻을 수 있겠는가?

  ◆竽笙(우생): 피리와 생황.

  ◆干戚(간척): 방패와 도끼를 가지고 추는 악무(樂舞).

- 然則奚以爲法治而可? **當**皆法其父母, 奚若? (《墨子》〈法儀〉)

그러하면 무엇을 [천하를] 다스리는 법칙으로 삼으면 좋겠는가? **만일** 모두 그들의 부모를 본받는다면 어떻겠는가?

- 先祖**當**賢, 後子孫必顯. (《荀子》〈君子〉)

  선조께서 **만일** 현명하면, 후대의 자손은 반드시 빛날 것이다.

- **當**與汝登高山, 履危石, 臨百仞◆之淵, 若能射乎? (《列子》〈黃帝〉)

  만일 당신과 높은 산에 올라 가파른 바위를 밟고 백 인 깊이의 연못에 임한다면, 당신은 [이처럼] 활을 쏠 수 있겠소?

  ◆百仞(백인): 8백 척이라는 뜻으로, 매우 깊거나 높음을 이르는 말이다.

【참고】

① 적당하다: • 賞罰無**當**, 賦斂無度. (賈誼, 〈過秦論〉) 상을 주고 벌을 줌이 **적당하지** 않고, 조세를 거두는 것이 한도가 없다. • 門**當**戶對. 쌍방의 가문이 **적당하다**.

② 가로막다: • 一以**當**十. 하나로써 열을 **저지하다**. • 豺狼**當**道. 승냥이와 이리가 길을 **가로막는다**.

③ 지키다: • 一夫**當**關, 萬夫莫開. 한 사람이 관을 **지키면** 만 명이 뚫지 못한다.

④ 직면하다: • **當**仁不讓. 인에 **직면해서는** 양보하지 않는다.

⑤ 해당되다: • **當**高罪死. (《史記》〈蒙恬◆列傳〉) 조고의 죄는 사형에 **해당된다**.

◆蒙恬(몽염): 진(秦)나라 사람으로 진시황을 섬겨 벼슬이 내사(內史)에 이름. 천하가 통일된 뒤 군대 30만 명을 거느리고 북으로는 융적(戎狄)을 쫓고, 만리장성을 쌓으니 서쪽으로는 임조(臨洮)에서 시작하여 동쪽의 요동(遼東)에 이르는 만여 리나 되었다. 그러나 2세 호해(胡亥)가 즉위한 뒤에 조고(趙高)의 모함으로 죽었다. 또한 처음으로 붓을 만든 것으로 유명하다.

• 今擧事, 一不**當**. (司馬遷, 〈報任安書〉) 지금 거론한 일은 하나도 **해당되지** 않는다.

當復(당부)

부사 상황이 의외임을 나타내며, '尙復(상부)'와 같다. '또한'이라고 해석한다.

- 是故身率妻子, 戮力耕桑, 灌園治産, 以給公上, 不意**當復**用此爲譏議也. (楊惲, 〈報孫會宗書〉)

  이 때문에 [나는] 몸소 처자식을 거느리고 힘을 합하여 밭갈이하고 누에를 치며, 과수원에 물을 대고 생산에 종사하여 국가에 바쳐왔는데, 뜻하지 않게 **또한** 이것으로 책망하고 비난하는구나.

  戮: 같이 힘쓸 륙

- 文王笑曰: "我寧**當復**不知此耶?" (《三國志》〈魏書 鍾會傳〉)

  [진(晉)]문왕(사마소司馬昭)이 웃으면서 말했다. "내가 설마 **또한** 이것을 모르겠는가?"

當使(당사)

접속사 가설적 조건을 나타내며, '倘使(당사)' '儻使(당사)'와 같고, '만일'이라고 해석한다.

- **當使**若二士者言必信, 行必果, 使言行之合, 猶合符節◆也, 無言而不行也……. (《墨子》〈兼愛下〉)

  만일 이 두 선비의 말이 반드시 진실되고 행동이 반드시 과단성 있으며, 언행이 일치하는 것이 마치 부절을 맞추는 듯하여 말을 하면 행하지 않음이 없다면…….

  ◆符節(부절): 목편 혹은 죽편에 글을 쓰고 도장을 찍은 후에 두 쪽으로 쪼개어 한 조각씩 나누어 가졌다가 뒷날에 서로 맞추어 증거로 삼는 것.

ㄷ

• 虎豹之所以能勝人, 執百獸者, 以其爪牙也. **當使**虎豹失其爪牙, 則人必制之矣. (《韓非子》〈人主〉)

호랑이와 표범이 사람을 이길 수 있고, 모든 들짐승을 잡을 수 있는 까닭은 발톱과 이빨이 있기 때문이다. **만일** 호랑이와 표범이 그 발톱과 이빨을 잃게 되면 사람이 반드시 그들을 제압할 것이다.

當應(당응)

조동사 이치상 그러해야 함을 나타내며, '당연히 ~하다'라고 해석한다.

• 謂盆子曰: "自知當死不?" 對曰: "罪**當應**死, 猶幸上憐赦之耳!" (《後漢書》〈劉盆子列傳〉)

[광무제(光武帝) 유수(劉秀)가] 유분자(劉盆子)에게 말했다. "[그대는] 자신이 당연히 죽어야 함을 아는가 모르는가?" 그가 대답했다. "죄에 따라 **당연히** 죽어**야 하겠지만**, 황제께서 저를 불쌍히 여겨 용서해주시기를 바랄 뿐입니다."

當卽(당즉)

부사 동작·행위·상황이 매우 빨리 실현되거나 발생하는 것을 나타내며, '곧' '즉시' 등으로 해석한다.

• 子恭曰: "**當卽**相還耳." (《晉書》〈孫恩傳〉)

자공이 말했다. "**곧** 돌려주겠다."

大(대)

❶ **부사** 정도가 높고 규모가 크고 수량이 많음을 나타내며, '대규모로' '대단히' '매우' 등으로 해석한다.

- 言之**大**甘, 其中必苦, 譖在中矣. (《國語》〈晉語一〉)

  말이 **매우** 달콤하니, 그 마음은 틀림없이 쓸 것이다. 마음에 모함하려는 의도가 있는 것이다.

- 古之人所以**大**過人者無他焉, 善推其所爲而已矣. (《孟子》〈梁惠王上〉)

  고대 현인들이 일반 사람들보다 **매우** 뛰어난 점은 다른 것이 없고, 그들의 [훌륭한] 행위를 널리 보급했을 뿐이다.

- 沛公**大**驚, 曰: "爲之奈何?" (《史記》〈項羽本紀〉)

  패공이 **매우** 놀라 [장량(張良)에게] 말했다. "이를 어찌해야 좋은가?"

- 於是周西伯獵, 果遇太公於渭之陽, 與語**大**說. (《史記》〈齊太公世家〉)

  그래서 주나라 서백(후에 문왕이 됨)은 사냥을 나갔다가 과연 위수 북쪽에서 강태공(姜太公)을 만나 함께 이야기하고는 **매우** 기뻐했다.

- **大**爲宮室, 厚賦天下◆, 不愛其費. (《史記》〈李斯列傳〉)

  대규모로 궁실을 짓고, 백성에게 세금을 많이 거두며, 국가의 비용을 아끼지 않는다.

  ◆天下(천하): 온 나라를 뜻하지만 여기서는 백성을 가리킨다.

- 而事乃有**大**謬不然者夫. (司馬遷, 〈報任安書〉)

  그러나 일이 곧 **크게** 잘못되어 그렇게 되지 않았다.

- 長公主**大**以是怨光. (《漢書》〈霍光列傳〉)

  장공주는 이 때문에 곽광을 **매우** 원망했다.

- 去病◆**大**爲中孺買田宅奴婢而去. (《漢書》〈霍光列傳〉)

  곽거병(霍去病)은 곽중유(霍中孺)에게 **대규모로** 토지와 주택 및 노비를 사주고 떠났다.

◆去病(거병): 곽거병(霍去病). 한무제 때의 대장군으로 흉노를 여러 번 공격하여 공을 세웠고, 충의와 용맹으로 유명하다.

• 堅移屯梁東, **大**爲卓軍所功, 堅與數十騎潰圍而出. (《三國志》〈吳書 孫破虜討逆傳〉)

손견(孫堅)은 병사를 옮겨 양동에 주둔시켰는데, 동탁(董卓) 군사에게 **대대적으로** 공격을 당하여 손견과 수십 명의 기병은 포위망을 뚫고 나갔다.

❷ **부사** 어떤 상황이나 행위의 대략적인 모습을 나타내며, '대체로'라고 해석한다.

• 上谷至遼東, **大**與趙代俗相類. (《史記》〈貨殖列傳〉)

상곡이 요동에 이르렀는데, **대체로** 조나라와 대나라의 풍속과 서로 비슷했다.

• 其言語與句麗**大**同, 時時小異. (《三國志》〈魏書 東沃沮傳〉)

그곳의 언어는 고구려와 **대체로** 같은데, 때때로 약간의 차이는 있다.

大較(대교)

부사 사실 혹은 상황에 대한 대략적인 예측을 나타내며, '대체로'라고 해석한다.

• 許文休者, **大較**廊廟器◆也. (《三國志》〈蜀書 許靖傳〉)

허문휴라는 사람은 **대체로** 조정의 요직을 맡을 만한 인재다.

◆廊廟器(낭묘기): 국가에서 요직을 맡을 만한 인물이란 뜻.

• 國之用材, **大較**不過六事. (《顔氏家訓》〈涉務〉)

나라에서 인재를 등용하는 [기준은] **대체로** 여섯 가지에 지나지 않는다.

大凡(대범)

부사 일반적인 상황을 총괄하거나 사실의 대략적인 상황을 나타내며, '皆(개)' '悉(실)' '則(즉)' 등과 호응하는 경우가 많다. '대략적으로' '무릇' '일반적으로'라고 해석한다. '大歸(대귀)'와 같다.

- **大凡**生於天地之間者, 皆曰命. (《禮記》〈祭法〉)
  무릇 하늘과 땅 사이에 태어난 것을 모두 '명(命)'이라고 한다.
- **大凡**從太伯至壽夢十九世. (《史記》〈吳太伯世家〉)
  무릇 태백에서 수몽까지는 19대가 있었다.
- **大凡**物不得其平, 則鳴. (韓愈, 〈送孟東野序〉)
  일반적으로 만물은 그 평정을 얻지 못하면 운다.
- **大凡** 入形器者, 皆有能有不能. (劉禹錫, 〈天論〉)
  일반적으로 형체가 있는 그릇(물체)에 들어가는 것은 대략적으로 능력이 있는 것도 있고, 능력이 없는 것도 있다.
- **大凡**君子與君子, 以同道爲朋. (歐陽修, 〈朋黨論〉)
  무릇 군자는 군자와 더불어 도를 같이하여 무리를 이룬다.
- **大凡**萬事悉如此, 禍當早絶防其微. (歐陽修, 〈答朱宷捕蝗詩〉)
  일반적으로 모든 일은 모두 이와 같으므로, 화근은 마땅히 그 기미를 일찌감치 끊어 예방해야 한다.
- 周之事迹, 斷可見矣, 列侯驕盈, 黷◆貨事戎, **大凡**亂國多, 理國寡. (柳宗元, 〈封建論〉)
  주나라의 사적은 반드시 볼 수 있는데, 제후들은 교만으로 가득 차고 재물을 탐내며 전쟁을 좋아하여, **대략** 어지러운 나라가 많았고 다스려지는 나라가 적었다.

  ◆黷(독): 재물 따위를 비굴하게 탐내는 것.

  黷: 더러울 독

【참고】

대요: • 禮之**大凡**. (《荀子》〈大略〉) 예의 **대요**.

大率(대솔)

부사 사실·상황·시간·수량에 대한 대체적인 계산이나 추측을 나타내며, '대략' '대부분' '대체로'라고 해석한다. '大較(대교)' '大略(대략)' '大約(대약)' '大體(대체)'와 같은 의미다.

- 於是商賈中家以上**大率**破. (《史記》〈平準書〉)

  그래서 중산 이상의 상인들은 **대부분** 파산했다.
- 斬首虜三萬二百級, 獲五王, 五王母, 單于閼氏◆王子五十九人, 相國將軍當戶都尉六十三人. 師**大率**減什三. (《史記》〈衛將軍驃騎列傳〉)

  목을 베거나 포로로 잡은 자가 3만 2백 명, 다섯 왕과 그들의 어머니, 선우의 연지와 왕자 59명, 상국·장군·당호·도위 63명을 사로잡았다. 그러나 아군은 **대체로** 10분의 3을 잃었을 뿐이다.

  ◆閼氏(연지): 흉노의 군주인 선우의 비(妃)를 일컫는 말. 선우를 단우로 잘못 읽는 것처럼 알씨로 잘못 읽으면 안 된다.
- **大率**十里一亭◆, 亭有長. (《漢書》〈百官公卿表上〉)

  대략 10리마다 하나의 정을 설치했는데, 정에는 정장(亭長)이 있었다.

  ◆亭(정): 진한(秦漢) 시기의 하부 행정 단위.
- 西域諸國**大率**土著. (《漢書》〈西域列傳〉)

  서역의 여러 나라는 **대부분** 토착민들이다.
- 文章趣向, **大率**相類. (《舊唐書》〈李中敏傳〉)

  글의 취향이 **대략** 서로 유사하다.
- **大率**學者喜博, 而常病不精. (《朱子語類》〈讀書法上〉)

대체로 학자는 박식을 즐기지만 항상 정밀하지 못함을 근심한다.

- 每與客痛飮 …… 其狂縱**大率**如此. (《夢溪筆談》〈人事一〉)

매번 손님과 한껏 마셨는데 …… 그의 방종이 **대체로** 이와 같았다.

ㄷ

大氐/大底/大抵(대저)

부사 일반적인 상황에 대한 추측을 나타내고, 항상 범위부사 '皆(개)' '率(솔)' 등과 함께 쓰이며, '대다수' '대부분' '대체로'라고 해석한다. 드물게 '大抵/氐(대저)'와 '無慮(무려)'를 이어 쓰는 경우도 있는데, 뜻은 같다.

- 燕·趙·齊·楚·韓·魏皆立爲王, 自關以東, **大氐**盡畔秦吏應諸侯, 諸侯咸率其衆西鄉. (《史記》〈秦始皇本紀〉)

연·조·제·초·한·위나라는 모두 스스로 자리에 올라 왕이 되니, 함곡관(函谷關) 동쪽에서부터 **대다수**가 진나라의 관리를 배반하고 제후들에게 호응하여, 제후들은 모두 그들 무리를 이끌고 서쪽으로 향했다.

- 故其著書十餘萬言, **大抵**率寓言也. (《史記》〈老子韓非列傳〉)

그래서 그의 저서 10여만 자는 **대부분** 우화들이다.

- 韓地險惡山居. 五穀所生, 非菽而麥, 民之食**大抵**菽藿羹. (《史記》〈張儀列傳〉)

한나라 땅은 험난하고 백성은 산에서 살고 있습니다. 그 땅에서 나는 오곡은 콩 아니면 보리 정도이고, 백성은 **대부분** 콩밥에 콩으로 끓인 국을 먹습니다.

- 秦宗室大臣皆言秦王曰: "諸侯人來事秦者, **大抵**爲其主游閒於秦耳. 請一切逐客." (《史記》〈李斯列傳〉)

진나라 왕족과 대신들은 모두 진나라 왕에게 이렇게 말했다. "제후의 나라에서 와서 진나라를 섬기는 자들은 **대체로** 자기 나라의 군주를 위해 유세하여 진나라의 군주와 신하 사이를 이간할 뿐입니다. 청컨대 빈객들을 모두 내쫓으십시오."

- 自是之後, 內寵嬖臣**大底**外戚之家, 然不足數也. (《史記》〈佞幸列傳〉)

  이 이후부터 희첩과 총애받는 신하들은 **대부분** 외척이었으나, [특별히] 꼽을 만한 사람은 없었다.

  嬖: 사랑할 폐

- 詩三百篇, **大底**聖賢發憤之所爲作也. (司馬遷, 〈報任安書〉)

  《시경》3백 편은 **대부분** 성현들이 발분하여 지은 것이다.

- 天下**大氐無慮**皆鑄金錢矣. (《漢書》〈食貨志下〉)

  전국[의 관리와 장사꾼들]은 **대부분** 모두 금전을 주조했다.

大致(대치)

부사 시간·상황·수량 등의 개략적인 수를 나타내며, '대략' '대체로' 등으로 해석한다. '大都(대도)' '大略(대략)' '大約(대약)' '大體(대체)'와 같다.

- 然**大致**受大福者, 歸于信順乎! (《後漢書》〈袁術列傳〉)

  그러나 **대체로** 큰 복을 받는 자는 신(信)과 순(順)으로 귀착된다!

- 古今學問之途, 其**大致**有三. (《戴東原集》〈與方希原書〉)

  고금의 학문의 길은 **대체로** 세 가지가 있다.

代(대)

❶ **부사** 동작 혹은 행위가 교대로 나타남을 나타내며, '교대로' '돌아가면서' '어떤 때는' 등으로 해석한다.

- 詩曰: "……凡百君子, 莫不**代**匱." (《左傳》 成公九年)

  《시경》에 "……무릇 모든 군자는 **어떤 때는** 이것이 부족하고, **어떤 때는** 저것이 부족하지 않음이 없다."라고 되어 있다.

- 日月遞炤◆, 四時**代**御. (《荀子》〈天論〉)

  해와 달은 교대로 대지를 비추고, 사계절은 **돌아가면서** 제어한다.

  ◆炤(조): '照(비출 조)'와 같다.

- 人事有**代**謝, 往來成古今. (孟浩然, 〈與諸子登峴山詩〉)

  인간사는 **교대로** 쇠퇴하고, 가고 오며 옛날과 현재를 만든다.

❷ **전치사** 목적어와 함께 대신하는 대상을 이끈다. '~을 대신하여'라고 해석한다.

- 或謂惠子曰: "莊子來, 欲**代**子相." (《莊子》〈秋水〉)

  어떤 사람이 [양(梁)나라의 재상인] 혜자에게 말했다. "장자가 왔으니 당신을 **대신하여** 재상이 되려고 할 것이다."

- 武安君病愈, 秦王欲武安君**代**陵將. (《史記》〈白起王翦◆列傳〉)

  무안군(백기白起)이 병이 낫자, 진나라 왕(진시황)은 무안군을 왕릉(王陵) **대신** 장수로 삼으려고 했다.

  ◆王翦(왕전): 백기와 더불어 전국시대 진나라의 대표적인 명장. 시황제 때 조나라·연나라·초나라 등을 공격해 차례로 멸망시키며 통일에 크게 기여함.

對(대)

전치사 동작 혹은 행위가 일어날 때 관련되는 대상을 나타내며, '~에게'라고 해석한다.

• 子產不待而**對**客曰: "鄭國不天, 寡君之二三臣札瘥夭昏. 今又喪我先大夫偃." (《左傳》 昭公十九年)

자산은 기다리지 않고 객**에게** 말했다. "정나라는 천복이 없어 주군의 몇몇 신하가 병으로 요절을 했습니다. 지금 또 우리 이전의 대부 언이 죽었습니다."

• 還至主人, **對**賓客嘆息曰: "人親臥地不收, 涉何心鄉此! 願徹去酒食." (《漢書》〈原涉列傳〉)

[원섭(源涉)은] 주인이 있는 곳으로 돌아가서 손님**에게** 탄식하며 말했다. "다른 사람들은 부모를 [아직] 거두지 못하여 땅 위에 눕혀놓았는데, 내가 어찌 이것(술과 음식)에 마음을 두겠는가! 술과 음식을 거두시오."

• 自以當代輔政, 至**對**衣冠議語署置. (《漢書》〈淳于長列傳〉)

[순우장은] 자신이 대신 정무를 보좌해야 한다고 생각하고, 심지어 고관 귀족들**에게** 인사 안배를 의논했다.

【참고】

대답하다: • 齊宣王問曰: "文王之囿方七十里, 有諸?" 孟子**對**曰: "於傳有之." (《孟子》〈梁惠王下〉) 제선왕이 물었다. "문왕의 사냥터가 사방 70리였다는데, 이런 일이 있습니까?" 맹자가 **대답했다**. "전해오는 기록에 그런 말이 있습니다."

到(도)

전치사 동작 혹은 행위가 발생한 시간이나 장소를 이끈다. 장소를 이끌 때는 '~에 미치다'라고 해석하고, 시간을 이끌 때는 '~할 때' '~할 무렵' 등으로 해석한다.

• 漢家常以正月上辛祠太一◆甘泉, 以昏時夜祠, **到**明而終. (《史記》〈樂書〉)
한나라 왕실은 항상 정월 상신일에 감천에서 천제에게 제사를 지내는데, 어두운 밤에 제사 지내 날이 밝을 **무렵에** 끝난다.
◆太一(태일): 가장 귀한 천신(天神). 천제(天帝).

• 兄嫂令我行賈, 南**到**九江◆, 東**到**齊與魯. (《樂府歌辭》〈孤兒行〉)
형수는 나에게 장사를 하도록 시켰는데, 남쪽으로는 구강**에 미쳤고** 동쪽으로는 제나라와 노나라**에 미쳤다**.
◆九江(구강): 동정호(洞庭湖)의 옛 명칭으로 원(沅), 점(漸), 원(元), 진(辰), 숙(淑), 서(西), 예(澧), 자(資), 상(湘) 등 아홉 강이 흘러 들어가므로 붙여진 이름이다.

• 春蠶**到**死絲方盡, 蠟炬成灰淚始干. (李商隱, 〈無題〉)
봄누에가 죽음**에 이르러야** 실이 바야흐로 다 나오고, 촛불의 심지가 재가 되어야 눈물이 비로소 마르겠지.

【참고】

이르다: • 姑蘇城外寒山寺, 夜半鍾聲**到**客船. (張繼, 〈楓橋夜泊〉) 고소성 밖 한산사, 밤이 깊자 종소리가 나그네 머무는 배에 **이르네**.

徒(도)

❶ **부사** 동작이나 행위가 별다른 효과가 없음을 나타내며, '보람 없이' '한갓' '헛되이'라고 해석한다. '徒然(도연)'과 같다.

• 齊師**徒**歸. (《左傳》襄公二十五年)
제나라 군대는 **헛되이** 돌아갔다.

• 欲予秦, 秦城恐不可得, **徒**見欺. (《史記》〈廉頗藺相如列傳〉)

[화씨 구슬을] 진나라에게 주려고 하니, 진나라의 성은 얻지 못하고 **한갓** 사기만 당할까 두려웠다.

- 高山安可仰, **徒**此揖清芬. (李白,〈贈孟浩然〉)

  높은 산을 어찌 우러를까, **한갓** 이 맑은 향기에 절할 뿐이다.

- 錦衾瑤席◆何寂寂? 楚王神女**徒**盈盈◆. (李白,〈觀元丹丘坐巫山屛風〉)

  비단 이불과 아름다운 자리 얼마나 쓸쓸한가? 초나라 왕과 신녀는 **헛되이** 예쁘기만 하네.

  ◆瑤席(요석): 아름다운 자리.

  ◆盈盈(영영): 아름다운 모양.

- 今空守孤城, **徒**費財役. (《資治通鑑》〈宋紀〉 文帝元嘉三十年)

  현재 부질없이 고립된 성을 지키는 것은 **헛되이** 재력과 인력을 낭비하는 것이다.

- 惜哉! 夫子不仕, 哲人**徒**生矣! (《中說》〈魏相〉)

  애석하구나! 선생님은 벼슬하지 않고 사상가로서 **헛되이** 살아가는구나!

❷ **부사** '特(특)'과 통하고 어떤 범위에 한정되는 것을 나타내며, '단지'라고 해석한다. '徒(도)~ 不(불)~' 혹은 '不(불)~ 徒(도)~'의 형태로 범위의 한정을 강조한다.

- 取金之時, **不**見人, **徒**見金. (《列子》〈說符〉)

  [내가] 황금을 취할 때 사람을 보지 않고 **단지** 금만 본다.

- 彊秦之所以**不**敢加兵於趙者, **徒**以吾兩人在也. (《史記》〈廉頗藺相如列傳〉)

  강한 진나라가 감히 [우리] 조나라를 침범하지 못하는 까닭은 **단지** 우리 두 사람이 있기 때문이다.

- 汝**徒**知其一, **不**知其二. (《說苑》〈臣術〉)

  당신은 **단지** 그 하나만을 알 뿐 그 둘은 알지 못한다.

- 諸衆**徒**見操書言水步八十萬, 而各恐懾. (《資治通鑑》〈漢紀〉 獻帝建安十三年)

뭇사람은 **단지** 조조의 편지에서 수군과 보병 80만 명이 있다고 말한 것을 보고 저마다 두려워했다.

懾: 두려워할 섭

❸ **부사** 사물 혹은 현상의 근원이나 일의 귀결점을 나타내며, '결국' '원래는'이라고 해석한다. 용례는 매우 적다.

- 吾以夫子爲無所不知, 夫子**徒**有所不知. (《荀子》〈子道〉)

  나는 선생님은 모르는 것이 없다고 생각했는데, 선생님도 **결국** 모르는 것이 있었다.

- 田子方從齊之魏, 望翟黃乘軒◆騎駕出. 方以爲文侯也, 移車異路而避之, 則**徒**翟黃也. (《韓非子》〈外儲說左下〉)

  전자방이 제나라에서 위나라로 갔는데, 적황이 훌륭한 수레를 타고 말을 몰아 나가는 것을 보았다. 마침 위문후로 여겨 수레를 다른 길로 이동시켜 [그를] 피했는데, **원래는** [그가] 바로 적황이었다.

  ◆軒(헌): 대부 이상이 타는 수레.

【참고】

① 걷다: • 舍車而**徒**. (《周易》〈賁卦〉) 수레를 버리고 **걷다**.

② 부하: • 帥**徒**以往. (《左傳》昭公二十五年) **부하들**을 인솔하고 간다.

③ 학파: • 仲尼之**徒**. (《孟子》〈梁惠王上〉) 공자 **학파**.

④ 제자: • 孔門之**徒**. (《論衡》〈問孔〉) 공자 문하의 **제자**.

都(도)

❶ **부사** 주어가 가리키는 일이 전부를 총괄하거나 모두 합하는 것, 혹은 정도의 높음을 뜻한다. '모두' '전부'라고 해석한다. '都(도)'가 부정의 뜻을 지닌 '無(무)' '不(불)' '非(비)' 등과 결합하면 강한 부정을 나타내며, '조금도'라고 해석한다.

- 而積年之疾, 一朝**都**除. (《列子》〈周穆王〉)
  해묵은 병이 하루아침에 **모두** 없어졌다.
- 置平準◆於京師, **都**受天下委輸. (《漢書》〈食貨志下〉)
  수도에 물가 조절 기구를 설치하고 천하의 화물 운송을 **모두** 맡았다.
  ◆平準(평준): 한무제(漢武帝) 때 설치된 물가 조절 기구.
- 頃撰其遺文, **都**爲一集. (曹丕, 〈與吳質書〉)
  최근에 그가 남긴 문장을 가려서 **전부** 하나의 문집으로 만들었다.
- 然則鳳凰麒麟**都**與鳥獸同一類, 體色詭耳, 安得異種? (《論衡》〈講瑞〉)
  그렇다면 봉황과 기린은 **모두** 조수와 같은 종류로 몸 색깔이 다를 뿐인데, 어찌 다른 종류일 수 있는가?
- 今國賊非但匈奴, 未可求安也. 須天下**都**定, 各反桑梓, 歸耕本土, 乃其宜耳. (《三國志》〈蜀書 趙雲傳注〉)
  지금 국가의 적은 단지 흉노뿐만이 아니기 때문에 편안함을 바랄 수 없다. 반드시 천하가 **모두** 안정되면 각자 고향으로 돌아가서 본토에서 경작하는 것이 마땅하다.
- 於時, 天月明淨, **都**無纖翳◆. (《世說新語》〈言語〉)
  이때에 하늘과 달은 밝고 깨끗하여, 구름이 낀 곳이 **조금도** 없었다.
  ◆纖翳(섬예): 조금 구름이 낌.
- 遠自周室, 迄於聖代, **都**爲三十卷. (蕭統, 〈文選序〉)

멀리로는 주나라 왕실로부터 본조 양대(梁代)까지 **모두** 30권을 편집했다.

迄: 까지 흘

❷ **감탄사** 감탄을 나타내며, '아'라고 해석한다.

- 皐陶曰: "**都**! 在知人, 在安民." (《尙書》〈益稷〉)

  고요가 말했다. "**아**! 사람을 아는 데 [달려] 있고, 백성을 편안하게 하는 데 [달려] 있구나."

- 禹曰: "**都**! 帝, 愼乃在位." (《尙書》〈益稷〉)

  우가 말했다. "**아**! 황제께서는 지위에 있음을 삼가소서."

【참고】

① [큰] 고을: • 先王之制, 大**都**不過參國之一, 中五之一, 小九之一. (《左傳》隱公元年) 과거 제왕의 제도에 큰 **고을**은 국도의 3분의 1을 넘을 수 없었고, 중간 고을은 5분의 1을 넘을 수 없었으며, 작은 고을은 9분의 1을 넘을 수가 없었다.

② 수도: • 項羽死, 高祖襲奪信軍, 徙信爲楚王, **都**下邳. (《漢書》〈韓信列傳〉) 항우가 죽은 후 한고조(유방)는 습격하여 한신의 군사권을 빼앗아 단지 한신을 초왕으로 봉하고 하비를 **수도**로 정했다.

③ 아름답다: • 身長八尺, 儀貌**都**雅. (《三國志》〈吳書 孫韶傳〉) 신장이 여덟 척이고, 거동이 **아름답고** 우아하다.

道(도)

❶ **전치사** 동작 혹은 행위의 시발점이나 경유 대상을 나타내며, '~로부터' '~을 통하여' 등으로 해석한다.

• 故凡治亂之情, 皆**道**上始. (《管子》〈禁藏〉)

그러므로 무릇 [천하의] 안정 혹은 혼란의 동정은 모두 위**로부터** 시작된다.

• 孔子**道**彌子瑕見釐夫人. (《呂氏春秋》〈貴因〉)

공자는 미자하**를 통하여** 이부인을 만났다.

• 諸使者**道**長安來. (《漢書》〈淮南王安列傳〉)

많은 사신이 장안**으로부터** 왔다.

❷ **전치사** 의문대사 '奚(해)'와 함께 쓰여 '奚道(해도)'의 형태로 동작의 원인이나 물음을 나타낸다. '무엇 때문에'라고 해석한다.

• 奚**道**至於此乎? (《晏子春秋》〈雜上〉)

무엇 때문에 이곳에 이르렀는가?

• 此其母賤, 翟婢也, 奚**道**貴哉? (《史記》〈趙世家〉)

이 아이는 그 어머니가 미천한 적(翟)나라의 계집종인데, **무엇 때문에** 귀하게 대하는가?

[참고]

① 길: • **道**逆者, 自車揖之, 逆於門者, 頷之而已. (《左傳》 襄公二十六年) **길**에서 영접한 것은 수레에서 인사한 것이고, 문에서 영접한 것은 고개를 숙이는 것일 뿐이다. 逆: 맞을 역 • **道**聽而塗說, 德之棄也. (《論語》〈陽貨〉) **길**에서 듣고 나서 [그것들을] 길에서 말하는 것은 덕을 포기하는 것이다.

② 도의(道義): • 得**道**者多助, 失**道**者寡助. (《孟子》〈公孫丑下〉) **도의**를 얻은 자는 도와주는 이가 많고, **도의**를 잃은 자는 도와주는 이가 적다.

獨(독)

❶ **부사** 어떤 행위를 하는 주체 혹은 상황이 제한적임을 나타내며, '다만' '단지' '오직' 등으로 해석한다. '惟(유)' '只(지)'와 같은 뜻이다.

- 屈原曰: "擧世◆皆濁, 我**獨**淸; 衆人皆醉, 我**獨**醒, 是以見放."(《楚辭》〈漁父〉)

  굴원이 말했다. "온 세상이 모두 흐린데 **나만** 맑고, 사람들이 다 취했는데 **나만** 깨어 있기 때문에 쫓겨났다."

  ◆擧世(거세): 온 세상.

- 攻陳, 陳守令皆不在, **獨**守丞◆與戰譙門中. (《史記》〈陳涉世家〉)

  진현(陳縣)을 공격했는데, 진현의 지방 장관들은 모두 [성에] 있지 않았고, **단지** 수승만이 초문에서 싸웠다.

  ◆守丞(수승): 현의 현령(縣令)과 현장(縣長) 다음가는 벼슬아치.

- 身非木石, **獨**與法吏爲伍, 深幽囹圄◆之中, 誰可告愬者? (司馬遷, 〈報任安書〉)

  나는 목석이 아니지만 **단지** 옥리와 함께 감옥에 깊이 갇혀 있는데, 누구에게 하소연할 수 있겠는가?

  ◆囹圄(영어): 옥.

  愬: 하소연할 소

- 此**獨**其將欲叛, 恐其士卒不從. (《漢書》〈高帝紀〉)

  이것은 **단지** 그 장군들이 모반하려는 것이니, 그들의 병사들이 따르지 않을까 걱정됩니다.

- 曰: "**獨**任淸虛, 可以爲治." (《漢書》〈藝文志〉 諸子略)

  "**오직** 맑고 빈 것에 맡겨야만 다스려질 수 있다."고 말했다.

- 天明登前途, **獨**與老翁別. (杜甫, 〈石壕吏〉)

  날 밝아 길을 떠날 때, **단지** 영감하고만 작별했다.

- **獨**中山之族, 不知其本所出, 子孫最爲蕃昌. (韓愈, 〈毛穎傳〉)

다만 중산의 씨족은 그 나온 근본을 알지 못하나, 자손들은 가장 번창했다.

❷ **부사** 반문을 나타내고 '與(여)' '哉(재)' '乎(호)' 등과 어울리며, '설마' '어찌' '오히려'라고 해석한다.

- 曰: "百工之事固不可耕且爲也." 曰: "然則治天下**獨**可耕且爲與?" (《孟子》〈滕文公上〉)

  [진상(陳相)이] "모든 장인의 일은 본래 밭갈이하면서 할 수 없다."라고 했다. [맹자가 반박하여] "그렇다면 **어찌** 천하를 다스리는 일만 밭갈이하면서도 할 수 있겠는가?"라고 했다.

- 王**獨**未見其蜻蛉◆乎? (《戰國策》〈楚策四〉)

  왕께서는 **설마** 잠자리를 보지 못하셨습니까?

  ◆蜻蛉(청령): 잠자리.

- 相如雖駑, **獨**畏廉將軍哉? (《史記》〈廉頗藺相如列傳〉)

  [나] 인상여는 비록 노둔하지만, **설마** 염 장군을 두려워하겠습니까?

- 然則聖王之所棄者, **獨**不足以厚國家乎! (《史記》〈范雎蔡澤列傳〉)

  그렇다면 성왕이 버린 사람이라고 하여 **설마** 국가를 이롭게 하기에 부족하겠는가!

[참고]

① 홀로, 혼자: • **獨**學而無友, 則孤陋而寡聞. (《禮記》〈學記〉) **홀로** 배워 친구가 없으면, 고루하고 들은 것이 적다. • 一手**獨**拍, 雖疾無聲. (《韓非子》〈功名〉) 한 손 **홀로** 쳤으니 설사 빨라도 소리가 없었다. • 獨有百萬之衆, 無異於**獨**行中原也. (《三國志》〈魏書 郭嘉傳〉) 비록 백만의 군대가 있다고 해도 **홀로** 중원을 가는 것과 다를 바 없습니다.

② 외롭다: • **獨**木難支. **외로운** 나무는 지탱하기 어렵다.

③ 자식 없는 노인: • 鰥寡孤**獨**. 아내 없는 남자, 남편 없는 여자, 부모 잃은 아

이, **자식 없는 노인**.

獨唯/獨惟(독유)

부사 어떤 조건에 부합되는 대상이 한정됨을 나타내며, '唯獨(유독)' '惟獨(유독)'이라고도 쓴다. '단지'라고 해석한다.

- 齊城之不下者, **獨唯**聊·莒·卽墨, 其餘皆屬燕. (《史記》〈燕召公世家〉)
  제나라의 성읍 중 함락되지 않은 곳은 **단지** 요읍·거읍·즉묵읍뿐이었고, 그 나머지는 모두 연나라에 귀속되었다.

篤(독)

부사 상황의 심화나 추진하는 정도가 깊음을 나타내며, '깊이' '매우' 등으로 해석한다.

- 然以子**篤**好不倦, 今眞以相授矣. (《三國志》〈吳書 趙達傳〉)
  그러나 당신은 **깊이** 좋아하고 싫증 내지 않으니, 지금 [나는] 진실로 [기술을 당신에게] 전수하겠다.
- 後太祖親理, 得病**篤**重, 使佗專視. (《三國志》〈魏書 華佗傳〉)
  뒤에 태조(조조)는 직접 처리하다가 병을 얻어 **매우** 심해지자 화타에게 전담하여 진찰하게 했다.
- 其爲人**篤**學强記, 恭儉孝友. (蘇東坡, 〈邵茂誠詩集敍〉)
  [소무성(邵茂誠)은] 사람됨이 학문을 **매우** 좋아하고 기억력이 뛰어났으며, 공손하고 검소하며 효성스럽고 우애가 있었다.

【참고】

① 말이 천천히 둔하게 가다.

② 굳다: • 又讀莊老, 重增其放, 故使榮進之心日頹, 任實之情轉**篤**. (《文選》〈與山巨源絶交書〉) 또《장자》《노자》를 읽으면 마음대로 하려는 것이 더해지기 때문에, 영달로 나아가려는 마음이 나날이 줄고 관리가 되고자 하는 마음이 **굳게** 돌아선다.

頓(돈)

부사 머지않아 발생하려고 한다거나 갑자기 발생함을 나타내며, '갑자기' '곧' '곧장' '즉시'라고 해석한다.

- 凡一氣不**頓**進, 一形不**頓**虧. (《列子》〈天瑞〉)
  무릇 한 기운은 **갑자기** 나아가는 것도 아니고, 한 유형의 물체는 **갑자기** 훼손되지도 않는다.
- 夫天子之所嘗敬, 衆庶之所嘗寵, 死而死耳. 賤人安宜得如此而**頓**辱之哉! (《漢書》〈賈誼列傳〉)
  무릇 천자께서 일찍이 존경했고 백성이 일찍이 총애한 사람이 죽었으나 죽었을 따름이다. 미천한 사람들이 어찌 이처럼 **즉시** 그를 모욕할 수 있겠는가!
- 庾風姿神貌, 陶一見便改觀, 談宴竟日, 愛重**頓**至. (《世說新語》〈容止〉)
  [도간(陶侃)은] 유량(庾亮)의 풍채와 용모를 한 번 보고 바로 선입관이 바뀌어 온종일 연회를 베풀고 이야기를 나누다 보니 아끼고 존중하는 감정이 **곧** 왔다.
- 一旦異於今日, 家人習奢已久, 不能**頓**儉, 必致失所. (司馬光, 〈訓儉示康〉)

하루아침에 오늘과 달라지면 식구들이 사치에 물든 지 이미 오래되어 **즉시** 검소해질 수 없으니, 반드시 잃게 될 것이다.

• 烈由是聲譽**頓**衰. (《資治通鑑》〈漢紀〉靈帝中平二年)

최열(崔烈)은 이러한 명성과 위엄으로부터 **곧장** 쇠락했다.

ㄷ

【참고】

① [머리를 땅에] 조아리다: • **頓**首. 머리가 **땅에 닿도록 몸을 굽혀 절하다**.

② [다리로 땅을] 밟다: • **頓**足. 발을 **구르다**.

③ 가지런히 하다: • **頓**網探淵. (陸機◆, 〈演連珠〉) 그물을 **가지런히 하여** 연못을 찾는다. ◆陸機(육기): 서진(西晉)의 문인으로 자는 사형(士衡)이고, 아우 운(雲)과 더불어 시문을 잘하여 이육(二陸)이라 일컬어졌다.

④ 잠시: • 就水草**頓**舍. (《漢書》〈李廣列傳〉) 물과 풀이 있는 곳으로 가서 **잠시** 쉬어 주둔했다.

⑤ 부족하다: • 兵甲**頓**, 士民病. (《韓非子》〈初見秦〉) 무기는 **부족하고** 국민은 병들었다.

⑥ 주둔시키다: • **頓**兵岐梁下. (杜甫, 〈送樊侍御赴漢中判官〉) 병사를 기량 아래에 **주둔시켰다**.

⑦ 무디다, 고달프다: • 屠牛坦一朝十二牛, 而芒刃不**頓**者, 所排擊剝割, 皆衆理解也. (《漢書》〈賈誼列傳〉) 백정 탄이 하루 아침에 소 12마리를 해부하지만 칼이 **무디어지지** 않는 까닭은 그가 쳐서 가르는 곳이 모두 [골수가 이어져] 만나는 곳이기 때문이다. • 師徒不**頓**, 國家不罷. (《左傳》昭公元年) 군대는 **고달프지** 않고 국가는 피폐하지 않다.

⑧ [밥을 먹거나 질책하는 행위 등의] 횟수: • 聞卿祠, 欲乞一**頓**食耳. (《世說新語》〈任誕〉) 당신이 제사 지낸다는 것을 듣고 [나는] 한 **번** 밥을 얻어먹으려고 했을 뿐이다.

咄(돌)

감탄사 동정이나 꾸짖음 또는 경멸을 나타내며, '아아' '야, 이놈아' '이봐' '허허'라고 해석한다.

- 郭舍人疾言罵之曰: "**咄**! 老女子! 何不疾行! 陛下已壯矣, 寧尙須汝乳而活邪? 尙何還顧?" (《史記》〈滑稽列傳〉)

  곽사인이 큰소리로 꾸짖었다. "**허허**, 이 노파가 어찌하여 빨리 가지 않지! 폐하께서는 장년이 되셨는데, 아직도 그대 젖을 먹어야만 사실 줄로 아는가? 이제 와서 무엇 때문에 돌아다보는가?"

- 朔笑之曰: "**咄**! 口無毛, 聲警警◆, 尻益高." (《漢書》〈東方朔列傳〉)

  동방삭(東方朔)이 그를 비웃으며 말했다. "**야, 이놈아!** 입에 털도 없으면서 허튼소리만 하더니 꽁무니가 더욱 높아졌구나."

  ◆警警(오오): 남의 말을 듣지 않고 망언을 하는 모양.

  尻: 꽁무니 고

- 譚墜馬, 顧曰: "**咄**! 兒過我! 我能富貴汝." 言未絶口, 頭已斷地. (《後漢書》〈袁譚傳〉)

  원담(袁譚)이 말에서 내려와 [그를 따르는 사람을] 돌아보고 말했다. "**야, 이놈아!** 나 있는 데로 와봐라! 나는 너를 부귀하게 할 수 있다." 말이 입에서 끝나기도 전에 머리가 이미 땅에 떨어졌다.

- **咄**! 行! 吾去爲遲! (《樂府詩》〈東門行〉)

  이봐! 가야 해! 나는 갈 때가 이미 늦었어!

- 立政曰: "**咄**! 少卿◆良苦! 霍子孟, 上官少叔謝女." (《漢書》〈李陵列傳〉)

  임입정(任立政)이 말했다. "**아아**! 소경이 너무 고생을 하는구나! 곽광(霍光)과 상관걸(上官桀) 모두 당신의 안부를 묻습니다."

  ◆少卿(소경): 이릉(李陵)의 별호.

咄咄(돌돌)

감탄사 놀람·괴이함·한탄 등을 나타내며, 기세가 강한 것도 내포한다. '아뿔싸' '아아' '쯧쯧' 등으로 해석한다.

- **咄咄**子陵! 不可相助爲理耶? (《後漢書》〈嚴光列傳〉)
  아아, 자릉이여! [내가] 나라를 다스리는 것을 도울 수 없겠는가?

咄嗟(돌차)

부사 동작이 매우 빠름을 나타내며, '삽시간에'라고 해석한다.

- 崇爲客作豆粥, **咄嗟**便辨. (《晉書》〈石崇傳〉)
  석숭(石崇)은 나그네들에게 콩밥을 지어주었는데 **삽시간에** 되었다.
- 西湖至此, 何止千里. **咄嗟**招來, 得非仙乎? (《聊齋志異》〈彭海秋〉)
  서호가 여기까지 이르니 어찌 천 리에 그치겠는가. **삽시간에** 불러오니, 신선이 아니던가?

動(동)

부사 무슨 일을 할 때마다 번번이 그러함을 나타내며, '걸핏하면' '자칫하면'이라고 해석한다.

- 又**動**欲慕古, 不度時宜. (《漢書》〈食貨志上〉)
  또한 **걸핏하면** 옛날을 흠모하려고 하며, 사정을 헤아리지 않는다.
- 劉繇·王朗, 各據州郡, 論安言計, **動**引聖人. (諸葛亮, 〈後出師表〉)

유요와 왕랑은 각각 주와 군을 점거하고 있는데, [그들은] 안위를 논의하고 계략을 말하면서 **걸핏하면** 성인을 인용합니다.

- 人生不相見, **動**如參與商◆. (杜甫, 〈贈衛八處士〉)

인생살이 [어려워] 서로 만나지 못했으니 **자칫** 삼성과 상성 같구나.

◆參商(삼상): 삼성(參星)과 상성(商星). 삼성은 서쪽에, 상성은 동쪽에 서로 등지고 있어 동시에 두 별을 볼 수 없으므로 친한 사람과 이별하여 만나지 못하는 것을 비유할 때 자주 쓰임.

- 長史張昭等曰: "曹公, 豺虎也. 挾天子以征四方, **動**以朝廷爲辭; 今日拒之, 事更不順." (《資治通鑑》〈漢紀〉 獻帝建安十三年)

장사와 장소 등이 말했다. "조공은 이리이고 호랑이다. 천자를 끼고 사방을 정벌하면서 **걸핏하면** 조정을 구실로 삼으니, 오늘 그에게 맞서면 일은 더욱 순조롭지 못할 것이다."

【참고】

① 진동하다, 흔들리다: • 夫風至而樹枝**動**, 樹枝不能致風. (《論衡》〈變動〉) 바람이 불어오니 나뭇가지 **흔들리는데** 나뭇가지는 바람을 맞이할 수 없구나. • 風吹草**動**. 바람이 부니 풀이 **흔들리는구나**. • 五月斯螽**動**股. (《詩經》〈豳風 七月〉) 5월의 이 메뚜기는 다리를 **진동시킨다**. • 驚天**動**地. 하늘을 놀라게 하고 땅을 **진동시킨다**.

② 일하다: • 使民盻盻然, 將終歲勤**動**, 不得以養其父母. (《孟子》〈滕文公上〉) 백성이 1년간 고달프게 **일하고도**, 자기 부모를 보살필 수 없게 만든다.

③ 행동, 행동하다: • 一擧一**動**. 하나의 거동과 하나의 **행동**. • **動**而見尤. (司馬遷, 〈報任安書〉) **행동하면** 비난을 받는다.

④ 감동하다: • 昨日我談粗而君**動**, 今日精而君不**動**, 何也? (《戰國策》〈趙策一〉) 어제 당신은 내가 가벼운 이야기를 했는데도 **감동하더니**, 오늘은 깊은 이야기를 했는데도 **감동하지** 않으니 무엇 때문인가? • 天子爲**動**, 改容式車. (《史記》〈絳侯周勃世家〉) 천자가 **감동하여** 얼굴빛을 고치고서 수레에서 경례했다.

動輒(동첩)

부사 무슨 일을 할 때마다 번번이 그러함을 나타내며, '걸핏하면'이라고 해석한다. '거동하다'라는 뜻의 '動(동)'과 '즉시'라는 뜻의 '輒(첩)'을 이어 사용한 것은 한나라 말기부터이다.

• 順每諫曰: "將軍擧動, 不肯詳思, 忽有失得, **動輒**言誤. 誤事豈可數乎?" (《後漢書》〈呂布列傳〉)

고순(高順)은 매번 [이렇게] 간언했다. "장군은 행동할 때 진지하게 생각하려 하지 않고, 갑자기 득실만을 생각하며 **걸핏하면** 틀리게 말합니다. 일을 그르침을 어찌 헤아릴 수 있겠습니까?"

• 然而公不見信於人, 私不見助於友, 跋前躓後, **動輒**得咎. (韓愈, 〈進學解〉)

그러나 공적으로는 사람들에게 신임을 받지 못하고, 사적으로는 친구에게 도움을 받지 못하며, 이러지도 저러지도 못하고 **걸핏하면** 책망받는다.

躓: 엎어질 지, 넘어질 질

得(득)

조동사 객관적 상황이 허락되는 것을 나타내며, '~할 수 있다'라고 해석한다. '得(득)' 앞에 부정의 뜻을 지닌 '未(미)' '不(불)' 또는 의문대사 '安(안)' '何(하)' 등을 덧붙이면 상황이 허락되지 않음을 나타낸다.

• 民實瘠矣, 君安**得**肥? (《國語》〈楚語上〉)

백성은 진실로 수척해졌는데, 임금이 어찌 살**찔 수 있겠는가**?

• 此非距心之所**得**爲也. (《孟子》〈公孫丑下〉)

이것은 [나] 공거심(孔距心)이 **할 수 있는** 것이 아니다.

- 入則孝, 出則悌, 守先王之道, 以待後之學者, 而不**得**食於子. (《孟子》〈滕文公下〉)

  들어가서는 효도하고 나와서는 [어른에게] 공손하며 선왕의 도리를 지켜 다음 세대의 학자를 기다리지만, 그대에게서 보수를 받**을 수 없다**.

  食: 녹 식

- 子如通之, 則梓匠輪輿皆**得**食於子. (《孟子》〈滕文公下〉)

  그대가 만일 그것을 통하게 하면 목수나 수레 제작공들도 모두 그대에게서 밥을 먹**을 수 있게** 된다.

- 願令**得**補黑衣◆之數, 以衛王宮. (《戰國策》〈趙策四〉)

  원컨대 병사의 수를 보충하여 왕궁을 지**킬 수 있게** 해주십시오.

  ◆ 黑衣(흑의): 위병(衛兵). 검은 옷을 입고 지켰기 때문에 붙여진 이름.

- 鄒魯之臣, 生則不**得**事養, 死則不**得**飯含. (《戰國策》〈趙策三〉)

  추나라와 노나라의 신하들은 [임금이] 살아 계실 때 [예절대로] 섬기고 봉양**할 수 없었고**, 죽었을 때는 상을 치**를 수 없었다**.

- 穰侯十攻魏而不**得**傷者, 非秦弱而魏强也, 其所攻者地也. (《戰國策》〈秦策三〉)

  양후가 열 번 위나라를 공격했으나 상하게 **할 수 없었던** 것은 진나라가 약하고 위나라가 강해서가 아니라 공격한 것이 땅이었기 때문이다.

- 今君王以所不足益所有餘, 臣不**得**而爲也. (《呂氏春秋》〈貴卒〉)

  지금 군왕은 부족한 것을 가지고 넉넉한 데에 보태주려고 하니, 신은 **할 수 없습니다**.

- 沛公軍覇上, 未**得**與項羽相見. (《史記》〈項羽本紀〉)

  패공은 패상에 주둔했으나 아직 항우와 서로 만**날 수 없었다**.

- 趙盾素貴, **得**民和, 靈公少侈, 民不附, 故爲殺易. (《史記》〈晉世家〉)

  조돈은 평소 존귀하여 백성을 화합하게 **할 수 있었으나**, 영공은 어리고 사치스러워 백성이 의지하지 않았으므로 쉽게 죽임을 당했다.

- 故布衣皆**得**風議, 何況公卿之吏乎? (《鹽鐵論》〈刺議〉)
  그러므로 평민들도 모두 풍자하는 논의를 **할 수 있는데**, 하물며 공경의 관리들임에랴?
- 田爲王田, 賣買不**得**. (《後漢書》〈隗囂列傳〉)
  밭은 왕실의 밭이므로 매매**할 수 없다**.
- 寬衢閉冀城門, 超不**得**入. (《三國志》〈蜀書 馬超傳〉)
  양관(梁寬)과 조구(趙衢)가 기성의 문을 닫았으므로 마초(馬超)는 들어**갈 수 없었다**.
- 太后笑曰: "之乎者也, 助**得**甚事?" (《說郛》〈湘山野錄〉)
  태후가 웃으면서 말했다. "가는 자가 무슨 일을 도**울 수 있겠는가**?"
- 進退不**得**, 爲之奈何? (《吳子》〈應變〉)
  나아갈 수도 물러**날 수도 없으니** 이를 어찌하면 좋을까?
- 太后怒, 謂侍者: "取刀來, 剖我腹, 那**得**生寧馨兒!" (《資治通鑑》〈宋紀〉 孝武帝大明八年)
  황태후는 화가 나서 옆에 있는 사람에게 말했다. "칼을 가져와 나의 배를 갈라서 어떻게 이런 아들을 낳**을 수 있었는지** 보시오!"
- 人非堯舜, 何**得**每事盡善? (《晉書》〈王述列傳〉)
  [일반] 사람이 요와 순이 아닌데, 어찌 매사를 완전하게 잘**할 수 있겠는가**?

【참고】

① 짓다, 얻다: • 昔者越國見禍, **得**罪於天王. (《國語》〈吳語〉) 옛날 [우리] 월나라가 재앙을 입어 천왕(부차夫差)께 죄를 **지었다**. • 貧者士之常也, 死者人之終也. 處常**得**終, 當何憂哉? (《列子》〈天瑞〉) 가난은 선비의 일상이고, 죽음은 인간의 끝이다. 일상에 처하면서 끝을 **얻었는데** 또한 무엇을 걱정하겠는가? • 以晝寢而觀人善惡, 能**得**其實乎? (《論衡》〈問孔〉) 낮잠 자는 것을 보고 한 사람의 좋고 나쁨을 관찰하면 실상을 **얻을** 수 있겠는가? • **得**隴望蜀. 농을 **얻고** 촉을 바란

다. • **得**魚而忘筌. (《莊子》〈外物〉) 물고기를 **얻으면** 통발을 잊는다.

② 얻음: • 觀古今之**得**失. (《漢書》〈敍列傳〉) 고금의 **얻음과** 잃음을 살펴본다.

③ 물욕: • 及其老也, 血氣旣衰, 戒之在**得**. (《論語》〈季氏〉) 늙어서는 혈기가 이미 사그라졌으므로 **탐욕**에 빠지는 것을 경계해야 한다.

得無/得毋/得亡(득무)

부사 조동사 '得(득)'과 부정의 뜻을 지닌 '無/毋/亡(무)'가 이어 쓰인 것으로서 부정의 추측이나 반문을 나타낸다. '得非(득비)'와 같다. '아마도 ~하지 않다'라고 해석하며, 의문형 어조사 '耶(야)' '乎(호)' 등과 호응하면 '아마도 ~은 아닌가'라고 해석한다.

- 跖**得無**逆汝意若前乎? (《莊子》〈盜跖〉)
  도척이 당신의 뜻을 거역함이 **아마도** 전에 [내가 말한 것과] 같**지 않던가요**?
- 日食飮**得無**衰乎? (《戰國策》〈趙策四〉)
  날마다 드시는 음식이 **아마도** 줄**지 않았습니까**?
- 先生**得無**誕之乎? (《史記》〈扁鵲倉公列傳〉)
  선생이 **아마도** 나를 속이는 것**은 아니겠지**?
  誕: 속일 탄
- 信問酈生. "魏**得毋**用周叔爲大將乎?" (《漢書》〈韓信列傳〉)
  한신(韓信)이 역생에게 물었다. "위나라는 **아마도** 주숙을 대장으로 삼**지 않겠는가**?"
- 今兵不出, **得亡**變生, 與先零◆爲一. (《漢書》〈趙充國列傳〉)
  지금 병사를 내보내지 않으면 **아마도** 변고가 발생**하지 않아** 선령과 하나가 될 것이다.
  ◆先零(선령): 한대(漢代) 강족(羌族)의 일파.

得微(득미)

부사 의문형 어조사 '邪(야)' '歟(여)' '乎(호)' 등과 호응하여 추측을 나타내며, '得非(득비)'와 같다. '~은 아닌가' '~하지 않은가'라고 해석한다.

- 車馬有行色, **得微**往見跖邪? (《莊子》〈盜跖〉)

  [그대의] 수레는 나갔던 흔적이 있는데, 도척을 보러 갔던 **게 아닌가**?

- 諸侯**得微**有故乎? 國家**得微**有事乎? (《晏子春秋》〈內篇雜篇上〉)

  제후에게 변고가 있는 것**이 아닐까**? 국가에 일이 있는 것**이 아닐까**?

- 堂下**得微**有疾臣者乎? (《韓非子》〈內儲說下〉)

  당 아래에서 신을 미워하는 자가 있**지 않겠습니까**?

得非(득비)

부사 추측이나 반문을 나타내고 보통 의문형 어조사와 호응하며, '설마 ~일 리가 없다' '어찌 ~이 아니겠는가' 등으로 해석한다.

- 余以爲周之喪久矣, 徒建空名於公侯之上耳. **得非**諸侯之盛强, 末大不掉之咎歟? (柳宗元, 〈封建論〉)

  나는 주나라가 멸망한 지 오래되어, 단지 제후들 위에 헛이름만 세우고 있을 뿐이라고 생각한다. [이것이] **어찌** 제후들이 강성하여 꼬리가 커도 흔들지 못하는 까닭**이 아니겠는가**?

- **得非**玄圃裂, 無乃瀟湘翻? (杜甫, 〈劉少府畫山水障歌〉)

  어찌 현포를 잘라다 놓은 것이 아니며, 소수와 상수가 뒤집히는 것**이 아니겠는가**?

- 今不幸而殞, **得非**君殺之耶? (《本事詩》〈崔護〉)

  오늘 불행히 죽었는데, **설마** 당신이 [그녀를] 죽인 것**은 아니겠지**?

登(등)

부사 동작 혹은 행위가 신속하게 발생함을 나타내며, '곧' '바로' '즉시' 등으로 해석한다. '時(시)'와 이어 쓰인 형태로도 사용된다.

- 良乃曝身階庭, 告誠引罪. 自晨至中, 紫雲沓起, 甘雨**登**降. (《水經注》〈洛水〉)
  축량(祝良)은 정원 계단에서 몸에 햇살을 받으며 죄는 [모두] 자기 몸에 있다고 고했다. 새벽부터 [이렇게 하기 시작하여] 정오에 이르니 자줏빛 구름덩이가 일더니 단비가 **즉시** 내렸다.
- 牧遣使慰譬, **登**皆首服, 自改爲良民. (《三國志》〈吳書 鍾離牧傳注〉)
  종리목(鍾離牧)은 사절을 보내 위로하고 [그 뜻을] 깨닫도록 했는데, [그들은] **즉시** 모두 항복하고 스스로 고쳐 선량한 백성이 되었다.
- 貢**登時**出其母. (《三國志》〈吳書 孫破虜討逆傳注〉)
  허공(許貢)은 **즉시** 그(고대高岱)의 어머니를 풀어주었다.

【참고】

오르다: • 故不**登**高山, 不知天之高也. (《荀子》〈勸學〉) 그러므로 높은 산에 **오르지** 않으면 하늘의 높음을 알지 못한다.

等(등)

어조사 사건·사람·사물을 가리키는 명사나 대사 뒤에 쓰여 복수를 나타낸다. '~들(등)'이라고 해석한다. 이러한 용법의 '等(등)'은 대부분 독립적으로 뜻을 이룰 수 없으므로, 그것이 의지한 명사나 대명사를 떠나면 '多

(다)'의 의미를 나타내지 못한다.

• 公**等**皆去, 吾亦從此逝矣! (《史記》〈高祖本紀〉)

그대**들** 모두 떠나라, 나도 이로부터 떠나 [멀리] 갈 것이다!

• 今天下安定, 以愛欲易太子, 骨肉之間, 雖臣**等**百餘人何益! (《史記》〈留侯世家〉)

지금 천하는 안정되었으며 편애하여 태자를 바꾸려 하는 것은 부모 자식 사이[의 일인데], 비록 신**들**이 백여 명이라고 하나 무슨 보탬이 있겠는가!

• 是以竇太后滋不悅魏其**等**. (《史記》〈魏其武安侯列傳〉)

그래서 두태후는 위기 **등**을 더욱 좋아하지 않았다.

• 其後太祖與遂超**等**單馬會語. (《三國志》〈魏書 許褚傳〉)

그 뒤 태조(조조)는 한수(韓遂), 마초(馬超) **등**과 말에서 회담했다.

• 先主曰: "善!" 於是與亮情好日密. 關羽張飛**等**不悅, 先主解之曰: "孤之有孔明, 猶魚之有水也. 願諸君勿復言." 羽·飛乃止. (《三國志》〈蜀書 諸葛亮傳〉)

선주(유비)가 말했다. "좋다!" 그래서 제갈량과 감정이 좋아지고 나날이 친밀해졌다. 관우와 장비 **등**이 기뻐하지 않자, 유비가 그들에게 설명했다. "나에게 공명이 있음은 물고기에게 물이 있는 것과 같다. 바라건대 너희는 더 이상 말하지 마라." 관우와 장비는 이에 멈추었다.

• 權大悅, 卽遣周瑜·程普·魯肅**等**水軍三萬, 隨亮詣先主, 并力拒曹公. (《三國志》〈蜀書 諸葛亮傳〉)

손권은 매우 기뻐하며 즉시 주유·정보·노숙 **등** 수군 3만 명을 파견하여, 제갈량을 따라가 선주(유비)를 만나 힘을 합쳐 조공(조조)을 막도록 했다.

• 如去城郭近, 務須多種瓜菜·茄子**等**. (《齊民要術》〈雜說〉)

만일 성곽 근교에 간다면 오이와 가지 **등**의 채소를 많이 심는 데 힘쓸 것이다.

ㄷ

【참고】

① 등급: • 人之生, 不能無群, 群而無分則爭, 爭則亂, 亂則窮矣. …… 古者先王分割而**等**異之也. (《荀子》〈富國〉) 사람이 살아가는 데 무리를 짓지 않을 수 없는데, 무리 속에 있으면서 구분이 없으면 다툴 것이고, 다투면 혼란스럽게 될 것이고, 혼란스러우면 [국가가] 빈곤해질 것이다. …… 옛날 선왕은 사람을 구분하고 일정한 **등급**에 따라 그들을 구별했다. • 請自貶三**等**, 以督厥咎. (《三國志》〈蜀書 諸葛亮傳〉) **3등급** 강등하는 것으로써 제 허물을 문책해주기를 청합니다. • 星與日月同耳, 但以大小爲**等**差. (《顏氏家訓》〈歸心〉) 별과 해와 달은 똑같으나, 단지 크고 작음에 따라 **등급**의 차이가 있을 뿐이다.

② 상당하다: • 勃三尺微命◆, 一介書生, 無路請纓, **等**終軍之弱冠◆. (王勃, 〈滕王閣序〉◆) 나 왕발은 3척의 하찮은 관원이요, 일개 서생으로 밧줄을 청할 길이 없으나 나이는 종군의 약관에 **상당한다**. ◆三尺微命(삼척미명): 사(士)의 허리띠 길이가 3척이므로 낮은 관직을 뜻한다. 명(命)은 관직의 품계. ◆無路請纓 等終軍之弱冠(무로청영 등종군지약관): 한나라 무제가 남월과 화친하려 할 때 종군(終軍)이 약관의 나이로 자기에게 긴 밧줄을 주면 남월왕의 목을 매어 오겠다고 자청한 일이 있다. ◆〈滕王閣序(등왕각서)〉: 왕발이 염백서(閻伯嶼)의 등왕각 연회에 참석하여 좌중 빈객을 제치고 붓을 들어 일필휘지하여 완성한 글이다. 섬광처럼 빛나는 재기와 자유롭고 활달한 문체를 구사하여 문장이 마치 광풍이나 소나기, 폭포수같이 변화무쌍하고 풍부한 함축과 비유로써 무한한 의미를 더하고 있다.

③ 똑같다, 같다: • 今亡亦死, 擧大計亦死, **等**死, 死國可乎? (《史記》〈陳涉世家〉) 지금 도망가도 죽고 큰 계책을 일으켜도 죽는다면, 죽는 것은 **똑같으니** 나라를 위해 죽는 것이 좋지 않겠는가? • 居常鞅鞅◆, 羞與絳灌**等**列. (《漢書》〈韓信列傳〉) [한신은] 평상시 항상 불평했는데, 강후(絳侯, 주발周勃)·관영(灌嬰, 창문후昌文侯)과 **같은** 반열인 것을 치욕스러워했다. ◆鞅鞅(앙앙): 불평하는 모양. 원망하는 모양. • 王與君侯譬猶一體, 同休**等**戚, 禍福共之. (《三國志》〈蜀書 費詩傳〉) 왕과 군후는 비유하면 한 몸과 **같으니**, 똑같이 쉬고 똑같이 걱정하고 화와 복도 함께한다.

④ | '等輩(등배)' '等比(등비)'의 형태로 | 동료, 같은 무리: • 后惲坐大逆誅, 公卿奏惲黨友不宜處位, **等比**皆免. (《漢書》〈張敞列傳〉) 뒤에 양운(楊惲)은 대역죄에 연좌되어 죽임을 당했는데, 공경은 양운의 무리가 자리를 차지하고 있는 것은 옳지 않다고 상주하여 **동료들** 모두 면직되었다. • 若衡**等輩**, 不可多得. (《文選》〈薦禰衡表〉) 예형(禰衡)과 같은 **무리**는 많이 얻을 수 없다.

⑤ | '等閑(등한)'의 형태로 | 한가롭다: • 今年歡笑復明年, 秋月春風**等閑**度. (白居易, 〈琵琶行〉) 올해도 즐겁게 웃고 또 내년에도 [그렇게 하여] 봄바람 가을 달 따라 **한가로이** 보내세. • 長恨人心不如水, **等閑**平地起波瀾. (白居易, 〈竹枝詞〉) 사람 마음이 물과 같지 않음을 길게 한탄하고, **한가로운** 평지에서 파란이 일어나는구나.

|ㄹ|

來(래)

❶ **어조사** 글자 수를 맞출 뿐 별다른 뜻은 없다.《시경》《상서》 등에 드물게 나타난다.

- 祖考**來**格 …… 鳳凰**來**儀. (《尙書》〈益稷〉)
  조고가 이르시며 …… 봉황이 춤을 춘다.
- 豈不懷歸, 是用作歌, 將母**來**諗. (《詩經》〈小雅 四牡〉)
  어찌하여 돌아갈 생각을 못하는가, 이 때문에 노래를 지어 [나를 길러주신] 어머니를 생각한다.
  諗: 숨을 심
- 匪安匪游, 淮夷**來**求. (《詩經》〈大雅 江漢〉)
  편안하게 놀려는 것이 아니라 회이를 정벌하려 함이다.

❷ **어조사** 비유를 나타내는 글자나 단어 뒤에 쓰여 상황 혹은 상태가 서로 비슷함을 나타내며, '~같이' '~처럼'이라고 해석한다. 이러한 용법은 당송 대 이후의 작품에서 보인다.

- 花帽銖*來重, 綃裳水樣秋. (楊萬里, 〈觀迎神小兒社〉)

꽃모자의 무게는 수 **같고**, 비단옷은 가을 물 같다.

◆銖(수): 양(兩)의 24분의 1에 해당하는 무게. 아주 가벼움을 나타낸다.

銖: 중량 이름 수

• 近來愁似天**來**大, 誰解相憐. (辛棄疾, 〈丑奴兒〉)

근래 근심은 하늘**처럼** 크건만, 누가 서로 가엾게 여기는 것을 풀 수 있으리.

❸ 어조사 문장 끝에 쓰여 반문·희망·명령·의논·권유 등을 나타내며, 특별한 뜻은 없다. 때때로 '乎(호)' '兮(혜)' 등과 이어 쓰인다.

• 伯夷辟紂, 居北海之濱, 聞文王作興◆, 曰: "盍歸**乎來**? 吾聞西伯善養老者." (《孟子》〈離婁上〉)

백이는 주왕(紂王)을 피하여 북해의 바닷가에서 살았는데, 문왕이 일어났다는 것을 듣고 말했다. "어찌 돌아가지 않겠는가? 나는 서백이 노인을 잘 봉양한다고 들었다."

◆作興(작흥): 모든 것이 일어난다는 뜻.

辟: 피할 피

• 雖然, 若必有以也, 嘗以語我**來**. (《莊子》〈人間世〉)

비록 그러하지만 너는 반드시 까닭이 있을 테니 시험 삼아 그것을 나에게 말해보라.

• 子其有以語我**來**! (《莊子》〈人間世〉)

선생님, [어떻게 하면 될지] 제게 가르쳐주십시오.

• 歸去**來兮**, 田園將蕪, 胡不歸? (陶淵明, 〈歸去來辭〉◆)

돌아가자! 전원이 장차 황폐해지려 하는데, 어찌 돌아가지 않겠는가?

◆〈歸去來辭(귀거래사)〉: 진(晉)나라 도연명(陶淵明)이 임지인 팽택현(彭澤縣)의 현령직을 버리고 집으로 돌아올 때의 즐거운 마음을 술회한 글.

• 行路難, 歸去**來**. (李白, 〈行路難〉)

가는 길이 험난하니, 돌아가자.

❹ 어조사 단어 사이에 쓰여 음절을 완전하게 하거나 어기를 느슨하게 하며, 뜻은 없다.

- 旣醉旣飽, 福祿**來**反. (《詩經》〈周頌 執競〉)

  [선왕께서는] 이미 취하고 벌써 배부르니, 복록을 [우리에게] 내리시네.

- 吾幼**來**在家, 恒聞如是. (《晉書》〈石勒載記〉)

  내가 어렸을 때 집에서 항상 이와 같은 것을 들었다.

- 天如鏡面都**來**淨, 地似人心總不平. (羅隱, 〈晚眺〉)

  하늘은 마치 거울처럼 깨끗하지만, 땅은 사람 마음처럼 항상 평온하지 못하다.

- 一鵶飛立鉤欄角, 仔細看**來**還有鬚. (楊萬里, 〈鵶〉)

  까치 한 마리가 구란각 위로 날아올라, 자세히 보니 또 수염이구나.

❺ 어조사 사람을 부르거나 대답하는 말 뒤에 사용되며, 뜻은 없다.

- 鮒魚**來**, 子何爲者邪? (《莊子》〈外物〉)

  붕어야, 너는 무엇을 하고 있느냐?

  鮒: 붕어 부

- 固桑**來**, 吾門下食客者三千餘人, 朝食不足, 暮收市租; 暮食不足, 朝收市租, 吾尙可謂不好士乎? (《新序》〈雜事〉)

  고상아, 내 문하의 식객 3천여 명이 아침 식사가 부족하면 저녁에 세금을 징수하고, 저녁 식사가 부족하면 아침에 세금을 징수하는데, 내가 여전히 선비를 좋아하지 않는다고 말할 수 있는가?

❻ 어조사 동작 혹은 상황이 조금 전에 발생했거나 이미 완성되었음을 나타내며, 해석하지 않는다.

- 恪身經事蕭家**來**, 今日不忍見許事. (《陳書》〈沈恪傳〉)

  심각(沈恪) 자신은 일찍이 소가를 섬겼는데, 오늘은 일을 허락하는 것을 차마 못 보겠다.

• 覺**來**知是夢, 不勝悲. (韋莊, 〈女冠子〉)

깨어나보니 꿈인 것을 알고 슬픔을 금하지 못했다.

• 愁殺人**來**關月事? 得休休處且休休. (楊萬里, 〈竹枝歌〉)

죽은 사람을 걱정하는 것이 달과 무슨 상관이랴? 즐거울 때 또 즐거움을 다하자.

[참고]

① 오다: 不念昔者, 伊◆余**來**塈. (《詩經》〈邶風 谷風〉) 그 옛날에 내가 **와서** 쉬던 때를 생각하지 않는다. ◆伊(이): 발어사로서 어조를 강하게 하며 '惟(유)'와 같은 뜻이다. 伊: 어조사 이 • 去冀二百餘里, 超**來**逆戰, 軍不利. (《三國志》〈魏書 夏候淵傳〉) 기현(冀縣)에서 2백여 리 떨어진 곳까지 마초가 **와서** 맞아 싸웠으나 [하후연의] 군사들이 불리했다.

② 장래, 미래: • 不慕往, 不閔**來**. (《荀子》〈解蔽〉) 지난 것을 흠모하지 않고 **미래**의 것을 근심하지 않는다. • **來**年. 내년. '明年(명년)'과 같다. • **來**日. 내일. '明日(명일)'과 같다.

③ '以(이)' '而(이)' 혹은 기타 단어나 어구 뒤에 놓여, 어느 기준 이후의 시간을 나타낸다: • 由周以**來**, 七百有餘歲矣. (《孟子》〈公孫丑下〉) 주 왕조**로부터** [지금까지] 7백여 년이다. • 漢興以**來**. 한이 일어난 **이후**. • 爾**來**. ~**이후**로.

略(략)

부사 개략적인 상황·수량·정도를 나타내며, '거의' '대략' '대체로' '조금' 등으로 해석한다. 부정의 뜻을 지닌 '無(무)' '不(불)' 등과 이어 쓰이면 강한 부정을 나타내며, '극소수의' '전혀' '조금도 없이' '하나도 없이'라고 해석한다.

- 於是項梁乃教籍◆兵法, 籍大喜, **略**知其意, 又不肯竟學. (《史記》〈項羽本紀〉)

  이에 항량이 곧 항적(즉 항우)에게 병법을 가르치니 항우가 대단히 기뻐했지만, 그 뜻을 **대략** 알고는 끝까지 배우려 하지 않았다.

  ◆籍(적): 항우의 자.

- 請**略**陳固陋. (司馬遷, 〈報任安書〉)

  [저의] 변변치 못한 의견을 **대략** 말씀드리겠습니다.

- 至乎孝武, 元功宿將**略**盡. (《漢書》〈外戚恩澤侯表〉)

  효무제에 이르러 뛰어난 공신과 노련한 장수가 **거의** 없어졌다.

- 卓遣疑兵若將於平陰渡者, 潛遣銳衆從小平北渡, 繞擊其後, 大破之津北, 死者**略**盡. (《三國志》〈魏書 董卓傳〉)

  동탁은 위장병을 파견하여 평음에서 물을 건너려는 것처럼 보이게 하고, [한편으로는] 은밀히 정예부대를 파견하여 소평에서 북쪽으로 건너 [왕광의] 배후를 습격하도록 한 뒤 하양진 북쪽에서 이들을 크게 격파하니, 죽은 자가 **거의** 다였다.

  疑: 거짓 의 | 潛: 몰래 잠

- 性善算, 作算術, **略**盡其理. (《三國志》〈魏書 王粲傳〉)

  [왕찬은] 본성이 계산에 뛰어나 계산술을 만들었는데, **대체로** 그 이치를 다했다.

- 嘏議以爲. "淮海非賊輕行之路. 又昔孫權遣兵入海, 漂浪沈溺, **略**無孑遺." (《三國志》〈魏書 傅嘏傳〉)

  부하는 다음과 같이 생각했다. "회수(淮水)와 바다는 적군이 쉽게 나아갈 수 있는 길이 아니다. 또 옛날 손권은 병사를 파견하여 바다로 들어가게 했는데, 풍랑으로 침몰하고 익사하여 살아남은 자가 **거의** 없었다."

瑕: 클 하 | 漂: 떠다닐 표 | 沈: 가라앉을 침 | 孑: 나머지 혈

• 左右死傷者**略**盡. (《三國志》〈魏書 典韋傳〉)

[그의] 좌우의 사람들은 사상자가 **대부분**이었다.

• 兩岸連山, **略**無闕處. (《水經注》〈江水〉)

양쪽 언덕에 산이 연이어 있어, **전혀** 빈 곳이 없구나.

闕: 이지러뜨릴 궐

• 種之, 生且蕃, **略**無異彼土. (徐光啓, 〈甘薯疏序〉)

그것을 심었는데, 살아나서 무성하게 자란 것이 다른 땅에서 자란 것과 **전혀** 차이가 없었다.

[참고]

① 경계(境界): • 天子經**略**. (《左傳》昭公七年) 천자는 **경계 지역**을 다스렸다.

② 순행, 순시: • 公曰: "吾將**略**地焉." (《左傳》隱公五年) 공이 말했다. "나는 장차 [그] 지방을 **순행**하겠다."

③ 강탈하다, 빼앗다: • 楚子爲舟師◆, 以**略**吳疆. (《左傳》昭公二十四年) 초나라 왕은 수군을 설립하여 오나라의 영토를 **공략했다**. ◆舟師(주사): 수군. • 侵**略**. 침입하여 **빼앗다**. • 攻城**略**地. (《漢書》〈高帝紀〉) 성을 공략하고 땅을 **점령하다**.

④ 모략, 지모: • 絳侯質木, 多**略**寡言. (陸機, 〈漢高祖功臣頌〉) 강후(주발)는 질박하고 강인하며, **지모**가 많고 말이 적었다. • 雄才大**略**. 뛰어난 재주와 큰 **지략**.

⑤ 개요, 대개: • 然而軻也嘗聞其**略**也. (《孟子》〈萬章下〉) 그러나 나 맹자 또한 일찍이 그것의 **개요**를 들었다. • 事**略**. 일의 **대략**. • 史**略**. 역사의 **개요**.

⑥ '繁(번)' '詳(상)'과 상대적으로 쓰인다. 간략하다: • 加以一字太詳, 減其一字太**略**. (《史通》〈敍事〉) 한 글자를 더하면 너무 자세하고, 한 글자를 빼면 너무 **소략하다**.

良(량)

❶ **부사** 동작·행위·상황의 정도가 깊음을 나타내며, '꽤' '매우' '한참' 등으로 해석한다.

- 秦始皇默然**良**久. (《史記》〈秦始皇本紀〉)

  진시황은 말없이 **꽤** 오래 있었다.

- 孝公旣見衛鞅◆, 語事**良**久, 孝公時時睡, 弗聽. (《史記》〈商君列傳〉)

  효공이 위앙을 접견하자 [위앙은] **매우** 오랫동안 국사를 말했으나 효공은 때때로 졸면서 듣지 않았다.

  ◆衛鞅(위앙): 전국시대 진(秦)나라의 정치가 상앙(商鞅). 앙은 젊었을 때에 형명(刑名)에 관한 학문을 좋아했다. 뒤에 진나라 효공(孝公)의 재상이 되어 변법(變法)의 영(令)을 정한 뒤 정전(井田)을 폐지하고 천맥(阡陌)을 개간하고 부세의 법을 개정하여 부국강병의 치적을 이룩했다. 그러나 한길에 재를 버린 자도 처벌할 만큼 법이 혹독하여, 결국 그 자신을 죽음에 이르게까지 했다.

- 韓御史**良**久謂丞相曰: "君何不自喜?" (《史記》〈魏其武安侯列傳〉)

  한 어사는 **매우** 오랫동안 있다가 승상에게 말했다. "당신은 어찌하여 스스로 기뻐하지 않습니까?"

- 天子以爲老, 弗許; **良**久乃許之, 以爲前將軍. 是歲, 元狩四年也. (《史記》〈李將軍列傳〉)

  천자는 그가 늙었다며 허락하지 않다가 **한참 뒤에** 허락하고는 전장군(前將軍)으로 삼았다. 이해가 원수 4년이었다.

- 上旣聞廉頗·李牧爲人, **良**說. (《漢書》〈馮唐列傳〉)

  황상은 염파와 이목의 사람됨을 듣고 **매우** 기뻐했다.

- 淸榮峻茂, **良**多趣味◆. (《水經注》〈江水〉)

  [물이] 맑고 [나무가] 아름다우며 [산이] 빼어나고 [풀이] 무성한 것이

매우 다채롭구나.

◆趣味(취미): 감흥을 느끼어 마음이 당기는 멋, 흥취.

• 德璉◆常斐然有述作之意, 其才學足以著書, 美志不遂, **良**可痛惜. (曹丕, 〈與吳質書〉)

응창은 항상 문채가 뛰어나고 저작에 뜻이 있었으며, 그의 재능과 학식이면 글을 족히 쓸 수 있었는데, 아름다운 뜻을 이루지도 못했으니 **매우** 애석하다.

◆德璉(덕연): 응창(應瑒)의 자. 삼국시대 문인으로 왕찬(王粲), 진림(陳琳) 등과 함께 건안칠자(建安七子)로 불린다.

❷ **부사** 알고 있는 것 혹은 전하는 일이 사실과 일치함을 나타내며, '실제로' '정말로' '확실히' 등으로 해석한다.

• 功未**良**成, 而志已滿矣. (《春秋繁露》〈精華〉)

공은 아직 **확실히** 이루지 못했지만, 뜻은 이미 가득 찼다.

• 諸將皆以趙氏孤兒**良**已死, 皆喜. (《史記》〈趙世家〉)

여러 장군은 모두 조씨의 고아가 **확실히** 이미 죽었다고 여기며, 다 같이 기뻐했다.

• 余視其母冢, **良**然. (《史記》〈淮陰侯列傳〉)

나는 그의 어머니 묘가 **실제로** 그러함을 보았다.

• 中國其**良**絶矣. (《漢書》〈五行志〉)

중원 지방은 **정말로** 단절되었다.

• 古人秉燭夜游, **良**有以也. (曹丕, 〈與吳質書〉)

옛사람들이 촛불을 환히 밝히고 밤에 논 것이 **정말로** 이유가 있었다.

• 文帝聞而恚之曰: "杜襲之輕薄尙, **良**有以也." 然以舊臣, 恩寵不衰. (《三國志》〈魏書 夏侯尙傳〉)

문제는 [이 소식을] 듣고 성을 내며 말했다. "두습이 하후상을 경멸한 것은 **진실로** 까닭이 있구나." 그러나 [하후상은 선제 이래의] 원로대신이었으므로 [그에 대한] 은총이 줄지는 않았다.

• 麑稍大, 忘己之麋也, 以爲犬**良**我友. (柳宗元, 〈三戒 臨江之麋〉)

아기 사슴은 점점 성장하면서 자기가 사슴인 것을 잊고, 개를 **정말로** 자기 친구로 여겼다.

麑: 아기 사슴 예 | 稍: 점점 초 | 麋: 순록 미

ㄹ

【참고】

① 좋다, 선량하다: • **良**藥苦於口, 利於病; 忠言逆於耳, 利於行. (《說苑》〈正諫〉) **좋은** 약은 입에 쓰지만 병에 이롭고, 충성스런 말은 귀에 거슬리지만 행동에 이롭다. • **良**辰美景. **좋은** 시절과 아름다운 경치. • 居心不**良**. 마음을 두는 것이 **선량하지** 않다. • 小大之臣, 咸懷忠**良**. (《尙書》〈冏命〉) 크고 작은 신하들 모두 마음속에 충성심과 **선량함**이 있다.

② 어질다: • 元首明哉, 股肱**良**哉, 庶事康哉. (《尙書》〈益稷〉) 원수가 명철하면 대신이 **어질어서** 모든 일이 안정될 것이다.

慮(려)

부사 행위·상황·사실이 대략 그러함을 나타내며, '거의' '대개' '무릇' 등으로 해석한다.

• 知强大者, 不務强也, **慮**以王命全其力, 凝其德. (《荀子》〈王制〉)

강대함을 아는 사람은 강해지려고 힘쓰지 않으며, **대개** 왕명으로 그의 힘을 온전히 하고 그의 덕망을 굳건히 한다.

• 若此諸王, 雖名爲臣, 實皆有布衣昆弟之心, **慮**亡不帝制而天子自爲者. (賈

誼,〈治安策〉)

이와 같은 제후 왕들은 비록 명목상으로는 신하이지만 실제로는 모두 벼슬길에 오르지 않던 시절에 형제로 지내던 마음이 있어서, **대개** 황제 제도를 세워 스스로 천자가 되려고 하지 않음이 없다.

昆: 형 곤

• 夫萬乘至重, 而壯者**慮**輕. (《後漢書》〈明帝紀〉)

무릇 만승(제왕)은 매우 귀중하지만, 장자는 **대개** 경시한다.

• 地制一定, 宗室子孫, **慮**莫不王. (《新書》〈五美〉)

토지를 분봉하는 제도가 일단 정해지면, 종실의 자손들은 **대개** 왕으로 봉해지지 않음이 없다.

【참고】

① 생각하다, 계산하다: • 智者千**慮**, 必有一失; 愚者千**慮**, 必有一得. 지혜로운 사람도 천 번을 **생각하면** 반드시 한 번의 실수가 있고, 어리석은 사람도 천 번을 **생각하면** 반드시 한 번의 얻음이 있다. • 夫惟無**慮**而易敵者, 必擒於人. (《孫子兵法》〈行軍〉) **계획**이 없으면서 적을 경시하는 자는 반드시 다른 사람에게 잡히게 된다.

② 생각, 뜻: • 心煩**慮**亂. (屈原, 〈卜居〉) 마음이 번거롭고 **생각**이 어지럽다.

③ 근심, 걱정: • 蕭蕭北風勁, 撫事煎百**慮**. (杜甫, 〈羌村〉 其二) 쓸쓸한 북풍이 사나운데, 여러 일 생각하니 온갖 **걱정**이 타오른다.

慮率(려솔)

부사 행위나 상황이 대략 그러함을 나타내며, '거의' '대개'라고 해석한다.

• 爲人主上者也, 其所以接下之百姓者. 無禮義忠信焉, **慮率**用賞慶·刑罰·

勢·詐隆阨其下, 獲其功而已矣. (《荀子》〈議兵〉)

백성의 군주 된 자가 아래의 백성을 응대할 때 예의와 충성과 믿음이 없으면, **대개** 포상·형벌·권세·속임수로 그 아랫사람들을 압박하여 그들의 공을 얻을 뿐이다.

令(령)

접속사 가설을 나타내며, '가령' '만약'이라고 해석한다.

• 晏子曰: "幸矣章遇君也! **令** 章遇桀紂者, 章死久矣." (《晏子春秋》〈內篇諫上〉)

안자가 말했다. "다행이구나, 현장(弦章)이 [어진] 군주를 만났으니! **만일** 현장이 걸이나 주를 만났다면, 현장은 죽은 지 오래일 것이다."

• **令**耕漁不爭, 陶器不窳, 舜又何德而化? (《韓非子》〈難一〉)

만일 밭 갈고 고기 잡는 일에 서로 다투지 않고 도자기의 질이 나쁘지 않다면, 순임금이 또다시 무슨 덕행으로 감화시키겠는가?

窳: 이지러질 유

• 此彈丸之地, 猶不予也; **令**秦來年復攻, 王得無割其內而媾乎? (《戰國策》〈趙策三〉)

이 탄환만 한 땅도 오히려 [진나라에] 주지 않는데, **만약** 진나라가 내년에 또 공격해오더라도 왕은 땅을 분할하지 않고 평화를 구하겠습니까?

• 今我在也, 而人皆藉吾弟; **令**我百歲後, 皆魚肉◆之矣. (《史記》〈魏其武安侯列傳〉)

지금 내가 살아 있는데도 사람들은 모두 내 동생을 업신여기니, **만일** 내가 죽으면 모두 그를 죽일 것이다.

◆魚肉(어육): 생선과 짐승의 고기로, 참살(斬殺)당하는 것을 비유한다.

藉: 업신여길 적

- 文帝怒曰: "此人親驚吾馬. 吾馬賴柔和, **令**他馬, 固不敗傷我乎?" (《史記》〈張釋之馮唐列傳〉)

  문제는 화를 내며 말했다. "이 사람이 직접 나의 말을 놀라게 했다. [다행히도] 말의 성정이 온화했기에 망정이지, **만약** 다른 말이었다면 정녕 나를 다치게 하지 않았겠는가?"

- 王莽末, 天水童謠曰: "出吳門, 望緹群. 見一蹇人, 言欲上天, **令**天可上, 地上安得民!" (《後漢書》〈五行志〉)

  왕망의 말년, 천수의 동요에 이런 가사가 있었다. "오문 밖을 나서서 제군산을 바라본다. 한 절름발이를 보니 하늘에 오르려 한다고 말하네. **만일** 하늘을 오를 수 있다면 땅 위에서 어찌 백성을 얻으리!"

【참고】

① 명령하다: • 不**令**而行. **명령하지** 않아도 행한다. • 朝**令**夕改. 아침에 **명령하고** 저녁에 고친다.

② ~하게 하다, ~에게 ~을 시키다: • 利**令**智昏. 이익은 지혜 있는 자를 혼미**하게 한다**. • 今有小人之言, **令**將軍與臣有郤. (《史記》〈項羽本紀〉) 지금 소인의 말은 장군과 신 사이에 틈이 있**게 하려고 한다**.

③ 명령: • **令**行禁止. **명령**은 행하고, 금하는 것은 하지 않는다.

④ 좋다, 훌륭하다: • **令**德. **훌륭한** 덕. • **令**名. **훌륭한** 명성. • **令**聞. **좋은** 소문.

⑤ 다른 사람의 친척이나 관련 있는 사람에 대한 존칭으로 쓴다: • **令**堂. 남의 어머니. • **令**郎. 남의 아들. • **令**愛. 남의 딸. • **令**友. 남의 벗. • **令**尊. 남의 아버지. • **令**弟. 남의 아우. • **令**兄. 남의 형.

了(료)

❶ 부사 통상 부정의 뜻을 지닌 '無(무)'나 '不(불)'의 앞에 쓰여 뒤의 단어가 가리키는 행위나 사물, 동사가 서술하는 동작 혹은 행위를 완전히 부정하며, '전혀' '조금도'라고 해석한다.

- 庾子嵩讀《莊子》, 開卷一尺許, 便放去, 曰: "**了**不異人意." (《世說新語》〈文學〉)

  유자숭은《장자》를 읽을 때 책을 펼쳐 약간 읽더니 옆으로 내팽개치며 말했다. "다른 사람들의 생각과 **전혀** 차이가 없다."

- **了**無一可悅. (陶淵明, 〈癸卯歲十二月中作〉)

  즐거워할 것이 **전혀** 하나도 없다.

- 水中之月, **了**不可取. (李白, 〈志公畫贊〉)

  물속의 달은 **조금도** 취할 수 없다.

- 嬴顚劉蹶**了**不聞, 地拆天分非所恤. (韓愈, 〈桃源圖〉)

  진나라 엎어지고 한나라 넘어진 것 **전혀** 듣지 못했고, 땅 터지고 하늘 갈라져도 근심할 바 아니네.

- 謝安得驛書, 知秦兵已敗. 時方與客圍棋, 攝書置床上, **了**無喜色, 圍棋如故. (《資治通鑑》〈晉紀〉孝武帝太元八年)

  사안은 역마의 편지를 받고 진나라 병사가 이미 패했음을 알았다. 그 당시 마침 손님과 바둑을 두고 있었는데, 받은 편지를 상 위에 놓고는 **전혀** 기뻐하는 기색이 없었고 바둑을 두는 것이 여전했다.

  攝: 잡을 섭, 받을 섭

❷ 부사 동작·행위·현상 등이 비교적 긴 과정을 거친 뒤의 결과임을 나타내며, '마지막에'라고 해석한다.

- **了**復何益? (《唐書》〈姚南仲傳〉)

  마지막에는 또 어떤 이익이 있는가?

- **了**知不是夢, 忽忽心未安穩. (陳師道, 〈示三子詩〉)

  마지막에는 꿈이 아님을 알았으나, 불안하여 마음이 안정되지 않았다.

【참고】

① 끝나다: • 事**了**拂衣去. (李白, 〈俠客行〉) 일이 **끝나자** 옷을 털고 떠났다. • 玄就車與語曰: "吾久欲注, 尙未**了**, 聽君向言, 多與吾同. 今當盡以所注與君." 遂爲服氏注. (《世說新語》〈文學〉) 정현(鄭玄)은 수레로 가서 말했다. "나는 오랫동안 [《춘추전(春秋傳)》에] 주를 달려고 했지만 아직 **끝내지** 못했는데, 방금 너의 말을 들어보니 [뜻이] 대부분 나와 같다. 그러니 지금 내가 주를 단 것을 모두 그대에게 주겠다." 그래서 복씨의 주가 완성되었다.

② 이해하다: • 卿殊不**了**事. (《南史》〈蔡撙傳〉) 그대는 특히 사리를 **이해하지** 못한다. • 孰能**了**僕於冥冥之間哉? (柳宗元, 〈與肖翰林俛書〉) 누가 드러나지 않는 가운데서 나를 **이해할** 수 있겠는가?

了然(료연)

부사 전체를 총괄하며, 부정의 뜻을 나타내는 말 앞에 쓰이면 뜻을 강조한다. '완전히' '전부' 등으로 해석한다.

- 我今實多幸, 事與心和會. 內外及中間, **了然**無一碍. (白居易, 〈自在〉)

  나는 지금 실로 다행히도 일과 마음이 조화롭게 만났다. 안팎과 중간이 하나의 거리낌도 없다.

  碍: 거리낄 애

聊(료)

❶ **부사** 짧은 시간을 나타내며, '잠깐' '잠시'라고 해석한다.

- 詩曰: "優哉游哉, **聊**以卒歲." (《左傳》 襄公二十一年)

  《시경》에서 말했다. "자유로이 거닐자, **잠시** 이렇게 세월을 보내자."

- 登大墳以遠望兮. **聊**以舒吾憂心. (《楚辭》〈哀郢〉)

  높은 언덕에 올라 멀리 바라보는구나. **잠시** 이렇게 하여 나의 근심스런 마음을 풀어보자.

  墳: 언덕 분 | 舒: 펼 서 | 郢: 초나라 서울 영

- 寐從容以周流兮, **聊**逍遙以自恃. (《楚辭》〈悲回風〉)

  깨어나서 조용히 주위를 떠돌고, **잠시** 소요하며 스스로 편안해진다.

- 張廷尉方今天下名臣, 吾故**聊**辱廷尉, 使跪結襪, 欲以重之. (《史記》〈張釋之馮唐列傳〉)

  장정위는 지금 천하의 훌륭한 신하인데, 나는 고의로 **잠시** 정위를 모욕하여 무릎을 꿇고 [나의] 버선을 매게 하여 그를 더욱 존경하도록 하려고 했다.

  跪: 꿇어앉을 궤 | 襪: 버선 말 | 重: 중히 여길 중

- 策我良馬, 被我輕裘, 載馳載驅, **聊**以忘憂. (曹丕, 〈善哉行〉)

  나의 훌륭한 말을 몰고, 나의 가벼운 갖옷을 입고, 달리고 달려서 **잠시** 근심을 잊는다.

- 劉眞長*, 王仲祖*共行, 日旰未食. 有相識小人貽其餐, 殽案甚盛, 眞長辭焉. 仲祖曰: "**聊**以充虛, 何故辭?" (《世說新語》〈方正〉)

  유진장과 왕중조가 동행했는데 날이 저물도록 식사를 하지 못했다. 그들을 아는 어떤 사람이 그들에게 만찬을 베풀어 식탁에 채소와 고기가 풍성했는데, 유진장이 사양했다. 중조가 말했다. "**잠시** 그것으로 빈 배를

채우지 어찌 사양합니까?"

◆劉眞長(유진장): 유담(劉惔).

◆王仲祖(왕중조): 왕몽(王濛).

❷ **부사** 개략적인 상황과 적은 수량, 낮은 정도를 나타내며, '대개' '대체로' '약간' '조금'이라고 해석한다.

- 開春理常業, 歲功**聊**可觀. (陶淵明, 〈庚戌歲九月中於西田獲早稻〉)

  봄이 시작되자마자 경작을 하니, 올해 수확은 **대체로** 볼만하겠구나.

- 弱女◆雖非男, 慰情**聊**勝無. (陶淵明, 〈和劉柴桑〉)

  맛없는 술(물 탄 술)은 비록 좋은 술이 아니지만, 마음을 위로하여 **조금** 무료함을 이긴다.

  ◆弱女(약녀): 나이가 어린 여자라는 뜻이지만, 도연명의 사상에 비추어볼 때 박주(薄酒, 맛없는 술)로 해석하고 아울러 '男(남)'도 좋은 술로 해석한다.

【참고】

① 의지하다: • 民不**聊**生. 백성이 생업에 **의지하지** 못한다. • 使天下父子不相**聊**. (《史記》 〈張耳◆陳餘◆列傳〉) 천하의 아버지와 아들이 서로 **의지하지** 못하게 한다. ◆張耳(장이): 진(秦)나라 말 한(漢)나라 초 군웅(群雄)의 한 사람이며, 진승(陳勝)·오광(吳廣)이 거병하자 문경지우(吻頸之友)인 진여(陳餘)와 함께 조나라에 가서 정승이 되었다. 장이가 진나라 군대에게 포위되었을 때 진여가 구원을 거절하고, 또 진나라가 망한 후 진여가 제(齊)나라 군사를 끌어들여 조나라를 공략했으므로 장이는 한고조(유방)에게 귀속하여 한신(韓信)과 더불어 정경(井陘)에서 진여를 죽였다. 그다음 해에 장이는 조왕(趙王)으로 봉해졌다. ◆陳餘(진여): 진(秦)나라 말 군웅의 한 사람으로서 처음에는 장이(張耳)와 문경지교(刎頸之交)를 맺고 조나라 왕을 섬겼다. 그러나 후에 진나라 군대에게 포위된 장이의 구원 요청을 거절했고, 더욱이 상산왕(常山王)으로 봉해진 장이를 습격하기도 했다. 결국 한나라로 투항한 장이와 한신의 군대에 패하여 지수(泜水)가에서 죽었다.

② ['賴(뢰)'와 함께 쓰여] 의탁하다: • 百無**聊賴**. 많은 사람이 **의탁할** 것이 없다.

聊無(료무)

부사 전혀 없음을 나타내며, '조금도 ~없다'라고 해석한다.

- 縝在其間, **聊無**恥愧. (《南史》〈范縝傳〉)
  범진(范縝)은 그들 사이에 있었지만, **조금도** 부끄러운 기색이 **없었다**.

ㄹ

犁(리)

전치사 어떤 동작이나 행위의 발생 시점을 나타낸다. '~녘에' '~쯤' '~할 무렵' 등으로 해석한다.

- 太公聞之, 夜衣而行, **犁**明至國. (《史記》〈齊太公世家〉)
  태공은 이 말을 듣고서 한밤중에 옷을 입고 떠나 새벽**녘에** 봉국에 닿았다.
- 重耳謂其妻曰: "待我二十五年不來, 乃嫁." 其妻笑曰: "**犁**二十五年, 吾冢上柏大矣. (《史記》〈晉世家〉)
  중이가 그의 아내에게 말했다. "나를 기다린 지 25년이 되어도 오지 않으면 개가하시오." 그의 아내가 웃으며 말했다. "25년**쯤이면** 제 무덤의 측백나무도 자라 있을 것입니다."
- 太后聞其獨居, 使人持酖飮之. **犁**明, 孝惠還, 趙王已死. (《史記》〈呂太后本紀〉)
  태후는 그가 혼자 있다는 말을 듣고, 사람을 보내어 짐독을 [탄 술을] 가지고 가 그에게 먹였다. 날이 밝을 **무렵** 효혜제가 돌아와보니 조왕은 이미 죽어 있었다.

酖: 독주 짐

• **犁**旦, 城中皆降伏波. (《史記》〈南越列傳〉)

새벽**녘에** 성안 군사들이 모두 복파 장군에게 항복했다.

立(립)

부사 행동이나 상황이 바로 발생함을 나타내며, '곧장' '즉시'라고 해석한다.

• 故我有善則**立**譽我; 我有過則**立**毁我. (《管子》〈小稱〉)

그러므로 내가 잘한 것이 있으면 **즉시** 나를 칭찬하고, 내가 잘못한 것이 있으면 **곧장** 나를 책망해라.

• 沛公至軍, **立**誅曹無傷. (《史記》〈項羽本紀〉)

패공은 군영에 돌아오자, **즉시** 조무상을 죽였다.

• 廣曰: "吾去大軍數十里. 今如此以百騎走, 匈奴追射我**立**盡. 今我留, 匈奴必以我爲大軍之誘, 必不敢擊我." (《史記》〈李將軍列傳〉)

이광(李廣)이 말했다. "우리는 [본진의] 대군에서 몇십 리 떨어져 있다. 만일 이러한 상황에서 기병 백 명으로 달아난다면, 흉노들이 우리에게 활을 쏘며 뒤쫓아 와 **순식간에** 전멸할 것이다. 지금 우리가 [이곳에] 머물러 있으면 흉노들은 틀림없이 우리를 대군을 꾄 유인병으로 알고 감히 공격하지 못할 것이다."

騎: 말 탈 기 | 誘: 꾈 유

• 且秦强而趙弱, 大王遣一介之使至趙, 趙**立**奉璧來. (《史記》〈廉頗藺相如列傳〉)

또한 진나라는 강하고 조나라는 약하니, 대왕께서 한 명의 사신을 조나라에 이르게 하면, 조나라는 **즉시** 화씨벽(和氏璧)을 받들고 올 것입니다.

• 撥劍, 劍長, 操其室. 時惶恐, 劍堅, 故不可**立**撥. (《史記》〈刺客列傳〉)

[진왕(秦王)은] 칼을 뽑으려 했으나 칼이 길어서 칼집만 잡았다. 이때는 당황한 데다 칼이 꽉 꽂혀 있었기 때문에 **즉시** 뽑을 수가 없었다.

室: 칼집 실

• 句驪沛者名得來, 數諫宮, 宮不從其言. 得來歎曰: "**立**見此地將生蓬蒿." 遂不食而死, 擧國賢之. (《三國志》〈魏書 毌丘儉傳〉)

고구려의 패자(沛者, 관직명) 득래가 궁에게 여러 차례 간언했지만, 궁은 그의 말을 따르지 않았다. 득래는 한탄하며 "**곧** 이 땅에 쑥이 자라는 것을 보게 되리라." 하고는 굶어 죽으니, 온 나라 사람이 그를 어질다고 여겼다.

蓬: 쑥 봉 | 蒿: 쑥 호

【참고】

① 서다: • 子路拱而**立**. (《論語》〈微子〉) 자로는 두 손을 맞잡고 **서** 있었다.

② 수립하다, 설치하다, 설립하다, 건립하다: • **立**太師·太傅·太保. (《尙書》〈周官〉) 태사·태부·태보(이를 삼공三公이라 함)를 **설치했다**. • **立**宗廟於薛. (《戰國策》〈齊策四〉) 설 땅에 종묘를 **건립했다**.

③ [제왕이나 제후의 지위에] 오르다: • 莊襄王卒, 子政**立**, 是爲始皇帝. (《史記》〈秦始皇本紀〉) 장양왕이 죽고 아들 정이 **즉위하니**, 이가 시황제다. • 項羽乃**立**章邯爲雍王. (《史記》〈項羽本紀〉) 항우는 곧 장한(章邯)을 [제후의 자리에] **오르게** 하여 옹왕으로 삼았다.

ㄹ

ㅁ

ㅁ

莫(막)

❶ **부사** 동작 혹은 행위의 금지를 나타내며, '~하지 마라' '~해서는 안 된다'라고 해석한다.

- **莫**如此不從其伍之令! (《國語》〈吳語〉)
  이처럼 그 대오의 명령을 따르지 않아**서는 안 된다**.
- **莫**爲盜, **莫**爲殺人! (《莊子》〈則陽〉)
  강도질을 **해서도 안 되고**, 사람을 죽여**서도 안 된다**.
- 君有急病見於面, **莫**多飮酒. (《三國志》〈魏書 華佗傳〉)
  당신은 급병이 있음이 얼굴에 나타나니 술을 많이 마시**지 마시오**.
- 作書與內舍◆ "便嫁**莫**留住!" (陳琳, 〈飮馬長城窟行〉)
  글을 지어 안채(부인)에 주면서 "곧 시집가고 눌러 살**지 마시오!**"라고 했다.
  ◆內舍(내사): 부녀자가 사는 곳. 안채.
  窟: 움 굴
- 願早定大計, **莫**用衆人之議也. (《資治通鑑》〈漢紀〉 獻帝建安十三年)
  원컨대 일찌감치 큰 계획을 정하시고, 사람들의 의견을 받아들이**지 마십시오**.

• **莫**言無德堪傳後. (李荇·洪彦弼,《新增東國輿地勝覽》)

후세에 전할 만한 덕이 없다고 말**하지 마시오**.

• **莫**執文, 直須了義, 一一歸就自己契合本宗, 則無師之智, 自然現前, 天眞之理了然. (知訥,〈修心訣〉)

글에 집착**하지 말고**, 의를 바로 이해하며, 하나하나 자기에게 돌려 근본에 합치되면 스승이 필요 없는 지혜가 저절로 앞에 나타나고, 참된 이치가 분명하게 된다.

• 爲是爲非人**莫**問. 只應殘月◆曉星知. (李齊賢,《鄭瓜亭曲》)

옳음이 되고 그름이 되는 것을 사람들은 묻**지 마시오**. 다만 새벽달과 새벽별만이 알 것이오.

◆殘月(잔월): 날이 밝을 때까지 남아 있는 달. 새벽달.

❷ **부사** 동사를 부정하며, '~하지 않다'라고 해석한다.

• 子曰: "不患無位, 患所以立. 不患**莫**己知, 求爲可知也." (《論語》〈里仁〉)

공자께서 말씀하셨다. "지위가 없는 것을 근심하지 말고, [그 자리에] 설 능력을 근심하라. 자기를 알아주는 사람이 **없음**을 근심하지 말고, [다른 사람이] 알아줄 만하도록 되는 것을 추구하라."

• 小子◆何**莫**學夫詩? (《論語》〈陽貨〉)

너희는 어찌하여 아무도 《시(詩)》를 배우**지 않느냐**?

◆小子(소자): 제자나 손아랫사람을 사랑스럽게 부르는 말.

• 君臣之利異, 故人臣**莫**忠. (《韓非子》〈內儲說下〉)

군주와 신하의 이익에는 차이가 있기 때문에 신하들은 [군주에게] 충성**하지 않는다**.

• 群臣**莫**對. (《戰國策》〈楚策一〉)

신하들은 아무도 대답**하지 않았다**.

• 一府中皆慴伏, **莫**敢起. (《史記》〈項羽本紀〉)

군부(郡府) 사람 모두 두려워하여 엎드리고 감히 일어나**지 못했다**.

懾: 두려워할 섭

- 其計秘, 世**莫**得聞. (《史記》〈陳丞相世家〉)

그 계획은 비밀이라 세상 사람들은 알아들을 수가 **없었다**.

- 諸將皆**莫**信. (《史記》〈淮陰侯列傳〉)

장군들은 아무도 믿**지 않았다**.

- 殘賊公行, **莫**之或止; 大命將泛, **莫**之振救. (賈誼, 〈論積貯疏〉)

남아 있는 도적이 공공연히 다니지만 아무도 막**지 못하고**, 국가의 운명이 전복되려고 하는데도 아무도 구제하**지 못한다**.

- 至美素璞, 物**莫**能飾也. (《鹽鐵論》〈殊路〉)

가장 아름다운 천연 보석은 다른 것으로 장식할 수 **없다**.

- **莫**有北首燕路者. (《三國志》〈吳書 宗室傳注〉)

북쪽으로 머리를 돌려 연나라로 가는 사람은 **없었다**.

- 且看欲盡花經眼, **莫**厭傷多酒入脣. (杜甫, 〈曲江〉)

시들려는 꽃이 눈을 스치는 것을 잠시 바라보고, 많은 술이 입에 들어옴을 마다하**지 않는다**.

且: 잠시 차 | 脣: 입술 순

- 彼其初與萬物皆生, 草木榛榛◆, 鹿豕狉狉◆, 人不能搏噬, 而且無毛羽, **莫**克自奉自衛. (柳宗元, 〈封建論〉)

저들(인류)은 시초에 만물과 함께 생활했는데, [그때는] 풀과 나무가 무성하게 자랐으며 사슴과 돼지(들짐승)가 떼를 지어 뛰어다녔으나, 인류는 치거나 물지도 못하고 털이나 날개도 없어서 자신을 봉양하거나 스스로 보호할 수 **없었다**.

◆榛榛(진진): 초목이 어지럽게 나 있는 모양.

◆狉狉(비비): 짐승이 떼를 지어 달리는 모양.

搏: 칠 박 | 噬: 깨물 서

ㅁ

• 自張柴村以東道路, 皆官軍所未嘗行, 人人自以爲必死; 然畏愬, **莫**敢違. (《資治通鑑》〈唐紀〉 憲宗元和十二年)

장시촌 동쪽 길은 모두 관군이 일찍이 가본 적이 없는 곳이므로 사람들은 스스로 반드시 죽을 것이라고 여겼으나, 이소(李愬)를 두려워하여 감히 [누구도] 저항하**지 못했다**.

• 一旦早起出戶, **莫**知其所歸. (李仁老, 《破閑集》)

어느 날 아침 일찍 일어나 문을 나간 후, 간 곳을 알**지 못했다**.

❸ **부사** 추측을 나타내며, '대개' '대략'이라고 해석한다. 용례는 많지 않다.

• 獄之將上也, 韓世忠不平, 詣檜詰其實. 檜曰: "飛子雲與張憲書雖不明, 其事體**莫**須有." 世忠曰: "'**莫**須有', 三字何以服天下?" (《宋史》〈岳飛傳〉)

[악비(岳飛)의] 판결을 곧 고종(高宗)에게 보고하려 하니, 한세충이 불평하며 진회(秦檜)를 찾아가 그 실정을 물었다. 진회가 "악비의 아들 악운(岳雲)이 장헌에게 준 편지에 비록 분명하지는 않지만 그 일의 실체가 **대략** 반드시 있다."라고 하니, 한세충이 "'**대략** 반드시 있다'라는 몇 글자를 가지고 어떻게 천하 사람을 승복시키겠는가?"라고 했다.

獄: 판결 옥

• 恐君精思, 亦**莫**止此. (《捫蝨新語》〈草率課〉)

아마도 당신이 깊이 생각하면, 또한 **대략** 여기에는 이를 것이다.

[참고]

| '莫'을 '막'으로 읽으면 | 없다: • 過而能改, 善**莫**大焉. (《左傳》 宣公二年) 잘못을 했어도 고칠 수 있으면 이보다 더 큰 선은 **없다**. • 間於天地之間, **莫**貴於人. (《孫臏兵法》〈月戰〉) 천지 사이에 섞여 있는 것 중에서 인간보다 귀한 것은 **없다**. 間: 섞일 간 • 吾有老父, 身死, **莫**之養也. (《韓非子》〈五蠹〉) 나에게는 연로하신 아버님이 계신데, 내가 죽으면 그를 봉양할 사람이 **없다**. • 侍中·諸侯·貴

人爭欲揖章, **莫**莫與京兆尹言者. (《漢書》〈游俠列傳〉) 시중·제후·귀인은 다투어 만장(萬章)에게 예를 갖추려 하고, 경조윤과 말하는 자가 **없었다**. • 東西南北, **莫**可奔走. (《鹽鐵論》〈非鞅〉) 동서남북에 도망칠 만한 곳이 아무 데도 **없다**. • 買笑金則易求, 讀書糧則難致, 天高**莫**問, 日暮何歸. (崔致遠, 〈與客將書〉) 웃음을 사는 금은 구하기 쉽지만 글 읽는 양식은 대기 어려운데, 하늘이 높으니 물을 곳이 **없고**, 날 저무니 어디로 돌아갈까. • 風俗之奢靡, **莫**甚於今日. (李珥, 《擊蒙要訣》) 풍속의 사치가 오늘보다 심한 적이 **없었다**. • 入道**莫**先於窮理, 窮理**莫**先於讀書. (李珥, 《擊蒙要訣》) 도로 들어가는 것은 이치를 궁구하는 것보다 앞서는 것이 **없고**, 이치를 궁구하는 것은 책을 읽는 것보다 앞서는 것이 **없다**.
| '莫'을 '모'로 읽으면 | 해가 질 때: • 不夙則**莫**. (《詩經》〈齊風◆ 東方未明〉) 너무 이르지 않으면 **저물녘**이다. ◆齊風(제풍): 제나라의 민가(民歌).

莫不(막불)

부사 이중부정의 형식으로 강한 긍정을 나타내며, '~하지 않음이 없다'라고 해석한다. '無不(무불)' '非無(비무)' '非不(비불)'과 같다.

- 賢者識其大者, 不賢者識其小者, **莫不**有文武之道焉. (《論語》〈子張〉)
  현명한 자는 그중에서 큰 것을 기억하고, 현명하지 못한 자는 그중에서 작은 것을 기억하고 있으니, 문왕과 무왕의 도가 **없는 곳이 없습니다**.
- 朝廷之臣**莫不**畏王, 四境之內**莫不**有求於王. (《戰國策》〈齊策一〉)
  조정의 신하는 대왕을 두려워**하지 않는 이가 없고**, 나라 안의 백성은 대왕에게 구걸**하지 않는 이가 없다**.
- 令海內之勢, 如身之使臂, 臂之使指, **莫不**制從. (賈誼, 〈治安策〉)
  국내의 형세를 몸이 팔을 부리고 팔이 손을 부리는 것처럼 만들면, 제어되어 따르**지 않는 자가 없**을 것이다.

ㅁ

• 古之君子, **莫不**有師友之人. (朴在馨, 《海東續小學》)

옛날의 군자는 스승으로 삼을 만한 친구가 있**지 않은 사람이 없었다**.

莫非(막비)

부사 이중부정으로 강한 긍정을 나타내며, '~하지 않음이 없다'라고 해석한다. 《시경》에 처음 쓰였다.

• 普天之下, **莫非**王土. (《詩經》〈小雅 北山〉)

하늘 아래 왕의 영토 **아닌 데가 없다**.

• 尺地, **莫非**其有也. (《孟子》〈公孫丑上〉)

한 자의 땅도 그의 소유가 **아님이 없다**.

• 采掇片言, **莫非**寶也. (《文心雕龍》〈宗經〉)

[그 안에서] 취한 단편적인 말은 보물이 **아닌 것이 없었다**.

• 感物吟志, **莫非**自然. (《文心雕龍》〈明詩〉)

사물에 감응되어 감정을 노래한 것은 자연스럽지 **않은 것이 없다**.

• 海東六龍飛, **莫非**天所扶, 古聖同符. (鄭麟趾 等, 《龍飛御天歌》)

해동의 여섯 용이 나시고 [그 하신 일마다] 하늘이 돕**지 않음이 없으니** 옛 성인의 [사적과] 부절을 맞춘 것처럼 일치하시는 것입니다.

莫若(막약)

부사 앞에서 말한 사건이 뒤에서 말하는 사건에 미치지 못함을 나타내며, '~만 한 ~ 없다' '~하는 것만 못하다' '[차라리] ~하는 게 낫다'라고 해석한다.

- 爲君計, **莫若**遣君子孫昆弟能勝兵者, 悉詣軍所. (《史記》〈蕭相國世家〉)
  그대를 위해 생각해보니 그대의 자손과 형제 중에서 싸워 이길 수 있는 자들을 모두 군대로 보내**는 게 나을 듯하오**.
- 至元狩二年, 竟以善終于相位. 夫知臣**莫若**君, 此其效也. (《史記》〈平津侯主父列傳〉)
  원수 2년에 그는 마침내 승상의 지위에서 세상을 떠났다. 대체로 신하를 아는 데는 군주**만 한** 사람이 **없다**고 하는데, 이것이 그 증거이다.
- 夫袁氏, 將軍之舊, 且同盟也, 當今爲將軍計, **莫若**擧冀州以讓袁氏. (《三國志》〈魏書 袁紹傳〉)
  원씨(원소)는 장군의 친구이고 함께 맹약도 맺었으니, 마땅히 지금 장군을 위해 생각해보면 기주를 들어 원씨에게 주는 **것만 못합니다**.
- 於今之計, **莫若**料四方之險, 擇要害之處而守之, 選天下之甲卒, 隨方面而歲更焉. (《三國志》〈魏書 袁紹傳〉)
  지금의 계획에 관해서는 사방의 지형을 살펴서 중요한 지점을 골라 그곳을 지키고, 천하의 뛰어난 군사를 선발하여 각 방면을 [지키게 하고] 1년마다 교대**하는 것이 낫겠습니다**.

莫如(막여)

부사 앞에서 말한 사건이 뒤에서 말하는 사건에 미치지 못함을 나타내며, '~같아서는 안 된다' '~만 못하다' '~만 한 것이 없다'라고 해석한다.

- 一年之計, **莫如**樹穀; 十年之計, **莫如**樹木; 終身之計, **莫如**樹人. (《管子》〈權修〉)
  1년의 계획은 곡식 심기**만 한 것이 없고**, 10년의 계획은 나무 심기**만 한 것이 없으며**, 평생의 계획은 인재 양성**만 한 것이 없다**.

ㅁ

• 秦惠王車裂商君以徇曰: "**莫如**商鞅反者!" (《史記》〈商君列傳〉)
진혜왕은 상군(상앙)을 수레로 찢어 죽이고 무리에 돌려 보이며 말했다. "[너희는] 상앙과 **같은** 역적이 되어서는 **안 된다**!"

• 著古昔之㖧㖧傳千里之忞忞者, **莫如**書. (《法言》〈問神〉)
아득한 옛 역사를 기록하고, 까마득한 천 리 밖의 상황을 전하는 데는 문자**만 한 것이 없다**.

• 春秋之義, 求諸侯**莫如**勤王◆. 今天子越在西京, 宜遣使奉承王命. (《三國志》〈魏書 王郎傳〉)
《춘추》의 뜻은 제후[라는 지위]를 얻으려면 충성을 다하는 것**만 한 게 없다**는 것이다. 지금 천자는 멀리 서쪽 수도에 있으니, 사신을 보내 왕명을 받들어야만 한다.

◆勤王(근왕): 충성을 다함.

• 吾村十里皆平原, 而與之競火器, 其何能勝? **莫如**以吾所長, 攻敵所短. (《清稗類鈔》〈馮婉貞〉)
우리 마을은 10리가 모두 평원이니, 적과 화기를 가지고 싸우면 어떻게 이길 수 있겠는가? 우리의 장점으로 적군의 단점을 공격하는 것**만 못하다**.

• 使人勿知, **莫如**勿爲, 使人勿聞, **莫如**勿言. (丁若鏞, 《與猶堂全集》)
남이 알지 못하게 할 것은 하지 않는 것**만 못하고**, 남이 듣지 못하게 할 것은 말하지 않는 것**만 못하다**.

妄(망/무)

❶ **부사** '妄'을 '망'으로 읽으면 동작 혹은 행위가 경솔하거나 맹목적임을 나타내며, '망령되게' '멋대로' '함부로'라고 해석한다.

• 倍道而**妄**行, 則天不能使之吉. (《荀子》〈天論〉)

정도(正道)를 거스르고 **함부로** 행동하면, 하늘도 그를 길하게 할 수 없다.

• 今大王事秦, 秦王必喜, 而趙不敢**妄**動矣. (《戰國策》〈燕策一〉)

지금 대왕(연나라 왕)께서 진나라를 섬기면, 진나라 왕이 반드시 기뻐하고 조나라가 감히 **함부로** 움직이지 못할 것입니다.

• 梁◆掩其口曰: "毋**妄**言! 族矣!" (《史記》〈項羽本紀〉)

항량(項梁)이 그의 입을 막으며 말했다. "**함부로** 말하지 마라! 씨족이 멸할 것이다!"

◆梁(량): 항량. 즉 항우의 숙부.

族: 멸할 족

• 漢置丞相, 非用賢也, **妄**一男子上書, 卽得之矣. (《漢書》〈車千秋列傳〉)

한나라는 승상[의 직책]을 두고도 어진 사람을 등용하지 않았는데, **망령되게도** 한 남자가 글을 올려 즉시 승상의 직위를 얻었다.

• 不宜**妄**自菲薄, 引喩失義, 以塞忠諫之路也. (諸葛亮, 〈出師表〉)

멋대로 자기를 경시하고 이치에 맞지 않는 비유를 하여 충간하는 길을 막아서는 안 됩니다.

菲: 엷을 비 | 薄: 가벼울 박

• 勿**妄**言! 滅吾門也. (《三國志》〈蜀書 先主傳〉)

함부로 말하지 마라! 우리 가문을 멸하게 된다.

❷ **접속사** '妄'을 '무'로 읽으면 선택을 나타내며, '그렇지 않으면' '아직도'라고 해석한다.

• 先生老悖歟? **妄**爲楚國妖歟? (《新序》〈雜事二〉)

선생은 늙어서 정신이 흐려졌습니까? **그렇지 않으면** [나의 이런 행위가] 초나라에 불길하다고 생각하십니까?

[참고]

① 황당하다, 터무니없다: • 是竟子韋之言**妄**, 延年之語虛也. (《論衡》〈變虛〉) 이것은 결국 자위가 말한 **터무니없는** 것으로, 수명이 연장된다는 말은 황당하다.

② [법을] 지키지 않다: • 彼好專利而**妄**. (《左傳》哀公二十五年) 그는 오직 이익만을 좋아하여 **[법을] 지키지 않았다**.

罔(망)

❶ **대사** 대상을 가리지 않고 모두 배제함을 나타내며, '아무도 없다' '어떤 것도 없다'라고 해석한다. '不(불)'과 어울려 강한 어조를 나타낸다.

- 四方之民, **罔**不祗畏. (《尙書》〈金縢〉)
  사방의 백성 중에서 두려워하지 않는 사람이 **아무도 없었다**.
- 爾庶邦君·越庶士·御事**罔**不反. (《尙書》〈大誥〉)
  너희 여러 나라의 임금과 각급의 관리들은 [나의 의견에] 반대하지 않는 자가 **아무도 없다**.
- 自時厥後, 亦**罔**或克壽. (《尙書》〈無逸〉)
  이 이후로 오래 살 수 있었던 사람은 **아무도 없다**.
- 二十有六年, 初幷天下, **罔**不賓服. (《史記》〈秦始皇本紀〉)
  [진시황] 26년, 처음 천하를 통일하자 복종하지 않는 이는 **아무도 없었다**.
- 雖前輩見其文, **罔**不斂衽敬羨. (白行簡, 《李娃傳》)
  비록 이전 사람들이 그의 문장을 읽었을지라도 숙연히 존경하고 흠모하지 않는 이는 **아무도 없었을** 것이다.

  娃: 예쁠 와

❷ **부사** 동사를 부정하며, '~하지 않다(못하다)'라고 해석한다.

- **罔**知天之斷命. (《尙書》〈盤庚上〉)

  하늘의 한결같은 뜻을 알**지 못한다**.

  斷: 한결같을 단

- **罔**罪爾衆. (《尙書》〈盤庚◆下〉)

  너희를 벌주**지 않겠다**.

  ◆盤庚(반경): 이 편은 중국 최초의 산문으로서 은나라의 제17대 왕 반경이 도읍을 은(殷)으로 옮기면서 세족과 서민들에게 보낸 연설문이다.

- 生惶惑發狂, **罔**知所措. (白行簡,《李娃傳》)

  정생(鄭生)은 두려움에 의혹하고 발광을 하여, 처리할 바를 알**지 못했다**.

  惶: 두려워할 황 | 措: 처리할 조

- 夫自古婦人, 雖有賢異之才, 奇俊之能, 皆受制於男子之下, 婦人抑挫至死, 亦**罔**敢雪於心. (柳開,〈代王昭君謝漢帝疏〉)

  옛날부터 부녀자들은 비록 걸출한 재간과 특출한 재능이 있을지라도 모두 남자들 아래에서 제재를 받았고, 부녀자들은 억압과 좌절로 인해 죽음에 이르러서도 감히 마음을 토로**하지 못했다**.

- 名醫進藥, **罔**疾罔瘳. (《耳目記》〈紫花梨〉)

  명의가 약을 바쳤지만, 그 질병은 낫**지 않았다**.

  瘳: 나을 추

❸ **부사** 금지를 나타내며, '~하지 마라' '~해서는 안 된다' 등으로 해석한다.

- **罔**失法度, **罔**游於逸, **罔**淫於樂. (《尙書》〈大禹謨〉)

  법도를 잃**지 말고**, 안일 속에 놀**지 말며**, 안락에 탐닉**하지 마십시오**.

- **罔**違道以干百姓之譽, **罔**咈百姓以從己之欲. (《尙書》〈大禹謨〉)

  정도를 위배하면서 백성의 칭찬을 구**하지 말고**, 백성을 거스르면서 자기

ㅁ

의 사욕만을 따르지 **마십시오**.

咈: 어길 불

每(매)

❶ **부사** 동작 혹은 행위를 할 때마다 항상 그러함을 나타내며, '매번' '~할 때마다'라고 해석한다.

- 不知彼, 不知己, **每**戰必殆. (《孫子兵法》〈謀攻〉)

  적을 모르고 자신을 모르면, 싸울 **때마다** 반드시 위험할 것이다.

- **每**至於族, 吾見其難爲, 怵然◆爲戒, 視爲止, 行爲遲, 動刀甚微. (《莊子》〈養生主〉)

  [근육과 뼈가] 엉긴 곳에 이를 **때마다** 나는 그 일의 어려움을 알고 조심스럽게 경계하며 눈은 [그것] 때문에 집중되고, 동작은 [그것] 때문에 천천히 하니, 칼을 매우 미묘하게 놀립니다.

  ◆怵然(출연): 두려워하는 모양.

  族: 한데 모일 족 | 遲: 무렵 지

- **每**吳中有大徭役及喪, 項梁常爲主辨. (《史記》〈項羽本紀〉)

  오군(吳郡) 안에 큰 부역과 상사(喪事)가 있을 **때마다** 항량이 항상 주도적으로 처리했다.

- **每**念斯恥, 汗未嘗不發背沾衣也. (司馬遷, 〈報任安書〉)

  이 치욕을 생각할 **때마다** 일찍이 등에서 땀이 나 옷을 적시지 않은 적이 없었다.

- **每**與羌戰, 常以少制多. (《後漢書》〈鄧禹列傳〉)

  매번 강인과 싸우면 항상 소수로써 다수를 제압한다.

• 恐私心相評, 言有不遜之志, 妄相忖度◆, **每**用耿耿. (曹操, 〈讓縣自明本志令〉)

[사람들이] 개인의 생각으로 나를 평하여 [황제가 되려는] 불손한 생각을 가지고 있다 말하고 멋대로 추측할까 염려되어, **매번** 겁나고 불안하다.

◆忖度(촌탁): 남의 마음을 미루어 헤아림.

• 峻寬厚有度而見事理, **每**有所陳, 太祖多善之. (《三國志》〈魏書 任峻傳〉)

임준은 [사람됨이] 관대하고 인정이 깊고 포용력이 있으며 사리에 밝았으므로, 의견을 **펼 때마다** 태조(조조)는 대부분 그를 칭찬했다.

• 亮**每**言, "公琰托志忠雅, 當與吾共贊王業者也." (《三國志》〈蜀書 蔣琬傳〉)

제갈량(諸葛亮)은 **매번** "장공염(蔣公琰)은 마음이 성실하고 고상하므로 응당 우리와 함께 왕업을 도울 사람이다."라고 했다.

• 常綢繆◆於結課◆, **每**紛綸於折獄. (孔稚珪, 〈北山移文〉)

항상 고과(考課)에 얽매이고, **매번** 소송을 결단하느라 소란스럽다.

◆綢繆(주무): 얽어맴.

◆結課(결과): 고과(考課)의 결과. 벼슬아치의 성적을 조사하는 일, 또는 그 결과.

• 獨在異鄕爲異客◆, **每**逢佳節倍思親. (王維, 〈九月九日憶山東兄弟〉)

홀로 타향에 있는 외로운 나그네 되어, 명절 **맞을 때마다** 어버이 그리움 더해가네.

◆異客(이객): 타향 또는 타국에서 온 손님.

• **每**與人言, 多詢時務; **每**讀書史◆, 多求理道. (白居易, 〈與元九書〉)

매번 다른 사람들과 얘기할 때면 대부분 당시의 급한 일을 묻고, **매번** 책을 읽을 때면 대부분 [나라를] 다스리는 방법을 찾는다.

◆書史(서사): 책.

• 竊以爲與君實◆游處相好之日久, 而議事**每**不合. 所操之術多異故也. (王安石, 〈答司馬諫議書〉)

생각하면 그대와 함께 놀고 서로 좋아한 지가 오래되었지만, 정사를 의

논하면 **매번** 부합하지 못했다. 이것은 우리가 가지고 있는 정견이 대부분 다르기 때문이다.

◆君實(군실): 사마광의 자(字).

- 兒時**每**哦此詩, 而不解其意. (魚叔權,《稗官雜記》)

  어렸을 때 **매번** 이 시를 읊었으나 그 뜻을 깨닫지 못했다.

- 李栗谷以兵判, **每**造朝時, 聞路傍旅舍, 有勤讀兵書者. (《增補文獻備考》)

  이율곡은 병조 판서로서 조정으로 나**갈 때마다** 길가 여관에서 [누군가가] 병서를 부지런히 읽는 소리를 들었다.

- 水路姿容絶代, **每**經過深山大澤, 屢被神物掠攬. (一然,《三國遺事》)

  수로부인은 절세미인이어서 깊은 산이나 큰 연못을 지**날 적마다** 자주 신물(神物)에게 겁탈당했다.

❷ **부사** 어떤 범위 안에서 예외가 없음을 나타내며, 항상 부사 '則(즉)' '卽(즉)' '輒(첩)' '便(편)' 등과 어울려 '每(매)~則(즉)/卽(즉)/輒(첩)/便(편)~'의 형식으로 인과관계가 있음을 강조한다. '매번~ 곧'이라고 해석한다.

- **每**至暇日, **輒**相要出新亭. (《世說新語》〈言語〉)

  매번 한가한 날이면 **곧** 서로 새 정자로 초대했다.

- ……而獨記別時語, **每**一動念, **卽**於夢中尋之. (謝翺, 〈等西台慟哭記〉)

  ……그러나 오직 이별할 때의 말을 기억하여 그리**울 때마다 곧** 꿈속에서 당신을 찾았다.

- 母**每**指一字, 先外祖**則**滿引一觥. (蔣士銓, 〈鳴機夜課圖記〉)

  어머니가 **매번** 글자 하나를 가리키면, 외조부는 **곧** 가득 찬 술잔을 들어 마셨다.

  觥: 뿔잔 굉

- **每**聞琴瑟之聲, **則**應節而舞. (《聊齋志異》〈促織〉)

매번 금슬 소리를 들으면, **곧** 음률에 따라 춤을 추었다.

- 好讀書, 不求甚解, **每**有會意, **便**欣然忘食. (陶淵明, 〈五柳先生傳〉)

  독서를 좋아하나 자세히 해석하려고 하지 않았으며, 뜻이 맞는 곳이 있**을 때마다 곧** 기뻐서 밥 먹는 것조차 잊었다.

❸ **대사** 어떤 범위 안의 전체를 개괄하며, '모두' '모든' '어느 것이든'이라고 해석한다.

- 子入大廟◆, **每**事問. (《論語》〈八佾〉)

  공자는 태묘에 들어가면 **모든** 일을 물었다.

  ◆大廟(태묘): 태조의 사당. 여기서는 노(魯)나라의 시조인 주공(周公)의 사당.

- 故爲政者, **每**人而悅之, 日亦不足矣. (《孟子》〈離婁下〉)

  그러므로 정치를 하는 이가 **모든** 사람을 기쁘게 하려면 날마다 해도 충분하지 않다.

❹ **접속사** 양보를 나타내며, '비록'이라고 해석한다. 이러한 용법은 선진 시기에 한정적으로 보인다.

- **每**有良朋, 烝◆也無戎. (《詩經》〈小雅 常棣〉)

  비록 좋은 벗이 있어도 결국 나를 도울 수 없네.

  ◆烝(증): 발어사.

  戎: 도울 융

- 不見其誠己而發, **每**發而不當. (《莊子》〈庚桑楚〉)

  [마음이] 참된 자기를 보지 않고 [밖으로만] 치달리면, **비록** 치달릴지라도 [자연의 도에] 합당하지 않게 된다.

ㅁ

每每(매매)

부사 동작이나 행위가 반복됨을 나타내며, '늘' '자주' '항상'이라고 해석한다.

- 故天下**每每**大亂, 罪在於好知. (《莊子》〈胠篋〉)

  그러므로 세상은 **항상** 큰 혼란에 빠지는데, [그] 죄는 지혜를 좋아한 데 있다.

- 自長安抵江西, 三四千里, 凡鄉校·佛寺·逆旅·行舟之中, 往往有題僕詩者; 士庶·僧徒·孀婦·處女之口, **每每**有咏僕詩者. (白居易, 〈與元九書〉)

  장안에서 강서에 이르는 3~4천 리 사이에 있는 학교·사찰·여관·여인숙으로부터 다니는 선박 등에 나의 시를 써놓은 데가 더러 있고, 선비·서민·승려·과부·규중 여인들 중에 **늘** 내 시를 읊는 사람이 있다.

  抵: 다다를 저 | 題: 적을 제 | 孀: 홀어머니 상

每輒(매첩)

부사 앞 내용을 전제로 한 결론을 이끌며, '결국'이라고 해석한다.

- 妾伏自念, 入椒房以來, 遺賜外家. 未嘗踰故事, **每輒**決上, 可復問也. (《漢書》〈孝成許皇后列傳〉)

  소첩이 삼가 스스로 생각하건대, 후궁에 들어온 이래로 친정에 물건을 보낼 때 일찍이 옛일(법도)을 어긴 적이 없었으니, **결국** 당신이 시비를 가리기 위해서는 다시 물어야 합니다.

蔑(멸)

❶ **부사** 단호한 거부를 나타내며, '~아니다' '절대로(결코) ~하지 않다'라는 의미로 해석한다. 《좌전》과 《국어》에 용례가 많다.

- 寧事齊楚, 有亡而已, **蔑**從晉矣. (《左傳》 成公十六年)
  차라리 제나라와 초나라를 섬겨 망할지언정 **절대로** 진나라에 복종**하지 않겠다**.
- 雖我小國, 吾**蔑**從之矣. (《左傳》 襄公二十一年)
  비록 우리가 작은 나라지만, 나는 **결코** 복종**하지 않겠다**.
- 吾有死而已, 吾**蔑**從之矣. (《國語》〈晉語二〉)
  나는 죽으면 그만이지 **절대로** 복종**하지 않겠다**.

❷ **부사** 존재에 대한 부정을 나타내고, 부정의 뜻을 나타내는 말과 함께 쓰이면 강한 긍정을 나타내며, '~하지 않음이 없다'라고 해석한다.

- **蔑**不濟矣. (《左傳》 僖公十年)
  이루**지 못함이 없을 것이다**.
- 成人在始與善. 始與善, 善進善, 不善**蔑**由至矣. (《國語》〈晉語六〉)
  사람의 성장은 처음에 좋은 영향을 주는 데 달려 있다. 처음에 좋은 영향을 주면 좋은 점은 더욱 좋아지고, 좋지 않은 것은 [몸에] 이를 길이 **없어진다**.
- 不過旬日, 世充糧盡, 必自退. 追而擊之, **蔑**不勝矣. (《資治通鑑》〈唐高祖紀〉)
  열흘을 넘기지 못하고 왕세충(王世充)은 식량이 다하여 반드시 스스로 물러날 것이다. [그때] 쫓아가 공격하면 승리**하지 못함이 없을 것이다**.

ㅁ

[참고]

① 멸망하다: • 喪亂**蔑**資, 曾莫惠我師. (《詩經》〈大雅 板〉) 상란을 당하여 **멸망하니** 일찍이 우리를 사랑하는 이가 없었다.

② 무시하다: • 若廢其教而棄其制, **蔑**其官而犯其令, 將何以守國? (《國語》〈周語中〉) 만일 그들(선왕)의 가르침을 폐하고 그들의 제도를 버리며, 그들의 관직을 **무시하고** 그들의 법령을 어긴다면, 장차 무엇으로 국가를 지키겠는가? • **蔑**視. **멸시하다**. • 輕**蔑**. **경멸하다**.

③ 미미하다: • 視日月而知衆星**蔑**也. (《法言》〈子行〉) 해와 달을 보고 뭇별의 **미미함**을 안다.

某(모)

❶ **대사** 불특정한 사람·사물·장소를 대신하거나 지시한다. '아무개' '어떤 [사람/물건/것/곳]' 등으로 해석한다.

- 以君命聘於**某**君, **某**君受幣於**某**宮. (《儀禮》〈聘禮〉)
  임금의 명으로 **어떤** [나라의] 임금을 빙문하면, **어떤** [나라의] 임금은 **어떤** 궁에서 예물을 받는다.
- 師冕◆見. 及階, 子曰: "階也." 及席, 子曰: "席也." 皆坐, 子告之曰 "**某**在斯, **某**在斯." (《論語》〈衛靈公〉)
  사면이 [공자를] 뵈었다. 섬돌에 이르렀을 때 공자께서 말씀하셨다. "섬돌이오." 자리에 이르렀을 때 공자께서 말씀하셨다. "자리요." 모두 앉자 공자께서 그들에게 일러주셨다. "**아무개**는 여기에 있고, **아무개**는 여기에 있소."
  ◆師冕(사면): '師(사)'는 음악을 관장하는 맹인. '冕(면)'은 이름.

  冕: 면류관 면 | 階: 섬돌 계

한문 해석 사전

- 從**某**至**某**橫縱六里. (《戰國策》〈秦策三〉)
  어떤 곳으로부터 **어떤 곳**에 이르기까지 종횡으로 [각각] 6리다.
- 前時**某**喪, 使公主**某**事, 不能辦, 以此不任用公. (《史記》〈項羽本紀〉)
  전에 **어떤** [집에] 상사가 있어 그대에게 **어떤** 일을 주관하게 했으나 잘 하지 못했고, 이 때문에 그대를 임용하지 않았다.
- **某**日可取婦乎? (《史記》〈日者列傳〉)
  어느 날에 부인을 취할 수 있을까?
- 荊州牧**某**發奔命二萬人攻之. (《後漢書》〈劉玄列傳〉)
  형주목 **아무개**가 돌격대 2만 명을 파견하여 그들(왕광王匡과 왕봉王鳳의 군대)을 공격했다.

❷ **대사** 대화나 편지 중에 자신을 지칭하는 겸손한 표현으로, '소생' '저'라고 해석한다.

- 始大人◆常以臣無賴, 不能治產業, 不如仲◆力. 今**某**之業所就孰與仲多? (《史記》〈高祖本紀〉)
  처음에 아버지께서는 항상 제가 재주가 없어 가산을 꾸려나갈 수 없고, 둘째 형의 능력에 못 미친다고 여겼습니다. 지금 **제**가 성취한 일을 둘째 형과 비교하면 어느 쪽이 뛰어납니까?
  ◆大人(대인): 아버지의 경칭.
  ◆仲(중): 형제 가운데 둘째를 가리킴.
- 如君實責我以在位日久, 未能助上大有爲, 以膏澤斯民, 則**某**知罪矣. 如曰今日當一切不事事, 守前所爲而已, 則非**某**之所敢知. (王安石, 〈答司馬諫議書〉)
  만약 군실(사마광)이 나더러 자리를 차지한 지가 오래되었으면서 황제를 도와 훌륭한 일을 하여 백성에게 혜택이 미치게 하지 못했다고 꾸짖는다면, **저**는 그 죄를 알겠습니다. [그러나] 만약 오늘날 마땅히 일절 어

ㅁ

떤 일도 하지 않고 이전에 했던 일을 지키기만 한다고 말하면, 그것은 **제**가 감히 알 필요도 없는 것입니다.

亡(무)

❶ **부사** 동작·행위·사물의 상태에 대한 부정을 나타내며, '~이 아니다' '~이 없다' '~하지 않다'라고 해석한다.

- 支離叔◆曰: "子惡之乎?" 滑介叔◆曰: "**亡**! 予何惡?" (《莊子》〈至樂〉)
  지리숙이 말했다. "자네는 그것을 싫어하나?" 골개숙이 말했다. "**아닐세**! 내가 어찌 싫어하겠나?"
  ◆ 支離叔(지리숙)·滑介叔(골개숙): 《석문(釋文)》에서 이이(李頤)의 주를 보면, "지리(支離)는 형체를 잊고〔忘形〕, 골개(滑介)는 지혜를 잊는다〔忘智〕."라고 했다. 지리숙과 골개숙은 모두 의인화된 인물이다.
- "請問蹈水有道乎?" 曰: "**亡**. 吾無道." (《莊子》〈達生〉)
  "묻건대 물을 건너는 데 방법이 있습니까?"라고 하니, "**없습니다**. 나는 방법이 없습니다."라고 했다.
- 夫百人作之不能衣一人, 欲天下**亡**寒, 胡可得也? (《列子》〈周穆王〉)
  백 사람이 만든 것이 한 사람을 입히지 못하는데, 천하 사람들을 춥**지 않게** 하려고 하나 어찌할 수 있겠는가?
- 方今天下饑饉, 可**亡**大自損減以救之, 稱天意乎? (《漢書》〈貢禹列傳〉)
  오늘날 천하에 흉년이 들었는데, [비용을] 많이 줄여서 이재민을 구제**하지 않고서** 하늘의 뜻을 말할 수 있겠습니까?
- 民者, 在上所以牧之, 趨利如水趣下, 四方**亡**擇也. (鼂錯, 〈論貴粟疏〉)
  백성은 임금이 그들을 다스리는 데(방법)에 달렸고, 이익을 추구하는 것은 마치 물이 아래로 흐르는 것과 같아 사방을 가리**지 않는다**.

❷ **부사** 금지 혹은 권계를 나타내며, '~하지 마라'라고 해석한다.

- **亡**令廉士久失職, 貪夫長利. (《漢書》〈景帝紀〉)

청렴한 선비가 오랫동안 관직을 얻지 못하게 **하지 말며**, 탐욕스런 사람이 오랫동안 이익을 얻게 **하지 마라**.

❸ **부사** '于(우)/於(어)' '乎(호)' 등과 함께 쓰여 '~에 있지 않다'라는 뜻이 되며, 주로《순자》에 보인다.

- 然則鬪與不鬪, **亡**於辱之與不辱也, 乃在於惡之與不惡也. (《荀子》〈正論〉)

그러한즉 싸우고 싸우지 않는 것(원인)은 모욕당했느냐 모욕당하지 않았느냐**에 있지 않고**, 그 [사람을] 미워하고 미워하지 않는 것에 달려 있다.

- 吾所以得三士者, **亡**於十人與三十人中, 乃在百人與千人之中. (《荀子》〈堯問〉)

내가 세 사람을 얻을 수 있었던 것은 [앞에서 말한] 열 명과 서른 명 중**에서 있지(찾지) 않고**, 바로 백 명과 천 명 중에서 [찾았기 때문]이다.

- 王覇安存危殆滅亡, 制與在我, **亡**乎人. (《荀子》〈王制〉)

왕자가 되고 패자가 되고 편안하게 살고 위태롭게 되고 멸망하는 것은 원인이 모두 나에게 있지 다른 사람**에게 있지 않다**.

【참고】

| '亡'를 '망'으로 읽으면 | ① 도주하다.

② 잃다: • **亡**羊補牢. 양을 **잃고** 우리를 고친다. • **亡**戟◆得矛. 미륵창을 **잃고** 창을 얻는다. ◆戟(극): 끝이 좌우로 갈라진 창. 戟: 미륵창 극

③ 죽다: • 家破人**亡**. 집이 파괴되고 사람은 **죽는다**.

④ 멸망하다: • **亡**國. 나라를 **멸망시켰다**.

⑤ 막론하다: • 上遣使者分條中都官詔獄繫者, **亡**輕重一切皆殺之. (《漢書》〈丙吉

列傳〉) 황상은 사자를 보내 서울에 있는 각 관청의 감옥에 갇힌 자들을 나누어 기록하고, [죄의] 경중을 **막론하고** 모두 죽이라고 했다. • 當時爲大史, 戒門下. "客至**亡**貴賤, 亡留門者!" (《漢書》〈鄭當時列傳〉) 정당시는 태사가 되자 문하에 일렀다. "손님이 오면 귀천을 **막론하고** 문하에 머물지 못하게 하라."

| '亡'를 '무'로 읽으면 | 없다: • 人皆有兄弟, 我獨**亡**. (《論語》〈顔淵〉) 남들은 모두 형제가 있는데, 저만 홀로 **없습니다**.

亡其(무기)

접속사 선택을 나타내며, '그렇지 않으면'이라고 해석한다.

- 君將攫之乎? **亡其**不與? (《呂氏春秋》〈開春論〉)
  당신은 장차 그것을 움켜쥐려고 하십니까? **그렇지 않으면** [그것을] 주지 않으려 하십니까?
  攫: 움킬 확
- 秦之攻趙也, 倦而歸乎? **亡其**力尙能進, 愛王而不攻乎? (《新序》〈善謀〉)
  진나라는 조나라를 공격하고서 피로하여 철수하는 것이겠습니까? **그렇지 않으면** 힘은 아직 공격해나갈 수 있는데 왕을 좋아하기 때문에 공격하지 않는 것이겠습니까?

【참고】

'妄其(망기)'라고도 쓴다. • 不識三國之憎秦而愛懷邪, **忘其**憎懷而愛秦邪. (《戰國策》〈趙策二〉) 이 세 나라가 진나라를 싫어하고 회성(懷城)을 좋아하는지, **그렇지 않으면** 회성을 싫어하고 진나라를 좋아하는지 모르겠다. • 道固然乎? **妄其**欺不穀◆邪? (《國語》〈越語下〉) 도는 본래 이러합니까? **그렇지 않으면** 저를 기만하는 것입니까? ◆不穀(불곡): 왕후(王侯)의 겸칭.

亡慮(무려)

부사 개략적인 수를 나타내며, '대개' '대략'이라고 해석한다. '無慮(무려)' '勿慮(물려)'라고도 쓴다.

- **亡慮**萬二千人. (《漢書》〈趙充國列傳〉)
  대략 1만 2천 명이다.
- 費錢萬者, **亡慮**三數十焉. (楊萬里, 〈千慮策·刑法上〉)
  사용한 돈을 만으로 계산하면 **대략** 30여 만이 된다.

ㅁ

亡意(무의)

부사 추측을 나타내며, '아마도' '혹시'라고 해석한다. '無意(무의)' '意亡(의무)' 등과 같다.

- **亡意**亦捐燕棄世, 東游於齊乎. (《史記》〈魯仲連鄒陽列傳〉)
  [공께서] **혹시** 이렇게 할 마음이 없다면 연나라를 떠나 세상[의 여론]을 등지고 동쪽 제나라로 가십시오.

毋(무)

❶ **부사** 금지나 충고하여 저지함을 나타내며, '~하지 마라' '~해서는 안 된다'라고 해석한다.

- 十九年春, 諸侯還自沂上, 盟於督揚曰: "大**毋**侵小." (《左傳》襄公十九年)
  [양공] 19년 봄에 제후들이 기수로부터 돌아와 독양에서 맹세하기를

"큰 나라가 작은 나라를 침략**해서는 안 된다**."라고 했다.

• **毋**友不如己者. (《論語》〈學而〉)

자기보다 못한 자를 벗**하지 마라**.

友: 벗할 우

• 原思爲之宰, 與之粟九百, 辭. 子曰: "**毋**! 以與爾隣里鄕黨乎!" (《論語》〈雍也〉)

원사가 [선생님(공자)의] 가신이 되어 그에게 9백의 곡식을 주었으나 사양했다. 공자께서 말씀하셨다. "[사양]**하지 마라**. 그것을 네 이웃 마을과 고을 사람들에게 나누어주어라."

• 子絶四. **毋**意, **毋**必, **毋**固, **毋**我. (《論語》〈子罕〉)

공자께서는 네 가지를 절대 하지 않으셨다. [근거 없는] 억측을 **하지 않으셨고**, 반드시 **하겠다는 게 없으셨으며**, 고집을 부리**지 않으셨고**, 나만이 옳다고 **하지도 않으셨다**.

• 子曰: "以吾一日長乎爾, **毋**吾以也." (《論語》〈先進〉)

공자께서 말씀하셨다. "내가 너희보다 나이가 조금 더 많지만, 나를 그렇게 생각**하지 말거라**."

• 子**毋**擊也. 子亦猶是. (《韓非子》〈說林〉)

당신은 [그를] 공격**하지 마시오**. 당신 또한 이와 같소.

• 先生**毋**言矣. 攻齊荊之事果利矣, 一國盡以爲然. (《韓非子》〈內儲說上〉)

선생(혜시惠施)은 말**하지 마시오**. 제와 형을 공격하는 일은 진정 유리한 것이고, 온 백성이 모두 그러하다고 생각하오.

• 臨財**毋**苟得, 臨難**毋**苟免. (《禮記》〈曲禮上〉)

재물에 임해서는 구차히 얻어**서는 안 되고**, 재난에 임해서는 구차히 피하려 **해서는 안 된다**.

• 負誡其孫曰: "**毋**以貧故, 事人不謹!" (《史記》〈陳丞相世家〉)

장부(張負)가 그의 손녀를 훈계했다. "가난 때문에 사람 섬기기를 조심하지 **않아서는 안 된다**."

- 信乃令軍中**毋**殺廣武君, 有能生得者購◆千金. (《史記》〈淮陰侯列傳〉)

  한신(韓信)은 바로 부하들에게 광무군을 죽이**지 말라고** 명령하고, 산 채로 잡아오는 자가 있으면 천금을 주고 사겠다고 했다.

  ◆購(구): 보통 '산다'는 의미로 쓰이지만 여기서는 '현상을 걸어 구한다'는 뜻으로 쓰였다.

- 一書已熟, 方讀一書, **毋**務汎覽, **毋**事彊記. (李珥, 《栗谷全書》)

  한 권의 책이 익숙해져야 비로소 한 권의 책을 읽어야 하고, 두루 보는 것에 힘쓰**지 말며**, 억지로 기억하는 것을 일삼**지 마라**.

- 讀書, 必整襟肅容, 專心易氣. **毋**生雜念, **毋**主先入. (洪大容, 《湛軒書》)

  책을 읽을 때는 반드시 옷깃을 바르게 하고 자세를 정숙하게 하며 마음을 전일하게 하라. [또한] 기운을 가다듬어 잡념이 생기**지 않게 하며** 선입견을 주장**하지 마라**.

- 君德如或失親戚亦離絶, 此意願**毋**忘. (鄭麟趾 等, 《龍飛御天歌》)

  임금이 만일 혹시 덕을 잃게 되면 친척 또한 떠나고 끊어질 것이니, 이 뜻을 원컨대 잊**지 마소서**.

- **毋**論是非, 其說以類相從, 各無矛盾之患矣. (任聖周, 〈心性雜詠〉)

  시비를 따지**지 않고** 그 설이 같은 종류끼리 서로 따르니, 각기 모순되는 근심거리가 없어진다.

❷ **부사** '無(무)' '不(불)'과 통하고 동사 혹은 형용사를 부정하며, 흔히 가설·기원·의지·비교 등의 뜻을 나타내는 단어 앞에 쓰인다. '~아니다' '~하지 마라'라고 해석한다.

- **毋**失其要, 乃爲聖人. (《韓非子》〈揚權〉)

  [국가를 다스리는] 강령을 잃**지 않으면** 곧 성인이 될 수 있다.

- 財竭則不能**毋**侵奪. (《管子》〈正世〉)

  재물이 [전부] 고갈되면, 침략과 약탈을 하**지 않을** 수 없다.

• 趙王畏秦, 欲**毋**行. (《史記》〈廉頗藺相如列傳〉)

조나라 왕은 진나라를 두려워하여 **가지 않으려고** 했다.

• 秦攻楚之西, 韓梁攻其北, 社稷安得**毋**危? (《史記》〈張儀列傳〉)

진나라가 초나라의 서쪽을 공격하고, 한나라와 위나라가 그 북쪽을 공격하면 국가가 어찌 위태롭**지 않겠는가**?

• 韓退之◆**毋**爲師, 其孰能爲師? (王安石, 〈請杜醇先生入縣學君〉)

한유가 스승이 될 **수 없다면**, 그 누가 스승이 될 수 있겠는가?

◆韓退之(한퇴지): 당나라 때 시인 한유. '퇴지'는 한유의 자이다.

• 虎叱曰: "**毋**近前." (朴趾源, 《熱河日記》)

호랑이가 꾸짖었다. "가까이 오**지 마라**."

❸ **부사** 모든 대상을 배제하는 것으로 '누구도 없다' '아무것도 아니다' 등으로 해석한다. '莫(막)'과 같다.

• 盡十二月, 郡中**毋**聲, **毋**敢夜行. (《史記》〈酷吏列傳〉)

12월이 다 갈 무렵, 군에서는 [왕온서를 원망하는] 소리도 **없어졌고**, 감히 밤에 나다니는 자도 **없었다**.

• 上察宗室諸竇, **毋**如竇嬰賢, 乃召嬰. (《史記》〈魏其武安侯列傳〉)

임금은 종실과 두씨 성을 가진 여러 사람을 살펴보았지만, 두영만큼 어진 자가 **아무도 없자** 바로 두영을 불러들였다.

❹ **어조사** 문장 가운데에 쓰여 어기를 고르게 할 뿐 특별한 뜻은 없으므로 해석하지 않아도 된다.

• 古者聖王唯**毋**得賢人而使之, 般爵以貴之, 裂地以封之, 終身不厭. 賢人唯**毋**得明君而事之, 竭四肢之力以任君之事, 終身不倦. (《墨子》〈尙賢上〉)

옛날에 성왕은 오직 어진 사람을 얻어서 관리로 임용하고 작위를 주어 그를 귀하게 해주며, 토지를 떼어주어 제후로 삼으면서 종신토록 꺼리는 일이 없도록 했다. 현인은 오직 현명한 임금을 찾아서 섬기고 온몸의 힘을 다하여 임금의 일을 맡아서 종신토록 게으르지 않았다.

毋乃(무내)

부사 완곡한 추측이나 반문을 나타내고, 항상 '耶(야)' '與(여)' '歟(여)' '哉(재)' '乎(호)' 등의 의문형 어조사와 호응하며, '그럴 리가 없다' '아마도 ~이 아니다' 등으로 해석한다. '無乃(무내)' '不乃(불내)' '非乃(비내)'와 같은 뜻이다.

- 君反其國而有私也, **毋乃**不可乎? (《禮記》〈檀弓下〉)

  당신이 나라로 돌아가 [군주가 되]면 사심이 있는 것이니, 할 수 없**지 않겠소**?

- 孔子曰: "求, **毋乃**爾是過與. (《論語》〈季氏〉)

  공자께서 말씀하셨다. "구(염구)야, **아마도** 너의 잘못**이 아니겠느냐**?"

- 狐突對曰: "臣聞神不食非其宗, 君其祀**毋乃**絶乎? 君其圖之." (《史記》〈晉世家〉)

  호돌이 대답했다. "제가 듣기로 신령은 그의 종족이 아니면 제사 음식을 먹지 않는다고 하는데, 당신의 제사가 **아마도** 단절되지는 **않겠지요**? 당신께서는 이 점을 한번 생각해보십시오."

- 脫驂◆於舊官, **毋乃**已重乎? (《論衡》〈問孔〉)

  옛 관리에게 부조금을 톡톡히 보내는 것은 지나치**지 않은가**?

◆脫驂(탈참): 남의 상사(喪事)에 부조를 톡톡히 보냄.

ㅁ

毋寧(무녕)

부사 득실을 헤아려 선택함을 나타내며, '~만 못하다' '어느 쪽인가 하면 ~을 원한다' '차라리 ~을 원한다'라고 해석한다. '無寧(무녕)'과 같다.

- 且先君而有知也, **毋寧**夫人, 而焉用老臣? (《左傳》 襄公二十九年)
  게다가 돌아가신 임금께서 지각이 있었다면 **차라리** 부인께서 처리**하게 하셨겠지**, 어찌 늙은 신하를 쓰셨겠습니까?
- 與其餓死道路, 爲群獸食, **毋寧**斃於虞人, 以俎豆於貴家. (《東田文集》〈中山狼傳〉)
  길에서 굶어 죽어 짐승들의 먹이가 되느니, **차라리** 우나라 사람에게 죽어 부귀한 집안의 제사 음식이 되기를 **원한다**.

  斃: 죽을 폐

毋或(무혹)

부사 어떤 사실이 존재하지 않거나 혹은 어떤 상황이 발생하지 않도록 금지함을 나타낸다. '~마라' '~이 없다' '~해서는 안 된다' 등으로 해석한다.

- **毋或**如東門遂不聽公命, 殺適立庶. (《左傳》 襄公二十三年)
  동문수와 같이 공의 명을 듣지 않고, 적자를 죽이며 서자를 세우는 일이 있어**서는 안 된다**.
- 爲天子勞農勸民, **毋或**失時." (《禮記》〈月令〉)
  천자를 위해 농민을 수고롭게 하고 채근하여, 시기를 잃게 **해서는 안 된다**.
- 先王之法曰: "臣**毋或**作威, **毋或**作利. (《韓非子》〈有度〉)

선왕의 법도에 말하기를 "신하는 권위를 만들어**서도 안 되고**, 이익을 만들어**서도 안 된다**."라고 했다.

務(무)

부사 이치상 반드시 필요하거나 동작 혹은 행위의 긍정을 나타내며, '꼭' '반드시' '반드시 ~해야만 한다'라고 해석한다.

- 是故知不務多, **務**審其所知; 言不務多, **務**審其所謂; 行不務多, **務**審其所由. (《荀子》〈哀公〉)
  이러한 까닭으로 지식은 많이 아는 데 힘쓰지 않고 **반드시** 자기가 알아야 할 것을 살펴**야 하며**, 말은 많이 하는 데 힘쓰지 않고 **반드시** 자기가 말해야 할 것을 살펴**야 하며**, 행동은 많이 하는 데 힘쓰지 않고 **반드시** 자기가 행해야 할 것을 살펴**야 한다**.
- 賞**務**速而後有勸, 罰**務**速而後有懲. (柳宗元, 〈斷刑論〉)
  상은 **반드시** 신속히 한 이후에 권면하는 작용이 있고, 벌은 **반드시** 신속히 한 이후에 징계하는 작용이 있다.

[참고]

① 힘을 다하다, 힘쓰다: • 君子**務**本. 군자는 근본에 **힘쓴다**. • 君子之事君也, **務**引其君以當道, 志於仁而已. (《孟子》〈告子下〉) 군자가 군주를 섬기는 데는 그 군주를 이끌어 도리에 합당하게 하여, 인에 뜻을 두게 하는 데 **힘쓸** 뿐이다. • 內立法度, **務**耕織. (賈誼, 〈過秦論〉) 안에서 법도를 세우며 밭 갈고 옷감 짜는 일에 **힘을 다하다**. • 華則榮矣, 實之不知, 請**務**實乎! (《國語》〈晉語六〉) 꽃은 만발했으나 열매는 알 수 없으니 청컨대 열매에 **힘쓰라**!

② 얻다, 구하다: • 不**務**粱肉. 맛있는 음식을 **얻지** 못했다. • 唯酒是**務**. 오로지 술만 **구했다**.

③ 일, 사무, 사건: • 不急之**務**. 급하지 않은 **일**. • 農, 天下之本, **務**莫大焉. (《史記》〈文帝本紀〉) 농사는 천하의 근본이니, 그것보다 중요한 **일**은 없다.

無(무)

❶ **부사** '不(불)' 등의 부정의 뜻을 나타내는 말과 결합하면 이중부정이 되어 어기를 강화하며, '~하지 않음이 없다'라고 해석한다.

• 如天之**無**不幬也, 如地之**無**不載也. (《左傳》襄公二十九年)

하늘이 덮**지 않음이 없는** 것과 같고, 땅이 싣**지 않음이 없는** 것과 같다.

• 吾矛之利, 於物**無**不陷也. (《韓非子》〈難一〉)

내 창의 예리함은 물건에 대해 뚫**지 못하는 것이 없다**.

利: 날카로울 리

• 於是已破秦軍, 項羽召見諸侯將, 入轅門◆, **無**不膝行◆而前, 莫敢仰視. (《史記》〈項羽本紀〉)

이리하여 진나라 군사를 격파하고 나서 항우는 각지의 제후와 장군들을 불러 만나보았는데, 군문(軍門)을 들어올 때 무릎을 꿇고 걷**지 않는 이가 없었고**, 감히 머리를 들고 쳐다본 이도 없었다.

◆轅門(원문): 끌채(수레의 앞 양쪽에 대는 긴 채)를 세워서 만든 문. 곧 군문(軍門). 진영의 문.

◆膝行(슬행): 무릎으로 걷는 것.

❷ **부사** 동사 혹은 형용사를 부정하며, '~하지 않다'라고 해석한다. 때때

로 선택문 끝에 쓰여 의문을 나타내기도 한다.

- 我**無**爾詐, 爾**無**我虞. (《左傳》宣公十五年)

  나는 너를 속이**지 않고**, 너도 나를 속이**지 않는다**.

- 君子食**無**求飽, 居**無**求安. (《論語》〈學而〉)

  군자는 먹을 때 배부름을 추구**하지 않고**, 거처할 때 편안함을 추구**하지 않는다**.

- 貧而**無**諂, 富而**無**驕, 何如? (《論語》〈學而〉)

  가난하면서도 아첨**하지 않고**, 부유하면서도 교만**하지 않으면** 어떻습니까?

- 楚王曰: "善哉! 吾請**無**攻宋矣!" (《墨子》〈公輸〉)

  초나라 왕이 말했다. "좋다! 나는 송나라를 공격**하지 않겠다**!"

- 民以此爲教, 則粟焉得**無**少, 而兵焉得**無**弱也? (《商君書》〈農戰〉)

  백성이 이것을 가르침으로 삼는다면, 식량이 어찌 적**지 않고** 병력이 어찌 약**하지 않겠는가**?

- 子**無**敢食我也! (《戰國策》〈楚策一〉)

  당신은 감히 나를 먹**지 못할지니**!

- 客有見周公者, 應之於門曰: "何以道旦?" 客曰: "在外卽言外, 在內卽言內, 入乎將**無**?" 公曰: "請入." (《韓詩外傳》〈五蠹〉)

  주공을 보러 온 손님이 있었는데 [주공이] 문[안]에서 그에게 인사하며 "나에게 무슨 할 말이 있습니까?" 하니, 손님이 "밖에서는 밖에서 할 말이 있고, 안에서는 안에서 할 말이 있으니, 들어갈까요 **말까요**?" 했다. 주공이 "들어오십시오." 했다.

- 晚來天欲雪, 能飮一杯**無**? (白居易, 〈問劉十九〉)

  해 질 무렵이 되어 눈이 내리려고 하니 한잔**하지 않으렵니까**?

- 此時還恨薄情**無**? (歐陽炯, 〈浣溪沙〉)

  이때 또한 [나를] 한하다니 너무 박정**하지 않습니까**?

ㅁ

• 中國人不議外國語, 勢**無**怪朱子言如此. (金萬重,《西浦漫筆》)

중국 사람은 외국어를 모르기 때문에 주자가 이와 같이 말하는 것도 괴이**하지 않다**.

❸ **부사** '毋(무)' '勿(물)'과 통하고 동작 혹은 행위의 금지나 충고하여 저지함을 나타내며, '~하지 마라' '~해서는 안 된다'라고 해석한다.

• 黃鳥黃鳥! **無**集於穀, **無**啄我粟. (《詩經》〈小雅 黃鳥〉)

꾀꼬리야, 꾀꼬리야! 곡식에 모이**지 마라**, 우리 벼를 쪼아 먹**지 마라**.

• 不如早爲之所, **無**使滋蔓. (《左傳》隱公元年)

일찌감치 조처하여 자라나**지 못하게** 하는 것만 못합니다.

• "鄙語曰: '兒婦人口不可用.' 顧君與我何如耳! **無**畏呂嬃之讒也." (《史記》〈陳丞相世家〉)

"속어에 '아이들과 여자들의 입은 믿을 수 없다.'라는 말이 있는데, 당신과 나를 보니 어떻습니까! 여수의 참언을 두려워**해서는 안 됩니다**."

• 楚人剽疾◆, 願上**無**與楚人爭鋒. (《史記》〈留侯世家〉)

초나라 사람은 매우 민첩하니 원컨대 임금님은 초나라 사람들과 예봉을 다투**지 마십시오**.

◆剽疾(표질): 재빠름.

• 與爾三矢, 爾其**無**忘乃父之志. (歐陽修, 〈五代史伶官傳論〉)

너에게 세 대의 화살을 주니 너는 부친의 뜻을 잊어**서는 안 된다**.

• 公**無**渡河, 公竟渡河. (白首狂夫 妻, 〈箜篌引〉)

공이여 냇물을 건너**지 마소**, 공은 끝내 냇물을 건넜네.

• 更遣使, 許**無**改太宗之號. (一然,《三國遺事》)

다시 사신을 보내 태종이란 호를 고치**지 않을** 것을 허락했다.

❹ **부사** '未(미)'와 같고, 지금까지 그런 일이 없었음을 나타내며, '~하지

않다'라고 해석한다.

- 志輕理而不重物者, **無**之有也; 外重物而不內憂者, **無**之有也. 《荀子》〈正名〉
  생각이 도리를 가벼이 보면서 재물을 중시하지 않는 자는 있**지 않았으며**, 겉으로 재물을 중시하고 안으로 걱정이 없는 자는 있**지 않았다**.
- 行離理而不外危者, **無**之有也; 外危而不內恐者, **無**之有也. 《荀子》〈正名〉
  행동이 이치에 벗어나면서 밖으로 위태롭지 않은 자는 있**지 않았고**, 밖으로 위태로우면서 안으로 두려워하지 않는 자는 있**지 않았다**.
- 吾**無**與犀首言也. 《韓非子》〈外儲說右上〉
  나는 서수와 말한 **적이 없다**.
- 自直之箭, 自圜之木, 百世**無**有一. 《韓非子》〈顯學〉
  날 때부터 곧은 화살, 날 때부터 둥근 나무는 백 년 동안 한 번도 있**지 않았다**.

ㅁ

❺ **접속사** 조건에 구애받지 않고 항상 그러함을 나타내며, 뒤에는 선택 관계의 병렬 단어가 오는 경우가 많다. '~은 관계없이' '~은 말할 것도 없이' 등으로 해석한다.

- 君子**無**衆寡, **無**小大, 無敢慢, 斯不亦泰而不驕乎? 《論語》〈堯曰〉
  군자는 많고 적음을 **상관하지 않고** 작거나 큰 것을 **상관하지 않으며** 함부로 오만하게 하지 않으니, 이 또한 바로 넉넉하면서도 교만하지 않은 것이 아니겠느냐?
- 政事**無**巨細, 皆斷於相. 《史記》〈田儋列傳〉
  정사는 크거나 작거나 **할 것 없이** 모두 상국(전횡田橫)이 결정했다.
- 且天之亡秦, **無**愚智, 皆知之. 《漢書》〈項籍列傳〉
  하물며 하늘이 진나라를 멸망시키려는 것은 어리석은 사람이나 현명한 사람에 **관계없이** 모두 그것을 안다.
- 分部悉捕諸呂男女, **無**少長, 皆斬之. 《漢書》〈高后紀〉

부서를 나누어 남은 여씨(呂氏) 가문의 남녀를 모두 체포하여, 나이의 많고 적음**에 관계없이** 모두 베었다.

• 是故**無**貴**無**賤, **無**長**無**少, 道之所存, 師之所存也. (韓愈, 〈師說〉◆)

이 때문에 [지위의] 높고 낮음**에 관계없이** [나이의] 많고 적음**에 관계없이**, 도가 있는 곳이 스승이 있는 곳이다.

◆〈師說(사설)〉: 스승을 좇아 도를 배워야 하는 까닭을 해설한 글이다. 사(師)는 법(法)이요 범(範)이니, 배움이 없으면 금수와 다를 바 없으므로 사람은 반드시 스승을 좇아 배워야만 한다. 그럼에도 불구하고 당대(唐代)에는 인정이 부박하여 귀천과 연령을 가려 참된 스승을 좇지 않고 헛된 일에만 몰두했으니, 당시의 폐단을 걱정하며 지은 글이다.

❻ **접속사** 가설을 나타내며, '비록' '설령'이라고 해석한다.

• 國**無**小, 不可易也, 無備, 雖衆, 不可恃也. (《左傳》 僖公二十二年)

국가가 **설령** 작더라도 경시할 수 없고, 준비가 없으면 비록 [인구가] 많을지라도 믿을 수 없다.

• 四海之內若一家, 故近者不隱其能, 遠者不疾其勞. **無**幽閑隱僻之國, 莫不趨使而安樂之. (《荀子》〈王制〉)

온 세상은 마치 한집안 같기 때문에 가까운 곳에 있는 자는 그 재능을 숨기지 않고, 먼 곳에 있는 자는 [자신의] 수고로움을 꺼리지 않을 것이다. [이와 같으니] **설령** 아득히 먼 오지에 숨어 있는 나라일지라도 달려와 일하면서 [다스림을] 편안히 즐기지 않는 이가 없을 것이다.

• 故近者歌謳而樂之, 遠者竭蹶◆而趨之, **無**幽閑辟陋之國, 莫不趨使而安樂之. (《荀子》〈議兵〉)

그러므로 가까운 곳 사람들은 노래하며 그것을 즐거워하고 먼 곳 사람들은 지쳐 쓰러지면서도 달려왔고, **설령** 후미지고 외진 고루한 나라일지라도 달려와 부림을 받으면서 편안히 그것을 즐기지 않는 이가 없었습니다.

◆竭蹶(갈궐): 먼 길을 가다가 지쳐서 쓰러짐.

❼ **어조사** 문장의 첫머리에 쓰여 화제를 제시할 뿐, 뜻이 없으므로 해석하지 않는다.

- 王之藎臣, **無**念爾祖. (《詩經》〈大雅 文王〉)
  왕의 충성스런 신하는 선조가 만든 법을 생각하지 않겠는가.
- 天之所生, 地之所養, **無**人爲大. (《禮記》〈祭義〉)
  하늘이 낳고 땅이 기르는 것 중에서 사람이 으뜸이다.

[참고]

없다: • **無**的放矢. 과녁 **없이** 화살을 쏜다. • **無**功受祿. 공도 **없이** 봉록을 받는다. • **無**懈可擊. 해이함이 **없으면** 쳐부술 수 있다. • 臣少好相人, 相人多矣, **無**如季相. 願季◆自愛. (《史記》〈高祖本紀〉) 저는 어렸을 때 사람들의 관상 보기를 좋아하여 관상을 본 사람이 많지만, 당신(계季)과 같은 관상은 **없었습니다**. 당신은 자신을 소중히 하십시오. ◆季(계): 유방(劉邦)의 자. • 臣之壯也, 猶不如人; 今老矣, **無**能爲也已. (《左傳》僖公三十年) 저는 혈기 왕성할 때도 오히려 다른 사람만 못했는데, 지금은 늙었으니 할 수 있는 일이 **없습니다**. • 安東得士衆心, 城牢粮足, **無**可憂也. (《資治通鑑》〈魏紀〉文帝黃初三年) 안동장군(손환孫桓)은 모든 병사의 지지를 얻었으며, 성은 견고하고 양식은 충분하여 걱정할 것이 **없었다**. • 七年春正月, 將幸許昌, 許昌城南門**無**故自崩. 帝心惡之, 遂不入. (《三國志》〈魏書 文帝紀〉) [황초] 7년(226) 봄 정월 허창에 도착하려고 할 때, 허창성의 남쪽 문이 이유도 **없이** 저절로 무너져 내렸다. 문제는 마음속으로 불길하게 생각하고 성안으로 들어가지 않았다. • 高唐爲齊名都, 衣冠**無**不游行市里. (《三國志》〈魏書 華歆傳〉) 고당은 제나라의 유명한 도시로서 [그곳의] 관리들 중 저자나 향리로 놀러 다니지 않는 자가 **없었다**. • 自漢以來, 上**無**善治, 下**無**眞儒, 道術日壞, 衆流雜出. (《栗谷全書拾遺》〈文策〉) 한나라 이래로 위에는 훌륭한 다스림이 **없고** 아래에는 진실된 유학자가 **없어서**, 도술은 나날이 무너지고 여러 부류가 섞여 나왔다.

無那(무나)

부사 상황이 불가피함을 나타내며, '無奈(무내)'와 같다. '어찌할 도리가 없다'라고 해석한다.

- 强欲從君**無那**老, 將因臥病解朝衣. (王維, 〈酬郭給事〉)

  군이 그대를 따르려 하나 늙음은 **어찌할 도리가 없고**, 장차 병 때문에 조의를 벗으려 한다.

無乃(무내)

부사 추측이나 완곡한 판단을 나타내는 반어적 표현이며, 항상 '哉(재)' '乎(호)' 등과 호응하고, '설마 ~아닌가' '아마도 ~아닌가' 등으로 해석한다. '毋乃(무내)'라고도 쓴다.

- 師勞力竭, 遠主備之, **無乃**不可乎? (《左傳》 僖公三十二年)

  군사가 지치고 힘이 다하여 먼 곳에 있는 군주가 방비할 것이니 **아마도** 불가하지 **않겠습니까**?

- 丘何爲是栖栖◆者與? **無乃**爲佞乎? (《論語》 〈憲問〉)

  구, 그대는 어찌하여 허둥거리는가? **아마도** 말재주를 부리려고 **하는 것인가**?

  ◆栖栖(서서): 바삐 좇아다니는 모양.

- 今君王旣栖於會稽之上, 然後乃求謀臣, **無乃**後乎? (《國語》 〈越語上〉)

  지금 임금께서는 이미 회계산(會稽山)으로 물러난 연후에 지모 있는 신하를 찾고 있으니 **아마도** 늦은 것이 **아닌지요**?

- 見士問曰: "**無乃**不察乎?" (《荀子》 〈堯問〉)

  사인을 보고 물었다. "**설마** 명찰하지 않은 것은 **아니겠지**?"

• 問曰: "蒲可伐乎?" 對曰: "可." 靈公曰: "吾大夫以爲不可. 今蒲, 衛之所以待晉楚也, 以衛伐之, **無乃**不可乎?" (《史記》〈孔子世家〉)

물었다. "포 땅을 정벌할 수 있습니까?" [공자가] 대답하여 말했다. "가능합니다." 영공이 말했다. "우리 대부들은 가능하지 않다고 합니다. 오늘의 포 땅은 위(衛)나라가 진(晉)나라와 초나라를 방어하는 병풍과 같아서 위나라 군대로써 그곳을 치게 한다면 **아마도** 불가하지 **않겠습니까**?"

• 以口量地, 其於古猶有餘, 而食之甚不足者, 其咎安在? **無乃**百姓之從事於末以害農者蕃, 爲酒醪以靡穀者多, 六畜之食焉者衆與? (《漢書》〈文帝紀〉)

인구에 따라 경지를 헤아려보면 옛날보다 오히려 여유가 있는데도 양식이 매우 부족하니, 그 허물이 어디에 있겠습니까? **아마도** 백성 중에서 상공업에 종사하여 농업을 버린 자가 매우 많고, 곡식으로 술을 빚어 식량을 낭비하는 자가 많으며, 여섯 가지 가축(소, 말, 양, 돼지, 개, 닭)을 사육하는 자가 많기 때문이 **아닙니까**?

• 而足下更引此義以爲吾規, **無乃**辭同趨異, 非君子所爲休戚◆者哉! (《三國志》〈魏書 臧洪傳〉)

그러나 그대는 이 이치를 이끌어 나에게 경고했지만, **아마도** 말은 같아도 내용은 차이가 있으니 군자가 기뻐하고 근심할 것은 **아니겠지요**!

◆休戚(휴척): 기쁨과 근심.

• 非徒不得賢, 更開失賢之路, 增玉鉉之傾. **無乃**居其室出其言不善, 見違於君子乎! (《三國志》〈魏書 王郎傳〉)

[나는] 비단 현명한 사람을 얻지 못했을 뿐만 아니라 현명한 사람을 잃는 길을 열었고 지위의 기울어짐을 더했소. **아마도** 방에서 하는 말이 좋지 않아 군자에게서 버림받은 것이 **아니겠소**!

• 暮婚晨告別, **無乃**太忽忙. (杜甫, 〈新婚別〉)

해 질 녘에 혼인하고 새벽에 이별하니, **아마도** 몹시 황망한 것 **아닌지요**.

ㅁ

- 不知造物者意竟如何? **無乃**所好惡與人異心哉? (韓愈, 〈與崔群書〉)
  조물주의 뜻이 결국 어떠한 것인지 모릅니까? **설마** 좋아하고 미워함이 사람과 다른 마음이지는 **않겠지요**?
- 是時石鼓何處避? **無乃**天工令鬼守? (蘇軾, 〈後石鼓歌〉)
  이때 석고는 어디에 피해 있었는가? **아마도** 하느님이 조화를 부려 귀신을 시켜 지키게 한 것이 **아닐까**?
- 陋邦何處得此花? **無乃**好事移西蜀? (蘇軾, 〈定惠院海棠〉)
  누추한 땅 어느 곳에서 이 꽃을 얻었을까? **아마도** 호사가가 서촉에서 옮긴 것 **아닐까**?

無寧(무녕)

❶ **부사** 선택을 나타내며, '차라리 ~을 원하다'라고 해석한다. '與其(여기)~無寧(무녕)'의 형태로 쓰이면 '~하느니 차라리 하겠다'라고 해석한다.

- 若寡人得沒于地, 天其以禮悔禍于許, **無寧**茲許公復奉其社稷. 唯我鄭國之有請焉, 如舊昏◆媾◆, 其能降以相從也. (《左傳》 隱公十一年)
  만약 내가 [천수를 누리고] 땅에 묻힌 뒤에 하늘이 혹시 예로 대우하여 허나라에 내린 재앙을 취소한다면, **차라리** 이 허공에게 다시 사직을 받들기를 **원할 것이다**. [그때에 가서] 우리 정나라가 청구하는 것이 있으면, 마치 오랜 사돈같이 [자신의 뜻을] 굽혀 서로 따를 수 있을 것이다.
  ◆昏(혼): 아내의 아버지.
  ◆媾(구): 겹사돈.
- 且予**與其**死於臣之手也, **無寧**死於二三子之手乎? (《論語》 〈子罕〉)
  또한 내가 가신의 손에 죽는 것**보다는 차라리** 너희 손에 죽는 것이 낫지 **않겠느냐**?

❷ **부사** '無乃(무내)'처럼 동작 혹은 행위에 대한 추측이나 반문을 나타내며, '어찌(설마) ~하겠는가' '어찌(설마) ~하지 않겠는가'라고 해석한다.

- 賓至如歸, **無寧**菑患? (《左傳》 襄公三十一年)

  빈객은 [집으로] 돌아가는 것처럼 [이곳에] 이르렀는데 **설마** 재앙이 있**겠는가**?

  菑: 재앙 재

- **無寧**以善人爲則, 而則人辟乎? (《左傳》 昭公六年)

  어찌 착한 사람을 준칙으로 삼지 않고 다른 사람의 사악함을 본받**겠는가**?

- 寡君聞君有不令之臣爲君憂, **無寧**以爲宗羞, 寡君請受而戮之. (《左傳》 昭公二十二年)

  우리 임금께서는 임금에게 못된 신하가 있어 임금의 걱정거리가 되고 있음을 들으시고, [그 신하를] **어찌** [임금의] 조종의 수치라고 생각**하지 않겠습니까**? 우리 임금께서는 [그 신하를 우리나라에] 받아들여 죽이기를 청하십니다.

ㅁ

無慮(무려)

부사 대략의 수량을 나타내며, '대개' '대략'이라고 해석한다. '大抵(대저)'와 같은 뜻이고 함께 쓸 수도 있다. '亡慮(무려)' '勿慮(물려)'라고도 쓴다.

- 今反虜, **無慮**三萬人. (《漢書》 〈馮奉世列傳〉)

  현재 배반한 적이 **대략** 3만 명이다.

- 天下大抵**無慮**皆鑄金錢矣. (《漢書》 〈食貨志下〉)

  천하의 사람들은 **대개** 모두 금전을 주조했다.

- 西北諸胡賣馬者往來如織, 日用絹**無慮**五千匹. (《資治通鑑》 〈後唐明宗紀〉)

  서북쪽의 오랑캐들이 말을 팔며 오가는 것이 마치 옷감을 짜는 것과 같고, 매일 소용되는 비단은 **대략** 5천 필이다.

無不(무불)

부사 예외가 없음을 나타내며, '~하지 않음이 없다'라고 해석한다.

- 辟如天地之**無不**持載, **無不**覆幬. (《禮記》〈中庸〉)
  비유하건대 천지와 같아서 싣지 **않은 것이 없고** 덮지 **않은 것이 없다**.

無非(무비)

부사 모두가 그러함을 나타내며, '[단지] ~뿐이다' '~하지 않은 것이 없다'라고 해석한다.

- 始臣之解牛之時, 所見**無非**牛者, 三年之後, 未嘗見全牛也. (《莊子》〈養生主〉)
  처음에 신이 소를 해체할 때는 보이는 것은 **단지 소뿐이었으나**, 3년 후에 온전한 소는 보이지 않았습니다.
- 今王言屬國於子之, 而吏**無非**太子人者. 是名屬子之而實太子用事也. (《史記》〈燕召公世家〉)
  지금 [연나라 왕이] 나라를 자지에게 부탁한다고 말했으나 관리들 중에 모두 태자 쪽 사람이 **아닌 자가 없었다**. 이는 명의상으로 자지에게 맡긴 것이지 실제로는 태자가 권력을 휘두르게 한 것이다.
- 諸所與交通, **無非**豪桀大猾. (《史記》〈魏其武安侯列傳〉)
  [관부(灌夫)가] 교유하며 왕래하는 자는 호걸이나 대단히 교활**하지 않은 자가 없었다**.
- 金剛山萬二千峰, 峰巒洞壑, 水泉淵瀑, **無非**白石結作. (《東籬耦談》)

금강산 1만 2천 봉은 산봉우리, 골짜기, 물, 폭포가 흰 바위로 이어져 있**지 않은 것이 없다**.

無如(무여)

부사 일의 상황이 상대에 비해 열등함을 나타내며, '~만한 것이 없다'라고 해석한다.

- 且夫人子盡已死, 餘庶子**無如**蘭賢. (《史記》〈鄭世家〉)
  또 부인의 아들들은 모두 죽고 없는데, 그 나머지 서자 중에서도 난처럼 현능**한 사람이 없습니다**.

無亦(무역)

부사 완곡한 어기로 강한 긍정이나 공손한 반문 및 추측을 나타내며, '또한' '아마도'라고 해석한다.

- 如天之福, 兩君相見, **無亦**唯是一矢以相加遺, 焉用樂? (《左傳》 成公十二年)
  만약 하늘이 복을 내려 두 나라 임금이 만나면 **또한** 단지 한 개의 화살을 서로 선물할 것이니 음악을 어디에 쓰겠는가?
- 夫令名, 德之輿也; 德, 國家之基也. 有基無壞, **無亦**是務乎? (《左傳》 襄公二十四年)
  무릇 좋은 명성은 덕행을 쌓는 수레이고 덕행은 나라의 기초입니다. 기초가 있으면 허물어지지 않으니 **또한** 이 점에 힘써야 하겠지요?
- **無亦**夫子意欲假此, 而垂訓後王也? (金萬重, 《西浦漫筆》 上)
  아마도 공자의 뜻은 이를 빌려서 후왕에게 교훈을 주려 한 것이 아닐까?

ㅁ

無庸(무용)

부사 필요 없음을 나타내며, '~할 필요가 없다' '~해서는 안 된다' 등으로 해석한다. '毋庸(무용)'과 같다.

- 韓獻子曰: "**無庸**. 使重其罪, 民將叛之, 無民, 孰戰?" (《左傳》成公十五年)
  한헌자가 말했다. "**그렇게 할 필요가 없습니다**. 그 죄를 더욱 무겁게 한다면 백성이 장차 그를 배반할 것이니, 백성이 없는데 누가 싸우겠습니까?"
- 公曰: "**無庸**. 將自及." (《左傳》隱公元年)
  공(정장공鄭莊公)이 말했다. "**그럴 필요 없다**. 장차 스스로 [재앙에] 미치게 될 것이다."
- 王其**無庸**戰. (《國語》〈吳語〉)
  왕은 전쟁을 **할 필요가 없을 것이다**.
- 竊爲君計者, 莫若安民無事, 且**無庸**有事於民也. (《史記》〈蘇秦列傳〉)
  제가 당신을 위해 생각건대 백성을 편안히 하고 [나라에] 일이 없게 하는 것이 가장 좋으니, 백성에게 일이 생기게 **해서는 안 됩니다**.

無意(무의)

부사 추측이나 확실하지 않음을 나타내며, '아마도' '혹시'라고 해석한다. '亡意(무의)' '意亡(의무)'와 같다.

- 陛下**無意**少聽其數乎? (《新序》〈瑰瑋〉)
  폐하께서 **혹시** 그러한 술수를 조금은 들었겠군요?

無以(무이)

부사 '無(무)'와 '以(이)'가 결합된 형태로서 '~ 때문이라고 하지 마라' '~할 방법이 없다' '~할 수 없다' 등으로 해석한다.

- 不學禮, **無以**立. (《論語》〈季氏〉)
  예를 배우지 않으면 [남 앞에] 설 **수가 없다**.
- **無以**小害大, **無以**賤害貴. (《孟子》〈告子上〉)
  작은 것 때문에 큰 것을 해치**지 말며**, 천한 것 때문에 귀한 것을 해치**지 마라**.
- 故不積蹞步, **無以**致千里, 不積小流, **無以**成江海. (《荀子》〈勸學〉)
  그러므로 반걸음을 쌓지 않으면 천 리에 이를 **수 없고**, 작은 흐름을 쌓지 않으면 강과 바다를 이룰 **방법이 없다**.
- 臣無祖母, **無以**至今日, 祖母無臣, **無以**終餘年. (李密, 〈陳情表〉)
  저는 할머니가 없었다면 오늘에 이를 **수 없었을 것이고**, 할머니는 제가 없으면 남은 여생을 끝마칠 **수 없을 것입니다**.

勿(물)

❶ **부사** 금지나 저지를 나타내며, '~하지 마라' '~해서는 안 된다'라고 해석한다. '勿(물)'은 '毋(무)'와 같은 의미로 곧잘 쓰이지만, '毋(무)'와 달리 뒤에 오는 동사가 목적어를 수반하지 않는 경우가 대부분이다.

- 己所不欲, **勿**施於人. (《論語》〈衛靈公〉)
  자기가 하고자 하지 않는 바를 다른 사람에게 베풀**지 말아야 한다**.
- 百畝之田, **勿**奪其時, 數口之家可以無饑矣. (《孟子》〈梁惠王上〉)

ㅁ

백 묘의 밭에서 그것들을 [경작하는] 시기를 빼앗**지 않으면**, 몇 식구의 가족이 굶주리지 않을 수 있다.

- 周公曰: "利而**勿**利也." (《呂氏春秋》〈貴公〉)

  주공이 말했다. "[백성을] 이롭게 하고 [자신을] 이롭게 **하지 마라**."

- 足下深溝高壘, 堅營**勿**與戰. (《史記》〈淮陰侯列傳〉)

  당신은 참호를 깊이 파고 장벽을 높이 쌓아 진영을 굳게 지키기만 하고 [그들과] 싸우**지 마시오**.

- 其令郡國◆所選, **勿**拘老幼; 儒通經術, 吏達文法, 到皆試用. (《三國志》〈魏書 文帝紀〉)

  명하노니, 군국에서 선발을 할 때 늙고 젊음에 구애받**지 말며**, 경학에 정통한 유학자와 법률에 통달한 관리는 즉시 전원 등용하라.

  ◆郡國(군국): 한(漢)나라 때 조정의 직할지인 군(郡)과 제후를 봉한 국(國).

- 中正則唯考其行迹, 別其高下, 審定輩類, **勿**使升降. (《三國志》〈魏書 夏侯玄傳〉)

  [그] 중정관은 그들의 행적을 살펴 그것의 높고 낮음을 판별하며, 등급을 심사하고 결정할 뿐, [관직의] 승진과 강등을 마음대로 **하지 못하게** 해야 한다.

- **勿**爲新婚念, 努力事戎行. (杜甫, 〈新婚別〉)

  신혼임을 생각**지 마시고** 힘써 병무에 열중하셔요.

- 願將軍**勿**慮! (《資治通鑑》〈漢紀〉 獻帝建安十三年)

  장군은 근심**하지 마십시오**!

- 十年不第進士, 則**勿**謂吾兒. (崔致遠, 〈桂苑筆耕集序〉)

  10년이 되도록 진사에 급제하지 못하면 나의 아들이라 일컫**지 마라**.

- 兒時, 愛護書帙者, 長必成學, **勿**以亂墨點抹, **勿**以雜物挾置於册葉之間, **勿**割白處以爲用. (李德懋, 《士小節》)

  어린 시절 책을 아끼고 감싸던 자는 자라서 반드시 학문을 이루게 되니,

어지럽게 먹물로 칠**하지 말고**, 잡다한 물건을 책장 사이에 끼워놓**지 말며**, 빈 곳을 나눠 사용**하지 마라**.

- 附耳之言, **勿**聽焉, 戒洩之談, **勿**言焉. (朴趾源,《燕巖集》)

귀에 대고 하는 말은 듣**지 말며**, 발설을 경계하는 이야기는 **하지 마라**.

- 故吾韓華二國同志, 其**勿**以日人之堅甲利兵爲懼. (金九,《屠倭實記》)

그러므로 우리 한국과 중국 두 나라의 동지들은 일본인의 견고한 갑옷과 날카로운 무기를 두려워**하지 마라**.

❷ **부사** 동사를 부정하며, '~하지 마라' '~하지 않다'라고 해석한다.

- 齊侯欲**勿**許, 而難爲不協, 乃盟於鄬外. (《左傳》襄公三年)

제후는 허락하고 싶**지 않았으나** 화합하려 하지 않는다는 것을 곤란하게 여겨 곧 내수가에서 동맹했다.

- 弗問弗仕, **勿**罔君子. (《詩經》〈小雅 節南山〉)

[군자에게] 묻지도 않고 벼슬하지도 않은 사람으로 임금을 속이**지 마라**.

- 凡夫人之情, 見利莫能**勿**就, 見害莫能**勿**避. (《管子》〈禁藏〉)

일반 사람들의 정서는 이익을 보고 좇**지 않을** 수 없고, 해로움을 보고 피하**지 않을** 수 없다.

- 非禮**勿**視, 非禮**勿**聽, 非禮**勿**言, 非禮**勿**動. (《論語》〈顏淵〉)

예가 아니면 보**지 말고**, 예가 아니면 듣**지 말며**, 예가 아니면 말**하지 말고**, 예가 아니면 움직이**지 마라**.

- 非獨賢者有是心也, 人皆有之, 賢者能**勿**喪耳. (《孟子》〈告子上〉)

현인만이 이 마음을 가지고 있는 것이 아니라 사람들 모두 가지고 있으나, 현인은 [그것을] 잃**지 않을** 수 있을 뿐이다.

❸ **어조사** 문장의 첫머리에 쓰이며, 어감을 강화할 뿐 뜻이 없으므로 해석할 필요는 없다.

• 史蘇◆是占, **勿**從何益? (《左傳》 僖公十五年)

사소의 이 점괘를 따랐던들 무슨 도움이 되었겠습니까?

◆ 史蘇(사소): 점치는 관리.

勿慮(물려)

부사 대략적인 상황을 나타내며, '대개' '대략'이라고 해석한다. '亡慮(무려)' '無慮(무려)'와 같다.

• 備則未爲備也, 而**勿慮**存焉. (《大戴禮記》〈曾子立事〉)

갖추었다고 하여 완전하게 갖춘 것은 아니나, [사람의 미덕은] **대개** 갖출 수 있는 것이다.

未(미)

❶ **부사** 동작 혹은 행위가 아직 발생하지 않았음을 나타내며, '[일찍이] ~이 없다' '~하지 않다'라고 해석한다.

• 小人有母, 皆嘗小人之食矣, **未**嘗君之羹. (《左傳》 隱公元年)

저에게는 어머니가 계시는데, 제[가 먹는] 음식은 모두 맛보았지만 임금님의 고깃국은 먹은 적**이 없습니다**.

• 小惠**未**遍, 民弗從也. (《左傳》 莊公十年)

작은 은혜라 두루 미치**지 않아** 백성이 따르지 않을 것이다.

• 七十者衣帛食肉, 黎民◆不饑不寒, 然而不王者, **未**之有也. (《孟子》〈梁惠王上〉)

일흔 살 된 사람이 비단옷을 입고 고기를 먹으며, 백성이 굶주리지 않고 추위로 고생하지 않게 되니, 이렇게 하고도 [천하에] 왕 노릇 하지 못한 그런 사람은 **없었습니다**.

◆黎民(여민): 뭇사람, 서민, 백성.

黎: 많을 려, 뭇 려

- 故水旱**未**至而饑, 寒暑**未**薄而疾, 祆怪**未**至而凶. (《荀子》〈天論〉)

그러므로 수재와 한재가 발생**하지 않았지만** 굶주렸고, [혹독한] 추위와 [지독한] 더위가 엄습**하지 않았지만** 질병이 생겼으며, 요괴가 나타나**지 않았지만** 재앙을 만났다.

- 今人有五子不爲多, 子又有五子, 大父**未**死而有二十五孫. (《韓非子》〈五蠹〉)

지금 어떤 사람이 다섯 명의 아들이 있어도 많다고 할 수는 없지만, 아들에게 또 다섯 명의 아들이 있고 할아버지가 죽**지 않는다면**, 곧 스물다섯 명의 손자가 있게 된다.

- 上拜以爲治粟都尉◆, 上**未**之奇也. (《史記》〈淮陰侯列傳〉)

유방은 한신을 치속도위로 삼았으나 그를 특별하다고 생각**하지는 않았다**.

◆治粟都尉(치속도위): 식량과 말먹이를 관리하는 군관.

- 計**未**定, 求人可使報秦者, **未**得. (《史記》〈廉頗藺相如列傳〉)

대책이 정해지**지 않았고**, 진나라를 상대할 만한 사람을 찾았지만 얻**지 못했다**.

- 進言者皆曰天下已安已治矣, 臣獨以爲**未**也. (賈誼, 〈治安策〉)

진언하는 자들은 모두 천하가 이미 안정되었고 잘 다스려진다고 말하지만, 저는 홀로 **아직 아니라고** 생각합니다.

- 雪擁金橋凍不開, 雞林春色**未**全廻. (一然, 《三國遺事》)

눈 덮인 금교의 얼음이 녹지 않았고, 계림의 봄빛은 **아직** 완전히 돌아오**지 않았다**.

ㅁ

• 廉者牧之本務, 萬善之源, 諸德之根, 不廉而能牧者, **未**之有也. (丁若鏞, 《牧民心書》)

청렴은 목민관의 근본 임무요, 온갖 선행의 근원이며, 모든 덕의 근본이니, 청렴하지 않고서 제대로 다스린 사람**은 없었다**.

❷ **부사** 동작·행위·성질의 부정을 나타내며, '~이 아니다' '~하지 않다'라고 해석한다.

• 肉食者鄙, **未**能遠謀. (《左傳》 莊公十年)

권세가 있는 자는 고루하여 원대한 계획을 세울 **수 없다**.

• 見兎而顧犬, **未**爲晩也; 亡羊而補牢, **未**爲遲也. (《戰國策》〈楚策四〉)

토끼를 보고서야 개를 돌아본다고 해도 늦**지는 않으며**, 양을 잃고 우리를 수선한다고 해도 늦**지는 않다**.

• 人固**未**易知, 知人亦**未**易也. (《史記》〈范雎蔡澤列傳〉)

남이 [나를] 알아주기도 쉽**지 않고**, [내가] 남[의 됨됨이]을 알아보기도 쉽**지 않다**.

• 夫以疲病之卒御狐疑◆之衆, 衆數雖多, 甚**未**足畏. (《資治通鑑》〈漢紀〉 獻帝 建安十三年)

무릇 피로하고 병든 군사로서 우유부단한 무리를 거느리니, 사람의 수가 비록 많더라도 두려워할 가치**가 없다**.

◆ 狐疑(호의): 의심하여 결정하지 못하다.

• 皆効之而**未**及眞顰者也. (魚叔權, 《稗官雜記》)

모두가 본받기는 했지만 본바탕에 미치**지는 못한다**.

• 苟出己意, 語雖工, **未**免砭者之譏. (徐居正, 《東人詩話》)

만일 자기 뜻을 나타냈다면 말이 비록 정교할지라도 비판하는 사람의 나무람을 면**하지 못한다**.

❸ **어조사** 문장 끝에 쓰여 의문문을 만들며, '~하지 않은가'라고 해석한다.

- 太后獨有帝, 今哭而不悲. 君知其解**未**? (《漢書》〈外戚呂后列傳〉)
  태후에게는 단지 황제뿐인데, 지금 곡을 하면서도 슬퍼하지 않습니다. 당신은 그 까닭을 아시**지 않습니까**?
- 今日上不至天, 下不至地, 言出子口, 入於吾耳, 可以言**未**? (《三國志》〈蜀書 諸葛亮傳〉)
  지금 위로는 하늘에 이르지 못하고 아래로는 땅에 이르지 못하며, 말이 당신의 입에서 나오면 곧 나의 귓속으로 들어오니, 말할 수 있**지 않습니까**?
- 上乃曰: "君除◆吏已盡**未**? 吾亦欲除吏." (《史記》〈魏其武安侯列傳〉)
  주상이 곧 말했다. "그대는 이미 새로운 관리로 임명되**지 않았던가**? 나 또한 새로운 관리로 임명하고자 한다."

  ◆除(제): 원래 '덜다'라는 뜻이지만, 새로운 관직을 맡기 위해서는 전에 맡았던 자리에서 물러나야 하므로 '벼슬을 준다'는 뜻이 되었다.

  除: 벼슬 줄 제

- 君自故鄕來, 應知故鄕事. 來日綺窓前, 寒梅著花**未**? (王維, 〈雜詩〉◆)
  당신은 고향에서 왔으니 고향의 일을 알겠지요. 당신이 오던 그날 창문 앞에 겨울 매화가 피**지 않았던가요**?

  ◆雜詩(잡시): 제재는 특정하나 내용은 한정되지 않은 시를 말한다.

[참고]

없다: • 或問曰, "勸齊伐燕, 有諸?" 曰, "**未**也." (《孟子》〈公孫丑下〉) 어떤 사람이 [맹자에게] "제나라에 연나라를 치도록 권한 적이 있습니까?"라고 물으니, "**없습니다**."라고 했다.

未嘗(미상)

부사 동작·행위·상황이 존재하지 않거나 이전에 발생한 적이 없음을 나타낸다. '[일찍이] ~한 적이 없다'라고 해석한다.

- 子食於有喪者之側, **未嘗**飽也. (《論語》〈述而〉)

  공자께서는 상을 당한 사람 곁에서 식사를 하실 때는 배부르게 드신 **적이 없다**.

- 問其與飮食者, 盡富貴也, 而**未嘗**有顯者來. (《孟子》〈離婁下〉)

  그에게 어떤 사람과 함께 [음식을] 먹고 마시는지 물으니 모두 돈 있고 권세 있는 사람이었으나, **일찍이** 뛰어난 사람이 [집에] 온 **적이 없었다**.

- 自我爲汝家婦, **未嘗**聞汝先古之有貴者. (《史記》〈項羽本紀〉)

  내가 너의 집안 며느리가 된 후에 너의 선조 중에 명망 있는 사람이 있다는 것을 들어본 **적이 없다**.

- 秦自穆公以來二十餘君, **未嘗**有堅明約束者也. (《史記》〈廉頗藺相如列傳〉)

  진나라는 목공 이래로 20여 명의 군주가 있었으나 **일찍이** 약속을 확실하게 지킨 분이 **없었습니다**.

- 父**未嘗**笞, 母**未嘗**非, 閭里**未嘗**讓. (《論衡》〈自紀〉)

  아버지는 매질한 **적이 없고**, 어머니는 나쁘다고 한 **적이 없으며**, 이웃에서는 책망한 **적이 없다**.

- 所謂在天下, **未嘗**亡者, 於此可見. (鄭道傳, 〈贈任鎭撫詩序〉)

  이른바 천하에서 **일찍이** 망한 **적이 없다**는 것은 이로써 볼 수 있다.

未始(미시)

부사 동작·행위·상황이 존재하지 않거나 발생한 적이 없음을 나타내며,

'일찍이 ~없다/하지 않다'라고 해석한다. '未嘗(미상)' '未曾(미증)'과 같다.

- 自天地剖泮, **未始**有也. (《史記》〈酈生陸賈列傳〉)
  천지가 열린 이래로 **일찍이** [이런 일은] **없었다**.
- 千變萬化兮, **未始**有極. (賈誼, 〈鵩鳥賦〉)
  천 번 만 번 변화하여 **일찍이** 끝이 **없더라**.
- 五年之間, 號令三嬗, 自生民以來, **未始**有受命若斯之亟也. (《史記》〈秦楚之際月表〉)
  5년 사이에 호령이 세 차례나 내렸으니, 백성이 태어난 이래로 **일찍이** 왕명을 받고 이와 같이 빠른 **적이 없었다**.
- 是故禮樂**未始**有常也. (《淮南子》〈氾論訓〉)
  이 때문에 예악은 **일찍이** 상도(常道)가 **없었다**.
- 是疾也, 江南之人常常有之, **未始**以爲憂也. (韓愈, 〈祭十二郎文〉)
  이 질병은 강남 사람들에게 항상 있는 것이니 **일찍이** 근심**하지 않았다**.

未曾(미증)

부사 동작·행위·상황이 존재하지 않거나 발생한 적이 없음을 나타내며, '[일찍이] ~한 적이 없다'라고 해석한다.

- 今引**未曾**有之禍, 以自誓於子路, 子路安肯曉解而信之? (《論衡》〈問孔〉)
  지금까지 일어난 **적이 없던** 재난을 인용하여 스스로 자로에게 맹세하면, 자로가 어떻게 의혹을 풀고 믿으려 하겠습니까?
- 友聞白羊肉美, 一生**未曾**得喫. (《世說新語》〈任誕〉)
  나우(羅友)는 흰 양의 고기가 맛있다는 말을 들어보았지만, 한평생 **일찍이** 먹어본 **적은 없다**.

ㅁ

- 十年磨一劍, 霜刃**未曾**試. (賈島, 〈劍客〉)

  10년 동안 한 자루 칼을 갈았으나, 서릿발 같은 칼날은 써본 **적이 없다**.

未必(미필)

부사 동작·행위·상황이 절대적으로 그런 것이 아님을 나타내며, '반드시 ~하지는 않다'라고 해석한다.

- 君之智**未必**最賢於衆也. (《愼子》〈民雜〉)

  군주의 지혜가 사람들과 비교하여 **반드시** 가장 현명**하지는 않다**.

- 小時了了◆, 大**未必**佳. (《世說新語》〈言語〉)

  어렸을 때 똑똑하다고 해서 자라서도 **반드시** 뛰어난 것은 **아니다**.

  ◆ 了了(료료): 똑똑한 모양.

- 積金以遺子孫, **未必**子孫能盡守; 積書以遺子孫, **未必**子孫能盡讀. (《明心寶鑑》)

  돈을 모아서 자손에게 남겨주더라도 자손이 **반드시** 다 지킬 수 있는 것은 **아니며**, 책을 모아서 자손에게 남겨주더라도 자손이 **반드시** 다 읽을 수 있는 것은 **아니다**.

- 人材是政敎之本, 不有以培之, 其本**未必**固; 不有以濟之, 其源**未必**淸. (徐居正, 《東文選》)

  인재는 정치와 교육의 근본이니, 이것(국학, 인재)을 배양하지 않으면 그 근본이 **반드시 굳지 못할** 것이고, 이것을 구제하지 않으면 그 근원이 **반드시** 맑지 **못할** 것이다.

微(미)

❶ **부사** 동작이나 행위가 은밀하게 진행되는 것을 나타내며, '몰래' '비밀리에' 등으로 해석한다.

- 解◆使人**微**知賊處. (《漢書》〈游俠列傳〉)

  곽해(郭解)는 사람을 시켜 적이 있는 곳을 **은밀히** 알아냈다.

  ◆解(해): 곽해(郭解). 전한의 협객인데, 젊어서 건달 노릇을 했으나 장성하면서 덕을 닦아 유명해졌다.

- 諸將**微**聞其計, 以告項羽. (《史記》〈項羽本紀〉)

  여러 장수는 **몰래** 그들의 계획을 듣고 항우에게 알렸다.

- 侯生下見其客朱亥. 俾倪◆, 故久立與其客語, **微**察公子. (《史記》〈魏公子列傳〉)

  후생은 [수레에서] 내려 그의 손님 주해를 만났다. 곁눈질하며 고의로 오랫동안 서서 손님과 말을 하면서 **몰래** 위공자(魏公子)를 관찰했다.

  ◆俾倪(비예): 눈을 흘기다. 곁눈질하다.

- 司馬喜新與季辛惡, 因**微**令人殺爰騫. (《韓非子》〈內儲說下〉)

  사마희는 막 계신과 사이가 나빠졌는데, **몰래** 사람을 시켜 원건을 죽였다.

- 童**微**伺其睡. (柳宗元, 〈童區寄傳〉)

  동구기는 **몰래** 그가 잠든 것을 엿보았다.

❷ **부사** 수량이 많지 않거나 동작 혹은 행위의 정도가 깊지 않음을 나타내며, '약간' '조금'이라고 해석한다.

- 孔璋章表殊健, **微**爲繁富. (曹丕, 〈與吳質書〉)

  공장의 장과 표는 매우 웅건하지만, **약간** 번잡하고 군더더기가 많다.

  殊: 특히 수

• 洞庭始波, 木葉**微**脫. (謝莊, 〈月賦〉)

동정호에 파도가 일자, 나뭇잎이 **조금** 떨어졌다.

• 自非身有求, 不敢**微**啓脣. (王安石, 〈車螯二首〉)

자신이 구하는 것이 있지 않을 때는 감히 **조금도** 입을 열지 않는다.

• 臣願陛下, 稍開諫路, **微**納臣言. (《王氏見聞記》〈王承休〉)

저는 폐하께서 간언의 길을 열어 신하의 말을 **조금이라도** 받아들이기를 원합니다.

• 兩行**微**相近. (《齊民要術》〈種瓜〉)

두 길은 **조금** 서로 가깝다.

• 東坡現右足, 魯直◆現左足, 各**微**側. (魏學洢, 〈核舟記〉)

소동파는 오른쪽 다리를 내보이고 황정견은 왼쪽 다리를 내보였는데, 각기 **조금** 기울었다.

◆魯直(노직): 황정견의 자.

❸ **부사** '非(비)'와 통하고 동작·행위·상황의 부정을 나타내며, '~이 아니다'라고 해석한다.

• **微**我無酒, 以敖以游. (《詩經》〈邶風 柏舟〉)

나는 술이 없어서 즐기고 놀지 못하는 것**이 아니다**.

敖: 놀 오

• 先其所愛, **微**與之期, 踐墨隨敵, 以決戰事. (《孫子兵法》〈九地〉)

적이 아끼는 곳을 선공하고, 그들과 [전쟁하기로 약속한] 기간을 정**하지 않으며**, 작전 계획을 짜고 적의 상황 변화에 따라 법도를 실천하고서 군사행동을 결정한다.

• 雖讀禮傳, **微**愛屬文. (《顏氏家訓》〈序致〉)

비록 예전을 애독하지만, 글 짓는 것은 좋아**하지 않는다**.

❹ **접속사** 부정적인 가설을 나타내며 '若非(약비)'와 같고, '만일 ~가 아니라면' '만일 ~이 없다면'이라고 해석한다.

- **微**夫人之力, 不及此. (《左傳》 僖公三十年)
  만일 그 사람의 힘**이 아니었다면** 여기에 이를 수 없었을 것이다.
- **微**管仲, 吾其被髮左衽矣. (《論語》〈憲問〉)
  관중**이 아니었다면** 우리는 아마도 머리를 풀어헤치고 옷섶을 왼쪽으로 여미었을 것이다.
- 是日, **微**樊噲奔入營誰讓項羽, 沛公事幾殆. (《史記》〈樊酈滕灌列傳〉)
  이날 **만일** 번쾌가 군영으로 들어가 항우를 책망**하지 않았다면** 패공의 일은 하마터면 위험했을 것이다.
- 是日, **微**褚幾危. (《三國志》〈魏書 典韋傳〉)
  이날 **만일** 허저(許褚)**가 없었다면** [조조는] 거의 위험에 빠졌을 것이다.
- 詔曰: "**微**護軍, 吾弗聞斯言也." (《三國志》〈魏書 典韋傳〉)
  조서에서 "**만일** 호군**이 없었다면**, 나는 이 말을 듣지 못했을 것이오."라고 했다.
- 太祖還, 執昱手曰: "**微**子之力, 吾無所歸矣." 乃表昱爲東平相, 屯范. (《三國志》〈魏書 程昱傳〉)
  태조(조조)는 돌아와 정욱의 손을 잡으며 말했다. "**만일** 그대의 힘**이 없었다면** 나는 돌아갈 곳이 없었을 것이오." 곧 정욱을 동평군의 재상으로 추천하고 군대를 범현에 주둔시켰다.
- **微**斯人, 吾誰與歸? (范仲淹, 〈岳陽樓記〉)
  이런 사람**이 아니면** 나는 누구와 함께 돌아갈까?

【참고】

① 숨기다: • 白公奔山而縊, 其徒**微**之. (《左傳》 哀公十六年) 백공이 산으로 달아나 목을 매달아 죽자, 그 부하들이 그의 시체를 **숨겼다**. 縊: 목맬 액

ㅁ

② 드러내지 않다: • 桓公**微**服而行於民間. (《韓非子》〈外儲說右下〉) 환공은 복장을 **드러내지 않고** 백성 사이를 다녔다.

③ 심오하다, 미묘하다: • 其理**微**. (劉禹錫, 〈天論中〉) 그 이치는 **심오하다**.

④ 작다: • 垤**微**小. (《韓非子》〈六反〉) 흙더미는 아주 **작다**. 垤: 작은 산 질

⑤ 쇠약해지다: • 周貧且**微**. (《戰國策》〈趙策三〉) 주나라는 가난하고 **쇠약해졌다**.

⑥ 미미함: • 對曰: "一人之**微**, 不能消衆謀." (《三國志》〈魏書 董昭傳〉) [동소가] 대답했다. "한 사람의 **미미함**으로는 많은 음모를 제거할 수 없다."

微獨(미독)

부사 어떤 범위에 한정되지 않음을 나타내며 '不獨(불독)' '非獨(비독)'과 같고, '~뿐만 아니라' '~에 그치지 않는다'라고 해석한다.

- **微獨**趙, 諸侯有在者乎? 曰: "老婦不聞也." (《戰國策》〈趙策四〉)
  조나라**뿐만 아니라** 다른 제후[의 후손 중에 아직] 자리에 있는 자가 있습니까? "나는 듣지 못했소."라고 말했다.
- 然而以理義斲削, 神農◆黃帝, 猶有可非, **微獨**舜湯. (《呂氏春秋》〈離俗〉)
  그렇지만 이치에 맞는 기준으로 먹줄을 긋고 마름질을 하면, 신농과 황제라도 오히려 비난할 만한 부분이 있을 수 있으니, 순임금과 탕임금**에만 그치지는 않을** 것이다.

◆神農(신농): 중국 고대 전설 속의 제왕인데, 백성에게 농경을 가르쳤으며 시장을 개설하여 교역의 길을 열었다고 한다. 농업·의약·역(易)·불의 신으로 숭앙되었다.

彌(미)

부사 동작·행위·상태의 정도가 점점 깊어짐을 나타내며, '꼬박' '더욱더' '한층' '~할수록 더욱'이라고 해석한다.

- 仰之**彌**高, 鑽之**彌**堅. (《論語》〈子罕〉)

  우러러볼**수록 더욱** 높으시고, 파고들**수록 더욱** 견고하시구나.

- 國**彌**大, 家**彌**富, 葬**彌**厚. (《呂氏春秋》〈節喪〉)

  나라가 크면 클**수록**, 집이 부유하면 부유할**수록** 장례는 **더욱** 후하다.

- 舜居嬀汭, 內行**彌**謹. (《史記》〈五帝本紀〉)

  순은 규수(嬀水)와 예수(汭水)가 만나는 곳에서 살았으며, [집]안에서의 언행은 **더욱더** 삼갔다.

  汭: 물굽이 예

- 退而修詩書禮樂, 弟子**彌**衆. (《史記》〈孔子世家〉)

  물러가서《시》《서》《예》《악》을 연구하니 제자가 **더욱** 많아졌다.

- 樂民者, 其樂**彌**長; 樂身者, 不樂而亡. (《三國志》〈吳書 陸凱傳〉)

  백성을 즐겁게 하면 그의 즐거움은 **더욱더** 오래갈 것이고, 자신만을 즐겁게 하면 즐거움을 얻지 못하고 멸망할 것이다.

- 是其曲**彌**高, 其和**彌**寡. (《文選》〈對楚文王問〉)

  그 곡조가 고아할**수록** 따라 부르는 사람은 **더욱** 적다.

- 仰矚俯映, **彌**習**彌**佳. (《水經注》〈三峽〉)

  고개를 들어 쳐다보고 고개를 숙여 비춰보니, 익숙해질**수록 더욱** 아름답다.

- 旣而**彌**月不雨, 民方以爲憂. (蘇軾, 〈喜雨亭記〉◆)

  이미 **꼬박** 한 달간 비가 내리지 않아 마침 백성이 걱정하고 있다.

◆〈喜雨亭記(희우정기)〉: 송나라 인종(仁宗) 때 오랜 가뭄 끝에 비가 내려 온 국민이 소

ㅁ

생의 기쁨을 맛보게 되었다. 때마침 소동파는 정자를 완공했는데 그 정자의 이름을 희우(喜雨)라 하고 손님을 초청하여 주연을 베푼 뒤 이 글을 지었다.

• 諸侯之地有限, 暴秦之欲無厭, 奉之**彌**繁, 侵之愈急. (蘇洵, 〈六國論〉)
제후들의 땅은 한계가 있고 사나운 진나라의 욕심은 만족할 줄을 모르니, 그를 받드는 것이 많아질**수록 더욱** 침략은 점점 더 급해질 것이다.

【참고】

① 충만하다, 채우다: • **彌**山跨谷. 산에 **가득 차고** 골짜기에 넘친다. • **彌**補. 부족한 것을 **채우다**. • **彌**縫. 꿰매어 **기움**. • **彌**月. 보름달. 만월(滿月). • **彌**天. 온 하늘. 만천(滿天).

② 끝나다: • 北**彌**陶牧, 西接昭丘. (王粲, 〈登樓賦〉) 북쪽으로는 도주공(陶朱公)의 묘지가 있는 교외에서 **끝나고**, 서쪽으로는 [초나라] 소왕의 무덤이 있는 언덕에 이어졌다.

彌更(미갱)

부사 정도가 더 높아짐을 나타내며, '더욱더' '더한층'이라고 해석한다.

• 傳寫既多, **彌更**淺俗. (顏師古, 〈漢書敍例〉)
전하여 베껴 쓴 것이 많을수록 **더한층** 천박하고 저속해졌다.

彌彌(미미)

부사 정도나 수량이 시간에 따라 서서히 증가함을 나타내며, '점차'라고 해석한다.

- **彌彌**其失, 岌岌其國. (《漢書》〈韋賢列傳〉)

  점차 잘못하더니 나라를 위태롭게 했다.

- 方今災害發起, **彌彌**滋甚. (《後漢書》〈楊震列傳〉)

  바야흐로 재해가 발생하여 **점점 더** 심해진다.

彌以滋(미이자)

부사 시간에 따라 정도가 점점 깊어짐을 나타내며, '더욱더' '더한층'이라고 해석한다.

- 性多嫌忌, 果於殺戮, 暨臻末年, **彌以滋**甚. (《三國志》〈吳書 大帝傳〉)

  성품은 시기심이 많고 살육에 과감했는데, 말년에 이르러 **더욱더** 심해졌다.

  嫌: 시기할 혐 | 忌: 미워할 기 | 戮: 죽일 륙

彌益(미익)

부사 정도가 더욱 깊어짐을 나타내며, '더욱더'라고 해석한다.

- **彌益**厚顏◆. (《助字辨略》〈引聖教序〉)

  더욱더 뻔뻔해졌다.

  ◆厚顏(후안): 두꺼운 낯가죽. 뻔뻔한 사람.

ㅁ

靡(미)

❶ **부사** 뜻은 '莫(막)'과 같으나 통상 '不(불)'과 함께 쓰여 이중부정문을 만들고, '~하지 않음이 없다'라고 해석한다.

- **靡不**有初, 鮮克有終. (《詩經》〈大雅 蕩〉)
  처음에 [선(善)함이] 있**지 않은** [사람은] **없지만**, 끝까지 할 수 있는 [사람은] 드물다.
- 德厚侔天地, 利澤施四海, **靡不**獲福焉. (《史記》〈孝文本紀〉)
  공덕이 천지에 고루 [미치고] 은혜는 온 세상에 두루 퍼지니, 복을 얻**지 않은** 이가 **없다**.
- 蓋天下萬物之萌生, **靡不**有死. (《史記》〈孝文本紀〉)
  천하 만물이 생장하여 죽음이 있**지 않은** 것은 **없다**.
- 四海之內, **靡不**受獲. (《史記》〈司馬相如列傳〉)
  전국 각지에서 은혜를 입**지 않는** 이가 **없다**.
- 南海之人, **靡不**驚異. (李朝威, 〈柳毅傳〉)
  남해 사람으로 놀라거나 이상해하**지 않은** 이가 **없다**.

❷ **부사** 동사 혹은 형용사를 부정하며, '~하지 않다'라고 해석한다.

- 秦以前尙略矣, 其詳**靡**得而記焉. (《史記》〈外戚世家〉)
  진나라 이전은 [외척과 관계있는 역사 자료가] 무척 간략해서 그 상세한 상황을 여기에 기술할 **수 없다**.
- 古布衣俠, **靡**得而聞已. (《史記》〈游俠列傳〉)
  고대에 민간의 협객이 있었다는 말은 듣**지 못했다**.
- 凡貨, 金錢布帛之用, 夏殷以前其詳**靡**記云. (《漢書》〈食貨志〉)
  무릇 재화, 돈과 비단의 사용은 그것의 상세한 상황을 하·은시대 이전에는 기록**하지 않았다**.

- 大魏繼百王之末, 承秦·漢之烈, 制度之流, **靡**所脩采. (《三國志》〈魏書 傅嘏傳〉)

  위나라는 백왕의 뒤를 이었고 진과 한의 공적을 계승했으나, 제도의 곁가지들은 정돈되어 있**지 않습니다**.

- 苟書法其如是也, 豈不使爲人君者**靡**憚憲章? (《史通》〈惑經〉)

  만일 [역사]책을 쓰는 원칙이 이러하다면, 어찌 군주로 하여금 법령을 두려워**하지 않게** 하지 않겠는가?

ㅁ

【참고】

① 없다: • 室**靡**棄物, 家無閑人. (歸有光, 〈先妣事略〉) 방에는 쓰지 못할 물건이 **없고**, 집에는 노는 사람이 없다.

② 쓰러지다: • 視其轍亂, 望其旗**靡**. (《左傳》 莊公十年) 그들의 수레바퀴 자국이 어지러운 것을 보고, 그들의 깃발이 **쓰러진** 것을 바라본다.

③ 낭비하다: • 生之者日少, **靡**之者日衆. (賈誼, 〈論積貯疏〉) 만드는 사람은 나날이 적어지고, **낭비하는** 사람은 나날이 많아진다.

④ 사치하다: • 減乘輿服御後宮用度, 及罷尙方御府◆百工技巧, **靡**麗無益之物. (《三國志》〈魏書 高貴鄕公紀〉) 수레·옷·후궁의 비용을 줄이고, 또 상방과 어부에서 각종 장인이 **사치스럽고** 호화로워 실제적인 용도가 없는 물건을 만들지 못하도록 했다. ◆御府(어부): 천자의 칼이나 기구를 만드는 관.

| ㅂ |

博(박)

부사 동작이나 행위가 광범위한 속성을 지님을 나타내며, '널리'라고 해석한다. 선진(先秦) 시기부터 사용되었다.

- 君子**博**學於文, 約之以禮, 亦可以弗畔◆矣夫. (《論語》〈雍也〉)

  군자가 글(넓은 의미의 학문)을 **널리** 배우고 예로써 단속한다면, 또한 [도리에] 어긋나지 않을 수 있을 것이다.

  ◆畔(반): '叛(배반할 반)'과 같다.

- 陰陽大化, 風雨**博**施, 萬物各得其和以生. (《荀子》〈天論〉)

  음과 양은 [만물을] 크게 변화시키고 비바람은 [온 세상에] **널리** 뿌려주니, 만물은 각기 자연의 조화를 얻어 생겨난다.

- 今縱不能**博**求天下賢聖有德之人而禪天下焉, 而曰豫◆建太子, 是重吾不德也. (《史記》〈孝文本紀〉)

  지금 천하의 어질고 덕망이 있는 사람을 **널리** 구하여 천하를 선양하지는 못할망정 태자를 서둘러 세운다고 말한다면, 이것은 나의 부덕함만 더하게 될 것이오.

  ◆豫(예): 서두른다는 뜻.

豫: 미리 예

- 秦始皇帝太后不謹. …… 與侍中左右貴臣俱**博**飮, 酒醉爭言而鬪. (《說苑》〈正諫〉)

  진시황제의 태후는 [행동을] 조심하지 않았다. …… 시중과 주위의 신분이 높은 신하들과 함께 **널리** 마시고 술에 취해 말다툼을 하며 싸웠다.

- 群書一萬卷, **博**涉供務隙. (杜甫, 〈鄭典設自施州歸〉)

  책이 1만 권이나 되어 공무의 틈에 **널리** 섭렵하네.

【참고】

견문이 넓다: • 多聞曰**博**. (《荀子》〈修身〉) 많이 듣는 것을 '**박**'이라 한다.

薄(박)

❶ **부사** 적은 수량이나 동작 혹은 행위의 정도가 낮거나 간단함을 나타내며, '가볍게' '간소하게' '조금' 등으로 해석하거나 문맥에 따라 알맞게 해석한다.

- 子曰: "躬自厚而**薄**責於人, 則遠怨矣." (《論語》〈衛靈公〉)

  공자께서 말씀하셨다. "자신에 대해서는 엄중하고 다른 사람에 대해서는 **가볍게** 책망하면 원망을 멀리할 수 있을 것이다."

- 太古**薄**葬, 棺厚三寸, 衣衾三領◆. (《荀子》〈正論〉)

  아주 옛날에는 장례를 **간소하게** 치렀는데, 관의 두께는 세 치였고 수의는 세 벌이었다.

  ◆領(령): 옷·요·이불 등을 세는 단위.

- 去年**薄**收飯不足, 今年頓頓炊白玉. (《石湖居士詩集》〈冬春行〉)

작년에는 **조금** 수확하여 식량이 부족했는데, 금년에는 끼니마다 백옥 같은 쌀밥을 해먹는다.

頓: 끼니 돈 | 炊: 불 땔 취

❷ **어조사** 음절을 재촉하는 역할만 할 뿐 실제적인 뜻은 없다. 주로《시경》에 보인다.

- **薄**汚我私, **薄**浣我衣. (《詩經》〈周南 葛覃〉)

  나의 평상복을 깨끗이 하고 나의 예복도 세탁한다.
- **薄**伐玁狁, 至于大原. (《詩經》〈小雅 六月〉)

  험윤을 토벌하여 태원에 이르렀다.

ㅂ

❸ **전치사** 시간이 미침을 나타내며, '~녘에' '~할 무렵'이라고 해석한다.

- **薄**暮空潭曲, 安禪◆制毒龍◆. (王維, 〈過香積士〉)

  해 질 **녘에** 고요한 연못가에서 편안히 참선하며 잡념을 걷어낸다.

  ◆安禪(안선): 몸과 마음을 조용히 하고 잡념을 없앰.

  ◆毒龍(독룡): 사람에게 해독을 끼치는 용으로 잡념, 망령된 마음을 뜻함.
- **薄**暮冥冥, 虎嘯猿啼. (范仲淹, 〈岳陽樓記〉)

  저녁이 **될 무렵** 어둑해지면, 호랑이가 울부짖고 원숭이가 운다.

【참고】

① '迫(박)'의 가차자. 머물다: • **薄**於義而不積. (《莊子》〈在宥〉) 의로움에 **머물러** 있어도 쌓으려고 하지 않는다.

② 낮다: • **薄**宦梗猶汎, 故園蕪已平. (李商隱, 〈蟬〉) **낮은** 벼슬아치로 가시나무처럼 떠도니 고향은 이미 황폐해졌네.

③ 담백하다, 보잘것없다, 경시하다: • 淡**薄**. 맛이 **담백하다**. • 厚此**薄**彼. 한쪽은 중시하고 한쪽은 **경시한다**. • 會數而禮勤, 物**薄**而情厚. (司馬光, 〈訓儉示康〉) 모

임이 잦았으나 예의가 정성스러웠으며, 음식은 **보잘것없어도** 인정은 두터웠다.

④ 박절하다: • 其母死, 起終不歸, 曾子**薄**之, 而與起絶. (《史記》〈吳起列傳〉) 그(오기吳起)의 어머니가 죽었으나 오기는 끝까지 돌아가지 않았는데, 증자는 이 점을 **박절하다** 여겨 오기와 절교했다.

薄言(박언)

어조사 실제적인 뜻은 없다. 용례는 《시경》에 보인다.

- 采采◆芣苢◆, **薄言**采之. (《詩經》〈周南 芣苢〉)
  부이를 따자, 그것을 따자.
  ◆采采(채채): 캐고 또 캐는 모양.
  ◆부이(芣苢): 질경잇과의 다년초로서 식용함.
- **薄言**采芑, 于彼新田. (《詩經》〈小雅 采芑〉)
  상추를 따자, 저 새 밭에서.
  芑: 상추 기

反(반)

부사 앞 문장과 뜻이 반대되거나 뜻밖의 상황이 발생하는 것을 나타내며, '도리어' '반대로' '오히려'라고 해석한다. '却(각)' '反而(반이)'와 같다.

- 人之民日欲與我鬪, 吾民日不欲爲我鬪, 是强者之所以**反**弱也. (《荀子》〈王制〉)
  다른 나라의 백성은 날마다 나와 싸우려고 하는데, 우리 백성은 날마다 나를 위해 싸우려고 하지 않으니, 이것이 강자가 **오히려** 약해진 까닭이다.

- 今秦婦人嬰兒皆言商君之法, 莫言大王之法, 是商君**反**爲主, 大王更爲臣也. (《戰國策》〈秦策一〉)

  지금 진나라의 부녀자와 아이들은 모두 상군의 법에 대해 말하고 대왕의 법에 대해 말하지 않는데, 이는 상군이 **도리어** 주인이 되고, 대왕은 바뀌어 신하가 되는 것입니다.

- 兵法 "右倍山陵, 前左水澤." 今者將軍令臣等**反**背水陳, …… 此何術也? (《史記》〈淮陰侯列傳〉)

  병법에는 "산과 언덕을 오른쪽에 두거나 등지고 물과 못을 앞으로 하거나 왼쪽에 두라."고 했는데, 오늘 장군께서는 저희에게 **도리어** 물을 등지고 진을 치게 하면서, …… 이것은 무슨 전술입니까?

ㅂ

- 足**反**居上, 首顧居下, 倒懸如此, 莫之能解, 猶爲國有人乎? (《漢書》〈賈誼列傳〉)

  다리가 **오히려** 위에 있고 머리가 오히려 아래에 있으니, [나랏일이] 이처럼 뒤바뀌면 아무도 이 문제를 해결할 수 없는데, 여전히 나라를 다스릴 사람이 있겠는가?

- 諸葛亮圍祁山, 南安·天水·安定三郡**反**應亮. (《三國志》〈魏書 曹眞傳〉)

  제갈량이 기산을 포위하자 남안·천수·안정의 삼군은 **도리어** 제갈량에게 호응했다.

- 巫醫·樂師·百工之人, 君子不齒◆, 今其智乃**反**不能及, 其可怪也歟. (韓愈, 〈師說〉)

  무의와 악사, 각종 장인을 군자는 같은 반열에 두지 않는데, 오늘 군자의 지혜는 **오히려** 그들에 미치지 못하니 정말로 괴이하구나.

  ◆不齒(불치): 같은 반열에 두지 않다.

- 如欲文字之尊重相稱, 則何不取譬於乾坤日月, **反**取於禽鳥雌雄之和鳴乎? (金萬重, 《西浦漫筆》 下)

만일 문장의 장중함이 서로 어울리도록 하려면, 어찌 건곤 일월에서 비유를 취하지 않고, **반대로** 날짐승의 암수가 화답하며 우는 것에서 취했겠는가?

[참고]

① 뒤집다: • 易如**反**掌. 손바닥 **뒤집는** 것처럼 쉽다.

② 돌아오다: • 兵出之日而王慢其不**反**也. (《戰國策》〈秦策四〉) 군대가 출발한 그날, 왕은 그가 **돌아오지** 못할 것을 근심했다. • 春往冬**反**. 봄은 갔어도 겨울이 **돌아온다**. • 往而不**反**. 가서는 **돌아오지** 않는다. • **反**求諸己. **돌이켜** 자신에게서 구한다.

③ 돌려주다: • 公子受餐**反**璧. (《左傳》僖公二十三年) 공자는 음식만 받고 옥은 **돌려주었다**.

④ 위반하다: • **反**古者未必可非, 循禮者未足多是也. (《商君書》〈更法〉) 옛것을 **위반하는** 자라고 해서 반드시 그르다고 할 수 없으며, 예의를 따르는 자라고 해서 [다] 훌륭한 것은 아니다.

⑤ 배반하다: • 十年之間, **反**者九起. (賈誼, 〈治安策〉) 10년 동안에 **반란**이 아홉 번이나 일어났다.

⑥ 추론하다: • 擧一隅不以三隅**反**則不復也. (《論語》〈述而〉) 한 귀퉁이를 들어 보였을 때 [다른] 세 귀퉁이로써 **추론하지** 않으면 [더 이상] 반복해서 가르치지 않는다.

方(방)

❶ **부사** 동작의 진행이나 상태의 지속을 나타내며, '마침' '마침 ~하고 있

다' '아직까지'라고 해석한다.

- 及其壯也, 血氣**方**剛, 戒之在鬪. (《論語》〈季氏〉)

  장년이 되어서는 혈기가 **마침** 왕성해지므로 싸움에 빠지는 것을 경계해야 한다.

- 天下**方**未定, 故可因遂就宮室. (《史記》〈高祖本紀〉)

  천하가 **마침** 아직 평정되지 않았으므로 이 기회를 틈타 궁실을 지어야 한다.

- 如今人**方**爲刀俎, 我爲魚肉, 何辭爲! (《史記》〈項羽本紀〉)

  지금 다른 사람들은 **마침** 칼과 도마가 되고 우리는 어육이 된 [형국인데], 어떻게 응하지 않겠는가!

- 天下之勢, **方**病大瘇. (賈誼, 〈治安策〉)

  천하의 형세는 **마침** 다리가 붓는 병을 앓고 있[는 것과 같]다.

  瘇: 수중다리 종

- 邯鄲**方**盛, 力不能獨拒, 如何? (《後漢書》〈寇恂列傳〉)

  한단 방면의 세력이 **마침** 왕성하여 [우리] 힘으로는 단독으로 항거할 수 없으니 어떻게 합니까?

- 天下**方**亂, 群雄虎爭. (《世說新語》〈識鑒〉)

  천하가 **마침** 어지러워 군웅들이 호랑이처럼 다툰다.

- 王謂何曰: "我今故與林公來相看, 望卿擺撥常務, 應對玄言, 那得**方**低頭看此邪?" (《世說新語》〈政事〉)

  왕몽(王濛)이 하충(何充)에게 말했다. "나는 오늘 특별히 임공과 함께 당신을 보러 왔는데, 그대가 공사를 제쳐두고 [우리에게] 현묘한 말로 응대하기를 바라건만, 어떻게 **아직까지** 머리를 숙여 이것을 보시오?"

- 太祖**方**有事山東, 以關右爲憂. (《三國志》〈魏書 鍾繇傳〉)

  태조(조조)는 **마침** 산동에서 [긴급한] 일이 있었으므로 관중(關中) [지역]을 걱정했다.

ㅂ

• 旣而彌月不雨, 民**方**以爲憂. (蘇軾, 〈喜雨亭記〉)

이미 꼬박 한 달간 비가 내리지 않아 백성이 **마침** 걱정**하고 있다**.

• 左右扶入帳中, 舜臣曰, "戰**方**急, 愼勿言我死", 言訖而絶. (柳成龍, 《懲毖錄》)

주위 사람들이 부축하여 장막 안으로 들어가니 순신이 말했다. "싸움이 **마침** 급박하니 나의 죽음을 말하지 마시오." 말이 끝나자 운명했다.

• 房外有梨花一株, **方**春盛開, 如玉樹銀花. (金時習, 《金鰲新話》)

방 밖에 배나무 한 그루가 있는데, **마침** 봄이라 활짝 피어 옥나무에 은꽃이 핀 것과 같았다.

❷ **부사** 얼마 전에 발생했으나 시행된 지 얼마 안 되는 것을 나타내며, '막' '방금'이라고 해석한다.

• **方**以呂氏故, 幾亂天下, 今又立齊王, 是欲復爲呂氏也. (《史記》〈齊悼惠王世家〉)

막 여씨로 말미암아 여러 번 천하가 어지러웠는데, 지금 또 제왕을 세우려 하니 이것은 또다시 여씨를 위해 하는 것이다.

• 夫神思**方**運, 萬塗競萌. (《文心雕龍》〈神思〉)

상상력이 **막** 활동하면 수만 가지 생각이 다투어 일어난다.

• **方**有制置, 會疾作, 不能治軍. (《舊唐書》〈李晟傳〉)

[이소(李愬)는] **방금** 제도를 정비했는데, 마침 질병이 발작하여 군대를 다스릴 수 없었다.

• 操軍**方**連船舷◆, 首尾相接, 可燒而走也. (《資治通鑑》〈漢紀〉 獻帝建安十三年)

조조의 군대는 **막** 선현을 연결하여 뱃머리와 꼬리가 서로 이어졌으므로, 불 지르고 달아날 수 있었다.

◆船舷(선현): 뱃전.

• **方**居大寶◆, 正是少年. (《王氏見聞記》〈王承休〉)

막 천자의 지위에 오른 것은 바로 이 소년이다.

◆大寶(대보): 천자의 지위. 임금의 옥새.

• 子退之, **方**六歲. (《國朝人物考》)

아들 퇴지가 **막** 여섯 살이 되었다.

❸ **부사** 일이 시작되려고 함을 나타내며, '머지않아 ~이 되려고 한다' '~하려고 한다' 등으로 해석한다.

• 信**方**斬, 曰: "吾悔不用蒯通之計, 乃爲兒女子所詐, 豈非天哉!" (《史記》〈淮陰侯列傳〉)

한신이 **머지않아** 목이 베이**려 하는데** 말했다. "나는 괴통의 계책을 쓰지 않은 것이 안타깝다. 아녀자에게 속은 것이 어찌 운명이 아니겠는가!"

• 馬**方**駭, 鼓而驚之 繫**方**絶, 又重鎭之. (枚乘, 〈上書諫吳王〉)

말이 막 놀라**려 하는데** [오히려] 북을 쳐서 그를 더욱 놀라게 하고, 줄이 곧 끊어지**려 하는데** 또한 그것에 중량을 더했다.

• 若遂不改, **方**思僕言. (《文選》〈與陳伯之書〉)

만일 끝까지 고치지 않는다면 **머지않아** 나의 충고를 생각하게 **될 것이다**.

• 軾**方**過臨江, 當往游焉. (蘇軾, 〈答謝民師書〉)

나 소식(蘇軾)은 임강을 지나**려고 하니**, 그곳에 가서 유람하겠다.

• 今治水軍八十萬衆, **方**與將軍會獵於吳. (《資治通鑑》〈漢紀〉 獻帝建安十三年)

지금 수군 80만 명을 다스려 장군과 오나라에서 싸우**려고 한다**.

❹ **부사** 동작 혹은 행위가 시간에 늦거나 어떤 조건 아래에서 이루어짐을 나타내며, '겨우' '비로소'라고 해석하거나 문맥에 맞게 해석한다.

• 故覽之者, 初疑其易; 而爲之者, **方**覺其難. (《史通》〈敍事〉)

따라서 그것(옛 전적)을 열람하는 자는 처음에는 그것의 쉬움에 의아해하지만, 그것을 연구하는 자는 **비로소** 그것의 난해함을 깨닫게 된다.

- 向見雷將軍, **方**知足下軍令嚴矣. (《資治通鑑》〈唐紀〉 肅宗至德元載)

  방금 뇌만춘(雷萬春) 장군을 보고서야 **비로소** 당신(장순張巡)의 군령이 엄함을 알았다.

- 昨日**方**歸, 冗甚, 倦甚. (朱熹, 〈答陳同甫〉)

  어제에서야 **겨우** 돌아와, 매우 바쁘고 몹시 피곤하다.

- 如筀◆竹笋◆, 有二月生者, 有三·四月生者, 有五月**方**生者, 謂之晩筀. (《夢溪筆談》〈采藥〉)

  계죽의 순은 2월에 난 것, 3, 4월에 난 것이 있는데, 5월에야 **비로소** 난 것을 만계라고 한다.

  ◆筀(계): 잎이 가늘고 마디가 굵은 대.

  ◆笋(순): '筍(순)'과 같다.

  筀: 대 이름 계 | 笋: 대순 순

- 何必桑乾**方**是遠, 中流以北卽天涯. (楊萬里, 〈初入淮河〉)

  하필이면 상건하(桑乾河) 일대는 **겨우** 먼 지역이고, [회하] 중류 이북은 하늘 끝인가.

- 第一先立志, 然後**方**可進步. (作者 未詳, 《句讀幼儀》)

  제일 먼저 뜻을 세우고, 그런 다음에 **비로소** 진보할 수 있다.

- 至己丑年, 周圍墻宇, 至十七年, **方**畢. (一然, 《三國遺事》)

  기축년에 이르러 담장을 두르고 17년에 이르러서야 **비로소** [공사를] 마쳤다.

- 必也旣學而又加溫熟之功然後, **方**能存之於心而有浹洽之味矣. (李滉, 《退溪集》)

  반드시 이미 배우고 또 반복하여 익히는 노력을 더한 연후에야, **비로소** 이를 마음에 보존하여 깊은 맛이 있게 된다.

❺ **부사** 전체를 총괄하며, '모두' '전부' '함께'라고 해석한다.

• **方**告無辜於上. (《尙書》〈呂刑〉)

[사람들은] **모두** 하느님에게 [자신의] 죄 없음을 말한다.

• 故象刑◆殆非生於治古, **方**起於亂今也. (《漢書》〈刑法志〉)

그래서 상형은 대개 잘 다스려지던 옛날에 생겨난 것이 아니라, **모두** 혼란한 지금 일어난 것이다.

◆象刑(상형): 죄인에게 특수한 색깔의 옷을 입혀 치욕을 주는 형벌.

• 文武**方**作, 是庸四克. (《漢書》〈敍傳〉)

문인과 무장을 **함께** 임용했기 때문에 사방을 극복했다.

• 樞機**方**通, 則物無隱貌. (《文心雕龍》〈神思〉)

[사물의] 중요한 도구가 **모두** 통하면, 사물은 숨겨진 면모가 없게 될 것이다.

❻ **전치사** 동작이 일어난 시간을 나타내며, '~ 때' '~에 이르러'라고 해석한다.

• **方**其夢也, 不知其夢也. (《莊子》〈齊物論〉)

그가 꿈을 꾸고 있을 **때** 그것이 꿈임을 알지 못한다.

• **方**此時也, 堯安在? (《韓非子》〈難一〉)

이때에 요임금은 어디에 있었는가?

• **方**南渡之初, 君臣上下痛心◆疾首, 誓不與虜俱生. (陳亮, 〈上孝宗皇帝第一書〉)

남쪽으로 장강을 건너던 초기**에** 임금과 신하 모두가 매우 상심하고 괴로워하며 [금나라] 오랑캐와 함께 살지 않기로 맹세했다.

◆痛心(통심): 대단히 상심함.

• **方**其遠出海門, 僅如銀錢. (周密, 〈觀潮〉)

그것이 멀리 해문에 나타났을 **때는** 겨우 은전만 했다.

ㅂ

【참고】

① [두 대의 선박과 수레를] 나란히 세우다, 평행하게 하다: • **方**舟. 배를 **나란히 세우다**. • **方**軌. 수레를 **나란히 하다**.

② [두 사람을] 비교하다: • **方**之古賢. 고대의 현인과 **비교하다**. • **方**於將軍, 少爲太早; 比之甘羅◆, 已爲太老. (《世說新語》〈言語〉) 장군(왕돈王敦)과 **비교하면** 너무 어리고, 감라와 비교하면 이미 너무 늙었다. ◆〈甘羅(감라): 전국시대 진(秦)나라의 책사인데 감무의 손자로서 승상 여불위(呂不韋)를 섬겼으며, 조왕(趙王)을 설득하여 진나라에게 성 다섯 개를 바치고 섬기도록 했다.

③ 반듯하다: • 賢良**方**正. 어질고 **반듯하다**.

④ 방향: • 四**方**. 사**방**. • 遠**方**. 먼 **곳**

⑤ 방법: • 教之以進退坐作之**方**. (蘇軾, 〈策別十六〉) 그들에게 나아가고 물러나며 앉고 서는 등의 **방법**을 가르쳤다. • 教導有**方**. 가르치고 인도하는 것은 **방법**이 있다.

方今(방금)

부사 동작·행위·상황이 지금 발생하여 존재함을 나타낸다. '이제부터' '지금' 등으로 해석한다. '當今(당금)'과 같다.

- **方今**唯秦雄天下. (《戰國策》〈趙策三〉)
  지금은 오직 진나라가 천하에 영웅 노릇을 한다.
- **方今**水德之始, 改年始, 朝賀皆自十月朔. (《史記》〈秦始皇本紀〉)
  이제부터 수덕(水德)이 시작된다고 하여 한 해의 시작을 바꾸고, 조정의 하례식(賀禮式)도 모두 10월 초하루에 거행했다.
- 迺曰: "代王**方今**高帝見子, 最長, 仁孝寬厚." (《史記》〈呂太后本紀〉)
  그러자 말했다. "대왕은 [생존해 있는] **지금** 고제의 아들로서 가장 나이가 많은 데다 어질고 효성스러우며 관대하오."

• **方今**高帝子獨淮南王與大王, 大王又長, 賢聖仁孝, 聞於天下, 故大臣因天下之心而欲迎立大王, 大王勿疑也. (《史記》〈孝文本紀〉)

지금 고제의 아들은 회남왕과 대왕뿐인데, 대왕께서는 연세가 높은 데다 현명하고 성스러우며 인자하고 효성이 지극하다고 천하에 명성이 자자하기 때문에 대신들이 천하의 마음을 따라서 대왕을 황제로 맞이하고자 하는 것이니 의심하지 마십시오.

• **方今**燕趙已定, 唯齊未下. (《史記》〈酈生陸賈列傳〉)

지금 연나라와 조나라는 이미 평정되었으나 오직 제나라만 함락되지 않았다.

• **方今**之務, 莫若使民務農而已矣. (《漢書》〈食貨志上〉)

지금의 일은 백성이 농업에 힘쓰도록 하는 것만 한 것이 없다.

• **方今**天下一統, 九州晏如. (曹植, 〈求自試表〉)

지금 천하가 통일되어, 구주(천하)는 편안하다.

• **方今**二賊未滅, 戎車亟駕, 此自熊虎之士展力之秋也. (《三國志》〈魏書 杜恕傳〉)

지금 두 적국(오와 촉)은 아직 멸망하지 않아 전쟁용 수레가 자주 달려오고 있으니, 이것은 곰이나 호랑이 같은 인물이 힘을 발휘할 때이다.

方乃(방내)

부사 시간이 늦거나 어떤 조건 아래 있음을 나타내며, '비로소' '마침'이라고 해석한다.

• 河伯以禮, 穆王視圖*, **方乃**導以西邁矣. (《水經注》〈河水〉)

하백은 예로써 [인사]하고 목왕에게 하도(河圖)를 보여주어, **비로소** [목

ㅂ

왕을] 서방으로 가도록 인도했다.

◆圖(도): 河圖(하도). 복희씨(伏羲氏) 때 황하에서 8척이 넘는 용마(龍馬)가 등에 지고 나왔다는 그림으로서 《주역》 팔괘의 근원이 되었음.

• 經數日, 帝又請之, **方乃**下手. (《唐畵斷》〈周昉〉)

며칠 지나 황제가 또 요청하자, [그는] **비로소** [그림에] 손을 댔다.

方當(방당)

부사 시간을 나타내며, '마침 ~할 때'라고 해석한다.

• **方當**盛漢之隆, 願勉旃. (楊惲, 〈報孫會宗書〉)

마침 강성한 한나라가 융성**할 때**이니, [그대와 함께] 힘쓸지어다.

旃: 어조사 전

• 濟上疏曰: "陛下**方當**恢崇前緒, 光濟遺業, 誠未得高枕而治也." (《三國志》〈魏書 蔣濟傳〉)

장제가 상소에서 말했다. "폐하께서는 전대(前代)의 사업을 받들어 선제의 유업을 성취해야 **할 때**이지, 진실로 베개를 높이 하면서 [편안히] 다스릴 수는 없습니다."

方將(방장)

부사 동작의 지속을 나타내거나 머지않아 일이 시작되려고 함을 나타내며, '마침 ~하려고 하다'라고 해석한다.

• 不知夫五尺童子, **方將**調鈆膠絲, 加己乎四仞之上, 而下爲螻蟻食也. (《戰國策》〈楚策四〉)

[물잠자리는] 5척 키의 어린아이가 **마침** 엿을 저어 실에 묻혀 4인(32척)이 넘는 높이에서 그것을 자신의 몸 위에 올려놓**으려 하다가** 떨어뜨려 개미 밥이 되도록 한 것을 몰랐다.

- 襄子**方將**食而有憂色. (《淮南子》〈道應訓〉)

  양자는 **마침** 밥을 먹**으려 하는데**, 근심하는 기색이 있었다.

- **方將**約車趨行, 適聞使者之明詔. (《史記》〈張儀列傳〉)

  마침 수레를 마련하여 서둘러 [진나라로] 떠나**려던** 참인데, 이렇게 사자의 고명한 가르침을 듣게 되었소.

- 大司馬**方將**外固封疆, 內鎭社稷. (《世說新語》〈言語〉)

  대사마는 **마침** 밖으로는 변방을 봉쇄**하려 하고**, 안으로는 사직을 안정시키려 한다.

ㅂ

方且(방차)

부사 행위나 상황이 오래지 않아 발생할 것을 나타내며, '막(장차) ~하려고 하다'라고 해석한다. '且方(차방)'과 같다.

- 周公**方且**◆膺之, 子是之學, 亦爲不善變矣. (《孟子》〈滕文公上〉)

  주공이 **장차** 그를 응징**하려고 하는데**, 그대는 오히려 그들의 학문을 배우니 또한 잘못 변화하는 것이다.

  ◆方且(방차): 여기서 '方且'를 '오히려'로 해석하기도 한다.

  膺: 칠 응, 징벌할 응

- 雖然我適有幽憂之病, **方且**治之, 未暇治天下也. (《莊子》〈讓王〉)

  비록 그러하나, 나는 심한 우울증에 걸려서 **장차** 그것을 치료**하려고 하므로** 천하를 다스릴 겨를이 없다.

- 兩虎**方且**食牛, 食甘必爭, 爭則必鬪. (《史記》〈張儀列傳〉)

호랑이 두 마리가 **막** 소를 먹**으려 하는데**, 먹이가 맛있으면 반드시 다툴 것이고, 다투면 반드시 싸울 것이다.

- 朝廷已深知弱翁◆治行, **方且**大用矣. (《漢書》〈魏相列傳〉)

  조정에서는 이미 약옹의 관리적 재량을 잘 알고 있었으므로 **장차** 중용**하려고 한다**.

  ◆弱翁(약옹): 위상(魏相)의 어릴 적 이름.

旁(방)

전치사 행위의 근거를 나타내며, '~에 붙어' '~에 의거하여' '~을 따라' 등으로 해석한다.

- 又**旁**離騷作重一篇, 名曰: 廣騷. (《漢書》〈揚雄列傳上〉)

  [양웅(揚雄)은] 또 〈이소〉**에 의거하여** 다시 한 편을 짓고, 편명을 '광소'라고 했다.

- 是後, 羌人**旁**緣前言, 抵冒渡湟水, 郡縣不能禁. (《漢書》〈趙充國列傳〉)

  이후에 강족 사람들은 이전에 한 말**에 의거하여** 저항하며 무릅쓰고 황수를 건너오니 군과 현에서는 금할 수 없었다.

- 匈奴大發十餘萬騎, 南**旁**塞至符奚廬山, 欲入爲寇. (《漢書》〈趙充國列傳〉)

  흉노는 10여만 명의 기병을 일으켜 남쪽으로는 변방**을 따라서** 부해려산에 이르러 들어가 도적이 되려고 했다.

- 吏用苛暴立威, **旁**緣莽禁侵刻小民. (《漢書》〈食貨志下〉)

  관리는 가혹하고 포악스러운 정치로 권위를 세우고, 왕망(王莽) 때의 금령**에 따라** 백성을 침탈했다.

- 遂**旁**海西至平原津而病, 到沙丘而崩. (《論衡》〈紀妖〉)

[진시황(秦始皇)은] 마침내 바다를 **따라** 서쪽으로 가서 평원진에 도달했으나 병을 얻어 사구에 이르러 죽었다.

- 兩兎**旁**地走, 安能辨我是雄雌? (無名氏, 〈木蘭詩〉◆)

  두 마리 토끼가 땅**에 붙어** 달려가는데, 어떻게 내가 수컷과 암컷을 구분할 수 있겠는가?

  ◆〈木蘭詩(목란시)〉: 북조의 민가(民歌). 아들이 없는 집에서 처녀 목란이 아버지를 대신하여 남장을 하고 출정하여 나라에 큰 공을 세우고 돌아온다는 내용. 만화영화 〈뮬란〉은 이 이야기를 소재로 했다.

凡(범)

❶ **부사** 앞뒤 문맥의 상황을 총괄하며, '결국' '대개' '대체로' 등으로 해석한다.

- 故**凡**同類者, 擧相似也. (《孟子》〈告子上〉)

  그러므로 **대체로** 같은 종류는 모두 서로 비슷하다.

- **凡**事豫則立, 不豫則廢. (《禮記》〈中庸〉)

  대개 일은 미리 준비하면 성공하고, 미리 준비하지 않으면 실패한다.

- **凡**吾所以來, 爲父老除害, 非有所侵暴, 無恐! (《史記》〈高祖本紀〉)

  결국 내가 온 목적은 부로를 위해 해로움을 없애려는 것이지 침범하여 횡포를 부리려는 것이 아니니 두려워하지 마시오!

- **凡**擧事無爲親厚者所痛, 而爲見讎者所快. (《後漢書》〈朱浮列傳〉)

  대개 일을 일으킬 때는 [자기와] 가까운 사람에게는 고통이 없도록 하고, [자기를] 원수처럼 보는 자에게도 통쾌한 일이 되도록 하라.

- **凡**此十家, 幷辭賦之英傑也. (《文心雕龍》〈詮賦〉)

대체로 이 십가가 모두 사부의 영웅호걸이다.

• 周禮冢人◆掌公墓之地, **凡**諸侯居左右以前, 卿大夫居後. 漢制亦謂之陪陵. (《三國志》〈魏書 武帝紀〉)

《주례》[의 규정]에 총인은 군왕의 묘지를 관리하고 **대체로** 제후[의 묘]를 [왕릉의] 양측 앞쪽에, 경과 대부[의 묘]를 뒤쪽에 놓는다. 한나라의 제도에서도 그것을 배릉이라 불렀다.

◆冢人(총인): 공동묘지를 관리하는 벼슬 또는 그 벼슬아치.

• **凡**我同盟, 齊心戮力, 以致臣節, 殞首喪元, 必無二志. (《三國志》〈魏書 臧洪傳〉)

대체로 우리 동맹국들은 마음을 일치시켜 협력함으로써 신하로서의 절개를 바칠 것이며, 머리를 베일지라도 절대로 두 마음을 갖지 아니할 것이다.

• **凡**人爲文, 私於自是, 不忍於割截◆. (白居易, 〈與元九書〉)

대체로 사람들은 글을 쓸 때, 자기가 쓴 것을 좋다고 여겨 차마 추려내지 못한다.

◆割截(할절): 끊어버림. 추려냄.

• **凡**馬之事二十有七. (韓愈, 〈畵記〉)

대체로 말을 그린 작품이 27폭이다.

• **凡**爲國朝制作引用古事, 於文則六經三史, 詩則文選李杜韓柳. (崔滋, 《補閑集》)

대체로 국조의 제작에서 고사를 인용하려면, 문에는 육경과 삼사이며 시에는 문선과 이백, 두보, 한유, 유종원이다.

• **凡**作者, 當先審字本, 凡與經史百家所用, 參會商酌, 應筆卽使辭輒精强, 能發難得巧語. (崔滋, 《補閑集》)

대체로 지은이는 먼저 글자체를 살피고 모든 경사백가에 쓰인 것을 참작하여, 붓을 들면 문사가 곧 정밀하고 강하여 얻기 어려운 교묘한 말도

펼칠 수 있도록 해야 한다.

- 自古以來, **凡**智深之士, 無不以廉爲訓, 以貪爲戒. (丁若鏞, 《牧民心書》)

  옛날부터 **대체로** 지혜가 깊은 선비는 청렴을 교훈으로 삼고 탐욕을 경계하지 않음이 없었다.

❷ **부사** 전부를 총괄하며 '皆(개)'와 같다. '모두' '모든'이라고 해석한다.

- 卿士師師◆非度, **凡**有辜罪, 乃罔恒獲. (《尙書》〈微子〉)

  경사와 뭇사람은 법도를 준수하지 않아 **모든** 죄지은 자들이 떳떳이 [벌을] 받지 않았다.

  ◆師師(사사): 뭇사람, 모든 사람.

  辜: 죄 고

- **凡**而◆器用◆財賄, 無寘於許. (《左傳》 隱公十一年)

  모든 너의 기물과 재산을 허나라에 두지 마라.

  ◆而(이): 너.

  ◆器用(기용): 도구, 제구.

  賄: 재물 회 | 寘: 둘 치

- 先君之所以不與子國而與弟者, **凡**爲季子故也. (《公羊傳》 襄公二十九年)

  선군이 아들에게 국가를 주지 않고 동생에게 준 까닭은 **모두** 계자 때문이다.

- 故薄薄◆之地, 不得履之, 非地不安也; 危足無所履者, **凡**在言也. (《荀子》〈榮辱〉)

  그러므로 광활한 땅을 밟을 수 없는 까닭은 그 땅이 불안정해서가 아니며, 위험해서 발을 들여놓지 못하는 이유는 **모두** 말[이 사람에게 상처를 주기] 때문이다.

  ◆薄薄(박박): 광대한 모양.

- 稍稍展窺管候之, **凡**歷三月, 極星◆方游於窺管之內. (《夢溪筆談》〈象數〉)

ㅂ

서서히 규관(窺管)으로 살펴보며 그것을 기다린 지 **모두** 석 달이 지나서야, 극성은 비로소 규관의 시야에서 노닐었다.

◆極星(극성): 북극성 또는 남극성.

❸ **부사** 수량의 합계를 나타내며, '모두' '전부'라고 해석한다.

- 陳勝王**凡**六月. (《史記》〈陳涉世家〉)

  진승이 왕 노릇 한 것은 **전부** 여섯 달이다.

- 高祖十一年十月, 淮南王黥布反, 立子長爲淮南王, 王黥布故地, **凡**四郡. (《史記》〈淮南王列傳〉)

  [한]고조(유방) 11년 10월 회남왕 경포가 모반을 하자, [고조는] 자신의 아들 유장(劉長)을 세워 회남왕으로 삼아 경포의 옛 봉지를 통치하도록 했는데 **전부** 네 군이다.

- 上計軒轅◆, 下至於玆, 爲十表·本紀十二·書八章·世家三十·列傳七十, **凡**百三十篇. (司馬遷, 〈報任安書〉)

  위로는 황제 헌원씨로부터 아래로는 지금까지 표 10편, 본기 12편, 서 8편, 세가 30편, 열전 70편을 만들어 **전부** 130편이다.

  ◆軒轅(헌원): 황제의 이름. 헌원의 언덕(지금의 하남성 신정현)에서 태어났다는 데서 유래하며, 옛날의 성제(聖帝)로 추존되는 인물.

- 武留匈奴, **凡**十九歲. (《漢書》〈蘇武列傳〉)

  소무가 흉노에 구류된 것이 **모두** 19년이다.

- 五年一朝, **凡**三朝. (《漢書》〈代孝王劉參列傳〉)

  5년에 한 번 [황제를] 알현하여, **모두** 세 차례 알현이다.

  朝: 뵐 조

- 土下得竹笋一林, **凡**數百莖, 根干相連, 悉化爲石. (《夢溪筆談》〈異事〉)

  땅 밑에서 죽순 한 무더기가 발견되었는데 **전부** 수백 뿌리이며, 뿌리와 줄기가 서로 이어져 전부 돌로 변해 있었다.

• 又使諸儒撰集經傳, 隨類相從, **凡**千餘篇, 號曰: 皇覽. (《三國志》〈魏書 文帝紀〉)

또 유학자들에게 경전을 편찬하도록 하여 종류별로 배열했는데, **모두** 천여 편이며《황람》이라고 불렀다.

• 晏長於官省, 又尙公主, 少以才秀知名. 好老莊言, 作道德論及諸文賦著述 **凡**數十篇. (《三國志》〈魏書 曹爽傳〉)

하안(何晏)은 궁궐 안에서 성장했으며, 또 공주(내관왕)를 아내로 맞이했고, 어린 시절에 재주가 빼어나 이름이 알려졌다. [그는] 노자와 장자의 말을 좋아하여《도덕론》및 각종 문과 부 등의 작품 **모두** 수십 편을 지었다.

• 由是先主遂詣亮, **凡**三往, 乃見. (《三國志》〈蜀書 諸葛亮傳〉)

이 때문에 선주가 마침내 제갈량을 방문했는데, **전부** 세 차례나 가서야 비로소 만났다.

詣: 이를 예

• 道海安·如皐, **凡**三百里. (文天祥, 〈指南錄後序〉)

도해안과 여고를 취하면 **전부** 3백 리다.

• 爲糶粟之所, **凡**十有八. (《元豊類稿》〈越趙公救災記〉)

곡식을 팔려고 설치한 장소는 **모두** 18곳이다.

[참고]

① 평범하다: • 此人, 非**凡**器也. (《晉書》〈陶侃傳〉) 이 사람은 **평범한** 그릇(인물)이 아니다. • **凡**民. **일반** 백성. • 不**凡**. **평범하지** 않다.

② 세상: • 下**凡**. 하늘 아래의 **세상**.

別(별)

부사 별도의 행동이나 상황 등의 출현을 나타내며, '각기' '단독으로' '따로' '별도로' 등으로 해석한다.

- 項梁使沛公及項羽, **別**攻城陽, 屠之. (《史記》〈項羽本紀〉)
  항량은 유방과 항우를 시켜 **따로** 성양을 쳐서 함락시켰다.
- 李氏**別**住外, 不肯還充舍. (《世說新語》〈賢媛〉)
  이씨는 **단독으로** 밖에서 살며 가충(賈充)의 집으로 돌아가려 하지 않았다.
- 其二月, 以陳四縣封植爲陳王, 邑三千五百戶. 植每欲求**別**見獨談, 論及時政, 幸冀試用, 終不能得. (《三國志》〈魏書 陳思王植傳〉)
  그해 2월, 조식을 진의 네 현에 봉하여 진왕으로 삼으니, 식읍은 3,500호였다. 조식은 매번 **단독으로** [조조를] 만나 이야기하고 당시의 정치에 관해 토론하며 [자기 의견이] 시행되기를 바랐지만, 끝내 얻을 수 없었다.
- 桃花流水杳然去, **別**有天地非人間. (李白, 〈山中問答〉)
  복사꽃은 흐르는 물에 아득히 떠가니, **따로** 있는 세상이요 인간 세상 아니네.
- 死生**別**處, 終始異居. (《白虎通》〈崩薨〉)
  죽음과 삶은 **각기** 구분이 있어 처음부터 끝까지 있는 곳이 다르다.
- 煬帝以澹書猶未能善, 又敕左僕射楊素**別**撰. (《史通》〈古今正史後魏書〉)
  수양제는 위담(魏澹)이 지은 것이 아직 완벽하지 못하다 생각하고, 다시 좌복야 양소에게 **별도로** 엮도록 명령했다.
- 而史臣發言, **別**出其事, 所謂假贊論而自見者. (《史通》〈敍事〉)
  사관이 말을 하면서 **별도로** 그 일에 관해 언급하는 것, 이것을 '찬론'을 빌려 자기 관점을 밝히는 것이라고 한다.

【참고】

① 나뉘다: • 好惡著則賢不肖**別**矣. (《禮記》〈樂記〉) 좋은 것과 나쁜 것이 드러나면 현명한 것과 어질지 못한 것도 **나뉘기** 마련이다.

② 이별하다: • **別**豔姬與美女, 喪金輿及玉乘. (江淹◆, 〈恨賦〉) 염희와 미녀를 **이별하고** 금수레와 옥수레를 잃었다. ◆〈江淹(강엄): 그의 시는 대부분 모방성이 짙은데, 그 이유는 위(魏)의 완적(阮籍)에서 가까이는 포조(鮑照)를 비롯한 유송(劉宋) 시기 시인들의 경지를 체득하려고 노력했기 때문이다.

并/倂(병)

ㅂ

부사 둘 이상의 사건 혹은 행위가 같은 시간에 발생했음을 나타낸다. '나란히' '한꺼번에' '함께'라고 해석한다. 또 '결코' '그다지' '전혀' '조금도'라는 뜻이 있는데, 이때는 부사 '無(무)' '未(미)' '不(불)' '非(비)' 등의 앞에 붙어 어기를 강화하며, 다소 반박하는 의미나 예상과 전혀 다른 기분을 나타낸다.

- 兩者不肯相舍, 漁者得而**并**擒之. (《戰國策》〈燕策二〉)
  둘이 서로 양보하려고 하지 않아서 어부가 그것들을 **한꺼번에** 사로잡았다.
- 陳勝佐之, **并**殺兩尉. (《史記》〈陳涉世家〉)
  진승이 그를 도와 위관 두 명을 **함께** 죽였다.
- 高皇帝與諸公**倂**起. (《漢書》〈賈誼列傳〉)
  고황제는 이러한 사람들과 **함께** 군사를 일으켰다.

【참고】

① 병합하다: • 非魏**幷**秦, 秦卽**幷**魏. (《史記》〈商君列傳〉) 위나라가 진나라를 **병합하지** 못하면, 진나라가 위나라를 **병합할** 것이다.

② 버리다: • **幷**己之私欲. (《荀子》〈强國〉) 자신의 사사로운 욕심을 **버려라**.

竝(병)

❶ **부사** 어떤 일을 여럿이 함께하거나 둘 이상의 행위 혹은 동작이 동시에 일어남을 나타내며, '나란히' '더불어' '일제히' '함께'라고 해석한다.

• 堂堂乎張也, 難與**竝**爲仁矣. (《論語》〈子張〉)
높디높은 자장이지만, [그와] **더불어** 인(仁)을 행하기는 어렵다.

• 賢者與民**竝**耕而食, 饔飱而治. (《孟子》〈滕文公上〉)
[옛날] 어진 사람은 백성과 **함께** 밭갈이하고서야 먹었으며, [직접] 밥을 지어 먹으면서 천하를 다스렸다.

• 吾**竝**斬若屬矣. (《史記》〈魏其武安侯列傳〉)
나는 너희까지 **함께** 목을 벨 것이다.

• 天下方擾, 諸侯**竝**起. (《漢書》〈高帝紀〉)
천하가 마침 어지러워지자 제후들이 **일제히** 일어났다.

• 將以八月之望, 與諸侯遠方交游兄弟, **竝**往觀濤乎廣陵之曲江. (枚乘, 〈七發〉)
8월 15일에 제후와 멀리서 온 친구, 형제들과 **함께** 광릉의 곡강으로 가서 파도를 보리.
濤: 물결 도

• 劉備·周瑜水陸**竝**進, 追操至南郡*. (《資治通鑑》〈漢紀〉 獻帝建安十三年)
유비와 주유는 수로와 육로에서 **일제히** 나아가, 조조를 추격하여 남군까지 이르렀다.

◆南郡(남군): 지금의 호북성 강릉현(江陵縣).

• 兩川竝懸 …… 玉龍雙舞. (《徐霞客游記》〈游九鯉湖日記〉)

두 줄기 시냇물이 **나란히** 흐르고 …… 옥룡이 쌍쌍이 춤추는구나.

• 漢而唐, 唐而宋, 百家竝興. (徐居正, 《四佳文集》)

한에서 당으로, 당에서 송으로, 백가가 **함께** 일어났다.

• 唐堯之時, 檀君竝立, 武王之世, 箕子受封, 炎漢初起, 衛氏都平壤. (洪萬宗, 《旬五志》)

당요시대에는 단군이 **함께** 섰고, 무왕시대에는 기자가 봉해졌으며, 한나라가 막 일어났을 때는 위씨가 평양에 도읍했다.

❷ **부사** 범위를 총괄하며, '나란히' '동시에' '모두' '전부'라고 해석한다.

• 俾我兄弟竝有亂心. (《左傳》 昭公三十二年)

나의 형제들이 **모두** 반란의 마음을 갖게 했다.

• 及父子竝爲將軍, 有椒房◆中宮◆之重. (《漢書》〈霍光列傳〉)

아버지와 아들이 **모두** 장군이 되자, 후비와 황후의 중용이 있게 되었다.

◆椒房(초방): 산초 열매를 섞어 벽을 바른 후비의 궁전. 즉 후비를 가리킴.

◆中宮(중궁): 황후를 일컬음.

• 縑貴而簡重, 竝不便於人. (《後漢書》〈蔡倫列傳〉)

고운 비단은 귀하고 죽간(竹簡)은 무거워서, **전부** 사람에게 편리하지는 않다.

• 與諫議大夫馬日磾·議郞蔡邕·楊彪·韓說等竝在東觀◆. (《後漢書》〈盧植列傳〉)

[노식(盧植)은] 간의대부 마일제와 의랑 채옹, 양표, 한설 등과 **모두** 동관에 있다.

◆東觀(동관): 한나라 때 궁궐에서 저술하고 책을 보관하던 곳.

• 漢末, 天下大亂, 雄豪**竝**起. 而袁紹虎視四州, 彊盛莫敵. (《三國志》〈魏書武帝紀〉)

한나라 말기, 천하가 크게 어지러워 영웅호걸이 **나란히** 일어났다. [그중에서] 원소는 네 주를 호시탐탐 노리고 있었는데, [그의] 강성함은 대적할 자가 없었다.

• 男女衣著, 悉如外人, 黃髮◆垂髫◆, **竝**怡然自樂. (陶淵明, 〈桃花源記序〉)

남녀가 입은 옷을 보니 전부 바깥사람 같았으며, 노인과 어린아이들이 **모두** 기뻐하고 즐거워했다.

◆黃髮(황발): 노인, 늙은이.

◆垂髫(수초): 늘어뜨린 어린아이의 머리로, 어린아이를 가리킴.

著: 입을 착

• 氷滑道險, 車不得行, **竝**載以牛馬. (金富軾, 《三國史記》)

얼음은 미끄럽고 길은 험하여 수레가 가지 못하므로 **모두** 우마에 실었다.

• 七月三日, 大恭角干賊起, 王都及五道州郡, **竝**九十六角干, 相戰大亂. (一然, 《三國遺事》)

7월 3일 각간 대공의 적이 일어나고, 왕도 및 5도의 주군에 **모두** 96각간이 서로 싸워 크게 어지러워졌다.

• 其他侍從媵臣二員, 名曰申輔趙匡, 其妻二人, 號慕貞慕良, 或臧獲**竝**計二十餘口. (一然, 《三國遺事》)

그 밖에 모시던 잉신 2명을 이름하여 신보와 조광이라 하고, 그들의 처 두 사람은 모정과 모량이라 했으며, 또한 비복까지 합치면 **모두** 20여 명이었다.

❸ **부사** '無(무)' '不(불)' '非(비)' 등의 부사 앞에 쓰여 부정어기를 강화하며, 반박과 강조의 의미도 약간 띤다. '결코'라고 해석한다.

• 訪劍門前後, **竝**無此人. (《玄怪錄》〈侯遹〉)

검문 주위를 살펴도 **결코** 이 사람은 없었다.

- 去年中秋, 我過家, 令姊輩飮酒自若, **竝**不相顧. (《夷堅志》〈甲志〉)

  작년 중추절, 나는 집에 들렀지만 당신 누이들은 태연하게 술 마시며 **결코** 나를 돌아보지 않았네.

- 又一月, 苦不可忍, 而道士**竝**不傳敎一術. (《聊齋志異》〈勞山道士〉)

  또 한 달, 고통을 참을 수 없지만 도사는 **결코** 법술(法術) 한 가지를 전하여 가르치지는 않는다.

❹ **전치사** 동작 혹은 행위의 근거를 나타내며, '~에 기대어' '~에 의지하여' 등으로 해석한다.

- 有懸水三十仞, 圜流九十里. …… 有一丈夫方將歷之, 孔子使人**竝**涯止之. (《列子》〈說符〉)

  30인(길) 높이에 폭포가 있는데 [그 아래로] 90리를 돌아 흐른다. …… 한 남자가 마침 물을 건너려 하는데, 공자는 사람들을 시켜 물가**에 기대어** 그를 막도록 했다.

- 融等因軍出, 進擊封何, 大破之. …… 因**竝**河揚威武. (《後漢書》〈竇融列傳〉)

  두융(竇融) 등은 군대를 출범하는 길에 나아가 봉하를 공격하여 크게 격파시켰다. …… 강**에 의지하여** 위엄과 무용을 빛낸 것이다.

❺ **전치사** 동작이 지나온 과정을 이끌어내며, '~을 따라서'라고 해석한다.

- 使弟子**竝**流而承之. (《列子》〈黃帝〉)

  [공자는] 제자들에게 물의 흐름**을 따라가서** 그를 구하도록 했다.

- 始皇三十七年冬, 行出游會稽, **竝**海上, 北走琅邪. (《史記》〈蒙恬列傳〉)

  진시황은 [재위] 37년 겨울, 회계산으로 출행하여 해안**을 따라** 올라가 북쪽으로 낭야산을 향했다.

ㅂ

❻ 접속사 사건이 한층 더 진행됨을 나타내며, '게다가' '더욱이' '아울러' '~일 뿐만 아니라' 등으로 해석한다.

- 昔下宮之難, 屠岸賈爲之, 矯以君命, **竝**命群臣. 非然, 孰敢作難! (《史記》〈趙世家〉)

  예전에 하궁의 난은 도안가가 부추긴 것인데, [그는] 임금의 명령을 사칭했을 **뿐 아니라** 신하들에게 명령까지 했다. 그렇지 않으면 누가 감히 난을 일으켰겠는가!

- 殷叛楚, 以舒屠六, 擧九江兵迎黥布, **竝**行屠城父, 隨劉賈皆會. (《漢書》〈高帝紀〉)

  주은(周殷)은 초나라(항우項羽)를 배반하고 서지(舒地)의 병사를 거느리고서 육지(六地)의 군민을 살해했으며, 구강의 병사를 일으켜 경포와 합쳤을 **뿐 아니라**, 행군하는 도중에 성보를 죽이고 유가를 따라가서 각 군대와 합쳤다.

- 布屯沛城外, 遣人招備, **竝**請靈等與共饗飮. (《後漢書》〈呂布列傳〉)

  여포(呂布)는 패성 밖에 병사를 주둔시키고 사람을 보내 유비를 초청했**을 뿐만 아니라** 기령(紀靈) 등이 함께 그의 연회에 참석하기를 청했다.

- 肅請得奉命弔表二子, **竝**慰勞其軍中用事者. (《資治通鑑》〈漢紀〉 獻帝建安十三年)

  [저] 노숙(魯肅)은 명을 받들어 유표(劉表)의 두 아들을 조문하고, **아울러** 그 군영 안에서 일하는 사람들을 위로할 수 있기를 청합니다.

- 泳煥一死, 仰報皇恩, **竝**謝我二千萬同胞. (閔泳煥, 〈告訣同胞〉)

  영환이 한 번 죽음으로써 우러러 황제의 은혜를 갚고, **아울러** 우리 2천만 동포에게 사죄한다.

❼ 어조사 뒤의 단어나 어구를 강조하며, 항상 '亦(역)' '而(이)' 등과 호응하고, '~까지' '~조차'라고 해석한다.

• 宰嚴限捶比, 旬餘, 杖至百, 兩股間膿血◆淋漓◆, **竝**蟲亦不能行捉矣. (《聊齋志異》〈促織〉)

현관(縣官)이 매질하는 기한을 엄중히 제한하여 열흘쯤 되니 곤장을 백 대 때렸는데, 양쪽 정강이 사이로 피고름이 흘러내리는 것이 벌레**조차** 따라잡을 수 없을 정도였다.

◆膿血(농혈): 피고름.

◆淋漓(임리): 피나 땀 같은 것이 줄줄 흐르는 모양.

捶: 채찍질할 추 | 比: 미칠 비 | 旬: 열흘 순 | 捉: 잡을 착

[참고]

나란하다: • 旣見君子, **竝**坐鼓瑟. (《詩經》〈秦風 車隣〉) 이미 군자를 보고 **나란히** 앉아 비파를 탄다. • 族與萬物**竝**. (《莊子》〈馬蹄〉) 사람과 만물은 **나란하다**. • 俄而**竝**乎堯禹. (《荀子》〈儒效〉) 조금 있으면 요, 우와 **나란해진다**. • **竝**駕齊驅. 수레를 **나란히 하여** 가지런히 몰다. • **竝**行不悖. **나란히** 행하여 어그러지지 않는다.

甫(보)

부사 동작이나 상황이 막 시작되거나 얼마 전에 끝났음을 나타내며, '막' '방금'이라고 해석한다.

• 今歌吟之聲未絶, 傷痍者**甫**起. (《漢書》〈匈奴列傳〉)

지금 노랫소리는 아직 그치지 않았는데, 전쟁에서 다친 사람들이 **막** 일어나고 있다.

• **甫**欲鑿石索玉, 剖蚌求珠, 今乃隋和◆炳然, 有如皎日, 復何疑哉? (《三國志》〈蜀書 秦宓傳〉)

막 돌을 뚫어 옥을 찾고 꿀벌을 갈라 구슬을 찾으려 했는데, 지금 옥과 구슬에서 눈부신 광채가 나는 것이 마치 밝은 태양과 같거늘, 또 무엇을 의심하겠는가?

◆隋和(수화): 수후가 뱀을 도와준 덕에 얻었다는 보배로운 구슬, 즉 수후지주(隋侯之珠)와 화씨벽. 모두 천하에 이름난 구슬로, 천하의 보물을 뜻한다.

• 才能勝衣, **甫**就小學. (鍾嶸, 〈詩品序〉)

[아동은] 겨우 옷을 받아 **막** 소학으로 들어갔다.

• 然天下**甫**平, 不欲勞人耳. (《新唐書》〈東夷傳〉)

그렇지만 천하가 **막** 안정되었으니, 사람들을 수고롭게 하지 않으려는 것뿐이다.

• 紹興初, 某**甫**成童, 親見當時士大夫, 相與言及國事. (陸游, 〈跋傅給事帖〉)

소흥 초년에 나는 **막** 소년이 되었는데, 그 당시 사대부가 함께 국가의 일에 관해 말하는 것을 직접 보았다.

• 然**甫**入而遽遷, 或一鳴而輒斥. (劉巘, 〈率太學諸生上書〉)

그러나 **막** 부임하여 문득 좌천되니, 간혹 [정치에 대한] 의견 한마디로 갑자기 배척되는구나.

【참고】

남자 이름 아래에 붙이던 미칭: • 仲山**甫**. 중산. • 尹吉**甫**. 윤길. • 臺**甫**. 대보. [다른 사람의 자]

甫乃(보내)

부사 시간이 늦거나 어떤 조건 아래에 있음을 나타내며, '비로소'라고 해석한다. '方乃(방내)'와 같다.

• 至於建安, 曹氏基命, 三祖陳王, 咸蓄盛藻. **甫乃**以情緯文, 以文被質. (沈約◆, 〈謝靈運傳論〉)

건안에 이르러 조씨가 천하를 통치하기 시작하면서, 태조(太祖, 조조曹操)·고조(高祖, 조비曹丕)·열주(烈主, 조예曹叡), 그리고 진왕(陳王, 조식曹植)은 모두 풍성한 문장을 축적했다. [이들은] **비로소** 감정에 근거하여 문사를 조직하고 문사로써 내용을 수식했던 것이다.

◆沈約(심약): 북조의 문인이며 정치가다. 그는 박학을 과시하면서 부(賦)·조(詔)·표(表)·계(啓)·서(書)·기(記)·론(論) 등 각종 장르에 걸쳐 2백 편의 산문을 썼는데, 특히《송서(宋書)》의 〈사령운전론(謝靈運傳論)〉은 그의 비평 역량을 유감없이 보여준다.

ㅂ

甫爾(보이)

부사 어떤 일이 막 발생하거나 끝난 지 얼마 되지 않음을 나타낸다. '막 끝나니'라고 해석한다.

• 遷鼎草創, 庶事**甫爾**. (《資治通鑑》〈齊紀〉明帝建武二年)

신정권이 창립되어 모든 일이 **막 끝났다**.

• 國喪**甫爾**, 不宜稱賀. (《資治通鑑》〈隋紀〉文帝仁壽四年)

국상이 **막 끝났으니**, 칭송하고 축하하는 것은 마땅치 않다.

伏(복)

부사 아랫사람이 윗사람에게 공경을 나타낼 때 쓰이며, '공경스럽게' '삼가'라고 해석할 수도 있고, 해석하지 않아도 된다.

• **伏**惟聖主之恩, 不可勝量. (楊惲, 〈報孫會宗書〉)

삼가 성군의 은덕을 생각하건대, 이루 헤아릴 수가 없습니다.

• 妾**伏**自念, 入椒房以來, 遺賜外家, 未嘗踰故事. (《漢書》〈孝成許皇后列傳〉)

소첩이 **삼가** 스스로 생각하건대, 후궁에 들어온 이래로 친정에 물건을 보낼 때 일찍이 옛일(법도)을 어긴 적이 없습니다.

• **伏**望執事以同盟之義, 命將北征, 共靖中原, 同匡漢室. (諸葛亮, 〈與孫權書〉)

삼가 바라건대 당신이 동맹의 의리로 장수들에게 북쪽으로 진군하도록 명령하고 공동으로 중원을 평정하여, 함께 한나라 왕조를 도우십시오.

• **伏**見尚書郎廉昭奏左丞曹璠以罰當關不依詔, 坐判問. (《三國志》〈魏書 杜恕傳〉)

[신이] **삼가** 살펴보건대 상서랑 염소는 상서좌승 조번이 탄핵하고 처벌할 일을 조서에 의거하지 않았다고 상주했으니, 죄를 판정하고 힐문해야 합니다.

• **伏**見常侍劉劭, 深忠篤思, 體周於數, 凡所錯綜, 源流弘遠. (《三國志》〈魏書 劉劭傳〉)

삼가 상시 유소를 관찰했는데, 충성심이 깊고 사고가 돈독하며, 여러 방면에 재능이 있고 다양한 그의 능력은 넓고 깊습니다.

• 臣**伏**自忖度◆, 有方剛之力, 不得備戎行, 致死命, 況今已無事, 思報國恩, 獨惟文章. (柳宗元, 〈獻平淮夷雅表〉)

신이 **삼가** 스스로 생각해보건대, 정력이 왕성할 때에도 종군하여 싸워 목숨을 바칠 수 없었는데, 하물며 지금은 전쟁도 없으니 나라의 은혜에 보답할 길은 오직 문장뿐입니다.

◆忖度(촌탁): 남의 마음을 미루어 헤아림.

[참고]

① 엎드리다, 매복하다: • 寢毋**伏**. (《禮記》〈曲禮〉) 잠잘 때는 **엎드리지** 마라. • 時

太祖兵少, 設**伏**, 縱奇兵擊, 大破之. (《三國志》〈魏書 武帝紀〉) 당시에 태조(조조)의 병사는 적었으므로, **매복하고** 있다가 [여포(呂布)의 병사가 오자] 조조는 날랜 기병을 진격하게 하여 그를 크게 무찔렀다.

② 인정하다: • 呂布就戮, 乘轅將返, 張楊殂斃, 眭固**伏**罪, 張繡稽服, 此又君之功也. (《三國志》〈魏書 武帝紀〉) 여포를 도륙하고 수레를 끌고 돌아오는 길에, 장양은 쓰러져 죽고, 쉬고는 죄를 순순히 **인정했으며**, 장수는 머리를 조아리고 항복했으니, 이 또한 그대의 공적이오.

③ 복병: • 懼有**伏**焉. (《左傳》莊公十年) **복병**이 있을까 두려워한다.

④ [믿고] 복종하다: • **伏**其爲人. (韓愈, 〈與崔群書〉) 그의 사람됨을 **[믿고] 복종한다**.

⑤ 받다: • 許旣**伏**其罪矣. (《左傳》隱公十一年) 허나라는 이미 그 죄를 **받았다**.

⑥ 탄복하다: • 世**伏**其好義. (《後漢書》〈廉范列傳〉) 세상 사람들은 그의 호의에 **탄복했다**.

⑦ 자백하다: • **伏**罪. 죄를 **자백하다**.

ㅂ

夫(부)

❶ **대사** 사람이나 사물을 가볍게 가리키며, 앞뒤 문장의 뜻에 따라 '그(그것)' '이(이것)' '저(저것)'라고 해석하거나 해석하지 않아도 된다.

• 公嗾**夫**獒焉. (《左傳》宣公二年)

진영공(陳靈公)은 개를 부추겼다.

嗾: 부추길 수(주) | 獒: 개 오

• ……則**夫**二人者, 魯國社稷之臣也. (《左傳》成公十六年)

……그러면 **이** 두 사람은 노나라의 안위를 맡길 만한 신하이다.

• 民死亡者, 非其父兄, 卽其子弟, **夫**人愁痛, 不知所庇. (《左傳》襄公八年)

죽은 백성은 형이 아니면 자제들이라, **이** 사람들은 슬퍼하고 괴로워하면서도 [어느 곳에서] 보호를 받아야 할지 몰랐다.

• 三子◆者出, 曾晳後. 曾晳曰: "**夫**三子者之言何如?" (《論語》〈先進〉)

세 사람이 나가고 나자 증석이 뒤에 남았다. 증석이 여쭈었다. "**저** 세 사람의 말은 어떻습니까?"

◆三子(삼자): 자로(子路)·염유(冉有)·공서화(公西華)를 가리킴.

• 有慟乎? 非**夫**人之爲慟而誰爲? (《論語》〈先進〉)

상심한다고? **이** 사람을 위해 상심하지 않으면 누구를 위해 그렇게 하겠느냐?

• **夫**人不言, 言必有中. (《論語》〈先進〉)

그 사람은 [평소] 말이 없지만, 말을 하면 반드시 사리에 맞는다.

• 長沮曰: "**夫**執輿者爲誰?" (《論語》〈微子〉)

장저가 말했다. "**저** 수레고삐를 잡고 있는 사람은 누구신가?"

• 告**夫**三子◆者. (《論語》〈憲問〉)

저 세 사람에게 가서 말하시오.

◆三子(삼자): 맹의자·숙손무숙·계강자로 추정됨.

• 小子何莫學**夫**詩? (《論語》〈陽貨〉)

너희는 어찌하여 아무도 시(詩)(《시경》을 가리킴)를 배우지 않느냐?

• 食**夫**稻, 衣夫錦, 於女安乎? (《論語》〈陽貨〉)

쌀밥을 먹고 비단옷을 입는 것이 너에게 편안하겠느냐?

• 君子疾**夫**舍曰欲之而必爲之辭. (《論語》〈季氏〉)

군자는 **그것**을 하고자 한다는 사실을 외면하고 구실을 찾아 말하는 것을 싫어한다.

• 不以**夫**一害此一謂之壹. (《荀子》〈解蔽〉)

저쪽 하나 때문에 이쪽 하나를 해치지 않는 것을 전일하다고 한다.

• 曾子曰: "我過矣, 我過矣, **夫**夫是也." (《禮記》〈檀弓上〉)

증자가 "내가 틀렸다, 내가 틀렸다, **이** 사람이 옳다."라고 했다.

- 是葉公非好龍也. 好**夫**似龍而非龍者也. (《新序》〈雜事〉)

  이 섭공은 용을 좋아하는 것이 아니다. **그것**이 용 같으나 용이 아닌 것을 좋아한다.

- 吾聞**夫**齊魏徭戍◆, 荊韓召募. (李華, 〈弔古戰場文〉)

  내가 듣건대 제나라와 위나라가 변방을 수비하고, 형나라와 한나라가 [신병을] 모집한다고 한다.

  ◆徭戍(요수): 변경을 수비하는 일, 또는 그 병졸.

- 故爲之說, 以俟**夫**觀人風者得焉. (柳宗元, 〈捕蛇者說〉)

  그래서 **이것**(〈포사자설捕蛇者說〉)을 써서, 풍속을 살피는 사람이 보기를 기다린다.

  俟: 기다릴 사

- 予觀**夫**巴陵勝狀, 在洞庭一湖. (范仲淹, 〈岳陽樓記〉)

  내가 보기에 파릉의 뛰어난 경치는 오로지 동정호에 있다.

❷ **대사** '그(그녀)' '그들(그녀들)'이라고 해석한다.

- 我皆有禮, **夫**猶鄙我. (《左傳》昭公十六年)

  우리가 모두 예의를 갖추더라도 **그들**은 오히려 우리를 낮게 볼 것이다.

- 使**夫**往而學焉, **夫**亦愈知治矣! (《左傳》襄公三十一年)

  그를 보내 배우게 하면, **그** 또한 차츰 [봉읍(封邑)을 어떻게] 다스리는지를 알게 될 것이다.

- 彼且爲我死, 故吾得與之俱生; 彼且爲我亡, 故吾得與之俱存. **夫**且爲我危, 故吾得與之皆安. (《漢書》〈賈誼列傳〉)

  그들이 나를 위해 죽으려 했기 때문에 내가 그들과 함께 살 수 있었고, 그들이 나를 위해 달아나려 했기 때문에 내가 그들과 함께 보존할 수 있었다. **그들**이 나를 위해 위험을 무릅쓰려 할 것이기 때문에 내가 그들과 함께 편안할 수 있으리라.

❸ 어조사 어떤 문제를 논의하려 함을 나타내며, 해석할 필요는 없지만 미묘한 어감은 전달되어야 한다.

- **夫**戰, 勇氣也. (《左傳》 莊公十年)

  전쟁은 [선결 요건이] 용기다.

- **夫**解雜亂紛糾者不控捲, 救鬪者不搏撠. (《史記》〈孫子吳起列傳〉)

  어지럽게 엉킨 실을 풀려고 하면 주먹으로 쳐서는 안 되고, 싸움을 말릴 때에도 그 사이에 끼어들어 주먹만 휘둘러서는 안 된다.

- **夫**畜積者, 天下之大命也. (賈誼, 〈無蓄〉)

  양식을 축적하는 일이란 국가의 큰 사명이다.

- **夫**寒之於衣, 不待輕暖; 饑之於食, 不待甘旨. (鼂錯, 〈論貴粟疏〉)

  추울 때는 옷에 대해 가볍고 따뜻함을 가리지 않고, 배고플 때는 음식에 대해 달고 맛있음을 가리지 않는다.

- **夫**情動而言形, 理發而文見, 蓋沿隱以至顯, 因內而符外者也. (《文心雕龍》〈體性〉)

  [인간의] 감정이 움직여 언어로 드러나고 이치가 작용하여 문장으로 표현되는 것이니, 그것은 은미한 정서가 뚜렷한 언어로 표출되는 것이며, 내재적 성격이 겉으로 나타나는 것이다.

- 太傅司馬宣王問以時事, 玄議以爲: "**夫**官才用人, 國之柄也." (《三國志》〈魏書 夏侯玄傳〉)

  태부 사마선왕이 [하후현에게] 시사에 관해 묻자, 하후현은 [다음과 같이] 말했다. "재능 있는 자를 관리로 채용하고, 현명한 사람을 등용하는 것은 국가의 기틀입니다."

- **夫**公孫瓚, 非袁紹之敵也. 今雖壞紹軍, 然終爲紹所禽. **夫**趣一朝之權而不慮遠計, 將軍終敗. (《三國志》〈魏書 程昱傳〉)

공손찬은 원소의 적수가 아닙니다. 지금은 비록 원소의 군대를 격파시켰지만, 결국에 가서는 원소에게 사로잡힐 것입니다. 하루아침의 권세를 도모하고 원대한 계략을 생각하지 않는다면, 장군은 결국 패할 것입니다.

- **夫**一人致死當百人, 百人致死當千人, 千人致死當萬人. (金富軾,《三國史記》)
  한 사람이 죽기를 각오하면 백 사람을 당하고, 백 사람이 죽기를 각오하면 천 사람을 당하며, 천 사람이 죽기를 각오하면 만 사람을 당한다.
- **夫**詩以意爲主, 設意最難, 綴辭次之. (李奎報,《白雲小說》)
  시는 의경(意境)이 주가 되므로 의경을 세우는 것이 가장 어렵고, 말을 엮는 것은 그다음이다.
- **夫**非其有而取之, 謂之盜; 非其罪而殺之, 謂之賊. (洪大容,《湛軒書》)
  자기가 가질 것이 아닌데 취하는 것, 이것을 도(盜)라고 하고, 그의 죄가 아닌데 죽이는 것, 이것을 적(賊)이라고 한다.

ㅂ

❹ **어조사** 문장 끝에 쓰여서 감탄이나 의문을 나타내며, '~인가' '~하구나'라고 해석한다. 의문사 '何(하)'와 함께 쓰면 의문의 어기를 강조한다.

- 子在川上曰: "逝者如斯**夫**! 不舍晝夜!" (《論語》〈子罕〉)
  공자께서 강가에서 말씀하셨다. "흘러가는 것이 이와 같**구나**! 밤낮을 그치지 않는구나!"
- 然則君之所讀者, 古人之糟粕◆已**夫**! (《莊子》〈天道〉◆)
  그러면 임금께서 읽는 것은 옛사람의 찌꺼기일 뿐**이군요**!

  ◆糟粕(조박): 찌꺼기.

  ◆〈天道(천도)〉: 천지자연의 근원적 존재 방식을 뜻한다. 이 편에서 장자는 허정(虛靜)과 무위(無爲)를 체득한 성인의 처세술을 설명하고, 노자(老子)의 사상을 조술(祖述)하면서 천지의 도를 찬미하고 있다.
- 吾歌, 可**夫**? (《史記》〈孔子世家〉)
  내가 노래[로 대답]해도 되겠**는가**?

• 悲**夫**! 本細末大, 弛必至心. (賈誼, 〈大都〉)

슬프**구나**! 근본(조정)이 약소하고 끝(지방)은 너무 크니, 해이해진 기세가 반드시 심장(왕실)에 이르겠구나.

• 今若是焉, 悲**夫**! (柳宗元, 〈三戒 黔之驢〉)

지금 이와 같으니 슬프**구나**!

• 存乎神者之不測, 有如是**夫**! (《讀通鑑論》〈秦始皇〉)

일의 변화를 예측하지 못함이 이와 같**구나**!

• 先生竊念: 天色向晩, 狼復群至, 吾死矣**夫**! (馬中錫, 《中山狼傳》)

선생은 혼자 생각했다. '날이 점점 어두워지니 이리가 다시 무리 지어 이르면 나는 죽겠**구나**!'

• 一人飛升, 仙及鷄犬, 信**夫**! (《聊齋志異》〈促織〉)

한 사람이 승천하고 닭과 개까지 신선이 될 수 있으니 확실하**구나**!

❺ **어조사** 문장 중간에 쓰여 어기를 느슨하게 해주면서 지시 작용을 겸한다. 별다른 뜻은 없다.

• 此**夫**名同而實有異者也. (《韓非子》〈和氏〉)

이것은 이름은 같지만 실제는 다른 것이다.

• 心回穴其莫曉兮, 將取質**夫**秉龜. (劉禹錫, 〈何卜賦〉)

반복해서 생각해도 명백하지 않으니, 점치는 사람에게서 의심을 해결하리.

• 客亦知**夫**水與月乎? (蘇軾, 〈前赤壁賦〉)

객 또한 저 물과 달을 아는가?

【참고】

① 사람, 남자: • 一**夫**當關萬**夫**莫開. (李白, 〈蜀道難〉) 한 **사람**이 관문을 지키면 만 명의 **사람**이라도 열지 못한다. • 匹**夫**有責. 한 평범한 **남자**라도 책임이 있다.

② 지아비: • **夫**唱婦隨. **지아비**가 주창하고 부인이 따른다.

夫豈(부기)

대사 '豈(기)'가 함께 쓰인 것으로서 의문의 어기를 대신하며, '어찌'라고 해석한다.

- **夫豈**漫無主意, 姑且試之者乎? (金萬重,《西浦漫筆》上)
  어찌 주관도 전혀 없이 잠시 그것을 시험했는가?
- 固是一代偉人, 其神明勇略, **夫豈**公瑾之敵乎? (金萬重,《西浦漫筆》下)
  정녕 한 시대의 위인이니, 그 신명함과 용감함과 지략 면에서 **어찌** 공근의 적수가 되지 않겠는가?

ㅂ

夫是(부시)

대사 비교적 가까운 사람이나 사물을 가리키며, '이(이것)'라고 해석한다. '夫此(부차)'와 같다.

- 心居中虛, 以治五官, **夫是**之謂天君. (《荀子》〈天論〉)
  마음은 텅 빈 가슴속에 있으면서 오관을 다스리는데, **이것**을 '천군'이라고 한다.
- 是以不誘於譽, 不恐於誹, 率道而行, 端然正己, 不爲物傾側, **夫是**之謂誠君子. (《荀子》〈非十二子〉)
  이 때문에 명예에 유혹되지 않고 비방을 두려워하지 않으며, 도를 따라 행하고 굳건히 자신을 바르게 하며 사물 때문에 기울어지지 아니하니, **이**를 성실한 군자라고 하는 것이다.

夫惟/夫唯(부유)

접속사 인과관계나 조건을 나타내는 앞 문장의 첫머리에 사용되어 원인 혹은 조건을 이끌어내며, 뒤 문장에 '故(고)' '是以(시이)' 등이 온다. '~기 때문에' '오직 ~해야만' 등으로 해석하거나 문맥에 따라 해석하지 않을 수도 있다.

- **夫唯**弗居, 是以不去. (《老子》 二章)

  머물러 있지 않**기에** [공이] 떠나지 않는다.
- **夫唯**不爭, 故無尤. (《老子》 八章)

  [물(物)과] 다투지 않**기 때문에** 과실을 범하지 않는다.
- **夫唯**不厭, 是以不厭. (《老子》 七十二章)

  오직 싫어하지 않아**야만** 비로소 싫증을 느끼지 않는다.
- **夫唯**嗜魚, 故不受也. (《韓非子》 〈外儲說右下〉)

  [공손의(公孫儀)는] 물고기를 즐겨 먹었**기 때문에** 받지 않았다.

  嗜: 즐길 기
- **夫唯**士愚, 而後可與之皆死. (蘇洵, 〈心術〉)

  오직 병사들이 우매**해야만** 비로소 장수와 함께 죽을 수 있다.

夫此(부차)

대사 비교적 가까운 사람이나 사물을 대신 가리키며, '이(이것)' '이런'이라고 해석한다. '此夫(차부)'라고도 쓴다.

- 天不言而人推高焉, 地不言而人推厚焉, 四時不言而百姓期焉; **夫此**有常, 以至其誠者也. (《荀子》 〈不苟〉)

  하늘은 말하지 않으나 사람은 높음을 숭배하고, 땅은 말하지 않으나 사람은 두터움을 숭배하며, 사계절은 말하지 않으나 백성은 때를 아는데, **이것**은 일정한 법칙이 있어 그 진실함을 지극히 하기 때문이다.

- 今**夫此**人, 以爲與己同時而生, 同鄕而處者, 以爲夫絶俗過世之士焉. (《莊子》〈盜跖〉)
  지금 **이**런 [명예와 이익을 추구하는] 사람은 자신과 같은 시대에 태어나 같은 고을에 사는데, [나 같은 사람을] 속세를 절연한 선비라고 생각한다.

否(부)

❶ **부사** 상대방이 묻는 내용을 부정하며, '아니다'라고 해석한다.

- "伯夷·伊尹於孔子, 若是班乎?" 曰: "**否**. 自有生民以來, 未有孔子也." (《孟子》〈公孫丑上〉)
  "백이와 이윤을 공자와 비교하면 똑같습니까?" [맹자가] 말했다. "**아니다**. 백성이 생겨난 이래로 공자 같은 이는 없었다."
- "許子必織布而後衣乎?" 曰: "**否**. 許子衣褐." (《孟子》〈滕文公上〉)
  [맹자가 묻기를] "허자(허행許行)는 반드시 [자기가] 베를 짠 후에야 옷을 입는가?" [진상(陳相)이] 말했다. "**아닙니다**. 허자는 갈옷을 입습니다."
- 萬章問曰: "人有言 '至於禹而德衰, 不傳於賢而傳於子', 有諸?" 孟子曰: "**否**. 不然也." (《孟子》〈萬章上〉)
  만장이 물었다. "'우에 이르러 덕이 쇠하여 [천하를] 어진 이에게 전해주지 않고 아들에게 전해주었다.'는 말이 있는데, [이런 일이] 있었습니까?" 맹자가 말했다. "**아니다**. 그렇지 않다."

❷ **부사** 동사와 함께 쓰여 긍정과 부정이 대립하는 문장을 만들며, 긍정의 반대 의미로 해석하면 된다.

• 宦三年矣, 未知母之存**否**. (《左傳》 宣公二年)

[밖에서] 3년 동안 벼슬살이를 하느라, 어머니께서 살아 계신지 **돌아가셨는지**를 알지 못했다.

• 晉人侵鄭, 以觀其可攻與**否**. (《左傳》 僖公三十年)

진나라 사람이 정나라를 침범하려고, 공격할 수 있는지 **없는지**를 살폈다.

❸ **부사** 의문문에 쓰이며, 문장 끝에 의문사 '乎(호)'가 오기도 한다. '~지 않은가'라고 해석한다.

• 如此, 則動心**否**乎? (《孟子》 〈公孫丑上〉)

만일 이와 같으면 마음이 동요하**지 않겠습니까**?

• 廉頗老矣, 尙能飯**否**? (辛棄疾, 〈永遇樂〉)

염파는 늙었지만, 아직도 밥을 먹을 수 있**지 않은가**?

• 丈人附耳謂先生曰: "有匕首**否**." (馬中錫, 《中山狼傳》)

노인이 귀에 대고 [동곽] 선생에게 말했다. "비수를 가지고 있**지 않은가**?"

❹ **어조사** 음절을 조절할 뿐 뜻은 없다.

• 還而不入, **否**難知也. (《詩經》 〈小雅 何人斯〉)

[당신은 조정에서] 돌아왔지만 [우리 집으로] 들어오지 않으니, [앞길이 매우] 어려움을 알겠다.

否則/不則(부즉)

접속사 부사 '否(부)'와 접속사 '則(즉)'이 결합된 형태로 부정적 가설 관계를 나타내는데, 앞 문장에서 서술한 상황 혹은 이유를 부정하여 상반된 방면으로부터 결과를 추론해낸다. '그렇지 않으면'이라고 해석한다.

- 我德則睦, **否則**携貳◆. (《左傳》 襄公四年)

  우리에게 덕이 있으면 [그들은 우리와] 화목할 것이고, **그렇지 않으면** 배반할 것이다.

  ◆携貳(휴이): 당시의 일상 언어로서 '背離(배리)'[배반하다]와 같은 말이다.

- 義則進, **否則**奉身而退. (《左傳》 襄公二十六年)

  도의에 부합하면 나아가고, **그렇지 않으면** 제 한 몸을 보존하고 물러난다.

- 小則庶孽妾嫡子死, **不則**國有大難. (《國語》 〈吳語〉)

  [재앙이] 작으면 사랑하는 아내와 자식이 죽고, **그렇지 않으면** 국가에 [멸망의] 큰 재난이 있을 것이다.

- 能則安, **否則**危. (陸贄, 〈奉天請罷瓊林大盈二庫狀〉)

  할 수 있으면 안전하고, **그렇지 않으면** 위험할 것이다.

復(부)

❶ **부사** 동작 혹은 행위의 중복이나 지속을 나타내며, '다시' '더욱이' '또' '또한' 등으로 해석한다.

- 晉侯**復**假道於虞而伐虢. (《左傳》 僖公五年)

  진나라 헌공(獻公)은 **다시** 우나라에 길을 빌려서 괵나라를 공격했다.

- 因釋其耒而守株, 冀**復**得兎. (《韓非子》 〈五蠹〉)

  곧 쟁기를 내려놓고 그루터기를 지키며 **다시** 토끼 얻기를 바랐다.

- "有**復**言令長安君爲質者, 老婦必唾其面." (《戰國策》 〈趙策四〉)

  "**다시** 장안군을 인질 삼자고 말하는 자가 있으면, [이] 늙은이가 반드시

ㅂ

그 얼굴에 침을 뱉겠다.”

- 君家誠易知, 易知**復**難忘. (《樂府詩集》〈相逢行〉)

당신 집은 진실로 쉽게 알았고, 쉽게 알고도 **또** 잊기 어렵다.

- 卿天才卓出, 若**復**小加硏尋, 一無所愧. (《世說新語》〈文學〉)

당신의 재주가 뛰어나니, 만일 **또** 조금만 더 학습하고 연구한다면 한 점 부끄러움이 없을 것이다.

- 大人豈見覆巢之下**復**有完卵乎? (《世說新語》〈言語〉)

대인께서는 설마 엎어진 둥지 아래에 **다시** 온전한 알이 있는 것을 보았습니까?

- 此事眞**復**樂, 聊用忘華簪. (陶淵明, 〈和郭主簿〉)

이러한 일은 참되고 **또** 즐거워, 잠시 부귀와 영화를 잊을 수 있다.

- **復**前行, 欲窮其林. (陶淵明, 〈桃花源記〉)

또 앞으로 가니, 그 숲이 거의 끝나려고 했다.

- 今君年長, 孤亦衰老, 恐不**復**相見. (《三國志》〈蜀書 宗預傳〉)

지금 네 나이는 많고 나 또한 늙었으니, 아마도 **다시** 만나지 못할 것이다.

❷ **부사** 반문 어기를 나타내며, '何(하)' '誰(호)' 등과 함께 쓰이고, '또'라고 해석한다.

- 公敎人啖一口也, **復**何疑? (《世說新語》〈捷悟〉)

조공(曹公)이 우리에게 한 입 먹도록 하는데, **또** 무엇을 의심하겠는가?

- 詩書**復**何罪, 一朝成灰塵? (陶淵明, 〈飮酒〉)

《시경》과 《서경》이 **또** 무슨 죄가 있어 하루아침에 재가 되었는가?

- 使一時應酬不當, 被害原野, 誰**復**知之! (文天祥, 〈出眞州〉)

만일 [내가] 한순간 부당함에 응수하면, 들녘에서 살해된들 누가 **또** 알겠는가!

❸ **어조사** 어기를 느슨하게 하거나 음절을 조절하는 역할을 한다.

• 兒已薄祿相, 幸**復**得此婦. (無名氏, 〈焦仲卿妻〉)
나는 이미 박봉의 재상이 되었으나, 다행히도 이런 아내를 얻었네.

• 已得自解免, 當**復**棄兒子. (蔡琰, 〈悲憤詩〉)
[채문희(蔡文姬)는] 스스로 이미 [흉노의 굴욕적인 생활을] 벗어났으니, 마땅히 자식을 버린 것이다.

• 日月推遷, 已**復**九夏. (陶淵明, 〈榮木〉)
시간의 추이는 벌써 여름철이 되었네.

【참고】

| '復'을 '복'으로 읽으면 | ① 돌아오다, 돌아가다: • 昭王南征而不**復**. (《左傳》 僖公四年) 소왕은 남쪽을 순행하다가 **돌아오지** 않았다. • 賓主往**復**. 손님과 주인이 **왔다 갔다** 한다.

② 회복하다: • 逵無惡意, 原**復**其職. (《曹操集》〈原賈逵教〉) 가규(賈逵)는 나쁜 뜻이 없었으므로, 그의 관직을 원래대로 **회복시켰다**. • **復**辟. 군주의 지위를 **회복하다**. • **復**古. 옛날을 **회복하다**.

③ [원수를] 갚다: • 非富天下也, 爲匹夫匹婦**復**讎也. (《孟子》〈滕文公下〉) [탕임금이 갈(葛)을 정벌한 것은] 천하(즉 자기 나라)를 넓히기 위해서가 아니라 필부필부를 위해 원수를 **갚은** 것이다.

④ 중복: • **復**述. **중복** 서술하다.

⑤ 아뢰다, 여쭈다: • 有**復**於王者. (《孟子》〈梁惠王上〉) 왕에게 **아뢰는** 사람이 있다. • 丘請**復**以所聞. (《莊子》〈人間世〉) 나(공자孔子)는 들은 바를 **아뢰고** 싶다.

復却(부각)

부사 행위·동작·사건이 반복됨을 나타내며, '다시' '또한'이라고 해석한다. '復更(부갱)'과 같다.

- 嬌兒◆不離膝, 畏我**復却**去. (杜甫, 〈羌村〉 其二)

  귀여운 아이는 무릎을 떠나지 않고, 내가 **다시** 떠날까 두려워하는구나.

  ◆嬌兒(교아): 귀여운 아이.

不(불)

❶ **부사** 동사 혹은 형용사를 부정한다. '不(불)'이 부정하는 동사의 목적어가 대사이면 목적어가 동사 앞에 온다.

- 晉靈公**不**君. (《左傳》 宣公二年)

  진영공은 임금 노릇을 [제대로] **하지 못했다**.

- **不**有君子, 其能國乎! (《左傳》 文公十二年)

  군자가 있**지 않으면** 또한 나라를 세울 수 있겠는가!

- 人而無止, **不**死何俟? (《詩經》 〈庸風 相鼠〉)

  사람으로서 예법을 지키지 못하면, 죽**지 않고** 무엇을 기다리겠는가?

- **不**聞亦式, **不**諫亦入. (《詩經》 〈大雅 思齊〉)

  듣**지 않아도** 법규에 부합하고, 간하**지 않아도** 좋은 쪽으로 들어간다.

- 不患人之**不**己知, 患**不**知人也. (《論語》 〈學而〉)

  남이 자기를 알아주**지 않는** 것을 근심하지 말고, [자기가] 남을 알**지 못하는** 것을 근심하라.

- 莫**不**有文武之道焉. (《論語》 〈子張〉)

문왕과 무왕의 도**가 없는** 곳이 없습니다.

- 仁者**不**憂, 知者**不**惑, 勇者**不**懼. (《論語》〈憲問〉)

  인(仁)한 사람은 근심**하지 않고**, 지혜로운 사람은 미혹되**지 않으며**, 용감한 사람은 두려워**하지 않는다**.

- 千取百焉, **不**爲**不**多矣, 苟爲後義而先利, **不**奪, **不**厭. (《孟子》〈梁惠王上〉)

  천에서 백을 취하는 것이 많**지 않은** 것은 **아니지만**, 진실로 의를 뒤로하고 이익을 앞세우면 빼앗**지 않고는** 만족**하지 않는다**.

- 城非**不**高也, 池非**不**深也, 兵革非**不**堅利也, 米粟非**不**多也. (《孟子》〈公孫丑下〉)

  성이 높**지 않은** 것이 아니고, 못이 깊**지 않은** 것이 아니며, 병기와 갑옷이 날카롭고 견고하**지 않은** 것이 아니며, 식량이 많**지 않은** 것이 아니다.

- **不**登高山, **不**知天之高也. (《荀子》〈勸學〉)

  높은 산에 오르**지 않고서는** 하늘이 높음을 알**지 못한다**.

- 故明主者, **不**恃其**不**我叛也, 恃吾**不**可叛也; **不**恃其**不**我欺也, 恃吾**不**可欺也. (《韓非子》〈外儲說左下〉)

  그러므로 현명한 군주는 신하가 자기를 배반하**지 않는다고** 믿**지 않고** 자기가 배반**할 수 없다고** 믿으며, 신하가 자기를 속이**지 않는다고** 믿**지 않고** 자기가 속일 **수 없다고** 믿는다.

- 無一念之**不**實, 無一言之**不**實, 則表裏一於誠也. (朴在馨, 《海東續小學》)

  한 가지 생각이라도 진실되**지 않은** 것이 없고, 한 마디 말이라도 진실되**지 않은** 것이 없으면, 겉과 속이 정성스러움에 일치하는 것이다.

- 吾資之昏**不**逮人也, 吾材之庸**不**逮人也. (彭端淑, 《白鶴堂詩文集》)

  나는 바탕이 혼미하여 다른 사람에게 미치**지 못하고**, 나는 재주가 용렬하여 다른 사람에게 미치**지 못한다**.

- 若異國兵來, 陸路**不**使過炭峴, 水軍**不**使入伎伐浦. (一然, 《三國遺事》)

  만일 다른 나라 군대가 쳐들어오면 육로는 탄현을 지나**지 못하게** 하고,

ㅂ

수군은 기벌포를 들어오**지 못하게** 하십시오.

❷ **부사** 명사를 부정하며 '非(비)'와 같다. '~이 아니다'라고 해석한다.

- 子曰: "君子**不**器." (《論語》〈爲政〉)

  공자께서 말씀하셨다. "군자는 그릇**이 아니다**."

- 直**不**百步耳, 是亦走也. (《孟子》〈梁惠王上〉)

  다만 백 보**가 아닐** 뿐, 이 또한 도망친 것이다.

- 今有飢色, 君過而遺先生食, 先生不受, 豈**不**命耶? (《莊子》〈讓王〉)

  이제 [선생께서] 굶주린 기색이 있어 그분이 잘못을 깨닫고 선생께 식량을 주셨는데, 선생은 받지 않으시니 어찌 [가난이] 천명**이 아니라고** 하겠습니까?

- 苟**不**至德, 至道不凝焉. (《禮記》〈中庸〉)

  만일 지극한 덕을 갖춘 사람**이 아니면** 지극한 도가 세워지지 못한다.

❸ **부사** 일이 실현되지 못함을 나타내며, '未(미)'와 상응하고, '없다' '~하고 있지 않다' '~하지 않다'라고 해석한다.

- 吾問狂屈, 狂屈中欲告我而**不**我告. (《莊子》〈知北遊〉◆)

  내가 광굴에게 물으니, 광굴은 마음속으로는 내게 알려주려고 하다가 나에게 알려주**지 않았다**.

  ◆〈知北遊(지북유)〉: '지혜가 북쪽으로 논다'는 뜻이며, 내편 〈대종사(大宗師)〉 편에 이어서 기술한 것으로 도(道)는 형상이 없는 것이라 눈으로 볼 수도 없고, 귀로 들을 수도 없어 인간의 지혜를 초월했기 때문에 이것을 사람의 말로써 표현하는 것은 불가능하다. 곧 도는 말로 표현할 수 없는 가르침으로써 체득된다는 것을 논술하고 있다.

- 醫之好治**不**病以爲功. (《韓非子》〈喩老〉)

  의사는 치료를 잘하여 아프**지 않게** 하는 것을 공으로 여긴다.

- 老婦**不**聞也. (《戰國策》〈趙策四〉)

[이] 노파는 듣**지 못했소**.

- 莊生驚曰: "若**不**去邪?" 長男曰: "固未也." (《史記》〈越王句踐世家〉)

  장생이 놀라서 말했다. "너는 떠나**지 않았느냐**?" 장남이 말했다. "확실히 가지 않았습니다."

- 而識之者, **不**塞則惑. (柳宗元, 〈非國語〉)

  그것을 알려고 하는 사람은 [귀가] 막히**지 않았다면** [생각이] 미혹된 것이다.

- 方春, 百姓**不**耕卽蚕. (孫樵, 〈書何易于〉)

  마침 봄이라서, 백성은 밭을 갈**지 않으면** 곧 양잠을 한다.

- 一言**不**中, 千語無用. (《明心寶鑑》)

  한 마디 말이 맞**지 않으면** 천 마디 말이 소용없다.

❹ **부사** 이치나 상황으로 볼 때 불필요함을 나타내며, '~할 필요가 없다'라고 해석한다. 용례는 드물다.

- 今吾尙病, 病愈, 我且往見, 夷子**不**來. (《孟子》〈滕文公上〉)

  지금 나는 아직 앓고 있으니, 병이 낫거든 내가 또한 가서 만날 테니 이 자는 올 **필요가 없다**.

❺ **어조사** 문장 끝에 쓰여 의문문을 만들며, '~하지 않는가'라고 해석한다

- 秦王以十五城請易寡人之璧, 可予**不**? (《史記》〈廉頗藺相如列傳〉)

  진나라 왕이 성 열다섯 개와 나의 화씨벽을 바꾸자고 하는데 주어야 **하지 않겠소**?

- 公卿有可以防其未然, 救其已然者**不**? (《漢書》〈于定國列傳〉)

  삼공(三公)과 구경(九卿)은 아직 발생하지 않은 재난을 막고, 이미 발생한 재난을 구제할 수 있는 방법이 **없겠는가**?

- 當興師與吳幷取蜀**不**? (《三國志》〈魏書 王郞傳〉)

군사를 일으켜 오나라와 함께 촉나라를 공격해도 되**지 않겠소**?

• 風霜搖落時, 獨秀君知**不**? (王維, 〈春桂問答〉)

바람과 서리에 흔들려 떨어질 때, 홀로 빼어남을 그대는 알**지 않는가**?

【참고】

없다: • 有法不勝其亂, 與**不**法同. (《商君書》〈開塞〉) 법이 있어도 어지러움을 이겨내지 못하면 법이 **없는** 것과 같다.

不獨(부독)

부사 사물 혹은 행위가 어떤 범위에 한정되지 않음을 나타내며, '~뿐만 아니라' '~에 그치지 않다'라고 해석한다. '不徒(부도)' '不啻(불시)' '不唯(불유)'와 같다. '亦(역)'과 호응하여 관용적으로 쓰이기도 한다.

• 凡法術之難行也, **不獨**萬乘, 千乘亦然. (《韓非子》〈孤憤〉)

대체로 법가의 책략을 시행하기 어려운 것은, 만승의 나라**뿐만 아니라** 천승의 나라도 그러하다.

• 故人**不獨**親其親, **不獨**子其子. (《禮記》〈禮運〉)

그러므로 사람은 단지 자기 부모만을 친애하는 **데 그치지 않으며**, 자기 자식만을 사랑하는 **데 그치지 않는다**.

• 是**不獨**有其德, 亦皆務於勤耳. (王禹偁, 〈待漏院記〉)

이들은 덕행이 있을 **뿐만 아니라** 또한 모두 부지런함에 힘썼다.

不者(부자)

접속사 가설을 나타내며, 결과가 좋지 않을 것을 암시한다. '그렇지 않으면'이라고 해석한다.

- **不者**, 若屬皆且爲所虜. (《史記》〈項羽本紀〉)
  그렇지 않으면 너희는 모두 장차 [패공(沛公)에게] 사로잡힐 것이다.
- 爲吾用則吾兵, **不者**寇也. (《新唐書》〈周望傳〉)
  나를 위해 쓰면 우리 군대지만, **그렇지 않으면** 적이다.

不過(불과)

부사 주어의 의지가 미치는 범위를 한정하며, '~일 뿐이다'라고 해석한다.

- 公輸子之意, **不過**欲殺臣. (《墨子》〈公輸〉)
  공수자의 뜻은 나를 죽이려는 것**일 뿐이다**.
- 吾所伐者, **不過**四五人. (《史記》〈孔子世家〉)
  내가 토벌하려는 자는 네댓 명[의 반란 분자들]**일 뿐이다**.
- 漢與匈奴和親, 率**不過**數歲卽復倍約. (《史記》〈韓長孺列傳〉)
  한나라가 흉노와 화친을 한다 해도, 몇 년 지나지 않아 흉노가 또다시 약속을 어**길 뿐이다**.

不嘗/不常(불상)

부사 '嘗(상)'의 부정이며, '일찍이 ~하지 않았다'라고 해석한다.

- 夫日月之有蝕, 風雨之不時, 怪星之黨見, 是無世而**不嘗**有之. (《荀子》〈天論〉)

ㅂ

무릇 일식과 월식의 발생과 비바람의 순조롭지 못함과 괴이한 별무리가 나타났는데, 이러한 현상은 **일찍이** 어느 시대에도 있**지 않은 적이** 없었다.

- 孟嘗君奉夏侯章以四馬百人之食, 遇之甚歡. 夏侯章每言, **不嘗**不毁之也. (《戰國策》〈齊策三〉)

  맹상군은 하후장에게 말 네 필에 백 명이 먹을 수 있는 식량을 보내주고 그를 만나 매우 기뻐했다. [그러나] 하후장은 [이 일을 들어] 얘기할 때마다 [오히려] **일찍이** 그를 비방**하지 않은 적이** 없었다.

不啻/不翅(불시)/不適(부적)

❶ **부사** 어떠한 범위에 제한되지 않고 넓혀나가는 것을 나타내며, '다만 ~뿐만 아니라' '~에 그치지 않다'라고 해석한다.

- 人之彦聖◆, 其心好之, **不啻**如自其口出, 是能容之. (《尚書》〈秦誓〉)

  다른 사람의 어질고 현명함을 마음속으로 좋아하되 그 입에서 나오는 것같이 하는 것**에 그치지 않으면** 이는 그들을 포용하는 것이다.

  ◆彦聖(언성): 사리에 통달하고 어질며 현명한 사람.

- 父母於子, 東南西北, 唯命之從, 陰陽於人, **不翅**於父母. (《莊子》〈大宗師〉◆)

  부모는 자식에 대해 동서남북 어디든 명령을 따르게 하는데, 음양의 [조화가] 인간에 대해 [명령을 따르게 하는 것은] 부모가 [자식에게] 하는 정도**에 그치지 않는다**.

  ◆〈大宗師(대종사)〉: 대종사란 '크게 조종으로 삼을 만한 스승'이란 뜻으로 곧 도(道)를 말한다. 장자에게 도란 우주의 실재로서의 자연을 말하는 것이고, 이 도를 스승으로 삼으니, 곧 자연을 따라 우주의 실재와 하나가 되는 곳에서 참으로 자유로운 인간의 생활이 실현된다는 것이다. 이런 경지에 있는 사람을 진인(眞人)이라 하며, 이 편에서는 진

인을 찬미하고 그의 지극히 큰 덕을 밝히고 있다.

- 疑臣者**不適**三人. (《戰國策》〈秦策二〉)

  저를 의심하는 자는 세 사람**뿐만이 아닙니다**.

- 江思悛思懷所通, **不翅**儒域. (《世說新語》〈賞譽〉)

  강사전은 여러 책에 통달하여 **다만** 유가의 영역**에 그치지 않았다**.

  悛: 이을 전

- 若使新婦◆得配參軍, 生兒故可**不啻**如此. (《世說新語》〈排調〉)

  만일 이 몸이 참군(왕륜王倫)의 배필이 되었다면, 낳은 아이는 곧 이처럼 [총명하게] 되는 데**에 그치지 않았겠지요**.

  ◆新婦(신부): 결혼한 부인이 자신을 일컫는 말로써 '이 몸'이라고 해석한다.

- 計其貨, **不啻**直千金. (白行簡,《李娃傳》)

  재산을 계산하니 천금의 값어치**에 그치지 않는다**.

ㅂ

❷ **부사** 어떤 범위를 벗어나지 못하거나 다른 것과 큰 차이가 없음을 나타내며, '~에 불과하다' '~와 같다'라고 해석한다.

- 且太玄◆今竟何用乎? **不啻**覆醬瓿而已. (《顔氏家訓》〈文章〉)

  또한《태현경》은 현재 결국 무슨 쓸모가 있는가? 단지 된장 항아리를 덮는 데**에 불과할** 뿐이다.

  ◆太玄(태현): 한대의 양웅(揚雄)이《역경》을 모방하여 지은《태현경(太玄經)》.

  覆: 덮을 부 | 瓿: 항아리 부

- 百年之內, 視二千年**不啻**一瞬. (歸有光,〈花史館記〉)

  백 년 이내를 2천 년과 비교해보면 한순간**에 불과하다**.

- 倘肯裹妾之朽骨, 歸葬安宅, **不啻**再造. (《聊齋志異》〈聶小倩〉)

  만일 [그대가] 기꺼이 나의 썩은 뼈를 싸서 돌아가 무덤에 묻어준다면 [나로 하여금] 다시 생명을 얻게 하는 것**과 같습니다**.

  倘: 혹시 당(=儻) | 裹: 쌀 과

❸ 부사 말하는 뜻 외에 한층 더 나아감을 나타내고, 보통 '亦(역)' '又(우)' 등과 호응하며, '~뿐만 아니라'라고 해석한다.

- 爾不克敬, 爾**不啻**不有爾土, 予亦致天之罰於爾躬. (《尙書》〈多士〉)

  [만일] 너희가 [우리 주(周)나라를] 경외할 수 없다면, 너희는 너희의 땅을 잃게 될 **뿐만 아니라** 나 또한 너희 몸에 천벌을 내리겠다.

不若(불약)

부사 앞에서 말한 사건이 뒤에서 말한 사건에 미치지 못함을 나타내며, '~만 못하다' '[차라리] ~하는 게 낫다'라고 해석한다.

- **不若**以非馬喩馬之非馬也. (《莊子》〈齊物論〉)

  말이 아닌 것을 가지고 말이 말 아님을 설명하는 것**만 못하다**.

- 喪禮, 與其哀不足而禮有餘也, **不若**禮不足而哀有餘也; 祭禮, 與其敬不足而禮有餘也, **不若**禮不足而敬有餘也. (《禮記》〈檀弓上〉)

  상례는 슬픔이 부족하면서 예를 후히 갖추기보다는 예는 부족하나 슬픔이 넘치는 것**이 낫고**, 제례는 공경이 부족하면서 예를 후히 갖추기보다는 예는 부족하나 공경이 깊은 것**이 낫다**.

- 故爲將軍計者, **不若**擧州以附曹公. 曹公必重德將軍, 長享福祚, 垂之後嗣, 此萬全之策也. (《三國志》〈魏書 劉表傳〉)

  그러므로 장군의 계책을 생각하면 모든 주를 들어 조조에게 귀순하는 것**만 못하다**. 조조는 반드시 장군에게 깊이 감사할 것이고 장군은 영원히 복을 누릴 수 있을 것이며 후대에까지 전해질 것이니, 이것이 가장 안전한 책략이다.

- "將軍自料何與劉備?" 琮曰: "吾**不若**也." (《三國志》〈魏書 劉表傳〉)

  "장군께서는 스스로 생각하기에 유비와 비교하여 어떻습니까?" 유종이 말했다. "나는 그**만 못하오**."

- 卓阻兵而無義, 固不能久. **不若**擇所歸附, 待時而動. 然後可以如志. (《三國志》〈魏書 張範傳〉)

  동탁은 군사를 고달프게 하고 의롭지 못하므로 진실로 오래갈 수 없을 것입니다. **차라리** 귀순할 곳을 골라 때를 기다려 행동하는 것**이 낫습니다**. 그런 후에 생각대로 하실 수 있을 것입니다.

- 我國獨不得稱帝, 生於如此之, **不若**死之爲愈. (洪萬宗,《旬五志》)

  우리나라만 유독 황제라 칭하지 못하니, 이러한 나라에서 살 바에는 죽는 것**만 못하다**.

- 與其遲留而受辱, **不若**遠適以有爲. (金富軾,《三國史記》)

  더디게 머뭇거려서 모욕을 받기보다는 멀리 가서 큰일을 하는 것**이 낫다**.

ㅂ

不如(불여)

부사 앞에서 말한 사건이 뒤에서 말한 사건에 미치지 못함을 나타내며, '~만 못하다' '~하는 것이 낫다'라고 해석하거나 해석하지 않을 수도 있다.

- 大決所犯, 傷人必多, 吾不克救也, **不如**小決使道. **不如**吾聞而藥之也. (《左傳》襄公三十一年)

  [제방이] 크게 무너지면 부상자가 틀림없이 많아 우리는 구할 수가 없을 테니, 조금 틔워서 [물 흐름이] 통하도록 **하는 게 낫다**. [백성의 의론을 제지하는 것도 이와 같아서 억제하는 것은] 내가 [의견을] 듣고 고치는 것**만 못하다**.

- 與其戍周, **不如**城之. (《左傳》昭公三十二年)

  주나라를 지키기보다는 그곳에 성을 쌓는 **것이 낫다**.

- 齊人有言曰: "雖有智慧, **不如**乘勢, 雖有鎡基*, **不如**待時." (《孟子》〈公孫

丑上〉)

제나라 사람들의 말에, "비록 지혜가 있으나 권력에 편승하는 것**만 못하고**, 비록 호미가 있으나 때를 기다리는 것**만 못하다**."고 했다.

◆鎡基(자기): 호미.

• 與使斶爲趨勢, **不如**使王爲趨士. (《戰國策》〈齊策四〉)

나(안촉安斶)에게 세력을 추종하게 하기보다는 왕에게 선비를 추종하게 **하는 것이 낫다**.

• 斯自以爲**不如**非. (《史記》〈老子韓非列傳〉)

이사는 자신을 한비**만 못하다**고 여겼다.

• **不如**赦之, 拜一郡守. 則紹喜於免罪, 必無患矣. (《三國志》〈魏書 袁紹傳〉)

그를 사면하고 한 군의 태수로 임명**하는 것이 낫습니다**. 그렇게 하면 원소는 죄를 용서받아 기뻐할 것이니 반드시 걱정이 없어질 것입니다.

• 馥曰: "吾, 袁氏故吏, 且才**不如**本初. 度德而讓, 古人所貴. 諸君獨何病焉?" (《三國志》〈魏書 袁紹傳〉)

한복이 말했다. "나는 원씨(원소)의 옛날 부하이고 재능도 본초(원소)**만 못하오**. 덕망 있는 자를 뽑아 내세워 양보하는 것은 옛사람들이 귀하게 여긴 일이오. 여러분은 무엇을 걱정하는 것이오?"

度: 헤아릴 탁

• 初, 紹之南也, 田豐說紹曰: "曹公善用兵, 變化無方. 衆雖少, 未可輕也, **不如**以久持之." (《三國志》〈魏書 袁紹傳〉)

처음 원소가 남쪽으로 정벌하러 갈 때, 전풍이 원소에게 진언했다. "조공은 군대를 잘 다루어 변화무쌍한 기술을 발휘합니다. 그의 군사는 비록 적지만 경시할 수 없으니, 차라리 지구전으로 대처**하는 것이 낫습니다**."

• 太祖下令曰: "宋建造爲亂逆三十餘年, 淵一擧滅之, 虎步◆關右, 所向無前. 仲尼有言 '吾與爾**不如**也.'" (《三國志》〈魏書 夏侯淵傳〉)

태조(조조)는 [다음과 같은] 명령을 내렸다. "송건이 반란을 일으켜 조정을 거스른 지가 30여 년이나 되었는데, 하후연은 한 번의 싸움으로 그를 섬멸하고 관우 지역에 위엄을 떨치니, 가는 곳마다 대적할 사람이 없었소. [이것은] 공자가 '나와 네(제자 자공)가 [안회**만**] **못하구나**.'라고 한 말과 같은 것이오."

◆虎步(호보): 범의 걸음걸이. 위엄 있는 거동의 형용.

• 邕曰: "此王公孫也, 有異才, 吾**不如**也. 吾家書籍文章, 盡當與之." (《三國志》〈魏書 王粲傳〉)

채옹이 말했다. "이 사람은 왕공의 손자로서 뛰어난 재주를 갖고 있어 나는 **그에 미치지 못하오**. 우리 집에 있는 서적과 문학 작품을 모두 그에게 주어야겠소."

• 急之則相持, 緩之而後爭心生. **不如**南向荊州若征劉表者, 以待其變. 變成而後擊之, 可一擧定也. (《三國志》〈魏書 郭嘉傳〉)

[우리 군대가] 그들을 핍박하면 우리와 서로 대치하게 될 것이며, 느슨하게 풀어주면 다투려는 마음이 생기게 될 것입니다. 남쪽의 형주로 가서 유표를 정벌함으로써 그 변화를 기다리는 **것이 더 나을 듯합니다**. 변화가 생긴 후에 공격하면 한꺼번에 평정할 수 있을 것입니다.

• 嫁女與征夫, **不如**棄路傍. (杜甫, 〈新婚別〉)

출정할 남자에게 딸을 시집보냄은 길가에 버림**만 못하지요**.

• 以我爲婢, **不如**死之速也. (金富軾, 《三國史記》)

나를 종으로 삼느니, 빨리 죽이는 **것이 차라리 낫다**.

不亦(불역)

부사 완곡한 반문을 나타내며, 일반적으로 문장의 끝에 '哉(재)' '乎(호)' 등의 의문형 어조사가 있다. '어찌(또한) ~이 아니겠는가' '어찌(또한) ~

지 않은가'라고 해석한다. '不以(불이)' '不已(불이)'와 같다.

• 魯侯**不亦**善於禮乎? (《左傳》 昭公五年)

노후는 **또한** 예에 정통**하지 않은가**?

• 人不知而不慍, **不亦**君子乎? (《論語》〈學而〉)

남이 [나를] 알아주지 않아도 원망하지 않으면 **또한** 군자답**지 않은가**?

• 衆人匹之, **不亦**悲乎? (《莊子》〈逍遙遊〉)

세상 사람들은 그(팽조彭祖)에 견주려 하니, **어찌** 슬픈 일이 **아니겠는가**?

• 求劍如此, **不亦**惑乎? (《呂氏春秋》〈察今〉)

이와 같이 칼을 구하면 **어찌** 미혹스럽**지 않겠는가**?

• 今王資之與攻楚, **不亦**過乎! (《史記》〈春申君列傳〉)

지금 왕께서는 [한나라와 위나라에] 의지하여 함께 초나라를 치려고 하시니, **어찌** 잘못이 **아니겠습니까**!

• 子貴母死, 矯枉之義**不亦**過哉? (《魏書》◆〈皇后列傳〉)

아들이 귀해지면 어머니가 죽는다니, 부정을 바로잡는 도리가 **어찌** 지나치**지 않은가**?

◆《魏書(위서)》: 북제(北齊)의 위수(魏收)가 편찬한 것으로, 사실(史實)을 기술함에 불공평한 점이 많아 예서(穢書)라고도 불렸다.

不(불)~亦(역)~

먼저 양보하고 나서 나중에 결과를 추론하는 것을 나타낸다. '~아니어도 ~하다'라고 해석한다.

• **不**聞**亦**式, **不**諫**亦**入. (《詩經》〈思齊〉)

들은 적이 **없어도** 법규에 부합**하고**, 간언하지 **않아도** [좋은 방향으로] 들어간**다**.

不有(불유)

부사 반어문에 쓰여 '不有(불유)~乎(호)'의 형태로 어기를 강화하면 '~이 있는 게 아니겠는가' '~하지 않은가'라고 해석하고, 가정문 앞에 쓰여 가설 관계를 나타내면 '만일 ~이 없다면'이라고 해석한다. 진술구에 쓰이면 '없다'라고 해석한다.

- **不有**廢也, 君何以興? (《左傳》僖公十年)
  만일 폐함**이 없었다면**, 임금이 어떻게 일어날 수 있었겠는가?
- **不有**祝鮀之佞, 而有宋朝之美, 難乎免於今之世矣. (《論語》〈雍也〉)
  만일 축타 같은 말재간이 **없거나** 송조 같은 미모를 갖지 **못했다면**, 오늘날 같은 세상에서 [재난을] 피하기 어렵겠구나.
- **不有**博奕者乎? 爲之, 猶賢乎已. (《論語》〈陽貨〉)
  박혁(장기와 바둑)이라**도 있지 않은가**? 그런 것이라도 하는 편이 더 현명하다.
- 是**不有**西河·鄢·郢之憂, 則必有身死, 減食之患. (《韓非子》〈難一〉)
  이처럼 서하·언·영[을 잃는] 우환**이 없었다면**, 곧 자신이 죽거나 식량을 더는 우환이 있었을 것이다.
- 我生**不有**命在天乎? (《史記》〈殷本紀〉)
  내가 태어난 것은 명이 하늘에 **있는 게 아니겠습니까**?
- **不有**屈原, 豈見離騷? (《文心雕龍》〈辯騷〉)
  만일 굴원**이 없었다면** 어찌 〈이소〉를 볼 수 있었겠는가?
- **不有**佳咏, 何伸雅懷? (李白, 〈春夜宴從弟桃李園序〉)
  만일 아름다운 시**가 없다면**, 어떻게 고아한 감정을 펼치겠는가?
- 博詢衆庶, 則才能者進矣, **不有**忌諱, 則讜直之路開矣. (王安石, 〈興賢〉)
  널리 많은 사람에게 물으면 재능 있는 사람이 나오고, 꺼려서 피하는 것**이 없다면** 곧 충직하게 간언하는 길이 열릴 것이다.

ㅂ

不唯/不惟(불유)

부사 말한 뜻 이외에 또 다른 뜻이 있음을 나타낸다. 뜻이 비교적 가벼운 문장에 쓰이며, '단지' '~할 뿐만 아니라' 등으로 해석한다.

- 罔敢湎于酒, **不惟**不敢, 亦不暇. (《尚書》〈酒誥〉)

  모두 감히 술에 빠지지 않았으니, 감히 하지 않았**을 뿐만 아니라** 또한 한가한 틈도 없었다.

不以(불이)

❶ **부사** '不亦(불역)' '不已(불이)'와 같으며, 의문형 어조사 '乎(호)'와 호응할 경우에 '~하지 않은가'라고 해석한다.

- 三月無君則弔, **不以**急乎? (《孟子》〈滕文公下〉)

  석 달 동안 [섬길] 군주를 찾지 못하면 위문하는 것은 조급**하지 아니한가**?

❷ **부사** 동사를 부정하며, '~하지 않다'라고 해석한다.

- 臣聞賢聖之君**不以**祿私親, 其功多者賞之, 其能當者處之. (《史記》〈樂毅列傳〉)

  신이 듣기에 어질고 성스러운 군주는 가깝다는 이유로 봉록을 주**지 않고**, 공로가 많은 자에게 상을 주며, 능력 있는 사람에게 그에 맞는 일을 맡긴다고 합니다.

- 秦亦**不以**城予趙, 趙亦終不予秦璧. (《史記》〈廉頗藺相如列傳〉)

  진나라가 조나라에 성을 주**지 않았으므로**, 조나라도 결국 화씨벽을 진나라에 내주지 않았다.

不(불)~則/卽(즉)~

둘 가운데에서 하나를 선택하는 것을 나타낸다. '~지 않으면 곧'이라고 해석한다.

- 而識之者, **不**塞**則**惑. (柳宗元, 〈非國語〉)
  그것을 알려고 하는 사람은 막히**지 않았다면 곧** 미혹된 것이다.
- 方春, 百姓**不**耕**卽**蚕. (孫樵, 〈書何易于〉)
  마침 봄이라서, 백성은 밭을 갈**지 않으면 곧** 양잠을 한다.

不(불)~何(하)~

이것 아니면 저것의 반문 형식으로 사용되어 강한 긍정을 나타낸다. '~하지 않고 무엇 하겠는가'라고 해석한다.

- 人而無止, **不**死**何**俟? (《詩經》〈相鼠〉)
  사람이면서 멈춤의 예가 없다면 죽**지 않고 무엇 하겠는가**?
- 人而無儀, **不**死**何**爲? (《詩經》〈相鼠〉)
  사람이면서 예의가 없다면 죽**지 않고 무엇 하겠는가**?

弗(불)

부사 동작 혹은 행위의 부정을 나타내며, 목적어를 동반하지 않을 때도 있으나 목적어를 지닌 것으로 간주하고 해석한다. '~하지 않다'라고 해석한다.

ㅂ

• 王有疾, **弗**豫. (《尙書》〈金縢〉)

무왕(武王)은 병이 있어 유쾌**하지 않다**.

• 欲與大叔, 臣請事之. 若**弗**與, 則請除之. (《左傳》隱公元年)

[정나라를] 대숙에게 주려고 하면, 청컨대 저는 그를 섬기겠습니다. 그러나 만일 주**지 않으려면** 그를 제거하기를 청합니다.

• 小信未孚, 神**弗**福也. (《左傳》莊公十年)

조그마한 믿음이라 미쁘지 못하니, 신은 복을 주**지 않을** 것입니다.

孚: 미쁠 부

• 事神保民, 莫**弗**欣喜. (《國語》〈周語上〉)

신령에게 제사를 지내고 백성을 양육하니 즐거워**하지 않는** 이가 없다.

• 一簞食, 一豆羹, 得之則生, **弗**得則死. (《孟子》〈告子上〉)

한 그릇 밥과 한 그릇의 국, 그것을 얻으면 살고 얻**지 못하면** 죽는다.

• 雖有嘉肴, **弗**食, 不知其旨也; 雖有至道, **弗**學, 不知其善也. (《禮記》〈學記〉)

비록 맛있는 안주가 있어도 먹**지 않으면** 그 맛을 알지 못하며, 비록 지극한 도가 있어도 배우**지 않으면** 그 좋음을 알지 못한다.

旨: 맛 지

• 今呂后王, 大臣**弗**平. (《史記》〈呂太后本紀〉)

지금 여태후가 왕 노릇을 하니 대신들은 편**치 못하다**.

• 長安中諸公莫**弗**稱之. (《史記》〈魏其武安侯列傳〉)

장안의 여러 공들 가운데 그를 칭찬**하지 않는** 이가 없다.

比(비)

❶ **부사** 동작 혹은 행위가 반복되거나 자주 일어남을 나타낸다. '계속하

여' '~마다' '연이어' '자주' 등으로 해석한다.

- 人有賣駿馬者, **比**三旦立市, 人莫之知. (《戰國策》〈燕策一〉)
  좋은 말을 팔려고 나온 사람이 있었는데, **계속해서** 사흘 아침을 시장에서 있었으나, 사람들은 [그가 무엇을 하는지] 알지 못했다.
- 諸侯之於天子也, **比**年一小聘◆, 三年一大聘◆. (《禮記》〈王制〉)
  제후는 천자에게 해**마다** 한 번 소빙을 하고, 3년에 한 번 대빙을 한다.
  ◆小聘(소빙): 제후가 대부를 파견하여 천자를 알현하는 예(禮).
  ◆大聘(대빙): 제후가 경(卿)을 파견하여 천자를 알현하는 예.
- 孝惠崩, 高后◆用事◆, 春秋高, 聽諸呂, 擅廢帝更立, 又**比**殺三趙王. (《史記》〈呂太后本紀〉)
  효혜 황제가 세상을 떠나고 황후가 정권을 잡았으나, 나이가 많아 여씨들의 말만 듣고 멋대로 황제를 폐하고서 다시 세웠으며, 또한 **연이어** 세 명의 조왕을 죽였다.
  ◆高后(고후): 황후에 대한 존칭.
  ◆用事(용사): 중요한 위치에서 정권을 좌지우지하는 것.
  擅: 멋대로 할 천
- 梁王十四年入朝, 十七年·十八年**比**年入朝. (《史記》〈梁孝王世家〉)
  양왕은 14년에 입조하고 17년, 18년에 **연이어** 입조했다.
- 自趙廣漢◆誅後, **比**更守尹. (《漢書》〈張敞列傳〉)
  조광한이 피살된 뒤에, **연이어** [각 군의] 태수와 경조윤(京兆尹)을 바꾸었다.
  ◆趙廣漢(조광한): 한대(漢代)의 유명한 지방관. 선제(宣帝) 때 경조윤이 되었으며 세상 돌아가는 형편을 잘 알고 간사한 자를 적발하는 데 귀신같았다 함.
- 竊見**比**年已來, 良苗盡於蝗◆螟◆之口, 杼柚◆空於公私之求. (《後漢書》〈劉陶列傳〉)
  내가 해**마다** 본 이래로 좋은 볏모가 황충의 입에 다 먹히었고, 길쌈한 직물은 관청 사람들의 착취로 [창고가] 텅 비었다.

◆蝗(황): 황충(풀무치). 메뚜깃과에 속하는 곤충으로 떼를 지어 다니면서 벼에 큰 해를 끼침.

◆螟(명): 마디충. 병충나방의 유충으로 벼·조·피 따위의 줄기 속을 파먹어 말라 죽게 함.

◆杼柚(서축): 베틀의 북이란 뜻이지만, 여기서는 직물을 짠다는 뜻.

• 官長所第, 中正輩擬, **比**隨次率而用之, 如其不稱, 責負在外. (《三國志》〈魏書 夏侯玄傳〉)

장관의 등급 배열과 중정의 순위는 **연이어** 실제 수용의 순서에 알맞게 그들을 임용해야 하는데, 만일 그 인물이 적절하지 못한 경우에는 조정 밖에서도 책임을 져야 한다.

• 前日不遺, **比**辱雅貺, 述敍禍福, 公私切至. (《三國志》〈魏書 臧洪傳〉)

이전에 그대는 나를 잊지 않고 **연이어** 따사로운 편지를 보내, 이해득실을 서술하여 공적이든 사적이든 매우 절실한 배려를 보여주었습니다.

貺: 줄 황

• 始至之日, 歲**比**不登◆. (蘇軾, 〈超然臺記〉)

[내가] 처음 도착했을 때, 수확은 **계속해서** 나아지지 않았다.

◆登(등): 곡식이 여문다는 뜻.

登: 익을 등

• 第四十九, 憲康大王之代, 自京師至於海內, **比**屋連墻. (一然, 《三國遺事》)

제49대 헌강대왕 시대에는 서울에서부터 해내에 이르기까지 가옥이 **연이어** 있어 담장이 줄을 이었다.

❷ **부사** 모든 일을 총괄함을 나타내며, '모두'라고 해석한다.

• 夫中山◆, 千乘之國◆也, 而敵萬乘之國◆二, 再戰**比**勝, 此用兵之上節也. (《戰國策》〈齊策五〉)

중산국(中山國)은 천승지국이지만 만승지국인 두 나라를 대적하여 두 차례 싸워서 **모두** 승리했으니, 이는 용병의 으뜸이다.

◆中山(중산): 전국시대의 나라 이름. 현재 하북성 정현(定縣)의 땅.

◆千乘之國(천승지국)·萬乘之國(만승지국): 승(乘)은 전쟁 시 사용하는 수레이다. 주나라의 제도에 의하면 천자는 기내(畿內)의 땅을 사방 천 리로 영유하며 전시에 병거 만 대를 내놓고, 큰 제후는 사방 백 리의 땅을 영유하며 병거 천 대를 내놓는다 한다. 따라서 '천승지국'이란 큰 제후의 나라를, '만승지국'이란 천자의 나라를 뜻한다.

- 聞戰頓足徒裼, 犯白刃, 蹈煨炭◆, 斷死於前者, **比**是也. (《戰國策》〈秦策三〉)
  전쟁 소식을 들으면 발을 구르면서 옷을 벗어 던지고 번득이는 칼날을 맞받으며 불속을 무릅쓰고 앞장서 죽기를 결단하는 것이 **모두** 이 때문이다.

◆煨炭(외탄): 꺼지지 않게 재 속에 묻어놓은 숯불.

裼: 웃통 벗을 석

❸ **전치사** 사건 혹은 행동이 발생한 시간을 나타내며, '근래' '~할 때(즈음)'라고 해석한다.

- 王之臣有托其妻子於其友而之楚游者, **比**其反也, 則凍餒其妻子, 則如之何? (《孟子》〈梁惠王下〉)
  왕의 신하 중에 그의 처자식을 친구에게 부탁하고 초나라에 간 자가 있는데, [그가] 돌아왔을 **때** 그의 처자식을 얼리고 굶겼다면 어떻게 하겠습니까?
- **比**至陳, 車六七百乘, 騎千餘, 卒數萬人. (《史記》〈陳涉世家〉)
  진(陳)에 도달했을 **때에는** 이미 수레가 6~7백 승, 기병이 천여 명, 병사가 수만 명이나 되었다.
- **比**至郁成, 士至者不過數千, 皆飢罷. (《史記》〈大宛列傳〉)
  욱성에 도달**할 무렵에는** 군사 중에 도착한 자가 수천 명에 지나지 않았고, 그들 또한 모두 굶주리고 지쳐 있었다.
- **比**詔書到, 軌以進軍屯陰館, 遣將軍蘇尙·童弼追鮮卑. (《三國志》〈魏書 明

ㅂ

帝紀〉)

이 조서가 도착**할 무렵**, 필궤는 군대를 전진시켜 음관에 주둔시키고 장군 소상과 동필을 파견하여 선비를 추격하도록 했다.

• 淵曰: "公在鄴, 反覆四千里, **比**報, 敍等必敗, 非救急也." (《三國志》〈魏書 夏侯淵傳〉)

하후연이 말했다. "조공은 업성에 있으니, 왕복 4천 리나 되오. [사람을 보내 이 일을 위공에게] 보고**할 즈음이면** 강서 등이 틀림없이 패했을 것이니, [이것은] 위급함을 구하는 [계책이] 아니오."

• **比**羌胡聞知追逐, 水已深, 不得渡. (《三國志》〈魏書 董卓傳〉)

강족이 이 소식을 듣고 추격**했을 때**, 물은 벌써 깊어졌으므로 건널 수 없었다.

• **比**傕等還, 輔已敗, 衆無所依, 欲各散歸. (《三國志》〈魏書 董卓傳〉)

이각 등이 [우보에게로] 돌아왔**을 때** 우보는 이미 패했으므로 병사들은 의탁할 곳이 없어 각자 흩어져 고향으로 돌아가려고 했다.

• **比**到當陽◆, 衆十餘萬, 輜重◆數千兩. (《三國志》〈蜀書 先主傳〉)

당양에 도착**할 즈음에는** [유비를] 따르는 무리가 10여 만이었고, 짐수레도 수천 대나 되었다.

◆當陽(당양): 호북성(湖北省)의 한 현.

◆輜重(치중): 군대의 짐.

兩: 대(수레를 세는 단위) 량

• **比**長不喜榮達, 且以親戚隣里濫譽爲恧. (魚叔權,《稗官雜記》)

어른이 되었**을 때는** 영달을 좋아하지 않았고, 또 친척과 이웃이 너무 칭찬하는 것을 부끄러워했다.

• 臣**比**在晉也, 不敢直言. (《呂氏春秋》〈先識〉)

저는 **근래** 진나라에 있**을 때** 감히 솔직하게 말하지 못했습니다.

• **比**陰陽錯謬, 日月薄食◆. (《後漢書》〈光武帝紀〉)

근래에는 음양이 뒤섞이고 일식과 월식이 있었습니다.

◆薄食(박식): 박식(薄蝕)과 같은 말로 일식이나 월식.

- 寄書問三川, 不知家在否. **比**聞同罹◆禍, 殺戮到鷄狗. (杜甫, 〈述懷〉)

  편지를 부쳐 삼천의 상황을 물었지만, 가족이 살아 있는지 죽었는지를 알지 못했다. **최근**에 들으니 모두 전화(戰禍)를 당하여, 닭과 개까지 살육되었다고 한다.

  ◆罹(리): 병이나 재앙 따위에 걸린다는 뜻.

  罹: 걸릴 리

- 臣**比**觀吳元濟表, 勢實窘蹙◆. (《資治通鑑》〈唐紀〉 憲宗元和十二年)

  신은 **근래**에 오원제가 쓴 표를 보았는데, [그의] 정세는 확실히 곤란하고 위급했습니다.

  ◆窘蹙(군축): 고생하여 쭈그러듦.

- **比**者, 道喪君臨. (金富軾, 《三國史記》)

  근래 도가 사라지자 왕이 자리에 올랐다.

ㅂ

❹ **전치사** 비교의 대상을 이끌어낸다. 이 용법은 당나라 이후에 나타났으나 지금까지 광범위하게 응용되고 있다. '~보다' '~에 비해서'라고 해석한다.

- 今雖死乎此, **比**吾鄕隣之死, 則已後矣. (柳宗元, 〈捕蛇者說〉)

  지금 비록 이것(뱀을 잡는 일)으로 죽더라도, 내 고향의 이웃 사람들이 죽은 것**에 비하면** 이미 더 오래 산 것이다.

- 却羡村翁豆棚坐, 笑看秋稼**比**人長. (劉綸, 〈西郊晩晴〉)

  오히려 시골 늙은이가 콩 덩굴 그늘 아래 앉아서, 가을 농작물이 사람 키**보다** 훨씬 큰 것을 활짝 웃으며 바라보는 것을 부러워한다.

  羡: 부러워할 선 | 棚: 나무 그늘 붕

- 豈**比**愚夫空守默之癡禪, 但尋文之狂慧者也. (知訥, 〈勸修定慧結社文〉)

어찌 어리석은 자가 헛되이 침묵만 지키는 어리석은 선(禪)이나, 단지 문자만 찾는 미친 지혜**에 견주겠는가**.

- **比**之於古人, 殆無可與爲抗者. (姜世晃,《豹菴集》)

옛사람들**과 비교해도** 아마 함께 겨룰 만한 자가 없을 것이다.

- 宣廟嘗問侍臣, "予可**比**古何主?" (金時讓,《紫海筆談》)

선조가 일찍이 곁에 있는 신하에게 물었다. "나는 옛날의 어떤 임금**과 비교할** 만한가?"

❺ **전치사** 동작 혹은 행위와 관계되는 대상을 이끌어내며, '대신하여' '~을 위하여' 등으로 해석한다. 용례는 아주 드물다.

- 寡人恥之, 願**比**死者, 一洒之, 如之何則可? (《孟子》〈梁惠王上〉)

과인이 이것을 부끄럽게 여겨, 원컨대 죽은 자**를 위해** 한 번 원한을 씻으려 하는데 어찌하면 좋겠습니까?

洒: 씻을 세

- 且**比**化者◆無使土親膚, 於人心獨無恔乎? (《孟子》〈公孫丑下〉)

또한 죽은 자**를 위하여** 흙이 [시신의] 살갗에 닿지 않게 한다면, 사람의 마음에 어찌 위안을 느끼지 않겠는가?

◆化者(화자): 죽은 사람.

恔: 기쁠 교

[참고]

① 나란히 하다: • **比**竹. 대를 **나란히 하여** 만든 피리. • **比**肩. 어깨를 **나란히 하다**. • **比**翼. 날개를 **나란히 하다**. • 鱗次櫛**比**. 물고기의 비늘이 빗살처럼 **나란히** 배열되어 있다. 櫛: 빗 즐

② [사이가] 가깝다: • 審配·逢紀與辛評·郭圖爭權, 配·紀與尙**比**, 評·圖與譚**比**. (《三國志》〈魏書 袁紹傳〉) 심배·봉기는 신평·곽도와 권력을 다투었는데, 심배·

봉기는 원상과 **가까웠고** 신평·곽도는 원담과 **가까웠다**. •**比**隣. **가까운** 이웃.

③ 결탁하다: •朋**比**爲奸. 서로 **결탁하여** 나쁜 일을 꾀하다.

④ 비교하다: •方響則金聲, **比**德則玉亮. (《世說新語》〈文學〉) 음향에 비교하면 금 소리 같고, 정조에 **비교하면** 옥처럼 밝다. •**比**權量力. 권력을 **비교하여** 힘을 헤아리다.

⑤ 같다: •自夫人以下爵凡十二等. 貴嬪·夫人, 位次皇后, 爵無所視. 淑妃位視相國, 爵**比**諸侯王. 淑媛位視御使大夫, 爵**比**縣公. 昭儀**比**縣侯, 昭華**比**鄕侯, 脩容**比**亭侯. (《三國志》〈魏書 后妃傳〉) 부인 이하의 작위를 모두 열두 등급으로 하고 귀빈과 부인을 황후 다음에 두었으나, 그에 상당하는 작위는 없었다. 숙비의 관위는 상국에 상당하며 작위는 제후왕과 **같았다**. 숙원의 관위는 어사대부에 상당하며 작위는 현공과 **같았다**. 소의는 현후와 **같았고**, 소화는 향후와 **같았으며**, 수용은 정후와 **같았다**.

比及(비급)

전치사 상황 혹은 일이 일정한 시기에 이르렀음을 나타내며, 문맥에 따라 '~이면' '~즈음에' 등으로 적절하게 해석한다. '及至(급지)' '比至(비지)' '逮至(체지)'와 같다.

- 陳人使婦人飮之酒, 而以犀革裹之, **比及**宋, 手足皆見. (《左傳》莊公十二年)
  진인은 부인을 시켜 그에게 술을 먹이고는 소가죽으로 싸서 [송나라로 보냈는데], 송나라에 이르렀을 **즈음에는** 손발이 모두 [가죽 밖으로] 드러났다.
- 求也爲之, **比及**三年, 可使足民. (《論語》〈先進〉)
  제가 다스린다면 3년이 될 무렵**이면** 백성을 풍족하게 할 수 있습니다.
- 季武子弗聽, 卒立之. **比及**葬, 三易衰. (《史記》〈魯周公世家〉)

계무자는 듣지 않고 마침내 그를 [임금으로] 세웠다. [양공(襄公)의] 장례식이 끝날 **때까지** [그는] 세 차례나 상복을 바꾸었다.

- **比及**三年, 果有越裳氏重九譯而獻白雉於周公. (《韓詩外傳》卷五)

  3년**이 되자**, 과연 월상씨는 아홉 번이나 통역을 거치고는 주공에게 흰 꿩을 바쳤다.

- 橫大河之北, 合四州之地, 收英雄之才, 擁百萬之衆, 迎大駕於西京, 復宗廟於洛邑, 號令天下, 以討未服, 以此爭鋒, 誰能敵之? **比及**數年, 此功不難. (《三國志》〈魏書 袁紹傳〉)

  황하 북쪽을 건너서 네 주의 땅을 병합하여 뛰어난 인물들을 받아들이고, 백만 군사를 갖고서 장안에서 황제를 맞이하고, 낙양에 유씨 종묘를 복구하고, 천하에 호령하여 복종하지 않는 자를 토벌하고, 이 세력에 의지하여 다른 사람과 싸우면 누가 대적할 수 있겠습니까? 몇 년 지나**면** 이런 공을 [이루기가] 어렵지 않을 것입니다.

比來(비래)

부사 상황이나 동작이 가까운 과거에 일어났음을 의미한다. '근래' '최근에'라고 해석한다.

- **比來**天下奢靡, 轉相仿效. (《三國志》〈魏書 徐邈傳〉)

  최근에 천하가 사치스러워 서로 모방한다.

- **比來**所見後生制作, 乃涓澮之流耳. (《隋書》〈李德林傳〉)

  근래 보이는 것은 후학들이 만든 것으로 겨우 졸졸 흐르는 지류일 뿐이다.

比比(비비)

❶ **부사** 동작 혹은 상황이 연속되거나 자주 출현함을 나타낸다. '여러 번' '연이어' '자주'라고 해석한다.

- 間者◆日月亡光, 五星失行, 群國**比比**地動. (《漢書》〈哀帝紀〉)

  요사이 일월은 광채가 없고, 오성은 운행의 법칙을 잃었으며, 군국에 **연이어** 지진이 발생했다.

  ◆間者(간자): 요사이.

- 未幾◆, 入翰林, 掌制誥, **比比**上書, 言得失. (元稹, 〈白氏長慶集序〉)

  얼마 되지 않아 한림원에 들어가 천자의 조칙에 관한 일을 맡았는데, [황제에게] **자주** 글을 올려 [정치의] 득실을 논했다.

  ◆未幾(미기): 짧은 기간.

- 異香郁烈, 彌日不歇者, **比比**有之. (一然, 《三國遺事》)

  이상한 향기가 코를 쏘아 며칠에 걸쳐 그치지 않는 일이 **자주** 있었다.

❷ **부사** 어떤 상황이 곳곳에 나타남을 의미하며, '어느 것이나' '어디나'라고 해석한다. '比每(비매)' '比再(비재)'와 같다.

- 上至朝廷, 下至草野, **比比**皆是. (《紅樓夢》 第二回)

  위로는 조정에 이르고, 아래로는 민간에 이르기까지 **어디나** 모두 이렇다.

比者(비자)

부사 어떤 사실이 최근에 발생했음을 나타내며, '근래' '얼마 전에' 등으로 해석한다. '比來(비래)'와 같다.

- **比者**星辰謬越, 坤靈震動. (《後漢書》〈桓帝本紀〉)

근래에 별의 운행이 법칙을 잃어 큰 지진이 발생했다.

- **比者**, 玉薄游太原. (《續玄怪錄》〈竇玉妻〉)

  얼마 전에 옥부는 태원을 유람했다.

丕(비)

❶ **부사** 행위나 동작의 정도가 깊음을 나타내며, '매우' '크게' 등으로 해석한다.

- 王播告之修, 不匿厥指, 王用**丕**欽, 罔有逸言, 民用**丕**變. (《尙書》〈盤庚上〉)

  왕이 닦아야 할 일을 펼쳐 말씀하시면 [신하들이] 그 뜻을 숨기지 않았으므로 왕이 **크게** 공경했으며, 잘못된 말이 없으므로 백성이 **크게** 변했다.

- 重耳敢再拜稽首, 奉揚天子之**丕**顯休命. (《左傳》 僖公二十八年)

  중이는 감히 머리를 조아려 재배하고, 천자의 **크게** 빛나는 명을 받들어 선양하겠습니다.

- **丕**顯哉, 文王謨! **丕**承哉, 武王烈! (《孟子》〈滕文公下〉)

  매우 빛나도다, 문왕의 권모여! **크게** 계승했도다, 무왕의 공적이여!

- 於是大聖乃起, **丕**降霖雨. (柳宗元, 〈貞符〉)

  이에 위대한 성인이 일어나고, 장맛비가 **크게** 내렸다.

❷ **부사** 두 일이 서로 이어지거나 원인이 됨을 나타내며, '곧' '바로'라고 해석한다. 상고의 문헌에 제한적으로 나타난다.

- 三危既宅◆, 三苗**丕**敍◆. (《尙書》〈禹貢〉)

  삼위(三危)에 자리를 잡게 되자, 삼묘족들은 **곧** 안정되었다.

  ◆宅(택): '居(거)'와 같다.

◆敍(서): 안정되기 시작했다는 뜻.

❸ **어조사** 실제적인 뜻은 없으므로 해석할 필요가 없다.

• 汝**丕**遠惟商耇成人, 宅心知訓. (《尙書》〈康誥〉)
너는 멀리 상나라의 노성(老成)한 사람들을 생각하여, 마음을 편히 하고 가르침을 알라.

[참고]

① 크다: • 嘉乃**丕**績. (《尙書》〈大禹謨〉) 그대의 **큰** 공적을 찬미한다.

② 훌륭하다: • 用**丕**顯謀. (《三國志》〈魏書 武帝紀〉) **훌륭하고** 빛나는 지모를 사용한다.

丕乃(비내)

접속사 두 일이 서로 이어지거나 원인이 됨을 나타내며, '곧' '바로'라고 해석한다.

• 乃祖乃父◆, **丕乃**告我高后, 曰: "作丕刑于朕孫!" (《尙書》〈盤庚〉)
너의 할아버지와 아버지가 **곧** 우리 고후께 고할 것이다. "나의 자손들에게 형벌을 집행하겠다!"

◆乃祖乃父(내조내부): 너의 할아버지와 너의 아버지.

丕則(비즉)

접속사 두 일이 서로 이어지는 상황이나 상태의 지속 혹은 연속을 나타

ㅂ

내며, '곧' '바로'라고 해석한다.

- 敬哉! 無作怨, 勿用非謀非彝, 蔽時忱, **丕則**敏德. (《尙書》〈康誥〉)

  삼갈진저! 원망을 만들지 말고, 나쁜 계획이나 적절하지 않은 법규를 사용함으로써 이런 상황에 놓이게 하지 말고, **곧** 민첩하게 덕을 쌓아라.

- 乃非民攸訓, 非天攸若, 時人**丕則**有愆. (《尙書》〈無逸〉)

  그것은 백성이 순종할 수 있는 것도 아니고 하늘이 허락할 수 있는 것도 아니니, 이러한 사람은 **곧** 허물이 있게 된다.

- 烏呼! 天子三公鑒於夏之旣敗, **丕則**無遺後難. (《逸周書》〈祭公〉)

  아아! 천자와 삼공은 하나라의 멸망을 거울삼았으니, **곧** 후대에 재난을 남기지 않겠구나.

非(비)

❶ **부사** 명사나 명사구를 부정하며, '~이 아니다'라고 해석한다.

- **非**敢哭師也, 哭吾子也. (《穀梁傳》 僖公三十三年)

  감히 군사를 위해 곡한 것**이 아니고**, 그대를 위해 곡한 것이다.

- 昔者之戰也, **非**二三子之罪也, 寡人之罪也. (《國語》〈越語上〉)

  예전의 그 전쟁은 너희 몇 사람의 잘못**이 아니라** 나의 잘못이다.

- **非**不說子之道, 力不足也. (《論語》〈雍也〉)

  선생님의 도를 기뻐하지 않는 것**이 아니라** 능력이 부족합니다.

- **非**敢後也, 馬不進也. (《論語》〈雍也〉)

  감히 뒤처지려 했던 것**이 아니라** 말이 나아가지 않았던 것이다.

- 芷*蘭生於深林, **非**以無人而不芳. (《荀子》〈宥坐〉)

  백지(白芷)와 난초는 깊은 숲속에서 나는데, 사람이 없다고 해서 향기롭지 않은 것은 **아니다**.

◆芷(지): 미나릿과(산형과)에 속하는 다년생 풀인데, 뿌리를 백지라 하며 약용함.

芷: 어수리 지

• 惠子曰: "子**非**魚, 安知魚之樂?" 莊子曰: "子**非**我, 安知我不知魚之樂?" (《莊子》〈秋水〉)

혜자가 말했다. "그대는 물고기**가 아닌데** 어찌 물고기의 즐거움을 알겠는가?" [그러자] 장자가 말했다. "그대는 내**가 아닌데** 어찌 내가 물고기의 즐거움을 알지 못하는지를 아는가?"

• 國平養儒俠, 難至用介士◆, 所利**非**所用, 所用**非**所利. (《韓非子》〈五蠹〉)

나라가 태평할 때 학자와 협객을 기르고, 재난이 닥치면 병사를 사용하는데, 이익을 주는 사람은 등용한 사람**이 아니고**, 등용한 사람은 이익을 주는 사람**이 아니다**.

◆介士(개사): 갑옷을 입은 무사.

• 問難之道, **非**必對聖人及生時也. (《論衡》〈問孔〉)

어려움을 묻는 이치는 반드시 성인이 살아 있을 때 마주해야 하는 것은 **아니다**.

• 河東有三萬戶, **非**皆欲爲亂也. (《三國志》〈魏書 杜畿傳〉)

하동에는 3만 호가 있는데, 모두가 난을 일으키려는 것은 **아니다**.

• 今主**非**堯舜, 何能無過? (《世說新語》〈方〉)

지금의 군주는 요·순**이 아닌데**, 어찌 허물이 없을 수 있겠는가?

• 以是推之, 知二証之**非**實也. (《水經注》〈渭水中〉)

이로부터 추론하면 이 두 증거가 사실**이 아님**을 알 수 있다.

• 昭嘗枕則膝臥, 則推下之, 曰: "蘇則之膝, **非**佞人之枕也." (《三國志》〈魏書 蘇則傳〉)

일찍이 동소가 소칙의 무릎을 베고 누우려 하자, 소칙이 그를 밀어 내리면서 말했다. "나 소칙의 무릎은 아첨하는 사람의 베개**가 아니오**."

ㅂ

• 今大軍西征, 雖有百倍之威, 於關中之費, 所損**非**一. 且盛暑行師, 詩人所重, 實**非**至尊動軔之時也. (《三國志》〈魏書 鍾繇傳〉)

지금 대군이 서쪽으로 정벌을 나간다면, 비록 백배의 위세가 있다고 하더라도 관중 지역의 비용에 대해서는 손해되는 것이 하나**가 아닙니다**. 더구나 더위가 한창일 때 행군하는 것은 [《시경》의] 시인들이 신중히 했던 것으로, 실로 황상의 수레가 움직일 때**가 아닙니다**.

• 人**非**生而知之者, 孰能無惑? (韓愈, 〈師說〉)

사람이 나면서부터 그것(도)을 아는 자**가 아니고서야** 누가 미혹이 없을 수 있겠는가?

• 喜作游仙詩◆, 詩語皆清冷, **非**煙火食之人可到也. (許筠, 《鶴山樵談》)

유선시 짓기를 좋아했는데, 시어는 모두 맑아 세상 사람이 도달할 수 있는 경지**가 아니다**.

◆游仙詩(유선시): 선경(仙境)을 묘사한 시.

• 此皆得意外之趣, **非**人所能及也. (成俔, 《慵齋叢話》)

이는 모두가 뜻밖의 흥취를 얻은 것으로 사람들이 미칠 수 있는 바**가 아니다**.

• 詩關風教, **非**直詠哦物色耳. (李瑨, 《於于野談》)

시는 풍교와 관련 있는 것으로서 그저 사물이나 경색을 읊는 것만**은 아니다**.

• 一善未明, **非**孝; 一善未行, **非**孝也. (宋時烈, 《宋子大全》)

한 가지 선이라도 밝지 아니한 것은 효도**가 아니며**, 한 가지 선이라도 행하지 아니하는 것도 효도**가 아니다**.

❷ **부사** 동사 혹은 형용사를 부정하며, '~하지 않다'라고 해석한다. '不(불)'과 같다.

• 士生於世, 使其中不自得, 將何往而**非**病? 使其中坦然◆, 不以物傷性, 將何

適而**非**快? (《欒城集》〈黃州快哉亭記〉)
사람이 세상에 살면서 만일 마음이 즐겁지 않다면 어느 곳에 가든 근심**하지 않겠는가**? 만일 마음이 담담하다면 외물의 영향으로 정신이 손상되지 않을 것이니, 또 어느 곳을 가더라도 유쾌**하지 않겠는가**?
◆坦然(담연): 평탄한 모양.

- 豹◆呼婦視之, 以爲**非**妙, 令巫嫗◆入報河伯. (《水經注》〈濁漳水〉)
서문표(西門豹)가 [하백에게 얻어줄] 신부를 보고는 아름답**지 않다고** 여겨, 무당에게 [물속으로] 들어가서 하백에게 알리도록 명했다.
◆豹(표): 서문표(西門豹). 전국시대 위(魏)나라 문후(文侯)의 신하인데, 성질이 급한 까닭에 부드럽게 무두질한 가죽을 허리에 차고 다니며 스스로 경계한 고사, 즉 '서문표패위(西門豹佩韋)'로 유명하다.
◆巫嫗(무구): 무당.

❸ **부사** 어떤 사실의 존재를 부인하며, '~이 아니다'라고 해석한다.

- 城**非**不高也, 池**非**不深也, 兵革**非**不堅利也. 米粟**非**不多也, 委而去之, 是地利不如人和也. (《孟子》〈公孫丑下〉)
성이 높지 않은 것**이 아니고**, 못이 깊지 않은 것**이 아니며**, 병기와 갑옷이 날카롭고 견고하지 않은 것**이 아니며**, 식량이 많지 않은 것**이 아닌데도** [적군이 한번 오면] 이곳을 포기하고 달아나니, 이것은 지세의 유리함이 사람의 화합함만 못하기 때문이다.

❹ **부사** 부정의 의미가 강한 반어문에 사용되고, '邪(야)' '哉(재)' '乎(호)' 등과 함께 쓰이며, '설마' '어찌' 등으로 해석한다.

- **非**天本爲蚊蚋生人, 虎狼生肉者哉? (《列子》〈說符〉)
설마 하늘이 모기를 위해 사람을 낳았으며, 호랑이를 위해 살을 만들었겠는가?

• 上視而笑曰: "此**非**不足君所乎?" (《漢書》〈周亞夫列傳〉)

황상은 [주아부(周亞夫)를] 보고 웃으며 말했다. "이것이 **설마** 그대를 만족시키기에 부족하오?"

❺ **부사** 문장 끝에 쓰여 부가의문문을 만들며, 어조사 '也(야)' '邪(야)' 등과 함께 쓸 수 있다. '~이 아닌가' '~지 않은가'라고 해석한다.

• 此夫魯國之巧僞人孔丘**非**邪? (《莊子》〈盜跖〉)

이는 노나라의 속이기 잘하는 공구(공자孔子)**가 아닌가**?

• 若伯夷·叔齊, 可謂善人者**非**邪? (《史記》〈伯夷列傳〉)

백이, 숙제와 같은 사람을 착한 사람이라고 말할 수 있**지 않은가**?

• 此言與實反者**非**? (《漢書》〈終軍列傳〉)

이 말이 실제와 상반되는 것**이 아닌가**?

• 如此衣形者, 是汝所擬者**非**邪? (《世說新語》〈賢媛〉)

이러이러한 옷차림을 하고 있는 사람이 네가 살펴보려는 사람**이 아니냐**?

• 車駕◆出宣平門, 當渡橋, 汜兵數百人遮橋曰: "此天子**非**也? 車不得前." (《資治通鑑》〈漢紀〉 獻帝興平二年)

[한헌제(漢獻帝)의] 군대가 선평문을 나가 마침 다리를 건너려는데, 곽범(郭汜)의 병사 몇백 명이 다리를 막고 말했다. "이는 천자**가 아닌가**? 군대는 나아갈 수 없다."

◆車駕(거가): 군대.

遮: 가로막을 차

• 亡我韓者**非**伊藤耶? (金澤榮, 《韶護堂集》)

우리 대한제국을 망하게 한 자가 이토 히로부미**가 아닌가**?

❻ **부사** 가설적인 부정을 나타내고, 뒤에 '莫(막)/勿(물)' '無(무)' '不(불)' '則(즉)' 등이 오며, '~이 아니면'이라고 해석한다.

- **非**其身之所種則不食, **非**其夫人之所織則不衣. (《國語》〈越語上〉)
  자기가 심은 것**이 아니면** 먹지 않고, 자기 부인이 짠 것**이 아니면** 입지 않는다.
- 五十**非**帛不暖, 七十**非**肉不飽. (《孟子》〈盡心上〉)
  쉰 살 된 사람은 비단옷을 입**지 않으면** 따뜻하지 않고, 일흔 살 된 사람은 고기를 먹**지 않으면** 배부르지 않다.
- 民**非**水火不生活. (《孟子》〈盡心上〉)
  사람은 물과 불**이 없으면** 생활할 수 없다.
- 吾**非**至於子之門, 則殆矣. (《莊子》〈秋水〉)
  내가 그대의 문하에 오**지 않았으면** 위태로웠을 것이다.
- 至言忤於耳而倒於心, **非**賢聖莫能聽. (《韓非子》〈難言〉)
  지극한 말은 귀에 거슬리고 마음에 거슬려서, 성현**이 아니면** 들어주지 못한다.
- 齊國之諸公子其可輔者, **非**公子糾則小白也. (《韓非子》〈說林〉)
  제나라의 여러 공자 가운데 [우리가] 보필할 만한 자는 공자 규 **아니면** 소백이다.
- 先王之所以使其臣民者, **非**爵祿則刑罰也. (《韓非子》〈外儲說右上〉)
  선왕이 그 신하와 백성을 부리는 수단은 작위와 봉록**이 아니면** 형벌이었다.
- 今欲擧大事, 將**非**其人不可. (《史記》〈項羽本紀〉)
  현재 큰일을 일으키려면 이 사람**이 아니면** 안 된다.
- 必欲爭天下, **非**信無所與計事者. (《史記》〈淮陰侯列傳〉)
  반드시 천하를 쟁취하려면, 한신**이 아니면** 함께 일을 계획할 만한 사람이 없다.
- **非**劉豫州莫可以當曹操者. (《資治通鑑》〈漢紀〉 獻帝建安十三年)
  유예주**가 아니면** 조조를 대적할 수 있는 사람이 없다.

ㅂ

[참고]

① 그르다, 잘못되다: • 似是而**非**. 옳은 것 같으나 **그르다**. • 當年叩馬敢言**非**. (成三問, 〈首陽薇〉) 그해에 말고삐를 잡고서 감히 **그르다**고 말했다. • 必若所云, 是高帝代秦卽天子之位**非**邪? (《史記》〈儒林列傳〉) 반드시 당신 말과 같다면, 고황제가 진나라 [왕]를 대신하여 천자의 지위에 오른 것도 **잘못된** 일이오? • 文過飾**非**. 문채가 지나치면 수식도 **그릇된다**.

② 반대하다: • 故成湯討桀而夏民喜悅; 周武伐紂而殷人不**非**. (《吳子》〈圖國〉) 그러므로 탕왕이 걸을 정벌하자 하나라 백성은 매우 기뻐했고, 주나라 무왕이 주왕을 정벌하자 은나라 사람들은 **반대하지** 않았다.

③ 부정하다: • 頌古**非**今. 옛것을 칭송하고 오늘날을 **부정한다**.

④ 책망하다: • 未可厚**非**. 아직 너무 **책망할** 수는 없다.

⑤ 비난하다: • 人不得則**非**其上矣. (《孟子》〈梁惠王下〉) 사람들은 [이런 취미와 오락을] 얻지 못하면 윗사람을 **비난한다**.

⑥ 없다: • 夫子則**非**罪. (《史記》〈孔子世家〉) 선생께는 죄가 **없다**.

非乃(비내)

부사 완곡한 추측을 나타내고, 항상 의문형 어조사와 호응하며, '아마 ~일 것이다' '~이 아니다' '~이 아닐까' 등으로 해석한다. '毋乃(무내)' '無乃(무내)' '不乃(불내)'와 같다.

- 今法有肉刑◆三, 而奸不止, 其咎安在? **非乃**朕德薄而教不明歟? (《史記》〈孝文帝本紀〉)

  지금 법에 세 가지 육형이 있는데도 간사함이 그치지 않으니, 그 허물은 어디에 있는가? 나의 덕이 적고 가르침이 현명하지 못한 것**이 아닐까**?

  ◆肉刑(육형): 신체상에 직접 가하는 형벌.

• 天下事**非乃**所當言也. (《漢書》〈曹參列傳〉)

천하의 일이란 마땅히 말할 수 있는 바**가 아니다**.

非但/非亶(비단)

❶ **부사** 범위의 확충을 나타내며, '~에 그치지 않다'라고 해석한다.

• 譬猶同舟涉海, 一事不牢, 卽俱受其敗. 此亦范計, **非但**將軍也. (《資治通鑑》〈漢紀〉獻帝興平二年)

예를 들어 함께 배를 타고 바다를 건너는데, 하나의 일이라도 완전하지 않으면 모두 그 재앙을 받게 되는 것과 같다. 이것은 또한 [나] 여범(呂范)의 생각이 장군**에게만 그치지 않는** 것이다.

牢: 안온할 뢰

❷ **접속사** 이미 언급한 뜻 이외에 한층 더 나아가려는 뜻을 나타내고, '乃(내)' '亦(역)' '又(우)' '且(차)' 등과 호응하며, '~뿐만 아니라' '~일뿐더러'라고 해석한다.

• **非亶**倒懸而已, 又類辟◆, 且病痱. (《漢書》〈賈誼列傳〉)

거꾸로 매달릴 **뿐만 아니라** 절뚝거리고, 또한 중풍이 있다.

◆辟(벽): '躄(벽)'과 같다.

辟: 절름거릴 벽 | 痱: 중풍 비

• 此五者, **非但**人事, 乃天道也. (《漢書》〈魏相列傳〉)

이 다섯 가지는 단지 사람의 일일 **뿐만 아니라** 바로 하늘의 도이다.

• **非但**我言卿不可, 李陽亦謂卿◆不可. (《世說新語》〈規箴〉)

내가 그대는 안 된다고 말했을 **뿐만 아니라** 이양도 그대는 안 된다고 했다.

◆卿(경): 그대.

ㅂ

• 太祖遂進前而報廙曰: "**非但**君當知臣, 臣亦當知君. 今欲使吾坐行西伯之德, 恐非其人也." (《三國志》〈魏書 劉廙傳〉)

태조(조조)는 앞으로 나가 유이에게 말했다. "단지 군주가 신하를 알아보아야 할 **뿐만 아니라** 신하 또한 군주를 알아보아야만 하오. 지금 나로 하여금 앉아서 서백(주문왕)의 덕을 행하게 하려고 하는데, 내가 이런 사람이 아닌 것이 두렵소."

• 余意**非但**風也, 雨亦宜然. (李睟光, 《芝峯類說》)

나는 단지 바람**뿐만 아니라** 비도 마땅히 그러할 것이라고 생각한다.

非徒(비도)

부사 말하는 범위가 제한되지 않음을 나타낸다. '又(우)'와 어울려 사용되며, '[단지] ~할 뿐만 아니라' 등으로 해석한다. '非但(비단)' '非獨(비독)' '非直(비직)' '非特(비특)'과 같다.

• **非徒**無益, 而又害之. (《孟子》〈公孫丑上〉)

단지 이익이 없**을 뿐만 아니라** 또한 해롭다.

• **非徒**危己也, 又且危父矣. (《韓非子》〈外儲說左下〉)

단지 자신을 위험하게 **할 뿐만 아니라** 또한 부친까지 위험하게 한다.

• 湯武**非徒**能用其民也, 又能用非己之民. (《呂氏春秋》〈用民〉)

탕왕과 무왕은 **단지** 그의 백성을 잘 다룰 수 있**을 뿐만 아니라** 또 자기 백성이 아닌 자들까지 잘 다룰 수 있었다.

非獨(비독)

부사 말하는 범위가 제한되지 않음을 나타내며, '[단지] ~만이 아니라' '~뿐만 아니라'라고 해석한다. '乃(내)'와 호응하는 경우도 있으며, '微獨(미독)'과 같다.

- **非獨**賢者有是心也, 人皆有之. (《孟子》〈告子下〉)
  단지 현인**만** 이러한 마음을 가지고 있는 것**이 아니라** 사람 모두가 가지고 있다.
- 臣之辛苦, **非獨**蜀之人士及二州牧伯, 所見明知, 皇天后土, 實所共鑑. (李密, 〈陳情表〉)
  저의 고초는 촉군의 사람들과 두 주의 장관들이 보았기에 명백히 알 **뿐만 아니라** 천지신명이 실로 함께 보는 것입니다.
- 是以前漢小學, 率多瑋字, **非獨**制異, 乃共曉難也. (《文心雕龍》〈練字〉)
  이 때문에 전한의 소학(문자학)에서는 대부분 기이한 글자가 많아졌고, 기이한 글자를 만들었을 **뿐만 아니라** 모두가 난해한 글자를 이해했다.
- 相國扶風公之遇子也厚, **非獨**餘知之, 天下之人皆知之矣. (劉禹錫, 〈上杜司徒書〉)
  상국인 부풍공이 당신을 후하게 대우하는 것은, 내가 알 **뿐만 아니라** 천하 사람들이 모두 안다.
- 夫良玉之產, **非獨**崐嶺也. (成三問, 〈八家詩選序〉)
  무릇 좋은 옥이 생산되는 곳은 곤산(崑山)**뿐만이 아니다.**

非惟/非唯(비유)

접속사 말하는 범위가 제한되지 않음을 가리키며, '~뿐만 아니라'라고 해석한다.

- **非唯**雨之, 又潤澤之. **非唯**濡之, 氾尃濩之. (《史記》〈司馬相如列傳〉)

  비를 내려 적셔줄 **뿐만 아니라** 또 만물을 윤택하게 하네. 윤택하게 할 **뿐만 아니라** 널리 퍼지게 하네.

- 汝爲吏, 以官物見餉, **非唯**不益, 乃增吾憂也. (《世說新語》〈賢媛〉)

  네가 관리가 되어 관청의 물건을 나에게 주었는데, 보탬이 안 될 **뿐만 아니라** 도리어 나의 근심을 더하게 된다.

- 然操遂能克紹, 以弱爲强者, **非惟**天時◆, 抑亦人謀也. (《三國志》〈蜀書 諸葛亮傳〉)

  그러나 조조가 마침내 원소를 이겨 약세에서 강세로 전환할 수 있었던 것은 단지 천시**뿐만 아니라** 아마도 사람의 지모 때문일 것이다.

  ◆天時(천시): 하늘의 도움이 있는 시기. 주야(晝夜)·계절(季節)·한서(寒暑) 등과 같이 때를 따라서 돌아가는 자연의 현상.

- 其下十餘里, 有大巫山, **非惟**三峽所無, 乃當抗峰岷峨, 偕嶺衡嶷. (《水經注》〈三峽〉)

  그 아래 10여 리에는 대무산이 있는데, 삼협 중에 없을 **뿐만 아니라** 민산·아미산과 봉우리를 다투고, 형산·구의산과도 함께한다.

非直(비직)

부사 말하는 범위가 제한적이지 않음을 나타내며, '단지 ~뿐만 아니라' '~에 그치지 않다'라고 해석한다. '乃(내)'와 호응하는 경우도 있다.

- 自天子達於庶人, **非直**爲觀美也. (《孟子》〈公孫丑下〉)

  천자로부터 백성에 이르기까지 [모두 이렇게 하니] **다만** 보기에 아름답게 하기 위해서**만이 아니다**.

• 今吾國雖小, 然而勝兵者可得十餘萬. **非直**適戍之衆, 鐖鑿棘矜也. 公何以言有禍無福? (《史記》〈淮南衡山列傳〉)

지금 우리나라는 비록 작기는 하지만 정예 군사만도 10여만 명이나 되오. 이들은 **단지** 죄를 지어 변방에서 수자리를 살던 무리가 아닐 **뿐만 아니라**, 무기 또한 낫이나 끌, 창자루를 쥔 상황이 아니오. 그런데 경은 어찌하여 재앙만 있고 복은 없다고 말하시오?

• **非直**不予, 乃多惡之. (《春秋繁露》〈玉杯〉)

단지 주지 않을 **뿐만 아니라**, 또한 더욱 혐오하게 된다.

• **非直**異漢, 唐宋猶無是也. (章炳麟, 〈秦政記〉)

[명나라의 제도는] 한나라와 다를 **뿐만 아니라** 당나라, 송나라에도 없다.

ㅂ

非特(비특)

부사 말하는 범위가 제한적이지 않음을 나타내며, '~뿐만 아니라' '~에 그치지 않다'라고 해석한다.

• 人之所以爲人者, **非特**以二足而無毛也, 以其有辨也. (《荀子》〈非相〉)

사람이 사람 된 까닭은 **단지** 두 다리가 있고 털이 없기 때문**만이 아니라** [남녀·장유·귀천의] 구별이 있기 때문이다.

• 此**非特**無術也, 又乃無行. (《韓非子》〈六反〉)

이는 [다스리는] 기술이 없는 데 **그치는 것이 아니라** [치국의] 방식도 없는 것이다.

• 疑臣者, **非特**三人. (《史記》〈樗里子◆甘茂◆列傳〉)

저를 의심하는 이는 **단지** 세 사람**만이 아닙니다**.

◆樗里子(저리자): 전국시대 진(秦)나라 혜왕(惠王)의 이복동생으로, 골계와 지혜가 풍부하여 '지혜 주머니'라는 별명으로 불렸다.

◆甘茂(감무): 하채(下蔡) 사람이며 사거(史擧) 선생에게 백가(百家)의 설을 배우고 저리자와 함께 승상이 되어 진무왕(秦武王)을 도와 의양(宜陽)을 함락한 인물이다.

• 故先王之制禮樂也, **非特**以歡耳目, 極口腹之欲也. (《呂氏春秋》〈適音〉)
그러므로 선왕이 예악을 제정한 것은 **단지** 귀와 눈을 즐겁게 하고, 입과 배의 욕망을 다 채워주기 위한 것**뿐만이 아니었다**.

• 今人主之威, **非特**雷霆也, 勢重, **非特**萬鈞也. (《漢書》〈賈山列傳〉)
지금 임금의 위엄은 **단지** 천둥과 벼락 같을 **뿐만이 아니며**, 권세의 무거움은 **단지** 30만 근에 견줄 바가 **아닙니다**.

鈞: 서른 근 균

• 然盤庚◆之遷, 胥怨者民也, **非特**朝廷士大夫而已. (王安石, 〈答司馬諫議書〉)
그러나 반경이 [도읍을] 옮기자 그를 원망하는 자들은 백성이었으니, **다만** 조정의 사대부**만은 아니었다**.

◆盤庚(반경): 은나라의 제17대 왕으로서 백성을 잘 다스려 나라를 부흥시켰다.

胥: 어조사 서

• **非特**盜其語兼攘取其意, 以自爲工. (李奎報, 〈答全履之論文書〉)
그 말만 훔칠 **뿐만 아니라** 그 뜻까지 낚아채 스스로 공교롭다고 한다.

• **非特**富貴游佚而擇之也. (《墨子》〈尙同下〉)
단지 부귀와 방탕하고 안일한 기질 때문에 그를 선택한 것**만은 아니다**.

匪(비)

부사 '非(비)'와 통용되며, '~이 아니다' '~하지 않다'라고 해석한다.

• 我心**匪**石, 不可轉也; 我心**匪**席, 不可卷也. (《詩經》〈邶風 柏舟〉)
내 마음은 돌**이 아니므로** 구를 수 없고, 내 마음은 멍석**이 아니므로** [둘

둘] 말 수 없다.

• **匪**風發兮, **匪**車偈兮. (《詩經》〈檜風 匪風〉)

바람이 불어서도 **아니요**, 수레가 질주해서도 **아니다**.

偈: 빠를 걸

• **匪**適株林◆, 從夏南◆. (《詩經》〈陳風 株林〉)

주림에 온 것**이 아니라** 하남을 따라온 것이다.

◆株林(주림): 하씨(夏氏)의 고을로서 지금의 하남성 자성현(柘城縣)에 있다.

◆夏南(하남): 하희(夏姬)의 아들인 하징서(夏徵舒)를 가리키며, 자는 자남(子南)이다. 하씨 성에 자남이란 이름을 합쳐 하남이라고 한 것이다.

• **匪**來貿絲, 來即我謀. (《詩經》〈衛風 氓〉)

[그는] 실을 사러 온 것**이 아니라** 내 혼사를 의논하러 왔다.

• 夙夜◆**匪**解◆, 以事一人. (《詩經》〈大雅 烝民〉)

이른 아침부터 밤늦게까지 나태**하지 않고** 한 사람을 섬겼다.

◆夙夜(숙야): 이른 아침부터 밤늦게까지.

◆解(해): '懈(게으를 해)'와 같다.

烝: 많을 증, 뭇 증

• 上天降災, 使我兩君**匪**以玉帛相見, 而以興戎. (《左傳》僖公十五年)

하늘이 재앙을 내려 우리 두 임금이 옥과 비단으로 [예물을 갖추어] 서로 만나게 하**지 않고**, 전쟁을 일으켜서 만나게 했습니다.

• 瞽叟愛後妻子, 常欲殺舜, 舜避逃, 及有小過, 則受罪. 順事父及後母與弟, 日以篤謹, **匪**有解. (《史記》〈五帝本紀〉)

고수는 후처의 아들을 사랑하여 항상 순을 죽이려 했고 순은 그것을 피해 도망갔으며, [순이] 조그마한 잘못이라도 저지르면 벌을 주었다. 순은 아버지와 계모, 동생을 온순하게 섬겨 날마다 성실하며 게으르**지 않았다**.

• 靖恭夙夜, **匪**遑安處. 百寮師師◆, 楷茲度矩. (《三國志》〈魏書 鍾繇傳〉)

ㅂ

아침부터 저녁까지 엄숙히 공경하고, 편안하게 쉴 곳을 찾**지 않는다**. 그대는 모든 관료의 사표이며, 그들을 재는 본보기다.

◆師師(사사): 서로 스승으로 여겨 본받음.

- 一夫當關萬夫莫開, 所守或**匪**親, 化爲狼與豺. (李白, 〈蜀道難〉)

  한 사람이 관문을 지키면 만 명이라도 열 수 없으니, 지키는 자가 심복**이 아니면** 이리와 늑대로 변할 것이다.

  當: 막을 당

- 子儀先已被猜, 臣今又遭詆毁, 弓藏鳥盡, 信**匪**虛言. (《資治通鑑》〈唐紀〉大宗廣德元年)

  곽자의(郭子儀)는 이전에 이미 시기를 받았고 나는 지금 또 비방하는 말에 직면했으니, 날아가는 새 없어지면 좋은 활을 감춘다는 [옛말은] 확실히 거짓말**이 아니다**.

【참고】

① 대광주리: • 實玄黃於**匪**. (《孟子》〈滕文公下〉) 검고 누런 폐백을 **광주리**에 담다.

② 도둑: • **匪**賊. **도둑**의 무리.

匪啻(비시)

부사 동작 혹은 행위가 어떤 범위에 제한되지 않음을 나타내며, '~뿐만 아니라' '~에 그치지 않다'라고 해석한다. '不啻(불시)'와 같다.

- 若斯之類, **匪啻**於茲. (左思◆, 〈三都賦序〉)

  이러한 부류의 작법(作法)은 단지 이것을 표현하는 데**에 그치지 않는다**.

  ◆左思(좌사): 진대(晉代)의 시인이며, 문장력이 뛰어나 1년 만에 〈제도부(齊都賦)〉를 짓고 10년 만에 〈삼도부(三都賦)〉를 지었다. 〈삼도부〉는 위·촉·오 세 나라 수도의 풍물·

개황·지리·역사 등을 적은 것으로 사조(辭藻)가 장려하여 전사(傳寫)하는 사람이 많아 낙양(洛陽)의 종이 값을 올렸을 정도다.

備(비)

부사 동작이나 상태가 최대한도 내에서 완성되는 것 혹은 말하는 범위 내에 예외가 없음을 나타내며, '모두' '완전히' '전부' 등으로 해석한다. 또 '極(극)'과 함께 쓰여 정도가 지극히 심함을 나타낸다.

• 晉侯在外十九年矣, 而果得晉國. 險阻艱難, **備**嘗之矣. (《左傳》 僖公二十八年)

진후(진문공)가 [나라] 밖에서 19년 동안 유랑하고 나서 과연 진나라의 정권을 잡았으니, 험난하고 어려움을 **전부** 경험했을 것이다.

• 諸侯**備**聞此言. (《左傳》 成公十三年)

제후들은 **모두** 이 말을 들었다.

• 農事**備**收. (《禮記》〈月令〉)

농사일을 **모두** 거두었다.

• 孝文皇帝**備**行此道, 海內蒙恩, 爲漢太宗. (《漢書》〈王嘉列傳〉)

효문황제가 **완전하게** 이 정책을 실행하여 사해(四海, 중국)가 은혜를 입었고, [그는] 한태종이 되었다.

• 臣前與官屬三十六人奉使絶域, **備**遭艱戹. (《後漢書》〈班超列傳〉)

신(반초班超의 자칭)은 이전에 관속 36명과 명을 받들어 먼 지역에 사신으로 갔다가 **모두** 심한 고통을 받았습니다.

戹: 고생할 액

• 使人讀史漢諸紀傳, 聽之, **備**知其大義, 往往論說不失其指. (《三國志》〈蜀

ㅂ

書 王平傳〉)

[그는] 다른 사람들에게 《사기》와 《한서》 속의 여러 기와 전을 읽게 하고, 그것을 들어 그것들의 대의를 **전부** 파악하여 매번 담론할 때마다 그 원문의 취지를 틀리지 않았다.

• 歸來如夢復如痴, 何暇**備**言宮裡事? (《元氏長慶集》〈連昌宮◆辭〉)

돌아오니 꿈인 듯 또 바보가 된 듯하니, 어느 겨를에 궁중의 일을 상세히 **모두** 말하겠습니까?

◆連昌宮(연창궁): 당나라 고종(高宗) 때 세운 행궁(行宮).

• 水行其中, 石峙於上, 爲態爲色, 爲膚爲骨, **備**極妍麗. (《徐霞客游記》〈游嵩山日記〉)

물은 동굴 속에서 뚫고 나오고, 그 위로 석치가 있어 [각종] 자태와 경색을 이루며, [각종] 외관과 골격을 만들어 **모두** 지극히 아름답구나.

【참고】

① 갖추다: • 諸事齊**備**. 모든 일이 다 **갖추어졌다**. • 德才兼**備**. 덕과 재주를 함께 **갖추다**.

② 대비하다: • 主不**備**, 難必至矣. (《國語》〈晉語九〉) 주상이 미리 **대비하지** 않으면 어려움이 반드시 이를 것이다.

③ 구비하다: • 此則岳陽樓之大觀也, 前人之述**備**矣. (范仲淹, 〈岳陽樓記〉) 이것은 악양루의 장관으로, 선인의 글에 **구비되어** 있다.

④ 준비: • 有**備**無患. **준비**가 있으면 근심이 없다.

ㅅ

乍(사)

❶ **대사** 특정하지 않은 대상을 나타내며, 사람·사물·장소·상황 등을 모두 대신할 수 있다. '或(혹)'과 비슷하며 대신하는 대상에 따라 알맞게 해석한다.

- 浴也者, 飛**乍**高**乍**下也. (《大戴禮記》〈夏小正〉)

  '浴(욕)'이란 날면서 **어떤 때는** 올라가고 **어떤 때는** 내려가는 것이다.

- 夫物之一存一亡, **乍**死**乍**生者, 初盛而後衰者, 不可謂常. (《韓非子》〈解老〉)

  만물은 한 번은 살고 한 번은 죽는데, **어떤 때는** 죽고 **어떤 때는** 살아나며 처음에는 성하다가 후에 쇠하므로 일정할 수 없다.

- 波如連山, **乍**合**乍**散, 噓噏百川, 洗滌淮漢. (《文選》〈海賦〉)

  파도는 연이은 산처럼 **어떤 때는** 모이고 **어떤 때는** 흩어지며, 온 시냇물을 토하여 회수(淮水)와 한수(漢水)를 씻는다.

- 軍**乍**利**乍**不利, 終無離上心. (《史記》〈傅靳蒯成列傳〉)

  군대는 **어떤 때는** 유리하고 **어떤 때는** 불리했지만, 끝내 배반할 마음은 없었다.

- 後游雷波, 天大風. 建使郎二人乘小船入波中. 船覆, 兩郎溺, 攀船, **乍**見**乍**

ㅅ

沒, 建臨觀, 大笑, 令皆死. (《漢書》〈江都易王劉非列傳〉)

뒷날 뇌파를 유람했는데, 하늘에는 거센 바람이 불었다. 유건(劉建)은 시중드는 두 사람에게 작은 배를 타고 파도 속으로 들어가라고 했다. 배가 뒤집히자 두 사람은 물에 빠져 배를 붙잡고서 **어떤 때는** 물 위에 떠올랐다가 **어떤 때는** 가라앉았는데, 유건은 [강가에서] 보고 크게 웃기만 하여 모두 죽게 했다.

- 又劉表自以爲宗室, 包藏禍心, **乍**前**乍**後, 以觀世事, 據有荊州. (曹操, 〈讓縣自明本志令〉)

  또 유표는 스스로 종실이라고 생각하여 재앙을 일으킬(모반하려고 하는) 마음을 숨기고, **어떤 때는** 앞으로 나갔다가 **어떤 때는** 물러서며 세상일을 관찰하여 형주를 점거했다.

- **乍**廻迹以心染, 或先貞而後黷. (孔稚珪, 〈北山移文〉)

  어떤 사람은 산림 속으로 들어갔지만 마음은 [세속에] 물들어 있고, 어떤 사람은 앞서는 바르지만 뒤는 더러워진다.

- 或飛柯以折輪, **乍**低枝而掃迹. (孔稚珪, 〈北山移文〉)

  어떤 때는 나뭇가지를 휘둘러 수레바퀴를 부수고, **어떤 때는** 나뭇가지를 드리워 [수레바퀴] 자국을 없앤다.

❷ **부사** 어떤 일이나 행동이 뜻밖에 발생함을 나타내며, '갑자기' '돌연히'라고 해석한다.

- 今人**乍**見孺子將入於井, 皆有怵惕惻隱之心. (《孟子》〈公孫丑上〉)

  지금 사람이 **갑자기** 어린아이가 우물로 들어가려는 것을 본다면, 누구나 놀라고 측은한 마음이 생길 것이다.

- 風**乍**起, 吹皺一池春水. (馮延巳◆, 〈謁金門〉)

  바람이 **갑자기** 불어 한 연못에 봄 물결을 일으켰다.

◆馮延巳(풍연사): 남당(南唐)의 사인(詞人)으로 전촉(前蜀)의 위장(韋莊)을 이어 이경

(李璟) 밑에서 재상까지 지낸 행운아이다. 그는 당(唐)과 오대(五代) 사인 중에서 가장 많은 작품을 지은 것으로 기록되었고, 작품은 대부분이 완약(婉約)하며 침울하다. 여인에 대한 묘사뿐만 아니라 몰락해가는 남당의 현실도 거의 빠짐없이 다루었다는 평을 얻고 있다.

- 雷霆**乍**驚, 宮車過也. (杜牧, 〈阿房宮賦〉)
  천둥소리에 **갑자기** 놀라니, [이것은] 궁중 수레가 지나간 것이다.

❸ **부사** 일이 얼마 전에 발생했음을 나타내며, '갑자기' '막' '방금' 등으로 해석한다. 대부분 당송 대 이후의 문장에서 보인다.

- 暮雨**乍**歇, 小楫夜泊, 宿葦村山驛. (柳永, 〈傾杯〉)
  해 질 녘 비가 **막** 그치니, 저녁에 작은 배를 정박시키고 위촌산의 역에서 묵는다.
- 比來不審◆尊體動止何似. **乍**離闕庭, 伏計倍增戀慕. (韓愈, 〈與華州李尙書傳〉)
  요즘 당신께서 지내기가 어떠신지 알지 못하겠습니다. **방금** 조정을 떠나왔지만 그리는 마음이 더욱 깊습니다.
  ◆不審(불심): 알지 못함.
- 時此歲飢饉, 兵民皆瘦黑, 至是麥始熟. …… 人**乍**飽食, 死者復伍之一. (《資治通鑑》〈唐紀〉 德宗貞元二年)
  이 당시에는 해마다 기근이 들어 병사들과 백성이 모두 수척해지고 파리한데, 이때에 보리가 익기 시작했다. …… 사람들은 **갑자기** 배불리 먹어서 죽은 자가 다시 다섯 중 하나꼴이었다.
  瘦: 파리할 수 | 伍: 다섯 오('五'와 통용됨)

【참고】

'乍(사)'는 '作(작)'의 본자(本字). 은나라와 주나라 때의 청동기 명문(銘文)에 '作(작)'을 '乍(사)'로 썼다.

些(사)

❶ **부사** '些些(사사)' 혹은 '有些(유사)'의 형식으로 쓰여 매우 적은 수량을 나타낸다. 이 용법은 당송 대에 주로 보이며, 고대 전적에서는 용례를 드물게 찾아볼 수 있다. '미미하게' '약간' 등으로 해석한다.

- 近日事亦漸好, 未免**些些**不公, 亦無甚處. (《舊唐書》〈楊嗣復傳〉)
  요즘 정사는 또한 서서히 좋아졌는데, **약간** 공정하지 못한 면이 있으나 지나친 곳도 없다.
- 勸酒偏他最劣, 笑時猶**有些**痴. (辛棄疾,〈破陣子·趙晉臣敷文幼女縣主覓詞〉)
  술을 권해도 유독 그가 가장 처지고, 웃을 때도 **조금** 모자란 것 같다.

❷ **어조사** 말을 부드럽게 한다. 해석할 필요는 없다.

- 去君之恒幹, 何爲兮四方**些**? (宋玉,〈招魂〉)
  당신의 영원한 근본을 떠나, 무엇 때문에 사방으로 떠도는가?

使(사)

❶ **접속사** 가설을 나타내며, '만일'이라고 해석한다.

- 如有周公之才之美, **使**驕且吝, 其餘不足觀也已. (《論語》〈泰伯〉)
  만일 주공(단旦)과 같은 훌륭한 재능을 가졌다 하더라도, **만약** 교만하고 인색하다면 그 나머지는 볼 필요도 없다.
- **使**治亂存亡若高山之與深溪, 若白堊之與黑漆, 則無所用智, 雖愚猶可矣. (《呂氏春秋》〈察微〉)

만일 안정과 혼란, 존립과 망함이 마치 높은 산과 깊은 계곡 같고, 마치 하얀 흙(석회암의 일종)과 검은 옻나무 같다면, 지혜가 소용이 없어 비록 어리석어도 할 수 있을 것이다.

- **使**秦破大梁◆而夷先王之宗廟, 公子當何面目立天下乎? (《史記》〈魏公子列傳〉)

  만일 진나라가 대량을 격파하고 선왕의 종묘를 파헤친다면, 당신은 무슨 면목으로 세상에 서겠는가?

  ◆大梁(대량): 전국시대 위(魏)나라의 수도.

- **使**武安侯在者, 族矣. (《史記》〈魏其武安侯列傳〉)

  만일 무안후가 살아 있다면, [그의] 씨족을 멸했을 것이다.

  族: 씨족 멸할 족

- 帝曰: "善哉! **使**我得此人以自輔, 豈有今日之勞乎!" (《三國志》〈蜀書 諸葛亮傳注〉)

  진무제(晉武帝)가 말했다. "옳소! **만일** 내가 이 사람을 얻어 직접 보좌하게 했다면 어찌 오늘과 같은 수고로움이 있었겠는가!"

- **使**六國◆各愛其人, 則足以拒秦. (杜牧, 〈阿房宮賦〉)

  만약 6국이 각기 자기 백성을 사랑했다면 충분히 진나라를 막을 수 있었을 것이다.

  ◆六國(6국): 중국 전국시대 楚(초)·燕(연)·齊(제)·韓(한)·魏(위)·趙(조)나라를 이름.

❷ **조동사** 다른 사람에게 어떤 일을 하게 하는 것을 나타내며, 목적어를 생략할 수 있다. '~를 ~하게 하다' '~에게 ~을 하게 하다'라고 해석한다.

- **使**杞子·逢孫·楊孫戍之. (《左傳》僖公三十年)

  기자·봉손·양손**에게** 그것을 지키**게 했다**.

- 愛我者惟祝我, **使**我速死, 無及於難. (《左傳》成公十七年)

  나를 사랑하는 사람은 오직 나를 [위해] 기도하여, 나를 빨리 죽**게 하여**

ㅅ

재난을 당하지 않게 할 것이다.

- 其賢者**使**使賢王, 不肖者**使**使不肖王. (《晏子春秋》〈雜下〉)

  어진 사람은 어진 왕이 있는 나라에 사신으로 가**게 하고**, 어질지 못한 사람은 어질지 못한 왕이 있는 나라에 사신으로 가**게 한다**.

- **使**大軍伏馬邑旁谷. (《史記》〈李將軍列傳〉)

  대군**을** 마읍 부근 계곡에 매복**하게 했다**.

❸ **전치사** 동작이나 행위의 근거를 나타내며, '~에 따라' '~에 의지하여'라고 해석한다.

- 故明主**使**法擇人, 不自擧也, **使**法量功, 不自度也. (《韓非子》〈有度〉)

  그러므로 현명한 군주는 법**에 따라** 사람을 선택할 뿐 자기 마음대로 기용하지 않으며, 법**에 따라** 공을 평가하고 자기 마음대로 공을 헤아리지 않는다.

❹ **어조사** '夫(부)'와 유사하게 쓰여 별다른 뜻 없이 어조사로 쓰인다.

- 故**使**言有三法. (《墨子》〈非命〉)

  그러므로 말에는 세 가지 법이 있다.

❺ **대사** 지시사로 쓰이며, '이' '저'라고 해석한다.

- 今**使**天下布衣窮居之士. (《新序》〈雜事〉)

  오늘날 세상에서 **이** 포의를 입은 자는 곤궁한 생활을 하는 선비다.

- 是**使**賜多言者也. (《左傳》定公十五年)

  이것은 자공이 말을 많이 한 것이다.

[참고]

① 명령하다, 시키다: • 鄭人**使**我掌其北門之官. (《左傳》僖公三十二年) 정나라

사람은 우리에게 그 북문을 관리하라고 **시켰다**. • 黃初三年, 車駕幸宛, **使**尙率諸軍與曹眞共圍江陵. (《三國志》〈魏書 夏侯尙傳〉) 황초 3년(222) [문제(文帝)는] 수레를 타고 완성으로 행차하면서, 하후상에게 여러 군대를 통솔하여 조진과 [힘을] 합쳐 강릉을 포위하라고 **시켰다**.

② 사신: • 乃遣非**使**秦. (《史記》〈老子韓非列傳〉) 곧 한비를 진나라에 **사신**으로 보냈다.

③ 사자: • 匈奴**使**來. (《漢書》〈蘇武列傳〉) 흉노에서 **사자**가 왔다.

④ 때문: • 泠向謂秦王曰: "向欲以齊事王, **使**攻宋也." (《戰國策》〈秦策一〉) 영향이 진나라 왕에게 말했다. "제나라로써 왕을 섬기고자 했기 **때문에** 송나라를 공격할 것입니다."

思(사)

어조사 운율을 맞출 뿐 특별한 뜻은 없다. 대부분 《시경》에 보인다.

- 漢之廣矣, 不可泳**思**; 江之永矣, 不可方**思**. (《詩經》〈周南 漢廣〉)
  한수는 넓어 헤엄칠 수 없고, 장강은 길어 떼로 건널 수 없네.
- 兕觥其觩, 旨酒**思**柔. (《詩經》〈小雅 桑扈〉)
  무소뿔 술잔은 굽었고, 맛있는 술은 부드럽구나.
- 昔我往矣, 楊柳依依, 今我來**思**, 雨雪霏霏. (《詩經》〈小雅 采薇〉)
  옛날 내가 갈 때는 버드나무가 무성했는데, 오늘 내가 올 때는 눈송이가 나부끼네.
- **思**文后稷, 克配彼天. (《詩經》〈周頌 思文〉)
  문덕이 있는 후직은 저 하늘과 짝이 될 수 있다.

【참고】

① 생각하다: • 三**思**而行. 세 번 **생각하고** 행동한다.

② 마음에 두다: • 君**思**我兮然疑作. (《楚辭》〈九歌 山鬼〉) 그대가 나를 **마음에 두고** 있는 것이 의심스럽군요.

| '思'를 '시'로 읽으면 | 심정, 심회, 마음: • 幽**思**難忘. (曹操, 〈短歌行〉) 그윽한 **심회**를 잊기 어렵구나. • 歸**思**難收. 돌아가려는 **심정**을 거두기 어렵구나. • 朕惟不見諸王十有二載, 悠悠之懷, 能不興**思**! (《三國志》〈魏書 明帝紀〉) 짐은 여러 왕을 12년이나 보지 못했으니 사모하는 **마음**이 생기지 않겠는가!

斯(사)

❶ **대사** '此(차)'와 같다. 비교적 가까운 사물이나 사람, 장소를 가리키며, '여기' '이' '이것' '이런' 등으로 해석하거나 경우에 따라 해석하지 않아도 된다.

- 禮之用, 和爲貴. 先王之道, **斯**爲美. 小大由之. (《論語》〈學而〉)
  예(禮)는 [그] 쓰임에 있어서 조화를 귀하게 여긴다. 선왕의 도에서는 **이것**(조화)을 아름답게 여겼다. 크고 작은 일을 이것(도)에 따라 처리했다.
- 子謂子賤 "君子哉若人! 魯無君子者, **斯**焉取**斯**?" (《論語》〈公冶長〉)
  공자께서 자천에 대해 말씀하셨다. "군자로다, 이 사람은! 노나라에 군자가 없다면, 그가 어디에서 **이런 것**(덕)을 갖게 되었겠는가?"
- **斯**人也而有**斯**疾也! (《論語》〈雍也〉)
  이런 사람이 **이런** 병에 걸리다니!
- 天之將喪**斯**文也, 後死者◆ 不得與於**斯**文也. (《論語》〈子罕〉)
  하늘이 앞으로 **이** 문화를 없애려 했다면, 뒤에 죽을 사람은 **이** 문화에 참여할 수 없었을 것이다.

◆後死者(후사자): 공자 자신을 말함.

• 雍◆雖不敏, 請事**斯**言語矣. (《論語》〈顔淵〉)

제가 비록 총명하지는 못하지만, **이** 말씀을 받들겠습니다.

◆雍(옹): 공자의 제자 중궁(仲弓).

• 子曰: "足食足兵◆, 民信之矣." 子貢曰: "必不得已而去, 於**斯**三者何先?" (《論語》〈顔淵〉)

공자께서 말씀하셨다. "식량을 충족시키는 것, 병기를 충분하게 하는 것, 백성들이 [군주를] 믿게 하는 것이다." 자공이 여쭈었다. "부득이하여 반드시 버려야 한다면 **이** 세 가지 중에서 어떤 것을 먼저 버려야 하겠습니까?"

◆兵(병): 오경(五經)과 《논어》《맹자》에 쓰인 '兵(병)'은 병기를 가리키는 경우가 많지만, 병사로 쓰일 때도 있다.

• 子在川上曰: "逝者如**斯**夫. 不舍晝夜!" (《論語》〈子罕〉)

공자께서 강가에서 말씀하셨다. "흘러가는 것이 **이**와 같구나. 밤낮을 그치지 않는구나!"

• 有美玉於**斯**. (《論語》〈子罕〉)

여기에 아름다운 옥이 있다.

• **斯**自爲計者, 與欲自潰者異勢耳. (《三國志》〈魏書 劉廙傳〉)

이것은 스스로 계획한 자와 스스로 붕괴하려고 한 자가 다른 형세일 뿐이다.

• "**斯**道也, 何道也?" 曰: "**斯**道所謂道也." (韓愈, 〈原道〉)

"**이런** 도는 무슨 도인가?"라고 하자, "**이** 도가 [내가] 말하는 도이다."라고 대답했다.

• 向吾不爲**斯**役, 則久已病矣. (柳宗元, 〈捕蛇者說〉)

과거에 내가 **이** 부역을 하지 않았다면 이미 오래전에 병이 났을 것이다.

ㅅ

• 微**斯**人, 吾誰與歸? (范仲淹, 〈岳陽樓記〉)

이런 사람이 아니면 나는 누구와 더불어 돌아가리오?

• 是故燕雖小國而後亡, **斯**用兵之效也. (蘇洵, 〈六國論〉)

이런 까닭으로 연나라가 비록 작은 나라이지만 맨 마지막에 멸망했는데, **이**는 병사를 잘 다룬 효과다.

❷ **접속사** 앞 문장의 결과를 나타내어 다음 말을 잇는다. '~한다면 곧~'이라고 해석한다.

• 王無罪歲, **斯**天下之民至焉. (《孟子》〈梁惠王上〉)

왕이 수확을 탓하지 않는**다면 곧** 천하의 백성이 올 것이다.

• 如知其非義, **斯**速已矣, 何待來年? (《孟子》〈滕文公下〉)

만일 그것이 도리가 아닌 것을 안**다면 곧** 빨리 그만두어야지, 무엇 때문에 내년까지 기다리는가?

• 夫天下之道, 理安, **斯**得人者也. (柳宗元, 〈封建論〉)

천하의 이치는 [국가를] 잘 다스리**면 곧** 백성을 얻을 수 있는 것이다.

❸ **어조사** '其(기)' '思(사)' 등과 통하고, 문장의 중간이나 끝에 쓰이면 '兮(혜)'와 비슷하며, 해석하지 않아도 된다. 대부분 《시경》에 보인다.

• 朋酒◆**斯**饗, 曰殺羔羊. (《詩經》〈豳風 七月〉)

두 술동이의 술을 마시고 새끼 양과 큰 양을 도살했네.

◆朋酒(붕주): 한 쌍의 항아리에 담은 술.

饗: 마실 향

• 何**斯**違斯, 莫敢遑息? (《詩經》〈召南 殷其雷〉)

무엇 때문에 이곳을 떠나 감히 쉴 겨를도 없는가?

遑: 겨를 황

• 乃求千**斯**倉, 乃求萬**斯**箱, 黍稷稻粱. (《詩經》〈小雅 甫田〉)

이에 창고 천 개를 갖추고 수레 상자 만 개를 갖추었는데, 기장과 수수가 넘치는구나.

- 鹿**斯**之奔, 維足伎伎. (《詩經》〈小雅 小弁〉)

  사슴이 달리는데 다리가 휘청거리는구나.

- 蓼彼蕭**斯**, 零露湑兮. (《詩經》〈小雅 蓼蕭〉)

  잘 자란 쑥에 이슬이 많이 내렸구나.

- 服其命服◆, 朱芾**斯**皇, 有瑲葱珩. (《詩經》〈小雅 采芑〉)

  그는 명복을 입었는데, 주황색 앞가리개는 빛나고 푸른 패옥은 찰랑거린다.

  ◆命服(명복): 일명(一命)인 사(士)에서 구명(九命)인 상공(上公)까지 각 계급에 따른 제복.

- 如鳥**斯**革, 如翬**斯**飛. (《詩經》〈小雅 斯干〉)

  새는 퍼덕거리는 것 같고 꿩은 훨훨 나는 것 같다.

  翬: 꿩 휘

- 王赫**斯**怒. (《詩經》〈大雅 皇矣〉)

  문왕은 매우 화를 냈다.

- 色**斯**擧矣, 翔而後集. (《論語》〈鄕黨〉)

  [새들은] 사람의 기색을 살피다가 곧 날아올라 빙 돌다가 모여 앉았다.

【참고】

① 쪼개다: • 斧以**斯**之. (《詩經》〈陳風 墓門〉) 도끼로 그것을 **쪼개다**.

② 모두: • 我喪也**斯**沾. (《禮記》〈檀弓〉) 나의 슬픔은 **모두** 눈물로 나타난다. • 爾之教矣, 民**斯**效矣. (《潛夫論》〈班祿 篇引詩〉) 너의 가르침이여, 백성이 **모두** 본받는구나.

ㅅ

詐(사)

부사 동작 혹은 행위가 거짓임을 나타내며, '거짓으로'라고 해석한다.

- 今吳王◆前有太子之屠, **詐**稱病不朝, 於古法當誅, 文帝弗忍, 因賜几◆杖. (《史記》〈吳王濞列傳〉)

  지금 오나라 왕(비濞)은 이전에 태자가 죽은 일이 있어 **거짓으로** 병을 핑계대고 조회하러 오지 않았으니, 옛 법에 의하면 죽여야 하지만 효문제는 차마 죽이지 못하고 안석과 지팡이를 주었다.

  ◆吳王(오왕): 吳濞(오비). 고제(高帝)의 형 유중(劉仲)의 아들. 중은 흉노가 쳐들어오자 도망쳐 왕의 작록을 빼앗겼지만, 오비는 선량함을 인정받아 오왕이 될 수 있었다. 그러나 영토가 줄자 초(楚)·제(齊)·조(趙)나라 등과 연합하여 반란을 일으켰지만 실패했다.

  ◆几(궤): 앉을 때 몸을 기대는 제구.

  誅: 벨 주 | 几: 안석 궤

- 操大怒, 使人廉之, 知妻**詐**疾, 乃收付獄訊, 考驗首服. (《後漢書》〈華佗列傳〉)

  조조는 몹시 화가 나서 사람을 보내 화타(華佗)를 살펴보게 하여, 그의 아내가 **거짓으로** 병이 난 척하고 있음을 알고, 그를 체포하여 옥에 가두고 심문하여 먼저 설복해보았다.

[참고]

속이다: • 吾**詐**而同日殺之, 至今大恨獨此耳! (《史記》〈李將軍列傳〉) 나는 그들을 **속여서** 같은 날 죽였는데, 지금까지 아주 큰 한이 되는 것은 이 사건뿐이오!

數(삭)

부사 어떤 일이 거듭됨을 나타내며, '거듭' '여러 번' '자주' 등으로 해석한다.

- 高祖離困者**數**矣. (《史記》〈留侯世家〉)

  [한]고조(유방)는 곤란을 겪은 것이 **여러 번**이었다.

  離: 만날 리

- 信**數**與蕭何語, 何奇之. (《史記》〈淮陰侯列傳〉)

  한신은 **자주** 소하와 얘기를 했는데, 소하는 [한신을] 특별하다고 생각했다.

- 臣乃市井鼓刀◆屠者, 而公子親**數**存之. (《史記》〈魏公子列傳〉)

  신은 시장에서 칼이나 쓰는 백정인데, 공자께서는 몸소 저를 **거듭** 보러 오셨습니다.

  ◆鼓刀(고도): 칼을 마음대로 다룬다는 뜻으로, 백정이 고기를 베는 것을 가리킨다.

- 魏以爲蘄春太守, **數**犯邊境. (《三國志》〈吳書 吳主傳〉)

  위나라가 [진종(晉宗)을] 기춘태수로 삼았는데, [진종은] **자주** [오나라의] 변방을 침범했다.

- 然遇猛獸者**數**矣. (蘇轍, 〈孟德傳〉)

  그러나 사나운 짐승과 마주친 일이 **여러 번** 있었다.

【참고】

| '數'을 '수'로 읽으면 | ① '幾(기)'와 같다. 일정하지 않은 수: • **數**口之家可以無饑矣. (《孟子》〈梁惠王上〉) **몇** 식구의 집이 굶주리지 않을 수 있다. • 鳥以**數**十目視人, 人以二目視鳥. (《韓非子》〈外儲說右上〉) 새는 **몇**십 개의 눈으로 사람을 보고, 사람은 두 눈으로 새를 본다.

② 운명: • 在**數**難逃. **운명**은 피하기 어렵다. • 天**數**. 천명. • 大**數**. 대명. • 劫**數**. **운명**을 물리치다.

③ 솜씨(기예技藝): • 今夫奕之爲**數**, 小**數**也. (《孟子》〈告子上〉) 오늘날 바둑의 **솜씨**는 작은 **솜씨**다.

④ 계산하다, 헤아리다: • 楚兵數千人爲聚者, 不可勝**數**. (《史記》〈陳涉世家〉) 초나라 병사 수천 명이 모여 있어 이루 **헤아릴** 수 없다.

| '數'을 '촉'으로 읽으면 | 치밀하다, 촘촘하다: • **數**罟不入洿池. (《孟子》〈梁惠王上〉) **촘촘한** 그물을 연못에 넣지 않는다. 罟: 그물 고

三(삼)

부사 동작이나 행위, 정황이 거듭됨을 나타내며, '여러 번' '여러 차례' 등으로 해석한다.

- **三**折肱, 知爲良醫. (《左傳》定公十三年)
  여러 차례 팔을 부러뜨리면, [그 치료 방법을] 알아 훌륭한 의사가 된다.
- 一篇之中, **三**致志焉. (《史記》〈屈原賈生列傳〉)
  한 편[의 시] 안에 **여러 번** [이] 뜻을 표현하고 있다.

[참고]

세 번: • 齊侯免, 求丑父, **三**入**三**出. (《左傳》成公二年) 제경공(齊頃公)은 모면하고, 추보를 찾아 [적진 속을] **세 번** 들어갔다가 **세 번** 나왔다. • 季文子**三**思而後行. 子聞之, 曰: "再, 斯可矣." (《論語》〈公冶長〉) 계문자는 **세 번** 생각한 다음에 행동했다. 공자께서 이 말을 듣고 말씀하셨다. "두 번이면 곧 괜찮다." • 令尹*子文**三**仕爲令尹, 無喜色; **三**已之, 無慍色. (《論語》〈公冶長〉) 영윤 자문은 **세 번**이

나 벼슬에 나가 영윤이 되었는데도 기뻐하는 기색이 없었고, **세 번**이나 벼슬을 그만두었으나 언짢아하는 기색이 없었습니다. ◆令尹(영윤): 재상의 지위. • **三**顧臣於草廬之中, 諮臣以當世之事. (諸葛亮, 〈前出師表〉) **세 번**이나 오두막으로 신을 찾아와 신에게 당대의 일에 관해 물었습니다.

尙(상)

❶ **부사** 현상이나 동작이 계속됨을 나타내며, '또한' '아직도' '여전히'라고 해석한다. '雖(수)' '縱(종)' 등과 함께 쓰이기도 하는데, 이 경우는 어떤 조건에도 불구하고 동작 혹은 상태가 바뀌지 않음을 나타낸다.

- 趙王使使者視廉頗**尙**可用否. (《史記》〈廉頗藺相如列傳〉)
  조나라 왕은 사신을 보내 **아직도** 염파를 기용할 수 있는지 살펴보게 했다.
- 如僕, **尙**何言哉? **尙**何言哉? (司馬遷, 〈報任安書〉)
  나 같은 사람이 **또한** 무슨 말을 하겠습니까? **또한** 무슨 말을 하겠습니까?
- 廉將軍雖老, **尙**善飯. (《史記》〈廉頗藺相如列傳〉)
  염파 장군은 비록 늙었지만 **여전히** 식사를 잘한다.
- 上林雖小, 臣**尙**以爲大也. (《漢書》〈東方朔列傳〉)
  상림은 비록 작지만, 신은 **아직도** 크다고 생각한다.
- 天下**尙**未安定, 未得遵古也. 葬畢, 皆除服. (《三國志》〈魏書 武帝紀〉)
  천하가 **아직** 안정되지 않았으니 옛 법도를 따[라 장례를 치]를 수는 없다. 장례가 끝나면 모두 상복을 벗어라.
- 恨楨所帶, 無他妙飾. 若實殊異, **尙**可納也. (《三國志》〈魏書 劉楨傳注〉)
  한스러운 것은 제가 띠고 있는 것에는 다른 오묘한 꾸밈이 없다는 것입니다. 만일 정말로 특별한 점이 있다면 **아직도** 받아들일 수 있습니다.

• 然昭於人才**尙**復易. 中朝苟乏人, 兼才者勢不獨多. (《三國志》〈魏書 杜恕傳〉)

그러나 재능이 여소(呂昭)와 같은 사람은 **아직도** 쉽게 찾을 수 있습니다. 조정에 진실로 인재가 부족하여 [문무의] 재능을 겸비한 사람의 형세가 유독 많지는 않을 것입니다.

• 縱無九患, **尙**不顧足下所好者. (嵇康, 〈與山巨源絶交書〉)

설령 구환이 없다 해도, **아직도** 당신이 좋아하는 것을 돌아보지 않는다.

• 羊公碑**尙**在, 讀罷淚沾巾. (孟浩然, 〈與諸子登峴山〉)

양공의 비석이 **아직** 있어, 읽으매 눈물이 수건 적시네.

• 群山萬壑赴荊門, 生長明妃**尙**有村. (杜甫, 〈詠懷古跡〉)

모든 산과 골짜기는 형문을 향하고, 명비가 나고 자란 곳에는 **여전히** 마을이 있다.

• 吾恂恂◆而起, 視其缶, 而吾蛇**尙**存, 則弛然而臥. (柳宗元, 〈捕蛇者說〉)

나는 두려워 일어나 항아리를 [열어] 보고, 내 뱀이 **여전히** 있으면 곧 안심하고 누웠다.

◆恂恂(순순): 두려워하는 모양.

弛: 풀릴 이

• 方是時, 予之力**尙**足以入, 火**尙**足以明也. (王安石, 〈游褒禪山記〉)

이때 나의 힘은 **여전히** 걸어 들어갈 수 있었고, 횃불은 **여전히** 밝게 비출 수 있었다.

• 今數雄已滅, 惟孤**尙**存. (《資治通鑑》〈漢紀〉 獻帝建安二十二年條)

현재 몇몇 실력자들은 [조조에 의하여] 이미 멸망했고, 나만이 **아직도** 남아 있다.

• 開元天寶中, 近處求覓五六丈木, **尙**未易得, 皆須於嵐勝州采造. (《譚賓錄》〈裴延齡〉)

개원 천보 연간, 가까운 곳에서는 5, 6장 길이의 목재를 찾아도 **아직** 쉽게 얻지 못했으므로, 모두들 강주나 승주로 가서 채집해야 했다.

❷ **부사** 명령이나 희망을 나타내며, '~하라/하시오' '~하자'라고 해석한다.

- 爾**尙**輔予一人! (《尙書》〈湯誓〉)
  당신은 나 한 사람을 도와**주시오**!
- 嗚呼哀哉! **尙**饗◆! (韓愈, 〈祭十二郎文〉)
  아! 슬프구나! 흠향**하라**!
  ◆尙饗(상향): 제사 지낼 때 축문(祝文) 끝에 쓰는 말로 신령이 제물을 '흠향하기 바란다'는 뜻.
- **尙**竭至忠, 共扶新運. (陸秀夫, 〈擬景炎皇帝遺詔〉)
  지극한 충성을 다하여 함께 새로운 국운을 부축**하자**.

❸ **부사** 증가나 보충을 나타내며, '또'라고 해석한다.

- 復力戰山谷間, **尙**四五十里得平地, 不能破, 乃還. (《漢書》〈李陵列傳〉)
  다시 산과 계곡 사이에서 힘껏 싸워 **또** 40, 50리의 땅을 얻었으나 격파시킬 수 없어 곧 돌아왔다.
- 座上**尙**欠小娘子. (《河東記》〈申屠澄〉)
  자리에는 **또** 소녀가 빠졌다.
- 後三十年, **尙**有百姓及廉問周公, 感其功而奏立德政. (《傳奇》〈趙合〉)
  30년 뒤, **또** 백성과 염문주공이 있어 그의 공에 감사하며 덕정비를 세울 것을 주청했다.

❹ **접속사** 강조를 나타내고 대부분 '安(안)' '況(황)' 등과 함께 쓰이며, '~까지' '더욱' '또한' '조차'라고 해석한다.

- 明帝處之**尙**不能以安, 後世奈何? (賈誼, 〈制不定〉)
  현명한 제왕이 처리해도 **또한** 안정되게 할 수 없는데, 후세에 어떻게 할 수 있겠는가?

ㅅ

• 雍齒**尙**爲侯, 我屬無患矣. (《史記》〈留侯世家〉)

옹치가 **또한** 제후로 봉해졌으니 우리는 근심이 없다.

• 且庸人**尙**羞之, 況於將相乎? (《史記》〈廉頗藺相如列傳〉)

일반 사람들**조차** 부끄러워하는데, 하물며 장수와 재상임에랴?

• 民不樂生, **尙**不避死, 安能避罪? (《漢書》〈董仲舒列傳〉)

백성은 즐겁게 살지 못하고 **또한** 죽음을 피할 수 없는데, 어떻게 범죄를 피할 수 있겠는가?

❺ 접속사 '倘(당)'과 통하고, 가설을 나타낸다. 앞 구에서는 어떤 상황이나 일이 계속 나타나거나 존재함을 가정하고, 뒤 구에서는 이로부터 나타난 결과를 추론한다. '만일 ~한다면'이라고 해석한다.

• **尙**欲祖述◆堯·舜·禹·湯之道, 將不可以不尙賢. (《墨子》〈尙賢上〉)

만일 요·순·우·탕의 도를 본받으려 **한다면**, 현인을 존중하지 않아서는 안 된다.

◆祖述(조술): 스승의 도를 본받아서 서술하여 밝힘.

【참고】

숭상하다: • 治平**尙**德行, 有事賞功能. (曹操, 〈論吏士行能令〉) 태평한 시대에는 덕행을 **숭상하지만**, 일이 있을 때는 공능을 장려한다.

尙復(상부)

부사 결과가 의외임을 나타내며, '도리어'라고 해석한다.

• 勤苦如此, **尙復**被水旱之災. (鼂錯, 〈論貴粟疏〉)

이렇게 애써 부지런히 일하고도, **도리어** 홍수와 가뭄의 재난을 당했다.

尙猶/尙猷(상유)

❶ **부사** 어떤 현상이나 동작이 계속됨을 나타내며, '아직' '여전히'라고 해석한다.

- 雖則云然, **尙猷**詢玆黃髮, 則罔所愆. (《尙書》〈秦誓〉)
  비록 이렇게 말하지만, **여전히** 이 노인에게 가르침을 받으면 잘못되는 일이 없을 것이다.
- 向其先表之時可導也. 今水已變而益多矣, 荊*人**尙猷**循表而導之, 此其所以敗也. (《呂氏春秋》〈察今〉)
  먼저 표시해둔 그것을 향했을 때는 [그 표지가 강을 건너는] 길을 인도해줄 수 있었다. [그러나] 지금은 물줄기가 이미 바뀌어 매우 많아졌는데도 초나라 사람들은 **여전히** 그 표지를 따라갔기 때문에 실패했다.
  *荊(형): 지금의 호남성, 광서성 및 귀주(貴州) 지역을 말함. 초나라를 가리킴.

❷ **접속사** 강조를 나타내며, '~까지' '더욱' '또한'이라고 해석한다.

- 世樂志平, 見隣國人之溺, **尙猷**哀之, 又況親戚乎? (《淮南子》〈齊俗〉)
  세상이 즐겁고 뜻(마음)이 평화로우면 이웃 나라 사람이 익사한 것을 보고도 **또한** 슬퍼하는데, 또 하물며 친척임에랴?
- 夫萬乘之王, 千乘之侯, 百室之君**尙猷**患貧, 而況匹夫編戶*之民乎? (《史記》〈貨殖列傳〉)
  만 대의 수레를 가진 제왕이나 천 대의 수레를 가진 제후, 온갖 재산이 있는 군주**까지** 가난을 걱정하는데, 하물며 평범한 백성에 있어서랴?
  *編戶(편호): 서민의 집.

ㅅ

相(상)

❶ **부사** 둘 이상의 사람이나 사물이 어떤 일을 주고받는 것을 나타내며, '서로'라고 해석한다.

- 兄及弟矣, 式**相**好矣, 無**相**猶◆矣. (《詩經》〈小雅 斯干〉)
  형과 아우는 **서로** 우애가 있어 **서로** 도모할 일 없네.
  ◆猶(유): '尤(유)'와 통함.
  猶: 원망할 유
- 故有無**相**生, 難易**相**成, 長短**相**形, 高下**相**盈, 音聲**相**和, 前後**相**隨. (《老子》第二章)
  따라서 있는 것과 없는 것은 **서로** 생겨나고, 어려움과 쉬움은 **서로** 이루며, 길고 짧음은 **서로** 형성되고, 높고 낮음은 **서로** 채워주며, 음과 성은 **서로** 조화를 이루고, 앞과 뒤는 **서로** 따른다.
- 四人◆**相**視而笑. (《莊子》〈大宗師〉)
  네 사람은 **서로** 보고 웃었다.
  ◆四人(사인): 자사(子祀)·자여(子輿)·자리(子犁)·자래(子來)를 가리킨다.
- 故曰教學**相**長也. (《禮記》〈學記〉)
  그러므로 가르치는 것과 배우는 것은 **서로** 성장시킨다고 말한다.
- 沛公軍霸上, 未得與項羽**相**見. (《史記》〈項羽本紀〉)
  패공은 패상에 주둔했는데, 아직 항우와 **서로** 만나지 못했다.
  軍: 진칠 군
- 觀賊衆群輩**相**隨, 軍無輜重, 唯以鈔略爲資. 今不若畜士衆之力, 先爲固守. (《三國志》〈魏書 武帝紀〉)
  적의 군사력을 살펴보면 [늙고 젊은] 사람들이 **서로** 따르고는 있으나, 군대에는 무기와 식량이 없어 오직 약탈로써 재물을 삼았다. 지금은 군사들의 힘을 축적하여 먼저 굳게 지키는 것이 낫다.

• 煢煢孑立, 形影**相**弔. (李密, 〈陳情表〉)

외롭고 의지할 곳 없어 몸과 그림자만이 **서로** 불쌍히 여깁니다.

煢: 외로울 경 | 孑: 고단할 혈

❷ **부사** 둘 이상의 일이나 현상이 번갈아 일어나는 것을 나타내며, '서로'라고 해석한다.

• 前世不同教, 何古之法? 帝王不**相**復, 何禮之循? (《商君書》〈更法〉)

이전 시대에는 가르침이 [각기] 달랐는데, 어느 옛날을 본받아야 합니까? [역대의] 왕은 **서로** 반복되지 않았는데, 어떤 예를 따라야 합니까?

• 天下者, 高祖天下; 父子**相**傳, 此漢之約也. (《史記》〈魏其武安侯列傳〉)

천하는 고조(유방)의 천하이고, 부자가 **서로** [왕위를] 전하니 이는 한나라의 약법(約法)이었다.

• 亡國破家**相**隨屬. (《史記》〈屈原賈生列傳〉)

국가가 멸망하고 집안이 망하는 것은 **서로** 이어서 나타난다.

❸ **부사** 한쪽의 다른 한쪽에 대한 행위를 나타내며, '서로'라고 해석하거나 앞뒤 문장에 따라 알맞은 목적어로 해석한다.

• 從許子之道, **相**率而爲僞者也, 惡能治國家! (《孟子》〈滕文公上〉)

허자의 학설을 따른다면 **서로** [사람들을] 인솔하여 거짓을 행할 것이니, 어찌 국가를 다스릴 수 있겠는가!

• 苟富貴, 無**相**忘! (《史記》〈陳涉世家〉)

[앞으로 우리 중에서 누가] 부귀하게 되더라도 **서로** 잊어서는 안 된다!

• 始吾與公爲刎頸交*, 今王與耳旦暮且死, 而公擁兵數萬, 不肯**相**救. (《史記》〈張耳陳餘列傳〉)

처음에 나와 그대는 생사를 함께하는 친구였는데, 지금 [조나라] 왕과

ㅅ

내가 당장 죽을 지경인데도 그대는 수만의 군대를 거느리고 있으면서 **서로** 구하려 하지 않는구나.

◆刎頸[之]交(문경[지]교): 목이 달아나더라도 마음이 변치 않을 만큼 친한 교제. 곧 생사를 함께하는 친한 사이.

• 穆居家數年, 在朝諸公多有**相**推薦者. (《後漢書》〈朱穆列傳〉)

주목은 몇 년간 집 안에만 있었는데, 조정의 관원들이 대부분 **그를** 추천했다.

• 子敬◆, 孤持鞍下馬**相**迎, 足以顯卿未? (《三國志》〈吳書 魯肅傳〉)

자경, 내가 안장을 잡고 말에서 내려 **당신을** 영접하면, 당신을 빛낼 수 있겠지?

◆子敬(자경): 노숙(魯肅)의 자.

❹ **부사** 어떤 일을 함께하는 것을 나타내며, '모두' '함께'라고 해석한다.

• 其妻歸, 告其妾, 曰: "良人者, 所仰望而終身也, 今若此!" 與其妾訕其良人, 而**相**泣於中庭. (《孟子》〈離婁下〉)

그의 처가 돌아와 [본 상황을] 그의 첩에게 말하기를 "남편은 [우리가] 종신토록 우러러보아야 할 사람인데 지금 이와 같구나!"라고 하고는 첩과 함께 남편을 비방하고 **함께** 뜰 가운데서 울었다.

• 魯孟孫叔孫季孫**相**戮力劫昭公. (《韓非子》〈內儲說下〉)

노나라의 맹손·숙손·계손이 **함께** 힘을 모아 소공을 협박했다.

❺ **어조사** 특별한 뜻 없이 어기를 부드럽게 한다.

• 誓不**相**隔卿, 且暫還家去. (無名氏, 〈焦仲卿妻〉)

당신과 [사랑하는 마음] 변하지 않을 것을 맹세하고, 잠시 집으로 돌아갔다.

• 某新除尚食局令, 有事**相**見相公. (《盧氏雜說》〈尙食令〉)

나는 새로 상식국의 영(令)으로 임명되어, 일이 있어 상공을 만나려고 한다.

【참고】

① 자세히 보다, 자세히 관찰하다: • **相**馬. 말을 **자세히 보다**. • **相**面. 얼굴을 **자세히 보다**. • **相**機行事. 기미를 **자세히 관찰하고** 일을 한다. • **相**時而動. 때를 **자세히 관찰하고** 행동한다.

② 돕다, 원조하다: • 欒桓子**相**趙文子. (《左傳》 昭公元年) 악환자가 조문자를 **도왔다**.

③ [맹인에게] 길을 안내하는 사람: • 猶瞽之無**相**與. (《禮記》〈仲尼燕居〉) 맹인에게 **길을 안내하는 사람**이 없는 것과 같다.

④ [군주를 도와 국사를 책임지는] 재상: • 王侯將**相**寧有種乎! (《史記》〈陳涉世家〉) 왕후장**상**이 어찌 씨가 있었겠는가!

⑤ 예절 의식을 관리하는 사람, 즉 의식의 진행관: • 宗廟之事, 如會同, 端章甫◆, 願爲小**相**焉. (《論語》〈先進〉) 종묘의 일과 [제후들의] 회맹과 같은 것에는 단장보를 쓰고 **소상**이 될 수 있기를 원합니다. ◆端章甫(단장보): '단'은 고대 예복의 이름이고 '장보'는 고대 예모의 이름인데, 합쳐서 '단장보'라고 쓰임.

相與(상여)

부사 여러 사람이 어떤 일을 함께하거나 어떤 일 혹은 상황이 여럿에게 공통으로 일어남을 나타내며, '모두' '함께'라고 해석한다. 뒤에 부사 '共(공)' '俱(구)' 등이 오기도 하는데, '相與(상여)'와 같은 뜻이므로 해석할 필요는 없다.

• 今吳越之國**相與**俱殘. (《呂氏春秋》〈順民〉)

지금 오나라와 월나라는 **모두** 쇠잔해졌다.

- 乃**相與**共立羽爲假相將軍. (《史記》〈項羽本紀〉)

  곧 **모두** 함께 항우를 세워 임시 상장군으로 삼았다.

- 諸侯**相與**約, 先入破秦者王其地. (《漢書》〈蕭何列傳〉)

  제후들은 **모두** 약속하기를, 먼저 [함곡관에] 들어가 진나라를 격파하는 자가 그 땅의 왕이 되기로 했다.

- 時關中諸將馬騰·韓遂等, 各擁彊兵**相與**爭. (《三國志》〈魏書 鍾繇傳〉)

  당시 관중의 장수들 가운데 마등과 한수 등은 각각 강한 병사를 거느리고 **함께** 싸웠다.

- 奇文共欣賞, 疑義**相與**折. (陶淵明, 〈移居〉)

  기이한 문장을 함께 감상하고 의미상 의심나는 부분은 **함께** 분석한다.

- 官吏**相與**慶於庭, 商賈**相與**歌於市, 農夫**相與**忭於野. (蘇軾, 〈喜雨亭記〉)

  관리는 조정에서 **모두** 축하하고, 상인은 시장에서 **함께** 노래하며, 농부는 들에서 **모두** 기뻐한다.

  忭: 좋아할 변

相將(상장)

부사 여럿이 어떤 행위를 함께하는 것을 나타내며, '모두' '전체'라고 해석한다. '相與(상여)'와 같다.

- **相將**折楊柳, 爭取最長條. (令狐楚, 〈春游曲〉)

  모두 버드나무를 꺾는데, 가장 긴 가지를 가지려고 다툰다.

常(상)

❶ **부사** 동작 혹은 행위의 중복이나 연속을 나타내며, '늘' '항상'이라고 해석한다.

- 旦日◆視其書, 乃太公兵法也. 良因異之, **常**習誦讀之. (《史記》〈留侯世家〉)
  다음 날 그 책을 보니 바로《태공병법》이었다. 장량(張良)은 이에 그것을 기이하게 여겨 **늘** 익혀 암송했다.
  ◆旦日(단일): 내일.
- **常**從人寄食飮, 人多厭之者. (《史記》〈淮陰侯列傳〉)
  항상 다른 사람을 따라다니며 음식을 구걸했으므로, 사람들은 대부분 그를 싫어했다.
- 嘏**常**論才性同異, 鍾會集而論之. (《三國志》〈魏書 鍾會傳〉)
  부하(傅嘏)는 **항상** 재성(才性)의 같고 다름에 대해 논했고, 종회는 [그의 관점을] 종합하여 논의했다.
- 岐王◆宅裏尋**常**見, 崔九◆堂前幾度聞. (杜甫, 〈江南逢李龜年◆〉)
  기왕의 집 안에서 **항상** [연주하는 그대를] 보았고, 최구의 정원에서 몇 번이나 들었던가.
  ◆岐王(기왕): 당나라 예종의 넷째 아들 이범.
  ◆崔九(최구): 숫자 '九'는 배항(俳行)으로 종형제의 차례 중 아홉 번째를 가리키며, 당 현종 때의 총신인 최척(崔滌)을 말한다.
  ◆李龜年(이구년): 당나라 최고의 가수.
  岐: 높을 기
- 千里馬**常**有, 而伯樂◆不**常**有. (韓愈, 〈雜說四〉)
  천리마는 **항상** 있으나, 백락은 **항상** 있지 않다.
  ◆伯樂(백락): 진목공(秦穆公) 때 사람으로 말〔馬〕을 잘 감정했다.

ㅅ

• 奢者心**常**貧, 儉者心**常**富. (《愼子》〈外篇〉)

사치스런 사람의 마음은 **항상** 가난하고, 검소한 사람의 마음은 **항상** 부유하다.

• **常**作二鐵板, 一板印刷, 一板已自布字, 此印者才畢, 則第二板已具. 更互用之, 瞬息可就. (《夢溪筆談》〈技藝〉)

늘 두 장의 철판을 만드는데, 한 판을 인쇄하면 한 판에는 벌써 다른 글자를 배열하니, 이 [한 판의] 인쇄가 막 끝나면 두 번째 판은 이미 갖추어졌다. [이처럼] 서로 교대로 사용하므로 매우 빠르게 끝낼 수 있다.

❷ **부사** '嘗(상)'과 통하며, 과거의 경험을 나타낸다. '일찍이 ~한 적'이라고 해석한다.

• 以桀紂爲**常**有天下之籍則然. (《荀子》〈正論〉)

걸과 주가 **일찍이** 천하를 [다스리는] 지위를 차지**했던 적**이 있다고 하면 옳다.

• 是無世而不**常**有之. (《荀子》〈天論〉)

이것은 어느 세상에든 있지 않았**던 적**이 없다.

• **常**數從其下鄕南昌◆亭長寄食. (《史記》〈淮陰侯列傳〉)

일찍이 하향의 남창 정장의 집에서 여러 번 얻어먹**은 적**이 있었다.

◆南昌(남창): 강서성의 수도로 파양호(鄱陽湖)의 남쪽에 있으며 인근 물자의 집산지다.

• 高祖**常**繇咸陽◆. (《漢書》〈高帝紀〉)

고조(유방)는 **일찍이** 함양에서 부역을 나갔다.

◆咸陽(함양): 전국시대 진(秦)나라의 수도로 지금의 섬서성 함양현(咸陽縣).

繇: 부역 요

【참고】

① 영원하다, 고정되다: • 聖人無**常**師. (韓愈, 〈師說〉) 성인에게는 **고정된** 스승이

없다. • 故兵無**常**勢, 水無**常**形. (《孫子兵法》〈虛實〉) 그러므로 군사에는 **고정된** 형세가 없으며, 물에는 **고정된** 모습이 없다.

② 숭상하다, 받들다: • **常**是常. (《詩經》〈商頌 殷武〉) 상만을 **받들었네**.

③ [영원불변의] 도리, 질서: • 倫**常**. 사람이 지켜야 할 **도리**. • 綱**常**. 사람이 지켜야 할 근본 도덕인 삼강(三綱)과 **오상**(五常).

④ 항상성: • 天行有**常**, 不爲堯存, 不爲桀亡. (《荀子》〈天論〉) 자연계의 운행에는 **항상성**이 있는데, 요가 다스린다고 하여 나타나는 것이 아니며, 걸이 다스린다고 하여 소멸되는 것이 아니다.

⑤ 길이를 재는 단위. '尋(심)'의 두 배, 즉 16척(尺)을 말한다. '尋常(심상)'이 '보통의 예사로운 것'을 뜻하는 것 또한 여기에서 응용된 것이다.

⑥ 일정하다: • 故海內之士, 言無定術, 行無**常**議. (《韓非子》〈顯學〉) 그러므로 천하의 인사들은 말함에 일정한 술수가 없고, 행동에도 **일정한** 규범이 없다. • 物有必至, 事有**常**然. (《晏子春秋》〈外篇〉) 사물에는 반드시 지극함이 있고, 일에는 **일정한** 그러함이 있다.

常常(상상)

부사 어떤 사실의 지속을 나타내며, '계속'이라고 해석한다.

• 雖然, 欲**常常**而見之, 故源源◆而來. (《孟子》〈萬章上〉)

비록 그러하나, [순임금은] 그를 **계속** 보고 싶었기 때문에 끊임없이 왔다.

◆源源(원원): 본래는 끊임없이 물이 흐르는 모양을 뜻하지만, 사람과 사물의 연속성과 무궁성을 비유하기도 한다.

詳(상)

부사 목적어가 가리키는 사람이 모두 어떤 동작이나 행위와 직접적으로 관련되었음을 나타낸다. '모두'라고 해석한다.

- 今禮廢樂崩, 朕甚愍焉. 故**詳**延天下方正博聞之士, 咸登諸朝. (《史記》〈儒林列傳〉)

  지금 예는 버려지고 음악은 무너져 짐이 매우 슬프다. 그래서 천하의 품행이 바르고 견문이 넓은 학자를 **모두** 조정으로 불러들여 관리로 임명하려 한다.

嘗(상)

❶ **부사** '曾(증)'과 같고 과거의 경험을 나타내며, '일찍이 ~한 적이 있다'라고 해석한다.

- 吾**嘗**終日而思矣, 不如須臾之所學也. (《荀子》〈勸學〉)

  나는 **일찍이** 온종일 고심**한 적이 있었으나**, 잠시 동안 배우는 것만 못했다.

- 陳涉少時, **嘗**與人傭耕. (《史記》〈陳涉世家〉)

  진섭은 어렸을 때 **일찍이** 다른 사람들과 함께 고용되어 농사를 지**은 적이 있었다**.

- 孫臏**嘗**與龐涓俱學兵法. (《史記》〈孫子吳起列傳〉)

  손빈은 **일찍이** 방연과 함께 병법을 배**운 적이 있었다**.

- **嘗**以什倍之地, 百萬之衆, 叩關而攻秦. (賈誼, 〈過秦論〉)

일찍이 [진나라의] 열 배 되는 토지, 백만의 무리로 함곡관(函谷關)으로 진격하여 진나라를 공격**한 적이 있었다**.

- 玄字太初, 少知名, 弱冠爲散騎黃門侍郎. **嘗**進見, 與皇后弟毛曾竝坐, 玄恥之, 不悅形之於色. (《三國志》〈魏書 夏侯玄傳〉)

  하후현의 자는 태초이며, 어려서부터 이름이 알려졌고, 약관에 산기황문시랑이 되었다. [그는] **일찍이** 나아가 [명제를] 알현**한 적이 있었는데**, 황후의 동생 모증과 나란히 앉게 되자, 하후현은 이를 치욕스럽게 여겨 불쾌한 기분이 얼굴에 드러났다.

- **嘗**一龍◆機發而地不覺動, 京師學者咸怪其無徵. 後數日驛之, 果地震隴西. (《後漢書》〈張衡列傳〉)

  일찍이 한 용의 기관이 움직**인 적이 있었지만** 땅이 움직이는 것을 느끼지 못했으므로, 수도에 있는 학자들은 모두 그것이 징험이 없음을 의아해했다. 며칠 뒤 역전에 [편지를 부치는 사람이] 이르렀는데, 과연 농서에서 지진이 발생했다고 했다.

  ◆龍(용): 장형(張衡)이 만든 지진 측량기의 한 부분.

- 歐陽文忠公**嘗**言曰: "觀人題壁而可知其文章矣." (《夢溪筆談》〈藝文〉)

  구양문충공(구양수)은 **일찍이** "사람이 벽에 시문을 쓰는 것을 보면 그의 문장을 알 수 있다."라고 말**한 적이 있다**.

- 趙**嘗**五戰於秦, 二敗而三勝. (蘇洵, 〈六國論〉)

  조나라는 **일찍이** 다섯 차례 진나라와 싸운 **적이 있는데**, 두 번 지고 세 번 이겼다.

❷ **부사** 어떤 일을 시험 삼아 해보는 것을 나타내며, '~해보다'라고 해석한다.

- 雖然, 請**嘗**言之. (《莊子》〈齊物論〉)

  비록 그러할지라도 청컨대 말**해보시오**.

ㅅ

• **嘗**以語我來! (《莊子》〈人間世〉)

나에게 와서 얘기**해보시오**.

• **嘗**試計之, 人主獨貴者, 政亦獨制. (章炳麟, 〈秦政記〉)

계획을 세워**보면**, 임금은 홀로 [대권을 쥐고] 귀하니, 정치 또한 홀로 만들어야 한다.

❸ **부사** 동작이나 행동이 항상 발생함을 나타내며, '~마다' '항상'이라고 해석한다.

• 故**嘗**陰養謀臣以求立. (《史記》〈刺客列傳〉)

[공자(公子) 광(光)은] 이 때문에 **항상** 은밀히 지혜로운 신하를 길러 자립하[여 왕이 되]기를 도모했다.

• 鄴三老·廷掾**嘗**歲賦斂百姓. (《史記》〈滑稽列傳〉)

업 지역의 삼로와 정연은 해**마다** 백성에게 세금을 걷었다.

【참고】

① 맛보다: • 臥薪**嘗**膽. 땔나무에 눕고 쓸개를 **맛본다**.

② 시험하다: • 淺**嘗**輒止. 슬쩍 **시험하고는** 곧 멈추었다.

③ 경력: • 艱苦備**嘗**. 각고의 노력으로 **경력**을 갖추었다.

嘗已(상이)

부사 과거의 사실이나 경험을 나타낸다. '嘗(상)'과 같고 '일찍이'라고 해석한다.

• 要事之三年所, 卽**嘗已**爲人治, 診病決死生, 有驗, 精良. (《史記》〈扁鵲倉公列傳〉)

3년쯤 이 일에 몰두한 뒤에야 **일찍이** 남을 위하여 병을 치료하고 생사를 판단해주기도 했는데, 효험이 있고 정밀하며 뛰어났다.

- 夫**嘗已**在貴寵之位, 天子改容而體貌◆之矣. (《漢書》〈賈誼列傳〉)

  그가 **일찍이** [천자의] 아낌과 사랑을 받는 자리에 있을 때, 천자는 몸가짐을 고치며 예우했다.

  ◆體貌(체모): 예우함.

胥(서)

❶ **부사** 서로 호응하는 관계를 나타낼 때는 '서로'라고 해석하고, 전체를 총괄함을 나타낼 때는 '모두'라고 해석한다.

- 不能**胥**匡以生. (《尚書》〈盤庚上〉)

  서로 돕고 살 수 없었다.

- 兄弟昏姻, 無**胥**遠矣. (《詩經》〈小雅 角弓〉)

  형제와 친척은 **서로** 멀리하지 마라.

- 爾之遠矣, 民**胥**然矣; 爾之教矣, 民**胥**傚矣. (《詩經》〈小雅 角弓〉)

  당신이 멀리하면 백성은 **모두** 그렇게 하고, 당신이 가르치면 백성은 **모두** 본받는다.

❷ **대사** '그'라고 해석한다. 문장 속에서 주로 목적어로 사용된다.

- 盤庚五遷, 將治亳殷, 民咨**胥**怨. (《尚書》〈盤庚上〉)

  반경이 [도읍을] 다섯 차례 옮기고 또한 호은을 다스리려 하니, 백성이 **그**를 원망하며 탄식한다.

- 然盤庚之遷, **胥**怨者民也, 非特朝廷士大夫而已. (王安石, 〈答司馬諫議書〉)

그러나 반경이 [도읍을] 옮기자 **그**를 원망하는 자들은 백성이었으니, 다만 조정의 사대부만은 아니었다.

[참고]

① 낮은 관리: • 爲鄕師里**胥**. (柳宗元, 〈梓人傳〉) 마을에서 **낮은 관리**가 되었다.

② 기다리다: • **胥**令而動者也. (《管子》〈君臣上〉) 명령을 **기다려** 행동하는 것이다.

庶(서)

❶ **부사** 바람이나 기대를 나타내며, '바라건대' '원하건대'라고 해석한다. 동사처럼 해석하기도 한다.

• **庶**有達者, 理而董之. (許愼, 〈說文解字敍〉)

학식 있는 사람이 정리하여 바로잡기를 **바란다**.

董: 바로잡을 동

• **庶**竭駑鈍, 攘除◆奸凶, 興復漢室, 還於舊都. (諸葛亮, 〈出師表〉)

[신의] 아둔한 [재주를] 다하여 간사하고 흉악한 자들을 물리쳐 없애고, 한나라 왕실을 다시 일으켜 옛 수도로 돌아가기를 **원합니다**.

◆攘除(양제): 물리쳐 없앰.

• 誰能久不顧? **庶**往共饑渴. (杜甫, 〈自京赴奉先咏懷五百字〉)

어찌 오랫동안 [자기 가정을] 돌보지 않을 수 있으랴? 가서 함께 굶주리고 목마르기를 **바라네**.

• 幸後之人與我同志, 嗣而葺之, **庶**斯樓之不朽也! (王禹偁, 〈黃岡竹樓記〉)

다행히 후대의 사람들이 나와 뜻이 같아, 이어서 그것을 세워 이 누각이 영원하기를 **바란다**!

❷ **부사** 추측을 나타내며, '아마도' '어쩌면' 등으로 해석한다.

• 后稷肇祀, **庶**無罪悔, 以迄于今. (《詩經》〈大雅 生民〉)
후직은 제사를 처음 만들어 **아마도** 죄나 회한 없이 지금까지 이르렀을 것이다.

• 君姑修政而親兄弟之國, **庶**免於難. (《左傳》 桓公六年)
임금께서는 우선 정사를 바르게 하고 형제 국가와 친하면, **아마도** 재난을 면할 수 있을 것입니다.

• 我君景公引領西望, 曰: "**庶**撫我乎!" (《左傳》 成公十三年)
우리 임금 경공은 목을 빼고 서쪽을 바라보며 말했다. "**어쩌면** 우리를 위로하려는 것이겠지!"

• 四體誠乃疲, **庶**無異患干. (陶淵明, 〈庚戌歲九月中於西田穫早稻〉)
사지가 정말 피로하면, **아마도** 의외의 우환은 없을 것이다.

• 斯則人心定而事理得, **庶**可以靜風俗, 而審官才矣. (《三國志》〈魏書 夏侯玄傳〉)
이와 같으면 사람들의 마음은 안정되고 일은 이치에 맞을 것이며, **아마도** 풍속을 정화하고 관리가 될 인재를 살필 수 있을 것이다.

[참고]

① 많다: •**庶**事精練. (《三國志》〈蜀書 諸葛亮傳〉) **많은** 사무에 숙달되어 있다. •富**庶**. [살림이] 넉넉하고 [백성이] **많다**.

② 여러: •**庶**務. **여러** 잡다한 사무.

③ 벼슬이 없는 사람: •**庶**人/**庶**民. 서민. •宮中朝制一衣, **庶**家晩已裁學, 侈麗之源, 實先宮閫. (《資治通鑑》〈宋紀〉 文帝元嘉三十年) 궁궐에서 아침에 옷 한 벌을 만들면 **서민** 집에서 밤에 재단하니, 사치의 근원은 실로 궁궐에서 시작되었다. 閫: 문지방 곤

④ 서출: •**庶**子. 첩이 낳은 아들.

ㅅ

⑤ 비슷하다, 가깝다: • 晉其**庶**乎! (《左傳》 襄公二十六年) 진나라는 **가깝구나**! [잘 다스려지는 것을 비유함.] • 回也其**庶**乎! (《論語》 〈先進〉) 안회(顏回)는 **비슷하구나**! [도덕규범에 도달했음을 가리킴.]

庶幾(서기)

❶ **부사** 동작의 시행이나 상황의 출현을 기대하는 뜻을 나타내며, '바라건대' '원컨대' '~이겠지요' 등으로 해석한다. 동사처럼 해석하기도 한다.

- 旣見君子, **庶幾**說◆懌. (《詩經》 〈小雅 頍弁〉)
  이미 군자를 보았으니 기쁘**겠지요**.
  ◆說(열): '悅(기쁠 열)'과 같다.
- 懼而奔鄭, 引領南望曰: "**庶幾**赦余!" (《左傳》 襄公二十六年)
  [초거(椒擧)는] 두려워 정나라로 달아나 목을 빼고 남쪽을 바라보면서 말했다. "**원컨대** 저를 용서해주십시오!"
- 吾雖薄德, 位爲藩侯◆, 猶**庶幾**戮力◆ 上國, 流惠下民. (曹植, 〈與楊德祖書〉)
  나는 비록 덕이 적고 지위는 제후이지만, 오히려 위로는 나라를 위해 힘을 합하고 아래로는 백성에게 은혜를 베풀기를 **바란다**.
  ◆藩侯(번후): 제후.
  ◆戮力(육력): 힘을 합하다.
  戮: 합할 륙

❷ **부사** 추측을 나타내며, '대개' '아마도' '어쩌면'이라고 해석한다.

- 今行父雖未獲一吉人, 去一凶矣. 於舜之功, 二十之一也. **庶幾**免於戾乎. (《左傳》 文公十八年)
  지금 행보는 비록 훌륭한 한 사람을 얻지 못했지만, 흉악한 한 사람을 제거했다. 순의 공적에 비해 20분의 1은 되니 **아마도** 죄를 면할 수 있을 것이다.

戾: 어그러질 려, 죄 려

- 吾王**庶幾**無疾病與. 何以能田獵也? (《孟子》〈梁惠王下〉)

  우리 왕은 **아마** 질병이 없나 보다. 어떻게 사냥을 하실 수 있는가?

- 汝方將忘汝神氣, 墮汝形骸, 而**庶幾**乎. (《莊子》〈天地〉)

  그대는 그대의 정신과 기운을 잊고 그대의 육체를 버리면 **아마도** [도에] 가까워질 것이오.

- 方士更言蓬萊諸神山若將可得, 於是上欣然**庶幾**遇之. 乃復東至海上望, 冀遇蓬萊焉. (《史記》〈孝文本記〉)

  방사들이 봉래산과 같은 신선들이 사는 산을 찾을 수 있을 것이라고 다시 아뢰자, 이에 천자는 기뻐하면서 이번에는 **어쩌면** 신선을 만날 수 있으리라 보았다. 이에 다시 동쪽으로 가 바닷가에 도착해 멀리 내다보면서 봉래의 신선을 만나기를 바랐다.

- 中興機會, **庶幾**在此. (文天祥, 〈指南錄後序〉)

  국가가 부흥할 기회는 **어쩌면** 이것에 있을 것이다.

【참고】

'庶(서)'와 같다. 비슷하다, 가깝다: • 王之好樂甚, 則齊國其**庶幾**乎. (《孟子》〈梁惠王下〉) 왕이 음악을 매우 좋아한다면 제나라는 **비슷하게** 될 것이다. [왕업을 성취하는 것을 가리킴.] • 假令韓信學道謙讓, 不伐己功, 不矜其能, 則**庶幾**哉! (《史記》〈淮陰侯列傳〉) 만일 한신이 도리를 배워 겸양한 태도로 자기 공로를 뽐내지 않고 자기 능력을 자랑하지 않았다면, 거의 [주공(周公) 등의 공적에] **가까울**진저!

庶乎(서호)

부사 추측을 나타내며, '아마도' '~할 것이다'라고 해석한다.

- 子曰: "回也其**庶乎**屢空." (《論語》〈先進〉)

  공자께서 말씀하셨다. "회(안회)는 거의 도를 터득했**을 것이다**."

- 人其人, 火其書, 廬其居, 明先王之道以道之, 鰥寡孤獨廢疾者有養也, 其亦**庶乎**其可也. (韓愈, 〈原道〉)

  그 사람들(중과 도사)을 사람답게 하고 그(불경과 도술) 책을 태워버리며 그 거처를 집으로 만들고 선왕의 도(道)를 밝혀 그들을 인도하면, 늙은 홀아비, 늙은 과부, 어린 고아, 자식 없는 늙은이, 그리고 병든 사람을 보살필 것이니 [이렇게 하면] 거의 **될 것이다**.

庶或(서혹)

부사 기대나 추측을 나타내며, '어쩌면' '아마도'라고 해석한다.

- 若上下同心, **庶或**有瘳. (《後漢書》〈和帝紀〉)

  만일 위와 아래가 한마음 같다면 **아마도** 병이 나을 것이다.

- 公帷幄◆寵臣, 有罪首實, **庶或**見原. (《資治通鑑》〈宋紀〉 文帝元嘉二十七年)

  당신이 지모가 있고 총애를 받는 신하이며 죄가 있어도 성실을 으뜸으로 삼는다면, **아마도** 용서받을 수 있을 것이다.

  ◆帷幄(유악): 지혜로운 신하.

旋(선)

부사 '隨(수)'와 통하고, 어떤 일 혹은 행동이 끝나고서 곧바로 다음 일 혹은 행동이 이어짐을 나타내며, '곧' '곧이어' '오래지 않아' '즉시'라고 해석한다.

- 登之罘, 刻石 …… **旋**遂之琅琊, 道上黨入. (《史記》〈秦始皇本紀〉)
  부산(罘山)에 올라 [공을] 돌에 새기고 …… **곧이어** 낭야산(琅琊山)으로 가서 상당으로 들어갔다.
- 卓既殺瓊·珌, **旋**亦悔之. (《後漢書》〈董卓列傳〉)
  동탁은 오경(伍瓊)과 주필(周珌)을 죽이고 나서 **곧** 또 후회했다.
- 有奇字素無備者, **旋**刻之, 以草火燒, 瞬息可成. (《夢溪筆談》〈技藝〉)
  [만약] 기이한 글자를 평소에 준비해놓지 않았다면, **즉시** 그것을 새겨 풀로 불사르면 순식간에 이룰 수 있다.

【참고】

① 회전하다: • 列星隨**旋**. (《荀子》〈天論〉) 죽 늘어선 별들이 **회전한다**.

② 돌아오다: • 未知何日**旋**. (李商隱, 〈行次西郊作〉) 언제 **돌아올지** 모른다.

設(설)

접속사 가설을 나타내며, '만일 ~한다면'이라고 해석한다.

- 莊公死, 子般弑, 閔公弑, 比三君死, 曠年◆無君. **設**以齊取魯, 曾◆不興師, 徒以言而已矣. (《公羊傳》閔公二年)

노장공(魯莊公)이 죽고 자반이 피살되고 민공이 피살되었으니, 연이어 세 군주가 죽어 오랫동안 군주가 없었다. **만일** 제나라에 의지하여 노나라를 얻으려 **한다면** 군대를 일으킬 것조차 없이 다만 [몇 마디] 말이면 된다.

◆曠年(광년): 오랜 세월.

◆曾(증): 여기서는 강조를 나타내며, '~조차'라는 뜻이다.

- **設**百歲後, 是屬寧有可信者乎? (《史記》〈魏其武安侯列傳〉)

  만일 [황제께서] 돌아가시기라도 **한다면** 이들을 어찌 믿을 수 있겠소?

- **設**以炮至, 吾村不齏粉乎? (《清稗類鈔》〈馮婉貞〉)

  만일 [적군이] 화포를 가지고 이른**다면**, 우리 마을은 잿더미가 되지 않겠습니까?

  齏: 회 제, 부술 제

【참고】

① 설치하다, 차려놓다: • 張樂**設**飮, 郊迎三十里. (《戰國策》〈秦策一〉) 음악을 연주하고 음식을 **차려놓고는** 30리 밖 교외에서 맞이했다. • 以**設**制度, 而立田里. (《禮記》〈禮運〉) 제도를 **설치하고** 마을을 세웠다.

② 임용하다: • 故正義之臣**設**, 則朝廷不頗. (《荀子》〈臣道〉) 그러므로 정의로운 신하가 **임용되면** 조정에 편파가 없다.

設其(설기)

접속사 가설을 나타내며, '만일 ~한다면'이라고 해석한다. '設令(설령)' '設使(설사)' '設若(설약)' '設如(설여)'와 같다.

- **設其**傲狠, 殊無入志. (《三國志》〈魏書 王朗傳〉)

  만일 오만하고 마음이 삐뚤어**지면** 전혀 뜻을 세울 수 없다.

• **設其**必爾, 民何望乎? (《三國志》〈吳書 孫策傳注引吳錄〉)

만일 틀림없이 그렇**다면** 백성이 무엇을 바라겠습니까?

設令(설령)

접속사 가설을 나타내며, '만일 ~한다면'이라고 해석한다.

• **設令**時命不成, 死國埋名, 猶可以不慙於先帝. (《漢書》〈翟方進列傳〉)

만일 하늘로부터 받은 명을 이루지 못하고 국가를 위해 목숨을 바치고도 이름을 숨긴**다면**, 오히려 선제에게 부끄러운 일이 아닐 수 있겠는가.

• **設令**列船津要, 堅城據險, 橫行之計, 其殆難捷. (《三國志》〈魏書 傅嘏傳〉)

만일 [적군이] 나루터의 요충지에 배를 나란히 정박하고서, 성을 튼튼히 하고 험준함에 의지**한다면**, 도리에 어긋나는 계책으로는 아마 승리하기 어려울 것이다.

設使(설사)

접속사 가설을 나타내며, '만일 ~한다면'이라고 해석한다.

• **設使**國家無有孤, 不知當幾人稱帝, 幾人稱王. (曹操, 〈讓縣自明本志令〉)

만일 국가에 내가 없**다면** 장차 황제라 일컬을 자가 몇이고, 왕이라 일컬을 자가 몇이나 될지 모르겠다.

• 然**設使**世人習《春秋》而唯取兩傳也, 則當其時二百四十年行事茫然闕如, 俾後來學者代成聾瞽者矣. (《史通》〈申左〉)

그러나 **만일** 세상 사람들이 《춘추》를 배우면서 단지 《공양전(公羊傳)》과 《곡량전(穀梁傳)》만을 받아들인**다면**, 그 [춘추] 시기 240년의 구체적인 일은 없었다는 듯이 기록하지 않아, 뒤에 배우는 사람들을 대대로 귀멀고 눈 먼 자가 되게 할 것이다.

成(성)

부사 '誠(성)'의 가차자로서 상황이 분명함을 나타내며, '정말로' '확실히'라고 해석한다.

• **成**不以富, 亦祇以異. (《詩經》〈小雅 我行其野〉)

정말로 부자를 찾지 않고 역시 그저 기이한 것만 찾는구나.

• 若夫坐如尸, 立如齊, 弗訊不言, 言必齊色, 此**成**人之善者也, 未得爲人子之道也. (《大戴禮記》〈曾子事父母〉)

만일 조금의 움직임도 없이 앉아 있고, 공손하게 서 있으면서 묻지 않으면 말하지도 않으며, 말을 하면 반드시 엄숙한 표정을 짓는다면, 이는 **확실히** 괜찮은 사람이지만 자식의 도리는 되지 못한다.

• 世有圍棊之戲, 或言是兵法之類也. 及爲之, 上者遠棊疏張置, 以會圍, 因而伐之, **成**多得道之勝. (《新論》〈言體〉)

세상에는 바둑이라는 놀이가 있는데, 어떤 사람은 이것이 병법과 유사하다고 말한다. 바둑을 둘 때 고명한 사람은 바둑판의 먼 곳과 소원한 곳에서부터 [바둑돌을] 모아가며 에워싸다가 형세를 따라 [상대방을] 공격하는데, **확실히** 바둑 두는 법으로부터 얻은 승리가 많았다.

【참고】

이루다: • 太祖曰: "使孤**成**大業者, 必此人也." (《三國志》〈魏書 郭嘉傳〉) 태조(조조)가 말했다. "내가 대업을 **이루게** 할 사람은 반드시 이 사람(곽가郭嘉)이다."

誠(성)

❶ **부사** 확신이나 강한 긍정을 나타내며 어감을 강화한다. '진실로' '참으로' '충분히' '확실히'라고 해석한다.

- 子**誠**齊人也! 知管仲·晏子而已矣. (《孟子》〈公孫丑上〉)
  그대는 **진실로** 제나라 사람이구나! 단지 관중과 안자를 알 뿐이구나.
- 己**誠**是也, 人**誠**非也, 則是己君子而人小人也. (《荀子》〈榮辱〉)
  자신이 **확실히** 옳고 다른 사람이 **확실히** 틀렸다면, 곧 자신은 군자이고 다른 사람은 소인이다.
- 臣**誠**知不如徐公美. (《戰國策》〈齊策一〉)
  신은 **진실로** 제가 서공의 아름다움만 못함을 압니다.
- 一寸之地, 一人之衆, 天子無所利焉, **誠**以定治而已. (《漢書》〈賈誼列傳〉)
  한 치의 땅, 한 사람의 백성이 천자에게 이로운 것이 아니라 [천자에게 필요한 것은] **진실로** 정치를 바로잡는 것뿐이다.
- 平城◆之下亦**誠**苦, 七日不食, 不能彀弩. (《漢書》〈匈奴列傳〉)
  평성의 아래에서는 또한 **진실로** 고통스러웠는데, 이레 동안 먹지 못하여 쇠뇌조차 당길 수 없었다.

  ◆平城(평성): 한고조(유방)가 흉노에게 포위되었다가 진평(陳平)의 계책으로 겨우 위급을 면했던 곳이다. 지금의 산서성 대동현(大同縣) 동쪽에 있음.
- 相國◆**誠**善楚太子乎? (《史記》〈春申君列傳〉)
  상국은 **진실로** 초나라 태자와 사이가 좋은가?

  ◆相國(상국): 진(秦)나라 재상 범수(范雎).
- 賢者**誠**重其死. (《史記》〈季布欒布列傳〉)
  어진 사람은 **진실로** 자기의 죽음을 중시한다.
- **誠**恐己離兵, 爲人所禍也. (曹操, 〈讓縣自明本志令〉)

ㅅ

자기가 병권을 잃어 다른 사람에게 해를 입을까 **참으로** 걱정이다.

• 今天下三分, 益州◆疲弊, 此**誠**危急存亡之秋也. (《三國志》〈蜀書 諸葛亮傳〉)

지금 천하는 셋(위·촉·오)으로 나뉘었는데, [우리] 익주가 피폐하니 이는 **확실히** [국가의] 존망을 다투는 위급한 때이다.

◆益州(익주): 지금의 사천성. 당(唐)나라 이후에는 성도부(成都府)라 개칭했다.

❷ **부사** 의문문에 사용되어 상황의 종결을 나타내며, '결국' '과연' 등으로 해석한다.

• 是**誠**何心哉? (《孟子》〈梁惠王上〉)

이것(큰 소를 작은 양으로 바꾸게 한 것)은 **과연** 어떤 마음입니까?

• 良曰: "沛公**誠**欲倍項王邪?" (《史記》〈留侯世家〉)

장량(張良)이 말했다. "패공은 **결국** 항왕을 배반하려 합니까?"

倍: 배반할 배

❸ **접속사** 가정한 일이 실제와 꼭 들어맞는 것을 나타내며, '과연' '만일' '진실로' 등으로 해석한다.

• 趙**誠**發使尊秦昭王爲帝, 秦必喜, 罷兵去. (《戰國策》〈趙策三〉)

조나라가 **진실로** 사신을 보내 진나라 소왕을 황제로 받들면, 진나라는 반드시 기뻐하며 군사를 거두어 떠날 것이다.

• 今**誠**以吾衆詐自稱公子扶蘇◆·項燕, 爲天下唱, 宜多應者. (《史記》〈陳涉世家〉)

지금 **만일** 우리가 거짓말로 공자 부소와 항연[의 부하라고] 천하에 외치면, 반드시 많은 호응자들이 있을 것이다.

◆扶蘇(부소): 진시황의 맏아들로서 시황제의 분서갱유를 간언하다 내쳐졌으며, 시황제가 죽은 뒤 이사와 조고(趙高)의 거짓 조서로 자결할 것을 명령받았다.

• 大王**誠**能聽臣計, 卽歸燕之十城. (《史記》〈蘇秦列傳〉)

대왕이 **만일** 신의 계책을 들어주신다면, 즉시 연나라의 성 열 개를 돌려주십시오.

- **誠**有傳聖業之知, 伐孔子之說, 何逆於理? (《論衡》〈問孔〉)
  만일 위업을 전수할 탁견이 있어서 공자의 견해를 비평한다면, 무엇이 이치에 어긋나겠는가?
- 毗曰: "**誠**以爲非也." (《三國志》〈魏書 辛毗傳〉)
  신비가 말했다. "**확실히** 잘못되었다고 생각합니다."
- 今將軍**誠**能命猛將統兵數萬, 與劉豫州協規同力, 破曹軍必矣. (《資治通鑑》〈漢紀〉 獻帝建安十三年)
  지금 장군이 **과연** 용감한 장수에게 병사 수만 명을 통솔하게 하여 유예주와 협력하게 할 수 있으면, 조조의 군대를 쳐부술 것이 틀림없다.

ㅅ

【참고】

진실, 진실하다: • **誠**心**誠**意. **진실한** 마음과 **진실한** 뜻. • 子以吾言爲不**誠**, 試入診太子. 當聞耳鳴而鼻張. (《史記》〈扁鵲倉公列傳〉) 당신이 나의 말이 **진실되지** 않다고 생각하면 들어가 태자를 진단해보시오. 아마 그의 귓속에서 울리는 소리와 콧속에서 나는 소리를 들을 수 있을 것이오. • 開**誠**布公. **진실한** 마음을 열어 공에게 말하다. • 以**誠**相見. **진실**로써 만나다.

誠令(성령)

접속사 가설을 나타내며, '가령' '만일'이라고 해석한다.

- **誠令**成安君◆聽足下計, 若信者亦已爲禽矣. (《史記》〈淮陰侯列傳〉)
  만일 성안군이 그대의 계책을 들었다면, [나] 한신(韓信) 같은 이도 이미 붙잡혔을 것이다.

◆成安君(성안군): 조나라의 진여(陳餘)를 말한다. 한나라 군사가 천 리 먼 곳까지 와서 굶주리고 곤경에 처하게 되자, 광무군(廣武君) 이좌거(李左車)는 교전을 피하고 물자 보급로를 끊는 것만으로도 승리할 수 있다는 주장을 한다. 그러나 선비의 성품을 지닌 진여는 정정당당한 싸움을 주장하며 이좌거의 계책을 쓰지 않은 결과, 패하여 지수(泜水)가에서 죽었다.

• **誠令**吳得豪桀, 亦且輔王爲義, 不反矣. (《史記》〈吳王濞列傳〉)

만일 오나라가 호걸을 얻고 또 왕을 의롭게 보좌했더라면, 모반하지 않았을 것이다.

誠實(성실)

부사 확신이나 강한 긍정을 나타내며, '정말로' '확실히' 등으로 해석한다.

• 賈子厚**誠實**凶德, 然洗心向善. (《後漢書》〈郭太列傳〉)

가자후는 **정말로** 흉악한 행실을 했으나 잘못을 뉘우치고 착해지려고 한다.

少(소)

부사 정도가 깊지 않거나 수량이 많지 않음을 나타내며, '대개' '약간' '조금'이라고 해석한다.

• 始舍之, 圉圉◆焉, **少**則洋洋◆焉. (《孟子》〈萬章上〉)

처음 그것(물고기)을 [연못에] 풀어놓으면 죽은 듯이 움직이지 않다가 **조금** 뒤에는 기운을 차린다.

◆圉圉(어어): 괴로워 펴지 못하는 모양.

◆洋洋(양양): 느린 모양.

• 太后之色**少**解. (《戰國策》〈趙策四〉)
 태후의 [화난] 기색이 **약간** 누그러졌다.

• 令廣幷於右將軍軍, 出東道. 東道**少**回遠, 而大軍行, 水草少, 其勢不屯行. (《史記》〈李將軍列傳〉)
 이광(李廣)은 우장군(조식趙食)의 군대와 합병하라는 명령을 받고 동쪽 길로 출발했다. 동쪽 길은 **약간** 멀리 돌아가야 했으며, [게다가] 대부대가 행군하기에는 수초가 적었으므로 그 형세는 주둔하기도 행군하기도 어려웠다.

• 命士**少**休, 食干糒, 整羈靮. (《資治通鑑》〈唐紀〉 獻宗元和十二年)
 병사들에게 **잠시** 쉬면서 밥을 먹고 말굴레와 말고삐를 정리하게 했다.
 糒: 건량 비(말린 밥) | 靮: 고삐 적

• 賓客意**少**舒, 稍稍正坐. (林嗣環, 〈口技〉)
 빈객들은 마음이 **약간** 풀어져서 점점 단정하게 앉았다.

• **少**焉, 月出於東山之上, 徘徊於斗牛◆之間. (蘇軾, 〈赤壁賦〉)
 조금 있으니 달은 동산 위로 나와 북두성과 견우성 사이에서 배회한다.
 ◆斗牛(두우): 북두성과 견우성.
 斗: 별이름 두

【참고】

① 짧은 시간: • **少**頃. **잠깐** 동안. • **少**焉. **잠시** 후에.

② 소년, 청년: 대체로 30세 미만을 모두 '少(소)'라고 했다.

③ 모자라다: • 偏插茱萸**少**一人. (王維, 〈九月九日憶山東兄弟〉) 수유를 [머리에] 돌려 꽂는데 한 사람이 **모자라네**.

所(소)

❶ 접속사 가설을 나타내며, '만일'이라고 해석한다. 선진 시기의 문헌에 보이는데 용례는 많지 않다.

- 爾**所**弗勖, 其于爾躬有戮! (《尙書》〈牧誓〉)
  너희가 **만일** 힘쓰지 않으면 그때 너희에게는 죽음이 있을 뿐이다!
  勖: 힘쓸 욱
- **所**可道也, 言之醜也! (《詩經》〈鄘風 墻有茨〉)
  만일 말할 수 있더라도 말하면 추해질 것을!
- **所**不與舅氏同心者, 有如白水. (《左傳》僖公二十四年)
  [나 중이(重耳)가] **만일** 외숙부(자범子犯)와 마음이 같지 않다면, 저 맑고 깨끗한 물이 알아내 대항할 것입니다.
- **所**有玉帛之使者則告, 不然, 則否. (《左傳》宣公十年)
  만일 옥과 비단을 가진 사자가 있으면 알리고, 그렇지 않으면 알리지 마라.
- **所**不此報, 無能涉河. (《左傳》宣公十七年)
  만일 이것(원수)을 갚지 못하면 [나는] 황하를 건널 수 없다.
- 予**所**否者, 天厭之! 天厭之! (《論語》〈雍也〉)
  만일 내가 [예에 어긋나는] 부당한 짓을 저질렀다면, 하늘이 나를 싫어할 것이다! 하늘이 나를 싫어할 것이다!
- **所**問高大, 而對以卑狹, 則明主弗受也. (《韓非子》〈難一〉)
  만일 높고 원대한 물음에 천박하고 협소하게 대답하면, 현명한 군주는 받아들이지 않는다.
- 君**所**不爲, 百姓何從? (《禮記》〈哀公問〉)
  그대가 **만일** 하지 않는다면 백성은 무엇을 따르겠는가?

❷ **어조사** 동작 혹은 행위의 대상·장소·수단·원인 등을 나타낸다. '~하는 [사람/일/물건/곳]'이라고 해석한다.

- 蔽芾◆甘棠◆, 勿翦勿敗, 召伯◆**所**憩. (《詩經》〈召南 甘棠〉)

  무성한 감당나무를 [도끼로] 베지도 말고 꺾지도 말지니, 소백이 쉬던 **곳**이다.

  ◆蔽芾(폐비): 나무가 무성하게 자라 가지가 하늘을 온통 덮고 있는 모습.

  ◆甘棠(감당): 배나무와 비슷하나 약간 작으며 2월에 꽃이 핀다. 배보다는 작은 열매가 열리며 서리가 내릴 때쯤에 먹는다. 팥배나무라고도 한다.

  ◆召伯(소백): 옛날 학자들은 소공(召公) 석(奭)이라고 보았으나 소목공(召穆公)으로 보는 견해가 많다.

- 其北陵, 文王之**所**避風雨也. (《左傳》僖公三十二年)

  그 북릉은 문왕이 비바람을 **피했던 곳**이다.

- 冀之北土, 馬之**所**生. (《左傳》昭公四年)

  기주(冀州)의 북쪽 땅은 말이 산출되**는 곳**이다.

- 殷因於夏禮, **所**損益可知也. (《論語》〈爲政〉)

  은나라는 하나라의 예절을 좇았으니 **버린 것**과 **더한 것**을 알 수 있다.

- 殺**所**不足而爭**所**有餘, 不可謂智. (《墨子》〈公輸〉)

  부족**한 것**(백성)을 죽이면서 많**은 것**(토지)을 다투는 것은 가히 지혜롭다고 할 수 없다.

- 他日, 子夏·子張·子游以有若似聖人, 欲以**所**事孔子事之. (《孟子》〈滕文公上〉)

  어느 날 자하·자장·자유는 유약이 성인과 닮았다고 여겨 공자를 섬기**던 것**(방법)으로 그를 섬기려 했다.

- 法之**所**無用也. (《莊子》〈胠篋〉)

  [이들에게는] 법이 쓸모없**는 것**이다.

- 邪穢在身, 怨之**所**構. (《荀子》〈勸學〉)

ㅅ

사악함과 더러움을 몸에 지니고 있으면 원망이 모이는 **것**(원인)이다.

穢: 더러울 예

- 國平養儒俠, 難至用介士, **所**利非**所**用, **所**用非**所**利. (《韓非子》〈五蠹〉)

국가가 안정됐을 때는 유학자와 협사를 양성하면서도 재난이 닥치면 무인을 쓰는데, 이익을 주**는 사람**은 등용**한 사람**이 아니고 등용**한 사람**은 이익을 주**는 사람**이 아니다.

- 吾聞上君**所**與居, 皆其**所**畏也; 中君之**所**與居, 皆其**所**愛也; 下君之**所**與居, 皆其**所**侮也. (《韓非子》〈外儲說左下〉)

나는 최상의 군주가 함께**하는 사람**은 모두 군주가 경외**하는 사람**이고, 중등의 군주가 함께**하는 사람**은 모두 군주가 아끼**는 사람**이며, 하등의 군주가 함께**하는 사람**은 모두 군주가 가벼이 여기**는 사람**이라고 들었다.

- 此嬰之**所**爲不敢受也. (《晏子春秋》〈內篇雜下〉)

이 점이 [저] 안영(晏嬰)이 감히 받지 못**하는 까닭**이다.

- 奪其**所**憎而與其**所**愛. (《戰國策》〈趙策四〉)

그가 싫어**하는 것**을 빼앗고 그가 좋아**하는 것**을 주는 것이다.

- 諾, 恣君之**所**使之! (《戰國策》〈趙策四〉)

좋다, 그대가 그에게 시키**는 바**대로 따르리라.

- 有道之士, 貴以近知遠, 以今知古, 以**所**見知**所**不見. (《呂氏春秋》〈察今〉)

이치에 통달한 사람은 가까운 것에 근거하여 멀리 있는 것을 알고, 현재에 근거하여 옛것을 알며, 보이**는 것**에 근거하여 보이지 않**는 것**을 아는 것에 중점을 둔다.

- 是吾劍之**所**從墜. (《呂氏春秋》〈察今〉)

여기가 내 칼이 떨어**진 곳**이다.

- 舟車**所**至, 人力**所**通, 天之**所**覆, 地之**所**載, 日月**所**照, 霜露**所**墜, 凡有血氣者, 莫不尊親. (《禮記》〈中庸〉)

배와 수레가 이르**는 곳**, 인력이 통하**는 곳**, 하늘이 덮고 있**는 곳**, 땅이 신고 있는 **곳**, 해와 달이 비추는 **곳**, 서리와 이슬이 내리는 **곳**의 모든 혈기 있는 사람은 [그를] 존경하고 친애하지 않을 수 없다.

- 梁乃召故所知豪吏, 諭以**所**爲起大事, 遂擧吳中兵. (《史記》〈項羽本紀〉)
  항량(項梁)은 이에 이전에 알던 세력 있는 관리를 불러서 [자신이] 큰일을 일으키려**는 까닭**을 일러주고 드디어 오중에서 군대를 일으켰다.
- 故俗之**所**貴, 主之**所**賤也; 吏之**所**卑, 法之**所**尊也. (鼂錯, 〈論貴粟疏〉)
  그러므로 세속에서 귀중히 여기**는 것**을 군주는 천**한 것**으로 여기고, 관리가 낮게 여기**는 것**을 법은 높**은 것**으로 여긴다.
- 太祖擊破之, 遂攻拔襄賁, **所**過多所殘戮. (《三國志》〈魏書 武帝紀〉)
  태조(조조)는 그들을 격파하고 나아가 양분을 공격하여 빼앗았는데, [그가] 지나**간 지역**은 대부분 파괴되고 학살되었다.
- 刑法者, 國家之**所**貴重, 而私議之**所**輕賤. 獄吏者, 百姓之**所**縣命, 而選用者之**所**卑下. (《三國志》〈魏書 衛覬傳〉)
  형법이란 국가에는 귀중**한 것**이지만, 사사로운 의론에는 가볍고 천**한 것**이다. 옥리는 백성이 목숨을 거**는 대상**이지만, [옥리를] 선발하여 임용하는 자들이 천대**하는 대상**이다.
- 漁人一一爲具言**所**聞. (陶淵明, 〈桃花源記〉)
  어부는 들**은 일**을 하나하나 구체적으로 말했다.
- 成倉猝莫知**所**救, 頓足失色. (《聊齋志異》〈促織〉)
  갑자기 이루어져 구제**하는 방법**을 알지 못하여, 발을 구르고 얼굴빛이 변했다.
- 折過墻隅, 迷其**所**往. (《聊齋志異》〈促織〉)
  담 모퉁이를 돌아가자 그가 **간 곳**을 잃어버렸다.
- 莫如以吾**所**長, 攻敵**所**短. (《清稗類鈔》〈馮婉貞〉)
  우리가 잘**하는 것**으로 적이 못**하는 것**을 공격하는 것만 못하다.

ㅅ

❸ 대사 '명사+(之지)+所(소)+동사+명사'의 형태로 명사구를 이룬다. 이때 앞의 명사는 구의 주어가 되고, 뒤의 명사는 '명사+所(소)+동사'의 수식을 받는 중심어가 된다. 과거에는 이런 구문을 해석할 때 '~한 바의'라고 하여 '所(소)'의 의미를 살렸으나 해석하지 않는 것이 더 자연스럽다.

- 有司對曰: "鄭人**所**獻楚囚也." (《左傳》 成公九年)
  담당 관리가 대답하여 말했다. "정나라 사람이 바친 초나라 포로입니다."
- 何哉, 爾**所**謂達者? (《論語》〈顏淵〉)
  무엇이냐, 네가 말하는 통달이라는 것이?
- 仲子**所**居之室, 伯夷之**所**築與? 抑亦盜跖之**所**築與? (《孟子》〈滕文公下〉)
  진중자가 사는 집은 백이 같은 사람이 지은 것인가? 아니면 도척 같은 사람이 지은 것인가?
- 置人**所**罾魚腹中. (《史記》〈陳涉世家〉)
  다른 사람이 그물로 잡아온 물고기의 배 속에 넣었다.
  罾: 그물 증
- 夜則以兵圍**所**寓舍. (文天祥, 〈指南錄後序〉)
  밤이 되어 병사들을 이끌고 [내가] 기거하는 집을 포위했다.

❹ 어조사 '許(허)'와 통하고 대략적인 수량을 나타내며, '대략' '~전후' '~쯤'이라고 해석한다.

- 老父去里**所**, 復還. (《史記》〈留侯世家〉)
  노인은 1리**쯤** 갔다가 다시 돌아왔다.
- 廣令諸騎曰前, 前未到匈奴陳二里**所**, 止. (《史記》〈李將軍列傳〉)
  이광(李廣)이 기병들에게 '전진!'이라고 명령하자, 전진하여 흉노 진영에서 2리**쯤** 떨어진 곳에서 멈추었다.
- 從弟子女十人**所**. (《史記》〈滑稽列傳補〉)
  여자 제자 10명**쯤**이 따랐다.

• 今慶已死十年**所**. (《史記》〈扁鵲倉公列傳〉)

지금 양경(陽慶)이 죽은 지 10년**쯤**이다.

• 才留三千**所**兵守武昌耳. (《三國志》〈吳書 周魴傳〉)

겨우 병사 3천 명**쯤**이 남아 무창을 지키고 있을 뿐이다.

【참고】

① 장소, 지위, 자리: • 不如早爲之**所**. (《左傳》 隱公元年) 일찍이 그것을 했던 **장소**만 못하다. • 令鼓人各復其**所**. (《國語》〈晉語九〉) 북 치는 사람들을 각자 제 **위치**로 돌아가게 했다. • 刺足陽明脈, 左右各三**所**, 病旋已. (《史記》〈扁鵲倉公列傳〉) 발의 양명맥을 찌르는데, 좌우 각 세 **곳**이면 병은 곧 낫게 된다. • 優劣得**所**也. (諸葛亮, 〈出師表〉) 뛰어난 자와 열등한 자가 **지위**를 얻었다. • 各得其**所**. 각기 자기 **자리**를 얻었다.

② 이것: • 齊亡地而王加膳, **所**非兼愛之心也. (《呂氏春秋》〈審應〉) 제나라는 땅을 잃었는데 왕께서 먹을 것을 보내주시니, **이것**은 겸애의 마음이 아닙니다.

③ 무슨: • 問帝崩**所**病. (《漢書》〈燕刺王劉旦列傳〉) 황제는 **무슨** 병으로 죽었는가를 물었다.

所與(소여)

부사 명사구로서 동작과 관련 있는 대상을 나타낸다.

• 揖**所與**立, 左右手, 衣前後躩如◆也. (《論語》〈鄕黨〉)

함께 서 있는 **사람**에게 읍하실 때는 [마주 잡은 손을] 왼쪽으로 돌리고, 오른쪽 사람에게 인사할 때는 오른쪽으로 돌리셨는데, [읍하실 때마다] 옷깃이 앞뒤로 펄럭이듯 하셨다.

◆躩如(각여): 경의를 표하느라고 옆으로 피하여 천천히 걷는 모양.

ㅅ

• 其妻問**所與**飮食者, 則盡富貴也. (《孟子》〈離婁下〉)

그의 아내가 **함께** 술 마신 **사람**에 관해 묻자, [그는] 모두 부귀한 사람들이라고 대답했다.

所爲(소위)

전치사 동작 혹은 행위의 대상이나 원인, 목적을 나타낸다. '~를 위해' '~하는 까닭은'이라고 해석한다.

• 美而無子, 衛人**所爲**賦碩人也. (《左傳》隱公三年)

[장강(莊姜)은] 아름다웠지만 아들이 없었는데, 위나라 사람이 **그를 위해** 〈석인〉을 지었다.

• **所爲**見將軍者, 欲以助趙也. (《戰國策》〈趙策三〉)

내가 장군을 만나려고 **하는 까닭은** 조나라를 돕기 위해서이다.

所由(소유)

전치사 동작 혹은 행위가 발생한 유래나 원인을 나타낸다.

• 吾知其**所由**來矣. (《左傳》僖公七年)

나는 [제나라 사람이] 온 **까닭**을 안다.

• 無禮不樂, **所由**叛也. (《左傳》文公七年)

예의가 없으면 즐겁지 않은데, [이것이] 모반의 **까닭**이다.

• 依人性而作儀, 其**所由**來尙矣. (《史記》〈禮書〉)

사람의 성품에 따라 의례를 제정했으니 그 **유래**는 참으로 오래되었다.

• 禮樂**所由**起, 積德百年而後可興也. (《史記》〈劉敬叔孫通*列傳〉)

예악이 일어나는 **유래**란 백 년 동안 덕을 쌓은 뒤에야 일어날 수 있소.

◆叔孫通(숙손통): 한나라의 설(薛) 사람인데, 고조 때 한나라의 의례(儀禮)를 제정했으며, 만년에는 태자태부(太子太傅)가 되었다.

- 此疾之**所由**生也. (蘇軾, 〈敎戰守〉)

  이것은 질병이 발생한 **원인**이다.

所以(소이)

❶ 접속사 결론을 나타내며 동한(東漢) 이후의 문장에 가끔 보인다. 굳이 해석할 필요는 없으나 경우에 따라서는 '때문에' '~하므로'라고 해석하기도 한다.

- 區區◆微節, 無所獲申, 豈得復全交友之道, 重虧忠孝之名乎? **所以**忍悲揮戈, 收淚告絶. (《後漢書》〈臧洪列傳〉)

  [나의] 구구하고 작은 충절을 호소할 곳도 없는데, 어찌 또 우정을 지키려고 충효의 명성을 많이 해칠 수 있겠는가? **때문에** 슬픔을 참으며 창을 휘두르고, 눈물을 거두며 작별을 고한다.

  ◆區區(구구): 작은 모양, 잗다란 모양. 또는 자신을 겸손하게 일컫는 말.

- 吾聞衛世子不肖, **所以**泣也. (《韓詩外傳》 二)

  나는 위나라 세자가 어리석다는 말을 들었기 **때문에** 우는 것이다.

  肖: 본받을 초

- 偸本非禮, **所以**不拜. (《世說新語》〈言語〉)

  훔치는 것은 본래 예절에 어긋나**므로** 절하지 않았습니다.

  拜: 절할 배

- "常談曰: '世治則禮詳, 世亂則禮簡' 全在斟酌之間耳. 方今雖擾攘, 難以禮化, 然在吾**所以**爲之." (《三國志》〈魏書 袁渙傳〉)

"늘 하는 말 중에 '세상이 다스려지면 예가 갖추어지고, 세상이 혼란스러우면 예가 소략해진다.'는 것은 전적으로 사정을 미루어 살피는 데에 달려 있소. 지금은 혼란한 시대이므로 비록 예로써 교화하기는 어렵지만, 우리가 대처하는 **방법**에 달려 있을 것이오."

• 適女子與親族看花, 忽中暴疾, **所以**不果奉迎. (《會昌解頤錄》〈劉立〉)

마침 여자는 친척들과 꽃을 보고 있었는데, 갑자기 병이 들었기 **때문에** 받들어 영접하지 못했다.

❷ **전치사** '所(소)'와 '以(이)'가 결합된 형태로 '以(이)'는 도구·수단·방법·원인·목적 등을 나타낸다. 문맥에 따라 적절하게 해석한다.

• 曹劌問**所以**戰於莊公. (《國語》〈魯語〉)

조귀는 장공에게 **무엇으로** 전쟁을 하겠느냐고 물었다.

• 吾知**所以**距子矣. (《墨子》〈公輸〉)

나는 당신을 막는 **방법**을 알았다.

• 夫金鼓旌旗者, **所以**一人耳目也. (《孫子兵法》〈軍爭〉)

징·북·깃발은 사람(즉 군사)들의 주의를 집중시키는 **도구**이다.

• 故君子居必擇鄕, 游必就士, **所以**防邪僻而近中正也. (《荀子》〈勸學〉)

그러므로 군자의 거처는 반드시 마을을 가려야 하고, 노는 데는 반드시 선비에게로 나아가야 하는데, [이것은] 사악해지고 치우치는 것을 막아 바른 것에 가까이 가는 **방법**이다.

• 從◆者, 合衆弱以攻一强也; 而衡者, 事一强以攻衆弱也. 皆非**所以**持國也. (《韓非子》〈五蠹〉)

합종(合縱)은 약소국들이 연합하여 강대한 한 국가를 공격하는 것이고, 연횡(連衡)은 강대한 한 국가를 섬겨서 약소국을 공격하는 것으로, 모두 국가를 보존하는 **방법**이 아니다.

◆從(종): 합종(合縱). 전국시대에 조(趙)·위(魏)·한(韓)·연(燕)·제(齊)·초(楚)가 남북

의 '종(從)'으로 연합하여 진(秦)나라에 대항하던 공수동맹(攻守同盟)이다. '從(종)'은 '縱(종)'이라 쓰기도 한다.

- 儒以文亂法, 俠以武犯禁, 而人主兼禮之. 此**所以**亂也. (《韓非子》〈五蠹〉)
  유가는 학문으로 법을 어지럽히고 협객은 무술로 금령을 범하는데, 군주는 그들을 모두 예우하고 있다. 이것이 혼란해진 **원인**이다.
- 虎豹之**所以**能勝人執百獸者, 以其爪牙也. (《韓非子》〈人主〉)
  범과 표범이 사람을 이기고 온갖 짐승을 잡을 수 있는 **이유**는 그들의 발톱과 이빨 때문이다.
- 凡吾**所以**來, 爲父老◆除害, 非有所侵暴, 無恐! (《史記》〈高祖本紀〉)
  내가 온 **목적**은 노인을 위해 해로운 것을 없애려는 것이지 침범하여 횡포를 부리려는 것이 아니니 두려워하지 마시오!
  ◆父老(부로): 한 동네에서 나이가 많은 남자 어른을 높여 이르는 말이다.
- **所以**遣將守關者, 備他盜之出入與非常也. (《史記》〈項羽本紀〉)
  장군을 보내 관(함곡관函谷關)을 지키게 한 **목적**은 다른 도적이 드나드는 것과 변고를 방비하기 위함이다.
- 齊桓晉文**所以**垂稱至今日者, 以其兵勢廣大, 猶能奉事周室也. (《三國志》〈魏書 武帝紀注〉)
  제환공과 진문공이 오늘날까지 들먹여지는 **까닭**은 군사력이 매우 컸는데도, 오히려 주나라 왕실을 받들어 섬겼기 때문이다.
- 詔曰: "尊嚴祖考, **所以**崇孝表行也, 追本敬始, **所以**篤教流化也." (《三國志》〈魏書 劉曄傳〉)
  조서에서 말했다. "조상을 존경하는 것은 효도를 숭상하고 행위를 기리는 **수단**이며, 근본을 거슬러 올라가 시조를 공경하는 것은 교훈을 돈독히 하고 감화를 입게 하는 **수단**이다."

❸ **접속사** '所以(소이)~也(야)'의 형태로 판단의 역할이 강하며, 해석은

문맥에 따라 한다.

- '殺人者死, 傷人者刑', 此**所以**禁殺·傷人**也**. (《呂氏春秋》〈去私〉)
  '사람을 죽인 자는 죽이고, 사람을 상하게 한 자는 형벌을 받도록 한다.' 이것은 사람을 죽이거나 상하게 하는 것을 금지한 것이다.
- 此臣**所以**報先帝而忠陛下之職分**也**. (諸葛亮, 〈出師表〉)
  이것이 신이 선제께 보답하고 폐하께 충성하여야 할 본분입니다.

❹ **접속사** '~者(자), 所以(소이)~也(야)/者也(자야)'의 형태로 개념을 정의하며, '~란 하는 것이다'라고 해석한다.

- 夫權**者**, **所以**聚衆**也**. (《孫臏兵法》〈威王問〉)
  권력**이란** 대중을 모으**는 것이다**.
- 夫義**者**, **所以**限禁人之爲惡與奸**者也**. (《荀子》〈强國〉)
  의**란** 사람들의 사악한 행위와 교활함을 제한하고 금지**하는 것이다**.

【참고】

점: • 其**所以**異於深山之野人者, 幾希. (《孟子》〈盡心上〉) 그(순임금)가 깊은 산속에 사는 은둔지사와 다른 **점**은 거의 없다.

所自(소자)

전치사 동작 혹은 사물의 근원이나 유래를 나타내며, '~에게서' '~에서'라고 해석한다.

- 驕奢淫逸, **所自**邪也? (《左傳》隱公三年)
  교만, 사치, 음란, 안일은 사악한 데**에서** 나왔는가?
- 其**所自**善人也, 則信之. (柳宗元, 〈謗譽〉)

그런 말은 좋은 사람**에게서** [나왔으니] 그것을 믿는다.

所從(소종)

전치사 동작 혹은 행위가 일어난 장소나 시간을 나타내며, '어디서' '유래'라고 해석한다.

- 見漁人, 乃大驚, 問**所從**來. (陶淵明,〈桃花源記〉)

  [마을 사람들은] 어부를 보자 바로 매우 놀라며 **어디서** 왔는지를 물었다.

- 刑餘◆之人, 無所比數, 非一世也, **所從**來遠矣. (司馬遷, 〈報任安書〉)

  궁형을 받은 사람은 비할 곳이 없을 만큼 많은 수로서, 한 세대의 일이 아니며 **유래**가 오래되었다.

◆刑餘(형여): 형을 받았으나 목숨은 보존한 사람이란 뜻인데, 변하여 거세된 사람을 가리킨다.

ㅅ

有所(유소)/無所(무소)

부사 흔히 쓰는 관용적 표현으로서, '~것이 있다/없다' '~바가 있다/없다'라고 해석한다.

- 智**有所**不能立. (《韓非子》〈觀行〉)

  지혜만으로 성립시킬 수 없는 **것이 있다**.

- 所貴於天下之士者, 爲人排患·釋難·解紛亂而**無所**取也. 卽**有所**取者, 是商賈之人也. (《戰國策》〈趙策四〉)

  천하의 선비들이 귀히 여겨지는 까닭은 다른 사람을 위해 우환을 물리치고 어려움을 풀어주며 혼란을 해결해주고도 얻는 **것이 없기** 때문이다.

만일 얻는 **것이 있으면** 이는 장사꾼이다.

• 財物**無所**取, 婦女**無所**幸. (《史記》〈項羽本紀〉)

재물을 취하는 **바가 없고**, 부녀자를 총애하는 **이가 없다**.

• 荊軻**有所**待, 欲與俱. (《史記》〈刺客列傳〉)

형가가 기다리는 **사람이 있어서** [그 사람과] 함께 가기 위해서이다.

• 天之能, 人固不能也; 人之能, 天亦**有所**不能也. (劉禹錫, 〈天論上〉)

하늘이 할 수 있는 것은 인간이 진실로 할 수 없고, 인간이 할 수 있는 것은 하늘 역시 할 수 없는 **바가 있다**.

素(소)

부사 어떤 동작 혹은 상황이 지속되거나 항상 그러함을 나타낸다. '늘' '여태까지' '원래' '줄곧' '평소'라고 해석한다.

• 我曲楚直, 其衆**素**飽, 不可謂老. (《左傳》僖公二十八年)

우리는 그르고 초나라는 옳으며, 그 무리는 **줄곧** 배불리 먹었으므로 지쳤다고 말할 수 없다.

• **素**善留侯◆張良. (《史記》〈項羽本紀〉)

[항백(項伯)은] **원래** 유후 장량과 사이가 좋았다.

◆留侯(유후): 절도사가 임지를 떠났을 때 대신 일을 보는 벼슬.

• 吳廣**素**愛人, 士卒多爲用者. (《史記》〈陳涉世家〉)

오광은 **평소** 사람을 아꼈으므로, 병사들은 대부분 그를 위해서 힘을 썼다.

• 太伯同母弟王游公**素**嫉涉. (《漢書》〈原涉列傳〉)

기태백(祁太伯)의 동복 아우 왕유공은 **줄곧** 원섭(原涉)을 질투했다.

【참고】

① [염색하지 않은] 비단, 흰 것: • **素**服. **소**복.

② 평상시: • 有奇字**素**無備者. (《夢溪筆談》〈活板〉) 기이한 글자는 **평상시**에는 갖추고 있지 않다.

率(솔)

❶ **전치사** 동작 혹은 행위의 경유나 근거를 나타내며, '~를 따라' '~에 따라서' '~을 좇아' 등으로 해석한다.

- **率**彼淮浦, 省此徐土. (《詩經》〈大雅 常武〉)
  저 회수(淮水) 물가**를 따라** 이 서나라 땅을 살폈다.
- 誠**率**是道, 相天下君, 交暢旁達, 施及無垠. (韓愈, 〈子産不毁鄕校頌〉)
  진실로 이 방법**에 따라** 천하의 군주를 보좌하면, 서로 화락하고 널리 통하여 혜택이 끝없이 미치게 될 것이다.
  垠: 땅 가장자리 은, 지경 은

❷ **부사** 보편적인 상황을 나타내며, '대부분' '대체로' '일반적으로'라고 해석한다.

- 大抵**率**寓言也. (《史記》〈老莊申韓列傳〉)
  대체로 **전부** 우언이다.
- 一歲中往來過他客, **率**不過再三過. (《史記》〈酈生陸賈列傳〉)
  1년 중 오가며 들러 다른 곳의 손님이 되는 것은 **대체로** 두세 번 정도이다.
- 議者悉以爲當移就險, 渾曰: "興等破散, 竄在山阻. 雖有隨者, **率**脅從耳."
  (《三國志》〈魏書 鄭渾傳〉)

ㅅ

논의하는 자들은 모두 [역소를] 험준한 곳으로 옮겨야 한다고 하니, 정혼이 말했다. "양흥 등은 격파되어 뿔뿔이 흩어져 험한 산속에 숨어 있을 것입니다. 비록 따르는 사람이 있을지라도 **대부분** 협박으로 따르는 것일 뿐입니다."

- 能有姦者, **率**年二十至四五十, 雖斬其足, 猶任生育. (《三國志》〈魏書 鍾繇傳〉)

  간사한 일을 할 가능성이 있는 자는 **대부분** 스무 살에서 마흔 내지 쉰 살까지인데, 비록 그 발을 자르더라도 생육의 책임은 있다.

- 古詩**率**以四言爲體. (摯虞, 〈文章流別論〉)

  고시는 **일반적으로** 4언을 바탕으로 한다.

- 至於梁·陳間, **率**不過嘲風雪, 弄花草而已. (白居易, 〈與元九書〉)

  양·진조 무렵에는 **대부분** 바람이나 눈을 읊거나 화초를 희롱한 것에 불과하다.

  嘲: 지저귈 조

❸ **부사** 전부를 개괄하여 예외가 없음을 나타내며, '모두' '전부'라고 해석한다.

- 疇得北歸, **率**擧宗族他附從數百人, 掃地而盟曰: "君仇不報, 君不可以立於世." (《三國志》〈魏書 田疇傳〉)

  전주는 북쪽으로 돌아간 이후에 종족과 그를 따라온 수백 명을 **모두** 데리고, 땅을 [깨끗이] 쓸며 맹세했다. "주군의 원수를 갚지 못하면, 주군은 세상에서 행세하지 못할 것이다."

- 通秉議不顧, 使攜貳**率**服, 朕甚嘉之. (《三國志》〈魏書 李通傳〉)

  이통은 논의를 지키고 [다른 것을] 돌아보지 않았으며, 두 마음을 갖고 있는 사람까지 **모두** 따르게 했으므로 짐은 매우 가상하게 여겼다.

- 覬歷漢·魏, 時獻忠言, **率**如此. (《三國志》〈魏書 衛覬傳〉)

위기가 한과 위의 시대를 거치며 때때로 충언을 바친 것이 **모두** 이와 같았다.

覬: 넘겨다볼 기

• 點小善者**率**以錄, 名一藝者無不庸. (韓愈, 〈進學解〉)

조금이라도 좋은 점이 있는 사람은 **모두** 기록되고, 한 가지 재능이라도 있는 사람은 임용되지 않은 자가 없다.

• 六國互喪, **率**賂秦耶? (蘇洵, 〈六國論〉)

6국이 차례로 멸망한 것은 진나라에 뇌물을 **모두** 바쳤기 때문인가?

賂: 뇌물 줄 뢰

• 吳主飮群臣酒, 不問能否, **率**以七升爲限. (《資治通鑑》〈晉紀〉 武帝泰始六年)

오나라 군주는 신하들에게 술을 마시게 했는데, 주량을 따지지 않고 **전부** 7되로 제한했다.

升: 되 승

ㅅ

【참고】

① 인솔하다, 이끌다, 거느리다: • 蜀將孟達**率**衆降. (《三國志》〈魏書 文帝紀〉) 촉나라 장수 맹달이 군사를 **이끌고** 와서 투항했다. • 遂**率**子孫荷擔者三夫. (《列子》〈湯問〉) 결국 자손은 짐을 진 세 사람을 **인솔했다**. • 立春之日, 天子親**率**三公九卿諸侯大夫, 以迎春◆於東郊. (《呂氏春秋》〈孟春紀〉) 입춘에 천자는 직접 삼공, 구경, 제후, 대부를 **거느리고** 동쪽 교외에서 봄맞이 의식을 거행한다. ◆迎春(영춘): 봄맞이 의식. 입춘에 임금이 백관을 거느리고 동교(東郊)에서 청제(靑帝)에게 제사 지내어 봄을 맞이하던 의식.

② 규격, 비율: • 有軍功者, 各以**率**受上爵. (《史記》〈商君列傳〉) 군대에서 공을 세운 사람은 각기 [공을 세운] **비율대로** 높은 벼슬을 받는다. • 建始以來, 日食地震, 以**率**言之, 三倍春秋. (《漢書》〈梅福列傳〉) [한나라 성제] 건시 이래로 일식과 지진은 **비율로** 말하면 춘추시대에 비해 세 배나 된다.

率皆(솔개)

부사 예외가 없음을 나타내며, '대부분' '모두' '전부'라고 해석한다.

- 夫先意承旨以求容美, **率皆**天下淺薄無行義者. 其意務在於適人主之心而已, 非欲治天下安百姓也. (《三國志》〈魏書 杜恕傳〉)

  먼저 군주의 뜻을 받들어 받아들여지고 칭찬받기를 구하는 것은 **모두** 세상에서 천박하고 덕행과 도의가 없는 사람이다. 그들은 군주의 마음에 들려고 애쓸 뿐이지 천하를 다스려 백성을 안정되게 하려는 것이 아니다.

- 天下未定, 民皆剽輕, 不念產殖, 其生子無以相活, **率皆**不擧. (《三國志》〈魏書 鄭渾傳〉)

  천하는 아직 평정되지 않았으며 백성은 모두 경박했으므로 출산과 번식을 생각하지 않았다. 그들은 아이를 낳아도 함께 살아갈 방법이 없었기 때문에 **대부분** 기르지 않았다.

- 當是之時, 內外之官**率皆**稱職. (《資治通鑑》〈晉紀〉 穆帝升平五年)

  이때 [조정] 안팎의 관원들은 **전부** 그 직위에 적합했다.

  稱: 맞을 칭

- 其人**率皆**習熟時俗, 工於言語, 識形勢, 善候人主意. (韓愈, 〈答呂毉山人書〉)

  그 사람들은 **전부** 그 당시의 풍속을 익혔고 말을 잘했으며 흐름을 알았으므로 군주의 생각에 잘 영합할 수 있었다.

率常(솔상)

부사 일이 거듭되거나 항상 그러함을 나타내며, '왕왕' '항상'이라고 해석한다.

- 尤樂杜鄠之間, **率常**在下杜. (《漢書》〈宣帝紀〉)

[그는] 특별히 두현(杜縣)과 호현(鄠縣) 중간 [지역]을 좋아하여 **항상** 하두에 있었다.

• 議論, 證據古今, 出入經史百子, 踔厲風發◆, **率常**屈其座人. (韓愈, 〈柳子厚墓志銘〉)

의론이 고금의 일을 증거로 하고 경서와 사서, 제자백가 사이를 넘나들었으며, 뛰어난 기운이 바람처럼 일어나 **항상** 자리에 있는 사람들을 굴복시켰다.

◆風發(풍발): 바람이 이는 것처럼 기운차게 일어남.

踔: 뛰어날 탁

垂(수)

❶ **부사** 행위 혹은 사건이 가까운 미래에 발생할 것을 나타내며, '[지금 곧] ~하려 한다' '지금부터 ~하려고 한다'라고 해석한다.

• 今董卓**垂**至, 諸君何不早各就國? (《後漢書》〈何進列傳〉)

지금 동탁이 이르**려 하는데** 여러분은 어찌하여 일찍 각자 봉국(封國)으로 가지 않습니까?

• 太守聞蜀軍**垂**至, 而諸縣響應, 疑維等皆有異心, 於是夜亡保上邽. (《三國志》〈蜀書 姜維傳〉)

[천수(天水)] 태수는 촉나라 군사가 지금 **곧** 닥치**려 하고** 여러 현이 호응한다는 말을 듣자, 강유 등이 모두 다른 마음을 갖고 있다고 의심하고는 지키던 상규를 [버리고] 그 밤에 도망쳤다.

• 大事**垂**捷, 而帝無故自驚, 深可怪也. (《資治通鑑》〈晉紀〉 安帝義熙三年)

큰일이 **곧** 이루어지**려고 하는데**, 황제가 이유 없이 놀랐으므로 매우 괴이하게 생각했다.

• 凡塞河決, **垂**合, 中間一埽, 謂之合龍門. 功全在此. (《夢溪筆談》〈官政〉)

무릇 황하의 터진 곳을 막**으려 하는데**, 중간의 한 제방을 합용문이라고 했다. 성공 여부는 모두 여기에 달려 있다.

❷ **부사** 윗사람에 대한 존경이나 겸손을 나타낸다. 해석하지 않는 것이 좋다.

• **垂**問以鄙況. (白居易, 〈答崔侍郎書〉)

[당신은] 저의 상황을 물었습니다.

• 請訴之, 願丈人**垂**聽. (馬中錫, 《中山狼傳》)

[제가] 말하도록 허락하신다면 선생님의 말씀을 듣기를 원합니다.

❸ **부사** 수사 앞에 쓰여 대략적인 수를 나타낸다. '대략' '쯤'이라고 해석한다.

• 初, 帝好文學, 以著述爲務, 自所勒成**垂**百篇. (《三國志》〈魏書 文帝紀〉)

처음에 위문제(魏文帝)는 문학을 좋아하여 저술에 힘썼는데, 그가 묶어 완성한 것은 **대략** 백 편이다.

• 通◆子**垂**九齡, 但覓梨與栗. (陶淵明, 〈責子〉)

통은 아홉 살**쯤** 되었는데, 단지 배와 밤만 찾는다.

◆通(통): 도연명의 다섯째 아들의 어릴 적 이름.

[참고]

① 변방: • 保西**垂**. (《史記》〈秦本紀〉) 서쪽 **변방**을 지키다. • 朕將巡邊**垂**. (《漢書》〈武帝紀〉) 짐은 **변방**을 순시하려 한다.

② 옆, 가장자리: • 妻子當門立, 兄弟哭路**垂**. (王粲, 〈咏史詩〉) 처자식은 문에 서 있고 형제는 길**가**에서 운다. ◆이 뜻은 뒤에 '陲(변방 수)'로 쓰였다.

③ 드리우다: • **垂**簾聽政. 발을 **드리우고** 정사를 듣는다.

④ 널리 전하다: • 名**垂**千古. 명성이 천고에 **널리 전해졌다**. • 永**垂**不朽. 영원히 **널리 전해져서** 없어지지 않는다.

殊(수)

❶ **부사** 정도가 높거나 깊음을 나타내며, '매우' '아주' '지극히'라고 해석한다. 특히 부정문에서는 '완전히' '전혀' '조금도'라고 해석해야 문장이 부드러워진다.

- 老臣今者**殊**不欲食. (《戰國策》〈趙策四〉)
  늙은 신하는 지금 **전혀** 먹고 싶지 않습니다.
- 廉君宣惡言而君畏匿之, 恐懼**殊**甚. (《史記》〈廉頗藺相如列傳〉)
  염 장군이 악담을 퍼뜨리는데 그대는 무서워 피하니 겁이 **아주** 많은 듯합니다.
- 丞相特前戲許灌夫, **殊**無意往. (《史記》〈魏其武安侯列傳〉)
  승상은 단지 어제 관부에게 농담으로 응답한 것이지 갈 뜻은 **전혀** 없었다.
- 田慮既到, 兜題見慮輕弱, **殊**無降意. (《後漢書》〈班超列傳〉)
  전려가 도착했으나 도제는 전려가 허약한 것을 보고 투항할 뜻이 **완전히** 없어졌다.
- 孔璋章表**殊**健, 微爲繁富. (曹丕, 〈與吳質書〉)
  공장(진림陳琳)의 장과 표는 **매우** 웅건하지만, 약간 번잡하고 군더더기가 많다.
- 及卽位, 爲散騎侍郞, 累遷城門校尉, 加散騎常侍, 轉武衛將軍, 寵待有**殊**. (《三國志》〈魏書 曹爽傳〉)

ㅅ

[명제가] 즉위하자 산기시랑이 되었으며, 거듭 승진하여 성문교위가 되었고, 산기상시를 더했으며, 무위장군으로 전임되었으니 **매우** 은총을 받은 것이다.

• 卿言**殊**豁吾意, 成敗吾決行之. (《資治通鑑》〈後晉紀〉 高祖天福元年)

당신 말이 내 마음을 **아주** 시원하게 했으므로 성공하든 실패하든 나는 단호히 결정하겠다.

• 俯瞰其下, 亦有危壁, 泉從壁半突出, 疏竹掩映, **殊**有佳致. (《徐霞客游記》〈游武夷山日記〉)

머리를 숙여 그 아래쪽을 보니 또 가파른 벼랑이 있으며, 샘물이 산허리쯤에서 솟아 나오고, 드문드문한 대나무가 막고 있어 **아주** 아름다운 경치로구나.

• 以手拂之, 其印自落, **殊**不沾汚. (《夢溪筆談》〈活板〉)

손으로 털면 그 활자는 저절로 떨어지니, 젖어 변형될 리가 **조금도** 없다.

• 禮書所載黃彝◆, 乃畫人目爲飾, 謂之黃目. 予游關中, 得古銅黃彝, **殊**不然. (《夢溪筆談》〈器用〉)

예서에 기록된 황이는 [윗면에] 사람의 눈을 그려 장식했는데, 그것을 '황목'이라 한다. 나는 관중을 유람하면서 동으로 만든 고대의 황이를 얻었는데, **전혀** 이와 같지 않았다.

◆黃彝(황이): 고대의 노란색 술 그릇.

❷ **부사** 동작의 진행이나 현상의 지속을 나타내며, '아직도' '여전히' 등으로 해석한다. 항상 부사 '無(무)' '未(미)' '不(불)' 등의 앞에 쓰인다.

• 日暮碧雲合, 佳人**殊**未來. (江淹, 〈擬休上人〉)

저녁 무렵 푸른 구름은 모여들건만, 아름다운 사람은 **여전히** 오지 않네.

• 西風**殊**未起, 秋思先秋生. (白居易, 〈早蟬〉)

서풍은 **아직도** 일지 않는데, 가을의 정서는 가을보다 앞서 생겼다.

• 池上日相待, 知君**殊**未回. (岑參, 〈虢州南池候嚴中丞不至〉)

연못 위의 해는 서로 [바라보며] 의지하고, 엄무군(嚴武君)이 **아직** 돌아오지 않았음을 안다.

【참고】

① 죽다, 죽을힘을 다하다[항상 '死(사)'와 함께 쓰인다]: • **殊**死以下. (《漢書》 〈高帝紀〉) **죽은** 이래. • **殊**死戰. (《史記》 〈淮陰侯列傳〉) **죽을힘을 다해** 싸우다. • 時韋校尙有十餘人, 皆**殊**死戰, 無不一當十. (《三國志》 〈魏書 典韋傳〉) 당시 전위(典韋)의 부하가 10여 명 있었는데, 모두 **죽을힘을 다해** 싸워 한 명이 열 명을 당해내지 않는 자가 없었다.

② 다르다, 특별하다: • 世間絲·麻·裘·褐皆具素質, 而使**殊**顔異色得以尙焉. (《天工開物》 〈彰施〉) 세상의 실·마·모피·베는 모두 바탕이 흰색이므로 **다른** 색깔로 물들여 꾸밀 수 있다. • 時左將軍劉備以亮有**殊**量, 乃三顧亮於草廬之中. (《三國志》 〈蜀書 諸葛亮傳〉) 당시 좌장군 유비는 제갈량이 **특별한** 기량을 갖고 있다고 생각하여 세 차례나 초가집으로 제갈량을 찾아갔다. • **殊**勳. **특별한** 공로. • **殊**遇. **특별한** 만남. • **殊**途同歸. 길을 **달리하여도** 돌아가는 곳은 같다.

須(수)

부사 그렇게 해야 함을 나타내며, '마땅히 ~해야 한다' '반드시 ~해야 한다'라고 해석한다.

• 使孔子知顔淵愈子貢, 則不**須**問子貢. (《論衡》 〈問孔〉)

만일 공자가 안연이 자공보다 뛰어남을 알았다면 **반드시** 자공에게 묻지 않았**어야 한다**.

• 適有事務, **須**自經營. (應璩, 〈與滿公琰書〉)

만일 일이 있으면 **마땅히** 스스로 처리**해야 한다**.

• 公爲帝室重臣, **須**以羅收豪傑爲心. (杜光庭, 《虯髯客傳》)

당신은 황실의 중신이니, **반드시** 널리 호걸을 거두는 일을 마음에 **두어야 한다**.

• 白日放歌**須**縱酒, 青春作伴好還鄕. (杜甫, 〈聞官軍收河南河北〉)

대낮에 멋대로 노래 부르고 **마땅히** 마음대로 술 마시며, 화창한 봄날을 친구로 삼아 고향으로 돌아가네.

【참고】

① 턱 밑의 수염: • 美**須**髯. (《漢書》〈高帝紀〉) 아름다운 **턱 밑의 수염**.

② 기다리다: • 卬**須**我友. (《詩經》〈邶風 匏有苦葉〉) 우러러 나의 친구를 **기다린다**. • 師敗矣, 子不少**須**, 衆懼盡. (《左傳》成公二年) 군대가 패했으니, 그대는 잠시 **기다리지** 않으면 전군이 모두 두려워할 것이다. • 東兵已多, 可**須**後問. (《三國志》〈魏書 鍾繇傳〉) 동쪽의 병사는 이미 많으니, 뒤의 처치를 **기다려야** 한다.

③ '**須**臾(수유)'라는 관용 형식으로 쓰여 '잠시'라는 뜻이 된다.

遂(수)

❶ **부사** 마지막 결과를 나타내며, '결국' '마침내'라고 해석한다.

• 及歸**遂**不見. (《左傳》文公七年)

돌아온 때에 이르러 **결국** 보지 않았다.

• 及反, 市罷, **遂**不得履. (《韓非子》〈外儲說左上〉)

돌아올 때는 시장이 파하여 **결국** 신발을 사지 못했다.

• 秦王足下不問, **遂**過而不變. (賈誼, 〈過秦論〉 下)

진나라 왕은 아랫사람에게 묻지 않더니, **마침내** 허물이 있어도 고치지 않았다.

• 項羽雖聞漢東, 卽已連齊兵, 欲**遂**破之而擊漢. (《史記》〈高祖本紀〉)

항우는 비록 한나라 [군사]가 동쪽으로 갔다고 들었지만, 이미 제나라 병사와 잇닿아 있으므로 **결국** 제나라를 격파하고 [다시] 한나라를 공격하려고 생각했다.

• 及高祖貴, **遂**不知老父處. (《史記》〈高祖本紀〉)

고조(유방)가 귀해졌을 때는 **결국** 늙은이의 거처를 알지 못했다.

• 龐涓自知智窮兵敗, 乃自剄, 曰: "**遂**成竪子◆之名!" (《史記》〈孫子吳起列傳〉)

방연은 스스로 지혜가 다하여 싸움에 졌음을 알고는 스스로 목을 찌르며 말했다. "**마침내** 하찮은 명성을 이루었구나!"

◆竪子(수자): 그 녀석. 남을 업신여겨 부르는 말인데, 여기서는 하찮다는 뜻이다.

• 卓留屯洛陽, **遂**焚宮室. (《三國志》〈魏書 武帝紀〉)

동탁(董卓)은 낙양에 그대로 남아 **결국** 궁실을 불태웠다.

• 始, 洪家富而性吝嗇. 文帝少時假求不稱, 常恨之. **遂**以舍客犯法, 下獄當死. (《三國志》〈魏書 曹洪傳〉)

본래 조홍은 집이 부유했지만 성품이 인색했다. 문제는 어렸을 때 [조홍의 집에서 재산을] 빌리고 싶었지만 말을 하지 못하고 항상 그를 한스러워했다. [즉위한 뒤 조비는] **마침내** [조홍의] 식객이 법을 어긴 것을 구실로 [조홍을] 옥에 가두고 사형을 선고했다.

• 尋向所志, **遂**迷, 不復得路. (陶淵明, 〈桃花源記〉)

예전에 표시한 것을 찾았으나 **마침내** 방향을 잃어 다시 길을 찾지 못했다.

• 先世避秦時亂, 率妻子邑人來此絶境, 不復出焉, **遂**與外人間隔. (陶淵明, 〈桃花源記〉)

ㅅ

조상이 진나라 때의 전란을 피해 처자식과 고향 사람들을 이끌고 세상과 단절된 이곳으로 온 뒤 다시는 나가지 않아, **결국** 외부 사람과 끊겼다.

避: 피할 피 | 隔: 막을 격

❷ **접속사** 뒤에 나타나는 일이 먼저 한 일과 긴밀하게 이어져 있음을 나타내며, '곧' '그래서'라고 해석한다.

- 師還, 館於虞, **遂**襲虞, 滅之. (《左傳》 僖公五年)

  [진(晉)나라] 군대가 돌아와 우나라에 주둔하고 있다가 **곧** 우나라를 습격해 멸망시켰다.

- 韓信已定臨菑, **遂**東追廣至高密西. (《史記》〈淮陰侯列傳〉)

  한신은 이미 임치를 평정하고, **곧** 동쪽으로 전광(田廣)을 쫓아 고밀의 서쪽에까지 이르렀다.

- 由是感激, **遂**許先帝以驅馳◆. (諸葛亮, 〈出師表〉)

  이 때문에 감격하여 **곧** 선제께 [나라를 위해] 분주하게 노력할 것을 허락받았다.

  ◆驅馳(구치): 목숨을 아끼지 않고 힘껏 일함.

[참고]

① 이루어지다: • 百事乃**遂**. (《禮記》〈月令〉) 모든 일이 곧 **이루어진다**. • 四者無一**遂**. (司馬遷, 〈報任安書〉) 네 가지 중 하나도 **이루어진** 것이 없다.

② 자라다: • 六畜**遂**, 五穀殖. (《韓非子》〈難二〉) 여섯 종류의 가축이 **자라고** 오곡이 불어난다. 殖: 번성할 식, 불어날 식 • 根之茂者其實**遂**. (韓愈, 〈答李翊書〉) 뿌리가 무성한 것은 열매가 **자란다**.

遂乃(수내)

접속사 나중에 한 일이 먼저 한 일에 이어짐을 나타내며, '곧' '그래서'라고 해석한다.

- **遂乃**研覈陰陽, 妙盡璇機◆之正. (《後漢書》〈張衡列傳〉)

  그래서 음양을 연구 고찰하여 혼천의(渾天儀)의 바름을 철저하게 전부 이해했다.

  ◆璇機(선기): '璿璣'라고도 쓰며, 혼천의를 가리킨다. 혼천의는 천체를 관측하는 데 쓰는 기계다. 구형(球形)의 표면에 일월성신을 그리고 네 개의 다리로 만들어진 틀 위에 올려놓아 회전시키면서 관측한다.

  覈: 조사하여 밝힐 핵

誰(수)

❶ 대사 사물 혹은 사람을 묻고 '누구' '무엇' '어느 것'이라고 해석한다. '誰(수)'가 소유관계를 나타내면, 일반적으로 그것이 제한하는 명사 앞에 어조사 '之(지)'를 더한다.

- 瞻烏爰止, 于**誰**之屋? (《詩經》〈小雅 正月〉)

  저 까마귀가 멈출 곳을 보네, 이곳은 **누구**의 집인가?

- 又**誰**敢怨? …… 其**誰**敢德? (《左傳》成公三年)

  또 **무엇**을 감히 원망하는가? …… **무엇**을 감히 덕이라 하는가?

- 是**誰**之過與? (《論語》〈季氏〉)

  이는 **누구**의 잘못이겠느냐?

- 吾**誰**欺? 欺天乎? (《論語》〈子罕〉)

내가 **누구**를 속이겠느냐? 하늘을 속이겠느냐?

• 穆公問冀芮曰: "公子**誰**恃於晉?" (《國語》〈晉語二〉)

목공이 기예에게 물었다. "공자는 **무엇** 때문에 진나라에 의지하는가?"

• **誰**習計會, 能爲文收責於薛者乎? (《戰國策》〈齊策四〉)

누가 회계에 익숙하여 나를 위해 설읍(薛邑)에 가서 빚을 받아올 수 있겠는가?

• 衛人迎新婦, 婦上車, 問: "驂馬**誰**馬也?" 御者曰: "借之!" (《戰國策》〈衛策〉)

위나라 사람이 신부를 맞이하는데 신부가 수레를 타고는 물었다. "양쪽의 곁마는 **누구**의 것입니까?" 수레 모는 사람이 말했다. "빌려온 것입니다!"

• 此**誰**也? (《戰國策》〈齊策四〉)

이 사람은 **누구**냐?

• 敢問人道**誰**爲大? (《禮記》〈哀公問〉)

감히 묻건대 사람의 도리에서 **무엇**이 큽니까?

• 壹動而五業附, 陛下**誰**憚而久不爲此? (《漢書》〈賈誼列傳〉)

일관되게 행동하면 다섯 가지 일이 성취될 텐데, 폐하께서는 **무엇**을 두려워하여 오랫동안 이것을 하지 않으십니까?

• 且匹夫持質一人, 尙欲望活, 今卿與天子相隨, 令於天下, **誰**敢不應者? (《三國志》〈魏書 曹爽傳〉)

더구나 보통 남자가 인질 한 명을 잡고도 살기를 바라는데, 오늘 경이 천자와 짝하여 다니면서 천하에 명령한다면 **누가** 감히 응하지 않겠습니까?

• 太祖與荀彧書曰: "自志才亡後, 莫可與計事者. 汝·潁固多奇士, **誰**可以繼之?" 彧薦嘉. (《三國志》〈魏書 郭嘉傳〉)

태조(조조)는 순욱에게 글을 보내어 말했다. "희지재가 죽은 이후로는 함께 일을 도모할 만한 사람이 없소. 여남(汝南)과 영천에는 본래 뛰어난 인물이 많거늘, **누가** 희지재를 이을 수 있겠소?" 그러자 순욱이 곽가를 추천했다.

• 微斯人, 吾**誰**與歸? (范仲淹, 〈岳陽樓記〉)

이런 사람이 아니라면 내가 **누구**와 함께 돌아갈까?

• 滿地黃花堆積, 憔悴損, 如今有**誰**堪摘? (李淸照, 〈聲聲慢〉)

온 땅에 쌓였던 국화꽃이 말라 시들었으니 이제 **누가** 딸 수 있을까?

堆: 쌓일 퇴 | 損: 상할 손 | 堪: 견딜 감 | 摘: 딸 적

❷ **어조사** 문장의 첫머리에 쓰여 음절을 재촉할 뿐 뜻은 없다. 《시경》에만 보인다.

• 知而不已, **誰**昔然矣. (《詩經》〈陳風 墓門〉)

[나쁜 짓임을] 알고도 그만두지 않는데, 옛날에도 그러했도다.

ㅅ

誰何(수하)

대사 불확실한 대상을 가리키며, '누구' '무엇'이라고 해석한다.

• 吾與之虛而委蛇◆, 不知其**誰何**. (《莊子》〈應帝王〉)

나는 그와 마음을 비우고 [사물의 변화에] 여유 있게 응했는데, 내가 **누구**인지 알지 못했다.

◆委蛇(위이): 마음이 여유가 있고 침착한 모양.

• 兼包海內, 澤及後世, 不知爲之者**誰何**. (《淮南子》〈本經訓〉)

천하를 포용하여 은택이 후대에까지 미쳤건만 이런 일을 한 사람이 **누구**인지 몰랐다.

• 若所追者**誰何**? (《史記》〈淮陰侯列傳〉)

그대가 쫓아간 사람은 **누구**인가?

隨(수)

❶ **부사** 상황이나 행동이 급히 이어짐을 나타내며, '곧' '나중에' '바로' '이다음에' '즉시'라고 해석한다.

- 良殊大驚, **隨**目之. (《史記》〈留侯世家〉)

  장량(張良)은 매우 놀라 **곧** 그를 바라보았다.

- 立政**隨**謂陵曰: "亦有意乎?" (《漢書》〈李陵列傳〉)

  임입정(任立政)이 **나중에** 이릉(李陵)에게 말했다. "[당신은] 또 [한나라로 돌아갈] 생각이 있습니까?"

- 神志少矣, 所讀書**隨**又遺忘. (柳宗元, 〈與楊京兆憑書〉)

  정신과 의지가 부족하여 책을 읽고 **바로** 또 잊는다.

❷ **전치사** 동작 혹은 행위의 조건·기회·근거 등을 이끌며, '근거하여' '따라서' 등으로 해석한다.

- 非故相反也, 皆**隨**時而變. (《管子》〈正世〉)

  고의로 상반된 것이 아니라 모두 시대에 **따라** 변한 것이다.

- **隨**繩而斫, 因攢而縫. (《韓非子》〈用人〉)

  먹 선을 **따라** 자르고, 구멍을 따라 꿰맨다.

  斫: 찍을 작

- 貧窮不能自贍者, **隨**口給貸. (《三國志》〈魏書 武帝紀注〉)

  가난하여 스스로 생활을 유지할 수 없는 자는 식구에 **따라서** 식량을 빌려주었다.

  贍: 넉넉할 섬

- 是以括囊雜體, 功在銓別*, 宮商朱紫, **隨**勢各配. (《文心雕龍》〈定勢〉)

  이 때문에 각종 체재를 총괄할 때 그 효과는 판단하고 구별하여 가리는

데 달려 있으니, [마치 음악에서는] 궁과 상을, [회화에서는] 붉은색과 자주색을 형세에 **따라** 각기 배열하는 것과 같다.

◆銓別(전별): 선악을 판단하여 가림.

【참고】

[남의 뒤를] 따르다, [길을] 따라가다: • **隨**叔父玄避難荊州. (《三國志》〈蜀書 諸葛亮傳〉) 숙부 현을 **따라** 형주로 피난했다. • **隨**山刊木. (《尙書》〈益稷〉) 산을 **따라가** 나무를 베었다. • 雖雅知惲者, 猶**隨**風而靡. (揚惲, 〈報孫會宗書〉) 비록 단아하고 지혜롭고 중후한 사람일지라도 풍속을 **따라** 쏠린다. • 然竊恨足下不深惟其終始, 而猥**隨**俗之毁譽也. (揚惲, 〈報孫會宗書〉) 그러나 [나는] 그대가 그것의 처음과 끝을 깊이 생각하지도 않고, 함부로 세속이 [나를] 비방하는 대로 **따르는** 것을 한스러워한다.

雖(수)

❶ **부사** '惟(유)'와 통하고, 주어의 행위가 미치는 범위를 제한하며, '겨우' '근근이' '다만'이라고 해석한다. 용례는 선진 시기의 문헌에서만 보인다.

• 女**雖**湛樂從, 弗念厥紹◆. (《詩經》〈大雅 抑〉)

당신은 **다만** 즐거움에만 빠져, [선왕의 도를] 계승하려는 생각을 하지 않는구나.

◆紹(소): 선인의 유업을 계승하는 것.

紹: 이을 소

• **雖**子墨子之所謂兼者, 於文王取法焉. (《墨子》〈兼愛下〉)

다만 묵자가 말하는 '겸(兼)'은 문왕으로부터 법을 취한 것이다.

- **雖**昔也三代罷不肖之民, 亦猶此也. (《墨子》〈非命〉)

  다만 옛날에 삼대가 미련한 백성을 놓지 않은 것 또한 이와 같다.

- **雖**上古聖人, 亦若此而已. (《韓詩外傳》 卷十)

  다만 상고시대의 성인들 역시 이와 같았을 뿐이다.

- 余**雖**好修姱以鞿羈◆兮, 謇朝誶◆而夕替. (《楚辭》〈離騷〉)

  나는 **겨우** 아름다움만을 추구했으나 속박을 받았고, 새벽에 나아가 간언했으나 저녁에 버림받았구나.

  ◆鞿羈(기기): 말고삐의 입 언저리를 가리키는데, 속박이나 제어를 당하는 것을 말한다.

  ◆誶(수): 윗사람이나 임금에게 잘못을 고치도록 충고하는 일.

  謇: 곧을 건 | 誶: 간할 수

❷ **부사** 반문 어기를 나타내고, '설마' '어떻게' '어찌' 등으로 해석하며, '豈(기)'와 통한다.

- **雖**無予之? 路車◆乘馬. (《詩經》〈小雅 采菽〉)

  어떻게 [상을] 주지 않겠소? [제후에게 주는 상은] 수레와 수레를 끄는 네 마리의 말이다.

  ◆路車(노거): 제후가 타고 다니던 수레.

  路: 수레 로

- 余**雖**靦然而人面哉? (《國語》〈越語下〉)

  우리가 **어찌** 부끄럽게 인간의 얼굴을 하겠는가?

  靦: 부끄러워할 전

❸ **접속사** 양보 혹은 가정을 나타내며, '만일' '비록' '설사' 등으로 해석한다.

- 許旣伏其罪矣. **雖**君有命, 寡人弗敢與聞. (《左傳》 隱公十一年)

  허나라는 이미 그 죄를 받았으니, **비록** 군주의 [이와 같은] 명령이 있을지라도 과인은 감히 듣지 않겠소.

• 小大之獄, **雖**不能察, 必以情. (《左傳》莊公十年)

크고 작은 송사를 **설사** [자세히] 살피지는 못하더라도, 반드시 실제 사실에 따라 처리한다.

獄: 송사 옥

• **雖**信美而無禮兮, 來違棄而改求. (屈原, 〈離騷〉)

비록 진실로 아름다울지라도 예의가 없으니, 피하여 버리고 바꾸어 구하리.

• 仁者, **雖**告之曰 '井有仁'焉. 其從之也? (《論語》〈雍也〉)

인한 사람은, **설사** 누군가 그에게 '우물에 인한 사람이 있다'고 알려주면 그 우물 속으로 따라 들어가야 합니까?

• **雖**與之俱學, 弗若之矣. (《孟子》〈告子上〉)

비록 그와 함께 배울지라도 그만 못하다.

• **雖**有天下易生之物也, 一日暴之, 十日寒之, 未有能生者也. (《孟子》〈告子上〉)

설사 세상에 쉽게 자라는 식물이 있더라도, 하루 동안 햇빛을 쪼이고 열흘 동안 얼리면 살 수 있는 것은 없을 것이다.

• **雖**重聖人而治天下, 則是重利盜跖也. (《莊子》〈胠篋〉)

만일 성인을 중시하며 천하를 다스린다 해도 이것은 도척에게 더욱 이로울 것이오.

• 失火而取水於海, 海水**雖**多, 火必不滅矣, 遠水不救近火也. (《韓非子》〈說林上〉)

잘못으로 불이 났는데 바다에서 물을 얻으려 한다면, 바닷물이 **비록** 많을지라도 불은 반드시 끄지 못할 것이니, [이는] 먼 곳의 물이 가까운 곳의 불을 끄지 못하기 때문이다.

• 賞罰信於所見, **雖**所不見, 其敢爲之乎? (《韓非子》〈難三〉)

상이나 벌은 보이는 것을 믿는데, **만일** 보이지 않는 것이라면 감히 그것을 하겠소?

ㅅ

• 詩書**雖**缺, 然虞夏之文可知也. (《史記》〈伯夷列傳〉)

《시경》과 《서경》에도 **비록** 없어진 곳이 있지만, 우나라와 하나라 때의 글로 알 수 있다.

• 楚**雖**有富大之名, 而實空虛; 其卒**雖**多, 然而輕走易北. (《史記》〈張儀列傳〉)

초나라는 **비록** 부유하고 강대하다는 명성이 있었지만 속은 비어 있었고, 병졸은 **비록** 많지만 오히려 가볍게 달아나고 쉽게 패배했다.

• **雖**才高於世, 而無驕尙之情. (《後漢書》〈張衡列傳〉)

비록 재능은 세상에서 뛰어나지만 교만하고 자만하는 마음은 없다.

• 今**雖**死乎此, 比吾鄕隣之死則已後矣. (柳宗元, 〈捕蛇者說〉)

지금 **설사** 여기에서 죽더라도 내 고향 이웃의 죽음에 비하면 이미 나중이다.

• 苟非吾之所有, **雖**一毫而莫取. (蘇軾, 〈前赤壁賦〉)

만약에 나의 소유가 아니라면, **설사** 터럭 하나라도 취하지 못한다.

❹ **어조사** 문장의 첫머리에 사용되어 화제를 제시할 뿐 뜻은 없다.

• **雖**四方之諸侯, 則何實以事吳? (《國語》〈吳語〉)

사방의 제후들은 무엇에 기대 오나라를 섬기겠소?

• **雖**至大夫之相亂家, 諸侯之相攻國者亦然. (《墨子》〈兼愛〉)

대부들이 서로 나라를 어지럽히고 제후들이 서로 국가를 공격하는 것 또한 이와 같다.

雖使(수사)

접속사 가설적 양보를 나타내며, '설사 ~라도'라고 해석한다.

• 今執厚葬久喪之言曰: "厚葬久喪, **雖使**不可以富貧·衆寡·定危·治亂, 然

此聖王之道也.”(《墨子》〈節葬下〉)

지금 장례를 후하게 하고 상(喪)을 오랫동안 입으면서 말했다. “후한 장례와 긴 상기(喪期)는 **설사** 빈궁한 것을 부유하게 하고 적은 것을 많게 하며 위태로운 것을 안정되게 하고 어지러운 것을 태평하게 할 수는 없을**지라도** 이것은 성왕의 도리다.”

- 從許子之道, 則市價不貳, 國中無僞; **雖使**五尺之童適市, 莫之或欺. (《孟子》〈滕文公上〉)

  허자의 원칙에 따르면 시장의 가격은 두 가지가 없고 나라 안에는 거짓이 없으니, **설사** 다섯 척밖에 안 되는 어린아이가 시장에 가**더라도** 아무도 그를 속이지 않을 것이다.

- **雖使**禹舜復生, 爲陛下計, 亡以易此. (《漢書》〈賈誼列傳〉)

  설사 우와 순이 다시 태어나 폐하를 위해 계획을 세울**지라도** 이것을 바꾸지는 못할 것입니다.

- 然則**雖使**竹非其土之所有, 君猶將極其力以致之, 而後快乎其心. (唐順之, 〈竹溪記〉)

  그러면 **설사** 대나무가 그 땅의 소유가 아닐**지라도**, 당신은 여전히 힘을 다하여 그것을 얻은 뒤에야 마음으로 기뻐할 것이다.

雖然(수연)

접속사 양보를 나타내며 ‘비록 그렇다(이렇다) 하더라도’ ‘설사 그렇게(이렇게) 하더라도’ 등의 의미로, 문맥에 따라 적절하게 해석한다.

- **雖然**, 何以報我? (《左傳》僖公二十四年)

  설사 이렇다 하더라도 어떻게 나에게 보답하겠소?

- **雖然**, 必告不穀*. (《左傳》成公三年)

ㅅ

비록 이렇다 하더라도 반드시 나에게 말해야 한다.

◆不穀(불곡): 제후가 자신을 낮추어 부르는 말.

- 諸侯之禮, 我未之學也. **雖然**, 吾嘗聞之矣. (《孟子》〈滕文公上〉)

  제후의 [장례 지내는] 예의를 나는 배운 적이 없다. **비록 그렇지만** 나는 들은 적이 있다.

- 大王加惠, 以大易小, 甚善. **雖然**, 受地於先王, 願終守之, 弗敢易. (《戰國策》〈魏策四〉)

  대왕께서 은혜를 베풀어 큰 것으로써 작은 것을 바꾼다니 매우 좋습니다. **비록 그렇게 하더라도** 토지는 선왕에게서 받은 것이니 그것을 영원히 지키며 감히 바꾸지 않기를 바랍니다.

- **雖然**, 公輸盤爲我爲雲梯◆, 必取宋. (《墨子》〈公輸〉)

  설령 이렇게 했을지라도, 공수반이 나를 위해 높은 사다리를 만들어주었으므로 틀림없이 송나라를 취했을 것이다.

  ◆雲梯(운제): 전쟁할 때 상대편의 성을 공략하려고 만든 높은 사다리.

- **雖然**萬里連雲際◆, 爭及堯階三尺高. (汪遵, 〈長城〉)

  비록 높은 산이 만 리까지 이어져 **있어도**, 요임금의 3척 높이 계단에 미치지 못한다.

  ◆雲際(운제): 먼 하늘. 높은 산.

- **雖然**, 不可以不養也. (韓愈, 〈答李翊書〉)

  비록 이렇다 하더라도 기르지 않을 수 없다.

雖則(수즉)

접속사 양보를 나타내며, '비록'이라고 해석한다.

- **雖則**如雲, 匪我思存. (《詩經》〈鄭風 出其東門〉)

비록 [많은 것이] 구름 같을지라도 내 마음속에 있는 사람이 아니다.

• **雖則**七襄, 不成報章. (《詩經》〈小雅 大東〉)

비록 일곱 번 베틀에 올랐으나 천을 짜지 못했다.

孰(숙)

❶ **대사** 단순한 의문이나 선택을 나타낸다. '누구' '무엇' '어느 것'이라고 해석하는데, 선행사가 있을 경우에는 선택의 범위가 앞에 제시된 내용으로 한정된다.

• 父與夫**孰**親? (《左傳》 桓公十五年)

아버지와 남편 중에서 **누가** 더 가까운가?

• 王者**孰**謂? 謂文王也. (《公羊傳》 隱公元年)

왕이란 **누구**를 말하는 것인가? 문왕을 이른다.

• **孰**繼? 繼子般也. (《公羊傳》 閔公元年)

누구를 계승하는가? 자반을 계승한다.

• 子去我而歸, 吾**孰**與處於此? (《公羊傳》 宣公十五年)

그대가 나를 떠나 돌아가면, 나는 **누구**와 더불어 여기에 머물겠는가?

• 是可忍也, **孰**不可忍也? (《論語》〈八佾〉)

이것을 참을 수 있다면 **무엇**인들 참아낼 수 없을까?

• 四體不勤, 五穀不分, **孰**爲夫子? (《論語》〈微子〉)

사지를 부지런히 움직이지도 않고 오곡도 가려내지 못하거늘, **누가** 선생이란 말이오?

• 禮與食**孰**重? (《孟子》〈告子下〉)

예의와 음식 중에서 **어느 것**이 더 중요한가?

ㅅ

• 獨樂樂, 與人樂樂, **孰**樂? (《孟子》〈梁惠王下〉)

홀로 음악을 즐기는 것과 다른 사람과 함께 음악을 즐기는 것 중에서 **어느 것**이 더 즐거운가?

• **孰**謂子彦智? (《孟子》〈萬章下〉)

누가 자언을 지혜롭다고 했는가?

• 未知有無之果**孰**有**孰**無也. (《莊子》〈齊物論〉)

있고 없는 것에서 과연 **어느 것**이 있고, **어느 것**이 없는지는 알지 못한다.

• 齊王問曰: "畫**孰**最難者?" (《韓非子》〈外儲說左上〉)

제나라 왕이 말했다. "**무엇**을 그리는 것이 가장 어려운가?"

• 吾與徐公**孰**美? (《戰國策》〈齊策一〉)

나와 서공 중에 **누가** 더 아름다운가?

• 百姓**孰**敢不簞食壺漿◆以迎將軍者乎? (《三國志》〈蜀書 諸葛亮傳〉)

백성 중에서 **누가** 감히 풍성한 음식과 술로 장군을 맞이하지 않겠는가?

◆簞食壺漿(단사호장): 본래는 대그릇에 담은 밥과 병에 넣은 장을 가리키는 말이나, 백성이 군사를 환영하여 호궤(犒饋)함을 이른다.

• 然則內外相參, 得失有所, 互相形檢, **孰**能相飾? (《三國志》〈魏書 夏侯玄傳〉)

그러하면 [조정의] 안과 밖이 서로 [자료를] 참조하여 [인물의] 장점과 단점의 판정 근거를 세우고 쌍방이 서로 검사하면, **누가** 자신을 꾸미는 짓을 할 수 있겠는가?

• 奉王命而討有罪, **孰**敢不服? (《三國志》〈魏書 桓階傳〉)

왕명을 받들어 죄 있는 자를 토벌하면 **누가** 감히 복종하지 않겠습니까?

• 人非生而知之者, **孰**能無惑? 惑而不從師, 其爲惑也終不解矣. (韓愈, 〈師說〉)

사람이 태어나면서부터 아는 자가 아니라면 **누가** 의혹이 없을 수 있겠는가? 의혹이 있으면서 선생님을 따르지 않으면 그 의혹을 끝내 해결하지 못한다.

• 嗚呼! **孰**知賦斂之毒有甚是蛇者乎? (柳宗元, 〈捕蛇者說〉)

아! 조세 징수의 잔혹함이 이 독사보다 심함을 **누가** 알겠는가?

- **孰**使予樂居夷而忘故土者? (柳宗元, 〈鈷鉧潭記〉)

무엇이 나를 오랑캐 땅에서 즐겁게 살게 하여 고향을 잊게 했는가?

❷ **대사** 명사를 수식하며, '어떤'이라고 해석한다.

- **孰**君而無稱? (《公羊傳》 昭公二十五年)

어떤 군주가 명성이 없겠습니까?

- **孰**王而可叛也? (《呂氏春秋》〈行論〉)

어떤 왕이 배반할 수 있겠는가?

❸ **부사** '무엇 때문에' '왜'라고 해석한다.

- 曾不知夏之爲丘兮, **孰**兩東門之可蕪? (《楚辭》〈九歌 哀郢〉)

일찍이 궁전이 폐허가 됨을 알지 못했는데, **무엇 때문에** 두 동문이 황폐한가?

【참고】

① '熟(숙)'과 통한다. 익다, 성숙하다: • 宰夫胹熊蹯◆不**孰**. (《左傳》 宣公二年) 요리사가 곰 발바닥을 오래 삶았으나 **익지** 않았다. ◆熊蹯(웅번): 곰 발바닥. 胹: 삶을 이 • 五穀以時**孰**. (《荀子》〈富國〉) 오곡이 때에 맞게 잘 **익었다**.

② 자세하다: • 明日, 徐公來, **孰**視之. (《戰國策》〈齊策一〉) 내일 서공이 오면 그를 **자세히** 봐야지. • 願**孰**察之. (《商君書》〈更法〉) **자세히** 살펴보기를 원한다.

孰誰(숙수)

대사 '누구'라고 해석한다.

• 秦王身問之, "子**孰誰**也?" (《戰國策》〈楚策一〉)

진나라 왕이 직접 물었다. "그대는 **누구**냐?"

孰若(숙약)

접속사의 성질을 지닌 관용구(절)로서 선택을 나타내며, 앞 문장의 '與其(여기)'와 어울려 '~하기보다는 ~가 낫다'라고 해석하고, '與其(여기)'를 쓰지 않을 때는 '~만 하다'라고 해석한다. '孰如(숙여)'와 같다.

• **與其**有譽於前, **孰若**無毁於其後! (韓愈, 〈送李願歸盤谷序〉)

앞에서 칭찬하는 것**보다** 뒤에서 헐뜯지 않는 것**이 낫다**.

• **與其**殺是童, **孰若**賣之; **與其**賣而分, **孰若**吾得專焉. (柳宗元, 〈童區寄傳〉)

이 아이를 죽이는 것**보다는** 그를 파는 것**이 낫고**, 팔아서 나누기**보다는** 나 혼자 이익을 얻는 것**이 낫다**.

• 爲兩郎僮, **孰若**爲一郎僮耶? (柳宗元, 〈童區寄傳〉)

하인 두 사람이 일을 하는 것이 하인 한 사람이 하는 것**만 하겠는가**?

• **與其**坐而待亡, **孰若**起而拯之. (《清稗類鈔》〈馮婉貞〉)

앉아서 [우리 촌장(村莊)이] 멸망하기를 기다리는 것**보다** 일어나 그를 도와주는 것**이 낫다**.

拯: 도울 증

孰與(숙여)

대사 단문에서는 비교를 나타내며, '~와 비교하면 누가(어느)~'라고 해석한다. 이때 '孰與(숙여)' 뒤의 술어는 생략할 수 있다. 복문에서는 선택을 나타내며, '~에 비하다'라고 해석한다. 반어구에 쓰이면 '어떻게'라고 해석한다.

- 百姓足, 君**孰與**不足? (《論語》〈顔淵〉)

  백성이 풍족**하다면** 임금께서 **누구**와 더불어 풍족하지 않겠습니까?

- 從天而頌之, **孰與**制◆天命而用之? (《荀子》〈天論〉)

  하늘을 따르면서 그것을 기리는 것이, **어떻게** 천명을 적절히 쓰는 것**에 비교될 수 있겠습니까**?

  ◆制(제): 적절히 쓴다는 뜻. '裁(절제할 재)'와 통함.

- 我**孰與**城北徐公美? (《戰國策》〈齊策一〉)

  나를 성북의 서공**과 비교하면 누가** 더 아름다운가?

- 子之家**孰與**我家富? (《新序》〈刺奢〉)

  당신 집과 내 집을 **비교하면 어느** 집이 부자인가?

- 沛公曰: "**孰與**君少長?" (《史記》〈項羽本紀〉)

  패공이 말했다. "당신**과 비교하면 누가** 나이가 많습니까?"

- 陛下觀臣能**孰與**蕭何賢? (《史記》〈曹相國世家〉)

  폐하께서 보시기에 신의 재능을 소하의 어짊**과 비교하면 어떻습니까**?

- 起曰: "將三軍, 使士卒樂死, 敵國不敢謀, 子**孰與**起?" (《史記》〈孫子吳起列傳〉)

  오기(吳起)가 말했다. "삼군을 인솔하면서 병사들이 기꺼이 목숨을 바치게 만들어 적국이 감히 넘보지 못하게 하는 [능력에서], 당신과 나를 **비교하면 어떠한가**?"

- 公之視廉將軍**孰與**秦王? (《史記》〈廉頗藺相如列傳〉)

  여러분이 볼 때 염 장군과 진나라 왕을 **비교하여 누가** 더 두렵습니까?

- 大王自料勇悍仁强, **孰與**項王◆? (《史記》〈淮陰侯列傳〉)

  대왕께서는 용감하고 사나우며 어질고 굳센 점에서 항왕과 **비교하면 누가** 더 낫다고 생각하십니까?

ㅅ

◆項王(항왕): 항적(項籍). 자가 우(羽)로서 항우(項羽)로 알려져 있다.

- 君侯自料能**孰與**蒙恬? 功高**孰與**蒙恬? 謀遠不失**孰與**蒙恬? 無怨於天下**孰與**蒙恬? 長子舊而信之**孰與**蒙恬? (《史記》〈李斯列傳〉)

  군후께서는 스스로 능력을 헤아려볼 때 몽염**과 비교하여 누가** 낫다고 생각하십니까? 공이 높은 면에서는 몽염**과 비교하여 누가** 낫다고 생각하십니까? 원대하게 일을 꾀하여 실수하지 않는 점에서는 몽염**과 비교하여 누가** 낫습니까? 천하 사람들의 원한을 사지 않은 점에서는 몽염**과 비교하여 누가** 낫습니까? 맏아들 [부소와] 오랫동안 사귀어 신임을 받는 면에서는 몽염**과 비교하여 누가** 낫습니까?

- 然不伐賊, 王業亦亡, 惟坐待亡, **孰與**伐之? (諸葛亮, 〈後出師表〉)

  그러나 도적을 토벌하지 않으면 제왕의 대업 또한 실패할 것이고, 앉아서 망하기만을 기다리고 있으니 **어떻게** 토벌할 수 있겠습니까?

純(순)

❶ **부사** 대다수의 행동이 같거나 서술되는 사물의 순수함을 나타낼 때는 '순수하게' '완전히' '전부' 등으로 해석하고, 동작 혹은 행위에 제한이 있음을 나타낼 때는 '단순히' '단지' 등으로 해석한다.

- 惛◆若**純**醉而甘臥, 以游其中. (《淮南子》〈覽冥訓〉)

  번민하여 마치 **완전히** 취해 단잠을 자는 것같이 그 속에서 노닌다.

  ◆惛(혼): 번민함. '愍(번민할 민)'과 같다.

- 漢家自有制度, 本以覇王道雜之, 奈何**純**任德敎, 用周政乎? (《漢書》〈元帝紀〉)

  한 왕조는 그 나름의 제도가 있어서 본래 패도와 왕도가 섞여 있는데,

무엇 때문에 **단순히** 덕교만을 사용하고 주 왕조의 정치적 강령을 쓰려고 했는가?

❷ **부사** 정도가 심하거나 성질이 단순함을 나타낸다. '순수하게' '지극히' 등으로 해석한다.

- 潁考叔, **純**孝也. (《左傳》 隱公元年)

  영고숙은 **지극히** 효성스런 사람이다.

- 夏之冠, 色**純**玄. (《白虎通》〈紼冕〉)

  하 왕조의 관은 색깔이 **순수한** 검정색이다.

【참고】

① 실〔絲〕. 섞이지 않는다는 의미.

② 순일하다, 조화롭다: • 德不**純**而福祿竝至, 謂之幸. (《國語》〈晉語九〉) 덕이 **순일하지** 않은데 복과 녹을 함께 얻는 것, 이를 요행이라 한다.

③ 가장자리: • 九州之大, **純**方千里. (《淮南子》〈墬形訓〉) 구주의 크기는 **가장자리** 안으로 사방 천 리다.

④ 필(匹): • 白璧百雙, 錦綉千**純**. (《史記》〈蘇秦列傳〉) 백옥 1백 쌍, 아름다운 비단 1천 **필**.

乘(승)

전치사 어떤 기회 혹은 조건을 이용하거나 배경 혹은 세력에 의지하는 것을 나타내며, '~에 기대어' '~에 의지하여' '~을 빌려' '~을 이용하여' '~을 틈타서'라고 해석한다.

• 伐營, 義兵也, 取向, 非也. **乘**義而爲利也. (《穀梁傳》宣公四年)

[노선공(魯宣公)이] 영국(營國)을 토벌한 것은 정의로운 전쟁이었지만, [영국(營國)의] 향읍을 빼앗은 것은 옳지 않다. 이것은 정의**에 기대어** [사사로운] 이익을 꾀한 것이다.

• 上好貪利, 則臣下百吏, **乘**是而後豐取刻與, 以無度取於民. (《荀子》〈君道〉)

임금이 탐욕스럽고 이익을 좋아하면, 신하와 벼슬아치들은 이러한 것**을 이용하여** 뒤에서 [자신은] 많이 받고 적게 주어, 백성을 착취하는 데 한도가 없을 것이다.

• **乘**埶, 起隴畝之中, 三年, 遂將五諸侯滅秦. (《史記》〈項羽本紀〉)

기세**를 틈타** 밭두둑 사이에서 일어나 3년 만에 마침내 다섯 제후를 거느리고 진나라를 멸망시켰다.

• 楚兵走, 吳**乘**勝逐之, 五戰及郢. (《史記》〈楚世家〉)

초나라 군대가 달아나자, 오나라 군대는 승세**를 타고** 그들을 추격하여, 다섯 번의 싸움을 하면서 영도에 도착했다.

• 匈奴常敗走, 漢**乘**勝追北. (《史記》〈韓信盧綰列傳〉)

흉노가 거듭 싸움에서 지고 달아나자, 한나라 군대는 승세**를 타고** 북쪽으로 달아나는 적군을 계속 뒤쫓아 갔다.

• 充宗**乘**貴辯口, 諸儒莫能與抗爭, 皆稱疾不敢會. (《漢書》〈朱雲列傳〉)

충종이 황제의 총애**에 의지하여** 강변을 하여 유학자들은 그와 다툴 수 없었으므로, 모두 병을 핑계로 감히 만나지 않았다.

• 光武乃與敢死者三千人, 從城西水上, 衝其中堅·尋·邑陳亂, **乘**銳崩之, 遂殺王尋. (《後漢書》〈光武紀〉)

광무제는 결사대 3천 명과 성 서쪽 물가로부터 상대방의 중심인 견·심·읍을 돌파하여 혼란을 진압했으며, [병사들의] 날쌘 공격**에 기대어** 성을 함락시키고 마침내 왕심을 죽였다.

• 今隣里長老尙致饋遺, 此乃人道所以相親. 況吏與民乎? 吏顧不當**乘**威力

强請求耳. (《後漢書》〈卓茂列傳〉)

지금 이웃 마을의 노인들이 오히려 먹을 것을 보냈는데, 이것은 인정상 서로 가까운 것이다. 하물며 관리와 백성의 관계는 어떻겠는가? [그러나] 관리들은 부당하게 위압적인 힘**에 의지하여** 무리하게 요구할 뿐이다.

- **乘**夜放火, 擊鼓叫噪, 虜遂大潰. (《後漢書》〈馬援列傳〉)

  [마원의 군대는] 밤**을 틈타** 불을 지르고 북을 두드리며 소리를 지르니, 흉노는 마침내 크게 무너졌다.

- 而張府君先得志於陳留, 吾恐變**乘**閒作也. (《三國志》〈魏書 高柔傳〉)

  그런데 장 부군(장막張邈)이 먼저 진류를 점령했으니, 나는 한가한 **틈을 타서** 변란이 발생할까 두렵다.

- 豪杰竝爭, 兩雄相持, 天下之重, 在於將軍. 將軍若欲有爲, 起**乘**其弊可也. (《三國志》〈魏書 劉表傳〉)

  호걸들이 서로 다투고 두 영웅이 서로 버티고 있으니, 천하의 중임은 장군에게 달려 있습니다. 장군께서 만일 하고자 하는 것이 있으시다면 피폐한 것**을 틈타서** 병사를 일으키면 됩니다.

- 徽之曰: "本**乘**興而行, 興盡而反, 何必見安道◆邪!" (《晉書》〈王徽之傳〉)

  왕휘지(王徽之)가 말했다. "[나는] 본래 흥취**를 타고** 왔다가 흥취가 다하면 돌아가는데, 무엇 때문에 반드시 대안도(戴安道)를 보겠는가!"

  ◆安道(안도): 진(晉)나라 사람으로 대규(戴逵)를 말함. 자는 안도.

[참고]

① 타다: • 子奚**乘**是車也. (《韓非子》〈外儲說左下〉) 당신은 무엇 때문에 이 수레를 **탔는가**?

② [수레 행렬 속의] 사졸: • 晉師**乘**和, 師必有大功. (《左傳》 成公十三年) 진나라는 장수와 **사졸**이 화목하므로, 군대는 반드시 큰 공을 세울 것이다.

③ 넷〔四〕: • 發**乘**矢而後反. (《孟子》〈離婁下〉) 화살 **네** 대를 쏜 뒤에 돌아갔다.

④ 네 필의 말이 이끄는 수레: • 萬**乘**之國, 弑其君者必千**乘**之家; 千**乘**之國, 弑其君者必百**乘**之家. (《孟子》〈梁惠王上〉) 만 대의 **수레**를 낼 수 있는 나라에서 군주를 죽이는 자는 반드시 천 대의 **수레**를 낼 수 있는 제후의 나라이고, 천 대의 **수레**를 낼 수 있는 나라에서 군주를 죽이는 자는 반드시 백 대의 **수레**를 가진 대부이다.

始(시)

❶ **부사** 가까운 과거를 나타내며, '막' '방금'이라고 해석한다.

• **始**卒, 沐浴鬠◆體飯含◆, 象生執也. (《荀子》〈禮論〉)
방금 죽었는데, 머리를 감기고 몸을 씻기고 머리를 하나로 묶고 반함하는 것은 마치 살아 있을 때 하는 것과 같았다.
◆鬠(괄): 상투를 틀거나 쪽을 지는 것을 말함.
◆飯含(반함): 염습할 때 옥·구슬·자개·쌀 등을 죽은 사람의 입에 넣는 일.
鬠: 결발할 괄

• 隣人京城氏之孀妻有遺男, **始**齔, 跳往助之. (《列子》〈愚公移山〉)
이웃에 사는 경성씨란 과부의 유복자가 **방금** 유치를 갈았는데, 달려가서 그를 도왔다.
齔: 이 갈 츤

• 今**始**入秦, 卽安其樂, 此所謂"助桀爲虐". (《史記》〈留侯世家〉)
지금 **막** 진나라로 들어오자마자 그 즐거움에 편안함을 느끼신다면 이는 이른바 '걸을 도와 포악한 짓을 하는 것'입니다.

• 鍾會撰四本論**始**畢, 甚欲使嵇公一見. (《世說新語》〈文學〉)
종회는 《사본론》 짓기를 **방금** 끝마치자, 혜공(혜강嵇康)이 한번 봐주기를 간절히 바랐다.

• 何平叔注老子**始**成, 詣王輔嗣. (《世說新語》〈文學〉)

하안(何晏)은 《노자》의 주석을 **막** 완성하고서, 왕보사(王輔嗣, 왕필)를 알현했다.

• 江出西陵, **始**得平地, 其流奔放肆大. (《欒城集》〈黃州快哉亭記〉)

장강은 서릉을 나와 **막** 평지에 도달했는데, 그 흐름이 분방하고 광활하다.

❷ **부사** 특정한 조건 아래에서 이루어진 결과를 나타내며, '겨우' '방금' '비로소'라고 해석한다.

• 寒暑易節, **始**一反焉. (《列子》〈湯問〉)

겨울과 여름이 절기를 바꾸면 **비로소** 한 번 돌아간 것이다.

• 自天子西遷, 朝廷日亂, 至是宗廟◆社稷制度**始**立. (《三國志》〈魏書 武帝紀〉)

천자가 서쪽(장안)으로 이동할 때부터 조정은 나날이 혼란스러워졌으나, 이때에 이르러 종묘와 사직, 궁중의 제반 제도가 **비로소** 확립되었다.

◆宗廟(종묘): 선조를 제사 지내는 영묘(靈廟)로, 국가와 동의어로 사용되기도 한다.

• 洞識此心, **始**可言史矣. (《史通》〈敍事〉)

이 마음을 철저하게 이해하고 나서야 **비로소** 사서 편찬을 말할 수 있다.

• 臣訪之士大夫家, **始**盡得其書. (曾鞏, 〈戰國策序〉)

신은 사대부들의 집을 찾아가서야 **겨우** 그 책을 모두 구했다.

• 至丹以荊卿爲計, **始**速禍焉. (蘇洵, 〈六國論〉)

[연나라 태자] 단이 형가(荊軻)를 이용하여 [진나라에 대항할 일을] 도모하게 되자 **비로소** 재앙이 앞당겨졌다.

❸ **부사** 동작의 진행이나 상태의 지속을 나타내며, '마침'이라고 해석한다.

• 年**始**十八九, 便言多令才. (無名氏, 〈焦仲卿妻〉)

나이는 **마침** 열여덟 내지 아홉이고 말을 매우 잘하며 훌륭한 재능이 있다.

• **始**欲書之策而傳之人, 其試於事者, 則有待矣. (王安石, 〈上人書〉)

마침 문장을 써서 [후세] 사람들에게 전하려고 하는데, 일을 실천할 때에는 기다림이 있어야 한다.

❹ **부사** 사물의 범위 혹은 수량을 한정하며, '겨우' '단지' 등으로 해석한다.

• 即成, **始**稱其半, 已及三百斤矣. (《劇談錄》〈袁滋〉)

이미 이루어진 것은 **겨우** 절반뿐인데, 벌써 3백 근이 되었다.

• 子厚有子男二人, 長曰周六, **始**四歲, 季曰周七, 子厚卒乃生. (韓愈, 〈柳子厚墓志銘〉)

유자후에게는 두 아들이 있었는데, 큰아들은 주육이라 하고 **겨우** 네 살이었으며, 막내아들은 주칠이라 하고 자후가 죽은 뒤에 태어났다.

❺ **부사** 과거 동작 혹은 행위가 시작되던 때를 나타낸다. '처음에'라고 해석한다.

• **始**吾於人也, 聽其言而信其行; 今吾於人也, 聽其言而觀其行. (《論語》〈公冶長〉)

처음에 나는 사람을 대할 때 그의 말을 듣고 그의 행동을 믿게 되었는데, 지금 나는 사람을 대할 때 그의 말을 듣고도 그의 행동을 살피게 되었다.

• 可不可, 未**始**有別也. (《呂氏春秋》〈重己〉)

할 수 있는 것과 할 수 없는 것은 **처음에** 구별이 있었던 것이 아니다.

• 事**始**已行, 不可更矣. (《史記》〈魏世家〉)

일이 **처음에** 이미 행해졌으므로 고칠 수 없다.

• **始**, 伍員與申包胥爲交. (《史記》〈伍子胥列傳〉)

처음에 오자서(伍子胥)와 신포서는 교분을 맺었다.

• 淮陰侯韓信者, 淮陰人也. **始**爲布衣時, 貧無行. (《史記》〈淮陰侯列傳〉)

회음후 한신은 회음 사람이다. **처음에** 벼슬하지 않았을 때는 가난한 데다 [내세울 만한] 덕행도 없었다.

- **始**浮, 行數十里乃沒. (《史記》〈滑稽列傳補〉)
  처음에는 떴는데, 몇십 리 가자 곧 침몰했다.
- 自天地剖判, 未**始**有也. (《漢書》〈陸賈列傳〉)
  천지가 나누어진 이래, 아직 **처음에** 있지 않았다.
- 倉慈字孝仁, 淮南人也. **始**爲郡吏. (《三國志》〈魏書 杜恕傳〉)
  창자는 자가 효인이고 회남 사람이다. 그는 **처음에** 군의 아전이 되었다.

【참고】

① 처음: • 凡有四端於我者, 知皆擴而充之矣, 若火之**始**然, 泉之**始**達. (《孟子》〈公孫丑上〉) 나에게 있는 사단을 모두 넓혀 충족시킬 줄 알면, 마치 불이 **처음** 타오르고 샘물이 **처음** 솟는 것과 같다. • 西域以孝武時**始**通. (《漢書》〈徐域列傳上〉) 서역은 효무제 때 **처음** 왕래하기 시작했다. • 評曰: 任峻**始**興義兵, 以歸太祖, 闢土殖穀, 倉庾盈溢, 庸績致矣. (《三國志》〈魏書 任蘇杜鄭倉傳〉) 평한다. 임준은 **처음** 의병을 일으켜 태조(조조)에게 귀의했으며, 황무지를 개간하고 곡식을 심어 식량 창고를 가득 차게 했으니, 공적은 최고라고 할 수 있다. • 善**始**善終. **처음**이 좋으면 끝도 좋다.

② 시작하다: • 千里之行, **始**於足下. 천 리 길도 발밑에서부터 **시작된다**. • 泉涓涓而**始**流. (陶淵明, 〈歸去來辭〉) 샘물이 솟아나면서 그 흐름을 **시작한다**.

是(시)

❶ 대사 사람·사물·사건·장소·시간 등 광범위한 대상을 대신하며, 대신

하는 대상에 따라 '이것' '이곳' '이때' '이 사람' '이 일' 등으로 적절히 해석한다.

- **是**刈**是**濩, 爲絺◆爲綌◆. (《詩經》〈周南 葛覃〉)

  이것(칡나무)을 베고 **이것**(등나무)을 삶아, 고운 갈포를 만들고 거친 갈포를 만든다.

  ◆絺(치): 칡 섬유로 짠 고운 베.

  ◆綌(격): 거친 갈포.

  濩: 삶을 확 | 絺: 칡베 치 | 綌: 칡베 격

- 爾貢包茅◆不入, 王祭不共, 無以縮酒, 寡人**是**徵. 昭王南徵而不復, 寡人**是**問. (《左傳》僖公四年)

  너희가 공물인 포모를 바치지 않아서 왕의 제사를 올리지 못하고 술을 거르지도 못했기 때문에 나는 **이것**을 문책하려고 한다. [주(周)]소왕이 남방을 순행하다가 돌아오지 않았기 때문에 나는 **이것**도 문책하려고 한다.

  ◆包茅(포모): 다발로 묶은 띠. 옛날에 제사 때 술을 뿌려 올렸음. 즉 공물.

- **是**吾師也. (《左傳》襄公三十一年)

  이분은 나의 선생님이다.

- 知之爲知之, 不知爲不知, **是**知也. (《論語》〈爲政〉)

  어떤 것을 알면 그것을 안다고 하고, 알지 못하면 알지 못한다고 하는 것, **이것**이 [진정으로] 아는 것이다.

- 或曰: "孰謂鄹人之子◆知禮乎? 入太廟, 每事問." 子聞之曰: "**是**禮也!" (《論語》〈八佾〉)

  어떤 사람이 말했다. "누가 추 땅의 아들이 예를 안다고 말했는가? 태묘에 들어서는 매사를 묻더라." 공자께서 그 말을 듣고 말씀하셨다. "**이렇게 하는 것**(매사를 묻는 것)이 예다!"

  ◆鄹人之子(추인지자): 추읍 사람의 아들이라는 뜻으로 공자를 가리킨다. 공자의 아버지 숙량흘(叔梁紇)이 이 읍의 읍재(邑宰)를 지냈기 때문에 그렇게 불렸다.

• 富與貴**是**人之所欲也. (《論語》〈里仁〉)

부유함과 귀함, **이것**은 사람들이 바라는 바이다.

• 幼而不孫弟, 長而無述焉, 老而不死, **是**爲賊. (《論語》〈憲問〉)

어려서는 불손하며 우애가 없었고, 자라서는 이렇다 거론할 만한 것도 없었으며, 늙어서는 죽지도 않으니 **이는** 도적이다.

• 長沮曰: "夫執輿者爲誰?" 子路曰: "爲孔丘." 曰: "**是**魯孔丘與?" (《論語》〈微子〉)

장저가 말했다. "저기 수레 고삐를 잡고 있는 사람은 누구신가?" 자로가 말했다. "공구입니다." [장저가] 말했다. "[**이 사람이**] 노나라의 공구란 말이오?"

• **是**必才全而德不形者也. (《莊子》〈德充符〉)

이는 필경 재능이 온전하고 덕이 겉으로 나타나지 않는 자이다.

• 終而復始, 日月**是**也. (《孫子兵法》〈勢〉)

졌다가 다시 뜨는 것, 태양과 달이 **이것**이다.

• **是**吾劍之所從墜. (《呂氏春秋》〈察今〉)

여기가 내 칼이 떨어진 곳이다.

• 視而可識, 察而見意, 上下**是**也. (許愼, 〈說文解字敍〉)

한 번 보면 알 수 있고 자세히 보면 뜻을 볼 수 있는데, 上(상)과 下(하)는 **이런 글자**(지사자指事字)다.

• 諸君忠孝, 豈復在**是**! (《三國志》〈魏書 臧覇傳〉)

여러분의 충효가 어찌 또 **여기**에 있겠소.

• 吾祖死於**是**, 吾父死於**是**. (柳宗元, 〈捕蛇者說〉)

나의 할아버지께서 **이 일**로 인해 돌아가셨고, 나의 아버지께서도 **이 일**로 인해 돌아가셨다.

• 孔子曰: "苛政*猛於虎也." 吾嘗疑乎**是**. (柳宗元, 〈捕蛇者說〉)

공자께서 말씀하셨다. "가혹한 조세는 호랑이보다 사납다." 나는 일찍이

ㅅ

이 말에 의문이 있었다.

◆政(정): 세금을 징수한다는 뜻. '徵(징수할 징)'과 통함.

❷ **대사** 사람이나 사물을 가리키며, '이' '이런'이라고 해석한다.

• 子於**是**日哭, 則不歌. (《論語》〈述而〉)

공자께서는 **이**날에 곡을 하시면 노래를 부르지 않으셨다.

• 子曰: "'善人爲邦百年, 亦可以勝殘去殺矣.' 誠哉**是**言也!" (《論語》〈子路〉)

공자께서 말씀하셨다. "'선한 사람이 나라를 백 년 동안 다스리면, 또한 잔혹한 사람을 교화시키고 사형할 일이 없어진다.'고 하니, 진실되구나, **이** 말이여!"

• **是**心足以王矣. (《孟子》〈梁惠王上〉)

이런 마음이면 충분히 왕 노릇 할 수 있다.

• 當**是**時, 項羽兵四十萬, 在新豐鴻門◆. (《史記》〈項羽本紀〉)

이때 항우의 군대 40만이 신풍의 홍문 일대에 주둔하고 있었다.

◆鴻門(홍문): 섬서성 임동현(臨潼縣)에 있으며, 진나라 말기 항우를 중심으로 한 연합군이 함곡관을 함락한 뒤, 항우와 유방이 회합한 곳으로 유명하다.

• **是**歲, 孫策受袁術使渡江, 數年間遂有江東. (《三國志》〈魏書 武帝紀〉)

이해 손책은 원술의 지시를 받아 장강을 건넜으며, 몇 년 사이에 결국 강동을 소유하게 되었다.

• **是**歲穀一斛五十餘萬錢, 人相食. 乃罷吏兵新募者. (《三國志》〈魏書 武帝紀〉)

이해에 곡식 한 섬은 50여 만 전에 달했으며, 사람이 서로 잡아먹는 지경이었다. 그래서 [조조는] 군리(軍吏)와 병사들을 새로 소집하는 것을 그만두었다.

• **是**月, 諸葛亮出斜谷, 屯渭南, 司馬宣王率諸軍拒之. (《三國志》〈魏書 明帝紀〉)

이달, 제갈량은 사곡을 나와 위남에 주둔했으므로, 사마선왕은 모든 군대를 이끌고 그들을 막았다.

• 孰知賦斂之毒有甚**是**蛇者乎? (柳宗元, 〈捕蛇者說〉)

조세 징수의 잔혹함이 **이** 독사보다 심함을 누가 알겠는가?

❸ **접속사** '於是(어시)'나 '則(즉)'과 비슷하고, 두 일이 시간적으로 이어지는 것을 나타낸다. '곧' '그래서' 등으로 해석하며, 용례는 많지 않다.

• 教定**是**正矣. (《大戴禮記》〈王言〉)

교육이 성공하면 [사람들은] **곧** 바르게 된다.

• 非玆, **是**無以理人; 非玆, **是**無以理財. (《管子》〈君臣上〉)

이것(도道)이 아니면 **곧** 사람을 다스릴 방법이 없고, 이것이 아니면 **곧** 재물을 관리할 방법이 없다.

• 寡人一樂之, **是**欲祿之以萬鍾◆, 其足乎? (《晏子春秋》〈內篇諫上〉)

나는 그를 좋아하여 **곧** 후한 봉록을 그에게 주려고 하는데, 아마도 충분하겠지?

◆萬鍾(만종): 후한 녹봉, 많은 녹봉. 종(鍾)은 중국의 용량 단위로서 6곡(斛) 4두(斗), 혹은 10곡을 가리킨다.

• **是**境內之民, 其言談者必軌於法, 動作者歸之於功, 爲勇者盡之於軍. (《韓非子》〈五蠹〉)

그래서 국내의 백성 중에 그런 언론을 발표하는 사람은 반드시 법도에 따르며, 움직이는 자는 농경 방면으로 돌아가야만 하고, 용감한 사람들은 반드시 전부 군대로 투입되어야 한다.

軌: 좇을 궤

❹ **접속사** '是以(시이)'나 '故(고)'와 비슷하고, 한 일이 또 다른 일의 원인이 됨을 나타내며, '따라서' '이 때문에'라고 해석한다.

• 失度則史書之, 工誦之, 三公進而讀之, 宰夫減其膳◆. **是**天子不得爲非也. (《大戴禮記》〈保傅〉)

ㅅ

법도를 잃으면 사관(史官)은 그것을 기록하고, 악공(樂工)은 그것을 노래하며, 삼공은 앞으로 나가 그것을 해설하고, 요리사는 요리한 음식을 덜어낸다. **이 때문에** 천자는 멋대로 행동할 수 없다.

◆膳(선): 요리한 음식.

宰: 요리사 재, 고기 저밀 재 | 膳: 찬 선

- 舜不窮其民, 造父◆不窮其馬. **是**舜無失民, 造父無失馬也. (《荀子》〈哀公〉)
  순은 그의 백성의 역량을 다하지 않았고, 조보는 그의 말의 역량을 다하지 않았다. **이 때문에** 순은 그의 백성을 잃지 않았고, 조보는 그의 말을 잃지 않았다.

  ◆造父(조보): 주목왕(周穆王)의 말을 부리던 어자(御者). 마술(馬術)의 명인.
- 紂以其大得人心而惡之, 已又輕地以收人心. **是**重見疑也. (《韓非子》〈難二〉)
  주왕은 그(문왕)가 인심을 크게 얻었기 때문에 미워했는데, [문왕] 자신은 또 영토를 가볍게 여겨 인심을 얻었다. **이 때문에** 더욱 의심받게 되었다.
- 善用兵者, 當擊其亂, 不攻其治. **是**不襲堂堂之寇, 不擊塡塡◆之旗. (《淮南子》〈兵略訓〉)
  병사를 잘 쓰는 사람은 응당 적군이 혼란할 때 공격하고, 적군이 다스려질 때는 공격하지 않는다. **이 때문에** 진지가 강대한 적군은 기습할 수 없고, 견고하며 엄정한 적진은 공격할 수 없다.

  ◆塡塡(전전): 엄정하고 흥성한 모양.

❺ 어조사 동사와 목적어가 도치된 구문에서 동사 앞에 놓여 우리말의 목적격 조사와 같은 역할을 한다. 이때 목적어 앞에 '唯(유)' '惟(유)'가 오면 의미가 강조된다. '~을'이라고 해석한다.

- 皇天無親, 惟德**是**輔. (《尙書》〈周書 蔡仲之命〉)
  하늘은 친함이 없이 오로지 덕만을 도울 뿐이다.

- 戎狄**是**膺, 荊舒**是**懲, 則莫我敢承. (《詩經》〈魯頌 閟宮〉)

  서융과 북적을 공격하고 초나라와 서나라를 징벌하면, 누구도 감히 우리에게 저항하지 못하게 된다.

  膺: 칠 응

- 豈不穀◆**是**爲. 先君之好是繼. (《左傳》僖公四年)

  어찌 나 혼자만을 위해서겠는가. 선군께서 세운 우호 관계를 계승하려는 것이다.

  ◆不穀(불곡): 제후나 왕이 자신을 겸손하게 이르는 말.

- 舍其舊而新**是**謀. (《左傳》僖公二十八年)

  그 옛것을 버리고 새것을 도모한다.

- 余雖與晉出入, 余唯利**是**視. (《左傳》成公十三年)

  내 비록 진나라와 내왕할지라도 나는 오직 이익만을 볼 뿐이다.

- 評曰: 呂布有虓虎之勇, 而無英奇之略, 輕狡反覆, 唯利**是**視. (《三國志》〈魏書 呂布(張邈)臧洪傳〉)

  평한다. 여포는 사나운 호랑이같이 용맹했지만 뛰어난 재능이나 특이한 모략이 없었고, 천박하며 교활하고 변덕스러웠으며, [일을 도모할 때] 오직 이익만을 보았다.

- 逮江左群談, 惟玄◆**是**務. (《文心雕龍》〈論說〉)

  동진 시대의 이야기들은 오직 현담적인 것을 힘썼다.

  ◆玄(현): 현담(玄談)을 말하는 것으로, 《노자》《장자》《주역》의 삼서 안에 있는 도리를 말한다.

[참고]

'是(시)'는 '時(시)' '寔(식)'과 음이 비슷하여 통용되었다. 또한 《이아(爾雅)》〈석언(釋言)〉에도 나와 있듯이 '徥(시)'의 가차자가 바로 '是(시)'다. 《설문해자(說文解字)》에서도 "徥徥, 行貌."라고 했으며, 《이아》를 인용하여 "徥, 則也."라고 했다.《방언(方言)》에도 "徥, 行也."라고 되어 있으니, 용모와 행동거지가 갖추어진 것을 '徥(시)'라 했음을 알 수 있다. 또《설문해자》에서 '是(시)'를 풀이하면서 '日(일)'과 '正(정)'의 회의자라고 하며 주문(籒文)을 예시했는데, 그 자형을 보면 '止(지)' 위에 태양이 있는 모양을 하고 있다.

① '直(직)'과 같다. 옳다: • 自以爲**是**. 스스로 **옳다고** 생각했다.

② 진리: • 實事求**是**. 사실에 의거하여 **진리를** 탐구하다.

③ ~이다: • 此必**是**豫讓也. (《史記》〈刺客列傳〉) 이 사람은 틀림없이 예양**이다**.

是故(시고)

❶ **접속사** 결과나 추론을 나타내며, '이 때문에'라고 해석한다.

- 民亦如之. **是故**爲川者決之使導, 爲民者宣之使言. (《國語》〈周語上〉)
  백성 역시 이 [하천과] 같습니다. **이 때문에** 하천을 다스리는 사람은 물길을 터서 통하게 하고, 백성을 다스리는 사람은 말문을 열어서 백성이 말할 수 있게 해야 합니다.
- 惟仁者爲能以大事小. **是故**湯事葛, 文王事昆夷. (《孟子》〈梁惠王下〉)
  오직 어진 사람만이 대국(大國)의 신분으로써 작은 나라를 섬길 수 있습니다. **이 때문에** 탕은 갈백(葛伯)을 섬겼고, 문왕은 곤이를 섬겼습니다.
- 戰勝, 則所以存亡國而繼絶世也; 戰不勝, 則所以削地而危社稷也. **是故**兵者不可不察. (《孫臏兵法》〈見威〉)
  전쟁에서 승리하면 멸망하려는 국가를 보존시키고 끊어지려는 세대를 잇게 할 수 있지만, 전쟁에서 승리하지 못하면 영토가 줄고 국가가 위태롭게 될 것이다. **이 때문에** 전쟁은 자세히 살피지 않아서는 안 된다.
- 旣至其薨, 櫬斂之制, 輿徒之飾, 皆同之於王者. **是故**遠近歸仁, 以爲盛美. (《三國志》〈魏書 王粲傳〉)

그는 이미 죽었으며, 염하는 제도, 수레와 시종의 복식은 모두 왕이 된 자와 똑같이 했습니다. **이 때문에** 먼 곳이든 가까운 곳이든 간에 [위나라의] 어짊에 탄복하여 매우 훌륭하다고 생각하게 되었습니다.

- 夫區區之晉國, 微微之重耳, 欲用其民, 先示以信. **是故**原雖將降, 顧信而歸, 用能一戰而霸, 於今見稱. (《三國志》〈魏書 王孰傳〉)

  작은 진나라의 보잘것없는 중이(문공)는 그 백성을 [전쟁에] 쓰려고 먼저 신의를 보였습니다. **이 때문에** 원이 비록 투항하려고 했지만 신의를 생각하여 돌아가게 했으므로, 한 번 싸움으로 대업을 이루어 오늘에도 칭송되고 있습니다.

- 吾師道也, 夫庸知其年之先後生於吾乎? **是故**無貴無賤, 無長無少, 道之所存, 師之所存也. (韓愈, 〈師說〉)

  나는 도리를 배우는 것인데 어찌 [그가 태어난] 해가 나보다 이르고 늦음을 가리겠는가? **이 때문에** 지위가 높든 낮든, 나이가 많든 적든 도가 있는 곳이 스승이 있는 곳이다.

  知: 분간할 지

- 父母教而不學, 是子不愛其身也. 雖學而不勤, 是亦不愛其身也. **是故**養子必教, 教則必嚴. 嚴則必勤, 勤則必成. (柳永, 〈勸學文〉)

  부모가 가르치는데 배우지 않는 것, 이것은 자식이 그 자신을 사랑하지 않는 것이다. 비록 배우지만 노력하지 않는 것, 이 또한 그 자신을 사랑하지 않는 것이다. **이 때문에** 자식을 기르면 반드시 가르쳐야 하고, 가르치면 반드시 엄하게 해야 한다. 엄하면 반드시 부지런할 것이고, 부지런하면 반드시 이룰 것이다.

❷ **어조사** '夫(부)'와 비슷하고 뜻은 없다. '무릇'이라고 해석해도 된다.

- **是故**形而上者謂之道, 形而下者謂之器. (《周易》〈繫辭傳〉)

  형체를 초월한 것을 '道(도)'라고 하며, 형체의 범위에 있는 것을 '器

ㅅ

(기)'라고 한다.

- **是故**禮者, 君之大柄也. (《禮記》〈禮運〉)

  예란 임금의 큰 자루이다.

是夫(시부)

대사 비교적 가까운 사람이나 사물을 가리키며 '이(것)'라고 해석한다. '夫是(부시)'라고 쓰기도 한다.

- **是夫**大亂之賊也. (《墨子》〈非儒下〉)

  이는 큰 혼란의 도적이다.

- 用之則行, 捨之則藏, 唯我與爾有**是夫**! (《史記》〈仲尼弟子列傳〉)

  그를 등용하면 나아가고 그를 버리면 숨으니, 오직 나와 네가 **이렇구나**!

是用(시용)

부사 '用是(용시)'가 도치된 것으로 '是以(시이)'와 같다. '[이] 때문에'라고 해석한다.

- 猶之未遠, **是用**大諫. (《詩經》〈大雅 板〉)

  정책이 원대하지 못하기 **때문에** 크게 간언했다.

- 不穀惡其無成德, **是用**宣之, 以懲不壹. (《左傳》成公十三年)

  나는 인덕을 이루지 못함을 미워하기 **때문에** 이 일을 들춰내어 [언행이] 일치하지 아니한 것을 징계했다.

- 伯夷叔齊不念舊惡. 怨**是用**希. (《論語》〈公冶長〉)

  백이와 숙제는 옛 원한을 마음에 두지 않았다. **이 때문에** [이들이 다른 이들을] 원망하는 일도 드물었다.

• 兢兢然累辰, **是用**獲濟. (劉禹錫, 〈儆舟〉)

신중하게 며칠을 걸었기 **때문에** 안전하게 건넜다.

是謂(시위)

'謂是(위시)'가 도치된 것으로, '이것을 ~라고 한다'라고 해석한다.

• 子曰: "過而不改, **是謂**過矣!" (《論語》〈衛靈公〉)

공자께서 말씀하셨다. "잘못하고서도 고치지 않는 것, **이것을** [바로] 잘못**이라고 한다**."

是以(시이)

부사 '以是(이시)'가 도치된 것으로 결과나 결론을 나타내며, '때문에' '이로써'라고 해석한다. 단, 문장 끝에 오면 '이런 것'이라는 뜻이 된다.

• 太伯不從, **是以**不嗣. (《左傳》僖公五年)

태백은 [아버지의 명령을] 따르지 않았기 **때문에** 왕위를 계승하지 못했다.

• 湯之問棘也**是以**. (《莊子》〈逍遙遊〉)

탕왕이 [현신] 하극(夏棘)에게 물은 것도 **이런 것**이다.

• 彼節者有間, 而刀刃者無厚, 以無厚入有間, 恢恢乎其於游刃必有餘地矣. **是以**十九年而刀刃若新發於硎. (《莊子》〈養生主〉)

그 골절에는 틈이 있지만 칼날은 얇고, 얇은 칼날을 틈이 있는 [골절] 속으로 집어넣으면 아주 크고 넓어 칼날을 휘저어도 남는 부분이 있습니다. **때문에** 19년이나 된 칼날이지만 숫돌에 막 갈아낸 것 같습니다.

硎: 숫돌 형

• 君子敬其在己者, 而不慕其在天者, **是以**日進也; 小人錯其在己者, 而慕其在天者, **是以**日退也. (《荀子》〈天論〉)

군자는 자기의 노력을 중시하고 하늘의 도움을 구하지 않기 **때문에** 하루하루 진보하며, 소인은 자기의 노력은 버리고 하늘의 도움만을 구하기 **때문에** 나날이 퇴보한다.

• 茅屋采椽, **是以**貴儉. (《漢書》〈藝文志〉 諸子略)

띠 풀 지붕에 참나무 서까래, **이로써** 검소함을 숭상한다.

采: 참나무 채

• 今皆來集, 其衆雖多, 莫相歸服, 軍無適主, 一擧可滅, 爲功差易. 吾**是以**喜. (《三國志》〈魏書 武帝紀〉)

지금 모두 와서 모여 그 무리는 비록 많아도 서로 간에 따르고 복종하지 않으며, 군대에 지휘하는 대장이 없어서 한 번 출정으로 멸망시킬 수 있었던 것이고, 일이 비교적 쉬웠소. **이 때문에** 나는 기뻤던 것이오.

• 孫權自破關羽竝荊州之後, 志盈欲滿, 凶宄以極. **是以**宣文侯深建宏圖大擧之策. (《三國志》〈魏書 傅嘏傳〉)

손권은 직접 관우를 격파하고 형주를 병합한 후에 야심이 차고 욕망이 가득해져 흉악함이 절정에 이르렀다. **이 때문에** 선문후는 원대한 계책을 세웠다.

• 然才有庸儁, 氣有剛柔, 學有淺深, 習有雅鄭, 竝情性所鑠, 陶染所凝. **是以**筆區雲譎, 文苑波詭者矣. (《文心雕龍》〈體性〉)

그런데 재능에는 용렬함과 걸출함이 있고, 기에는 강함과 부드러움이 있으며, 학문에는 얕음과 깊음이 있고, 습관에는 아정(雅正)함과 비속함이 있으니, 이러한 것들은 모두 사람들의 타고난 성격에 의해 조성되거나 후천적인 노력과 환경에 의해서 만들어지는 것이다. **이 때문에** 문단은 구름처럼 기이하고 물결처럼 변화무쌍하다.

時(시)

❶ **부사** 동작 혹은 행위가 발생한 시간을 나타내며, '그때' '당시' 등으로 해석한다.

- **時**孫嵩亦寓於表, 表不爲禮. (《後漢書》〈趙岐列傳〉)

  그때 손숭 또한 유표에게 의탁했는데, 유표는 예로써 대우하지 않았다.

- 遷魏郡太守. **時**系囚千數, 至有歷年. (《三國志》〈魏書 陳矯傳〉)

  [진교(陳矯)는] 위군(魏郡) 태수로 승진했다. **당시** 구속된 죄인은 1천여 명이나 되었는데, 1년이 넘도록 처리하지 못하고 있었다.

- 汝**時**尤小, 當不復記憶; 吾**時**雖能記憶, 亦未知其言之悲也. (韓愈, 〈祭十二郎文〉)

  너는 **그때** 더욱 어렸으므로 기억을 되살리지 못하는 것이 당연하고, 나는 **그때** 기억할 수는 있었지만 또 그 말이 얼마나 슬픈지는 알지 못했다.

❷ **부사** 동작이나 행위의 발생 횟수가 적고 시간이 일정하지 않음을 나타내며, '때로는' '우연히' 등으로 해석한다.

- 陛下用臣計, 幸而**時**中, 臣願封留足矣. (《史記》〈留侯世家〉)

  폐하는 신의 계책을 채용하여 다행스럽게 **우연히** 적중했으니, 신은 유에 봉해져 만족하기를 원합니다.

- 入門**時**左顧, 但見雙鴛鴦. (《樂府詩集》〈相逢行〉)

  문을 들어가서 **우연히** 왼쪽을 돌아보니, 단지 원앙 한 쌍만 보였다.

- 疏峰**時**吐月, 密樹不開天. (吳均, 〈登壽陽八公山〉)

  성긴 산봉우리는 **때로는** 달을 토하고, 울창한 나무는 하늘을 가렸다.

- 落落之玉, 或亂乎石, 碌碌之石, **時**似乎玉. (《文心雕龍》〈總術〉)

  빛나는 옥은 때로는 돌과 뒤섞이고, 하얀 돌은 **때로는** 옥과 비슷하다.

ㅅ

❸ 대사 '是(시)' '玆(자)' '此(차)'와 통하고, 비교적 가까운 사람이나 사물, 장소, 시간 등을 가리키며, '이' '이것' '이것들' 등으로 해석한다. 《시경》이나 《상서》 등 고대 전적에 많이 쓰이다가 한대 이후로 적게 나타난다.

- 滿招損, 謙受益, **時**乃天道. (《尙書》〈大禹謨〉)

  거만은 손실을 불러들이고 겸허는 이익을 얻을 수 있으니, **이것**이 바로 하늘의 이치다.

- 咸若**時**, 惟帝其難之. (《尙書》〈皐陶謨〉)

  완전히 **이**와 같이 한다는 것은 제요(帝堯)조차 어려워할 것이다.

- **時**日曷喪? 予及汝皆亡! (《尙書》〈湯誓〉)

  이 태양(하걸夏桀을 가리킴)은 언제 없어질까? 내가 너와 함께 멸망하리라!

- 厥初生民, **時**維姜嫄◆. (《詩經》〈大雅 生民〉)

  최초로 [주(周)나라] 백성을 낳으니, **이**가 곧 강원이다.

  ◆ 姜嫄(강원): 주나라의 조상인 후직(后稷)의 어머니.

- **時**日害喪, 予及女偕亡. (《孟子》〈梁惠王上〉)

  이 태양은 언제 없어질까? 내가 너와 함께 멸망하리라.

- 春秋**時**禍敗之始, 戰國愈復其荼毒. (《後漢書》〈趙壹傳〉)

  춘추시대 **이때**는 혼란과 패망의 시작이고, 전국시대는 더욱더 백성의 고난이 증가했다.

- 於**時**君實爲學長, 任演說之事. (梁啓超, 《譚嗣同傳》)

  이때 당신(담사동)은 사실상 학장으로 [세계 형세를] 말할 책임이 있었다.

❹ 부사 동작 혹은 행위가 끊임없이 발생하는 것을 가리키며, '항상'이라고 해석한다. 이런 용법은 대략 한대에 시작되었다.

- **時**與出游獵. (《史記》〈呂太后本紀〉)

  항상 함께 사냥을 나갔다.

- 且緩急, 人之所**時**有也. (《史記》〈游俠列傳〉)

또한 완만하고 조급한 것은 사람들에게 **항상** 있는 것이다.

- 策扶老以流憩, **時**矯首而遐觀. (陶淵明, 〈歸去來兮辭〉)

  지팡이 짚고 주유하다 쉬노라면, **항상** 머리를 들어 먼 곳을 바라본다.

- 降及靈帝, **時**好辭制. (《文心雕龍》〈時序〉)

  아래로 영제에 이르러 **항상** 사부 짓는 것을 좋아했다.

- 一時賢士皆願從其游, 予亦**時**至其室. (歐陽修, 〈釋秘演詩集序〉)

  당시에 현명한 사람들은 모두 그들과 교류하기를 원했는데, 나 역시 **항상** 그들이 사는 곳으로 갔다.

❺ **접속사** 앞의 내용을 이어 아래 내용을 이끌어내며, 특별히 해석할 필요는 없다.

- 不明爾德, **時**無背無側. (《詩經》〈大雅 蕩〉)

  당신의 덕이 밝지 않으니, 뒤에도 [신하가] 없고 곁에도 [신하가] 없구나.

- 嗟乎! 吾獨不得廉頗·李牧**時**爲吾將? (《史記》〈張釋之馮唐列傳〉)

  아! 나는 어째서 염파와 이목을 얻어 장수로 삼지 못했는가?

【참고】

① 때에 따라: • 學而**時**習之, 不亦說乎? (《論語》〈學而〉) 배우고 **때때로** 그것을 익히면 이 또한 기쁘지 않은가?

② 계절에 따라: • 秋水**時**至, 百川灌河. (《莊子》〈秋水〉) 가을 물은 **계절에 따라** 이르며, 수많은 강물은 황하로 흘러 들어간다.

③ 어떤 때: • 常從王媼·武負貰酒, **時**飮醉臥, 武負·王媼見其上常有怪. (《漢書》〈高帝紀〉) [유방(劉邦)은] 항상 왕온과 무부에게 외상술을 마셨고, **어떤 때는** 취해 드러누웠는데, 무부와 왕온은 그의 머리 윗부분에 이상한 점이 있는 것을 늘 보았다.

④ 당시: • **時**劉備爲曹公所破. (《三國志》〈吳書 周瑜傳〉) **당시** 유비는 조조에게 패배했다.

時時(시시)

부사 동작 혹은 행위가 끊이지 않고 발생하거나 간헐적으로 이어짐을 나타내며, '가끔씩' '때때로' '항상' 등으로 해석하거나 해석하지 않을 수도 있다.

- 令初下, 群臣進諫, 門庭若市. 數月之後, **時時**而間進. 期年之後, 雖欲言, 無可進者. (《戰國策》〈齊策一〉)
  명령이 막 하달되자, 여러 신하가 나아가 간언하려고 궁문 안팎이 마치 시장 같았다. 몇 달 뒤에는 **가끔씩** 진언을 했다. 1년 뒤에는 말을 하려고 해도 진언할 수 있는 자가 없었다.
- 缺有閒矣, 其軼乃**時時**見於他說. (《史記》〈五帝本記〉)
  [《상서》에는] 누락되거나 연도의 간격이 긴 부분이 있는데, 그 누락된 부분들은 **때때로** 다른 사람의 학설에서 발견된다.
- 孝公既見衛鞅, 語事良久, 孝公**時時**睡, 弗聽. (《史記》〈商君列傳〉)
  효공이 위앙을 접견하자 [위앙은] 매우 오랫동안 국사를 말했으나 효공은 **때때로** 졸면서 듣지 않았다.

時(시)～時(시)～

동작 혹은 행위가 번갈아 발생하거나 동시에 존재함을 나타내며, '어떤 때는 ~하고, 어떤 때는 ~하다'라고 해석한다.

- 衆人之爲禮也, 以尊他人也, 故**時**勸**時**衰. (《韓非子》〈解老〉)
  일반 사람들의 예절을 갖추는 행위는 다른 사람을 높이는 것이다. 그러므로 **어떤 때는** 진지하고, **어떤 때는** 소홀하다.
- 自淳維以至頭曼千有餘歲, **時**大**時**小. (《史記》〈匈奴列傳〉)

순유로부터 두만에 이르는 1천여 년 동안, **어떤 때는** 강대하고 **어떤 때는** 약소했다.

• 往來轉徙, **時**至**時**去. (《漢書》〈鼂錯列傳〉)

[그들은] 왔다 갔다 옮겨 다니며, **어떤 때는** 오고 **어떤 때는** 떠났다.

• 山高風巨, 霧氣去來無定. 下盼諸峰, **時**出爲碧嶠, **時**沒爲銀海. (徐宏祖, 〈游黃山日記〉)

산 높고 바람 거세며, 안개는 일정치 않게 오간다. 아래로 여러 산봉우리를 바라보니, **어떤 때는** 드러나 푸른 산마루가 되고, **어떤 때는** 잠겨 은빛 바다가 된다.

諟(시)

대사 가까운 사물을 대신 가리키며, '이' '이것' 등으로 해석한다.

• 先王顧**諟**天之明命, 以承上下神祇. (《尙書》〈太甲〉)

선왕은 **이** 하늘의 명찰한 명령을 헤아려, 위와 아래의 신들을 받들었다.

式(식)

❶ **부사** 권유·격려·기대·판단 등을 나타내며, '마땅히' '잠시' 등으로 해석한다.

• **式**敷民德, 永肩一心. (《尙書》〈盤庚下〉)

마땅히 백성에게 은혜를 베풀어, 영원히 한마음일 수 있게 해야 한다.

• 兄及弟矣, **式**相好矣, 無相猶矣. (《詩經》〈小雅 斯干〉)

형과 동생이여, **마땅히** 서로 좋아하고 서로 증오하지 마라.

• **式**夷**式**已, 無小人殆. (《詩經》〈小雅 節南山〉)

마땅히 마음을 편안히 갖고 **마땅히** 그쳐서, 백성을 해롭게 하지 마라.

• 我有旨酒, 嘉賓**式**燕以敖. (《詩經》〈小雅 鹿鳴〉)

나에게 맛난 술 있으니, 손님은 **잠시** 연회를 열어 즐깁시다.

• 上下通情, **式**宴且盤. (《文選》〈東京賦〉)

임금과 신하의 정이 통하면 **마땅히** 연회를 열어 즐겨야 한다.

❷ **어조사** 뜻이 없으므로 해석할 필요는 없으며, 《시경》에 한정된다.

• **式**微**式**微, 胡不歸? (《詩經》〈邶風 式微〉)

날이 어두워지고 날이 어두워졌는데, 어찌 돌아가지 않는가?

• 不弔昊天, 亂靡有定. **式**月斯生, 俾民不寧. (《詩經》〈小雅 節南山〉)

자비롭지 못한 여름 하늘 때문에 혼란이 그치지 않는구나. 다달이 혼란을 낳아 백성을 불안하게 하는구나.

【참고】

① 법식, 모범: • 此先代之良**式**也. (曹操, 〈置屯田令〉) 이것은 선대의 좋은 **법식**이다.

② 경례하다, 절하다: • 天子爲動, 改容**式**車. (《史記》〈絳侯周勃世家〉) 천자가 감동하여 얼굴빛을 고치고서 수레에서 **경례했다**.

寔(식)

❶ 대사 '是(시)'와 같고 비교적 가까운 사람·사물·사건·시간·장소 등을 가리킨다. '寔(식)'이 단독으로 쓰이면 대신하는 대상에 맞추어 적절하게 해석하고, 지시하는 대상이 '是(시)' 다음에 이어 나오면 '이'라고 해석한다.

- 肅肅◆宵征◆, 夙夜在公◆, **寔**命不同. (《詩經》〈召南 小星〉)

  급히 밤에 나가 아침부터 저녁까지 일을 처리하니, **이** 운명은 다른 사람과는 다르구나.

  ◆肅肅(숙숙): '빠르다〔疾〕'라는 뜻으로 바삐 걷는 모습을 형용한 말.

  ◆宵征(소정): '宵(소)'는 밤〔夜〕, '征(정)'은 '다니다〔行〕'라는 뜻으로 어둠 속을 오가는 것을 말한다.

  ◆在公(재공): 군주가 있는 곳으로 번역하기도 하지만, 공적인 일을 처리하는 것을 뜻한다.

- **寔**來者何? (《公羊傳》桓公六年)

  이 사람이 왔다는 것은 무엇인가?

- **寔**爲咸陽. (張衡, 〈西京賦〉)

  이곳이 바로 함양이다.

❷ 부사 '實(실)'과 통하고 강한 긍정을 나타내며, '정확히' '확실히'라고 해석한다.

- 簡賢附勢, **寔**繁有徒. (《尙書》〈仲虺之誥〉)

  현인을 경시하고 권세에 아부하는 무리가 **확실히** 많다.

  簡: 소홀히 할 간

- 用之**寔**難, 已之易矣. (《國語》〈楚語上〉)

  [다른 사람의 의견을] 받아들이는 것은 **확실히** 어렵지만, [다른 사람의 의견을] 받아들이지 않는 것은 쉽다.

身(신)

❶ **부사** 어떤 일을 자신이 직접 함을 나타내며, '몸소' '손수' '직접'이라고 해석한다.

- 彼一**身**織屨, 妻辟纑, 以易之也. (《孟子》〈滕文公下〉)

  그는 **직접** 짚신을 짜고, 처는 길쌈을 하여 먹을 것으로 바꾸었다.

  屨: 신 구 | 辟: 길쌈할 벽 | 纑: 누일 로

- 禹之王天下也, **身**執耒鍤以爲民先. (《韓非子》〈五蠹〉)

  우는 천하의 왕이 되어서도 **몸소** 쟁기와 가래를 잡아 백성보다 먼저 일을 했다.

  鍤: 가래 삽

- 秦王**身**問之. "子, 孰誰也?" (《戰國策》〈楚策一〉)

  진나라 왕이 **직접** 물었다. "그대는 누구냐?"

- 吾起兵至今八歲矣, **身**七十餘戰. (《史記》〈項羽本紀〉)

  나(항우項羽)는 처음으로 병사를 일으켰을 때부터 지금까지 8년간 70여 차례의 전쟁을 **직접** 겪었다.

❷ **대사** '나'라고 해석한다.

- 申包胥曰: "吾爲君也, 非爲**身**也. 君旣定矣, 又何求?" (《左傳》定公五年)

  신포서가 말했다. "나는 임금을 위하지 **나** 자신을 위하지 않는다. 임금은 이미 안정되었는데, 또 무엇을 요구하겠는가?"

- 吾有老父, **身**死, 莫之養也. (《韓非子》〈五蠹〉)

  나에게는 늙은 아버지가 계시는데, **내**가 죽으면 봉양하지 못한다.

- 飛據水斷橋, 瞋目橫矛曰: "**身**是張翼德也. 可來共決死!" (《三國志》〈蜀書 張飛傳〉)

장비가 강물에 의지하여 다리를 끊고 눈을 부릅뜨며 긴 창을 비껴 잡고 말했다. "**나**는 장익덕이다. 함께 죽을 각오로 싸우자."

• 冀罪止於**身**, 二兒可得全不? (《世說新語》〈言語〉)

죄는 단지 **나**에게서 그치기를 바라니, 두 아들을 보전할 수 있을까요?

• 廣曰: "君爲宋朝佐命◆, **身**是晉室遺老, 悲歡之事, 固不可同." (《資治通鑑》〈宋紀〉 武帝永初元年)

서광(徐廣)이 말했다. "당신(사회謝晦)은 송 왕조 건국에 공을 세웠고, **나**는 [망한] 진(晉) 왕조에 충성하려는 늙은 신하이므로, [우리 사이에] 슬프고 기쁜 일은 본래 서로 같을 수 없습니다."

◆佐命(좌명): 제왕의 창업을 도운 사람을 가리킴.

❸ **대사** '자신'이라고 해석한다.

• 非其**身**之所種則不食, 非其夫人之所織則不衣, 十年不收於國, 民俱有三年之食. (《國語》〈越語上〉)

[월왕(越王) 구천(句踐)은] 그 **자신**이 심은 양식이 아니면 먹지 않았고, 그 부인이 짠 옷이 아니면 입지 않았으며, 10년이나 백성에게 [세금을] 징수하지 않으니 백성은 모두 3년 먹을 식량을 가지게 되었다.

• 賊愛其**身**, 不愛人, 故賊人以利其**身**. (《墨子》〈兼愛上〉)

도적은 그 **자신**을 아끼고 다른 사람을 아끼지 않기 때문에 다른 사람을 해롭게 하여 그 **자신**에게 이익이 되게 한다.

【참고】

① 신체(목 부분부터 둔부까지): • 首**身**分離. 머리와 **몸**이 나뉘어 떨어졌다.

② 생명: • 殺**身**成仁. **생명**을 희생하여 인을 이룬다.

身自(신자)

부사 어떤 일을 자신이 직접 함을 나타내며, '손수' '직접' '친히'라고 해석한다.

- 而廣**身自**射彼三人者, 殺其二人. (《史記》〈李將軍列傳〉)

  그리고 이광(李廣)은 **손수** 그 세 사람을 쏘아 그중 둘을 죽였다.

- 時布**身自**搏戰, 自旦至日昳數十合, 相持急. (《三國志》〈魏書 典韋傳〉)

  당시 여포는 **직접** 격투에 참가하여 아침부터 날이 저물 때까지 수십 차례 교전을 벌이고 쌍방이 대치하여 격렬하게 싸웠다.

- 悳常曰: "我受國恩, 義在效死. 我欲**身自**擊羽. 今年我不殺羽, 羽當殺我." (《三國志》〈魏書 龐悳傳〉)

  방덕은 항상 말했다. "나는 나라의 은혜를 입었으므로, 나라를 위해 죽는 데 뜻을 두겠소. 내가 **직접** 관우를 공격할 것이오. 올해 내가 관우를 죽이지 못하면, 관우가 나를 죽일 것이오."

- 爽**身自**奮擊, 虜乃退走. (《宋書》〈魯爽傳〉)

  노상이 **친히** 격분하여 공격하자, 적은 즉시 달아났다.

辰(신)

부사 '故(고)'와 결합하여 '辰故(신고)'의 형태로 쓰이며, '때문에'라고 해석한다.

- **辰**故陰以陽化, 陽以陰變. (《大載禮記》〈本命〉)

  때문에 음은 양이 변하여 나온 것이고, 양은 음이 변하여 나온 것이다.

信(신)

❶ **부사** 강한 긍정을 나타내며, '과연' '실제로' '진실로' '참으로' '확실히' 등으로 해석한다. '誠(성)'과 비슷하다.

- 蔑也今而後知吾子**信**可事也. (《左傳》 襄公三十一年)
  나는 앞으로 당신이 **확실하게** 일을 할 수 있다는 것을 알았다.
- 子晳**信**美矣. (《左傳》 昭公元年)
  자석은 **확실히** 아름답구나.
- **信**乎夫子不言不笑不取乎? (《論語》 〈憲問〉)
  정말 선생께서는 말씀도 하지 않고 웃지도 않으며 [재물을] 받지도 않습니까?
- **信**能行此五者, 則隣國之民仰之若父母矣. (《孟子》 〈公孫丑上〉)
  [만약] **진실로** 이 다섯 가지를 실행할 수 있다면, 이웃 나라의 백성이 당신을 부모같이 우러러볼 것이다.
- 臣北方之鄙人也, 聞大王將攻宋, **信**有之乎? (《呂氏春秋》 〈愛類〉)
  저는 북방의 비천한 사람으로 대왕께서 송나라를 공격하실 것이라는 말을 들었는데, **과연** 그러한 일이 있습니까?
- 山坂有兩石虎 …… 作制甚工, **信**爲妙矣. (《水經注》 〈比水〉)
  산언덕에 돌로 새긴 호랑이 두 마리가 있는데 …… 매우 공들여 만든 것으로 **확실히** 기묘했다.
- 若妻**信**病, 賜小豆四十斛, 寬假限日. (《三國志》 〈魏書 華陀傳〉)
  만약 [그의] 처가 **실제로** 병이 있다면 팥 40말을 주시고 휴가 기한을 늦춰주십시오.
- 三年奔走空皮骨, **信**有人間行路難. (杜甫, 〈將赴成都草堂途中有作先寄嚴鄭公〉 五首)

3년 동안 분주했건만 피골만 상접하니, **참으로** 인생살이 어렵구나.

❷ **부사** 동작이나 행위가 의지하는 조건을 소개하며, '마음대로' '자유로이' 등으로 해석한다.

• 低眉**信**手續彈, 說盡心中無限事. (白居易, 〈琵琶行〉)

고개를 숙이고 **자유로이** 손을 놀려 계속 연주하며, 마음속의 끝없는 이사연 전부 말하고 있네.

[참고]

① 신용, 믿음: • 小**信**未孚, 神弗福也. (《左傳》莊公十年) 작은 **믿음**이라 미덥지 않으니 신은 복을 내리지 않을 것이다. • 與朋友交言而有**信**. (《論語》〈學而〉) 친구와 사귈 때는 말에 **믿음**이 있어야 한다.

② 진실하다: • **信**言不美, 美言不**信**. (《老子》八十一章) **진실한** 말은 아름답지 않고 아름다운 말은 **진실하지** 않다. • 與朋友交而不**信**乎? (《論語》〈學而〉) 벗들과 사귀면서 **진심**이 없었는가?

③ 믿다: • **信**信, **信**也; 疑疑, 亦**信**也. (《荀子》〈非十二子〉) 믿을 것을 **믿는** 것은 [진리를] **믿는** 것이고, 의심할 것을 의심하는 것도 [진리를] **믿는** 것이다.

④ 사자(使者): • 遣**信**就阮籍求文. (《世說新語》〈文學〉) **사자**를 보내 완적에게 글을 구했다.

⑤ '신(伸)'과 통용된다. 펴다: • 屈**信**. 굽힘과 **폄**.

矧(신)

❶ **부사** 행위의 연속이나 중복을 나타내며, '亦(역)'과 같다. '또' '또한'

'바로 ~이다'라고 해석한다.

- 元惡大憝, **矧**惟不孝不友. (《尙書》〈康誥〉)

  가장 큰 죄악은 **바로** 효도하지 않고 우애가 없는 것**이다**.

- 小臣屛侯甸◆, **矧**咸奔走. (《尙書》〈君奭〉)

  [지위가] 낮은 신하와 지방 관리들 **또한** 모두 [왕사(王事)를 위해] 분주하다.

  ◆侯甸(후전): 본래는 후복(侯服, 오복五服의 하나로서 상고시대에는 왕기王畿 밖 5백 리에서 천 리 사이의 땅, 즉 전복甸服과 수복綏服 사이의 땅을 가리켰지만, 주나라 때에는 왕기 밖 5백 리 이내의 땅을 가리킴)과 전복(왕기 밖 5백 리 이내의 땅을 일컬음)을 가리키지만, 여기서는 지방 관리를 뜻한다.

  屛: 변방 병, 물러날 병

- 今冲子◆嗣, 則無遺壽耇. 曰其稽我古人之德, **矧**曰其有能稽謀自天. (《尙書》〈召誥〉)

  지금 어린 나이로 왕위를 계승했으니 나이 많고 덕 있는 사람을 버리지 말아야 한다. [당신은 내가] 우리 선인들의 덕행을 살필 수 있다고 말하고, **또** 하늘의 뜻을 살필 수 있다고 말할 것이다.

  ◆冲子(충자): 어린아이.

❷ **부사** 앞에 제시된 내용에 비추어 이어지는 내용은 지극히 당연함을 나타낸다. '하물며'라고 해석한다.

- 厥父菑, 厥子乃弗肯播, **矧**肯獲? (《尙書》〈大誥〉)

  그의 아버지가 벌써 개간해놓았지만 그 아들은 파종하려고도 하지 않는데, **하물며** 수확하려 하겠는가?

- 相彼鳥矣, 猶求友聲, **矧**伊人矣, 不求友生◆? (《詩經》〈小雅 伐木〉)

  저 새를 보니 여전히 짝 찾는 소리를 내는데, **하물며** 사람들 또한 친구를 찾지 않겠는가?

ㅅ

◆友生(우생): 친구.

• 智能知之, 猶卒以危, **矧**今之人, 曾不是思? (柳宗元, 〈敵戒〉)

[장손흘(臧孫紇)의] 지혜는 그것을 알 수 있었는데도 오히려 위험에 빠졌으니, **하물며** 지금 사람들이 일찍이 이 문제를 생각하지 않았음에랴?

• 求其生而不得, 則死者與我皆無恨也, **矧**求而有得耶? (歐陽修, 〈瀧岡阡表〉)

[사형선고를 받은 사람은] 그 목숨을 구해도 얻을 수 없고, 죽은 자와 나는 모두 유감이 없는데, **하물며** 구한다고 얻을 수 있겠는가?

矧亦(신역)

부사 행위의 연속성을 나타내며, '또한'이라고 해석한다. 《상서》에만 보인다.

• 寧王◆惟卜用, 克綏受玆命, 今天其相民, **矧亦**惟卜用. (《尙書》〈大誥〉)

무왕(武王)은 단지 점을 쳐서 이러한 천명을 받을 수 있었고, 지금은 하늘이 백성을 도우니 **또한** 점을 친다.

◆寧王(영왕): 본래 천하를 편안하게 다스린 왕에게 주는 시호인데, 여기서는 무왕을 가리킴.

新(신)

부사 동작이나 행위가 얼마 전 발생함을 나타낸다. '막' '방금' 등으로 해석한다.

• 諸侯**新**服, 陳**新**來和, 將觀於我. 我德, 則睦; 否, 則攜貳. (《左傳》襄公四年)

제후들이 **막** 복종하고 진나라가 **막** 와서 화해를 청하면서 장차 우리를 관망하니, 내가 들어주면 화목하게 될 것이고 그러지 않으면 두 마음을 갖게 되리라.

- 今臣之刀十九年矣, 所解數千牛矣, 而刀刃若**新**發於硎. (《莊子》〈養生主〉)
  지금 신의 칼은 [사용한 지] 19년이나 되었고, [이 칼로] 발라낸 소가 수천 마리나 되지만, 칼날은 마치 숫돌에 **막** 갈아낸 것 같습니다.

悉(실)

부사 일정한 범위 내에 있는 모든 대상을 포함하는 것이며, '모두' '온통' '완전히'라고 해석한다.

- 懷王乃**悉**發國中兵, 以深入擊秦, 戰於藍田◆. (《史記》〈屈原賈生列傳〉)
  회왕은 나라의 병사를 **모두** 파견하여 진나라로 깊이 들어가 반격하여 남전에서 싸웠다.
  ◆藍田(남전): 섬서성 서안에 있는 산 이름으로 좋은 옥이 많이 난다.
- 愚以爲宮中之事, 事無大小, **悉**以咨之. (諸葛亮, 〈出師表〉)
  저는 궁중의 일은 크고 작음을 막론하고 **모두** 그들과 상의해야 한다고 생각합니다.
- 此**悉**貞良死節之臣, 願陛下親之信之. (諸葛亮, 〈出師表〉)
  이들은 **모두** 충정하고 선량하여 순절할 수 있는 신하이오니, 바라건대 폐하께서는 그들을 가까이하고 그들을 신임하십시오.
- 男女衣著, **悉**如外人. (陶淵明, 〈桃花源記〉)
  남자와 여자가 옷을 입은 것이 **완전히** [도화원] 밖의 사람과 같았다.
- 丹水南有丹崖山, 山**悉**赤壁, 霞擧. (《水經注》〈丹水〉)

단수의 남쪽에는 단애산이 있는데, 산이 **온통** 붉은 돌벽이라 마치 노을이 걸려 있는 듯했다.

• 數日降, 羽**悉**令男子年十五以上詣城東, 欲坑之. (《漢書》〈項籍列傳〉)

며칠 뒤에 투항하자 항우는 15세 이상의 남자를 **모두** 성의 동쪽으로 모이게 명하고는 그들을 매장하려고 했다.

坑: 구덩이에 묻을 갱

悉皆(실개)

부사 일정한 범위 안에 있는 모든 대상을 포함하는 것이며, '모두' '전부'라고 해석한다.

• 雕琢華飾之務, **悉皆**去除. (《莊子》〈應帝王〉)

새기고 꾸미고 아름답게 장식하려 힘쓰는 것을 **모두** 없애버렸다.

• 其一株上有七八根生者, **悉皆**斫去, 唯留一根粗直好者. (《齊民要術》〈鍾白楊〉)

그 한 줄기에 일고여덟 개의 뿌리가 생겼는데, **모두** 쳐서 없애고 오로지 굵고 곧은 좋은 뿌리 한 개만 남겼다.

實(실)

❶ **부사** 어떤 상황·행위·상태 등의 진실성에 대해 강한 긍정을 나타내며, '본래' '실제로' '확실히'라고 해석한다.

• 臣**實**不才, 又誰敢怨? (《左傳》成公三年)

신은 **확실히** 재주가 없는데, 또한 누구를 감히 원망하겠습니까?

- 然公子重耳**實**不肯, 吾又奚言哉? (《國語》〈晉語三〉)

  그러나 공자 중이는 [그 당시] **실제로** [진(晉)나라로 들어가 군주가] 되려 하지 않았는데, 내가 또 무슨 말을 했겠는가?

- 高位**實**疾顚, 厚味**實**腊毒. (《國語》〈周語下〉)

  지위가 높은 사람은 **본래** 빨리 넘어지기 쉽고, 봉록이 두터운 사람은 **본래** 죄를 얻기 쉽다.

- 蘭芝仰頭答, 理**實**如兄言. (無名氏, 〈焦仲卿妻〉)

  난지가 고개를 들고 대답했는데, 이치는 **확실히** 형이 말한 것과 같았다.

- 斯所以不死者, 自負其辯有功, **實**無反心. (《史記》〈李斯列傳〉)

  이사(李斯)가 자살하지 않은 까닭은 자신이 변설에 능하고 공로가 있으며, **실제로** 모반할 마음이 없었다는 것을 믿었기 때문이다.

- 丘明同時, **實**得微言. (《文心雕龍》〈史傳〉)

  좌구명은 [공자와] 시대가 같아 [공자의] 미묘한 말을 **확실하게** 알았다.

- 善始者**實**繁, 克終者蓋寡. (魏徵, 〈諫太宗十思疏〉)

  시작을 잘한 자는 **확실히** 많지만, 끝을 잘 맺는 자는 대체로 적다.

❷ **부사** 명령 혹은 기대를 나타내며, '其(기)'와 비슷하다. 해석하지 않는다.

- 敢布腹心, 君**實**圖之. (《左傳》 宣公十二年)

  감히 마음속의 말을 털어놓으니, 임금께서 생각해보십시오.

- 敢盡布其腹心及先王之經, 而諸侯**實**深圖之. (《左傳》 昭公二十六年)

  감히 나의 마음속의 말과 선왕의 도리를 모두 말했으니, 제후들은 깊이 생각하시오.

- 公曰: "子**實**圖之!" (《國語》〈晉語八〉)

  진평공(晉平公)이 말했다. "여러분이 그것을 계획하시오."

• 敢以念子爲托, **實**仁愍之. (《續玄怪錄》〈琴台子〉)

감히 사랑하는 아들을 [당신에게] 부탁하니, 인자하게 아껴주시오.

❸ **부사** 여러 상황이 함께 존재함을 나타내고, 병렬 관계에 있는 동사나 형용사 앞에 쓰이며, '또' '~하기도 하고'라고 해석한다.

• **實**方**實**苞, **實**種**實**褎, **實**發**實**秀, **實**堅**實**好, **實**穎**實**栗. (《詩經》〈大雅 生民〉)

[싹이 나온 것이] 바르**고도** 무성하고, [자란 것이] 굵**고도** 튼튼하며, 반반**하고도** 아름답고, [벼이삭이] 충실**하고도** 좋으며, 이삭은 늘어지**고도** 많구나.

❹ **어조사** 문장 첫머리나 중간에 쓰여 음절을 보충하거나 어감을 도울 뿐, 뜻은 없다.

• 陳侯曰: "宋衛**實**難, 鄭何能爲?" (《左傳》隱公六年)

진후가 말했다. "송나라와 위나라가 어렵지만, 정나라가 무엇을 할 수 있겠는가?"

• 鬼神非人**實**親, 惟德是依. (《左傳》僖公五年)

귀신은 사람을 친애하는 것이 아니라 오직 덕을 의지할 뿐이다.

• 其非唯我賀, 將天下**實**賀. (《左傳》昭公八年)

우리가 축하할 뿐만 아니라 천하가 모두 축하할 것이오.

• 雖四方之諸侯, 則何**實**以事吳? (《國語》〈吳語〉)

사방의 제후들은 무엇에 기대 오나라를 섬기겠소?

• 文武之功, **實**建諸姬. (《國語》〈晉語〉)

문왕과 무왕의 공으로 여러 희(姬)성의 제후를 봉했다.

• 夫和**實**生物, 同則不繼. (《國語》〈鄭語〉)

[음양이] 조화로우면 만물이 생겨나고, 같기만 하면 지속되지 않는다.

【참고】

① 과실, 종자: • 草木之**實**足食也. (《韓非子》〈五蠹〉) 초목의 **과실**은 먹을 수 있다.

② 가득 차다: • 府庫已**實**. 관청의 창고는 이미 **가득 찼다**.

甚(심)

❶ **부사** 정도가 높거나 수량이 많음을 나타내며, '깊이' '매우'라고 해석한다.

- 動刀**甚**微◆. (《莊子》〈養生主〉)

  칼을 놀리는 것이 **매우** 가볍다.

  ◆微(미): 보통 '정묘하다'라는 뜻으로 쓰이나, 여기서는 '가볍다'는 뜻.

- 宋人有酤酒者, 升概**甚**平, 遇客**甚**謹, 爲酒**甚**美, 縣幟**甚**高. (《韓非子》〈外儲說右上〉)

  송나라 사람 중 술을 파는 사람이 있었는데, 술의 양이 **매우** 공정하고 손님 대접이 **매우** 공경스러웠으며, 술맛이 **매우** 좋고 걸어놓은 깃발이 **매우** 높았다.

  酤: 팔 고 | 升: 되 승

- 君美**甚**, 徐公何能及君也? (《戰國策》〈齊策一〉)

  당신은 **매우** 아름다운데, 서공이 어떻게 당신에게 미칠 수 있겠어요?

- 臣竊料匈奴之衆不過漢一大縣. 以天下之大, 困於一縣之衆, **甚**爲執事者羞之. (《漢書》〈賈誼列傳〉)

  신이 나름대로 헤아려보니 흉노의 무리는 한나라의 큰 현 하나에 불과합니다. 큰 중국이 한 현 크기의 흉노에게 곤란을 당하고 있으니, 일을 맡고 있는 사람으로서 **매우** 부끄럽습니다.

ㅅ

• 漢世異術之士**甚**衆. (《後漢書》〈華陀列傳〉)

한대에는 특별한 재주가 있는 사람이 **매우** 많았다.

• 觀劉備有雄才而**甚**得衆心, 終不爲人下. 不如早圖之. (《三國志》〈魏書 武帝紀〉)

유비를 관찰해보니 뛰어난 재능이 있고 인심을 **크게** 얻어, 끝까지 다른 사람 밑에 있을 인물이 아니다. 빨리 그를 도모하는(없애는) 것이 낫다.

• 又著書三篇, 陳驕淫盈溢之致禍敗, 辭旨**甚**切, 不敢斥爽, 託戒諸弟以示爽. 爽知其爲己發也, **甚**不悅. (《三國志》〈魏書 曹爽傳〉)

또 세 편의 글을 지어 정도를 지나친 교만과 음란한 사치가 재해와 패배를 불러들임을 진술했는데, 말과 내용이 **매우** 절절했지만 감히 조상(曹爽)을 비난하지 않았고 여러 동생을 훈계한다는 데 의탁하여 조상에게 보여주었다. 조상은 그것이 자신을 고발하는 것임을 깨닫고 **매우** 불쾌해했다.

• 表以粲貌寢而體弱, 通侻, 不**甚**重也. (《三國志》〈魏書 王粲傳〉)

유표(劉表)는 왕찬의 용모가 추하고 신체도 허약하다는 것 때문에 대범한 성격이었는데도 **깊이** 중시하지 않았다.

• 言之, 貌若**甚**戚者. (柳宗元, 〈捕蛇者說〉)

이렇게 말하는데 얼굴이 **매우** 슬픈 것 같았다.

戚: 슬퍼할 척

• 目似瞑, 意暇**甚**. (《聊齋志異》〈狼〉)

눈은 감긴 듯하지만 마음은 **매우** 침착하고 여유 있다.

❷ **대사** 상황·대상·시간 등이 확실하지 않음을 나타내며, '무엇' '어느' '어떻게' 등으로 해석한다.

• 水東流, **甚**時休? (劉過, 〈六州歌頭〉)

물은 동쪽으로 흘러가는데, **어느** 때에 그칠까?

• 漢開邊, 功名萬里, **甚**當時健者也曾閑? (辛棄疾, 〈八聲甘州夜讀李廣傳〉)
한나라가 변방을 개척하여 공명이 만 리 밖까지 이르렀는데, **어떻게** 그 당시 힘이 센 자들이 한가한 적이 있었겠는가?

【참고】

심하다: • 孰知賦斂之毒有**甚**是蛇者乎? (柳宗元, 〈捕蛇者說〉) 조세 징수의 잔혹함이 이 독사보다 **심함**을 누가 알겠는가?

尋(심)

부사 어떤 상황이나 행동이 계속됨을 나타내며, '尋而(심이)'의 형태로도 잘 쓰인다. '곧' '곧이어' '나중에' '오래지 않아'라고 해석한다.

• 家貧, 復爲郡西門亭長, **尋**轉功曹◆. (《後漢書》〈陳寔◆列傳〉)
집안이 가난하여 다시 군 서문의 정장이 되었는데, **곧이어** 공조로 전임되었다.

◆功曹(공조): 진(秦)·한(漢) 시대 군(郡)의 속리인 녹사(錄事)를 이름.

◆陳寔(진식): 영천(穎川) 사람으로, 자는 중궁(仲弓)이며 후한 말 지방관이었다. 환제(桓帝) 때 태구현(太丘縣)의 우두머리가 되었는데, 송사를 매우 공정하게 판정했다 한다.

• 詔書特下, 拜臣郎中◆, **尋**蒙國恩, 除臣洗馬◆. (李密, 〈陳情表〉)
조서를 특별히 내려 저를 낭중에 임명했고, **곧** 국가의 은혜를 입어 저를 세마로 임명했습니다.

◆郎中(낭중): 상서(尙書)를 보좌하여 정무에 참여한 벼슬로서, 본시 상서랑(尙書郎)이라 했다.

◆洗馬(세마): 진·한 시대 태자궁의 속관(屬官)이다.

ㅅ

拜: 벼슬 줄 배 | 蒙: 입을 몽 | 除: 벼슬 줄 제

- 南陽劉子驥, 高尙士也, 聞之, 欣然規往, 未果, **尋**病終. (陶淵明, 〈桃花源記〉)

  남양현 사람 유자기는 고상한 선비인데, 이 일을 듣고 기뻐 가보려고 했으나 끝내 가지도 못하고 **오래지 않아** 병들어 죽었다.

【참고】

① 8척(尺): • 蹄間三**尋**. (《史記》〈張儀列傳〉) 짐승의 발과 발 사이가 24**척**이 된다.

② 찾다: • **尋**向所志. (陶淵明, 〈桃花源記〉) 전에 표시한 곳을 **찾는다**.

③ 탐구하다: • 一一皆可**尋**其源. (蘇軾, 〈王維吳道子畫〉) 하나하나 모두 그 근원을 **탐구할** 수 있다.

| ㅇ |

阿(아)

❶ **어조사** 다른 사람을 친근하게 부를 때 이름·성·항렬 등의 앞에 사용되며, 해석할 수도 있고 해석하지 않을 수도 있다. 대사 '誰(수)' 앞에 놓여 어떤 사람을 나타내기도 하는데, 해석할 필요는 없다.

- 自立**阿**斗爲太子已來, 有識之人相爲寒心. (《三國志》〈蜀書 劉封傳〉)
  아두(유선劉禪의 어릴 적 이름)를 태자로 세운 이래, 식견 있는 사람들은 모두 실망했다.
- 先主謂曰: "向者之論, **阿** 誰爲失?" 統對曰: "君臣俱失." (《三國志》〈蜀書 龐統傳〉)
  선주(유비劉備)가 말했다. "방금 한 논쟁(유장劉璋을 습격하려는 것)은 누구의 잘못이오?" 방통이 대답했다. "군주와 신하 모두의 잘못입니다."
- 道逢鄕里人, 家中有**阿**誰? (《樂府詩集》〈紫騮馬歌辭〉)
  길에서 만난 시골 사람들, 집 안에는 누가 있는가?
- **阿**母謂阿女, 汝可去應之. …… **阿** 兄得聞之, 悵然心中煩. (無名氏, 〈焦仲卿妻〉)
  어머니가 딸에게 하는 말, 너는 가서 이에 응하도록 해라. …… 오라버니가 이 소리를 듣고 실망하여 마음이 탄다.

煩: 번민할 번

- **阿**兄歸矣, 猶屢累回頭望汝也. (袁枚, 〈祭妹文〉)

오빠는 돌아가더라도, 여전히 자주 고개 돌려 너를 바라볼 것이다.

❷ **대사** 가까운 거리를 나타내는 대사 '堵(도)' 앞에 쓰이면 '이' '이것'이라고 해석하고, '那'(나)와 결합하여 먼 것을 가리키면 '저' '저것'으로 해석한다.

- 顧長康畫人, 或數年不點目精. 人問其故, 顧曰: "四體硏蚩, 本無關於妙處; 傳神寫照, 正在**阿**堵中." (《世說新語》〈巧藝〉)

고장강은 인물을 그리면서 의아하게도 몇 년 동안 눈동자에 점을 찍지 않았다. 사람들이 그 이유를 물으니 고장강이 말했다. "신체의 아름다움과 추함은 본래 미묘함과 무관한데, 정신을 모아 형상을 그리는 것은 완전히 **이** 속에 있습니다."

- 垂楊一徑深深去, **阿**那人家住得. (楊萬里, 〈過南蕩〉)

수양버들 줄곧 우거져가는데, **저기**에 인가가 있구나.

❸ **대사** '我(아)'에 상당하는데, '奴(노)' '儂(농)' 등과 함께 쓰기도 한다.

- 東方人名我爲**阿**. (《三國志》〈魏書 東夷傳〉)

동방 사람들의 이름에서는 '我(아)'를 '阿(아)'라고 했다.

- 間一日, 又見向小兒持來門側, 擧之, 笑語攜曰: "**阿**儂已復得壺矣." (《太平廣記》卷三百二十四〈劉攜〉)

이틀 뒤 다시 보니, 지난번의 그 아이가 호로병을 갖고 문가에 와서 그것을 들고 웃으면서 유휴에게 말했다. "**우리**는 이미 또 호로병을 얻었습니다."

- **阿**奴*今擬*興兵, 收伏狂秦, 卿意者何? (《敦煌變文》〈韓擒虎話本〉)

나(진나라 후주后主 진숙보陳叔寶)는 지금 병사를 일으켜 미친 진나라를 항복시키려고 하는데, 경의 뜻은 어떠한가?

◆奴(노): 당 오대(五代)에는 남녀나 존비(尊卑)에 모두 사용되었으나 후대에는 여자만을 지칭함.

◆擬(의): 계획하다.

❹ **어조사** 수사 앞에 쓰여 순서를 나타내며, '~째'라고 해석한다.

• 帝始知非仗, 大悅, 謂曰: "**阿**六, 汝生活大可." (《南史》〈臨川靖惠王宏傳〉) 무제(武帝)는 비로소 [소굉(蕭宏)이 갖고 있는 것이] 지팡이가 아님을 알고 매우 기뻐하면서 말했다. "여섯**째**, 네 생활이 정말 괜찮구나."

【참고】

① 구릉: • 菁菁者莪, 在彼中**阿**. (《詩經》〈小雅 菁菁者莪〉) 무성한 다북쑥이 저 커다란 **구릉**에 있구나. • 白日淪西**阿**, 素月出東嶺. (陶潛, 〈雜詩〉) 해가 서쪽 **구릉**으로 지자, 달이 동쪽 산봉우리에서 떠오른다.

② 물가: • 天子飮於河之**阿**. (《穆天子傳》) 천자는 황하의 **물가**에서 물을 마셨다.

③ 영합하다: • 法不**阿**貴. (《韓非子》〈有度〉) 법은 고귀한 자와 **영합하지** 않는다. • 夫**何**阿哉? (《呂氏春秋》〈達鬱〉) 어찌 **영합하겠는가**?

俄(아)

부사 앞뒤의 동작이나 사건 사이의 시간이 짧음을 나타낸다. '얼마 후' '오래지 않아' '잠깐 동안' '잠시 후' 등으로 해석한다. '頃(경)' '然(연)' '而(이)' '且(차)' 등과 함께 쓰기도 한다.

• 昔者莊周夢爲胡蝶. …… **俄**然覺, 則蘧蘧◆然周也. (《莊子》〈齊物論〉)

옛날에 장주는 나비가 되는 꿈을 꾸었다. …… **잠시 후** 깨어보니 틀림없는 장주였다.

◆蘧蘧(거거): 명확한 모양, 놀라는 모양.

• **俄**又置一石赤菽東門之外, 而令之曰: "有能徙此於西門之外者, 賜之如初." (《韓非子》〈內儲說上〉)

오래지 않아 또 붉은 콩 한 섬을 동문 밖에 놓고 영을 내려 말했다. "이것을 서문 밖으로 옮길 수 있는 자가 있으면 처음처럼 상을 줄 것이다."

• 始爲少使, **俄**而大幸, 爲倢伃. (《漢書》〈班倢伃列傳〉)

처음에는 소사였는데, **얼마 후** 대단한 총애를 받아 첩여가 되었다.

• 手不輟筆, **俄**得七紙, 殊加觀. (《世說新語》〈文學〉)

손놀림을 멈추지 않고 쓰더니 **잠깐 동안** 일곱 장을 썼는데 매우 볼만했다.

• 陛下昔在晉陽, 粮不支五日, **俄**成大業. (《資治通鑑》〈後晉紀〉 高祖天福二年)

폐하는 이전에 진양에 있을 때 양식이 닷새를 버틸 수 없었지만, **오래지 않아** 대업을 이루었다.

• **俄**遷侍中. (任昉, 〈王文憲集序〉)

오래지 않아 시중으로 [자리를] 옮겼다.

• **俄**頃, 明月輝室, 光鑒毫毛. (《聊齋志異》〈勞山道士〉)

잠시 후 밝은 달빛이 실내를 비추자, 빛은 가는 터럭을 비춘다.

• **俄**而覺之曰: "是鼠耳." (《雅言覺非》〈小引〉)

얼마 후 이를 깨닫고 말했다. "이것은 쥐일 따름이다."

雅(아)

❶ **부사** 과거로부터 지금까지 상황이 변하지 않았음을 나타내며, '여태까지' '평소' '한결같이'라고 해석한다. '素(소)' '素來(소래)' '素昔(소석)'과 같다.

- 雍齒**雅**不欲屬沛公. (《史記》〈高祖本紀〉)
  옹치는 **여태까지** 패공에게 소속되려 하지 않았다.
- 高**雅**得幸於胡亥, 欲立之. (《史記》〈蒙恬列傳〉)
  조고(趙高)는 **한결같이** 호해의 총애를 받았으므로, 호해를 [황제로] 세우려 했다.
- 孝以爲陳喜**雅**數與王計謀反, 恐其發之. (《史記》〈淮南衡山王列傳〉)
  유효(劉孝)는 진희가 **평소** 왕(형산왕 유사劉賜)과 여러 차례 모반을 꾀했다고 생각하면서, 그가 이 일을 발설할까 두려워했다.
- 光**雅**恭謹 …… 及聞賢當來也, 光警戒衣冠出門待. (《漢書》〈董賢列傳〉)
  공광(孔光)은 **한결같이** 공경하고 조심했는데 …… 동현이 [그의 집에] 올 것이라는 말을 듣자 공광은 의관을 가지런히 하고 문밖으로 나와서 기다렸다.

❷ **부사** 정도가 상당히 높음을 나타내며, '많이' '매우' '잘' '충분히' 등으로 해석한다.

- 安帝**雅**聞衡善術學, 公車特徵, 拜郎中, 再遷爲太史令. (《後漢書》〈張衡列傳〉)
  [한(漢)]안제는 장형(張衡)이 술학에 정통하다는 말을 **많이** 듣고, 관용 수레를 보내 특별히 공거아문(公車衙門)으로 초빙하여 낭중에 봉했다가 다시 태사령으로 승진시켰다.

ㅇ

• 婦趙女也, **雅**善鼓瑟. (楊惲, 〈報孫會宗書〉)

부인은 조나라 여자인데, 비파를 **매우** 잘 탄다.

• 雖**雅**知惲者, 猶隨風而靡, 尙何稱譽之有? (楊惲, 〈報孫會宗書〉)

비록 나를 **잘** 이해하는 사람이라도 또한 바람 부는 대로 쏠릴 텐데, [나에게] 또한 무슨 칭찬과 명예가 있겠는가?

• 劉尹先推謝鎭西, 謝後**雅**重劉. (《世說新語》〈賞譽下〉)

유윤이 먼저 사진서를 추천하고, 사진서는 뒤에 유윤을 **매우** 중시했다.

• 太祖**雅**聞瑀名, 辟之, 不應, 連見偪促, 乃逃入山中. (《三國志》〈魏書 王粲傳注引文士傳〉)

태조(조조)는 완우의 명성을 **많이** 듣고 그를 불러 벼슬을 시키려 했지만 응하지 않았는데, 연이어 재촉하자 산속으로 달아났다.

• 後蜀使至, 群臣竝會. 權謂使曰: "此諸葛恪**雅**好騎乘. 還告丞相, 爲致好馬." (《三國志》〈吳書 諸葛恪傳〉)

나중에 촉나라의 사신이 도착하자 모든 신하가 함께 모였다. 손권(孫權)이 사자에게 말했다. "이 제갈각은 말을 아주 **잘** 타오. 돌아가거든 승상에게 [그에게] 좋은 말을 보내주라고 하시오."

❸ **부사** 동작 혹은 행위가 자연스럽게 생겨나는 것을 나타내며, 해석할 필요는 없다.

• 銖謂其妻曰: "我死, 汝且爲人婢乎?" 妻曰: "以公所爲, **雅**當然耳!" (《資治通鑑》〈後漢紀〉 隱帝乾祐三年)

유수(劉銖)가 그의 아내에게 말했다. "내가 죽으면 당신은 또 다른 사람의 종이 되겠는가?" [그러자] 아내가 말했다. "당신이 하는 것을 보니, 당연히 그렇겠군요!"

【참고】

① 바르다: • 察納**雅**言. (諸葛亮, 〈出師表〉) **바른**말을 살펴 받아들이다.

② 정통: • 惡鄭聲之亂**雅**樂也. (《論語》〈陽貨〉) 정나라 음악이 아악(**고전**음악)을 어지럽히는 것을 미워한다.

③ ['俗(속)'의 상대어로] 고상하다: • 蓋奏議宜**雅**. (曹丕, 〈典論論文〉) 대개 상주문이나 의론문은 **고상해야** 한다.

安(안)

❶ **대사** '焉(언)'과 같다. 사물이나 장소 혹은 인물 등을 물으며, '누구' '무엇' '어디' '어떤 사람' 등으로 해석한다.

- 皮之不存, 毛將**安**傅? (《左傳》僖公十四年)

  가죽이 없는데 털은 장차 **어디**에 붙일 것인가?

- **安**見方六七十如五六十而非邦也者? (《論語》〈先進〉)

  사방 60~70리 또는 50~60리라고 해서 **어찌** 나라가 아니겠느냐?

- 驪姬曰: "吾欲爲難, **安**始而可?" 優施曰: "必於申生." (《國語》〈晉語一〉)

  여희가 말했다. "나는 힘겨운 일(신생申生·중이重耳·이오夷吾, 세 공자를 죽이는 것)을 하려고 하는데, **누구**부터 시작해야 하겠소?" 우시가 말했다. "반드시 신생부터 시작해야 됩니다."

- 泰山其頹, 則吾將**安**仰? 梁木其壞, 哲人其萎, 則吾將**安**放? (《禮記》〈檀弓上〉)

  태산이 무너지면 나는 장차 **무엇**을 우러를까? 대들보가 무너지고 어질고 밝은 사람이 죽으면, 나는 장차 **무엇**을 본받을 것인가?

- 沛公**安**在? (《史記》〈項羽本紀〉)

패공은 **어디**에 있는가?

- 汝**安**從知之? (《漢書》〈黥布列傳〉)

너는 **어디**에서 그것을 알았느냐?

- 辛毗曰: "陛下欲徙士家, 其計**安**出?" (《三國志》〈魏書 辛毗傳〉)

신비가 말했다. "폐하께서는 병사들의 집을 옮기려고 하시는데, 그 생각은 **어디**에서 나온 것입니까?"

- 乃問太祖曰: "公有虎侯**安**在?" (《三國志》〈魏書 許褚傳〉)

곧 태조(조조)에게 물었다. "조공에게는 호후가 있다는데 **어디**에 있습니까?"

❷ **부사** 상황 혹은 원인을 묻거나 반문을 나타내며, '어떻게' '어째서' '어찌'라고 해석한다. '安可(안가)' '安敢(안감)' '安能(안능)' '安得(안득)' '安足(안족)'의 형태로 쓰여 어조를 강하게 한다. '焉得(어득)'과 같다.

- 無趾曰: "天刑之, **安**可解?" (《莊子》〈德充符〉)

무지가 말했다. "하늘이 그를 벌하는데, **어찌** 풀어줄 수 있겠습니까?"

- 子**安**取禮而來待吾君? (《戰國策》〈趙策三〉)

그대들은 **어떻게** [이러한] 예절을 취하여 우리 임금을 맞으러 왔는가?

- 梁王**安**得晏然而已乎? (《戰國策》〈趙策三〉)

양왕이 **어떻게** 평안하게 끝낼 수 있겠는가?

- 古之大夫, 束脩◆之問不出竟, 雖欲哭之, **安**得而哭之? 今之大夫, 交政於中國, 雖欲勿哭, 焉得而弗哭? (《禮記》〈檀弓上〉)

옛날의 대부는 가르침을 청하러 국경을 넘지 않았으니, 그를 위해 곡상(哭喪)하려 한들 **어찌** 곡상할 수 있었겠는가? 지금의 대부는 중원에서 정치적인 교류를 하니 곡상하지 못하게 한들 어찌 곡상하지 않을 수 있겠는가?

◆束脩(속수): 묶은 포육(脯肉). 옛날에 제자가 스승에게 가르침을 청할 때 예물로 썼음.

• 君**安**與項伯有故? (《史記》〈項羽本紀〉)

그대는 **어떻게** 항백과 오랜 우정이 있는가?

• 臣死且不避, 卮酒**安**足辭? (《史記》〈項羽本紀〉)

신은 죽음도 피하지 않을 것인데, 술 한잔을 **어찌** 사양하겠습니까?

卮: 잔 치

• **安**得猛士兮守四方! (《史記》〈高祖本紀〉)

어떻게 용맹스러운 인물을 얻어 사방을 지킬 수 있을까!

• 燕雀◆**安**知鴻鵠◆之志哉! (《史記》〈陳涉世家〉)

제비와 참새가 **어찌** 기러기와 고니의 뜻을 알겠는가!

◆燕雀(연작): 제비와 참새. 즉 소인을 가리킴.

◆鴻鵠(홍곡): 기러기와 고니. 즉 군자를 가리킴.

• 丈夫生世會幾時, **安**能蝶躞◆垂羽翼. (鮑照, 〈擬行路難〉)

대장부가 세상에 태어나 얼마나 살겠다고, **어찌** 푸드덕거리며 날개를 드리우리.

◆蝶躞(접섭): 푸드덕거리다.

• **安**能摧眉折腰◆事權貴. 使我不得開心顔! (李白, 〈夢游天姥吟留別〉)

어찌 머리를 숙이고 허리를 굽혀 권문귀족을 섬길 수 있겠는가. 내 마음을 열게 하지는 못하리라!

◆摧眉折腰(최미절요): 머리를 숙이고 허리를 굽힘. 곧 비굴한 모습을 이름.

• 又**安**敢毒邪? (柳宗元, 〈捕蛇者說〉)

또한 **어떻게** 감히 고통이라 하겠습니까?

• 然劉豫州新敗之後, **安**能抗此難乎? (《資治通鑑》〈漢紀〉 獻帝建安十三年)

그러나 유예주는 막 패배한 다음인데, **어떻게** 이러한 어려움에 대항할 수 있겠는가?

• 譬之草木焉, **安**有無根柢, 而柯葉之餘色, 華實之穠秀者乎? (金宗直,《佔畢齋文集》)

초목에 비유하면, **어찌** 뿌리가 없는데 가지와 잎사귀에 빛깔이 남아 있고 꽃과 열매가 무성한 것이 있겠는가?

- **安**知不如以今人而聽今人之歌耶. (《湛軒書內集》〈大東謠序〉)
  어찌 오늘날 사람이 오늘날 사람의 노래를 듣는 것만 못함을 알겠는가.

❸ **접속사** 앞뒤 문장이 연속해서 이어짐을 나타내며, '乃(내)' '於是(어시)'와 같고, '곧' '그래서' '이윽고' '~하면' 등으로 해석한다.

- 旣而皆入其地, 王**安**挺志. (《國語》〈吳語〉)
  이윽고 모두 제후의 국경으로 들어가자 왕은 **곧** 마음을 놓았다.
  挻: 당길 연
- 其陰則生之楂◆梨, 其陽**安**樹之五麻. (《管子》〈地員〉)
  그곳의 남쪽에는 품명자나무와 배나무를 기르고, 그곳의 북쪽에는 **곧** 오마를 심는다.
  ◆楂(사): 능금나무과에 속하는 낙엽소관목(落葉小灌木). 열매는 모과 비슷한데 몹시 시다.
  楂: 품명자나무 사
- 若饑則得食, 寒則得衣, 亂則得治, 此**安**生生. (《墨子》〈尙賢下〉)
  만일 굶주릴 때 음식을 얻을 수 있고, 추울 때 옷을 얻을 수 있으며, 어지러울 때 다스릴 수 있다면, 이는 **곧** [백성이] 끊기지 않고 서로 도우며 살게 되는 것이다.
- 上不能好其人, 下不能隆禮, **安**特將學雜志, 順詩書而已耳. (《荀子》〈勸學〉)
  위로는 훌륭한 스승을 좋아하지 못하고 아래로는 예를 존중하지 못한다면, **곧** 난잡한 학설이나 배우고 《시경》과 《서경》을 따를 뿐일 것이다.
- 乃得見, 因久坐, **安**從容談三國之相怨. (《戰國策》〈魏策一〉)
  [서수(犀首)는] 비로소 [제나라 왕을] 만나자, 오랫동안 앉아 있다가 **이윽고** 세 나라(연燕·조趙·초楚)가 서로 원한을 품은 일을 천천히 얘기했다.

【참고】

① 안정되다, 편안하다: • 夫民**安**土重遷, 不可卒變. (《三國志》〈魏書 袁渙傳〉) 백성은 [사는] 땅을 **편안히** 여기고 옮기기를 어려워하니, 갑자기 옮겨서는 안 된다. • 國泰民**安**. 나라가 태평하고 백성이 **편안하다**. • **安**坐而食. **편안히** 앉아서 먹는다. • 心神不**安**. 마음이 불**안하다**. • 旣數月, **安**之如食五穀. (蘇轍, 〈孟德傳〉) 몇 달이 지나자 **편안함**이 마치 오곡을 먹은 듯했다.

② 안치하다: • **安**於皇龍寺. (一然, 《三國遺事》) 황룡사에 **안치했다**.

③ 안정되게 하다: • 君子**安**其身而後動. (《周易》〈繫辭傳〉) 군자는 그의 몸을 **안정되게 하고** 나서 행동한다.

④ 달다: • **安**門窓. 문과 창을 **달다**. • **安**電燈. 전등을 **달다**.

⑤ 멈추다: • 故知天常**安**而不動, 地極深而不測. (楊炯, 〈渾天賦幷書〉) 따라서 하늘은 항구히 **멈춰** 있어 움직이지 않으며, 땅은 지극히 깊어 예측할 수 없음을 안다.

⑥ 안(內): • **安**忘其怒, 出忘其讎. (《荀子》〈仲尼〉) **안**으로는 그 노여움을 잊고, 밖으로는 그 원수를 잊는다.

ㅇ

安所(안소)

대사 장소를 물으며, '어느 곳' '어디'라고 해석한다.

- 子當爲王, 欲**安所**置之? (《史記》〈滑稽列傳補〉)
  [당신의] 아들은 장차 왕이 될 것인데, 그를 **어디**에 두려(봉하려) 하시오?
- 武帝大笑曰: "於呼! …… **安所**受之?" 對曰: "受之文學卒史." (《史記》〈滑稽列傳補〉)
  한무제는 크게 웃으며 말했다. "아! …… **어디**에서 이런 말을 배웠는가?" [태수가] 대답했다. "문학졸사(文學卒史, 관직명)에게서 들었습니다."
- 寡人國小以狹, 民弱臣少, 寡人獨治之, **安所**用賢人辯士乎? (《說苑》〈奉使〉)

과인의 나라는 [인구가] 적고 [지역이] 좁고 백성은 약하고 신하가 적은데, 과인 홀로 다스리니 **어느 곳**에서 현인과 변론가를 등용하리오?

- 今乘此車, **安所**之乎? (《南史》〈沈慶之傳〉)
  지금 이 수레를 타면 **어디**로 가는가?
- 不知今年守戰之策**安所**從出? (《宋史》〈章誼傳〉)
  올해의 수비와 전쟁 책략은 **어디**로부터 나왔는지 모르겠소?
- 將軍迎操, 欲**安所**歸乎? (《資治通鑑》〈漢紀〉 獻帝建安十三年)
  장군은 조조를 맞이하여 **어느 곳**으로 돌아가려고 합니까?
- 顧**安所**得酒乎? (蘇軾, 〈後赤壁賦〉)
  그러나 **어느 곳**에서 술을 얻을 수 있겠는가?

案/按(안)

❶ **접속사** '安(안)'의 용법 ❸과 글자만 다를 뿐 뜻은 차이가 없다. '곧' '~면' 등으로 해석한다. 제자백가서 중에서 《순자(荀子)》에 집중적으로 보인다.

- 刑政平, 百姓和, 國俗節, 則兵勁城固, 敵國**案**自詘矣. (《荀子》〈王制〉)
  형벌이 타당하고 백성이 화락하며 국가의 풍속에 절도가 있으면, 병력이 강해지고 성이 공고해져 적국은 **곧** 저절로 굴복할 것이다.
- 權謀傾覆之人退, 則賢良知聖之士**案**自進矣. (《荀子》〈王制〉)
  권모술수로 [나라를] 전복시키려는 사람을 물리치면, 현명하고 선량하고 지혜로우며 성스러운 사람들이 **곧** 저절로 나오게 될 것이다.
- 是**案**曰是, 非**案**曰非. (《荀子》〈臣道〉)
  옳으**면** 옳다고 말하고, 그르**면** 그르다고 말한다.

❷ **접속사** 문장의 전환을 나타내며, '오히려'라고 해석한다.

- 人皆失喪之, 我**按**起而制之. (《荀子》〈富國〉)

  사람들이 모두 그것을 잃었으나, 나는 **오히려** 일어나 그것을 통제했다.

- 今子宋子**案**不然. 獨詘容爲己, 慮一朝而改之, 說必不行矣. (《荀子》〈正論〉)

  현재 송자는 **오히려** 그러하지 않다. 홀로 자신을 위해 굴욕을 견디며 하루아침에 그것을 바꾸려고 생각하고 있지만, [그의 이러한] 학설은 틀림없이 실행되지 않을 것이다.

  詘: 굽힐 굴

- 今子發獨不然, 反先王之道, 亂楚國之法, 墮興功之臣, 恥受賞之屬. …… **案**獨以爲私廉, 豈不過甚矣哉? (《荀子》〈强國〉)

  현재 자발(초楚나라 영윤令尹)만이 유독 그러하지 않은데, [그는] 선왕의 가르침을 위반하고 초나라 법을 혼란스럽게 하며 공을 세운 신하들에게 상처를 입히고 상을 받은 사람들을 부끄럽게 하고 있다. …… **오히려** 홀로 자기만 청렴하다고 여기고 있으니 어찌 너무 심하지 않은가?

❸ **전치사** 동작 혹은 행위의 진행 조건을 나타내며, '~에 의거하여' '~에 의하여'라고 해석한다.

- 偉**按**枕中鴻寶作金, 不成. (《新論》〈辨惑〉)

  정위(程偉)는 베개 속(진장珍藏)의 《홍보》**에 의거하여** 황금을 만들었으나 성공하지 못했다.

- **按**圖索驥者, 多失於驪黃牝牡. (《葬書》〈問對〉)

  그림**에 의거하여** 천리마를 구하는 사람은 대부분 말의 검은색과 노란색, 수컷과 암컷에만 주의하는 실수를 하게 된다.

【참고】

① [나무로 만든 작은] 밥상: • 擧**案**齊眉. **밥상**을 눈썹과 가지런하게 받들다. • 對**案**不能食. (鮑照, 〈擬行路難〉) **밥상**을 마주하고 먹지 못하다.

② [좁고 작은 장방형의] 탁자: • 權拔刀斫前奏**案**曰: "諸將吏敢復有言當迎曹者, 與此**案**同." (《三國志》〈吳書 周瑜傳〉) 손권은 칼을 뽑아 앞의 상주하는 **탁자**를 찍으며 말했다. "여러 장수와 관리들 중에서 감히 또 조조를 영접해야 한다고 말하는 자가 있다면 이 **탁자**와 같이 될 것이다." • 常以謝詩置几**案**間. (《顔氏家訓》〈文章〉) 항상 사조의 시를 **탁자**에 놓았다. • 拍**案**叫絶. **탁자**를 치며 절규했다.

③ 문서: • **案**牘. 사건의 기록, 공문서.

④ 멈추게 하다, 살펴보다: • **按**兵不動. 군대를 **멈추게 하고** 움직이지 않았다. • 少君曰: "此器齊桓公十年陳於柏寢." 已而**按**其刻, 果齊桓公器. (《漢書》〈郊祀志上〉) 이소군(李少君)이 말했다. "이 동기는 제환공 10년에 상침대(相寢臺) 위에 놓았던 것이다." 잠시 후 그 위에 새겨진 글자를 **살펴보니** 과연 제환공 때의 동기였다. • 臣竊以天下地圖**案**之, 諸侯之地, 五倍於秦. (《戰國策》〈趙策二〉) 신이 천하의 지도를 **살펴보니**, 제후들의 땅은 진나라 때보다 다섯 배나 되었습니다. • **案**品狀則實才未必當, 任薄伐則德行未爲敍, 如此則殿最◆之課, 未盡人才. (《三國志》〈魏書 傅嘏傳〉) 품행을 **살펴** 선발한다면 실제 재능은 반드시 적합하지 않을 것이고, 공로의 정도를 갖고 한다면 덕행은 펼쳐지지 않습니다. 이와 같은즉 고과의 높고 낮음만 살피면 인재를 충분히 사용할 수 없습니다. ◆殿最(전최): 군공(軍功)이나 정적(政績)을 매기는 일. 고과(考課).

⑤ 억누르다: • 因**案**◆人之感, 以求容與其心. (《莊子》〈人間世〉) 그것을 계기로 남의 감정을 **억누르고** 자기의 마음이 내키는 대로 즐기려 한다. ◆고대에는 '按(안)'을 '案(안)'으로 쓰기도 했으므로, '案'도 동사 '按(억누를 안)'의 의미를 지니게 되었다.

卬(앙)

대사 '나' '자기' 등으로 해석한다. 《시경》과 《상서》에 주로 보인다. '身(신)' '魚(어)' '余(여)' '朕(짐)'과 유사하다.

- 人涉**卬**否, **卬**須我友. (《詩經》〈邶風 匏有苦葉〉)

  다른 사람들은 [냇물을] 건너건만 **내**가 건너가지 않는 것은, **나**는 나의 벗을 기다리기 때문이다.

- **卬**盛于豆◆, 于豆于登. (《詩經》〈大雅 生民〉)

  나는 제기에 제물을 담는데, 제기며 질그릇에 담네.

  ◆豆(두): 나무로 만든 제기로, 김치나 젓갈류를 담는다.

- 不**卬**自恤. (《尙書》〈大誥〉)

  자기 자신을 구휼하지 않는다.

【참고】

① '昻(앙)'과 같다. 높이다: • 蝜蝂者, 善負小蟲也. 行遇物, 輒持取, **卬**其首負之. (柳宗元, 〈蝜蝂傳〉) 부판이란 무거운 것을 잘 짊어지는 작은 곤충이다. 길에서 어떤 물건을 보면 빨리 집어서 머리 위로 **높여** 그것을 짊어진다.

② '仰(앙)'과 같다. 머리를 들다: • 兵, 凶器; 戰, 危事也. 以大爲小, 以强爲弱, 在俛**卬**之間耳. (《漢書》〈爰盎鼂錯列傳〉) 무기는 흉기이고 전쟁은 위험한 일이다. 큰 것이 작아지고 강한 것이 약해지는 것은 머리를 숙였다 **드는** 순간에 달렸을 뿐이다.

也(야)

❶ **어조사** 보통 명사구 뒤에 쓰여 판단하는 어감을 나타낸다. 일반적으로 '~, ~也.' 또는 '~者, ~也.'의 형식을 취한다.

- 制, 巖邑**也**. (《左傳》 隱公元年)
  제읍(制邑)은 험준한 지방이다.
- 董狐, 古之良史**也**. (《左傳》 宣公二年)
  동호는 옛날의 뛰어난 사관이다.
- 魚, 我所欲**也**, 熊掌, 亦我所欲**也**. (《孟子》〈告子上〉)
  물고기는 내가 원하는 것이고, 곰 발바닥 또한 내가 원하는 것이다.
- 彼秦者, 棄禮義而上首功之國**也**. (《戰國策》〈趙策二〉)
  저 진나라는 예와 의를 버리고 전공(戰功)을 으뜸으로 하는 국가이다.
- 小子識之, 苛政猛於虎**也**! (《禮記》〈檀弓下〉)
  너희는 이것을 기억해야 한다, 가혹한 조세는 호랑이보다 사납다는 것을!
  政: 세금 정
- 呂太后者, 高祖微時妃**也**, 生孝惠帝·女魯元太后. (《史記》〈呂太后本紀〉)
  여태후는 고조(유방)가 미천할 때의 부인으로서 효혜제와 딸 노원태후를 낳았다.
- 陳勝者, 陽城人**也**. (《史記》〈陳涉世家〉)
  진승은 양성 사람이다.
- 王粲字仲宣, 山陽高平人**也**. (《三國志》〈魏書 王粲傳〉)
  왕찬의 자는 중선이고, 산양군 고평현 사람이다.
- 今天下三分, 益州疲弊, 此誠危急存亡之秋**也**. (諸葛亮, 〈出師表〉)
  지금 천하는 셋으로 나누어졌는데, 익주(촉나라)는 궁핍하고 약하니 이는 진실로 위급하여 존재하느냐 멸망하느냐 하는 때입니다.

秋: 때 추

• 公私之分, 乃理亂之源, 不可不愼**也**. (《朝鮮王朝實錄》〈世宗實錄〉)

공과 사의 구분이 곧 다스려짐과 어지러워짐의 근원이니 조심하지 않아서는 안 된다.

• 許生大怒曰: "君何以賈豎視我**也**." (《熱河日記》〈許生傳〉)

허생이 매우 화를 내며 말했다. "당신은 어찌하여 나를 장사치로 보시오."

❷ **어조사** 문장 끝에 쓰여 긍정하는 어기를 나타낸다.

• 若潛師以來, 國可得**也**. (《左傳》 僖公三十二年)

만약에 군대를 몰래 거느리고 오면 [정]나라를 얻을 수 있다.

• 不違農時, 穀不可勝食**也**, 數罟◆ 不入洿池, 魚鱉不可勝食**也**, 斧斤以時入山林, 材木不可勝用**也**. (《孟子》〈梁惠王上〉)

농사짓는 시기를 놓치지 않게 하면 곡식을 이루 다 먹을 수 없고, 연못에 촘촘한 그물을 넣지 않으면 물고기와 자라는 이루 다 먹을 수 없으며, 도끼를 [들고] 계절에 따라 산에 들어가게 하면 목재는 이루 다 쓸 수 없을 것이다.

◆數罟(촉고): 촘촘한 그물.

鱉: 자라 별

• 今君有一窟, 未得高枕而臥**也**. (《戰國策》〈齊策四〉)

지금 당신은 굴을 하나만 갖고 있으므로, 베개를 높이 베고 [마음 편히] 잘 수가 없다.

• 則吾斯役之不幸, 未若復吾賦不幸之甚**也**. (柳宗元, 〈捕蛇者說〉)

그런즉 나의 이 일의 불행은 나의 부세를 회복시키는 것만큼 불행이 심하지는 않다.

ㅇ

❸ 어조사 인과관계의 문장 끝에 쓰여 원인을 나타낸다. '~ 때문이다'라고 해석한다.

- 覆杯水於坳堂◆之上, 則芥爲之舟. 置杯焉則膠, 水淺而舟大**也**. (《莊子》〈逍遙遊〉)

  한 잔의 물을 대청의 파인 곳에 쏟으면 조그만 풀잎은 배가 되지만, 술잔을 그 위에 띄우면 가라앉는 이유는, 물은 얕은데 배는 크기 **때문이다**.

  ◆坳堂(요당): 대청의 움푹 팬 곳.

  坳: 우묵할 요(=凹) | 膠: 붙을 교

- 孟嘗君爲相數十年, 無纖介◆之禍者, 馮諼之計**也**. (《戰國策》〈齊策四〉)

  맹상군이 수십 년간 재상을 맡았지만 조그마한 재난도 없었던 것은 풍훤의 계책 **때문이었다**.

  ◆纖介(섬개): '纖芥(섬개)'와 같으며 본뜻은 티끌, 먼지. 파생되어 '적다'는 뜻으로 쓰인다.

- 吾所以爲此者, 以先國家之急而後私仇**也**. (《史記》〈廉頗藺相如列傳〉)

  내가 이렇게 하는 까닭은 국가의 위급을 먼저 생각하고 사사로운 원한을 뒤로하기 **때문이다**.

  仇: 원수 구

- 明星熒熒, 開粧鏡**也**, 綠雲擾擾, 梳曉鬟**也**, 渭流漲膩, 棄脂水**也**, 烟斜霧橫, 焚椒蘭**也**. (杜牧, 〈阿房宮賦〉)

  밝은 별이 반짝이는 것은 경대를 열어놓았기 **때문이요**, 검은 구름이 뭉실뭉실한 것은 새벽에 [아녀자들이] 머리를 빗기 **때문이요**, 위수(渭水)에 기름이 떠 있는 것은 화장하는 기름 물을 버렸기 **때문이요**, 연기가 비껴 솟고 안개가 자욱한 것은 초란을 태웠기 **때문이다**.

❹ 어조사 기원문이나 감탄문에 쓰여 어기를 강화한다.

- 子犯曰: "戰**也**! 戰而捷, 必得諸侯." (《左傳》僖公二十八年)

  자범이 말했다. "싸우십**시오**! 싸워서 이기면 반드시 제후의 [마음을] 얻을 것입니다."

• 攻之不克, 圍之不繼, 吾其還**也**. (《左傳》僖公三十三年)

그것을 공격해도 이기지 못하고, 포위해도 후원병이 없을 것이니, 나는 돌아가**겠다**.

• 惡! 是何言**也**! (《孟子》〈公孫丑上〉)

아! 이것이 무슨 말**인가**!

• 子誠齊人**也**! 知管仲晏子而已矣. (《孟子》〈公孫丑上〉)

그대는 진실로 제나라 사람이**구나**! 단지 관중과 안자(안영晏嬰)를 알 뿐이구나.

• 漢皆已得楚乎? 是何楚人之多**也**! (《史記》〈項羽本紀〉)

한나라가 이미 초나라를 전부 손에 넣었단 말인가? 어찌하여 초나라 사람이 이렇게도 많**은가**!

• 欲呼張良與俱去, 曰: "毋從俱死**也**!" (《史記》〈項羽本紀〉)

[항백(項伯)은] 장량을 불러 함께 떠날 생각으로 말했다. "[유방을] 좇아 함께 죽으려 하지 마**라**!"

• 矯等初見仁出, 皆懼, 及見仁還, 乃歎曰: "將軍眞天人**也**!" 三軍服其勇. (《三國志》〈魏書 曹仁傳〉)

진교(陳矯) 등은 처음에 조인이 나가는 것을 보고 모두 두려워했는데, 조인이 [성으로] 돌아오는 것을 보고는 곧 찬탄하며 말했다. "장군은 정말로 하늘에서 내린 사람이**구나**!" 삼군이 그의 용맹함에 승복했다.

❺ **어조사** 의문문에서는 '豈(기)' '誰(수)' '安(안)' '何(하)' 등과 함께 쓰이며, '邪(야)' '乎(호)' 등과 함께 쓰이면 선택의문문이 된다.

• 豈若匹夫匹婦之爲諒◆**也**, 自經於溝瀆◆而莫之知**也**? (《論語》〈憲問〉)

어찌 보통의 남자와 여자가 작은 신의를 지키기 위해 스스로 도랑에서 목을 매어 죽어, 아무도 알아주는 사람이 없게 되는 일을 만들겠**는가**?

◆諒(량): 신실함. 여기서는 하찮은 의리를 지키는 일.

◆溝瀆(구독): 도랑.

諒: 참 량 | 經: 목맬 경

• 孟嘗君怪之, 曰: "此誰**也**?" (《戰國策》〈齊策四〉)

맹상군은 그를 이상히 여겨 말했다. "이 사람이 누구**인가**?"

• 責畢收乎? 來何疾**也**? (《戰國策》〈齊策四〉)

빚은 모두 받았는가? 돌아오는 것이 어찌 [이처럼] 빠**른가**?

• 公以爲吳興兵, 是邪? 非**也**? (《史記》〈淮南衡山列傳〉)

당신이 생각하기에 오나라가 군사를 일으킨 것이 옳소? 그르**오**?

• 足下欲助秦攻諸侯乎? 且欲率諸侯破秦**也**? (《史記》〈酈生陸賈列傳〉)

그대는 진나라를 도와 제후를 공격하려는가? 혹은 제후를 거느리고 진나라를 공격하려**는가**?

• 興衰在政, 樂何爲**也**? (《三國志》〈魏書 高堂隆傳〉)

흥하고 망함은 정치에 달렸거늘 음악과 무슨 관계가 있**습니까**?

• 且欲與常馬等不可得, 安求其能千里**也**? (韓愈, 〈雜說四〉)

우선 보통 말과 같아지기를 바라도 되지 않는데, 어찌 그것이 하루에 천리를 달릴 수 있기를 바라겠**는가**?

• 嗚呼! 其眞無馬邪? 其眞不知馬**也**? (韓愈, 〈雜說〉)

아! 참으로 천리마가 없는 것인가? 아니면 정말 천리마를 알아보지 못하는 것**인가**?

❻ **어조사** 주어나 부사어 뒤에 쓰여서 뜻을 강조한다.

• 午**也**可. (《左傳》 襄公三年)

기오(祁午)**가** 좋겠습니다.

• 子謂子貢曰: "女與回**也**孰愈?" 對曰: "賜**也**, 何敢望回? 回**也**, 聞一以知十; 賜**也**, 聞一以知二." (《論語》〈公冶長〉)

공자께서 자공에게 말씀하셨다. "너와 회(안회) 중에 누**가** 더 나으냐?" [자공이] 대답했다. "제**가** 어찌 감히 회를 바라보겠습니까? 회**는** 하나를 들으면 열을 알고, 저**는** 하나를 들으면 둘을 아는 정도입니다."

- 始吾於人**也**, 聽其言而信其行; 今吾於人**也**, 聽其言而觀其行. (《論語》〈公冶長〉)

  처음에 나**는** 사람을 대할 때 그의 말을 듣고 그의 행동을 믿게 되었는데, 지금 나**는** 사람을 대할 때 그의 말을 듣고도 그의 행동을 살피게 되었다.

- 鳥之將死, 其鳴**也**哀; 人之將死, 其言**也**善. (《論語》〈泰伯〉)

  새가 죽으려 할 때는 그 울음소리**가** 구슬프고, 사람이 죽으려 할 때는 그 말**이** 착하다.

- 有顏回者好學, 不幸短命死矣, 今**也**則亡. (《論語》〈先進〉)

  안회라는 자가 있어 배우기를 좋아했으나 불행히도 명이 짧아 죽어, 지금**은** [그런 사람이] 없습니다.

- 聽訟, 吾猶人**也**, 必**也**使無訟乎! (《論語》〈顏淵〉)

  송사를 듣고 판결을 내리는 것은 나**도** 다른 사람과 같지만, [나는 어떻게든] 반드시 소송**이** 없도록 할 것이다!

- 且夫水之積**也**不厚, 則其負大舟**也**無力. (《莊子》〈逍遙遊〉)

  또한 물의 쌓임**이** 두텁지 않으면 큰 배를 띄울 힘**이** 없다.

- 始**也**吾以爲其人**也**, 而今非也. (《莊子》〈養生主〉)

  처음**에** 나**는** [너희를] 도(道)를 이룬 사람으로 보았는데, 지금은 아니다.

- 白**也**詩無敵, 飄然◆思不群. (杜甫, 〈春日憶李白〉)

  이백(李白)**은** 시로는 당할 이 없어, 자유분방한 시상(詩想)이 우뚝 솟아 있다.

  ◆飄然(표연): 정처 없이 떠돌아다니는 모양.

- 形之龐**也**類有德, 聲之宏**也**類有能. (柳宗元, 〈三戒 黔之驢〉)

형체가 큰 것**이** 마치 덕이 있는 것 같았고, 소리가 큰 것**이** 재능이 있는 것 같았다.

❼ **어조사** 문장과 문장 사이에 쓰여 정지의 어기를 나타낸다. 일반적으로 해석하지 않는다.

- 君子是以知. 秦穆之爲君**也**, 擧人之周**也**, 與人之壹**也**; 孟明之臣**也**, 其不解**也**, 能懼思**也**; 子桑之忠**也**, 其知人**也**, 能擧善**也**. (《左傳》 文公三年)
  군자는 이로 인하여 알았다. 진목공이 임금 노릇을 함에 있어 인재를 등용하기를 두루 보고 했고 인재와 더불기를 한결같이 했으며, 맹명이 신하 노릇을 함에 있어 게을리하지 않고 [패전을] 두려워하여 생각했으며, 자상이 충성함에 있어 사람을 알아보고서 잘 천거했다.
- 野馬**也**, 塵埃**也**, 生物之以息相吹**也**. (《莊子》 〈逍遙遊〉)
  아지랑이와 먼지는 생물이 입김으로 서로 내뿜어 [생기는 현상]이다.
- 古者蒼頡之作書**也**, 自環者謂之'私'. (《韓非子》 〈五蠹〉)
  옛날 창힐이 문자를 만들 때 자신을 두르고 있는 것을 '私(사)'라 했다.
- 操蛇之神聞之, 懼其不已**也**, 告之於帝. (《列子》 〈湯問〉)
  뱀을 부리는 신이 그것을 듣고, 그가 일을 그만두지 않을까 걱정되어 상제에게 이 일을 보고했다.
- 天地之道, 博**也**, 厚**也**, 高**也**, 明**也**, 悠**也**, 久**也**. (《禮記》 〈中庸〉)
  천지의 도는 넓고, 두텁고, 높고, 밝으며, 아득하고, 영원하다.
- 屈平疾王聽之不聰**也**, 讒諂之蔽明**也**, 邪曲之害公**也**, 方正之不容**也**, 故憂愁幽思而作《離騷》. (《史記》 〈屈原賈生列傳〉)
  굴평(굴원)은 회왕(懷王)이 [말을] 듣는 데 밝지 못하여 참소와 아첨하는 말이 [군주의] 총명을 가리고, 간악한 말이 공정함을 해치며, 단아하고 올곧은 사람을 받아들이지 않는 것을 마음 아파했다. 그래서 깊이 생각하고 근심하여 〈이소〉를 지었다.

疾: 미워할 질

• 太祖少機警, 有權數, 而任俠放蕩, 不治行業. 故世人未之奇**也**, 惟梁國橋玄, 南陽何顒異焉. (《三國志》〈魏書 武帝紀〉)

태조(조조)는 어려서부터 기지와 권모술수가 있었으나, 의협심이 강하고 멋대로 놀기를 좋아하며 덕행과 학업을 닦지 않았다. 따라서 세상 사람들은 그를 뛰어난 인물로 생각하지 않았으나, 단지 양나라의 교현과 남양의 하옹만이 [그를] 남다른 인물로 평가했다.

• 天下將亂, 非命世之才不能濟**也**, 能安之者, 其在君乎. (《三國志》〈魏書 武帝紀〉)

천하는 장차 혼란해질 것인데, 세상을 구할 만한 재목이 아니고서는 이를 구제할 수 없을 것이니, 천하를 안정시키는 것은 아마도 그대에게 달렸을 터.

❽ **부사** 상황의 진전이나 강조를 나타내며, '~도' '또한'이라고 해석한다.

• 西向輪臺萬里餘, **也**知鄉信日應疎. (岑參, 〈赴北庭度隴思家〉)

서쪽으로 윤대를 향하여 만여 리, **또한** 고향 소식 나날이 드물어지네.

• 心知伏櫪無千里, 縱有王良**也**合休. (陸游, 〈史院晚出〉)

마음으로 고개 숙여 천 리를 갈 능력이 없음을 아는데, 설령 왕량이 있어**도** 멈출 것이다.

也夫(야부)

어조사 감탄을 나타낸다.

• 天敗楚**也夫**! 余不可以待. (《左傳》成公十六年)

하늘이 초나라를 패하게 하는**구나**! 나는 기대할 수 없다.

• 子曰: "莫我知**也夫**!" (《論語》〈憲問〉)

공자께서 말씀하셨다. "아무도 나를 알아주는 사람이 없**구나**!"

• 然而至此極者, 命**也夫**! (《莊子》〈大宗師〉)

그러나 이러한 상황에 이르렀으니 운명**이구나**!

• 卒受惡名於秦, 有以**也夫**! (《史記》〈商君列傳〉)

결국 진나라에서 나쁜 평판을 얻은 것은 이유가 있**구나**!

• 是余之罪**也夫**! 是余之罪**也夫**! 身毁不用矣. (《史記》〈太史公自序〉)

이것이 나의 죄**인가**! 이것이 나의 죄**인가**! 몸이 망가져 쓸모가 없게 되었다.

• 及薨, 臨其喪, 哀甚, 謂荀攸等曰: "諸君年皆孤輩也, 唯奉孝◆最少. 天下事竟, 欲以後事屬之, 而中年夭折, 命**也夫**!" (《三國志》〈魏書 郭嘉傳〉)

[곽가가] 죽었을 때, [조조는] 그의 장례식에 직접 참가하여 매우 슬퍼하면서 순유 등에게 말했다. "여러분의 나이는 모두 나와 동년배지만, 오직 봉효만이 가장 젊었소. 천하를 평정하는 일이 끝나면 그에게 뒷일을 부탁하려고 했는데, 중년의 나이에 요절했으니 이는 운명**이구나**!"

◆奉孝(봉효): 곽가의 자.

• 至於磔腹而死, 可悲**也夫**! (蘇軾, 〈二魚說·河之魚〉)

배를 찢겨 죽음에 이르니, 슬프**도다**!

磔: 찢을 책

也邪/也耶(야야)

어조사 의문이나 감탄을 나타내며, 문장 끝에 쓰이면 반문 어감이 강하다.

• 周公旦非其人**也邪**? 何爲舍亓家室而託寓也? (《墨子》〈非儒下〉)

주공 단은 어진 사람이 아니었**던가**? 어찌하여 자기 집과 처자식을 버리고 [동쪽으로 가서] 의탁했는가?

• 旣使我與若辯矣, 若勝我, 我不若勝, 若果是也, 我果非**也邪**? (《莊子》〈齊物論〉◆)

만일 내가 너와 논쟁하여, 네가 나를 이기고 내가 너를 이기지 못한다고 해서, 네가 과연 옳고 내가 과연 틀린 것**인가**?

◆〈齊物論(제물론)〉: 만물은 하나라는 논리, 즉 인간이 절대자가 되려면 일체의 존재를 하나로 보는 입장에 서야 된다는 것이다. 따라서 인간의 얕은 지식에 입각하여 사물을 분별하는 것은 모든 모순·선악·시비의 원천이 되기 때문에, 만물을 하나로 보는 안목을 지녀야 한다는 점을 강조한다.

• 嗚呼! 言可終而情不可終, 汝其知**也邪**, 其不知**也邪**? (韓愈, 〈祭十二郎文〉)

아! 말을 마쳐도 [슬픈] 마음은 [오히려] 그칠 수 없으니, 너는 아**느냐** 아니면 모르**느냐**?

• 疇昔之夜, 飛鳴而過我者, 非子**也耶**? (蘇軾, 〈後赤壁賦〉)

어젯밤에 울면서 날아 나를 지나간 것이 그대 아**닌가**?

ㅇ

也與/也歟(야여)

어조사 문장 끝에 쓰이면 의문·반문·감탄·멈춤 등을 나타내며, '也乎(야호)'와 비슷하다. 또 문장 가운데 쓰이면 멈춤을 나타낸다.

• 仲由可使從政**也與**? (《論語》〈雍也〉)

중유(자로)를 정사에 종사하게 할 수 있습**니까**?

• 唯求則非邦**也與**? (《論語》〈先進〉)

염유가 말한 것은 나라를 다스리는 것이 아닙**니까**?

• 道之將行**也與**, 命也; 道之將廢**也與**, 命也! (《論語》〈憲問〉)

도가 장차 행해지는 것도 천명**이고**, 도가 장차 없어지는 것도 천명**이다**!

• 子夏曰: "聞之**也與**?" (《禮記》〈檀弓下〉)

자하가 말했다. "그것을 들었**는가**?"

• 子曰: "舜其大知**也與**!" (《禮記》〈中庸〉)

공자가 말했다. "순은 아마도 매우 지혜로운 사람이었겠**지요**!"

• 噫! 是非可銘**也歟**? (曾鞏, 〈寶月大師塔銘〉)

아! 이는 새길 수 없는 것**인가**?

• 今其智乃反不能及, 其可怪**也歟**! (韓愈, 〈師說〉)

지금 [사대부들의] 지혜가 오히려 [그들에게] 미치지 못하니 괴이한 일이**구나**!

也與哉(야여재)

어조사 의문·반문·감탄을 나타낸다.

• 獨吾君**也與哉**? (《左傳》 襄公二十五年)

다만 우리 임금뿐이겠**는가**?

• 鄙夫可與事君**也與哉**? (《論語》〈陽貨〉)

비루한 자와 함께 임금을 섬길 수 있**을까**?

• 子張死, 曾子有母之喪, 齊衰◆而往哭之. 或曰: "齊衰不以弔." 曾子曰: "我弔**也與哉**!" (《禮記》〈檀弓下〉)

자장이 죽었을 때 증자는 어머니의 상을 당했는데, 상복을 입은 채 가서 자장을 조문했다. 어떤 사람이 말했다. "상복을 입고 [남의 상사에] 조문할 수 없다." 증자가 말했다. "나는 조문하**련다**!"

◆衰(최): '縗(상복 이름 최)'와 같다.

衰: 상옷 최

也已(야이)

어조사 감탄이나 단정을 나타낸다.

- 臣之壯也, 猶不如人; 今老矣, 無能爲**也已**. (《左傳》 僖公三十年)
  신은 젊었을 때도 도리어 다른 사람만 못했는데, 지금은 늙었으니 할 수 있는 일이 없습**니다**.
- 君子食無求飽, 居無求安, 敏於事而愼於言, 就有道而正焉. 可謂好學**也已**. (《論語》〈學而〉)
  군자는 먹을 때 배부름을 추구하지 않고, 거처할 때 편안함을 추구하지 않으며, 일을 처리할 때 신속하고 말할 때 신중하며, 도가 있는 곳에 나아가 스스로를 바로잡는다. [그렇다면] 배우기를 좋아한다고 말할 수 있**다**.
- 此其利也, 不可失**也已**! (《國語》〈越語上〉)
  이것이 그 이로움이니 잃을 수가 없**구나**!
- 今攻齊, 此君之大時**也已**. (《戰國策》〈秦策三〉)
  이제 제나라를 공격하면, 이것이 주군의 크나큰 때**입니다**.
- 晏子可謂知禮**也已**. (《禮記》〈檀弓下〉)
  안자는 예를 안다고 말할 수 있**다**.
- 吾昔從夫子遇難於匡, 今又遇難於此, 命**也已**. (《史記》〈孔子世家〉)
  내가 이전에 선생님을 모시고 광(匡)에서 난을 당했는데, 오늘 또다시 여기서 위험에 부딪히니 실로 운명인가 보**다**.

也已矣(야이의)

어조사 감탄이나 단정을 나타낸다.

- 四十五十而無聞焉, 斯亦不足畏**也已矣**. (《論語》〈子罕〉)

[그러나] 마흔이나 쉰이 되어도 [이름이] 알려지지 않으면, 이 또한 두려워할 만한 사람이 못 **된다**.

- 周之德, 其可謂至德**也已矣**. (《論語》〈泰伯〉)

  주나라의 덕은 아마도 지극한 덕이라고 할 수 있을 것**이다**.

- 子曰: "亦各言其志**也已矣**!" (《論語》〈先進〉)

  공자께서 말씀하셨다. "또한 각자 자신의 뜻을 말할 **뿐이다**!"

- 吾末如之何**也已矣**. (《論語》〈衛靈公〉)

  나는 어떻게 해야 할지를 모르겠**구나**.

- 此亦妄人**也已矣**. (《孟子》〈離婁下〉)

  이 사람은 또한 엉터리 인간일 **뿐이다**.

也者(야자)

어조사 문장 가운데에 쓰여 어기의 멈춤이나 설명하려는 대상 또는 주제를 나타내며, 우리말의 주제격 조사와 비슷하다. 문장 끝에 쓰이면 단정과 강조를 나타낸다.

- 孝弟**也者**, 其爲仁之本與. (《論語》〈學而〉)

  효도와 우애**란** 아마도 인(仁)을 행하는 근본일 것이다.

- 安見方六七十如五六十而非邦**也者**? (《論語》〈先進〉)

  사방 60~70리 또는 50~60리라고 해서 어찌 나라가 아니겠**느냐**?

- 夫達**也者**, 質直而好義, 察言而觀色, 慮以下人. (《論語》〈顏淵〉)

  통달이**라는 것은** 본바탕이 바르고 의로움을 좋아하며, [다른 사람의] 말을 살피고 [다른 사람의] 안색을 관찰하며, 다른 사람에게 자신을 낮추는 것이다.

- 孔子之謂集大成, 集大成**也者**, 金聲而玉振之也. (《孟子》〈萬章下〉)

공자는 모든 것을 모아 크게 이루었다고 했는데, 모든 것을 모아 크게 이루었다는 **것은** 금속 악기로 소리를 퍼뜨리고 옥으로 거두는 것이다.

- 友**也者**, 友其德也, 不可以有挾◆也. (《孟子》〈萬章下〉)

  벗**이란** 그 사람의 덕을 벗하는 것이니, 배후의 믿음이 있어서는 안 된다.

  ◆挾(협): 배후의 세력을 믿고 거들먹거리는 것.

- 見其可欲也, 則不慮其可惡**也者**; 見其可利也, 則不顧其可害**也者**. (《荀子》〈不苟〉)

  자기가 좋아하는 것을 보면 자기가 싫어하는 것을 생각하지 않**고**, 자기에게 이로운 것을 보면 자기에게 손해가 되는 것을 돌아보지 않**는다**.

- 魯人有周豐**也者**, 哀公執摯◆請見之. (《禮記》〈檀弓下〉)

  노나라 사람 중에 주풍**이란** 사람이 있었는데, 애공이 예물을 보내어 그를 만나기를 청했다.

  ◆執摯(집지): 예물을 가지고 방문하여 경의를 표함.

- 葬**也者**, 藏也. 藏**也者**, 欲人之弗得見也. (《禮記》〈檀弓上〉)

  장사**란** 감추어 넣어두는 것이다. 감추어 넣어두**는 것은** 남이 보지 못하게 하려는 것이다.

- 有臣柳莊**也者**, 非寡人之臣, 社稷之臣也. (《禮記》〈檀弓下〉)

  유장**이라는** 신하가 있는데, 과인의 신하가 아니라 국가의 신하이다.

- 學者何? 學**也者**覺也. 覺者何? 覺**也者**覺其非也. (《雅言覺非》〈小引〉)

  배움이란 무엇인가? 배움**이란** 깨닫는 것이다. 깨달음이란 무엇인가? 깨달음**이란** 그 그릇된 점을 깨닫는 것이다.

也哉(야재)

어조사 감탄이나 반문을 나타내며, '豈(기)' '豈特(기특)' 등과 함께 쓰는 경우가 많다.

- 九世之卿族, 一擧而滅之, 可哀**也哉**! (《左傳》 襄公二十五年)

  아홉 세대가 [대대로] 벼슬을 했는데, 한 번에 멸망했으니 슬프**구나**!

- 吾豈匏瓜◆**也哉**? 焉能繫而不食? (《論語》〈陽貨〉)

  내가 무슨 썩은 조롱박이**더냐**? 어찌 매달아놓기만 하고 [물 한잔 떠서] 먹을 수도 없단 말이냐?

  ◆匏瓜(호과): 표주박.

- 且君之欲見之也, 何爲**也哉**? (《孟子》〈萬章下〉)

  또 임금께서 그를 만나보려는 것은 어째서**입니까**?

- 此豈山之性**也哉**? (《孟子》〈告子上〉)

  이것이 어찌 산의 본성이겠**는가**?

- 人見其禽獸也, 而以爲未嘗有才◆焉者, 是豈人之情**也哉**? (《孟子》〈告子上〉)

  사람들은 그 금수 같은 행실만 보고 일찍이 훌륭한 재질이 있다고 생각하지 않았으니, 이것이 어찌 사람의 성정이겠**는가**?

  ◆才(재): '성(性)'과 같은 것으로 본성을 말한다.

- 此何木**也哉**? (《莊子》〈人間世〉)

  이는 무슨 나무**인가**?

- 由是觀之, 不遇世者衆矣, 何獨丘**也哉**? (《荀子》〈宥坐〉)

  이로 보건대 세상을 만나지 못한 자가 많은데, 어찌 유독 공구뿐이겠**는가**?

- 何至孩抱之赤子而可送葬**也哉**? (《三國志》〈魏書 梁阜傳〉)

  어찌 품 안의 어린 자식에 이르러서 장례의식을 전송할 수 있**습니까**?

- 然而徐行不見徒步, 疾行不見車馬, 與風皆逝, 與風皆止, 旬有五日而後返, 此亦何功**也哉**? (蘇轍, 〈御風辭〉)

  그러나 천천히 다닐 때는 걷는 것이 보이지 않고, 빨리 다닐 때는 수레가 보이지 않으며, 바람과 함께 갔다가 바람과 함께 멈추다가 열닷새 이후에야 돌아오니, 이는 무슨 공력(功力)**인가**?

- 後世之謬其傳而莫能名者, 何可勝道**也哉**! (王安石, 〈游褒禪山記〉)

  후세가 그 전함을 잘못하여 [바르게] 명명할 수 없는 경우를 어찌 다 말할 수 있겠**는가**!

- 良醫之子, 多死於病, 良巫之子, 多死於鬼. 豈工於活人而拙於謀子**也哉**? (方孝孺◆, 〈深慮論〉)

  훌륭한 의사의 자녀는 대부분 질병에 의해 죽고, 신통한 무당의 자녀는 대부분 요괴에 의해 죽는다. 어찌하여 [그들은] 다른 사람을 살리는 데는 뛰어나면서 자식을 위한 계책에는 서투**른가**?

  ◆方孝孺(방효유): 명대(明代) 학자로, 자는 희직(希直). 문장을 잘했으며 기절(氣節)이 곧아 연왕(燕王)의 황위 찬탈 때 조서를 기초하라는 명령을 거부하여 책형(磔刑)을 당했다.

也且(야저)

어조사 감탄을 나타내며 용례는 드물다.

- 子不我思, 豈無他士◆? 狂童之狂◆**也且**! (《詩經》〈鄭風 褰裳〉)

  당신은 나를 생각하지 않는데, 어찌 다른 사람이 없겠는가? [당신은] 바보 중의 바보**구나**!

  ◆士(사): 결혼하지 않은 남자를 일컫는 말.

  ◆狂(광): 미친 것같이 바보짓을 하는 것.

  褰: 옷 걷을 건

也乎(야호)

어조사 완곡한 의문·반문·추측·감탄 등을 나타내며, 중점은 '乎(호)'에 있다.

- 君子曰: "位其不可不愼**也乎**!" (《左傳》 成公二年)

  군자가 말했다. "지위는 아마 조심하지 않으면 안 될 것**이다**!"

- 女亦知吾望爾**也乎**? (《國語》〈晉語五〉)

  당신은 또한 내가 당신에게 바라는 것을 압**니까**?

- 齊王其伯**也乎**? (《戰國策》〈燕策一〉)

  제나라 왕은 패자가 되겠는**지요**?

- 德宗亦聞此**也乎**? (楊萬里, 〈千慮策〉)

  덕종도 이것을 들었겠**지요**?

也乎哉(야호재)

어조사 반문을 나타내며, '~이던가' '~하겠는가'라고 해석한다.

- 晏子立於崔氏之門外. 其人曰: "死乎?" 曰: "獨吾君**也乎哉**? 吾死也!" 曰: "行乎!" 曰: "吾罪**也乎哉**? 吾亡也!" (《左傳》 襄公二十五年)

  안영(晏嬰)이 최저(崔杼)의 집 문밖에 서 있었다. 그의 종이 [그에게] 말했다. "죽으려 하십니까?" [그가] 말했다. "[광(光)이] 단지 나 한 사람의 임금**이겠느냐**? 내가 [무엇 때문에] 죽겠는가!" [그의 종이 다시 그에게] 말했다. "도망치려 하십니까?" [그가] 말했다. "[이것이] 나만의 죄**이던가**? 내가 [무엇 때문에] 도망치겠는가!"

- 文子曰: "我王者**也乎哉**?" (《國語》〈晉語六〉)

  문자가 말했다. "내가 왕 노릇 하는 자**이겠는가**?"

邪/耶(야)

❶ **어조사** 의문·추측·선택을 나타내며, '~인가'라고 해석한다.

- 天之蒼蒼, 其正色**邪**? 其遠而無所至極**邪**? (《莊子》〈逍遙遊〉)

  하늘이 파랗게 보이는 것은 그것의 본래 색깔**인가**? 아니면 그것이 너무 멀어 끝이 없기 때문**인가**?

- 今子欲以子之梁國而嚇我**邪**? (《莊子》〈秋水〉)

  지금 당신도 당신의 양나라[에서의 벼슬 때문에] 나에게 화내려고 하**십니까**?

  嚇: 성낼 혁

- 子貢反以告孔子曰: "彼何人者**邪**?" (《莊子》〈大宗師〉)

  자공이 돌아와 공자에게 고하며 말했다. "그들은 어떤 사람**입니까**?"

- 是何也? 則其殆無儒**邪**! (《荀子》〈强國〉)

  이것은 무엇 때문인가? [진나라에는] 아마 유가가 없**겠지**!

- 今民生長於齊不盜, 入楚則盜, 得無楚之水土◆使民善盜**邪**? (《晏子春秋》〈內篇雜下〉)

  지금 백성이 제나라에서 성장하면 도적질하지 않는데, 초나라로 들어가면 도적질하니, 초나라의 풍토가 백성에게 도적질을 잘하도록 하는 것이 아닌**지요**?

  ◆水土(수토): 그 지방의 기후. 풍토(風土).

- 今謂我惠民者, 使我與二弟爭民**邪**? (《韓非子》〈外儲說右上〉)

  현재 내게 백성에게 은혜를 베풀라고 하는 것은 내게 두 동생과 백성을 놓고 다투라는 것**입니까**?

- 管仲曰: "子**邪**? 言伐莒." (《論衡》〈知實〉)

  관중이 말했다. "자네**인가**? [우리는] 거나라를 토벌하는 데 대해 말하고 있었네."

• 昔廉頗强食, 馬援据鞍. 今君未老而自謂已老, 何與廉·馬之相背**邪**? (《三國志》〈魏書 滿寵傳〉)

예전에 염파는 [고기 열 근과 쌀 한 말을] 억지로 먹었고, 마원은 말안장에 뛰어오르려 했소. 지금 당신은 늙지도 않았는데 스스로는 이미 늙었다고 말하니, 어찌 염파나 마원[의 표현 방식]과 상반**됩니까**?

• 政不節**邪**? 使民疾**邪**? (《說苑》〈君道〉)

정치를 하면서 절약하지 않습**니까**? 백성을 고통스럽게 합**니까**?

• 沛公誠欲倍項羽**邪**? (《史記》〈留侯世家〉)

패공이 진실로 항우를 배반하려 했**을까**?

倍: 배반할 배

• 由此觀之, 怨**邪**? 非**邪**? (《史記》〈伯夷列傳〉)

이것으로 보면 [백이와 숙제는] 원망한 것**인가**? 아**닌가**?

• 上召布罵曰: "若與彭越反**邪**?" (《史記》〈季布欒布列傳〉)

임금은 난포를 불러 추궁했다. "너는 팽월과 더불어 모반하려고 했**느냐**?"

若: 너 약

• 諺曰: "相馬失之瘦, 相士失之貧." 其此之謂**邪**? (《史記》〈滑稽列傳〉)

속담에 "말을 감정할 때는 여윈 것 때문에 실수하고, 사람을 감정할 때는 가난 때문에 잘못 본다."라고 한 것은 이런 일을 두고 말하는 것**인가**?

• 大王恐二人遺力**邪**? (《三國志》〈魏書 桓階傳〉)

대왕께서는 두 사람(조인曹仁과 전상田常)이 힘을 다하지 않을까 걱정하**십니까**?

• 六國互喪, 率賂秦**邪**? (蘇洵, 〈六國論〉)

6국이 차례로 멸망한 것은 진나라에 뇌물을 모두 바쳤기 때문**인가**?

賂: 줄 뢰, 바칠 뢰

- 然則何時而樂**邪**? (范仲淹, 〈岳陽樓記〉)

  그렇다면 어느 때나 즐거**울까**?

- 君意沐**邪**? (《新序》〈雜事〉)

  당신은 아마 머리를 감았**겠지요**?

- 得無教我獵蟲所**邪**? (《聊齋志異》〈促織〉)

  아마도 나에게 벌레 잡는 곳을 가르쳐주는 것이 아니겠**는가**?

- 夫差◆, 而忘越人之殺而父**邪**? (曾先之, 《十八史略》)

  부차야, 월나라 사람이 너의 아버지를 죽인 일을 잊겠**느냐**?

  ◆夫差(부차): 춘추시대 오나라의 왕인데 월나라를 쳐 부왕(父王) 합려(闔閭)의 원수를 갚았으나 뒤에 월나라 왕 구천과의 싸움에서 져 죽고 오나라는 멸망했다.

- 問婢曰, "所賣之肉, 有幾許塊**邪**?" (朴在馨, 《海東續小學》)

  계집종에게 "판 고기가 몇 덩이 있**더냐**?"라고 물었다.

❷ **어조사** '也(야)' '乎(호)'와 어울려 선택의문문을 구성한다.

- 公以爲吳興兵, 是**邪**? 非**也**? (《史記》〈淮南衡山列傳〉)

  당신이 생각하기에 오나라가 군사를 일으킨 것이 옳다고 보**시오**? 그르다고 보**시오**?

- 豈吾相不當侯**耶**? 且固命**也**? (《史記》〈李將軍列傳〉)

  어찌 내 모습이 제후에 어울리지 않**는가**? 혹은 본래 운명이 이와 같**은가**?

- 官之命, 宜以材**耶**? 抑以姓**乎**? (柳宗元, 〈非國語〉)

  관리를 임명하는 것은 마땅히 재능에 근거해야 합**니까**? 아니면 성씨(姓氏)의 [높고 낮음에] 근거해야 합**니까**?

❸ **부사** '豈(기)' '寧(녕)' '安(안)' '何(하)' '況(황)' 등과 어울려 반문을 나타낸다.

• 十人而從一人者, **寧**力不勝, 智不若**耶**? (《戰國策》〈趙策三〉)

열 사람이 도리어 한 사람에게 복종하는 것이, **어찌** 힘으로 [그를] 이기지 못하고 지혜가 [그만] 못하기 때문이겠**습니까**?

• 趙王**豈**以一璧之故欺秦**邪**? (《史記》〈廉頗藺相如列傳〉)

조나라 왕이 **어찌** 구슬 하나 때문에 진나라를 기만하겠**습니까**?

• 子之客妄人耳, **安**足用**邪**! (《史記》〈商君列傳〉)

그대의 손님은 망령된 사람일 뿐, **무슨** 쓸모가 있겠**는가**!

• 君**何**不從容爲上言**邪**? (《史記》〈季布欒布列傳〉)

당신은 **어찌**하여 조용히 임금에게 말하지 않**는가**?

• 明者睹未萌, **況**已著**耶**? (《後漢書》〈班超列傳〉)

명석한 사람은 [사건이] 발생하지 않아도 알 수 있는데, **하물며** 이미 드러난 것임**에랴**?

• 且人患志不立, **何**憂令名不彰**邪**? (《世說新語》〈自新〉)

또한 사람은 뜻을 세우지 못하는 것을 걱정해야지, **어찌** 훌륭한 명성을 떨치지 못함을 근심하**리오**?

• 是**豈**不足爲政**邪**! (韓愈, 〈柳子厚墓志銘〉)

이곳이라고 하여 **어찌** 정치하기에 충분하지 못하겠**는가**!

• 又**安**敢毒**邪**? (柳宗元, 〈捕蛇者說〉)

또한 **어떻게** 감히 고통이라 하겠**습니까**?

• 義之所動, **豈**知性命, **何**爲以死相懼**邪**? (《資治通鑑》〈漢紀〉 桓帝建和元年)

정의가 발휘되는데 **어찌** 개인의 생명을 알려고 하며, **어찌** 죽음으로써 두렵게 할 수 있겠**습니까**?

• 勝負兵家之常 …… **豈**得以一將失利, 遽議罷兵**邪**? (《資治通鑑》〈唐紀〉 憲宗元和十一年)

이기고 지는 것은 전쟁에서 일상적인 일이거늘 …… 한 장수가 실패했다고 하여 **어찌** 성급하게 군사를 거두라고 말할 수 있**습니까**?

- **豈**期以此爲干祿之具**耶**? (李珥, 《栗谷全書》)

  어찌 이것이 녹을 구하는 도구가 되기를 바라겠**습니까**?

- 雖爲冠盜者, 所嘗攘取而有之, 終不至於貧也, 盜之**何**傷**耶**? (李奎報, 〈答全履之論文書〉)

  비록 관을 쓴 도적이 일찍이 훔쳐 가진 것이 있다고 한들 끝내 가난해지지 않으니, 도둑질한들 **무엇**이 해롭겠**는가**?

❹ **어조사** 구 가운데 쓰여 어기의 정지를 나타낸다. '~면' '~인데'라고 해석한다.

- 夫子期之二子**邪**, 吾知之矣. (《國語》〈楚語下〉)

  자기(子期)의 두 아들**인데** 나는 그들을 안다.

- 言君臣**邪**, 固當諫爭; 語朋友**邪**, 應有切磋. (《後漢書》〈馬援列傳〉)

  임금과 신하 관계를 말하**면** 진실로 다투어 간언해야 하며, 친구 관계를 말하**면** 서로 도와주고 격려해야 한다.

- 其爲是非**耶**, 未能自定也. (王安石, 〈上人書〉)

  이런 견해가 옳은지 **그른지** 스스로 확정 지을 수 없다.

- 必欲盡物而後爲足**耶**, 則彼舐痔而得車, 入市而攫金者, 役役而死, 而猶不知足矣. (林椿, 〈足庵記〉)

  반드시 물건을 다 차지한 뒤에야 만족한다**면**, 저 치질을 핥아주고서 수레를 얻거나 시장으로 들어가 돈을 후리는 자가 죽을 만큼 수고하여도 오히려 만족할 줄 모를 것이다.

❺ **어조사** 감탄을 나타낸다.

- 上**邪**! 我欲與君相知, 長命無絶衰. (《樂府詩集》〈上邪〉)

  하늘**이시여**! 나는 그대와 사랑하며 영원히 헤어지거나 시들지 않길 바라오.

ㅇ

• 徐陳應劉, 一時俱逝, 痛可言**耶**? (曹丕, 〈與吳質書〉)

서간(徐干)·진림(陳琳)·응창(應瑒)·유정(劉楨)은 동시에 모두 죽었으니, 애통을 말할 수 있으**랴**?

若(약)

❶ **대사** '女(여)' '而(이)' '爾(이)'와 같은 뜻이며, '너' '너희' '당신'이라고 해석한다.

• **若**勝我, 我不**若**勝, **若**果是也, 我果非也邪? (《莊子》〈齊物論〉)

네가 나를 이기고 내가 **너**를 이기지 못한다고 해서, **네**가 과연 옳고 내가 과연 틀린 것인가?

• **若**殆往而刑耳. (《莊子》〈人間世〉)

네가 아마도 [그 나라에] 간다면 형벌을 받을 뿐이다.

• 嘗與汝登高山. 履危石, 臨百仞之淵, **若**能射乎? (《莊子》〈田子方〉)

시험 삼아 그대와 함께 높은 산에 올라가보자. 아슬아슬한 바위를 딛고 백 인이나 되는 벼랑을 내려다보더라도, **그대**는 여전히 잘 쏠 수 있겠는가?

• 失法離令, **若**死, 我死. (《商君書》〈畫策〉)

만일 법도를 잃고 명령을 벗어나면 **너**도 죽고 나도 죽는다.

• 吾翁卽**若**翁. (《史記》〈項羽本記〉)

나의 아버지는 곧 **너**의 아버지다.

• **若**疾入趙壁, 拔趙幟, 立漢赤幟. (《史記》〈淮陰侯列傳〉)

너희는 빨리 조나라 성벽으로 들어가, 조나라 군대의 깃발을 뽑고 한나라 군대의 붉은 기를 세우라.

• **若**毒之乎? 更**若**役, 復**若**賦, 則何如? (柳宗元, 〈捕蛇者說〉)

너는 이것을 원망하는가? **너**의 부역을 바꾸고 **너**의 부세를 회복시켜주면 어떻겠는가?

毒: 원망할 독

• 今有世俗五戒, 一曰事君以忠, 二曰事親以孝, 三曰交友有信, 四曰臨戰無退, 五曰殺生有擇. **若**行之無忽. (金富軾, 《三國史記》)

지금 세속오계가 있으니, 첫째는 임금을 충성으로써 섬기는 것이요, 둘째는 어버이를 효도로써 섬기는 것이며, 셋째는 벗을 사귐에 믿음이 있게 하는 것이고, 넷째는 싸움에 임하여 물러남이 없는 것이며, 다섯째는 [생물을 죽임에는] 가림이 있는 것이다. **너희**는 이것을 실행함에 소홀히 하지 마라.

• **若**能入而國武庫, 割破鼓角, 則我禮迎, 不然則否. (金富軾, 《三國史記》)

당신이 무기 창고에 들어가 북을 찢고 피리를 부술 수 있으면 곧 내가 예로 맞을 것이고, 그렇지 않으면 [맞이하지] 않겠습니다.

ㅇ

❷ 대사 '其(기)'와 같고, '그(들)' '그녀(들)' 등으로 해석한다.

• 其子聽父之計, 竊而藏之. **若**公知其盜也, 逐而去之. (《淮南子》〈氾論訓〉)

그 여자는 아버지의 계책을 듣고 [시집의 재물을] 훔쳐서 숨겼다. **그녀**의 시아버지가 그녀의 절도 행위를 알고 그녀를 내쫓았다.

• 孔子生, 不知其父, **若**母匿之. (《論衡》〈實知〉)

공자는 태어나서 그의 아버지를 몰랐고, **그**의 어머니도 [아버지가 누구인지를] 숨겼다.

❸ 대사 비교적 가까운 사람이나 사물을 가리키며, '이' '이런'이라고 해석한다.

• 南宮适出, 子曰: "君子哉**若**人! 尙德哉**若**人! (《論語》〈憲問〉)

남궁괄이 나가자 공자께서 말씀하셨다. "군자로구나, **그**는! 덕을 숭상하는구나, **그**는!"

- 任公子得**若**魚, 離而腊之. (《莊子》〈外物〉)

  임공자는 **이** 물고기를 잡아, 갈라서 포를 만들었다.

  腊: 포 석

- 君人者, 亦可以察**若**言矣! (《荀子》〈王霸〉)

  군주는 또한 **이런** 말을 살필 수 있어야 한다.

- 曷爲久居**若**圍城之中而不去也? (《戰國策》〈趙策三〉)

  무엇 때문에 포위된 **이** 성에서 오랫동안 머물면서 떠나지 않는가?

- 論**若**三子之行, 未得爲孔子駿徒也. (《說苑》〈善說〉)

  이 세 사람의 행위를 말하면 공자의 뛰어난 제자가 할 짓이 아니다.

- **若**妖也, 而廟食於此, 作威福不已. (鄧牧, 〈伯牙琴〉)

  이 요괴는 이곳에서 제사를 받으며 위세와 복을 만드는 것을 멈추지 않는다.

❹ **대사** 성질이나 정도를 나타내며, '이러한' '이렇게 되면'이라고 해석한다.

- 王**若**曰: "格汝衆, 予告汝訓." (《尙書》〈盤庚上〉)

  왕이 **이렇게** 말했다. "이리 오라, 무리야. 내 너희에게 훈계하리라."

- 一女必有一鍼一刀, **若**其事立. (《管子》〈海王〉)

  한 여자가 꼭 바늘 하나와 칼 한 자루를 가지고 있으니, **이렇게 하면** 그 일은 일어나게 된다.

- 以**若**所爲求**若**所欲, 猶緣木而求魚也. (《孟子》〈梁惠王上〉)

  이런 행위로써 **이런** 목적을 추구하는 것은 흡사 나무에 올라가 물고기를 구하는 것과 같습니다.

❺ **부사** 어떤 일이나 상황이 대체로 이와 같음을 나타내며, '마치' '[마치] ~같다' '~한 듯' '흡사'라고 해석한다.

- **若**顚木之有由蘖, 天其永我命于茲新邑. (《尙書》〈盤庚上〉)
  쓰러진 나무에 싹이 나는 것과 **같으니**, 하늘이 이 새 도읍에서 우리의 명을 영원하게 하신 것이다.
- **若**聞蔡◆將先衛, 信乎? (《左傳》定公四年)
  [맹약의 순서에서] 채나라가 위나라의 앞이 되리라고 들은 것 **같은데**, 확실합니까?
  ◆蔡(채): 주대(周代)의 나라 이름으로, 지금의 하남성(河南省)에 있었다.
- 有**若**無. (《論語》〈泰伯〉)
  있으면서도 없는 **듯이** [행동하라].
- 今言王**若**易然, 則文王不足法與? (《孟子》〈公孫丑上〉)
  지금 왕 노릇 하는 것이 **마치** 쉬운 것**처럼** 말씀하셨는데, 그렇다면 문왕은 본받을 만한 가치가 없습니까?
- 從之遊者, 與仲尼相**若**. (《莊子》〈德充符〉)
  그를 따라 유학하는 자가 중니(공자)와 서로 **같았다**.
- 卒如雷霆, 疾如風雨, **若**從地出, **若**從天下. (《淮南子》〈兵略〉)
  급하기는 우레 같고 빠르기는 비바람 같아, 땅에서 솟아나는 것 **같고** 하늘에서 내려오는 것 **같다**.
- **若**望僕不相師, 而用流俗人之言. (司馬遷, 〈報任安書〉)
  당신의 가르침을 듣지 않은 저를 원망하는 것 **같지만**, 속세 사람들의 의견을 받아들인 것입니다.
- 文帝出長門, **若**見五人於道北. (《史記》〈封禪書〉)
  문제가 장문을 나서는데, 길의 북쪽에서 다섯 사람을 본 **듯했다**.
- 驗之以事, 合契**若**神. (《後漢書》〈張衡列傳〉)
  사실을 가지고 그것을 실험했는데, 신선이 효력을 나타내는 것**같이** 딱

ㅇ

맞았다.

• 萬里赴戎機◆, 關山◆度**若**飛. (《北朝民歌》〈木蘭詩〉)

만 리 길 전쟁터 가는데, 고향은 날갯짓**하듯** 비껴 있구나.

◆戎機(융기): 군사 행동을 뜻함. 따라서 '赴戎機(부융기)'는 전쟁터로 나간다는 뜻이다.

◆關山(관산): 고향에 있는 산. 즉 고향.

赴: 다다를 부

• 山有小口, 仿佛**若**有光. (陶淵明, 〈桃花源記〉)

산에 작은 입구가 있는데 **마치** 빛이 있는 것 **같았다**.

• 典好學問, 貴儒雅, 不與諸將爭功. 敬賢士大夫, 恂恂**若**不及, 軍中稱其長者. (《三國志》〈魏書 李典傳〉)

이전은 학문을 좋아하고 유가의 단아함을 숭상하며 여러 장수와 공을 다투지 않았다. 어진 사대부를 존경하고, 미덥고 성실하기를 미치지 못한 것**같이** 했으므로 군대 안에서 그를 장자라고 불렀다.

• 杜鵑, 其鳴**若**曰: "不如歸去!" (《本草綱目》〈禽部〉)

두견새, 그 울음소리는 **마치** "돌아가는 것만 못하구나!"라고 말하는 것 **같다**.

• 文曰: "'天啓壬戌秋日, 虞山王毅叔遠甫刻,' 細**若**蚊足." (魏學洢, 〈核舟記〉)

글에서 말했다. "'天啓壬戌秋日, 虞山王毅叔遠甫刻(천계임술추일, 우산왕의숙원포각)'이라고 새겨져 있는데, 가늘기가 마치 모기 다리 **같구나**."

• 小蟲伏不動, 蠢**若**木鷄. (《聊齋志異》〈促織〉)

작은 벌레는 [바닥에] 엎드려 움직이지 않는데, 꿈틀거리는 것이 **마치** 나무로 만든 닭 **같다**.

• 家極貧, 衣百結**若**懸鶉◆, 時人號爲東里百結先生. (金富軾, 《三國史記》)

집이 매우 가난하여 너덜너덜해진 옷**처럼** 백 번이나 기워 입었으므로, 당시 사람들은 동쪽 마을 백결 선생이라고 불렀다.

◆懸鶉(현순): 매달려 있는 메추라기. 若懸鶉(약현순)은 '매달려 있는 메추라기 같다'는

뜻으로 낡고 해진 옷의 비유.

• 又設彩棚, 狀**若**蓮臺, 演百戲歌舞於前. (鄭麟趾 等,《高麗史》)

또 채붕을 설치했는데 모양이 연대와 **같았고**, 앞에서 온갖 유희와 가무를 행했다.

❻ **부사** 동작이 계속되거나 상황이 지속됨을 나타내며, '아직도' '여전히'라고 해석한다.

• 國雖**若**存, 古之人曰亡矣. (《荀子》〈君道〉)

국가는 비록 **여전히** 존재하지만, 옛사람들은 [그런 나라는] 망했다고 했다.

❼ **접속사** 가설을 나타내며, '만약' '만일'이라고 해석한다.

• 公子**若**反晉國, 則何以報不穀◆? (《左傳》僖公二十三年)

공자께서 **만일** 진나라로 돌아가신다면, 무엇으로써 저에게 보답하겠습니까?

◆不穀(불곡): 제후의 겸칭.

• **若**亡鄭而有益於君, 敢以煩執事◆? (《左傳》僖公三十年)

만일 정나라를 멸망시켜 임금께 이익이 있다면, 감히 임금을 번잡하게 하겠습니까?

◆執事(집사): 원래는 귀인을 모시며 일을 맡은 사람이란 뜻인데, 귀인을 직접 지칭하기가 어려워서 대신 집사라고 부른다. 여기서는 진(秦)나라 임금을 가리킴.

• 三者**若**得, 其名必極. (《莊子》〈達生〉)

[이상] 세 가지를 **만일** 얻는다면, 그의 명성은 반드시 최고가 될 것이다.

• **若**漢挑戰, 愼勿與戰, 無令得東而已. (《史記》〈高祖本紀〉)

만일 한나라가 싸움을 걸어오면, 제발 그들과 싸우지 말고 그들이 동쪽으로 접근하지 못하게만 해라.

• **若**無興德之言, 則責攸之·褘◆·允等之咎, 以彰其慢. (諸葛亮, 〈出師表〉)
만일 덕을 발양하는 건의가 없다면, 곧 곽유지(郭攸之)·비위(費褘)·동윤(董允) 등의 허물을 꾸짖어 그들의 태만을 밝히십시오.

◆褘(위): 비위(費褘). 삼국시대 촉나라 사람. 자는 문위(文偉)이며, 제갈량에게 신임을 얻었고 후주(後主) 때 황문시랑(黃門侍郎)을 거쳐 상서령(尙書令)이 되었다.

• 關中長遠, **若**賊各依險阻, 征之, 不一二年不可定也. (《三國志》〈魏書 武帝紀〉)
관중은 멀어서, **만일** 적이 각자 험난함에 의지하여 지키면, 그곳을 정벌하는 데도 한두 해를 허비해야만 평정할 수 있을 것이오.

• **若**因愛登后, 使賤人暴貴, 臣恐後世下陵上替, 開張非度, 亂自上起也. (《三國志》〈魏書 后妃傳〉)
만일 사랑한다고 하여 [후궁을] 황후로 올리면 비천한 사람을 갑자기 고귀하게 만드는 것이니, 신은 후세에 아랫사람이 윗사람을 능멸하고 제왕의 권위가 떨어지며 전제가 느슨해지고 법도가 없어져서 환란이 위로부터 일어날까 두렵습니다.

• **若**加之曠大之度, 勵以公平之誠, 邁志存道, 克廣德心, 則古之賢主, 何遠之有哉! (《三國志》〈魏書 文帝紀〉)
만일 그의 도량을 더 크게 하고 마음 씀씀이를 공평하게 하는 데 힘쓰며, 도의의 존립을 위해 매진하고 덕망 있는 마음을 더욱 넓힐 수 있었다면, 옛날의 현명한 군왕이 어찌 멀리 있었겠는가!

• **若**擧四郡保三江以待其來, 而爲之內應, 不亦可乎? (《三國志》〈魏書 桓階傳〉)
만일 네 군을 들고 세 강을 보존하면서 그가 오기를 기다렸다가 그를 위해 안에서 호응한다면, 이 또한 옳지 않겠습니까?

• **若**以邊塞不脩斬卿, 使君寧能護卿邪? (《三國志》〈魏書 崔林傳〉)
만일 변방의 요새를 정비하지 않은 것을 이유로 [오 중랑장이] 그대를 죽인다면, 사군이 그대를 어떻게 변호할 수 있겠소?

- **若**朝臣能任仲山甫之重, 式是百辟, 則孰敢不肅? (《三國志》〈魏書 崔林傳〉)

  만일 조정의 신하들이 중산보처럼 [책임이] 무거운 일을 맡을 수 있다면, 설령 백 가지 법령이 있다고 하더라도 누가 감히 공경하지 않겠습니까?

- **若**止印三二本, 未爲簡易; **若**印數十百千本, 則極爲神速. (《夢溪筆談》〈活板〉)

  만일 겨우 두세 권만 인쇄한다면 간편하다고 할 수 없지만, **만일** 몇십, 몇백, 몇천 권을 인쇄한다면 매우 속도가 빠른 것이다.

- 天**若**不愛酒, 酒星◆不在天. (李白, 〈獨酌〉)

  하늘이 **만약** 술을 좋아하지 않았다면, 주성이 하늘에 있지 않았을 것이다.

  ◆酒星(주성): 술별. 《진서(晉書)》〈천문지(天文志)〉에 의하면, 헌원(軒轅)이란 별의 오른쪽 모퉁이 남쪽에 있는 세 별을 주기(酒旗)라고 하며, 잔치 음식을 주관한다고 한다. 오성(五星)이 주기를 지키면 천하가 술을 마시며 즐기게 된다고 한다.

- 龜何龜何, 首其現也. **若**不現也, 燔灼而喫也. (一然, 《三國遺事》)

  거북아 거북아, 머리를 내어놓아라. **만일** 내어놓지 않으면 구워 먹겠다.

- **若**只力行而不學文, 則何以倣聖賢之成法, 而識事理之當然哉. (《弘齋全書》)

  만일 단지 힘써 행하기만 하고 글을 배우지 않는다면, 어떻게 성현이 이룬 법을 본받고 사물의 이치의 당연함을 알겠는가.

- **若**不危坐, 思慮不一; 思慮不一, 不能窮格. (徐敬德, 《花潭集》)

  만일 바르게 앉지 않으면 생각은 하나로 되지 못하고, 생각이 하나로 되지 못하면 사물의 이치를 구명할 수 없다.

- **若**立傳, 直其筆, 恐涉其嫌, 故略之歟? (李奎報, 《白雲小說》)

  만일 전(傳)을 두어 곧이곧대로 쓴다면 싫어하는 점에 미치게 될까 두려웠기 때문에 생략한 것일까?

❽ **접속사** 선택이나 병렬을 나타내며, '~나' '어쩌면' '~와' '혹은'이라고 해석한다.

• 而擇地形之肥饒者, 向山, 左右經水**若**澤. (《管子》〈度地〉)

만일 비옥한 지형을 선택하려면 산을 향해 있어야 하고 주위에 흐르는 물**과** 소택이 있어야 한다.

• 父母有婢子**若**庶子庶孫, 甚愛之. (《禮記》〈內則〉)

부모는 계집종이 낳은 아들**과** 첩이 낳은 아들, 손자일지라도 그들을 매우 사랑한다.

• 大夫沒矣, 則稱諡**若**字. (《禮記》〈五藻〉)

대부가 죽으면 시호(諡號)**나** 표자(表字)를 부른다.

• 願取吳王**若**將軍頭, 以報父之仇. (《史記》〈魏其武安侯列傳〉)

오나라 왕이**나** 장군의 머리를 베어, [나의] 아버지의 원수를 갚고 싶습니다.

• 民年七十以上**若**不滿十歲有罪當刑者, 皆免之. (《漢書》〈惠帝紀〉)

백성 중 나이가 일흔 살 이상이거**나** 열 살 미만인 자는 형벌을 받아야 할 죄가 있어도 모두 사면했다.

• 天使熒惑加禍於景公也, 如何可移於將相**若**歲與國民乎? (《論衡》〈變虛〉)

하늘이 형혹성(화성)의 [변이를 일으켜] 경공에게 재앙을 주었는데, 어찌 [그 재앙을] 장수나 대신 **혹은** 풍년이나 흉년이나 백성에게 전가할 수 있겠는가?

• 天地開辟, 人皇以來, 隨壽而死, **若**中年夭亡, 以億萬數. (《論衡》〈論死〉)

천지가 열리고 인류가 있은 이래로, 수를 누리다가 죽은 사람**과** 반밖에 살지 못하고 죽은 사람은 억만이라는 수로 헤아릴 정도이다.

❾ **접속사** 화제를 전환하며, '~에 이르러' '~의 경우는'이라고 해석한다.

• 當在薛也, 予有戒心, 辭曰: "聞戒, 故爲兵餽之." 予何爲不受? **若**於齊, 則未有處也. 無處而餽之, 是貨之也. (《孟子》〈公孫丑下〉)

설(薛) 땅에 있을 때 나는 경계하는 마음이 있었는데, 말하기를 "경계하는 마음이 있다고 들었기 때문에 병기 살 돈을 보냅니다."라고 했으니, 내가 무엇 때문에 받지 않았으리오? 제나라**에 이르러서는** 쓸 곳이 없었다. 쓸 곳이 없는데 [돈을] 주면, 이것은 [나를] 재물로 매수하는 것이다.

- **若**貪主暴君, 撓於其下, 侵漁其民, 以適無窮之欲, 則百姓無以被天和而履地德矣. (《淮南子》〈主術訓〉)
  탐욕스럽고 포학한 군주**의 경우는** 그 아랫사람을 해롭게 하고, 그 백성을 약탈함으로써 끝없는 욕망을 만족시키니, 백성은 하늘의 따뜻한 기운과 대지에서 생장하는 곡물을 받을 수 없다.
- 粟, 稼而生者也, **若**布與帛, 必蠶績而後成者也. (韓愈, 〈圬者王承福傳〉)
  곡식은 심어야 나오고, 베와 비단**의 경우는** 반드시 누에를 치고 실을 자아야만 만들어진다.

⑩ 어조사 문장의 첫머리에 쓰이면 화제를 이끄는 역할을 하며 '今(금)' '夫(부)' 등에 상당하고, 구 중간이나 끝에 쓰이면 음절을 조절하는 역할을 한다. 해석할 필요는 없다.

- 桑之未落, 其葉沃**若**. (《詩經》〈衛風 氓〉)
  뽕나무가 시들지 않을 때, 그 잎은 푸르고 무성했다.
- 於是二子愀然改容, 超**若**自失. (《史記》〈司馬相如列傳〉)
  그래서 두 사람은 수심에 잠겨 안색이 변하고, 멍하니 자기의 모든 것을 잊어버렸다.
  愀: 근심할 초

【참고】

갈다: • 布帛長短同, 則賈相**若**. (《孟子》〈滕文公上〉) 베와 비단의 길이가 같으면, 가격도 서로 **같다**.

若干(약간)

부사 정확하지 않은 수를 나타내며, '더' '몇' '약간'이라고 해석한다.

- 吾攻國, 覆軍殺將**若干**人矣. (《墨子》〈天志下〉)

  나는 [다른] 나라를 공격하여 군대를 쳐부수고 장수 **몇** 명을 죽였다.

  覆: 넘어뜨릴 복, 엎을 복

- 某賢於某**若干**純◆. (《禮記》〈投壺〉)

  어떤 사람은 어떤 사람보다 열다섯 자를 **더** 던졌다.

  ◆純(순): 계산의 단위. 열다섯 자.

若苟(약구)

접속사 가설을 나타내며, '만일'이라고 해석한다.

- **若苟**一方緩一方急, 則及其用之也, 必自其急者先裂. (《周禮》〈考工記 鮑人〉)

  만일 [가죽이] 한편으로는 부드럽고 한편으로는 질기면, 그것을 사용할 때 반드시 그것이 질긴 데부터 먼저 찢어야 한다.

- **若苟**有以藉口而復於寡君, 君之惠也. (《左傳》成公二年)

  만일 어떤 구실로서 우리 임금에게 보고한다면, [이것은] 임금의 은혜입니다.

- **若苟**僭擬, 干時而動, 衆之所棄, 誰能興之? (《三國志》〈魏書 袁渙傳〉)

  만일 참람되게 제왕을 본받으며 어지러운 때를 이용하여 행동하면 민중에게 버림받을 것이니, 누가 능히 그것을 일으키겠습니까?

若其(약기)

접속사 가설을 나타내며, '만일'이라고 해석한다.

- 戰而捷, 必得諸侯, **若其**不捷, 表裏山河, 必無害也. (《左傳》僖公二十八年)
  싸워서 이기면 틀림없이 제후[의 마음을] 얻을 것이고, **만일** 이기지 못해도 산을 등지고 물을 바라보[는 우월한 지세이]므로 반드시 해가 없을 것입니다.
- **若其**不勝, 爲罪已重. (《晉書》〈周浚傳〉)
  만일 이기지 못하면 죄가 매우 무겁다.
- **若其**眞好賄者, 自應用其口手之力, 鼓合世間一等官人相與爲私, 孰能御者? (陳亮, 〈甲辰答朱元晦書〉)
  만일 정말로 뇌물을 좋아하는 사람이라면, 스스로 마땅히 자신의 입과 손의 힘을 이용하여 세상에서 가장 권세 있는 관리들과 사적으로 결탁하여 이런 일을 했을 텐데, 누가 막을 수 있겠는가?
  賄: 뇌물 회

若乃(약내)

접속사 화제를 전환하며, '만약 ~의 경우라면' '~에 이르러' '~으로 말하면' 등으로 해석한다.

- 故仁以爲經, 義以爲紀, 此萬世不更者也. **若乃**人考其才, 而時省其用, 雖日變可也. (《淮南子》〈氾論訓〉)
  그러므로 인으로써 날줄을 삼고 의로써 벼리로 삼아야 하니, 이것은 만대가 지나가더라도 바뀌지 않는 것이다. 사람들이 그들의 재능을 고찰하고 때때로 그것의 쓰임을 살피는 것**으로 말하면**, 비록 매일 변한다 하더라도 괜찮을 것이다.

- 新垣衍曰: "燕則吾請以從矣. **若乃**梁者, 則吾乃梁人也, 先生惡能使梁助之?" (《史記》〈魯仲連鄒陽列傳〉)

신원연이 말했다. "연나라에 대해서는 저도 선생의 말을 따르지요. 양나라**의 경우는** 제가 바로 양나라 사람이온데, 선생께서는 어떻게 양나라가 조나라를 돕도록 할 수 있습니까?"

- **若乃**州閭之會, 男女雜坐, 行酒稽留, 六博投壺, 相引爲曹, 握手無罰, 目眙不禁, 前有墮珥, 後有遺簪, 髡竊樂此, 飲可八斗而醉二參. (《史記》〈滑稽列傳〉)

만약 같은 고향 마을에 모여 남녀가 한데 섞여 앉아 서로 상대방에게 술을 돌리며 쌍륙(雙六)과 투호(投壺)놀이를 벌여 짝을 짓고, 남자와 여자가 손을 잡아도 벌을 받지 않고, 눈을 뚫어지게 쳐다보아도 금하는 일이 없으며, 앞에 귀걸이가 떨어지고 뒤에 비녀가 어지럽게 흩어지**는 경우라면** 신은 이런 것을 좋아하여 여덟 말쯤 마셔도 약간 취기가 돌 뿐입니다.

- **若乃**可以博物不惑, 多識於鳥獸草木之名者, 莫近爾雅. (《全晉文》〈爾雅序〉)

사물을 폭넓게 이해하여 미혹됨이 없게 하고 새·짐승·풀·나무의 명칭을 많이 알 수 있게 하는 **데 이르러서는** 《이아(爾雅)》에 비견할 만한 것이 없다.

- 至別駕韓珩, 曰: "吾受袁公父子厚恩, 今其破亡, 智不能救, 勇不能死, 於義闕矣. **若乃**北面於曹氏, 所弗能爲也." (《三國志》〈魏書 袁紹傳〉)

별가 한연의 순서가 되었을 때, 그가 말했다. "저는 원공 부자의 두터운 은혜를 입었지만, 지금 그들이 패망하는데도 [저의] 지혜로는 [그들을] 구할 수 없으며, 저의 용기로는 [그들을 위해] 죽일 수 없으니 의로움에 문제가 있는 것입니다. [그러나] 조씨의 신하가 되는 것**으로 말하면** 할 수 없습니다."

若夫(약부)

❶ **접속사** 화제를 전환하며, '~에 이르러' '~으로 말하면' '~은'이라고 해석한다.

- 君子創業垂統, 爲可繼也, **若夫**成功則天也. (《孟子》〈梁惠王下〉)
  군자는 왕업을 창시하고 국통을 전하여 후세에 계승할 수 있게 하는 것이고, 성공**으로 말하면** 하늘에 달린 것이다.
- **若夫**乘天地之正, 而御六氣之辯, 以游無窮者, 彼且惡乎待哉? (《莊子》〈逍遙遊〉)
  천지의 바름을 타고 육기(六氣)의 변화를 몰아서 무궁한 [우주] 속에서 노니는 자**에 이르러**, 그는 또 무엇에 의지하겠는가?
- **若夫**志意修, 德行厚, 知慮明, 生於今而志乎古, 則是其在我者也. (《荀子》〈天論〉)
  생각이 지향하는 것의 닦임, 도덕과 품행의 돈독함, 지모와 생각의 밝음, 지금을 살지만 옛날에 뜻을 두는 것**으로 말하면**, 그런 것은 자기[의 노력]에 달려 있다.
- **若夫**內事親, 外交友, 必可得也. (《呂氏春秋》〈務本〉)
  안으로 부모를 섬기고 밖으로 벗을 사귀는 일**은** 반드시 잘할 수 있는 것이다.
- 王又勃然不說曰: "**若夫**語五音之紀, 信未有如夫子者也. **若夫**治國家而弭人民, 又何爲乎絲桐之間?" (《史記》〈田敬仲完世家〉)
  왕이 또 불끈하며 언짢아서 말했다. "오음(五音)의 본령에 대해 **말한다면** 진실로 내가 당신에게 미치지 못할 것이오. [그러나] 나라를 다스리고 백성들을 안정시키는 것**으로 말하면**, 어찌 또한 줄과 현 사이의 오묘함과 같다 하겠소?"
- **若夫**兼愛天下而反之於正, 雖以武平亂而濟之以德, 誠百王不易之道也.

ㅇ

(《三國志》〈魏書 袁渙傳〉)

천하를 모두 사랑하여 [잘못되어 있는 그들을] 되돌려 바른 길로 가게 하는 것과 같은 **일은** 비록 무력으로 혼란을 평정하여 도덕으로 그들을 구제한다고 할지라도 진실로 모든 군주가 바꿀 수 없는 원칙입니다.

❷ **어조사** 이론을 제기하며 '夫(부)'와 비슷하다. 해석할 필요는 없다.

- **若夫**淫雨◆霏霏◆, 連月不開. (范仲淹, 〈岳陽樓記〉)

  장맛비가 부슬부슬 내려 여러 달 동안 개지 않는다.

  ◆淫雨(음우): 장맛비.

  ◆霏霏(비비): 비가 부슬부슬 내리는 모양.

- **若夫**人主雖有過人之材, 而不能早自戒於耳目之欲, 至於過差以亂其心之所思, 則用志不精. (王安石, 〈進戒疏〉)

  군주가 비록 남보다 뛰어난 재능을 가졌다고는 해도, 만약 일찍이 귀와 눈의 욕심으로부터 자신을 경계할 수 없어 실수를 저지르고 그 마음속으로 생각했던 것을 어지럽힘에 이르게 되면, 생각을 하는 것이 정밀하지 못하게 된다.

若使(약사)

접속사 가설을 나타내고 문장을 이어주는 작용이 강하며, '만일' '설사'라고 해석한다.

- **若使**天下兼相愛, 愛人若愛其身, 猶有不孝者乎? (《墨子》〈兼愛上〉)

  만일 천하 사람들이 서로 사랑하여 남을 사랑하기를 마치 자기를 사랑하듯이 한다면, 그러고도 오히려 효도하지 않을 자가 있겠는가?

- **若使**庖人調和而食之, 則不可以爲庖矣. (《呂氏春秋》〈去私〉)

만일 요리사가 음식의 맛을 내면서 이를 먹는다면, 요리사가 될 수 없을 것이다.

- **若使**湯武不遇桀紂, 未必王也. (《呂氏春秋》〈長攻〉)

  만일 탕과 무가 걸과 주를 만나지 않았다면 틀림없이 왕 노릇 하지 못했을 것이다.

- **若使**善策必出於親貴, 親貴固不犯四難以求忠愛, 此古今之所常患也. (《三國志》〈魏書 杜恕傳〉)

  설사 훌륭한 계책이 반드시 친족에게서 나왔더라도 친족들은 당연히 [위의] 네 가지 곤란함을 범하면서 충성과 은혜를 구하지는 않을 것이니, 이것은 옛날이나 지금이나 항상 근심하는 것이다.

- **若使**法可專任, 則唐·虞可不須稷·契之佐, 殷·周無貴伊·呂之輔矣. (《三國志》〈魏書 杜恕傳〉)

  만일 법령이 전담할 수 있다면 당요(唐堯)와 우순(虞舜)은 직(稷)과 설(契)의 보좌가 필요하지 않았을 것이고, 은과 주는 이윤과 여상(呂尙)의 보필을 귀중하게 여기지 않았을 것입니다.

若是(약시)

대사 '是(시)'는 앞 문장의 내용을 대신하며, '若(약)'이 붙어 부사구가 된다. '若然(약연)'과 비슷하다. '이렇게 되면' '이와 같이' '이처럼' 등으로 해석한다.

- 曰: "**若是**其大乎?" (《孟子》〈梁惠王下〉)

  [제나라 선왕(宣王)이] 말했다. "**이와 같이** 그것이 큽니까?"

- 其視下也, 亦**若是**則已矣. (《莊子》〈逍遙遊〉)

  [붕새가] 아래 세상을 내려다볼 때도 역시 **이와 같을** 뿐이다.

• 彼得之不足以藥傷補敗, 彼愛其瓜牙, 畏其仇敵, **若是**, 則爲利者不攻也. (《荀子》〈富國〉)

그들이 [약간의] 이익을 얻는다 하더라도 상처를 치료하고 손실을 보충하기에는 부족할 것이고, 그는 부하를 아끼고 원수가 되는 것을 두려워하니, **이렇게 한다면** 이익을 위해 공격하지 않을 것이다.

• 昔者, 夫子居於宋, 見桓司馬自爲石椁◆, 三年而不成, 夫子曰: "**若是**其靡也!" (《禮記》〈檀弓上〉)

옛날에 선생님께서 송나라에 머물 때 환사마(桓司馬)가 스스로 돌로 관을 만드는데, 3년이 되어도 완성하지 못하는 것을 보고 선생님께서 말씀하셨다. "**이와 같이** 사치스럽구나!"

◆椁(곽): '槨(덧널 곽)'과 같다.

• **若是**者倍反, 不若革太子. (《呂氏春秋》〈知士〉)

이와 같은 자는 나중에 배반하니 태자를 바꾸는 것만 못합니다.

• 吾所以告子, **若是**而已. (《史記》〈老子韓非列傳〉)

내가 그대에게 알리는 까닭도 **이와 같을** 뿐이다.

• 審**若是**也, 何不娶妻樹屋, 買牛耕田, 生無盜賊之名而居有室家之樂, 行無逐捕之患而長享衣食之饒乎. (朴趾源, 《燕巖集》)

이와 같이 살핀다면 어찌 아내를 얻고 집을 짓고 소를 사서 밭을 갈아 살면서, 도둑이라는 소리를 듣지 않고 집에서는 부부의 즐거움을 누리며 다니면서도 붙잡힐 근심 없이 영원히 의식의 풍족함을 누리지 않는가.

若如(약여)

❶ **부사** '若而(약이)'나 '若干(약간)'과 비슷하며, 확실하지 않은 수를 나타낸다. '몇'이라고 해석한다.

- 夫婦所生**若如**人. (《晉書》〈禮志下〉)

  부부가 낳은 자식이 **몇** 명 된다.

❷ **접속사** 가정을 나타내며, '만약'이라고 해석한다.

- **若如**舊選, 尹模之奸今復發矣. (《三國志》〈魏書 程昱傳〉)

  만약 옛날 방식대로 선발한다면, 윤모의 간악한 일이 지금 다시 일어나게 될 것입니다.

若爲(약위)

부사 '如何(여하)'와 같고 의문이나 반문을 나타내며, '어떠한가' '어떻게'라고 해석한다.

- 食粮乏盡**若爲**活? 救我來, 救我來. (《樂府民歌》〈隔谷歌〉)

  식량이 다 떨어지면 **어떻게** 살아가겠는가? 나를 구하러 와, 나를 구하러 와.

- 人居貴要, 但問心**若爲**耳. (《宋書》〈王景文傳〉)

  사람이 [신분이] 귀하고 요직에 있으나, 오직 마음으로 **어떠한가**를 묻기만 할 뿐이다.

- 法者, 陛下自作, 須自守之, 使天下百姓信而畏也. 自爲無信, 欲人之信, **若爲**得哉? (《新唐書》〈孫伏伽傳〉)

  법령은 폐하가 친히 제정한 것이므로 반드시 스스로 그것을 지켜 천하의 백성이 믿고 두려워하게 해야만 합니다. 자기가 신의를 지키지 않으면서 다른 사람이 신의를 지키기를 바라면 **어떻게** 이루어지겠습니까?

若而(약이)

부사 '若干(약간)'과 같고, '몇' '약간'이라고 해석한다. 그러나 '若爾(약이)'[만일 그렇다면]와는 용법이 전혀 다름을 주의해야 한다.

- 天子求后於諸侯, 諸侯對曰: "夫婦所生**若而**人, 妾婦之子**若而**人." (《左傳》 襄公十二年)

  천자가 제후에게서 왕후를 구하면, 제후는 대답한다. "부인이 낳은 자식이 **몇**이고, 첩이 낳은 자식이 **몇**입니다."

若之何(약지하)

부사 '如之何(여지하)'와 같으며, 원인·방법·이유 등을 묻는데 반문의 의미가 강하다. '무엇 때문에' '어떻게' '어찌하면'이라고 해석한다.

- 國不堪貳, 君將**若之何**? (《左傳》 隱公元年)

  한나라에 두 임금을 감당할 수 없으니 군께서는 장차 **어떻게** 하시겠습니까?

- 晉侯謂慶鄭曰 "寇深矣, **若之何**?" (《左傳》 僖公十五年)

  진후가 경정에게 말했다. "적이 깊숙이 들어왔는데 **어떻게** 해야 합니까?"

- 我欲戰矣, 齊秦未可, **若之何**? (《左傳》 僖公二十八年)

  나는 싸우려고 하나 제나라와 진나라가 동의하지 않을 것이니 **어찌하면** 좋겠는가?

- **若之何**其以病敗君之大事也? (《左傳》 成公二年)

  어떻게 부상을 입었다고 해서 군왕의 대사를 그르치는가?

- 是吾師也. **若之何**毁之? (《左傳》 襄公三十一年)

  이는 나의 스승이다. **무엇 때문에** 그것(향교鄕校)을 부수겠는가?

• 善爲政者, **若之何**? (《墨子》〈耕柱〉)

정사를 잘하는 자는 **어떻게** 합니까?

• 凍水洗我, **若之何**! (《晏子春秋》〈內篇雜下〉)

얼음물로 나를 씻으면 **어떠하겠는가**!

• 莫知其所始, **若之何**其有命也? (《莊子》〈寓言〉)

그것이 시작하는 바를 알지 못하는데 **어떻게** 천명이 있다고 하겠는가?

• 然彼以赤心投我, **若之何**害之? (《資治通鑑》〈晉紀〉 孝武帝太元八年)

그러나 그가 진심으로 우리에게 투항하면, **무엇 때문에** 그를 해치겠는가?

若此(약차)

대사 '如此(여차)'와 같고 이전의 상황을 나타내며, '이렇게' '이렇게 한다면' '이와 같이' '이처럼'이라고 해석한다.

• 其妻歸告其妾曰: "良人者, 所仰望而終身也, 今**若此**!" (《孟子》〈離婁下〉)

그의 부인이 집으로 돌아와서 그의 첩에게 말했다. "남편은 존경하면서 종신토록 의지해야 할 사람인데, 지금 **이와 같다**!"

• 其自視也, 亦**若此**矣. (《莊子》〈逍遙遊〉)

그 스스로를 보는 눈도 역시 **이와 같을** 뿐이다.

• 顔回曰: "回之家貧, 唯不飮酒, 不茹葷者, 數月矣. **若此**則可以爲齋乎." (《莊子》〈人間世〉)

안회가 말했다. "저희 집은 가난하여 술도 마시지 못하고 야채도 못 먹은 지가 몇 달이나 됩니다. **이러하다면** 재계했다고 할 수 있겠지요."

茹: 채소 여 | 葷: 훈채(생강과 같이 매운 채소) 훈

• 求劍**若此** 不亦惑乎? (《呂氏春秋》〈察今〉)

칼을 찾기 위해 **이렇게 한다면**, 또한 어리석다고 하지 않겠는가?

- 求聞之**若此**, 不若無聞也. (《呂氏春秋》〈察今〉)

  이렇게 듣기를 구하는 것은 듣지 않는 것만 못하다.
- 臧洪, 何相負**若此**! 今日服未? (《三國志》〈魏書 臧洪傳〉)

  장홍, [너는] 어찌하여 **이처럼** 나를 배반하는가! 오늘은 항복하지 않겠는가?
- 艾持節守邊, 所統萬數, 而不難僕虜之勞, 士民之役, 非執節忠勤, 孰能**若此**? (《三國志》〈魏書 鄧艾傳〉)

  등애는 지절이 되어 변방을 수비하고 수만 명을 통솔했는데, 노복을 수고롭게 하거나 관리와 백성의 노역을 가중시키지 않았으니, 절개와 충성과 근면을 다하지 않는 사람이 누가 **이와 같을** 수 있겠습니까?
- 自古及今, 未有**若此**不夷滅也. (《三國志》〈魏書 臧洪傳〉)

  예로부터 지금까지 **이런** 사람이 멸망하지 않은 적이 없었다.

若何(약하)

부사 의문 혹은 반문을 나타내며, '어떠한' '어떠한가' '어떻게' 등으로 해석한다. 목적어를 중간에 넣어 '若(약)~何(하)'의 형태로도 쓰는데, 이때는 '~을(에게) 어떻게 하겠는가'라고 해석한다. '奈(내)~何(하)' '如(여)~何(하)'와 같다.

- 公曰: "**若**楚惠**何**?" (《左傳》僖公二十八年)

  공이 말했다. "초나라의 은혜를 **어떻게 하겠는가**?"
- 其**若**王命**何**? (《左傳》成公二年)

  그렇다면 왕명을 **어떻게 하겠는가**?
- **若何**從之? (《左傳》襄公二十六年)

  어떻게 그를 따르겠습니까?

- 君懼曰: "**若何**而可?" (《國語》〈晉語一〉)
  임금이 두려워하며 말했다. "**어떻게** 하면 좋겠는가?"
- 賢君之治國**若何**? (《晏子春秋》〈內篇問上〉)
  어진 임금이 나라를 다스리는 것은 **어떠한가**?
- 子路入, 子曰: "由, 知者**若何**? 仁者**若何**?" (《荀子》〈子道〉)
  자로가 들어오자 공자가 말했다. "유야! 지혜로운 자는 **어떻게 하겠느냐**? 어진 자는 **어떻게 하겠느냐**?"
- 今欲相委以重事, **若何**? (《後漢書》〈第五鍾離宋塞列傳〉)
  지금 중대한 일을 당신에게 위탁하려고 하는데 **어떻겠습니까**?
- 公將自東征備, 諸將皆曰: "與公爭天下者, 袁紹也. 今紹方來而棄之東, 紹乘人後, **若何**?" (《三國志》〈魏書 武帝紀〉)
  조조가 친히 동쪽으로 가서 유비를 정벌하려고 하자, 부장들은 모두 [이 일을 막으며] 말했다. "공과 천하를 다투는 자는 원소입니다. 지금 원소가 막 쳐들어오려고 하는데, 공께서는 이를 내버려두고 동쪽으로 가려 하시니, 만일 원소가 뒤에서 우리의 퇴로를 차단한다면 **어떻게 하시겠습니까**?"

若或(약혹)

접속사 가설을 나타내며, '만일'이라고 해석한다. 뒤 문장에 '則(즉)'이 오기도 한다.

- **若或**逃之, 亦殺. (《墨子》〈號令〉)
  만일 그를 달아나게 한다면 또 살해될 것이다.
- 見賊可擊之形, 便出奇兵擊之, **若或**未可, 則當舒六軍以游獵. (《三國志》〈魏書 文帝紀注引魏略文帝詔〉)

적을 보아 공격할 수 있는 형상이면 곧 기병을 내보내서 그를 공격하고, **만일** 공격할 수 없으면 군대를 해산시켜 사냥을 하게 해야 한다.

- **若或**成變, 爲難不測. (《三國志》〈魏書 趙儼傳〉)

  만일 변이 일어나면 그 재난은 예측할 수 없을 것이다.

- **若或**汚漫, 則泉止焉. (《搜神記》〈澧泉〉)

  만일 더럽힌다면 샘물은 마를 것이다.

於(어)

❶ **전치사** 동작 혹은 행위의 장소·기점·종점·범위·시간을 이끌어내며, '~까지' '~로부터' '~에' '~에서' 등으로 해석한다. 그러나 '於(어)'가 이끄는 구가 '在(재)' '至(지)' 등의 보어로 쓰이면 해석하지 않는다. '於(어)'는 생략되기도 한다.

- 賜我先君履 東至**於**海, 西至**於**河, 南至**於**穆陵, 北至**於**無棣. (《左傳》僖公四年)

  우리 선조에게 정벌할 수 있는 범위를 정해주셨는데, 동쪽으로는 바다**에** 이르고 서쪽으로는 황하**에** 이르며 남쪽으로는 목릉**에** 이르고 북쪽으로는 무체**에** 이릅니다.

- 晉軍(**於**)函陵, 秦軍(**於**)氾南. (《左傳》僖公三十年)

  진(晉)나라는 함릉**에** 병사를 주둔시키고, 진(秦)나라는 범남**에** 병사를 주둔시켰다.

- 宋人有遊**於**道得人遺契者, 歸之. (《列子》〈說符〉)

  송나라 사람이 길**에서** 노닐다가 다른 사람이 떨어뜨린 계(契)를 주워 집으로 갖고 와 숨겨두었다.

- 子**於**是日哭, 則不歌. (《論語》〈述而〉)

  공자께서는 이날**에** 곡을 하시면 노래를 부르지 않으셨다.

- 子路宿**於**石門. (《論語》〈憲問〉)

  자로가 석문(노나라 성의 외문外門)**에서** 묵었다.

- 虎兕出**於**柙, 龜玉毁**於**櫝中, 是誰之過與? (《論語》〈季氏〉)

  호랑이나 코뿔소(들소라고도 함)가 우리**에서** 뛰쳐나오고, 점치는 거북과 귀한 옥이 궤 안**에서** 깨졌다면, 이는 누구의 잘못이겠느냐?

- 橘生(**於**)淮南則爲橘, 生**於**淮北則爲枳. (《晏子春秋》〈內篇雜下〉)

  귤이 회수 남쪽**에서** 자라면 귤이 되고, 회수 북쪽**에서** 자라면 탱자가 된다.

- 河內凶, 則移其民**於**河東, 移其粟**於**河內. (《孟子》〈梁惠王上〉)

  [만약에] 황하 이북에 흉년이 들면 [나는] 그곳의 백성을 황하 동쪽**으로** 옮기고, 그곳의 양식을 황하 북쪽**으로** 옮긴다.

- 每至**於**族, 吾見其難爲, 怵然爲戒. (《莊子》〈養生主〉)

  [뼈와 살이] 엉긴 곳**에** 이를 때마다 나는 그 일(칼을 넣기)의 어려움을 알고 두려워 경계합니다.

- 不似豪末之在**於**馬體乎? (《莊子》〈秋水〉)

  가는 터럭 끝이 말의 몸**에** 있는 것과 같지 않은가?

- 上古競**於**道德, 中古逐**於**智謀, 當今爭**於**氣力. (《韓非子》〈五蠹〉)

  상고시대에는 도덕**으로** 겨루었고, 중고시대에는 계책**으로** 각축을 벌였으며, 지금은 힘**으로** 다툰다.

- 宰相必起**於**主簿, 猛將必發**於**卒伍. (《韓非子》〈顯學〉)

  재상은 반드시 주부**로부터** 기용되고, 맹장은 반드시 병졸의 대오 가운데**에서** 선발된다.

- 吾聞秦軍圍趙王(**於**)鉅鹿◆. (《史記》〈項羽本紀〉)

  나는 진나라 군사가 거록**에서** 조나라 왕을 포위했다고 들었다.

◆鉅鹿(거록): 전국시대 조나라의 도읍으로 진(秦)나라 말 항우가 진나라 군대를 크게 무찌른 곳이다.

- 燕**於**姬姓◆獨後亡. (《史記》〈燕世家〉)

  연나라는 희씨 중**에** 홀로 최후에 멸망했다.

  ◆姬姓(희성): 희씨. 주(周) 왕실과 동성(同姓)인 제후국.

- 欲民務農在**於**貴粟. (鼂錯, 〈論貴粟疏〉)

  백성이 농업에 힘쓰게 하는 관건은 곡식을 귀하게 여기는 **데** 있다.

- 矯曰: "王薨**於**外, 天下惶懼." (《三國志》〈魏書 陳矯傳〉)

  진교가 말했다. "왕이 밖**에서** 죽어 천하가 두려워하고 있습니다."

- 吾東方之文, 始**於**三國, 盛**於**高麗, 極**於**盛朝. (徐居正, 《東文選》)

  우리 동방의 글은 삼국**에서** 시작하여 고려**에서** 흥성했으며, 조선**에서** 극에 이르렀다.

- 興亡可鑑**於**既往, 美德當示**於**將來. (徐居正, 《東國通鑑》)

  흥하고 망함은 이미 지나간 일**에** 비추어볼 수 있고, 아름다운 덕은 장래**에** 보여주어야 한다.

- 處容之稱, 出**於**新羅憲康王時東海龍子之名. (洪錫謨, 《東國歲時記》)

  처용이라는 명칭은 신라 헌강왕 때 동해 용왕의 아들 이름**에서** 나왔다.

- 强人, 敗**於**自聖; 弱人, 淪**於**自棄. (李德懋, 《士小節》)

  강한 사람은 스스로 성스러운 체하는 데**에서** 패하고, 약한 사람은 스스로 포기하는 데**에서** 망한다.

- 昔明之季世, 日人求假道**於**韓而犯明. (金九, 《屠倭實記》)

  옛날 명나라 말년에 일본이 한국**에서** 길을 빌려 명나라를 치겠다고 했다.

❷ **전치사** 상황이 존재하는 범위를 이끌어내며, '~면에서는' '~에는'이라고 해석한다.

- 敏**於**事而愼**於**言. (《論語》〈學而〉)

일을 처리함**에는** 신속하고, 말하는 **데는** 신중하다.

- 荊◆國有餘**於**地, 而不足**於**民. (《墨子》〈公輸〉)

  초나라는 토지 **면에서는** 남으나 인구 **면에서는** 부족하다.

  ◆荊(형): 지금의 호남·호북·광서 및 귀주의 땅이므로 초나라의 땅을 가리킨다.

- 夫子固拙**於**用大矣! (《莊子》〈逍遙遊〉)

  당신은 큰 것을 사용하는 **면에서는** 정말로 졸렬하구나!

- 繁啓蕃長**於**春夏, 畜積收藏**於**秋冬. (《荀子》〈天論〉)

  봄과 여름**에는** 무성하게 피어나고 울창하게 자라며, 가을과 겨울**에는** 수확하여 [창고에] 저장한다.

- 汝何不致力**於**工夫, 思所以立身揚名, 日與浮浪子弟遊, 出入娼家, 放蕩無賴. (《婦人言行錄》)

  너는 어찌 공부**에** 힘을 기울여서 몸을 세우고 이름을 떨치려는 생각은 하지 않고, 날로 부랑자들과 놀며 기생집에 출입하여 방탕하고 건잡음이 없는가.

- 尙不及玆兒石之年, 其**於**開闢之說, 疎之遠矣. (一然, 《三國遺事》)

  오히려 이 어린아이의 나이에도 못 미치니, 개벽의 설**에 있어서는** 소원하다.

- 詩者, 小技, 然或有關**於**世敎, 君子宜有取之. (徐居正, 《東人詩話》)

  시는 작은 솜씨지만, 간혹 세상의 교화**에** 관련이 있어 군자가 마땅히 취할 것이 있다.

❸ **전치사** 동작 혹은 행위와 관계있는 대상을 나타내며, '~에게' '~에 대하여' '~와 같이' '~을/를' '~을 위하여' 등으로 해석한다.

- 亟請**於**武公, 公弗許. (《左傳》隱公元年)

  [강씨(姜氏)는] 자주 무공**에게** 부탁했으나 공은 허락하지 않았다.

- 使狐偃將上軍, 讓**於**狐毛而佐之. (《左傳》僖公二十七年)

호언에게 상군을 통솔하게 했는데, 호모**에게** 양보하고 [자신은] 그(호모)를 도왔다.

- 始吾**於**人也, 聽其言而信其行, 今吾**於**人也, 聽其言而觀其行. (《論語》〈公冶長〉)

  처음에 나는 사람**을** 대할 때 그의 말을 듣고 그의 행동을 믿게 되었는데, 지금 나는 사람**을** 대할 때 그의 말을 듣고도 그의 행동을 살피게 되었다.

- 當仁, 不讓**於**師. (《論語》〈衛靈公〉)

  인(仁)을 행하는 데서는 스승**에게도** 양보하지 않는다.

- 故明**於**天人之分, 則可謂至人矣. (《荀子》〈天論〉)

  따라서 하늘과 사람의 분수**를** 밝히면 가장 현명한 사람이라고 말할 수 있다.

- 趙氏求救**於**齊. (《戰國策》〈趙策四〉)

  조씨(조나라)는 제나라**에** 구원을 요청했다.

- **於**下屬掾吏◆, 務掩過揚善. (《漢書》〈丙吉列傳〉)

  하급 관리**에게는** 과실을 가리고 잘한 점을 드러내기에 힘써라.

  ◆掾吏(연리): 하급 관리.

  掾: 아전 연

- 今李生學**於**詩有年矣. (柳宗元, 〈送李判官往桂州序〉)

  지금 이군(李君)은 시가**를** 배운 지 한 해가 지났다.

- 和尚若學道**於**六觀大師, 則必有神通之術. (金春澤, 《漢譯九雲夢》)

  스님이 만일 육관대사**에게** 도를 배웠다면, 반드시 신통한 재주가 있을 것이다.

❹ **전치사** 입장이나 견해를 표현하는 구를 이끌며, 문맥에 따라 적절히 해석한다.

- 不義而富且貴, **於**我如浮雲. (《論語》〈述而〉)

  의롭지 못하면서 잘살고 귀하게 되는 것은 나**에게는** 뜬구름 같은 것이다.

- "今吳楚反, **於**公何如?" 對曰: "不足憂也." (《史記》〈吳王濞列傳〉)

  "지금 오·초 두 나라가 모반했는데, 그대**는** 어떻게 보시오?" [그가] 대답했다. "걱정할 것이 못 됩니다."

- 於是始皇問李信, "吾欲攻取荊, **於**將軍度用幾何人而足?" (《史記》〈白起王翦列傳〉)

  진시황이 이신에게 물었다. "나는 초나라를 공격하여 빼앗으려 하는데, 장군의 생각**으로는** 병사를 몇 명 정도 쓰면 되겠소?"

❺ **전치사** 비교하거나 구분하는 대상을 나타내며, '~보다' '~에 비해' '~에 있어서' '~와'라고 해석한다.

- 天下莫柔弱**於**水. (《老子》七十八章)

  천하에 물**보다** 부드럽고 약한 것은 없다.

- 王若知此, 則無望民之多**於**隣國也. (《孟子》〈梁惠王上〉)

  왕이 만약에 이러한 이치를 알았다면, 백성이 이웃 나라**보다** 많기를 바라지 마십시오.

- 是何異**於**刺人而殺之, 曰: "非我也, 兵也." (《孟子》〈梁惠王上〉)

  이는 사람을 찔러 죽이고서 "내가 죽인 것이 아니라 병기가 죽인 것이다."라고 말하는 것**과** 무엇이 다르겠는가.

- 豈惟民哉! 麒麟之**於**走獸, 鳳凰之**於**飛鳥, 太山之**於**丘垤, 河海之**於**行潦, 類也, 聖人之**於**民, 亦類也. (《孟子》〈公孫丑上〉)

  어찌 오직 백성뿐이겠는가! 기린이 달리는 짐승**에 있어서**, 봉황이 나는 새**에 있어서**, 태산이 언덕**에 있어서**, 하해가 흐르는 물**에 있어서와** 같은 종류이며, 성인이 사람**에 있어서** 또한 같은 부류이다.

- 故聖人之所以同**於**衆, 其不異**於**衆者, 性也. (《荀子》〈性惡〉)

그러므로 성인은 일반인**과** 같으니, 일반인**과** 다르지 않은 것은 본성이다.

• 今世之主法先王之法也, 有似**於**此. (《呂氏春秋》〈察今〉)

지금 세상의 군주들이 선왕의 법도를 본받는 것이 **이와** 유사한 점이 있다.

• 苛政猛**於**虎也. (《禮記》〈檀弓下〉)

가혹한 조세는 호랑이**보다** 사납다.

• 人固有一死, 或重**於**泰山, 或輕**於**鴻毛. (司馬遷, 〈報任安書〉)

사람은 물론 한 번 죽지만, 어떤 죽음은 태산**보다** 무겁고, 어떤 죽음은 기러기 털**보다** 가볍다.

• 曹操比**於**袁紹, 則名微而衆寡. (《三國志》〈蜀書 諸葛亮傳〉)

조조는 원소**에 비하면** 명성이 미약하고 인마(人馬)도 적다.

• 是故弟子不必不如師, 師不必賢**於**弟子. (韓愈, 〈師說〉)

이 때문에 제자가 반드시 스승만 못한 것은 아니며, 스승이 반드시 제자**보다** 현명한 것은 아니다.

• 今之所謂國是, 則異**於**此. (李珥, 〈洗滌東西疏〉)

오늘날 이른바 국시라고 하는 것은 **이와** 다르다.

• 言勿異**於**行, 行物異**於**言. (李睟光, 《芝峯集》)

말은 행동**과** 다르게 하지 말며, 행동은 말**과** 다르게 하지 마라.

• 余謂弇州此言, 亦自有所見, 但**於**周子之意, 未之深究耳. (李睟光, 《芝峯類說》)

나는 엄주의 이 말 또한 나름대로 견해가 있지만, 다만 주돈이(周敦頤)의 뜻**에 대해서** 깊이 연구하지 않았다고 생각한다.

❻ **전치사** 동작 혹은 행위의 주체를 이끌어내며, '~에게' '~에 의하여'라고 해석한다.

• 天下之惡一也. 惡**於**宋而保**於**我, 保之何補? (《左傳》莊公十二年)

천하 사람들이 미워하는 감정은 한가지입니다. 송나라**에게** 미움을 받고 우리**에게** 보호를 받는다면, 그를 보호하여 무슨 보탬이 되겠습니까?

- 郤克傷**於**矢, 流血及屨. (《左傳》 成公二年)

  극극이 화살**에** 상처를 입어 피가 가죽신까지 흘렀다.

  屨: 가죽신 구

- 及寡人之身, 東敗**於**齊, 長子死焉; 西喪地**於**秦七百里; 南辱**於**楚. (《孟子》〈梁惠王上〉)

  과인의 때에 이르러, 동쪽으로는 제나라**에게** 패했고 큰아들은 그 전쟁에서 죽었으며, 서쪽으로는 진나라**에게** 7백 리의 땅을 잃었고, 남쪽으로는 또한 초나라**에게** 모욕을 당했다.

- 勞心者治人, 勞力者治**於**人. (《孟子》〈滕文公上〉)

  마음을 수고롭게 하는 사람은 남을 다스리고, 몸을 수고롭게 하는 사람은 남**에게** 다스림을 받는다.

- 物物而不物**於**物, 則胡可得而累邪? (《莊子》〈山木〉◆)

  사물을 지배하되 사물**에** 구애받지 않는다면, 어찌 더럽힐 수 있겠는가?

  ◆〈山木(산목)〉: 자기 몸을 온전하게 하여 환난으로부터 벗어나기 위해서는 자신을 공허하게 하여 천지자연과 시세에 순응해야 함을 역설했다.

- 通者常制人, 窮者常制**於**人. (《荀子》〈榮辱〉)

  통달한 자는 항상 다른 사람을 지배하지만, 곤궁한 자는 항상 다른 사람**에게** 지배받는다.

- 受屈**於**季氏, 見辱**於**陽虎. (《列子》〈楊朱〉)

  [공자는] 계씨**에게** 굴욕을 당했고, 양호**에게** 모욕을 당했다.

- 彼燕國大亂, 君臣過計, 上下迷惑, 栗腹以百萬之衆, 五折**於**外, 萬乘之國, 被圍**於**趙, 壤削主困, 爲天下戮. 公聞之乎? (《戰國策》〈齊策六〉)

  저 연나라가 크게 혼란하여 임금과 신하가 계책을 잘못 세워 상하가 미혹되었으므로, 속복(栗腹)이 백만의 군대를 가지고서도 바깥**에** 나가 다섯 번이나 꺾였고, 만 대의 수레를 지닌 나라이건만 조나라**에** 포위되었으며, 땅을 빼기고 왕은 곤궁에 처하여 천하의 웃음거리가 되었다. 공은 이것을 들었는가?

- 夫趙强而燕弱, 而君幸**於**趙王, 故燕王欲結**於**君. (《史記》〈廉頗藺相如列傳〉)

조나라는 강대하고 연나라는 약소한데, 당신은 조나라 왕**에게** 총애를 입고 있으므로 연나라 왕이 당신**에게** 결연하려 한 것이다.

- 然而兵破**於**陳涉, 地奪**於**劉氏. (《漢書》〈賈山列傳〉)

그러나 군대는 진섭**에게** 패했고, 토지는 유씨(유방劉邦)**에게** 빼앗겼다.

- 故有備則制人, 無備則制**於**人. (《鹽鐵論》〈險固〉)

따라서 준비하면 사람을 통제할 수 있고, 준비하지 않으면 다른 사람**에게** 통제받는다.

- 仲尼聖德, 而不容**於**世. (《後漢書》〈陳元列傳〉)

공자는 성인의 덕을 갖추고도 세상**에** 용납되지 못했다.

- 嵩性狼抗, 亦不容**於**世. (《世說新語》〈識鑑〉)

주숭은 성격이 거칠고 반항적이어서 역시 세상**에** 용납되지 못했다.

- 然君文未重**於**世, 宜以經高名之士. (《世說新語》〈文學〉)

그러나 그대의 문장은 아직 세상**에서** 중시되지 못하니, 마땅히 고명한 선비를 거쳐야 할 것이다.

- 賈充妻李氏作女訓, 行**於**世. (《世說新語》〈賢媛〉)

가충의 처 이씨가 여훈을 지었는데 세상**에** 유통되었다.

❼ **전치사** 동작 혹은 행위의 도구나 근거, 대상을 나타내며, '~에 근거하여' '~에 따라' '~에 의거하여' '~으로' '~을' 등으로 해석하거나 해석하지 않는다. '以(이)'와 비슷하다.

- 慈, **於**戰則勝, 以守則固. (《韓非子》〈解老〉)

자애로움**에 의거하여** 싸우면 이기고, [그것]으로써 지키면 견고하다.

• 聖人見是非, 若白黑之**於**目辨, 淸濁之**於**耳聽. (《淮南子》〈修務〉)

성인이 옳고 그름을 관찰하는 것은 마치 눈**으로** 희고 검은 것을 분별하고, 귀**로** 맑은 소리와 탁한 소리를 구별하는 것과 같다.

• **於**諸侯之約, 大王當王關中. (《史記》〈淮陰侯列傳〉)

제후의 맹약**에 따라** 대왕은 마땅히 관중에서 왕 노릇 해야 한다.

• 居則習民**於**射法, 出則敎民**於**應敵. (《漢書》〈鼂錯列傳〉)

평상시에는 백성에게 활쏘는 법**을** 가르치고, 출정할 때는 적에 대응하는 법**을** 가르친다.

• 文帝在東宮, 賜繇五熟釜◆, 爲之銘曰: "**於**赫有魏, 作漢藩輔. 厥相惟鍾, 實幹心膂◆." (《三國志》〈魏書 鍾繇傳〉)

문제가 동궁(태자의 궁전)에 있을 때, 종요에게 오숙부를 주었는데, 거기에 이런 명문을 새겼다. "혁혁한 위나라**를** 한의 울타리로 만들었으니, 저 상국 종요는 실로 국가의 중추를 담당하고 있다."

◆五熟釜(오숙부): 한 개의 솥을 몇 부분으로 구분하여 한꺼번에 여러 가지 곡물을 삶아서, 맛이 다섯 가지로 나게 하는 솥.

◆心膂(심려): 심장과 등골이라는 뜻으로, 국가의 중요한 신하를 가리킴.

【참고】

한자가 간화(簡化)하기 이전에 '於(어)'와 '于(우)'는 한 글자가 아니었으며 음도 같지 않았다. '于(우)'는 장소를 이끌어내는 데 많이 쓰였지만 용례는 비교적 드물었으며, '於(어)'가 널리 통용되었다. 《시경》《상서》《주역》에는 '于(우)'가 많이 쓰였고, 《좌전》에는 '於(어)' '于(우)'를 함께 썼으며, 《논어》《맹자》 이후로는 '於(어)'를 많이 썼다.

今(금)/有(유)~於此(어차)/於斯(어사)

부사 일의 원리를 추구하는 데 사용하는 가설적 표현으로, '만일'이라고 해석한다.

- **有**美玉**於斯**, 韞匵而藏諸? 求善賈而沽諸? (《論語》〈子罕〉)

  만일 여기에 아름다운 옥이 있다면 궤에 넣어 보관하시겠습니까? 좋은 상인을 구하여 파시겠습니까?

- **今**王田獵**於此**, 百姓聞王車馬之音, 見羽旄之美, 擧疾首蹙頞而相告曰: "吾王之好田獵, 夫何使我至於此極也, 父子不相見, 兄弟妻子離散?" 此無他, 不與民同樂也. (《孟子》〈梁惠王下〉)

  만일 왕이 사냥하러 나가는데, 백성이 왕의 수레 소리를 듣고 깃발의 화려함을 보고는 모두 아픈 머리와 찡그린 이마를 들고서 "우리 임금은 사냥을 [너무] 좋아하는구나. 어째서 우리를 이토록 곤궁하게 하여 아버지와 아들이 서로 볼 수 없고, 형제와 처자식이 흩어지게 하는가?"라고 서로 말한다면, 이는 다른 이유가 아니라 백성과 더불어 함께 즐기지 않기 때문입니다.

- **有**楚大夫**於此**, 欲其子之齊語也, 則使齊人傅諸? 使楚人傅諸? (《孟子》〈滕文公下〉)

  만일 초나라 관원이 그의 아들이 제나라 말을 하기를 원한다면, 제나라 사람에게 그를 가르치라고 하겠습니까? 아니면 초나라 사람에게 가르치라고 하겠습니까?

於是(어시)

❶ **부사** 전치사와 대사가 결합된 구문으로서 '여기에' '이때' '이렇게' '이

로부터' 등 다양한 의미가 있으며, 문맥에 맞추어 적절히 해석한다. '于是(우시)'와 혼용하기도 한다.

- 遂墨以葬文公. 晉**於是**始墨. (《左傳》僖公三十三年)
  드디어 검은 상복을 입고 문공을 장사 지냈다. 진(晉)나라는 **이때부터** 검은 상복을 입기 시작했다.
- 君子無終食之間違仁, 造次必**於是**, 顚沛必**於是**. (《論語》〈里仁〉)
  군자는 한 끼의 밥을 먹는 시간조차 인(仁)을 어기지 않고, 황망하고 다급할 때도 반드시 **여기**(인仁)**에** 근거하며, 넘어질 때(곤궁과 좌절에 빠져 있을 때)도 반드시 **여기에** 근거한다.
- **於是**鴟得腐鼠, 鵷鶵過之, 仰而視之曰: "嚇!" (《莊子》〈秋水〉)
  이때 올빼미가 썩은 쥐를 얻었는데, [마침] 원추새가 그곳을 날아가니 [올빼미가 원추새를] 쳐다보고 말했다. "악!"

❷ **접속사** 뒷일이 앞일과 밀접히 관련됨을 나타낸다. '그래서' '이에' '이때에' 등으로 해석하거나 문맥에 따라 적절하게 해석한다.

- 祁奚◆請老◆. 晉侯問嗣焉, 稱解狐, 其讐也. 將立之而卒. 又問焉, 對曰: "午也可." **於是**羊舌職死矣. 晉侯曰: "孰可以代之?" 對曰: "赤也可." **於是**使祁午爲中軍尉, 羊舌赤佐之. (《左傳》襄公三年)
  기해가 물러나기를 청했다. 진후가 [그에게 그를] 대신할 사람을 추천해 달라고 하니 해호를 추천했는데, [해호는] 그의 원수였다. [진후는] 해호를 임명하려 했으나 죽었다. [진후가] 또 [그에게] 물으니 대답했다. "기오가 좋겠습니다." **이때에** 양설직이 죽었다. 진후가 말했다. "누가 그를 대신할 수 있는가?" [기해가] 대답했다. "양설적이 할 수 있습니다." **그래서** [진후는] 기오를 중군위로 삼고 양설적이 그를 보좌하도록 했다.

  ◆祁奚(기해): 춘추시대 진(晉)나라 도공(悼公)의 신하인데, 재상을 추천하라는 왕의 요청을 받고 자신의 원수를 추천했다. 이를 '기해천수(祁奚薦讐)'라 하며 공평무사한 마

음씨의 소유자로 유명하다.

◆請老(청로): 늙어서 벼슬을 감당할 수 없어 물러나기를 청한다는 뜻인데, 벼슬에서 물러나기를 청한다는 말로 쓰인다.

• 景公悅, 大戒於國, 出舍於郊. **於是**始興發, 補不足. (《孟子》〈梁惠王下〉)

경공이 기뻐하여 널리 나라에 명령을 내리고 교외에 나가 머물며 **이에** 창고를 열어 모자라는 사람을 도와주었다.

• 或謂惠子曰: "莊子來, 欲代子相." **於是**惠子恐, 搜於國中, 三日三夜. (《莊子》〈秋水〉)

어떤 사람이 혜자에게 말했다. "장자가 와서 당신의 재상 자리를 대신하려고 합니다." **그래서** 혜자는 두려워 온 나라를 사흘 동안 찾아다녔다.

• **於是**爲長安君約車百乘, 質於齊. (《戰國策》〈趙策四〉)

이리하여 장안군을 위해 수레 백 대를 갖추고, 제나라에 인질로 보냈다.

• 讓王聞之, 顔色變作, 身體戰栗◆. **於是**乃以執珪◆而授之, 爲陽陵君, 與◆淮北之地也. (《戰國策》〈楚策四〉)

양왕은 이 말을 듣고 얼굴색이 변하면서 몸을 부들부들 떨었다. **그래서** 집규의 작위를 주고 [장신을] 양릉군으로 봉했으며, [장신의 계책을 받아들여] 회북의 토지를 회복시켜주었다.

◆栗(률): '慄(떨 률)'과 같다.

◆執珪(집규): 초나라의 작위. 부용(附庸, 제후의 속국)의 임금과 비슷한 지위.

◆與(여): 회복한다는 뜻.

• 相如曰: "王必無人, 臣願奉璧◆往. 使城入趙而璧留秦, 城不入, 臣請完璧歸趙." 趙王**於是**遂遣相如奉璧西入秦. (《史記》〈廉頗藺相如列傳〉)

인상여(藺相如)가 말했다. "왕께서 [만일] 사람이 없다면 제가 화씨벽(和氏璧)을 받들고 가기를 원합니다. 만약에 성읍 열다섯 개가 조나라로 들어온다면 화씨벽을 진나라에 두고 올 것이고, 만일 성읍이 [조나라로] 들어오지 않으면 저는 화씨벽을 온전하게 가지고 조나라로 돌아오겠습니다." **그래서** 조나라 왕은 인상여를 보내어 화씨벽을 받들고 서쪽으로 향하여 진나라로 들어가게 했다.

◆璧(벽): 화씨벽(和氏璧)을 가리킨다.

璧: 구슬 벽

- 國有十餘縣, 長吏多阿附貴戚, 贓汚狼藉, **於是**奏免其八. (《三國志》〈魏書 武帝紀〉)

  [제남]국에는 10여 개의 현이 있었는데, 장리들은 대부분 높은 친척에게 영합하여 뇌물을 받고 직책을 파는 일이 허다했**으므로**, 여덟 명을 파직하도록 상서를 올렸다.

- 太祖征壺關, 問長吏德政最者, 竝州刺史張陟以林對. **於是**擢爲冀州主簿, 從署別駕·丞相掾屬. (《三國志》〈魏書 崔林傳〉)

  태조(조조)는 호관을 정벌할 때 [현의] 장리들 중에서 덕정이 가장 뛰어난 자가 누구냐고 물었는데, 병주자사 장척은 최림이라고 대답했다. **그래서** [조조는] 그를 발탁하여 기주주부로 임명했고, 별가·승상연속에 소속시켰다.

- 又嘗夢見后, **於是**差次舅氏親疏高下, 敍用各有差, 賞賜累鉅萬, 以像爲虎賁中郎將. (《三國志》〈魏書 后妃傳〉)

  또 [명제는] 일찍이 꿈속에서 견후(甄后)를 본 뒤**에** 외척들의 친하고 소원하고 높고 낮음의 순서를 매겨, 임용할 때 각기 차별을 두고 막대한 하사품을 주었으며, 견상을 호분중랑장에 임명했다.

- **於是**與七廟議竝勒金策, 藏之金匱. (《三國志》〈魏書 后妃傳〉)

  그래서 [명제는] 칠묘 건립에 관한 상주문을 모두 금책에 새겨 금궤에 보관했다.

- 漢武帝聞其述史記, 取孝景及己本紀覽之, **於是**大怒, 削而投之. 於今此兩紀有錄無書. (《三國志》〈魏書 王肅傳〉)

  한무제는 그가 《사기》를 저술했다는 것을 듣고 효경제와 자신의 본기를 언어 열람했는데, **이에** 매우 노하여 [이 두 편을] 삭제해버렸다. 지금 이 두 편의 본기는 목록만 있을 뿐 내용은 없다.

於是焉(어시언)

접속사 뒷일이 앞일과 긴밀하게 이어짐을 나타내며, 해석할 필요는 없으나 '그리하여'라고 해석해도 무방하다.

- 順流而東行, 至於北海. 東面而視, 不見水端, **於是焉**河伯始旋其面目, 望洋向若而嘆. (《莊子》〈秋水〉)

  흐르는 물을 따라 동쪽으로 가서 북해에 이르렀다. 동쪽을 보니 물의 끝이 보이지 않아 하백은 얼굴을 돌려 [북해의 신인] 약(若)을 바라보며 탄식했다.

- 庶人則凍餒羸瘠於下, **於是焉**桀紂羣居而盜賊擊奪以危上矣. (《荀子》〈正論〉)

  서민들은 아래에서 얼고 굶주려 지쳐 야위어가니, **그리하여** 걸·주 같은 자들이 무리를 만들어 도적질하고 습격하고 약탈하여 군주를 위태롭게 한다.

於是乎(어시호)

접속사 뒷일이 앞일과 긴밀하게 이어짐을 나타내며, '이렇게'라고 해석하거나 해석하지 않아도 된다.

- "使能, 國之利也." 是以上之. 宣子**於是乎**始爲國政. (《左傳》 文公六年)

  "능력 있는 자를 부리면 국가를 이롭게 합니다."라고 하여 이 때문에 그를 윗자리에 두었다. 선자는 **이렇게** 처음으로 국정을 맡았다.

- 申人·鄫◆人召西戎以伐周. 周**於是乎**亡. (《國語》〈晉語一〉)

  신나라 사람과 증나라 사람이 서융을 불러 서주를 공격했다. 서주는 **이렇게** 망했다.

  ◆鄫(증): 춘추시대에 지금의 산동성 조장(棗莊) 역성구(嶧城區)에 있던 작은 나라.

  鄫: 나라 이름 증

- **於是乎**, 釿鋸制焉, 繩墨殺焉. (《莊子》〈在宥〉)

  이렇게 자귀나 톱으로 [사람을] 억누르고, 오랏줄이나 묵형(墨刑)으로 사람을 죽였다.

於時(어시)/于時(우시)

❶ **접속사** 전치사와 목적어가 결합된 구문으로서 '당시에' '이곳에서' '이때' '이에' 등으로 해석한다.

- 京師◆之野, **于時**處處, **于時**廬旅, **于時**言言, **于時**語語. (《詩經》〈大雅 公劉〉)

  높다란 언덕의 살 만한 곳 [우리 선조께서는] **이곳에서** 안거하셨고, **이곳에서** 나그네들을 살게 했으며, **이곳에서** 말을 했고, **이곳에서** 이야기하셨다.

  ◆京師(경사): '京(경)'은 '높은 언덕'이라는 뜻이고, '師(사)'는 '많다'는 뜻으로 대중이 사는 곳을 가리킨다.

- 畏天者, 保其國, 詩云, '畏天之威, **于時**保之.' (《孟子》〈梁惠王下〉)

  하늘을 두려워하는 자는 그 나라를 보전할 수 있으니, 《시경》에 '하늘의 위엄을 두려워하여 **이에** 나라를 보전한다.'라고 했습니다.

- **于時**王公終莫能用之. 乃退考五代之禮, 修素王之事. 因魯史而制春秋, 就太師而正雅頌, 俾千載之後, 莫不宗其文以述作, 仰其聖以成謀. (《三國志》

〈魏書 文帝紀〉)

이에 왕공들은 결국 그를 등용하지 못했다. 따라서 [그는] 물러나 오대(당·우·하·은·주)의 예법을 고찰하고 제위에 있지 않았던 왕들의 일을 수찬하고자 했다. 노나라의 역사 기록에 기초하여《춘추》를 만들고, 태사(악관의 우두머리)에 나아가 〈아송(雅頌)〉(《시경》)을 바로잡아, 천 년이 지난 뒤에도 모두 그의 문장에 의거하여 창작하고, 그의 성스러운 도리를 우러러보고 계략을 만들게 했다.

- 諸葛瑾弟亮及從弟誕并有盛名, 各在一國. **於時**以爲蜀得其龍, 吳得其虎, 魏得其狗. (《世說新語》〈品藻〉)

  제갈근의 아우 제갈량과 사촌 아우 제갈탄은 모두 명성이 높았고 각자 각 나라에 있었다. **당시에** 촉나라는 그중 용을 얻었고, 오나라는 그중 범을 얻었으며, 위나라는 그중 개를 얻었다고 생각했다.

- **於時**朝野歡娛, 池臺鍾鼓. (庾信◆, 〈哀江南賦〉)

  이때에 조정과 민간이 기뻐하고 즐거워하며 연못을 파고 누대를 세우고 종과 북을 쳤다.

  ◆庾信(유신): 북주(北周)의 문학자로 매우 박학했고, 문장이 아름다워 서릉(徐陵)과 함께 이름을 날려 서유체(徐庾體)라고 일컬어졌다. 그의 변려문은 육조(六朝)의 집대성이라고도 한다.

- **於時**氷皮始解, 波色乍明. (袁宏道, 〈滿井遊記〉)

  이때 얼음 표면이 녹기 시작하여 물결의 빛깔이 막 밝아졌다.

❷ **접속사** 뒷일이 앞일과 긴밀하게 이어짐을 나타내며, '따라서'라고 해석한다.

- 我其夙夜, 畏天之威, **于時**保之. (《詩經》〈周頌 我將〉)

  나는 밤낮으로 하늘의 위엄을 두려워하여, **따라서** [문왕(文王)이 이룩한] 공적을 보존한다.

於此(어차)

접속사 뒷일이 앞일과 긴밀하게 이어짐을 나타내며, '그래서' '따라서' '이(그)것을' '이곳에서'라고 해석한다. 《세설신어(世說新語)》를 비롯한 육조 문장에 많다.

- 日南瘴氣, 或恐不還, 與先人辭**於此**. (《三國志》〈魏書 公孫瓚傳〉)
  일남군에는 독기가 가득하여 돌아오지 못할 수도 있기에, **이곳에서** 선조들에게 이별의 말씀을 올립니다.
- 且臺閣臨下, 考功校否, 衆職之屬, 各有官長, 旦夕相考, 莫究**於此**. 閭閻之議, 以意裁處, 而使匠宰失位, 衆人驅駭. 欲風俗淸靜, 其可得乎? (《三國志》〈魏書 夏侯淵傳〉)
  더구나 조정이 관할하는 아래 관리의 공적과 과실을 살피는 경우, 수많은 관청마다 각기 장관이 있어 하루 종일 살펴보지만, **그것을** 상세하게 검토하지는 못합니다. 마을에 대한 평가에 있어서는 임의로 판단하여 재상직을 맡을 수 있는 사람들이 지위를 잃게 하고, 많은 사람이 놀라 달아나게 합니다. [이러한 상황에서] 풍속을 맑고 평정하게 하려고 하면 할 수 있겠습니까?
- 庾仲初作揚都賦成, 以呈庾亮. 亮以親族之懷, 大爲其名價云, 可三二京, 四三都. **於此**人人競寫, 都下紙爲之貴. (《世說新語》〈文學〉)
  유중이 처음에 《양도부》를 지어 유량에게 증정했다. 유량은 친족의 심정으로 그것의 가치를 높여 《이경부(二京賦)》《삼도부(三都賦)》와 함께 겨루어볼 수 있다고 말했다. **따라서** 사람마다 다투어 베껴 경성의 종이 값이 비싸졌다.

於乎(어호)

감탄사 단독으로 쓰여 감탄하는 마음을 나타내며, '아아'라고 해석한다.

- **於乎**! 夫齊桓公有天下之大節焉, 夫孰能亡之! (《荀子》〈仲尼篇〉)
  아아! 제환공에게는 천하의 큰 절의가 있는데, 누가 그를 망하게 할 수 있겠는가!
- 武王曰: "**於乎**! 維天陰定下民, 相和其居, 我不知其常倫所序." (《史記》〈宋微子世家〉)
  무왕이 말했다. "**아아**! 하늘은 아무도 모르게 하계(下界)의 백성을 안정시키고 그곳에 사는 사람들을 서로 화목하게 하는데, 나는 그 일상적인 윤리의 질서도 모르고 있었소."

抑(억)

❶ **부사** 부정적 느낌의 추측을 나타내며, 보통 문장 끝의 '與(여)' '哉(재)' '乎(호)' 등과 호응한다. '아니면' '아마' '혹시' 등으로 해석한다.

- 不念舊惡, 終能總御皇機, 克成洪業者, 惟其明略最優也. **抑**可謂非常之人, 超世之傑也. (《三國志》魏書 武帝紀)
  옛날의 악행을 염두에 두지 않고 마침내 국가의 큰일을 완전히 장악하고 대사업을 완성시킬 수 있었던 것은 오로지 그의 명석한 책략이 [다른 사람에 비해] 가장 우수했기 때문이다. **아마도** 그는 비범한 인물이며 시대를 초월한 영웅이라고 말할 수 있을 것이다.
- 然操遂能克紹, 以弱爲强者, 非惟天時, **抑**亦人謀也. (《三國志》〈蜀書 諸葛亮傳〉)

그러나 조조가 마침내 원소를 이겨 약세에서 강세로 전환할 수 있었던 것은 단지 천시(天時)뿐만 아니라 **아마도** 사람의 지모 때문일 것이다.

- 今而不知衣之濡也, **抑**有當我哉? (柳宗元, 〈先侍御史府君神道表〉)

  오늘 옷이 젖음을 알지 못하는 것은 **아마** 나의 마음을 맞혔기 때문이지요?

  侍: 모실 시

❷ **접속사** 선택의문문에 쓰이고 대부분 뒤 문장의 맨 앞에 놓이며, '또한' '아니면'이라고 해석한다.

- 子將大滅衛乎? **抑**納君而已乎? (《左傳》 哀公二十六年)

  당신은 위나라를 크게 멸하려 하십니까? **아니면** 임금을 들여보내려는 것입니까?

  納: 들일 납

- 子何辭苦成叔之邑? 欲信讓耶, **抑**知其不可耶? (《國語》 〈魯語上〉)

  당신은 무엇 때문에 고성숙의 봉읍을 사양했소? 진실로 [자신의] 겸양을 보이려는 것이오, **아니면** 불가능함을 아는 것이오?

- 夫子至於是邦也, 必聞其政, 求之與? **抑**與之與? (《論語》 〈學而〉)

  선생님께서 어떤 나라에 도착하면 꼭 그 나라가 정치를 어떻게 하는지 들으셨는데, 그것을 요구하신 것입니까? **아니면** [그들이] 선생님께 제공한 것입니까?

- 爲肥甘不足於口與? 輕煖不足於體與? **抑**爲采色◆不足視於目與? (《孟子》 〈梁惠王上〉)

  기름지고 맛있는 음식이 입에 부족해서입니까? 가볍고 따뜻한 의복이 몸에 부족해서입니까? **아니면** [아름답게] 채색한 무늬가 눈으로 보기에 부족하기 때문입니까?

  ◆采色(채색): '채색(彩色)'과 같다.

- 子路問强. 子曰: "南方之强與? 北方之强與? **抑**而强與?" (《禮記》〈中庸〉)

  자로가 무엇을 '强(강)'이라 하는지 물었다. 공자가 말했다. "남방에서 말하는 '强(강)'인가? 북방에서 말하는 '强(강)'인가? **아니면** 자네가 말하는 '强(강)'인가?"

- 抑不知天將和其聲, 而使鳴國家之盛邪? **抑**將窮餓其身, 思愁其心腸, 而使自鳴其不幸邪? (韓愈, 〈送孟東野序〉)

  그러나 모르겠구나, 하늘은 그들의 소리를 조화시켜 국가의 창성을 노래하게 하려는 것인가? **아니면** 그들 자신을 곤궁하고 굶주리게 하며 그들의 마음을 우수에 잠기게 하여 자신의 불행을 울게 하려는 것인가?

- 官之命, 宜以材耶? **抑**以姓乎? (柳宗元, 〈非國語〉)

  관원의 임명은 마땅히 재능에 근거해야 합니까? **아니면** 성씨(문벌)에 따라야 합니까?

- 且所謂者天事乎, **抑**人事乎? (柳宗元, 〈非國語〉)

  [그가] 말하는 것은 하늘이 만든 일인가, **아니면** 사람이 만든 일인가?

- 經略從北來, 審知故松山殉難督師洪公果死耶, **抑**未死耶? (全祖望, 〈梅花嶺記〉)

  경략사(經略使, 관직명)는 북방으로부터 왔으니, 송산에서 [나라를 위하여] 순국한 독사 홍공이 진실로 죽었는지, **아니면** 죽지 않았는지를 정확히 아느냐?

❸ **접속사** 화제를 가볍게 전환시키고, 때로는 '雖(수)' '則(즉)'과 어울려 먼저 양보 뒤에 전환되는 것을 나타낸다. '그러나' '단지' '하지만'이라고 해석한다.

- 人心之不同, 如其面焉, 吾豈敢謂子面如吾面乎? **抑**心所謂危, 亦以告也. (《左傳》襄公三十一年)

  사람의 마음이 같지 않은 것은 마치 사람의 얼굴[이 같지 않은 것]과 같으니, 내가 어떻게 당신의 얼굴이 내 얼굴과 같으라고 말할 수 있겠습니까? **다만** [나는] 마음으로 위태롭다고 느끼는 것을 또한 당신에게 말할 뿐입니다.

• 子皙信美矣. **抑**子南, 夫也. (《左傳》 昭公元年)

자석은 진실로 아름답다. **그러나** 자남은 남자구나.

• **抑**寡君實不敢知, 其誰實知之? (《左傳》 昭公十九年)

그러나 우리 임금도 감히 알려 하지 않는데, 그 누가 그것을 알겠는가?

• 若聖與仁, 則吾豈敢? **抑**爲之不厭, 誨人不倦, 則可謂云爾已矣. (《論語》〈述而〉)

성스러움과 인(仁) 같은 것을 내가 어떻게 감당할 수 있겠느냐? **하지만** 그런 것들을 [추구]하는 데 싫증 내지 않고, 다른 사람 가르치는 것을 게을리하지 않는다고 이와 같이 말할 수 있을 뿐이다.

• 君之使我, 非歡也, **抑**欲測吾心也. (《國語》〈晉語一〉)

군왕이 나를 시키는 것은, 좋아해서가 아니고 **다만** 내 마음을 살피려는 것이다.

• 美則美矣. **抑**臣亦有懼也. (《國語》〈晉語九〉)

아름다운 것은 아름답습니다. **하지만** 저 또한 두렵습니다.

• 足下之所嗜者如此, 固無不善者. **抑**耒之所聞, 所謂能文者, 豈謂其能奇哉! (張耒, 〈答李推官書〉)

당신이 좋아하는 것은 이와 같아 선하지 않은 것이 전혀 없었다. **그러나** 나 장뢰가 듣기로는 이른바 문장을 잘 짓는다는 것이 어찌 기이하게 짓는 것을 일컫겠는가!

❹ **접속사** 앞에 나온 조건이나 원인을 이어 결과를 이끌어낸다. '곧' '~면' 등으로 해석한다.

• 若不從三臣, **抑**社稷實不血食, 而君焉取餘? (《左傳》 莊公六年)

만일 [우리] 세 신하의 의견을 따르지 않는**다면** 사직이 제사를 받지 못할 텐데, 임금께 어떻게 남길 음식이 있겠습니까?

• 若盟而棄魯侯, 信**抑**闕矣. (《國語》〈魯語下〉)

만일 동맹을 맺은 뒤 노후를 버리면 신의는 **곧** 없어지게 된다.

❺ **어조사** 구의 첫머리에 쓰여서 화제를 제시하거나 어조를 고르며, 뜻은 없다.

• 叔善射忌, 又良御忌. **抑**磬控忌, 抑縱送忌. (《詩經》〈鄭風 大叔于田〉)

숙(叔)은 활을 잘 쏘고 또한 말을 잘 모네. 말고삐를 당겨 천천히 달리기도 하고 말고삐를 놓아주면서 빨리 달리기도 하네.

• 晉侯使叔向告劉獻公曰: "**抑**齊人不盟, 若之何?" (《左傳》 昭公十三年)

진제후는 숙향을 보내 유헌공에게 말했다. "제나라 사람들이 결맹하려 하지 않으니 어떻게 하면 좋겠습니까?"

• **抑**天實剝亂是, 吾何知焉? (《左傳》 昭公十九年)

하늘이 계승법을 혼란스럽게 하려는데, 우리가 어찌 참견할 수 있겠는가?

• 忠誠之旣內激兮, **抑**銜忍而不長. (柳宗元, 〈弔屈原文〉)

충성심이 안으로 용솟음치니, 인내심은 오래갈 수 없다.

【참고】

① 아래로 떨어뜨리다: • 高者**抑**之, 下者擧之. (《老子》 七十七章) [활을 쏠 때] 높으면 **아래로 내리고**, 낮으면 위로 올린다.

② [힘과 권력 따위로] 내리누르다, 억제하다, 막다: • 其語道也, 必先淳朴而**抑**浮華. (魏徵, 〈十漸不克終疏〉) 그가 말하는 도는 반드시 순박함을 우선으로 하고 현란한 것을 **억제하는** 것이다. • **抑**秦兵, 秦兵不敢出. (《史記》〈魏公子列傳〉) 진나라 병사를 **막아**, 진나라 병사는 감히 나가지 못했다.

抑亦(억역)

❶ **접속사** 선택의문문에 쓰이며, '또한' '아니면'이라고 해석한다. '意亦(의역)'이라고도 쓴다.

- 不知天將以爲虐乎, 使翦喪吳國而封大異姓乎, 其**抑亦**將卒以祚吳乎? (《左傳》昭公三十年)
  하늘이 장차 [그가 이웃 나라에게] 포학하게 할 것인지, 오나라를 망하게 하여 다른 성씨의 나라의 봉토를 넓혀주게 할 것인지, **아니면** 끝내 오나라에 복을 줄지는 알 수 없다.
- 求牧與芻而不得, 則反諸其人乎? **抑亦**立而視其死與? (《孟子》〈公孫丑下〉)
  목장과 풀을 찾았으나 얻지 못하면 [소와 양을] 주인에게 돌려주어야 하겠는가? **아니면** [그곳에] 서서 그들이 [굶어] 죽는 것을 보아야 하겠는가?
- 仲子所居之室, 伯夷之所築與? **抑亦**盜跖之所築與? 所食之粟, 伯夷之所樹與? **抑亦**盜跖之所樹與? (《孟子》〈滕文公下〉)
  진중자(陳仲子)가 사는 집은 백이[같은 사람]가 지은 것인가? **아니면** 도척[같은 사람]이 지은 것인가? [그가] 먹는 양식은 백이[같은 사람]가 심은 것인가? **아니면** 도척[같은 사람]이 심은 것인가?

❷ **부사** 추측을 나타내며, '아마' '혹시' '혹은' 등으로 해석한다.

- 許褚·典韋折衝左右, **抑亦**漢之樊噲也. (《三國志》〈魏書 典韋傳〉)
  허저와 전위는 [조조의] 곁에서 무용을 발휘했는데, **아마** 한나라의 번쾌에 상당할 것이다.
- 然屈平所以能洞監風騷之情者, **抑亦**江山之助乎? (《文心雕龍》〈物色〉)
  이렇게 본다면 굴원(屈原)이 《시경》이나 《초사》의 정서를 통찰할 수 있었던 까닭도, **혹시** 자연의 도움이었던가?

• 亮之器能政理, **抑亦**管肖之亞匹也. (陳壽, 〈表上諸葛氏集目錄〉)

제갈량의 기량은 정치에 능하여 **아마도** 관중(管仲)과 소하(肖何)에 버금갈 것이다.

• 迓天庥, 俟天命, **抑亦**異乎人之求之矣. (魏源, 《古微堂內集》)

하늘의 보살핌을 받아들이고 하늘의 명을 기다리는 것은, **아마도** 다른 사람이 그것을 구하는 것과는 다르겠지요.

迓: 마중할 아

❸ **접속사** 점차적인 진행을 뜻하며, '또한'이라고 해석한다. 앞 문장의 '非(비)' '非獨(비독)' 등과 호응한다.

• 非獨曉其文, **抑亦**深其義. (《太平廣記》卷三百十 神二十 〈張生〉)

그 글을 알아야 할 뿐 아니라, **또한** 그 뜻도 깊이 알아야 한다.

抑者(억자)

부사 '乎(호)'와 어울려 반문을 나타내며, '설마' '어찌'라고 해석한다.

• 往者周亡, 戰國幷爭, 天下分裂, 數世然後乃定, 其**抑者**縱橫之事復起於今乎? (《漢書》〈敍列傳上〉)

옛날에 주나라가 멸망하자, 전국이 모두 다투어 천하는 나뉘어 쪼개졌다가 몇 세대 이후에 비로소 평정되었는데, **설마** 합종(合從)과 연횡(連橫)이 오늘날 다시 일어나겠는가?

言(언)

어조사 앞뒤의 상황을 연결하거나 상태 혹은 조건을 나타내는데, 주로 《시경》이나 《서경》 등 상고시대 작품에 많이 보이지만 당시(唐詩)에도 나타난다. 해석할 필요는 없다.

- 翹翹◆錯薪◆, **言**刈其楚, 之子于歸, 言秣其馬. (《詩經》〈周南 漢廣〉)
  높게 뒤섞인 섶나무 틈에서 싸리나무만을 베어, 이 아가씨가 시집갈 때 그 말에게 꼴을 먹이겠다.
  ◆翹翹(요요): 높고 높은 모양.
  ◆錯薪(착신): 여러 가지 나무가 뒤섞인 섶나무.
  刈: 벨 예 | 秣: 먹일 말
- 靜**言**思之, 躬自悼矣. (《詩經》〈衛風 氓〉)
  묵묵히 회상해보니, 단지 나 홀로 슬프구나.
  悼: 슬퍼할 도
- 靜**言**思之, 不能奮飛. (《詩經》〈邶風 柏舟〉)
  가만히 생각해보아도 분발하여 날 수 없구나.
- 駕**言**出游, 以寫我憂. (《詩經》〈衛風 竹竿〉)
  말 타고 멀리 나가 나의 근심을 풀어야지.
- 凡我同盟之人, 旣盟之後, **言**歸于好. (《左傳》僖公九年)
  무릇 우리 동맹한 사람들은 맹약한 뒤에는 우호 관계로 돌아가야 한다.
- 未謂事已及, 興**言**在茲春. (陶淵明, 〈與殷晉安別〉)
  [헤어지는] 일이 이미 다가왔다고 여기지 않았는데, 이 봄에 일어나게 되었구나.
- **言**入黃花川, 每逐靑溪水. (王維, 〈靑溪〉)
  황화천으로 들어가 매번 청계의 물을 쫓는다.

【참고】

① 말하다: • 何敢**言**事. 어떻게 감히 일을 **말할** 수 있으리오.

② 말: • 聽其**言**而觀其行. (《論語》〈公冶長〉) 그 **말**을 듣고도 그 행동을 살피게 되었다. • 一**言**以蔽之. (《論語》〈爲政〉) 한마디 **말**로 하면.

③ 글자: • 洋洋幾千**言**. 많고 많은 몇천 **글자**. • 五**言**詩. 다섯 **글자**로 된 시. • 七**言**詩. 일곱 **글자**로 된 시.

焉(언)

❶ **부사** 장소·방법·원인 등을 물으며, '어디로' '어디에' '어떻게' '어째서' '어찌' '하필이면' 등으로 해석한다.

• 姜氏欲之, **焉**辟害? (《左傳》隱公元年)
강씨가 그렇게 하고자 하니, **어떻게** 화를 피할 수 있겠는가?

• 未能事人, **焉**能事鬼? (《論語》〈先進〉)
사람을 섬기지도 못하면서 **어떻게** 귀신을 섬길 수 있겠는가?

• "敢問死." 曰: "未知生, **焉**知死?" (《論語》〈先進〉)
"감히 죽음에 대해 묻겠습니다." [공자께서] 말씀하셨다. "삶을 알지 못하는데 **어찌** 죽음을 알겠느냐?"

• 今王公大人骨肉之親, 無故富貴面目姣好者, **焉**故必智哉? (《墨子》〈尚賢下〉)
지금 왕공대인과 가까운 친척들은 이유도 없이 부귀하고 용모도 좋지만, **어찌** 반드시 지혜롭다고 하겠는가?

• **焉**有仁人在位, 罔民, 而可爲也? (《孟子》〈梁惠王上〉)
어찌 어진 사람이 자리에 있으면서 백성을 그물질하는 짓을 할 수 있습니까?

• 吳人**焉**敢攻吾邑? (《呂氏春秋》〈察微〉)

오나라 사람이 **어떻게** 감히 우리 성읍을 공격하겠는가?

• 不入虎穴, **焉**得虎子? (《後漢書》〈班超列傳〉)

호랑이 굴에 들어가지 않고 **어떻게** 호랑이 새끼를 잡을 수 있겠는가?

• 餘子瑣瑣, 亦**焉**足錄哉? (《三國志》〈魏書 陳矯傳〉)

남아 있는 자들은 자질구레하니, 또 **어찌** 족히 기록하겠소?

• 重獲來命, 援引古今, 紛紜六紙, 雖欲不言, **焉**得已哉! (《三國志》〈魏書 臧洪傳〉)

그대의 편지를 거듭 받아보니 편지에는 예로부터 지금까지의 사례를 인용하여 여섯 장의 편지지에 장황하게 썼으니, 비록 답장하지 않으려 했더라도 **어찌** 그만둘 수 있었으리오!

• 漢中之敗, 榮年十三. 左右提之走, 不肯, 曰: "君親在難, **焉**所逃死?" (《三國志》〈魏書 夏侯淵傳注引世語〉)

한중의 싸움에서 패했을 때 하후영(夏侯榮)은 나이가 13세였다. 좌우에 있는 군사들이 그를 데리고 도망하려는데, 듣지 않고 말했다. "임금과 아버지가 어려움에 처했는데 **어느** 곳에서 죽음을 피하겠는가?"

• **焉**有通人大才而更不能爲此邪? (《三國志》〈魏書 杜恕傳〉)

어찌 사물에 밝은 사람과 큰 재능을 갖춘 사람이 있는데도 다시 이런 일을 할 수 없겠습니까?

• **焉**知二十載, 重上君子堂! (杜甫, 〈贈衛八處士〉)

어찌 20년이 지나서 다시 그대 집을 찾게 될 줄 알았으리!

• 不可以言言者, 又**焉**可以言校也? (傅玄, 〈馬鈞傳〉)

말로 표현할 수 없는 자가 또 **어떻게** 말로 교정할 수 있겠는가?

• 亦猶中國時代變革名號改易, 今**焉**得同? (金富軾, 《三國史記》)

[이는] 또한 마치 중국의 시대 변혁, 명호 개역과 같은 것이니, 지금이 **어찌** [옛날과] 같을 수 있으랴?

ㅇ

• 我與爾等素昧平生, **焉**敢輕忽相隨而去. (一然,《三國遺事》)

나와 당신들은 평소 알지 못하는데, **어찌** 감히 경솔하게 서로 따라가겠는가.

• 人**焉**廋哉? 人**焉**廋哉? (《論語》〈爲政〉)

사람이 **어떻게** [자신을] 숨기겠는가? 사람이 **어떻게** [자신을] 숨기겠는가?

❷ **대사** 장소·사람·사물 등을 나타내며, '무엇'이라고 해석하거나 '어느 곳' '이(그)' '이곳(그곳)' 등으로 해석한다.

• 公語之故, 且告之悔. 對曰: "君何患**焉**?" (《左傳》 隱公元年)

정장공(鄭莊公)은 [그에게] 까닭을 말하고, 또한 후회하고 있다고 말했다. [그러자 영고숙이] 대답했다. "임금께서는 **무엇**을 걱정하십니까?"

• 過而能改, 善莫大**焉**. (《左傳》 宣公二年)

잘못하고 고칠 수 있으면, **이**보다 더 좋은 일은 없다.

• 見賢思齊**焉**, 見不賢而內自省也. (《論語》〈里仁〉)

현명한 사람을 보면 **그**와 같아질 것을 생각하며, 현명하지 못한 사람을 보면 속으로 스스로 반성한다.

• 非曰能之, 願學**焉**. (《論語》〈先進〉)

[제가] 할 수 있다고는 말할 수 없습니다만, **그것**을 배우기를 원합니다.

• 衆惡之, 必察**焉**, 衆好之, 必察**焉**. (《論語》〈衛靈公〉)

모두가 그를 미워하더라도 반드시 **그**를 살펴보아야 하고, 모두가 그를 좋아하더라도 반드시 **그**를 살펴보아야 한다.

• 信則人任**焉**. (《論語》〈陽貨〉)

믿음직하면 사람들이 **그**를 신임한다.

• 文王之囿方七十里, 芻蕘* 者往**焉**, 雉兎者往**焉**, 與民同之. (《孟子》〈梁惠王上〉)

[주]문왕의 사냥터는 [둘레가] 사방 70리나 되는데, 꼴을 베고 나무를 하는 사람들이 **그곳**에 갔고, 꿩과 토끼를 잡는 사람들도 **그곳**에 갔으니 백성과 함께한 것입니다.

◆ 芻蕘(추요): 꼴꾼과 나무꾼.

- 天下之父歸之, 其子**焉**往? (《孟子》〈離婁上〉)

천하의 아버지들이 그에게로 돌아갔으니, 그 아이들이 **어느 곳**으로 가겠는가?

- 曰: "狗猛則酒何故而不售?" 曰: "人畏**焉**!" (《韓非子》〈外儲說右上〉)

묻기를 "개가 사나우면 술은 어떤 까닭으로 팔리지 않습니까?"라고 하자, "사람들이 **그것**을 무서워하기 때문이다!"라고 했다.

售: 팔 수

- 天又雨, 公將**焉**之? (《戰國策》〈魏策一〉)

비가 내리려는데 그대는 장차 **어느 곳**으로 가려는가?

- 夫子將**焉**適? (《呂氏春秋》〈士節〉)

선생은 장차 **어느 곳**으로 가시려는가?

- 且**焉**置土石? (《列子》〈湯問〉)

또한 토석을 **어느 곳**에 놓습니까?

- 昔者, 吾舅死於虎, 吾夫又死**焉**, 今吾子又死**焉**. (《禮記》〈檀弓下〉)

옛날에 나의 시아버지가 호랑이에게 죽었고, 나의 남편도 **그것**에게 죽었는데, 지금 나의 아들이 또 **그것**에게 죽었다.

- 帝嘉納**焉**. (《三國志》〈魏書 高柔傳〉)

문제는 **그것**(그의 의견)을 기쁘게 받아들였다.

- 自云先世避秦時亂, 率妻子邑人來此絶境, 不復出**焉**. (陶淵明, 〈桃花源記〉)

[그들은] 자기의 선조가 진대의 전란을 피하여 처자식과 마을 사람을 거느리고 세상과 단절된 이곳에 오게 되었으며, 다시 **이곳**에서 나가지 않았다고 말했다.

- 故爲之說, 以俟夫觀人風者得**焉**. (柳宗元, 〈捕蛇者說〉)

  그러므로 이 설(포사자설)을 지어서 민정을 관찰하는 관원들이 **이것**을 알기를 기다린다.

- 如異於此, 則無論**焉**. (《史通》〈疑古〉)

  만일 이것과 다르다면, **그것**은 거론할 것도 없다.

❸ **접속사** 앞뒤의 내용을 이어주며, '곧' '그래서' '바로' '비로소' 등으로 해석한다.

- 必知亂之所自起, **焉**能治之, 不知亂之所自起, 則不能治. (《墨子》〈兼愛上〉)

  반드시 난이 일어난 기원을 알아야 **비로소** 그것을 다스릴 수 있으며, 난이 일어난 기원을 알지 못하면 다스릴 수 없다.

- 公輸子自魯南游趙, **焉**始爲舟戰之器. (《墨子》〈魯問〉)

  공수반(公輸盤)은 노나라로부터 남쪽 조나라까지 두루 돌아다닌 다음 **비로소** 수전(水戰)의 기계를 만들기 시작했다.

- 若赴水火, 入**焉**焦沒耳. (《荀子》〈議兵〉)

  만약 물과 불에 뛰어든다면, 들어가자마자 **곧** 타 죽든지 익사할 것이다.

  焦: 불타 죽을 초

- 命舟牧覆舟, 五覆五反, 乃告舟備具於天子, 天子**焉**始乘舟. (《呂氏春秋》〈季春紀〉)

  배를 관리하는 관원에게 명령하여 다섯 차례 나가고 들어오는 것을 반복하게 하고 나서야 배가 준비되었다고 천자에게 보고하자, 천자는 이에 **비로소** 배를 탔다.

❹ **어조사** 도치된 '동사+목적어' 구문 사이에 쓰이고, 목적어는 '焉(언)' 앞에 놓이며, '是(시)' '之(지)'와 같다. 해석할 필요는 없다.

• 我周之東遷, 晉·鄭**焉**依. (《左傳》隱公六年)

우리 주나라가 동쪽으로 천도할 때 진나라와 정나라에 의지했다.

• 安定國家, 必大**焉**先. (《左傳》襄公三十年)

국가를 안정시키려면 반드시 대족(大族)을 먼저 [화목하게 해야] 한다.

• 今王播棄黎老, 而孩童**焉**比謀. (《國語》〈吳語〉)

지금 왕은 노인을 버리고 [오히려] 아이들과 자주 공모한다.

播: 버릴 파

• 惟學**焉**然後, 聞道, 惟聞道然後, 灼知事之本末, 故學而後仕者. (金富軾, 《三國史記》)

오직 학문을 한 연후에 도리를 알게 되고, 오직 도리를 안 연후에 일의 본말을 분명히 알게 되므로, 배운 후에 벼슬을 하는 것이다.

• 栗亭先生, 以雄偉之器, 通春秋攻蕭選, 文章於是**焉**出. (李穡, 〈栗亭先生逸藁序〉)

율정 선생은 웅위한 그릇으로서 《춘추》에 능통하고 소통(蕭統)의 《문선(文選)》을 전공하여, 문장이 이런 데서 나왔다.

• 承訛謬, 習**焉**弗察. (丁若鏞, 《雅言覺非》)

그릇되게 전해진 것을 이어받고, 습관이 되어 살피지 않는다.

❺ **어조사** 진술 어기를 나타내면 해석하지 않아도 되지만, 특별히 제시하는 것이 있거나 강조하는 의미가 있으면 어감을 살려 해석한다.

• 制, 巖邑也, 虢叔死**焉**. (《左傳》隱公元年)

제읍은 험준한 지방으로, 괵숙이 [그곳에서] 죽었다.

• 秋秦師侵芮, 敗**焉**, 小之也. (《左傳》桓公四年)

가을에 진나라 군대가 예를 침입했다가 패했는데, 적을 가볍게 여겼기 때문이다.

• 君命大事◆. 將有西師過軼我, 擊之, 必大捷**焉**. (《左傳》僖公三十二年)

임금께서 전쟁에 대해 명하신다. 장차 서쪽 군대가 우리를 앞질러 갈 것이니 그들을 공격하면 반드시 크게 승리할 것이다.

◆大事(대사): 전쟁.

軼: 지날 일

• 若大盜, 禮**焉**以君之姑姊與其大邑. (《左傳》 襄公二十一年)

[너는] 이와 같이 큰 도적에게 군주의 고모와 그의 큰 성읍으로 예우하려 한다.

• 長沮桀溺耦而耕, 孔子過之, 使子路問津**焉**. (《論語》〈微子〉)

장저와 걸익이 쟁기질하면서 밭을 갈고 있었는데, 공자께서 그곳을 지나가다가 자로로 하여금 [그들에게] 나루터를 물어보게 하셨다.

耦: 나란히 밭 갈 우

• 晉◆國天下莫强**焉**◆, 叟之所知也. (《孟子》〈梁惠王上〉)

천하의 어떤 국가도 진나라보다 더 강하지 않음은 노인장께서도 알고 있는 바입니다.

◆晉(진): 위(魏)나라를 가리킴.

◆莫强焉(막강언): 여기서는 진나라에 비견될 만한 국가가 없다는 뜻을 담고 있다.

叟: 늙은이 수

• 善哉! 吾聞庖丁◆之言, 得養生**焉**. (《莊子》〈養生主〉)

기묘하구나! 나는 포정의 말을 듣고 양생의 방법을 깨달았다.

◆庖丁(포정): 요리를 직업으로 삼는 백정인데, 정(丁)을 성 또는 이름으로 보는 경우도 있다.

• 寒暑易節, 始一反**焉**. (《列子》〈湯問〉)

겨울과 여름이 절기를 바꾸면 비로소 한 번 돌아간 것이다.

• 雖我之死, 有子存**焉**. (《列子》〈湯問〉)

비록 내가 죽더라도 아들이 있다.

• 自此, 冀之南, 漢之陰, 無隴斷◆**焉**. (《列子》〈湯問〉)

이때부터 기주(冀州)의 남쪽과 한수(漢水)의 뒤쪽에는 구릉이 없어졌다.

◆隴斷(농단): 높은 언덕과 깎아지른 구릉.

- 及小白立爲桓公, 公子糾死, 管仲囚**焉**. (《史記》〈管晏列傳〉)

소백이 왕위에 올라 환공이 되었고, [이에 맞섰던] 공자 규는 죽었으며, 관중은 구금되었다.

- 山岳有饒, 然後百姓贍**焉**. (《鹽鐵論》〈貧富〉)

산골짜기에 풍부한 산물이 있은 뒤에 백성은 풍족해질 수 있다.

- 將率◆陳軍法, 朝士明制度, 牧守申政事, 縉紳考六藝. 吾將兼覽**焉**. (《三國志》〈魏書 文帝紀〉)

장수는 군법을 펴고, 조정의 벼슬아치들은 제도를 밝히며, 지방관은 정무(政務)를 펴고, 사대부들은 육예를 고찰해야 하오. 나는 이것들을 모두 살필 것이오.

◆將率(장수): '將帥(장수)'와 같다.

- 索其風雅比興, 十無一**焉**. (陳子昻, 〈感遇〉)

그 풍·아·비·흥을 찾아보아도 10분의 1도 없다.

- 曩與吾祖居者, 今其室十無一**焉**. (柳宗元, 〈捕蛇者說〉)

처음에 나의 조부와 함께 살았던 사람들은, 지금은 열 집 가운데 한 집도 없습니다.

- 至丹以荊卿爲計, 始速禍**焉**. (蘇洵, 〈六國論〉)

[태자] 단이 형가(荊軻)[를 시켜 진시황을 암살하려는] 계획을 세움에 이르러, 바야흐로 전화(戰禍)를 재촉하게 되었다.

- 試以經史, 則迂僻固滯之士, 或有**焉**. (鄭道傳, 《三峯集》)

경사로써 시험하면, 우활하고 편벽되며 고루하고 막힌 선비가 간혹 나오게 된다.

- 歌者與聽者, 不能無交有益**焉**. (李滉, 〈陶山十二曲跋〉)

노래하는 자와 듣는 자가 서로 유익함이 없을 수 없다.

❻ 어조사 대사와 어울려 의문이나 반문 어기를 도와주는 작용을 한다. 해석하지 않아도 된다.

- 肉食者謀之, 又何間**焉**? (《左傳》 莊公十年)

  권세를 잡은 자가 도모하는데 [너는] 또한 무엇 때문에 끼어들려 하느냐?

- 冉有曰: "旣庶矣, 又何加**焉**?" 曰: "富之." 曰: "旣富矣, 又何加**焉**?" 曰: "敎之." (《論語》〈子路〉)

  염유가 여쭈었다. "이미 많아졌는데 또 무엇을 더 해야 합니까?" [공자께서] 말씀하셨다. "잘살게 해줘야 한다." [염유가] 여쭈었다. "이미 잘살게 되었는데 또 무엇을 더 해야 합니까?" [공자께서] 말씀하셨다. "가르쳐야 한다."

- 王若隱◆其無罪而就死地, 則牛羊何擇**焉**? (《孟子》〈梁惠王上〉)

  왕께서 만약에 그 [소]가 죄가 없는데도 도살장으로 가게 된 것을 불쌍히 여기신다면, 소와 양을 어찌하여 구별하십니까?

  ◆隱(은): 불쌍히 여긴다는 뜻. '痛(통)'과 같다.

- 使其中無可欲者, 雖無石槨, 又何戚**焉**! (《史記》〈張釋之馮唐列傳〉)

  만일 능묘 속에 중요한 물품이 없다면, 비록 돌로 만든 외관(外棺)이 없더라도 또 무엇을 걱정하겠습니까!

- 問曰: "榮體變爲枯體, 枯體卽是榮體, 絲體變爲縷體, 縷體卽是絲體. 有何別**焉**?" (《梁書》〈儒林 范縝傳〉)

  어떤 사람이 물었다. "살아 있는 나무가 변하여 마른나무가 되면 마른나무는 곧 살아 있는 나무이며, 누에고치가 변하여 비단실이 되면 비단실은 곧 누에고치입니다. 무슨 차이가 있습니까?"

❼ 어조사 어기의 멈춤을 나타내며, 해석할 필요는 없다.

- 我心憂傷, 惄**焉**如擣. (《詩經》〈小雅 小弁〉)

내 마음은 슬프고 애통하여 서글픔이 마치 방아를 찧는 것 같구나.

擣: 찧을 도

- 於其出**焉**, 使公子彭生送之, 於其乘**焉**, 搚◆幹而殺之. (《公羊傳》莊公元年)
그가 나갈 때 공자 팽생을 시켜 전송하게 하면서, 그가 수레에 탈 때 그의 척추뼈를 부러뜨려서 죽이라고 했다.
◆搚(랍): '拉(랍)'과 같은 글자로서 부러뜨린다는 뜻.
搚: 꺾을 랍 | 幹: 등뼈(척추뼈) 간

- 是故將軍而不能戰, 圍邑而不能攻, 得地而不能實, 三者見一**焉**, 則可破毁也. (《管子》〈七法〉)
이런 까닭으로 진영을 짜고도 싸울 수 없고 성읍을 포위하고도 공격할 수 없으며 영토를 얻어도 지킬 수 없으니, 이 세 가지 중에서 한 가지만 나타나도 격파할 수 있습니다.

- 始舍之, 圉圉◆**焉**, 少則洋洋**焉**, 攸然而逝. (《孟子》〈萬章上〉)
처음 그것(물고기)을 [연못에] 풀어놓으면 죽은 듯이 움직이지 않다가 조금 뒤에는 기운을 차리고 활기차게 도망간다.
◆圉圉(어어): 괴로워하며 기를 펴지 못하는 모양.

- 君爲政**焉**勿鹵莽!, 治民**焉**勿滅裂! (《莊子》〈則陽〉)
임금이 정치를 할 때 조잡해서는 안 된다! 백성을 다스릴 때 아무렇게나 해서도 안 된다!

- 心不使**焉**, 則白黑在前而目不見, 雷鼓在側而耳不聞. (《荀子》〈勸學〉)
마음이 시키지 않으면, 흰 것과 검은 것이 앞에 있어도 눈은 보지 못하고, 천둥소리와 북소리가 옆에서 울려도 귀는 듣지 못한다.

- 句讀之不知, 惑之不解, 或師**焉**, 或否**焉**, 小學而大遺, 吾未見其明也. (韓愈, 〈師說〉)
구두점을 알지 못하고 의혹을 풀지 못하는데, 어떤 사람은 스승으로 삼고 어떤 사람은 스승으로 삼지 않아 작은 일은 배우고 큰일은 버리니,

나는 그의 현명함을 알지 못한다.

- 盤盤◆**焉**, 囷囷◆**焉**, 蜂房水渦, 矗不知其幾千萬落. (杜牧, 〈阿房宮賦〉)

  꾸불꾸불하고 빙빙 도는 것이 마치 벌집과 소용돌이 같고, 우뚝 솟아 몇 천 몇만 개의 낭떠러지가 있는지를 알지 못하겠다.

  ◆盤盤(반반): 꾸불꾸불한 모양.

  ◆囷囷(균균): 이리저리 굽은 모양. 빙빙 도는 모양.

  矗: 우뚝 솟을 촉

- 又必通遠方之物而後, 貨財殖**焉**, 百用生**焉**. (朴齊家, 《北學議》)

  또한 반드시 먼 곳의 물건을 유통한 이후에야 재화가 불어나고 온갖 유용한 것들이 생겨날 것이다.

- 上有天, 下有地, 天地之間, 有人**焉**, 有萬物**焉**. (郭鍾錫, 〈啓蒙篇〉)

  위에는 하늘이 있고 아래는 땅이 있으며, 하늘과 땅 사이에는 사람이 있고 만물이 있다.

焉乃/焉迺(언내)

접속사 '於是(어시)'와 같고, '그래서'라고 해석한다.

- 巫陽**焉乃**下招曰 : "魂兮歸來!" (《楚辭》〈招魂〉)

  무양이 **그래서** 내려가 불러 말했다. "혼이여 돌아오라!"

- 西王母爲王謠, 王和之, 其辭哀. **焉迺**觀日之出入, 一日行萬里. (《列子》〈周穆王〉)

  서왕모가 목왕을 위하여 노래하니 왕도 그녀에게 화답했는데, 그 문사가 애처로웠다. **그래서** 태양의 출몰을 보려고 하루에 만 리를 걸었다.

焉矣(언의)

부사 어조사가 연이어 쓰인 것으로서 문장 끝에 쓰여 종결을 나타낸다. '焉也(언야)'와 비슷하다.

- 公爵爲執圭, 官爲柱國◆, 戰而勝, 則無以加**焉矣**. (《戰國策》〈東周策〉)

  공의 작위는 집규이고 관직은 주국이니, 전쟁에서 이기더라도 더 봉할 직책이 없**구나**.

  ◆柱國(주국): 집의 기둥과 같이 나라의 중요한 위치.

焉爾/焉耳(언이)

어조사가 거듭 쓰인 것으로서 내용을 한정하며, '~할 뿐이다'라고 해석한다. '焉爾也(언이야)'로 쓰면 판단을 강조한다.

- 自管仲始也, 有君命**焉爾也**. (《禮記》〈雜記下〉)

  관중으로부터 시작되었으니, 군주의 명이 있었기 때문**일 뿐이다**.

- 嗜酤酒, 好謳歌, 巷游而鄉居者乎? 吾無望**焉耳**. (《大戴禮記》〈曾子立事〉)

  술 마시기를 좋아하고 노래 부르기를 좋아하며, 골목길에서 빈둥빈둥 놀고, 마을에서 한가하게 사는 사람입니까? 나는 [이러한 사람에게는] 바랄 것이 없을 **뿐입니다**.

  酤: 단술 고

- 持之爲訓, 有符**焉爾**. (《文心雕龍》〈明詩〉)

  [시를] '간직하다[持]'라는 뜻으로 해석하는 것은 [이런 점에] 부합됨이 있을 **뿐이다**.

- 能順木之天, 以致其性**焉爾**. (柳宗元, 〈種樹郭橐駝傳〉)

  나무의 천성을 따름으로써 그 본성을 다하게 **할 뿐이다**.

ㅇ

- 予昔非敢自必其有至也, 亦願從事於左右**焉爾**.(王安石,〈同學一首別子固〉)
  나는 이전에는 감히 [중용(中庸)의 경지에] 도달할 수 있다고 자신하지 못하고, 다만 좌우에서 일을 찾기를 바**랄 뿐이었다**.
- 其竊符也, 非爲魏也, 非爲六國也, 爲趙**焉耳**. (唐順之,〈信陵君救趙論〉)
  그(신릉군信陵君)가 병부(兵符)를 훔친 것은 위나라를 위한 것도 아니고, 6국을 위한 것도 아니며, [다만] 조나라를 위해서**일 뿐이었다**.

焉耳矣(언이의)

어조사가 거듭 쓰인 것으로서 진술문에 쓰이면 강한 긍정, 확실한 완료를 나타내며, '~할 뿐이다'라고 해석한다.

- 寡人之於國也, 盡心**焉耳矣**. (《孟子》〈梁惠王上〉)
  과인은 나라를 다스리는 데에 마음을 다**할 뿐입니다**.
- 喪三日而殯◆, 凡附於身者, 必誠必信, 勿之有悔**焉耳矣**. (《禮記》〈檀弓上〉)
  [부모님을] 잃으면 사흘째 되는 날에 입관하는데, 무릇 시신에 옷을 입힘에는 반드시 정성스럽게 하여 후회하는 일이 없게 **할 뿐이다**.

  ◆殯(빈): 시체를 입관한 뒤 장사 지낼 때까지 안치하는 것.

  殯: 초빈할 빈

焉耳乎(언이호)

어조사가 거듭 쓰인 것으로서 의문을 나타낸다.

- 子游爲武城宰, 子曰: "女得人**焉耳乎**?" (《論語》〈雍也〉)
  자유가 무성(노나라의 성읍)의 읍재가 되었는데, 공자께서 말씀하셨다.

"너는 사람을 얻었**느냐**?"

焉者(언자)

어조사가 연이어 쓰인 것으로 화제를 제시하거나 중지, 단정을 나타내며, 해석할 필요는 없다. '也者(야자)'와 같다.

- 勇士入其大門, 則無人門**焉者**, 入其閨, 則無人閨**焉者**. (《公羊傳》宣公六年)
  용감한 사람이 그 큰 문으로 들어갔더니 문을 지키는 사람이 없었고, 그 작은 문으로 들어갔어도 문을 지키는 사람이 없었다.
- 上**焉者**, 善焉而已矣; 中**焉者**, 可導而上下也; 下**焉者**, 惡焉而已矣. (韓愈, 〈原性〉)
  '상(上)'이란 좋을 뿐이며, '중(中)'이란 인도하여 올라가게도 내려가게도 할 수 있으며, '하(下)'란 나쁠 뿐이다.

ㅇ

焉哉(언재)

어조사가 연이어 쓰인 것으로서 제한이나 감탄, 반문을 나타낸다.

- 已**焉哉**! 天實爲之, 謂之何哉? (《詩經》〈邶風 北門〉)
  끝났**구나**! 하늘이 실로 그를 위하니, 그에게 무엇을 말할까?
- 反是不思, 亦已**焉哉**! (《詩經》〈衛風 氓〉)
  [맹약을] 위반하고 [옛 정도] 생각하지 않으니 또한 끝났**구나**!
- 大人鏽然奏而獨聽之, 將何樂得**焉哉**? (《墨子》〈非樂上〉)
  높은 벼슬아치들이 쓸쓸히 연주하며 혼자 듣는다면 무슨 즐거움이 있겠**는가**?

• 然則父有賢子, 君有賢臣, 適足以爲害耳, 豈得利**焉哉**? (《韓非子》〈忠孝〉)

그렇다면 아버지에게 어진 아들이 있고, 군주에게 어진 신하가 있는 것은 다만 해가 되기에 족할 뿐이니, 어찌 이로울 수 있겠**는가**?

• 爾之不才, 亦已**焉哉**! (《宋書》〈陶潛列傳〉)

네가 인재가 아니라면 또한 그뿐이**로다**!

業(업)

부사 과거를 나타내며, '이미'라고 해석한다.

• 良**業**爲取履, 因長跪履之. (《史記》〈留侯世家〉)

장량(張良)은 **이미** 신발을 주워 무릎을 꿇고 그에게 신겨주었다.

• 天子**業**出兵誅宛, 宛小國, 而不能下, 則大夏之屬漸輕漢. (《漢書》〈李廣利列傳〉)

천자는 **이미** 병사를 내보내 대원(大宛)을 토벌했는데, 대원이 작은 나라인데도 함락하지 못하면 대하의 무리가 차차 한나라를 경시할 것이다.

• **業**許之, 不可易. (《新五代史》〈王珂傳〉)

이미 그를 받아들였으니, 바꿀 수 없다.

【참고】

① 사업, 업적: • 君子進德修**業**. (《周易》〈乾卦 文言〉) 군자는 덕을 진전시키고 **업**을 닦는다.

② 직업, 일: • 販履織席爲**業**. (《三國志》〈蜀書 先主傳〉) 신을 팔고 돗자리를 엮는 것을 **직업**으로 삼다. • 惇雖在軍旅, 親迎師受業. 性淸儉, 有餘財輒以分施, 不足資之於官, 不治産**業**. (《三國志》〈魏書 夏侯惇傳〉) 하후돈은 비록 군중(軍中)

에 있었으나 스승을 친히 영접하여 가르침을 받았다. [그의] 성격은 청렴하고 검소했으며, 남는 재물이 있으면 곧 [사람들에게] 나누어 베풀었고 부족하면 관청에서 도움을 받았으며, 재산 관리를 **일**로 삼지는 않았다.

③ 학업: • 先生之**業**可謂勤矣. (韓愈, 〈進學解〉) 선생의 **학업**은 근면하다고 말할 수 있습니다. • **業**精於勤, 荒於嬉. 行成於思, 毁於隨. (韓愈, 〈進學解〉) **학업**은 근면한 데서 정밀해지고, 노는 데서 황폐해진다. 품행은 사고하는 데서 이루어지고, 게으른 데서 허물어진다.

業已/業以(업이)

부사 일이 완성되었거나 시간이 지나갔음을 나타내며, '嘗已(상이)'와 같은 뜻이다. '已業(이업)'이라고도 쓴다. '벌써' '이미'라고 해석하거나 해석하지 않아도 된다.

- 項王·范增疑沛公之有天下, **業已**講解, 又惡負約. (《史記》〈項羽本紀〉)
  항우와 범증은 패공이 천하를 차지할까 염려하여 **이미** 강화를 맺고는 또 약속을 저버릴까 두려워했다.
- 楚王**業已**欲和於秦, 見齊王書, 猶豫不決, 下其議群臣. (《史記》〈楚世家〉)
  초나라 왕(회왕懷王)은 **이미** 진나라와 화해하려고 했는데, 제나라 왕의 편지를 보고는 머뭇거리며 결정하지 못하여 신하들에게 그것을 논의하도록 하달했다.
- 使者**業已**受節, 可至皮山而還. (《漢書》〈西域列傳上〉)
  사자는 **이미** 부절(符節)을 받았으나 피산까지만 갔다가 돌아왔다.
- 上默然不應, 良久曰: "吾**業以**設飮, 後而自改" (《漢書》〈東方朔列傳〉)
  임금은 말없이 응답하지 않다가 오랜 시간이 지나서야 말했다. "나는 **이미** 주연을 준비했으니, 이후에 스스로 바꾸게."

ㅇ

予/余(여)

대사 '我(아)' '吾(오)' '朕(짐)' 등과 같은 뜻이다. 《논어》에는 '予(여)'로 쓰였고 《좌전》과 《국어》에는 '余(여)'로 쓰였으나, 음이 같아서 통용되었다.

- 格汝衆! **予**告汝訓. (《尙書》〈盤庚上〉)

  너희, 이리 오너라! **나**는 너희에게 훈계하겠다.

  格: 이를 격

- **余**姑翦滅此而朝食! (《左傳》 成公二年)

  나는 우선 이들(진나라 군대)을 섬멸하고 나서 아침을 먹겠다!

  翦: 자를 전

- 自始合, 而矢貫**余**手及肘. (《左傳》 成公二年)

  싸움이 시작되자 화살이 **나**의 손과 팔꿈치를 뚫었다.

- 啓◆**予**足, 啓**予**手. (《論語》〈泰伯〉)

  나의 발을 펴보거라, **나**의 손을 펴보거라.

  ◆啓(계): '啓(계)'와 같다.

  啓: 열 계

- 王如用**予**, 則豈徒齊民安. 天下之民擧安. (《孟子》〈公孫丑下〉)

  왕이 만일 **나**를 기용하면 어찌 제나라 백성만 편안하겠는가. 천하의 백성이 모두 편안할 것이다.

- 言未旣, 有笑於列者曰: "先生欺**余**哉!" (韓愈, 〈進學解〉)

  말이 아직 끝나지 않았는데, 대열에서 어떤 사람이 웃으며 말했다. "선생께서 **우리**를 속이고 계시는구나!"

【참고】

① 주다: • **予**冬夏衣. (《漢書》〈鼂錯列傳〉) 겨울옷과 여름옷을 **주다**.

② 칭찬하다: • 言音者**予**師曠◆. (《荀子》〈大略〉) 음악을 얘기하는 사람들은 사광을 **칭찬한다**. ◆師曠(사광): 춘추시대 진(晉)나라의 음악가로, 소리를 잘 분별하여 길흉을 점쳤다고 한다.

如(여)

❶ **부사** 일의 처리상 당연한 이치를 나타내며, '당연히' '본래' '응당'이라고 해석한다.

- 天欲殺之, 則**如**勿生. (《左傳》僖公二十一年)
  하늘이 그들을 죽이려고 한다면 **응당** 태어나게 하지 않았을 것이다.
- 若愛重傷, 則**如**勿傷; 愛其二毛◆, 則**如**服焉. (《左傳》僖公二十二年)
  만일 거듭 부상 입히는 것을 불쌍히 여긴다면 **마땅히** 그를 상하게 하지 말아야 하고, 만일 머리가 희끗희끗한 노인을 불쌍히 여긴다면 **마땅히** [그들에게] 복종해야 합니다.
  ◆二毛(이모): 반백(斑白)이 되는 나이의 노인.
- 君若愛司馬, 則**如**亡. (《左傳》昭公二十一年)
  군왕이 만일 사마를 아낀다면 **당연히** 도망쳐야 한다.
- 今天下莫爲義, 則子**如**勸我者也, 何故止我? (《墨子》〈貴義〉)
  지금 천하에는 의가 없으니 당신은 **당연히** 나를 권면하여 [의를 행하도록 해야] 하거늘, 무엇 때문에 나를 저지하는가?
- 寡人**如**就見者也, 有寒疾, 不可以風. (《孟子》〈公孫丑下〉)
  나는 **본래** 가서 [당신을] 보려고 했지만, 감기에 걸려 바람을 쐴 수 없다.
- 欲令都尉◆自送, 則**如**勿收邪! (《漢書》〈翟義列傳〉)
  당신이 도위를 시켜 친히 [유립(劉立)을] 압송하고자 하면, **당연히** 그를 체포하지 못하겠는가!

◆都尉(도위): 진한 시기 각 군에 둔 군사, 경찰을 맡은 벼슬로서 군수에 버금감.

收: 잡을 수, 체포할 수

❷ **부사** 상황에 대한 판단이 그다지 확실하지 않음을 나타내며, '마치' '마치 ~와 같다' '~인 듯하다'라고 해석한다.

- 夫秦王有虎狼之心, 殺人**如**不能擧, 刑人**如**恐不勝. (《史記》〈項羽本紀〉)

  진나라 왕은 호랑이와 이리 같은 마음이 있어서, 사람 죽이기를 **마치** 다 죽이지 못할까 [걱정**하듯**] **하며**, 사람에게 형벌을 내리기를 **마치** 이루 다 하지 못할까 안달**하듯 합니다**.

- 丞相**如**有驕主色. (《史記》〈袁盎鼂錯列傳〉)

  승상은 군주에 대해 **마치** 교만한 기색이 있는 **듯합니다**.

- 夜久語聲絶, **如**聞泣幽咽. (杜甫, 〈石壕吏〉)

  밤이 깊으니 말하는 소리는 끊기고 희미한 곡소리가 들리는 **듯했다**.

- 淸音婉轉, **如**訴**如**慕, 坐客聽之, 不覺淚下. (李朝威, 〈柳毅傳〉)

  [노랫소리는] 음이 맑으며 변화가 있고 아취(雅趣)가 있어 **마치** 애원하는 **듯하고** 애모하는 **듯하니**, 앉아 있던 손님들이 듣고 눈물 흐르는 것도 깨닫지 못했다.

- 兄弟同受父母遺體, 與我**如**一身. (李珥, 《擊蒙要訣》)

  형제는 부모님이 남긴 몸을 똑같이 받았으니 나와는 한 몸**과 같다**.

❸ **부사** 한 사물을 다른 사물에 직접 비유하며, '마치 ~같이' '마치 ~와 같다' '마치 ~처럼'이라고 해석한다.

- 吳日敝於兵, 暴骨**如**莽. (《左傳》哀公元年)

  오나라는 날로 전쟁으로 피폐하여, 나뒹구는 시체가 **마치** 수풀 **같습니다**.

- 卒**如**雷霆, 疾**如**風雨, 若從地出, 若從天下. (《淮南子》〈兵略訓〉)

격렬한 천둥**같이** 절박하고 폭풍우**같이** 급한 것이, 마치 땅에서 나온 것 같고 마치 하늘에서 내려온 것 같다.

- 太祖謂左右曰: "此吾家千里駒也!" 使與文帝同止, 見待**如**子. (《三國志》〈魏書 曹休傳〉)

  태조(조조)가 옆에 있는 사람들에게 말했다. "이는 우리 집안의 천리마로다!" [그러고는 조휴(曹休)를] 문제와 함께 머물도록 하고 아들**처럼** 대했다.

- 刺史視去此州**如**脫屣, 寧當相累邪? (《三國志》〈魏書 崔林傳〉)

  자사는 이 주를 떠나는 것을 **마치** 신발을 벗는 것**같이** 여기는데, 어찌 서로 연연해야 하는가?

- 燕草**如**碧絲, 秦桑低綠枝. (李白, 〈春思〉)

  연나라 풀은 푸른 실 **같고**, 진나라 뽕나무는 푸른 가지를 드리웠소.

- 落花無言, 人淡**如**菊. 書之歲華, 其曰可讀. (司空圖, 〈二十四詩品 典雅〉)

  말없이 꽃 떨어지고 사람은 담담하여 국화 **같네**. 아름다운 봄 경치 글로 써내니 읽음 직하다 하리.

- 用膠◆泥刻字, 薄**如**錢唇. (《夢溪筆談》〈活板〉)

  끈끈한 찰흙으로 글자를 새겼는데, **마치** 동전의 가장자리**같이** 얇다.

  ◆膠(교): 아교를 뜻하는데, 여기서는 '끈끈하다'라는 형용사로 쓰였다.

  膠: 갖풀 교

- 皆玄衣白刀, 剽疾◆**如**猿猴. (《淸稗類鈔》〈馮婉貞〉)

  모두 검은색 의복을 입고 번쩍이는 흰 칼을 들었는데, **꼭** 원숭이**같이** 민첩하구나.

  ◆剽疾(표질): 재빠름, 민첩함.

  剽: 빠를 표

- 利人之言, 暖**如**綿絮; 傷人之語, 利**如**荊棘. (《明心寶鑑》)

  사람을 이롭게 하는 말은 솜**처럼** 따뜻하고, 사람을 상하게 하는 말은 가

여

시**처럼** 날카롭다.

- 人之才, **如**器皿方圓. (李仁老, 《破閑集》)

  사람의 재주는 **마치** 그릇의 모나고 둥근 것과 **같다**.

- 須臾, 月出雲開, 碧天**如**水. (李仁老, 《破閑集》)

  잠깐 사이에 달이 나오고 구름이 걷히니, 푸른 하늘은 **마치** 물과 **같다**.

❹ **전치사** 동작이나 행위가 의지하는 조건이나 방식을 이끌며, '~대로' '~에' '~에 따라' 등으로 해석한다.

- 老古以足指曰: "**如**是往." (《新序》〈雜事〉)

  노고가 발로 가리키며 말했다. "이 길**을 따라**가시오."

- 旣至前, 上果問以治狀, 遂對**如**王生言. (《漢書》〈龔遂列傳〉)

  [공수(龔遂)가 선제] 앞에 이르자 임금은 과연 [발해의] 통치 상황에 대해 물었으며, 공수는 왕생의 말**대로** 대답했다.

- 幸甚. **如**太尉請. (柳宗元, 〈段太尉逸事狀〉)

  매우 다행이다. 태위의 요청**에 따르겠다**.

- 犬皆**如**人意. (柳宗元, 〈三戒 臨江之麋〉)

  개는 모두 사람의 뜻**에 따른다**.

❺ **전치사** 비교 대상을 이끌며, '~보다' '~에 비하여'라고 해석한다.

- 行者不止, 築者知倦, 其謳不勝**如**癸美, 何也? (《韓非子》〈外儲說左上〉)

  지나가는 자들은 멈추지 않고 일꾼들은 피곤해하니, 그대의 노래가 계(癸)의 것**보다** 낫지 못한 것은 무엇 때문인가?

- 人之困窮, 甚**如**饑寒. (《呂氏春秋》〈愛士〉)

  인간의 곤궁함은 굶주림과 추위**보다** 심하다.

- 佳婿難得, 但**如**嶠比云何? (《世說新語》〈假譎〉)

  훌륭한 사위는 얻기 어렵지만, 나를 온교(溫嶠)**에 비하면** 어떻소?

• 一旦臨小利害, 僅**如**毛髮比, 反眼若不相識. (韓愈, 〈柳子厚墓志銘〉)

하루아침에 작은 이익이나 손해를 마주하면 겨우 머리카락**에 비교될 만 하여도** 서로 모르는 사람처럼 눈을 돌린다.

❻ **접속사** 가설을 나타내며, '가령' '만일'이라고 해석한다.

• **如**或知爾, 則何以哉? (《論語》〈先進〉)

만약 누군가 너희를 알아주는 사람이 있다면 어떻게 하겠느냐?

• 王**如**知此, 則無望民之多於隣國也. (《孟子》〈梁惠王上〉)

왕께서 **만일** 이것을 안다면, [당신의] 백성이 이웃 나라보다 많기를 바라지 마십시오.

• **如**知其非義, 斯速已矣, 何待來年? (《孟子》〈滕文公下〉)

만일 그것이 도의에 맞지 않는 줄 알았으면 신속하게 그만두어야지, 무엇 때문에 내년까지 기다리겠는가?

• **如**孔子知津, 不當更問 …… **如**不知而問之, 是不能先知. (《論衡》〈知實〉)

만일 공자가 나루터를 알았다면 다시 묻지 말아야 했으며 …… **만일** 알지 못하여 물었다면 이는 그가 선견지명이 없는 것이다.

• **如**復見文者, 必唾其面而大辱之. (《史記》〈孟嘗君列傳〉)

만일 다시 나 전문(田文)을 보러 온다면, 틀림없이 그의 얼굴에 침을 뱉고 심하게 모욕할 것이다.

• **如**或一言可採, 此亦芻蕘狂夫之議也. (《漢書》〈藝文志〉 諸子略)

만일 한마디라도 취할 만한 것이 있다면, 이 또한 나무꾼이나 미치광이의 의견이다.

• **如**有地動, 尊則振龍機, 發吐丸, 而蟾蜍銜之. (《後漢書》〈張衡列傳〉)

만일 지진이 발생하면 술 단지 모양의 의기(儀器)는 용 모양의 기관이 움직여 동환(銅丸)을 토해내고 두꺼비가 그 동환을 삼킨다.

尊: 술 그릇 준(=樽) | 蟾: 두꺼비 섬 | 蜍: 두꺼비 여

• “且渙他日之事劉將軍, 猶今日之事將軍也. **如**一旦去此, 復罵將軍, 可乎?” 布慚而止. (《三國志》〈魏書 袁渙傳〉)

“하물며 나 원환이 전에 유 장군을 섬겼던 것은 오늘 장군을 섬기는 것과 같았소. **만일** [내가] 하루아침에 이곳을 떠나면 다시 장군을 욕해도 괜찮겠소?” 여포는 [이 말을 듣고] 부끄러워 그만두었다.

• **如**欲辨秀, 亦惟摘句. (《文心雕龍》〈隱秀〉)

만일 경구(警句)를 판별하려면, 단지 [편 중에서 약간의] 구를 뽑으면 된다.

• **如**憐妾而活之, 須秘密, 勿泄. (《聊齋志異》〈畫皮〉)

만일 나를 불쌍히 여겨 살려주려면, 반드시 비밀을 지켜 누설하지 마라.

• 朱顏**如**可留, 恩重如丘山. (馬存, 〈邀月亭〉)

젊은 얼굴 **만일** 간직할 수 있다면, 은혜 무겁기가 산언덕 같겠지.

• **如**志道學·志功名·志文藝·志富貴, 凡有志者事竟成. (作者 未詳, 《句讀幼儀》)

가령 도학에 뜻을 두든, 공명에 뜻을 두든, 문예에 뜻을 두든, 부귀에 뜻을 두든 간에 무릇 뜻이 있는 자가 일을 마침내 이루게 된다.

• **如**有不得已, 及倉卒臨賦詠之際, 顧乾涸無可以費用, 則必特造新語. (李奎報, 〈答全履之論文書〉)

만일 부득이하여 창졸간에 읊게 될 때, 고갈되어 가져다 쓸 말이 없으면 반드시 새로운 말을 특별히 만들었다.

• **如**論本然氣質, 本是一性. (洪大容, 〈答兪擊汝浩氣問書〉)

만일 본연의 기질을 논한다면, 원래 이는 한 가지 성이다.

❼ **접속사** 순접이나 역접 관계를 나타내며, ‘곧’ ‘그러나’ ‘다름이 아니라’ ‘오히려’라고 해석한다.

• 是故不賞不罰, **如**民咸盡力. (《大戴禮記》〈子張問入官〉)

이 때문에 상을 주지 않고 벌을 주지 않아도 **오히려** 백성은 모두 힘을 다한다.

• 記鴻雁之遰也, **如**不記其鄕, 何也? (《大戴禮記》〈夏小正〉)

큰 기러기와 작은 기러기가 떠난 것은 기록하면서 **오히려** 그들의 행선지는 기록하지 않았는데, 무엇 때문입니까?

遰: 떠날 체, 갈 서(=逝), 칼집 서

• 鄕◆是**如**不臧, 倍是**如**不亡者, 自古及今, 未嘗有也. (《荀子》〈儒效〉)

이 원칙을 따랐지만 **오히려** 흥성하지 않고, 이 원칙을 위배했으나 **오히려** 멸망하지 않음은 옛날부터 지금까지 있었던 적이 없다.

◆鄕(향): 좇는다는 뜻. '向(향할 향)'과 같음.

❽ **접속사** 선택이나 병렬을 나타내며, '또는' '어쩌면 ~인지도 모른다' '~와' '혹은'이라고 해석한다.

• 有喜而憂, **如**有憂而喜乎? (《左傳》 宣公十二年)

좋은 일이 있는데 근심하고, **또** 근심거리가 있는데 기뻐합니까?

• 公**如**大夫入. (《儀禮》〈鄕飮酒禮〉)

공**과** 대부가 들어왔다.

• 安見方六七十**如**五六十而非邦也? (《論語》〈先進〉)

사방 60~70리 **또는** 50~60리라고 해서 어찌 나라가 아니겠느냐?

• 方六七十, **如**五六十, 求也爲之, 比及三年, 可使足民. (《論語》〈先進〉)

사방 60~70리 **혹은** 50~60리 되는 땅을 제가 다스린다면, 3년 될 무렵이면 백성을 풍족하게 할 수 있습니다.

• 宗廟之事, **如**會同, 端章甫◆, 願爲小相◆焉. (《論語》〈先進〉)

종묘의 일과 [제후들의] 회맹**과** 같은 것에는 단장보를 쓰고 소상이 될 수 있기를 원합니다.

◆章甫(장보): 장보관(章甫冠). 공자가 이 관을 쓴 데서 유학자의 관으로 일컬어짐.

◆小相(소상): 작은 의식을 진행하는 사람.

• 趙王與樓緩計之曰: "予秦地**如**毋予, 孰吉?" (《史記》〈平原君虞卿列傳〉)

조나라 왕은 누완과 이 일을 상의하며 말했다. "진나라에게 땅을 주는 것**과** 주지 않는 것 중에 어느 것이 나은가?"

❾ 어조사 사물 혹은 동작의 상태나 정도를 나타내며, '若(약)' '然(연)' 등과 같다. '~같이' '~듯이' '~처럼'이라고 해석하거나 해석하지 않는다.

• 孔子於鄕黨◆, 恂恂◆**如**也, 似不能言者. (《論語》〈鄕黨〉)

공자께서 향당에 계실 때는 공손한 **듯하여** 마치 말을 못하는 사람 같으셨다.

◆鄕黨(향당): 1만 2천5백 가구를 향이라 하고 5백 가구를 당이라 한다. 여기서 향당은 부모와 일가친척이 사는 향리를 뜻한다.

◆恂恂(순순): 신의가 있고 진실한 모양.

• 入公門◆, 鞠躬如也, **如**不容. (《論語》〈鄕黨〉)

[공자께서] 궁궐 문에 들어가실 때는 삼가고 공손한 듯, 마치 [문이 자신을] 수용할 수 없을 것**처럼** 하셨다.

◆公門(공문): 궁궐의 가장 바깥에 있는 문을 말한다.

• 君子引而不發, 躍**如**也. (《孟子》〈盡心上〉)

군자는 활을 당기지만 화살을 쏘지 않고 시늉만 해 보인다.

• 始作翕**如**. (《史記》〈孔子世家〉)

연주를 시작할 때는 [5음이] 조화를 이룬다.

• 海內晏**如**. (《漢書》〈諸侯王表〉)

천하가 안정되었다.

[참고]

가다: • 文公**如**齊, 惠公**如**秦. (《左傳》 成公十三年) 문공은 제나라로 **갔고**, 혜공

은 진나라로 **갔다**. • 故國殘身危, 走而之穀, **如**衛. (《呂氏春秋》〈正名〉) 그러므로 나라가 멸망하고 몸이 위태로워져, 달아나 곡 땅으로 갔다가 위나라로 **갔다**.

如干(여간)

부사 '若干(약간)'과 같고 불확실한 수를 나타내며, '약간'이라고 해석한다. 주로 육조시대 이후의 문장에 보인다.

- 是用綴緝遺文, 永貽◆世范, 爲**如干**帙**如干**卷. (任昉, 〈王文憲集序〉)
  따라서 [그가] 남긴 문장을 편집하여, 영원히 후대의 모범이 될 수 있도록 **약간**의 질과 **약간**의 권으로 만들었다.

  ◆貽(이): 후세에 유산을 물려주어 정신적 영향을 끼친다는 뜻.

  貽: 끼칠 이

ㅇ

如其(여기)

❶ **접속사** 가설을 나타내며, '만일 ~한다면'이라고 해석한다.

- **如其**伏法, 而太后食不甘味, 臥不安席, 此憂在陛下也. (《史記》〈田叔列傳〉)
  만일 법대로 처형**한다면** [두] 태후께서는 음식을 먹어도 맛을 모르고, 잠자리에 누워도 편안히 주무실 수 없을 테니, 이는 폐하의 걱정거리가 될 것입니다.
- **如其**不虞, 何以待之? (《後漢書》〈馮衍列傳〉)
  만일 예상치 못한 일이 있**으면** 어떻게 대처할 것인가?
- **如其**糧竭兵微, 亦宜早悟天命. (《晉書》〈索琳傳〉)

만일 양식이 다하고 병력이 지쳤**다면**, 또한 일찌감치 천명을 깨달아야 한다.

- **如其**不至, 則故無憾. (柳宗元, 〈與楊京兆憑書〉)

만일 [목적에] 이르지 못했다 **해도** 본래 유감은 없었을 것이다.

❷ **접속사** 화제를 전환하며, '~에 이르러서는' '~에 있어서는'이라고 해석한다.

- 方六七十, 如五六十, 求也爲之, 比及三年, 可使足民. **如其**禮樂, 以俟君子. (《論語》〈先進〉)

사방 60~70리 혹은 50~60리 되는 땅을 제가 다스린다면, 3년 될 무렵이면 백성을 풍족하게 할 수 있습니다. 그곳의 예법이나 음악과 같은 것**에 있어서는** 군자를 기다리겠습니다.

如令(여령)

접속사 가설을 나타내며, '만일 ~한다면'이라고 해석한다.

- 惜乎! 子不遇時! **如令**子當高帝時, 萬戶侯豈足道哉! (《史記》〈李將軍列傳〉)

애석하구나! 그대가 좋은 때를 만나지 못했다니! **만일** 그대가 고황제(高皇帝) 시대에 태어났**다면**, 만호후(萬戶侯)의 봉작(封爵)인들 어찌 족하다고 말할 수 있겠는가!

- **如令**不諱, 使臣長抱刻骨之恨. (《後漢書》〈明德馬皇后紀〉)

만일 돌아가신**다면**, 신에게 오랫동안 뼈에 사무치는 원한을 품게 할 것입니다.

如使(여사)

접속사 가설을 나타내며, '만일 ~한다면'이라고 해석한다. '如若(여약)'과 같다.

- **如使**予欲富, 辭十萬而受萬, 是爲欲富乎! (《孟子》〈公孫丑下〉)

  만일 내가 부자가 되려고 했**다면**, 10만을 사양하고 1만을 받은 이것이 부자가 되려고 한 것이겠는가!

如是(여시)

접속사 형용사 '如(여)'와 대사 '是(시)'가 결합된 형용사구로 앞 문장의 내용을 받아 가정을 나타내며, '~와 같다면' '이렇게 하면'이라고 해석한다.

- 夫**如是**, 則四方之民襁負其子而至矣, 焉用稼? (《論語》〈子路〉)

  이렇게만 한다면 사방의 백성이 그들의 자식을 포대기로 싸서 업고 찾아오게 될 텐데, 농사짓는 법을 어디에 쓰겠느냐?

- 夫**如是**, 奚而不喪? (《論語》〈憲問〉)

  이와 같이 하는데도 어찌하여 [나라를] 잃지 않습니까?

- 夫**如是**, 故遠人不服, 則修文德以來之. (《論語》〈季氏〉)

  이와 같으므로 먼 곳에 있는 사람들이 복종하지 않으면, 문덕(文德)을 닦아 그들을 오게 한다.

- 儒者在本朝◆則美政, 在下位則美俗, 儒之爲人下**如是**矣. (《荀子》〈儒效〉)

  선비가 조정에 [관리로] 있으면 정치를 아름답게 하고, 낮은 위치에 있으면 풍속을 아름답게 하니, 선비는 남의 아랫사람 노릇을 **이와 같이** 한다.

  ◆本朝(본조): 자기 나라의 조정.

ㅇ

• 是一國作謀, 則三國必起而乘我, **如是**, 則齊必斷而爲四三, 國若假城然耳. (《荀子》〈强國〉)

[이 중에서] 만일 한 나라가 음모를 꾀한다면, [나머지] 세 나라는 틀림없이 일어나 우리(제齊나라)를 배반할 것이며, **이렇게 된다면** 제나라는 틀림없이 서너 덩어리로 분할되어 나라는 [다른 나라의] 성을 빌린 것처럼 될 것이다.

• 楨辭旨巧妙皆**如是**, 由是特爲諸公子所親愛. (《三國志》〈魏書 王粲傳注〉)

유정(劉楨)의 언사의 취지의 교묘함이 모두 **이와 같았으니**, 이로 말미암아 여러 공자의 사랑을 받았다.

• 夫華夷之分**如是**其嚴. (洪大容, 《毉山問答》)

무릇 화와 이의 구분이 **이렇게** 엄하다.

如有(여유)

접속사 가설을 나타내며, '만일 ~한다면'이라고 해석한다.

• **如有**復我者, 則吾必在汶上矣. (《論語》〈雍也〉)

만약 다시 저를 찾아온**다면** 저는 분명히 문수(汶水)가로 달아나 있을 것입니다.

• 今秦虎狼之國也, 而君欲往. **如有**不得還, 君得無爲土偶人所笑乎? (《史記》〈孟嘗君列傳〉)

지금 진나라는 호랑이나 이리같이 흉악한 나라인데, 당신은 가시려 하는군요. **만일** 돌아오지 못**하면**, 당신은 흙으로 빚은 인형의 비웃음을 받지 않겠습니까?

如之何(여지하)

부사 반문하거나 방법 혹은 원인을 물으며, '무엇 때문에' '어떻게' '왜' 등으로 해석한다. '如之何(여지하)' 앞에 부정의 뜻을 나타내는 말이 있으면 방법(도리)이 없음을 뜻한다.

- 析薪**如之何**? 匪斧不克. (《詩經》〈齊風 南山◆〉)
  땔나무를 **어떻게** 쪼갭니까? 도끼가 없으면 쪼갤 수 없습니다.
  ◆〈南山(남산)〉: 누이와 간통한 양공(襄公)의 음행을 풍자한 시.
- 仍舊貫, **如之何**? (《論語》〈先進〉)
  옛것을 그대로 따르는 것이 **어떻겠는가**?
- 年饑, 用不足, **如之何**? (《論語》〈顔淵〉)
  [어떤] 해에 기근이 들어 쓸 것(재정)이 부족하면 **어떻게** 하겠소?
- 長幼之節, 不可廢也, 君臣之義, **如之何**其廢之? (《論語》〈微子〉)
  장유(長幼)의 예절은 없앨 수 없는 법인데, 군신의 도의를 **어째서** 없애려 하십니까?
- 我之大賢與, 於人何所不容? 我之不賢與, 人將拒我, **如之何**其拒人也? (《論語》〈子張〉)
  내가 크게 현명하다면 다른 사람에 대해 무엇인들 포용하지 못하겠는가? 내가 현명한 사람이 아니라면 사람들이 나를 거절할 것이니 [내가] **어떻게** 남을 거절할 수 있겠는가?
- **如之何**其使斯民饑而死也? (《孟子》〈梁惠王上〉)
  어떻게 이 백성을 굶주려 죽게 할 수 있겠습니까?
- 昔者疾, 今日愈, **如之何**不弔? (《孟子》〈公孫丑下〉)
  어제는 병이 났지만 오늘은 나았으니, **어찌** 조상(弔喪)하러 가지 않겠는가?
- 然則, **如之何**而可也? (韓愈, 〈原道〉)

그렇다면 **어찌해야** 좋은가?

- 老子曰: "民不畏死, **如之何**其以死懼之?" (《尹文子》〈聖人〉)

노자가 말했다. "백성이 죽음을 두려워하지 않는데, **어떻게** 죽음으로써 그들을 두렵게 하겠는가?"

- 太師, 少師! 我其發出往? 吾家保于喪? 今女無故告予, 顚躋, **如之何**其? (《史記》〈宋微子世家〉)

태사와 소사여! 내가 나선다면 어디로 가야 하겠습니까? 우리 은나라가 무너지는 것을 지켜낼 수 있겠습니까? 지금 그대들이 나에게 알려주지 못하여 정녕 무너져버린다면 이를 **어찌해야** 하겠습니까?

- 小子元年, 曲沃武公使韓萬殺所虜晉哀侯. 曲沃益彊, 晉無**如之何**. (《史記》〈晉世家〉)

소자 원년, 곡옥의 무공이 한만(韓萬)을 시켜 포로 애후를 죽였다. 곡옥은 더욱 강성해져 진나라는 그곳을 **어찌할** 수 없었다.

- 子路曰: "由聞諸夫子, '其身親爲不善者, 君子不入也'. 今佛肹親以中牟畔, 子欲往, **如之何**?" (《史記》〈孔子世家〉)

자로가 말했다. "제가 선생님께 듣기로 '그 자신이 몸소 옳지 못한 일을 한 자에게 군자는 다가서지 않는다.'고 하셨습니다. 지금 필힐이 몸소 중모에서 반기를 들었는데도 선생님께서 가려 하시니 이는 **어찌 된** 것입니까?"

- 有父兄在, **如之何**其聞斯行之? (《史記》〈仲尼弟子列傳〉)

아버지와 형이 있는데, **어떻게** 듣고 바로 행동하겠는가?

- 大逆未彰, 奸利浚財, 怙勢作威, 大刻於民者, 無**如之何**. (柳宗元, 〈封建論〉)

도를 거스르는 행위를 드러나지 않게 하면서 이로움을 취하며 재물을 빼앗고, 권세에 의지해 위엄을 부리며 백성을 심하게 대하는 왕후는 **어떻게** 할 도리가 없다.

浚: 빼앗을 준 | 怙: 믿을 호

如此(여차)

대사 앞에 나온 어떤 상황을 가리키며, '그렇게' '이렇게' '이와 같이'라고 해석한다. '如此(여차)'의 구어적 표현은 '似個(사개)'인데 당송 대의 시가에 보인다.

- 然則無功而受事, 無爵而顯榮, 爲政**如此**, 則國必亂, 主必危矣. (《韓非子》〈五蠹〉)

  그러면 공로가 없으면서도 관직을 얻고 작위가 없으면서도 영화를 누리게 되니, 정치를 **이렇게** 하면 국가는 틀림없이 혼란해질 것이며 군주는 틀림없이 위험하게 될 것이다.

- 誕麾下數百人, 坐不降見斬, 皆曰: "爲諸葛公死, 不恨." 其得人心**如此**. (《三國志》〈魏書 諸葛誕傳〉)

  제갈탄 밑에 있던 수백 명은 투항하지 않고 참수되었는데, 모두 "제갈공을 위해 죽으니 여한이 없다."고 했다. 그가 얻은 인심이 **이와 같았다**.

- 入開陽城門, 焚燒其頭, 以婦女與甲兵爲婢妾. 至于姦亂宮人公主, 其凶逆**如此**. (《三國志》〈魏書 董卓傳〉)

  [군대는] 개양성 문으로 들어와 [잘린] 머리를 불태웠으며, 부녀자들을 사병들에게 주어 종이나 첩으로 삼도록 했다. [그는] 심지어 궁녀나 공주에게까지 간음하고 음란한 짓을 했으니, 그의 흉악함이 **이와 같았다**.

- 或有無鬚而誤死者, 至自發露形體而後得免. 宦者或有行善自守而猶見及, 其濫**如此**. (《三國志》〈魏書 袁紹傳〉)

  어떤 이는 [환관이 아니지만] 수염이 없다고 하여 잘못 죽임을 당하기도 했으므로, [사람들은] 스스로 알몸을 노출시킨 후에야 죽음을 면할 수 있었다. 환관 중에는 품행이 바르고 자기 분수를 지킨 자도 있었지만 오히려 죽음에 이르렀으니, 함부로 죽이는 행위가 **이와 같았다**.

- 初, 則及臨菑侯植聞魏氏代漢, 皆發服悲哭. 文帝聞植**如此**, 而不聞則也.

(《三國志》〈魏書 蘇則傳〉)

이 이전에 소칙과 임치후 조식은 위씨가 한나라를 대신한다는 소식을 듣고서, 모두 상복을 입고 슬프게 곡을 했다. 문제(조비)는 조식이 **이렇게** 한 것을 들었지만, 소칙 또한 이와 같이 했는지는 듣지 못했다.

• 太祖之征陶謙, 勑家曰: "我若不還, 往依孟卓." 後還, 見邈, 垂泣相對. 其親**如此**. (《三國志》〈魏書 張邈傳〉)

태조(조조)는 도겸을 토벌하러 갈 때 집안사람들에게 말했다. "내가 만일 돌아오지 못하면 맹탁에게 가서 의지하라." [조조는] 나중에 돌아와서 장막을 만나자 서로 얼굴을 맞대고 울음을 터뜨렸다. 그들의 친밀함이 **이와 같았다**.

• 其彊記默識**如此**. (《三國志》〈魏書 王衛二劉傅傳〉)

그의 뛰어난 기억력과 식견이 **이와 같았다**.

• 吾敬劉玄德, 所敬**如此**, 何驕之有! (《三國志》〈魏書 陳矯傳〉)

내가 유현덕(유비)을 공경하며, 공경하는 바가 **이와 같거늘** 어찌 교만함이 있으리오!

• 太祖初興, 愍其**如此**, 在於撥亂之際, 竝使郡縣立教學之官. (《三國志》〈魏書 高柔傳〉)

태조(조조)가 막 병사를 일으키자 **이와 같은** 것을 안타깝게 여겨, 혼란이 평정되었을 때 군현에 학관을 세우도록 했다.

• 及郡下, 詣太守, 說**如此**. (陶淵明, 〈桃花源記〉)

군에 이르러 태수를 만나 **이와 같이** 말했다.

• 將卒慕陛下必信之賞, 人思建功, 兆庶悅陛下改過之誠, 孰不歸德! **如此**, 則亂必靖, 賊必平. (陸贄*, 〈奉天請罷瓊林大盈二庫狀〉)

장수와 병사들은 폐하께서 공이 있으면 반드시 상 주는 것을 연모하여 사람들 모두 공을 세우려고 생각하며, 백성은 폐하께서 과실을 고치려는 정성을 좋아하니 누가 [폐하의] 덕에 귀의하지 않겠는가! **이렇게 되**

면 혼란은 반드시 평정되고, 도적은 반드시 사라질 것이다.

◆陸贄(육지): 당나라 때 사람으로 자는 경여(敬輿). 덕종(德宗) 때 한림학사(翰林學士)가 되어 두터운 신임을 받았으며 특히 주의(奏議)는 후세에 이르기까지 존중되고 있다.

• 予少狂**如此**, 世人皆目以爲狂客也. (李奎報, 〈七賢說〉)
나는 젊어서부터 **이와 같은** 미친 짓을 했으므로, 세상 사람들이 모두 지목하여 미친놈이라고 했다.

• 詩之能感人, **如此**. (金萬重, 《西浦漫筆》)
시가 사람을 감동시킬 수 있음이 **이와 같다**.

• **如此**然後, 方齊整今來論. (任聖周, 〈答金伯高 癸未冬〉)
이와 같이 한 다음에 바야흐로 지금까지의 논의를 정리할 수 있다.

如何(여하)

대사 방법·가부(可否)·시간을 묻고 반문을 나타내기도 한다. '어떠하오' '어떻게' '어찌해야 좋은가' '얼마나'라고 해석한다.

• 伐柯**如何**? 匪斧不克. 取妻**如何**? 匪媒◆不得. (《詩經》〈豳風 伐柯〉)
도끼 자루를 **어떻게** 벱니까? 도끼가 없으면 벨 수가 없어요. 아내는 **어떻게** 맞이합니까? 중매하는 사람이 없으면 얻을 수 없습니다.

◆媒(매): 중매하는 사람. 중국 고대에는 중매인을 두어 혼사를 이루었다.

媒: 중매쟁이 매

• 夜**如何**其? 夜未央. (《詩經》〈小雅 庭燎◆〉)
밤이 **얼마나** 되었습니까? 한밤중은 되지 않았습니다.

◆〈庭燎(정료)〉: 뜰에 세워놓은 횃불. 이 시는 제후들이 새벽에 조회하러 궁중으로 몰려드는 모습을 노래한 것이다.

央: 가운데 앙

• 與不穀◆同好, **如何**? (《左傳》 僖公四年)

나와 우호 관계를 맺는 것이 **어떻겠는가**?

◆不穀(불곡): 제후가 자신을 낮추어 부르는 말.

• 憂之**如何**? (《孟子》〈離婁下〉)

걱정하면 **어찌하겠는가**?

• 皐陶述其謀曰: "信其道德, 謀明輔和." 禹曰: "然! **如何**?" (《史記》〈夏本紀〉)

고요가 그의 생각을 말했다. "그 덕을 믿고 따른다면 계획은 뚜렷해지고 보필하는 자들은 화합할 것입니다." 우가 말했다. "옳소! **어떻게 해야 좋겠소**?"

• 九年, 吳王闔廬請伍子胥·孫武曰: "始子之言郢未可入, 今果**如何**?" (《史記》〈吳太伯世家〉)

[합려] 9년, 오나라 왕 합려는 오자서와 손무에게 말했다. "처음에 당신들이 영도(郢都)를 공격할 수 없다고 말했는데, 지금은 과연 **어떠하오**?"

• 管仲病, 桓公問曰: "群臣誰可相者?" 管仲曰: "知臣莫如君." 公曰: "易牙**如何**?" 對曰: "殺子以適君, 非人情. 不可." (《史記》〈齊太公世家〉)

관중이 병이 나자 환공이 물었다. "여러 신하 가운데 누가 재상이 될 만하오?" 관중이 말했다. "임금보다 신하를 더 잘 아는 분은 없습니다." [환]공이 물었다. "역아(易牙)는 **어떻소**?" 대답하여 말했다. "자식을 죽여 임금의 뜻에 맞추려 했으니 인간의 정서에 어긋납니다. 안 됩니다."

• 二世召博士諸儒生問曰: "楚戍卒攻蘄入陳, 於公**如何**?" (《史記》〈劉敬叔孫通列傳〉)

이세 황제가 박사와 여러 선비를 불러 물었다. "초나라의 국경을 지키던 병사들이 기현(蘄縣)을 공격하고 진(陳)에까지 이르렀다고 하는데 공들은 **어떻게 생각하시오**?"

• 天使熒惑加禍於景公也, **如何**可移於將相若歲與國民乎? (《論衡》〈變虛〉)

하늘이 형혹성(화성)의 [변이를 일으켜] 경공에게 재앙을 주었는데, **어찌**

[그 재앙을] 장수나 대신 혹은 풍년이나 흉년이나 백성에게 전가할 수 있겠는가?

• 誠以爲陛下當憐而佑之, 少委任焉. **如何**反錄昭等傾側之意, 而忽若人者乎? (《三國志》〈魏書 杜恕傳〉)
진실로 폐하께서는 마땅히 불쌍하게 여겨 그들을 도와 일을 조금이나마 맡기셔야 합니다. **어떻게** 오히려 염소(廉昭) 등의 기울어진 생각은 살피면서 이와 같은 사람은 홀시하십니까?

• 豈無一時好, 不久當**如何**? (陶潛, 〈擬古〉)
어찌 한때의 아름다움이 없으리오마는 오래가지 않으니 **어떻게** 하리오?

• 今若遇我也**如何**? (柳宗元, 〈設漁者對智伯〉)
오늘 당신이 나를 만나는 것이 **어떻겠소**?

• 吾與東野生竝世, **如何**復躡二子蹤? (韓愈, 〈醉留東野〉)
나는 맹교(孟郊)와 함께 세상에 살았지만, **어떻게** 두 사람(이백李白·두보杜甫)의 발자취를 좇아갈까?

• 諸君以爲**如何**? (《容齋逸史》〈方臘起義〉)
모두 **어떻게** 생각하는가?

如(여)~何(하)

일의 처리를 묻는 관용구로서 '~을 어떻게 하겠는가'라고 해석한다. '奈(내)~何(하)' '若(약)~何(하)'와 같다.

• 以君之力, 曾不能損魁父之丘, **如**太行·王屋**何**? (《列子》〈湯問〉)
당신의 힘으로는 괴보(魁父) 같은 작은 언덕조차 덜어낼 수 없는데, [그 큰] 태항산(太行山)과 왕옥산(王屋山)**을 어떻게 하겠소**?
損: 낮출 손

• 王答曰: 惟我與公不護此邦, 其**如**民庶**何**? (《三國遺事》〈紀異〉)

[미추]왕이 대답했다. "나와 공이 이 나라를 지키지 않으면 백성을 **어떻게 하겠는가**?"

如許(여허)

대사 '如此(여차)'와 같고 정도를 나타내며, '이렇게' '이처럼'이라고 해석한다.

• 問渠那得清**如許**, 爲有源頭活水◆來. (朱熹, 〈觀書有感〉)

거수(渠水)가 어떻게 **이처럼** 맑을 수 있느냐고 물으니, 근원이 있어 항상 흐르기 때문이라네.

◆活水(활수): 흐르는 물.

• 行路**如許**難, 誰能不華髮◆? (范成大◆, 〈盤龍驛〉)

길을 가는 것이 **이렇게** 험난한데, 누가 머리카락이 세지 않을 수 있겠는가?

◆華髮(화발): 노년이란 뜻.

◆范成大(범성대): 송대의 시인이며, 자는 치능(致能)이다. 양만리(楊萬里)와 쌍벽을 이루었고, 《석호거사시집》이 있다.

華: 머리 셀 화

汝/女(여)

대사 '너(너희)'라고 해석한다. 본래 '汝(여)'는 물 이름이고 '女(여)'는 일반적으로 '녀'라고 읽어 '부녀' '여자'를 가리켰는데, 뒤에 '汝(여)'를 대사의 정자(正字)로 삼게 되었다.

- 誨**女**知之乎? (《論語》〈爲政〉)

  너에게 [어떤 것을] 안다는 것이 무엇인지 가르쳐줄까?

- **女**與回也孰愈? (《論語》〈公冶長〉)

  너와 회(안회) 중에 누가 더 나으냐?"

- 子曰: "**女**, 器也." (《論語》〈公冶長〉)

  공자께서 말씀하셨다. "**너**는 그릇이다."

- 居, 吾語**女**. 好仁不好學, 其蔽也愚. (《論語》〈陽貨〉)

  앉아라, 내 **너**에게 들려주마. 인(仁)을 좋아하고 배우기를 좋아하지 않으면 그 병폐는 어리석게 된다.

- 吾與**汝**畢力平險. (《列子》〈湯問〉)

  나는 **너희**와 힘을 다해 [두 개의] 큰 산을 평평하게 골랐다.

- **汝**心之固, 固不可徹. (《列子》〈湯問〉)

  너의 사상은 완고한데, 그 완고함은 통할 수 없을 정도이다.

- 遂詣惇所, 叱持質者曰: "**汝**等凶逆, 乃敢執劫大將軍, 復欲望生邪! 且吾受命討賊, 寧能以一將軍之故, 而縱**汝**乎?" (《三國志》〈魏書 夏侯惇傳〉)

  그런 뒤에 [한호 등은] 하후돈이 있는 곳으로 가서 인질을 잡고 있는 자들을 꾸짖었다. "**너희**는 흉악한 반역자이면서 감히 대장군을 인질로 잡고 협박하고도 살기를 바라느냐! 또한 우리는 왕명을 받들어 [반역한] 도적을 토벌하고 있는데, 어찌 장군 한 사람 때문에 함부로 **너희** 말을 따를 수 있겠는가?"

- **汝**何自哭劉虞墓, 而不送章報◆於我也? (《三國志》〈魏書 田疇傳〉)

  너는 어찌하여 유우의 묘에 사사로이 곡을 했으며, 나에게 장보를 보내지 않는가?

◆章報(장보): 상주문에 대한 답서.

• 使**汝**不識詩書, 或未必艱貞若是. (袁枚, 〈祭妹文〉)

만약 **네**가 《시경》과 《서경》을 알지 못했다면, 아마도 반드시 이처럼 힘겹게 정절을 지키지는 않았을 것이다.

與(여)

❶ **전치사** 동작 혹은 행위의 동반자를 이끌어내며, '~와' '~와 더불어' '~와 함께'라고 해석한다. '與(여)' 다음의 목적어가 앞에 거론된 사람/사물과 동일한 경우에는 흔히 생략된다.

• 秦伯說, **與**鄭人盟. (《左傳》 僖公三十年)

진목공(秦穆公)이 기뻐하며 정나라 사람**과** 맹약했다.

• 冬, **與**越人水戰, 大敗越人. (《莊子》〈逍遙遊〉)

겨울에 월나라 사람**과** 수전을 하여 월나라 사람을 대패시켰다.

• 旦日, 客從外來, **與**坐談. (《戰國策》〈齊策一〉)

이튿날 손님이 밖에서 오자 [추기(鄒忌)는 그와] **더불어** 앉아서 한담했다.

• 項王卽日因留沛公**與**飮. (《史記》〈項羽本紀〉)

항왕은 당일 패공(沛公)을 머무르게 하고 **함께** 술을 마셨다.

• 陳涉少時, 嘗**與**人傭耕. (《史記》〈陳涉世家〉)

진섭은 젊을 때 사람들**과 함께** 머슴살이를 한 적이 있다.

• 孫臏嘗**與**龐涓俱學兵法. (《史記》〈孫子吳起列傳〉)

손빈은 일찍이 방연**과 함께** 병법을 익혔다.

• 信乃謀**與**家臣. (《史記》〈淮陰侯列傳〉)

한신(韓信)은 가신**과** 모의했다.

• 劉岱**與**橋瑁相惡, 岱殺瑁, 以王肱領東群太守. (《三國志》〈魏書 武帝紀〉)

유대**와** 교모는 서로 미워했는데, 유대는 교모를 죽이고서 왕굉에게 동군태수를 겸임하도록 했다.

• 微斯人, 吾誰**與**歸? (范仲淹, 〈岳陽樓記〉)

이런 사람이 아니라면 나는 누구**와 함께** 돌아갈까?

• 向察衆人之議, 專欲誤將軍, 不足**與**圖大事. (《資治通鑑》〈漢紀〉獻帝建安十三年)

많은 사람의 의견을 살펴보니 모두 고의로 장군을 해치려 하므로 **함께** 중대한 일을 도모할 수 없다.

• 先生**與**學者講論, 到疑處, 不主己見, 必博采衆論. (李滉, 《退溪集》)

선생은 학자들**과 더불어** 강론하다가 의심나는 곳에 이르면, 자기 의견을 주장하지 않고 반드시 여러 사람의 의견을 널리 받아들였다.

• 新羅時, 高乙那之後高厚, **與**其弟二人, 渡海來朝新羅. (《新增東國輿地勝覽》)

신라 때, 고을나의 후손 고후가 동생 두 명**과 함께** 바다를 건너 신라에 와서 조회했다.

• 我**與**汝約, 郡人而證之. (《燕巖集》〈兩班傳〉)

내가 그대**와 더불어** 약속하고 고을 사람들을 증인으로 삼겠다.

• 愛生惡死, 人**與**物同也. (李睟光, 《芝峯類說》)

삶을 사랑하고 죽음을 싫어하는 것은 사람**과** 만물이 같다.

❷ **부사** 말하는 범위 내에서 예외가 없음을 나타내며, '모두' '온'이라고 해석한다.

• 故天下之君子**與**謂之不祥者. (《墨子》〈天志中〉)

그래서 천하의 군자들은 **모두** 그들을 상서롭지 못한 사람이라고 말한다.

• **與**世皆然兮. (《楚辭》〈七諫〉)

온 세상이 모두 그러하다.

• 王覇安存危殆滅亡, 制**與**在我, 亡乎人. (《荀子》〈王制〉)

왕업과 패업, 평안히 보존함, 위태로움, 멸망의 제도는 **모두** 나에게 달린 것이지 다른 사람에게 달려 있지 않다.

• 兵不得休八年, 萬民**與**苦甚. (《漢書》〈高帝紀〉)

병사들은 8년이나 쉬지 못했으며, 백성은 **모두** 혹독한 고생을 한다.

❸ **전치사** 비교하는 대상을 이끌어내며, '~보다' '~와' '~와는' 등으로 해석한다.

• 職曰: "**與**刖其父而弗能病者, 何如?" (《左傳》 文公十八年)

염직(閻職)이 말했다. "자기 아버지의 발꿈치를 베이고도 원망할 수 없는 자**에 비하면** 어떤가?"

刖: [발꿈치] 벨 월

• 夫地大而不墾者, **與**無地同. (《商君書》〈算地〉)

토지는 광대하나 개간하지 않으면 땅이 없는 것**과** 같다.

• 詐而襲之, **與**先驚而後擊之, 一也. (《荀子》〈議兵〉)

속임수로 그들을 습격하는 것은 먼저 놀라게 한 뒤에 공격하는 것**과** 같습니다.

• 吾**與**徐公孰美? (《戰國策》〈齊策一〉)

나**와** 서공 중에 누가 더 아름다운가?

• 故不學之**與**學也, 猶喑聾之比於人也. (《淮南子》〈秦族〉)

그래서 배우지 않는 것**과** 배우는 것은 마치 벙어리와 귀머거리를 보통 사람에 비유하는 것과 마찬가지다.

• 故少發師而曠日, **與**一擧而疾決, 利害相萬也. (《漢書》〈馮奉世列傳〉)

그래서 적게 출병하여 시일을 허비하는 것은 한 차례 거병으로 빨리 승부를 겨루는 것**과** 이해득실에서 만 배나 차이가 있다.

• 學而不知止, **與**無學何異? (《花潭集》〈送沈教授序〉)

학문을 하고도 그칠 바를 모른다면, 학문을 하지 않는 것**과** 무엇이 다르가?

❹ **전치사** 동작 혹은 행위의 대상을 이끌어내며, '~을 대신하여' '~을 위하여' 등으로 해석한다.

- 今子**與**我取之, 而不**與**我置之; **與**我置之, 而不**與**我祀之, 焉可? (《韓非子》〈外儲說左上〉)

  지금 너는 **나를 위하여** 국가를 취했으나 오히려 **나를 위하여** 다스리지는 않으며, **나를 위하여** 그것(사직社稷)을 설치했으나 오히려 **나를 위하여** 제사 지내지 않으니 어떻게 해야 되겠느냐?

- **與**君歌一曲, 請君爲我側耳聽. (李白, 〈將進酒〉)

  그대**를 위하여** 노래 한 가락 부르려 하니, 그대는 날 위해 귀 기울여 듣게.

- 子厚**與**設方計, 悉令贖歸. (韓愈, 〈柳子厚墓志銘〉)

  유자후(柳子厚)는 [그를] **대신하여** [사람들과] 방법을 생각해내어 모두 돈을 갚고 돌아오게 했다.

❺ **전치사** 피동을 나타내고 동작의 주체를 이끌어내며, '~에 의하여'라는 뜻으로 해석한다.

- 吳王夫差棲越於會稽◆, 勝齊於艾凌 …… 遂**與**勾踐禽. (《戰國策》〈秦策五〉)

  오나라 왕 부차는 월나라 왕 [구천(勾踐)]을 [항복시켜] 회계산(會稽山)에서 살게 하고, 애릉에서 제나라를 이겼으나 …… 결국 구천**에게** 사로잡혔다.

  ◆棲於會稽(서어회계): 구천은 오왕 부차와 회계산에서 싸우다가 져서 그곳에서 포로가 되었는데, 쓸개를 맛보며 고난을 이겨내면서 힘을 길러 부차와 싸워 이겨 설욕했기 때문에 '회계지치(會稽之恥)'란 고사가 생겼다.

• 秦**與**天下俱罷, 則令不橫行於周矣. (《戰國策》〈西周策〉)

[만약] 진나라가 천하**에서** 내팽개쳐진다면, [진(秦)나라의] 명령은 주나라에서 멋대로 시행될 수 없을 것이다.

❻ **전치사** 동작 혹은 행위의 장소나 관련된 대상을 나타내며, '~에게' '~을' 등으로 해석한다.

• 惠帝讓參曰: "**與**窋胡治乎? 乃者我使諫君也." (《史記》〈曹相國世家〉)

혜제가 조참을 나무라며 말했다. "[그대는] 왜 조줄(曹窋)**을** 치죄했소? 지난번 일은 짐이 시켜서 그대에게 간하게 한 것이었소."

• 吳有越, 腹心之疾; 齊**與**吳, 疥癬◆也. (《史記》〈越王句踐世家〉)

오나라에게 월나라가 있는 것은 배 속의 큰 병이지만, 오나라**에게** 제나라는 피부에 난 옴입니다.

◆疥癬(개선): 전염성 피부병인 옴으로, 작은 외환(外患)을 뜻한다.

❼ **접속사** 앞뒤 문장을 연결하며, '~같이' '~에게' '~와' 등으로 해석한다.

• 晉人歸楚公子穀臣**與**連尹襄老之尸于楚, 以求知罃. (《左傳》成公三年)

진나라 사람은 초나라 공자 곡신**과** 연윤 양로의 시체를 초나라로 돌려주고 지앵을 요구했다.

• 子罕言利**與**命, 與仁. (《論語》〈子罕〉)

공자께서는 이익**과** 천명에 대해서는 거의 말씀하지 않으셨으나, 인(仁)**과** 더불어서는 하셨다.

• 所以遣將守關者, 備他盜之出入**與**非常也. (《史記》〈項羽本紀〉)

장수를 파견하여 관문을 지키는 까닭은 도적의 출입**과** 예상 밖의 변고에 대비하기 위함이다.

• 老賊欲廢漢自立久矣, 徒忌二袁·呂布·劉表**與**孤耳. (《資治通鑑》〈漢紀〉獻帝建安十三年)

늙은 도적은 한나라를 폐하고 자신이 황제가 되겠다는 생각을 한 지 오래되었으나, 단지 이원과 여포, 유표**와** 나를 꺼릴 뿐이다.

• 惟江上之淸風**與**山間之明月, 耳得之而爲聲, 目寓之而成色, 取之無禁, 用之不竭. (蘇軾, 〈前赤壁賦〉)

오직 강가의 신선한 바람**과** 산등성이의 밝은 달은 귀로 들으면 소리가 되고 눈으로 보면 풍경이 되어, 그것을 취해도 금할 사람이 없고 그것을 써도 다하지 않는다.

❽ **접속사** '豈若(기약)' '寧(녕)' '不若(불약)' '不如(불여)' 등과 어울려 두 사건의 이해득실을 비교하여 선택함을 나타낸다. '~하기보다 ~하는 편이 [차라리] 낫다'라고 해석한다.

• **與**我處畎畝之中, 由是以樂堯舜之道, 吾**豈若**使是君爲堯舜之君哉? (《孟子》〈萬章上〉)

내가 전원에 거하며 이대로 요·순의 도를 즐기기**보다**, 어찌 내가 이런 군주를 요·순 같은 임금이 되게 **하는 것이 낫지 않겠는가**?

• **與**爲人妻, **寧**爲夫子妾者. (《莊子》〈德充符〉)

다른 사람의 아내가 되기**보다는 차라리** 당신의 첩이 되**는 편이 낫겠다**.

• **與**吾得革車◆千乘, **不如**聞行人燭過之一言也. (《韓非子》〈難二〉)

나는 혁거 천 대를 얻는 것**보다** 행인(行人, 관직명) 촉과(燭過)의 말 한 마디를 듣**는 것이 낫다**.

◆革車(혁거): 고대 병거(兵車)의 한 가지.

• **與**使斶爲慕勢, **不如**使王爲趨士. (《戰國策》〈齊策四〉)

[나] 안촉을 권세를 사모하는 자로 만들기**보다는** 왕을 선비를 따르는 사람으로 만드**는 편이 낫다**.

• **與**人刃我, **寧**自刃. (《史記》〈魯仲連鄒陽列傳〉)

다른 사람의 칼에 죽기**보다는 차라리** 자살**하겠다**.

• **與**吾因子而生, **不若**反拘而死. (《新序》〈節士〉)

내가 그대로 인하여 살기**보다는** 도리어 잡혀 죽는 **게 낫겠다**.

❾ **감탄사** '吁(우)'와 같으며, '아'라고 해석한다.

• **與**! 吾安得一目以視越人之入吳也? (《呂氏春秋》〈知化〉)

아! 내가 어떻게 하면 한쪽 눈이라도 얻어서, 월나라 사람들이 오나라에 들어가는 것을 볼까?

【참고】

① 주다: • 所欲, **與**之聚之; 所惡, 勿施爾也. (《孟子》〈離婁上〉) [백성이] 원하는 것을 **주어** 모이게 하고, 싫어하는 것을 그들에게 베풀지 말아야 한다. • **與**斗巵酒. (《史記》〈項羽本紀〉) 큰 술잔에 술을 따라 **주다**. • 臨財廉, 取**與**義. (司馬遷, 〈報任安書〉) 재물에 임해서는 청렴하고, **주고**받음에 있어서는 의리가 있다. • 豈宜以一千年社稷, 一旦輕以**與**人. (金富軾, 《三國史記》) 어찌 마땅히 천 년 내려온 나라를 하루아침에 가볍게 다른 사람에게 **주리오**.

② 더불다: • 失其所**與**, 不知. (《左傳》 僖公三十年) **더불어** 하는 바(동맹국)를 잃음은 지혜롭지 못하다.

③ 칭찬하다: • 朝過夕改, 君子**與**之. (《漢書》〈翟方進列傳〉) 아침에 잘못을 했으나 저녁에 고치면 군자는 그것을 **칭찬한다**.

④ 따르다: • 桓公知天下諸侯多**與**己也. (《國語》〈齊語〉) 환공은 천하의 많은 제후들이 자기를 **따르고** 있음을 알았다.

⑤ 참여하다, 참가하다: • 非天下之至變, 其孰能**與**於此. (《周易》〈繫辭傳〉) 천하에 지극히 정밀한 이가 아니면 그 누가 여기에 **참여할** 수 있겠는가. • 蹇叔之子**與**師. (《左傳》 僖公三十二年) 건숙의 아들은 군대에 **참가했다**.

與皆(여개)

부사 말하는 범위에서 예외가 없음을 나타내며, '모두' '전부'라고 해석한다.

- 還攻胡陽, 遇番君別將梅鋗**與皆**, 降析·酈. 遣魏人甯昌使秦, 使者未來. (《史記》〈高祖本紀〉)

  [패공은] 회군하여 호양(胡陽)을 공격하고 파군의 별장 매현을 만나 **모두** 함께 석현과 역현을 항복시켰다. 위나라 사람 영창(甯昌)을 진나라에 사신으로 보냈지만, 사자가 아직 돌아오지 않았다.

- 數日, 號令召三老◆·豪傑**與皆**來會計事. (《史記》〈陳涉世家〉)

  며칠 후 [진승은] 명을 내려 향관삼로(鄕官三老)와 호걸을 **모두** 불러들이라 하고는 회의를 개최했다.

  ◆三老(삼로): 공로(工老), 상로(商老), 농로(農老).

ㅇ

與其(여기)

접속사 '豈若(기약)' '豈如(기여)' '寧(녕)' '不若(불약)' '不如(불여)' '孰若(숙약)' 등과 어울려 두 일의 이해득실을 비교하여 선택함을 나타내며, '~하느니 차라리 ~하는 게 낫다'라는 의미로 해석한다.

- **與其**害於民 **寧**我獨死. (《左傳》定公十三年)

  백성을 해롭게 **하느니 차라리** 나 혼자 죽**겠다**.

- **與其**戍周, **不如**城之. (《左傳》昭公三十二年)

  주나라를 지키**느니** 성을 쌓는 편이 **낫다**.

- **與其**厚於兵, **不如**厚於人. (《管子》〈內言〉)

  군대에 후하게 하기**보다는 차라리** 사람에게 후하게 하는 게 **낫다**.

• 禮, **與其**奢也, **寧**儉. (《論語》〈八佾〉)

예는 사치스러운 것**보다는 차라리** 검소한 것이 **낫다**.

• 且而**與其**從辟人之士也, **豈若**從辟世之士哉? (《論語》〈微子〉)

그대 또한, 사람을 피해 다니는 선비를 따르는 **것이** 어찌 세상을 피해 다니는 선비를 따르는 **것만 같겠소**?

• **與其**譽堯而非桀也, **不如**兩忘而化其道. (《莊子》〈大宗師〉)

요임금을 [성군이라] 칭찬하고 걸왕(桀王)을 [폭군이라] 비난하기**보다는** 양쪽을 다 잊고 [절대의] 도와 하나가 되는 편이 **낫다**.

• **與其**有譽於前, **孰若**無毁於其後; **與其**有樂於身, **孰若**無憂於其心. (韓愈, 〈送李愿歸盤谷序〉)

앞에서 칭찬하기**보다는** 뒤에서 비방하지 않는 것이 **낫고**, 몸에 즐거움이 있기**보다는** 그 마음에 근심이 없는 것이 **낫다**.

• **與其**殺是童, **孰若**賣之. (柳宗元, 〈童區寄傳〉)

이 아이를 죽이**느니 차라리** 그를 팔아버리는 것이 **낫다**.

歟/與(여)

❶ **어조사** 문장 끝에 쓰여 의문을 나타내는데, 선택이나 추측을 나타내는 의문문에 쓰이면 명쾌한 답변을 요구하고 있음을 내포한다.

• 夫子至於是邦也, 必聞其政, 求之**與**? 抑與之**與**? (《論語》〈學而〉)

선생님께서 어떤 나라에 도착하면 꼭 그 나라의 정치에 대해 들으셨는데, 그것을 요구하신 것**입니까**? 아니면 [그들이] 선생님께 제공한 것**입니까**?

• 丘何爲是栖栖者**與**? (《論語》〈憲問〉)

구, 그대는 어찌하여 허둥거리**는가**?

- 是誰之過**與**? (《論語》〈季氏〉)

  이는 누구의 잘못이겠**느냐**?

- 是魯孔丘**與**? (《論語》〈微子〉)

  이 사람이 노나라의 공구란 말**이오**?

- 自織之**與**? (《孟子》〈滕文公上〉)

  스스로 짠 것**인가**?

- 仲子所居之室, 伯夷之所築**與**? 抑亦盜跖之所築**與**? 所食之粟, 伯夷之所樹**與**? 抑亦盜跖之所樹**與**? (《孟子》〈滕文公下〉)

  진중자(陳仲子)가 사는 집은 백이[같은 사람]가 지은 것**입니까**? 아니면 도척[같은 사람]이 지은 것**입니까**? 먹는 음식은 백이[같은 사람]가 심은 것**입니까**? 아니면 도척[같은 사람]이 심은 것**입니까**?

- 是何人也, 惡乎介也? 天**與**, 其人**與**? (《莊子》〈養生主〉)

  이는 어떤 사람인가, 어찌 다리가 하나뿐인가? 선천적인 것**인가**, [아니면] 인위적인 것**인가**?

- 吾犯此數患, 親交益疏, 徒友益散, 何**與**? (《莊子》〈山木〉)

  내가 이러한 여러 우환을 만나고, 친한 벗들은 더욱 소원해지며, 제자들과 친구들은 더욱 흩어져 떠나는 까닭이 무엇**인가**?

- 今吾以十倍之地, 請廣於君, 而君逆寡人者, 輕寡人**與**? (《戰國策》〈魏策四〉)

  현재 나는 열 배의 영토를 가지고 안릉군에게 영토 확대를 요청했지만, 안릉군은 나의 뜻을 거절했으니, [이는] 나를 경시한 것**인가**?

- 商君曰: "子不說吾治秦**與**?" (《史記》〈商君列傳〉)

  상앙이 말했다. "당신은 내가 진나라를 다스리는 것을 좋아하지 않**습니까**?"

- 漁父見而問之曰: "子非三閭大夫**歟**? 何故而至此?" (《史記》〈屈原賈生列傳〉)

어부가 보고 그에게 물었다. "당신은 삼려대부가 아닙**니까**? 어찌하여 이곳에 이르렀습니까?"

- 無懷氏之民**歟**? 葛天氏之民**歟**? (陶淵明, 〈五柳先生傳〉)

  무회씨의 백성**인가**? 갈천씨의 백성**인가**?

- 兄之所代者誰耶? 理**歟**, 弊**歟**? (柳宗元, 〈答元饒州論政理書〉)

  당신의 전임자는 누구인가? 잘 다스렸**는가**, 피폐해졌**는가**?

❷ **어조사** 문장 끝에 쓰여 반문·추측·감탄을 나타내며, '~입니까' '~하구나' '~할 것이다' 등으로 해석한다.

- 孝悌也者, 其爲仁之本**與**! (《論語》〈學而〉)

  효도와 우애란 아마도 인(仁)을 행하는 근본**일 것이다**!

- 子在陳, 曰: "歸**與**! 歸**與**!" (《論語》〈公冶長〉)

  공자께서 진(陳)나라에 계실 때 말씀하셨다. "돌아가**자꾸나**! 돌아가**자꾸나**!"

- 今言王若易然, 則文王不足法**與**? (《孟子》〈公孫丑上〉)

  지금 [당신은] 왕 노릇 하는 것을 쉬운 것처럼 말하는데, 그렇다면 문왕은 본받을 가치가 없**습니까**?

- 古今非水陸**與**? 周魯非舟車**與**? (《莊子》〈天運〉)

  옛날과 지금의 차이는 물과 육지가 아닌**가**? 주나라와 노나라의 차이는 배와 수레가 아닌**가**?

- 山林**與**! 皐壤**與**! 使我欣欣然而樂**與**! (《莊子》〈知北游〉)

  산림**이여**! 높은 평원**이여**! 나를 기쁘고 즐겁게 하는**구나**!

- 夫人生百體堅强, 手足便利, 耳目聰明, 而心聖智, 豈非士之願**與**? (《史記》〈范雎蔡澤列傳〉)

  사람이 세상에 태어난 [이상], 신체가 건강하고 팔다리가 성하고 눈과 귀가 밝고 마음이 지혜로운 것이 선비의 바람이 아니**겠습니까**?

• 襄公曰: "先君薨, 尸在堂, 見秦利而因擊之, 無乃非爲人子之道**歟**?" (《呂氏春秋》〈悔過〉)

양공이 말했다. "나의 아버지가 돌아가셔서 시신을 본채에 안치했는데, 진나라를 치는 이익을 알았다고 하여 공격한다면 아마도 자식의 도리가 아니지 않**겠소**?"

• 陛下憂勞萬機, 或親燈火, 而庶事不康, 刑禁日弛, 豈非股肱不稱之明效**歟**? (《三國志》〈魏書 杜恕傳〉)

폐하께서는 천하의 모든 일로 근심하며 수고하고, 어떤 때는 등불을 가까이하며 정치를 하지만(밤늦게까지 정사에 골몰한다는 뜻), 모든 일이 순조롭지 못하고 법률은 나날이 느슨해지고 있으니, 어찌 폐하의 신하들이 [자리에] 걸맞지 않은 [인물이라는] 분명한 증거가 아니**겠습니까**?

• 自大亂以來十數年矣. 民之欲安, 甚於倒懸. 然而暴亂未息者, 何也? 意者政失其道**歟**. (《三國志》〈魏書 袁渙傳〉)

큰 난리가 일어난 지 십수 년이 되었습니다. 백성이 안정을 바라는 것은 [나무 위에] 거꾸로 매달려 있는 것보다 더 심합니다. 그러나 포악한 난이 그치지 않는 것은 무엇 때문이겠습니까? 아마도 정치가 그 정도(正道)를 잃었기 때문**일 것입니다**.

• 猗**歟**! 偉**歟**! 何行而可以彰先帝之洪業休德! (《文選》〈賢良詔〉)

아름답**구나**! 위대하**구나**! 어떻게 해나가야만 선제의 큰 업적과 미덕을 나타낼 수 있는가!

• 河東柳子厚, 斯人望而敬者**歟**! (劉禹錫, 〈唐故尙書禮部員外郎柳君集記〉)

하동 유자후는 이 사람들이 앙모하고 존경하는**구나**!

❸ **어조사** 문장 가운데에 쓰여 일시적인 정지를 나타낸다. '~면'이라고 해석하거나 해석하지 않는다.

• 子曰: "朽木不可雕也, 糞土之墻不可杇也. 於予*與 何誅?" (《論語》〈公冶長〉)

공자께서 말씀하셨다. "썩은 나무로는 조각할 수 없고, 더러운 흙으로 쌓은 담장에는 흙손질을 할 수 없다. 너(재여)에 대해서라**면** 내가 무엇을 탓하겠느냐?"

◆予(여): 재여(宰予). 춘추시대 노나라 사람이며 공자의 문인으로서 십철(十哲)의 한 사람이고 언어에 뛰어났다.

• 我之大賢**與**, 於人何所不容? 我之不賢**與**, 人將拒我, 如之何其拒人也? (《論語》〈子張〉)

내가 크게 현명하다**면** 다른 사람에 대해 무엇인들 포용하지 못하겠는가? 내가 현명한 사람이 아니라**면** 사람들이 나를 거절할 것이니 [내가] 어떻게 남을 거절할 수 있겠는가?

亦(역)

❶ **부사** 상황 혹은 사건 등이 앞에 나온 것과 같거나 연결됨을 나타내며, '~도' '또한'이라고 해석한다.

• 先君何罪, 其嗣**亦**何罪? (《左傳》文公七年)

선군은 무슨 죄이고, 그를 계승한 사람은 **또한** 무슨 죄입니까?

• 楚子使申舟聘於齊 …… **亦**使公子馮聘於晉. (《左傳》宣公十四年)

초나라 왕은 신주를 보내 제나라를 빙문하고 …… **또한** 공자 풍을 보내 진나라를 빙문했다.

聘: 사신 보낼 빙

• 孫桓子還於新築, 不入, 遂如晉乞師. 臧宣叔**亦**如晉乞師. (《左傳》成公二年)

손환자는 신축으로 돌아왔지만, 들어가지 못하자 진나라에 가서 구원병을 청했다. 장선숙**도** 진나라에 가서 구원병을 청했다.

- 乃令左軍銜枚溯江五里以須, **亦**令右軍銜枚逾江五里以須. (《國語》〈吳語〉)
  좌군에게 입을 다물고 강을 거슬러 5리 정도 올라가서 명령을 기다리게 하고, **또한** 우군에게도 소리 없이 강을 건너 5리 정도 가서 명령을 기다리게 했다.
- 生我所欲也, 義**亦**我所欲也. (《孟子》〈告子上〉)
  삶은 내가 바라는 바이고, 의로움**도** 내가 바라는 바이다.
- 夫子步, **亦**步; 夫子趨, **亦**趨. (《莊子》〈田子方〉)
  선생님께서 천천히 걸으면 [나] **역시** 천천히 걷고, 선생님께서 빨리 달리면 [나] **역시** 빨리 달린다.
- 施諸己而不願, **亦**勿施於人. (《禮記》〈中庸〉)
  자기에게 시행하기를 바라지 않는 것을, **또한** 다른 사람에게 시행하지 마라.
- 今亡**亦**死, 擧大計**亦**死, 等死, 死國可乎? (《史記》〈陳涉世家〉)
  지금 도망가**도** 죽고 큰 계책을 꾸며**도** 죽으니, 이래도 저래도 죽을 바에야 나라를 위해 죽는 것이 좋겠지?
- 蝗蟲起, 百姓大餓, 布糧食**亦**盡, 各引去. (《三國志》〈魏書 武帝紀〉)
  황충(메뚜기)이 일어나 백성은 굶주림으로 고통을 받았으며, 여포의 군량미**도** 모두 떨어져 [쌍방은] 각자 군사를 퇴각시켰다.

❷ **부사** 일이나 생각 따위가 상황 혹은 조건이 바뀌더라도 변하지 않음을 나타내며, '~도' '또한'이라고 해석한다.

- 雖速我訟, **亦**不女從. (《詩經》〈召南 行露〉)
  비록 나를 소송에 걸더라도 **또한** 당신을 따를 수 없습니다.
- 敝邑之幸, **亦**云從也, 況其不幸, 敢不唯命是聽? (《左傳》成公二年)
  우리나라가 다행히 승리한다 해도 **또한** [당신 나라에] 의지할 것인데,

ㅇ

하물며 불행하게도 실패한다면 감히 [당신 나라의] 명령을 듣지 않겠습니까?

- 以吾度之, 越人之兵雖多, **亦**奚益於勝敗哉! (《孫子兵法》〈虛實〉)

  내가 헤아려보건대, 월나라의 병사가 비록 많더라도 **또한** 승패에 무슨 이익이 있겠는가?

- 夫哀莫大於死, 而身死**亦**次之. (《莊子》〈田子方〉)

  슬픔 중에서 [마음이] 죽는 것(체념)보다 큰 것이 없으니, 몸이 죽는 것**도** 그다음이다.

- 雖萎絶其**亦**何傷兮, 哀衆芳之蕪穢. (《楚辭》〈離騷〉)

  비록 말라서 떨어진다 해도 **또한** 무엇이 슬프겠는가, 수많은 꽃이 황폐해지는 것을 슬퍼한다네.

- 及平長, 可取妻, 富人莫肯與者, 貧者平**亦**耻之. (《史記》〈陳丞相世家〉)

  진평(陳平)이 성인이 되어 아내를 맞아들여야 했는데, 부자들은 [딸을] 주려고 하지 않았고, 가난한 [집에 장가드는] 것을 진평 **또한** 부끄럽게 여겼다.

❸ **부사** 과장이나 반문의 어기를 강조하며, '또한' '역시'라고 해석한다.

- 叟不遠千里而來, **亦**將有以利吾國乎? (《孟子》〈梁惠王上〉)

  노인장께서 천 리를 멀다 않고 오셨으니, **또한** 장차 우리나라를 이롭게 함이 있으시겠습니까?

- 水之性, 不雜則淸, 莫動則平, 鬱閉而不流, **亦**不能淸. (《莊子》〈刻意〉)

  물의 성질도 [마찬가지여서 잡된 것이] 섞이지 않으면 맑고, 움직이지 않으면 고요하며, 빈틈없이 틀어막아 흐르지 않게 하면 **또한** 맑을 수 없다.

- 嘻! **亦**太甚矣, 先生之言也! (《戰國策》〈趙策三〉)

  아! **또한** 너무 심하구나, 선생의 말이!

- 滎見太祖所將兵少, 力戰盡日, 謂酸棗未易攻也, **亦**引兵還. (《三國志》〈魏

書 武帝紀〉)

서영(徐榮)은 태조(조조)가 이끄는 병사의 수가 많지 않음에도 불구하고 하루 종일 전력투구하여 싸우는 것을 보고, 산조를 쉽게 공격할 수 없다고 판단하여 그 **역시** 병사를 이끌고 돌아갔다.

- 王者宮室, **亦**宜並立. (《三國志》〈魏書 陳群傳〉)

  왕자(王者)의 궁실은 **역시** 왕업을 세우는 것과 함께해야 하오.

- 而五人生於編伍之間, 素不聞詩書之訓, 激昂大義, 蹈死不顧, **亦**曷故哉! (張溥, 〈五人墓碑記〉)

  그러나 [이] 다섯 사람은 평민 사이에서 태어나 본래 《시경》《서경》의 가르침을 들어본 적이 없었는데도 대의를 위해서는 격앙하고 죽음을 돌보지 않는 것은 **또한** 무슨 까닭인가!

- 楚王問群臣曰: "吾聞北方畏昭奚恤, **亦**誠何如?" (《新序》〈雜事二〉)

  초나라 왕이 신하들에게 물었다. "나는 북방의 모든 나라가 소해휼을 무서워한다고 들었는데, **역시** 진실로 어떤가?"

❹ **부사** 어떤 범위에 한정됨을 나타내며, '겨우' '다만' '단지' 등으로 해석한다.

- 堯舜之治天下, 豈無所用其心哉? **亦**不用於耕耳. (《孟子》〈滕文公上〉)

  요와 순이 천하를 다스리는 데 어찌 그 마음을 쓴 곳이 없었겠는가? **다만** 밭 가는 데 쓰지 않았을 뿐이다.

- 此**亦**妄人也已矣. (《孟子》〈離婁下〉)

  이는 **단지** 망령된 사람일 뿐이다.

- 王**亦**不好士也, 何患無士? (《戰國策》〈齊策四〉)

  왕은 **다만** 인재를 좋아하지 않는데, 어째서 인재가 없다고 걱정하십니까?

- 子擊因問曰: "富貴者驕人乎? 且貧賤者驕人乎?" 子方曰: "**亦**貧賤驕人耳." (《史記》〈魏世家〉)

이에 자격이 [자방(子方)에게] 물었다. "부귀한 사람이 다른 사람에게 교만합니까? 혹은 가난하고 천한 사람이 다른 사람에게 교만합니까?" 자방이 말했다. "**다만** 가난하고 천한 사람이 다른 사람에게 교만할 뿐입니다."

❺ **부사** 청구·의논·권고·명령 등의 어기를 나타낸다.

- 君**亦**圖之. (《左傳》 昭公五年)

  임금께서 이것을 도모**하십시오**.

- 我, 田忌之人也, 吾三戰而三勝, 聲威天下, 欲爲大事, **亦**吉否? (《戰國策》 〈齊策一〉)

  나는 전기라는 사람인데, 내가 세 번 싸워 세 번 승리하여 명성과 위세를 천하에 떨쳤으니, [이 기회를 틈타] 큰일(제나라를 뒤엎고 왕 노릇 하는 것)을 하려고 하는데 길하지 않**겠소**?

❻ **어조사** 문장의 첫머리나 중간에 쓰이며, 뜻이 없으므로 해석할 필요는 없다.

- **亦**旣見止, **亦**旣覯止, 我心則降. (《詩經》 〈召南 草蟲〉)

  이미 보고 이미 만나니, 내 마음이 놓이네.

- 都! **亦**行有九德. (《尙書》 〈皐陶謨〉)

  아! [인간의] 행실을 총괄하여 말하면 아홉 가지 품덕이 있다.

- 若從踐土, 若從宋. **亦**唯命. (《左傳》 定公元年)

  누가 천토의 맹약을 따르고, 누가 송을 따를 것인가. 오직 명령대로 할 뿐이다.

- 蓋**亦**反其本矣? (《孟子》 〈梁惠王上〉)

  무엇 때문에 그 근본을 돌이키지 않는가?

亦且(역차)

부사 몇 가지 일이 동시에 존재함을 나타내며, '또한'이라고 해석한다. '亦復(역부)'와 같다.

- 水火有氣而無生, 草木有生而無知, 禽獸有知而無義, 人有氣·有生·有知 **亦且**有義. (《荀子》〈王制〉)

  물과 불은 실체는 있으나 생명이 없고, 초목은 생명은 있으나 지각이 없으며, 짐승은 지각은 있으나 도의가 없는데, 인간은 실체도 있고 생명도 있으며, 지각도 있고 **또한** 도의도 있다.

- 所與交往相識者千百人, 非不多, 其相與如骨肉兄弟者, **亦且**不少. (韓愈, 〈與崔群書〉)

  왕래하며 서로 알고 있는 자가 수천 수백 명으로 많지 않은 것이 아니고, 그중 골육의 형제처럼 교류하는 자 **또한** 적지 않다.

- 雖淺學之言, **亦且**留意聽之, 虛心理會, 反復參訂, 終歸於正而後已. (李滉, 《退溪集》)

  비록 학문이 얕은 사람의 말이라도 **또한** 유의하여 듣고서 마음을 비워 이해하고, 반복하여 참고 검토하여 마침내 바른 데로 돌아간 뒤에야 그만두었다.

然(연)

❶ **대사** 앞 문장에서 언급한 상황을 대신하며, '如此(여차)'와 같다. '그렇게' '이렇게 하면'이라고 해석한다.

- 河內凶, 則移其民於河東, 移其粟於河內, 河東凶亦**然**. (《孟子》〈梁惠王上〉)

ㅇ

황하 이북에 흉년이 들면 그곳의 백성을 황하 동쪽으로 옮기고 황하 동쪽의 양식을 황하 북쪽으로 옮기며, 황하 동쪽에 흉년이 들면 또 **이렇게 합니다**.

- 孟子曰: "許子必種粟而後食乎?" 曰: "**然**." (《孟子》〈滕文公上〉)
  맹자가 말했다. "허자는 반드시 곡식을 심은 후에 먹는가?" [진상이] 말했다. "**그렇습니다**."
- 干越夷貉之子, 生而同聲, 長而異俗, 教使之**然**也. (《荀子》〈勸學〉)
  남방의 오월(吳越) 지역과 이맥(夷貉) 지대의 아이는 태어나서 우는 소리는 같지만 자라면서 풍속을 달리하는데, [이것은] 교육이 그들을 **그렇게** 만든 것이다.
- 人人皆以我爲越踰好士, **然**故士至. (《荀子》〈堯問〉)
  사람들은 모두 내가 지나치게 선비를 좋아한다고 하는데, **그러했기** 때문에 선비들이 [내게] 오는 것이다.
- 項羽曰: "吾聞秦軍圍趙王鉅鹿, 疾引兵渡河, 楚擊其外, 趙應其內, 破秦軍必矣!" 宋義曰: "不**然**!" (《史記》項羽本紀)
  항우가 말했다. "내가 듣건대 진나라 군사가 거록에서 조나라 왕을 포위하고 있다고 하니, 빨리 병사를 이끌고 황하를 건너 밖에서는 초나라를 공격하고 안에서는 조나라를 응하면, 진나라 군사를 틀림없이 쳐부술 것이다!" 송의가 말했다. "**그렇지** 않습니다!"
- 文人相輕, 自古而**然**. (曹丕, 〈典論論文〉)
  문인들이 서로 경시하는 것은 옛날부터 **그러했다**.

❷ **부사** 두 일이 서로 이어지거나 원인이 됨을 나타내며, '곧'이라고 해석한다.

- 鮒魚忿然作色, 曰: "吾失我常與, 我無所處, 吾得斗升之水**然**活耳." (《莊子》〈外物〉)

붕어가 화를 내며 말했다. "나는 항상 함께하던 물을 잃어서 내가 있을 곳이 없는 것입니다. 나는 약간의 물을 얻으면 **곧** 살 수 있습니다."

- 闔閭◆富故, **然**使鱄諸刺王僚, 燕太子丹富故, **然**使荊軻刺秦王. (《賈子》〈淮難〉)

  합려는 부유하므로 **곧** 전제를 보내 오왕 요(僚)를 죽이려 했고, 연나라 태자 단은 부유하므로 **곧** 형가를 보내 진나라 왕을 죽이려 했다.

  ◆闔閭(합려): 춘추시대 오왕(吳王)의 이름. 월왕 구천과 싸우다가 다쳐 죽음.

❸ **접속사** 문맥의 전환을 나타내며, '그러나' '그러면서'라고 해석한다.

- 我不能早用子, 今急而求子, 是寡人之過也. **然**鄭亡, 子亦有不利焉! (《左傳》僖公三十年)

  나는 일찍이 그대를 임용하지 못하고, 지금 정세가 위급해서야 그대를 구하니, 이것은 나의 잘못이다. **그러나** 정나라가 멸망한다면 그대에게도 이롭지 않겠지!

- 今子長八尺, 乃爲人僕御. **然**子之意自以爲是. 妻是以求去也. (《晏子春秋》〈內篇雜上〉)

  지금 당신은 키가 8척이나 되면서 도리어 다른 사람의 마부 노릇을 합니다. **그러면서도** 당신은 마음으로 스스로 만족스럽다고 생각하고 있습니다. 나는 이 때문에 떠나려는 것입니다.

- 周勃重厚少文, **然**安劉氏者必勃也. (《史記》〈高祖本紀〉)

  주발은 점잖고 너그럽고 글재주는 모자라**지만**, 유씨를 안정시킬 사람은 틀림없이 주발일 것입니다.

- 孔子曰: "其男子有死之志, 婦人有保西河之志. 吾所伐者, 不過四五人." 靈公曰: "善." **然**不伐蒲. (《史記》〈孔子世家〉)

  공자가 말했다. "그곳[포지(蒲地)]의 남자들은 나라를 위해 목숨을 바칠 결심이 있고, 부녀자들은 서하를 지키려는 뜻이 있습니다. 우리가 토벌하고자 하는 것은 네댓 명에 지나지 않습니다." 영공이 말했다. "좋습니다." **그러나** 포지를 공격하지 않았다.

- 孤不度德量力, 欲伸大義於天下, 而智術淺短, 遂用猖蹶*, 至於今日. **然**志猶未已. (《三國志》〈蜀書 諸葛亮傳〉)

  나는 덕과 능력도 헤아리지 못하고 천하에 대의를 펴고자 했으나, 지혜와 방법이 부족하여 좌절하고 실패하여 오늘에 이르렀습니다. **그러나** 나의 뜻만은 여전히 버리지 않았습니다.

  *猖蹶(창궐): 함부로 날뛰어 좋지 못한 세력이 성하게 퍼져서 제어하기 어렵다는 뜻이지만, 여기서는 걸려 넘어진다는 의미가 적절하다.

❹ **접속사** 가설이나 양보를 나타내며, '만일' '설사' 등으로 해석한다.

- 足下位爲上相, 食三萬戶侯, 可謂極富貴無欲矣. **然**有憂念, 不過患諸呂·少主耳. (《史記》〈酈生陸賈列傳〉)

  당신의 벼슬은 승상이고 식읍 3만 호의 열후(列侯)이니 매우 부귀하며 [더 이상 다른] 욕망은 없다고 할 수 있을 것입니다. **만일** 우려하는 것이 있다면 여씨들과 어린 군주를 걱정하는 데 불과하겠지요.

- **然**飾窮其要, 則心聲鋒起. (《文心雕龍》〈夸飾〉)

  만일 수식으로 사물의 요점을 궁구한다면 마음의 소리가 일어날 것이다.

- **然**知今人巧, 未覺古人迂. (黃庭堅, 〈寄南陽謝外舅〉)

  설사 지금 사람의 기교를 알지라도 옛사람의 어리석음을 느끼지 못할 것이다.

❺ **어조사** 항상 '若(약)' '如(여)' 등과 호응하여 추측을 나타내며, '~같이' '~듯이' '~하겠다' 등으로 해석한다.

- 若由也, 不得其死**然**. (《論語》〈先進〉)

  유(자로)처럼 행동하면 자기 목숨대로 살지 못**할 것이다**.

• 予豈若是小丈夫**然**哉? (《孟子》〈公孫丑下〉)

내가 어찌 이 소장부**같이** 하겠는가?

• 人之視己, 如見其肺肝**然**. (《禮記》〈大學〉)

남이 자기를 볼 때 자신의 폐부를 보**듯이** 할 것입니다.

• 其人視端容寂, 若聽茶聲**然**. (魏學洢, 〈核舟記〉)

그 사람의 눈빛은 굳어 있고, 모습은 고요하여 마치 차 [끓일 때 나는] 소리를 듣는 것 **같다**.

❻ **어조사** '焉(언)'에 상당하며, 해석할 필요는 없다.

• 歲旱, 穆公召縣子而問**然**. (《禮記》〈檀弓下〉)

가뭄이 들자 목공이 현자를 불러 [상황을] 물었다.

❼ **어조사** 명사나 동사 뒤에 놓여서 상태를 나타내는 형용사나 부사를 만든다.

• 天油**然**作雲, 沛**然**下雨, 則畝浡**然**興之矣. (《孟子》〈梁惠王上〉)

하늘에 구름이 뭉게뭉게 일어 비가 주룩주룩 내리면 볏모가 왕성하게 자라난다.

• 今言王若易**然**. (《孟子》〈公孫丑上〉)

지금 왕 노릇 하는 것이 쉬운 것처럼 말씀하시는군요.

• 蔣氏大戚, 汪**然**出涕. (柳宗元, 〈捕蛇者說〉)

장씨는 매우 슬퍼하더니 눈물을 줄줄 흘렸다.

• 蔽林間窺之, 稍出近之, 慭慭◆**然**莫相知. (柳宗元, 〈三戒 黔之驢〉)

[호랑이가] 숲속에 숨어서 그(당나귀)를 지켜보다가 점점 가까이 갔는데, 겁을 먹고 벌벌 떨며 얼굴도 보지 못했다.

◆慭慭(은은): 겁을 먹어 마음이 내키지 않지만 어쩔 수 없는 모양.

• 望晚日照城郭, 汶水徂徠如畫, 而半山居霧若帶**然**. (姚鼐◆, 〈登泰山記〉)

석양이 성곽을 비추는 것을 바라보니, 문수와 조래산은 그림 같고 낮은 산에 걸려 있는 안개는 마치 띠 같구나.

◆姚鼐(요내): 청나라 중기 학자이며 경학에 통하고 고문에 뛰어나 동성파(桐城派)의 비조가 되었고, 그가 지은《고문사류찬(古文辭類纂)》은 학자들이 표준으로 삼는 책이 되었다.

【참고】

그렇다, 맞다, 옳다: • 子曰: "**然**, 有是言也." (《論語》〈陽貨〉) 공자가 말했다. "**그래**, 그런 말을 한 적이 있었지." • 虎以爲**然**, 故遂與之行. (《戰國策》〈楚策一〉) 호랑이는 [여우가 한 말이] **옳다고** 생각했기 때문에 그와 함께 갔다. • 魯仲連曰: "然梁之比於秦, 若僕耶?" 辛垣衍曰: "**然**." (《戰國策》〈趙策三〉) 노중련이 말했다. "그렇다면 양나라를 진나라에 비교했을 때 마치 하인과 같다는 말입니까?" 신원연이 말했다. "**그렇습니다**." • 孫子謂田忌曰: "君弟重射. 臣能令君勝." 田忌信**然**之. (《史記》〈孫子吳起列傳〉) 손자가 전기에게 말했다. "당신은 다만 내기를 크게 거십시오. 저는 당신이 이길 수 있게 하겠습니다." 전기는 그의 말이 **맞다고** 믿었다. • 於是信**然**之, 從其計, 遂渡河. (《史記》〈淮陰侯列傳〉) 그래서 한신(韓信)은 [괴통(蒯通)의 계책을] **옳다고** 생각하여, 그의 계책을 따라 마침내 황하를 건넜다.

然故(연고)

접속사 앞에 제시된 원인에 따른 결과를 이끌며, '따라서' '때문에'라고 해석한다.

• 遵主令而行之, 雖有傷敗, 無罰; 非主令而行之, 雖有功利, 罪死. **然故**下之事上也, 如響之應聲也; 臣之事主也, 如景◆之從形也. (《管子》〈任法〉)

군주의 명령에 따라 일을 처리하면 설사 좌절과 실패가 있더라도 벌을 내리지 않고, 군주의 명령을 위배하여 일을 처리하면 설사 업적과 이익이 있더라도 죽을죄로 처리한다. **따라서** 아랫사람이 윗사람을 섬기는 것은 메아리가 소리에 응답하는 것과 같아야 하고, 신하가 군주를 섬기는 것은 그림자가 형체를 따르는 것과 같아야 한다.

◆景(경): 그림자. '影(영)'과 같음.

然乃(연내)

부사 문맥의 전환을 나타내며, '비로소' '~지만'이라고 해석한다.

- 其母死, 貧無以葬, **然乃**行營高敞地, 令其旁可置萬家. (《史記》〈淮陰侯列傳〉)

  그의 어머니가 죽었을 때 가난해서 장례도 치를 수 없었**지만**, [결국] 높고 넓은 땅에 무덤을 만들어 그 주위에 1만 호의 집이 들어설 수 있게 했다.

- 三年之後, **然乃**知之. (《論衡》〈講瑞〉)

  3년 뒤에야 **비로소** 그것(공자가 성인임)을 알았다.

然爲(연위)

어조사 '焉爲(언위)'와 같고 '爲(위)'에 중점이 있으며, 의문이나 반문을 나타낸다. '~입니까' '~한가'라고 해석한다.

- 闔不亦問是已? 奚惑**然爲**? (《莊子》〈徐無鬼〉◆)

  어찌하여 또 이것을 [정확하게] 묻지 않느냐? 무엇 때문에 미혹에 빠지**는가**?

◆〈徐無鬼(서무귀)〉: 《장자》 전편 가운데 가장 길어 글자 수도 3천5백여 자나 되는데, 대체로 잡다란 인지(人智)를 버리고 대자연의 조화에 융화해야만 마음의 안정을 얻을 수 있음을 논술했다. 앞부분은 비교적 논지가 명확하나 뒷부분은 변환(變幻) 또는 단속(斷續)의 장절(章節)이 많고, 기술의 형식도 설화체·문답체·논설체 등이 섞여 있다.

然已(연이)

어조사 내용을 한정하며, '~뿐이다'라고 해석하거나 해석하지 않는다. '而已(이이)'와 같다.

- 然則君子之爲身, 無好無惡**然已**乎? (《管子》〈版法解〉)
  그러면 군자는 자신을 위하며, [어떤 것을] 사랑하지도 않고 미워하지도 않을 **뿐인가**?

然而(연이)

❶ **부사** '如是而(여시이)'와 같은데, '然(연)'은 앞에서 서술한 내용을 가리키고 '而(이)'는 역접을 나타낸다. '이와 같이 하고도'라고 해석한다.

- 七十者衣帛食肉, 黎民不饑不寒, **然而**不王者, 未之有也. (《孟子》〈梁惠王上〉)
  일흔 살 된 사람이 비단옷을 입고 고기를 먹으며, 백성이 굶주리지 않고 추위로 고생하지 않게 되니, **이렇게 하고도** [천하에] 왕 노릇 하지 못한 그런 사람은 없었습니다.
- 汝穎以爲險, 江漢以爲池, 限之以鄧林, 緣之以方城, **然而**秦師至而鄢郢擧, 若振槁然. (《荀子》〈議兵〉)

[초나라는] 여수(汝水)와 영수(穎水)를 요해(要害)로 삼고, 장강과 한수를 [성 밖을 둘러싼] 못으로 삼았으며, 등 땅의 숲으로 한계를 짓고, 방성산(方城山)이 둘러쳐져 있다. **이러고도** 진나라 군대가 언과 영의 성에 이르러 점령하는 것이 마치 마른 나뭇잎을 치는 것 같았다.

鄢: 땅 이름 언 | 郢: 초나라 서울 영 | 槁: 마를 고

❷ **접속사** 전환을 나타내며, '그러나' '그런데'라고 해석하기도 하고 해석하지 않는 경우도 있다.

- 尺地莫非其有也, 一民莫非其臣也. **然而**文王猶方百里起, 是以難矣. (《孟子》〈公孫丑上〉)

  한 자의 토지도 주(紂)의 소유가 아닌 것이 없고, [어느] 한 명의 백성도 주의 신하가 아닌 사람이 없었다. **그런데** 문왕은 사방 백 리[의 작은 나라]로 일어났기 때문에 어려웠다.

- 孟施舍似曾子, 北宮黝似子夏. 夫二子之勇, 未知其孰賢, **然而**孟施舍守約也. (《孟子》〈公孫丑上〉)

  맹시사는 증자 같[은 용기를 길렀]고, 북궁유는 자하 같[은 용기를 길렀]다. 이 두 사람의 용기는 누가 나은지 모르**지만**, 맹시사의 방법은 그 요령을 얻은 것이다.

  黝: 검푸를 유, 칠할 유

- 凡亡國之君, 其朝未嘗無致治之臣也, 其府未嘗無先王之書也. **然而**不免乎亡者, 何也? 其賢不用, 其法不行也. (《中論》〈亡國〉)

  무릇 망국의 군주는 그의 조정에 일찍이 국가의 안위를 다스릴 신하가 없었던 것도 아니고, 그의 창고에 선왕의 전적이 없었던 것도 아니다. **그러나** 망하는 데서 벗어나지 못한 것은 무엇 때문인가? 그것은 현명한 신하가 임명되지 못하고 선왕의 법령이 실행되지 못했기 때문이다.

- 此三臣者, 其不忠哉! **然而**不免於死. (《史記》〈李斯列傳〉)

이 세 신하가 어찌 충성하지 않았겠는가! **그러나** [모두] 죽음을 면치 못했다.

• 劭上疏曰: "百官考課, 王政之大較, **然而**歷代弗務, 是以治典闕而未補, 能否混而相蒙." (《三國志》〈魏書 劉劭傳〉)

유소는 상소를 올렸다. "백관에 대한 근무 평가는 국가 정치의 근본이**지만** 역대로 실행하려고 하지 않았으며, 이 때문에 정치의 법전은 완전하지 못하지만 보충하지 않았고, 능력 있는 자와 무능한 자가 뒤섞여서 구분할 수 없습니다."

• 董卓首亂, 天下莫不側目. **然而**未有先發者, 非無其心也, 勢未敢耳. (《三國志》〈魏書 任峻傳〉)

동탁이 처음으로 난을 일으켰을 때, 천하 사람 중에 미워하지 않는 자가 없었습니다. **그러나** 앞장서는 자가 없었던 것은 마음이 없어서가 아니라 대세(大勢)로 인해 감히 하지 못한 것입니다.

然則(연즉)

❶ **접속사** '然(연)'은 미리 전제한 것을 확정하는 역할을 하고, '則(즉)'은 추론을 나타낸다. '그래서' '그러면' '그렇다면'이라고 해석한다.

• **然則**'朝四而暮三', 衆狙皆悅. (《莊子》〈齊物論〉)

그래서 '아침에 네 개 저녁에 세 개'라고 하니, 원숭이들이 모두 기뻐했다.

• 子貢曰: "**然則**夫子何方之依?" (《莊子》〈大宗師〉)

자공이 물었다. "**그러면** 선생님은 어떤 세계를 따르고 있습니까?"

• 故工人斫木而成器, **然則**器生於工人之僞, 非故生於人之性也. (《荀子》〈性惡〉)

본래 목공이 나무를 깎아 그릇을 만들었으니, **그렇다면** 그릇은 목공의 제작 기술에서 나온 것이지 목공의 천성에서 나온 것이 아니다.

- 令有構木鉆燧於夏后氏世者, 必爲鯀禹笑矣; 有決瀆於殷·周之世者, 必爲湯·武笑矣. **然則**今有美堯·舜·禹·湯·武之道於當今之世者, 必爲新聖笑矣. (《韓非子》〈五蠹〉)

  만약 하후씨 시대에 어떤 사람이 나무를 얽어 불을 지폈다면 반드시 곤과 우에게 웃음거리가 되었을 것이고, 은·주 시대에 어떤 사람이 수로를 팠다면 반드시 탕과 무에게 웃음거리가 되었을 것이다. **그렇다면** 바로 지금 어떤 사람이 요·순·우·탕·무의 도를 찬미한다면 반드시 새로운 성인에게 웃음거리가 될 것이다.

  瀆: 도랑 독

- 魯仲連曰: "然梁之比於秦, 若僕耶?" 辛垣衍曰: "然." 魯仲連曰: "**然則**吾將使秦王烹醢◆梁王!" (《戰國策》〈趙策三〉)

  노중련이 말했다. "그렇다면 양나라를 진나라에 비교하면, 마치 하인과 같다는 말입니까?" 신원연이 말했다. "그렇습니다." 노중련이 말했다. "**그렇다면** 내가 진나라 왕이 양나라 왕을 참혹하게 죽이도록 하겠습니다."

  ◆烹醢(팽해): 삶고 절임. 즉 사람을 참혹하게 죽임.

  烹: 삶을 팽

- 羨曰: "**然則**何向而可?" (《三國志》〈魏書 桓階傳〉)

  장선(張羨)이 물었다. "**그렇다면** [나는] 누구를 따라야 하겠소?"

- 是, 進亦憂, 退亦憂. **然則**何時而樂邪? (范仲淹, 〈岳陽樓記〉)

  이는 나아가도 [관리가 되는 것을] 근심하는 것이고, 물러나도 근심하는 것이다. **그렇다면** [옛 어진 사람은] 어느 때에 즐거워했는가?

❷ **접속사** 전환을 나타내며, '그러나' '그러니'라고 해석한다.

- 子曰: "書不盡言, 言不盡意." **然則**聖人之意其不可見乎? (《周易》〈繫辭傳〉)

공자가 말했다. "글로는 다 말할 수 없고, 말로는 뜻을 다할 수 없다." **그렇다면** 성인의 뜻은 아마도 볼 수 없는 것인가?

- 夫貴爲天子, 富有天下, 是人情之所同欲也. **然則**從人之欲, 則勢不能容, 物不能贍也. (《荀子》〈榮辱〉)

  귀하기는 천자가 되고 부유하기는 천하를 갖는 것, 이것은 사람들의 본성이 다 같이 바라는 바이다. **그러니** 사람의 욕심대로 따른다면 형세는 받아들일 수 없고 물건은 충분할 수 없을 것이다.

- 孔子曰: "聖則丘何敢? **然則**丘博學而多識者也." (《列子》〈仲尼〉)

  공자가 말했다. "성인이라면 제가 어찌 감당하리오? **그러나** 저는 널리 배워 많이 아는 사람일 뿐입니다."

然且(연차)

접속사 '然(연)'은 전환을, '且(차)'는 연속을 나타내며, '그러나' '그런데도' '또' '오히려' 등으로 해석한다.

- 故衣食者, 人之生利也, **然且**猶尙有節. 葬埋者, 人之死利也, 夫何獨無節于此乎? (《墨子》〈節葬下〉)

  그러므로 의식은 사람이 살아가는 데 이롭지만 **오히려** 절제가 있다. 장사 지내는 것은 사람이 죽은 뒤의 이로움인데 무엇 때문에 유독 여기에만 절제가 없는가?

- 不識王之不可以爲湯武, 則是不明也, 識其不可, **然且**至, 則是干澤也. (《孟子》〈公孫丑下〉)

  [제(齊)]왕이 탕왕이나 무왕 같은 [훌륭한 임금이] 될 수 없음을 알지 못했다면 [맹자의 지혜가] 밝지 못한 것이고, 불가능함을 알면**서도** [제나라로] 왔다면 [맹자가] 윤택을 구한 것이다.

• 其不可行明矣. **然且**語而不舍, 非愚則誣也. (《莊子》〈秋水〉)

그 일은 실행할 수 없음이 명백해졌다. **그런데도** [그것을] 주장하며 멈추지 않는다면, 이는 바보가 아니면 속임수이다.

• 室家立殘, 親戚不免乎刑戮, **然且**爲之, 是忘其親也. (《荀子》〈榮辱〉)

가정이 곧 망하고 친척은 사형을 면치 못했지만, **또** 서로 싸우고 살육하는 것은 그 부모를 잊어버리는 것이다.

• 鄒魯之臣, 生則不得事養, 死則不得飯含. **然且**欲行天子之禮於鄒魯之臣, 不果納. (《戰國策》〈趙策三〉)

추나라와 노나라의 신하들은 [임금이] 살아 있을 때에는 [예에 따라] 섬길 수 없었고 죽은 뒤에도 반함할 수 없었다. **그러나** [제(齊)나라 민왕(湣王)은] 추나라와 노나라의 신하들에게 천자의 예를 행하려 했으나 결국 받아들이지 않았다.

ㅇ

然後(연후)

접속사 어떤 상황이나 동작이 발생한 다음을 잇는 것을 나타내며, '而後(이후)'와 같다. '그런 이후에' '비로소' '~한 뒤에야'라고 해석하거나 해석하지 않을 수도 있다.

• 國人皆曰賢, **然後**察之, 見賢焉, **然後**用之. (《孟子》〈梁惠王下〉)

나라 사람들이 모두 어질다고 말**한 뒤에** 그를 자세히 살펴보고, 어짊이 있음을 본 **뒤에** 임용한다.

• 獨居三年, **然後**歸. (《孟子》〈滕文公上〉)

홀로 3년을 거처**한 이후에** 돌아갔다.

• 夫大寒至, 霜雪降, **然後**知松柏之茂也. (《淮南子》〈俶眞訓〉)

추위가 닥쳐와서 서리와 눈이 내린 **뒤에야** 소나무와 잣나무의 무성함을 알 수 있다.

- 是故學**然後**知不足, 敎**然後**知困. (《禮記》〈學記〉)

  이 때문에 배운 **뒤에야** 지식의 부족함을 알고, 가르친 **뒤에야** 통하지 않음을 안다.

- 夫以曹公之明哲, 天下賢俊皆歸之. 其勢必擧袁紹, **然後**稱兵以向江漢, 恐將軍不能禦也. (《三國志》〈魏書 劉表傳〉)

  조공의 명철함에 의지하여 천하의 현명하고 능력 있는 자들이 모두 그에게 귀의하고 있습니다. 그 추세로 볼 때 반드시 원소를 공격**한 이후에** 병사를 일으켜 장강과 한수 일대를 공격할 것이니, [그렇게 되면] 아마 장군은 대항하여 막아낼 수 없을 것입니다.

- 世有伯樂, **然後**有千里馬. (韓愈, 〈雜說四〉)

  세상에 백락이 있은 **뒤에야** 비로소 천리마가 있게 되었다.

緣(연)

❶ **전치사** 동작 혹은 행위의 경유·매개·원인을 나타내며, '~로 말미암아' '~에 근거하여' '~에 따라서' '~을 통하여' '~한다고 하여' 등으로 해석한다.

- 趙穿**緣**民衆不說, 起弑靈公. (《公羊傳》宣公六年)

  조천은 민중이 기뻐하지 않는 것**으로 말미암아** [진(晉)]영공을 죽였다.

  說: 기쁠 열

- 明君之治天下也, **緣**法而治, 按功行賞. (《商君書》〈君臣〉)

  현명한 임금이 천하를 다스릴 때는 법**에 따라** 다스리고 공을 살펴 상을 준다.

- **緣**耳而知聲可也, **緣**目而知形可也. (《荀子》〈正名〉)

  귀를 **통하여** 소리를 알 수 있고, 눈을 **통하여** 형체를 알 수 있다.

- **緣**溪行, 忘路之遠近. (陶淵明, 〈桃花源記〉)

  작은 시냇물을 **따라** 가다가 길의 원근을 잊어버렸다.

- 花徑不曾**緣**客掃, 蓬門今始爲君開. (杜甫, 〈客至〉)

  꽃이 길을 덮어도 손님 온**다고** 쓸어본 적 없었는데, 오늘에야 그대를 위해 사립문을 처음 열었다.

- 知益州日, 造間金奇錦, **緣**奄侍通宮掖, 以得執政. (《宋史紀事本末》〈郭后之廢〉)

  [문언박(文彦博)은] 익주지부(益州知府)로 있을 때 직조 사이에 금사를 넣은 신기한 비단을 짜서 환관을 **통하여** 궁궐로 보냄으로써 조정을 장악했다.

❷ **접속사** 원인을 나타내며, '~ 때문에' '~로 인하여' 등으로 해석한다. '緣底(연저)' '緣何(연하)'의 형태로 쓰이기도 한다.

- 不畏浮雲遮望眼, 自**緣**身在最高層. (王安石, 〈登飛來峰〉)

  뜬구름이 시선 가림을 걱정하지 않는 것은 내가 가장 높은 곳에 있기 **때문이다**.

- 皆不可限以時月, **緣**土氣有早晚, 天時有愆伏◆. (沈括, 《夢溪筆談》)

  모두 일정한 달로 제한할 수 없는 것은, 땅의 기운에는 이르고 늦은 [차이가] 있으며, 하늘의 때에는 건양(愆陽)과 복음(伏陰)이 있기 **때문이다**.

  ◆愆伏(건복): 건양과 복음. 겨울은 따뜻하고 여름은 서늘하여 날씨가 정상적인 상태가 아님을 가리킴.

- 王倫本一狎邪◆小人·市井無賴. 頃**緣**宰相無識, 遂擧以使虜. (胡銓, 〈戊午上高宗封事〉)

  왕륜은 본래 한 방탕한 소인이며 시정의 무뢰한이다. 그때 재상이 알지 못했기 **때문에** 그를 사자로 선발했다.

◆狎邪(압사): 품행이 단정하지 못하고 방탕함.

【참고】

① [의복의 가장자리를 싸서 돌린] 가선: • **緣**廣寸半. (《禮記》〈王藻〉) **가선**의 넓이는 1촌 반이다.

② [기어]오르다: • **緣**木求魚. 나무에 **올라가** 물고기를 구한다.

③ 연분: • 僕宿習之**緣**, 已在文字中矣. (白居易, 〈與元九書〉) 나의 익숙한 **연분**은 이미 문장 속에 있다.

繄(예)

어조사 '惟/唯/維(유)'와 통하고 내용을 한정하며, '다만' '~만'이라고 해석하거나 문장의 뜻에 따라 적절하게 해석하며, 해석하지 않을 수도 있다.

- 爾有母遺, **繄**我獨無. (《左傳》 隱公元年)

  그대는 [고기를] 가져다드릴 어머니가 계신데 **나만** 홀로 안 계시다.

- 民不易物, 惟德**繄**物. (《左傳》 僖公五年)

  백성이 제물을 바꾸지 않았으되 다만 덕 있는 사람이 [올린] 것**만**이 제물이다.

- 君王之於越也, **繄**起死人而肉白骨也. (《國語》〈吳語〉)

  [이렇게 볼 때] 임금께서는 월나라에 대하여 [마치] 죽은 사람을 소생시켜 뼈에 살을 더해준 은인과 같으십니다.

吾(오)

대사 '나' '우리'라고 해석한다.

- 師之耳目, 在**吾**旗鼓, 進退從之. (《左傳》成公二年)

  군대의 눈과 귀는 **우리**의 깃발과 북소리에 있으니, 나아가고 물러남에 이것(북과 깃발)을 따른다.

- 子皮曰: "願◆, **吾**愛之, 不**吾**叛也." (《左傳》襄公三十一年)

  자피가 말했다. "근면하고 성실하여 **내**가 그를 아끼니 **나**를 배반하지 않을 것이다."

  ◆願(원): 사람됨이 근면하고 성실하다는 뜻.

- 夫子欲之, **吾**二臣者皆不欲也. (《論語》〈季氏〉)

  선생(계강자)께서 그렇게 하려는 것이지, **저희** 두 신하는 모두 원하지 않습니다.

- 昔者, **吾**舅死於虎, **吾**夫又死焉, 今**吾**子又死焉. (《禮記》〈檀弓下〉)

  옛날에 **나**의 시아버지가 호랑이에게 죽었고, **나**의 남편도 그것에게 죽었는데, 지금 **나**의 아들이 또 그것에게 죽었다.

- 公謂諸將曰: "**吾**降張繡等, 失不便取其質, 以至於此. **吾**知所以敗." (《三國志》〈魏書 武帝紀〉)

  조공(曹公)이 여러 장수에게 말했다. "**내**가 장수 등을 항복시켰으나 실수로 그들을 인질로 잡지 못하여 여기에 이른 것이오. **나**는 패배한 까닭을 알고 있소."

- 太祖見而壯之曰: "此**吾**樊噲也!" 卽日拜都尉. (《三國志》〈魏書 典韋傳〉)

  태조(조조)는 [허저를] 보고 용맹하다고 여겨 말했다. "이는 **나**의 번쾌(유방의 시위侍衛)로다!" [그러고는] 그날로 도위로 임명했다.

- 公曰: "**吾**人臣也." 遂答拜. 至止車門下輿. 左右曰: "舊乘輿入." 公曰: "**吾**

ㅇ

被皇太后徵, 未知所爲." (《三國志》〈魏書 高貴鄕公紀〉)

공(조모)은 "**나**는 [위나라의] 신하요."라고 하며 인사에 답했다. [조모는] 지거문에 이르러 수레에서 내렸다. 주위 사람들이 말했다. "옛날에는 수레를 타고 [궁까지] 들어갔습니다." [그러자] 공이 말했다. "**나**는 황태후의 부름을 받았을 뿐 할 바를 모르오."

- 生乎**吾**前, 其聞道也, 固先乎**吾**, **吾**從而師之. (韓愈, 〈師說〉)

  나보다 먼저 태어나 그가 도리를 깨달음이 진실로 **나**보다 먼저라면, **나**는 그를 따라 스승으로 섬기겠다.

【참고】

춘추전국시대에 '吾(오)'와 '我(아)'는 모두 대사로 쓰였다. '吾(오)'는 '我(아)'와 차이가 없었던 것은 아니지만, 《맹자》와 《장자》에서 어느 정도 나타나다가 진한(秦漢) 이후에는 차이가 없어졌다. '吾(오)'는 주어와 목적어로 많이 쓰였는데, 이는 《논형(論衡)》에서 비교적 뚜렷하게 나타난다.

'我(아)'가 주어로 쓰일 때는 어기를 강조하는 경우가 많았다. • 子曰: "**我**未見好仁者惡不仁者. 好仁者, 無以尙之. 惡不仁者, 其爲仁矣, 不使不仁者加乎其身. …… **我**未見力不足者. 蓋有之矣, **我**未之見也." (《論語》〈里仁〉) 공자께서 말씀하셨다. "**나**는 아직 인을 좋아하는 사람과 인하지 못한 것을 미워하는 사람을 보지 못했다. 인을 좋아하는 사람은 더할 나위가 없지만, 인하지 못한 것을 미워하는 사람은 스스로 인을 실천함에 있어 인하지 못한 사람에게 영향을 받지 않도록 해야 한다. …… **나**는 아직 [그] 능력이 부족한 사람은 보지 못했다. 아마도 있겠지만, **나**는 아직 보지 못했다." • 莫**我**知也夫! (《論語》〈憲問〉) 아무도 **나**를 알아주는 사람이 없구나!

於(오)

감탄사 '아'라고 해석한다.

• 僉曰: "**於**! 鯀哉!" (《尙書》〈堯典〉)

모두 말했다. "**아**! 곤이구나!"

僉: 모두 첨

於乎/於呼(오호)/於戲(오희)

감탄사 '於(오)'와 '乎/呼(호)/戲(희)'가 결합된 것으로서 '아'라고 해석한다. '於熙(오희)'와 같다.

• **於乎**小子, 未知臧否. (《詩經》〈大雅 抑〉)

아! 젊은이들은 선과 악을 알지 못하는구나.

• **於戲**! 前王不忘! (《詩經》〈周頌 烈文〉)

아! 이전 왕[의 공덕]을 잊을 수 없구나!

• **於乎**! 皇王! (《荀子》〈仲尼〉)

아! 황상이여!

• 孔子曰: "**於呼**哀哉! 我觀周道, 幽厲傷之, 吾舍魯何適矣?" (《禮記》〈禮運〉)

공자가 말했다. "**아**, 슬프구나! 내가 주나라 도를 보니 유왕과 여왕이 그것을 해쳤으니, 내가 노나라를 버리고 어디로 가겠는가?"

• 武王曰: "**於乎**! 維天陰定下民, 相和其居, 我不知其常倫所序." (《史記》〈宋微子世家〉)

무왕이 말했다. "**아**! 하늘은 아무도 모르게 아래의 백성들을 안정시키고 그곳에 사는 사람들을 서로 화목하게 하는데, 나는 그 일상의 법도가 순서를 얻게 한 것도 알지 못했소."

• 維六年四月乙巳, 皇帝使御史大夫湯廟立子閎爲齊王. 曰: "**於戱**, 小子閎, 受茲青社◆! 朕承祖考, 維稽古建爾國家, 封于東土, 世爲漢藩輔. **於戱**念哉! 恭朕之詔, 惟命不于常." (《史記》〈三王世家〉)

[원수] 6년 4월 을사일에 황제께서 어사대부 장탕으로 하여금 태묘(太廟)에서 황자 유굉을 세워 제왕(齊王)으로 삼으셨다. [황제께서] 말씀하셨다. "**아**, 아들 굉아, 이 푸른색 사토(社土)를 받아라! 나는 조상의 대업을 이어받고 옛날의 제도에 근거하여 너의 나라를 세워주고 동쪽의 땅을 봉하니, 대대로 한(漢) 왕조의 울타리가 되어 보좌하여라. **아**, 명심하여라! 나의 조서를 공손히 받들지니, 오직 천명은 불변하는 것이 아니다."

◆社(사): 社土(사토). 제단의 흙을 말한다. 천자는 청색·황색·적색·백색·흑색 등 다섯 가지 색의 흙으로 토지신에게 지내는 제사의 단을 쌓았다.

• 武帝大笑曰: "**於呼**! 安得長者之語而稱之?" (《史記》〈滑稽列傳〉)

무제가 크게 웃으며 말했다. "**아**! 어디서 장자의 말을 듣고 이렇게 말하는 것이오?"

• **於虖**◆! 君其上丞相博山侯印綬◆, 罷歸! (《漢書》〈孔光列傳〉)

아! 그대는 승상과 박산후의 인수를 바치고 [향리로] 돌아가라!

◆虖(호): '乎(호)'의 본자.

◆印綬(인수): 관리로 임명되어 임금으로부터 받은 표장(標章).

罷: 돌아갈 파

• **於戱**! 其進聽朕命! (《三國志》〈蜀書 後主傳〉)

아! 나와서 짐의 명령을 들으시오!

• **於戱**! 死生用捨之際, 孰能違天? (蘇軾, 〈王安石贈太傅制〉)

아! 죽고 살며 쓰이고 버림받을 때에 누가 하늘을 거역할 수 있겠는가?

烏(오)

부사 반문을 나타내며, '어떻게' '어째서'라고 해석한다.

- 秦**烏**能與齊懸衡? (《戰國策》〈秦策三〉)
  진나라가 **어떻게** 제나라에 대항할 수 있느냐?
- 不知言之人, **烏**可與言? (韓愈, 〈五箴·言箴〉)
  말을 이해하지 못하는 사람과 **어떻게** 더불어 말할 수 있겠는가?
- 此皆騷人◆思士之所以悲傷憔悴而不能勝者, **烏**睹其爲快也哉? (蘇轍, 〈黃州快哉亭記〉)
  이러한 것들은 모두 시인과 생각에 잠긴 선비들이 슬프고 초췌함을 이겨낼 수 없는 까닭인데, **어째서** 그것들을 보고 즐거워하겠는가?
  ◆騷人(소인): 시인.
- 夫尹士, **烏**知予哉? (《風俗通義》〈窮通〉)
  그 윤 선비가 **어떻게** 나를 이해하겠는가?
- 此等不肖, 其後**烏**得昌? (《聊齋志異》〈龍飛相公〉)
  이들이 어리석은데 그의 후손이 **어떻게** 번창하겠는가?

【참고】

① 까마귀: • 月落**烏**啼霜滿天. (張繼, 〈楓橋夜泊〉) 달이 지고 **까마귀**가 울며 서리가 하늘에 가득 찼구나.

② 검다: • 身披**烏**衣. (《三國志》〈魏書 鄧艾傳〉) 몸에 **검은** 옷을 걸쳤다.

烏爲(오위)

대사 원인을 물으며, '무엇 때문에'라고 해석한다.

- 吾不知爾郡邑, 爾**烏爲**乎來爲玆山之鬼乎? (王守仁, 〈瘞旅文〉)

  나는 당신의 마을을 모르는데, 당신은 **무엇 때문에** 이 산의 귀신이 되었소?

  瘞: 묻을 예

烏乎/烏呼/嗚呼(오호)

감탄사 탄식을 나타내며, '아'라고 해석한다. '嗚呼哀哉(오호애재)' '嗚呼噫嘻(오호희희)'라고 하면 더욱 깊은 감정을 나타낸다.

- **烏呼**! 天禍衛國也夫! (《左傳》 成公十四年)

  아! 하늘이 위나라에 재앙을 내렸구나!

- **烏乎**! 詩所謂 '我躬不說, 遑恤我後?'者, 甯子可謂不恤其後矣. (《左傳》 襄公二十五年)

  아! 《시경》에서 '나 자신도 받아들여질 수 없는데 나의 후대를 근심하랴?'라고 했으니, 영자[영희(甯喜)]는 그 후손을 근심하지 않았다고 할 수 있다.

- **嗚呼**, 又何其閎覽博物君子也! (《史記》 〈吳太伯世家〉)

  아! 또한 어찌 그가 견문도 넓고 학식도 매우 높은 군자가 아니겠는가!

- **嗚呼**, 魯後世其北面事齊矣. (《史記》 〈魯周公世家〉)

  아! 노나라는 후세에 아마도 신하가 되어 제나라를 섬기게 될 것이다.

- **嗚呼**哀哉! (《史記》 〈魏其武安侯列傳〉)

  아, 슬프구나!

- **烏乎**! 戒之! (《漢書》 〈鼂錯列傳〉)

아! 이 점을 경계하라!

- **嗚呼**! 何時眼前突兀見此屋. (杜甫, 〈茅屋爲秋風所破歌〉)

  아! 어느 때나 눈앞에 우뚝한 이 집을 볼까.

- 年多物化空形影◆, **嗚呼**健步無由騁. (杜甫, 〈天育驃騎歌〉)

  해가 많이 지나고 사물이 변하여 공연히 형태만 그림에 있으니, **아**! 씩씩한 걸음 달릴 길 없네.

  ◆形影(형영): 형체와 그림자. 여기서는 말 그림을 뜻함.

- **嗚呼**噫嘻! 時耶命耶? (李華, 〈弔古戰場文〉)

  아아! 천시인가 운명인가?

- **嗚呼**! 吾少孤, 及長, 不省所怙◆, 惟兄嫂是依. (韓愈, 〈祭十二郎文〉)

  아! 나는 어려서 아버지를 여의어 자라서도 부모를 알지 못하고 오로지 형수만이 의지할 바였다.

  ◆所怙(소호): 부모.

  怙: 의지할 호

- **嗚呼**! 其信然邪? 其夢邪? (韓愈, 〈祭十二郎文〉)

  아! 그것이 사실인가? 그것이 꿈인가?

- **嗚呼**! 其眞無馬邪? (韓愈, 〈雜說〉)

  아! 참으로 천리마가 없는 것인가?

- **嗚呼**! 士窮乃見節義. (韓愈, 〈柳子厚墓志銘〉)

  아! 선비가 궁해야 곧 절개와 의리를 볼 수 있다.

- **嗚呼**! 彼以其飽食無禍爲可恒哉! (柳宗元, 〈三戒〉)

  아! 그놈들은 배불리 먹으면서도 화를 당하지 않는 일이 영원할 수 있다고 생각했단 말인가!

- **嗚呼**! 孰知賦斂之毒有甚是蛇者乎? (柳宗元, 〈捕蛇者說〉)

  아! 조세 징수의 잔혹함이 이 독사보다 심함을 누가 알겠는가?

- **嗚呼**! 老矣. 是誰之愆. (朱熹, 〈勸學文〉)

ㅇ

아! 늙었구나. 이것은 누구의 허물인가.

• **嗚呼**! 堯舜大聖也, 民且謗之. (皮日休, 〈原謗〉)

아! 요와 순은 위대한 성인인데도 백성은 그들을 비방하려는구나.

• **嗚呼**! 我中國其果老大矣乎? (梁啓超, 〈少年中國說〉)

아! 우리 중국이 설마 진실로 늙었다는 것인가?

惡(오)/啞(아)

❶ **대사** 동사 '在(재)'나 전치사 '乎(호)' 앞에 쓰여 장소를 묻는다. '어느 곳' '어느 방면' '어디'라고 해석한다.

• 天下**惡**乎定? (《孟子》〈梁惠王上〉)

천하는 **어디**로 정해지겠습니까?

• 居**惡**在? 仁是也. 路**惡**在? 義是也. (《孟子》〈盡心上〉)

거할 곳은 **어디**에 있는가? 인(仁)이 [있는 곳이] 그곳이다. 길은 **어디**에 있는가? 의(義)가 [있는 곳이] 그곳이다.

• 敢問夫子**惡**乎長? (《孟子》〈公孫丑上〉)

감히 묻건대, 선생께서는 **어디**에 뛰어나십니까?

• 學**惡**乎始? **惡**乎終? (《荀子》〈勸學〉)

학습은 **어디**에서 시작하는가? **어디**에서 끝나는가?

• 自◆吾母而不得吾情, 吾**惡**乎用吾情? (《禮記》〈檀弓〉)

설사 나의 어머니라 하더라도 나의 마음을 얻지 못했으니, 내가 나의 마음을 **어디**에 쓸 것인가?

◆自(자): 설사 ~하더라도.

• 王者行仁政, 無敵于天下, **惡**用費哉! (《鹽鐵論》〈本議〉)

왕이 된 자가 어진 정치를 시행하면 천하에 적이 없는데, 군비를 **어디**에 쓰겠는가?

• 且王攻楚, 將**惡**出兵? (《史記》〈春申君列傳〉)

또한 왕이 초나라를 공격하면 장차 **어느 곳**에서 출병하겠습니까?

❷ **부사** 동사나 조동사 앞에 쓰여 방법 혹은 원인을 묻거나 반문을 나타낸다. '어느 곳' '어떻게' '어째서' '어찌'라고 해석한다.

• 以小易大, 彼**惡**知之? (《孟子》〈梁惠王上〉)

작은 것(양)으로 큰 것(소)을 바꾸었으니, 그들이 **어떻게** 당신의 뜻을 알겠습니까?

• 天鬻也天食也, 旣受食於天, 又**惡**用人? (《莊子》〈德充符〉)

자연의 양육이란 자연이 [만물을] 먹여 살리는 것이니, 자연에게서 양육을 받는데 또 **어찌** 인위가 필요하겠는가?

• 天與之形, **惡**得不謂之人? (《莊子》〈德充符〉)

자연이 몸의 형태를 주었는데, **어찌** 사람이라고 아니할 수 있는가?

• 先生又**惡**能使秦王烹醢梁王? (《戰國策》〈趙策三〉)

선생은 또 **어떻게** 진나라 왕이 양나라 왕을 참혹하게 죽이도록 하실 수 있습니까?

• 不知情**惡**能當言? (《呂氏春秋》〈聽言〉)

실정을 알지 못하고 **어떻게** 말을 알맞게 할 수 있는가?

• 先生飮一斗而醉, **惡**能飮一石◆哉? (《史記》〈滑稽列傳〉)

선생은 술 한 말을 마시면 취하는데, **어떻게** 술 열 말을 마실 수 있겠습니까?

◆石(석): 용량의 단위로 열 말을 가리킨다.

❸ **감탄사** 놀람 혹은 의심을 나타내며, '아'라고 해석한다.

• **惡**! 是何言也! (《孟子》〈公孫丑上〉)

아! 이것이 무슨 말인가!

• **惡**! 惡可? (《莊子》〈人間世〉)

아! 어떻게 할까?

• 仲尼曰: "**惡**! 可不察與?" (《莊子》〈田子方〉)

중니(공자)가 말했다. "**아**! 살피지 않아서야 되겠는가?"

• 孔子曰: "**惡**! 賜是何言也!" (《荀子》〈法行〉)

공자가 말했다. "**아**! 사야, 이 무슨 말이냐!"

• 師曠曰: "**啞**! 是非人君者之言也!" (《韓非子》〈難一〉)

사광이 말했다. "**아**! 이것은 군주 되신 분의 말씀이 아니십니다!"

【참고】

|'惡'을 '악'으로 읽으면| ① 죄악, 좋지 않은 행위: • 無**惡**不作. **악한 것**을 하지 않음이 없다. • 怙◆**惡**不悛. **좋지 않은 행위**만 일삼고도 회개하지 않는다. ◆怙(호): 일삼는다는 뜻. 怙: 믿을 호

② 나쁘다: • **惡**衣**惡**食. **나쁜** 옷과 **나쁜** 음식. • **惡**果. **나쁜** 과일.

|'惡'을 '오'로 읽으면| 미워하다, 싫어하다: • 好逸**惡**勞. 편안한 것을 좋아하고 일하는 것을 **싫어한다**. • 子曰: "是故**惡**夫佞者." (《論語》〈先進〉) 공자께서 말씀하셨다. "이 때문에 말재주 있는 사람을 [내가] **미워하는** 것이다."

惡許(오허)

대사 장소를 물으며, '어디'라고 해석한다.

• 以爲舟車旣已成矣, 曰: "吾將**惡許**用之?" (《墨子》〈非樂上〉)

배와 수레를 만들었는데, 이미 만들어지자 말했다. "나는 장차 그것들을

어디에 사용해야 하느냐?"

惡乎(오호)

❶ **감탄사** '아'라고 해석한다. '烏乎/嗚呼(오호)'와 같다.

- **惡乎**君子! 天有顯德. (《墨子》〈非命〉)

  아, 군자여! 하늘에는 빛나는 덕이 있다.

- 晏子奉杯仰天嘆曰: "**惡乎**! 崔子將爲無道, 殺其君." 盟者皆視之. (《新序》〈義勇〉)

  안자는 잔을 들고 하늘을 우러러보며 탄식했다. "**아**! 최자는 장차 무도한 짓을 하여 그의 임금을 죽일 것이다." 맹약에 참석한 사람들이 모두 그것을 보았다.

❷ **대사** 반문을 나타내며, '무엇' '어디서' '어찌'라고 해석한다.

- 君子去仁, **惡乎**成名? (《論語》〈里仁〉)

  군자가 인(仁)을 버리고 **어디서** 명성을 얻겠는가?

- "子知物之所同是乎?" 曰: "吾**惡乎**知之?" (《莊子》〈齊物論〉)

  "선생님은 모든 존재가 한결같이 옳다고 인정하는 것을 아십니까?"라고 하자 "내가 **어찌** 그것을 알겠나?"라고 했다.

- 予**惡乎**知說生之非惑邪? (《莊子》〈齊物論〉)

  내가 **어찌** 삶을 기뻐한다는 것이 미혹됨이 아닌지를 알리오?

- 女將**惡乎**比予哉? (《莊子》〈人間世〉)

  너는 장차 나를 **무엇**에 비교하려는가?

- 南伯子葵曰: "子獨**惡乎**聞之?" (《莊子》〈大宗師〉)

  남백자규가 말했다. "그대는 도대체 **어디서** 그것을 들었소?"

• 日與天同其久者也, **惡乎**亡? (劉基, 〈郁離子〉)

해는 하늘과 그 영구함을 함께하는 것이니 **어찌** 없어지겠는가?

曰(왈)

어조사 '粤/越(월)'과 통하며, 뜻은 없다.

• 嗟我婦子, **曰**爲改歲, 入此室處. (《詩經》〈豳風 七月〉)

나의 처자식들이여, 해가 바뀌려 하니 이 집에 들어와 지내세.

• 我送舅氏, **曰**至渭陽. (《詩經》〈秦風 渭陽〉)

나는 외삼촌을 전송하러 위수(渭水)의 북쪽까지 왔다.

• 我東**曰**歸, 我心西悲. (《詩經》〈豳風 東山〉)

내가 동쪽에서 돌아올 때 내 마음은 서쪽[의 고향]을 생각하여 슬펐다.

【참고】

① [항상 말을 이끌어내는 데 쓰인다.] 말하다: • 子**曰**: "學而時習之, 不亦說乎?" (《論語》〈學而〉) 공자께서 **말씀하셨다**. "배우고 때때로 그것을 익히면 이 또한 기쁘지 않은가?"

② ~라고 부르다: • 布有良馬**曰**赤兎. 人中有呂布, 馬中有赤兎. (《三國志》〈魏書 呂布傳〉) 여포는 적토(赤兎)**라고 불리는** 좋은 말을 가지고 있었다. [그 당시 사람들이 말하길] 사람 가운데 [용장] 여포가 있고, 말 가운데 [명마] 적토가 있다고 했다. • 一**曰**水, 二**曰**火, 三**曰**木, 四**曰**金, 五**曰**土. (《尙書》〈洪范〉) 첫 번째는 수요, 두 번째는 화요, 세 번째는 목이요, 네 번째는 금이요, 다섯 번째는 토이다. • 尊皇太后**曰**太皇太后, 皇后**曰**皇太后. (《三國志》〈魏書 明帝紀〉) 황태후를 존중하여 태황태후**라 부르고**, 황후를 황태후**라고 불렀다**.

曰若(왈약)

어조사 어조사가 중복된 것으로 뜻은 없다. 《상서(尙書)》에 주로 보인다. '越若/粤若(월약)'이라고도 쓰인다.

- **曰若**稽古帝堯, 曰放勳. (《尙書》〈堯典〉)

  옛 제요(帝堯, 요임금)를 상고하건대 공이 크시도다.

猥(외)

❶ **부사** 제 마음대로 하는 것을 나타내며, '멋대로'라고 해석한다.

- 今則不然, 深閉固距, 而不肯試, **猥**以不誦絶之, 欲以杜塞餘道, 絶滅微學. (《漢書》〈劉歆列傳〉)

  지금은 그렇지 않아서 [박사들이] 문을 깊이 닫고 굳이 사양하며 시도하려 하지 않고, **멋대로** [경서를] 읽지 않아서 [이 학문을] 단절시켜 남아 있는 길마저 막아버림으로써 은미한 학문을 끊어 없애려 한다.

- 然竊恨足下不深惟其終始, 而**猥**隨俗之毁譽也. (楊惲, 〈報孫會宗書〉)

  그러나 나는 당신이 일의 처음과 끝을 깊이 생각하지도 않고 **무턱대고** 세속의 평가를 따른 것을 원망한다.

❷ **부사** 일이 갑자기 발생하거나 결과가 예상 밖임을 나타내며, '갑자기' '돌연히'라고 해석한다.

- 厲公**猥**殺四大夫. (《公羊傳》 成公十八年)

  [진(晉)]여공이 **갑자기** 대부 네 명을 살해했다.

- 今**猥**被以大罪, 恐其遂畔. (《漢書》〈王莽列傳〉)

ㅇ

지금 **돌연히** 큰 죄를 뒤집어쓰게 되었으니, 그들이 배반할까 걱정스럽다.

畔: 배반할 반

• 素無藝術, **猥**當大任, 必敗朝章. (李公佐, 〈南柯太守傳〉)

기예와 방법이 전혀 없는데 **갑자기** 대임을 맡으면, 반드시 조정의 전장(典章)을 그르칠 것입니다.

❸ **부사** 겸손을 나타내며, '외람되게'라고 해석한다.

• **猥**以微賤, 當侍東宮◆, 非臣隕首所能上報. (李密, 〈陳情表〉)

외람되게 [저의] 미천한 몸으로 태자를 모시게 되었으니, [임금의 은혜는] 신이 죽어서도 보답할 수 있는 바가 아닙니다.

◆東宮(동궁): 황태자.

隕: 죽을 운

【참고】

① 많다: • **猥**盛. 번창하다.

② 잡다하다: • **猥**雜. 음탕하고 난잡하다.

③ 미천하다: • **猥**賤. 천하다.

辱(욕)

부사 상대방에 대한 존경을 나타내며, 해석할 필요는 없다. 본래 '[어떤 일을] 하는 것이 당신에게는 욕되다'라는 뜻이지만, 춘추전국시대에는 제후나 왕이 상대를 존중하기 위해 사용한 겸칭이었다.

• 君若**辱**貺寡人, 則願以滕◆君爲請. (《左傳》 隱公十一年)

임금께서 만일 과인에게 은혜를 베풀려고 하신다면, 등나라 임금이 [먼저 예를 행하게 하도록] 청하겠습니다.

◆滕(등): 춘추시대에 지금의 산동성 등현(滕縣) 지방에 있던 나라.

滕: 등나라 등

• 君惠徼福於敝邑之社稷, **辱**收寡君, 寡君之願也. (《左傳》僖公四年)

임금께서 우리나라의 사직에 복을 구하시고, 우리 임금을 용납해주시는 것이 우리 임금의 바람입니다.

• 曩者◆**辱**賜書, 教以愼於接物. (司馬遷, 〈報任安書〉)

지난번 [당신은] 나에게 편지를 보내셔서, 사물을 접하는 데 삼가라고 가르쳐주셨습니다.

◆曩者(낭자): 지난번. '曩日(낭일)'과 같다. '者(자)'는 어조사이다.

曩: 접때 낭

• **辱**書云欲相師. (柳宗元, 〈答韋中立論師道書〉)

보내주신 편지에서 서로 스승으로 삼고 싶다고 했습니다.

ㅇ

【참고】

① 치욕: • 奇恥大**辱**. 심한 부끄러움과 대단한 **치욕**.

② 모독하다, 모욕하다: • 年十四, 就師學, 人有**辱**其師者, 惇殺之, 由是以烈氣聞. (《三國志》〈魏書 夏侯惇傳〉) 열네 살 때 스승에게 나아가 학문을 배웠는데, 어떤 사람이 그의 스승을 **모독하자** 하후돈은 그를 살해했으며, 이 사건으로 말미암아 강직한 기개가 알려졌다. • 可殺而不可**辱**. 죽일 수는 있지만 **모욕할** 수는 없다.

③ [면목을] 손상하다: • 不**辱**君命. 임금의 명령을 **손상하지** 않다.

欲(욕)

❶ **조동사** 의지·당위·기원을 나타내며, '바라다' '~하려고 한다' '~해야 한다' 등으로 해석한다.

- **欲**加之罪, 其無辭乎? (《左傳》僖公十年)

  [저에게] 죄를 주**려 하신다면** 어찌 변명할 말이 없겠습니까?

- 工**欲**善其事, 必先利其器. (《論語》〈衛靈公〉)

  장인이 자기가 맡은 일을 잘**하려고 한다면** 반드시 먼저 그의 연장을 날카롭게 해놓아야 한다.

- 己所不**欲**, 勿施於人. (《論語》〈衛靈公〉)

  자기가 **하고자 하지** 않는 바를 다른 사람에게 베풀지 말아야 한다.

- 夫子**欲**之, 吾二臣者皆不**欲**也. (《論語》〈季氏〉)

  선생(계강자)께서 그렇게 **하려는** 것이지, 저희 두 신하는 모두 **원하지** 않습니다.

- 魚, 我所**欲**也. (《孟子》〈告子上〉)

  물고기는 내가 **원하는** 바이다.

- 上下同**欲**者勝. (《孫子兵法》〈謀攻〉)

  윗사람과 아랫사람이 **원하는** 것이 같으면 승리한다.

- 廣故數言**欲**亡. (《史記》〈陳涉世家〉)

  오광(吳廣)은 일부러 도망**가려 한다고** 여러 번 말했다.

- 吾與隗囂◆事**欲**不諧. 使來見殺, 得賜道亡. (《後漢書》〈隗囂列傳〉)

  나는 외효와의 관계는 화해하지 않**으려 한다**. [그의] 사신은 오다가 피살되었고, [내가] 그에게 준 것은 도중에 잃어버렸다.

  ◆隗囂(외효): 후한 초기 사람으로, 왕망(王莽)의 말기에 농서(隴西)를 본거지로 삼고 서주상장군(西州上將軍)이라 일컬었으나 광무제(光武帝)에게 멸망당했다.

- 孤不度德量力, **欲**信大義於天下. (《三國志》〈蜀書 諸葛亮傳〉)

  나는 덕행과 역량을 헤아리지도 않고 천하에 대의를 펼치**려고 했다**.

- 心**欲**小, 志**欲**大. (《文子》〈微明〉)

  마음은 작아**야 하고**, 뜻은 커**야 한다**.

- 膽**欲**大而心**欲**小. (《新唐書》〈孫思邈傳〉)

  담력은 커**야 하고**, 마음은 작아**야 한다**.

- 溪水旣深, 且無他逕, **欲**使貧僧, 從何處而行乎? (金春澤, 《漢譯九雲夢》)

  시냇물은 이미 깊어졌고 또한 달리 가까운 길이 없는데, 빈승으로 하여금 어느 곳을 따라서 가라**고 하려는** 것이오?

❷ **부사** 행위나 상황이 곧 발생하려 함을 나타내며, '장차 ~하려 한다'라고 해석한다.

- 佗脈之曰: "府君◆胃中有蟲數升, **欲**成內疽. 食腥物所爲也." (《三國志》〈魏書 華佗傳〉)

  화타(華佗)는 그를 진맥하고서 말했다. "태수의 위에 벌레 몇 말이 있는데 **장차** 안에 악성 종기가 생기**려 합니다**. [이는] 비린 것을 먹어 생긴 것입니다."

  ◆府君(부군): 한나라 때 태수의 존칭이다.

  腥: 날고기 성, 비릴 성

- 江碧鳥愈白, 山靑花**欲**然. (杜甫, 〈絶句〉)

  강이 푸르니 새가 더욱 희고, 산이 푸르니 꽃이 타오르**려고 한다**.

- 擊鼓催人命, 西風日**欲**斜. (成三問, 〈賦絶命詩〉)

  북을 쳐서 사람의 목숨을 재촉하니, 서쪽 바람에 해가 기울**려고 한다**.

【참고】

정욕, 탐욕: • 從耳目之**欲**. (《孟子》〈離婁下〉) 귀와 눈의 **욕망**을 따른다. • 不覺

寒暑之切肌, 嗜**欲**之感情. (劉伶, 〈酒德頌〉) 추위와 더위가 살갗에 사무치는 것과 **기욕**이 마음을 움직이는 것을 느끼지 못한다.

用(용)

❶ 전치사 동작 혹은 행위의 도구나 수단을 나타내며, '~에 의거하여' '~으로' '~을 가지고' 등으로 해석하거나 해석하지 않는다. '以(이)'와 같다.

- 吾聞**用**夏變夷者, 未聞變於夷者也. (《孟子》〈滕文公上〉)
  나는 중원(中原) [각국의 예의]**에 의거하여** 오랑캐[의 풍속]를 변화시킨다는 말은 들었지만, 오랑캐에 의하여 변화되었다는 말은 듣지 못했다.
- 是直**用**管闚天, **用**錐指地也, 不亦小乎? (《莊子》〈秋水〉)
  이는 단지 대나무관**으로** 하늘을 들여다보는 것이며 송곳**으로** 땅을 찌르는 것이니 어찌 협소하지 않겠는가?
- 魯人皆以儒教, 而朱家**用**俠聞. (《史記》〈游俠列傳〉)
  노나라 사람은 모두 유학을 가르쳤으나, 주가는 협객**에 의해서** 소문이 났다.
- 彼虜以我爲走, 今皆解鞍以示不走, **用**堅其意. (《史記》〈李將軍列傳〉)
  저 오랑캐들은 우리가 달아날 것이라고 생각하고 있으니, 지금 [우리] 모두 말안장을 풀어 달아나지 않을 것임을 보여서 [우리가 유인병이라는] 저들의 생각을 굳히게 하는 것이다.
- 是故身率妻子, 戮力耕桑, 灌園治産, 以給公上, 不意當復**用**此爲譏議也. (楊惲, 〈報孫會宗書〉)
  이 때문에 [나는] 친히 처자식을 거느리고, 힘을 다하여 밭을 갈고 누에를 키우며, 밭에 물을 대고 생산을 경영하여 국가에 바치는데, 생각지도 않게 또 이런 일을 **가지고** 기롱하는구나.

❷ **전치사** 동작 혹은 행위의 원인이나 목적, 기점, 대상 등을 이끌며, '~로 말미암아' '~로부터' '~으로' '~을' '~하기 때문에' '~하기 위해서' 등으로 해석한다.

- **用**此觀之, 然則可以爲, 未必能也, 雖不能, 無害可以爲. (《荀子》〈性惡〉)
  이것**으로** 보면, 그렇게 하면 할 수 있다고 하여 반드시 실행하는 것은 아니지만, 비록 실행하지 못하더라도 할 수 있는 것을 손상시키지는 않는다.
- **用**此觀之, 然則人之性惡明矣, 其善者僞也. (《荀子》〈性惡〉)
  이것**으로** 보면, 그러한즉 사람의 본성은 악한 것이 분명하고, 선한 것은 거짓이다.
- 單于旣得翕侯, 以爲自次王, **用**其姊妻之. (《史記》〈匈奴列傳〉)
  선우는 흡후(조신趙信)를 얻어 자차왕(自次王)으로 삼고, 자기의 누이동생**을** 그에게 시집보냈다.
- **用**善騎射, 殺首虜多, 爲漢中郎. (《史記》〈李將軍列傳〉)
  [이광(李廣)은] 말타기와 활쏘기를 잘하여 적을 죽이고 많이 사로잡았**기 때문에** 한나라의 중랑장(中郎將)이 되었다.
- 魏其·武安皆以外戚重, 灌夫**用**一時決筴而名顯. (《史記》〈魏其武安侯列傳〉)
  위기후(魏其侯)와 무안후(武安侯)는 모두 외척으로서 요직에 올랐고, 관부는 한때의 과단성 있는 계책**으로** 명성을 날렸다.
- 光武戲曰: "何**用**知非僕也?" (《後漢書》〈鄧晨列傳〉)
  광무가 농담조로 말했다. "무엇**으로** 내가 아니라는 것을 아느냐?"
- 迺車駕至禹第. 辟左右, 親問禹以天變, 因**用**吏民所言王氏事示禹. (《漢書》〈張禹列傳〉)

이에 수레를 타고 장우(張禹)의 집에 왔다. 주위 사람들을 물러나게 한 뒤 친히 천문의 변화를 장우에게 물었고, [이 기회를] 틈타서 관리와 백성이 왕씨의 일에 대해 말하는 것을 장우에게 알렸다.

❸ **접속사** 순접을 나타내며, '~로 인하여' '~하여' '~함으로써'라고 해석한다.

• 乃命於帝庭, 敷佑四方, **用**能定爾子孫于下地, 四方之民, 罔不祗畏. (《尚書》〈金縢〉◆)

이에 상제의 궁정에서 명령을 받아 사방을 도와 당신의 자손을 하지에 안정시**킴으로써** 사방의 백성이 두려워하지 않는 자가 없게 했다.

◆〈金縢(금등)〉: 《상서》의 편명. 금으로 봉인(封印)한다는 뜻.

• 謹爾侯度, **用**戒不虞. (《詩經》〈大雅 抑〉)

제후의 법도를 삼가**하여** 뜻밖의 변고를 방비하라.

• 作漁父盜跖胠篋, 以詆訿孔子之徒, 以明老子之術 …… 然善屬書離辭, 指事類情, **用**剽剝◆儒墨. 雖當世宿學, 不能自解免也. (《史記》〈老子韓非列傳〉)

〈어부〉 〈도척〉 〈거협〉을 지어 공자의 무리를 비방하고 노자의 학설을 밝혔다. …… 그러나 [그는] 글을 짓고 사구(辭句)를 배열하는 데 뛰어났으므로 사례를 들어 사리(事理)를 추구함**으로써** 유가와 묵가를 공격했다. 비록 그 당시 권위 있는 학자라도 [그의] 공격을 면할 수 없었다.

◆剽剝(표박): 비난하다.

【참고】

① 사용하다, 쓰다, 등용하다: • 棄人**用**犬. (《左傳》 宣公二年) 사람을 버리고 개를 **쓴다**. • 忠不必**用**兮, 賢不必以. (屈原, 〈九章 涉江〉) 충성스럽다고 해서 반드시 **등용되는** 것도 아니고 어질다고 해서 반드시 쓰이는 것도 아니다. • 禮之**用**,

和爲貴. (《論語》〈學而〉) 예(禮)는 [그] **쓰임**에 있어서 조화를 귀하게 여긴다.

② 비용, 재료: • 强本而節**用**. (《荀子》〈天論〉) 근본에 힘쓰고 **비용**을 절약한다.

用是(용시)

접속사 결과나 결론을 나타내며, '이 때문에' '이로 인하여'라고 해석한다. '以是(이시)'와 같다.

- 故謀**用是**作, 而兵由此起. (《禮記》〈禮運〉)
  따라서 책모는 **이로 인하여** 만들어지고, 군대는 이로 말미암아 일어난다.
- 王前欲伐齊, 員强諫, 已而有功, **用是**反怨王. (《史記》〈越王句踐世家〉)
  왕께서 전에 제나라를 치려 할 때 오원(오자서)이 강하게 반대했으나, 얼마 후 싸움에 이겼으므로 **이로 인하여** 도리어 왕을 원망하고 있습니다.

ㅇ

用此(용차)

접속사 동작 또는 행위의 근거·원인·결과 등을 나타내며, '따라서' '이 때문에'라고 해석한다.

- 萬民被其大利. 吾**用此**知之. (《墨子》〈非命上〉)
  모든 백성이 그 큰 이익을 입을 것이다. 나는 **이 때문에** 그것을 알았다.
- 功冠諸侯, **用此**得王. (《史記》〈鯨布列傳〉)
  공이 제후의 으뜸이었고, **따라서** 왕이 될 수 있었다.
- **用此**其將兵數困辱, 其射猛獸亦爲所傷云. (《史記》〈李將軍列傳〉)
  이 때문에 그는 군대를 이끌고 나가서는 자주 곤욕을 당했고, 맹수를 쏠 때도 상처를 입곤 했다.

• 坐過失者, 亦**用此**得贖. (范仲淹, 〈東染院使種君墓志銘〉)

과실에 연루된 자 또한 **이 때문에** 죄를 면할 수 있었다.

贖: 면할 속

容(용)

❶ **부사** 추측을 나타내며, '아마' '혹시'라고 해석한다.

• 諸王子多在京師, **容**有非常, 宜亟發遣各還本國. (《後漢書》〈楊厚列傳〉)

왕자들이 대부분 경성에 있는데, **혹시** 비상사태가 발생할 수 있으니 각자 자신의 나라로 빨리 돌아가야 한다.

• 宮省◆之內, **容**有陰謀. (《後漢書》〈李固列傳〉)

궁중 안에 **혹시** 음모가 있을 수 있다.

◆宮省(궁성): 궁중과 같음.

• 何至於此? 彼**容**不相知也. (《世說新語》〈方正〉)

어찌 이에만 국한되랴? 그는 **아마** 모를 것이다.

• 以此推之, **容**必能立勳 (《世說新語》〈識鑑〉)

이것으로써 미루어보면, **아마도** 반드시 공적을 세울 수 있을 것이다.

❷ **부사** 반문을 나타내며, '어찌'라고 해석한다.

• 以此觀之, **容**可近乎? (《後漢書》〈楊震列傳〉)

이것으로 보면, **어찌** 가까이할 수 있겠는가?

• 恩德如此, 豈**容**酬報? (《河東記》〈韋丹〉)

은덕이 이와 같으니 **어찌** 보답할 수 있겠는가?

❸ **조동사** 허용 혹은 가능을 나타내며, '無(무)' '不(불)' 등과 함께 쓰여 '~할 수 없다' '~해서는 안 된다'라고 해석한다.

- 五降之後, **不容**彈矣. (《左傳》 昭公元年)
  오성(五聲, 각종 소리)이 끝난 뒤에는 [다시] 연주**할 수 없다**.
- 今日之事, **不容**復言. (《世說新語》〈方正〉)
  오늘의 일은 다시 말**해서는 안 된다**.
- 彦伯國醫, **無容**至此. (《河東記》〈盧佩〉)
  국의(國醫) 언백은 이곳에 와**서는 안 된다**.

【참고】

① 받아들이다: • 大量**容**人. 큰 도량으로 사람을 **받아들인다**. • 情理難**容**. 인정과 도리는 **받아들이기** 어렵다.

② 용모, 얼굴: • 笑**容**可掬. 손으로 받칠 정도로 웃음을 머금은 **얼굴**. • 病**容**滿面. 만면에 병든 **모습**(병색)이 있다.

容或(용혹)

부사 불확실한 가능성을 나타내며, '아마' '혹시'라고 해석한다.

- 求之密邇, **容或**未盡. (《後漢書》〈朱浮列傳〉)
  너무 가까운 데서 [인재를] 구하다 보면, **혹시** 다 [살피지] 못할 수 있다.
- 雖千古茫昧◆, 理世玄遠, 遺文逸句, **容或**可尋. (《水經注》〈河水〉)
  비록 아주 먼 옛날은 아득하고 태평한 시대는 깊숙이 멀지만, 산실된 문장과 어구는 **아마** 찾을 수도 있을 것이다.

◆茫昧(망매): 아득히 멀어 분명하지 않음.

庸(용)

❶ **부사** 반문이나 강조를 나타내며, '乎(호)' 등과 호응한다. '庸(용)' 뒤에 오는 '可(가)' '敢(감)' '能(능)' '得(득)' 등의 조동사는 반어 어기를 강조하는 역할을 한다. '설마' '어떻게' '어찌' 등으로 해석한다.

- 子儀在位十四年矣, 而謀召君者, **庸**非貳乎? (《左傳》 莊公十四年)
  자의는 재위한 지 14년이나 되었으니, 군왕을 불러들이려 하는 자들이 **어찌** 두 마음이 있는 것이 아니겠습니까?
- 縱夫子驁祿爵, 吾**庸**敢驁霸王乎? (《呂氏春秋》〈下賢〉)
  설사 선생이 녹봉과 작위를 가볍게 여기더라도 내가 **어찌** 감히 패왕을 가볍게 여기겠는가?
- **庸**知我國不有以情告鄭者乎? (《史記》〈秦本紀〉)
  우리나라에서 정나라에 실정을 알려준 사람이 없음을 **어찌** 알겠는가?
- 此天所置, **庸**可殺乎? (《史記》〈晉世家〉)
  이는 하늘이 안배한 것인데 **어찌** 죽일 수 있겠는가?
- 由此言之, 士有偏短, **庸**可廢乎? (《三國志》〈魏書 武帝紀〉)
  이로부터 말하면, 선비에게 치우치는 단점이 있다고 해도 **어찌** 버릴 수 있겠는가?
- 吾師道也, 夫**庸**知其年之先後生於吾乎? (韓愈, 〈師說〉)
  나는 도리를 스승으로 삼는데, **어찌** 나보다 먼저 혹은 나중에 태어난 것을 따지겠는가?
- 子之言天與人交相勝, 其理微, **庸**使戶曉, 蓋取諸譬焉? (劉禹錫, 〈天論〉)
  당신은 하늘과 인간이 서로 상승(相勝)한다고 말하는데, 이치가 심오하니 **어찌** 사람들이 깨닫도록 하려 하면서 비유를 들지 않겠는가?

❷ **접속사** '곧' '그래서' '바로' 등으로 해석한다.

- 帝**庸**作歌曰: "勅天之命……." (《尙書》〈皐陶謨〉)
  순은 **그래서** 노래하며 말했다. "하늘의 명을 받들어……."
- 初吾所陳之耿著兮, 豈至今其**庸**亡? (屈原, 〈抽思〉)
  당초 내가 진술한 것은 명백히 드러나는데, 어찌 오늘에 이르러 **바로** 잊겠는가?

[참고]

① 고용하다[이 뜻은 뒤에 '傭(용)'으로 씀]: • 死不得取代**庸**, 身自逝. (《漢書》〈武五子列傳〉) 죽음은 대신 **고용할** 사람을 얻을 수 없으니, 자기가 직접 죽는 것이다. • **庸**耕. (《史記》〈陳涉世家〉) 밭 가는 데 **고용되다**.

② 쓰다, 임용하다: • 夫國**庸**民以言, 則民不畜於農. (《商君書》〈農戰〉) 나라가 말로 부려서 백성을 **쓰면** 백성은 농사에 힘쓰지 않는다.

③ 평범하다, 용렬하다: • 處勢而驕下者, **庸**主之所易也. (《韓非子》〈難一〉) 권세 있는 지위에 있으면서 아랫사람에게 교만한 것은 **용렬한** 군주도 쉽게 하는 것이다. • 後世之所謂儒者, 大抵皆**庸**人. (《宋史》〈王安石傳〉) 후세에 선비라고 말하는 사람은 대개 모두 **평범한** 사람이다. • 汝劉備**庸**才耳, 豈能敵邪! (《三國志》〈魏書 典韋傳〉) 당신 유비는 **용렬한** 인물인데, 어떻게 [위왕과] 맞설 수 있겠는가!

庸詎/庸遽(용거)

부사 반문을 나타내며, 대부분 '邪(야)' '乎(호)' 등과 호응한다. '설마' '어떻게' '어찌' 등으로 해석한다. '庸渠(용거)'와 같다.

- **庸詎**知吾所謂知之非不知邪? **庸詎**知吾所謂不知之非知邪? (《莊子》〈齊物論〉)

내가 안다고 말하는 것이 알지 못하는 것이 아님을 **어떻게** 알겠는가?
내가 알지 못한다고 말하는 것이 아는 것이 아님을 **어떻게** 알겠는가?

- 外合而內不訾, 其**庸詎**可乎? (《莊子》〈人間世〉)
  겉으로는 타협하지만 속으로는 생각도 해보지 않으니, **어떻게** 될 수 있는가?
  訾: 생각할 자

- **庸詎**知吾所謂天之非人乎? (《莊子》〈大宗師〉)
  어떻게 내가 말하는 하늘(자연)이 사람(인위)이 아닌 줄을 알겠는가?
- **庸詎**知其吉凶? (《楚辭》〈哀時命〉)
  어찌 그 길하고 흉함을 알겠는가?
- **庸遽**知世之所自窺我者乎? (《淮南子》〈齊俗訓〉)
  세상이 나를 엿보는지 **어찌** 알겠는가?

庸孰(용숙)

대사 의문을 나타내고 사람을 묻는 데 쓰이며, '누구'라고 해석한다.

- 苟是之不爲, 則雖汝親, **庸孰**能親汝乎? (《大戴禮記》〈曾子制言〉)
  만약 이것을 하지 않으면, 비록 네가 [다른 사람을] 친하게 여길지라도 **누가** 너를 친하게 여길 수 있겠느냐?

庸安(용안)

부사 반문을 나타내며, '어떻게'라고 해석한다.

- 故居不隱者思不遠, 身不佚◆者志不廣, 女**庸安**知吾不得之桑落之下? (《荀

子》〈宥坐〉)

그러므로 은거해보지 않은 사람은 생각이 원대하지 않고, 망명 생활을 하지 않은 사람은 뜻이 광대하지 않은데, 너는 **어떻게** 내가 곤궁한 처지라 하더라도 얻을 수 없으리라는 것을 아느냐?

◆佚(일): '망명하다'라는 뜻.

庸何(용하)

대사 반문을 나타내며, '무슨' '무엇' '어디' 등으로 해석한다.

- 且人有君而弑之 吾焉得死之? 而焉得亡之? 將**庸何**歸? (《左傳》襄公二十五年)

  또한 다른 사람(최저崔杼)이 군주를 세우고 그를 죽였는데, 내가 어떻게 [그를 위해] 죽을 수 있겠는가? 또한 어떻게 [그를 위해] 달아날 수 있겠는가? [나는] 장차 **어디**로 돌아가야 하는가?

- 醉而怒, 醒而喜, **庸何**傷? (《國語》〈魯語下〉)

  [술에] 취하면 노여워하고 [술이] 깨면 즐거워하는데, **무엇**이 걱정되겠는가?

- 我命渾小事, 我死**庸何**傷? (文天祥, 〈五月十七夜大雨歌〉)

  나의 생명은 완전히 하찮은 일인데, 내가 죽은들 **무엇**을 슬퍼하랴?

  渾: 전부 혼

ㅇ

又(우)/有(유)

❶ 부사 사건의 중복이나 연속을 나타낸다. '다시' '또' '또한'이라고 해석하며, 해석하지 않아도 무방하다. 때로는 접속사 '旣(기)'와 호응한다.

- 將立之而卒. **又**問焉. (《左傳》 襄公三年)

  [진후(晉侯)는 해호(解狐)를] 임명하려 했으나 죽었다. **또** [그에게 대신할 사람을] 물었다.

- 世衰道微, 邪說暴行**有**作. (《孟子》〈滕文公下〉)

  세상이 쇠퇴하고 도가 미약해져서 부정한 학설과 난폭한 행위가 **또** 일어났다.

- 故吏不敢以非法遇民, 民**又**不敢犯法以干法官也. (《商君書》〈定分〉)

  그래서 관리는 감히 법이 아닌 것으로써 백성을 대하지 않고, 백성 **또한** 감히 법을 어기고 법관을 거스르지 않았다.

- 昔者, 吾舅死於虎, 吾夫**又**死焉, 今吾子**又**死焉. (《禮記》〈檀弓下〉)

  옛날에 나의 시아버지가 호랑이에게 죽었고, 나의 남편**도** 그것에게 죽었는데, 지금 나의 아들**도** 그것에게 죽었다.

- 及項梁渡淮, 信仗劍從之. …… 項梁敗, **又**屬項羽. (《史記》〈淮陰侯列傳〉)

  항량이 회하(淮河)를 건널 때 한신(韓信)은 검을 차고 그를 따랐다. …… 항량이 전쟁에서 패하[여 죽]자 [한신은] **다시** 항우에게 의지했다.

- 後及黃巾反易天常, 侵我三州, 延及平民, 君**又**翦之以寧東夏, 此**又**君之功也. (《三國志》〈魏書 武帝紀〉)

  나중에 황건적이 하늘의 이치를 거스르고 우리 세 주를 침략하여 백성에게까지 화를 미치게 했을 때, 그대는 **또** 그들을 멸망시켜 동중국(동하東夏)을 안정되게 했으니 이 **또한** 그대의 공적이오.

- 時**又**有譙群嵇康, 文辭壯麗, 好言老·莊, 而尚奇任俠. 至景元中, 坐事誅.

(《三國志》〈魏書 王粲傳〉)

당시에 **또** 초군 사람 혜강이 있었는데, 문사가 웅장하고 화려했으며 노자와 장자를 말하기 좋아했고, 기이함을 숭상하고 협기를 중시했다. 경원 연간에 이르러 사건에 연루되어 주살되었다.

• 旣有聽之之明, **又**有振之之力. (韓愈, 〈上兵部李侍郎書〉)

이미 [말을 잘] 듣는 현명함이 있고, **또** [세상을] 흔드는 능력이 있다.

• 兼貺漆鉢五器, 班竹杖一事, **又**名庵曰兎角. (李奎報, 《白雲小說》)

동시에 칠발 다섯 개와 반죽장 하나를 보내주고, **또** 암자를 이름하여 토각이라 했다.

• 榮華之發, **又**皆自禮樂中來. (鄭道傳, 〈陶隱文集序〉)

영화의 피어남은 **또** 모두 예악 가운데에서 나왔다.

❷ **부사** 동작이나 상황이 한 단계 더 나아감을 나타내며, '더욱' '또' 등으로 해석한다.

• 子適衛, 冉有僕. 子曰: "庶矣哉!" 冉有曰: "旣庶矣, **又**何加焉?" (《論語》〈子路〉)

공자께서 위나라에 가실 때 염유가 수레를 몰았다. 공자께서 말씀하셨다. "[백성이] 많구나!" 염유가 여쭈었다. "이미 많아졌는데 **또** 무엇을 더 해야 합니까?"

• 至攘人犬豕鷄豚者, 其不義**又**甚入人園圃竊桃李, 是何故也? (《墨子》〈非攻上〉)

다른 사람의 개·돼지·닭·새끼 돼지를 훔치는 사람에 이르면, 그의 의롭지 못함은 다른 사람의 과수원에 들어가 복숭아와 오얏을 훔치는 것보다 **더욱** 심하니, 이것은 무슨 까닭인가?

攘: 훔칠 양

• 知者之知, 固以多矣, **有**以守少, 能無察乎? 愚者之知, 固以少矣, **有**以守

多, 能無狂乎? (《荀子》〈王霸〉)

지혜로운 자의 지식은 본래 많은데, **더욱이** 적은 것을 지키게 하면 살피지 못할 리 있겠는가? 어리석은 자의 지식은 본래 적은데, **더욱이** 많은 것을 지키게 하면 혼란스럽지 않을 수 있겠는가?

• 始爲布衣時, 貧無行, 不得推擇爲吏, **又**不能治生商賈. (《史記》〈淮陰侯列傳〉)

[한신(韓信)이] 처음에 평민이었을 때는 가난한 데다 [좋은] 덕행도 없었으므로 추천을 받아 관리가 될 수 없었으며, **또한** 장사를 하여 살아갈 능력도 없었다.

• 且北方之人不習水戰, **又**荊州之民附操者, 逼兵勢耳, 非心服也. (《資治通鑑》〈漢紀〉 獻帝建安十三年)

또 북방 사람들은 수전에 익숙지 않으며, **또한** 형주의 백성이 조조에게 귀순한 것은 다만 무력으로 위협을 당해서일 뿐 진심으로 항복한 것이 아니다.

❸ **부사** 문맥의 전환을 나타내며, '다만' '도리어' '오히려' 등으로 해석한다.

• 管仲非仁者與? 桓公殺公子糾, 不能死, **又**相之. (《論語》〈憲問〉)

관중은 인(仁)하지 않습니까? 환공이 공자 규를 죽였는데도 [스스로] 죽지 못하고 **오히려** 그를 도와주었습니다.

• 其異姓負强而動者, 漢已幸勝之矣, **又**不易其所以然. (賈誼, 〈治安策〉)

그 성이 다른 제후들이 막강한 힘을 믿고 반란을 일으키자, 한나라는 이미 요행히 그들을 이겼으나 **도리어** 그렇게 된 원인을 바꾸지는 못했다.

❹ **부사** 대사인 '獨(독)' '安(안)' '惡(오)' '何(하)' '誰(호)' 등과 어울려 반문을 나타내며, '또' '또한'이라고 해석한다.

• 臣實不才, **又**誰敢怨? (《左傳》 成公三年)

저는 실로 재능이 없으니 **또한** 누구를 감히 원망하겠습니까?

- 我將勞君, 君**有**何勞於我? (《莊子》〈徐無鬼〉)

  제가 임금님을 위로하려고 하는데 임금께서 **또** 어찌 저를 위로하십니까?

- 君子之與小人, 其性一也. 今將以禮義積僞爲人之性邪? 然則**有**曷貴堯·禹, 曷貴君子矣哉? (《荀子》〈性惡〉)

  군자와 소인은 그 본성이 한가지다. 지금 예의로써 거짓을 쌓는다고 사람의 본성이라 할 수 있겠는가? 그렇다면 **또한** 어떻게 요와 우를 존경하고 어떻게 군자를 존중할 수 있겠는가?

- 先生**又**惡能使秦王烹醢梁王? (《戰國策》〈趙策三〉)

  선생은 **또** 어떻게 진나라 왕이 양나라 왕을 참혹하게 죽이도록 하실 수 있습니까?

- 今雖死乎此, 比吾鄕隣之死, 則已後矣, **又**安敢毒邪? (柳宗元, 〈捕蛇者說〉)

  지금 비록 이것(뱀을 잡는 일)으로 죽더라도 내 고향의 이웃 사람들이 죽은 것에 비하면 이미 더 오래 산 것이니 **또** 어찌 감히 [뱀을 잡는 것이] 고달프다고 하겠습니까?

  毒: 괴로워할 독

❺ **어조사** 수와 수 사이에 끼여 숫자의 덧붙임을 나타낸다. 갑골복사(甲骨卜辭)와 동기명문(銅器銘文)에서는 '又(우)'를 썼으나 대부분의 고대 문헌에서는 '有(유)'를 썼으며, 더한다는 의미다. 대부분 해석할 필요는 없다.

- 豕卅**又**二. (《卜辭通考纂》 二二)

  돼지 32마리.

- 自馭至於庶人六百**又**五十**又**九夫. (大盂鼎)

  다스리는 자로부터 서민에 이르기까지 모두 659명이다.

• 乃出兵, 旬**有**五日, 百濮乃罷. (《左傳》 文公十六年)

이에 군대를 출동시키자 15일 만에 백복족(百濮族)은 병사를 거두었다.

• 吾十**有**五而志于. (《論語》〈爲政〉)

나는 열다섯에 배움에 뜻을 두었다.

• 必有寢衣, 長一**有**有半. (《論語》〈鄕黨〉)

잠옷은 반드시 길이가 키의 한 배 반이다.

• 割地而朝者三十**有**六國. (《韓非子》〈五蠹〉)

토지를 나누어 [바치고] 천자를 배알하러 온 것은 36나라였다.

• 然秦以區區之地, 致萬乘之權, 招八州而朝同列, 百**有**餘年矣. (賈誼, 〈過秦論〉)

그러나 진나라는 매우 작은 땅에 의지하여 만승의 권세(천자와 같은 위세)를 이루어 여덟 주를 지휘하고 같은 지위의 제후에게 조회받은 지 백여 년이나 되었다.

• 臣生長邠·岐, 年五十**有**九. (《後漢書》〈皇甫規列傳〉)

내가 빈과 기에서 산 지 59년이나 된다.

• 臣密今年四十**有**四, 祖母劉今年九十**有**六. (李密, 〈陳情表〉)

신 이밀은 올해로 마흔넷이고, 할머니 유씨는 올해로 아흔여섯입니다.

又乃(우내)

접속사 상황이나 행동이 한 단계 나아가는 것을 나타내며, '非直(비직)' '非特(비특)' 등과 호응하여 쓰이는 경우가 많다. '게다가' '또한'이라고 해석한다.

• 此非特無術也, **又乃**無行. (《韓非子》〈六反〉)

이는 계략이 없을 뿐만 아니라 **또한** 행동도 없는 것이다.

• 非直費財, **又乃**費士. (《漢書》〈翼奉列傳〉)

단지 재물을 낭비할 뿐만 아니라 **또한** 선비까지 낭비한다.

又復(우부)

부사 어떤 행위나 동작이 중복됨을 나타내며, '다시' '또' '또다시'라고 해석한다.

• 孔子爲人何如, 晏子不對. 公**又復**問, 不對. (《墨子》〈非儒下〉)

공자의 사람됨이 어떠한가라고 물었으나 안자는 대답하지 않았다. 경공(景公)이 **다시** 물었지만 대답하지 않았다.

• 鄭縣人有得車軛◆者, 而不知其名, 問人曰: "此何種也?" 對曰: "此車軛也." 俄**又復**得一. (《韓非子》〈外儲說左上〉)

정현 사람으로 거액(車軛)을 얻은 자가 있었는데, 그 이름을 알지 못하여 사람들에게 물었다. "이것은 무엇입니까?" [사람들이] 대답했다. "이것은 거액입니다." 잠시 뒤에 **또** 하나를 얻었다.

◆軛(액): 수레를 끌 때 마소의 목에 얹는 가로나무.

軛: 멍에 액

• 走入成皐, 楚**又復**急圍之. (《史記》〈淮陰侯列傳〉)

[한왕(漢王)이] 달아나 성고로 들어가자 초나라는 **또다시** 재빨리 포위했다.

• 夫創少瘳, **又復**請將軍曰. (《史記》〈魏其武安侯列傳〉)

관부(灌夫)는 상처가 조금 낫자, **다시** 장군에게 [싸움에 나가기를] 청했다.

瘳: 나을 추

又且(우차)

부사 몇 가지 일이 동시에 존재하는 것을 나타내고, 접속사 '旣(기)' '非徒(비도)' 등과도 호응하며, '게다가' '또한'이라고 해석한다.

- 旣有麋狗, **又且**多鹿. (《管子》〈地員〉)

  이미 순록도 있고 개도 있고, **게다가** 사슴도 많다.

  麋: 순록 미

- 希不信愛也, **又且**習故. (《韓非子》〈孤憤〉)

  신임과 사랑을 받지 못하는 것은 드물며, **게다가** 옛날에 익숙해져 있다.

- 非徒危己也, **又且**危父矣. (《韓非子》〈外諸說左下〉)

  자신을 위태롭게 할 뿐만 아니라 **게다가** 아버지도 위태롭게 한다.

- 聞陳王敗走, 秦兵**又且**至, 乃渡江矯陳王命, 拜梁爲楚王上柱國◆. (《史記》〈項羽本紀〉)

  [소평(召平)은] 진왕이 패해 달아나고 진나라 병사가 **또한** 공격해올 것이라는 소문을 듣고는, 곧바로 장강을 건너 진왕의 명이라고 거짓으로 말한 후 항량을 초왕의 상주국으로 제수했다.

  ◆ 上柱國(상주국): 승상에 해당하는 초나라의 관직.

- 今如此不取, 恐爲大害. 非獨樓船, **又且**與朝鮮共滅吾軍. (《史記》〈朝鮮列傳〉)

  이제 이와 같은 자를 잡지 않으면 아마 큰 변이 생길 것입니다. 누선장군은 **게다가** 조선과 함께 우리 군사를 멸망시키려 할 것입니다.

于(우)

❶ 전치사 동작 혹은 행위의 장소를 이끌어내며, '~까지' '~부터' '~에서' '~으로' 등으로 해석한다.

- 盤庚遷**于**殷. (《尙書》〈盤庚上〉)

  반경은 [수도를] 은**으로** 옮겼다.

- **于**以采蘩? **于**沼于沚. (《詩經》〈召南 采蘩〉)

  어디**에서** 백호(白蒿)를 뜯지? 연못가나 물가**에서** 뜯지.

- 召孟明·西乞·白乙, 使出師**于**東門之外. (《左傳》僖公三十二年)

  [진목공(秦穆公)은] 맹명시(孟明視)와 서걸술(西乞術), 백을병(白乙丙)을 불러 군대를 이끌고 동문 밖**으로** 출발하게 했다.

- 射其左, 越**于**車下; 射其右, 斃**于**車中. (《左傳》成公二年)

  그 왼쪽을 쏘니 수레 아래**로** 떨어졌고, 그 오른쪽을 쏘니 수레 속**으로** 쓰러졌다.

- 舜流共工◆**于**幽州◆, 放驩兜◆**于**崇山, 殺三苗◆**于**三危, 殛鯀**于**羽山. (《孟子》〈萬章上〉)

  순은 공공을 유주**에** 유배시키고, 환두를 숭산**으로** 추방했으며, 삼묘를 삼위**에서** 죽이고, 곤을 우산**에서** 죽였다.

  ◆共工(공공): 상고시대에 물을 다스린 벼슬이다.

  ◆幽州(유주): 지금의 북경 지방.

  ◆驩兜(환두): 요순시대의 사람으로 공공과 결탁하여 나쁜 짓을 저질러 순임금이 숭산(崇山)으로 내쫓았다 한다.

  ◆三苗(삼묘): 요순시대에 있던 남방의 오랑캐.

- 六月辛亥, 治兵**于**東郊, 庚午, 遂南征. (《三國志》〈魏書 文帝紀〉)

  6월 신해일(7일) 동쪽 교외**에서** 열병(閱兵) 의식을 거행했고, 경오일(26

일) 남방 정벌을 위해서 출발했다.

- 帝大怒, 二年六月, 遣使賜死, 葬**于**鄴. (《三國志》〈魏書 后妃傳〉)

  문제(文帝)는 몹시 노하여 2년(221) 6월, 사자를 보내어 독약을 내려 죽게 하고는 업성**에** 매장했다.

- 乃許譚平, 次**于**黎陽. (《三國志》〈魏書 鮮卑傳〉)

  곧 원담(袁譚)과 화평할 것을 허락하고 여양**에** 주둔했다.

- 以疾免, 卒**于**家. (《三國志》〈魏書 王粲傳〉)

  [왕겸(王謙)은] 병 때문에 면직되어 집**에서** 죽었다.

- 吾備舊知, 故陳至情. 雖逆**于**耳, 骨肉之惠也. (《三國志》〈魏書 袁紹傳〉)

  나는 그대의 옛 친구이기에 진실한 마음을 털어놓는 것이오. 비록 귀**에**는 거슬리지만 골육의 정이 있소.

❷ **전치사** 동작 혹은 행위와 관계있는 대상을 이끌어내며, '~에게' '~와' '~을 대신하여' '~을 위하여' 등으로 해석한다.

- 自絶**于**天, 結怨**于**民. (《尙書》〈泰誓下〉)

  스스로 하늘**과** [관계를] 끊고, 백성**과** 원한을 맺었다.

- 歷告爾百姓**于**朕志. (《尙書》〈盤庚下〉)

  나의 의도를 일일이 너희 백성**에게** 알리노라.

- 予告汝**于**難. (《尙書》〈盤庚上〉)

  나는 너희**에게** 어려움을 알리노라.

- 憂心悄悄, 慍**于**群小. (《詩經》〈邶風 柏舟〉)

  걱정하는 마음 우울한데, 소인배들**에게** 원한을 샀다.

- 揉此萬邦, 聞**于**四國. (《詩經》〈大雅 崧高〉)

  이 모든 나라를 순하게 다스려 천하**에** 알려졌다.

- 王姚嬖**于**莊王. (《左傳》莊公十九年)

  왕요는 장왕**에게** 총애를 받았다.

• 有嬀之後, 將育**于**姜. (《左傳》 莊公二十二年)

규의 후손이 장차 제강(齊姜)**에게서** 양육되리라.

• 杞子自鄭使告**于**秦. (《左傳》 僖公三十二年)

기자는 정나라에서 사람을 보내 진나라**에** 알렸다.

• 惟茲臣庶, 汝其**于**予治. (《孟子》〈萬章上〉)

이 여러 신하를 나**와** 네가 함께 다스리자.

• 陳宮等沮其計, 求救**于**術, 勸布出戰. (《三國志》〈魏書 武帝紀〉)

진궁 등은 그(여포呂布)의 [투항한다는] 생각을 저지하고 원술(袁術)**에게** 구원을 청했으며 여포에게 출전하도록 권했다.

• 渙聞明君善**于**救世, 故世亂則齊之以義, 時僞則鎭之以樸. 世異事變, 治國不同, 不可不察也. (《三國志》〈魏書 袁渙傳〉)

제가 듣건대 훌륭한 군주는 세상을 구제하는 **데** 뛰어나므로 세상이 혼란스러우면 의로움으로써 그것을 구제하고, 시대가 허위로 차 있으면 소박함을 가지고 그것을 달래줍니다. 세대가 다르고 사정이 변하면 나라를 다스리는 법도 같지 않으니 살피지 않을 수 없습니다.

❸ **전치사** 비교하는 대상을 이끌어내며, '~보다'라고 해석한다.

• 天吏逸德, 烈**于**猛火. (《尙書》〈胤征〉)

임금의 잘못된 행위는 거센 불**보다** 가혹하다.

• 我伐用張, **于**湯有光. (《尙書》〈泰誓中〉)

우리의 정벌이 베풀어지면 탕왕(湯王)**보다** 빛이 있을 것이다.

❹ **접속사** '與(여)'와 통하고, 단어와 단어, 문장과 문장 중간에 쓰이며, '~와' '~와 더불어'라고 해석한다.

• 予惟不可不鑑. 告汝德之說**于**罰之行. (《尙書》〈康誥〉)

나는 살펴보지 않을 수 없다. 나는 너에게 덕의 말**과** 형벌을 행함을 알려주려 한다.

- 時惟爾初, 不克敬**于**和, 則無我怨. (《尙書》〈多方〉)

  이는 너희가 처음 출발하는 것이니 공경하**고** 화목하지 않으면 [다시 형벌을 받아도] 나를 원망하지 못할 것이다.

❺ 어조사 동사 앞에 놓여 2음절 단어를 구성하며, 해석할 필요는 없다.

- 之子**于**歸, 宜其室家. (《詩經》〈周南 桃夭〉)

  이 아가씨는 시집가면 마땅히 좋은 며느리가 되겠구나.

- 君子**于**役, 不知其期. (《詩經》〈王風 君子于役〉)

  남자가 부역하러 갔는데 [돌아올] 기한을 알지 못하는구나.

- 黃鳥**于**飛, 集于灌木. (《詩經》〈周南 葛覃〉)

  꾀꼬리가 날아가 관목 위에 모였네.

于嗟/吁嗟(우차)

감탄사 비탄이나 원망을 나타내며, '아'라고 해석한다.

- **于嗟**闊兮, 不我活兮! **于嗟**洵兮, 不我信兮! (《詩經》〈邶風 擊鼓〉)

  아! 이별하여 나는 살 수 없게 되었구나! **아**! 멀리 떠나 우리의 언약을 저버렸구나!

- **于嗟**◆鳩兮, 無食桑葚! **于嗟**女兮, 無與士耽! (《詩經》〈衛風 氓〉)

  아! 비둘기여, 오디는 먹지 마라! **아**! 아가씨여, 남자와 사랑에 빠지지 마라!

  ◆ 于嗟(우차): 《한시외전(韓詩外傳)》에서는 '于嗟'를 '吁嗟'라고 썼다.

- **于嗟**不可悔兮寧蚤自財. 爲王而餓死兮誰者憐之! (《史記》〈呂太后本紀〉)

  아! 후회할 수도 없으니 차라리 일찍 목숨을 끊을 것을. 왕이 되어서 굶어 죽으니 누가 가련히 여겨줄까!

• **于嗟**徂兮, 命之衰矣! (《史記》〈伯夷列傳〉)

아! 죽음뿐, 운명도 다했구나!

【참고】

'于(우)'는 '於(어)'와 어떻게 구분되는가? 이 문제에 대한 논의는 상당히 있었다. 청대(淸代) 학자 단옥재(段玉裁)·왕염손(王念孫)·왕인지(王引之) 등은 차이가 없다고 보았고, 전대흔(錢大昕)은 뜻은 같지만 음은 약간 다르다고 했으며, 마건충(馬建忠)은 약간의 차이는 있으나 거의 같다는 입장이었다. 스웨덴의 언어학자 베른하르트 칼그렌(Bernhard Karlgren)은 《좌전진위고(左傳眞僞考)》에서 몇 가지 점에서 구분된다고 했으며, 왕력(王力) 역시 차이가 있다고 보았다. 하낙사(何樂士)의 분석에 의하면 《좌전(左傳)》의 경우 '于(우)'가 1,474번(전치사 1,449, 기타 25) 나오며, '於(어)'는 1,770번(전치사 1,764, 기타 6) 나온다는 것이다. 좀 더 구체적으로 살펴보면 다음과 같다.

① '于'는 있지만 '於'가 없는 문헌: 갑골문, 《주역》 괘효사(卦爻辭) 등

② '于'는 많고 '於'가 적은 문헌: 《상서》《시경》《주례》《의례》《안자춘추》

③ '于'와 '於'가 비슷하게 나오는 문헌: 《좌전》

④ '于'는 적고 '於'가 많은 문헌: 《논어》《맹자》《순자》《묵자》《장자》《관자》《효경》《국어》《한비자》《전국책》《여씨춘추》

이렇듯 '于(우)'와 '於(어)'가 용례상 차이를 보이는 것은 방언이나 작자 개인의 특성과 관련 있는 문제이므로 깊이 있는 연구가 앞서야 하지만, 후대로 내려오면서 '於(어)'가 널리 쓰인 것을 알 수 있다.

'于(우)'는 '吁(우)'와 통한다. '于嗟(우차)' 항을 보라. • **于嗟**麒麟兮. (《詩經》〈周南 麒麟之趾〉) **아**! 기린이여.

尤(우)

부사 상황이 진보하거나 정도가 깊어짐을 나타내며, '더욱' '더욱이' '특히' 등으로 해석한다.

- 蒼◆本好書, 無所不觀, 無所不通, 而**尤**善律歷. (《史記》〈張丞相列傳〉)

  장창(張蒼)은 본래 책을 좋아하여 보지 않은 책이 없었고, 통하지 않은 것이 없었으며, **더욱이** 음률과 역법(歷法)에까지 뛰어났다.

  ◆蒼(창): 장창. 전한의 학자이며 율력(律曆)에 뛰어났고, 문제(文帝) 때 승상이 되었다.

- 況臣孤苦, 特爲**尤**甚. (李密, 〈陳情表〉)

  하물며 저는 외롭고 빈곤함이 특히 **더욱** 심합니다.

- 其**尤**貧力不能者, 令書其傭. (韓愈, 〈柳子厚墓志銘〉)

  특히 가난하여 [빚 갚을] 능력이 없는 자는 고용계약을 쓰게 했다.

- 伐竹取道, 下見小潭, 水**尤**清洌. (柳宗元, 〈小石潭記〉)

  대나무를 쳐내 길을 내어 내려가니 작은 못이 나타났는데, 물이 **특히** 맑고 차가웠다.

- 況僕與足下爲文**尤**患其多. (白居易, 〈與元九書〉)

  하물며 나와 당신은 글을 지을 때 **특히** 번잡한 것을 싫어합니다.

- 然是說也, 余**尤**疑之. (蘇軾, 〈石鐘山記〉)

  그러나 이 말을 나는 **더욱** 의심했다.

- **尤**善於模寫, 我東之人物風俗, 如人生日用百千物態. (姜世晃, 《豹菴集》)

  더욱이 우리나라의 인물과 풍속, 가령 사람들이 살아가는 일상생활이나 온갖 사물의 자태를 본떠 그리기를 잘했다.

- 余欲効其體, 終不得其髣髴, **尤**可笑已. (崔滋, 《補閑集》)

  나는 그의 문체를 본받으려 했지만, 끝내 그와 비슷해지지 못했으니 **더욱** 우스울 뿐이다.

• 鄭詩語韻淸華, 句格豪逸, 深得晩唐法, **尤**長於拗體. (徐居正,《東人詩話》)
정지상(鄭知常)의 시는 시어의 성운이 맑고 아름다우며, 시구의 격이 호방하고 빼어낸 것이 만당의 시법을 깊이 얻었는데, **특히** 요체에 뛰어났다.

• 況此等事, 爲能而習熟不已, **尤**有妨於謹出言, 牧於心之道, 切宜戒之. (李滉,〈與鄭子精〉)
하물며 이런 일은 능하다 해도 계속 익혀야 하는데, **더욱이** 말을 삼가거나 마음의 도를 다스리는 데 방해가 되는 것은 응당 경계해야 한다.

• 師生之間, **尤**當以禮義相先. (李滉,《退溪集》)
스승과 학생 간에는 **더욱** 예의로써 서로 사양해야 한다.

【참고】

① 과실, 근심: • 言寡**尤**, 行寡悔. (《論語》〈爲政〉) 말에는 **과실**이 적고 행동에는 후회가 적다. • 般紛紛其離此**尤**兮. (賈誼,〈弔屈原賦〉◆) 어지러운 세상에서 이런 **근심**을 겪었구나. ◆〈弔屈原賦(조굴원부)〉: 가의(賈誼)가 굴원(屈原)이 멱라수(汨羅水)에 빠져 죽은 것을 조상하기 위해 지은 글이다.

② 탓하다, 꾸짖다, 비난하다: • 不怨天, 不**尤**人. (《論語》〈憲問〉) 하늘을 원망하지 않고 사람을 **탓하지** 않는다. • 君無**尤**焉. (《孟子》〈梁惠王下〉) 임금께서는 **꾸짖지** 마십시오. • 動而見**尤**, 欲益反損. (司馬遷,〈報任安書〉) 행동하면 **비난**을 받고, 잘하려 해도 도리어 실수만 한다.

③ 뛰어나다: • 人, 動物之**尤**也. (劉禹錫,〈天論〉) 사람은 동물 중에 **뛰어나다**.

④ [쓸데없이 매달린] 혹: • 去**尤**. **혹**을 없앤다.

尤益(우익)

부사 정도가 더욱 깊어짐을 나타내며, '더욱더' '한층' 등으로 해석한다.

- 諸士在己之左, 愈貧賤, **尤益**敬, 與鈞. (《史記》〈魏其武安侯列傳〉)
  자기보다 낮은 사람들에 대해서는 빈천할수록 **더욱더** 공경하여, 자신과 동등하게 대우했다.

吁(우)

감탄사 두려움·의심·한탄을 나타내며, '아'라고 해석하거나 경우에 따라 '자'라고도 해석한다.

- 禹曰: "**吁**! 咸若時, 惟帝其難之." (《尚書》〈皐陶謨〉)
  우임금이 말했다. "**아**! [너의 말이 옳으나] 모두 이렇게 하기는 요임금도 어렵게 여기셨다."
- **吁**! 惡有滿而不覆者哉! (《荀子》〈宥坐〉)
  아! 어찌 가득 차면 엎어지지 않는 것이 있겠는가!
- **吁**! 是何言與? (《法言》〈君子〉)
  아! 이는 무슨 말인가?
- 王曰: "**吁**, 來. 有國有土, 告汝祥刑." (《史記》〈周本紀〉)
  왕이 말했다. "**자**, 오시오. 봉읍이 있고 봉토가 있는 제후들이여, 그대들이 [어떻게 신중하게] 형법을 사용하는지 일러주겠소."
- 蔡澤曰: "**吁**, 君何見之晚也! 夫四時之序, 成功者去." (《史記》〈范雎蔡澤列傳〉)
  채택이 말했다. "**아**! 당신은 어찌하여 그렇게 관점이 더딥니까! 네 계절의 차례로 공을 이루면 물러가는 것입니다."

- 有識之士, 皆以爲朝廷無人, **吁**! 可惜哉! (胡詮, 〈戊午上高宗封事〉)

  식견 있는 선비는 모두 조정에 사람이 없다고 생각했으니, **아**! 애석하구나!

云(운)

❶ **대사** 앞 문장의 말을 이어받거나 부연 설명이 필요 없음을 나타내며, '그렇다고' '이렇다면' '이와 같이' 등으로 해석한다.

- 介葛盧聞牛鳴, 曰: "是生三犧, 皆用之矣. 其音**云**." (《左傳》 僖公二十九年)

  개나라의 갈로가 소 울음소리를 듣고 말했다. "이 소는 새끼 세 마리를 낳았는데, 모두 재물로 쓰일 것입니다. 그 울음소리가 **그렇다고** 합니다."

- 子之言**云**, 又焉用盟? (《左傳》 襄公二十八年)

  너의 말이 **이렇다면** 또 어찌 맹세가 필요하겠는가?

- 士大夫之族, 曰師曰弟子**云**者, 則羣聚而笑之. (韓愈, 〈師說〉)

  사대부의 집안은 '선생님' '제자'라고 말**하면** 여럿이 모여 비웃는다.

❷ **부사** 추측을 나타내며, '아마' '혹시' 등으로 해석한다.

- 鳥魚可謂愚矣, 禹湯猶**云**因焉. (《墨子》 〈公孟〉)

  새나 물고기는 어리석다고 할 수 있으나, 우임금과 탕임금이라도 **아마** 따라 했을 것이다.

- 內外無親, 其誰**云**救之? (《國語》 〈晉語二〉)

  안팎으로 친한 사람이 없으니, 누가 **혹시** 그를 구하겠소?

ㅇ

❸ **부사** 가설을 나타내며, '만일'이라고 해석한다. 용례는 드물다.

- 管夷吾◆有病, 小白問之, 曰: "仲父之病疾, 不可諱. **云**至於大病, 則寡人惡乎屬國而可?" (《列子》〈力命〉)

  관중(管仲)이 병이 나자 [제환공(齊桓公)인] 소백(小白)이 물었다. "중보의 병은 숨길 수 없소. **만일** 병이 위독해지면 과인은 어느 누구에게 나라를 맡겨야 하겠소?"

  ◆管夷吾(관이오): 관중(管仲).

❹ **어조사** 실제적인 뜻은 없다.

- 有皇上帝, 伊誰**云**憎? (《詩經》〈小雅 正月〉)

  위대하신 하느님이 대체 누구를 미워하시랴?
- 無曰不顯, 莫予**云**覯. (《詩經》〈大雅 抑〉)

  드러나지 않는다고 해서 아무도 나를 만날 수 없을 것이라고 하지 마라.
- 子之不淑, **云**如之何? (《詩經》〈鄘風 君子偕老〉)

  당신이 정숙하지 않으니 어찌된 일입니까?
- **云**誰之思? 西方美人. (《詩經》〈邶風 簡兮〉)

  누구를 그리워합니까? 서쪽에 있는 미인이지요.
- 道之**云**遠, 曷**云**能來? (《詩經》〈邶風 雄雉〉)

  길이 머니 언제쯤 돌아올 수 있을까?
- 敝邑之幸, 亦**云**從也, 況其不幸, 敢不唯命是聽? (《左傳》成公二年)

  우리나라가 요행이더라도(전쟁에서 이기더라도) [귀국(貴國)을] 따르려는데, 하물며 불행해지면(전쟁에서 지면) 감히 명령을 듣지 않겠습니까?
- 雖**云**匹夫, 霸王可也. (《後漢書》〈袁術列傳〉)

  비록 필부라도 패왕이 될 수 있다.

❺ **어조사** 문장 끝에 쓰이고, 대부분 다른 사람의 말을 전하거나 진술 어

기를 나타내며, '말하는 바에 의하면'이라고 해석하거나 해석하지 않아도 무방하다.

- 余登箕山◆, 其上蓋有許由冢云. (《史記》〈伯夷列傳〉)

  내가 기산에 올랐을 때 산 위에 허유의 무덤이 있을 것이라고 했다.

  ◆箕山(기산): 지금의 하남성 등봉현(登封縣)의 동남쪽에 있는 산으로 요임금 때 소보(巢父)와 허유(許由)가 이 산에서 은거했고, 또 뒤에 백익(伯益)이 우임금의 선양을 피하여 이 산으로 들어갔다 한다.

- 民人俗語曰: "卽不爲河伯娶婦, 水來漂沒, 溺其人民"云. (《史記》〈滑稽列傳〉)

  민간의 속어에 가로되 "만일 하백에게 아내를 얻어주지 않으면 홍수가 찾아와 [모든 것을] 삼켜버리고 사람들을 빠져 죽게 할 것이다."라고 전해온다.

- 然至冒頓而匈奴最强大, 其世姓官號, 可得而記云. (《漢書》〈匈奴列傳〉)

  그러나 묵돌[시대]에 이르러 흉노가 가장 강대해져서 그들의 세족(世族) 및 대성(大姓)과 관원의 칭호가 기재될 수 있었다.

- 陳·徐·衛·盧, 久居斯位. 矯·宣剛斷骨鯁, 臻·毓規鑒淸理, 咸不忝厥職云. (《三國志》〈魏書 王衛二劉傅傳〉)

  진교(陳矯)·서선(徐宣)·위진(衛臻)·노육(盧毓)은 오랫동안 이 자리에 있었다. 진교와 서선은 강인하고 과단성이 있으며 위진과 노육은 간언을 잘하고 사리를 분명히 했으니, 모두 그들의 직책에 부끄러움이 없었다.

- 劉劭該覽學籍, 文質周洽. 劉廙以淸鑒著, 傅嘏用才達顯云. (《三國志》〈魏書 王衛二劉傅傳〉)

  유소는 학술 서적을 많이 읽어 내용과 수식이 모두 우수했다. 유이는 맑은 식견으로 저명했으며, 부하는 재능으로 이름을 빛냈다.

- 今所經中嶺及山巓崖艱當道者, 世皆謂之天門云. (姚鼐, 〈登泰山記〉)

  이번에 갔던 산 중턱과 산 정상은 길을 막고 있는 벼랑인데, 세상에서는 모두 그것을 천문이라고 부른다.

• 蓋所能言者, 具於此**云**. (陸機, 〈文賦〉)

대체로 [내가] 말할 수 있는 것은 모두 여기에 갖추었다.

• 嘗貽余核舟一, 蓋大蘇泛赤壁**云**. (魏學洢, 〈核舟記〉)

일찍이 나에게 복숭아씨로 조각한 배 한 척을 보내왔는데, [새겨진 것은] 바로 소동파(蘇東坡)가 적벽에서 노닐던 정경이었다.

【참고】

① '曰(왈)'과 같다. 말하다: • 子**云**, 吾不試, 故藝. (《論語》〈子罕〉) 공자께서 **이르시기를** "나는 [관직에] 등용되지 않았으므로 [다양한] 재능이 있지."라고 하셨지. • 郢人有遺燕相國書者, 夜書, 火不明, 因謂持燭者曰: "擧燭"**云**. 而過書'擧燭'. (《韓非子》〈外儲說左上〉) 영(郢)에 사는 사람이 연나라 재상에게 편지를 쓰게 되었는데, 밤에 쓰는지라 불이 밝지 않자 촛불을 든 자에게 "촛불을 들라."고 **말했다**. 그런데 [받아쓰는 사람이] 잘못하여 '촛불을 들라.'라고 [편지에까지] 썼다. • 人**云**亦**云**. 사람들은 **말하고** 또 **말한다**. • 不知所**云**. **말하는** 바를 알지 못한다.

② 있다: • 事已敗矣, 乃重大息, 其**云**益乎. (《荀子》〈法行〉) 일은 이미 패했으니 이에 거듭 큰 한숨을 쉬고 있지만 소용이 **있겠는가**. • 天下存亡, 誠**云**命也. (《後漢書》〈馮衍列傳〉) 천하의 존속과 멸망은 진실로 명(命)에 달려 **있다**.

云云(운운)

대사 다른 사람의 말을 인용하되, 화자의 명확한 입장이 아니라 자세한 내용을 생략하는 경우에 쓴다. '~라고 한다' '이러이러하다' 등으로 해석한다.

• 漢遺單于書, 牘以尺一寸, 辭曰: "皇帝敬問匈奴大單于無恙? 所遺物及言

語**云云**."(《史記》〈匈奴列傳〉)

한나라가 선우에게 편지를 보낼 때는 서판(書板)을 한 자 한 치 [크기]로 썼는데, 그 내용은 이러했다. "황제는 삼가 흉노의 대선우에게 묻노니, 무양하십니까? 보내는 물품 및 용건은 **이러이러합니다.**"

- 天子方招文學儒者, 上曰吾欲**云云**. (《史記》〈汲鄭列傳〉)

  천자께서 바야흐로 [경서에 밝은] 학사와 유생을 초대하려 하면서 내가 **이러이러하게** 하려 한다고 말했다.

- 凡八名龜. 龜圖各有文在腹下, 文**云云**者, 此某之龜也. (《史記》〈龜策◆列傳〉)

  무릇 여덟 종류의 명귀가 있다. 거북 그림에는 각각 배 밑에 글이 적혀 있는데, '**이러저러한** 것으로서 이는 어떤 거북이다.'라는 글이다.

  ◆龜策(귀책): 거북이와 시초(蓍草)에 의한 점이란 뜻으로 복서(卜筮)를 말한다.

- 何子之言**云云**也? (《後漢書》〈仲長統列傳〉)

  무엇 때문에 당신은 **이러이러하게** 말하는가?

- 然猶復**云云**者, 僕以是知足下之言, 信不由衷, 將以救禍也. (《三國志》〈魏書 臧洪傳〉)

  그런데도 다시 **이러저러하게** 말하니, 나는 당신의 말이 진실로 마음에서 우러나온 것이 아니라 장차 자신의 재난을 구하려는 생각임을 알겠다.

云台(운이)

대사 '如台(여이)'와 같고, 원인이나 이유, 방법을 물으며, '무엇 때문에' '어떻게'라고 해석한다.

- 蹶白門而東馳兮. **云台**行乎中野? (張衡, 〈思玄賦〉)

  백문산(白門山)을 지나 동쪽으로 달려가는구나. **무엇 때문에** 황폐한 들에서 달리는가?

云爾(운이)

❶ **대사** 끝맺음이나 생략을 나타내며, 대부분 대화나 문구를 인용하는 경우에 쓰인다. '그렇다고 하면' '이와 같이' 등으로 해석한다. '如此(여차)' '云云(운운)'과 같다.

- 若聖與仁, 則吾豈敢? 抑爲之不厭, 誨人不倦, 則可謂**云爾**已矣. (《論語》〈述而〉)

  성스러움과 인(仁) 같은 것을 내가 어떻게 감당할 수 있겠느냐? 하지만 그런 것들을 [추구]하는 데 싫증 내지 않고, 다른 사람 가르치는 것을 게을리하지 않는다고 **이와 같이** 말할 수 있을 뿐이다.

❷ **어조사** '云(운)'은 전달, '爾(이)'는 단정이나 제한 또는 종결을 나타내며, 중점은 '爾(이)'에 있다. 문장의 뜻에 따라 적당하게 해석할 수 있는데, '爾(이)'가 제한을 나타내는 경우는 '~뿐이다'라고 해석한다.

- 其爲人也, 發憤忘食, 樂以忘憂, 不知老之將至**云爾**. (《論語》〈述而〉)

  그분의 사람됨은, 발분하면 먹는 것도 잊어버리고 즐거움으로 근심을 잊으며, 늙음이 장차 다가오는 것마저도 알지 못합니다.

- 其心曰是何足與言仁義也**云爾**, 則不敬莫大乎是. (《孟子》〈公孫丑下〉)

  그들이 마음속으로 어찌 [왕과] 더불어 인의를 말할 가치가 있느냐고 생각해서일 것이니, 그렇다면 공경하지 않음이 이보다 심한 것은 없다.

- 孟子曰: "是猶或紾其兄之臂, 子謂之姑徐徐**云爾**." (《孟子》盡心上)

  맹자가 말했다. "이것은 흡사 어떤 사람이 그 형의 팔뚝을 비트는데 당신이 그에게 우선 천천히 하라고 말하는 것과 비슷할 **뿐입니다**."

- 遠自周室, 迄於聖代, 都爲三十卷, 名曰文選**云爾**. (蕭統, 〈文選序〉)

  멀리 주나라 왕실로부터 본조(本朝) 양대(梁代)까지 모두 30권을 만들어《문선》이라고 했다.

- 亦曰言師亦嘗師之**云爾**. (韓愈, 〈原道〉)
  또한 [나의] 스승도 그들을 스승으로 모신 적이 있다고 말하는구나.
- 若業爲吾有, 必高束焉, 庋藏焉, 曰姑俟異日觀**云爾**. (袁枚, 〈黃生借書說〉)
  만일 이미 [그것을] 내가 갖고 있다면 반드시 높이 걸어놓았거나 선반에 숨겨두었거나 잠시 기다렸다가 다른 날 봐야지 했을 것이다.
- 婦女之言, 不足**云爾**. (《雲溪友議》〈苗夫人〉)
  부녀자의 말이니 말할 가치가 없을 **뿐이다**.

云者(운자)

어조사 '云(운)'은 전달, '者(자)'는 정지를 나타낸다. '~라고 하는 것은' '~라고 한다면' '~란'이라고 해석하거나 해석하지 않아도 된다.

- 世子**云者**, 唯君之貳也. (《穀梁傳》昭公八年)
  세자**란** 오직 임금의 이인자이다.
- 夫曰有命**云者**, 亦不然矣. (《墨子》〈非命中〉)
  [만일] 명(命)이 있느**냐고 한다면**, 또한 그렇지 않다.
- 義**云者**, 非謂正人, 謂正我. (《春秋繁露》〈仁義法〉)
  의(義)**라고 하는 것은** 다른 사람을 바르게 하는 것이 아니라 자신을 바르게 하는 것이다.
- 凡吾所謂道德**云者**, 合作仁與義言之也. (韓愈, 〈原道〉)
  내가 이른바 도덕**이라고 하는 것은** 인과 의를 합쳐서 말하는 것이다.

ㅇ

云何(운하)

❶ **대사** '如何(여하)'와 같고, 사물 혹은 방식 등을 묻거나 반문하며, '무엇' '어떻게' '어찌' 등으로 해석한다.

- 壹者之來, **云何**其盱! (《詩經》〈小雅 何人斯〉)
  한 번만 와준다면 **어찌** 멀리 바라보겠는가!
- 子夏之門人問交於子張, 子張曰: "子夏**云何**?" (《論語》〈子張〉)
  자하의 문인이 자장에게 [벗과] 사귀는 것에 대해 묻자 자장이 말했다. "자하는 **무엇**이라고 말씀하시던가?"
- 其後帝閑居問左右曰: "人言**云何**?" 左右對曰: "人言且立其子, 何去其母乎?" (《史記》〈外戚世家〉 褚少孫補)
  그 뒤에 무제(武帝)는 한가한 시간에 주위 사람에게 물었다. "사람들은 **어떻게** 말하는가?" 주위 사람들이 대답했다. "사람들은 장차 그녀의 아들을 [태자로] 세우려 하면서, 무엇 때문에 그의 어머니를 죽이려고 하느냐고 했습니다."
- 召軍正問曰: "軍法, 期而後至者**云何**?", 對曰: "當斬." (《史記》〈司馬穰苴列傳〉)
  군 법무관을 불러 물었다. "군법에 [따르면] 시간을 정하고서 늦게 도착하는 사람은 **어떻게** 하는가?" [법무관이] 대답했다. "목을 베어야 합니다."
- 今吾所求無一獲. 而卿父子竝顯重, 爲卿所賣耳. 卿爲吾言, 其說**云何**? (《三國志》〈魏書 張邈傳〉)
  지금은 내가 요구한 것 중에 한 가지도 얻은 것이 없소. 그런데도 그대 부자는 나란히 높은 지위에 올랐으니, 그대들을 위해 [나는] 팔렸을 뿐이오. 그대가 나를 위해서 한 그 말은 **무엇**이오?
- 此法當失, **云何**得遂有天下? (《世說新語》〈識鑑〉)
  이 방법은 응당 틀렸으니 **어떻게** 하면 마침내 천하를 손에 넣을 수 있겠습니까?

❷ **부사** 매우 높은 정도를 나타내며, '얼마나'라고 해석한다.

• 我僕痡矣, **云何**吁矣? (《詩經》〈周南 卷耳〉)

나의 마부가 병들었으니 **얼마나** 근심스럽겠는가?

云乎(운호)

어조사 '云(운)'은 전달, '乎(호)'는 의문·추측·반문을 나타내며, 중점은 '乎(호)'에 있다. '~이겠지요' '~인가' '~입니까' 등으로 해석한다.

• 然則曷用? 棗栗**云乎**, 腶脩◆**云乎**? (《公羊傳》莊公二十四年)

그렇다면 무엇을 써야 할까? 대추와 밤을 쓸 것**인가**, 단수를 쓸 것**인가**?

◆腶脩(단수): 말린 고기 포.

• 子思不悅, 曰: "古之人有言, 曰事之**云乎**, 豈曰友之**云乎**?" (《孟子》〈萬章下〉)

자사는 기뻐하지 않으며 말했다. "옛사람의 말에 '섬긴다'**고 했을지언정** 어찌 '벗한다'**고 했겠습니까**?"

• 單居離問於曾子曰: "天圓而地方者, 誠有之乎?" 曾子曰: "離, 而聞之**云乎**?" (《大戴禮記》〈曾子天圓〉)

선거리가 증자에게 물었다. "하늘은 둥글고 땅은 네모나다는데 정말로 그런 말이 있습니까?" 증자가 말했다. "선거리야, 너는 그런 말을 들었**느냐**?"

• 六年春二月, 詔曰: "古之帝王, 封建諸侯, 所以藩屛王室也. 詩不**云乎**, '懷德維寧, 宗子◆維城'." (《三國志》〈魏書 明帝紀〉)

6년(232) 봄 2월, 조칙을 내렸다. "옛날 제왕이 제후에게 영지를 주어 다스리도록 한 것은 [제후국을] 왕실의 울타리로 삼기 위해서였다. 《시경》에도 '덕을 품고 나라를 편안하게 하니, 종자는 나라의 담장 같구나.'라는 말이 있지 않**은가**."

◆宗子(종자): 일족(一族)의 자제.

ㅇ

• 朕雖不德, 昧於大道, 思與宇內共臻玆路. 書不**云乎**: '安民則惠, 黎民懷之.' (《三國志》〈魏書 高貴鄕公紀〉)

짐은 비록 덕이 없고 [군왕의] 큰 도리에 어둡지만, 천하 사람들과 함께 도를 따라가고 싶소. 《상서》에 '백성을 편안하게 하면 은혜이고, 백성은 이것을 그리워한다.'는 말이 있지 않**은가**.

云乎哉(운호재)

어조사 '云(운)'은 전달을 나타내며, '乎哉(호재)'는 반문을 나타낸다. 해석할 필요는 없다.

• 子曰: "禮云禮云, 玉帛**云乎哉**? 樂云樂云, 鍾鼓**云乎哉**?" (《論語》〈陽貨〉)

공자께서 말씀하셨다. "예가 어떠니 예가 저떠니 한다고 해서 [그것이] 옥이나 비단을 말하는 것이겠는가? 음악이 어떠니 음악이 저떠니 한다고 해서 [그것이] 종이나 북을 말하는 것이겠는가?"

云胡(운호)

부사 '如何(여하)'와 같고, 반문을 나타내며, '어찌'라고 해석한다.

• 旣見君子, **云胡**不夷? (《詩經》〈鄭風 風雨〉)

이미 당신을 만났으니 **어찌** 마음이 편치 않겠는가?

• 有酒在尊, 可以怡情, **云胡**不飮, 使我心悴? (《誠意伯文集》〈送季德大之文登稅務官任〉)

술동이에 술이 있어 마음을 기쁘게 할 수 있거늘, **어찌** 마시지 않아 내 마음을 애타게 하는가?

爰(원)

❶ **대사** '於是(어시)' '於何(어하)'에 상당하며, '거기' '어디' '여기' 등으로 해석한다.《시경》과《상서》등에 보인다.

- 樂土樂土, **爰**得我所. (《詩經》〈魏風 碩鼠〉)

  살기 좋은 땅, 살기 좋은 땅, **여기**서 우리가 살 곳을 찾았도다.

- 女執懿筐, 遵彼微行, **爰**求柔桑. (《詩經》〈豳風 七月〉)

  여인은 아름다운 광주리를 끼고 저 작은 길을 따라가며, **거기**에서 연한 뽕잎을 따네.

- **爰**采唐◆矣? 沫之鄕矣. (《詩經》〈鄘風 桑中〉)

  어디에서 새삼을 땄는가? 말(沫)읍의 마을 아래에서 땄지.

  ◆唐(당): 새삼. 메꽃과의 한해살이 기생 식물.

- 亂離瘼矣, **爰**其適歸? (《詩經》〈小雅 四月〉)

  난리의 생활이 고통스럽구나, **어디**로 도망칠까?

- **爰**有大物, 非絲非帛. (《荀子》〈賦〉)

  여기에 훌륭한 물건이 있는데, 명주실도 아니고 비단도 아니다.

- 伏匿穴處, **爰**何云? (屈原, 〈天問〉)

  동굴에서 엎드려 숨어 있는데, **여기**에서 무슨 말을 하겠소?

❷ **전치사** 동작 혹은 행위의 대상·시간·지점 등을 나타내며, '~까지' '~로부터' '~를' '~에게' '~에 대하여' 등으로 해석한다.

- 盤庚旣遷, 奠厥攸居, 乃正厥位, 綏**爰**有衆. (《尙書》〈盤庚下〉)

  반경은 [백성과 신하를] 옮긴 후에 그들이 살 곳을 선정하고, 그 지위를 바르게 하여 무리**를** 위로했다.

- 自西徂東, 周**爰**執事. (《詩經》〈大雅 綿〉)

서쪽에서부터 동쪽으로 가서 두루 일**을** 집행하는구나.

徂: 갈 조

• 推誠永究, **爰**何不臧? (《漢書》〈孝成許皇后列傳〉)

진실로 끝까지 탐구하여 나아가는 것은 무엇**에** 좋지 않은 점이 있소?

• **爰**茲發跡, 斷蛇奮旅. (《漢書》〈敍列傳〉)

이때**부터** 자취를 드러내어 뱀을 베고 군대를 일으켰다.

• 伊考自邃古, 乃降戾**爰**茲, 作者七十有四人. (《後漢書》〈班彪列傳〉)

상고 시기부터 지금에 이르기**까지** 살펴보면, [제왕이] 봉선을 한 경우는 74명이다.

戾: 이를 려

❸ 접속사 뒷일이 앞일과 긴밀히 연결됨을 나타낸다. '따라서' '이에'라고 해석하며, 해석하지 않아도 된다.

• 弓矢斯張, 干戈戚揚◆, **爰**方啓行. (《詩經》〈大雅 公劉〉)

활과 화살을 장만하고 방패와 창과 크고 작은 도끼를 가지고서 바야흐로 출발했다.

◆戚揚(척양): 크고 작은 도끼.

• 樹之榛栗, 椅桐梓漆, **爰**伐琴瑟. (《詩經》〈鄘風 定之方中〉)

개암나무·밤나무·오동나무·옻나무를 심고, 그것들을 베어서 금슬을 만든다.

• 詩云: "'王赫斯怒, **爰**整其旅, 以遏徂莒, 以篤周祜, 以對于天下.' 此文王之勇也." (《孟子》〈梁惠王下〉)

《시경》에 가로되 "'왕이 화가 나서 **이에** 그의 군대를 정비하여, 이로써 거나라로 나아가는 것을 가로막아 주나라의 복을 두텁게 하여 천하에 보답했다.'고 했으니, 이는 문왕의 용기입니다."

遏: 막을 알 | 徂: 갈 조

• 文信侯曰: "嘗得學黃帝之所以誨顓頊矣, **爰**有大圜在上, 大矩在下, 汝能法之, 爲民父母." (《呂氏春秋》〈序意〉)

문신후가 말했다. "일찍이 황제가 전욱을 가르치던 방법을 배울 수 있었으니, **이에** 하늘은 위에 있고 땅은 아래에 있어 그대가 그것을 본받을 수 있으면 백성의 부모가 될 것이다."

• 文王改制, **爰**周郅隆. (《史記》〈司馬相如列傳〉)

주(周)문왕이 제도를 개혁하자 **이에** 주 왕조가 융성했다.

郅: 이를 질

• 將答賦而不暇兮, **爰**整駕而亟行. (張衡, 〈思玄賦〉)

장차 사부(辭賦)에 답하려 하나 틈을 얻지 못했으므로, **이에** 수레를 수리하여 재빨리 나간다.

❹ **접속사** 병렬 관계를 나타내며, '~과' '및' 등으로 해석한다.

• 太保命仲桓南宮毛, 俾**爰**齊侯呂伋以二干戈虎賁百人, 逆子釗◆於南門之外. (《尙書》〈顧命〉)

태보는 중환과 남궁모에게 명령하여 제나라 제후 여급을 인도하게 하고, 방패와 창을 든 두 명**과** 군사 백 명을 인솔하여 남문 밖에서 태자 교를 맞이하도록 했다.

◆ 釗(교): 주나라 강왕(康王)의 이름.

釗: 사람 이름 교

❺ **어조사** 구 첫머리나 중간에 사용되어 음절을 조절하고 어기를 강조한다. 해석할 필요는 없다.

• 止基迺理, **爰**衆爰有. (《詩經》〈大雅 公劉〉)

살터를 정하고 다스리니 백성이 많고 재물이 풍부하네.

• 鈞天九奏, 旣其上帝, 葛天八闋, **爰**乃皇時. (《文心雕龍》〈樂府〉)

하늘의 구주(九奏)는 상제의 음악이고, 갈천씨의 팔결(八闋)은 삼황(三皇) 때의 노래다.

• 一旦, 有工**爰**來, 思以技自賈. (劉禹錫, 〈機汲記〉)

하루는 장인이 이곳으로 와서 자기 기술로 살 수 있다고 생각했다.

爰及(원급)

접속사 화제를 전환하며, '~에 이르러'라고 해석한다.

• 維契作商, **爰及**成湯; 太甲居桐, 德盛阿衡. (《史記》〈太史公自序〉)

설(契)은 상(商)나라를 일으켜 성탕(成湯, 설의 13대 후손)**에 이르렀고**, 태갑(太甲)은 동(桐)에 있었지만 [그의] 덕은 아형(阿衡) 재상의 힘을 빌려 높아졌다.

• 方今九州之民, **爰及**京城, 未有六鄕之擧, 其選才之職, 專任吏部. (《三國志》〈魏書 傅嘏傳〉)

지금 구주의 백성은 경성**에 이르렀는데**, 6향의 추천이 없고 인재를 선발하는 직무는 이부에서 전담하고 있습니다.

• **爰及**太史談, 世惟執簡, 子長繼志, 甄序帝勣. (《文心雕龍》〈史傳〉)

[한나라의] 태사 사마담**에 이르러서는** 대대로 사관의 [직책을] 맡았고, 큰아들(사마천司馬遷)은 [아버지의] 뜻을 계승하여 [역대] 제왕과 공신의 업적을 살펴 서술했다.

• 生民之本, 要當稼穡而食, 桑麻以衣. 蔬果之畜, 園場之所產, 鷄豚之善, 塒圈之所生. **爰及**棟宇器械, 樵蘇脂燭, 莫非種植之物也. (《顔氏家訓》〈治家〉)

민생의 근본은 마땅히 심고 거두어 먹게 하며, 누에 치고 삼을 심어 옷을 입는다. 채소와 과일이 쌓이는 것은 과수원에서 생산하기 때문이며, 닭과 돼지가 잘 크는 것은 홰와 우리에서 길러지기 때문이다. 집안의 가

구, 땔나무, 기름등**에 이르기까지** 어느 것도 심지 않는 것이 없다.

粤(월)

❶ **어조사** '曰(왈)' '越(월)'과 통하고, 문장의 첫머리에 쓰이며, 뜻이 없으므로 해석할 필요는 없다.

- **粤**詹雒伊, 毋遠天室. (《史記》〈周本紀〉)

  낙수(洛水)와 이하(伊河)를 우러러보며 궁실을 멀리하지 마라.

- **粤**蹈秦郊, 嬰來稽首. (《漢書》〈敍列傳下〉)

  진나라 [도성의] 교외를 밟자, [진나라 왕] 자영(子嬰)이 나와 머리를 조아리며 절했다.

- **粤**以戊辰之年, 建亥之月, 大盜移國, 金陵瓦解. (庾信, 〈哀江南賦序〉)

  무진년(戊辰年, 양무제梁武帝 태청太淸 2년) 10월에 큰 도적이 나라를 찬탈하여 금릉(남경)이 기왓장처럼 무너졌다.

❷ **전치사** '越(월)'과 통하고, 목적어와 함께 쓰여 동작 혹은 행위가 발생한 시간을 나타내며, '~에 [이르러]'라고 해석한다.

- 貞元十四年正月戊子, 隴西公命作東西水門, **粤**三月辛巳朔, 水門成. (韓愈, 〈汴州東西水門記〉)

  정원 14년 정월 무자일에, 농서공은 동쪽 수문과 서쪽 수문을 건립하도록 명했는데, 3월 초하루 신사일**에** 수문이 완성되었다.

ㅇ

粵若(월약)

어조사 문장의 첫머리에 쓰이며, 뜻은 없으므로 해석할 필요가 없다. '曰若(왈약)' '越若(월약)'이라고도 쓴다.

- 武成◆篇曰: "**粵若**來二月, 旣死霸◆, 粵五日甲子, 咸劉商王紂." (《漢書》〈律曆志下〉)

  〈무성〉 편에서 가로되 "2월 초하루를 지나 초오갑자(初五甲子)일에 이르러 은나라 주(紂)가 죽었다."

  ◆〈武成(무성)〉: 《상서》의 편명이다.

  ◆霸(패): '魄(백)'과 같고, 하력(夏曆)으로 달이 처음 떴을 때의 달빛이며, 사패(死霸)는 초하루를 가리킨다.

  劉: 죽을 륙, 죽일 륙

越(월)

❶ **어조사** '曰(왈)' '粵(월)'과 통하고, 구의 첫머리에 쓰이며, 뜻은 없다.

- **越**予小子考翼, 不可征, 王害不違卜? (《尙書》〈大誥〉)

  나 소자와 부로가 공경히 섬기는 자들도 정벌할 수 없다고 하여, 왕은 어찌 점을 어기지 않습니까?

- 不昏作勞, 不服田畝, **越**其罔有黍稷. (《尙書》〈盤庚上〉)

  노력하여 일하지도 않고 밭을 갈지도 않으면 곡식이 없을 것이다.

- 穀旦于逝, **越**以鬷邁. (《詩經》〈陳風 東門之枌〉)

  좋은 날 길을 떠나는데, 많은 사람이 몰려가네.

  鬷: 많을 종

❷ **전치사** 동작 혹은 행위의 대상이나 범위를 나타내며, '~에게' '~에 대해서' '~을' 등으로 해석한다.

- **越**小大謀猷, 罔不率從. (《尙書》〈文侯之命〉)
  크고 작은 모략**에 대해서** 따르지 않음이 없다.
- 肆上帝將復我高祖之德, 亂**越**我家. (《尙書》〈盤庚下〉)
  현재 상제는 우리 고조의 덕을 회복하여 다스림이 우리나라**에** 미치게 하실 것이다.

❸ **접속사** '於(어)'와 통하고 연합을 나타내며, 단어와 단어 또는 절과 절, 구와 구 중간에 쓰인다. '~와' '~와 더불어' 등으로 해석한다. 대부분《상서》에 보인다.

- 大誥爾多邦**越**爾御事. (《尙書》〈大誥〉)
  너희 여러 나라**와** 너희 하급 관리에게 크게 훈계하노라.
- 肆予告我友邦君**越**尹氏庶士御事曰. (《尙書》〈大誥〉)
  이로 인해 나는 우리 우방의 군주**와** 내사(內史)와 많은 관리에게 알려 말했다.

【참고】

① 거치다: • 穰侯**越**韓魏而東攻齊. (《韓非子》〈定法〉) 양후는 한나라와 위나라를 **거쳐서** 동쪽으로 제나라를 공격했다.

② 넘다: • 不**越**樽俎而代之矣. (《莊子》〈逍遙遊〉) 술통과 제기(祭器)를 **뛰어넘어** 그를 대신하지 않는다.

③ 추락하다: • 射其左, **越**於車下. (《左傳》成公二年) 그 왼편을 쏘자 수레 아래로 **떨어졌다**.

④ 멀다, 우활하다: • **越**哉! 臧孫之爲政也. (《國語》〈魯語上〉) **우활하구나**! 장손이 정치를 하는 것이.

越若(월약)

어조사 시간을 나타내는 단어나 문장의 첫머리에 쓰이며, 뜻은 없다. '曰若(왈약)' '粤若(월약)'이라고도 한다.

- **越若**來三月惟丙午朏. 越三日戊申, 太保朝至于洛. (《尙書》〈召誥〉)

  3월 병오일 초사흘에 왔다가 사흘이 지난 무신일에 태보가 아침에 낙땅에 이르렀다.

  朏: 초승달 비, 초사흘 비

爲(위)

❶ **조동사** 머지않아 일어날 행위나 상황을 나타내며, '곧 ~하려고 한다' '바야흐로 ~하려 한다' '~할 것이다' 등으로 해석한다.

- 樂正子見孟子曰: "克◆告於君, 君**爲**來見也……." (《孟子》〈梁惠王下〉)

  악정자가 맹자를 뵙고 말했다. "제가 임금께 말씀드렸더니 임금께서 **곧** 보러 오**려고 하셨으나**……."

  ◆克(극): 악정자(樂正子)의 이름.

- 吾得一人, 而一國盜**爲**盡矣. (《列子》〈說符〉)

  내가 한 사람(치옹郗雍)을 얻으면, 전국의 도적들은 전부 없어**질 것이다**.

- 盧綰妻子亡降漢, 會高后◆病不能見. 舍燕邸. **爲**欲置酒見之, 高后竟崩, 不得見. (《史記》〈韓信盧綰列傳〉)

  노관의 처자식이 달아나 한나라에 투항했는데, 때마침 여후(呂后)가 병에 걸려 만날 수 없었다. 그래서 연나라 왕의 집에 머물면서 술자리를 마련하여 [고후를] 만나**려고 했으나** 여후가 마침내 죽어서 볼 수 없었다.

◆高后(고후): 황후의 존칭으로서, 여기서는 한고조(유방)의 황후인 여후(呂后)를 가리킨다.

• 術若破備, 則北連泰山諸將, 吾**爲**在術圍中. (《三國志》〈魏書 呂布傳〉)
원술(袁術)이 만약 유비(劉備)를 격파하면 북쪽으로 태산 일대의 장수들과 연합할 것이니, 나는 원술에게 포위당**할 것이다**.

❷ **조동사** 피동을 나타낸다. '爲(위)+명사+동사'의 형태로 쓰이는데, '爲(위)' 다음의 명사가 뒤에 오는 동사의 주체가 되고, 동사는 피동화된다. 주체가 명백하면 '爲(위)' 다음의 명사는 생략되며, 문맥에 따라 동사의 피동성이 드러나도록 적절히 해석한다.

• 止, 將**爲**三軍獲. (《左傳》 襄公十八年)
멈춘다면 장차 삼군의 포로가 **될** 것이다.

• 不**爲**酒困. (《論語》〈子罕〉)
술에 휘둘**림**이 없어야 한다.

• 道術將**爲**天下裂. (《莊子》〈天下〉)
도술이 장차 천하 사람들에 의하여 분열**되려고** 한다.

• 卒**爲**天下笑. (《戰國策》〈趙策三〉)
마침내 천하 사람들에게 웃음거리가 **되었다**.

• 身死人手, **爲**天下笑者, 何也? (賈誼, 〈過秦論〉 上)
몸이 남의 손에 죽어, 천하 사람들의 비웃음을 **받음**은 무엇 때문인가?

• 秦俗多忌諱之禁, 忠言未卒於口, 而身**爲**戮沒矣. (賈誼, 〈過秦論〉 下)
진나라의 풍속에는 금기가 많아서 충심 어린 말이 미처 끝나기도 전에 살육을 **당한다**.

• 奪項王天下者, 必沛公也, 吾屬今**爲**之虜矣. (《史記》〈項羽本紀〉)
항왕의 천하를 빼앗을 자는 반드시 패공이니, 우리는 이제 그의 포로가 **될** 것이다.

• 多多益善, 何以**爲**我禽? (《史記》〈淮陰侯列傳〉)

많으면 많을수록 더욱 좋다면서, 어째서 나에게 사로잡**혔**는가?

• 誠令成安君聽足下計, 若信者亦已**爲**禽矣. (《史記》〈淮陰侯列傳〉)

만약 성안군이 당신의 계책을 들었다면, [나] 한신(韓信) 같은 이도 이미 붙잡**혔**을 것이다.

• 然不能西攘尺寸之地而身**爲**禽於中原者, 此其故何也? (《史記》〈平津侯主父列傳〉)

그러나 [그들은] 서쪽 땅을 조금도 빼앗지 못하고 몸이 중원에서 붙잡**혔**는데, 이것은 무엇 때문이겠습니까?

• 僕以口語遇遭此禍, 重**爲**鄕黨戮笑. (司馬遷, 〈報任安書〉)

저는 말하는 것이 신중하지 못했기 때문에 이 환란을 만났고, 거듭 향당의 비웃음거리가 **되었습니다**.

❸ **접속사** 가설을 나타내며, '만일'이라고 해석한다.

• **爲**悅其言, 因任其身, 則焉得無失乎? (《韓非子》〈顯學〉)

만일 그의 말을 기쁘게 여겨듣고 그로 인해 그를 임용한다면, 어떻게 실수가 없을 수 있겠습니까?

• 鄭袖曰: "王甚喜人之掩口也, **爲**近王, 必掩口." (《韓非子》〈內儲說下〉)

정수가 말했다. "왕은 다른 사람이 손으로 입을 가리는 것을 매우 좋아하므로 [당신이] **만일** 임금을 가까이 접하면 반드시 입을 가려야만 할 것입니다."

• 孫叔敖戒其子曰: "**爲**我死, 王則封女, 女必無受利也." (《列子》〈說符〉)

손숙오는 그 아들에게 훈계했다. "**만일** 내가 죽으면 왕께서는 너를 봉할 텐데, 너는 반드시 이익을 받아서는 안 된다."

• 是楚與三國謀出秦兵矣. 秦**爲**知之, 必不救也. (《戰國策》〈秦策四〉)

이는 초나라가 삼국(제齊·한韓·위魏)과 더불어 진나라 군대를 출병하도록 도모한 것이다. 진나라가 **만일** 이 사실을 안다면 반드시 [초(楚)나라를] 구원하지 않을 것이다.

- 今誠得治國, 國治, 身死無恨. **爲**死終不治, 不如去. (《史記》〈宋世家〉)

  만일 확실하게 국가를 다스릴 수 있어 국가가 다스려지면 죽어도 여한이 없다. **만일** 죽어도 끝내 다스려지지 않는다면 떠나는 것만 못하다.

❹ **접속사** 병렬 관계를 나타내며, '또' '~와/과'라고 해석한다.

- 得之**爲**有財, 古之人皆用之, 吾何**爲**獨不然? (《孟子》〈公孫丑下〉)

  [만일] 할 수 있고 **또** [살 만한] 재력이 있으면 옛날 사람들은 모두 썼는데, 나는 어째서 **또** 홀로 그렇게 하지 않겠는가?

- 屠耆單于使日逐王先賢撣兄右奧鞬王**爲**烏藉都尉各二萬騎屯東方, 以備呼韓邪單于. (《漢書》〈匈奴列傳下〉)

  도기선우는 일축왕 선현전의 형 우욱건왕**과** 오자도위로 하여금 각각 2만 기로 동방에 주둔하면서, 호한야선우를 방비하도록 했다.

❺ **어조사** 문장 끝에 쓰여 의문이나 반문을 나타낸다.

- 兩君合好, 夷狄之民何爲來**爲**? (《穀梁傳》定公十年)

  우리 두 나라(노나라와 제나라) 임금이 우호를 맺었는데, 오랑캐 사람(제齊나라 병사)이 어찌하여 [우리 노나라로] 옵**니까**?

- 何故深思高擧, 自令放**爲**? (屈原, 〈楚辭 漁父〉)

  무엇 때문에 깊이 생각하고 고상하게 행동하여 스스로 쫓겨나게 했습**니까**?

- 若徒守江東, 修崇寬政, 兵自足用, 復用多**爲**? (《三國志》〈吳書 吳主傳〉)

  만약 단지 강동만 지키고 관대한 정치를 받들고 있으면 군대는 쓰기에 충분한데, 다시 [군사] 비용을 늘리려 합**니까**?

❻ **감탄사** 감탄을 나타내며, '~하구나'라고 해석한다.

• 帝曰: "今故告之, 反怒**爲**!" (《漢書》〈孝成趙皇后列傳〉)

성제(成帝)가 말했다. "지금 특별히 이 사건을 [당신, 즉 조황후(趙皇后)의 여동생 조소의(趙昭儀)에게] 말하는데 오히려 화를 내는**구나**!"

❼ **전치사** 동작 혹은 행위의 대상이나 원인, 목적을 나타내며, '~ 때문에' '~에게' '~에 대하여' '~을 위하여' '~을 향하여' 등으로 해석한다.

• 季氏富於周公, 而求也**爲**之聚斂而附益之. (《論語》〈先進〉)

계씨(계강자로 추정됨)가 주공보다 부유한데도 구(염구)는 **그를 위해** [수탈하듯] 세금을 거두어 [그의 부를] 더욱 늘려주었다.

• 公輸盤爲我**爲**雲梯, 必取宋. (《墨子》〈公輸〉)

공수반이 나**에게** 긴 사다리를 만들어주었으므로 반드시 송을 취할 것이다.

• 臣請**爲**王言樂. (《孟子》〈梁惠王上〉)

신이 왕**에게** 음악을 [감상하는 원리를] 말씀드리도록 허락해주십시오.

• 庖丁**爲**文惠君解牛. (《莊子》〈養生主〉)

포정은 문혜군**을 위해** 소를 잡았다.

• 雖然, 每至於族, 吾見其難爲, 怵然*****爲**戒, 視**爲**止, 行**爲**遲. (《莊子》〈養生主〉)

비록 이렇다 하더라도 [뼈와 살이] 엉긴 곳에 이르면, 나는 그것을 [분해하는 게] 어렵다는 것을 알고, [그것] **때문에** 두려워 경계하고, 눈은 [그것] **때문에** 집중되고, 동작은 [그것] **때문에** 천천히 한다.

• 天行有常, 不**爲**堯存, 不**爲**桀亡. (《荀子》〈天論〉)

대자연의 운행은 일정한 규율이 있는데, 요임금 **때문에** 존재한 것도 아니고 걸 **때문에** 소멸한 것도 아니다.

• 今誠以吾衆詐自稱公子扶蘇·項燕**爲**天下倡, 宜多應者. (《史記》〈陳涉世家〉)

지금 만약 우리가 거짓으로 공자 부소와 항연의 부하라고 칭하며 천하**를 향해** 외치면, 마땅히 호응하는 사람이 많을 것이다.

• 良愕然, 欲歐之, **爲**其老, 强忍, 下取履. (《史記》〈留侯世家〉)
장량(張良)은 놀라 당황하여 그를 치려고 했으나 그가 늙었기 **때문에** 억지로 참고 [다리 아래로] 내려가 신을 주웠다.

• 卒有病疽者, 起**爲**吮之. (《史記》〈孫子吳起列傳〉)
병사 중에 악성 종기를 앓는 자가 있었는데, 오기가 곧 [그를] **위해** 종기를 빨았다.
疽: 악창 저 | 吮: 빨 연, 핥을 연

• 從是以後, 不敢復言**爲**河伯娶婦. (《史記》〈滑稽列傳補〉)
이 이후에는 감히 다시 하백**을 위해** 아내를 얻어주자고 말하지 못했다.

• 天下熙熙, 皆**爲**利來, 天下攘攘, 皆**爲**利往. (《史記》〈貨殖列傳〉)
천하 사람들이 빈번하게 오는 것은 모두 이익 **때문**이고, 천하 사람들이 혼란스럽게 가는 것도 모두 이익 **때문**이다.

• 不足**爲**外人道也. (陶淵明, 〈桃花源記〉)
밖에 있는 사람**에게** 말할 것이 못 된다.

• 雖然, 不可不**爲**生言之. (韓愈, 〈答李翊書〉)
비록 이러하지만 부득이 당신**에게** 말해야겠다.

• 始知文章合**爲**時而著, 歌詩合**爲**事而作. (白居易, 〈與元九書〉)
문장은 마땅히 시대를 [반영하기] **위하여** 짓고, 시가는 마땅히 시사를 [반영하기] **위하여** 창작한다는 것을 비로소 알았다.

• 盤庚不**爲**怨者故改其度. (王安石, 〈答司馬諫議書〉)
반경은 원한을 품은 자 **때문에** 그의 생각을 바꾼 것이 아니다.

【참고】

① 다스리다, 만들다: • **爲**國以禮. (《論語》〈先進〉) 나라를 **다스리는** 것은 예로써

해야 한다. • 矢人而恥**爲**矢也. (《孟子》〈公孫丑上〉) 화살 만드는 사람이면서 화살 **만드는** 것을 부끄러워한다. • 聞子**爲**梯. (《墨子》〈公輸〉) 그대가 사다리를 **만들었다고** 들었다.

② 연구하다: • 有**爲**神農之言者, 許行. (《孟子》〈滕文公上〉) 신농씨(神農氏)의 학설을 **연구하는** 자인 허행.

③ 되다: • 文帝踐阼, 拜尙書, 出**爲**幽州刺史. (《三國志》〈魏書 崔林傳〉) 문제가 제위에 오른 뒤 상서로 제수되었고, 밖으로 나가 유주자사가 **되었다**.

④ ~라고 하다: • 知之**爲**知之, 不知**爲**不知. (《論語》〈爲政〉) 어떤 것을 알면 그것을 안다**고 하고**, 알지 못하면 알지 못한다**고 한다**.

⑤ 하다: • 余髮如此種種◆, 余奚能**爲**? (《左傳》昭公三年) 나의 머리카락이 이와 같이 짧고 적은데, [이미 늙고 쇠약하니] 내가 무엇을 **할** 수 있겠는가? ◆種種(종종): 머리카락이 짧은 모양.

爲(위)~所(소)~/爲所(위소)

피동문으로 '爲(위)' 다음의 명사가 행위의 주체이며, '所(소)' 다음의 동사는 피동사가 된다. 두보(杜甫)의 시 제목 중 〈가을바람에 띠집 부서진 노래〔茅屋爲秋風所破歌〕〉가 있는데 이러한 용례다. 상황이 분명할 때는 '爲(위)' 다음의 행위 주체를 생략하기도 하고, '所(소)' 대신에 '見(견)' '之(지)' '之所(지소)' 등이 쓰이기도 한다.

- 凡國有三制, 有制人者, 有**爲**人**之所**制者, 有不能制人, 人亦不能制者. (《管子》〈樞言〉)

  나라는 세 가지 제압 유형을 갖고 있으니, 다른 나라를 제압하는 나라가 있고, 다른 나라**에게** 제압**당하는** 나라가 있으며, 스스로 다른 나라를 제압하지도 못하고 다른 나라가 제압할 수도 없는 나라가 있다.

• 員不忍稱疾辟易, 以見王之親**爲**越**之**擒也. (《國語》〈吳語〉)

저(신서申胥)는 병을 핑계로 뒤로 물러나 있지만, 왕께서 월나라**에** 사로 잡**히**는 것을 차마 보지 못하겠습니다.

• 烈士**爲**天下**見**善矣, 未足以活身. (《莊子》〈至樂〉)

열사는 천하**의** 칭송을 **받겠지만**, 자신을 살리기는 힘들다.

• 荊王賈與戰, 不勝, 走富陵, **爲**布軍**所**殺. (《史記》〈荊燕世家〉)

형왕 유가(劉賈)는 싸웠으나 이기지 못하고 부릉으로 달아났는데, 경포의 군대**에게** 죽임을 **당했다**.

• 自以爲國近淮南, 恐一日發, **爲所**幷. (《史記》〈五宗世家〉)

스스로 나라가 회남에 가깝다 여겨 하루에 일이 생기면 합병**당할까** 두려워했다.

• 單于顧謂左右曰: "幾**爲**漢**所**賣." (《史記》〈韓長孺列傳〉)

선우가 주위 사람들을 둘러보며 말했다. "하마터면 한나라**에게 팔릴** 뻔했다."

• 皆復閉昆明, **爲所**殺, 奪幣財. (《史記》〈大宛列傳〉)

모두가 다시 곤명에서 막혀 [사신들이] 죽임**을 당하고** 폐백 드릴 재물을 빼앗겼다.

• 月氏居敦煌祁連間, 及**爲**匈奴**所**敗◆, 乃遠走. (《史記》〈大宛列傳〉)

월지족은 돈황과 기련 사이에 살고 있었는데, 흉노**에게** 패배**하자** 곧 멀리 달아났다.

◆敗(패): 원뜻이 '깨부수다' '패배시키다'라는 사역동사이므로, 예문을 직역하면 '흉노에게 패배시킴을 당하다'가 되어 우리말로는 '패배하다'라는 뜻이 된다.

• 世子申生**爲**驪姬◆**所**譖◆. (《禮記》〈檀弓〉)

세자 신생은 여희**에게** 모함을 **받았다**.

◆驪姬(여희): 여융(驪戎)의 계집.

◆譖(참): 남을 헐뜯어 윗사람에게 일러바침.

譖: 참소할 참

- 爲盂之會, 與楚爭盟, 卒**爲所**執. (《漢書》〈五行志〉)

[송양공(宋襄公)은] 우의 회합에서 초나라와 맹주가 되려고 다투다가 마침내 사로잡**혔다**.

- 衛太子**爲**江充**所**敗. (《漢書》〈霍光列傳〉)

위나라 태자는 강충**에게** 패**했다**.

- 而前王有子在, 恐**爲所**殺. (《漢書》〈西域列傳〉)

게다가 이전 왕의 아들이 살아 있으니 살해**당할까** 두렵습니다.

- 出關, 過中牟, **爲**亭長**所**疑, 執詣縣, 邑中或竊識之, 爲請得解. (《三國志》〈魏書 武帝紀〉)

[조조는] 관(關, 호뢰관虎牢關)을 빠져나와 중모현(中牟縣)을 지나갈 때, 정장**의** 의심을 **받아** 현성(縣城)까지 압송되었지만, 읍 안에 그를 알아보는 자가 있어 풀려나도록 청했다.

- 太祖自徐州還, 惇從征呂布, **爲**流矢**所**中, 傷左目. (《三國志》〈魏書 夏侯惇傳〉)

태조(조조)가 서주에서 돌아오자 하후돈은 대군을 좇아 여포를 정벌하다가 날아오는 화살**에 맞아** 왼쪽 눈을 다쳤다.

- 太祖起義兵討董卓, 至滎陽, **爲**卓將徐榮**所**敗. (《三國志》〈魏書 曹洪傳〉)

태조(조조)는 의병을 일으켜 동탁을 토벌하려고 형양까지 왔지만, 동탁의 장수 서영**에게** 패배**했다**.

- 劉岱**爲**黃巾**所**殺. (《三國志》〈魏書 程昱傳〉)

유대는 황건군**에게** 살해**되었다**.

- 勞所養之民, 資無益之事, **爲**夷狄**所**笑, 此曩時之所患也. (《三國志》〈魏書 崔林傳〉)

봉양받아야 하는 백성을 수고롭게 하고, 이롭지 않은 일로 낭비하여 오랑캐**에게** 웃음거리가 **되는** 것, 이는 옛날부터 근심했던 것이다.

• 羸兵**爲**人馬**所**蹈藉, 陷泥中死者甚衆. (《資治通鑑》〈漢紀〉 獻帝建安十三年)

지친 병사들은 사람과 말**에게** 짓밟**히고** 진흙에 빠져 죽은 사람이 매우 많았다.

羸: 고달플 리, 약할 리

爲也(위야)

❶ 어조사 '爲(위)'에 '也(야)'를 더한 것으로, 반문이나 명령의 어기를 강화한다.

• 秦將白起不仁, 奚用**爲也**! (《法言》〈淵騫〉)

진나라 장군 백기는 어질지 않은데, 어째서 [그를] 등용하려**는가**!

• 子路入, 及門, 公孫敢闔門曰: "毋入**爲也**!" (《史記》〈衛世家〉)

자로가 들어가려고 문 앞에 도착하자, 공손이 감히 문을 닫고 말했다. "들어가지 **마라**!"

❷ 어조사 서술문에 쓰이기도 한다.

• 害身而利國, 臣弗**爲也**; 害國而利臣, 君不**爲也**. (《韓非子》〈飾邪〉)

자신을 해치면서 나라를 이롭게 하는 것이라면 신은 하지 않을 것이고, 나라를 해치면서 신을 이롭게 하는 것이라면 임금께서 하지 않을 것입니다.

爲爾(위이)

어조사 '如此(여차)'와 같고 앞 문장을 대신하며, '이렇게 하다'라고 해석

ㅇ

한다.

- 導嘗共悅奕棋, 爭道. 導笑曰: "相與有瓜葛, 那得**爲爾**耶?" (《晉書》〈王導傳〉)
  왕도(王導)는 일찍이 왕열과 바둑을 두는데 길을 다투었다. 왕도가 웃으면서 말했다. "[우리는] 서로 인척 관계(부자父子 간을 가리킴)인데도 **이렇게 할** 수 있는가?"

【참고】

다음 예문에서 '爲爾(위이)'는 허사가 아니므로 해석에 유의해야 한다: • 孔子欣然而笑曰: "有是哉顔氏之子! 使爾多財, 吾**爲爾**宰." (《史記》〈孔子世家〉) 공자는 기뻐서 웃으며 말했다. "그렇던가, 안씨 집안의 자제에게 이런 일이 있었던가! 자네가 만일 많은 돈을 번다면 나는 **자네의** 재(宰)가 **되겠다**."

爲哉(위재)

어조사 '爲(위)'에 '哉(재)'를 더하여 반문을 나타낸다.

- 惡用是鶂鶂◆者**爲哉**! (《孟子》〈滕文公下〉)
  이렇게 꽥꽥거리는 것을 어디에 쓰**겠는가**!
  ◆鶂鶂(역역): 거위가 꽥꽥거리는 소리.
- 日出而作, 日入而息, 逍遙於天地之間, 而心意自得, 吾何以天下**爲哉**! (《莊子》〈讓王〉)
  해가 뜨면 일하고 해가 지면 쉬며 세상에서 유유자적하게 지내니 마음이 쾌적하고 즐거운데, 내가 무엇 때문에 천하를 다스리**겠는가**!

爲乎(위호)

어조사 '爲(위)'에 '乎(호)'를 더하여 의문 어기를 강하게 한다. '있겠는가' '하겠는가' 등으로 해석한다.

- 今我何以子之千金劍**爲乎**? (《呂氏春秋》〈異寶〉)

  지금 내가 무엇 때문에 당신의 천금 값어치의 칼을 요구**하겠습니까**?

- 又何學**爲乎**? (《說苑》〈建本〉)

  또한 어디에서 배운 **것인가**?

- 灌將軍熟視笑曰: "人謂魏勃勇, 妄庸人耳, 何能**爲乎**!" (《史記》〈齊悼惠王世家〉)

  관 장군은 그를 한참 동안 보다가 웃으며 말했다. "사람들은 위발이 용맹하다고 말하는데, 망령 들고 평범한 자일 뿐이니 무엇을 할 수 **있겠는가**!"

何(하)/奚(해)~爲(위)

중간에 동사나 동사의 성질을 지닌 구를 끼워 동작 혹은 행위의 원인이나 목적을 묻는다. '어째서(무엇 하러) ~하는가'라고 해석한다.

- 生不布施, 死**何**含珠**爲**? (《莊子》〈外物〉)

  살아서는 [다른 사람에게] 베풀지 않았으면서 죽어서까지 **어째서** 진주를 머금으려고 **하는가**?

- 由之者治, 不由者亂, **何**疑**爲**? (《荀子》〈成相〉)

  이런 원칙을 따르면 안정되고, 이런 원칙을 따르지 않으면 혼란함을 **어째서** 의심**하는가**?

- 吾得一人, 而一國盜爲盡矣, **奚**用多**爲**? (《列子》〈說符〉)

  나는 한 사람을 얻어 전국의 도적들을 제거했는데 **어째서** 많은 사람을 쓰겠**는가**?

- 項王笑曰: "天之亡我, 我**何**渡**爲**?" (《史記》〈項羽本紀〉)

  항왕이 웃으며 말했다. "하늘이 나를 망쳤는데 내가 **무엇 하러** 강을 건너겠**는가**?"

- 事未可知, **何**早自殺**爲**? (《史記》〈酈生陸賈列傳〉)

  사정을 알 수 없는데, **어째서** 일찌감치 자살**하려는가**?

- **何**但遠走亡匿於幕北寒苦無水草之地**爲**? (《漢書》〈匈奴列傳〉)

  어째서 멀리 도망하여 사막 이북의 혹독하게 춥고 물과 풀도 없는 땅에 숨으려고만 **하는가**?

  幕: 사막 막('漠'과 통용됨)

何(하)/奚(해)以(이)~爲(위)

동작 혹은 행위의 원인이나 목적을 물으며, 반문의 어감이 강하다. '어째서 ~하는가' '~으로(~을 가지고) 무엇을 하겠는가'라고 해석한다.

- 君子質而已矣, **何以**文**爲**? (《論語》〈顔淵〉)

  군자는 바탕만 갖추고 있으면 그만이지 **무엇 때문에** 꾸밉**니까**?

- 子曰: "誦詩三百, 授之以政, 不達, 使於四方, 不能專對, 雖多, 亦**奚以爲**?" (《論語》〈子路〉)

  공자께서 말씀하셨다. "《시경》 3백 편을 외우고 있다고 해도 정치를 맡겼을 때 통달하지 못하고, 외국에 사신으로 보냈을 때 독자적으로 대응하지 못한다면 아무리 많이 외운들 또 **무슨** 소용이 있**겠느냐**?"

- 是社稷之臣也, **何以**伐**爲**? (《論語》〈季氏〉)

  이는 사직의 신하인데, **어떻게** 정벌**한다는 것이냐**?

- **奚以**之九萬里而南**爲**? (《莊子》〈逍遙遊〉)

어째서 구만리나 날아서 남쪽으로 가려 **하는가**?

- 先生議兵, 常以仁義爲本. 仁者愛人, 義者循理, 然則又**何以**兵**爲**? (《荀子》〈議兵〉)

  선생은 군사 일을 의논할 때 항상 인의를 근본으로 삼는다. 어진 이는 사람을 사랑하고 의로운 이는 이치에 따르는데, 그렇다면 또한 병사**를 가지고 무엇 하겠는가**?

- 君長有齊, **奚以**薛**爲**君? (《韓非子》〈說林下〉)

  당신이 오랫동안 제나라에 있다면, 설 땅**으로** 당신에게 **무엇을 삼겠습니까**?

- 大丈夫定諸侯, 卽爲眞王耳, **何以**假**爲**? (《史記》〈淮陰侯列傳〉)

  대장부가 제후들을 평정했으면 진정한 왕이 되어야지, **어째서** 가짜 왕이 되려고 **하는가**?

- 吾有車而使人不敢借, **何以**車**爲**? (《世說新語》〈德行〉)

  나는 수레가 있지만 사람들이 감히 빌리지 못하게 했으니, [이] 수레**로 무엇을 하겠는가**?

謂(위)

전치사 '爲(위)'와 같고, 동작 혹은 행위의 원인을 나타내며, '~ 때문에' '~을 위하여'라고 해석한다.

- 婦之父母, 以**謂**己謀者以爲忠, 終身善之, 亦不知所以然矣. (《呂氏春秋》〈遇合〉)

  여자의 부모는 자기**를 위해서** 도모한 것이 충실한 것이라고 생각하고 죽을 때까지 좋게 여겼지만, 그렇게 된(자기 딸이 쫓겨난) 까닭은 알지 못했다.

- 亦不**謂**衆人之不觀, 不易其情貌. (《列子》〈力命〉)

  또한 많은 사람이 보지 않기 **때문에** 그의 감정과 모습을 바꾸지 않는 것도 아니다.

- 丞相豈兒女子邪, 何**謂**咀藥而死? (《漢書》〈王嘉列傳〉)

  승상이 어찌 아녀자이겠습니까, 무엇 **때문에** 독약을 마시고 죽으려 하십니까?

- 有一人不得其所, 則**謂**之不樂. (《鹽鐵論》〈憂邊〉)

  한 사람이라도 자기 자리를 얻지 못하면 그것 **때문에** 즐겁지 않을 것이다.

【참고】

① 말하다: • 楚王**謂**田鳩. (《韓非子》〈外儲說左上〉) 초나라 왕이 전구에게 **말했다**. • 子**謂**韶◆. "盡美矣, 又盡善也." (《論語》〈里仁〉) 공자께서 〈소(韶)〉를 일러 **말씀하셨다**. "지극히 아름답고, 또 지극히 선하구나. ◆韶(소): 순임금 때의 악곡 이름. • 古人**謂**, 畵鷄犬難, 畵鬼神易. (姜世晃, 《豹菴集》) 옛사람들은 "닭과 개를 그리기는 어려워도, 귀신을 그리기는 쉽다."고 **말했다**.

② ~라고 하다, ~라고 일컫다: • 司馬遷記事, 不虛美, 不隱惡. 劉向·揚雄服其善敍事, 有良史之才, **謂**之實錄. (《三國志》〈魏書 王肅傳〉) 사마천은 사실을 기록하면서 훌륭한 [일을] 빠뜨리지 않았고, 잘못한 [일을] 은폐하지도 않았습니다. 유향과 양웅은 사마천이 사실을 잘 서술한 것과 훌륭한 사관의 재능이 있음에 탄복하면서 [《사기(史記)》를] '실록'**이라고 했습니다**. • 言行相符, **謂**之正人, 言行相悖, **謂**之小人. (李睟光, 《芝峯集》) 말과 행동이 서로 부합되는 것, 이것을 정인**이라 일컫고**, 말과 행동이 서로 어그러지는 것, 이것을 소인**이라고 한다**. • 能因敵變化而取勝者**謂**之神. (《孫子兵法》〈虛實〉) 적의 변화를 틈타서 승리하는 것을 신**이라고 한다**. • 不易古人之意, 而造其語, **謂**之換骨, 規模古人之意, 而形容之, **謂**之奪胎. (李仁老, 《破閑集》) 고인의 뜻을 바꾸지 않고 말을 만드는 것을 환골**이**

라 하고, 고인의 뜻을 본보기로 하여 형용하는 것을 탈태**라고 한다**.

③ 생각하다, 여기다: • 竊**謂**在位之才不足. (王安石, 〈上皇帝萬言書〉) 저는 이 지위에 있기에는 재능이 부족하다고 **생각합니다**.

由(유)

❶ **전치사** 동작 혹은 행위의 기점이나 이유, 근거, 매개체를 이끌어내며, '~ 때문에' '~로 말미암아' '~로부터' '~에 근거하여' '~을 따라서' '~을 통하여' 등으로 해석한다. '由(유)~以來/而來(이래)/以還(이환)'의 형식으로 쓰이기도 한다.

- 國家之敗, **由**官邪也. (《左傳》桓公二年)
  국가의 패망은 관리의 부정**에서 말미암는다**.
- 何**由**知吾可也? (《孟子》〈梁惠王上〉)
  무엇**에 근거하여** 내가 [천하에 왕 노릇] 할 수 있다는 것을 아십니까?
- **由**堯·舜至於湯, 五百餘歲. (《孟子》〈盡心下〉)
  요와 순으**로부터** 탕에 이르기까지 [모두] 5백여 년이다.
- 夫**由**賜也見我, 吾哭諸賜氏. (《禮記》〈檀弓上〉)
  그는 자공(子貢)**을 통하여** 나를 만났으므로 나는 자공의 집에 가서 [그를 위하여] 곡했다.
- 分裂天下而封王侯, 政**由**羽出, 號爲霸王. (《史記》〈項羽本紀〉)
  천하를 나누어 왕후를 봉했고, 정령(政令)은 항우(項羽)**로부터** 나왔으며, 이름을 패왕이라 했다.
- 武安**由**此大怨灌夫·魏其. (《史記》〈魏其武安侯列傳〉)
  무안후(武安侯)는 이 사건**으로 말미암아** 관부와 위기후(魏其侯)를 몹시

ㅇ

원망했다.

• 周侯**由**我而死. (《世說新語》〈尤悔〉)

주후는 나 **때문에** 죽었다.

• 祥瑞幷降, 遂安千載, 皆**由**任賢之故也. (《新序》〈雜事〉)

좋은 징조가 모두 출현하여 천 년 동안 평안했던 것은 모두 어진 사람을 임명했기 **때문이다**.

• 王政之弊, 未必不**由**此也. (《三國志》〈魏書 衛覬傳〉)

국가 정치의 병폐는 반드시 **이로부터** 야기되지 않음이 없습니다.

• **由**丕以來皆笑之. (柳宗元, 〈舜禹之事〉)

조비(曹丕) **이래로** 모두 [이 말을] 웃었다.

❷ **부사** '猶(유)'와 통하고, 상황이 변하지 않음을 나타내며, '또한' '여전히' '역시'라고 해석한다.

• 王**由**足用爲善. (《孟子》〈公孫丑下〉)

왕은 **또한** 좋은 일을 충분히 할 수 있을 것이다.

• 舜爲法於天下, 可傳於後世, 我**由**未免爲鄕人也, 是則可憂也. (《孟子》〈離婁下〉)

순은 천하 사람들에게 모범이 되었고 [명성을] 후대에까지 전할 수 있었는데, 나는 **여전히** 보통 사람을 면할 수 없으니 이것이 걱정할 만하다.

• 功壹天下, 名配舜·禹, 物**由**有可樂如是其美焉者乎? (《荀子》〈王霸〉)

공은 천하를 통일했고 명성은 요순과 짝하니, 일 [중에서] **또한** 이처럼 즐겁고 아름다운 것이 있겠는가?

❸ **접속사** 원인을 나타내며, '~ 때문에' '~로 인하여' 등으로 해석한다.

• **由**所殺蛇白帝子, 殺者赤帝子, 故上赤. (《史記》〈高祖本紀〉)

살해된 뱀은 백제의 아들이고, [뱀을] 살해한 자는 적제의 아들이기 **때**

문에 붉은색을 숭상한다.

- 良**由**世積亂離, 風衰俗怨, 竝志深而筆長, 故梗概而多氣也. (《文心雕龍》〈時序〉)

  진실로 그 당시의 오랜 혼란**으로 인하여** 기풍이 파괴되고 풍속이 원망스러워졌으며, [문인들은] 모두 깊이 생각하고 의미심장하게 표현했기 때문에 강개하고 기세가 풍부하다.

【참고】

① 거치다: • 誰能出不**由**戶? (《論語》〈雍也〉) 누가 문을 **거치지** 않고 나갈 수 있을까?

② 따르다: • 舍正路而不**由**. (《孟子》〈離婁上〉) 바른길을 버리고 **따르지** 않는다.

③ 원인: • 事**由**. 일의 **원인**. • 來**由**. **까닭**.

④ '猶(유)'의 가차자. 같다: • 以齊王, **由**反手也. (《孟子》〈公孫丑上〉) 제나라를 가지고 왕 노릇 하는 것은 손을 뒤집는 것과 **같다**. • 誠如是也, 民歸之, **由**水之就下, 沛然誰能禦之? (《孟子》〈梁惠王上〉) 진실로 이와 같다면 백성이 돌아가는 것이 물이 아래로 흐르는 것과 **같을** 것이니, 와하고 쏠리는 것을 누가 제어하리오?

由是(유시)

접속사 결과나 결론을 나타내며, '이로 인하여' '따라서' '때문에' '이로 말미암아' 등으로 해석한다.

- **由是**則生而有不用也, **由是**則可以辟患而有不爲也. (《孟子》〈告子上〉)

  이러므로 살 수 있어도 쓰지 않는 것이 있고, **이러므로** 우환을 피할 수 있어도 하지 않는 것이 있다.

- 種曰: "湯繫夏臺, 文王囚羑里, 晉重耳奔翟, 齊小白奔莒, 其卒王霸. **由是**

觀之, 何遽不爲福乎?" (《史記》〈越王句踐世家〉)

문종이 말했다. "탕(湯)이 하대(夏臺)에 억류되었고, 문왕(文王)은 유리(羑里)에 갇혔으며, 진나라 중이는 적나라로 달아났고, 제나라 소백(小白)은 거나라로 도망쳤습니다만, 그들은 왕 노릇 하고 패권을 차지하게 되었습니다. **이로 본다면** [현재 당신의 처지가] 어찌 복이 될 수 없다고 하십니까?"

• 丘生而叔梁紇死, 葬於防山. 防山在魯東, **由是**孔子疑其父墓處, 母諱之也. (《史記》〈孔子世家〉)

공구가 태어나고 나서 숙량흘이 죽어 방산에 매장했다. 방산은 노나라의 동쪽에 있었는데, **이로 말미암아** 공자는 그의 아버지의 무덤이 있는 곳에 의심을 품었으나 어머니는 그것을 그에게 알려주는 것을 꺼렸다.

• 嘗爲司職吏◆而畜蕃息. **由是**爲司空. 已而去魯, 斥乎齊, 逐乎宋·衛, 困於陳蔡之閒. …… 魯復善待, **由是**反魯. (《史記》〈孔子世家〉)

일찍이 직리를 맡았을 때 가축은 살지고 새끼도 많았다. **이로 말미암아** 그는 사공(司空)이 되었다. 얼마 후에 노나라를 떠났지만 제나라에서 내쳐지고, 송나라와 위(衛)나라에서는 쫓겨나고, 진(陳)나라와 채(蔡)나라 사이에서는 곤궁하게 되었다. …… 노나라가 다시 그를 잘 대우하니 **이로 말미암아** 노나라로 돌아왔던 것이다.

◆職吏(직리): 가축을 관리하는 관리.

• 紹又嘗得一玉印, 於太祖坐中擧向其肘. 太祖**由是**笑而惡焉. (《三國志》〈魏書 武帝紀〉)

원소는 또한 일찍이 옥새 하나를 얻었는데, 태조(조조)가 있는 좌석에서 팔꿈치를 치면서 들어 보였다. 태조는 **이로 인하여** 비웃으며 미워했다.

• 暨陽不以爲言, 庸賃積資, 陰結死士, 遂追呼尋禽茂, 以首祭父墓, **由是**顯名. (《三國志》〈魏書 韓暨傳〉)

한기는 겉으로는 아무 말도 하지 않았지만, 일을 해서 재산을 축적하며 은밀히 목숨을 걸 수 있는 사람과 결의하여 끝내 진무(陳茂)를 찾아 죽여서 그의 머리로 부친의 묘에 제사 지냈는데, **이 일로 인하여** 세상에 이름이 나게 되었다.

• 及壯, 有才數技藝, 而博學精練名理, 以夜續書, **由是**獲聲譽. (《三國志》〈魏書 鍾會傳〉)

[종회는] 장성하자 지모와 기예가 있고, 널리 배우고 깊이 탐구하여 이치에 밝았으며, 밤낮으로 [공부를 하여] **이로 말미암아** 명성을 얻게 되었다.

• 誘而致之, 使來入侍. **由是**羌夷失統, 合散無主. (《三國志》〈魏書 鄧艾傳〉)

[그들을] 회유하여 불러서 입시하게 하시면, **이로 말미암아** 강이(羌夷)는 통솔자를 잃어서 모이고 흩어짐에 중심이 없게 될 것입니다.

• 乃著令, 自令已後有持質者, 皆當竝擊, 勿顧質. **由是**劫質者遂絶. (《三國志》〈魏書 夏侯惇傳〉)

이에 법령을 공포하여, 이후로 인질을 잡는 사람이 있으면 모두 함께 공격하도록 하여 인질을 염두에 두지 못하게 했다. **이로부터** 인질을 잡아 협박하는 사람이 없어졌다.

• 是以古人稱廊廟之材, 非一木之支; 帝王之業, 非一士之略. **由是**言之, 焉有大臣守職辨課可以致雍熙者哉! (《三國志》〈魏書 杜恕傳〉)

이 때문에 옛사람은 묘당의 재목을 일컬어 한 그루의 나뭇가지가 아니고, 제왕의 대업은 모사 한 명의 계략이 아니라고 했다. **이로부터** 말하면 어찌 대신들이 지키는 관직과 판단하는 일이 천하를 평안히 다스리는데 이를 수 있겠습니까!

• 布拳捷避之, 爲卓顧謝, 卓意亦解. **由是**隱怨卓. (《三國志》〈魏書 呂布傳〉)

여포가 힘과 민첩함으로 그것을 피하고 동탁에게 고개 숙여 사죄하면, 동탁의 마음 또한 가라앉았다. [그러나] **이런 일로 말미암아** [여포는] 동탁을 원망하는 마음을 품었다.

• 自安以下四世居三公位, **由是**勢傾天下. (《三國志》〈魏書 袁紹傳〉)

원안(袁安) 이후 4대가 삼공의 지위에 있었으므로 **이로 인하여** [원씨 집안의] 세력은 천하를 기울일 정도가 되었다.

- 遭歲大饑, 通傾家振施, 與士分糟糠, 皆爭爲用. **由是**盜賊不敢犯. (《三國志》〈魏書 李通傳〉)

  대기근을 만나자 이통은 집이 기울 정도로 가산을 모두 흩어 구제하고 사졸들과 함께 거친 음식을 나눠 먹었으므로, 모두 다투어 [그를] 위해 쓰이려 했다. **이로 말미암아** 도적은 감히 그를 침범하지 못했다.
- 簡其彊者補戰士, 泰山**由是**遂有精兵, 冠名州郡. (《三國志》〈魏書 呂虔傳〉)

  또 건장한 남자를 선발하여 병사를 보충했으므로, 태산군에는 **이로부터** 정예병이 있게 되어 주군에서 으뜸이 되었다.
- 愬每得降卒, 必親引問委曲. **由是**賊中險易遠近虛實盡知之. (《資治通鑑》〈唐紀〉 憲宗元和十二年)

  이소는 투항한 병사를 얻을 때마다 반드시 친히 [적의] 내막을 상세히 물었다. **따라서** 적의 [지형의] 험준한 곳과 평탄한 곳, [거점의] 원근과 [군비의] 허실에 대하여 완전하게 알았다.

由此(유차)

❶ **접속사** 앞에 서술된 사실이나 상황이 원인이 되어 일어난 결과를 나타내며, '이 [이유] 때문에'라고 해석한다.

- 其後使往者皆稱博望侯, 以爲質於外國, 外國**由此**信之. (《史記》〈大宛列傳〉)

  이 이후로 외국으로 파견되는 사자는 모두 박망후라고 칭하여 외국에서 신임을 받도록 했고, 외국에서는 **이 때문에** 그들을 신임했다.
- 如其有罪, 祭之何益? 衆人**由此**亦止. (《後漢書》〈范滂列傳〉)

  만일 죄가 있다면 제사를 지내도 무슨 소용이 있겠는가? 사람들도 **이 때**

문에 제사를 지내지 않았다.

❷ **접속사** 앞 문장의 내용을 토대로 결과를 추론한다. '이런 점에서' '이를 근거로' 등으로 해석할 수 있다.

- **由此**觀之, 則人之生憫矣. (《淮南子》〈主術訓〉)

  이런 점에서 본다면 인생은 고해다.
- **由此**觀之, 客何負於秦哉! (《史記》〈李斯列傳〉)

  이를 근거로 살펴보건대, 빈객이 어찌 진나라를 저버린다고 하겠습니까!

有(유)

❶ **어조사** 어기를 고르게 하며, 뜻은 없다.

- 不我以歸◆, 憂心**有**忡. (《詩經》〈邶風 擊鼓〉)

  우리를 돌려보내지 않으니 걱정되어 우울하구나.

  ◆以歸(이귀): 돌려보낸다는 뜻. '使歸(사귀)'와 같다. '以(이)'는 '與(여)'의 뜻.
- 有嚴**有**翼, 共武之服. (《詩經》〈小雅 六月〉)

  위엄 있고 말쑥하게 모두 군인 복장을 했구나.
- 何憂乎驩兜, 何遷乎**有**苗? (《尙書》〈皐陶謨〉)

  무엇 때문에 환두를 걱정하며, 무엇 때문에 묘를 내쫓겠는가?
- **有**夏多罪, 天命殛之. (《尙書》〈湯誓〉)

  하나라가 죄가 많아 하늘이 그를 치라고 명령했다.
- 我不可不鑑於**有**夏, 亦不可不鑑於**有**殷. (《尙書》〈召誥〉)

  나는 하나라에 비추어보고, 또 은나라에 비추어보지 않을 수 없다.
- 孝乎惟孝, 友于兄弟, 施◆於**有**政. (《論語》〈爲政〉)

효도하고 오직 효도하여 형제들에게 우애롭게 대하고 정치에 [이것을] 베풀어라.

◆施(시): 미치게 하다.

- 當舜之時, **有**苗◆不服, 禹將伐之. (《韓非子》〈五蠹〉)

  순이 재위할 때 묘족(苗族)이 복종하지 않아서 우가 그들을 정벌하려 했다.

  ◆苗(묘): 중국의 운남(雲南) 및 귀주(貴州) 지방에 살았던 만족(蠻族).

  苗: 오랑캐 이름 묘

- 夫堯·舜·禹·湯之事遠矣, 及**有**周而甚詳. (柳宗元, 〈封建論〉)

  무릇 요·순·우·탕 시대의 사적은 요원하며, 주나라에 이르러야 매우 상세하다.

❷ **부사** 동작 혹은 행위가 반복됨을 나타내며, '또' '~하고도'라고 해석한다. '又(우)'와 같다.

- 終則**有**始, 天行也. (《周易》〈蠱〉)

  끝나면 **또** 시작하는 것이 자연 규율이다.

- 子路有聞, 未之能行, 唯恐**有**聞. (《論語》〈公冶長〉)

  자로는 어떤 내용을 들으면 [미처] 그것을 실행하지 못했는데, **또** [다른 것을] 들을까 오로지 두려워했다.

- 聖人**有**憂之, 使契爲司徒, 敎以人倫, 父子有親, 君臣有義, 夫婦有別, 長幼有序, 朋友有信. (《孟子》〈滕文公上〉)

  성인은 **또** 그 점을 염려하여 설(契)을 사도로 삼아 인륜을 가르쳤으니, 부자유친·군신유의·부부유별·장유유서·붕우유신이다.

❸ **대사** 정확히 밝혀지지 않은 사람이나 사물을 지시하며, '어떤'이라고 해석한다.

• 昔者, **有**饋生魚於鄭子產. (《孟子》〈萬章上〉)

옛날 **어떤** 사람이 정나라의 자산에게 살아 있는 물고기를 선물했다.

• 其於國也, **有**不聞也. (《呂氏春秋》〈貴公〉)

그는 국가에 대해서 **어떠한** 일은 알지 못한다.

• **有**學飽而才餒, **有**才富而學貧. (《文心雕龍》〈事類〉)

어떤 사람은 학문은 풍부하지만 재능이 부족하고, **어떤** 사람은 재능은 풍부하지만 학문이 빈약하다.

餒: 주릴 뇌

❹ **어조사** 양보하여 인정함을 나타내며, '~지언정'이라고 해석한다.

• 故君子**有**不戰, 戰必勝矣. (《孟子》〈公孫丑下〉)

그러므로 군자는 싸우지 않을**지언정** 싸우면 반드시 이긴다.

• **有**弗學, 學之弗能, 弗措也. (《禮記》〈中庸〉)

배우지 않을**지언정**, 배우면 능숙하지 않고는 그만두지 않는다.

ㅇ

[참고]

① 있다: • **有**條而不紊. (《尙書》〈盤庚上〉) 조리가 **있고** 문란하지 않다. • 小人**有**母. (《左傳》 隱公元年) 저에게는 어머니가 **계십니다**. • 天行**有**常. (《荀子》〈天論〉) 하늘의 운행에는 일정한 법칙이 **있다**.

② 소유하다: • **有**天下. (《孟子》〈公孫丑上〉) 천하를 **소유하다**.

有如(유여)

접속사 가설을 나타내며, '有(유)'는 허사로 쓰여 뜻이 없다. '만약' '만일' 등으로 해석한다.

- 人有嫁子者, 告其子曰: "嫁未必成也. **有如**出, 不可不私藏也." (《淮南子》〈氾論訓〉)

  딸을 시집보내는 어떤 사람이 그 딸에게 말했다. "결혼이 이루어질 필요는 없다. **만일** 달아난다면 사사로이 숨지 않을 수 없을 것이다."

- 亞夫笑曰: "臣之兄已代父侯矣. **有如**卒, 子當代, 亞夫何說侯乎?" (《史記》〈絳侯周勃世家〉)

  주아부가 웃으며 말했다. "저의 형이 이미 아버님의 제후의 지위를 이어받았고, **만약** [그가] 죽는다면 [그의] 아들이 마땅히 이을 것인데, 제가 어떻게 제후가 될 수 있다고 말하겠습니까?"

- **有如**强秦亦將襲趙之欲, 則君且奈何? (《史記》〈魏世家〉)

  만일 강대한 진나라도 장차 조나라를 습격하려는 욕망이 있다면, 주군께서는 어찌하시겠습니까?

- **有如**范痤死, 趙不予王地, 則王將奈何? (《史記》〈魏世家〉)

  만일 내가 죽고 조나라가 왕에게 영토를 주지 않는다면 왕은 장차 어떻게 하시겠습니까?

- 魏惠王親往問病, 曰: "公叔病, **有如**不可諱, 將奈社稷何?" (《史記》〈商君列傳〉)

  위나라 혜왕은 직접 찾아와서 병문안을 하며 말했다. "공숙의 병이 **만일** 낫지 않는다면 앞으로 나라를 어떻게 하면 좋겠소?"

攸(유)

❶ **어조사** 동사 앞에 쓰여 사람·장소·일·시간 등을 나타내며, '所(소)'와 비슷하다. 내용을 살펴서 적절하게 해석한다.

• 汝不憂朕心之**攸**困. (《書經》〈盤庚〉)

너희는 짐의 마음에 곤궁한 **바**를 근심하지 않는다.

• 君子有**攸**往, 先迷後得主, 利. (《周易》〈坤卦辭〉)

군자가 갈 **곳**이 있는데, 먼저 길을 잃고 뒤에 주인을 찾으니 이롭다.

• 民有寢廟, 獸有茂草, 各有**攸**處, 德用不擾. (《左傳》襄公四年)

백성에게는 집과 종묘가 있고 들짐승에게는 무성한 풀이 있으니, 각기 살 **곳**이 있으면 인덕의 베풂이 어지럽지 않은 것이다.

• 六義◆所因, 四始◆**攸**繫, 升降謳謠, 紛披風什. (沈約, 〈謝靈運傳論〉)

육의는 의지하는 것이고 사시는 연결하는 **것**이니, 높거나 낮은 노래이며 문채가 어수선한 시편이다.

◆六義(육의): 풍(風), 아(雅), 송(頌), 부(賦), 비(比), 흥(興).

◆四始(사시): 《시경》의 〈관저(關雎)〉 〈녹명(鹿鳴)〉 〈문왕(文王)〉 〈청묘(淸廟)〉 네 편.

• 夫迷途知返, 往哲是與; 不遠而復, 先典**攸**高. (丘遲, 〈與陳伯之書〉)

길을 잘못 들었다가 돌아올 줄 아는 것은 옛날의 철인이 옳다고 여겼던 것이고, [샛길을] 멀리 가지 않아 돌아오는 것은 옛 전적에서 떠받들던 **바**이다.

❷ **어조사** 음절을 형성할 뿐 뜻은 없으므로 해석할 필요는 없다. '旣(기)'와 함께 쓰이면 '이미'라는 뜻을 내포한다.

• 風雨**攸**除, 鳥鼠**攸**去, 君子**攸**芋. (《詩經》〈小雅 斯干〉)

비바람을 막으니 새와 쥐도 물러가서 군자가 크게 되었다.

• 殖殖其庭, 有覺其楹, 噲噲其正, 噦噦其冥, 君子**攸**寧. (《詩經》〈小雅 斯干〉)

뜰은 평평하고 기둥은 곧고 대청은 밝고 방 안은 아늑하니, 군자는 편안하게 살았네.

• 於是九州**攸**同, 四奧**旣**居. (《史記》〈夏本紀〉)

이때 구주(천하)는 통일되어 사방의 먼 곳도 **이미** 편안하게 되었다.

兪/愉(유)

감탄사 상대방에 대한 동의나 허가를 나타내며, '그렇다' '좋다' 등으로 해석한다.

- 師錫帝曰: "有鰥在下, 曰虞舜." 帝曰: "**兪**! 予聞, 如何?" (《尙書》〈堯典〉)
  여러 사람이 [요]임금에게 고했다. "홀아비가 아래에 있으니 우순(순임금)이라고 합니다." 임금께서 말씀하셨다. "**그렇다**! 나도 들었는데 [그는] 어떠한가?"
  師: 무리 사 | 鰥: 홀아비 환
- 於是天子沛◆然改容曰: "**愉**乎! 朕其試哉!" (《史記》〈司馬相如列傳〉)
  이에 천자는 갑자기 얼굴빛을 바꾸며 말했다. "**좋다**! 내가 시험해보겠다!"
  ◆沛(패): 갑작스러운 모양.
  沛: 빠를 패

惟/唯/維(유)

❶ **부사** 어떤 범위에 한정됨을 나타내며, '겨우' '다만' '단지' '오직' 등으로 해석한다. '唯/惟(유)~是(시)~' '唯/惟(유)~之(지)~' '唯/惟(유)~之爲(지위)~'의 형식으로도 잘 쓰인다.

- 汝惟小子, 乃服**惟**弘王……. (《尙書》〈康誥〉)
  너 소자야, 네가 할 일은 **오직** 왕의 덕을 넓혀서…….
- 將恐將懼, **惟**予與女. (《詩經》〈小雅 谷風〉)
  두렵기도 하고 무섭기도 한데 **오직** 나와 너만 있구나.

- 故周書曰: "皇天無親, **惟**德是輔." (《左傳》僖公五年)
  따라서《주서》에 가로되 "하늘은 [사사로이] 친함이 없고, **다만** 덕이 있는 사람을 도와줄 뿐이다."라고 했다.
- 荀偃令曰: "鷄鳴而駕, 塞井夷竈◆, **唯**余馬首是瞻." (《左傳》襄公十四年)
  순언이 명령했다. "닭이 울거든 말에 수레를 매고 우물을 막고 아궁이를 무너뜨리고 **단지** 나의 말 머리만 보아라."
  ◆夷竈(이조): 전쟁터에서 임시로 사용하던 아궁이를 무너뜨린다는 말.
- 父母**唯**其疾之憂. (《論語》〈爲政〉)
  부모는 **오로지** 그(자식)의 질병을 근심한다.
- 其一人專心致志, **惟**奕秋之爲聽. (《孟子》〈告子上〉)
  그중의 한 사람은 마음을 집중하여 **오직** 혁추의 말을 들었다.
- **惟**明主愛權重信, 而不以私害法. (《商君書》〈修權〉)
  오직 현명한 임금만이 권세를 아끼고 믿음을 중시하여 사사로운 [친분이나 감정] 때문에 법을 해치지 아니한다.
- 方今**唯**秦雄天下. (《戰國策》〈趙策三〉)
  지금 **오직** 진나라만이 천하에서 영웅이다.
- 當臣之臨河持竿時, 心無雜慮, **唯**魚之念. (《列子》〈湯問〉)
  내가 강변에서 낚시할 때에 마음속에는 잡념이 없고 **다만** 물고기 생각뿐이었다.
- 旣下射犬, 生禽種, 公曰: "**唯**其才也!" 釋其縛而用之. (《三國志》〈魏書 武帝紀〉)
  사견을 이미 함락하고 위종(魏種)을 사로잡자 공이 말했다. "**오직** 그 재주뿐이구나!" [그러고는] 결박을 풀어주고 그를 등용했다.
- 其後太祖與遂超等單馬會語, 左右皆不得從, **唯**將褚. (《三國志》〈魏書 許褚傳〉)
  그 후 태조(조조)는 한수, 마초 등과 단독으로 회담했는데, 좌우로 사람은 아무도 따르지 못하게 하고 **오직** 허저만을 데리고 갔다.

• 天子走陝, 北渡河. 失輜重, 步行, **唯**皇后貴人從. (《三國志》〈魏書 董卓傳〉)

천자는 섬현으로 도주하여 북쪽으로 황하를 건넜다. [천자는] 군수품을 잃고 걸어갔는데, **오직** 황후와 귀인(여관女官의 지위)만이 따라왔다.

• **惟**陛下垂優游之聽, 使劭承淸閒之歡, 得自盡於前, 則德音上通, 煇燿日新矣. (《三國志》〈魏書 劉劭傳〉)

오직 폐하께서 한가할 때 아랫사람의 의견을 듣는 은혜를 베풀어, 유소에게 폐하의 한가한 즐거움을 받들어서 앞에서 자기 [생각을] 다 펴게 하시면 [폐하의] 덕음은 하늘에 통할 것이고, [폐하의] 광휘는 나날이 새로워질 것입니다.

• **惟**進軍大佃◆, 最差完牢. (《三國志》〈魏書 傅嘏傳〉)

단지 나아가 커다란 밭에서 주둔하도록 하는 것이 두 번째로 안전한 방법입니다.

◆佃(전): 개척한 밭을 가리킴.

佃: 밭 전

• 此安危之機也, **惟**陛下慮之. (《三國志》〈魏書 陳群傳〉)

이는 편안함과 위태로움의 기틀이니 **다만** 폐하께서는 이것을 고려해주십시오.

• 不聞機杼聲, **唯**聞女嘆息. (《北朝民歌》〈木蘭詩〉)

베틀의 북소리는 들리지 아니하고 **단지** 딸의 탄식 소리만 들리는구나.

• 岩扉松徑長寂廖, **惟**有幽人夜來去. (孟浩然, 〈夜歸鹿門山歌〉)

바위문과 솔 길은 한결같이 고요한데, **오직** 은자만이 밤에 오고 간다.

• 轉側牀頭, **惟**思自盡. (《聊齋志異》〈促織〉)

베갯머리에서 몇 번이고 뒤척이며 **오직** 자살할 생각을 했다.

❷ **부사** '以(이)'와 통하고 원인을 나타내며, '~ 때문에' '~로 말미암아'라

고 해석한다.

- 桓莊之族何罪, 而以爲戮? 不**唯**偪乎? (《左傳》 僖公五年)

  환숙과 장백의 족속이 무슨 죄가 있어서 죽임을 당했다고 생각하십니까? [그들이 진나라 제후를] 핍박했기 **때문**이 아닙니까?

- 闔廬**惟**能用其民, 以敗我於柏擧. (《左傳》 哀公元年)

  합려는 그의 백성을 쓸 수 있었기 **때문에** 백거에서 우리를 패배시켰다.

- 予**唯**不食嗟來之食◆以至於斯也! (《禮記》〈檀弓下〉)

  나는 업신여기며 주는 음식을 먹지 않았기 **때문에** 이 지위에 오르게 되었다!

  ◆嗟來之食(차래지식): 업신여기며 주는 음식.

❸ **접속사** 양보나 가설을 나타내며, '곧' '비록' '설사' 등으로 해석한다.

- 天下之人, **唯**各特意哉, 然而有所共予也. (《荀子》〈大略〉)

  천하 사람들은 **비록** 각자 특별한 생각이 있을지라도 공통으로 인정하는 것이 있다.

- 今以仁義法正爲固無可知可能之理邪? 然則**唯**禹不知仁義法正, 不能仁義法正也. (《荀子》〈性惡〉)

  지금 어짊과 의로움과 올바른 법도는 본디부터 알 수도 없고 할 수도 없는 논리라고 생각하십니까? 그렇다면 **설사** 우임금이라 하더라도 어짊과 의로움과 올바른 법도를 알지 못할 것이고, 어짊과 의로움과 올바른 법도를 실행하지 못할 것입니다.

- **惟**賢者必與賢於己者處. (《呂氏春秋》〈觀世〉)

  비록 어진 사람이라도 반드시 자기보다 어진 사람과 함께 처해야 한다.

- 近古之史也, 言**唯**詳備, 事罕甄擇. (《史通》〈疑古〉)

  가까운 옛날의 역사책은 말을 **비록** 상세하게 갖추었더라도 사건은 질그릇을 골라낸 것처럼 드물다.

ㅇ

❹ **접속사** '與(여)'와 통하고 병렬 관계를 나타내며, '~와'라고 해석한다.

- 齒革羽毛**惟**木. (《尙書》〈禹貢〉)

  상아, 가죽, 깃, 소꼬리**와** 목재.

- 牧人乃夢, 衆**維**魚矣, 旐◆**維**旟◆矣. (《詩經》〈小雅 無羊〉)

  목동이 꿈을 꾸었는데 수많은 병사**와** 물고기, 거북과 뱀을 그린 기**와** 송골매를 그린 깃발이라네.

  ◆旐(조): 거북과 뱀을 그린 폭이 넓은 검은 빛깔의 기.

  ◆旟(여): 송골매를 그려 일을 신속하게 함을 상징한 기.

  旐: 기 조 | 旟: 기 여

❺ **어조사** 어감을 강화하거나 판단을 돕는다.

- **惟**十有三祀, 王訪於箕子◆. (《尙書》〈洪範〉)

  13년에 무왕은 기자를 방문했다.

  ◆箕子(기자): 은(殷)나라의 태사(太師)이며 주왕(紂王)의 숙부로서 주왕에게 자주 간언하다가 잡혀 종이 되었다.

- 黍稷◆非馨, 明德**惟**馨. (《尙書》〈君陳〉)

  서직이 향기로운 것이 아니라 아름다운 덕이야말로 향기롭다.

  ◆黍稷(서직): 기장과 피. 제상에 올리는 곡식을 말함.

- 髧◆彼兩髦, 實**維**我儀. (《詩經》〈鄘風 柏舟〉)

  저 두 가닥 늘어뜨린 더벅머리 총각이 확실히 나의 배필이라네.

  ◆髧(담): 머리를 눈썹 위까지 늘어뜨린 것.

  髧: 머리 늘어뜨릴 담 | 髦: 더벅머리 모

- 闕秦以利晉, **唯**君圖之. (《左傳》僖公三十年)

  진(秦)을 해쳐서 진(晉)을 이롭게 하는 것을 당신은 생각해보십시오.

- 吾子淹久於敝邑, **唯**是脯資餼牽竭矣. (《左傳》僖公三十三年)

  당신들이 나의 나라에서 오랫동안 머물며 이곳의 고기와 자본, 식량을 고갈시켰다.

- 明明闇闇, **惟**時何爲? (《楚辭》〈天問〉)

  밝은 빛과 어둠은 교차하는데 이때는 언제인가?

- 信再拜賀曰: "**惟**信亦爲大王不如也." (《史記》〈淮陰侯列傳〉)

  한신(韓信)이 두 번 절하고 [한나라 왕이 스스로를 잘 알고 있음을] 칭송하며 말했다. "저 또한 대왕께서 [항우만] 못하다고 생각합니다."

- **維**三代尙矣. (《史記》〈太史公自序〉)

  삼대(하夏·상商·주周)는 대단히 멀다.

- **維**昔皇帝, 法天則地. (《史記》〈太史公自序〉)

  옛날의 황제는 천지를 본받았다.

- 陛下未有繼嗣, 子無貴賤, **唯**留意! (《漢書》〈外戚列傳〉)

  폐하께서는 아직 후계자를 결정하지 않으셨는데, [저의] 아들은 귀천의 분별이 없으니 새겨두십시오!

- **惟**始元六年, 有詔書使丞相·御史與所擧賢良·文學◆語. (《鹽鐵論》〈本議〉)

  시원 6년에 조서를 내려 승상과 어사에게 추천받은 현량 및 문학과 더불어 대화하게 했다.

  ◆文學(문학): 한대(漢代)에 박사(博士)를 도와 교수(敎授)를 맡은 벼슬.

- 故敢略陳其愚, **惟**君子察焉. (楊惲, 〈報孫會宗書〉)

  그래서 감히 저의 의도를 대강 진술했는데, 당신이 살펴주십시오.

- **惟**祖惟父! 股肱先正! 其孰能恤朕躬? (《三國志》〈魏書 武帝紀〉)

  나의 조상이여! 재능 있는 신하들이여! 누가 짐의 몸을 구휼할 수 있습니까?

- 時**惟**九月, 序屬三秋. (王勃, 〈滕王閣序〉)

  때는 9월이고 계절은 때마침 늦가을이다.

❻ **감탄사** 대답하는 말로서 '그렇다' '예'라고 해석한다. '唯唯(유유)'처럼

중복하여 사용할 수도 있다.

- 子曰: "參乎, 吾道一以貫之." 曾子曰: "**唯**." (《論語》〈里仁〉)

  공자께서 말씀하셨다. "삼(參, 증삼)아, 나의 도는 하나로 꿰뚫는다." 증자가 말했다. "**맞습니다**."

- 楚襄王問於宋玉曰: "先生其有遺行與? 何事民衆庶不譽之甚也?" 宋玉對曰: "**唯**, 然, 有之." (《楚辭》〈宋玉對楚王問〉)

  초나라 양왕이 송옥에게 물었다. "선생은 덕을 잃은 적이 있지요? 무엇 때문에 뭇사람이 [당신을] 칭찬하지 않습니까?" 송옥이 대답했다. "**예**, 그렇습니다. 이러한 일이 있었습니다."

- 秦王曰: "先生何以幸教寡人?" 范雎曰: "**唯唯**." 若是者三. (《史記》〈范雎蔡澤列傳〉)

  진나라 왕이 말했다. "선생은 나에게 무엇을 가르치시겠습니까?" 범수가 말했다. "**예예**." 이와 같이 하기를 세 번이나 했다.

【참고】

'惟/唯/維(유)'는 허사로 쓰일 때는 의미가 비슷하지만, 실사로는 상당한 차이가 있다.

| '惟'는 | 생각하다: • 伏**惟**. 엎드려 **생각건대**.

| '維'는 | 굵은 새끼: • 地**維**. 땅을 잇는 큰 **동아줄**. ◆옛날 사람들은 하늘은 둥글고 땅은 네모라서, 하늘은 아홉 기둥이 지탱하고 있고 땅에는 네 가닥 동아줄이 매여 있다고 생각했다. '維(유)'는 '사고하다'라는 뜻의 '惟(유)'와 통용할 수 있기 때문에, '思惟'[생각하다]는 '思維'라고도 쓴다.

惟其/唯其/維其(유기)

❶ **접속사** 인과관계를 나타내는 문장에서 원인을 나타내는 구의 첫머리에 사용된다. 이때 결과를 나타내는 구 앞에는 '乃(내)' '而(이)' 등이 온다. '~ 때문에'라고 해석한다.

- **唯其**慢, 乃易殘也. (《國語》〈晉語〉)
  그들이 방만했기 **때문에** 쉽게 살해했다.
- **惟其**無愧於中, 無責於外, 而姑寓焉. (蘇軾, 〈武昌九曲亭記〉)
  안으로 부끄러움이 없고, 밖으로 질책을 받지 않았기 **때문에** 잠시 [나의 마음을] 기탁한다.

❷ **부사** 감탄구에 사용되어 정도가 매우 높음을 강조하며, '얼마나'라고 해석한다.

- 君子秉心, **維其**忍之. (《詩經》〈小雅 小弁〉)
  군자의 마음가짐, 그 **얼마나** 잔인한가.
- 心之憂矣, **維其**傷矣! (《詩經》〈小雅 苕之華〉)
  마음이 슬프니 그 **얼마나** 처량한가!

ㅇ

惟獨/唯獨(유독)

부사 내용 혹은 대상을 한정하며, '다만' '오직'이라고 해석한다.

- 齊城之不下者, **唯獨**莒卽墨. (《戰國策》〈燕策一〉)
  제나라 성이 공략되지 않은 것은 **오직** 거와 즉묵 때문이었다.
- 對曰: "未可." 至明年春, 吳王北會諸侯於黃池, 吳國精兵從王, **惟獨**老弱與太子留守. (《史記》〈越王句踐世家〉)

[범려가] 대답했다. "아직 안 됩니다." 이듬해 봄에 오나라 왕은 북쪽으로 가서 황지(黃池)에서 제후들과 회맹했는데, 오나라의 정예병들이 오나라 왕을 따라가자 수도는 **다만** 노약한 병사들과 태자만이 지키게 했다.

- 及高祖崩, 呂氏夷戚氏, 誅趙王, 而高祖後宮**唯獨**無寵疏遠者得無恙. (《史記》〈外戚世家〉)

  고조(유방)가 죽자 여씨(여후)는 척희(戚姬) 일가를 멸하고 조왕을 죽였으며, 고조의 후궁으로는 **다만** 총애를 받지 못하고 소원했던 자만이 무사했다.

- 當是時, 臣**唯獨**知韓信, 非知陛下也. (《史記》〈淮陰侯列傳〉)

  그때 신은 **오직** 한신만 알았을 뿐, 폐하는 알지 못했습니다.

- 天下悉定, **惟獨**公孫述隗囂未年. (《東觀漢記》〈光武帝紀〉)

  천하가 모두 평정되었으나, **오직** 공손술과 외효만이 평정되지 못했다.

猶(유)

❶ **부사** 상황이 변하지 않음을 나타내며, '또한' '아직도' '여전히' 등으로 해석한다. 대체로 '尙(상)'과 같은 용법이 있다.

- 今君雖終, 言**猶**在耳. (《左傳》文公七年)

  지금 임금은 비록 세상을 떠났어도 [그의] 말은 **아직도** 귓가에 남아 있다.

- **猶**不改, 宣子驟諫. (《左傳》宣公二年)

  [진영공(晉靈公)이] **여전히** 고치지 않자, 선자(조돈趙盾)가 여러 차례 간언했다.

- 伯魚之母死, 期而**猶**哭. (《禮記》〈檀弓上〉)

백어의 어머니께서 돌아가셨는데, 상기(喪期)가 찼는데도 [그는] **여전히** 곡을 했다.

- 馮先生甚貧, **猶**有一劍耳. (《史記》〈孟嘗君列傳〉)

  풍 선생은 매우 가난하지만, 칼 한 자루만은 **여전히** 갖고 있습니다.

- 以武皇帝之節儉, 府藏充實, **猶**不能十州擁兵. 郡且二十也. (《三國志》〈魏書 杜恕傳〉)

  무황제(조조)의 절약과 검소함으로 관청의 창고는 충실해졌지만, **여전히** 열 개 주에 있는 병사들은 받아들일 수 없습니다. 군은 또 스무 개나 됩니다.

- 然志**猶**未已, 君謂計將安出? (《三國志》〈蜀書 諸葛亮傳〉)

  그러나 [나의] 뜻만은 **아직** 없어지지 않았으니 당신이 말하는 계책은 어느 쪽부터 나가는 것이오?

- 落日心**猶**壯, 秋風病欲蘇. (杜甫, 〈江漢〉)

  일몰에도 마음은 **여전히** 꿋꿋하나, 가을바람에 불면병이 다시 도질 것이다.

- 今以蔣氏觀之, **猶**信. (柳宗元, 〈捕蛇者說〉)

  지금 장씨[의 말]에 근거하여 보면, [이 말은] **또한** 사실이다.

- 壯心未與年俱老, 死去**猶**能作鬼雄. (陸游, 〈書憤〉)

  웅대한 마음은 나이와 함께 쇠퇴하지 않으니, 죽어도 **여전히** 귀신이 되어 [적과] 싸울 수 있구나.

- 汝國皇龍寺, 乃釋迦與迦葉佛講演之地, 宴坐石**猶**在. (一然, 《三國遺事》)

  너희 나라의 황룡사는 바로 석가와 가섭불이 강연하던 자리로서 연좌석이 **아직도** 있다.

❷ **부사** 비교되는 동작·상태·상황의 정도가 높거나 범위가 넓음을 나타내며, '너무' '아직' '오히려'라고 해석한다.

• 若以此若三國者觀之, 則亦**猶**薄矣; 若以中國之君子觀之, 則亦**猶**厚矣. 如彼則大厚, 如此則大薄, 然則葬埋之有節矣. (《墨子》〈節葬下〉)

이 세 국가[의 매장하는 방식]를 보면 또한 **너무** 박하고, 중원(中原)의 [각 나라] 군자[가 매장하는 방식]를 보면 또한 **너무** 후하다. 그와 같으면 너무 후하고 이와 같으면 너무 박하니, 그러한즉 매장하는 데 절제가 있어야 한다.

• 行善而不獲福**猶**多, 爲惡而不得禍**猶**少. (《中論》〈修本〉)

선을 행하고도 복을 받지 못하는 경우가 **오히려** 많고, 악을 행하고도 재앙을 당하지 않는 경우가 **오히려** 적다.

• 君才二十有二, 迨君壯室之秋, **猶**有八歲. (蔣防, 《霍小玉傳》)

당신은 겨우 22세인데, 당신이 가정을 이룰 나이(시기)가 되려면 **아직** 8년은 있어야 한다.

迨: 미칠 태

• 有四子, 皆爲大官, 其卑者**猶**爲太原尹. (白行簡, 《李娃傳》)

네 아들이 있는데 모두 높은 관리가 되었으며, 그 가운데 [직책이] 낮은 자가 **오히려** 태원윤이다.

❸ **부사** 반문 어기를 강조하며, '어찌'라고 해석한다. 꾸짖음이나 부정의 의미를 포함하기도 한다.

• 病不**猶**愈於亡乎? (《左傳》襄公十年)

[나라가] 어려운 것이 **어찌** 멸망하는 것보다 낫지 않겠습니까?

• 若, 漁者也, 一日之獲幾何? 而驟得十金, **猶**爲不足乎? (《郁離子》〈靈丘丈人〉)

당신은 어부인데 하루에 얼마나 잡습니까? 그런데 갑자기 금 열 냥을 쥐게 되면 **어찌** 부족하게 여기겠습니까?

• 今若盡除, 不**猶**愈乎? (《宣室志》〈張果〉)

현재 만일 그것들(치아와 머리카락)을 전부 제거한다면 **어찌** 좋지 않겠습니까?

❹ **전치사** '由(유)'와 통하고 동작 혹은 행위의 기점을 이끌어내며, '~로부터' '~으로 말미암아'라고 해석한다.

- 尺地莫非其有也, 一民莫非其臣也, 然而文王**猶**方百里起, 是以難也. (《孟子》〈公孫丑上〉)
  한 자의 땅도 그의 소유가 아닌 것이 없고, 한 백성도 그의 신하가 아님이 없었으나 문왕은 사방 백 리(작은 나라)**로부터** 일어났기 때문에 곤란했다.

❺ **접속사** 추론을 이끌어내며, '安(안)' '況(황)' 등이 있어 서로 호응한다. '또한' '오히려'라고 해석한다. '尙(상)'과 같다.

- 蔓草**猶**不可除, 況君之寵弟乎? (《左傳》隱公元年)
  풀도 자라나면 **오히려** 제거하지 못하는데, 하물며 임금이 사랑하는 아우임에랴?
- 臣之壯也, **猶**不如人, 今老矣, 無能爲也已. (《左傳》僖公三十年)
  신이 젊었을 때도 **오히려** 다른 사람만 못했는데, 지금은 늙었으니 할 수 있는 일이 없습니다.
- 臣聞昔湯武以百里昌, 桀紂以天下亡. 今楚國雖小, 絶長續短, **猶**以數千里, 豈特百里哉? (《戰國策》〈楚策四〉)
  나는 예전에 상탕(商湯)·주무왕(周武王)이 사방 백 리의 땅에 의거하여 일어났고, 하걸(夏桀)·상주(商紂)는 천하에 의지하고도 멸망했다고 들었습니다. 지금 초나라는 비록 작지만 [국토의] 긴 곳을 잘라 짧은 곳을 이으면 **오히려** 수천 리가 되니 어찌 겨우 백 리뿐이겠습니까?
- 田橫◆, 齊之壯士耳, **猶**守義不辱, 況劉豫州王室之胄, 英才蓋世, 衆士仰慕,

유

若水之歸海? (《資治通鑑》〈漢紀〉 獻帝建安十三年)

전횡은 제나라의 장사일 뿐인데 **오히려** 의리를 지키고 치욕을 받지 않았으니, 하물며 유예주는 왕실의 후예이고 뛰어난 재능이 온 세상을 덮어, 많은 사람이 그를 우러러 사모하는 것이 마치 물이 바다로 들어가는 것과 같음에랴?

◆田橫(전횡): 제나라 왕 전씨(田氏)의 일족으로 뒤에 자립하여 제왕이 되었다가 한고조(유방)가 천하 통일한 후 그의 도당 5백여 명을 거느리고 섬으로 달아났다가 자살했다.

❻ **부사** 가설을 나타내며, '만약' 등으로 해석한다.

- **猶**有鬼神, 此必敗也. (《左傳》 昭公二十七年)

  만약 귀신이 있다면, 이번 [싸움은] 반드시 실패할 것이다.

- 子弟**猶**歸器衣服裘衾車馬, 則必獻其上, 而後敢服用其次也. (《禮記》〈內則〉)

  아들과 아우가 **만약** 기물이나 의복, 이불, 거마 등을 선물 받으면 반드시 그중에서 좋은 것을 [맏아들에게] 바친 뒤에 감히 그다음 것을 사용할 수 있다.

【참고】

같다: • 此四君者, 其服不同, 其行**猶**一也. (《墨子》〈公孟〉) 이 네 명의 군주는 복식은 다르지만 그들이 [좋은 정치를] 한 것은 하나와 **같다**(한가지다). • 夫天下**猶**人之體, 腹心充實, 四支雖病, 終無大患. (《三國志》〈魏書 杜恕傳〉) 천하는 인간의 몸과 **같은데**, [인간은] 내장(內臟)이 충실하면 사지가 비록 병들더라도 끝내 큰 재앙은 없게 됩니다. • 虎豹之鞹**猶**犬羊之鞹. (《論語》〈顔淵〉) 호랑이와 표범의 털 없는 가죽은, 개와 양의 털 없는 가죽과 **같습니다**. • 過**猶**不及. (《論語》〈先進〉) 지나친 것은 미치지 못하는 것과 **같다**. • 孤之有孔明, **猶**魚之有水也. (《三國志》〈蜀書 諸葛亮傳〉) 내가 공명을 얻은 것은 물고기가 물을 얻은 것과 **같다**.

猶尙(유상)

❶ **부사** 상황이 변하지 않음을 나타내며, '아직도' '여전히' '오히려'라고 해석한다.

- 衛公子啓方事寡人十五年矣, 其父死而不敢歸哭, **猶尙**可疑邪? (《呂氏春秋》〈知接〉)

  위나라 공자 계방은 과인을 15년이나 섬겨왔으며, 그의 아버지가 죽었을 때도 감히 돌아가 곡상하지 않았는데, **오히려** [그를] 의심할 수 있겠소?

- 王固萬乘之主也, 以國與人**猶尙**可. (《呂氏春秋》〈不屈〉)

  왕은 진실로 만 대의 수레를 가진 군주이니, 나라를 다른 사람에게 주는 것이 **오히려** 가능합니다.

- 使人往聽之, **猶尙**越聲也. (《史記》〈張儀列傳〉)

  사람을 보내어 듣게 하니, [그는] **여전히** 월나라 음악을 연주하고 있었다.

❷ **접속사** 뒤 문장을 이끌어내며, '安(안)' '況(황)' 등과 어울려 어조를 강화한다. '오히려'라고 해석한다.

- 親以寵逼, **猶尙**害之, 況以國乎? (《左傳》僖公五年)

  가깝고 총애하던 사람도 [자기의 권위를] 핍박한다 하여 **오히려** 해했는데, 하물며 나라를 가지고 [위협함이] 있겠습니까?

- 昔邴吉臨政, 吏嘗有罪, **猶尙**容之, 況此諸吏, 於吾未有失乎? (《三國志》〈魏書 高柔傳〉)

  옛날 병길은 정치를 담당할 때 관리가 죄가 있었어도 **오히려** 포용했는데, 하물며 이 관리들은 나에게 잘못한 일이 없음에랴?

ㅇ

猶若(유약)

접속사 상황이 변하지 않음을 나타내며, '또한' '여전히' '오히려'라고 해석한다. '猶然(유연)'과 같다.

- 不形則雖作於心, 見於色, 出於言, 民**猶若**未從也, 雖從必疑. (《荀子》〈不苟〉)
  드러나지 않으면 비록 마음에 있고 얼굴에 나타나고 말로 내보인다 해도 백성은 **여전히** 순종하지 않을 것이며, 순종하더라도 반드시 의심할 것이다.
- 堯·舜賢主也, 皆以賢者爲後, 不肯與其子孫, **猶若**立官必使之方. (《呂氏春秋》〈圜道〉)
  요임금과 순임금은 현명한 군주였으므로 모두 현명한 사람을 후계자로 삼고 그 자손에게 물려주려 하지 않았으며, **또한** 관직을 세워 반드시 그 직분을 분명히 했다.
- 雖不足, **猶若**有◆蹠. (《呂氏春秋》〈用衆〉)
  비록 [사람들이 먹기에는] 부족하더라도 **또한** 그 [닭]발은 [없는 것보다는] 많은 것이다.

  ◆有(유): 풍부함, 많음.
- 中主**猶若**不能有其民, 而況於暴君乎? (《呂氏春秋》〈蕩兵〉)
  평범한 군주도 **오히려** 자기 백성을 [제대로] 보유할 수 없는데, 하물며 난폭한 군주에 있어서랴?
- 舜禹**猶若**困, 而況俗主乎? (《呂氏春秋》〈知度〉)
  순임금과 우임금도 **오히려** 곤란했을 터인데, 하물며 속된 군주임에랴?
- 爲之而樂矣, 奚待賢者. 雖不肖者**猶若**勸之. (《呂氏春秋》〈誣徒〉)
  해서 즐겁다면 어찌 현명한 사람을 기다리겠는가(현명한 사람만이 할 수 있는 일은 아니라는 뜻). 비록 현명하지 못한 사람이라도 **오히려** 거기에 힘쓸 것이다.

猶然(유연)

접속사 추론을 이끌어내며, 일반적으로 '安(안)' '況(황)'과 호응한다. '또한' '오히려' 등으로 해석한다.

- 而宋榮子**猶然**笑之. (《莊子》〈逍遙遊〉)

  그러나 송영자는 **오히려** 그것을 비웃었다.

- 此皆學士所謂有道仁人也, **猶然**遭此菑, 況以中材而涉亂世之末流乎? (《史記》〈游俠列傳〉)

  이들은 모두 선비로서 수양을 닦은 어진 사람임에도 **오히려** 이러한 재난을 만났는데, 하물며 평범한 재능을 가진 사람으로 어지러운 세상의 혼탁한 흐름을 건넘에랴?

猶之(유지)

❶ **부사** 상황이 변하지 않음을 나타내며, '아직도' '여전히' '오히려' 등으로 해석한다.

- 子州支父曰: "以我爲天子**猶之**可也. 雖然我適有幽憂之病, 方且治之, 未暇治也." (《莊子》〈讓王〉)

  자주지보가 말했다. "나를 천자로 삼는 것이 **오히려** 괜찮습니다. 비록 그러하지만 나는 마침 우울증에 걸려 있어서 장차 이것을 치료하려는 참이라 [천하를] 다스릴 틈이 없습니다."

- 故舜放弟 周公殺兄 **猶之**爲仁也. (《淮南子》〈泰族訓〉)

  그러므로 순임금이 동생을 내치고, 주공이 형을 죽였지만 **여전히** 어질다고 한다.

- 無齊, 雖隆薛之城到於天, **猶之**無益也. (《戰國策》〈齊策一〉)

제나라가 없으면 비록 설(薛)나라의 성벽을 하늘에 닿을 듯이 높게 쌓더라도 **여전히** 이익이 없을 것입니다.

❷ **부사** '猶如(유여)'와 같고, '오히려 똑같이'라고 해석한다.

- **猶之**與人也, 出納之吝謂之有司. (《論語》〈堯曰〉)
  오히려 똑같이 남에게 주어야 하는데도 출납을 인색하게 하는 것을 [쩨쩨한] 벼슬아치라고 한다.

猶且(유차)

부사 행위 혹은 상황이 조건의 변화에도 바뀌지 않음을 나타내며, '또한' '여전히' '오히려'라고 해석한다. '猶或(유혹)'과 같다.

- 王者至尊, **猶且**不堪, 況爾小人之類乎? (《國語》〈周語上〉 韋昭注)
  왕자(王者)는 매우 존귀한데도 **오히려** 감당하지 못하거늘, 하물며 너희 소인의 무리임에랴?
- 雖此倮而薶之, **猶且**必扣也, 安得葬薶哉? (《荀子》〈正論〉)
  설령 이 나체를 땅에 묻는다 하더라도 **또한** 반드시 파헤쳐진다면 어떻게 안장할 수 있겠는가?
- 雖罼弋馳騁, 撞鐘舞女, 國**猶且**存也 (《韓非子》〈說疑〉)
  비록 주살을 쏘고 말을 달리며 사냥을 하고, 종을 치며 무희들을 춤추게 해도 나라는 **여전히** 존재할 것이다.
- 古之聖人, 其出人也遠矣, **猶且**從師而問焉. (韓愈, 〈師說〉)
  옛날의 성인은 일반 사람을 훨씬 초월했지만, **여전히** 스승을 따라 가르침을 청했다.

愈/癒/俞/逾(유)

부사 상황이나 정도의 발전을 나타내며, '더욱' '더욱더' '~하면 할수록' 등으로 해석한다.

- 不能爲君者, 傷形費神, 愁心勞意, 然國**逾**危, 身**逾**辱. (《墨子》〈所染〉)

  군주 노릇을 잘하지 못하는 사람은 몸을 상하게 하고 정신을 소모하며 마음을 수고롭게 하고 의지를 쇠하게 하지만, 그러면 국가는 **더욱더** 위험해지고 자신은 **더욱더** 치욕스럽게 된다.

- 是故得地而權彌輕, 兼人而國**俞**貧. (《荀子》〈議兵〉)

  이 때문에 땅을 얻었으나 권세는 더욱 가벼워졌고, 다른 사람을 겸병했으나 국가는 **더욱** 가난해졌다.

- 吾三相楚而時**愈**卑, 每益祿而施**愈**博. (《荀子》〈堯問〉)

  나는 세 번 초나라 재상이 되었지만 그때마다 **더욱더** 겸손했고, 매번 봉록은 증가되었으나 베풂은 **더욱** 넓어졌다.

- 今境內之民皆言治, 藏商管之法者家有之, 而國**愈**貧. 言耕者衆, 執耒者寡也. (《韓非子》〈五蠹〉)

  지금 나라 안의 백성은 모두 [나라를] 다스리는 방법을 이야기하며 상앙(商鞅)과 관중(管仲)의 법전을 집집마다 간직하고 있으나 국가는 **더욱더** 빈궁해진다. [이는] 농사에 대해 말하는 사람은 많지만, 쟁기를 들고 밭 가는 사람이 적기 때문이다.

- 大將軍◆聞, **愈**賢黯. (《史記》〈汲鄭列傳〉)

  대장군은 듣고서 급암에게 **더욱** 어질게 대했다.

  ◆大將軍(대장군): 위청(衛青)을 가리킴.

- 究此之術, 豈在彊兵乎? 武士勁卒**愈**多, **愈**多**愈**病耳. (《三國志》〈魏書 杜恕傳〉)

  이 방면의 계략을 살펴보면 어찌 병사를 강하게 하는 데에만 있겠습니

ㅇ

까? 무용이 있는 병사와 강한 병졸이 **더욱** 많지만, 많을**수록 더욱** 병들 뿐입니다.

- 余聞而**愈**悲. (柳宗元, 〈捕蛇者說〉)

  나는 듣고 **더욱** 슬퍼졌다.

【참고】

| '愈'는 | ① [병이] 낫다: • 昔者疾, 今日**愈**. (《孟子》〈公孫丑下〉) 어제는 아팠는데 오늘은 **나았다**. ② 뛰어나다: • 女與回也孰**愈**. (《論語》〈公冶長〉) 너와 회(안회) 중에 누가 더 **나으냐**?

| '瘉'는 | '愈'의 이체자(異體字)이지만, '병이 낫다'란 뜻에만 쓰인다.

| '逾'는 | 지나다: • **逾**於洛◆. (《尙書》〈禹貢〉) 낙수(洛水)를 **지났다**. ◆洛(락): 낙수(洛水). 황하의 지류로서 하나는 섬서성 낙남현(雒南縣)에서 발원하여 이수(伊水)와 합쳐 황하로 흘러 들어가고, 한 줄기는 섬서성 정변현(定邊縣)에서 발원하여 위수(渭水)와 합쳐 황하로 들어간다.

愈益(유익)

부사 정도가 증가해감을 나타내며, '더욱' '한층'이라고 해석한다.

- 魏王雖無以應, 韓之爲不義**愈益**厚矣. (《呂氏春秋》〈審應〉)

  위나라 왕은 비록 응대할 말이 없었지만, 한나라가 불의를 행하는 것이 **더욱** 심해졌다.

- 漢王聞之, **愈益**幸平. (《史記》〈陳丞相世家〉)

  한나라 왕(유방)은 그것을 듣고는 **더욱더** 진평(陳平)을 총애했다.

- 天下士郡諸侯**愈益**附武安. (《史記》〈魏其武安侯列傳〉)

  천하의 선비와 군의 제후들은 **더욱** 무안후(武安侯)에게 모여들었다.

• 少年聞之, **愈益**慕郭解之行. (《史記》〈游俠列傳〉)

젊은이는 이것을 듣고서 **더욱** 곽해의 행동을 흠모하게 되었다.

• 其妻亦負戴相隨, 數止臣毋歌嘔道中. 買臣**愈益**疾歌, 妻羞之, 求去. (《漢書》〈朱買臣列專〉)

그 아내 또한 [짐을] 지고 이고 따르면서 주매신이 길에서 노래하지 못하도록 여러 차례 제지했다. [그러나] 주매신은 **더욱** 큰 소리로 노래했고, 아내는 부끄러워 헤어질 것을 요구했다.

繇(유)

전치사 '由(유)'와 통하고, 동작 혹은 행위의 기점이나 근거를 나타내며, '~에 의거하여' '~으로부터' 등으로 해석한다. 때로는 '是(시)'와 이어 쓰인다.

• **繇**膝以下爲揭, **繇**膝以上爲涉, **繇**帶以上爲厲. (《爾雅》◆ 〈釋水〉)

무릎**으로부터** 그 아래로 [옷을 걷고 물을 건너는 것을] '게'라 하고, 무릎**으로부터** 그 위쪽까지 [옷을 걷고 물을 건너는 것을] '섭'이라 하며, 허리**로부터** 위쪽까지 [옷을 걷고 물을 건너는 것을] '려'라 한다.

◆《爾雅(이아)》: 가장 오래된 자서(字書)로서 13경(經)의 하나이다. 총 19편으로 나누어 천문·지리·음악·기물·초목·동물 등에 관한 고금의 문자를 설명하고 있다.

• 而有掩蔽之道, 奚**繇**自知哉? (《呂氏春秋》〈自知〉)

그러나 엄폐하는 방법을 가졌으니, 무엇**에 의거하여** 자신이 알 수 있겠는가?

• 非明王在上, 視之以好惡, 齊之以禮法, 民曷**繇**知禁而反正乎? (《漢書》〈游俠列傳〉)

현명한 왕이 위에 있으면서, 좋고 나쁜 것에 따라 감독하고 예법에 따라 통일하지 않으면, 백성이 무엇**에 의거하여** 금령(禁令)을 알고 바른길로 돌아가겠는가?

• **繇是**列國◆公子, 魏有信陵, 趙有平原, 齊有孟嘗, 楚有春申. (《漢書》〈游俠列傳序〉)

이때**부터** 여러 나라의 공자로 위나라에는 신릉군이 있었고, 조나라에는 평원군이 있었으며, 제나라에는 맹상군이 있었고, 초나라에는 춘신군이 있었다.

◆列國(열국): 여러 나라.

【참고】

① 무성하다: • 草**繇**木條. (《漢書》〈地理志上〉) 풀은 **무성하고** 나무는 가지를 뻗었다.

② 점사(占辭), 점괘: • 成風聞成季之**繇**, 乃事之. (《左傳》 閔公二年) 성풍은 성계가 태어날 때 친 점의 **점사**를 듣고서 곧 그와 교류했다.

③ 따르다: • 必**繇**其道. (《呂氏春秋》〈貴當〉) 반드시 그 도리를 **따른다**.

聿(율)

어조사 문장의 첫머리나 중간에 쓰이며, 뜻은 없다. '曰(왈)' '越/粤(월)' 등과 같다.

• 爰及姜女◆, **聿**來胥宇. (《詩經》〈大雅 緜〉)

강비(姜妃)와 함께 와서 집터를 살폈다.

◆姜女(강녀): 강씨(姜氏) 여자. 여기서는 태왕(太王)의 비.

胥: 살펴볼 서 | 宇: 집 우

- 蟋蟀在堂, 歲**聿**其莫. (《詩經》〈唐風 蟋蟀〉)

  귀뚜라미가 집에서 우니 또 한 해가 저물어가는구나.

- **聿**中和◆爲庶幾兮. (班固, 〈幽通賦〉)

  중화가 [성인에] 가깝구나.

  ◆中和(중화): 한쪽으로 치우치지 않는 바른 성정.

- 明帝**聿**遵先旨, 宮教頗修. (《後漢書》〈皇后紀上〉)

  [한나라] 명제는 선왕의 뜻을 따랐으므로 궁중의 예교가 잘 닦였다.

- **聿**經始於洛沫, 攏萬川乎巴梁. (《文選》〈江賦〉)

  낙수(洛水)와 말수(沫水)에서 시작하여 파군(巴郡)과 양주(梁州) 지역에서 모든 냇물을 모은다.

【참고】

| '聿'을 '필'로 읽으면 | '筆(필)'과 같다. • 舌**聿**之利, 利見知人也. (揚雄, 《太玄經》〈飾〉) 변설과 **필봉**의 날카로움, 그 날카로움만이 지혜로운 사람을 볼 수 있다.

戎(융)

대사 '너' '당신' '당신들'이라고 해석한다.

- **戎**雖小子, 而式弘大. (《詩經》〈大雅 民勞〉)

  당신들은 비록 젊지만 하는 일은 넓고도 크다.

- 周邦咸喜, **戎**有良翰. (《詩經》〈大雅 崧高〉)

  주나라 [사람들이] 모두 기뻐하며 **당신**은 훌륭한 사람을 두었다 하네.

• 纘**戎**祖考, 王躬是保. (《詩經》〈大雅 烝民〉)

너의 조부와 부친의 사업을 이어받으면, 왕의 몸이 이로써 보위된다.

[참고]

① 전쟁용 수레, 무기: • 元**戎**十乘, 以先啓行. (《詩經》〈小雅 六月〉) 큰 **전쟁용 수레** 열 대가 먼저 앞장서 나아간다. • 乃教於田獵, 以習五**戎**◆. (《禮記》〈月令〉) 사냥터에서 가르치는 것은 다섯 가지 **무기**를 익히는 것이다. ◆五戎(오융): 활·몽둥이·창·방패·미륵창 등 다섯 가지 무기를 말함.

② 군대: • 下臣不幸, 屬當**戎**行. (《左傳》成公二年) 제가 불행히도 **군대**와 맞닥뜨렸습니다. • 伏**戎**於莽. (《周易》〈同人卦〉) 숲속에 **군대**를 매복시켰다. 莽: 숲 망

③ 전쟁: • 黷貨事**戎**. (柳宗元, 〈封建論〉) 재화를 탐내고 **전쟁**을 일삼았다.

應(응)

❶ **조동사** 현상이나 사실이 지극히 마땅함을 나타내며, '[응당] ~해야 한다'라고 해석한다. '應當(응당)' '應須(응수)' '應合(응합)'도 같은 뜻이다.

• 文度曰: "故**應**讓杜許." (《世說新語》〈方正〉)

문도가 말했다. "본래는 [직위를] 두허에게 양보했**어야 한다**."

• 宏曰: "逆則**應**殺, 狂何所徙?" (《世說新語》〈黜免〉)

제갈굉이 말했다. "반역하면 **응당** 죽**여야 하지만**, 미치면 어디로 보내는가?"

• **應**割近情, 以存遠計. (《世說新語》〈黜免〉)

사사로운 감정을 끊고 원대한 계책을 보존**해야 합니다**.

• 欲問後期何日是, 寄書**應**見雁南征. (王安石, 〈示長安君〉).

뒤에 만날 날이 언제인가를 물으려면, 편지를 부쳐 기러기가 남쪽으로 날아가는 것을 보**아야 한다**.

- 但**應**此心無所住, 造物雖駛如吾何? (蘇軾, 〈百步洪〉)
  단지 이 마음이 머무는 곳이 없**어야 하니**, 조물주가 비록 빠르다 한들 나를 어찌하겠는가?

❷ **부사** 추측을 나타내며, '아마도'라고 해석한다.

- 唯**應**獨伴陳皇后, 照見長門望幸心. (杜牧, 〈月〉)
  아마도 혼자 진황후를 모시며, 장문궁에서 총애를 바라는 마음을 비춰 보일 것이다.
- 楚國大夫憔悴日, **應**尋此路去瀟湘. (杜牧, 〈蘭溪〉)
  초나라 대부(굴원)는 초췌한 날에 **아마도** 이 길을 따라 소상(瀟湘)으로 갔을 것이다.
- 浮世事俱難必, 人縱健頭**應**白. (蘇軾, 〈滿江紅〉)
  허무한 세상일 모두 기약하기 어렵고, 사람은 건강해도 머리는 **아마도** 희어지리.

矣(의)

❶ **어조사** 구 끝에 쓰여서 진술·필연·추측·가능성을 나타낸다. 사건이 발전, 변화하는 과정을 서술하며, '~것이다' '되다' 등으로 해석하거나 해석하지 않아도 된다.

- 公聞其期, 曰: "可**矣**!" (《左傳》 隱公元年)
  정장공(鄭莊公)이 [태숙이 정나라를 치기로 한] 시기를 듣고 말했다.

"[손을 쓸 때가] **되었다**!"

- 齊人三鼓, 劌曰: "可**矣**." (《左傳》莊公十年)

  제나라 사람이 북을 세 번 치자 조귀(曹劌)가 말했다. "[공격해도] **되겠습니다**."

- 虞不臘◆**矣**. (《左傳》僖公五年)

  우나라는 납제를 지낼 수 없을 **것이다**.

  ◆臘(납): 동지 후 셋째 술일(戌日)에 지내는 제사 이름.

- 鄭旣知亡**矣**. (《左傳》僖公三十年)

  정나라는 이미 망할 줄을 알고 있습니다.

- 吾知所過**矣**. (《左傳》宣公二年)

  나는 잘못을 알았다.

- 君能補過, 袞不廢**矣**. (《左傳》宣公二年)

  임금이 잘못을 고친다면 곤직은 무너지지 않을 **것입니다**.

  袞: 곤룡포 곤

- 微管仲, 吾其被髮左衽**矣**. (《論語》〈憲問〉)

  관중이 아니었다면 우리는 아마도 머리를 풀어헤치고 옷섶을 왼쪽으로 여미었을 **것이다**.

- 孔子曰: "諾. 吾將仕**矣**." (《論語》〈陽貨〉)

  공자께서 말씀하셨다. "좋습니다. 내 장차 벼슬에 나갈 **것입니다**."

- 今日病**矣**. 予助苗長**矣**. (《孟子》〈公孫丑上〉)

  오늘은 몹시 피곤하구나. 나는 볏모가 자라도록 도와주었다.

- 今臣之刀十九年**矣**, 所解數千牛**矣**. (《莊子》〈養生主〉)

  지금 신의 칼은 [사용한 지] 19년이나 되었고, [이 칼로] 발라낸 소가 수천 마리나 **됩니다**.

- 令有構木鉆燧於夏后氏之世者, 必爲鯀禹笑**矣**, 有決瀆於殷·周之世者, 必爲湯·武笑**矣**. (《韓非子》〈五蠹〉)

만약 하후씨 시대에 어떤 사람이 나무를 엮어 불을 지폈다면 반드시 곤과 우에게 웃음거리가 되었을 **것이고**, 은·주 시대에 어떤 사람이 수로를 팠다면 반드시 탕과 무에게 웃음거리가 되었을 **것이다**.

• 昔齊威王嘗爲仁義**矣**. (《戰國策》〈趙策三〉)
예전에 제나라 위왕은 일찍이 인의를 행했다.

• 使梁睹秦稱帝之害, 則必助趙**矣**. (《戰國策》〈趙策三〉)
만일 위(魏)나라가 진왕(秦王)이 황제라 칭했을 때의 피해를 안다면, 반드시 조나라를 도울 **것이다**.

• 舟已行**矣**. (《呂氏春秋》〈察今〉)
배는 이미 떠났다.

• 梁掩其口, 曰: "毋妄言. 族**矣**!" (《史記》〈項羽本紀〉)
항량(項梁)이 그의 입을 가리며 말했다. "함부로 말하지 마라. 씨족을 멸하게 될 **것이다**!"

• 天下苦秦久**矣**. (《史記》〈陳涉世家〉)
천하가 진나라[의 통치]를 괴로워한 지 오래다.

• 鞅曰: "吾說公以霸道, 其意欲用之**矣**." (《史記》〈商君列傳〉)
상앙(商鞅)이 말했다. "나는 공에게 패도를 말씀드렸는데, 공의 생각이 그것을 쓰시려는 **것입니다**."

• 先生處勝之門下, 幾年於此**矣**! (《史記》〈平原君虞卿列傳〉)
당신은 나 조승(趙勝)의 문하로 들어온 지 지금 몇 년이 **되었다**.

• 願君留意臣之計! 否, 必爲二子所禽**矣**. (《史記》〈淮陰侯列傳〉)
당신은 저의 계획에 유의하기 바랍니다! 그렇게 하지 않으면 [우리는] 반드시 두 사람에게 사로잡힐 **것입니다**.

• 王不亟行, 今敗**矣**. (《三國志》〈魏書 桓階傳〉)
왕이 빨리 가지 않으면, 지금이라도 패배할 **것입니다**.

• 誠如是, 則霸業可成, 漢室可興**矣**. (《三國志》〈蜀書 諸葛亮傳〉)

ㅇ

진실로 이렇게 하면 패업은 성공할 수 있으며, 한나라 왕실은 부흥할 **것이다**.

- 此則岳陽樓之大觀也, 前人之述備**矣**. (范仲淹, 〈岳陽樓記〉)

  이는 악양루의 장관이니, 옛사람의 기록에 구비되어 있다.

- 有蔣氏者, 專其利三世**矣**. (柳宗元, 〈捕蛇者說〉)

  장씨라는 사람이 있었는데, 혼자 그(뱀을 잡는) 이익을 삼대나 독차지 했다.

- 嚮吾不爲斯役, 則久已病**矣**. (柳宗元, 〈捕蛇者說〉)

  만약 내가 이 부역을 하지 않았다면 일찌감치 병들었을 **것이다**.

- 官軍至**矣**. (《資治通鑑》〈唐紀〉 憲宗元和十二年)

  관군이 도착했다.

- 內外和順, 父母其安樂之**矣**. (《童蒙先習》)

  안과 밖이 화순해야 부모가 편안하다.

- 食之於人, 大**矣**哉. (鄭道傳, 《三峯集》)

  사람에게 먹는 것은 큰일이다.

- 吾讀書, 本期十年, 今七年**矣**. (《熱河日記》〈許生傳〉)

  나의 독서는 본래 10년을 기약했는데, 오늘로 7년째다.

❷ **어조사** 감탄·희망·요청·명령 등을 나타내며, '~하라' '~하시오' 등으로 해석하거나, 때로는 해석하지 않는다.

- 甚矣吾衰也! 久**矣**吾不復夢見周公! (《論語》〈述而〉)

  심하구나, 나의 노쇠함이여! 오래되었**구나**, 내 더 이상 꿈에 주공을 못 뵌 지가!"

- 君無疑**矣**. (《商君書》〈更法〉)

  임금께서는 의심하지 마**십시오**.

- 盆成括仕於齊, 孟子曰: "死**矣**盆成括!" (《孟子》〈盡心下〉)

분성괄이 제나라에서 벼슬할 때 맹자가 말했다. "죽을 것**이다**, 분성괄이여!"

- 子往**矣**! (《莊子》〈列禦寇〉)

  너는 떠나**거라**!

- 嘻! 亦太甚**矣**, 先生之言也! (《戰國策》〈趙策三〉)

  아! 또한 대단히 심하**구나**, 선생의 [이러한] 말이!

- 君姑高枕爲樂**矣**! (《戰國策》〈齊策四〉)

  당신은 잠시 베개를 높이 베고 즐기**십시오**!

- 須臾, 豹曰: "廷掾起**矣**!" (《史記》〈滑稽列傳〉)

  잠시 후에 서문표(西門豹)가 말했다. "정연(관명官名)은 일어**나라**!"

- 王曰: "子其去**矣**. 寡人知之矣." (《新序》〈雜事〉)

  초장왕(楚莊王)이 말했다. "선생은 떠나**십시오**. 나는 [당신의 뜻을] 압니다."

- 行**矣**孔璋! 足下徼利於境外, 臧洪授命於君親. 吾子託身於盟主, 臧洪策名於長安. (《三國志》〈魏書 臧洪傳〉)

  떠나**십시오**, 공장(진림)이여! 그대는 나라 밖에서 이익을 구했지만, 나는 군주의 명령을 받들었습니다. 그대는 맹주(원소)에게 몸을 의탁했지만, 나는 장안에서 관리로 임명되었습니다.

- 昔項羽背范增之謀, 以喪其王業; 紹之殺田豐, 乃甚於羽遠**矣**! (《三國志》〈魏書 臧洪傳〉)

  옛날 [초나라] 항우는 범증의 계략을 듣지 않아 왕업을 잃었는데, 원소가 전풍을 죽인 것은 [그 실책이] 항우보다 훨씬 심**하구나**!

- 嗟乎! 師道之不傳也久矣, 欲人之無惑也難**矣**! (韓愈, 〈師說〉)

  아, 슬프구나! 스승의 도가 전해지지 않은 지 오래되었으니, 사람들이 의혹을 없애려고 해도 어렵**구나**!

- 吾計決**矣**! (《資治通鑑》〈漢紀〉 獻帝建安十三年)

나의 계획은 결정되었**도다**!

- 吾村亡無日**矣**! (《淸稗類鈔》〈馮婉貞〉)

  우리 마을은 며칠 가지 않아 파멸할 것**이다**!

- 先生可留意**矣**. (馬中錫, 《中山狼傳》)

  선생은 마음에 담아두**십시오**.

❸ **어조사** 대사인 '幾(기)' '安(안)' '焉(언)' '何(하)' 등과 어울려 의문을 나타낸다. '~인가' '~할 것인가'라고 해석한다.

- 危而不持, 顚而不扶, 則將焉用彼相**矣**? (《論語》〈季氏〉)

  위험에 처했는데도 도와주지 않고, 넘어지려 하는데도 붙잡아주지 않는다면, 장차 어찌 그런 신하들을 쓰겠**는가**?

- 德何如則可以王**矣**? (《孟子》〈梁惠王上〉)

  덕이 어떠하면 왕 노릇 할 수 있**는가**?

- 今知而弗言, 則人主尙安假借**矣**? (《韓非子》〈定法〉)

  지금 [신하가 다른 사람의 과실을] 알고도 [군주에게] 말하지 않는다면, 군주는 누구에게 기대겠**는가**?

- 事將奈何**矣**? (《戰國策》〈趙策三〉)

  일을 장차 어떻게 하려**는가**?

- 年幾何**矣**? (《戰國策》〈趙策四〉)

  나이가 몇 살**인가**?

❹ **어조사** 문장 가운데 쓰여 멈춤을 나타내며, 해석하지 않는다.

- 漢之廣**矣**, 不可泳思, 江之永**矣**, 不可方思. (《詩經》〈周南 漢廣〉)

  한수(漢水)는 넓어서 헤엄쳐 건널 수 없고, 장강은 길어서 뗏목을 타고 건널 수 없구나.

- 惡不仁者, 其爲仁**矣**, 不使不仁者加乎其身. (《論語》〈里仁〉)

인(仁)하지 못한 것을 미워하는 사람은 스스로 인을 실천함에 있어 어질지 못한 사람에게 영향을 받지 않도록 해야 한다.

- 爲醫以拙**矣**, 又多求謝; 爲吏旣多不良**矣**, 又侵漁百姓. (《鹽鐵論》〈疾貧〉)
  의사 노릇 하는 것이 서투른데도 또한 많은 사례를 요구했고, 관리가 되어 이미 좋지 않은 일을 많이 했는데도 또한 백성을 핍박했다.

【참고】

'矣(의)'와 '也(야)'는 모두 사건을 서술하는 어기를 나타내지만, '矣(의)'는 동적이고 상황을 나타내며 '이미 그러하다' '장차 그러할 것이다'란 의미로 쓰이고, '也(야)'는 정적이고 사실 확인을 나타내며 '옳고 그름'을 단정하는 데 쓰인다. 아래 몇 항을 비교하면서 해석상 미묘한 차이를 보자.

- 朝聞道, 夕死可**矣**. (《論語》〈里仁〉)
  아침에 도를 들으면 저녁에 죽어도 좋다.
- 俎豆之事, 則嘗聞之**矣**, 軍旅之事, 則未嘗學**也**. (《論語》〈衛靈公〉)
  제사에 관한 일은 일찍이 들어본 적이 있으나, 군대에 관한 일은 아직 배운 적이 없습니다.
- 必爲有竊疾**矣**. (《墨子》〈公輸〉)
  반드시 남모르는 병이 있다.
- 工師◆得大木, 則王喜, 以爲能勝其任**也**. 匠人斲而小之, 則王怒, 以爲不勝其任**矣**. (《孟子》〈梁惠王下〉)
  공사가 큰 목재를 얻으면 왕은 기뻐하며 임무를 완성할 수 있다고 생각한다. 목공이 잘라서 작게 만들어놓으면 왕은 화를 내며 임무를 감당하지 못한다고 생각한다. ◆工師(공사): 각종 공장(工匠)을 주도하는 벼슬아치.
- 怪之可**也**, 而畏之非**也**. (《荀子》〈天論〉)
  [이런 현상을] 이상히 여기는 것은 옳지만, 무서워하는 것은 잘못이다.
- 此必是豫讓**也**. (《史記》〈刺客列傳〉)

이 사람은 틀림없이 예양이다.

• 一戰而天下定**矣**, 不可失**也**! (《三國志》〈魏書 武帝紀〉)

한 번 싸움으로 천하[의 대세]가 결정될 것이니, [이 기회를] 놓칠 수는 없다!

• 以大夫之後, 特受無疆之祀, 禮過古帝, 義踰湯武, 可謂崇明報德**矣**, 無復重祀於非族**也**. (《三國志》〈魏書 崔林傳〉)

대부의 후대로서 계속 제사를 받고 있고, [그에 대한] 예의는 고대 제왕을 뛰어넘었으며, [그에 대한] 존경은 상탕(商湯)과 주무왕(周武王)을 뛰어넘었으므로 밝은 덕을 존중한 것이라고 할 수 있으니, 종족이 아닌 사람에게 다시 제사 지내게 할 필요가 없습니다.

• 案周官考課, 其文備**矣**, 自康王以下, 遂以陵遲, 此卽考課之法存乎其人**也**. (《三國志》〈魏書 崔林傳〉)

주관(周官)의 고과를 살펴보면 그 문장은 완비되었지만 강왕 이래 점차 쇠미해졌는데, 이는 관리를 평가하는 법이 그것을 운용하는 사람에게 달려 있기 때문이다.

矣夫(의부)

어조사 '矣(의)'는 '이미 그러한' '장차 그러할'이란 의미이며, '夫(부)'는 감탄을 나타낸다. 중점은 '夫(부)'에 있고 '~이겠지' '~이다' '~인지' '~하구나'라고 해석한다.

• 無禮必食言, 吾死無日**矣夫**! (《左傳》成公十二年)

예의가 없으면 반드시 한 말도 실행하지 아니하니, 우리가 죽을 날도 며칠 남지 않았**구나**!

• 伯牛有疾, 子問之, 自牖執其手, 曰: "亡之命**矣夫**!" (《論語》〈雍也〉)

백우가 병이 나자 공자께서 문병하여 창을 통해 그 손을 잡고 말씀하셨다. "죽는 것은 운명이**구나**!"

- 子濯孺子曰: "今日我疾作, 不可以執弓, 吾死**矣夫**." (《孟子》〈離婁下〉)
  자탁유자가 말했다. "오늘 내가 병이 나서 활을 잡을 수 없으니 나는 죽을 것**이다**."
- 小弁◆之怨, 親親也. 親親仁也, 固**矣夫**, 高叟之爲詩也! (《孟子》〈告子下〉)
  〈소반〉의 원망은 어버이를 친애한 것이다. 어버이를 친애함이 인(仁)이니, 고루하**구나**, 고(高) 노인의 시를 해석함이여!

  ◆ 소반(小弁): 《시경》의 〈소아〉 편명. 변(弁)은 시경의 편명에서 '반'으로 읽는다.
- 孔甲曰: "嗚呼! 有疾, 命**矣夫**!" (《呂氏春秋》〈音初〉)
  공갑이 말했다. "아아! 병이 나고야 말았구나, 운명이**구나**!"
- 事君果有命**矣夫**! (《呂氏春秋》〈執一〉)
  임금을 섬기는 데 과연 운명이 있**구나**!
- 三年之喪, 亦已久**矣夫**! (《禮記》〈檀弓上〉)
  삼년상은 또한 너무 길**구나**!
- 哀哉復哀哉. 此是命**矣夫**! (趙壹, 〈全漢賦〉)
  슬프고 또 슬프구나. 이것이 운명이**구나**!
- 評曰: "種繇開達理幹, 華歆淸純德素, 王朗文博富贍. 誠皆一時之俊偉也. 魏氏初祚, 肇登三司, 盛**矣夫**!" (《三國志》〈魏書 鍾繇華歆王朗傳〉)
  평한다. "종요는 도리에 훤히 통하고 사법의 재주가 있으며, 화흠은 청아하고 순수하며 덕성을 갖추었고, 왕랑은 학문이 넓고 풍부했다. [이 세 사람은] 진실로 모두 한 시대의 뛰어난 인물이다. 위씨가 처음 나라를 세웠을 때 이들은 처음으로 삼공의 지위에 올랐으니, 진실로 흥성했**구나**!"
- 天色向晩, 狼群復至, 吾死**矣夫**! (馬中錫, 《中山狼傳》)
  날이 어두워지면 이리 떼가 다시 올 테니, 나는 죽겠**구나**!

矣哉(의재)

어조사 '矣(의)'는 '이미 그러한' '장차 그러할'이란 의미이며, '哉(재)'는 감탄 혹은 반문을 나타낸다. '豈(기)' '何(하)' 등과 어울리면 반문을 강조한다.

- 久**矣哉**! 由之行詐也! (《論語》〈子罕〉)
  오래되었**구나**! 유(자로)가 거짓을 행한 지가!
- 子適衛, 冉有僕. 子曰: "庶**矣哉**!" (《論語》〈子路〉)
  공자께서 위나라에 가실 때 염유가 수레를 몰았다. 공자께서 말씀하셨다. "[백성이] 많**구나**!"
- 豈不貧而富**矣哉**! (《荀子》〈儒效〉)
  어찌 가난했다가 잘살게 된 것이 아니겠**는가**!
- 夫又誰爲恭**矣哉**? (《荀子》〈儒效〉)
  또 누가 공손할 수 있겠**는가**?
- 如是, 則夫名聲之部發於天地之間也, 豈不如日月雷霆然**矣哉**! (《荀子》〈王霸〉)
  이처럼 한다면 그 명성이 천지 사이에 퍼지는 것이 어찌 해와 달과 천둥이 울리는 것만 못하겠**습니까**!
- 吾適楚, 觀春申君故城, 宮室盛**矣哉**! (《史記》〈春申君列傳〉)
  내가 초나라에 가서 춘신군의 옛 성을 보니, 궁실이 화려하**구나**!
- 至林能不繫心於三司, 以大夫告老, 美**矣哉**! (《三國志》〈魏書 常林傳〉)
  상림(常林)이 삼사에 얽매이지 않고, 대부로서 벼슬에서 늙었다고 아뢴 것(물러난 것)은 아름답**구나**!
- 雲亦靈怪**矣哉**! (韓愈, 〈雜說〉)
  구름 또한 신령스럽고 괴이하**구나**!
- 嘻, 技亦靈怪**矣哉**! (魏學洢, 〈核舟記〉)

아, 기술 또한 신령스럽고 괴이하**구나**!

- 嗚呼, 亦盛**矣哉**! (張溥, 〈五人墓碑記〉)

  아아, 또한 성대하**구나**!

- 不然, 則喑嗚叱咤, 使風馳霆擊, 則侯之威靈暴**矣哉**! (歐陽修, 〈樊侯廟災記〉)

  그렇지 않다면 소리쳐 탄식하고 질타한 것이 바람 불고 벼락 치게 한 것인즉, 번후의 위엄 있는 영령은 포악하**도다**!

- 美**矣哉**! (一然, 《三國遺事》)

  아름답**구나**!

矣乎(의호)

어조사 어기를 강화하며, 감탄이나 의문의 어감이 강하다. '~이구나' '~인가' '~하느냐' 등으로 해석한다.

- 公曰: "可**矣乎**?" (《左傳》 僖公二十七年)

  공(진후晉侯)이 말했다. "[이제] 되었**는가**?"

- 已**矣乎**! 吾未見能見其過而內自訟者也. (《論語》〈公冶長〉)

  끝났**구나**! 나는 아직까지 자신의 잘못을 알고 스스로 꾸짖는 사람을 보지 못했다.

- 子曰: "中庸之爲德也, 其至**矣乎**!" (《論語》〈雍也〉)

  공자께서 말씀하셨다. "중용이 덕이 되는 데 있어서는 아마도 최고이겠**구나**!"

- 女爲周南召南**矣乎**? (《論語》〈陽貨〉)

  너는 〈주남〉과 〈소남〉을 익혔**느냐**?

- 曰我於辭命則不能也. 然則夫子, 旣聖**矣乎**. (《孟子》〈公孫丑上〉)

[공자께서는] 나는 사명(辭命)에는 능하지 못하다고 하셨으니, 그렇다면 선생님(맹자)께서는 이미 성인이겠습**니다**.

- 昔者子貢問於孔子曰: "夫子聖**矣乎**!" (《孟子》〈公孫丑上〉)
  옛날에 자공이 공자에게 물었다. "선생님은 성인이십**니까**?"
- 君子聞之, 曰: "忠**矣乎**! (《韓詩外傳》 卷二 第二十章)
  군자가 그것을 듣고 말했다. "마음을 다하는**구나**!"

宜(의)

❶ **조동사** 당연히 이와 같아야 함을 나타내며, '[당연히] ~해야 한다'라고 해석한다.

- **宜**鑒于殷, 駿命不易. (《詩經》〈大雅 文王〉)
  마땅히 은나라를 거울삼아 위대한 명을 지켜 바꾸지 말**아야 한다**.
- 是以惟仁者, **宜**在高位. (《孟子》〈離婁上〉)
  이 때문에 오로지 어진 사람이 높은 지위에 있**어야 한다**.
- 平陽侯曹參身被七十創, 攻城略地, 功最多, **宜**第一. (《史記》〈蕭相國世家〉)
  평양후(平陽侯) 조참은 몸에 상처를 일흔 곳이나 입었으면서도 성을 공략하고 토지를 빼앗아 공로가 가장 많으니 **당연히** 첫째가 되**어야 한다**.
- 今陰陽不調, **宜**更曆之過也. (《漢書》〈律曆志〉)
  오늘날 음양은 조화되지 않으니, **마땅히** 역법의 잘못을 고쳐**야 한다**.
- 臣今當濟江, 奉辭伐罪, **宜**有大使肅將王命. (《後漢書》〈荀彧列傳〉)
  나(조조曹操)는 지금 강을 건너 명을 받들어 죄인을 토벌하고자 하니, 여러 대신은 엄숙하게 군왕의 명령을 따라**야 한다**.

• 至於題立言, 崇明德, 則**宜**如魯相所上. (《三國志》〈魏書 崔林傳〉)

[공자가] 학설을 창립한 공적을 빛나게 하고, 밝은 도덕을 숭상하는 데 이르러서는 **마땅히** 노나라 재상이 올린 건의와 같이 **해야만 한다**.

• 夫宰相者, 天下之所瞻效, 誠**宜**得秉忠履正本德仗義之士, 足爲海內所師表者. (《三國志》〈魏書 崔林傳〉)

무릇 재상이란 자는 천하의 존경을 받고 본받을 만하며, 진실로 충성스럽고 바르며 덕망과 의리가 있는 선비를 선발하여 기용**해야만** 천하의 사표가 될 수 있습니다.

• 此人可就見, 不可屈致也. 將軍**宜**枉駕◆顧之. (《三國志》〈蜀書 諸葛亮傳〉)

이 사람은 가서 만나볼 수는 있지만, [자신을] 굽히고 오게 할 수는 없습니다. 장군께서는 친히 그를 보러 가**야 할** 것입니다.

◆枉駕(왕가): 남의 방문에 대한 경칭. 왕림(枉臨).

• 是歲, 長水校尉戴陵諫不**宜**數行弋獵, 帝大怒, 陵減死罪一等. (《三國志》〈魏書 文帝紀〉)

이해에 장수교위 대릉이 [문제가] 자주 사냥하러 가는 것이 **마땅하지** 않다고 간언하자, 문제가 크게 노하여 대릉에게 [사형을 내렸다가] 한 단계 낮은 형벌로 경감시켰다.

• 或謂畿曰: "**宜**須大兵." (《三國志》〈魏書 杜畿傳〉)

어떤 사람이 두기에게 말했다. "대군이 도착하기를 기다려**야 합니다**."

❷ **부사** 일의 원인 혹은 상황을 수긍하는 것을 나타내며, '[과연 ~하는 것도] 당연하다'라고 해석한다.

• 及入, 求見. 公辭焉以沐. 謂僕人曰: "沐則心覆, 心覆則圖反, **宜**吾不得見也." (《左傳》 僖公二十四年)

[진문공(晉文公)이 나라로] 돌아오자 [두수(頭須)가 문공] 뵙기를 청했다. 그러나 문공은 머리를 감는다며 그를 거절했다. [두수가] 하인에게

말했다. "머리를 감으면 마음이 뒤집히고 마음이 뒤집히면 생각도 거꾸로 되니 내가 만날 수 없는 **것도 당연하다**."

• 車甚澤, 人必瘁. **宜**其亡也. (《左傳》 襄公二十八年)

수레가 매우 아름다우니 백성이 반드시 고통스러웠을 것이다. 도망친 **것도 당연하다**.

瘁: 고달플 췌, 야윌 췌

• **宜**乎百姓之謂我愛也. (《孟子》〈梁惠王上〉)

백성이 나를 인색하다고 생각하는 **것도 당연하다**.

❸ **부사** 추측을 나타내며, '대개' '마치' '아마도' 등으로 해석한다.

• 今誠以吾衆詐自稱公子扶蘇·項燕, 爲天下唱, **宜**多應者. (《史記》〈陳涉世家〉)

지금 만약 우리가 거짓으로 공자 부소와 항연의 부하라 칭하고 천하에 호소하면, **아마도** 많은 사람이 호응할 것이다.

• 從容問通曰: "天下誰最愛我者乎?" 通曰: "**宜**莫如太子." (《史記》〈佞幸列傳〉)

[한무제가] 조용히 등통(鄧通)에게 물었다. "천하에서 누가 나를 가장 사랑하는가?" 등통이 대답했다. "**아마** 태자만 한 사람이 없을 것입니다."

宜若(의약)

부사 어떤 상황 혹은 사실을 다른 상황 혹은 사실과 직접 비유하거나 추측하는 것을 나타낸다. '[마치] ~같다' '[아마도] ~인 듯하다' '흡사' 등으로 해석한다.

• 陳代曰: "不見諸侯, **宜若**小然. 今一見之, 大則以王, 小則以覇. 且志, 曰: '枉尺而直尋', **宜若**可爲也." (《孟子》〈滕文公下〉)

진대가 말했다. "제후를 만나지 않는 것은 사소한 일**인 것 같습니다**. 이제 한번 만나보시면 잘하면 왕이 될 것이요, 못해도 패자(覇者)는 될 것입니다. 또 옛글에 '한 자를 굽혀서 여덟 자를 편다.'라고 했으니, **아마도** 해볼 만한 일**인 듯합니다**."

- 公明儀曰: "**宜若**無罪焉." (《孟子》〈離婁下〉)
  공명의가 말했다. "**아마도** 죄가 없**는 듯하다**."
- 公孫丑曰: "道則高矣, 美矣, **宜若**登天然, 似不可及也." (《孟子》〈盡心上〉)
  공손추가 말했다. "도는 높고 아름다워서 **마치** 하늘에 오르는 것 같아 미칠 수 없을 **듯합니다**."
- 且救趙之務, **宜若**奉漏甕, 沃焦釜也. (《史記》〈田敬仲完世家〉)
  하물며 조나라를 구원하는 일은 깨진 항아리를 들고 달구어진 솥에 물을 붓**는 것과 같이** [다급한] 일입니다.

宜應(의응)

조동사 이치로 보아 당연히 이와 같음을 나타내며, '마땅히'라고 해석한다.

- **宜應**慨然立志, 念自裁抑. (宋文帝, 〈與江夏王義恭書〉)
  [당신은] **마땅히** 강개하게 큰 뜻을 세우고 스스로 절제할 것을 생각해야 한다.

宜乎(의호)

조동사 이치로 보아 명백함을 나타내며, '[과연] ~하는 것도 당연하다'라고 해석한다. 부정의 뜻을 나타내는 말과 함께 쓰일 경우 반문의 어감을 부여하여 해석한다.

• 夫子之云, 不亦**宜乎**? (《論語》〈子張〉)

선생(숙손무숙)께서 [그렇게] 말씀하시**는 것도 당연하지** 않겠습니까?

• 我非愛其財而易之以羊也, **宜乎**百姓之謂我愛也. (《孟子》〈梁惠王上〉)

내가 재물을 아껴 그것(소)을 양으로 바꾼 것은 아니지만, 백성이 나를 인색하다고 말하**는 것도 당연하다**.

• 周公弟也, 管叔兄也, 周公之過, 不亦**宜乎**? (《孟子》〈公孫丑下〉)

주공은 동생이고 관숙은 형이니, 주공의 잘못이 **또한 당연하지** 않은가?

猗(의)

어조사 어기를 느슨하게 한다. '兮(혜)'와 비슷하며, '兮(혜)'와 함께 쓰이기도 한다.

• 如有一介臣, 斷斷**猗**無他伎……. (《尙書》〈秦誓〉)

만약에 한 신하가 성실하고 전일(專一)하나, 다른 재주가 없다면…….

• 坎坎伐檀兮, 寘之河之干兮, 河水淸且漣**猗**! (《詩經》〈魏風 伐檀〉◆)

쿵쿵 박달나무를 베어 그것을 황하가에 놓으니, 강물에 푸르고 맑은 잔물결이 이는구나!

◆〈伐檀(벌단)〉: 진정한 벼슬하는 군자라면 하는 일 없이 봉록만 받아서는 안 된다고 훈계한 시다.

• 嗟來, 桑戶乎! 嗟來, 桑戶乎! 而已返其眞, 而我猶爲人**猗**! (《莊子》〈大宗師〉)

아, 상호여! 아, 상호여! 그대는 이미 진실로 돌아왔거늘 나는 아직도 사람이구나!

• 禹行功見塗山之女, 禹未之遇, 而巡省南土, 塗山氏之女乃令其妾候禹於

塗山之陽, 女乃作歌, 歌曰: "候人兮**猗**!" 實始爲南音. (《呂氏春秋》〈音初〉)

우임금이 물을 다스릴 때 도산족(塗山族)의 여인을 보았는데, 우임금은 그녀를 예우하지 않고 남방으로 순시하러 갔다. 도산족의 여인은 그녀의 시녀에게 도산의 남쪽에서 우임금을 기다리게 했는데, 그녀는 곧 노래를 지었으니 그 가사에 가로되 "사람을 기다림이여!"라고 했다. [이것은] 실로 최초의 남방 음악이다.

【참고】

휘청거리다: • 四黃旣駕, 兩驂不**猗**. (《詩經》〈小雅 車功〉) 네 마리 누런 말이 끄니, 두 곁마가 **휘청거리지** 않는구나.

猗與/猗歟(의여)

감탄사 감탄을 나타내며, '아'라고 해석한다.

• **猗與**漆沮, 潛◆有多魚! (《詩經》〈周頌 潛〉)

아! 칠수(漆水)와 저수(沮水)의 물에는 물고기가 많구나.

◆潛(잠): 물속이라는 뜻이나, 《모전(毛傳)》에서는 나무를 물속에 넣어 고기를 보호하도록 한 곳이라고 해석했다.

• **猗與**那與, 置我鞉◆鼓. (《詩經》〈商頌 那〉)

아! 많구나, 자루 달린 작은 북과 큰 북을 벌여놓는다.

◆鞉(도): 자루 달린 작은 북.

• **猗歟**緝熙, 允懷多福! (《文選》〈東都賦〉)

아! 빛나도다, 진실로 다복하구나!

猗嗟(의차)

감탄사 감탄을 나타내며, '아'라고 해석한다.

- **猗嗟**昌兮, 頎而長兮! (《詩經》〈齊風 猗嗟〉)

  아! 성대하여라, 건장하고 키가 크구나!

- **猗嗟**名兮, 美目淸兮! (《詩經》〈齊風 猗嗟〉)

  아! 훌륭하다, 아름다운 눈은 맑기도 하구나!

意(의)

❶ **부사** '抑(억)'과 통하고 추측을 나타내며, '아마' '어쩌면' '혹시'라고 해석한다.

- 寡人出亡二十年, 乃今得反國, 咎犯聞之不喜而哭, **意**不欲寡人反國耶? (《韓非子》〈外儲說左上〉)

  과인이 망명한 지 20년 만에 비로소 나라로 돌아오게 되었는데, 구범은 [이 소식을] 듣고도 기뻐하지 않고 운다고 하니, **아마도** 과인이 나라로 돌아올 것을 바라지 않았는가?

- 天之無烈風淫雨, **意**中國有聖人邪? (《說苑》〈辨物〉)

  하늘에 광풍과 장마가 없으니 **아마** 중원에 성인이 있겠지?

❷ **접속사** '抑(억)'과 통하고 선택의문문에 쓰이며, 주로 뒤 문장의 선택 항목 앞에 놓인다. '또는' '아니면'이라고 해석한다.

- 吾不識孝子之爲親度者, 亦欲人愛利其親與, **意**欲人之惡賊其親與. (《墨子》〈兼愛下〉)

나는 효자가 부모에게 효도하는 것이 다른 사람이 자기 부모를 아끼고 이롭게 여기기를 바라서인지, **아니면** 다른 사람이 자기 부모를 미워하고 해치기를 바라서인지 알지 못하겠다.

• 今子獨無意焉, 知不足邪? **意**知而力不能行邪? (《莊子》〈盜跖〉)

지금 선생만이 홀로 그럴 뜻이 없으니, 지혜가 부족해서입니까? **아니면** 지혜는 있으나 힘을 실행할 수 없어서입니까?

• 不識世無明君乎? **意**先生之道固不通乎? (《說苑》〈善說〉)

세상에 현명한 임금이 없다는 것을 모르십니까? **아니면** 당신의 주장이 본래 통할 수 없는 것입니까?

【참고】

① 뜻, 의도: • 或聞上無**意**殺魏其. (《史記》〈魏其武安侯列傳〉) 임금이 위기후를 죽일 **의도**가 없었다는 것을 들은 적이 있다. • 蔡倫立**意**造紙. (賈思勰, 《齊民要術》) 채륜은 **뜻**을 세워 종이를 만들었다.

② 생각하다, 의심하다: • 然不自**意**能先入關破秦. (《史記》〈項羽本紀〉) 그러나 먼저 함곡관(涵谷關)으로 들어가 진나라를 쳐부술 수 있으리라고는 **생각하지** 않았다. • 人有亡鐵者, **意**其隣之子. (《列子》〈說符〉) 무기를 잃은 사람이 있었는데, 그 이웃집 아들을 **의심했다**.

意亡(의무)

접속사 선택의문문에 쓰이며, 주로 뒤 문장의 선택 항목 앞에 놓인다. '아니면'이라고 해석한다. '意亦(의역)'과 같다.

• 爲其上中天之利, 而中中鬼之利, 而下中人之利, 故譽之與? **意亡**非爲其上中天之利, 而中中鬼之利, 而下中人之利, 故譽之與? (《墨子》〈非攻下〉)

위로는 하늘의 이익에 부합되고, 가운데로는 귀신의 이익에 맞으며, 아래로는 백성의 이익에 합치되기 때문에 그를 칭찬하는 것입니까? **아니면** 위로는 하늘의 이익에 부합되지 않고, 가운데로는 귀신의 이익에 맞지 않으며, 아래로는 백성의 이익에 합치되지 않기 때문에 그를 칭찬하는 것입니까?

意若(의약)

부사 추측을 나타내며, '아마'라고 해석한다.

• **意若**國中有聖人乎. (《韓詩外傳》 四)
아마 나라 안에 성인이 있겠지요.

意亦(의역)/億亦(억역)

❶ **부사** 추측을 나타내며, '아마' '혹시' 등으로 해석한다. '抑亦(억역)'이라고도 쓴다.

• 今吳王自以爲與大王同憂, 願因時循理, 棄軀以除患害於天下. **億亦**可乎. (《史記》〈吳王濞列傳〉)
지금 오왕은 스스로 대왕과 같은 걱정을 하고 있다고 생각하는데, 이때를 틈타 순리를 따라 몸을 던져 천하의 재난을 제거해주십시오. **아마도** 좋은 일일 것입니다.

❷ **접속사** 선택을 나타내고 의문문에 쓰이며, '아니면'이라고 해석한다.

• 病, 故使人問之, 曰: "誠病乎? **意亦**思乎?" (《戰國策》〈秦策二〉)

병이 들자 [초왕(楚王)은] 특별히 사람을 보내어 그를 문안하게 하고, [그 사람이 돌아오자 초왕이] 물었다. "[그는] 정말 병이 났던가? **아니면** [오(吳)나라를] 생각하던가?"

- 昔黃帝顓頊之道存乎? **意亦**忽不可得見與? (《大戴禮記》〈武王踐阼〉)
  옛 황제 전욱의 상도(常道)는 존재합니까? **아니면** 없어져서 볼 수 없습니까?
- 不識步道者, 將以窮無窮, 逐無極與, **意亦**有所止之與. (《荀子》〈修身〉)
  길을 가는 사람이 끝이 없는 길을 추구함으로써 끝없는 길을 추구하는지, **아니면** 멈추는 곳이 있는지를 알지 못하겠다.

意者(의자)

❶ **부사** 추측을 나타내며, '아마도' '어쩌면' '혹시' 등으로 해석한다. '抑者(억자)'라고도 쓴다.

- 若夫弊車駑馬以朝, **意者**非臣之罪乎? (《晏子春秋》〈內篇雜下〉)
  그러나 찢어진 수레에 노둔한 말을 타고 조정에 이르렀으니, **아마도** 신의 죄가 아니겠습니까?
- **意者**先王之言有不善乎? (《墨子》〈孔孟〉)
  혹시 선왕의 말에 옳지 않은 점이 있습니까?
- **意者**秦王帝王之主也, 君恐不得爲臣, 何暇縱以難之? (《呂氏春秋》〈不侵〉)
  어쩌면 진나라 왕은 황제의 자격이 있는 군주이고 당신은 아마도 [그의] 신하도 되지 못할 터인데, 어느 틈에 합종책(合縱策)으로써 그를 곤경에 빠뜨리겠습니까?
- **意者**臣愚而不闔於王心耶? (《戰國策》〈秦策二〉)
  혹시 신이 어리석어 왕의 마음에 부합하지 않는 것입니까?

• **意者**吾未仁邪? 人之不我信也. **意者**吾未知邪? 人之不我行也. (《史記》〈孔子世家〉)

아마도 우리가 어질지 못해서가 아니겠습니까? [그래서] 사람들이 우리를 믿지 않는 것이겠지요. **아마도** 우리가 지혜롭지 못해서가 아니겠습니까? [그래서] 사람들이 우리를 못 가게 하는 것이겠지요.

❷ **접속사** 선택을 나타내는 의문문에 쓰이며, 뒤 문장의 선택 항목 앞에 놓인다. '아니면'이라고 해석한다.

• 孰主張是? 孰綱維是? 孰居無事推而行是? **意者**其有機緘而不得已邪? **意者**其運轉而不能自止邪? (《莊子》〈天運〉)

누가 이러한 것을 주관하는가? 누가 이러한 것을 유지하는가? 누가 한가하게 일 없이 이러한 것을 밀고 있는가? **아니면** 기관의 통제로 어쩔 수 없이 이러한가? **아니면** 저절로 움직여 멈출 수 없는 것인가?

• 子不知予與? 試予與? **意者**其志與? (《韓詩外傳》二)

너는 나를 이해하지 못하는가? 나를 시험하는 것인가? **아니면** 너 자신의 뜻인가?

已(이)

❶ **부사** 일이 완성되었거나 시간이 경과한 것을 나타내며, '벌써' '이미' '~한 다음에'라고 해석한다.

• 道之不行, **已**知之矣. (《論語》〈微子〉)

도가 행해지지 않고 있다는 것을 **이미** 알고 있습니다.

• 寡人**已**知將軍能用兵矣. (《史記》〈孫子吳起列傳〉)

나는 **이미** 장군이 군대를 [훌륭하게] 통솔할 수 있다는 것을 알았다.

- 秦王使使者告魏王曰: "吾攻趙旦暮且下, 而諸侯敢救者, **已**拔趙, 必移兵先擊之." (《史記》〈魏公子列傳〉)

  진나라 왕이 사자를 보내 위나라 왕에게 알렸다. "나는 조나라를 공격하여 머지않아 항복받을 것인데, 제후 중에서 감히 [조나라를] 구원하려는 자가 있으면, 나는 조나라를 취**한 다음에** 반드시 군사를 옮겨 먼저 그곳을 공격하겠다."

- 其巫, 老女子也, 年**已**七十. (《史記》〈滑稽列傳補〉)

  그 무당은 늙은 여자인데, 나이가 **이미** 일흔이다.

- 太祖曰: "擧義兵以誅暴亂, 大衆**已**合, 諸君何疑?" (《三國志》〈魏書 武帝紀〉)

  태조(조조)가 말했다. "정의로운 군사를 일으켜 폭력으로 혼란스럽게 한 자를 토벌하기 위해 대군(大軍)이 **벌써** 모였는데, 여러분은 무엇을 주저하십니까?"

- 陳遣人來勞, 舟中**已**發喪矣. (洪良浩, 《海東名將傳》)

  진린(陳璘)이 사람을 보내 공을 위로했는데, 그때는 **이미** 배 안에서 발상을 하고 있는 때였다.

- 目睹國家危亡, 迫在朝夕, 敗募同志, 家業**已**破散矣. (郭再祐, 《忘憂堂集》)

  국가가 위태로워 아침저녁으로 긴박함을 목도하고 동지를 모으느라 가업은 **이미** 파산되었다.

- 林亭秋**已**晩, 騷客意無窮. (李珥, 《栗谷全書》)

  숲속 정자에 가을은 **이미** 깊었으니, 시인의 시상은 끝이 없다.

❷ **부사** 정도가 지나친 것을 나타내며, '너무' '대단히' '지나치게'라고 해석한다.

- 爲之歌鄭, 曰: "美哉! 其細**已**甚, 民弗堪也. 是其先亡乎!" (《左傳》 襄公 二十九年)

그(계찰季札)에게 〈정풍(鄭風)〉을 들려주니 [그가] 말했다. "아름답구나! [다만] 그 번거로움이 **너무** 심하니 백성이 참을 수 없겠구나. 이 나라는 [아마] 먼저 멸망하겠구나!"

- 於野則**已**疏, 於寢則**已**重. (《禮記》〈檀弓上〉)

  교외에서 [곡(哭)]하면 **너무** 소원하게 하는 것이고, 정침에서 [곡]하면 **너무** 무겁게 하는 것이다.

- 是不亦責於人者**已**詳乎! (韓愈, 〈原毁〉)

  이것은 또한 다른 사람에게 요구하는 것이 **너무** 세세하지 않겠는가!

- 其疾病而死, 死而湮沒不足道者, 亦**已**衆矣. (張薄, 〈五人墓碑記〉)

  질병에 죽고, 죽어 묻혀서 말할 것도 없는 자 또한 **대단히** 많다.

- 然視其左右, 來而記之者**已**少. (王安石, 〈游褒禪山記〉)

  그러나 그 좌우에 있는 것(석벽石壁)을 보고, 이곳에 와서 [이름을] 기억할 수 있는 자는 **매우** 드물었다.

❸ **대사** 앞 문장을 대신하여 상황을 나타내며, '이러하고도'라고 해석한다.

- **已**而不知其然, 謂之道. (《莊子》〈齊物論〉)

  이러하고도 그러함을 알지 못하는 것을 도라고 한다.

- 吾生也有涯, 而知也無涯. 以有涯隨無涯, 殆已. **已**而爲知者, 殆而已矣. (《莊子》〈養生主〉)

  우리의 수명은 유한한데 지식은 무한하다. 유한한 것으로써 무한한 것을 추구하면 위험하다. **그런데도** 알려고 하면 더욱 위험하다.

- 敦序九族◆, 衆明高翼, 近可遠在**已**. (《史記》〈夏本紀〉)

  구족을 돈후하게 대하고 현명한 이들을 신하로 삼으니, 가까운 데로부터 먼 데까지 미침이 **여기에** 달려 있다.

  ◆九族(구족): 고조(高祖)·증조(曾祖)·조(祖)·부모(父母)·자기(自己)·자(子)·손(孫)·증손(曾孫)·현손(玄孫).

❹ 전치사 동작 혹은 행위의 원인이나 의지를 나타내며, '~ 때문에' '~에 근거하여' 등으로 해석한다.

- 人之所以爲人者, 何**已**也? 曰, 以其有辨也. (《荀子》〈非相〉)
  사람이 사람인 까닭은 무엇 **때문인가**? [옳고 그름을] 판별하는 능력이 있기 때문이다.
- 所志於天者, **已**其見象之可以期者矣. (《荀子》〈天論〉)
  하늘에 대해 알 수 있는 것은 그것이 기다릴 수 있는 현상으로 나타나는 것에 한정되기 **때문이다**.

❺ 어조사 '上(상)' '下(하)' '往(왕)' '來(래)' 등의 방향을 나타내는 말과 함께 쓰여 시간·방위·범위를 나타낸다.

- 年八十**已上**, 賜米月一石, 肉二十斤. (《漢書》〈文帝紀〉)
  나이가 팔십 **이상**인 사람에게는 매월 쌀 한 섬과 고기 스무 근을 주었다.
- 自董卓**已來**, 豪杰竝起. (《三國志》〈蜀書 諸葛亮傳〉)
  동탁[이 대권을 장악한] **이래로** 걸출한 인물들이 동시에 일어났다.

❻ 어조사 구 끝에 쓰여 단정·종결·명령 등을 나타낸다.

- 天下皆知美之爲美, 斯惡**已**; 皆知善之爲善, 斯不善**已**. (《老子》二章)
  천하 사람들이 모두 아름다움을 아름답게 여기는데 이는 추악한 것일 **뿐이요**, 모두 선함을 선하다고 여기는데 이는 선하지 않은 것일 **뿐이다**.
- 旣可得而知**已**. (《墨子》〈尙賢上〉)
  이미 알 수 **있다**.
- 然則王之所大欲可知**已**. (《孟子》〈梁惠王上〉)
  그렇다면 왕이 가장 바라는 바를 알겠**습니다**.
- 此三者, 其美德**已**. (《荀子》〈堯問〉)
  이 세 가지는 그의 미덕**이다**.

• 此五綦者, 亦以人之情爲不欲乎? 曰, 人之情欲是**已**. (《荀子》〈正論〉)
이 다섯 가지 지극한 것은 또한 사람의 감정이 바라지 않는 것이라고 생각하는가? 말하건대 사람의 감정이 이러한 것을 바란**다**.

• 春申君曰: "先生置之, 勿復言**已**." (《戰國策》〈楚策四〉)
춘신군이 말했다. "선생은 내버려두시고 다시는 말하지 마십**시오**."

• 古布衣之俠, 靡得而聞**已**. (《史記》〈游俠列傳〉)
옛 서민 협객에 대해서는 들어본 적이 없**다**.

• 失今不治, 必爲錮疾, 後雖有扁鵲, 不能爲**已**. (賈誼, 〈治安策〉)
때를 놓쳐 지금 치료하지 못하면, 반드시 고질병이 되어 뒷날 비록 편작이 있다 하더라도 치료할 수 없을 것**이다**.

【참고】

① 그만두다, 아무것도 하지 않다: • 飽食終日, 無所用心, 難矣哉! 不有博奕者乎? 爲之, 猶賢乎**已**. (《論語》〈陽貨〉) 배부르게 먹는 것을 온종일 하고 마음 쓰는 데가 아무것도 없다면 곤란하구나! 육박(장기의 일종)과 바둑이라도 있지 않은가? 그런 것이라도 하는 편이 **그만두는** [것보다] 더 현명하다. • 齊宣王問曰: "人皆謂我毁明堂, 毁諸? **已**乎?" (《孟子》〈梁惠王下〉) 제선왕이 물었다. "사람들은 모두 나에게 명당을 허물라고 하는데 허물까요? [허물기를] **그만둘까요**?" • **已**矣乎! 寓形宇內復幾時. (《宋書》〈陶潛列傳〉) **그만두리라**! 세상에 살아 있는 것이 얼마나 될꼬. • 三**已**之, 無慍色. (《論語》〈公冶長〉) 세 번이나 벼슬을 **그만두었으나** 언짢아하는 기색이 없었습니다.

② 오래지 않다: • 廢以爲侯, **已**又殺之. (《史記》〈項羽本紀〉) 폐위(廢位)하여 제후로 삼았다가 **오래지 않아** 또 그를 죽였다.

已夫(이부)

어조사 ‘已(이)’는 단정을 나타내며, ‘夫(부)’는 감탄을 나타낸다. ‘~구나’라고 해석한다.

- 然則君之所讀者, 古人之糟魄**已夫**! (《莊子》〈天道〉)
  그렇다면 당신이 읽는 것은 옛사람의 찌꺼기일 뿐이로**군요**!
- 目知窮乎所欲見, 力屈乎所欲逐. 吾既不及**已夫**! (《莊子》〈天運〉)
  눈은 보고 싶은 것 때문에 막히고, 힘은 이루고 싶은 것 때문에 꺾인다. 나로서는 미치지 못하는 것이**구나**!

已嘗(이상)

부사 경험을 나타내며, ‘[일찍이] ~한 적이 있다’라고 해석한다.

- 難保者, 言**已嘗**有罪過, 不可保也. (《漢書》〈平帝紀·顏師古注〉)
  ‘난보(難保)’란 죄를 지은 **적이 있으면** [다시 죄를 범하지 않는다고] 보증할 수 없다는 것을 말한다.

已業(이업)

부사 일이 완성되거나 시간이 경과한 것을 나타내며, ‘이미’라고 해석한다. ‘業已(업이)’라고도 쓴다.

- 是時漢兵已踰句注, 二十餘萬兵**已業**行. (《史記》〈劉敬叔孫通列傳〉)
  이때 한나라 군대는 벌써 구주산을 넘어 20여 만의 대군이 **이미** 출발했다.

• 公卿及議者皆願罷擊宛軍, 專力攻胡, 天子**已業**誅宛. (《史記》〈大宛列傳〉)
공경과 논의하는 자들은 대원을 치는 군대를 철수시켜 흉노를 공격하는 일에 전력을 기울이도록 바랐으나 천자는 **이미** 대원을 주살하기로 했다.

• 三十餘萬衆, 兵**已業**行. (《漢書》〈酈陸朱劉叔孫列傳〉)
30여 만의 무리가 되었는데, 군대가 **이미** 떠났다.

已矣(이의)

어조사 종결 혹은 단정 등을 강하게 나타낸다.

• 賜也, 始可與言詩**已矣**. 告諸往而知來者. (《論語》〈學而〉)
사야, 비로소 너와 더불어 《시》를 이야기할 수 있겠다. 지나간 것을 알려주었더니 다가올 것을 아는**구나**.

• 喪思哀, 其可**已矣**. (《論語》〈子張〉)
[선비가] 상을 당해서는 슬픔을 생각한다면, 그는 괜찮다고 할 수 있을 것**이다**.

• 由是觀之, 則君子之所養, 可知**已矣**. (《孟子》〈滕文公下〉)
이로부터 본다면 군자가 [자신의 인품을] 기르는 것을 알 수 있**다**.

• 請留盤石上, 垂釣將**已矣**. (王維, 〈青溪〉)
바라건대 반석 위에 남아 낚시질하며 여생을 마치고 싶**구나**.

• 老夫◆ **已矣**. (方苞, 〈左忠毅公軼事〉)
나는 이미 끝났**구나**.

◆ 老夫(노부): 나이 많은 사람이 자신을 부르는 말.

已而(이이)

어조사 동작이나 행위가 오래지 않아 발생하게 되는 것을 나타낸다. '머지않아' '잠시 뒤' 등으로 해석한다.

- 少君曰: "此器齊桓公十年陳於柏寢." **已而**案其刻, 果齊桓公器. (《史記》〈孝武本紀〉)
  이소군이 대답했다. "이 그릇은 제나라 환공 10년에 백침대(柏寢臺)에 진열했던 것입니다." **잠시 뒤** 새겨진 글자를 검사하니 과연 제나라 환공의 그릇이었다.
- 嘗亡入匈奴, **已而**歸漢, 爲驃騎將軍司馬. (《史記》〈衛將軍驃騎列傳〉)
  [장군 조파노(趙破奴)는] 일찍이 흉노로 도망쳤다가 **오래지 않아** 한나라로 돌아와 표기장군(곽거병)의 사마가 되었다.

已大/已太(이태)

부사 정도가 지나친 것을 나타내며, '너무' '확실히'라고 해석한다.

- 彼譖人者, 亦**已大**甚! (《詩經》〈小雅 巷伯〉)
  다른 사람을 참언하는 저자는 또한 **너무** 심하구나!
- 事**已大**畢, 乃臨于海. 皇帝之功, 勸勞本事. (《史記》〈秦始皇本紀〉)
  큰일을 **확실히** 마치자 해안가까지 이르게 되었다. 황제의 공은 근본적인 일에 부지런히 노력하신 것이다.

以(이)

❶ **대사** 비교적 가까운 사물이나 사람 혹은 상황을 가리킨다. '이' '이것' '이렇게'라고 해석한다. 전치사 '于(우)'의 뒤에 쓰여 장소를 묻기도 하는데, 이 경우는 '어디'라고 해석한다.

- 于**以**采蘩? 于沼于沚. 于**以**用之? 公侯之事. (《詩經》〈召南 采蘩〉)
  산흰쑥을 **어디**서 딸까? 연못과 모래톱에서 따지요. 그것을 **어디**에 쓸까? 공후가 제사 지낼 때 쓰지요.
- 爰居爰處, 爰喪其馬. 于**以**求之? 于林之下. (《詩經》〈邶風 擊鼓〉)
  주둔하던 곳에서 전마를 잃어버렸는데 **어디**에서 찾았나요? 숲속에서 찾았지요.
- 子問公叔文子於公明賈曰: "信乎夫子不言不笑不取乎?" 公明賈對曰: "**以**告者過也." (《論語》〈憲問〉)
  공자께서 공명가에게 공숙문자에 대해 물으셨다. "정말 선생께서는 말씀도 하지 않고 웃지도 않으며 [재물을] 받지도 않습니까?" 공명가가 대답했다. "**이렇게** [선생님(공자)께] 아뢴 자가 지나쳤습니다."
- 叔孫武叔毁仲尼. 子貢曰: "無**以**爲也! 仲尼不可毁也." (《論語》〈子張〉)
  숙손무숙이 중니(공자)를 헐뜯었다. 자공이 말했다. "**이렇게** 하지 말거라. 중니를 험담할 수 없다."
- "且無梁◆孰與無河內急?" 王曰: "梁急." 曰: "無梁孰與無身急?" 王曰: "身急." 曰: "**以**三者; 身, 上也; 河內, 其下也. 秦未索其下, 而王效其上, 可乎?" (《戰國策》〈衛策三〉)
  [주소(周訢)가 말했다.] "다시 말하면 대량(大梁)이 없는 것과 하내(河內)가 없는 것 중에서 어떤 것이 중요합니까?" [위(魏)]왕이 말했다. "대량이 중요하다." [주소가] 말했다. "대량이 없는 것과 자신이 없는 것 중

에서 어떤 것이 중요합니까?" [위나라] 왕이 말했다. "자신이 중요하다." [주소가] 말했다. "**이** 세 가지 중에서 자기 자신이 가장 중요하고, 하내가 최하위입니다. 진나라는 최하위를 취하지 않을 것이니, 왕께서는 가장 중요한 것을 바치는 것이 옳지요?"

◆梁(량): 대량(大梁), 전국시대 위(魏)나라의 수도.

- 妾唯**以**一太子一女, 奈何棄之匈奴? (《漢書》〈婁敬列傳〉)
  나에게는 오직 **이** 태자 하나와 딸 하나뿐인데, 어떻게 그들을 흉노에게 바치겠습니까?
- 有時朝發白帝, 暮到江陵. 其間千二百里, 雖乘奔御風, 不**以**疾也. (《水經注》〈江水〉)
  이른 아침에 백제성을 출발하여 저녁 무렵에 강릉에 도달했다. 그 사이는 1천2백 리인데, 비록 수레가 바람을 타고 달리더라도 **이렇게** 빨리 오지는 못했을 것이다.

❷ **부사** 일의 완성이나 시간의 경과를 나타내며, '이미'라고 해석하거나 해석하지 않기도 한다.

- 知者之知, 固**以**多矣, 有以守少, 能無察乎? 愚者之知, 固**以**少矣, 有以守多, 能無狂乎? (《荀子》〈王覇〉)
  지혜로운 자의 지식은 본래 많은데, 더욱이 적은 것을 지키게 하면 살피지 못할 리 있겠는가? 어리석은 자의 지식은 본래 적은데, 더욱이 많은 것을 지키게 하면 혼란스럽지 않을 수 있겠는가?
- 身**以**困窮, 雖後悔之, 尙將奚及? (《呂氏春秋》〈情欲〉)
  자신이 **이미** 곤경에 빠지면, 비록 그것을 후회한다 하더라도 또한 어떻게 미칠 수 있겠는가?
- 卒買魚烹食, 得魚腹中書, 固**以**怪之矣. (《史記》〈陳涉世家〉)
  병졸들이 물고기를 사다 삶아 먹다가 물고기 배 속에서 글씨가 쓰인 것을 얻게 되자, 진실로 기괴하게 생각했다.

• 今兩侯**以**出, 人情不相遠, 以臣心度之, 大司馬及其枝屬必有畏懼之心. (《漢書》〈張敞列傳〉)

지금의 두 제후(곽산霍山, 곽운霍雲)는 **이미** [조정을] 떠났는데, 사람의 마음은 서로 큰 차이가 없으니 나의 생각으로 추측해보면 대사마(곽우霍禹)와 그의 친척들은 반드시 두려운 마음이 있을 것이다.

• **以**囓人, 無御之者. (柳宗元, 〈捕蛇者說〉)

[독사가] 사람을 물면 막을 방법이 없다.

❸ **부사** 정도가 지나친 것을 나타내며, '너무' '지나치게'라고 해석한다.

• 晉陽處父聘於衛, 反過寧, 寧嬴從之, 及溫而還, 其妻問之, 曰: "**以**剛." (《左傳》文公五年)

진나라의 양처보가 위나라를 빙문하고 돌아오는 길에 영(寧)을 지나는데, 영영이 그를 추격하여 온(溫)까지 갔다가 돌아오자 그의 아내가 [어찌하여 돌아왔는지] 물었다. "**너무** 강하다."

• 今願竊有請也, 木若**以**美然. (《孟子》〈公孫丑下〉)

오늘 남몰래 묻고자 하는데, 관목(棺木)이 **지나치게** 아름다운 것 같습니다.

• 三月無君則弔, 不**以**急乎? (《孟子》〈滕文公下〉)

석 달간 군주의 임용을 얻지 못했다고 하여 위문하면 **너무** 급하지 않겠소?

• 子之報讎, 其**以**甚乎! (《史記》〈伍子胥列傳〉)

당신의 복수는 **너무** 심한 듯하오!

• 今韓愈既自以爲蜀之日, 而吾子又欲使吾爲越之雪, 不**以**病乎? (柳宗元, 〈答韋中立論師道書〉)

지금 한유는 이미 스스로 촉 땅의 태양이라 여기고, 당신은 또한 나를 월나라의 대설(大雪)이 되게 하려 하시니 **너무** 부당하지 않습니까?

❹ **부사** 동작이나 행위, 사물의 상태 등의 범위를 제한하며, '오직'이라고 해석한다.

- 如其禮樂, **以**俟君子. (《論語》〈先進〉)

  하지만 그곳의 예법이나 음악 같은 것에 관해서는 **오직** 군자를 기다리겠습니다.

- 君家所寡有者, **以**義耳! (《戰國策》〈齊策四〉)

  당신 집에 부족한 것은 **오직** 의뿐이다!

❺ **부사** 뒤에 나오는 동작 혹은 행위가 앞의 동작 혹은 행위를 계속하거나 중복됨을 나타내며, '또'라고 해석한다.

- 舊不必良, **以**犯天忌, 我必克之. (《左傳》 成公十六年)

  [초나라의] 지친 군대는 반드시 용맹하지 않을 것이며, **또** 하늘의 금기를 범했으므로 우리가 반드시 이길 것이다.

❻ **전치사** 동작 혹은 행위의 도구·수단·의지·전제·표준 등을 이끌어내며, '~에 근거하여' '~에 기대어' '~에 따라서' '~으로써' '~을' '~을 가지고' 등으로 해석한다. '以(이)'의 목적어가 생략되기도 한다.

- 君若**以**力, 楚國方城**以**爲城, 漢水**以**爲池, 雖衆, 無所用之. (《左傳》 僖公四年)

  임금께서 만약 무력**으로써** [제후들을 편안하게 하려] 한다면, 초나라는 방성산(方城山)**을** 성으로 삼고 한수**를** 해자로 삼아 [대항할 것이니 당신의 군대가] 비록 많을지라도 소용이 없을 것입니다.

- 君若**以**德綏諸侯, 誰敢不服? (《左傳》 僖公四年)

  임금께서 만약 은덕**으로써** 제후를 편안하게 하면, 누가 감히 복종하지 않겠습니까?

  綏: 편안히 할 수

ㅇ

• **以**賢, 則去疾◆不足; **以**順, 則公子堅◆長. (《左傳》宣公四年)

현덕(賢德)**으로써** 하면 내가 모자라고, 순서(서열)**로써** 하면 공자 견이 맏이다.

◆去疾(거질): 춘추시대 정(鄭)나라 목공(穆公)의 서자(庶子). 양공(襄公)의 서제(庶弟).

◆堅(견): 춘추시대 정나라 양공의 이름.

• 三百, 一言**以**蔽之, 曰, '思無邪'. (《論語》〈爲政〉)

《시》3백 편을 한마디**로** 하면 '생각에 사악함이 없다'는 것이다.

• 公輸盤爲楚造雲梯◆之械, 成, 將**以**攻宋. (《墨子》〈公輸〉)

공수반이 초나라를 위하여 구름사다리라는 기계를 만들어주었는데, 완성되자 [그것을] **가지고** 송나라를 공격하려 했다.

◆雲梯(운제): 구름사다리. 성을 공격할 때 쓰는 높은 사다리.

• 王見之, 曰: "牛何之◆?" 對曰: "將**以**釁鍾◆." (《孟子》〈梁惠王上〉)

왕이 [소를 끌고 가는 것을] 보고 말했다. "소는 어디로 가느냐?" [그러자] 대답했다. "[소를] **가지고** 흔종하려고 합니다."

◆何之(하지): 여기서 '之(지)'는 동사로서 '往(왕)'과 같다.

◆釁鍾(흔종): 새 종(鍾)을 주조하고 짐승을 잡아서 그 피로 틈을 바르는 의식.

釁: 피 바를 흔

• 我非愛其財而易之**以**羊也. (《孟子》〈梁惠王上〉)

내가 재물을 아껴 그것(소)을 양**으로** 바꾼 것은 아니다.

• 許子**以**釜甑◆爨, **以**鐵耕乎? (《孟子》〈滕文公上〉)

허자는 솥과 시루**로** 밥을 짓고 철제 농기구**로** 경작하는가?

◆釜甑(부증): 솥과 시루.

爨: 밥 지을 찬, 불 땔 찬

• 江漢**以**濯之, 秋陽**以**暴之. (《孟子》〈滕文公上〉)

장강과 한수**로** 그것을 씻고 가을 태양**으로** 그것을 쬐[는 것과 같]다.

• 何不試之**以**足? (《韓非子》〈外儲說左上〉)

어찌하여 발**로** [신발을] 시험하지 않는가?

- **以**舅犯之謀與楚人戰以敗之. (《韓非子》〈難一〉)

구범의 계략**으로써** 초나라 사람과 싸워 그들을 패배시켰다.

- **以**子之矛陷子之楯, 何如? (《韓非子》〈難一〉)

당신의 창**으로** 당신의 방패를 찌르면 어떻게 됩니까?

- 今逐客**以**資敵國, 損民**以**益讎, 內自虛而外樹怨於諸侯, 求國無危, 不可得也. (李斯, 〈諫逐客書〉)

지금 객들을 쫓아냄**으로써** 적국을 돕고, 백성을 버림**으로써** 원수를 이롭게 하여, 안으로는 스스로 비게 하고 밖으로는 제후와 원한을 맺으니, 나라가 위태롭지 않기를 바라지만 될 수 없을 것입니다.

- 天下有變, 王割漢中**以**楚和. (《戰國策》〈秦策一〉)

천하에 변고가 있으면, 왕은 한중을 떼어줌**으로써** 초나라**와** 화해할 것이다.

- 凡聞言必熟論, 其於人必驗之**以**理. (《呂氏春秋》〈察傳〉)

무릇 말을 들으면 반드시 자세히 연구하고, 사람에 대해서는 반드시 사리(事理)**에 근거하여** 징험해야 한다.

- 夫再實之木根必傷, 掘藏之家必有殃; **以**言大利而反爲害也. (《淮南子》〈人間〉)

[1년에] 두 번 열매를 맺는 나무의 뿌리는 반드시 손상되고, 뜻밖의 재물을 얻은 집에는 반드시 재앙이 있다는 것은, 그것**으로써** 큰 이익이 도리어 재앙이 됨을 말한 것이다.

- 秦與韓·魏河北及封陵**以**和. (《史記》〈秦本紀〉)

진나라는 한나라와 위나라에게 황하 이북과 봉릉 일대의 땅을 줌**으로써** 화해했다.

- 且夫婦不故生子, **以**知天地不故生人也. (《論衡》〈物勢〉)

또한 부부가 일부러 자식을 낳는 것이 아니라는 것**으로써**, 천지가 일부

ㅇ

러 사람을 낳는 것이 아님을 알겠다.

• 不宜妄自菲薄, 引喩失義, **以**塞忠諫之路也. (諸葛亮, 〈出師表〉)

망령되이 스스로를 경시하여 도리에 맞지 않는 말**로써** 충성스럽게 간하는 길을 막아서는 안 됩니다.

• 今**以**蔣氏觀之, 猶信. (柳宗元, 〈捕蛇者說〉)

지금 장씨**에 의거하여** 보면 믿을 수 있겠다.

• 留義成軍五百人鎭之, **以**斷洄曲及諸道橋梁. (《資治通鑑》〈唐紀〉 憲宗元和十二年)

의성군에 5백 명을 남겨 [장시촌(張柴村)에] 주둔시킨 것은, 주둔시킴**으로써** 물굽이와 모든 길의 다리를 끊어버리기 위해서이다.

• 若能**以**吳越之衆與中國抗衡, 不如早與之絶. (《資治通鑑》〈漢紀〉 獻帝建安十三年)

만약 오월의 군사**에 의지하여** 중원(中原)과 대항할 수 있다면, 일찌감치 그(조조曹操)와 단절하는 것이 낫다.

• 翌日, **以**資政殿學士行. (文天祥, 〈指南錄後序〉)

다음 날 정전학사 자격**에 기대어 갔다**.

• 久之, 能**以**足音辨人. (歸有光, 〈項脊軒志〉)

오래 지나자 발소리**에 의하여** 사람을 판별할 수 있었다.

❼ **전치사** 동작 혹은 행위의 원인이나 이유를 이끌어내며, '~ 때문에' '~로 말미암아' '~인 까닭에' '~하여'라고 해석한다.

• **以**此不和. (《左傳》 僖公十五年)

이로 **말미암아** 화목하지 않게 되었다.

• 晉侯秦伯圍鄭, **以**其無禮於晉且貳於楚也. (《左傳》 僖公三十年)

진문공(晉文公)과 진목공(秦穆公)은 정나라를 포위했는데, 그들이 진나라에 대하여 예의가 없고 게다가 두 마음을 품고 초나라에 붙었기 **때문이다**.

• 晉侯**以**我喪故, 未之見也. (《左傳》襄公三十一年)

진후는 우리 [노나라]에 상사가 있기 **때문에** 접견하지 않았다.

• **以**其境過淸, 不可久居. 乃記之而去. (柳宗元, 〈小石潭記〉)

그곳의 환경이 너무 맑**아서** 오래 머물 수 없었다. 그래서 이것을 기록하고 떠났다.

• 君子不**以**言擧人, 不**以**人廢言. (《論語》〈衛靈公〉)

군자는 말만 듣고서 [이 **때문에**] 사람을 등용하지 않고, [그] 사람만 보고서 [이 **때문에**] 말까지 버리지는 않는다.

• 不然, 籍何**以**至此? (《史記》〈項羽本紀〉)

그렇지 않다면 [나] 항적이 무엇 **때문에** 여기에 왔겠소?

• 孫臏**以**此名顯天下. (《史記》〈孫子吳起列傳〉)

손빈은 이 일**로 말미암아** 명성을 천하에 떨쳤다.

• 强秦之所以不敢加兵於趙者, 徒**以**吾兩人在也. (《史記》〈廉頗藺相如列傳〉)

강한 진나라가 감히 [우리] 조나라를 침범하지 못하는 까닭은 단지 우리 두 사람이 있기 **때문이다**.

• 鼻以上畵有光, 鼻以下畵大姊, **以**二子肖母也. (歸有光, 〈項脊軒志〉)

코 위로는 [나] 유광을 그리고, 코 아래로는 큰누이를 그린 까닭은 [우리] 두 사람이 어머니를 닮았기 **때문이다**.

• 唐對曰: "尙不如廉頗·李牧之爲將也." 上曰: "何**以**?" (《史記》〈張釋之馮唐列傳〉)

풍당(馮唐)이 말했다. "오히려 염파나 이목만 한 장수는 아니었습니다." 임금께서 물어보았다. "무엇 **때문이오**?"

• 秦人**以**急農兼天下, 孝武**以**屯田定西域. (曹操, 〈置屯田令〉)

진나라 사람은 농업을 중시했기 **때문에** 천하를 통일했고, 한무제는 둔전을 실시했기 **때문에** 서역을 평정했다.

• 不**以**隱約而弗務, 不**以**康樂而加思. (曹丕, 〈典論論文〉)

ㅇ

미천하고 곤궁[할 때에도 그것] **때문에** 노력하지 않은 것이 아니며, 편안하고 즐거울[때에도 그] **때문에** 생각을 바꾸지 않았다.

- 豊擧杖擊地曰: "夫遭難遇之機, 而**以**嬰兒之病失其會, 惜哉!" (《三國志》〈魏書 袁紹傳〉)

  전풍은 지팡이를 들어 땅을 두드리며 말했다. "얻기 어려운 기회를 만났건만, 어린아이의 병 **때문에** 기회를 잃으니 애석하구나!"

- 臣**以**險釁, 夙遭愍凶, 生孩六月, 慈父見背◆. (李密, 〈陳情表〉)

  신은 운명이 기구**하여** 어려서부터 우환과 흉사를 만나, 태어난 지 여섯 달 만에 아버지가 세상을 떠났습니다.

  ◆見背(견배): 부모나 어른이 세상을 떠남.

- 而我**以**捕蛇獨存. (柳宗元, 〈捕蛇者說〉)

  그러나 나는 뱀을 잡기 **때문에** 혼자 살아남았다.

- 不**以**物喜, 不**以**己悲. (范仲淹, 〈岳陽樓記〉)

  남 **때문에** 기뻐하지 않고, 자기 **때문에** 슬퍼하지도 않는다.

- 閼智, 鄉言小兒之稱, **以**其出金櫝, 姓金氏. (徐居正, 《東國通鑑》)

  알지는 우리나라 말로 어린아이를 가리키며, 금으로 장식한 작은 독에서 나왔기 **때문에** 성을 김씨라 했다.

❽ **전치사** 동작 혹은 행위의 대상이나 목적을 이끈다. 일을 처리하는 것을 나타낼 때는 '같이' '~에게' '~으로' '~을' 등으로 해석하거나 '데리고' '통솔하여' 등과 같이 동사처럼 해석할 수도 있다.

- 衣食所安, 弗敢專也, 必**以**分人. (《左傳》 莊公十年)

  편안히 먹고 입는 것을 감히 혼자 누리지 않고 반드시 [그것을] 다른 사람에게 나누어주겠다.

- 宮之奇**以**其族行. (《左傳》 僖公五年)

  궁지기는 그의 가족을 **데리고** 떠났다.

- 王**以**鞏伯宴, 而私賄之. (《左傳》 成公二年)

  왕은 공백**에게** 주연을 베풀고 몰래 재물을 주었다.

- 五畝之宅, 樹之**以**桑, 五十者可**以**衣帛矣. (《孟子》〈梁惠王上〉)

  다섯 이랑의 택지에 뽕나무**를** 심으면, 쉰 살 된 사람이 비단옷**을** 입을 수 있다.

- 子路, 人告之**以**有過, 則喜. (《孟子》〈公孫丑上〉)

  자로는 다른 사람이 [그에게] 허물이 있음**을** 말하면 기뻐했다.

- 項梁乃**以**八千人渡而西. (《史記》〈項羽本紀〉)

  항량은 곧 8천 명을 **통솔하여** 강을 건너 서쪽으로 진군했다.

- 陛下起布衣, **以**此屬取天下. (《史記》〈留侯世家〉)

  폐하께서는 평범한 사람으로서 일어나, 이 무리**로** 천하를 얻었다.

- 復**以**弟子一人投河中. (《史記》〈滑稽列傳〉 褚少孫補)

  다시 제자 한 명**을** 물속으로 던졌다.

- 先帝知臣謹愼, 故臨崩寄臣**以**大事也. (諸葛亮, 〈出師表〉)

  돌아가신 황제께서는 제가 신중하고 삼가는 것을 아셨으므로, 임종하실 때 대사**를** 저에게 맡겼습니다.

- 此皆良實, 志慮忠純. 是以先帝簡撥**以**遺陛下. (諸葛亮, 〈出師表〉)

  이들은 모두 어질고 성실하며, 뜻하는 바와 생각하는 것이 충성스럽고 순수합니다. 이 때문에 선제께서 선발하여 [그들을] 폐하**에게** 남겨주셨습니다.

❾ 전치사 동작 혹은 행위의 시간이나 기점, 판단의 근거를 끌어내며, '~부터' '~에는' '~에서' '~으로'라고 해석한다.

- 賞**以**春夏, 刑**以**秋冬. (《左傳》 襄公二十六年)

  상은 봄과 여름**에** 주고, 형벌은 가을과 겨울**에** 집행한다.

- 僑聞之, 君子有四時: 朝**以**聽政, 晝**以**訪問, 夕**以**修令, 夜**以**安身. (《左傳》

ㅇ

昭公元年)

나는 군자에게 네 가지 때가 있다고 들었는데, 아침**에는** 정사를 처리하고, 낮**에는** 조사하거나 묻고, 저녁**에는** 정령(政令)을 확정하고, 밤**에는** 몸을 편안히 하는 것이다.

• 敵**以**東方來. (《墨子》〈迎敵祠〉)

적은 동방으로**부터** 온다.

• **以**是觀之, 夫父之孝子, 君之背臣也. (《韓非子》〈五蠹〉)

이것**으로** 보건대, 부모에게 효도하는 자식은 군주를 배반하는 신하다.

• 民春**以**力耕, 暑**以**强耘, 秋**以**收斂, 冬閒無事, 以伐林而積之. (《淮南子》〈人間〉)

백성은 봄**에는** 힘써 밭을 갈고, 여름**에는** 또 힘써 김을 매며, 가을**에는** 또 힘써 수확을 하고, 겨울은 한가하고 일이 없으므로 나무를 베어 쌓아 놓는다.

耘: 김맬 운

• **以**吾觀之, 必不久矣. (《史記》〈趙世家〉)

나의 관점**으로** 보건대, 반드시 오래가지 못할 것이다.

• 文**以**五月五日生. (《史記》〈孟嘗君列傳〉)

전문(田文)은 5월 5일**에** 태어났다.

• 武**以**始元六年春至京師. (《漢書》〈蘇武列傳〉)

소무(蘇武)는 시원 6년 봄**에** 경성(京城)으로 왔다.

• 今**以**長沙·豫章往, 水道多, 絶難行. (《漢書》〈西南夷列傳〉)

지금은 장사와 예장**으로부터** 가는데, 수로가 많아 가기가 대단히 힘들다.

• 自古於今, 上**以**天子, 下至庶人, 蔑有好利而不亡者, 好義而不彰者也. (《潛夫論》〈遏利〉)

예로부터 지금까지 위로는 천자**로부터** 아래로는 서민에 이르기까지 이익을 좋아하고서 망하지 않은 자가 없으며, 의를 좋아하고서 [이름을]

드러내지 못한 자가 없다.

- 余**以**乾隆三十九年十二月, 自京師乘風雪, 歷齊河·長淸, 穿泰山西北谷, 越長城之限, 至於泰安. (姚鼐, 〈登泰山記〉)
  나는 건륭 39년 12월**에** 경성으로부터 눈보라를 타고 출발하여 제하현(齊河縣)과 장청현(長淸縣)을 지나 태산 서북쪽 산골짜기를 빠져나와 장성의 경계를 넘어 태안부에 도착했다.

⑩ **접속사** 순접을 나타내며, 문장의 뜻에 따라 적절히 해석하거나 해석하지 않아도 된다.

- 晉侯復假道於虞**以**伐虢. (《左傳》 僖公五年)
  진나라 임금은 다시 우나라에서 길을 빌려 괵나라를 공격하려고 했다.
- 焉用亡鄭**以**部隣? (《左傳》 僖公三十年)
  어찌하여 정나라를 멸망시켜 이웃 나라의 토지를 늘려주려 하십니까?
- 孤違蹇叔**以**辱二三子, 孤之罪也. (《左傳》 僖公三十三年)
  내가 건숙의 의견을 어겨 너희 몇 사람이 치욕을 당하게 되었으니 나의 잘못이다.
- 自始合, 而矢貫余手及肘, 余折**以**御. (《左傳》 成公二年)
  싸움이 시작되고 나서 화살이 나의 손과 팔꿈치를 관통했으나 나는 [화살을] 뽑아버리고 수레를 몰았다.
- 狐偃, 其舅也, 而惠**以**有謀. (《國語》 〈晉語四〉)
  호언은 그의 외삼촌인데, 은혜롭고 지모가 있었다.
- 左右以君賤之也, 食**以**草具. (《戰國策》 〈齊策四〉)
  주위 사람들과 맹상군(孟嘗君)은 그를 멸시하여, 그에게 거칠고 나쁜 음식을 먹게 했다.
- 當此時, 諸郡縣苦秦吏者, 皆刑其長吏, 殺之**以**應陳涉. (《史記》 〈陳涉世家〉)
  이때에 여러 군과 현에서는 진나라 관리들의 [폭정을] 괴로워했으므로,

모두 그 군현의 책임자를 징벌하고 그들을 죽이고서 진섭에게 호응했다.

• 齊因乘勝盡破其軍, 虜魏太子申**以**歸. (《史記》〈孫子吳起列傳〉)

제나라는 승리를 틈타 그 군사를 완전히 격파하고 위나라 태자 신을 포로로 잡아 돌아왔다.

• 主明**以**嚴, 將智**以**武. (《史記》〈張儀列傳〉)

임금은 현명하고 엄하며, 장군은 지혜롭고 용감하다.

• 木欣欣**以**向榮, 泉涓涓而始流. (陶淵明, 〈歸去來辭〉)

나무들은 싱싱하여 꽃을 피우려 하고, 샘물은 졸졸졸 비로소 흐른다.

• 古之君子, 其責己也重**以**周, 其待人也輕**以**約. (韓愈, 〈原毁〉)

옛 군자는 자신을 책망함에는 무겁고 철저했으며, 남을 대함에는 가볍고 간략했다.

• 黔無驢, 有好事者船載**以**入. (柳宗元, 〈三戒 黔之驢〉)

검주에는 당나귀가 없었는데, 일 벌이기 좋아하는 사람들이 배에 실어서 들여왔다.

• 故爲之說, **以**俟夫觀人風者得焉. (柳宗元, 〈捕蛇者說〉)

따라서 이 〈포사자설(捕蛇者說)〉을 지어서 민정을 관찰하는 관원들이 보기를 기다린다.

• 先生伏躓就地, 匍匐**以**進. (馬中錫, 《中山狼傳》)

선생은 땅에 엎드려 기어서 앞으로 나아갔다.

• 夫夷**以**近, 則游者衆; 險**以**遠, 則至者少. (王安石, 〈游褒禪山記〉)

평탄하고 가까운 곳은 유람하는 사람이 많으나, 험준하고 먼 곳은 이르는 사람이 적다.

⓫ '無(무)~以(이)~' '無以/亡以(무이)~' '有(유)~以(이)~' '有以(유이)~'의 형식으로, '~이 있어서' '~이 없어서'라고 해석하거나 문맥에 따라 적절히 해석한다.

• 爾貢包茅不入, 王祭不共, **無以**縮酒, 寡人是徵. (《左傳》僖公四年)

너희가 바치는 포모가 들어오지 않아 술을 거를 수 **없어서** 왕의 제사를 받들지 못했으니 과인이 이 [죄를] 묻는다.

• 吾儕小人皆**有**闔廬**以**辟燥濕寒暑. (《左傳》襄公十七年)

우리 소인들은 모두 집이 **있어서** 건조·습기·추위·더위를 피할 수 있다.

• 布衣相與交, **無**富厚**以**相利, **無**威勢**以**相懼. 故求不欺之士. (《韓非子》〈五蠹〉)

보통 백성은 서로 교제를 할 때 부유함으로써 서로 이롭게 하지도 **못하고**, 위세로써 서로 두렵게 하지도 **못한다**. 그래서 속이지 않는 인사를 구하는 것이다.

• 臣乃得**有以**報太子. (《戰國策》〈燕策三〉)

나는 비로소 태자에게 보답할 수 **있는** 것을 찾았다.

• 河曲智叟**亡以**應. (《列子》〈湯問〉)

황하가의 슬기로운 노인은 말**없이** 응했다.

• 吾終當**有以**活汝. (馬中錫, 《中山狼傳》)

나는 결국 너를 구할 수 **있을** 것이다.

⑫ **어조사** '上(상)' '下(하)' '東(동)' '西(서)' '往(왕)' '來(래)' 등 방위를 나타내는 단어와 함께 사용되어 시간·방위·범위를 나타내며, 해석하지 않아도 된다.

• 中人**以上**, 可以語上也, 中人**以下**, 不可語上也. (《論語》〈雍也〉)

보통 **이상**의 사람과는 높은 수준의 것(심오한 학문이나 이론)을 말할 수 있지만, 보통 **이하**의 사람과는 높은 수준의 것을 말할 수 없다.

• 余暨**以南**屬越, 錢塘**以北**屬吳. (《論衡》〈書虛〉)

여기의 **남쪽**은 월나라에 속하고, 전당의 **북쪽**은 오나라에 속한다.

• 受命**以來**, 夙夜憂嘆. (諸葛亮, 〈出師表〉)

명을 받은 **이래로** 이른 아침부터 저녁까지 걱정하고 탄식했다.

【참고】

'用(용)'과 통용된다. 쓰다: • 忠不必用兮, 賢不必**以**. (屈原, 〈九章 涉江〉) 충성스럽다고 해서 반드시 등용되는 것도 아니고, 어질다고 해서 반드시 **쓰이는** 것도 아니다. • 令官爲甲無**以**組. (《呂氏春秋》〈去尤〉) 담당 관리에게 갑옷을 만들 때 땋은 실을 **쓰지** 말도록 했다.

以故(이고)

접속사 앞 문장을 이어 원인을 설명하는 문장을 이끌며, '그래서' '~ 때문에'라고 해석한다. '是故(시고)'와 같은데, '以(이)'는 '是(시)'와 같으며 본래 대사이다.

- 諸郎中執兵皆陳殿下, 非有詔召不得上. 方急時, 不及召下兵, **以故**荊軻乃逐秦王. (《史記》〈刺客列傳〉)
  낭중들이 무기를 가지고 궁전 아래에 늘어서 있으나 왕의 조서가 있기 전에는 궁전 위로 올라갈 수 없었다. 다급한 나머지 아래에 있는 병사들을 부를 겨를도 없었기에, **그래서** 형가가 진나라 왕을 쫓아다닐 수 있었던 것이다.
- 當是之時, 項籍主命, 弗王, **以故**不附楚. (《史記》〈東越列傳〉)
  이 당시는 항적이 명을 주로 내리고 [무저(無諸)와 요(搖)를] 왕으로 삼지 않았으므로 [그들도] **이 때문에** 초나라에 귀의하지 않은 것이다.
- 漢敗楚, 楚**以故**不能過滎陽而西. (《史記》〈項羽本紀〉)
  한나라 군대가 초나라 군대를 무찔렀으므로, 초나라는 **이 때문에** 형양을 지나 서쪽으로 진군하지 못했다.

以及(이급)

❶ **전치사** 범위의 종점을 나타낸다. '~까지'라고 해석한다.

- 孤祖父以至孤身, 皆當親重之任, 可謂見信者矣, **以及**子桓兄弟, 過于三世矣. (《三國志》〈武帝紀注〉)

  나의 할아버지로부터 나 자신에 이르기까지 모두 중요 관직을 맡았으므로 신임을 받았다고 할 수 있고, 자환 형제에 이르기**까지** 삼대를 넘었다.

- 自結繩之代**以及**秦事, 無不纂錄. (韓愈, 〈毛穎傳〉)

  상고시대로부터 진대의 일**까지** 기록하지 않은 것이 없다.

❷ **접속사** 둘 이상의 사물을 연접하여 시간·수량·정도·범위의 확대 혹은 병렬 관계를 나타낸다. '~에 미치다' '~와'라고 해석한다.

- 老吾老, **以及**人之老; 幼吾幼, **以及**人之幼, 天下可運於掌. (《孟子》〈梁惠王上〉)

  자기 집의 어른을 공경하는 [마음을 확대하여] 남의 집 어른을 공경[하는 데] **미치고**, 자기 자식을 귀여워하는 [마음을 확대하여] 남의 자식을 [귀여워하는 데] **미친다면**, 천하는 손바닥 안에서 움직일 수 있을 것입니다.

- 有司其勉順時氣, 勸督農桑, 去其螟蜮**以及**蝥賊. (《後漢書》〈顯宗孝明帝紀〉)

  관리들은 계절과 기후에 순응하여 농업과 양잠을 독려하고 명역(해충)**과** 벌레를 제거하도록 면려했다.

ㅇ

以來/已來(이래)

❶ 어조사 과거의 어떤 시간으로부터 현재까지를 나타낸다. '由(유)' '自(자)' '從(종)'과 함께 쓰이면 시점이 더욱 분명하게 된다. '~이래로'라고 해석한다.

- 周宣王**以來**, 亡國數十, 其臣弑其君而取國者衆矣. (《韓非子》〈說疑〉)
  주선왕 **이래로** 멸망한 제후국은 수십 개인데, 그 가운데 신하가 군주를 죽이고 나라를 차지한 경우가 많다.
- 吾**自**今**以來**知行法矣. 寡人奚聽矣? (《韓非子》〈外儲說左上〉)
  나는 오늘 **이래로** 법을 시행하는 방법을 알게 되었소. 과인이 어찌 청탁을 따르겠소?
- **從**周公**以來**始有合葬, 至今未改. (《禮記注疏》)
  주공 때에 처음 합장이 시작된 **이래** 지금까지 고치지 않았다.
- **自**秦孝公**以來**, 周室卑微, 諸侯相兼. (《史記》〈李斯列傳〉)
  진효공 **이래로** 주나라 왕실이 쇠락하여 제후들이 서로 힘을 합쳤다.
- 伏以今皇帝卽位**已來**, 進用諫臣, 容納言論. (歐陽修, 〈與高司諫書〉)
  생각건대 지금의 황제(송인종宋仁宗)가 즉위한 **이래** 간언하는 신하를 기용하여 언론을 받아들였다.

❷ 어조사 수사 뒤에 쓰여 개략적인 수치를 나타내며, '~쯤'이라고 해석한다.

- 才半載**以來**, 此小猿識人意, 又會人言語. (《大唐奇事》〈虢國夫人〉)
  겨우 반년**쯤** 지나자 이 작은 원숭이는 사람의 뜻을 알았고, 또 사람의 말을 이해했다.
- 其夕, 夢一少年, 可二十**已來**. (《瀟湘錄》〈牟穎〉)
  그날 저녁, 꿈속에서 한 청년을 보았는데, 대략 스무 살**쯤** 되었다.

• 四更**已來**, 命悉收拾. (《博異記》〈許漢陽〉)

사경**쯤**, 전부 수습하도록 명령했다.

以是(이시)

접속사 일의 원인이나 기준을 나타내며, '~ 때문에' '~에 근거하여'라고 해석한다. '是以(시이)'라고도 쓴다.

• 庶人在官者, 其祿**以是**爲差. (《孟子》〈萬章下〉)

일반 평민으로서 관직에 있는 사람은 그 봉록을 이**에 근거하여** 차등을 둔다.

• 此四君者, 皆爲大失, 而天下非之, 以其君爲不明, **以是**籍於諸侯. (《史記》〈蒙恬列傳〉)

이 네 군주는 모두 큰 실수를 저질러서 천하 사람들이 이들을 비난했고, 그 군주들은 현명하지 못한 것이므로 **이 때문에** 제후들에 적을 걸어둔 것입니다.

• 錄畢, 走送之, 不稍逾約, **以是**人多以書假餘. (宋濂, 〈送東陽馬生序〉)

베끼기를 끝마치고 달려가 [책을] 돌려주어 기한을 조금도 넘기지 않았기 **때문에** 대부분의 사람들은 [그에게] 책을 빌려주었다.

以(이)~爲(위)~/以爲(이위)~

동사구로서 '~라고 생각하다' '~라고 여기다' '~을 ~으로 삼다' 등으로 해석한다.

• **以**刑**爲**體, **以**禮**爲**翼, **以**知**爲**時, **以**德**爲**循. (《莊子》〈大宗師〉)

[진인은] 형벌을 몸**으로 삼고**, 예의를 날개**로 삼으며**, 지혜를 때[를 아는 방편**으로**] **삼고**, 덕성을 자연에 따르는 것**으로 삼는다**.

- 周公曰: "嗚呼! **以**人惡**爲**美德乎!" (《荀子》〈堯問〉)

  주공이 말했다. "아아! 남의 악함을 미덕**으로 여기는구나**!"

- 醫之好治不病**以爲**功. (《韓非子》〈喩老〉)

  의사는 잘 치료하여 질병이 없도록 하는 것을 공로**로 여긴다**.

- **以**管仲之智, **爲**能謀天下乎? (《韓非子》〈外儲說左上〉)

  관중의 지혜**로써** 천하를 도모할 수 있다고 **생각하는가**?

- 必**以**長安君**爲**質, 兵乃出. (《戰國策》〈趙策四〉)

  반드시 장안군을 인질**로 삼아야** 군대가 비로소 출동할 것이다.

- 孝惠爲人仁弱. 高祖**以爲**不類我, 常欲廢太子, 立戚姬子如意, 如意類我. (《史記》〈呂太后本紀〉)

  효혜제는 사람됨이 인자하나 유약했다. 고조(유방)는 [태자가] 자기를 닮지 않았다**고 여겨** 항상 태자를 폐위하고 척부인의 아들 여의를 태자로 세우고자 했는데, [이는] 여의가 자기를 닮았다고 생각했기 때문이다.

- 臣竊**以爲**其人勇士. (《史記》〈廉頗藺相如列傳〉)

  저는 그 사람을 용사**라고 생각했습니다**.

- 自**以爲**先王之謀臣. (《史記》〈伍子胥列傳〉)

  스스로 선왕의 모신이**라고 생각했다**.

- 秋七月, **以**夫人卞氏**爲**王后. (《三國志》〈魏書 武帝紀〉)

  가을 7월, 부인 변씨를 왕후**로 삼았다**.

- 夫治定之化, **以**禮**爲**首; 撥亂之政, **以**刑**爲**先. (《三國志》〈魏書 高柔傳〉)

  안정된 시기의 교화는 예의를 으뜸**으로 삼고**, 혼란을 평정하는 정치는 형법을 우선**으로 삼는** 것이오.

- 太祖平袁氏, **以**柔**爲**莒長. (《三國志》〈魏書 高柔傳〉)

  태조(조조)는 원씨를 평정하고 고유를 거현(莒縣)의 장**으로 임명했다**.

• 然得而腊之**以爲**餌……. (柳宗元, 〈捕蛇者說〉)

잡아서 포를 만들어 약**으로 쓰면**…….

腊: 말린 고기 석 | 餌: 약 이

以至(이지)

❶ **전치사** 시간·공간·일의 한도를 나타내고, 흔히 '自(자)~以至(이지)~'의 형태로 쓰이며, '~까지' '~에 이르다' 등으로 해석한다.

• 自穆侯**以至**於今, 亂兵不輟, 民志不厭, 禍取無已. (《國語》〈晉語八〉)

진(晉)나라 목공(穆公)으로부터 지금에 이르기**까지** 전란은 끊이지 않았으며, 백성도 만족하지 않았고 재난도 끊이지 않았다.

• 自耕稼·陶·漁**以至**爲帝, 無非取於人者. (《孟子》〈公孫丑上〉)

[순(舜)은] 농사를 짓고 도자기를 만들며 물고기를 잡던 때로부터 임금이 될 때**까지** 다른 사람에게서 취하지 않음이 없었다.

• 自從先君文王**以至**不穀之身, 亦有不爲爵勸, 不爲祿勉, 以憂社稷者乎? (《戰國策》〈楚策一〉)

선군인 문왕으로부터 나 자신에 이르기**까지** 작위로 권장하지 않고 봉록으로 권면하지 않는데도 사직을 걱정한 자가 있었는가?

• 觀於春秋, 自魯隱公**以至**哀公, 凡十二世. (《呂氏春秋》〈求人〉)

《춘추》를 보면 노나라 은공으로부터 애공에 이르기**까지** 모두 12대다.

• 自淳維**以至**頭曼千有餘歲, 時大時小. (《史記》〈匈奴列傳〉)

순유로부터 두만에 이르기**까지** 1천여 년간, 어떤 때는 강대했고 어떤 때는 약소했다.

• 浙江之潮, 天下之偉觀也, 自旣望**以至**十八日爲最盛. (周密, 《武林舊事》)

절강의 조수는 천하의 웅장한 경관인데, 매월 16일부터 18일**까지**가 가장 성대하다.

- 唐旣亡矣, 陵夷**以至**五代, 而武夫用事, 賢者伏匿消沮而不見. (王安石, 〈上仁宗皇帝言事書〉)

  당나라가 멸망하고 나서 줄곧 쇠퇴하여 오대에 이르기**까지는** 무인들이 권력을 잡았고, 어진 사람들은 숨어 나타나지 않았다.

❷ **접속사** 범위의 확대 혹은 정도의 증가를 나타낸다. '~에 이르러'라고 해석한다.

- 市者以爲令與公大夫有言, 不相信, **以至**無奸. (《韓非子》〈內儲說上〉)

  시장 관리자들은 현령이 공대부에게 어떤 말을 했다고 생각하여 서로 믿지 않았기 때문에 간사한 행동이 없어짐**에 이르렀**다.

- 太宗承之以聰武, 眞宗守之以謙仁, **以至**仁宗·英宗, 無有逸德. (王安石, 〈本朝百年無事札子〉)

  태종은 총명함과 용감함으로써 [조상의 업을] 계승했고, 진종은 겸손과 어짊으로써 [정권을] 지켰으며, 인종과 영종**에 이르기까지** 훌륭한 덕을 잃지 않았다.

以此(이차)

접속사 인과를 나타내며, '이 때문에'라고 해석한다. '此以(차이)'라고도 쓴다.

- 孫臏**以此**名顯天下. (《史記》〈孫子吳起列傳〉)

  손빈은 **이 때문에** 명성이 천하에 드러났다.

- 當是時, 諸公皆多季布能摧剛爲柔, 朱家亦**以此**名聞當世. (《史記》〈季布欒布列傳〉)

그 무렵 여러 공경은 모두 계포가 자신의 강직한 성격을 누르고 유순해진 것을 칭찬했으며, 주가도 **이 때문에** 그 시대에 이름을 날렸다.

• 而其子以智, 余之夙交也. **以此**晨夕過從. (侯方域, 〈與阮光祿書〉)

그의 아들 이지(以智)는 나의 오랜 친구다. **이 때문에** 밤낮으로 서로 왕래한다.

台(이)

대사 '나' '우리'라고 해석한다.

• 非**台**小子敢行稱◆亂. (《尚書》〈湯誓〉)

내가 감히 반란을 일으키려는 것이 아니다.

◆稱(칭): '擧(일으킬 거)'와 같은 의미로서, 제후가 천자를 모반한다는 뜻이다.

稱: 거행할 칭

• 今汝其曰: "夏罪其如**台**?" (《尚書》〈湯誓〉)

지금 너희가 말한다. "하나라 왕의 죄가 **우리**를 어찌하겠는가?"

• 朝夕納誨, 以輔**台**德. (《尚書》〈說命上〉)

아침저녁으로 가르침을 바쳐서 **나**의 덕을 도우라.

• 予恐來世以**台**爲口實. (《尚書》〈仲虺之誥〉)

나는 후세에 **나**를 구실로 삼을까 염려한다.

• 今王其如**台**? (《尚書》〈西伯戡黎〉)

이제 왕께서는 **우리**에게 어찌하겠는가?

【참고】

| '台'를 '이'로 읽으면 | '怡(이)'와 같다. 유쾌하다: • 唐堯遜位, 虞舜不**台**. (《史

ㅇ

記》〈太史公自序〉) 당요가 양위(讓位)했지만 우순은 **기뻐하지** 않았다.

| '台'를 '태'로 읽으면 | 별 이름, 즉 '삼태성(三台星)'을 말한다. 고대에는 '삼태'로써 '삼공'(三公, 고대 최고의 관직)을 비유했기 때문에 '台(태)'는 통상 다른 사람에 대한 경칭이 되었다. • 兄**台**. 귀형. • **台**甫. 당신의 호 또는 자.

伊(이)

❶ **대사** 사람 혹은 사물을 대신하거나 지시하며, '그' '그것' '그들' '이' '이것' '이들'이라고 해석한다.

• 所謂**伊**人, 在水一方. (《詩經》〈秦風 蒹葭◆〉)

말하는 **이** 사람은 물의 저편에 있구나.

◆蒹葭(겸가): 갈대.

• "我之懷矣, 自詒**伊**慼." 其我之謂矣! (《左傳》宣公二年)

"나의 그리움이여, 스스로 **이** 우환을 가져왔구나." 이는 아마도 나를 말하는 것이리!

其: 아마도 기

• **伊**年暮春, 將瘞后土, 禮靈祇◆. (《漢書》〈揚雄列傳〉)

이해 늦은 봄에 토지신에게 제사 지내어 신령님께 경의를 표하려고 한다.

◆祇(지): 경의를 표함.

瘞: 묻을 예 | 祇: 공경할 지

• 一雨三日, **伊**誰之力? (蘇軾, 〈喜雨亭記〉)

한번 내린 비가 사흘 동안 계속되니, **이**는 누구의 힘인가?

❷ **대사** '그' '그녀'라고 해석한다. 위진남북조시대의 문헌에 많이 보인다.

- **伊**必能克蜀. (《世說新語》〈識鑑〉)

  그는 반드시 촉나라를 이길 수 있다.

- 王僧恩輕林公, 藍田曰: "勿學汝兄. 汝兄自不如**伊**." (《世說新語》〈品藻〉)

  왕승은이 임공(지둔支遁)을 경멸하자 왕람전이 말했다. "네 형에게 배우지 마라. 네 형은 본래 **그**만 못했다."

- 大將軍曰: "自殺**伊**家人, 何預卿事!" (《世說新語》〈汰侈〉)

  대장군이 말했다. "[그] 자신이 **그**의 집안사람을 죽였으니, 어찌 당신의 일을 예상했겠는가!"

- 君前世是**伊**父行, 宜可聽從. (《聊齋志異》〈考弊司〉)

  당신은 이전 세대에 **그**의 조부와 같은 항렬이니, 마땅히 따를 수 있다.

- 僕射維舟之夕, 與**伊**留約. (《雲溪友議》〈韋皐〉)

  복야가 배를 멈춘 그날 저녁, **그녀**와 약속했다.

❸ **어조사** 구의 첫머리에 쓰이며, 문장의 뜻에 따라 원활하게 해석하거나 해석하지 않기도 한다.

- "**伊**其相謔", 鄭國所以云亡. (《文心雕龍》〈樂府〉)

  "남녀가 서로 희롱한다."에서 정나라의 몰락을 예언한다.

❹ **어조사** 강조나 긍정을 나타내며, '바로 ~이다'라고 해석한다. 또 확인 어기를 나타낼 경우도 있는데, '곧' '단지' '오직' 등으로 해석하거나 해석하지 않기도 한다.

- 不念昔者, **伊**余來塈◆. (《詩經》〈邶風 谷風〉)

  옛날의 정은 생각하지도 않는구나, **오직** 나만을 사랑했는데.

  ◆塈(기): 본래 '쉰다'는 뜻이나 마서진(馬瑞辰)의 견해를 따라 고자(古字)인 '은(㥯)'이라고 보면, '사랑한다'는 의미로 해석된다.

• 有皇上帝, **伊**誰云憎? (《詩經》〈小雅 正月〉)

위대한 하느님이여, 도대체 누구를 원망해야 합니까?

• 惟祖惟父, 其**伊**恤朕躬? (《尙書》〈文侯之命〉)

조·부의 항렬에 있는 [제후들이] 나를 구휼하겠는가?

恤: 불쌍히 여길 휼

• **伊**欲風流而令行, 刑輕而姦改. (《漢書》〈董仲舒列傳〉)

단지 교화가 널리 퍼지고 명령을 시행하며, 형벌이 가벼워지고 간사함이 고쳐지게 하고자 했다.

• 苟遂斯道, 豈**伊**傷政爲亂而已! 喪身亡國, 可不愼哉! (《後漢書》〈杜喬列傳〉)

만약 이러한 방법을 실행한다면 어찌 정사를 그르쳐 혼란을 만들 뿐이겠습니까! 자신을 망치고 나라를 망하게 할 것이니 삼가지 않을 수 있겠습니까!

• **伊**君臨終, 不忘忠敬. (潘岳, 〈揚荊州誄〉)

당신은 임종할 때도 충성과 공경을 잊지 않았다.

• 八表同昏, 平路**伊**阻. (陶淵明, 〈停雲〉)

팔방이 온통 어두컴컴하고, 평탄한 길 또한 막히네.

• 時國家草創, 百度**伊**始. (《隋書》〈辛彦之傳〉)

그때 국가가 창건되어 각종 제도가 막 시행되었다.

• 我思古人, **伊**鄭之僑. (韓愈, 〈子產不毁鄕校頌〉)

내가 그리워하는 옛사람은 **바로** 정나라의 자산**이다**.

• 雲雷方屯, 龍戰◆**伊**始. (殷侔, 〈竇建德碑〉)

구름과 우레가 막 응집하자, 군웅이 할거하여 싸우기 시작했다.

◆龍戰(용전): 군웅이 할거하여 싸움.

匪(비)~伊(이)~

양자택일을 나타내며, '~이 아니면 바로 ~이다'라고 해석한다.

- 殄滅之期, **匪**朝**伊**夕. (祖君彦, 〈爲李密檄洛州文〉)

  모조리 없앨 시기는 아침**이 아니면** 저녁**이다**.

- 縱欲不戒, **匪**愚**伊**耄. (柳宗元, 〈敵戒〉)

  제멋대로 하며 경계하지 않는 것은, 어리석은 것**이 아니면** 정신이 혼몽한 것**이다**.

夷(이)

어조사 문장의 첫머리나 중간에 쓰이며, 해석하지 않는다.

- 紂有億兆**夷**人, 亦有離德. (《左傳》 昭公二十四年)

  주왕은 억조의 백성을 거느리고 있었으나 또한 덕과는 멀었다.

- **夷**考其行, 而不掩焉者也. (《孟子》〈盡心下〉)

  그들의 행동을 살펴보면 오히려 행실이 말을 덮지 못한다.

而(이)

❶ **접속사** 순접이나 병렬을 나타내며, '곧' '다시' '아울러' '~에' '~하고' '~하며' 등으로 해석하거나 앞뒤 문맥에 따라 적절하게 해석한다.

- 美**而**艷. (《左傳》 桓公元年)

아름답**고** 요염하다.

• 秦師輕**而**無禮. (《左傳》 僖公三十三年)

진나라 군대는 경솔**하고** 예의도 없다.

• 滅滑◆**而**還. (《左傳》 僖公三十三年)

[진나라의 군대가] 활을 멸**하고** 돌아갔다.

◆滑(활): 지명.

• 余姑翦滅此**而**朝食! (《左傳》 成公二年)

나는 우선 이들(진나라 군대)을 섬멸**하고 나서** 아침을 먹겠다!

• 入竟**而**問禁, 入國**而**問俗, 入門**而**問諱. (《禮記》 〈曲禮上〉)

[다른 나라] 국경에 들어가**면** 금령을 묻고, [다른 나라] 도성에 들어가**면** 풍속을 물으며, [다른 사람의] 가문에 들어가**면** 꺼리는 것을 물어라.

• 敏於事**而**愼於言. (《論語》 〈學而〉)

일 처리는 신속**하고** 말하는 데는 신중하다.

• 任重**而**道遠. (《論語》 〈泰伯〉)

임무는 무겁**고** 길은 멀기 때문이다.

• 子路率爾◆**而**對曰. (《論語》 〈先進〉)

자로가 경솔**하게** 나서서 대답했다.

◆率爾(솔이): 경솔한 모양.

• 察言**而**觀色. (《論語》 〈顏淵〉)

[다른 사람의] 말을 살피**고** [다른 사람의] 안색을 관찰한다.

• 蟹八跪**而**二螯. (《荀子》 〈勸學〉)

게는 발이 여덟 개**인데** 큰 발이 두 개다.

蟹: 게 해

• 左右皆惡之, 以爲貪**而**不知足. (《戰國策》 〈齊策四〉)

[맹상군의] 좌우에 있는 사람들은 모두 그를 미워하여, 탐욕스럽**고** 만족할 줄 모른다고 여겼다.

- 長驅到齊, 晨**而**求見. (《戰國策》〈齊策四〉)
  [풍훤이] 말을 오래 달려 제나라에 도착하여 새벽**에** [맹상군을] 뵙기를 청했다.
- 妻側目**而**視, 傾耳**而**聽. (《戰國策》〈秦策一〉)
  아내는 곁눈질**하여** 보고, 귀 기울**여** 들었다.
- 河曲知叟笑**而**止之. (《列子》〈湯問〉)
  황하 강가의 지혜로운 노인이 웃으**면서** 그를 막았다.
- 漢敗楚, 楚以故不能過滎陽**而**西. (《史記》〈項羽本紀〉)
  한나라가 초나라를 격파하자, 초나라는 이 때문에 형양을 넘**어** 서쪽으로 갈 수 없었다.
- 後五月**而**秦孝公卒. (《史記》〈商君列傳〉)
  다섯 달 뒤**에** 진나라 효공이 죽었다.
- 夫學者不患才不及, **而**患志不立. (《晉書》〈虞溥傳〉)
  학문하는 사람은 재간이 미치지 못함을 근심하지 않**고**, 뜻이 확립되지 않음을 근심한다.
- 黑質**而**白章. (柳宗元, 〈捕蛇者說〉)
  [이 뱀은] 검은 바탕**에** 흰 무늬가 있다.
- 吾恂恂◆**而**起, 視其缶, **而**吾蛇尙存, 則弛然**而**臥. (柳宗元, 〈捕蛇者說〉)
  나는 두려워**하며** 일어나 그 단지 안을 보**고**, 나의 뱀이 아직 있으면 마음 놓**고** 누웠다.

  ◆恂恂(순순): 두려워하는 모양.

❷ **접속사** 조건이나 인과를 나타내며, '곧' '이로 인하여' 등으로 해석하거나 앞뒤의 문맥에 따라 적절하게 해석한다.

- 是故質的◆張**而**弓矢至焉, 林木茂**而**斧斤至焉, 樹成蔭**而**衆鳥息焉, 醯酸**而**蜹聚焉. (《荀子》〈勸學〉)

이 때문에 과녁은 넓**어야** 화살이 이르고, 숲은 무성**해야** 도끼가 이르며, 나무는 그늘을 이루**어야** 뭇새가 쉬고, 초는 시**어야** 모기가 모인다.

◆質的(질적): 과녁.

質: 과녁 질 | 醯: 초 혜 | 蜹: 모기 예

• 昔者, 瓠巴鼓瑟**而**沈魚出聽, 伯牙鼓琴**而**六馬◆仰秣. (《荀子》〈勸學〉)

예전에 호파가 비파를 **타면** 물속의 물고기가 수면으로 나와 귀 기울여 들었고, 백아가 거문고를 **타면** 풀 뜯던 말이 머리를 들고 감상했다.

◆六馬(육마): 천자의 수레를 끄는 여섯 마리의 말로서 육룡(六龍)이라고도 함.

• 楚不用吳起◆**而**削亂, 秦行商君法**而**富强. (《韓非子》〈問田〉)

초나라는 오기를 등용하지 않**아** 더욱 혼란스러워졌으나, 진나라는 상앙의 법을 시행**하여** 부강해졌다.

◆吳起(오기): 전국시대 위(魏)나라 장수.

• 夫種麥**而**得麥, 種稷**而**得稷, 人不怪也. (《呂氏春秋》〈用民〉)

보리를 심으면 **곧** 보리를 얻고, 기장을 심으면 **곧** 기장을 얻는 것을 사람들은 기이하게 생각하지 않는다.

• 勿以惡小**而**爲之, 勿以善小**而**不爲. (《三國志》〈蜀書 先主傳〉)

악한 일은 작다고 **해도** 하지 말며, 착한 일은 작다고 **해도** 그만두지 마라.

• 龍火, 得水**而**熾; 人火, 得水**而**滅. (李睟光,《芝峯類說》)

용의 불은 물을 얻**으면** [기세 좋게] 타오르고, 사람의 불은 물을 얻**으면** 꺼진다.

• 今韓亡**而**華之東北失, 東北失**而**韓之光復益難, 實其證明矣. (金九,《屠倭實記》)

지금 대한민국이 망**하면** 중국의 동북쪽을 잃게 되고, 동북쪽을 잃**으면** 대한민국의 광복이 더욱 어렵다는 것이 진실로 증명되었다.

❸ **접속사** 역접이나 전환을 나타내며, '다만' '오히려' '~이면서도' 등으

로 해석한다.

- 相鼠◆有皮, 人**而**無儀. 人**而**無儀, 不死何爲? (《詩經》〈鄘風 相鼠〉)
  쥐에게는 가죽이 있는데 사람**이면서도** 예의가 없다. 사람**이면서도** 예의가 없으면 죽지 않고 무엇 하겠는가?
  ◆相鼠(상서): 상대방의 무례함을 쥐에 비유하여 비난하는 말.
- 美**而**無子. (《左傳》 隱公三年)
  [장강(莊姜)은] 아름답**지만** 아들이 없다.
- 人不知**而**不慍. (《論語》〈學而〉)
  남이 [나를] 알아주지 않**아도** 원망하지 않는다.
- 人**而**無信, 不知其可也. (《論語》〈爲政〉)
  사람**이면서** 믿음이 없다면, 그것이 가능한지 모르겠구나.
- 子溫**而**厲, 威**而**不猛, 恭**而**安. (《論語》〈述而〉)
  공자께서는 온화하**면서도** 엄숙하셨고, 위엄이 있으**면서도** 사납지 않으셨으며, 공손하**면서도** 편안하셨다.
- 能見百步之外, **而**不能自見其睫. (《韓非子》〈喩老〉)
  백 보 밖은 볼 수 있으나 **오히려** 스스로 자기의 눈썹은 볼 수 없다.
- 十人**而**從一人者, 寧力不勝, 智不若耶? 畏之也. (《戰國策》〈趙策三〉)
  열 사람이 **오히려** 한 사람에게 복종하는 것은 어찌 힘이 그를 능가하지 못하고 지혜가 그만 같지 못해서이겠는가? 그를 두려워하기 때문이다.
- 舟已行矣, **而**劍不行. (《呂氏春秋》〈察今〉)
  배는 이미 갔**으나**, 칼은 가지 않았다.
- 甘蠅, 古之善射者, 彀弓而獸伏鳥下. 弟子名飛衛, 學射於甘蠅, **而**巧過其師. (《列子》〈湯問〉)
  감승은 고대의 활쏘기 명수로서 활시위를 당기면 짐승이 엎어지고 새가 떨어졌다. 제자인 비위는 감승에게서 활쏘기를 배웠**는데** 기교가 그 스승을 뛰어넘었다.

• 趙予璧**而**秦不予趙城……. (《史記》〈廉頗藺相如列傳〉)

조나라가 화씨벽을 [진나라에] 주었**는데도** 진나라가 조나라에게 성을 주지 않는다면…….

• 玉無翼**而**飛, 珠無脛**而**行. (《新論》〈薦賢〉)

옥은 날개가 없**지만** 날고, 구슬은 다리가 없**지만** 간다.

• 今兵以義動, 持疑**而**不進, 失天下之望, 竊爲諸君恥之. (《三國志》〈魏書 武帝紀〉)

지금 군대가 정의의 이름으로 움직였는데, 의심을 품었**는데도** 진군하지 않는다면 천하 사람들의 기대를 저버리게 될 것이니, 나는 여러분을 위해 이것을 부끄러워하노라.

• 吾知紹之爲人, 志大**而**智小, 色厲**而**膽薄. (《三國志》〈魏書 武帝紀〉)

나는 원소의 사람됨을 아는데, 뜻은 원대**하나** 지혜가 적고 얼굴색은 엄중**하나** 용기가 부족하다.

• 匹夫**而**爲百世師, 一言而爲天下法. (蘇軾, 〈潮州韓文公廟碑〉)

보통 사람**이지만** 백대의 스승이 되었고, 한마디 말로써 천하의 경전이 되었다.

• 後狼止, **而**前狼又至. (《聊齋志異》〈狼〉)

뒤쪽의 이리는 멈추었**으나** 앞쪽의 이리는 다시 쫓아갔다.

• 西人長火器**而**短技擊. (《清稗類鈔》〈馮婉貞〉)

서양 사람은 총포에는 능숙**하나** 무술에는 서툴다.

❹ **접속사** 가설을 나타내며, '만일'이라고 해석하거나 해석하지 않는다.

• 子產**而**死, 誰其嗣之? (《左傳》 襄公三十年)

만일 자산이 죽는다면 누가 그를 잇는가?

• 君**而**知禮, 孰不知禮? (《論語》〈八佾〉)

만일 이런 임금이 예를 안다면 누가 예를 모르겠습니까?

• 諸君無意則已, 諸君**而**有意, 瞻予馬首可也. (《淸稗類鈔》〈馮婉貞〉)

여러분에게 [고향을 지키려는] 뜻이 없다면 그만이지만, **만일** 여러분에게 뜻이 있다면 내 말의 머리를 보면 됩니다.

❺ **대사** '汝(여)' '爾(이)'와 통하며, '너'라고 해석한다.

• 余知**而**無罪也. (《左傳》 昭公二十年)

나는 **네**가 무죄임을 안다.

• 且**而**與其從辟人之士也, 豈若從辟世之士哉? (《論語》〈微子〉◆)

그대 또한, 사람을 피해 다니는 선비를 따르는 것이 어찌 세상을 피해 다니는 선비를 따르는 것만 같겠소?

◆〈微子(미자)〉: 여기서는 《논어》의 편명이지만 본래는 인명으로 은나라 주왕의 이복형인데, 미(微) 땅의 자작(子爵)으로 봉해졌으므로 미자로 불린다. 그는 기자(箕子), 비간(比干)과 함께 주(紂)의 음란함에 대해 자주 간언했으나 주왕이 듣지 않고 비간을 죽여서 주를 떠났다고 전해진다.

• 不亦善乎, **而**問之也. (《莊子》〈齊物論〉)

또한 훌륭하지 않느냐, **네**가 그것을 묻다니.

• **而**獨不聞之翏翏乎? (《莊子》〈齊物論〉)

너만 유독 저 윙윙 울리는 소리를 듣지 못했는가?

• **而**果其賢乎, 丘也請從**而**後也. (《莊子》〈大宗師〉)

너는 과연 현명하구나, 나(공자)도 **네** 뒤를 따르기를 청한다.

• **而**乃今知之乎? (《莊子》〈應帝王〉)

너는 이제야 그것을 알았느냐?

• **而**母, 婢也! (《戰國策》〈趙策三〉)

너의 어머니는 노비다!

• 汝天下之國士也, 幸汝以成**而**名. (《呂氏春秋》〈忠廉〉)

그대는 천하의 뛰어난 선비이니, 그대를 살려서 **그대**의 명성을 이루게 하겠다.

幸: 살릴 행

- 宣孟曰: "**而**名爲誰?" (《呂氏春秋》〈報更〉)

  조선맹(趙宣孟)이 말했다. "**그대**의 이름은 무엇인가?"

- 必欲烹**而**翁, 則幸分我一杯羹. (《史記》〈項羽本紀〉)

  굳이 **너**의 아버지를 삶으려 한다면, 나에게 한 그릇의 고깃국을 나누어 주기 바란다.

- 呂后眞**而**主矣. (《史記》〈留侯世家〉)

  여후는 진실로 **너**의 임금이다.

❻ **어조사** '上(상)' '下(하)' '往(왕)' '來(래)' 등과 함께 쓰여 시간·방위·수량 등의 한계를 나타내며, '~로부터' '~으로'라고 해석한다.

- 由孔子**而來**, 至於今百有餘歲. (《孟子》〈盡心下〉)

  공자 **이래로** 지금까지 백여 년이다.

- 不如更遣長者扶義**而**西, 告諭秦父兄. (《史記》〈高祖本紀〉)

  인의를 행할 수 있는 장자를 파견하여 서쪽**으로** 보내어 진나라의 부모형제를 설득함만 못하다.

- 郡守**而下**, 少時皆至, 士民觀者如墻. (《夢溪筆談》〈神奇〉)

  군수 **이하의** 관리는 잠깐 사이에 모두 왔고, 선비와 서민의 구경꾼이 담처럼 에워쌌다.

❼ **어조사** 감탄을 나타내며 문장 끝에 쓰인다. '아' '~하구나' 등으로 해석한다.

- 唐棣*之華, 偏其反**而**! 豈不爾思, 室是遠**而**! (《論語》〈子罕〉)

  산앵두나무 꽃이 팔랑이다가 뒤집히고 있**네**! 어찌 그대를 그리워하지 않으리, 그대의 집이 멀 뿐이**네**!

◆唐棣(당체): 산앵두나무.

偏: 무리 편

- 已**而**已**而**. 今之從政者殆**而**. (《論語》〈微子〉)

  그만두시**게**, 그만두시**게**. 지금 정치를 따르는 자들은 위태롭다**네**.

- 於斯之時, 海內同悅曰: "吁! 漢帝之德, 侯其褘**而**!" (《文選》〈東京賦〉)

  이때 천하는 모두 기뻐하며 말했다. "아! 한나라 제왕의 덕은 얼마나 아름다**운가**!"

❽ 어조사 시간을 나타내는 부사와 결합하여 '繼而(계이)'[즉, 이어서], '久而(구이)'[오랫동안], '旣而(기이)'[오래지 않아], '始而(시이)'[비로소], '尋而(심이)' '俄而(아이)' '已而(이이)'[이윽고] 등의 형태로 쓰인다.

- **俄而**掘其谷而得其鈇. (《列子》〈說符〉)

  오래지 않아 그 계곡을 파서 도끼를 찾았다.

  扣: 구덩이 팔 골

- 有老父來弔, 哭甚哀, **旣而**曰: "嗟虖◆!" (《漢書》〈兩龔列傳〉)

  어떤 노인이 조문하러 와서 매우 슬프게 울더니, **잠시 후에** 말했다. "슬프구나!"

  ◆虖(호): 감탄을 나타내는 말로 '呼(호)'와 같다.

  虖: 아 호

- 時高宗欲廢王皇后, 瑗涕泣諫, …… 帝不納, …… **尋而**尙書左僕射褚遂良以忤旨左授潭州都督. (《舊唐書》〈韓瑗傳〉)

  그때 고종이 왕황후를 폐하려 하자 한원이 울면서 간언했으나 …… 황제는 받아들이지 않았고, …… **오래지 않아** 상서좌복야 저수량은 황제의 뜻을 거역했기 때문에 강등되어 담주 도독이 되었다.

- **已而**夕陽在山, 人影散亂, 太守歸而賓客從也. (歐陽修, 〈醉翁亭◆記〉)

  이윽고 저녁 해가 산에 있자 사람의 그림자는 어지럽게 흩어지니, [이것은] 태수가 돌아가자 빈객들이 따르는 정경이다.

◆醉翁亭(취옹정): 안휘성 저주(滁州)의 서남쪽에 있는 정자로서 송대 구양수(歐陽修)가 저주지사(滁州知事)가 되었을 때 연회를 열어 기문(記文)을 지은 곳으로 유명하다.

• 至舍, 四肢僵勁不能動, 媵人持湯沃灌, 以衾擁覆, **久而**乃和. (宋濂◆, 〈送東陽馬生序〉)

집에 이르니 사지가 굳어져서 움직일 수 없었는데, 잉첩이 따뜻한 물을 가져와서 씻어주고 이불을 덮어주니 **한참 뒤에** 따뜻해졌다.

◆宋濂(송렴): 명나라 금화(金華) 포강(浦江) 사람으로 자는 경렴(景濂)이다.

媵: 따라 보낼 잉, 잉첩 잉

【참고】

① 능력, ~할 수 있다: • 德合一君, **而**徵一國. (《莊子》〈逍遙遊〉) 덕은 한 임금의 [신임을 얻기에] 알맞고, **능력**은 한 나라를 빛낼 [정도이다]. • 不逢湯武◆與桓穆◆兮, 世孰云**而**◆知之? (屈原, 〈九章 惜往日◆〉) 탕무와 환목(桓穆)을 만나지 못했다면 세상 사람 중에서 누가 그것을 알 **수 있겠는가**? ◆湯武(탕무): 은나라 탕왕과 주나라 무왕으로서 모두 임금을 방벌(放伐)하고 나라를 얻었다. ◆桓穆(환목): 제나라 환공(桓公)과 진(晉)나라 목공(穆公)으로서 춘추시대 제후의 우두머리가 되었던 인물들. ◆云而(운이): 현대 초사 학자들 중에는 '云而(운이)'를 조사로 보아 '云(운)'은 뜻을 강하게 하는 조사로, '而(이)'는 절주(節奏)를 나타내는 접속조사로 보기도 함. ◆〈惜往日(석왕일)〉: 굴원이 지난 일을 애석하게 여기고, 지금의 유리된 처지를 슬퍼하며, 한 번 더 임금의 각성을 촉구하면서 죽음을 결심하고 쓴 글.

② 닮다, ~와 같다: • 白頭**而**新, 傾蓋◆**而**故◆. (《新序》〈雜事〉) 흰머리가 되도록 만나도 새로 사귄 친구 **같고**, 잠깐 만나 이야기했는데도 옛 친구 **같다**. ◆傾蓋(경개): 길을 가다가 서로 우연히 만나 수레 덮개를 기울이고 이야기한다는 뜻으로 서로 잠깐 이야기하는 것. ◆而故(이고): 서로 마음이 맞아 옛날부터 사귄 친구 사이 같다.

而乃(이내)

접속사 순접을 나타내며, '然後(연후)'와 같다. '~한 다음에' 등으로 해석한다.

- 乃往見子楚, 說曰: "吾能大子之門." 子楚笑曰: "且自大君之門, **而乃**大吾門." (《史記》〈呂不韋列傳〉)
  곧 자초를 찾아가서 말했다. "나는 당신 가문을 크게 만들어줄 수 있습니다." 자초가 웃으면서 말했다. "먼저 당신 가문을 크게 만들고 나서 **그 다음에** 내 가문을 크게 만들어주시오."
- 豈有天道先至, **而乃**敢斬之哉? 勇氣奮發, 性自然也. (《論衡》〈初稟〉)
  어찌 천도가 먼저 이르고 나서 **그런 다음에** 감히 뱀을 빼앗겠는가? 용기 있게 발분한 것은 성품상 자연스러운 것이다.

而如(이여)

접속사 화제를 전환하며, '~데에 이르러'라고 해석한다. '乃若(내약)'과 같다.

- 夫人二致同源, 總率百行, 非復銖兩◆輕重, 必定前後之數也. **而如**欲分其大較, 體而名之, 則孝在事親, 仁施品物◆. (《後漢書》〈延篤列傳〉)
  사람의 [효(孝)·인(仁)] 두 가지는 하나의 근원에 이르러 모든 행동을 통솔하므로, 다시 [둘의] 경중을 따지고 반드시 앞뒤 순서를 확정해야 하는 것은 아니다. [그러나] 그것들의 큰 차이를 구분하여 구체적으로 개괄하는 **데에 이르면**, 효는 부모를 섬기는 데 있고 인은 만물에 베푸는 것이다.

◆ 銖兩(수량): 무게가 얼마 안 나가는 저울눈, 즉 근소한 차이를 뜻함.

◆ 品物(품물): 만물.

而亦(이역)

접속사 후자가 앞의 내용을 이어받아 화제의 진전이나 전환을 나타내며, '또한'이라고 해석한다.

- 夫子焉不學, **而亦**何常師之有? (《論語》〈子張〉)

  선생님께서 어찌 배우지 않았겠습니까? **또한** 어찌 일정한 스승이 있어야 했겠습니까?

而又(이우)

접속사 내용의 진전이나 전환을 나타내며, '~뿐만 아니리' '오히려'라고 해석한다.

- 民無內憂, **而又**無外懼, 國焉用城? (《左傳》昭公二十三年)

  백성은 나라 안의 걱정이 없을 **뿐만 아니라** 나라 밖의 [적이 침범할] 두려움도 없는데, 수도에 성을 [쌓아서] 무엇에 쓰겠는가?

- 臣不佞, 不能奉承先王之教, 以順左右之心, 恐抵斧質◆之罪, 以傷先王之明, **而又**害於足下◆之義, 故遁逃奔趙. (《戰國策》〈燕策二〉)

  저는 재능이 없어서 선왕의 가르침을 받들어 측근들의 마음에 들지 못했으므로, 사형당할 죄에 걸려 선왕의 명민함을 손상시킬 **뿐만 아니라** 또 당신의 대의를 손상할까 두려웠기 때문에 조나라로 도망쳐 숨은 것입니다.

  ◆斧質(부질): 죄인을 죽이는 데 쓰는 도끼와 쇠모탕. 즉 사형, 주륙을 가리킴.

  ◆足下(족하): 대등한 사람에 대한 경칭인데, 전국시대에는 제후에게도 썼음.

- 緝而誅之所以正邦典, **而又**何旌焉? (柳宗元, 〈駁復仇議〉)

  체포하여 죽이는 것은 국법을 바르게 하기 위함인데, **오히려** 어찌 표창하려 하는가?

而已(이이)

어조사 의미를 제한하며, '~할 뿐이다'라고 해석한다.

- 在我**而已**, 大國何爲? (《左傳》 桓公六年)
  [일은] 나에게 달렸**을 뿐인데**, 대국에 [의지하여] 무엇 하겠는가?
- 言擧斯心加諸彼**而已**. (《孟子》 〈梁惠王上〉)
  이러한 마음을 들어 [옮겨서] 저기에 더**할 뿐임을** 말한 것이다.
- 務引其君以當道, 志於仁**而已**. (《孟子》 〈告子下〉)
  그 임금을 이끌어 도에 맞게 하고, 인에 뜻을 두게 하도록 힘**쓸 뿐이다**.
- 爲棺槨足以朽骨, 衣衾足以朽肉**而已**. (《三國志》 〈魏書 文帝紀〉)
  관곽(내관과 외관)을 만들었어도 뼈는 썩기 마련이며, 의복과 피륙이 있어도 살은 썩기 마련**일 뿐이다**.
- 以爲今之制度, 不爲疏闊, 惟在守一勿失**而已**. (《三國志》 〈魏書 崔林傳〉)
  오늘날의 제도가 어설프게 되지 않는 [길은] 오직 이 한 가지 [법을] 지켜서 잃지 않는 데 달렸**을 뿐이라고** 생각한다.
- 今荊·揚·青·徐·幽·幷·雍·凉緣邊諸州皆有兵矣, 其所恃內充府庫外制四夷者, 惟兗·豫·司·冀**而已**. (《三國志》 〈魏書 杜恕傳〉)
  지금 형주(荊州)·양주(揚州)·청주(青州)·서주(徐州)·유주(幽州)·병주(幷州)·옹주(雍州)·양주(凉州) 등 국경과 인접한 각 주는 모두 군대를 가지고 있지만, 안으로 국고를 충실하게 하고 밖으로 사방 오랑캐들을 제어할 만한 곳은 오직 연주(兗州)·예주(豫州)·사주(司州)·기주(冀州) **뿐이다**.
- 卿策之是也. 當念爲吾滅二賊, 不可但知其情**而已**. (《三國志》 〈魏書 劉曄傳〉)
  그대의 계책이 옳았소. 마땅히 내가 두 적(오나라와 촉나라)을 멸망시킬 것을 염두에 두었다면, 단지 그들의 사정을 아는 것만으로는 가능하지 않을 **뿐이오**.

• 聘不能全州, 當待罪**而已**. (《三國志》〈魏書 文聘傳〉)

저 문빙은 형주를 지키지 못했으므로, 마땅히 처벌을 기다**릴 뿐입니다**.

• 陛下孝思中發, 誠無已已. 然君擧必書, 所以愼於禮制也. 以爲追尊之義, 宜齊高皇**而已**. (《三國志》〈魏書 劉曄傳〉)

폐하께서 마음속으로부터 효도할 생각을 하는 것은 진실로 부득이한 것입니다. 그러나 군왕의 거동은 반드시 기록하므로, [이것이] 예법과 제도에 대해서 신중해야 하는 까닭입니다. 신이 생각하기에는 선조를 추존하는 예의는 고황제와 일치시켜야 **할 뿐입니다**.

• 大將軍以爲古之用兵, 全國爲上, 戮其元惡**而已**. (《三國志》〈魏書 諸葛誕傳〉)

대장군(사마선왕)은 고대의 용병술에서는 국가를 보존하는 것을 최상으로 여겼으니 그 원흉을 죽**일 뿐이라고** 생각했다.

• 仲尼所撰, 序錄**而已**. (《文心雕龍》〈正緯〉)

중니(공자)가 지은 것은 순서대로 기록**할 뿐이다**.

• 士之特立獨行◆, 適於義**而已**. (韓愈, 〈伯夷頌〉)

선비는 주관을 갖고 신념대로 행동하며 의에 맞게 **할 뿐이다**.

◆特立獨行(특립독행): 독자적인 신념이 있어 세속에 휩쓸리지 않고 행동함.

• 我知種樹**而已**, 官理非吾業也. (柳宗元, 〈種樹郭橐駝傳〉)

나는 나무 심는 것을 **알 뿐이지** 관리하는 것은 나의 일이 아니다.

• 學者學此**而已**. (朱熹, 〈白鹿洞書院學規〉)

배우는 사람들은 이것을 배**울 뿐이다**.

• 隨事各得其當**而已**. (李珥, 《擊蒙要訣》)

일에 따라 각각 그 마땅함을 얻**을 뿐이다**.

• 天下之所可畏者, 唯民**而已**. (《惺所覆瓿藁》〈豪民論〉)

천하에 두려울 만한 것은 오직 백성**뿐이다**.

而已也(이이야)

어조사 '而已(이이)'는 의미를 한정하며, '~할 뿐이다'라고 해석한다.

- 故仁人之用國, 非特將持其有**而已也**, 又將兼人. (《荀子》〈富國〉)

  그러므로 어진 사람이 나라를 다스릴 때는 단지 그 자신이 소유하는 것에 그칠 **뿐만** 아니라, 또한 장차 사람을 아울러야 한다.

- 春秋采善貶惡, 推三代之德, 褒周室, 非獨刺譏**而已也**. (《史記》〈太史公自序〉)

  춘추는 선을 취하고 악을 물리치며 삼대의 덕을 높이고 주나라 왕실을 찬양하고 있으니, 다만 풍자하고 비방하는 것**일 뿐이** 아니다.

- 而布衣之徒, 設取予然諾, 千里誦義, 爲死不顧世, 此亦有所長, 非苟**而已也**. (《史記》〈游俠列傳〉)

  또 벼슬이 없는 무리로서 은혜를 입으면 [반드시] 갚고 승낙한 일은 반드시 실천하며, 천 리 먼 곳까지 가서도 의리를 외치며 실천하고, [의(義)를 위해] 죽는다면 세상 사람의 평을 돌아보지 않으니, 이 또한 그들(유협 무리)의 뛰어난 점으로서 구차스럽게 그런 생활을 하는 것**일 뿐은** 아니다.

而已矣(이이의)

어조사 '而已(이이)'는 의미를 한정하며, '~할 뿐이다'라고 해석한다. '而已也(이이야)' '而已耳(이이이)'와 유사하다.

- 夫子之道, 忠恕**而已矣**! (《論語》〈里仁〉)

  선생님의 도는 충(忠, 성심성의를 다하는 마음)과 서(恕, 남을 배려하는 마음)**일 뿐이구나**!

• 其餘則日月至焉**而已矣**. (《論語》〈雍也〉)

그 나머지 사람들은 [인을 지키는 것이] 하루나 한 달**일 뿐이다**.

• 夫何爲哉? 恭己正南**而已矣**. (《論語》〈衛靈公〉)

무엇을 했는가? 몸을 공손히 하고 바르게 임금의 자리를 지키고 있었**을 뿐이다**.

• 王何必曰利? 亦有仁義**而已矣**. (《孟子》〈梁惠王上〉)

왕께서는 어찌하여 반드시 이익을 말씀하십니까? 다만 인의가 있**을 뿐입니다**.

• 子誠齊人也! 知管仲·晏子**而已矣**. (《孟子》〈公孫丑上〉)

그대는 진실로 제나라 사람이구나! 단지 관중과 안자를 **알 뿐이구나**.

• 孔子嘗爲委吏矣, 曰: "會計當**而已矣**." (《孟子》〈萬章下〉)

공자가 일찍이 창고를 관리하는 벼슬아치가 되었을 때 말했다. "회계를 똑바르게 **할 뿐이다**."

• 其爲宮室臺榭也, 足以辟◆燥◆溼◆**而已矣**. (《呂氏春秋》〈重已〉)

그들이 묘당·침실·누대·정자 등을 만들 때에는 햇빛과 이슬을 가리기에 충분하도록 **할 뿐이었다**.

◆辟(피): '避(피할 피)'와 같다.

◆燥(조): 햇빛.

◆溼(습): 비와 이슬.

榭: 정자 사

• 無迷其途, 無絶其源, 終吾身**而已矣**. (韓愈, 〈答李翊書〉)

그 길을 잃지 않고, 그 원천과 끊지 않으며, 나의 몸을 마**칠 뿐이다**.

• 夫旣曰: "虛靈◆知覺一**而已矣**." (金萬重, 《西浦漫筆》)

얼마 후에 말했다. "[마음이] 공허하여 형체가 없는 것과 지각은 매한가지**일 뿐이다**."

◆虛靈(허령): 공허하여 형체가 없는 것.

• 氣之本, 一**而已矣**. (任聖周, 〈鹿廬雜識〉)

기의 근본은 하나**일 뿐이다**.

而已耳(이이이)

어조사 '而已(이이)'는 의미를 한정하며, '~할 뿐이다'라고 해석한다. '而已也(이이야)'와 같다.

• 焉知其所始? 正而待之**而已耳**. (《莊子》〈山木〉)

어찌 그 시작하는 바를 알 것인가? 바른길로 그것을 기다릴 **뿐이다**.

• 偸合苟容以持祿養交**而已耳**, 謂之國賊. (《荀子》〈臣道篇〉)

몰래 영합하고 구차하게 용납하며 봉록을 유지하고 교유하는 데 힘을 기울**일 뿐이니**, 이것을 일컬어 나라의 역적이라고 한다.

ㅇ

而已哉(이이재)

어조사 제한과 반문을 나타내며, 중점은 '哉(재)'에 있다. '~겠는가'라고 해석한다.

• 豈獨治天下百姓**而已哉**! (《莊子》〈在宥〉)

어찌 천하의 백성을 다스리는 것에 그치**겠는가**!

• 此豈有意阿世俗苟合**而已哉**? (《史記》〈孟子荀卿列傳〉)

이런 일들이 어찌 세속에 영합하여 구차스럽게 상대방의 비위를 맞추려는 생각이 있어서였**겠는가**?

而已乎(이이호)

어조사 제한과 의문을 나타내며, '~일 뿐인가' 등으로 해석한다.

- 彼又將使其子女讒妾爲諸侯妃姬, 處梁之官, 梁王安得晏然**而已乎**? 而將軍又何以得故寵乎? (《戰國策》〈趙策三〉)

  저들은 또한 그들의 딸과 참언하는 첩을 제후들의 비빈이 되게 하고는 양나라의 궁궐에 거처하려는데, 양왕께서는 어찌하여 편안하게 있**을 뿐이십니까**? 그리고 장군께선 또한 어찌 이전의 총애를 받을 수 있겠습니까?

- 夫賢者以感忿睚眦之意而親信窮僻之人, 而政獨安得嘿然**而已乎**! (《史記》〈刺客列傳〉)

  그처럼 어진 사람이 격분하여 원수를 쏘아보면서 나 같은 시골뜨기를 가까이하고 믿어주었으니, 나 섭정(聶政)이 어찌 가만히 있**을 뿐이겠는가**!

而且(이차)

접속사 뜻이 한층 더 나아감을 나타내며, '그런데도' '뿐만 아니라'라고 해석한다.

- **而且**說明邪, 是淫於色也. (《莊子》〈在宥〉)

  그런데도 눈 밝은 것을 기뻐한다면, 이는 색채에 미혹된 것이다.

- 人不能搏噬, **而且**無毛羽, 莫克自奉自衛. (柳宗元, 〈封建論〉)

  사람은 치거나 물 수 없을 **뿐 아니라** 털이나 깃이 없어서 스스로 봉양하거나 스스로 지킬 수 없다.

而此(이차)

대사 앞 문장을 대신하는 어떤 상황을 나타내며, '이렇게' '이와 같이'라고 해석한다. '如此(여차)'와 같다.

- 候者復言章子以齊兵降秦, 威王不應, **而此**者三. (《戰國策》〈齊策一〉)
  정찰하는 사람이 장자가 제나라의 병사를 거느리고 진나라에 투항했다고 보고했으나, [제]위왕이 상대하지 않자 **이와 같이** 세 번 반복했다.

而何(이하)

대사 의문이나 반문 혹은 가부(可否)를 물으며, '어떠한가' '어떻겠는가' '어찌'라고 해석한다. '如何(여하)'와 같다.

- 牛謂叔孫. "見仲**而何**?" (《左傳》 昭公四年)
  견우(堅牛)가 숙손에게 말했다. "중임(仲壬)에게 [소공(昭公)을] 뵙게 하면 **어떻겠는가**?"
- 仁人無敵於天下, 以至仁伐至不仁, **而何**其血之流杵也? (《孟子》〈盡心下〉)
  어진 사람은 천하에 적이 없으니 지극한 어짊으로써 어질지 못한 것을 정벌하는데, **어떻게** 그 피가 절굿공이를 떠내려가게 하겠는가?

[참고]

'而何(이하)'는 접속사 '而(이)'와 대사 '何(하)'의 결합인 경우도 있다. • "唯赤則非邦也與?" "宗廟會同, 非諸侯**而何**?" (《論語》 先進) [증석이 물었다.] "적(공서화)이 말한 것은 나라를 다스리는 것이 아닙니까?" [공자가 대답했다.] "종묘의 일과 회동이 제후의 일이 아니면 **무엇이겠느냐**?" • 夫主有失行, 臣不正言匡過以尊天子, 反因過而誅之, 代立踐南面, 非殺**而何**? (《漢書》〈轅固生列傳〉) 군주가 잘

못을 범했으나 신하가 바른말로 잘못을 바로잡아서 천자를 존중하지 않고 도리어 잘못을 빌미로 천자를 죽이고 대신 왕위에 섰으니, [신하가 임금을] 죽인 것이 아니면 **무엇인가**?

而況(이황)

접속사 '哉(재)' '乎(호)' 등과 함께 쓰여 반문을 만들며, 앞의 내용을 전제로 뒤에 오는 내용이 당연함을 강조한다. '하물며'라고 해석하며, 문장 끝에 '乎(호)'가 덧붙으면 뜻이 더욱 강조된다.

- 管仲且猶不可召, **而況**不爲管仲者乎? (《孟子》〈公孫丑下〉)

  관중도 오히려 부를 수 없는데, **하물며** 관중처럼 하지 않은 사람(곧 맹자 자신을 지칭)에 대해서랴?

- 仁智, 周公未之盡也, **而況**於王乎? (《孟子》〈公孫丑下〉)

  인(仁)과 지(智)는 주공께서도 완전히 도달하지 못한 것인데, **하물며** 왕임에랴?

- 其所見焉, 猶可欺也, **而況**於千世之傳也? (《荀子》〈非相〉)

  저기 보이는 것도 오히려 기만할 수 있는데, **하물며** 천 년 동안 전해 내려오는 것임에랴?

- 鬼神將來舍, **而況**人乎? (《莊子》〈人間世〉)

  귀신도 찾아와 머물려 할 것인데 **하물며** 사람임에랴?

- 匹夫猶未可動也, **而況**諸侯乎? (《莊子》〈人間世〉)

  필부라도 [마음을] 움직일 수 없는데, **하물며** 제후임에랴?

- 人主之子也, 骨肉之親也, 猶不能恃無功之尊, 無勞之奉, 而守金玉之重也; **而況**人臣乎? (《戰國策》〈趙策四〉)

  임금의 아들이고 아주 가까운 친척도 공이 없는 높은 지위와 공적이 없는 봉록에 의지하거나 금과 옥같이 귀중한 보물들을 지킬 수 없는데, **하물며** 신하임에랴?

- 此於親戚若此, **而況**於仇讎之國乎? (《史記》〈魏世家〉)

  이들은 친척들에게도 이와 같은데 **하물며** 원수의 나라임에랴?

- 夫鳥獸之於不義也尙知辟之, **而況**乎丘哉? (《史記》〈孔子世家〉)

  새와 짐승도 의롭지 못한 것에 대해서는 오히려 피할 줄 아는데, **하물며** 공자임에랴?

- 天地四時猶有消息, **而況**人乎? (《世說新語》〈政事〉)

  하늘과 땅, 네 계절에도 오히려 사그라짐이 있는데, **하물며** 사람에게 있어서랴?

而後(이후)

부사 어떤 동작이나 상황을 이어줌을 나타내며, '~하고 나서' '~한 이후에 [비로소]' 등으로 해석한다.

- 或百步**而後**止, 或五十步**而後**止. (《孟子》〈梁惠王上〉)

  어떤 사람은 백 걸음 **가고 나서** 멈추고, 어떤 사람은 오십 걸음 **가고 나서** 멈춘다.

- 公必先韓**而後**秦, 先身**而後**張儀. (《史記》〈韓世家〉)

  공께서는 반드시 한나라를 먼저 [생각]**한 이후에** 진나라를 나중에 [생각]하며, 자신을 먼저 [생각]**한 이후에** 장의를 나중에 [생각]해야 합니다.

- 人有不爲也, **而後**可以有爲. (《孟子》〈離婁下〉)

  사람이 하지 않는 바가 있은 **이후에야** 훌륭한 일을 할 수 있다.

- 陷之死地**而後**生, 置之亡地而後存. (《史記》〈淮陰侯列傳〉)

  죽을 곳에 빠지고 **난 뒤에야 비로소** 살길을 열 수 있고, 절박한 지경에 놓**인 뒤에야 비로소** 생존할 수 있다.

- 臣鞠躬盡瘁, 死**而後**已. (諸葛亮, 〈後出師表〉)

  신은 온갖 정성을 다하여 진력하고 죽**은 뒤에야** 그만두겠습니다.

  瘁: 고달플 췌, 야윌 췌

- 旣言**而後**戒, 是疑人也. (朴趾源, 《燕巖集》)

  이미 말**하고 나서** 경계하면 이것은 사람을 의심하는 것이다.

耳(이)

어조사 의미를 한정하며 보통 '獨(독)' '不過(불과)' '止(지)' '直(직)' '特(특)' 등과 함께 쓰이지만, 그러지 않는 경우도 있다. '~일 뿐이다'라고 해석한다.

- 直不百步**耳**, 是亦走也. (《孟子》〈梁惠王上〉)

  다만 백 보가 아**닐 뿐이지** 이것 역시 도망친 것이다.

- 特與嬰兒戲**耳**. (《韓非子》〈外儲說左上〉)

  단지 조그만 아이에게 농담했**을 뿐이다**.

- 從此道至吾軍, 不過二十里**耳**. (《史記》〈項羽本紀〉)

  여기서부터 우리 군영까지는 불과 20리**일 뿐이다**.

- 且壯士不死則已, 死卽擧大名**耳**. (《史記》〈陳涉世家〉)

  하물며 장사는 죽지 않으면 그뿐이지만, 죽으려면 대단한 명성을 남**길 뿐이다**.

- 已, 魏其侯爲壽, 獨故人避席**耳**. (《史記》〈魏其武安侯列傳〉)

  잠시 후 위기후가 [여러 사람을 향해] 축수했는데, 단지 [몇 명의] 친구들만이 자리에서 일어섰**을 뿐이다**.

• 昔甘茂之孫甘羅, 年少**耳**. 然名家之子孫, 諸侯皆聞之. (《史記》〈樗里子甘茂列傳〉)

예전에 감무의 손자 감라는 나이가 어렸을 **뿐이다**. 그러나 명문의 자손으로서 제후들 모두 그의 소문을 듣고 있었다.

• 此在兵法, 顧諸君不察**耳**. (《史記》〈淮陰侯列傳〉)

이것은 병법에 있는 것인데, 단지 여러분이 살피지 않았을 **뿐이다**.

• 諸將易得**耳**, 至如信者, 國士無雙. (《史記》〈淮陰侯列傳〉)

여러 장수는 쉽게 얻을 수 있을 **뿐이나**, 한신(韓信) 같은 자로 말하면 국가적인 인재로 둘도 없는 인물입니다.

• 誘以爲時人非不能也, 蓋憚相國, 畏其勢**耳**. (《全後漢文》〈呂氏春秋序〉)

고유(高誘)는 당시 사람들이 [《여씨춘추(呂氏春秋)》를 한 글자도] 고칠 수 없었던 것이 아니라, 상국(여불위呂不韋)을 꺼리고 그의 권세를 두려워했을 **뿐이라고** 생각한다.

• 吾恐虜衆多, 而晃等勢不便**耳**. (《三國志》〈魏書 桓階傳〉)

나는 적의 무리가 많아서 서황(徐晃) 등의 형세가 불리한 것을 걱정**할 뿐이오**.

• 又曰: "姜維自一時雄兒也, 與某相値, 故窮**耳**." 有識者笑之. (《三國志》〈魏書 鄧艾傳〉)

[등애가] 또 말했다. "강유는 본래 한 시대의 영웅이었지만 나와 만났기 때문에 궁지에 몰렸을 **뿐이오**." [그러자] 식견 있는 사람들은 그를 비웃었다.

• 虎因喜, 計之曰: "技止此**耳**!" (柳宗元, 〈三戒 黔之驢◆〉)

호랑이가 이에 기뻐하며 이를 따져보고 말했다. "[당나귀의] 재주가 단지 이것**뿐이구나**!"

◆黔之驢(검지려): 검주(黔州)는 나귀가 없는 곳인데 어떤 사람이 나귀를 타고 지나가자 호랑이가 나귀를 매우 두려워했으나, 뒤에 나귀가 호랑이에게 발길질하니 오히려 호랑

이는 나귀의 재주가 그것뿐임을 알고 물어 죽였다는 고사. 즉 사람의 졸렬한 기능을 비유함. 검려지기(黔驢之技)라고도 한다.

- 此是倀鬼, 被虎所食之人也, 爲虎前呵道**耳**. (《太平廣記》 卷四百三十 〈馬拯〉)
  이는 창귀인데, 호랑이에게 먹힌 사람이 [변하여] 호랑이를 위해 앞에서 호통을 쳤**을 뿐이다**.

【참고】

귀: • 六十而**耳**順. (《論語》〈爲政〉) 예순이 되어서는 **귀**가 순해졌다.

耳矣(이의)

어조사 '耳(이)'는 내용을 한정하고, '矣(의)'는 의미를 강조한다. '~일 뿐이다'라고 해석한다.

- 我固有之也, 弗思**耳矣**. (《孟子》〈告子上〉)
  나는 본래 그것들을 가지고 있지만 생각하지 않**을 뿐이다**.
- 孟子曰: "人之易其言也, 無責**耳矣**." (《孟子》〈離婁上〉)
  맹자가 말했다. "말을 함부로 하는 것은 꾸짖음을 받지 않았기 때문**일 뿐이다**."
- 雖然, 止是**耳矣**. (《莊子》〈人間世〉)
  비록 그러하나, 이에 그**칠 뿐이다**.
- 勝不勝無常, 代翕代張, 代存代亡, 相爲雌雄**耳矣**. (《荀子》〈議兵〉)
  이기고 지는 것은 영원하지 않으며, 한 세대는 움츠렸다가 한 세대는 펼치고, 한 세대는 존속했다가 한 세대는 망하면서 서로 자웅을 겨룰 **뿐이다**.

• 多勇者則爲制**耳矣**. (《呂氏春秋》〈壹行〉)

용맹을 많이 지닌 자가 제압하게 **될 뿐이다**.

耳哉(이재)

어조사 '耳(이)'는 내용을 한정하고, '哉(재)'는 반문을 강조한다. '~일 뿐인가'라고 해석한다. 문장 앞에 항상 '豈特(기특)'이 같이 쓰여 어감을 강하게 드러낸다.

• 故先王明之, 豈特玄之**耳哉**! (《荀子》〈正論〉)

그러므로 선왕들도 이 점을 밝혔으니, 어찌 그것을 현묘하게 **할 뿐이겠는가**?

• 豈特攫其腓而噬之**耳哉**? (《戰國策》〈齊策六〉)

어찌 그의 장딴지를 부여잡고 그를 물 **뿐이겠는가**?

ㅇ

爾(이)

❶ **대사** '그대' '너' '너희'라고 해석한다. 아랫사람이나 대등한 관계에 사용되고, 윗사람에게는 쓸 수 없다.

• **爾**何知! 中壽◆, **爾**墓之木拱矣. (《左傳》僖公三十二年)

네가 무엇을 아는가! 중수만 [살고 죽었더라도] **네** 무덤의 나무가 두 뼘은 되었을 것이다.

◆中壽(중수): 중위(中位)의 수명으로서 백 살. 《장자》에서는 여든 살을 가리킨다고 함.

• 我無**爾**詐, **爾**無我虞. (《左傳》宣公十五年)

나는 **너**를 속이지 않고 **너**도 나를 속이지 않는다.

• 賜也, **爾**愛其羊, 我愛其禮. (《論語》〈八佾〉)

사야, **너**는 그 양을 아까워하지만, 나는 그 예를 아까워한다.

• 盍各言**爾**志? (《論語》〈公冶長〉)

각자 **너희** 자신의 포부를 한번 말해보지 않겠느냐?

• 禱**爾**于上下神祇. (《論語》〈述而〉)

너를 위해 하늘과 땅의 신에게 기도하노라.

• 惟我與**爾**有是夫. (《論語》〈述而〉)

오직 나와 **너**만이 이같이 할 수 있을 것이다.

• 豈不**爾**思. 室是遠而. (《論語》〈子罕〉)

어찌 **그대**를 그리워하지 않으리. 그대의 집이 멀 뿐이다.

• 智, 譬則巧也; 聖, 譬則力也, 由射於百步之外也. 其至, **爾**力也; 其中, 非**爾**力也. (《孟子》〈萬章下〉)

지혜는 비유하면 기교이고 성은 비유하면 힘이니, 백 보 밖에서 활을 쏘는 것과 같다. [화살이 과녁]에 이르는 것은 **너**의 힘이지만 적중하는 것은 **너**의 힘이 아니다.

• 簡恤**爾**衆, 時亮庶功, 用終**爾**顯德, 對揚我高祖之休命! (《三國志》〈魏書 武帝紀〉)

그대의 부하를 선발하고 격려하여 때에 맞게 모든 일을 하게 하여, **그대**의 위대한 공덕을 완성하고 우리 고조의 대명을 선양하고 보답하시오!

❷ **대사** 비교적 가까운 사물이나 시간을 나타내며, '이' '이것' '이처럼'이라고 해석한다.

• 雖曰匪予, 既作**爾**歌. (《詩經》〈大雅 桑柔◆〉)

비록 나를 비방했지만, [나는] 이미 [너에게] **이** 노래를 만들어주었다.

◆〈桑柔(상유)〉: '부드러운 뽕나무'라는 뜻인 이 편은 주나라가 동천(東遷)한 뒤인 동주

(東周) 초의 시국을 한탄한 시다.

- 富歲, 子弟多賴; 凶歲, 子弟多暴. 非天之降才**爾**殊也, 其所以陷溺其心者然也. (《孟子》〈告子上〉)

  풍년에는 자제들이 대부분 게을러지고, 흉년에는 자제들이 대부분 사나워진다. 하늘이 내린 품성이 **이처럼** 다른 것이 아니고 그 마음을 [악한 데로] 빠지게 했기 때문이다.

- 夫子何善**爾**也? (《禮記》〈檀弓上〉)

  선생님께서는 왜 **이것**을 찬미하십니까?

- 同是被煎迫, 君**爾**妾亦然. (《孔雀東南飛》〈焦仲卿妻〉)

  마찬가지로 핍박받아서, 당신도 **이렇고** 저 또한 그러합니다.

- **爾**夜風恬月朗. (《世說新語》〈賞譽〉)

  이 밤은 바람이 고요하고 달이 밝구나.

- **爾**時吳興沈充爲縣令, 當送客過浙江. (《世說新語》〈雅量〉)

  이때는 오흥의 심충이 현령이 되어 마침 손님을 전송하고 절강을 지나던 중이었다.

- 果**爾**, 後將易吾姓也! (《晉書》〈桓溫傳〉)

  과연 **이**와 같으니, 이후에 나의 성씨를 바꾸련다!

- 問君何能**爾**? 心遠地自偏. (陶淵明, 〈飮酒其五〉)

  그대에게 묻노니 어찌 **이렇게** 할 수 있는가? 마음이 [속세와] 멀어지니 사는 곳은 자연히 외지다네.

- 羲之初不覺, 後更相看, 迺嘆曰: "小人亂眞乃**爾**!" (《太平廣記》〈王羲之書類〉)

  왕희지는 처음에는 느끼지 못했으나, 뒤에 다시 살펴보고 곧 한탄하며 말했다. "소인이 진실을 어지럽힘이 **이** 지경에 이르렀구나!"

❸ 어조사 한정을 나타내며, '~일 뿐이다'라고 해석하거나 해석하지 않는 경우도 있다.

• 不崇朝◆而徧雨乎天下者, 唯泰山**爾**. (《公羊傳》僖公三十一年)

이른 아침이 다 가지도 않아서 천하에 고루 비를 내릴 수 있는 것은 단지 태산**뿐이다**.

◆崇朝(숭조): 새벽부터 아침밥을 먹을 때까지의 짧은 시간.

• 女奚不曰 …… 不知老之將至云**爾**? (《論語》〈述而〉)

너는 어찌하여 …… 늙음이 장차 다가오는 것마저 알지 못**할 뿐**이라고 말하지 않았느냐?

• 是其爲相縣也, 幾◆直夫芻豢◆稻粱之縣糟糠**爾**哉? (《荀子》〈榮辱〉)

이것(걸왕과 도척의 도)과 그것(선왕의 도)의 차이가 어찌 맛있는 고기, 곡식과 술지게미, 쌀겨의 차이 [정도]**뿐이겠는가**?

◆幾(기): '豈(어찌 기)'와 통함.

◆芻豢(추환): '芻(추)'는 풀을 먹는 소와 양, '豢(환)'은 곡식을 먹는 개와 돼지 따위. 합쳐서 맛있는 고기를 일컫는다.

• 翁曰: "無他, 但手熟**爾**." (歐陽修, 〈賣油翁〉)

노인이 말했다. "다른 것은 없고 다만 손에 익숙**할 뿐이다**."

• 然迫於唐師定方之威, 逐於人後**爾**. (一然, 《三國遺事》)

그러나 당나라 장수 소정방의 위협에 눌려 다른 사람의 뒤만 따를 **뿐이다**.

• 陪臣◆等來於上國一十餘年, 不知本國之事, 但遙聞一事**爾**. (一然, 《三國遺事》)

저희가 상국에 온 지 10여 년이 되어 본국의 일을 알 수 없으나, 다만 멀리서 한 가지 일을 들었을 **뿐입니다**.

◆陪臣(배신): 겹친 신하, 곧 '신하의 신하'라는 뜻. 여기서는 제후국의 신하가 천자 앞에서 자신을 일컫는 말이다.

❹ **어조사** 단정 혹은 의문을 나타내며, 해석할 필요는 없다.

• 君若用臣之謀, 則今日取郭而明日取虞**爾**. (《公羊傳》僖公二年)

임금께서 만일 신의 계략을 쓰시면 오늘은 괵나라를 취하고, 내일은 우나라를 취하게 될 것입니다.

• 則中國曷爲獨言齊·宋至**爾**? (《公羊傳》僖公二年)

그렇다면 중원 지역에서 어찌 유독 제나라와 송나라만 왔다고 말했는가?

• 莊王圍宋, 軍有七日之粮**爾**. (《公羊傳》僖公三十一年)

장왕이 송나라를 포위했는데, 군영에는 일주일의 식량이 있을 뿐이다.

• 何譏**爾**? 譏始履畝而稅也. (《公羊傳》宣公十五年)

무엇을 비방하는 것인가? [노선공이] 밭이랑에 따라 세를 걷기 시작한 것을 비방한 것이다.

畝: 이랑 묘

• 象往入舜宮, 舜在床琴. 象曰: "鬱陶◆思君**爾**." (《孟子》〈萬章上〉)

상(순임금의 동생)이 순의 방으로 들어가니 순은 침상에서 거문고를 타고 있었다. 상이 말했다. "[나는] 한결같이 형을 생각하고 있었습니다."

◆鬱陶(울도): 생각에 깊이 잠긴 모양.

• 龍之所以爲名者, 乃以白馬之論**爾**. (《公孫龍子》〈迹府〉)

제가 '명'이라고 한 까닭은 단지 '백마론'으로서 한 것일 뿐입니다.

• 葉公子高入據楚, 誅白公, 定楚國, 如反手**爾**. (《荀子》〈非相〉)

[초나라 백공(白公)의 난을 당해 영윤자서와 사마자기는 모두 죽었지만] 섭공 자고만은 초나라로 쳐들어가서 백공을 죽이고 초나라를 안정시키기를 마치 손바닥 뒤집듯 [쉽게] 했다.

• 昔蕭何鎭守關中, 足食成軍, 亦適當**爾**. (《三國志》〈魏書 鍾繇傳〉)

옛날에 소하는 관중을 지킬 때 군량미를 풍족히 하여 군대를 보충했는데, 역시 그것에 필적할 만하오.

• 非死則徙**爾**. (柳宗元, 〈捕蛇者說〉)

죽지 않았으면 이사 갔습니다.

• 相去萬餘里, 故人心尚**爾**. (作者 未詳, 〈古詩十九首〉)

서로 만여 리나 떨어져 있지만, 임의 마음은 아직도 그대로라네.

❺ 어조사 단어 뒤에 쓰여 형용사나 부사를 만든다. '然(연)'과 비슷하다.

• 鼓瑟希, 鏗**爾**, 舍瑟而作. (《論語》〈先進〉)

거문고 소리가 점차 잦아들더니, 쨍그랑하며 거문고를 밀어놓고 일어났다.

• 夫子莞**爾**而笑. (《論語》〈陽貨〉)

선생님께서는 빙그레 웃으시면서 말씀하셨다.

• 嘑**爾**而與之, 行道之人弗受; 蹴**爾**而與之, 乞人不屑也. (《孟子》〈告子上〉)

소리를 질러가며 [먹을 것을] 주면 길 가는 이들도 받지 않고, 발길질을 하며 [먹을 것을] 주면 거지도 좋아하지 않는다.

• 蜀蕞**爾**小國, 土狹民寡. (《三國志》〈魏書 陳留王紀〉)

촉나라는 보잘것없는 작은 나라로서, 토지도 좁고 백성도 적다.

蕞: 작을 최

爾乃(이내)

접속사 뒷일이 앞일과 밀접함을 나타내며, '그래서' '이리하여' '이에' 등으로 해석한다.

• 吳蜀以定, **爾乃**上安下樂, 九親熙熙. (《三國志》〈魏書 楊阜傳〉)

오나라와 촉나라가 평정되어 **이에** 위는 편안하며 아래는 즐겁고 구족이 기쁘고 기쁘다.

• 既窮巧於規摹, 何彩章之未殫? **爾乃**文以朱綠, 飾以碧丹. (何晏, 《景福殿賦》)

이미 규모가 극에 달해서 아름다운데, 어찌하여 꾸민 문채가 다하지 않았는가? **이리하여** 문채는 주황색과 녹색으로 하고, 꾸미는 것은 푸른색과 붉은색으로 했다.

爾許(이허)

대사 정도를 나타내며, '이와 같이' '이처럼'이라고 해석한다. '如比(여차)' '如許(여허)'와 같다.

- 吾亡後, 兒孫乃**爾許**大. (《搜神記》 卷十五)
  내가 죽은 뒤에 어린 손자가 **이처럼** 성장했다.
- 此鼠子自知不能保**爾許**地也. (《三國志》〈吳志 吳主傳〉)
  이 쥐새끼 같은 놈은 스스로 **이와 같은** 지역을 보전할 수 없음을 알고 있다.

ㅇ

益(익)

❶ **부사** 정도가 깊어짐을 나타내며, '더욱' '더욱더' '한층' 등으로 해석한다.

- 以虧人愈多, 其不仁玆甚, 罪**益**厚. (《墨子》〈非攻〉)
  다른 사람에게 손해를 많이 끼칠수록 그의 어질지 못함은 더욱 심해지고 죄는 **한층** 무거워진다.
- 如水**益**深, 如火**益**熱, 亦運而已矣. (《孟子》〈梁惠王下〉)
  만일 물이 **더욱** 깊고 불이 **더욱더** 뜨거우면(백성이 더욱 깊은 고난에 빠진다는 뜻), 역시 [방향을 돌려 다른 나라로] 옮겨 갈 뿐이다.

• 君之病在腸胃, 不治將**益**深. (《韓非子》〈喩老〉)

임금의 병은 장과 위에 있으니, 치료하지 않으면 **더욱더** 깊어질 것이다.

• 燕軍由此**益**懈. (《史記》〈田單列傳〉)

연나라 군대는 이 일로 말미암아 **더욱** 해이해졌다.

• 以故城中**益**空無人, 又困貧. (《史記》〈滑稽列傳〉)

이 때문에 성안은 **한층** 비어 사람이 없어졌고 또한 빈곤해졌다.

• 是故聖**益**聖, 愚**益**愚. (韓愈, 〈師說〉)

이 때문에 성인은 **더욱** 성스러워지고, 어리석은 사람은 **더욱** 어리석어진다.

• 余生三十有八年, 髮之短者日**益**白, 齒之搖者日**益**脫. (韓愈, 〈五箴〉)

내 나이 서른여덟인데, 짧은 머리는 나날이 **더욱** 희어지고, 흔들리는 이는 나날이 **더욱** 빠진다.

❷ **부사** 상황이나 일이 서서히 진행됨을 나타내며, '점차'라고 해석한다.

• 武**益**愈, 單于使使曉武會論虞常, 欲因此時降武. (《漢書》〈蘇武列傳〉)

소무(蘇武)의 상처가 **점차** 좋아지자, 선우는 사신을 보내어 소무가 우상의 죄를 논하려 한다고 알리고 이 틈을 타서 소무를 투항시키려고 했다.

• **益**習其聲, 又近出前後, 終不敢搏. (柳宗元, 〈三戒 黔之驢〉)

점차 그 소리에 익숙해져 또한 앞뒤로 가까이 다가갔으나 끝내 감히 싸우지 못했다.

【참고】

① 넘치다: • 澭水暴**益**. (《呂氏春秋》〈察今〉) 옹수가 갑자기 **넘쳤다**.

② 풍부하다: • 其家必日**益**. (《呂氏春秋》〈貴當〉) 그 집안은 틀림없이 나날이 **풍부해질** 것이다.

③ 더하다: • 五年而秦不**益**一尺之地. (《韓非子》〈定法〉) 5년 동안 진나라는 한

척의 땅도 **더하지** 못했다.

④ 이익, 장점: • 有**益**於國, 無害於人. (《鹽鐵論》〈非鞅〉) 나라에는 **이익**이 있고, 백성에게 해가 없다.

因(인)

❶ **전치사** 동작 혹은 행위의 조건이나 시기를 이끌어내며, '~에 근거하여' '~에 따라서' '~에 의거하여' '~을 틈타서' 등으로 해석한다.

• **因**其兇也而攻之. (《左傳》 僖公二十八年)
[진(晉)나라 군사는] 그들(조군曹軍)이 겁내는 것**을 틈타서** 공격했다.

• **因**人之力而敝之, 不仁. (《左傳》 僖公三十年)
남의 힘**에 의거하고도** 그를 해치는 것은 어질지 못하다.

• 爲高必**因**丘陵, 爲下必**因**川澤. (《孟子》〈離婁上〉)
높은 것을 만들려면 반드시 언덕**에 의거하고,** 낮은 것을 만들려면 반드시 하천과 못**에 의거한다**.

• 法者, 見功而與賞, **因**能而受官. (《韓非子》〈外儲說左上〉)
법은 공로를 보고 상을 주며, 능력**에 따라서** 관직을 준다.

• 若入前爲壽, 壽畢, 請以劍舞, **因**擊沛公於坐, 殺之. (《史記》〈項羽本紀〉)
네가 들어가서 앞으로 나가 축수하고, 축수가 끝나면 검무를 추겠다고 하여 [흥을 더하고], 이 기회**를 틈타** 패공을 자리에서 찔러 죽여라.

• 善戰者**因**其勢而利導之. (《史記》〈孫子吳起列傳〉)
싸움을 잘하는 자는 그 [객관적인] 형세**에 따라서** [자기에게] 유리하게 이끌어간다.

• 而魏往年大破於齊, 諸侯畔之, 可**因**此時伐魏. (《史記》〈商君列傳〉)

ㅇ

그런데 위나라는 작년 제나라에 크게 패배하여 [각국의] 제후가 그를 배반했으므로, 이때를 **틈타서** 위나라를 공격할 수 있습니다.

• **因**前使絶國功, 封騫博望侯. (《史記》〈衛將軍◆驃騎列傳〉)

이전에 먼 외국에 사신으로 갔던 공**에 근거하여** 장건을 박망후로 봉했다.

◆衛將軍(위장군): 대장군 위청(衛青).

• **因**其富厚交通王侯, 力過吏勢, 以利相傾. (鼂錯, 〈論貴粟疏〉)

[상인들은] 그들의 부유함**에 의거하여** 왕공, 귀족과 결탁해 세력은 일반 관리를 능가했으며 이익 때문에 서로 밀착했다.

• 階自陳已結婚, 拒而不受, **因**辭疾告退. (《三國志》〈魏書 桓階傳〉)

환계는 스스로 이미 결혼했다고 설명하며 거절하고 받아들이지 않았으며, 병을 **핑계 삼아** 관직에서 물러났다.

• 益州險塞, 沃野千里, 天府之土, 高祖**因**之以成帝業. (《三國志》〈蜀書 諸葛亮傳〉)

익주는 [지세가] 험준한 요새이고 비옥한 토지는 천 리나 되어 천혜의 보고이므로, 고조는 이 땅**에 의거하여** 제업을 이루셨습니다.

• 夫物**因**人爲貴. 故在賤者之手, 不御至尊之側. (《三國志》〈魏書 王粲傳注〉)

물건은 [소유한] 사람을 **따라** 귀해진다. 그러므로 천한 사람의 손에 있던 것은 지존의 옆에서 사용하지 못한다.

❷ **전치사** 동작 혹은 행위의 매개체나 기점을 이끌며, '~로 말미암아' '~에 따라서' '~을 통하여' 등으로 해석한다.

• 時子**因**陳子◆而以告孟子, 陳子以時子之言告孟子. (《孟子》〈公孫丑下〉)

시자는 진자를 **통하여** 맹자에게 [말을] 전했고, 진자는 시자의 말을 맹자에게 알렸다.

◆陳子(진자): 진진(陳臻).

• 魏使人**因**平原君請從於趙, 三言之, 趙王不聽. (《戰國策》〈趙策三〉)

위나라는 사람을 보내 평원군**을 통하여** 조나라와 합종을 맺기를 요청했지만, [평원군이] 여러 차례 말해도 조나라 왕은 받아들이지 않았다.

- 廉頗聞之, 肉袒◆負荊, **因**賓客至藺相如門謝罪. (《史記》〈廉頗藺相如列傳〉)

  염파는 이 말을 듣고 어깨를 드러낸 채 가시 채찍을 등에 짊어지고는 빈객**을 통하여** 인상여의 문 앞에 이르러 사죄했다.

  ◆肉袒(육단): 사죄의 표시로 윗옷을 벗고 몸을 드러내는 것.

- 如**因**榮木變爲枯木. 枯木之質, 寧是榮木之體? (范縝, 〈神滅論〉)

  [이것은] 마치 무성한 나무**에서** 고목으로 변한 것 같다. 고목의 실체가 어찌 무성한 나무의 형체이겠는가?

- 振聲激揚, 伺者**因**此覺知. (《後漢書》〈張衡列傳〉)

  진동하는 소리가 격렬하게 울리니 감시하는 사람은 이 소리**에 의하여** [일이 생긴 것을] 깨달았다.

❸ **전치사** 동작 혹은 행위의 원인이나 이유를 이끌며, '~ 때문에' '~로 말미암아' '~인 까닭에'라고 해석한다.

- **因**此怒, 遣人追殺王姊道中. (《史記》〈張耳陳餘列傳〉)

  이 **때문에** 노여워하여 사람을 보내 뒤쫓아 가 길에서 조왕의 누이를 죽이게 했다.

- 今政治和平, 世無兵革, 上下相安, 何**因**當有大水一日暴至? (《漢書》〈王商列傳〉)

  지금 정치는 잘 다스려지고 천하는 전쟁이 없으며 위아래가 모두 편안한데, 무엇 **때문에** 하루아침에 홍수가 쏟아지겠는가?

- 自中朝貴玄, 江左稱盛, **因**談餘氣, 流成文體. (《文心雕龍》〈時序〉)

  서진(西晉)시대부터 청담을 중시하더니 동진(東晉)시대에는 더욱 유행했으며, 청담 기풍의 영향**으로 말미암아** 새로운 문풍이 조성되었다.

- **因**愛鼠, 不畜猫犬, 禁僮勿擊鼠. (柳宗元, 〈三戒〉)

쥐를 사랑했기 **때문에** 고양이와 개를 기르지 않았고, 노복들이 쥐를 잡지 못하도록 금했다.

- 恩所加則思無**因**喜以謬賞, 罰所及則思無**因**怒而濫刑. (《舊唐書》〈魏徵傳〉)
  은혜를 베풀 때는 좋아하기 **때문에** 상을 잘못 주지 말 것을 생각하며, 형벌을 가할 때는 화가 나기 **때문에** 법을 남용하지 말 것을 생각한다.
- 貧者**因**書富, 富者**因**書貴. (王安石, 〈勸學文〉)
  가난한 사람은 책**을 통해** 부유해지고, 부유한 사람은 책**을 통해** 귀해진다.
- 後數歲, **因**饑, 遂從戎. (《原化記》〈劉氏子妻〉)
  몇 년 뒤, 굶주렸기 **때문에** 군대를 따라갔다.
- 餘夷脫逃者, 或爲坑水所淹, 或**因**失路饑斃, 無一漏網. (《廣東軍務記》〈三元里〉)
  그 나머지 도망친 놈들 중에서 어떤 놈은 물에 빠져 죽었고, 어떤 놈은 길을 잃어 굶어 죽었기 **때문에** 한 놈도 빠져나가지 못했다.

❹ **접속사** 뒷일이 앞일과 긴밀하게 이어져 상황의 지속 또는 동작의 진행을 나타내며, '곧' '또' '여전히' '이에' '즉'이라고 해석한다.

- 兎走觸株, 折頸而死, **因**釋其耒而守株, 冀復得兎. (《韓非子》〈五蠹〉)
  토끼가 달리다가 그루터기에 부딪혀 목이 부러져 죽으니, [밭 가는 사람은] **곧** 쟁기를 내려놓고 그루터기를 지키며 다시 토끼 얻기를 바랐다.
- 智過見其言之不聽也, 出, **因**更其族爲輔氏. (《韓非子》〈十過〉)
  지과는 자신의 말이 받아들여지지 않는 것을 보고 나왔으며, **또** 자기 가족의 성을 보씨로 바꾸었다.
- 鄭縣人有屈公者, 聞敵, 恐, **因**死, 恐已, **因**生. (《韓非子》〈外儲說左上〉)
  정현에 굴공이라는 자가 있었는데, 적이 왔다는 말을 듣고 두려워서 **이에** 죽었다가 두려움이 사라지자 **이에** 살아났다.
- 券徧合, 起, 矯命以責賜諸民, **因**燒其券. (《戰國策》〈齊策四〉)

증서를 모두 검사하자 [풍훤(馮諼)이] 일어나서 [맹상군(孟嘗君)의] 명령이라고 꾸며 백성에게 빚을 탕감해주고, **이어서** 증서를 불태웠다.

- 今君劫于群臣而許秦, **因**曰不可革, 何用智之不若梟也? (《戰國策》〈魏策三〉)
  현재 당신은 [신하들에게] 위협당해서 진나라의 요구에 동의하고는 **이에** 고칠 수 없다고 말하니, 어떻게 지혜를 운용하는 것이 올빼미만도 못합니까?
- 項王卽日**因**留沛公與飮. (《史記》〈項羽本紀〉)
  항왕은 그날 **곧** 패공(沛公)을 머물게 하여 함께 술을 마셨다.
- 府吏聞此變, **因**求假暫歸. (《孔雀東南飛》〈焦仲卿妻〉)
  부리는 이런 변화를 듣고 **이에** 휴가를 얻어 잠시 [집으로] 돌아가려 했다.
- 驢不勝怒, 蹄之. 虎**因**喜, 計之曰: "技止此耳." (柳宗元, 〈三戒 黔之驢〉)
  당나귀는 노기를 이기지 못하여 호랑이를 발로 찼다. 호랑이가 **이에** 기뻐하며 이를 따져보고 말했다. "[당나귀의] 재주가 단지 이것뿐이구나!"
- 公見人被暴害, **因**恬然, 且大亂, 若何? (柳宗元, 〈段太尉逸事狀〉)
  당신은 사람이 심각한 해를 입는 것을 보고도 **여전히** 태연하니, 장차 대란이 발생하면 어떻게 하시렵니까?

【참고】

따르다: • 殷**因**於夏禮. (《論語》〈爲政〉) 은나라는 하나라의 예절을 **따랐다**.

因遂(인수)

접속사 뒷일이 앞일과 긴밀히 이어짐을 나타내며, '곧바로' '이에'라고 해석한다.

- 天下方未定, 故可**因遂**就宮室. (《史記》〈高祖本紀〉)

ㅇ

천하가 아직 평정되지 않았으므로, **이에**(이를 틈타) 궁실을 지어야 한다.

• 曰: "願足下急過太子, 言光已死, 明不言也." **因遂**自刎而死. (《史記》〈刺客列傳〉)

말했다. "그대는 빨리 태자를 찾아가 내가 이미 죽었다고 말하여 [기밀을] 누설할 수 없음을 분명히 해주시오." **곧** 스스로 목을 찔러 죽었다.

• 吾恐左右見之也, **因遂**呑之. (《論衡》〈福虛〉)

나는 주위 사람들이 그것(거머리)을 보고 **곧바로** 그것을 삼켜버리게 될까 두렵다.

因而(인이)

접속사 일의 결과나 결론을 이끌어내며, '이 때문에' '이로 인해서' 등으로 해석하거나 해석하지 않아도 된다. '因爾(인이)'와 같다.

• 大人之忠儉者, 從而與之, 泰侈者, **因而**斃之. (《左傳》襄公三十年)

대인들 가운데 충성스럽고 검소한 사람들은 그와 함께하지만, 교만하고 사치스러운 자는 그를 내쫓으려 했다.

• 留侯曰: "不如**因而**立之, 使自爲守." (《史記》〈高祖本紀〉)

유후(장량)가 말했다. "**이로 인해서** 그를 세워 스스로 지키게 하는 것만 못합니다."

• 今殺相如, 終不能得璧也, 而絶秦趙之驩. 不如**因而**厚遇之, 使歸趙. (《史記》〈廉頗藺相如列傳〉)

지금 인상여를 죽이면 결국 화씨벽(和氏璧)을 얻을 수 없고, 도리어 진나라와 조나라의 우호 관계를 단절하게 된다. 이번에는 그를 후하게 대접하여 조나라로 돌아가도록 하는 편이 낫다.

• 遂進諫, 三日不去朝, 紂**因而**殺之. (《新序》〈節士〉)

그래서 나아가 간언하며 사흘 동안 조정을 떠나지 않았는데, 주왕은 **이 때문에** 그를 죽였다.

• 夫人之相知, 貴識其天性, **因而**濟之. (嵇康, 〈與山巨源絶交書〉)

무릇 사람이 서로 알고 그 천성을 귀하게 여겼으므로 **이로 인해서** 그를 돕게 되었다.

• 釣名沽譽, 眩世炫俗, 由君子觀之, 皆所不取也. 蓋嘗**因而**論之. (方孝孺, 〈豫讓論〉)

명예를 구걸하고 세속을 어지럽히는 것은 군자의 시각에서 보면 모두 취하지 못할 바이다. 나는 일찍이 **이 때문에** 그(예양豫讓)를 비평했다.

• 韋郎比雖貧賤, 氣凌霄漢, 每以相公所談, 未嘗一言屈媚, **因而**見尤. (《雲溪友議》〈苗夫人〉)

위랑은 이전에 비록 가난하고 천했지만 기개가 매우 높았으며, 매번 상공과 담소할 때마다 한마디의 아첨도 없었기 **때문에** 견책을 당했다.

ㅇ

一/壹(일)

❶ **부사** 전체를 개괄하며, '모두' '모든'이라고 해석한다.

• 參代何爲相國, 擧事無所變更, **一**遵蕭何約束. (《史記》〈曹相國世家〉)

조참은 소하를 대신하여 상국이 되었으나, **모든** 일을 바꾸거나 고치는 일이 없이 한결같이 소하가 정해놓은 법칙을 따랐다.

• 食客數千人, 無貴賤, **一**與文等. (《史記》〈孟嘗君列傳〉)

수천 명의 식객에게 귀하고 천함을 막론하고 **모두** 맹상군(孟嘗君)과 같은 [대접을] 해주었다.

• 政事**壹**決大將軍光. (《漢書》〈車千秋列傳〉)

정부의 일은 **모두** 대장군 곽광(霍光)으로부터 결정된다.

• 社稷安危, **一**在將軍. (《六韜》〈立將〉)

국가의 안정과 위태로움은 **모두** 장군에게 달려 있다.

• 朕之後事, **一**以委卿. (《舊唐書》〈褚遂良傳〉)

나의 뒷일은 **모두** 그대에게 맡기오.

• 然后天下之寶**壹**爲我用. (《管子》〈地數〉)

그런 다음에 천하의 보물은 **모두** 나를 위해 쓰였다.

❷ **부사** 결과가 의외임을 나타내며, '결국' '드디어' '마침내'라고 해석한다.

• 靖郭君之於寡人, **一**至於此乎? (《戰國策》〈齊策一〉)

정곽군이 나에게 **결국** 이 정도까지 했습니까?

• 尹君, 何**壹**魚肉涉也! (《漢書》〈原涉列傳〉)

윤 선생, 어찌하여 **결국** 나(원섭原涉)를 죽이려 하는가!

• 何令人之景慕**一**至於此耶! (李白, 〈與韓荊州書〉)

어찌하여 사람들이 **결국** 이 정도까지 존경하고 사모하게 만들었는가!

• 敝衣間步之邸, 見須賈. …… 須賈意哀之, 留與坐飮食, 曰: "范叔**一**寒如此哉!" (《史記》〈范雎蔡澤列傳〉)

[범수는] 다 떨어진 옷을 입고 남몰래 객사로 가 수가를 만났다. …… 수가는 그를 불쌍히 여겨 앉히고 함께 음식을 먹으면서 말했다. "범숙이 **결국** 빈궁함이 이 지경에 이르렀군요!"

❸ **부사** 강한 긍정을 나타내며, '실제로' '확실히'라고 해석한다.

• 子在君側. 敗者**壹**大, 我不如子, 子以君免. (《左傳》成公十六年)

그대는 임금 곁에 있으시오. 실패한 것이 **확실히** 심하게 되면 나는 그대만큼 할 수 없으니 그대가 군주를 모시고 [위기를] 면하시오.

• 今楚王之善寡人**一**甚矣. (《管子》〈形覇〉)

지금 초나라 왕이 나에게 잘하는 것이 **실제로** 대단하다.

• 無是三者, 以善處喪蓋魯國, 固有無其實而得其名者乎? 回**一**怪之. (《莊子》〈大宗師〉)

이런 세 가지가 없는데도 효성으로 상사(喪事)를 처리한다고 노나라에 명성이 자자하니, 진실로 그런 사실 없이 그런 명성을 얻을 수 있습니까? 나는 **실제로** 그것을 괴이하게 여기고 있습니다.

• 子之哭也, **壹**似重有憂者. (《禮記》〈檀弓下〉)

당신이 우는 것은 **실제로** 큰 걱정이 있기 때문인 것 같군요.

❹ **부사** 일이 일어나는 조건을 이끌며, '일단'이라고 해석한다.

• **一**正君而國定矣. (《孟子》〈離婁上〉)

일단 임금을 바로잡으면 나라가 안정된다.

• **一**聞人之過, 終身不忘. (《莊子》〈徐無鬼〉)

일단 다른 사람의 허물을 들으면, 평생 잊지 않는다.

• **壹**引其網, 萬目皆張. (《呂氏春秋》〈用民〉)

일단 그물을 끌어당기기만 하면, 수많은 그물코가 모두 벌어진다.

• 地制**壹**定, 宗室子孫莫慮不王. (《漢書》〈賈誼列傳〉)

토지 제도가 **일단** 정해지기만 하면, 종실의 자손은 왕 노릇을 하지 못할까 걱정할 필요가 없다.

• 此鳥不飛則已, **一**飛沖天; 不鳴則已, **一**鳴驚人. (《史記》〈滑稽列傳〉)

이 새는 날지 않으면 그만이지만 **일단** 날면 하늘까지 오르고, 울지 않으면 그만이지만 **일단** 울면 사람조차 놀라게 한다.

• 大王**壹**起, 國中雖女子皆奮臂隨大王. (《漢書》〈燕剌王列傳〉)

대왕이 **일단** 일어나기만 하면, 나라 안에서는 비록 여자라도 모두 팔을 걷고 대왕을 따를 것이다.

臂: 팔 비

ㅇ

❺ '一(일)'은 본래 수사로서 '하나' '한 번'이라는 뜻이었는데, 행동 또는 일의 시작을 나타내는 뜻으로 파생되어 '처음'이라고 해석하거나 행동의 통일을 나타내는 '단독' '전체' '하나로' 등의 뜻을 갖게 되었으며, 시간·정도·범위를 제한하는 허수로 쓰인다. '一(일)'은 적은 수, '三(삼)'은 많은 수를 나타내며, 이보다 더 많은 수는 '九(구)'로 나타낸다.

- 君**一**過多矣, 何信於讒? (《左傳》 昭公二十年)

  임금께선 **한 가지** 잘못도 큰데 어찌 참언을 믿으십니까?

- 參乎, 吾道**一**◆以貫之. (《論語》〈里仁〉)

  증삼아, 나의 도는 **하나로** 꿰뚫는다.

  ◆一(일): 충서(忠恕)의 일관된 도(道)를 말함.

- 孟子見梁讓王, 出語人曰: "望之不似人君, 就之而不見所畏焉." 卒然問曰: "天下惡乎定?" 吾對曰: "定於**一**." 問曰: "孰能**一**之?" 對曰: "不嗜殺人者能**一**之." (《孟子》〈梁惠王上〉)

  맹자가 양양왕을 만나고 나와 사람들에게 말했다. "[양양왕은] 멀리서 보기에 임금 같지 아니하고 가까이 나아가도 경외할 점이 보이지 않았다." [왕이] 갑자기 물었다. "천하는 어떻게 정해질까요?" 내가 대답했다. "**하나로** 정해질 것입니다." [그러자] [양양왕이] 물었다. "누가 그것을 **하나로** 정할 수 있을까요?" [내가] 대답했다. "사람 죽이기를 즐기지 않는 자가 **하나로** [정할] 수 있을 것입니다."

- 湯**一**征, 自葛始. (《孟子》〈梁惠王下〉)

  탕왕의 **최초의** 정벌은 갈나라로부터 시작되었다.

- **一**不朝, 則貶其爵; 再不朝, 則削其地. (《孟子》〈告子上〉)

  한 번 조회(朝會)하러 오지 않으면 그 작위를 낮추고, 두 번 조회하러 오지 않으면 그 봉지를 삭감한다.

- 然我**一**沐三捉髮, **一**飯吐哺, 起以待士, 猶恐失天下之賢人. (《史記》〈魯周公世家〉)

그러나 나는 **한 번** 머리 감는 동안 머리카락을 세 번 감아쥐었고, **한 번** 밥 먹는 동안 [입에 넣었던 음식을] 세 번 뱉어내면서 일어나 선비를 맞이하면서도, 오히려 천하의 어진 사람을 잃을까 걱정했다.

- (虞卿)躡蹻擔簦說趙孝成王. **一**見, 賜黃金百鎰, 白璧一雙. 再見, 爲趙上卿. (《史記》〈平原君虞卿列傳〉)

  [우경은] 짚신을 신고 챙이 긴 삿갓을 쓰고 가서 조나라 효성왕에게 유세했다. 그를 **한 번** 보고 [조나라 왕은] 황금 백 일과 흰 구슬 한 쌍을 하사했다. 두 번째 만나보고는 조나라의 상경으로 삼았다.

  鎰: 무게 이름 일

- 毛先生**一**至楚, 而使趙重於九鼎·大呂◆. (《史記》〈平原君虞卿列傳〉)

  모 선생은 **한 번** 초나라에 가서 조나라를 구정과 대려 같은 보물보다 더욱 귀중하게 만들었다.

  ◆九鼎(구정)·大呂(대려): 주나라의 보기(寶器)로서 정려(鼎呂)라고도 한다. 둘 다 꽤 무거워 중책을 의미하기도 한다.

- 於是秦王不懌, 爲**一**擊缶◆. (《史記》〈廉頗藺相如列傳〉)

  이런 상황에서 진소왕(秦昭王)은 마지못해 분부(盆缶)를 **한 번** 두드렸다.

  ◆缶(부): 盆缶(분부). 본래는 술이나 장을 담는 그릇이나, 두드려서 박자를 맞추는 악기로도 사용할 수 있다.

- 歲**一**不登, 民有飢色. (《漢書》〈文帝紀〉)

  수확이 **한** 해만 좋지 못해도 백성에게는 굶주린 기색이 있다.

- 一旦擊之, 所謂疾雷不及掩耳. 兵之變化, 固非**一**道也. (《三國志》〈魏書 武帝紀〉)

  [적이 무방비 상태인 경우] 일단 공격하면 이른바 몹시 심한 우레에 미처 귀를 막지도 못하는 격일 것이다. 용병의 변화는 진실로 **한 가지** 길만 있는 것이 아니다.

【참고】

|'一(일)'은| ① 하나: • **一**夫當關萬夫莫開. (李白, 〈蜀道難〉) **한** 사람이 관문을 지키면 만 명[의 적병]이라도 열지 못한다. • 花間**一**壺酒, 獨酌無相親. (李白, 〈月下獨酌〉) 꽃 사이에서 **한** 병의 술을 친한 이 없이 홀로 마신다.

② ['壹(일)'과 통하여] 한결같다, 똑같다: • 用心**一**也. (《荀子》〈勸學〉) 마음을 쓰는 것이 **한결같다**. • 志**壹**則動氣, 氣**壹**則動志也. (《孟子》〈公孫丑上〉) 뜻이 **한결같으면** 기를 움직이고, 기가 **한결같으면** 뜻을 움직인다. • 治國者, 貴民**壹**. (《商君書》〈壹言〉) 나라를 다스리는 자는 백성을 귀하게 여기는 것이 **한결같다**. • 法莫如**一**而固. (《韓非子》〈五蠹〉) 법은 **한결같고** 고정된 것보다 좋은 것이 없다. • 昔寇恂立名於汝穎, 耿弇建策於青兗, 古今**一**也. (《三國志》〈魏書 呂虔傳〉) 과거 구순은 여와 영 일대에서 공을 세웠고, 경흡은 청주와 연주에서 계책을 건의했는데, 예전이나 지금이나 **똑같소**.

|'壹(일)'은| 통일하다, 일치하다, 가득 차다, 온전하다: • 聖人之爲國也, **壹**賞, **壹**刑, **壹**敎. (《商君書》〈賞刑〉) 성인은 나라를 다스릴 때 상을 **통일하고**, 형벌을 **통일하며**, 교육을 **통일한다**.

一皆(일개)

부사 전체를 개괄하며, '모두' '전부' '전체적으로' 등으로 해석한다.

- 親友來餟酹◆者, **一皆**拒之. (《顔氏家訓》〈終制〉)

  친척과 친구들이 와서 제사 지내는 것을 **모두** 거절했다.

  ◆餟酹(체뢰): 제사 지냄.

  酹: 땅에 술 뿌릴 뢰, 강신할 뢰

- 各從其志, 不可**一皆**而言也. (《抱朴子》〈釋滯〉)

  제각기 자기 뜻에 따르므로 **전체적으로** 말할 수는 없다.

• 其餘雜碎, **一皆**除之. (《隋書》〈牛弘傳〉)

그 나머지 자질구레한 것들은 **모두** 없앴다.

一是/壹是(일시)

부사 어떤 범위 내에서 예외가 없음을 나타내며, '모두' '한결같이'라고 해석한다.

• 自天子以至於庶人, **壹是**皆以修身爲本. (《禮記》〈大學〉)

천자에서부터 백성에 이르기까지 **한결같이** 모두 수신을 근본으로 삼는다.

一一(일일)

❶ **부사** 내용을 빠뜨리지 않고 모두 표현함을 나타내며, '하나하나'라고 해석한다.

• 此人**一一**爲具言所聞, 皆歎惋. (陶淵明, 〈桃花源記幷序〉)

이 사람은 자기가 들은 것을 **하나하나** 상세하게 말했고, [듣는 사람들은] 모두 감탄하며 놀라워했다.

❷ '一(일)~一(일)~'의 형태로 쓰여서 상반되는 상황이 서로 관련이 있음을 나타낸다. '어떤 때는 ~하고, 어떤 때는 ~하다' '~이 아니면 ~이다' '~하거나 ~하다' '한 번 ~하고, 한 번 ~하다' 등으로 해석한다.

• **一**闔**一**辟謂之變, 往來不窮謂之通. (《周易》〈繫辭傳〉)

한 번 닫히고 **한 번** 열리는 것을 '변(變)'이라고 하고, 오고 가며 [순환

ㅇ

이] 끊임없는 것을 '통(通)'이라고 한다.

- 七年之中, **一**與**一**奪, 二三孰甚焉! (《左傳》 成公八年)

  7년 사이에 **한편으로는** 주고 **한편으로는** 빼앗았으니, 여러 마음으로 변하는 것이 어찌 [이리] 심한가!

- **一**臧**一**否, 其誰能常之? (《左傳》 昭公五年)

  하나는 길하고 **하나는** 흉한데, 누가 그것을 일정하게 할 수 있겠습니까?

- **一**以己爲馬, **一**以己爲牛. (《莊子》〈應帝王〉)

  자기를 말**이라고도** 하고, 자기를 소**라고도** 한다.

- **一**進**一**退, **一**左**一**右, 六驥不致. (《荀子》〈修身〉)

  한편으로는 나아가고 **한편으로는** 물러나며, **한편으로는** 왼쪽으로 **한편으로는** 오른쪽으로 간다면, 여섯 준마가 [끌어도] 이르지 못한다.

- **一**張**一**弛, 文武之道也. (《禮記》〈雜記下〉)

  한 번 풀어주고 **한 번** 죄는 것이 주문왕과 주무왕이 [천하를 다스리는] 원칙이었다.

一切(일체)

부사 전체를 빠짐없이 개괄하는 것을 나타내며, '모두' '전부' 등으로 해석한다.

- 諸侯人來事秦者, 大抵爲其主游間於秦耳, 請**一切**逐客. (《史記》〈李斯列傳〉)

  [각] 제후국에서 와서 진나라를 섬기는 자들은 대체로 그들의 군주를 위해 유세하여 진나라[의 군주와 신하를] 이간시킬 뿐이니, 객을 **모두** 쫓아내십시오.

- 詔獄繫者無輕重, **一切**皆殺之. (《資治通鑑》〈漢紀〉 昭帝元平元年)

감옥에 붙들려 온 자들은 [죄의] 무겁고 가벼움을 막론하고 **모두** 죽이라고 조서를 내렸다.

一何/壹何(일하)

부사 상황이나 정도의 깊음 혹은 약간의 놀라움을 나타내며, 강한 감정적 색채를 드러낸다. '어찌' '얼마나'라고 해석한다.

- 數讓武帝姊平陽公主曰: "帝非我不得立, 已而棄捐吾女, **壹何**不自喜而倍本乎!" (《史記》〈外戚世家〉)
  무제의 누이인 평양공주를 여러 차례 꾸짖으며 말했다. "황제는 내가 힘쓰지 않았다면 그 자리에 설 수 없었는데, 얼마 되지 않아 내 딸을 버렸으니 **어찌** 스스로를 기뻐하지 않고 근본을 저버린단 말인가!"
- 今日之琴, **一何**悲也! (《說苑》〈尊賢〉)
  오늘의 거문고 소리는 **얼마나** 슬픈가!
- 拔劍割肉, **壹何**壯也! (《漢書》〈東方朔列傳〉)
  칼을 뽑아 고기를 베니 **얼마나** 기세등등한가!
- 君今出語, **一何**鄙! (陳琳, 〈飮馬長城窟行〉)
  그대가 지금 말하는 것이 **얼마나** 비루한가!
- 吏呼**一何**怒, 婦啼**一何**苦! (杜甫, 〈石壕吏〉)
  관리의 호통 소리는 **얼마나** 노기가 서려 있고, 부인의 울음소리는 **얼마나** 고통스러운가!

任(임)

❶ **조동사** 동작 혹은 행위의 가능성을 나타낸다. '응당' '충분히' 등으로 해석하는데, 부사 '不(불)'과 함께 쓰여 '不任(불임)'이 되면 '~하지 않다' '~할 수 없다'라고 해석한다.

- 臣**不任**受怨, 君亦**不任**受德, 無怨無德, 不知所報. (《左傳》成公三年)
  저는 [누구에게도] 원한을 사**지 않았고** 군주 또한 [사람들에게] 은덕을 받**지 않았으니**, 원망도 없고 은덕도 없어 보답할 바를 모르겠습니다.
- **不任**汨鴻, 師何以尙之? (《楚辭》〈天門〉)
  홍수를 다스릴 **수 없는데** 사람들은 어찌하여 그를 추대하려 할까?
- 是時, 武安君病, **不任**行. (《史記》〈白起王翦列傳〉)
  이때 무안군은 병이 도져 출정**할 수 없었다**.

❷ **전치사** 동작 혹은 행위가 사건에 의지하여 일어나는 것을 의미하며, '~에 의거하여'라고 해석한다.

- 齊桓**任**戰而伯天下. (《戰國策》〈秦策一〉)
  제나라 환공은 전쟁**에 의거하여** 천하의 패자가 되었다.

【참고】

① 감당하다: • 重怒難**任**, 背天不祥, 必歸晉君. (《左傳》僖公十五年) 노여움을 가중시키면 **감당하기** 어렵고 하늘을 어기면 상서롭지 못하니, 반드시 진나라 군주를 돌려보내겠다.

② 책임, 임무: • **任**重而道遠. (《論語》〈泰伯〉) **임무**는 무겁고 길은 멀기 때문이다.

仍(잉)

❶ **부사** 상황이 계속됨을 나타내며, '변함없이' '본시' '여전히'라고 해석한다. '再(재)' 혹은 '復(부)'와 이어 써도 의미는 마찬가지다.

- 明年, 大將軍將六將軍將**仍**再出擊胡, 得首虜萬九千級. (《史記》〈平準書〉)
  이듬해, 대장군은 여섯 명의 장군을 거느리고 **다시** 호족(胡族)을 공격하여 1만 9천 명의 적군을 머리를 베거나 사로잡았다.
- **仍**更被驅遣, 何言復來還? (《漢樂府》〈焦仲卿妻〉)
  여전히 내쫓겼는데 무슨 말로 다시 돌아오리오?
- 詔曰: "……今大將軍**仍**復克獲, 斬首虜萬九千級." (《漢書》〈武帝紀〉)
  [한무제는] 조서에서 [이렇게] 말했다. "……지금 대장군(위청衛青)은 **여전히** 다시 승리하여 머리를 베거나 사로잡은 적군이 1만 9천 명이다."
- 漢興, **仍**襲秦制, 置中常侍官. (范曄, 〈宦者傳論〉)
  한 왕조가 흥기한 후에도 **여전히** 진 왕조의 제도를 계승하여 환관을 설치했다.
- 臣雖不敏, 猶知讓不過三, 所以**仍**布腹心. (《藝文類聚》卷五一)
  저는 비록 영민하지는 않지만, 그래도 겸양은 세 번을 넘지 않아야 한다는 것을 알기 때문에 **여전히** 속마음을 털어놓는 것입니다.
- **仍**憐故鄉水, 萬里送行舟. (李白, 〈渡荊門送別〉)
  여전히 고향의 물을 그리워하고, 만 리 길 떠나는 배를 전송한다.
- 一狼得骨止, 一狼**仍**從. (《聊齋志異》〈狼〉)
  이리 한 마리는 뼈를 얻어 멈췄지만, [다른] 이리 한 마리는 **여전히** 따라갔다.

❷ **부사** 두 일이 서로 이어지거나 인과관계에 있음을 나타내며, '곧' '그

ㅇ

래서' '즉' 등으로 해석한다.

- 百年之間, 天下遺文古事靡不畢集太史公. 太史公**仍**父子相續纂其職. (《史記》〈太史公自序〉)

  백 년 동안 천하에 남아 있던 서적과 고사들이 태사공에게 모이지 않은 것이 없었다. 태사공의 관직은 **곧** 부자가 직책을 상속하여 맡았다.

- 鷄子於地圓轉未止, **仍**下之以屐齒◆碾◆之. (《世說新語》〈忿狷〉)

  계란이 땅 위에서 멈추지 않고 굴러다니자, **곧** 아래로 내려가 나막신의 굽으로 그것을 짓밟았다.

  ◆屐齒(극치): 나막신의 굽.

  ◆碾(연): 곡식을 가는 기구인데, 여기서는 맷돌에 '갈다'라는 동사로 쓰였다.

  屐: 나막신 극 | 碾: 맷돌 연

- **仍**賜徵黃金千斤, 廐馬二匹. (《資治通鑑》〈唐紀〉 太宗貞觀十三年)

  곧 위징(魏徵)에게 황금 천 근과 마구간의 말 두 필을 하사했다.

  廐: 마구간 구('廏'의 속자)

❸ **부사** 일이 중복되거나 빈번함을 나타내며, '누차' '자주'라고 해석한다.

- 晉**仍**無道而鮮胄, 其將失之矣. (《國語》〈周語下〉)

  진여공(晉厲公)은 **자주** 무도한 짓을 하고 자손도 적으니, 아마도 장차 나라를 잃을 것이다.

- 壽星**仍**出, 淵耀光明. (《史記》〈封禪書〉)

  수성(남극성)이 **여러 번** 출현하여 밝은 빛을 비추었다.

- 饑饉**仍**臻. (《漢書》〈穀永傳〉)

  흉년이 **자주** 닥쳐왔다.

- 勳謂虞紹曰: "吾**仍**見上. 上甚聰明, 但擁蔽於左右耳." (《後漢書》〈蓋勳列傳〉)

  개훈(蓋勳)이 유우(劉虞)와 원소(袁紹)에게 말했다. "나는 **몇 차례** 황제

(한영제漢靈帝)를 뵈었다. 황제께서는 매우 총명한데 다만 측근들에게 에워싸여 가려 있을 뿐이다."

❹ **부사** 동작이나 행위의 시간을 나타내며, '비로소' '처음에' 등으로 해석한다. '乃(내)'와 통한다.

- 宣帝嘉之, **仍**下明詔, 宣著其功. (《漢書》〈陳湯列傳〉)
  선제는 그를 칭찬하며 **비로소** 명조(明詔)를 내려 그의 공적을 분명하게 드러냈다.

【참고】

① 답습하다: • **仍**舊貫. (《論語》〈先進〉) 옛것을 그대로 **답습하다**.

② 의지하다: • 夫吉凶之相**仍**兮, 恒反仄而靡所. (張衡, 〈思玄賦〉) 길함과 흉함은 서로 **의지하고**, 항상 돌아서 일정하게 멈추는 곳이 없다.

ㅇ

|ㅈ|

自(자)

❶ **부사** 어떤 일을 스스로 함을 나타내며, '손수' '스스로' '직접'이라고 해석한다. '躬自(궁자)'의 형태로도 사용된다.

- 不**自**爲政, 卒勞百姓. (《詩經》〈小雅 節南山〉)
  손수 정사를 관리하지 않아 결국 백성을 고달프게 하는구나.
- 知人者智, **自**知者明. (《老子》 三十三章)
  다른 사람을 아는 것이 '智(지)'이고, **스스로** 아는 것이 '明(명)'이다.
- 見賢思齊焉, 見不賢而內**自**省也. (《論語》〈公冶長〉)
  현명한 사람을 보면 [그와] 같아질 것을 생각하며, 현명하지 못한 사람을 보면 속으로 **스스로** 반성한다.
- 夫人必**自**侮, 然後人侮之; 家必**自**毁, 然後人毁之; 國必**自**伐, 然後人伐之. (《孟子》〈離婁上〉)
  사람은 반드시 **스스로** 업신여긴 뒤에야 남이 업신여기고, 집은 반드시 **스스로** 망친 뒤에야 남이 망치며, 나라는 반드시 **스스로** 공격한 뒤에야 남이 공격한다.
- 王**自**聽之, 亂乃始生. (《韓非子》〈外儲說右下〉)

군주가 **직접** [회계] 보고를 들었지만 혼란은 곧 생겨나기 시작했다.

- 湯**自**把斧鉞以伐昆吾◆, 遂伐桀. (《史記》〈殷本紀〉)

  탕은 **스스로** 무기를 들어 곤오(昆吾)를 토벌하고 드디어 걸을 토벌했다.

  ◆昆吾(곤오): 오랑캐 나라 이름.

- 高祖**自**將, 至邯鄲. (《史記》〈趙相國世家〉)

  고조(유방)는 **직접** [부대를] 통솔하여 한단에 도착했다.

- 亞父聞項王疑之, 乃怒曰: "天下事大定矣, 君王**自**爲之!" (《史記》〈陳丞相世家〉)

  아보(범증)는 항왕이 그를 의심한다는 것을 듣고 화가 나서 말했다. "천하의 일은 대체로 정해졌으니, 임금께서는 **직접** [경영]하십시오!"

- 龐涓卽事魏, 得爲惠王將軍, 而**自**以爲能不及孫臏, 乃陰使召孫臏. (《史記》〈孫子吳起列傳〉)

  방연은 위나라를 섬겨 [위]혜왕의 장군이 되었으나 **스스로** [자신의] 능력이 손빈에 미치지 못한다고 여겨 남몰래 사람을 보내 손빈을 불렀다.

- 陛下亦宜**自**謀, 以咨諏◆善道, 察納雅言. (諸葛亮, 〈出師表〉)

  폐하께서는 또 마땅히 **스스로** 생각하여 [국가를 잘 다스리는] 좋은 방법을 묻고, 올바른 의견을 살펴서 받아들이십시오.

  ◆咨諏(자추): 상의하다, 묻다.

- 及至袁紹據河北, 兵勢强盛. 孤**自**度勢, 實不敵之. (曹操, 〈讓縣自明本志令〉)

  원소가 황하 이북을 점거했을 때에는 세력이 강성하여, 나 **스스로** [당시의] 형세를 헤아려보기에 실로 그를 대적할 수 없었다.

- 此兒頭不爛, 願王**自**往臨視之. (《搜神記》〈三王墓〉)

  이 아이의 머리는 삶기지 않으니, 왕께서 **직접** 가서 보기를 원합니다.

- 吾東方詩道, 自殷太師始, 其後作者, 代各有人往往**自**成一家. (洪萬宗, 〈詩話叢林序〉)

우리 동방의 시도는 은나라 태사(기자箕子)에서 시작되었으며, 그 후에 작자가 시대마다 있어서 **스스로** 일가를 이루곤 했다.

❷ **부사** 이치상 당연함을 나타내며, '당연히' '물론' '본래' '자연스레' '저절로' 등으로 해석한다.

- 風俗之美, 男女**自**不取於涂, 而百姓羞拾遺. (《荀子》〈正論〉)
  풍속이 아름다워서 남녀가 **자연스레** 길에서 야합하지 않고, 백성은 길에 떨어진 물건 줍는 것을 부끄러워한다.
- 是以厚賞不行, 重罰不用, 而民**自**治. (《韓非子》〈五蠹〉)
  이 때문에 두둑한 상을 시행하지도 않고 엄중한 징벌을 사용하지도 않았는데 백성은 **저절로** 다스려졌다.
- 精神擾, **自**無所知, 況其散也? (《論衡》〈論死〉)
  정신이 어지러워도 **당연히** 지각하는 바가 없어지는데, 하물며 정신이 흩어짐에랴?
- 人之死生**自**有長短, 不在操行善惡也. (《論衡》〈問孔〉)
  사람이 죽고 사는 것은 **본래** 길고 짧음이 있는 것이지, 품행의 좋고 나쁨에 달려 있지 않다.
- 使君**自**有婦, 羅敷**自**有夫. (《樂府詩集》〈陌上桑〉◆)
  당신은 **본래** 아내가 있고, 나부도 **본래** 남편이 있지요.

  ◆〈陌上桑(맥상상)〉: 태수가 뽕 따는 여인을 희롱하다가 힐책을 당한 고사인데, 관리의 후안무치한 모습과 정숙하고 아름다운 부인의 형상을 잘 대조시켰다.
- 是以模經爲式者, **自**入典雅之懿. (《文心雕龍》〈定勢〉)
  이 때문에 경서를 모범으로 하여 창작한 작품은 **자연스럽게** 전아한 장점을 갖추었다.
- 若有茂才異行, **自**可不拘年齒. (《資治通鑑》〈漢紀〉 順帝陽嘉元年)
  만일 매우 훌륭한 재능과 빼어난 품행이 있다면 **당연히** 나이에 구애받

ㅈ

지 않을 수 있다.

- 良金美玉, **自**有定價. (葉適, 〈播芳集序〉)

  좋은 금과 아름다운 옥은 **저절로** 일정한 가치를 지닌다.

❸ **부사** 형상 혹은 성질이 이미 존재하거나 발전, 변화를 거치면서 상당한 정도에 이르렀음을 나타내며, '매우' '이미' 등으로 해석한다.

- 琴瑟情雖重, 山林志**自**深. (《河東記》〈申屠澄〉)

  부부의 정이 비록 두텁지만, 산림을 생각하는 마음은 **매우** 깊다.

- 冉冉年華吾**自**老, 水滿汀洲, 何處尋芳草? (辛棄疾, 〈蝶戀花〉)

  시절은 서서히 가건만 나는 **이미** 늙었고 정주에 물 가득하니, 어느 곳에서 향초 찾으리?

❹ **전치사** 시간 혹은 장소의 기점이나 시점을 나타내며, '~로부터'라고 해석하거나 해석하지 않는다.

- 王歸**自**虢. (《左傳》莊公二十一年)

  왕이 괵나라**로부터** 돌아왔다.

- 虢叔**自**北門入. (《左傳》莊公二十一年)

  괵숙은 북문**으로부터** 들어왔다.

- 吾**自**衛反魯, 然後樂正. (《論語》〈子罕〉)

  내가 위나라**에서** 노나라로 돌아오고 나서야 음악이 바르게 되었다.

- 王至**自**鄭, 以陽·樊賜晉文公. (《國語》〈周語中〉)

  양왕(襄王)이 정나라**로부터** [왕성(王城)에] 돌아와 양과 번을 진문공에게 주었다.

- 有爲神農之言者許行, **自**楚之滕. (《孟子》〈滕文公上〉)

  신농의 학설을 연구하는 허행은 초나라**로부터** 등나라로 갔다.

- **自**其異者視之, 肝膽楚越也; **自**其同者視之, 萬物皆一也. (《莊子》〈德充符〉)

그것들의 차이점**으로** 보면 간과 쓸개는 마치 초나라와 월나라[처럼 거리가 먼 것] 같고, 그것들의 공통점**으로** 보면 모든 사물이 다 한가지다.

- **自**是有德者以不知也, 而況有道者乎? (《莊子》〈列禦寇〉)

  이런 일**로** 보아 덕이 있는 자는 [자기 힘으로 이루었다고] 하지 않거늘 하물며 도가 있는 사람임에랴?

- 水奚**自**至? (《呂氏春秋》〈貴直〉)

  물은 어디**로부터** 오는가?

- **自**此, 冀之南, 漢之陰, 無隴斷焉. (《列子》〈湯問〉)

  이때**부터** 기주(冀州)의 남쪽과 한수(漢水)의 뒤쪽에는 구릉이 없어졌다.

- **自**吾得由, 惡言不聞於耳. (《史記》〈仲尼弟子列傳〉)

  내가 자로(子路)를 얻고**부터**, 험담이 귀에 들리지 않게 되었다.

- 無忌**自**在大梁時, 常聞此兩人賢. (《史記》〈魏公子列傳〉)

  무기는 대량에 있을 **때부터** 늘 이 두 사람이 어질다고 들었다.

- 侯自我得之, **自**我捐之, 無所恨! (《史記》〈魏其武安侯列傳〉)

  후의 지위는 내 힘**으로** 얻었으니 나 스스로 잃는다 해도 한이 될 것은 없구나!

- **自**古詩人養氣, 各有主焉. (謝榛, 《四溟詩話》)

  예로부터 시인들이 기를 기르는 데는 저마다 중점을 두는 곳이 있었다.

- **自**秋七月旣望, 每日早集大夫之庭, 績麻乙夜而罷. (金富軾, 《三國史記》)

  가을 7월 16일**부터** 매일 이른 아침 대부의 뜰에 모여 베를 짜기 [시작하여] 을야에 마쳤다.

- **自**古有國一用兵, 兵不息. 國家昇平百年, 民不知兵, 今始用之, **自**此之後, 兵且不息. (李珥, 《於于野談》)

  옛날**부터** 나라에서 한번 군사를 쓰게 되면 전쟁이 그치지 아니했다. 나라가 백 년 동안 태평하여 백성이 전쟁을 알지 못하다가 오늘에서야 비로소 그들을 쓰게 되었으니 이후**부터는** 전쟁이 잠시도 그치지 않을 것이다.

ㅈ

• 心定者, 言寡, 定心, **自**寡言始. (李珥, 《擊蒙要訣》)

마음이 안정된 사람은 말이 적고, 마음을 안정시키는 것은 말을 적게 하는 데**서부터** 시작한다.

❺ **전치사** 동작 혹은 행위를 하는 주체의 신분이나 출신을 나타내며, '~로서'라고 해석한다.

• 於是周昌·周苛**自**卒史從沛公. (《史記》〈張丞相列傳〉)

이때 주창과 주가는 졸사(군의 하급 관리)**로서** 패공을 따라갔다.

• 後二紀◆, 播**自**重位出鎭是邦. (《唐摭言》〈王播〉)

이후 24년 동안 왕파(王播)는 높은 신분**으로** 이 지역에 주둔했다.

◆紀(기): 목성이 태양 주기를 일주하는 기간으로 중국에서는 12년임.

❻ **접속사** 가설 혹은 양보를 나타내며, '가령' '설사'라고 해석한다.

• 高祖不修文學, 而性明達, 好謀, 能聽. **自**監門戍守, 見之如舊. (《漢書》〈高祖紀〉)

한고조(유방)는 문학을 배우지는 않았지만, 성격이 밝고 활달하며 상의하는 것을 좋아하고 [남의] 의견을 잘 들었으며, **설사** 문지기나 주둔병일지라도 옛 친구처럼 대했다.

• 今律令煩多而不約, **自**典文者, 不能分明. (《漢書》〈刑法志〉)

현재 법령은 번거롭고 간결하지 않아서 **설사** 문서를 관장하는 사람이라도 잘 알 수 없다.

• **自**京師不曉, 況於遠方? (《漢書》〈杜周列傳〉)

가령 수도에서도 이해하지 못하는데, 하물며 먼 곳에서랴?

• **自**凡人猶繫於習俗, 而況於哀公之倫乎? (《漢書》〈景十三王列傳〉)

설사 보통 사람도 오히려 습속에 얽매이거늘 하물며 애공의 무리임에랴?

• 吾愛士也, 雖吾子不能過也. 及其犯誅, **自**吾子亦不能脫也. (《吳越春秋》

〈勾踐二十一年〉)

내가 선비를 아끼는 것은 비록 자네라도 [나를] 능가할 수 없네. 하지만 형벌에 저촉되면 **설사** 자네라 하더라도 빠져나갈 수 없네.

❼ **접속사** 원인을 나타내며, '~로 말미암아'라고 해석한다. '故(고)'와 호응하기도 한다.

- **自**晉文公之過無禮, 故背晉助楚. (《史記》〈鄭世家〉)

  진문공의 지나친 무례**로 말미암아** [정나라는] 진나라를 등지고 초나라를 도왔다.

- **自**天子欲群臣下大將軍, 大將軍尊重益貴, 君不可以不拜. (《史記》〈汲鄭列傳〉)

  천자께서 신하들이 대장군에게 굽히기를 바라심**으로 말미암아** 대장군은 존중되고 더욱 귀해졌으니, 당신도 절을 하지 않으면 안 됩니다.

❽ **어조사** 형용사나 부사 뒤에 붙어 뜻을 강조하며, 해석하지 않는다.

- 大將軍, 驃騎將軍大出擊匈奴, 廣數**自**請行. (《史記》〈李將軍列傳〉)

  대장군(위청衛青)과 표기장군(곽거병霍去病)은 대대적으로 출병하여 흉노를 공격했는데, 이광(李廣)은 여러 번 따라가기를 요청했다.

- 彦益**自**感勵, 大布威信. (徐夢莘, 〈王彦與八字軍〉)

  왕언(王彦)은 더욱 감동하고 분발하여 위엄과 신의를 널리 떨쳤다.

自無(자무)

접속사 부정적 가설이나 추론을 나타내며, '가령 ~이 없다면' '만약 ~이 아니었다면'이라고 해석한다. 용례는 매우 드물다. '詎非(거비)' '自非(자비)'와 같다.

- **自無**聖王, 民散久矣. (《晉書》〈紀瞻傳〉)

  가령 훌륭한 군주**가 없었다면** 백성은 흩어진 지 오래되었을 것이다.

自非(자비)

접속사 부정적 가설과 추론을 나타내며, '만약 ~가 안 된다면' '만일 ~가 아니라면' 등으로 해석한다. '詎非(거비)' '苟非(구비)' '若非(약비)' '脫非(탈비)'와 같다.

- 惟聖人, 能外內無患, **自非**聖人, 外寧必有內憂. (《左傳》成公十六年)

  오직 성인만이 안팎의 재앙을 없앨 수 있는데, **만일** 성인**이 아니라면** 밖이 편안해도 반드시 안으로 우환이 있을 것이다.

- **自非**聖人, 得志而不驕佚者, 未之有也. (《鹽鐵論》〈論功〉)

  만일 성인**이 아니라면** 뜻을 얻어도 교만하고 사치스럽지 않은 자는 있지 않을 것이다.

- **自非**然者, 臣願得少賜游觀之間, 望見顔色. (《史記》〈范雎蔡澤列傳〉)

  만일 그렇지 **않다면** 신이 구경하러 다니는 틈을 조금만 내어 왕을 뵐 수 있는 영광을 주시기 바랍니다.

- **自非**顯才高行, 安可强冠之哉! (《西京雜記》卷四)

  만일 빛나는 재능과 높은 덕행**이 아니라면**, 어찌 억지로 벼슬할 수 있겠는가!

- 重岩疊嶂, 隱天蔽日. **自非**亭午◆ 夜分, 不見曦月. (《水經注》〈江水〉)

  겹겹이 둘러선 바위와 중첩된 산봉우리가 하늘을 가리고 태양을 숨기고 있네. **만일** 정오와 한밤중**이 아니라면** 태양과 달을 볼 수 없을 것이다.

  ◆亭午(정오): 정오(正午).

• **自非**軍事, 不得妄有改革. (《晉書》〈景帝紀〉)
만일 군대의 일**이 아니라면**, 함부로 개혁이 있어서는 안 된다.

• **自非**朝廷侍從之列, 食口稍多, 未有不兼農商之利而能充其養者也. (王安石, 〈上皇帝萬言書〉)
만일 조정에서 시종하는 반열(벼슬아치)**이 아니라면** 식구가 점차 많아져 농업과 상업의 이익을 겸하지 않고는 자신의 생활을 충당할 수 없을 것이다.

• **自非**逆亮送死淮南, 亦不知兵戈之爲何事也. (陳亮, 〈上孝宗皇帝第一書〉)
만일 완안량(完顔亮)을 맞이하여 회남으로 보내 죽게 하지 **않는다면**, 또한 전쟁이 무슨 일 때문에 일어났는지 모를 것이다.

自然(자연)

부사 이치상 당연함을 나타내며, '저절로'라고 해석한다.

• 將軍躬殺董卓, 威震夷狄, 端坐顧盼, 遠近**自然**畏服. (《三國志》〈魏書 呂布傳〉)
장군이 직접 동탁을 죽여 위엄이 오랑캐를 진동시켰으므로, 가만히 앉아 사방을 돌아보기만 해도 멀고 가까운 곳에서 **저절로** 두려워 복종합니다.

• 處理得宜, **自非**永無侵叛之事. (韓愈, 〈黃家賊事宜狀〉)
일을 처리할 때 마땅함을 얻으면, 침략하고 모반하는 일은 **저절로** 영원히 없어질 것이다.

• 彼求戰不得, **自非**散走. (《宋書》〈武帝紀〉)
그들은 싸움을 걸어도 [싸울] 수 없으면, **저절로** 흩어져 달아날 것입니다.

ㅈ

自(자)~以來/已來(이래)/自(자)~來(래)

부사구로서 일 혹은 상황이 예로부터 계속됨을 나타내며, '自(자)~以降(이강)' '自(자)~以往(이왕)' '自(자)~以還(이환)'과 같다. '[~로부터] 이래·이후'라고 해석한다.

- **自**漢初定**以來**七十二年, 吳越人相攻擊者不可勝數. (《漢書》〈嚴助◆列傳〉)
  한나라가 처음 평정된 **이래** 72년 동안 오나라와 월나라 사람이 서로 공격한 것은 셀 수도 없다.
  ◆嚴助(엄조): 전한의 오나라 사람 엄기(嚴忌)의 아들로 중대부(中大夫), 회계태수(會稽太守)를 지냈다.
- **自**去年九月**已來**, 地百八十震. (《後漢書》〈順帝紀〉)
  작년 9월 **이래로** 지진이 180번이나 있었다.
- **自**陛下踐阼**以來**, 司隸校尉·御史中丞寧有擧綱維以督奸宄, 使朝廷肅然者邪? (《三國志》〈魏書 杜恕傳〉)
  폐하가 보위에 오른 **이래** 사예교위와 어사중승 중에 기강을 세워 간악한 일을 감독하여 조정을 맑게 한 자가 있었습니까?
  宄: 간악할 귀
- 雅州邊羌, **自**國初**以來**, 未嘗一日爲盜. (《舊唐書》〈陳子昂列傳〉)
  아주 변방의 강족들은 우리나라 초기**부터 그 이래로** 하루도 도적질하지 않은 적이 없었다.
- **自**李唐**來**, 世人甚愛牧丹. (周敦頤, 〈愛蓮說〉)
  당대 **이래로** 세상 사람들은 모란을 매우 좋아했다.

自從(자종)

전치사 어떤 일이나 상황이 시작된 시점을 나타내며, '그때부터 죽 계속되고 있다'는 의미를 내포한다. '~로부터' '~이래로'라고 해석한다. 때로는 '自從(자종)~以至(이지)'의 형식으로 쓰인다.

- **自從**窮蟬◆**以至**帝舜, 皆微爲庶人. (《史記》〈五帝本紀〉)
  궁선**으로부터** 황제 순에 이르기**까지** 모두 [지위가 낮은] 미천한 평민이었다.
  ◆窮蟬(궁선): 순임금의 5대조.
- **自從**周別來, 門庭日荒蕪. (陶淵明, 〈擬古〉)
  헤어지고 나서**부터** 뜰은 날이 갈수록 황량하구나.
- **自從**爲夫妻, 何曾在鄉土? (李白, 〈江夏行〉)
  부부가 되고 나서**부터** 언제 일찍이 고향에 머물렀던 적이 있을까?
- **自從**周衰更七國, 竟使秦人有九有◆. (蘇軾, 〈後石鼓歌〉)
  주나라가 쇠퇴하고**부터** 다시 [전국] 칠웅이 되더니, 마침내 진나라 사람들이 구주(九州)를 차지하게 했네.
  ◆九有(구유): 구주, 곧 천하를 말함.
- **自從**有此天地, 他中間便定然有此妙文. (金聖嘆, 〈讀第六才子書西廂記法〉)
  이 천지가 생긴 **이래로** 그 가운데에는 반드시 이러한 절묘한 문장이 있게 되었다.

自(자)~至(지)~

부사구로서 장소나 시간의 범위를 나타내며, '~로부터 ~까지'라고 해석한다. '自(자)~及(급)/訖(흘)/迄(흘)/涉(섭)~'과 같다.

• **自**古**至**今, 所由來久矣. (《史記》〈三王世家〉)

옛날**부터** 지금**까지** 유래하는 바가 오래다.

• **自**帝卽位**至**于是歲, 郡國縣道多召置省, 俄或還復, 不可勝紀. (《三國志》〈魏書 三少帝紀〉)

소제(조방)가 즉위하고**부터** 이해**까지** 군·국·현·도를 많이 설치했다가 철폐하고, 오래지 않아 또다시 설치한 것은 기록할 수조차 없었다.

• **自**漢**至**魏, 四百餘年, 辭人才子, 文體三變. (沈約, 〈謝靈運傳論〉)

한나라로**부터** 위나라**에 이르는** 4백여 년간 사부(辭賦) 작가와 재덕을 겸비한 사람의 문체는 세 차례 바뀌었다.

者(자)

❶ 대사 사람·사물·일·행위 등을 대신한다. 바로 앞의 수식어에 맞추어 적절하게 해석한다. '所(소)~者(자)~'의 형태로 쓰이기도 한다.

• 皇皇◆**者**華, 于彼原隰. (《詩經》〈小雅 皇皇者華◆〉)

반짝반짝 빛나는 **꽃**, 평원과 진펄에서 피네.

◆皇皇(황황): 아름다운 모양.

◆〈皇皇者華(황황자화)〉: 임금이 사신을 보낼 때 부른 노래.

隰: 진펄 습

• 不有居**者**, 誰守社稷? 不有行**者**, 誰扞牧圉? (《左傳》僖公二十八年)

남아 있는 **사람**이 없었다면 누가 나라를 지켰겠습니까? 따라간 **사람**이 없었다면 누가 임금의 소와 말을 보살폈겠습니까?

扞: 막을 한

• 晉悼夫人食輿人之城杞**者**. (《左傳》襄公三十年)

진도공(晉悼公)의 부인은 기성(杞城)을 쌓는 **병사들**에게 먹을 것을 주었다.

• 其所善**者**, 吾則行之; 其所惡**者**, 吾則改之. (《左傳》襄公三十年)

그들이 좋아하는 **것**은 내가 곧 실행하고, 그들이 싫어하는 **것**은 내가 곧 고친다.

• 力不足**者**, 中道而廢. 今女畫. (《論語》〈雍也〉)

능력이 부족한 **사람**이라면 중도에 그만둔다. 지금 너는 [미리] 선을 긋고(한계를 짓고) 있다.

• 智**者**不惑, 仁**者**不憂, 勇**者**不懼. (《論語》〈子罕〉)

지혜로운 **사람**은 미혹되지 않고, 인한 **사람**은 근심하지 않으며, 용기 있는 **사람**은 두려워하지 않는다.

• 子貢問政, 子曰: "足食足兵, 民信之矣." 子貢曰: "必不得已而去, 於斯三**者**何先?" (《論語》〈顔淵〉)

자공이 정치에 대해 여쭙자, 공자께서 말씀하셨다. "식량을 충족시키는 것, 병기를 충분하게 하는 것, 백성들이 [군주를] 믿게 하는 것이다." 자공이 여쭈었다. "부득이하여 반드시 버려야 한다면 이 세 **가지** 중에서 어떤 것을 먼저 버려야 하겠습니까?"

• 子苟赦越國之罪, 又有美於此**者**將進之. (《國語》〈越語上〉)

당신이 만약 월나라의 죄를 용서하신다면, 이보다 더욱 아름다운 **여자**를 장차 바칠 것입니다.

• 五畝之宅, 樹之以桑, 五十**者**可以衣帛矣. 鷄豚狗彘之畜, 無失其時, 七十**者**可以食肉矣. (《孟子》〈梁惠王上〉)

다섯 이랑의 택지에 뽕나무를 심으면, 쉰 살 된 **사람**이 비단옷을 입을 수 있다. 닭·돼지·개를 기르면서 그들이 [번식하는] 때를 놓치지 않으면, 일흔 살 된 **사람**이 고기를 먹을 수 있다.

• 文王之囿方七十里, 芻蕘**者**往焉, 雉兎**者**往焉. (《孟子》〈梁惠王上〉)

ㅈ

문왕의 사냥터는 사방 70리나 되는데, 꼴을 베고 나무를 하는 **사람**들이 그곳에 갔고, 꿩과 토끼를 잡는 **사람**들도 그곳에 갔습니다.

- 饑**者**易爲食, 渴**者**易爲飮. (《孟子》〈公孫丑上〉)

  굶주린 **사람**은 먹는 것을 가리지 않고, 목마른 **사람**은 마실 것을 가리지 않는다.

- 臣之所好**者**道也, 進乎技矣. (《莊子》〈養生主〉)

  내가 좋아하는 **것**은 도(道)로서, 기술보다 앞선 것이다.

- 彼竊鉤**者**誅, 竊國**者**爲諸侯. (《莊子》〈胠篋〉)

  저 띠쇠를 훔친 **사람**은 벌을 받았고, 나라를 훔친 **사람**은 제후가 되었다.

  鉤: 띠쇠 구

- 不愛而用之, 不如愛而後用之之功也. 利而後利之, 不如利而不利**者**之利也, 愛而後用之, 不如愛而不用之**者**之功也. (《荀子》〈富國〉)

  [백성을] 사랑하지 않고 이용하는 것은 사랑한 후에 이용하는 성과만 못하다. [백성을] 이롭게 한 후에 이용하는 것은 이익을 주었으나 이용하지 않는 **것**의 이익만 못하다. [백성을] 사랑한 후에 이용하는 것은 사랑하지만 이용하지 않는 **것**의 성과만 못하다.

- 登高而招, 臂非加長也, 而見**者**遠; 順風而呼, 聲非加疾也, 而聞**者**彰; 假輿馬者, 非利足也, 而致千里; 假舟楫者, 非能水也, 而絶江河. (《荀子》〈勸學〉)

  높은 곳에 올라 [손짓으로] 부른다고 팔이 더 길어지는 것은 아니지만 보는 **자**는 멀리서도 보고, 바람을 따라서 소리친다고 소리가 더 커지는 것은 아니지만 듣는 **자**는 매우 정확하게 들으며, 수레나 말을 타면 다리가 빠르지 않아도 천 리 밖에 도달하고, 배를 타면 헤엄을 잘 치는 것이 아닌데도 장강과 황하를 건널 수 있다.

- 此五**者**, 邦之蠹也. (《韓非子》〈五蠹〉)

  이 다섯 **사람**은 나라의 좀이다.

- 故明主擧實事, 去無用, 不道仁義**者**故, 不聽學**者**之言. (《韓非子》〈顯學〉)

그러므로 현명한 군주는 실질적인 일을 거론하고, 쓸모없는 것을 버리며, 인의라는 **것**의 연고를 말하지 않고, 배우는 **사람**의 [거짓된] 말을 듣지 않는다.

- 所養**者**非所用, 所用**者**非所養, 此所以亂也. (《韓非子》〈顯學〉)
  국가가 양성한 **사람**은 쓸모 있는 사람이 아니며, 사용할 **사람**은 양성하지 않는 것, 이것이 혼란의 원인이다.
- 伯樂教其所憎**者**相千里之馬, 教其所愛**者**相駑馬. (《韓非子》〈說林下〉)
  백락은 그가 미워하는 **사람**에게는 천리마를 보게 하고, 그가 좋아하는 **사람**에게는 둔마를 보게 한다.
- 孟嘗君曰: "視吾家所寡有**者**." (《戰國策》〈齊策四〉)
  맹상군이 말했다. "우리 집에 부족한 **물건**을 보고 [사 오시오]."
- 使吏召諸民當償**者**, 悉來合券. (《戰國策》〈齊策四〉)
  [풍훤(馮諼)은] 관리들을 시켜 백성 중에서 빚을 갚아야 할 **사람**을 소집해 모두 와서 증서를 대조하게 했다.
- 所不去**者**, 醫藥卜筮種樹之書. (《史記》〈秦始皇本紀〉)
  없애지 않은 **것**은 의약과 점술, 나무 심기에 관한 책이다.
- 求人可使報秦**者**, 未得. (《史記》〈廉頗藺相如列傳〉)
  진나라에 보내 [이 문제에] 답변할 만한 **인물**을 찾았지만 찾지 못했다.
- 請益其車騎壯士可爲足下輔翼**者**. (《史記》〈刺客列傳〉)
  당신에게 도움이 될 만한 **것**으로 수레와 말, 장사들을 더 보태주겠소.
- 所擊殺**者**數十人. (《史記》〈刺客列傳〉)
  맞아 죽은 **사람**이 수십 명이다.
- 人取可食**者**食之. (《列子》〈說符〉)
  사람들은 먹을 수 있는 **것**을 취해서 그것을 먹는다.
- 嶢嶢**者**易折, 皦皦**者**易汚. (《後漢書》〈黃瓊列傳〉)
  날카로운 **물건**은 쉽게 부러지고, 깨끗한 **물건**은 쉽게 더러워진다.

ㅈ

- 其石之突怒偃蹇, 負土而出, 爭爲奇狀**者**, 殆不可數. (柳宗元, 〈鈷鉧潭西小丘記〉)

  뾰족하고 기괴한 돌이 땅에서 솟아 있고, 기괴한 형상을 다투는 **돌**은 거의 헤아릴 수 없었다.

- 此非孟德之困於周郎**者**乎? (蘇軾, 〈赤壁賦〉)

  여기는 맹덕(조조)이 주랑(주유)에게 곤욕을 당한 **곳**이 아닌가?

- 黃岡之地多竹, 大**者**如椽. (王禹偁, 〈黃岡竹樓記〉)

  황강 땅에는 대나무가 많은데, 큰 **것**은 마치 서까래만 하다.

  椽: 서까래 연

- 此數**者**, 用兵之患也. (《資治通鑑》〈漢紀〉 獻帝建安十三年)

  이 몇 **가지**가 병사를 다룰 때 피해야 하는 것이다.

- 智**者**成之於順時, 愚**者**敗之於逆理. (崔致遠, 《桂苑筆耕》)

  지혜로운 **사람**은 때를 따르는 데에서 이루고, 어리석은 **사람**은 사리를 거스르는 데에서 실패한다.

❷ **대사** '之(지)'와 통하고 사람과 사물을 모두 대신하며, '그(들)' '그것(들)'이라고 해석한다. 용례는 선진(先秦) 문헌에 한정적으로 보인다.

- 其釣維何? 維魴及鱮. 維魴及鱮, 薄言觀**者**. (《詩經》〈小雅 采綠〉)

  그가 낚은 것은 무엇인가? 방어와 서어구나. 방어와 서어, **그것들**을 보러 가자.

- 積委多, 城郭修, 上下調和, 是故大國不耆攻**者**; 無積委, 城郭不修, 上下不調和, 是故大國耆攻之. (《墨子》〈節葬下〉)

  비축한 것이 매우 많고 성곽이 튼튼하며 윗사람과 아랫사람이 조화로우면 이 때문에 큰 나라도 **그**(나라)를 공격하려 들지 않지만, 비축한 것이 없고 성곽이 견고하지 못하며 윗사람과 아랫사람이 조화롭지 않으면 이 때문에 큰 나라가 공격하는 것이다.

❸ 어조사 '若(약)' '如(여)' '似(사)' 등과 함께 비교를 나타내는 절이나 구에 사용되며, '~듯하다' '~와 같다' '~한 것 같다'라고 해석한다. '若' '如' '似' 등은 생략할 수 있다.

- 且年未盈五十, 而諄諄焉**如**八九十**者**, 弗能久矣. (《左傳》 襄公三十一年)
  또 나이가 쉰이 채 안 되는데도 진지하게 말하는 모양이 여든, 아흔이 된 **것 같으니** 오래 살 수 없을 것입니다.
- 孔子於鄕黨, 恂恂如也, **似**不能言**者**. (《論語》〈鄕黨〉)
  공자께서 향당에 계실 때는 공손한 듯하여 마치 말을 못하는 사람 **같으셨다**.
- 於是公子立自責, **似**若無所容**者**. (《史記》〈魏公子列傳〉)
  그래서 공자(신릉군)가 곧 자책하여 마치 용납되지 못할 **듯이 했다**.
- 子之哭也, 壹**似**重有憂**者**. (《禮記》〈檀弓下〉)
  당신이 [이렇게] 우는 것은 실제로 큰 걱정이 있어서인 **듯하군요**.
- 吾視郭解, 狀貌不及中人, 言語不足採**者**. (《史記》〈游俠列傳〉)
  내가 곽해를 보니 용모는 보통 사람에게 미치지 못했고, 말솜씨도 본받을 만한 **것 같지** 않았다.
- 言之, 貌**若**甚戚**者**. (柳宗元, 〈捕蛇者說〉)
  말을 하는데, 안색이 매우 슬픈 **것 같았다**.
- 然往來視之, 覺無異能**者**. (柳宗元, 〈三戒 黔之驢〉)
  왔다 갔다 하면서 그것을 관찰했지만, 특별한 기능은 없는 **것같이** 느꼈다.

❹ 어조사 제시 혹은 정지를 나타내며, 해석할 필요는 없지만 '~란'이라고도 해석한다.

- 有顔回**者**好學, 不遷怒, 不貳過. (《論語》〈雍也〉)
  안회라는 자가 있어 배우기를 좋아하고, 노여움을 [남에게] 옮기지 않

ㅈ

으며, 같은 잘못을 되풀이하지 않았습니다.

• 窮髮之北有冥海**者**, 天池也. (《莊子》〈逍遙遊〉)

불모의 땅 북쪽에 깊은 바다가 있는데, [이것은] 천지다.

• 傍有老人引牛而過**者**, 聞夫人言, 切其花, 亦作歌辭, 獻之. (一然, 《三國遺事》)

길가에 노인이 소를 끌고 지나가고 있었는데, 부인의 말을 듣고서 그 꽃을 꺾고 또한 노래를 지어서 그녀에게 바쳤다.

• 道**者**, 萬物之始, 是非之紀也. (《韓非子》〈主道〉)

도는 만물의 시작이며, 옳고 그름의 실마리다.

• 齊人有馮諼**者**, 貧乏不能自存. (《戰國策》〈齊策四〉)

제나라 사람 풍훤은 가난하여 스스로 [목숨을] 보존할 수도 없었다.

• 黃帝**者**, 少典◆之子, 姓公孫, 名曰軒轅. (《史記》〈五帝本紀〉)

황제는 소전의 자손으로, 성은 공손이며 이름은 헌원이다.

◆少典(소전): 나라 이름인데, 실제로는 일개 부족 집단에 불과했다.

• 陳勝**者**, 陽城人也. (《史記》〈陳涉世家〉)

진승은 양성 사람이다.

• 廉頗**者**, 趙之良將也. (《史記》〈廉頗藺相如列傳〉)

염파는 조나라의 우수한 장군이다.

• 天下**者**, 高祖天下. (《史記》〈魏其武安侯列傳〉)

천하는 고조(유방)의 천하이다.

• 夫衡人**者**, 皆欲割諸侯之地以予秦. (《史記》〈蘇秦列傳〉)

저 연횡을 주장하는 자들은 모두가 제후의 땅을 분할하여 진나라에 바치려고 한다.

• 馬之千里**者**, 一食或盡粟一石◆. (韓愈, 〈雜說四〉)

[하루에] 천 리를 가는 말은 한 번에 곡식 열 말을 다 먹기도 한다.

◆石(석): 용량의 단위로 열 말을 일컫는다.

• 北山愚公◆**者**, 年且九十, 面山而居. (《列子》〈湯問〉)

북산의 우공은 나이가 곧 아흔이 되는데, 산을 마주하고 살고 있다.

◆愚公(우공): 우공은 나이가 많았는데, 자기 집 앞에 큰 산이 있어 그 산이 후손들에게 불편을 끼칠까 염려하여 그 산을 옮기는 작업을 수년간 지속하여 결국 모두 옮겼다. 그래서 '우공이산(愚公移山)'이라는 고사가 생겨났으며, 무슨 일이든지 꾸준히 노력해나가면 성공할 수 있다는 비유로 잘 쓰인다.

• 夫功**者**, 難成而易敗; 時**者**, 難得而易失也. (《史記》〈淮陰侯列傳〉)

무릇 공적**이란** 이루기는 어렵지만 실패하기는 쉽고, 시기**란** 얻기는 어렵지만 잃기는 쉽다.

• 典雅**者**, 鎔式經誥, 方軌儒門**者**也. (《文心雕龍》〈體性〉)

전아**란** 경전의 가르침에서 모범을 취하고 유가(儒家)의 가르침을 따른 것이다.

• 師**者**, 所以傳道授業解惑也. (韓愈, 〈師說〉)

스승**이란** 도리를 전하고 학업을 가르치며 의문을 풀어주는 사람이다.

• 有蔣氏**者**, 專其利三世矣. (柳宗元, 〈捕蛇者說〉)

장씨라는 사람이 있었는데, 혼자 그(뱀을 잡는 일) 이익을 삼대나 독차지했다.

• 往**者**, 百濟先王, 迷於逆順, 不敦隣好, 不睦親姻, 結託高句麗, 交通倭國, 幷爲殘暴, 侵削親羅, 剽邑屠城, 略略無寧歲. (金富軾, 《三國史記》)

이전에 백제의 전왕은 따르고 거스르는 데 어두워, 이웃과 돈독히 지내지 못하고 인척과 화목하지 않으며, 고구려와 결탁하고 왜국과 교통하여 함께 잔혹한 행동을 하며, 신라를 침략하고 마을과 성을 도륙하여 거의 편안할 때가 없었다.

• 文**者**, 蹈道之門, 不涉不經語. (崔滋, 《補閑集》)

글은 도에 들어가는 문이니, 도에 맞지 않는 말은 하지 않는다.

• 人非學問, 固難知其何**者**爲孝, 何**者**爲忠, 何**者**爲弟, 何者爲信. (郭鍾錫,

ㅈ

〈啓蒙篇〉)

사람이 학문하지 않으면 진실로 무엇이 효도가 되고, 무엇이 충성이 되며, 무엇이 공경이 되고, 무엇이 믿음이 되는지 알기 어렵다.

❺ **어조사** 원인과 결과를 나타내는 문장이나 조건문에 쓰여 아래 문장이 있음을 나타내며, 해석할 필요는 없으나 경우에 따라서는 문장의 뜻에 따라 적절하게 해석해도 무방하다.

- 入則無法家拂士, 出則無敵國外患**者**, 國恒亡. (《孟子》〈告子下〉)

  [만약에] 안으로는 법을 지키는 집안과 보필하는 선비가 없고, 밖으로는 적국과 재난이 없다면, 나라는 항상 멸망한다.

- 井蛙不可以語於海**者**, 拘於虛也. (《莊子》〈秋水〉)

  우물 안 개구리에게 바다에 대해 이야기할 수 없는 것은 사는 곳에 얽매여 있기 때문이다.

- 若不得**者**, 則大憂以惧. (《莊子》〈至樂〉)

  만일 얻지 못한다면 매우 걱정하고 두려워할 것이다.

- 是故無冥冥◆之志**者**, 無昭昭之明; 無惛惛◆之事**者**, 無赫赫之功. (《荀子》〈勸學〉)

  이 때문에 조용하고 정성스런 뜻이 없으면 밝은 지혜가 없을 것이고, 노력을 많이 하지 않는다면 [일에는] 빛나는 공이 없을 것이다.

  ◆冥冥(명명): 조용하고 정성스런 모양.

  ◆惛惛(혼혼): 본래 정신이 흐려 잘 잊는다는 뜻인데, 여기서는 노력을 많이 한다는 의미로 쓰임.

- 蟹六跪而二螯, 非蛇蟺之穴無可寄托**者**, 用心躁也. (《荀子》〈勸學〉)

  게는 다리가 여섯 개이고 집게발이 두 개나 되지만, 뱀장어의 굴이 아니면 의탁할 만한 곳이 없다는 것은 마음 씀씀이가 조급하기 때문이다.

  蟹: 게 해 | 螯: 집게발 오 | 蛇: 뱀 사 | 蟺: 선어 선(뱀장어) | 躁: 성급할 조

• 上索我**者**, 以我有美珠也. (《韓非子》〈說林〉)

군주가 나를 찾은 까닭은 나에게 아름다운 구슬이 있기 때문이다.

• 使其主有大失於上, 臣有大罪於下, 索國之不亡**者**, 不可得也. (《韓非子》〈孤憤〉)

군주는 위에서 큰 잘못을 저지르고 신하는 아래에서 큰 죄를 짓게 해놓는다면, 나라가 망하지 않기를 바란다 해도 이룰 수 없다.

• 吾妻之美我**者**, 私我也; 妾之美我**者**, 畏我也; 客之美我**者**, 欲有求於我也. (《戰國策》〈齊策一〉)

내 아내가 나를 아름답다고 하는 것은 나를 편애하기 때문이고, 첩이 나를 아름답다고 하는 것은 나를 두려워하기 때문이며, 손님이 나를 아름답다고 하는 것은 나에게 바라는 것이 있기 때문이다.

• 卽有所取**者**, 是商賈之人也. (《戰國策》〈趙策三〉)

만약에 얻는 바가 있다면 이 사람은 장사꾼이다.

• 若入前爲壽, 壽畢, 請以劍舞, 因擊沛公於坐, 殺之. 不**者**, 若屬皆且爲所虜. (《史記》〈項羽本紀〉)

네가 들어가서 앞으로 나가 축수하고, 축수가 끝나면 검무를 추겠다고 하여 [흥을 더하고], 이 기회를 틈타 패공을 자리에서 찔러 죽여라. 그러지 않으면 너희는 모두 장차 포로가 될 것이다.

• 如復見文**者**, 必唾其面而大辱之. (《史記》〈孟嘗君列傳〉)

만약에 다시 나를 보러 온다면 틀림없이 그의 얼굴에 침을 뱉고 심하게 욕할 것이다.

• 且漢之傳謚常爲'孝'**者**, 以長有天下, 令宗廟血食◆也. (《漢書》〈霍光列傳〉)

그리고 한나라의 [대대로] 전하는 [군주의] 시호에 항상 '孝(효)'를 사용한 까닭은 [자손들이] 영원히 천하를 보유하여 종묘에 제사를 지낼 수 있게 하기 위해서이다.

◆ 血食(혈식): 제사상에 올리는 음식.

ㅈ

• 然操遂能克紹, 以弱爲强**者**, 非惟天時, 抑亦人謀也. (《三國志》〈蜀書 諸葛亮傳〉)

그러나 조조가 마침내 원소를 이겨 약소국에서 강대국으로 될 수 있었던 것은, 단지 천시(天時) 때문만이 아니라 또한 사람의 계책 때문이다.

• 不以木爲之**者**, 文理有疏密, 沾水則高下不平. (《夢溪筆談》〈活板〉)

나무로 그것(활자)을 만들지 못하는 이유는 나무의 무늬에는 엉성한 것과 촘촘한 것이 있으므로 물에 적시면 높낮이가 고르지 않기 때문이다.

• 吾聞見危致命, 臨難忘身**者**, 烈士之志也. (金富軾, 《三國史記》)

나는 위태로움을 보면 목숨을 바치고, 어려움을 당하면 자신을 잊는 것이 절개가 굳은 선비의 뜻이라고 들었다.

❻ **어조사** 문장 끝에 사용되며, 구 첫머리의 의문사와 결합하여 의문문을 만든다. 그러나 의문사가 없는 진술문에서는 문장의 종결을 나타낸다.

• 古者有明天子, 則紀侯必誅, 必無紀**者**. (《公羊傳》莊公四年)

[만약] 옛날에 현명한 천자가 있었다면 틀림없이 기후를 죽였을 것이고, 틀림없이 기나라를 없앴을 것**이다**.

• **安**見方六七十如五六十而非邦也**者**? (《論語》〈先進〉)

사방 60~70리 또는 50~60리라고 해서 **어찌** 나라가 아니겠**느냐**?

• 惡紫之奪朱也, 惡鄭聲之亂雅樂也, 惡利口之覆邦家**者**. (《論語》〈陽貨〉)

자주색이 붉은색을 빼앗는 것을 미워하고, 정나라 음악이 아악(고전음악)을 어지럽히는 것을 미워하며, 입만 놀리는 사람이 나라를 뒤엎는 것을 미워**한다**.

• 左右曰: "固然." 王因誅二人**者**. (《韓非子》〈內儲說下〉)

주위에서 말했다. "확실히 그러합니다." [그러자] 왕은 곧 두 사람을 죽였**다**.

• **孰**謂晏子習於禮**者**? (《晏子春秋》〈內篇雜下〉)

누가 안자를 예에 익숙하다고 말했**는가**?

- 潦水不泄, 瀇瀁◆極望, 旬月不雨, 則涸而枯, 澤受瀷而無源**者**. (《淮南子》〈覽冥訓〉)

  웅덩이에 괸 물이 새어 나가지 않으면 눈길 닿는 곳까지 물이 가득 넘실대지만, [만약] 한 달만 비가 내리지 않으면 곧 말라서 고갈되는 이유는 웅덩이가 빗물을 받아들일 뿐 [물이 솟아나는] 근원이 없기 때문**이다**.

  ◆瀇瀁(왕양): 물이 깊고 넓은 모양.

- 地者, 先君之地, 君亡在外, **何**以得擅許秦**者**? (《史記》〈晉世家〉)

  토지는 조상들의 토지인데, 임금께서 망명하여 [나라] 밖에 계시면서 **어떻게** 마음대로 진나라에게 허락해줄 수 있**습니까**?

- 黃生曰: "冠雖敝, 必加於首; 履雖新, 必關於足. **何者**? 上下之分也." (《史記》〈儒林列傳〉)

  황생이 말했다. "관은 비록 해졌어도 반드시 머리에 써야 하고, 신발은 비록 새것이라도 반드시 발에 신어야 한다. **무엇 때문인가**? 위아래의 구분이 있기 때문이다."

- 如在戶, 則宜高其戶耳. **誰**而及之**者**? (《論衡》〈福虛〉)

  만약 문에 달려 있다면 그 문을 높게 할 뿐이다. [그렇게 하면] **누가** 거기에 미치겠**는가**?

- 元豐七年六月丁丑, 余自齊安舟行適臨汝, 而長子邁將赴饒之德興尉, 送之至湖口, 因得觀所謂石鐘**者**. (蘇軾, 〈石鐘山記〉)

  원풍 7년 6월 정축일에 나는 제안으로부터 배를 타고 임여로 갔는데, 큰아들 소매(蘇邁)가 장차 요주(饒州) 덕흥현(德興縣)의 현위(縣尉)로 부임하게 되어 그를 호구까지 전송했으며, 그 기회에 이른바 석종산(石鐘山)을 볼 수 있었**다**.

❼ **어조사** 시간을 나타내는 단어 뒤에 놓이며, 별다른 뜻은 없다.

ㅈ

- 古**者**蒼頡之作書也, 自環**者**謂之'私'. (《韓非子》〈五蠹〉)

  옛날에 창힐이 문자를 창조할 때 스스로 영위하는 것을 '私(사)'라 일컬었다.

- 老臣今**者**殊不欲食. (《戰國策》〈趙策四〉)

  저는 요즈음 먹고 싶은 음식이 전혀 없습니다.

- 昔**者**, 吾舅死於虎. (《禮記》〈檀弓下〉)

  옛날에 나의 시아버지가 호랑이에게 죽었다.

- 今**者**項莊拔劍起舞, 其意常在沛公也. (《史記》〈項羽本紀〉)

  지금 항장이 칼을 뽑아 일어나서 춤을 추고 있는데, 그 뜻은 항상 패공을 죽이려는 데 있다.

- 曩**者**辱賜書, 教以慎於接物, 推賢進士爲務. (司馬遷, 〈報任安書〉)

  지난번에 보내주신 편지에 사람을 대할 때는 신중하게 하며, 현명한 사람을 추천하고 선비를 나오게 하는 일을 급선무로 삼으라고 가르쳐주셨습니다.

者也(자야)

어조사 문장의 끝에 쓰여 화자의 의지를 강조한다. 해석할 필요는 없다.

- 君子而不仁者有矣夫, 未有小人而仁**者也**. (《論語》〈憲問〉)

  군자이면서 인(仁)하지 못한 사람은 있으나, 소인이면서 인(仁)한 사람은 없다.

- 二者不可得兼, 舍魚而取熊掌**者也**. (《孟子》〈告子上〉)

  두 가지 모두를 가질 수 없다면, 물고기를 버리고 곰 발바닥을 취하겠다.

- 項王按劍而跽◆曰: "客何爲者?" 張良曰: "沛公之參乘◆樊噲**者也**." (《史記》〈項羽本紀〉)

항왕이 검을 잡고 무릎을 꿇으며 말했다. "그대는 무엇 하는 사람이오?" 장량이 말했다. "[그는] 패공의 참승인 번쾌입니다."

◆跽(기): 허리를 꼿꼿이 세우고 꿇어앉는 것으로 정중하게 경의를 표하는 자세다. 장궤(長跪).

◆參乘(참승): '배승(陪乘)'이라고도 하는데, 수레를 탈 때 항상 수레의 오른쪽에 서서 호위를 한다.

跽: 꿇어앉을 기

• 儒家者流, 蓋出於司徒◆之官, 助人君順陰陽, 明教化**者也**. (《漢書》〈藝文志〉 諸子略)

유가 무리는 대개 사도관(司徒官) 출신으로 임금을 도와 음양을 따르며 교화를 밝히는 사람들이다.

◆司徒(사도): 주나라 때 교육을 맡은 벼슬.

• 權也者, 達經**者也**. (柳宗元, 〈斷刑論〉)

권도란 원칙을 실현시키는 것이다.

• 此朕拔諸水火, 而登於衽席◆**者也**. (宋濂, 〈閱江樓記〉)

이것이 짐이 [그들을] 물과 불(도탄)에서 구하여 안락한 곳에 오르게 함이다.

◆衽席(임석): 안락한 자리. 원뜻은 요와 이불.

ㅈ

者耶/者邪(자야)

어조사 강조 어감을 지닌 의문문이나 반어문을 만든다. '~는가' '~인가' 라고 해석한다.

• 彼何人**者邪**? (《莊子》〈大宗師〉)

그들은 어떤 사람들**인가**?

• 快哉此風! 寡人所與庶人共**者邪**? (宋玉, 〈風賦〉)

시원하구나, 이 바람이여! 과인에게 백성과 함께하라는 것**인가**?

• '見義不爲無勇'**者邪**? (《史記》〈管晏列傳〉)

'정의를 보고도 실천하지 않은 용기 없는 행동'이라고 할 수 있겠**는가**?

• 故士窮窘而得委命. 此豈非人之所謂賢豪閒**者邪**? (《史記》〈游俠列傳〉)

그래서 이름 있는 선비들도 막다른 골목에 몰리면 그들에게 목숨을 맡기게 된다. [그들이야말로] 어찌 사람들이 말하는 현인이나 호걸이 아니겠**는가**?

• 千金之家比一都之君, 巨萬者乃與王者同樂. 豈所謂"素封"**者邪**? 非也? (《史記》〈貨殖列傳〉)

천금의 부자는 한 도읍의 군주와 맞먹고, 거만금의 부자는 왕과 즐거움을 같이한다. [그들이야말로] 이른바 '소봉(素封)'이라고 할 만한 자들**인가**? 아닌가?

• 後世誰知定吾文**者邪**? (曹植, 〈與楊德祖書〉)

후세에 누군가 내 문장을 바로잡을 것임을 [어찌] 알겠**는가**?

者矣(자의)

어조사 긍정문의 끝에 쓰이며 뜻을 강조한다. 해석할 필요는 없다.

• 夫環而攻之, 必有得天時**者矣**. (《孟子》〈公孫丑下〉)

포위하여 공격하려면 반드시 하늘의 때를 얻어야만 한다.

• 淸廟之瑟, 朱弦而疏越, 一倡而三歎, 有遺音**者矣**. (《史記》〈樂書〉)

청묘(淸廟)의 비파에는 붉은 현과 드문드문한 구멍이 있을 뿐이며, [연주할 때] 한 사람이 부르면 세 사람이 따라 부를 뿐이지만, 이를 [듣고 나면] 남아 있는 소리가 있다.

• 登斯樓也, 則有心曠神怡, 寵辱皆忘, 把酒臨風, 其喜洋洋**者矣**. (范仲淹, 〈岳陽樓記〉)

이 누각(악양루)에 오르면 마음이 넓어지고 정신이 유쾌해져 영욕을 모두 잊으며, 술잔을 잡고 바람을 맞으니 매우 즐거울 것이다.

者哉(자재)

어조사 문장 끝에 쓰여 반문의 어감을 강조한다. '~하겠는가'라고 해석한다.

• 專用己之私, 而能享祐**者哉**? (揚雄, 〈劇秦美新〉)

오로지 자신의 사욕만 채우려 하면, [천지신명의] 도움을 누릴 수 있**겠는가**?

• 及振鐸之夢, 豈不欲引曹之祀**者哉**? (《史記》〈管蔡世家〉)

진탁(振鐸)이 꿈에 나타난 것은 어찌 조나라의 제사를 보전하려고 하는 것이 아니**겠는가**?

• 至其諫說, 犯君之顏, 此所謂'進思盡忠, 退思補過'**者哉**! (《史記》〈管晏列傳〉)

왕에게 간언할 때는 왕의 얼굴빛에 조금도 구애받지 않았으니, 이것은 '나아가서는 충성을 다할 것을 생각하고 물러나서는 허물을 보충할 것을 생각한다.'는 것**이리라**!

• 白公如不自立爲君者, 其功謀亦不可勝道**者哉**! (《史記》〈伍子胥列傳〉)

백공도 만일 스스로 왕이 되려고만 하지 않았던들, 그 공적과 계책이 어찌 훌륭하지 않다고 할 수 있**겠는가**!

ㅈ

者乎(자호)

어조사 의문이나 반문을 강조하며, '~인가'라고 해석한다.

- 吾聞之新沐者必彈冠, 新浴者必振衣. 安能以身之察察, 受物之汶汶**者乎**? (《楚辭》〈漁父〉◆)

  내가 듣건대 방금 머리를 감은 사람은 반드시 관을 털고, 방금 몸을 씻은 사람은 반드시 옷을 턴다고 한다. 어떻게 깨끗한 몸에 더러운 물건을 받아들일 수 있겠**는가**?

  ◆〈漁父(어부)〉: 굴원이 추방되어 강호 사이를 오가며 시름을 달래고 있을 때, 은둔하면서 강가에서 고기를 낚으며 흔연히 즐거워하는 어부를 만나 문답한 내용을 적었다.

- 吾未聞枉己而正人者也, 況辱己以正天下**者乎**? (《孟子》〈萬章上〉)

  나는 자신을 굽혀 다른 사람을 바르게 한다는 것을 듣지 못했으니, 하물며 자신을 욕되게 하여 천하를 바로잡을 수 있겠**는가**?

- 誰習計會, 能爲文收責於薛**者乎**? (《戰國策》〈齊策四〉)

  누가 회계에 익숙하여 나를 위해 설읍(薛邑)에 가서 빚을 받아올 수 있겠**는가**?

- 備不曉兵, 豈有七百里營可以拒敵**者乎**? (《三國志》〈魏書 文帝紀〉)

  유비는 병법을 알지 못하는데, 어찌 7백 리에 이르는 군영을 만들어 적을 막을 수 있겠**는가**?

- 白璧微瑕, 惟在閑情一賦, 揚雄所謂'勸百而諷一己'**者乎**? (蕭統, 〈陶淵明集序〉)

  흰 옥에 작은 흠은 오직 〈한정부〉 한 편에 있으니, 양웅이 이른바 '백 가지를 권하면서 한 가지를 풍간한다.'고 한 것**인가**?

- 得無有出於山水之外**者乎**? (宋濂, 〈送天台陳庭學序〉)

  아마도 산수의 밖에서 나오지 않은 것**인가**?

玆(자)

❶ **대사** 가까운 사람이나 사물, 장소를 가리킨다. '여기' '이' '이것'이라고 해석한다.

- 文王旣沒, 文不在**玆**乎? (《論語》〈子罕〉)

  문왕께서는 이미 돌아가셨지만, 문(문화)이 **여기**(공자를 지칭) 있지 않은가?

- 三宿以後出晝◆, 是何濡滯也? 士◆則**玆**不悅. (《孟子》〈公孫丑下〉)

  사흘 밤을 지낸 후 주읍을 떠나니 무엇 때문에 지체하는가? 나는 **이** 점이 기쁘지 않다.

  ◆晝(주): 지명.

  ◆士(사): 윤사(尹士)의 자칭.

- 惟**玆**臣庶, 汝其于予治. (《孟子》〈萬章上〉)

  이 여러 신하를 너는 내게 와서 다스려라.

- **玆**可謂一勞而久逸, 暫費而永寧也. (班固, 〈封燕然山銘〉)

  이것은 한 차례 수고하여 오랫동안 편안하고, 잠시 번거로워서 영원히 평온한 것이라고 할 만하다.

- 登**玆**樓以四望兮, 聊暇日以銷憂. (王粲, 〈登樓賦〉)

  이 누각에 올라 사방을 바라보며, 잠시 한가한 날에 근심을 없애네.

- 鳩集兆民, 于**玆**魏土, 使封鄙之內, 雞鳴狗吠, 達於四境, 蒸庶欣欣, 喜遇升平. (《三國志》〈魏書 王郎傳〉)

  [태조께서는] 억조의 백성을 규합하여 **이** 위나라 땅에서 봉토 안의 닭 우는 소리와 개 짖는 소리가 사방의 경계에까지 이르게 하니, 백성은 기뻐하며 태평성대를 맞이했음을 기뻐했다.

- 念**玆**在玆, 永言孝思. (《晉書》〈潘岳列傳〉)

ㅈ

생각이 **여기**에 있으니, 그 효도 영원하네.

- 人各有能, **玆**言乃信, 惜乎! (《南史》〈謝靈運列傳〉)

  사람은 저마다 능력이 있다는 **이** 말이 곧 믿을 만하니, 애석하구나!

- 書於石, 所以賀**玆**丘之遭也. (柳宗元, 〈鈷鉧潭西小丘記〉)

  [이런 말을] 돌에 적은 까닭은 **이** 언덕에서의 만남을 축하하기 위함이다.

- 覽此集者, 其念在**玆**. (李珥, 《栗谷全書》)

  이 시집을 보는 이는 그 생각이 **여기**에 있을 것이다.

❷ **부사** '滋(자)'와 같고 본래 초목이 무성해졌다는 의미에서 파생된 것으로서 정도의 발전을 나타낸다. '더욱더' '한층' 등으로 해석한다.

- 苟亏虧愈多, 其不仁**玆**甚, 罪益厚. (《墨子》〈非攻上〉)

  만일 [다른 사람에게] 손해를 끼치는 것이 많아질수록 그의 어질지 못함은 **더욱** 심해지고, 죄는 더욱더 두터워질 것이다.

  虧: 이지러질 휴

- 禍之長也**玆**萃. (《莊子》〈徐無鬼〉)

  재앙의 증가 또한 **더욱더** 집중된다.

  萃: 모일 췌

- 是以竇太后**玆**不說魏其等. (《史記》〈魏其武安侯列傳〉)

  이 때문에 두태후는 **더욱더** 위기 등을 좋아하지 않았다.

- 賦斂**玆**重, 百姓屈竭, 禍在外也. (《漢書》〈五行志上〉)

  조세가 **더욱더** 무거워져 백성이 기력이 다했는데, 재앙이 밖에서 있었다.

- 冀雖辭不肯當, 而侈暴**玆**甚. (《後漢書》〈梁冀列傳〉)

  양기(梁冀)는 비록 사양하여 감당하려 하지 않았지만, 사치와 포악함이 **더욱더** 심해졌다.

❸ **접속사** 앞 문장의 조건을 이어 결과를 이끌며, '곧' '비로소'라고 해석

한다. '斯(사)' '此(차)'와 같다.

• 師有濟◆也, 君而繼之, **玆**無敵矣. (《左傳》 昭公二十六年)

군대가 성공을 거두고 군왕이 이어받으면, **곧** 적이 없을 것이다.

◆濟(제): 여기서는 '건너다'라는 뜻이 아니라 '이루어지다'라는 뜻으로 쓰였다.

• 心術◆旣形, **玆**華乃贍. (《文心雕龍》〈情采〉)

마음이 드러난 뒤에야 **비로소** 문채가 풍부해진다.

◆心術(심술): 마음.

❹ 어조사 '哉(재)'와 같고, 감탄을 나타낸다. '~이여' '~하구나'라고 해석한다.

• 昭◆**玆**來許◆! 繩其祖武. (《詩經》〈大雅 下武〉◆)

앞날을 밝히심**이여**! 조상의 발자취를 계승했구나.

◆昭(소): '劭(소)'와 통함.

◆來許(내허): 앞날.

◆〈下武(하무)〉: 무왕(武王)이 선왕들의 위대한 발자취를 계승하여 나라를 잘 다스린 것을 찬미한 시이다.

ㅈ

• 嗚呼! 休**玆**! (《尙書》〈立政〉)

아! 아름답**구나**!

休: 좋을 휴

• 徂**玆**淮夷徐戎竝興. (《尙書》〈費誓〉)

지난번에 회이와 서융이 동시에 병사를 일으켰**구나**.

• 嗟**玆**乎! 聖人之言, 長乎哉! (《管子》〈小稱〉)

아아! 성인의 말이 뛰어나**구나**!

【참고】

① 해[年]: • 今**玆**未能, 請輕之. (《孟子》〈滕文公下〉) 금**년**에는 제대로 할 수 없

으니 가볍게 하겠습니다. • 今**玆**美禾, 來**玆**美麥. (《呂氏春秋》〈任地〉) 금**년**에는 벼가 잘 익었지만, **내년**에는 보리가 잘될 것이다.

② 현재: • 今臣生十二歲於**玆**矣. (《史記》〈樗里子甘茂列傳〉) 이제 소생은 **현재** 열두 살입니다.

玆故(자고)

접속사 결과나 결론을 나타내며, 뒤 문장의 맨 앞에 쓰인다. '이 때문에'라고 해석한다. '是故(시고)'와 같다.

- 以余正四方, 余恐德之不類. **玆故**不言. (《國語》〈楚語上〉)

  내가 사방을 정벌하므로 나는 덕이 선하지 못할까 두려워했다. **이 때문에** [지금까지] 말을 하지 않았다.

  類: 좋을 류

- 余唯恐言之不類也, **玆故**不言. (《呂氏春秋》〈重言〉)

  나는 오직 말이 옳지 않을까 두려워 **이 때문에** 말하지 않았다.

玆乃(자내)

접속사 순접을 나타내며, '따라서'라고 해석한다.

- 立事牧夫準人, 則克宅之, 克由繹之, **玆乃**俾乂. (《尙書》〈立政〉)

  입사·목부·준인 등의 관원에 대한 선발은 그들을 임용하여 재능을 모두 펼치게 하면, **따라서** 잘 다스리게 된다.

  乂: 다스릴 예

玆用(자용)

접속사 결과나 결론을 나타내며, '이로 인하여'라고 해석한다. '是用(시용)'과 같다.

- 好生之德, 洽于民心, **玆用**不犯于有司. (《尙書》〈大禹謨〉)

  삶을 아끼시는 덕이 민심에 두루 미쳤으므로, **이로 인하여** [백성은] 담당 관리에게 함부로 하지 않는다.

  洽: 두루 미칠 흡

玆益/滋益(자익)

부사 정도의 발전을 나타내며, '더욱더'라고 해석한다.

- 及正考父, 佐戴·武·宣, 三命**玆益**共◆. (《左傳》昭公七年)

  정고보 때에 와서 대공(戴公)·무공(武公)·선공(宣公)을 보좌하여 상경(上卿)이 되었으나 **더욱더** 공경했다.

  ◆共(공): '恭(공손할 공)'과 같다.

- 所亡失已十萬數, 而諸侯竝起**玆益**多. (《漢書》〈項籍列傳〉)

  도망친 군사가 이미 10만이나 되니, 제후들이 나란히 일어나는 일이 **더욱더** 많아질 것입니다.

- 今將軍爲秦將三歲矣, 所亡失以十萬數, 而諸侯并起**滋益**多. (《史記》〈項羽本紀〉)

  지금 장군께서는 진나라의 장수가 된 지 3년인데, 도망친 군사가 10만이나 되니 제후들이 나란히 일어나는 일이 **더욱더** 많아질 것입니다.

滋(자)

부사 정도의 깊이나 사태의 발전적 추이를 나타내며, '더욱'이라고 해석한다. 둘 이상의 구에 '滋(자)'가 연이어 쓰이면 정도의 점진적 심화를 나타내며, '~할수록 ~ 더욱'이라고 해석한다.

- 不如早爲之所, 無使**滋**蔓. (《左傳》 隱公元年)
  일찍이 조처하여 [그의 세력이] **더욱** 뻗어나지 못하게 하는 것이 낫습니다.
- 何以庇之? 所亡**滋**多. (《左傳》 僖公二十五年)
  무엇으로써 감싸겠습니까? 잃는 것이 **더욱** 많을 것입니다.
- 若獲諸侯, 其虐**滋**甚, 民弗堪也. (《左傳》 昭公元年)
  만일 제후[의 지지]를 얻는다면, 그의 잔혹함은 **더욱** 심해져 백성은 견딜 수 없을 것이다.
- 不戰而反, 我罪**滋**厚. (《國語》〈晉語一〉)
  싸우지 않고 돌아왔으니 나의 죄는 **더욱** 크다.
- 積貨**滋**多, 蓄怨**滋**厚, 不亡何待! (《國語》〈楚語下〉)
  쌓인 재물이 많아질**수록** 쌓인 원망이 **더욱** 두터워질 것이니, 망하지 않고 무엇을 기다리겠는가!
- 若是則弟子之惑**滋**甚. (《孟子》〈公孫丑上〉)
  이와 같으면 제자의 의혹이 **더욱** 심해집니다.
- 行地**滋**遠, 得民**滋**衆. (《呂氏春秋》〈懷寵〉)
  행군하는 지역이 멀어질**수록** 백성을 얻는 것은 **더욱** 많아진다.
- 武安由此**滋**驕, 治宅甲諸第. (《史記》〈魏其武安侯列傳〉)
  무안후(武安侯)는 이로부터 **더욱** 교만해져, 집을 수리하여 어떤 저택보다 으뜸으로 만들었다.

• 民務稼穡◆, 衣食**滋**殖. (《漢書》〈循吏列傳〉)

백성이 힘써서 농사를 지으면, 먹고 입는 것이 **더욱** 늘어날 것이다.

◆稼穡(가색): 곡식을 심고 거두는 일. 즉 농사를 말함.

• 貪取**滋**甚. (柳宗元, 〈蝜蝂傳〉)

탐욕이 **더욱** 심해졌다.

【참고】

① 자라다: • 草木庳小不**滋**. (《呂氏春秋》〈明理〉) 초목이 작고 **자라지** 않는다.

庳: 낮을 비

② 재배하다: • 余旣**滋**蘭之九畹◆兮. (屈原, 〈離騷〉) 나는 이미 180이랑의 난초를 **재배했다**. ◆畹(원): 20이랑.

藉(자)

전치사 동작이나 행위 및 수단을 이끌어내며, '~에 근거하여' '~에 의지하여' 등으로 해석한다.

• 北方有侮臣. 願**藉**子殺之. (《墨子》〈公輸〉)

북방에 신을 모욕하는 자가 있으니, 원컨대 그대**에게 의지하여** 그를 죽이고자 한다.

• 彼道自來, 可**藉**與謀. (《管子》〈內業〉)

그 도가 스스로 온다면, 정말 그것**에 의지하여** 함께 도모할 것이다.

藉使(자사)

접속사 가설을 나타내며, 문장의 첫머리에 쓰인다. '만약 ~가 있었다면'이라고 해석한다. '假使(가사)'와 같다.

- **藉使**子嬰有庸主之材, 僅得中佐, 山東雖亂, 秦之地可全而有, 宗廟之祀未當絶也. (《史記》〈秦始皇本紀〉)

  만약 자영에게 평범한 군주의 재능이 있었고 겨우 중간 정도의 재능을 지닌 보좌**가 있었다면**, 산동이 비록 혼란스러웠다 해도 진나라 땅을 온전히 보전할 수 있었을 것이며, 종묘의 제사는 당연히 끊어지지 않았을 것이다.
- **藉使**意不出此, 以景趣爲意, 亦自不凡. (馬永卿, 《嬾眞子·杜牧之詩寓意》)

  만약 의경이 이것을 벗어나지 않**더라도**, 풍경의 정취로써 의경을 삼는다면 또한 스스로 평범하지 않을 것이다.

藉弟令(자제령)

부사 가설을 나타내며, 문장의 첫머리에 쓰인다. '만약' '설령' 등으로 해석한다.

- 公等遇雨, 皆已失期. 失期當斬. **藉弟令**毋斬, 而戍死者固十六七. (《史記》〈陳涉世家〉)

  그대들은 비를 만나 모두 이미 기한을 넘겼다. 기한을 넘기면 마땅히 목을 베어야 한다. **설령** [그대들의] 목이 베이지 않더라도 변경을 지키다 죽는 사람이 본래 열 가운데 예닐곱은 된다.

作(작)

부사 동사 앞에 놓이며, '비로소'라고 해석한다.

- 儀刑文王, 萬邦**作**孚. (《詩經》〈文王〉)
  문왕을 본받으니 온 나라가 **비로소** 따르리라.
- 沱·潛旣道, 雲土, 夢**作**乂. (《尙書》〈禹貢〉)
  타수와 잠수가 이미 길이 나자, 운택의 땅이 [보이고] 몽택이 **비로소** 다스려졌다.

暫/蹔(잠)

❶ **부사** 짧은 시간을 나타내며, '며칠만' '잠시'라고 해석한다.

- 友人勸其仕, 憲亦不拒之, **暫**到京師而還, 意無所就. (《後漢書》〈黃憲列傳〉)
  친구들이 그에게 벼슬하라고 권하자 황헌(黃憲)은 거절하지 않고 **며칠** 서울에 갔다가 돌아왔는데, [벼슬에] 나아가려는 생각은 없었다.
- 卿但**暫**還家. 吾今且報府◆. (無名氏, 〈焦仲卿妻〉)
  너는 **며칠만** 집에 돌아가 있거라. 나는 지금 우선 관청에 알려야겠다.
  ◆府(부): 樂府(악부). 한무제 때 설립된 음악을 관리하는 관청으로서 주로 민가(民歌)를 수집하여 교사악(郊祀樂)을 지었는데, 차차 음악성을 띤 시체(詩體)로 명칭이 바뀌었다. 부(賦)와 비견되는 평민 대중의 시가라고 볼 수 있다.
- 王子猷嘗**暫**寄人空宅住, 便令種竹. (《世說新語》〈任誕〉)
  왕휘지(王徽之)는 일찍이 **잠시** 다른 사람의 빈집에 의탁하여 살면서 곧 대나무를 심도록 했다.

• 愛惡相攻, 利害相奪, 其勢常也, 若積水於防, 燎火於原, 未嘗**暫**靜也. (《文選》〈晉紀總論〉)

사랑과 미움은 서로 공격하고 이로움과 해로움은 서로 쟁탈을 벌이는데, 이러한 형세는 항상 있는 일이어서 마치 물을 제방에 담아두고 불을 넓은 들판에서 태우는 것처럼 **잠시**도 안정된 적이 없다.

• 時到幽樹好石, **暫**得一笑, 已復不樂. (柳宗元, 〈與李翰林建書〉)

어떤 때는 우거진 수목과 아름다운 돌이 있는 곳으로 가서 **잠시** 웃을 수 있었지만, 이미 또 즐겁지 않았다.

• **暫**借君子耳, 試聽小民語. (魚無迹, 〈流民嘆〉)

잠시 군자의 귀를 빌려 백성의 말을 들어보시오.

• 吾不耐一朝之飢, 未竟讀書, **暫**借君萬金. (《熱河日記》〈許生傳〉)

나는 하루아침의 배고픔을 견디지 못하여 글 읽기를 마치지 못하고 **잠시** 당신에게 돈 만 냥을 빌렸소.

• 昨過永明寺, **暫**登浮碧樓. (李碧, 〈浮碧樓〉)

어제 영명사를 지날 때 **잠시** 부벽루에 올랐다.

❷ **부사** 일이 갑자기 일어나거나 결과가 의외임을 나타내며, '갑자기' '돌연'이라고 해석한다.

• 武夫力而拘諸原, 婦人**暫**而免諸國. (《左傳》僖公三十三年)

병사들은 힘을 다해 들판에서 그를 잡았는데, 부인이 **돌연** 도성에서 놔줬다.

• 廣詳死, 睨其旁有一胡兒騎善馬. 廣**暫**騰而上胡兒馬, 因推墮兒, 取其弓. (《史記》〈李將軍列傳〉)

이광(李廣)은 죽은 체하며 옆에서 오랑캐 한 놈이 준마를 타는 것을 훔쳐보았다. 이광은 **갑자기** 일어나 오랑캐 놈의 말에 뛰어올라 놈을 밀어 떨어뜨리고 그의 활을 빼앗았다.

• 聞聖人人之奇者, 身有奇骨, 知能博達, 則謂之聖矣. 及其知之, 非卒見**暫**聞而輒名之爲聖也, 與之偃伏, 從之受學, 然後知之. (《論衡》〈講瑞〉)

성인은 특별한 사람이라고 들었는데, 몸에 남다른 풍모가 있고 지식이 넓고 통달할 수 있으면 이를 성인이라 한다. [그러나] 성인을 알아볼 때 창졸간에 보고 **갑자기** 듣고서 문득 그를 성인으로 부를 수는 없으니, 반드시 그와 왕래를 하고 그를 따라 가르침을 받은 다음에야 그가 성인인지를 알 수 있다.

• 今夜聞君琵琶語, 如聽仙樂耳**暫**明. (白居易, 〈琵琶行〉)

오늘 밤 그대의 비파 소리 들으니, 신선의 음악을 듣는 듯 귀가 **갑자기** 밝아지네.

❸ **부사** 얼마 전에 발생한 것을 나타내며, '막' '비로소'라고 해석한다. '始(시)' '初(초)'와 어울려 쓰인다.

• 或春苔兮始生, 乍秋風兮**暫**起. (江淹, 〈別賦〉)

문득 봄 이끼가 막 생기더니, 홀연히 가을바람이 **막** 불어온다.

• 玉管初調, 鳴弦**暫**撫. (庾信, 〈春賦〉)

옥피리가 비로소 조화를 이루고, 악기 줄이 **막** 울린다.

撫: 칠 무

【참고】

잠시: • 排終身之積慘, 求數刻之**暫**歡. (《文選》〈答盧諶詩幷書〉) 일생 동안 쌓인 침통함을 해소하고, 즉시 **잠시**의 환락을 구한다.

ㅈ

雜(잡)

❶ **부사** 정연하지 않은 것을 나타내며, '어수선하게' '올망졸망' '혼란스럽게' 등으로 해석한다.

- 日月不時, 寒暑**雜**至. (《墨子》〈非攻下〉)
  일월[의 운행]이 때에 맞지 않아 추위와 더위가 **혼란스럽게** 왔다.
- 當時雷雨晦冥◆, **雜**下霰雪. (《洛陽伽藍記》〈永寧寺〉)
  당시 천둥이 치며 비가 내려 어두컴컴했고, 우박과 눈이 **어수선하게** 내렸다.
  ◆晦冥(회명): 어두컴컴함.
- 其下大石**雜**列, 可坐飮食. (柳宗元, 〈游黃溪記〉)
  시냇물 아래에는 큰 돌이 **올망졸망** 늘어서 있어 [그 위에] 앉아서 마시고 먹을 수 있다.

❷ **부사** 동작이나 행위를 여러 명이 함께했음을 나타내며, '모두' '함께'라고 해석한다.

- 其事是以不成, **雜**受其刑. (《國語》〈越語下〉)
  그 일(오나라를 토벌하는 것)이 이 때문에 성공하지 못하여 **모두** 형벌을 받았다.
- **雜**曰: "投諸渤海之尾, 隱土◆之北." (《列子》〈湯問〉)
  모두가 말했다. "그것(토석土石을 가리킴)을 발해 끝, 은토 북쪽에 버려라."
  ◆隱土(은토): 고대 전설 속의 지명.
- 明日, 州邑耆老◆**雜**然而至. (柳宗元, 〈州崔中丞萬石亭記〉)
  이튿날 주와 읍의 노인들이 **함께** 왔다.
  ◆耆老(기로): '耆(기)'는 예순 살, '老(노)'는 일흔 살을 가리키지만, 일반적으로 '노인'이

란 뜻으로 쓰인다.

- 其後群臣言封禪者多, 乃命秘書少監顔師古, 諫議大夫朱子奢等, 集當時名儒**雜**議, 不能決. (《新唐書》〈禮樂志〉)

  그 뒤 신하들 중에서 [태산에서] 천지신에게 제사 지내는 일에 대해 말하는 자가 많아지자, 곧 비서소감 안사고, 간의대부 주자사 등에게 명하여 당시 유명한 선비들을 불러 모아 **함께** 상의하도록 했지만, 결정하지 못했다.

【참고】

① 오색(五色)이 뒤섞여 있다: • 貂裘而**雜**, 不若狐裘而粹. (《淮南子》〈說山訓〉) 담비 갖옷이라도 **여러 색이 뒤섞여 있다면** 순색의 이리 갖옷만 못하다.

② 섞다: • 章子爲變其徽章, 以**雜**秦軍. (《戰國策》〈齊策一〉) 장자는 군의 깃발을 바꾸어 진나라 군대와 **섞었다**.

將(장)

ㅈ

❶ 조동사 앞으로 어떤 일을 하려는 의지를 나타내며, '~하려고 하다'라고 해석한다.

- 國不堪貳, 君**將**若之何? (《左傳》 隱公元年)

  한 나라에 두 임금을 감당하지 못하니, 군께서는 어떻게 **하시렵니까**?

- 君**將**使我殺子, 吾不忍殺子也. (《公羊傳》 宣公六年)

  임금이 나를 시켜 그대를 죽이**려고 하더라도** 나는 차마 그대를 죽이지 못할 것이다.

- 孔子曰: "諾. 吾**將**仕矣." (《論語》〈陽貨〉)

공자께서 말씀하셨다. "좋습니다. 내 장차 벼슬에 나**갈 것입니다**."

- 君**將**何以教之? (《楚辭》〈卜居〉)

  당신은 무엇으로써 나를 가르치**려 합니까**?

❷ **조동사** 장래에 가능한 일을 나타내며, '~하게 되다' '~하려고 하다' '~할 것이다' '~할 수 있다' 등으로 해석한다. 뒤에 '當(당)'이 이어 쓰이면 그 가능성을 더욱 강하게 나타낸다.

- 非子定社稷, 其**將**誰也? (《管子》〈大匡〉)

  그대가 나라를 평정하지 않으면 누가 **하겠는가**?

- 聖人明察在上位, **將**使天下無奸也. (《韓非子》〈難一〉)

  성인이 높은 자리에 있으면서 밝게 살피면, 천하에 간사함이 없어**질 것이다**.

- 君之病在腸胃, 不治**將**益深. (《韓非子》〈喩老〉)

  임금의 병은 장과 위에 있으니 치료하지 않으면 더욱 깊어**질 것이다**.

- 願王釋齊而先越. 若不然, 後**將**悔之無及. (《史記》〈伍子胥列傳〉)

  바라건대, 왕께서는 제나라를 [공격하는 것을] 포기하고 월나라를 먼저 치십시오. 만일 이렇게 하지 않으면 뒤에 이를 후회해도 미치지 못**할 것입니다**.

- 國人**將**害汝, 以汝才略, 何往而不可. (金富軾, 《三國史記》)

  나라 사람들이 너를 해치**려고 할 것이니**, 너의 재주로써 어디에 간들 좋지 않겠는가.

- 苟不如此, **將**何面目以見國人乎? (金富軾, 《三國史記》)

  진실로 이와 같이 아니하면 **장차** 무슨 낯으로 나라 사람들을 보**겠는가**?

❸ **조동사** 가까운 미래를 나타내며, 사물·행위·상태 등에 대한 주관적 판단이나 긍정을 강조하기도 한다. '[머지않아] ~하려고 하다' '[장차] ~

할 것이다'라고 해석한다.

- 余**將**告於莅事者, 更若役, 復若賦, 則何如? (柳宗元, 〈捕蛇者說〉)
  내가 **장차** 일을 맡은 사람에게 말**하여**, 너의 일을 바꾸고 너의 부세(賦稅)를 회복시켜주면 어떻겠는가?
- 夫兵, 猶火也, 弗戢, **將**自焚也. (《左傳》 隱公四年)
  무릇 군사란 마치 불과 같아서 절제하지 않으면 스스로 멸망**할 것이다**.
- 神所馮依, **將**在德矣. (《左傳》 僖公五年)
  신령이 의지하는 것은 아마도 덕행에 있**을 것입니다**.
- 身**將**隱, 焉用文之? (《左傳》 僖公二十四年)
  몸을 숨기**려 하는데** 어찌 꾸미겠는가?
- 國家方危, 諸侯方貳, **將**以襲敵, 不亦難乎? (《左傳》 定公四年)
  국가는 바야흐로 위험하고 제후들은 두 마음을 갖고 있는데, 적을 습격**하려고 하니** 또한 어렵지 않겠는가?
- **將**及華泉, 驂絓於木而止. (《左傳》 成公二年)
  화천에 도착**하려 할 때**, [제경공(齊頃公)의] 곁마가 나무에 걸려 [수레가] 멈추었다.
  驂: 곁마 참 | 絓: 걸릴 괘
- 天**將**以夫子爲木鐸. (《論語》 〈八佾〉)
  하늘은 선생님을 [세상의] 목탁으로 삼으**실 것입니다**.
- 野人擧塊以與之, 公子怒, **將**鞭之. (《國語》 〈晉語四〉)
  시골 사람이 흙덩이를 집어 들어 그에게 주니, 공자는 노여워하며 그를 채찍질**하려 했다**.
- 萬乘之國, 若有蘇其兵中原者, 戰**將**覆其軍. (《商君書》 〈賞刑〉)
  만 대의 [전쟁용] 수레를 갖고 있는 나라가 만일 중원으로 병사를 나가게 한다면, [한 차례] 접전으로 그 군사를 전복시**킬 것이다**.
- 夫辯者, **將**以明是非之分. (《墨子》 〈小取〉)

변론은 옳고 그름의 구별을 분명**하게 하려는** 것이다.

• 王曰: "叟, 不遠千里而來, 亦**將**有以利吾國乎?" (《孟子》〈梁惠王上〉)

위혜왕(魏惠王)이 말했다. "어르신께서 천 리를 멀다 않고 오셨으니 또 **장차** 나의 국가에 어떠한 이익이 있게 **하시겠습니까**?"

• 夫是墨子之儉, **將**非孔子之侈也. (《韓非子》〈顯學〉)

묵자의 절약을 긍정하면 공자의 사치를 비난**할 것이다**.

• 晏子**將**使楚. (《晏子春秋》〈內篇雜下〉)

안자는 초나라에 사신으로 가**려고 한다**.

• 闔廬病創, **將**死, 謂太子夫差曰: "爾忘勾◆踐殺爾父乎?" (《史記》〈伍子胥列傳〉)

합려는 상처가 커져서 죽**게 되자** 태자 부차에게 말했다. "너는 구천이 너의 아버지를 죽인 것을 잊겠느냐?"

◆ 勾(구): '句(구)'의 속자.

• 曹仁自荊州來朝謁, 太祖未出, 入與褚相見於殿外. 仁呼褚入便坐語, 褚曰: "王**將**出." (《三國志》〈魏書 任峻傳〉)

조인이 형주에서 와 [조조를] 뵈려 했는데, 태조(조조)는 아직 나오지 않았으므로 [조인이] 들어가 허저와 궁전 밖에서 만났다. 조인은 허저를 불러들여 곧 앉아서 말을 하는데, 허저가 말했다. "왕(조조)께서 곧 나오**실 것입니다**."

• 船回至兩山間, **將**入港口, 有大石當中流, 可坐百人. (蘇軾, 〈石鐘山記〉)

배를 두 산 사이로 우회하여 막 포구로 들어가**려고 하니**, 큰 돌이 물 중간에 있었고 백 사람은 앉을 만했다.

• 爾以三百騎伏彼林中, 又使人搖幟◆於前, 若**將**焚其麥積者. (《資治通鑑》〈唐紀〉憲宗元和十二年)

너는 기병 3백 명을 이끌고 가 그 숲속에 매복하고, 또 사람들을 앞으로 보내고 깃발을 흔들어 그들이 쌓아놓은 보리를 **태울 것**처럼 하라.

◆幟(치): 표지(標識)가 있는 깃발.

- 儒理王, 巡行國內, 見日老嫗饑凍**將**死. (金富軾,《三國史記》)

  유리왕이 국내를 순행하다가 노파가 굶주리고 얼어서 죽**어가는 것**을 보았다.

- 自古國家**將**亡, 信義先亡. (宋時烈,《宋子大全》)

  옛날부터 국가가 망**하려고 하면** 믿음과 의리가 먼저 없어진다.

- 夫讀書者, **將**以何爲也. (朴趾源,《熱河日記》)

  책을 읽는 것은 **장차** 무엇을 **하려 하기** 위함인가.

- 嗚呼, 國恥民辱, 乃至此, 我人民**將**且殄滅於生存競爭之中矣. (閔泳煥,〈遺書〉)

  아, 나라가 부끄러움을 당하고 백성이 모욕을 당함이 여기까지 이르렀으니, 우리나라의 백성은 생존 경쟁 속에서 모두 죽**을 것이다**.

❹ **부사** 대략의 수량을 나타내며, '거의'라고 해석한다.

- 今滕絶長補短, **將**五十里也. (《孟子》滕文公上)

  지금 등나라는 [토지의] 긴 곳을 잘라서 짧은 곳을 잇는다면 **거의** 50리가 된다.

- 自泰始以來, **將**三十年. (《晉書》〈劉頌傳上疏〉)

  태시(진무제晉武帝의 연호) 이래로 **거의** 30년이 되었다.

- 自建武曁乎義熙, 厲載**將**百. (沈約,〈謝靈運傳論〉)

  건무(진원제晉元帝의 연호) 초년으로부터 의희(진안제晉安帝의 연호) 연간에 이르기까지 **거의** 백 년이 지났다.

  厲: 건널 려, 지날 려

- 從李都尉迄班婕妤, **將**百年間, 有婦人焉, 一人而已. (鍾嶸,〈詩品序〉)

  이도위(이릉)로부터 반첩여에 이르기까지 **거의** 백 년 동안, 부녀자는 있었지만 한 명뿐이다.

❺ 부사 조건이나 상황이 만들어진 이후에 발생할 수 있는 것임을 나타낸다. '곧' '바로'라고 해석하거나 해석하지 않아도 된다.

- 譬若欲衆其國之善射御之士者, 必**將**富之貴之敬之譽之. 然後國之善射御之士, 將可得而衆也. (《墨子》〈尙賢上〉)
  비유컨대 만일 그 나라에 활쏘기와 수레몰이 잘하는 사람을 많아지게 하려면, 반드시 그들을 부유하게 하고 귀하게 하며 공경하고 칭찬해야 한다. 그런 뒤에야 나라의 활쏘기와 수레몰이 잘하는 사람을 장차 많이 얻을 수 있을 것이다.
- 時可, **將**與夷吾, 何待異時乎? (《管子》〈小匡〉)
  때가 옳으면 **곧** [나] 관중(管中)을 지지할 것이지, 어찌하여 다른 때를 기다리는가?
- 其所善者, 吾**將**行之; 其所惡者, 吾**將**改之. (《新序》〈雜事〉)
  그들이 좋아하는 것은 내가 **곧** 실행하고, 그들이 싫어하는 것은 내가 **곧** 고친다.

❻ 부사 반문의 어감을 나타내는데, 질책이나 의문을 함축하기도 한다. '또' '어떻게' '어찌' 등으로 해석한다.

- 我退而楚還, 我**將**何求? (《左傳》僖公二十八年)
  우리(진晉)가 물러나고 초나라도 돌아가면, 우리가 **또** 무엇을 바라겠소?
- 爲虺弗摧, 爲蛇**將**若何? (《國語》〈吳語〉)
  작은 뱀을 죽이지 않아 큰 뱀이 되면 **어떻게** 하겠소?
  虺: 작은뱀 훼
- 君曰: "過石而下, **將**無泉耶?" (范仲淹, 〈東染院使種君墓志銘〉)
  종군(種君)이 말했다. "돌을 뚫고 내려가면 **어찌** 샘물이 없겠는가?"

❼ 전치사 협동을 나타내며, '~와' '~을'이라고 해석한다.

- 楚子使道朔**將**巴客以聘於鄧. (《左傳》 桓公九年)

  초무왕(楚武王)은 도삭을 시켜 파나라의 손님**을** 데리고 등나라를 방문하게 했다.

- 少帝曰: "欲**將**我安之乎?" (《史記》〈呂太后本紀〉)

  소제가 말했다. "나**를** 데리고 어디로 가려고 하는가?"

- 眉**將**柳而爭綠, 面共桃而競紅. (庾信, 〈春賦〉)

  눈썹은 버드나무**와** 푸르름을 다투고, 얼굴은 복숭아꽃과 붉음을 겨룬다.

- 空**將**漢月出漢宮, 憶君淸淚如鉛◆水. (李賀◆, 〈金銅仙人辭漢歌〉)

  헛되이 한나라 달**과** 함께 한나라 궁궐을 나와, 군왕을 생각하니 눈물이 흐르는 물처럼 솟아 흐르는구나.

  ◆鉛(연): '沿(따를 연)'과 통함.

  ◆李賀(이하): 27세에 요절한 당나라 때의 천재 시인으로 한유(韓愈)의 영향을 받았으면서도 보다 특이한 시를 구사했다. 과장된 수사 기교와 처량한 연애시에 뛰어나며 회고시도 있다.

- 暫伴月**將**影, 行樂須及春. (李白, 〈月下獨酌〉)

  잠시 달과 그림자**를** 벗하여 봄날을 마음껏 즐기네.

❽ **전치사** 동작 혹은 행위가 의지하는 방식·수단·도구를 이끌며, '~으로' '~을 가지고' 등으로 해석한다.

- 蘇秦始**將**連橫說秦惠王. (《戰國策》〈秦策一〉)

  소진은 처음에 연횡책**으로** 진혜왕에게 유세했다.

- **將**縑來比素, 新人不如故. (《樂府詩集》〈上山采蘼蕪〉)

  비단**으로** 흰 무명과 비교해보니, 새로운 사람은 옛사람만 못하다.

❾ **접속사** 병렬을 나타내며, '같이' '~와'라고 해석한다.

- 無奈人心復有憶, 今暝**將**渠俱不眠. (庾信, 〈秋夜望單飛雁〉)

어찌할 수 없는 인간의 마음은 또 그리움을 안고, 오늘 밤 그(날아가는 기러기)**와** 함께 잠들지 않으리.

- 子之**將**史, 本爲二說. (《史通》〈雜說〉)

  자서(子書)**와** 사서(史書)는 본래 두 가지 문체다.

⑩ 접속사 선택을 나타내며, 의문문에 쓰인다. '또는' '아니면'이라고 해석한다. '抑(억)'과 같다.

- 子能順杞柳◆之性而以爲桮棬◆乎? **將**戕賊杞柳而後以爲桮棬也? (《孟子》〈告子上〉)

  당신은 고리버들의 특징을 살려서 술잔을 만드는가? **아니면** 고리버들의 특징을 훼손시킨 후에 술잔을 만드는가?

  ◆杞柳(기류): 버들과에 속하는 낙엽관목인 고리버들. 가는 가지로 버들고리나 키 등을 만든다.

  ◆桮棬(배권): 나무를 구부려 만든 술잔.

- 夫子貪生失理而爲此乎? **將**子有亡國之事, 斧鉞之誅而爲此乎? **將**子有不善之行, 愧遺父母妻子之醜而爲此乎? **將**子有凍餒之患而爲此乎? **將**子之春秋故及此乎? (《莊子》〈至樂〉)

  선생께서는 생존을 탐하여 도리를 잃어서 이렇게 된 것입니까? **아니면** 선생께서는 국가를 잃고 형벌을 받아서 이렇게 된 것입니까? **아니면** 선생께서는 착하지 않은 행동을 하여 부모와 처자에게 치욕을 남겨주기 싫어서 이렇게 된 것입니까? **아니면** 선생께서는 얼고 굶주리는 환난이 있어 이렇게 된 것입니까? **아니면** 선생의 춘추가 다하여 여기에 이른 것입니까?

- 先生老悖◆乎? **將**以爲楚國祆祥乎? (《戰國策》〈楚策四〉)

  선생께서는 노망이 드셨습니까? **아니면** [나의 이러한 행위가] 초(楚)나라의 상서롭지 못한 징조라고 여기십니까?

◆老悖(노패): 늙어 망령 들다.

悖: 어그러질 패

- 賜! 欲知死人有知, **將**無知也? (《說苑》〈辨物〉)

  사야! [너는] 죽은 사람이 아는 것이 있는지, **아니면** 아는 것이 없는지 알려고 하느냐?

- 天先秋而後春乎, **將**先春而後秋乎? (《法言》〈先知〉)

  하늘은 가을을 먼저 하고 봄을 나중으로 하는가, **아니면** 봄을 먼저 하고 가을을 나중으로 하는가?

- 死者有知乎, **將**無知乎? (《孔子家語》〈致思〉)

  죽은 자가 아는 것이 있겠는가? **아니면** 아는 것이 없겠는가?

- 傷心哉! 秦歟? 漢歟? **將**近代歟? (李華, 〈弔古戰場文〉)

  마음을 상하게 하는구나! 진대(秦代)의 것인가? 한대(漢代)의 것인가? **아니면** 근대의 것이란 말인가?

⑪ **접속사** 어떤 동작이 진행되거나 어떤 상황이 장차 나타날 것을 가정하며, '만일 ~하면'이라고 해석한다. '則(즉)' '必(필)' 등과 호응하면 뜻이 강조된다.

- **將**聽吾計, 用之必勝. (《孫子兵法》〈計〉)

  만일 나의 계책을 들어 그것을 사용**하면** 반드시 승리할 것이다.

- **將**從先君之命, 則國宜立季子也; 如不從先君之命而與子, 我宜當立者也. (《新序》〈節士〉)

  만일 선군의 명령을 따른**다면** 군주는 계자(季子)를 세워야만 하고, 만일 선군의 명령을 따르지 않고 [다른] 아들에게 준다면 내가 옹립되어야 한다.

- **將**核其論, 必徵言焉. (《文心雕龍》〈辨騷〉)

  만일 그들의 평론을 깊이 조사**하려면**, 반드시 [원작 속의] 말을 고찰해

ㅈ

야 한다.

• **將**蘄至於古之立言者, 則無望其速成, 無誘於勢利. (韓愈, 〈答李翊書〉)

만일 옛날 입언(立言)한 자의 경지에 이르려고 **하면**, 빨리 이루기를 바라지 말며 권세와 이익에 유혹되지 마라.

【참고】

① 돕다: • 出郭相扶**將**. (〈木蘭詩〉) 성곽을 나서면 서로 **돕는다**. 郭: 바깥 성곽 곽

② 세우다: • **將**功贖罪. 공을 **세워** 죄를 면하겠습니다.

③ 거느리다: • 其馬**將**胡駿馬而歸. (《淮南子》〈人間〉) 그 말은 오랑캐의 준마를 **거느리고** 돌아왔다. • 韓信**將**兵, 多多益善. 한신은 **거느린** 병사가 많으면 많을수록 더욱 좋다.

④ 바라다: • **將**子無怒. (《詩經》〈衛風 氓〉) **바라건대** 그대는 노여워하지 마시오.

將無(장무)

부사 어떤 상황에 대한 추측을 나타낸다. '혹시(아마) ~이 아닐까' 등으로 해석한다.

• 齊, 負海之國也, 地廣民衆, 兵彊士勇, 雖有百秦, **將無**柰齊何. (《史記》〈張儀列傳〉)

제나라는 바다를 등지고 있는 데다 땅은 넓고 백성이 많으며 군대는 강하고 용감하니, 진나라가 백 개 있더라도 **아마도** 제나라를 어떻게 **할 수 없을 것입니다**.

• 阮宣子有令聞, 太尉王夷甫見而問曰: "老莊與聖教同異?" 對曰: "**將無**同?" 太尉善其言, 辟之爲掾. 世謂三語掾. (《世說新語》〈文學〉)

완선자(완수阮修)는 훌륭한 소문이 있었는데, 태위 왕이보(왕연王衍)가

[그를] 만나 물었다. "노장과 공자의 가르침은 같은가, 다른가?" [그러자] 대답했다. "**아마도** 같지 **않을까요**?" 태위는 그의 말이 뛰어나다고 생각되어 그를 불러 속관으로 삼았다. 세상에서는 '세 글자의 속관'이라고 불렀다.

- 及與之言, 理中清遠, **將無**以德掩其言. (《世說新語》〈德行〉)

  그와 말을 해보면 이치가 맑고 원대하니 **아마도** 덕으로써 그의 말을 가린 것**이 아닌가 한다**.

將(장)~將(장)~

두 상황이 동시에 존재함을 나타내며, '~이기도 하고 ~이기도 하다'라고 해석한다.

- **將**恐**將**懼, 維予與女. (《詩經》〈小雅 谷風〉)

  황공**하기도 하고** 두렵**기도 한데** 단지 나와 너뿐이었다.

- 人或有言, **將**信**將**疑. (李華, 〈弔古戰場文〉)

  어떤 사람이 [그들의 전사 소식을] 말하자, 믿**기도 하고** 의심**하기도 했다**.

ㅈ

才/纔/財/裁(재)

❶ **부사** 범위를 한정하며, '겨우' '단지' '비로소'라고 해석한다.

- 雖大男子, **裁**如嬰兒. (《史記》〈張儀列傳〉)

  비록 [허우대는] 다 큰 남자(어른)지만, [생각은] **겨우** 어린아이와 같다.

- 初, 上遣貳師大軍出, **財**令陵爲助兵. (《漢書》〈李陵列傳〉)

처음에 왕은 이사를 보내어 대군을 출병시켰는데, **비로소** 이릉으로 하여금 군대를 돕게 했다.

- 光爲人沈靜詳審◆, 長**財**七尺三寸. (《漢書》〈霍光列傳〉)
  곽광은 사람됨이 조용하고 주도면밀한데, 신장은 **겨우** 7척 3촌이었다.
  ◆詳審(상심): 주도면밀함.
- 戶口可得而數, **裁**什二三. (《漢書》〈高惠高后文功臣表〉)
  호구를 통해 얻을 수 있는 수는 **겨우** 열에 두셋이다.
- 初極狹, **纔**通人. (陶淵明, 〈桃花源記〉)
  처음에는 지극히 좁아서 **겨우** 사람만 통과했다.
- **才**小富貴, 便豫人家事. (《晉書》〈謝混傳〉)
  겨우 조금의 재산과 지위를 가지고 다른 사람의 집안일에 관여했다.
- 勸參留守謁大尹, 言語**纔**及輒掩耳. (韓愈, 〈寄盧仝〉)
  유수를 만나 대윤을 찾아보라 권하니, 말이 **겨우** 미치자마자 귀 가리네.
- 今車行未二日, 計程**財**百里. (譚嗣同, 〈與沈小沂〉)
  이제 수레는 이틀도 가지 못했는데, 노정을 헤아려보니 **비로소** 백 리다.

❷ **부사** 얼마 되지 않은 때를 나타내며, '막' '방금' 등으로 해석한다.

- 救之, 少發則不足; 多發, 遠縣**才**至, 則胡又已去. (鼂錯, 〈言守邊備塞疏〉)
  그들을 구원함에 있어서 [군사를] 적게 파견하려면 부족하고, 많이 파견하려면 먼 현의 [인마(人馬)가] **막** 도착할 때쯤 흉노족 또한 이미 도망갈 것입니다.
- 此印者**才**畢, 則第二板已具. (《夢溪筆談》〈技藝〉)
  이 인쇄가 **막** 끝나면, 두 번째 판은 이미 갖추어졌다.

【참고】

'才/纔/財/裁(재)'의 본뜻은 서로 다르다.

|'才'는| 재능: • 如有周公之**才**之美, 使驕且吝, 其餘不足觀也已. (《論語》〈泰伯〉) 만일 주공(단旦)과 같은 훌륭한 **재능**을 가졌다 하더라도, 만약 교만하고 인색하다면 그 나머지는 볼 필요도 없다. • 其爲人也小有**才**. (《孟子》〈盡心下〉) 그 사람됨이 약간의 **재능**이 있다. ◆철학 용어로서 '본성'을 가리키며, '영재'라는 뜻도 있다.

|'纔'는| 엷은 검은색의 비단. 뒤에 '纔'는 본뜻을 잃었고, 또한 '재'라고 읽었으며, 그것을 '才'의 본자로 삼았다. 현재는 '纔'를 간단히 '才'라고 쓴다.

|'財'는| 재능. '才'의 가차자: • 有成德者, 有達**財**者. (《孟子》〈盡心上〉) 덕을 이룬 자도 있고, **재능**에 통달한 자도 있다.

|'裁'는| [옷을 만드는 첫 과정인] 마름질.

再(재)

❶ **부사** 동작 혹은 행위가 거듭됨을 나타내며, '계속' '다시' '두 번' 등으로 해석한다.

- 及楚殺子玉, 公喜而後可知也, 曰: "莫余毒也已! 是晉**再**克而楚**再**敗也." (《左傳》宣公十二年)

  초나라가 자옥을 죽이자 진문공(晉文公)이 즐거워한 이후에야 동의하여 말했다. "우리의 해독이 없어졌구나! 이것은 진나라가 **두 번** 승리하고 초나라가 **두 번** 실패한 것이다."

- 八日之間, **再**有大變. (《穀梁傳》隱公九年)

  여드레 사이에 **다시** 큰 변고가 있다.

- 北面稽首**再**拜而不受 (《孟子》〈萬章下〉)

  북쪽을 향해 머리를 숙여 **두 번** 절하고 [예물을] 받지 않는다.

- 秦趙戰於河漳之上, **再**戰而**再**勝秦. (《戰國策》〈齊策一〉)

ㅈ

진나라와 조나라는 하수(河水)와 장수(漳水) 가에서 교전했는데, [조나라는] **두 번** 싸워 **두 번** 다 진나라를 이겼다.

• 嘉會難**再**遇, 三載爲千秋. (李陵, 〈與蘇武詩〉)

즐거운 모임은 **두 번** 있기 어렵거늘, 3년을 천 년으로 삼으리라.

• 酒肉之賜, 弗**再**拜. (《禮記》〈玉藻〉)

술과 고기 하사품에는 **두 번** 절하지 않는다.

• 夫使人日**再**問之. (《禮記》〈內則〉)

남편은 다른 사람을 시켜 하루에 **두 번** 그것을 물었다.

• 田忌一不勝而**再**勝. (《史記》〈孫子吳起列傳〉)

전기는 한 번 이기지 못하고 **두 번** 이겼다.

• 一戰而擧鄢郢, **再**戰而燒夷陵, 三戰而辱王之先人. (《史記》〈平原君列傳〉)

첫 번째 싸움에서는 언영을 함락했고, **두 번째** 싸움에서는 이릉을 불살랐으며, 세 번째 싸움에서는 [초나라] 왕의 선조를 욕되게 했다.

• 皇帝責怒, **再**留使者. (金富軾, 《三國史記》)

황제가 노여워하여 **다시** 사자를 붙잡아두었던 것이다.

• 有一郡守不好其繁費, 以石擊字滅之, 後有好事者, **再**刻六字. (魚叔權, 《稗官雜記》)

한 군수가 번화하고 낭비하는 것을 좋아하지 아니하여 돌로 글자를 쳐서 이를 없앴는데, 뒤에 일 좋아하는 사람이 있어서 **다시** 여섯 자를 새겼다.

• 一到滄海難**再**見, 且留明月影婆娑. (申緯, 〈碧溪水〉)

한번 넓고 푸른 바다에 이르면 **다시** 보기 어려운데, 머물러 있는 밝은 달의 그림자가 춤추는 듯하다.

❷ '再(재)~再(재)~' '再三(재삼)' '再(재)~三(삼)~' 등의 형식으로 사용되는 경우는 '계속해서' '여러 번' 등으로 해석한다.

• **再三**問, 不對. (《左傳》 昭公二十五年)
여러 차례 물었지만 대답하지 않았다.
• 善用兵者, 役不**再**藉, 糧不**三**載. (《孫子兵法》〈作戰〉)
용병에 뛰어나면 병사를 **여러 차례** 징발할 필요가 없으며, 양식도 **여러 차례** 운반할 필요가 없다.
• 立有間, **再三**言. (《呂氏春秋》〈驕恣〉)
서서 잠깐 있다가 **계속해서** 말했다.
• 騑驂倦路, **再**寢**再**興. (《三國志》〈魏書 陳思王植傳〉)
짐 실은 말은 피곤하게 길을 달리며, **계속해서** 졸다가 깨다가 했다.
• 一彈**再三**嘆, 慷慨有餘哀. (無名氏, 〈古詩十九首〉)
한 번 [악기 줄을] 타고 **여러 번** 탄식하니, 강개함 속에 슬픔이 남아 있구나.

[참고]

'一(일)'과 어울려 '一再(일재)'가 되면 단지 한두 차례 혹은 횟수가 매우 적음을 나타낸다: • **一再**則宥, 三則不赦. (《管子》〈立政〉) **한두 번**[의 범죄]은 용서하지만, 세 번은 용서하지 않는다.

在(재)

전치사 동작 혹은 행위가 진행되는 장소·시간·범위·대상, 사물이 존재하는 위치를 나타내며, '~에 있다'라고 해석한다. 사물의 성질이나 상태와 관련 있는 부분을 나타낼 경우에는 '~에' '~에 대하여' '~에서' '~에 있어서'라고 해석한다.

• 魚**在**其藻, 依于其蒲. (《詩經》〈小雅 魚藻〉)

물고기는 수초**에 있고**, 부들에 의지한다.

• 今譬於草木, 寡君**在**君, 君之臭味也. 歡以承命, 何時之有! (《左傳》 襄公八年)

지금 초목에 비유하면, 우리 [노(魯)나라의] 임금은 [당신네 진(晉)나라] 임금**에게 있어서는** [당신의] 임금의 향기[에 불과할 뿐]입니다. 기꺼이 명령을 받아들일 뿐, 무슨 때가 있겠습니까!

• 子**在**齊聞韶, 三月不知肉味, 曰: "不圖爲樂之至於斯也." (《論語》〈述而〉)

공자께서 제나라**에 계실** 때 〈소(韶)〉(순임금의 음악)를 들으시고 석 달 동안 고기 맛을 잊으실 정도였으며, 이렇게 말씀하셨다. "음악을 지은 것이 이런 경지에까지 이를 줄은 생각지도 못했다."

• **在**他人則誅之, **在**弟則封之 (《孟子》〈萬章上〉)

다른 사람**에 대해서는** 주살하고, 동생**에 대해서는** 봉해준다.

• 象往入舜室, 舜**在**床琴. 象曰: "鬱陶思君爾." 忸怩◆. (《孟子》〈萬章上〉)

상(순임금의 동생)이 순의 방으로 들어갔는데, 순은 침상**에서** 거문고를 타고 있었다. 상이 말했다. "[나는] 형을 한결같이 그리워했습니다." [그러고는] 겸연쩍어 했다.

◆忸怩(육니): 겸연쩍어함. 부끄러워함.

• 是時桓楚亡**在**澤中. (《史記》〈項羽本紀〉)

이때 환초는 도망가서 택중**에 있었다**.

• 齊晉秦楚, 其**在**成周微甚, 封或百里或五十里. (《史記》〈十二諸侯年表序〉)

제·진·진·초는 성주 때**에는** 매우 약소하여, 어떤 나라는 봉토가 1백 리 [정도였고] 어떤 나라는 50리 [정도]였다.

• 箕子對曰: "**在**昔鯀陻鴻水, 汩陳其五行, 帝乃震怒, 不從鴻範九等, 常倫所斁." (《史記》〈宋微子世家〉)

기자가 대답하여 말했다. "옛날**에** 곤(鯀, 우임금의 아버지)이 홍수를 막으면서 오행(五行)의 질서를 어지럽혔습니다. 이에 상제께서 크게 노여워하여 홍범구주를 주지 않아 일상의 원칙이 깨져버렸습니다."

- 扁鵲曰: "血脈治也, 而何怪? **在**昔秦繆公嘗如此." (《史記》〈趙世家〉)
  편작이 말했다. "혈맥(血脈)이 다스려지고 있는데 무엇이 이상합니까? 옛날**에** 진(秦)나라 목공(穆公)도 이런 적이 있었습니다."
- 時趙郡秀才問子文曰: "荀生住**在**何處?" 子文對曰: "僕**在**甘里." (《洛陽伽藍記》〈高陽王寺〉)
  그 당시 조군의 수재가 순자문(荀子文)에게 물었다. "순(荀) 선생은 어느 곳**에** 삽니까?" 자문이 대답했다. "저는 감리(甘里)**에** 삽니다."
- 今管亥暴亂, 北海被圍, 孤窮無援, 危**在**旦夕. (《三國志》〈吳書 太史慈傳〉)
  지금 관해(管亥)가 갑자기 소란스럽고 북해는 포위되었으며 [세력은] 외롭고 궁하여 원조도 없으니, 위험이 경각**에** 달려 있다.

【참고】

있다: • **在**於王所者, 長幼卑尊皆薛居州也, 王誰與爲不善? (《孟子》〈滕文公下〉) 만일 왕궁 안에 **있는** 사람이 나이의 많고 적음과 지위의 높고 낮음을 막론하고 모두 설거주(薛居州)처럼 좋은 사람이라면, 왕이 누구와 함께 나쁜 일을 하겠는가? • 不知身**在**畵圓中. (鄭道傳, 〈訪金居士野居〉) 몸이 그림 가운데 **있는** 것을 알지 못했다. • 白頭山**在**女眞朝鮮之界, 爲一國華蓋. (李重煥, 《擇里志》) 백두산은 여진과 조선의 경계에 **있어** 한 나라의 가장 높은 위치가 된다. • 人**在**天地之間, 不能一日離物獨立. (鄭道傳, 〈佛氏昧於道器之辨〉) 사람은 천지 사이에 **있어** 하루도 사물을 떠나서 독립할 수 없다. • **在**京**在**鄕, 惟在立志如何耳. (李滉, 《退溪集》) 서울에 **있으나** 시골에 **있으나** 오직 뜻을 세운 것이 어떠한가에 달려 있을 뿐이다.

ㅈ

哉(재)

❶ **어조사** 감탄을 나타내며, '~구나'라고 해석한다.

- 子玉無禮**哉**! (《左傳》僖公二十八年)

  자옥은 예의가 없**구나**!

- 有是**哉**! 子之迂也. (《論語》〈子路〉)

  그런 일이 있었**구나**! 선생님은 [생각이 현실과] 너무 동떨어져 있습니다.

- 善**哉**! 吾請無攻宋矣. (《墨子》〈公輸〉)

  훌륭하**구나**! 나는 송(宋)나라를 공격하지 않기를 원한다.

- 大**哉**, 堯之爲君! (《孟子》〈滕文公上〉)

  위대하**구나**, 요(堯)가 임금 노릇 한 것이!

- 善**哉**! 吾聞庖丁之言, 得養生焉. (《莊子》〈養生主〉)

  훌륭하**구나**! 나는 포정의 말을 듣고 양생[의 방법]을 깨달았다.

- 快**哉**, 此風! (宋玉, 〈風賦〉)

  상쾌하**구나**, 이 바람이여!

- 人貌榮名, 豈有旣乎? 於戲, 惜**哉**! (《史記》〈游俠列傳〉)

  사람의 모습과 영예로운 명성이 어찌 다함이 있겠는가? 아, 애석하**구나**!

- 舜戒禹曰: "隣**哉**隣**哉**." 言愼所近也. (《三國志》〈魏書 三少帝紀〉)

  순임금이 우임금에게 말했다. "이웃이**구나**, 이웃이**구나**." [여기서] 경계 한 것은 가까운 신하를 신중히 [선택]해야 한다는 말이다.

- 子謂余身死而名滅, 僕亦笑子生死而無聞焉, 悲**哉**! (《三國志》〈魏書 臧洪傳〉)

  그대는 내 몸이 죽으면 이름이 사라질 것이라고 말하지만, 나 또한 그대가 살았을 때나 죽었을 때나 명성이 없음을 비웃으니, 슬프**구나**!

- 陳登·臧洪並有雄氣壯節, 登降年夙隕, 功業未遂, 洪以兵弱敵彊, 烈志不

立, 惜**哉**! (《三國志》〈魏書 臧洪傳〉)

진등과 장홍은 모두 영웅의 기개와 장사의 절개가 있었으나, 진등은 성년이 되어 세상을 떠나 공적을 세우지 못했고, 장홍은 약소한 군대로 강대한 적을 상대하여 장렬한 뜻을 세우지 못했으니, 애석하**구나**!

- 惜**哉**, 言艾之反也! (《三國志》〈魏書 鄧艾傳〉)

  애석하**구나**, 등애가 모반했다고 말하는 것은!

- 先生欺余**哉**! (韓愈, 〈進學解〉)

  선생께서 우리를 속이고 계시는**구나**!

- 君子**哉**, 富人也! 兩班**哉**, 富人也! (《燕巖集》〈兩班傳〉)

  군자로**구나**, 부자여! 양반이**구나**, 부자여!

- 異**哉**, 孰主張是. (李睟光, 《芝峯類說》)

  이상하**구나**. 누가 이런 일을 주장하는가.

❷ **어조사** 반문을 나타내며, '豈(기)' '寧(녕)' '獨(독)' '安(안)' '何(하)' 등과 어울려 어감을 강하게 나타낸다. '어찌 ~하겠는가'라고 해석한다.

- 晉, 吾宗也, **豈**害我**哉**! (《左傳》 僖公五年)

  진나라는 나의 집안인데 **어찌** 나를 해치**겠는가**!

- **豈**能使五穀常收而旱水不至**哉**? (《墨子》〈七患〉)

  어찌 오곡이 항상 거두어지고 가뭄과 수재가 이르지 않게 할 수 있**는가**?

- 則此**豈**實仁義之道**哉**? (《墨子》〈節葬〉)

  그러면 이것이 **어찌** 확실히 인의의 도리**겠습니까**?

- 不遇故去, **豈**予所欲**哉**? (《孟子》〈公孫丑下〉)

  뜻이 맞지 않기 때문에 떠나는 것이지 **어찌** 내가 원하는 바**겠는가**?

- 夫破人之與破於人也, 臣人之與臣於人也, **豈**可同日而言之**哉**? (《戰國策》〈趙策二〉)

  다른 사람을 패배시키는 것과 다른 사람에게 패배당하는 것, 다른 사람

ㅈ

을 신하로 삼는 것과 자기가 다른 사람의 신하가 되는 것을 **어찌** 같은 날 말할 수 있**겠습니까**?

- 以此爲治, **豈**不難**哉**? (《呂氏春秋》〈察今〉)

이런 방법으로 국가를 다스리면 **어찌** 어렵지 않**겠습니까**?

- 嗟乎! 燕雀**安**知鴻鵠之志**哉**! (《史記》〈陳涉世家〉)

아! 제비와 참새가 **어찌** 기러기와 고니의 뜻을 알**겠는가**!

- 相如雖駑, **獨**畏廉將軍**哉**? (《史記》〈廉頗藺相如列傳〉)

[나] 인상여가 비록 노둔하지만 **어찌** 염 장군을 무서워하**겠는가**?

- 斯**豈**所謂崇禮報功, 盛德百世必祀者**哉**! (《三國志》〈魏書 文帝紀〉)

이 **어찌** 이른바 예를 숭상하고 공훈에 보답하는 것이며, 위대한 은덕을 세운 사람을 백 세대 후라도 반드시 제사 지낼 수 있음**인가**!

- **豈**非分敍參錯, 各失其要之所由**哉**? (《三國志》〈魏書 夏侯玄傳〉)

어찌 분수와 질서가 섞여 혼란해져서, 각기 요체의 근본을 잃음이 아니**겠습니까**?

- 秦王掃六合◆, 虎視**何**雄**哉**! (李白, 〈古風〉)

진시황은 천지를 쓸었거늘 호랑이가 **어찌** 영웅으로 보이**겠는가**!

◆六合(육합): 고대에 상하와 사방을 육합이라 했으며, 천지 사이를 비유적으로 나타낸 것이다.

- **豈**若吾鄕隣之旦旦◆有是**哉**? (柳宗元, 〈捕蛇者說〉)

어찌 우리 이웃 사람들이 매일 이런 소동을 겪는 것과 같**겠습니까**?

◆旦旦(단단): 매일.

- 痛定思痛, 痛**何**如**哉**? (文天祥, 〈指南錄後序〉)

고통을 겪은 후에 [그 당시의] 고통을 생각하면 고통이 **어떠하겠습니까**?

- **豈**所謂出新意於古人所不到者之爲妙**哉**? (李仁老, 《破閑集》)

옛사람들이 이르지 못한 데서 새로운 뜻을 내는 것이 **어찌** 아름답지 않**겠는가**?

❸ 어조사 의문을 나타내며, '安(안)' '焉(언)' '何(하)' '胡(호)' 등과 어울려 가리키는 대상을 명확히 한다. '~인가' '~하겠는가'라고 해석한다.

- 人**焉**廋**哉**? 人**焉**廋**哉**? (《論語》〈爲政〉)
  사람이 어떻게 [자신을] 숨기**겠는가**? 사람이 어떻게 [자신을] 숨기**겠는가**?
- 此**何**鳥**哉**? (《莊子》〈山木〉)
  이것은 무슨 새**입니까**?
- 上曰: "汲黯**何**如人**哉**?" (《史記》〈汲黯列傳〉)
  황제가 말했다. "급암은 어떤 사람**인가**?"
- 夫風始**安**生**哉**? (《文選》〈風賦〉)
  바람은 처음에 어디에서 일어나**는가**?
- 予嘗求古仁人之心, 或異二者之爲, **何哉**? (范仲淹, 〈岳陽樓記〉)
  나는 일찍이 옛날 어진 사람의 마음을 찾아보았는데, 간혹 이 두 가지 행위와 다른 경우는 무엇 때문**인가**?
- 此秋聲也, **胡**爲乎來**哉**? (歐陽修, 〈秋聲賦〉)
  이것은 가을의 소리인데, [그것은] 무엇 때문에 왔**는가**?

ㅈ

❹ 어조사 화자의 바람을 나타내며, 선진(先秦)의 전적에 보인다. '~하라'라고 해석한다.

- 無若殷王受之迷亂, 酗于酒德◆**哉**! (《尙書》〈無逸〉)
  은나라 왕 수(受)가 혼미했던 것과 같이 술주정에 빠지지 마**라**!
  ◆酒德(주덕): 술주정하는 좋지 않은 행실.
  酗: 주정할 후
- 自作不和, 爾惟和**哉**! 爾室不睦, 爾惟和**哉**! (《尙書》〈多方〉)
  스스로 불화를 일으키니, 너희가 화목하게 **하라**! 너희 왕실이 화목하지 않으니 너희가 화목하게 **하라**!

• 振振君子, 歸**哉**歸**哉**! (《詩經》〈召南 殷其雷〉)

인후한 군자여, 돌아오**라**, 돌아오**라**!

❺ **어조사** 긍정이나 종결의 어감을 나타내며, '矣(의)'와 같다.

• 彼人是**哉**. (《詩經》〈魏風 園有桃〉)

저 사람이 옳다.

• 天下之非譽, 無益損焉, 是謂全德之人**哉**. (《莊子》〈天地〉)

천하의 비난과 칭찬, 여기에 이익도 손해도 없으니 이런 사람을 온전한 덕을 갖춘 사람이라 한다.

• 秦有安邑, 則韓魏必無上黨**哉**. (《戰國策》〈秦策三〉)

진나라가 안읍을 소유하면 한나라와 위나라에는 틀림없이 상당이 없을 것이다.

• 天下之事已盡矣, 無以復語子**哉**. (《說苑》〈敬愼〉)

천하의 일은 이미 다했으므로 더 이상 너에게 말할 것이 없다.

• 人有鷄犬放則知求之, 有放心而不知求. 其於心爲不若鷄犬**哉**, 不知類之甚矣. (《韓詩外傳》四)

사람은 닭과 개가 달아나면 찾을 줄 알면서, 달아난 마음은 찾을 줄 모른다. 이것은 마음을 닭이나 개만도 못하게 여기는 것이니 매우 무지한 것이다.

• 往矣勤**哉**, 無惰乃力. (崔致遠, 《桂苑筆耕》)

가서 부지런히 하여 네 힘을 게을리하지 마라.

• 古人以謂讀其詩, 可以知其人, 信**哉**. (徐居正, 《東人詩話》)

옛사람은 그 시를 읽어보면 그 사람을 알 수 있다고 했는데, 믿을 만하다.

哉乎(재호)

어조사 '哉(재)'에 '乎(호)'가 이어 쓰이면 감탄의 어감을 강조한다. '~구나' '~도다'라고 해석한다. '哉(재)'는 또한 다른 어기사 다음에 이어 쓰여 감탄을 나타내는 경우도 있으니, '也哉(야재)' '矣哉(의재)' '乎哉(호재)' 항목을 참조하라.

- 悲**哉乎**! 汝爲知在毫毛, 而不知大寧. (《莊子》〈列禦寇〉)
  슬프**구나**! 그대 하는 일이라는 게 아는 것이 터럭만큼 [작은 경지]에 있어 크게 편안함을 모르다니.
- 善**哉乎**鼓琴! (《呂氏春秋》〈本味〉)
  훌륭하**도다**, 거문고를 타는 것이!
- 始皇自以爲功過五帝, 地廣三王, 而羞與之侔. 善**哉乎**賈生推言之也! (《史記》〈秦始皇本紀〉)
  시황제는 스스로 공적이 오제를 뛰어넘고 영토도 삼왕보다 넓다고 여겨서 그들과 나란해지는 것을 수치스러워했다. 훌륭하다, 가생(賈生, 가의賈誼)이 추앙한 말**이여**!

ㅈ

載(재)

어조사 두 동작 혹은 상황이 동시에 일어남을 나타내며, 해석할 필요는 없다. 대부분 '載(재)~載(재)~'의 형태로 쓰이지만, 단독으로 문장 첫머리에 쓰이면 어감을 강화한다.

- 旣見復關, **載**笑**載**言. (《詩經》〈衛風 氓〉)
  복관을 보고 웃으면서 말했다.

• 泛泛楊舟, **載**沉**載**浮. (《詩經》〈小雅 菁菁者莪〉)

둥둥 떠가는 버드나무배가 가라앉았다 떠올랐다 하네.

• 乃生男子, **載**寢之床. (《詩經》〈小雅 斯干〉)

사내아이를 낳으면 곧 잠자는 침상에 누인다.

• 行道遲遲, **載**渴**載**飢. (《詩經》〈小雅 采薇〉)

가는 길이 지지부진하여 목이 타고 배도 고프다.

• 乃瞻衡宇, **載**欣**載**奔. (陶淵明, 〈歸去來辭幷序〉)

이리하여 누추한 집을 보고 기뻐하면서 뛰어갔다.

【참고】

① 싣다: •**載**以牛車. 소가 끄는 수레에 **싣다**.

② 가득 차다: •怨聲**載**道. 원망 소리가 길에 **가득 찼다**. •風雪**載**途. 눈보라가 길에 **가득 찼다**.

③ 시작하다: •春日**載**陽. (《詩經》〈豳風 七月〉) 봄날이 따뜻해지기 **시작하는구나**.

④ 기록하다: •有績而**載**. (《左傳》 昭公十五年) 공적이 있으면 **기록한다**. •**載**其一篇. (李齊賢, 《櫟翁稗說》) 그 한 편을 **기록했다**.

⑤ 해[年]: •漢興, 至孝文, 四十有餘**載**. (《史記》〈文帝本紀〉) 한나라가 일어나 효문제에 이르기까지는 40여 **년**이다.

底/抵(저)

❶ 전치사 동작 혹은 행위의 시간이나 장소를 나타내며, '~에는' '~으로'라고 해석한다.

• 囚孟嘗君, 謀欲殺之. 孟嘗君使人**抵**昭王幸姬求解. (《史記》〈孟嘗君列傳〉)

[진소왕(秦昭王)은] 맹상군을 가두고서 그를 죽이려고 모의했다. 맹상군은 진소왕의 총애를 받는 희첩이 있는 곳**으로** 사람을 보내 풀어줄 것을 청하게 했다.

• 草木零落, **抵**冬降霜. (《漢書》〈禮樂志〉)

초목이 모두 떨어지고, 겨울**에는** 서리가 내린다.

❷ **대사** '어느'라고 해석한다.

• 來從**底**處所? 黃露滿衣濕. (陳與義, 〈臘梅四絶句〉)

어느 곳에서 왔을까? 누런 이슬이 옷을 가득 적시네.

[참고]

갈다: • 周道如**底**. (《孟子》〈萬章下〉) 큰길은 **갈아놓은** 것처럼 평평하다.

諸(저)

ㅈ

❶ **전치사** 동작 혹은 행위의 장소나 대상을 이끌어낸다. '~로부터' '~에게' '~에서' 등으로 해석하거나 해석하지 않을 수도 있다.

• 二公及王乃問**諸**史與百執事. (《尙書》〈金縢〉)

강태공(姜太公)과 소공(召公) 및 성왕(成王)은 사관과 모든 관리**에게** 물었다

• 段入於鄢, 公伐**諸**鄢. (《左傳》隱公元年)

공숙단(共叔段)이 언으로 도피하자 정장공(鄭莊公)은 언**으로** 가서 그를 쳤다.

• 穆公訪**諸**蹇叔. (《左傳》僖公三十二年))

[진나라] 목공은 건숙**에게** 이 일을 물었다.

- 小臣有晨夢負公以登天; 及日中, 負晉侯出**諸**厠. (《左傳》 成公十年)

  소신은 새벽에 진후(晉侯)를 등에 업고 하늘로 오르는 꿈을 꾸었는데, 정오가 되자 [그가] 진후를 등에 업고 화장실**에서** 나왔다.

- 崔明夜辟**諸**大墓. (《左傳》 襄公二十七年)

  최명은 밤에 큰 무덤**에** 숨었다.

- 吉也聞**諸**先大夫子産曰: "夫禮, 天之經也." (《左傳》 昭公二十五年)

  길은 선대부 자산**으로부터** 들었다. "예란 하늘의 규범이다."

- 賜也, 始可與言詩已矣. 告**諸**往而知來者. (《論語》〈學而〉)

  사야, 비로소 너와 더불어 《시》를 이야기할 수 있겠다. 지나간 것**을** 알려주었더니 다가올 것을 아는구나.

- 不逞於齊, 必發**諸**晉. (《國語》〈晉語五〉)

  제나라를 힘껏 마음대로 공격하지 않으면, 반드시 진나라**에서** [내란이] 일어날 것이다.

- 色厲而內荏, 譬**諸**小人, 其猶穿窬之盜也與! (《論語》〈陽貨〉)

  얼굴빛은 엄하지만 마음이 나약한 것은, 소인**으로** 비유하자면 그것은 마치 벽에 구멍을 뚫고 들어가는 도둑과 같구나!

- 有**諸**內, 必形**諸**外. (《孟子》〈告子下〉)

  [무엇이] 안**에** 있으면 반드시 밖**에** 나타난다.

- 宋人資章甫而適**諸**越. (《莊子》〈逍遙遊〉)

  송나라 사람이 월나라**로** 예식 때 쓰는 모자를 팔러 갔다.

- 太上反**諸**己, 其次求**諸**人. (《呂氏春秋》〈論人〉)

  가장 좋은 것은 자신**에게** 돌이키는 것이고, 그다음으로는 다른 사람**에게서** 구하는 것이다.

- 孝弟發**諸**朝廷, 行乎道路, 至乎州巷, 放乎獀狩, 修乎軍旅. (《禮記》〈祭義〉)

  효도와 공경이 조정**에서** 피어나 길에서도 행해지고 마을까지 이르며,

사냥할 때에도 본받고 군대에서도 실행된다.

- 投**諸**渤海之尾, 隱土之北. (《列子》〈湯問〉)

  그것을 발해 끝, 은토 북쪽**에** 버려라.

- 近取**諸**身, 遠取**諸**物. (許愼, 〈說文解字敍〉)

  가까이는 [자신의] 몸**에서** 취하고, 멀리는 [다른] 물건**에서** 취했다.

- 用與舍屬**諸**人. (韓愈, 〈答李翊書〉)

  쓰는 것과 버리는 것은 [다른] 사람**에게** 달려 있다.

- 夫有其物而不費之謂儉, 非無**諸**己而自絶之謂也. (朴齊家, 《北學議》)

  대저 물건을 가졌지만 쓰지 않는 것을 검소함이라 하니, 자기**에게** 없어서 저절로 끊어지는 것을 말함이 아니다.

- 故體物而反求**諸**己, 則萬物皆備於我. (朴趾源, 〈答任亨五論原道書〉)

  그러므로 만물에서 체득한 바를 내 몸**에** 돌려 탐구하면, 만물이 모두 내게 갖추어져 있다.

❷ **어조사** 구 끝에 쓰여 감탄·의문·반문을 나타내며, '~습니까' '~이구나' '~인가' 등으로 해석한다.

- 日居月**諸**, 照臨下土! (《詩經》〈邶風 日月〉)

  해와 달이 있어 아래에 있는 땅을 비추는**구나**!

- 晉公子有三焉, 天其或者將建**諸**! (《左傳》僖公二十三年)

  진공자는 [특이한 점이] 세 가지 있으니, 하늘이 아마 그를 군주로 세우려는가 보**구나**!

- 雖欲勿用, 山川其舍**諸**? (《論語》〈雍也〉)

  비록 [제물로] 쓰지 않으려 해도 산천의 신이 어찌 그를 내버려두겠**느냐**?

- 有美玉於斯, 韞匵而藏**諸**? 求善賈而沽**諸**? (《論語》〈子罕〉)

  여기에 아름다운 옥이 있다면 궤에 넣어 보관하시겠**습니까**? 좋은 상인

ㅈ

을 구하여 파시겠**습니까**?

匵: 궤 독

- 雖有粟, 吾得而食**諸**! (《論語》〈顔淵〉)

  비록 곡식이 있은들 내가 [어찌] 그것을 얻어먹을 수 있겠**소**!

- 文王之囿方七十里, 有**諸**? (《孟子》〈梁惠王下〉)

  [주(周)]문왕의 사냥터가 사방 70리였다는데, 이런 일이 있**습니까**?

- 人皆可以爲堯舜, 有**諸**? (《孟子》〈告子下〉)

  사람들은 모두 요순이 될 수 있다는데, 이런 말이 있**습니까**?

- 吾方與諸羌樹信, 其可失**諸**? (范仲淹, 〈東染院使種君墓志銘〉)

  나는 마침 제강과 신의를 세웠는데, 어찌 신의를 잃을 수 있겠**는가**?

❸ **어조사** 형용사 뒤에 놓이며, 문맥에 따라 적절히 해석한다.

- 齊齊乎其敬也! 愉愉乎其忠也! 勿勿**諸**其饗之也! (《禮記》〈祭義〉)

  삼가며 경의를 표하네! 즐거워하며 마음을 다하네! 쉬지 않고 제사를 지내네!

❹ **대사** '그(들)' '그것(들)'이라고 해석한다.

- 冬, 晉薦饑, 使乞糴于秦. 秦伯謂子桑. "與**諸**乎?" (《左傳》僖公十三年)

  겨울에 진(晉)나라는 연이어 흉년이 들어 진(秦)나라에 사신을 보내서 식량을 청했다. 진백이 자상에게 말했다. "**그들**에게 줄까?"

  薦: 거듭 천 | 糴: 쌀 살 적

- 人必其自愛也, 然後人愛**諸**; 人必其自敬也, 然後人敬**諸**. (《法言》〈君子〉)

  사람은 반드시 자기가 자기를 사랑한 후에야 다른 사람이 **그**를 사랑하고, 사람은 반드시 그 스스로 자신을 존경한 후에야 다른 사람이 **그**를 존경한다.

【참고】

여러, 많다: •**諸**大夫. **여러** 대부. •**諸**軍. **많은** 군사. •**諸**君. **여러**분. •故**諸**衆生, 虛妄顚倒. (義天,《大覺國師文集》) 따라서 **많은** 중생들은 헛되고 망령되며 거꾸로 되어 있다.

的(적)

부사 동작 혹은 행위의 확실성을 강조하며, '정확히' '확실히' 등으로 해석한다. '的然(적연)' '的的(적적)'의 형태로 쓰이면 '밝게' '분명하게', '的的然(적적연)'의 형태로 쓰이면 '명확하게' '분명하게'라고 해석한다.

- 君子之道, 闇然◆而日章; 小人之道, **的然**而日亡. (《禮記》〈中庸〉)
  군자의 도리는 어두운 듯하지만 나날이 빛나고, 소인의 도리는 **밝은** 것 같지만 나날이 없어진다.
  ◆闇然(암연): 어두운 모양.
- 此**的的然**若白黑. (《新序》〈雜事〉)
  이(어진 신하를 임명하는 것) 이치는 **분명하기**가 흰색과 검은색 같다.
- 隨波無限月, **的的**近南溟. (杜甫,〈宿白沙驛〉)
  물결 따라 정해진 기한 없고, **분명히** 남쪽 바다에 가깝구나.
- 有上書請去佞臣者, 上問: "佞臣爲誰?" 對曰: "臣居草澤, 不能**的**知其人, 願陛下與群臣言, 或陽怒以試之. 彼執理不屈者, 直臣也, 畏威順旨者, 佞臣也." (《資治通鑑》〈唐紀〉太宗貞觀元年)
  어떤 사람이 [당태종에게] 글을 올려 간신을 제거하기를 청했는데, 황제가 물었다. "간신이 누군가?" [신하가] 대답했다. "신은 초야에 묻혀 살고 있으므로 누가 이러한 사람인지 **확실히** 알 수 없지만, 폐하께서 신

ㅈ

하들과 이야기를 할 때 거짓으로 화를 내어 그들을 시험해보십시오. 도리를 고집하며 굽히지 않는 자는 곧은 신하이고, 위세를 두려워하여 뜻을 따르는 자는 간신입니다."

• 須是**的然**識得這個物事, 然後從忠信做將去. (《朱子語類》〈論文下〉)

모름지기 이 사물을 **분명하게** 인식한 뒤에 자신을 다하고 믿음직한 태도로 나아가야 한다.

• 陳述古密直知建州浦城縣, 日有人失物, 捕得莫知其**的**爲盜者. (《夢溪筆談》〈權智〉)

진술고 밀직(그의 별호別號)이 건주 포성현에서 근무할 때, 하루는 어떤 사람이 물건을 잃어버렸는데 [누군가를] 붙잡았으나 그가 **확실히** 도둑질을 했는지는 알지 못했다.

【참고】

① 과녁: • 衆矢之**的**. 뭇 화살이 **과녁**으로 간다.

② 선명하다: • 朱脣**的**其若丹. (《文選》〈神女賦〉) 붉은 입술이 **선명하기**가 모란 같구나.

迪(적)

어조사 구 첫머리나 중간에 쓰여 어감을 강조하며, 해석하지 않는다. 《상서》에 한정적으로 나타난다.

• **迪**惟前人光, 施于我沖子. (《尙書》〈君奭〉)

단지 선왕이 남긴 빛을 우리 젊은 군왕에게 준다.

• 各**迪**有功, 苗頑弗卽工. (《尙書》〈益稷〉)

각각 일이 있게 되었는데, 삼묘(三苗)만은 완악하여 일하지 않았다.

- 爾乃**迪**屢不靜, 爾心未愛. (《尙書》〈多方〉)

  너희는 오히려 누차 평온하지 않으며, 너희는 마음속으로 순종하지 않는다.

- 又惟殷之**迪**諸臣惟工, 乃湎于酒, 勿庸殺之, 姑惟敎之. (《尙書》〈酒誥〉)

  또 은나라의 신하와 백공(百工)이 술에 빠지거든, 그들을 죽이지 말고 우선 가르쳐라.

【참고】

근원으로 삼다: • 漢**迪**于秦, 有革有因. (《漢書》〈敍列傳下〉) 한나라는 진나라의 것을 **근원으로 삼아** 혁신한 것도 있고 인습한 것도 있다.

適(적)

❶ **부사** 일이 시간이나 이치에 꼭 맞음을 나타내며, '꼭 [알맞게]' '때마침' '마침'이라고 해석한다.

- 子無謂秦無人. 吾謀**適**不用也. (《左傳》文公十三年)

  그대는 진나라에 사람이 없다고 말하지 마라. 나의 계책이 **마침** 쓰이지 않았을 뿐이다.

- 審吾所以適人, **適**人之所以來我也. (《荀子》〈王霸〉)

  내가 다른 사람을 대하는 것을 살펴야 하는 까닭은 **꼭** 다른 사람이 내가 [대한 대로] 하기 때문이다.

- 此時魯仲連**適**游趙. (《戰國策》〈趙策三〉)

  이때 노중련은 **마침** 조나라에서 유세하고 있었다.

• 王子光見伍子胥而惡其貌, 不聽其說而辭之曰: "其貌**適**吾所甚惡也." (《呂氏春秋》〈胥時〉)

왕자 광은 오자서를 보고 그 외모를 싫어하여 그의 말을 듣지도 않고 물리치며 말했다. "그 용모는 **마침** 내가 매우 싫어하는 모습이다."

• 貴富而不知道, **適**足以爲患. (《呂氏春秋》〈本生〉)

부귀하지만 도리를 알지 못하면 **꼭** 우환이 되기에 충분하다.

• 夫身中大創十餘, **適**有萬金良藥, 故得無死. (《史記》〈魏其武安侯列傳〉)

몸에 10여 군데 중상을 입었지만, **마침** 만금이나 되는 좋은 약이 있었기 때문에 죽음을 면할 수 있었다.

• 事或欲之, **適**足以失之; 或避之, **適**足以就之. (《淮南子》〈氾論訓〉)

일을 어쩌다 하고자 하면 **꼭** 그것을 잃기에 충분하고, 어쩌다 그것을 피하고자 하면 **꼭** 그것을 취하기에 충분하다.

• 先主斜趨漢津, **適**與羽船相會. (《三國志》〈蜀書 先主傳〉)

선주는 지름길을 택해 한진으로 달려갔는데, **꼭 알맞게** 관우(關羽)와 배에서 만났다.

• 俱死無益於國, **適**所以快敵耳. (《三國志》〈吳書 孫峻傳〉)

모두 죽는 것은 국가에 이로움이 없으며, **마침** 적을 기쁘게 할 뿐이다.

• **適**有群鷄, 亂啄庭除. (徐居正, 《太平閑話滑稽傳》)

마침 닭 무리가 뜰에서 어지러이 쪼아 먹고 있었다.

• 兵判以稟事進去, **適**値驟雨, 處處漏下, 衣冠盡濕. (李肯翊, 《燃藜室記述》)

병조판서가 일을 아뢰기 위해 갔다가 **마침** 소나기를 만났는데, 여기저기 빗물이 새어서 옷과 관이 전부 젖었다.

• 妾等卽衛夫人娘娘侍女也, 承命於夫人, 問候於大師, 歸路, **適**少留於此矣. (金春澤, 《漢譯九雲夢》)

첩들은 바로 위부인 낭랑의 시녀들인데, 부인의 명을 받들어 대사에게 문안드리고 돌아가는 길에 **마침** 여기서 잠시 머무르고 있는 것입니다.

❷ **부사** 동작의 범위 혹은 사물의 수량을 한정하며, '단지'라고 해석한다.

- 飮食之人無有失也, 則口腹豈**適**爲尺寸之膚哉? (《孟子》〈告子上〉)
  먹고 마시는 것을 밝히는 사람이라도 과실이 없다면, 입과 배가 어찌 **단지** 한 자 한 치의 살갗을 위할 뿐이겠는가?
- 其知**適**足以知人過, 而不知其所以過. (《莊子》〈人間世〉)
  그의 총명함은 **단지** 사람들의 허물을 알기에는 충분하지만, 허물이 있게 된 원인을 알기에는 부족하다.
- 疑臣者不**適**三人. (《戰國策》〈秦策二〉)
  신을 의심하는 자는 **단지** 세 사람만이 아니다.
- 猶巢居知風, 穴處知雨, 亦不足多, **適**所習耳. (《漢書》〈翼奉列傳〉)
  둥지에 사는 것들이 바람 불 것을 [미리] 알고, 굴에 사는 것들이 비 내릴 것을 [미리] 아는 따위는 또한 대단할 것이 못 되니, [그것들은] **단지** [그런 일에] 습관이 되어 있을 뿐이기 때문이다.
- 夸愚**適**增累, 矜智道逾昏. (陳子昂, 〈感遇〉)
  어리석음을 과시하는 것은 **단지** 허물을 증가시킬 뿐이고, 지식을 자부하는 것은 길을 더욱 어둡게 하는 것이다.

❸ **부사** 가까운 과거를 나타내며, '막' '방금'이라고 해석한다. '適來(적래)'와 같다.

- 孟孫**適**至而求麑. (《韓非子》〈說林〉)
  맹손은 **방금** 도착하여 사자를 찾았다.
- 今**適**有知而欺之. (《韓詩外傳》卷九)
  지금 **막** 알고는 그를 속였다.
- 陛下之臣雖有悍如馮敬者, **適**啓其口, 匕首已陷其胸矣. (《漢書》〈賈誼列傳〉)
  폐하의 신하 중에 비록 풍경과 같은 용감한 사람(감히 제후의 죄를 들춰내는 신하)이 있지만, 그가 **막** 입을 열자마자 비수가 이미 그의 가슴에

ㅈ

박혔습니다.

悍: 굳셀 한

• **適**得府君◆書, 明日來迎娶. (無名氏, 〈焦仲卿妻〉)

방금 태수의 편지를 받았는데, 내일 와서 아내로 맞이한다고 하네.

◆府君(부군): 한(漢)나라 때 태수의 존칭.

• 狼咆哮謂先生曰: "**適**爲虞人◆逐, 其來甚速, 幸先生生我." (馬中錫, 《中山狼傳》)

늑대는 사납게 으르렁거리며 동곽 선생에게 말했다. "**방금** 나는 사냥터 지기에게 쫓겼는데, 그들이 매우 빨리 왔으나 다행히 선생께서 저를 살려주셨습니다."

◆虞人(우인): 산림이나 소택(沼澤)을 관리하는 벼슬.

❹ **접속사** 가설을 나타내며, '만일'이라고 해석한다.

• 王**適**有言, 必亟聽從王言! (《韓非子》〈內儲說下〉)

왕께서 **만일** 말씀이 있으시면 [당신은] 반드시 빨리 왕의 말씀을 따라야 합니다!

• 吾**適**不愛而民因不爲我用也. (《韓非子》〈外儲說右下〉)

내가 **만일** [백성을] 아끼지 않는다면 백성은 이 때문에 나를 위해 쓰이지 않게 될 것이다.

• **適**幸及齊不死, 而用齊, 將何報我? (《韓非子》〈外儲說左下〉)

만일 다행히 제나라가 죽이지 않고 제나라에 임용된다면, 나에게 어떻게 보답하겠습니까?

• 雖然, 嬰將爲子復之, **適**爲不得, 子將若何? (《晏子春秋》〈內篇諫下〉)

비록 그러할지라도 나는 당신을 위해 보고했는데, **만일** 이루지 못하면 당신은 어떻게 하겠소?

• 棗**適**今日賜, 誰當仰視之? (《樂府詩集》〈咄唶歌〉)

만일 오늘 대추나무를 내린다면, 누가 [대추나무 밑에서] 우러러보겠는가?

【참고】

① 가다: • 子**適**衛. (《論語》〈子路〉) 공자께서 위나라에 **가셨다**. • 無所**適**從. 좇아**가는** 바가 없다.

② 시집가다: • 女三人, 長**適**秘書丞錢袞, 余尙幼. (歐陽修, 〈江隣幾墓志銘〉) 당신들 셋은 성장하여 비서승 전곤에게 **시집갔는데**, 나는 아직도 어리구나.

③ '嫡(적)'과 같다. 적출: • 殺**適**立庶. (《左傳》 文公十八年) **적자**를 죽이고 서자를 세웠다.

④ 추방당하다: • **適**戍. 변방으로 **추방당했다**.

⑤ 적합하다: • **適**於時也. (《商君書》〈畫策〉) 시대에 **적합하다**.

適然(적연)

부사 사실이 시간상 꼭 들어맞음을 나타내며, '꼭' '때마침'이라고 해석한다.

- 當堯舜而天下無窮人, 非知得也, 當桀紂而天下無通人, 非知失也, 時勢**適然**. (《莊子》〈秋水〉)

  요순시대에는 천하에 곤궁한 사람이 없었으므로 얻음을 알지 못했고, 걸주시대에는 천하에 통달한 사람이 없었으므로 잃음을 알지 못했으니, 그 당시 형세가 **꼭** 이러했다.

- 故有術之君, 不隨**適然**之善, 而行必然之道. (《韓非子》〈顯學〉)

  그러므로 법술이 있는 군주는 **꼭** 맞는 선행을 따르지 않고 필연적인 방법을 시행한다.

ㅈ

- 賢者有恆常, 士有**適然**. (《史記》〈龜策列傳〉)
  어진 사람은 늘 그러하며, 선비도 **꼭** 그러하다.
- 吾始一二見之, 以爲新免於喪**適然**耳. (歐陽修, 〈瀧岡阡表〉)
  나는 처음에 한두 번 그를 보고는 **때마침** 상에서 벗어났다고 생각했다.

適足(적족)

부사 충분히 실현 가능한 동작이나 행위를 나타내며, 항상 '以(이)'가 뒤에 놓인다. '분명히' '충분히' '확실히' 등으로 해석한다.

- 其知**適足**以知人之過, 而不知其所以過. (《莊子》〈人間世〉)
  그 지혜는 **분명히** 다른 사람의 허물을 알 수 있을 뿐, 그것이 허물이 되는 까닭을 알지 못한다.
- 豎穀陽之進酒也, 非以端惡子反也, 實心以忠愛之, 而**適足**以殺之而已矣. (《韓非子》〈飾邪〉)
  시종 곡양이 술을 권한 것은 일부러 자반을 해치고자 한 것이 아니라 성심성의껏 충실하게 아낀 것이지만, 도리어 **확실히** 그를 죽게 만들었을 뿐이다.
- 雖有覆軍殺將係虜單于之功, 亦**適足**以結怨深讎, 不足以償天下之費. (《史記》〈平津侯主父列傳〉)
  비록 적군을 뒤엎고 적장을 죽이고 흉노 선우를 사로잡은 공은 있어도, 또한 **분명히** [그로 인해] 적에게 원한을 사서 복수심만 깊게 만들었으므로, 천하에서 소비한 것을 보상하기에는 부족했습니다.
- 使楚勝漢, 則諸侯自危懼而相救. 夫楚之彊, **適足**以致天下之兵耳. (《史記》〈黥布列傳〉)
  만일 초나라가 한나라를 이긴다면 제후들은 스스로 위험을 느끼고 두려워하여 서로 한나라를 구하려 할 것입니다. 초나라가 강대해지면 **확실히** 천하의 적을 불러들이게 될 뿐입니다.

適會(적회)

부사 사실이 시간상 꼭 들어맞는 것을 나타내며, '꼭' '때마침'이라고 해석한다. 두 글자가 떨어져 쓰여도 뜻은 같다.

- 秦將聞之, 爲却軍五十里. **適會**魏公子無忌奪晉鄙軍以救趙擊秦, 秦軍引而去. (《戰國策》〈趙策三〉)

  진나라 장군이 이 소식을 듣고 군사를 50리나 퇴각시켰다. **때마침** 위나라 공자 무기는 진비의 병권을 빼앗아 조나라를 구원하려고 진나라를 공격했으므로 진나라 군사는 [감단(邯鄲)에서] 철수했다.
- 僕懷欲陳之而未有路, **適會**召問, 卽以此指推言陵之功. (《漢書》〈司馬遷列傳〉)

  내가 황제에게 진술하려고 생각했으나 기회를 얻지 못했는데, **때마침** 황제가 불러 물으니 곧 이 생각으로써 이릉의 공로를 자세히 설명했다.
- 詩騷**適會**, 而近世忌同. (《文心雕龍》〈練字〉)

  《시경》과 〈이소〉에서는 같은 글자를 **꼭** 맞게 사용했지만, 근래에는 같은 [글자를] 꺼린다.

積(적)

부사 일 혹은 상황이 오래 지속됨을 나타내며, '오랫동안' '줄곧' 등으로

ㅈ

해석한다.

• 操**積**苦頭風眩, 佗針, 隨手而差. (《後漢書》〈華佗列傳〉)

조조는 **오랫동안** 두통과 현기증으로 고생했는데, 화타가 침을 놓자 손이 가는 대로 차도가 있었다.

• 初, 其妻知光武不平之, 常戒躬曰: "君與劉公**積**不相能, 而信其虛談, 不爲之備, 終受制矣." 躬不納, 故乃於難. (《後漢書》〈吳漢列傳〉)

당초에 곽궁(郭躬)의 처는 광무(光武)와 곽궁이 맞지 않음을 알고 항상 그에게 충고했다. "당신과 유공(劉公)은 **오랫동안** 서로 화합할 수 없었는데, 만일 [당신이] 그의 헛된 말을 믿고 방비하지 않으면 끝내는 지배를 받게 될 것입니다." 곽궁은 [이 말을] 받아들이지 않았기 때문에 어려움을 만났다.

• 劉虞與公孫瓚**積**不相能. (《資治通鑑》〈漢紀〉 獻帝初平四年)

유우는 공손찬과 **줄곧** 조화를 이루지 못했다.

【참고】

쌓다, 모으다: • **積**土成山, 風雨興焉; **積**水成淵, 蛟龍生焉. (《荀子》〈勸學〉) 흙을 **쌓아** 산을 만들었더니 비바람이 일어나고, 물을 **모아** 깊은 연못을 만들었더니 교룡이 산다.

旃(전)

어조사 '之(지)'와 '焉(언)'의 합음이며, 특별한 뜻은 없다.

• 人之爲言, 苟亦武言. 舍**旃**舍**旃**. 苟亦無然. (《詩經》〈唐風 采苓〉*)

다른 사람이 하는 말을 진실로 믿지 마라. 그것을 흘려버려라, 그것을 흘려버려라. 진실이라고 여기지 마라.

◆〈采苓(채령)〉: 〈모시서(毛詩序)〉에 의하면 이 시는 진(晉)나라 헌공(獻公)이 참언을 잘 들었으므로 그것을 풍자한 것이라 한다.

- 初, 虞叔有玉, 虞公求**旃**, 弗獻. (《左傳》 桓公十年)
  처음에 우숙이 보옥을 갖고 있었는데, 우공이 그것을 달라고 했으나 바치지 않았다.
- 季孫喜, 使飮己酒, 而以具往, 盡舍**旃**. (《左傳》 襄公二十三年)
  계손은 기뻐서 연회를 베풀게 하고 [술자리가 끝나자 연회에 썼던] 그릇들을 가지고 [공서(公鉏)의] 집으로 가서 전부 [공서에게] 주었다.
- 天其殃之也, 其將聚而殲**旃**. (《左傳》 襄公二十八年)
  하늘이 재앙을 내릴 것이니 [그 종족을] 모아서 섬멸하려는 듯하다.
- 於今乃睹子之志矣! 方當盛漢之隆, 願勉**旃**, 無多談. (楊惲, 〈報孫會宗書〉)
  오늘에 이르러서야 비로소 당신의 뜻을 보았군요! 지금은 강대한 한나라가 융성하므로 그대가 이를 위하여 힘써주기를 바라니 많은 말은 하지 마시오.

絶(절)

부사 사물의 상태나 정도가 매우 높음을 나타내며, '대단히' '매우'라고 해석한다.

- 秦女**絶**美, 王可自取. 而更爲太子取婦. (《史記》 〈伍子胥列傳〉)
  진나라 여인은 **대단히** 아름다우니 왕께서 [부인으로] 들이십시오. 그리고 다시 태자를 위해서 며느리를 얻으십시오.
- 今以長沙·豫章往, 水道多, **絶**難行. (《漢書》 〈西南夷列傳〉)

지금은 장사와 예장으로부터 가는데, 수로가 많아 가기가 **대단히** 힘들다.

• 濟從騎◆有一馬, **絶**難乘, 少能騎者. (《世說新語》〈賞譽〉)
왕제의 종기가 말을 한 필 갖고 있는데, **매우** 타기 어려워 [그것을] 탈 수 있는 사람이 드물다.
◆從騎(종기): 기마를 탄 종자(從者).

• 犀亦**絶**愛其角, 墮角, 即自埋之. (《資治通鑑》〈唐紀〉 僖宗光啓三年注)
코뿔소 또한 자기의 뿔을 **매우** 아껴서 뿔이 떨어지면 스스로 그것을 묻는다.

• 四顧奇峰錯列, 衆壑縱橫, 眞黃山**絶**勝處! (《徐霞客游記》〈游黃山日記〉)
사방을 돌아보니 기이한 산봉우리가 교차로 배열되어 있고, 수많은 계곡이 종횡으로 있으니, 정말 황산은 **대단히** 아름다운 곳이구나!

【참고】

① 끊어지다: • 天柱折, 地維**絶**. (《淮南子》〈天文訓〉) 하늘을 받치는 기둥이 부러지고, 땅을 동여맨 동아줄이 **끊어졌다**. • **絶**長續短. 긴 것을 **끊어서** 짧은 것을 잇는다.

② 단절하다: • 陛下**絶**匈奴不與和親. (鼂錯, 〈募民徙塞下疏〉) 폐하께서는 흉노와 **단절하고** 화친하지 않았다. • 自云先世避秦時亂, 率妻子邑人來此**絶**境, 不復出焉. (陶淵明, 〈桃花源記〉) 그들 스스로 이전 조상들이 진나라 때 난리를 피해 처자식과 고향 사람들을 이끌고 세상과 **단절된** 이곳으로 와서 다시는 나가지 않았다고 말했다.

③ 횡단하다: • 假舟楫者, 非能水也, 而**絶**江河. (《荀子》〈勸學〉) 가령 배와 노가 있으면 수영을 못하더라도 큰 강을 **횡단할** 수 있다.

竊(절)

부사 겸손을 나타내며, 화자의 생각이나 행동이 반드시 옳다고 단정하지 못할 경우에 주로 사용된다. '속으로' '외람되이' '적이'라고 해석하거나 해석하지 않는다.

- 子曰: "述而不作, 信而好古, **竊**比於我老彭." (《論語》〈述而〉)
  공자께서 말씀하셨다. "서술하되 짓지는 않고 믿어서 옛것을 좋아하니, **남몰래** 나를 노팽과 비교해본다."
- 此楚莊王之所憂, 而君說◆之, 臣**竊**懼矣. (《吳子》〈圖國〉)
  이것은 초나라 장왕이 근심하는 바인데, 오히려 군주께서는 기뻐하시니 저는 **적이** 두렵습니다.
  ◆說(열): '悅(기쁠 열)'과 같다.
- 臣**竊**觀與蘇公談也, 其辯過君. (《戰國策》〈趙策一〉)
  나는 **외람되이** 당신이 소진(蘇秦)과 대화하는 것을 관찰했는데, 그의 변론이 당신보다 뛰어났습니다.
- 老臣**竊**以爲媼之愛燕后, 賢於長安君. (《戰國策》〈趙策四〉)
  노둔한 신이 **속으로** 생각건대 태후께서 연후를 사랑함이 장안군보다 더 한 것 같습니다.
- 今蒙氏, 秦之大臣謀士也, 而主欲一旦棄去之, 臣**竊**以爲不可. (《史記》〈蒙恬列傳〉)
  지금 몽씨 [형제]는 진나라의 중요한 신하이며 지모 있는 선비인데, 주군께서 그들을 하루아침에 버리려고 하시니, 저는 그렇게 하면 안 된다고 생각합니다.
- 寡人**竊**聞趙王好音, 請奏瑟. (《史記》〈廉頗藺相如列傳〉)
  과인은 조나라 왕께서 음악을 좋아하신다고 들었는데, 거문고 연주를

ㅈ

청합니다.

• 時昱使適還, 引見, 因言曰: "**竊**聞將軍欲遣家, 與袁紹連和, 誠有之乎?" 太祖曰: "然." (《三國志》〈魏書 程昱傳〉)

이때 정욱은 마침 사신으로 나갔다가 돌아왔는데, [조조를] 만난 기회에 물었다. "[제가] 듣건대 장군께서는 가족들을 보내 원소와 화친을 맺으려고 하신다던데, 그런 일이 진실로 있었습니까?" 태조(조조)가 대답했다. "그렇소."

• 臣**竊**愍然爲朝廷惜之. (《三國志》〈魏書 杜恕傳〉)

신은 근심하며 조정을 위하여 그를 안타까워했습니다.

• 余每觀才士之所作, **竊**有以得其用心. (陸機, 〈文賦〉)

나는 재능 있는 선비가 지은 것을 볼 때마다, 그들이 마음 쓴 것을 터득하게 된다.

【참고】

① 훔치다: • 彼**竊**鉤者誅, **竊**國者爲諸侯. (《莊子》〈胠篋〉) 저 띠쇠를 **훔친** 사람은 벌을 받았고, 나라를 **훔친** 사람은 제후가 되었다.

② 남모르다, 은밀하다: • 齊使以爲奇, **竊**載與之齊. (《史記》〈孫子吳起列傳〉) 제나라 사신은 [손빈(孫臏)의 재능이] 출중하다고 여겨 **은밀하게** 그를 태우고 함께 제나라로 갔다.

漸(점)

부사 상황의 점진적인 변화나 정도의 증감을 나타내며, '더욱' '점점' '점차' 등으로 해석한다. '漸冉(점염)' '漸染(점염)' 등으로도 쓰인다.

• 俗**漸**敝而不悟, 政浸衰而不改. (《後漢書》〈崔寔列傳〉)

풍속은 **점점** 피폐해지나 깨닫지 못하고, 정사는 점점 쇠락해지나 고치지 않는다.

• 愷之每食甘蔗◆, 恒自尾至本, 人或怪之, 云"**漸**入佳境". (《晉書》〈顧愷之傳〉)

고개지가 사탕수수를 먹을 때마다 항상 밑둥부터 윗부분에 이르니, 다른 사람이 간혹 이상히 여기자 [그가] 말하기를, "[이것은] **점차** 좋은 경지에 들어가는 것이다."라고 했다.

◆ 甘蔗(감자): 사탕수수.

蔗: 사탕수수 자

• 年齒**漸**長. (白居易, 〈與元九書〉)

나이가 **점점** 많아진다.

• 凡蠶將病, 則腦上放光, 通身黃色, 頭**漸**大而尾**漸**小. (《天工開物》〈乃服 病症〉)

누에가 병이 들려 하면 뇌에서 빛이 나고, 온몸이 누렇게 되며, 머리는 **점점** 커지고, 꼬리는 **점점** 작아진다.

• 四月初一日早雨, 行十五里 …… 天色**漸**霽. (《徐霞客游記》〈游天壹山日記〉)

4월 초하루 아침에 비가 내렸는데, 15리 길을 갔다. …… 하늘은 **점점** 개었다.

• 先是, 峰項霧滴如雨, 至此**漸**開, 景亦**漸**奇. (《徐霞客游記》〈游嵩山日記〉)

이보다 앞서 산 정상에는 안개가 맺혀 비 같았는데, 지금에 이르러서는 **점점** 흩어지니 풍경 또한 더욱 빼어나구나.

【참고】

① 더해지다, 나아가다: • 疾大**漸**. 병이 **더해진다**. • 防微杜**漸**. 조짐을 막아서 그

ㅈ

나아감을 막는다.

② 흘러들다, 적시다: • 東**漸**於海. (《尙書》〈禹貢〉) 동쪽으로 바다로 **흘러든다**.

• **漸**車帷裳! (《詩經》〈衛風 氓〉) 수레 장막의 아랫부분을 **적셨지**!

正(정)

❶ **부사** 동작·상태·상황 등이 시간·공간·조건 등에 교묘하게 들어맞거나 지속됨을 나타내며, '꼭' '마침' '바로'라고 해석하거나 해석하지 않아도 된다.

- 子曰: "若聖與仁, 則吾豈敢? 抑爲之不厭, 誨人不倦, 則可謂云爾已矣." 公西華曰: "**正**唯弟子不能學也." (《論語》〈述而〉)
  공자께서 말씀하셨다. "성스러움과 인 같은 것을 내가 어떻게 감당할 수 있겠느냐? 하지만 그런 것들을 [추구]하는 데 싫증 내지 않고, 다른 사람 가르치는 것을 게을리하지 않는다고 이와 같이 말할 수 있을 뿐이다." 공서화가 말씀드렸다. "[그 점이] **바로** [저희] 제자들로서는 배울 수 없는 것입니다."
- 人而不爲周南召南, 其猶**正**牆面而立也與. (《論語》〈陽貨〉)
  사람이 〈주남〉과 〈소남〉을 익히지 않으면, 그것은 **마치** 벽을 마주하고 서 있는 것과 같다.
- 夫虞之有虢也, 如車之有輔. 輔依車, 車亦依輔, 虞虢之勢**正**是也. (《韓非子》〈十過〉)
  우나라에게 괵나라가 있는 것은 마치 수레에 바퀴쐬우개가 있는 것과 같다. 바퀴쐬우개는 수레에 의지하고 수레 역시 바퀴쐬우개에 의지하는데, 우나라와 괵나라의 형세가 **꼭** 이와 같다.

• 象鄂不懌, 曰: "我思舜**正**鬱陶." (《史記》〈五帝本紀〉)

상이 놀라 기뻐하지 않으며 말했다. "내가 형(순)을 생각하며 **마침** 마음 아파하고 있었습니다."

• 至漢興, 長樂宮在其東, 未央宮在其西, 武庫**正**直其墓. (《史記》〈樗里子甘茂列傳〉)

한나라가 섰을 때 장락궁(長樂宮)은 그의 [묘지] 동쪽에 있었고, 미앙궁(未央宮)은 그 서쪽에 있었으며, 무기고가 그의 묘지 **바로** 앞에 있었다.

• 前日一男子詣闕, 自謂故太子, 長安中民趣鄉之, **正**讙不可止. 大將軍恐, 出兵陳之, 以自備耳. (《漢書》〈燕刺王列傳〉)

전날에 한 남자가 대궐로 들어가며 스스로 옛 태자라고 하자, 장안(長安) 백성이 그에게로 달려갔으므로 소란스러워 제지할 방법이 없었다. 대장군은 두려워 군대를 내보내 진세(陣勢)를 배열하여 방비했다.

讙: 시끄러울 훤

• 丞相嘗夏月至石頭看庾公, 庾公**正**料事. (《世說新語》〈政事〉)

승상은 일찍이 여름에 석두에 가서 유공을 보았는데, 유공은 **마침** 일을 생각하고 있었다.

• 水深橋梁絶, 中路**正**徘徊. (曹操, 〈苦寒行〉)

물은 깊고 다리는 끊어져, 중간에서 **마침** 머뭇거리고 있네.

• 去年四月初, 我**正**在河朔. (岑參, 〈送郭義雜言〉)

작년 4월 초, 나는 **마침** 황하 북쪽에 있었다.

❷ **부사** 범위를 한정하며, '단지'라고 해석한다.

• 風景不殊, **正**自有山河之異. (《世說新語》〈言語〉)

풍경은 다름이 없고 **단지** 산하의 변이만 있을 뿐이다.

• 乃自吳◆尋二陸, 平原不在, **正**見淸河. (《世說新語》〈自新〉)

[주처(周處)는] 오군(吳郡)으로 들어가 육기(陸機)와 육운(陸雲)을 찾아

ㅈ

갔는데, 육기가 집에 없어서 **단지** 육운만 보았다.

◆自吳(자오): 송본(宋本)에 따르면 '入吳(입오)'가 맞는다.

- 得知千載外, **正**賴古人書. (陶潛, 〈贈羊長史〉)

천 년 이전의 일을 알려면 **단지** 고인의 책에 의지할 뿐이다.

- 天上哪比人間? **正**以感運當爾, 非有他故也. (《靈怪集》〈郭翰〉)

하늘이 어떻게 인간과 비교되겠는가? **단지** 음양의 변화하는 기운이 이와 같을 뿐 다른 까닭이 있는 것이 아니다.

❸ **접속사** 가설이나 양보를 나타내며, '설령' '설사'라고 해석한다.

- 且鹽鐵郡有餘藏, **正**二國廢, 國家不足以爲利害. (《漢書》〈終軍列傳〉)

또한 소금과 철은 각 군에 충분히 저장되어 있으므로, **설사** 두 나라가 생산하지 않더라도 국가에는 족히 이로움이나 해로움이 되지 않는다.

- 許丞廉吏, 雖老, 尙能拜起送迎. **正**頗重聽, 何傷? (《漢書》〈黃霸列傳〉)

허승은 청렴한 관리로서 비록 늙었으나 오히려 제사를 지내고 [손님을] 전송하거나 맞이한다. **설사** [그가] 약간 귀머거리라도 무엇이 해롭겠는가?

- 善屬文, 擧筆便成, 無以改定, 時人常以爲宿構. 然**正**復精意覃思, 亦不能加也. (《三國志》〈魏書 王粲傳〉)

[왕찬(王粲)은] 문장을 짓는 데 뛰어나 붓을 들면 곧 완성하여 고치는 일이 없었으므로, 당시 사람들은 항상 시문을 오래 구상했다고 생각했다. 그러나 **설령** 여러 번 깊이 생각하여 퇴고하려고 해도 어떤 것도 첨가할 수 없었다.

【참고】

① 정당하다, 바르다, 단정하다: • 晉文公譎而不**正**, 齊桓公**正**而不譎. (《論語》〈憲問〉) 진나라 문공은 속이고 **바르지** 않았으며, 제나라 환공은 **바르고** 속이지

않았다. • 席不**正**不坐. (《論語》〈鄕黨〉) 자리가 **바르지** 않으면 앉지 않는다. • 義, 人之**正**路也. (《孟子》〈離婁上〉) 의란 사람의 **정당한** 길이다.

② 바로잡다: • **正**法則. (《荀子》〈王制〉) 법칙을 **바로잡는다**. • 君子**正**其衣冠. (《論語》〈堯曰〉) 군자가 그의 의관을 **바르게 한다**. • 就有道而**正**焉. (《論語》〈學而〉) 도가 있는 곳에 나아가 스스로를 **바로잡는다**.

③ 음력 1월: • **正**月. 정월.

正使(정사)

접속사 양보를 나타내며 가설의 뜻을 내포한다. '가령' '설사'라고 해석한다. '正復(정부)' '卽使(즉사)' '只使(지사)'와 같다.

- **正使**死, 何所懼? 況不必死耶? (《三國志》〈魏書 高貴鄕公紀〉)
  설사 죽는다 하더라도 무엇이 두렵겠는가? 하물며 반드시 죽지 않음에랴?
- **正使**禍至, 共死何苦! (《三國志》〈魏書 武宣卞皇后傳〉)
  가령 재앙이 이른다 하더라도 함께 죽으면 무엇이 괴로우리오!
- **正使**有意爲之, 亦復不佳. (湯顯祖, 〈合奇序〉)
  설사 생각이 있어 그것을 하더라도, 또한 좋은 일이 아니다.

【참고】

'正使(정사)'가 실사로 쓰이면, 부사와 대비되어 사행의 우두머리를 가리킨다. '上使(상사)'라고도 한다.

ㅈ

定(정)

❶ **부사** 확신이나 강한 긍정, 강한 의지를 나타내며, '반드시' '정확히' '확실히'라고 해석한다.

- 項梁聞陳王**定**死, 召諸別將會薛計事. (《史記》〈項羽本紀〉)
  항량은 진왕이 **확실히** 죽었다는 소식을 듣고, 각지의 여러 장군을 설에 불러 모아 일을 의논했다.
- 聞陳王**定**死, 因立楚後懷王孫心爲楚王. (《史記》〈高祖本紀〉)
  진왕이 **확실히** 죽었다는 소식을 듣고, 즉시 초나라 회왕(懷王)의 손자 심(心)을 초나라 왕으로 세웠다.
- 故於衆坐稱. "家兄在郡**定**佳, 廬江人士咸稱之." (《世說新語》〈方正〉)
  일부러 사람들 앞에서 말했다. "우리 형은 여강군(廬江郡)에서 **확실히** 뛰어나 여강 인사들이 모두 그를 칭송하고 있소."
- 皆曰: "**定**從西道來, 已在邯鄲." (《三國志》〈魏書 武帝紀注引曹瞞傳〉)
  [정찰하는 사람들이] 모두 말했다. "**확실히** 서쪽 길로 왔는데, 벌써 한단(邯鄲)에 있습니다."
- 庚午, 上聞祿山**定**反, 乃召宰相謀之. (《資治通鑑》〈唐紀〉 天寶長安之亂)
  경오일에 황상(당현종唐玄宗)은 안녹산이 **확실히** 모반했다는 것을 듣고 곧 재상을 불러 함께 상의했다.
- 紅蓮相依渾如醉, 白鳥無言**定**自愁. (辛棄疾, 〈鷓鴣天〉)
  붉은 연꽃은 취한 듯 서로 의지하고 있는데, 백로가 말이 없는 것은 **반드시** 홀로 수심에 잠긴 것이리라.
- 非魚**定**未知魚樂. (辛棄疾, 〈滿江紅 游南巖〉)
  물고기가 아니면 물고기의 즐거움을 **반드시** 알지 못한다.

❷ **부사** 철저히 근본으로 돌아감을 나타내며, '결국' '대체'라고 해석한다.

- 殷仲堪喪後, 桓玄問仲文. "卿家仲堪, **定**是何似人?" (《世說新語》〈賞譽〉)
  은중감이 죽은 후 환현(桓玄)이 중문(仲文)에게 물었다. "그대 집의 중감은 **대체** 어떤 사람인가?"
- 藍田慨然曰: "旣云堪, 何爲復讓? 人言汝勝我, **定**不如我." (《世說新語》〈方正〉)
  왕남전(王藍田)이 [아들에게] 분연히 말했다. "이미 [이 직책을] 맡겠다고 하고서 어찌 또 사양하려는가? 사람들이 네가 나보다 낫다고 하지만 **결국** 나만 못하구나."
- 未知明日**定**陰晴. (辛棄疾, 〈臨江仙 卽席和韓南澗韻〉)
  내일은 **대체** 흐릴지 갤지 알지 못하겠다.
- 重險復重險, 今年**定**何年? (文天祥, 〈高沙道中〉)
  매우 험난하고 또 매우 험난하니, 올해는 **대체** 무슨 해인가?

[참고]

① 안정되다, 편안하다: • 豈敢**定**居? (《詩經》〈小雅 采薇〉) 어찌 감히 **편안하게** 머물겠는가? • 心神不**定**. 심신이 **안정되지** 못하다.

② 평정하다: • 沛公**定**魏地. (《史記》〈絳侯周勃世家〉) 패공(沛公)이 위나라 땅을 **평정했다**.

③ 결정하다: • 帝盤庚之時, 殷已都河北. 盤庚渡河南, 復居成湯之故居, 迺五遷, 無**定**處. (《史記》〈殷本紀〉) 황제 반경 때 은 왕조는 이미 황하 이북에 수도를 세웠다. 반경은 황하를 건너 남쪽으로 와서 다시 성탕(成湯)의 옛 도읍에 거주하니, 이것이 다섯 번째 천도지만 살 곳을 **정하지** 못했다. • 量材而授官, 錄德而**定**位. (《漢書》〈賈誼列傳〉) 재주를 헤아려 관직을 주고, 덕을 기록하여 지위를 **결정한다**. • 夫用兵之道, 先**定**其謀, 然後乃施其事. (諸葛亮, 〈便宜十六策: 治軍〉) 군대를 지휘하는 방법은 먼저 계책을 **확정한** 후에 일을 시행하는 것이다.

鼎(정)

부사 동작이나 상태가 어떤 상황과 딱 들어맞는 것을 나타내며, '때마침' '마침'이라고 해석한다. 한대(漢代) 이후의 문장에 나타난다.

- 無說詩, 匡◆**鼎**來! (《漢書》〈匡衡列傳〉)

  《시경》을 말하지 마라, 광형이 **마침** 오는구나!

  ◆匡(광): 광형(匡衡). 전한의 동해(東海) 사람으로, 특히 《시경》에 조예가 깊어 당시 유학자들이 "광설시해인이(匡說詩解人已)"라고까지 했다.

- 顯**鼎**貴, 上信用之. (《漢書》〈賈捐之列傳〉)

  석현(石顯)이 **때마침** 귀해졌으므로 황제가 신임하여 그를 등용했다.

- 天子春秋**鼎**盛, 行義未過, 德澤有加焉. (《漢書》〈賈誼列傳〉)

  천자는 나이가 **마침** 강성한 때이고, 품행에 허물이 없으며, 은택이 더해지고 있다.

- 又召諸佛寺主首諭之曰: "飢歲工價至賤, 可以大興土木之役." 於是諸寺工作**鼎**興. (《夢溪筆談》〈官政一〉)

  [범문왕(范文王)은] 또 모든 사찰의 주지를 소집하여 그들에게 말했다. "기황이 든 해에는 공사 인건비가 매우 싸므로 토목 공사를 크게 일으킬 수 있다." 그래서 여러 사찰의 토목 공사가 **마침** 왕성해졌다.

【참고】

세 발에 두 귀가 달린 둥근 솥인 '鼎(정)'에는 세 개의 발이 있기 때문에 세 방면의 세력이 대립하는 것을 '鼎立(정립)'이라고 한다. 또한 고대에는 '鼎(정)'을 왕위 전승의 보기(寶器)로 삼았으므로, 곧 그것으로 '왕위, 제업(帝業)'을 비유했다: • **鼎**祚再隆. **왕위**가 다시 융성해졌다.

弟/第(제)

❶ **부사** 어떤 이유나 제한 없이 그것만 할 것을 나타내며, '다만' '오로지'라고 해석하거나 해석하지 않는다.

- 陛下**第**出僞游雲夢◆. (《史記》〈陳丞相世家〉)

  폐하께서는 **다만** 나가서 운몽에서 놀이하는 척하십시오.

  ◆雲夢(운몽): 초나라의 일곱 개 연못 중 하나인데, 사방이 9백 리나 되는 큰 늪으로 지금의 호북성 효감현(孝感縣) 서북쪽에 있다.

- **弟**擧兵, 吾從此助公. (《史記》〈淮陰侯列傳〉)

  오로지 병사를 일으키기만 하면, 나는 여기서 그대를 돕겠소.

- 君**弟**重射. 臣能令君勝. (《史記》〈孫子吳起列傳〉)

  당신께서는 **다만** 내기를 크게 거십시오. 제가 당신이 이기게 할 수 있습니다.

- 酈生曰: "**弟**言之." (《史記》〈酈生陸賈列傳〉)

  역생이 말했다. "**다만** 그것만 말해주시오."

- 文君久之不樂, 曰: "長卿! **第**俱如臨邛. 從昆弟假貸, 猶足爲生. 何至自苦如此!" (《史記》〈司馬相如列傳〉)

  탁문군은 [그런 생활이] 오래되자 견디지 못하고 말했다. "장경! 함께 임공으로 갑시다. 형제들에게 돈을 빌리면 오히려 생계를 꾸려갈 수 있을 것입니다. 무엇 때문에 이렇게까지 스스로 고생을 합니까!"

❷ **부사** 범위를 한정하거나 문맥의 전환을 나타내며, '겨우' '다만' '단지'라고 해석한다.

- 顧**弟**弗深考. (《史記》〈五帝本紀〉)

  단지 깊이 생각하지 않았다.

ㅈ

• 上曰:"夫人**弟**一見我, 將加賜千金, 而予兄弟尊官."(《漢書》〈李夫人列傳〉)
황제가 말했다. "부인이 **단지** 나를 한 번만 보면 장차 천금을 주고, 그대의 형제에게도 높은 관직을 주겠다."

• 江山之外, **第**見風帆·沙鳥·煙雲·竹樹而已. (王禹稱,〈黃岡竹樓記〉)
강산 이외에 **단지** 보이는 것은 돛과 모래 위의 새, 구름, 대나무뿐이다.

• **第**非常之事, 非可與常人謀也. (陳亮,〈戊申再上孝宗皇帝書〉)
다만 평범하지 않은 일은 보통 사람과 도모할 수 없다.

• 行檢曰: "自今**第**如我節制, 毋問我所以知也." (《新唐書》〈裵行儉傳〉)
배행검(裵行儉)이 말했다. "지금부터 **단지** 내 요구에 따라 안배할 뿐, 내가 어떻게 알았는지는 묻지 마라."

• 海子大可千畝 …… 亦有溪流貫其間, **第**不可耕藝◆, 以其土不貯水. (《徐霞客游記》〈滇游日記〉)
해자는 대략 1천 무(畝)나 되는 큰 밭을 가지고 있었는데 …… 또한 시냇물이 그 중간을 관통하여 흘렀는데도 **다만** 경작할 수 없었던 것은, 그 토질이 물을 보존하지 못했기 때문이다.

◆耕藝(경예): 논밭을 갈고 곡식을 심음.

• 生心實愛好, **第**慮父嗔, 因直以情告. (《聊齋志異》〈白秋練〉)
소생은 마음속으로 그녀를 좋아했는데, **다만** 아버지께서 화내실 것을 걱정하여 사정을 사실대로 말했다.

【참고】

'弟(제)'와 '第(제)'는 실사로도 서로 통한다.

| '弟'는 | ① 동생, 누이동생. 옛날에는 자매도 형제라고 했다.

② '悌'라고도 썼고, 아우의 도리를 다하여 형을 존경하고 사랑함을 나타냈다:

• 其爲人也孝**弟**. (《論語》〈學而〉) 그 사람됨이 효성스럽고 **우애**가 있다.

③ '차례' '순서'로 파생되며, 후에 이 뜻일 경우 '第'라고 썼다.

| '第'는 | ① 큰 집: • 門**第**. 가문, 문벌. • 府**第**. 저택. • 宅**第**. 주택. • 遂免爽兄第, 以侯還**第**. (《三國志》〈魏書 曹爽傳〉) 조상 형제는 [관직을] 파면당하고, 제후의 신분으로 **자택**으로 돌아왔다.

② 명령을 나타내며 '弟'로도 쓴다. 곧: • 汝**第**往. (《史記》〈張丞相列傳〉) 너는 **곧** 가라. • 君**第**去. 臣亦且亡. 避吾親, 君何患. (《史記》〈袁盎鼂錯列傳〉) 그대는 **곧** 가십시오. 나 또한 바로 도망가겠습니다. 우리 친척이 피하면 그대에게 무슨 근심이 있으리.

③ 과거시험의 성적 순서, 합격: • 及**第**. 급제하다. • 落**第**. **합격**하지 못하다. • 不**第**. **합격**하지 못하다.

弟令/第令(제령)

접속사 가설적 양보를 나타내며, '설사'라고 해석한다. '藉(자)'와 함께 쓰기도 한다.

- 失期當斬. 藉**弟令**毋斬, 而戍死者固十六七. (《史記》〈陳涉世家〉)
  기한을 놓치면 마땅히 목을 베어야 한다. **설사** 목이 베이지 않는다 하더라도 변방을 지키다 죽는 사람이 본래 열에 예닐곱은 된다.
- 今大王與吳西鄉, **弟令**事成, 兩主分爭, 患乃始結. (《史記》〈吳王濞列傳〉)
  지금 대왕께서는 오나라와 함께 서쪽을 향해 [쳐들어가려] 하시지만, **설사** 일이 성공하더라도 두 군주가 갈려 다투게 될 것이고, 여기서 화근이 생길 것입니다.
  鄕: 향할 향(=向)

ㅈ

除(제)

전치사 동작 혹은 행위가 미치지 않는 사람이나 사물을 가리킨다. 흔히 '除(제)~以外(이외)'의 형태로 쓰여, '~을 제외하고'라는 뜻이 된다. 또 '除非(제비)'의 형태로 쓰이면 유일한 조건을 나타내며, '단지' '오직' '~이 아니면' 등으로 해석한다. 이 경우에는 '除卻(제각)' '除非是(제비시)' '除是(제시)' 등과 통용될 수 있다.

- 昔兩漢以郡國治人, **除**郡以外, 分立諸子, 割土封疆, 雜用周利. (《貞觀政要》〈教戒太子諸王〉)

  옛날에 서한과 동한은 군국(郡國)의 제도로 백성을 다스렸으며, 군**을 제외한** 그 밖의 지역에는 왕자들을 나누어 세워 영토를 나누고 경계를 봉하고서 주대의 제도를 섞어 사용했다.
- **除**非一杯酒, 何物便關身? (白居易, 〈感春〉)

  한잔 술**이 아니면** 무슨 물건이 나와 상관이랴?
- 故鄉何處是? 忘了**除**非醉. (李淸照, 〈菩薩蠻〉)

  고향은 어느 곳인가? [이런 생각을] 잊으려면 **오직** 취하는 것뿐이구나.

【참고】

① 층계: • 凝霜依玉**除**, 淸風飄飛閣. (《文選》〈贈丁儀〉) 서리는 옥**층계**에 맺혔고, 맑은 바람은 누각 위로 분다.

② 제거하다: • **除**惡務盡. 악을 **제거하는** 데 온 힘을 다한다.

早/蚤(조)

부사 동작 혹은 행위가 오래전에 발생했음을 나타내며, '일찍'이라고 해석한다.

- 吾不能**早**用子, 今急而求子, 是寡人之過也. (《左傳》 僖公三十年)
  나는 좀 더 **일찍** 그대를 임용하지 못하고, 지금 위급해지자 그대를 찾으니 이것은 나의 잘못이다.
- 論**早**定則知**早**嗇◆, 知**早**嗇則精不竭. (《呂氏春秋》〈情欲〉)
  [삶을 귀하게 여기는] 관념을 **일찍** 확정하면 **일찍부터** 아낄 줄 알고, **일찍부터** 아낄 줄 알면 정기가 고갈되지 않는다.

  ◆ 嗇(색): 정력을 소모시키지 않는 것.

  嗇: 아낄 색
- 魏其與其夫人益市牛酒, 夜灑掃, **早**帳具至旦. (《史記》〈魏其武安侯列傳〉)
  위기후(魏其侯, 두영竇嬰)는 그의 부인과 함께 고기와 술을 많이 사고, 밤새도록 집안을 치우고서 **일찍** 모든 것을 차리니 아침이 되었다.
- 顏淵**蚤**死, 孔子謂之短命. (《論衡》〈問孔〉)
  안연이 **일찍** 죽자, 공자는 그를 일컬어 명이 짧다고 했다.
- 今僕不幸, **蚤**失二親, 無兄弟之親, 獨身孤立, 少卿視僕於妻子何如哉? (《漢書》〈司馬相如列傳〉)
  지금 나는 불행하여 **일찍이** 부모님을 잃고, 또 형제와 같은 친척이 없어 오직 외로운 몸이 홀로 있거늘, 소경은 내가 처자에게 어떻게 해야 한다고 보는가?
- 邢蒯瞶曰: "善, 能訑! 然亦晚矣. 子**早**言我, 我能諫之." (《說苑》〈立節〉)
  형 땅의 괴외가 말했다. "옳다, 너의 이 말은! 그러나 또 이미 늦었다. 네가 만일 조금 **일찍** 나에게 말했다면 나는 그를 권계할 수 있었을 것이다."

ㅈ

• 君**早**見我, 可不至此. (《三國志》〈魏書 方技傳〉)

당신이 나를 **일찍** 만났다면 이 지경에 이르지 않을 수 있었을 것입니다.

• 威名**早**著, 爲國展力二十餘年. (《洛陽伽藍記》〈法雲寺〉)

위엄 있는 이름이 **일찍이** 세상에서 빛났고, 나라를 위해 20여 년간 힘을 다했다.

足(족)

❶ **조동사** 동작 혹은 행위가 의의나 가치가 있거나 그만한 자격이 있음을 나타내며, '~할 가치가 있다'라고 해석한다.

• 河南太守獨有洛陽耳, 何**足**憂? (《史記》〈淮南衡山列傳〉)

하남 태수는 겨우 낙양을 점유하고 있을 뿐인데, 어찌 근심**할 가치가 있겠는가**?

• 此中人語云: "不**足**爲外人道也." (陶淵明, 〈桃花源記幷序〉)

이곳 사람들이 [어부에게] 말했다. "[이곳의 상황은] 외부 사람에게 말**할 가치**가 없습니다."

• 文王之囿, 與衆共之, 池魚復何**足**惜? (《世說新語》〈政事〉)

문왕의 동산은 백성과 함께했으니, 연못 속의 물고기를 또한 어찌 아**낄 가치가 있겠는가**?

• 天變不**足**畏, 祖宗不**足**法, 人言不**足**恤. (《宋史》〈王安石傳〉)

자연계의 변화는 두려워**할 가치**가 없고, 조상의 전통은 본받**을 가치**가 없으며, 다른 사람들의 말은 근심**할 가치**가 없다.

❷ **조동사** 어떤 일을 할 능력이 있거나 조건이 됨을 나타내며, '[충분히]

~할 수 있다' '~하기에 족하다' '~해도 된다'라고 해석한다.

- 然則謂之道, **足**乎? (《莊子》〈則陽〉)

  그러한즉 도(道)라고 **해도 됩니까**?

- 世雖貴之, 我猶不**足**貴也. (《莊子》〈天道〉)

  세상에서는 이것을 귀하게 여길지라도, 나에게는 귀하게 여**길 만한** 게 못 된다.

- 百發失一, 不**足**謂善射; 千里跬步不至, 不**足**謂善御; 倫類不通, 仁義不一, 不**足**謂善學. (《荀子》〈勸學〉)

  백 번 화살을 쏘아 한 번 실패하면 활을 잘 쏜다고 **할 수** 없고, 천 리 길에 반걸음이라도 못 미치면 수레를 잘 몬다고 **할 수** 없으며, 인륜에 통하지 못하고 인의가 한결같지 않으면 잘 배웠다고 **할 수** 없다.

- 此其君欲得, 其民力竭, 惡**足**取乎? (《史記》〈蘇秦列傳〉)

  이렇게 하는 것은 임금이 [원하는 것을] 얻고자 하여 백성의 힘을 고갈시키는 것이니 어찌 취**할 만하겠습니까**?

- 此國之大事也, 臣駑下, 恐不**足**任使. (《史記》〈刺客列傳〉)

  이것은 국가의 중대한 일인데, 저의 재능이 낮아 사명을 감당**할 수** 없을까 염려됩니다.

- 今有堅甲利兵, 不**足**以施敵破虜; 弓良矢調, 不**足**射遠中微; 與無兵等爾. (《韓詩外傳》四)

  지금 견고한 갑옷과 예리한 무기가 있지만 적에게 사용하거나 오랑캐를 격파**하기에 부족하고**, 양궁과 조시가 있지만 먼 곳을 쏘아 미세한 것을 맞히**기에 부족하니** 병기가 없는 것과 같다.

- 但計投死爲國, 以義滅身, **足**垂於後. (曹操, 〈讓縣自明本志令〉)

  다만 목숨을 던져 국가를 위하고 정의를 위해 몸을 바치면 후세에 전해지**기에 족하다**.

- 其尤貧力不能者, 令書其傭, **足**相當, 則使歸其質. (韓愈, 〈柳子厚墓志銘〉)

그중에 특히 가난하여 [자녀를 데려올] 능력이 없는 사람들은 그 품삯을 기록하게 하여, [품삯과 빚이] 서로 **맞으면** 그 인질을 돌려보내게 했다.

• 言中有物, 故聞之**足**感. (方東樹,《昭昧詹言》)

말 속에 알맹이가 있으므로, 그것을 들으면 **충분히** 느낄 **수 있다**.

【참고】

① 발: • 削**足**適履. **발**을 줄여 신에 맞춘다.

② 풍부하다, 충분하다: • 豊衣**足**食. 풍부한 옷과 **풍부한** 음식. • **足**智多謀. **풍부한** 지혜와 많은 지모. • 古者丈夫不耕, 草木之實**足**食也; 婦女不織, 禽獸之皮**足**衣也. (《韓非子》〈五蠹〉) 옛날에는 남자가 밭을 갈지 않아도 초목의 과실이 먹기에 **충분했고**, 부녀가 베를 짜지 않아도 짐승의 모피가 입기에 **충분했다**.

③ 중시하다: • 禮者, 人道之極也. 然而不法禮, 謂之無方之民; 法禮, **足**禮, 謂之有方之民. (《荀子》〈禮論〉) 예란 사람의 도의 극치다. 그러나 예를 잘 지키지 않으면 법도 없는 백성이라 하고, 예를 규범으로 삼고 예를 **중시하면** 법도 있는 백성이라 한다.

足用(족용)

조동사 어떤 일을 할 능력이 있거나 조건을 갖추고 있음을 나타내며, '[충분히] ~할 수 있다' '~할 만하다'라고 해석한다. '足以(족이)'와 같다.

• 王由**足用**爲善. 王如用予, 則豈徒齊民安. 天下之民擧安. (《孟子》〈公孫丑下〉)

[제나라] 왕은 그래도 **충분히** 선을 행**할 수 있을 것이다**. 제왕이 나를 기용한다면 어찌 제나라의 백성이 편안해질 뿐이겠는가. 천하의 백성이 모두 편안해질 것이다.

• 智足以應近世之變, 寬**足用**得人. (《史記》〈太史公自序〉)

지혜는 근세의 변화에 대응하기에 넉넉하고, 너그러운 도량은 인재를 얻는 데 **쓸 만하다**.

• 罷而孝公怒景監曰: "子之客妄人耳, 安**足用**邪?" (《史記》〈商君列傳〉)

물러나오자 효공은 경감에게 화를 내며 말했다. "당신의 빈객은 과대망상에 빠진 사람인데 어떻게 임용**할 수 있겠소**?"

• 顧恐臣計未必**足用**, 願效愚忠. (《史記》〈淮陰侯列傳〉)

제 계책이 반드시 **쓸 만하지는** 않을까 두렵습니다만, 원컨대 어리석은 충성을 다하겠습니다.

足以(족이)

조동사 어떤 일을 할 능력이 있거나 조건이 갖추어져 있음을 나타내며, '충분히 ~할 수 있다' '~하기에 충분하다'라고 해석한다. '以(이)'는 이미 전치사의 작용을 상실했다.

• 吾觀晉公之從者, 皆**足以**相國. (《左傳》僖公二十三年)

내가 진공자의 시종들을 보니, 모두 **충분히** 나라의 재상이 될 **수 있**[는 인물들이]**다**.

• 退而省其私, 亦**足以**發. 回也不愚. (《論語》〈爲政〉)

물러간 뒤 그가 홀로 지내는 것을 살펴보니, 또한 [내가 해준 말들을] **완벽하게** 실천하고 있었다. 안회는 어리석지 않다.

• 是心**足以**王矣. (《孟子》〈梁惠王上〉)

이 마음이면 **충분히** 왕 노릇 **할 수 있습니다**.

• 五畝之宅, 樹墻下以桑, 匹婦蠶之, 則老者**足以**衣帛矣. 五母鷄, 二母彘, 無失之時, 老者**足以**無失肉矣. 百畝之田, 匹夫耕之, 八口之家**足以**無饑矣.

ㅈ

(《孟子》〈盡心上〉)

다섯 이랑의 택지 담 아래에 뽕나무를 심어 부녀자가 누에를 치면 노인이 비단옷을 입을 **수 있게** 된다. 다섯 마리 어미 닭, 두 마리 암퇘지의 번식기를 놓치지 않으면 노인이 고기를 먹을 **수 있게** 된다. 백 이랑의 밭을 남자가 경작하면 여덟 식구의 가정에 굶주림이 없을 **수 있게** 된다.

- 仁者能仁於人, 而不能使人仁; 義者能愛於人, 而不能使人愛. 是以知仁義之不**足以**治天下也. (《商君書》〈畫策〉)

어진 사람은 사람들에게 인자할 수 있지만 다른 사람을 인자하게 만들 수는 없고, 의로운 사람은 다른 사람을 사랑할 수 있지만 다른 사람을 서로 사랑하게 할 수는 없다. 이 때문에 인과 의는 천하를 다스리**기에 충분하지** 않음을 안다.

- 夫秦常積衆暴兵數十萬人, 雖有覆軍殺將係虜單于之功, 亦適**足以**結怨深讎, 不**足以**償天下之費. (《史記》〈平津侯主父列傳〉)

진나라는 항상 백성을 모아 사나운 병사 수십만 명을 보유하고 있었고, 비록 적군을 뒤엎고 적장을 죽이고 흉노 선우를 사로잡은 공은 있어도, 또한 분명히 [그로 인해] 적에게 원한을 사서 복수심만 깊게 **하기에 충분했을** 뿐 천하에서 소비한 것을 보상**하기에는 충분하지** 못했습니다.

- 中護軍蔣濟著論謂, '觀其眸子, **足以**知人.' (《三國志》〈魏書 鍾會傳〉)

중호군 장제가 글을 썼는데, [그 글에] '그 사람의 눈동자를 관찰하면, 그 사람을 **충분히** 알 **수 있다**.'는 말이 있었다.

- 德璉常斐然有述作意, 其才學**足以**著書, 美志不遂, 良可痛惜! (《三國志》〈魏書 王粲傳〉)

덕련(응창)은 항상 작품을 지으려는 뜻을 갖고 있었고, 그의 재능과 학식은 **충분히** 책을 지을 **수 있었지만**, 그의 아름다운 뜻이 이루어지지 못했으니 실로 애석하오!

- 今遠方之寇未賓, 兵戎之役未息. 誠令復除**足以**懷遠人, 良宰**足以**宣德澤,

阡陌咸修, 四民殷熾, 必復過於曩時而富於平日矣. (《三國志》〈魏書 王郎傳〉)

지금 먼 곳의 적은 아직 복종하지 않았고, 전쟁이라는 부역은 아직 끝나지 않았습니다. 진실로 [조세와 부역을] 면제하여 먼 곳에 있는 사람들을 **충분히** 포용할 **수 있고**, 어진 행정관이 폐하의 덕과 은혜를 전**할 수 있으며**, 동서남북으로 통하는 길은 모두 닦이고, 사방의 백성이 융성하게 된다면, 반드시 다시 지난날을 뛰어넘어 평상시보다 풍부해질 것입니다.

- 方是時, 予之力尚**足以**入, 火尚**足以**明也. (王安石, 〈游褒禪山記〉)

  이때 나의 힘은 또한 **충분히** 들어갈 **수 있었고**, 횃불은 또한 **충분히** 밝게 비출 **수 있었다**.

- 獨吾子不襲踏古人, 其造語, 皆出新意, **足以**驚人耳目. (李奎報, 〈答全履之論文書〉)

  그대 홀로 옛사람을 답습하지 않고 말을 만든 것 모두 새로운 뜻을 나타내니, 사람들의 이목을 놀라게 **하기에 충분하다**.

- 其氣壯, 其意深, 其辭顯, **足以**感悟人心, 發揚微旨, 終歸於正. (崔滋, 《補閑集》)

  그 기운이 씩씩하고 그 뜻이 깊으며 그 문사가 분명하여, 사람의 마음을 감동시켜 깨닫게 하고 깊고 미묘한 뜻을 드러내니, 마침내는 올바른 데로 돌아가게 **하기에 충분하다**.

- 四方之言, 雖不同, 若有能言者, 名因其言而長短之, 則皆**足以**動天地通神明. (金萬重, 《西浦漫筆》)

  사방의 말이 비록 같지 아니하나, 만일 말에 능한 자가 있어서 각각 그 나라 말을 가지고 이를 장단의 가락으로 맞추면, 모두 천지를 움직이고 귀신과 통**하기에 충분할** 것이다.

- 文章未是惡事, 而偏着**足以**喪心. (趙光祖, 《靜庵集》)

  문장은 악한 일이라고는 할 수 없으나, 편견에 집착하면 마음을 해치**기에 충분하다**.

ㅈ

卒/猝(졸)

❶ **부사** 비교적 긴 과정 뒤의 결과를 나타내며, '결국' '끝에 이르러는' '마침내' 등으로 해석한다.

- **卒**爲天下笑. (《戰國策》〈趙策三〉)

  마침내 천하 사람들의 웃음거리가 되었다.

- 而田忌一不勝而再勝, **卒**得王千金. (《史記》〈孫子吳起列傳〉)

  그러나 전기는 한 번 이기지 못하고 두 번 이겨서 **결국** 제왕(齊王)에게서 천금을 땄다.

- 又兗州從事薛悌與昱協謀, **卒**完三城, 以待太祖. (《三國志》〈魏書 程昱傳〉)

  또 연주종사 설제는 정욱과 함께 의논하여 **마침내** 이 세 성을 보존하고 태조(조조)의 대군이 돌아오기를 기다렸다.

- 淵以爲遂兵精, 興國城固, 攻不可**卒**拔, 不如擊長離諸羌. (《三國志》〈魏書 夏侯淵傳〉)

  하후연은 한수의 병사가 정예이고, 흥국성은 견고하여 공격해도 **결국** 함락하지 못할 것이므로, 장리 일대의 여러 강족을 공격하는 것이 낫겠다고 생각했다.

- 虎雖猛, 疑畏, **卒**不敢取. (柳宗元, 〈三戒 黔之驢〉)

  호랑이는 비록 용맹하나 의심스럽고 두려워서 **마침내** 감히 취하지 못했다.

- 所以舒心志憤懣, 而**卒**成於歌咏. (孔穎達, 〈詩大序正義〉)

  그러므로 [시는] 마음속의 생각과 불만을 펼쳐서 **마침내** 노래를 만드는 것이다.

- 故余雖愚, **卒**獲有所聞. (宋濂, 〈送東陽馬生序〉)

  그러므로 나는 비록 우둔하지만 **마침내** 약간의 지식을 얻었다.

❷ **부사** 일이 갑자기 일어나거나 결과가 의외임을 나타내며, '갑자기' '돌연히' '즉시' 등으로 해석한다.

- **卒**有寇難之事, 又望百姓之爲己死, 不可得也. (《荀子》〈王霸〉)
  갑자기 도적의 난이 발생하여, 또다시 백성이 가서 자기를 위해 죽기를 바랐지만 실현할 수 없었다.
- 群臣皆愕, **卒**起不意, 盡失其度. (《史記》〈刺客列傳〉)
  여러 신하는 모두 놀랐으나 **갑자기** 일어난 뜻밖의 일이기 때문에 모두가 법도를 잃었다.
- 饑饉暴至, 軍旅**卒**發. (《後漢書》〈仲長統列傳〉)
  굶주림이 사납게 엄습해오자 전쟁이 **즉시** 일어났다.
- 崇, 將也, 得帶劍侍側, **卒**有變, 足以相當. (《後漢書》〈寇恂列傳〉)
  [나] 곡숭(谷崇)은 무관으로 곁에서 모실 때 칼을 지닐 수 있으므로, **갑자기** 의외의 일이 일어나도 감당할 수 있다.
- 渙白太祖曰: "夫民安土重遷, 不可**卒**變. 易以順行, 難以逆動, 宜順其意. 樂之者乃取, 不欲者勿彊." (《三國志》〈魏書 袁渙傳〉)
  원환이 태조(조조)에게 아뢰었다. "대체로 백성은 향토에 안주하고 이주하는 것을 어려워하므로 **갑자기** 바꾸어서는 안 됩니다. 그들을 따라서 행하기는 쉽지만 그들의 행동에 거스르기는 어려우니, 그들의 의견을 따름이 마땅합니다. 기꺼이 [따르는] 자들은 받아들이고, 원하지 않는 자들은 강요하지 마십시오."
- 時夏月, 暴雨**卒**至. (《世說新語》〈德行〉)
  때는 여름인데, 폭우가 **갑자기** 들이쳤다.
- 五萬兵難**卒**合, 已選三萬人, 船·粮·戰具俱辨. (《資治通鑑》〈漢紀〉 獻帝建安十三年)
  5만 명의 병사들을 **갑자기** 모으기는 어려워, [나는] 3만 명을 뽑은 다음에 배·식량·무기를 모두 갖추었다.

• 非常之謀, 難於**猝**發. (張溥, 〈五人墓碑記〉)

거대한 음모가 **돌연히** 발생하기는 어렵다.

【참고】

① 군졸, 군대: • 銳**卒**勿攻. (《孫臏兵法》〈軍爭〉) 강한 **군대**는 공격하지 마라. • 敵强以治, 先其下**卒**以誘之. (《孫臏兵法》〈八陳〉) 적군이 강한데도 다스리려면, 먼저 그 하급 **군졸**로써 그들을 유인하라.

② 죽다: • 晉文公**卒**. (《左傳》僖公三十二年) 진문공이 **죽었다**. • 會青州刺史焦和**卒**, 紹使洪領青州以撫其衆. (《三國志》〈魏書 臧洪傳〉) 마침 청주자사 초화가 **죽자** 원소는 장홍에게 청주를 다스리면서 그곳의 백성을 위로하게 했다. • 將復微命, 會**卒**. (蕭統, 《陶潛傳》) 다시 명을 받고자 할 때에 마침 **죽었다**.

③ 끝, 끝나다: • 有始有**卒**者, 其惟聖人乎. (《論語》〈子張〉) 처음이 있고 **끝**이 있는 것은 오직 성인뿐일 것이다. • 語**卒**而單于大怒. (《史記》〈匈奴列傳〉) 말이 **끝나자** 선우는 매우 화를 냈다.

④ 순간적인 기지(奇智)와 순발력: • 力貴突, 智貴**卒**. (《呂氏春秋》〈貴卒〉) 힘은 돌발성을 귀히 여기고, 지혜는 **순발력**을 귀히 여긴다.

卒於(졸어)

부사 비교적 긴 과정을 거친 후의 결과를 나타내며, '결국' '마침내'라고 해석한다.

• 陵遲以至六國, 流沔沈佚, 遂往不反, **卒於**喪身滅宗, 并國於秦. (《史記》〈樂書〉)

차차 쇠퇴하여 6국에 이르러 [제후들은] 방종과 안일에 빠져서 끝내 가고 돌아올 줄 모르니, **마침내** 자신을 망치고 씨족을 멸했으며 국가는 진

(秦)나라에 병탄되었다.

【참고】

['卒於(졸어)' 앞에 부정의 뜻을 나타내는 말이 놓이면] ~에서 마치다: • 秦俗多忌諱之禁, 忠言未**卒於**口面身爲戮沒矣. (《史記》〈秦始皇本紀〉) 진나라 습속은 꺼리고 피하는 금기가 많아서, 충성스러운 말이 입**에서 마치지도** 못한 채 몸이 도륙되었다.

卒然/猝然(졸연)

부사 상황이나 사태가 갑자기 발생함을 나타내며, '갑자기'라고 해석한다. '卒而(졸이)'와 같은 뜻이다.

- **卒然**問曰: "天下惡乎定?" (《孟子》〈梁惠王上〉)
  [양혜왕이] **갑자기** 물었다. "천하가 어디에 정해지겠습니까?"
- **卒然**相遇於塗曰: "姑相飮乎?" (《呂氏春秋》〈當務〉)
  갑자기 길에서 마주쳐 말했다. "[술이나] 마실까요?"
- **卒然**邊境有急, 數千百萬之衆, 國胡而饋之? (賈誼, 〈論積貯疏〉)
  갑자기 변방에 급한 일이 있으면 수천 수백만의 군대에게 국가는 무엇으로 식량을 줍니까?
- **卒然**相覩, 歡然道故. (《史記》〈滑稽列傳〉)
  갑자기 서로 보게 되면, 기뻐하며 옛일을 말한다.
- 因其無備, **卒然**擊之, 可破滅也. (《三國志》〈魏書 郭嘉傳〉)
  그들이 방비하지 않는 틈을 이용하여 **갑자기** 그들을 공격하면 격파시켜 멸할 수 있을 것입니다.
- 冥搜未已, 一癩頭蟆**猝然**躍去. (《聊齋志異》〈促織〉)

ㅈ

[그는] 날이 저물도록 찾기를 그만두지 못했는데, 두꺼비 한 마리가 **갑자기** 뛰어올랐다.

卒而(졸이)

부사 예상 밖의 사태나 상황의 출현을 나타내며, '卒然(졸연)' '猝然(졸연)'과 같은 뜻이다.

- 敵人**卒而**至, 嚴令吏命無敢喧囂◆. (《墨子》〈號令〉)

  적군이 **갑자기** 닥치면 엄하게 군령을 내려 관리와 백성이 감히 큰소리로 떠들지 못하게 했다.

  ◆囂(효): 시끄럽고 떠들썩한 모양.

  囂: 들렐 효

從(종)

❶ **전치사** 장소나 시간의 기점을 나타내며, '~로' '~로부터' '~에서'라고 해석하거나 해석하지 않는다.

- 恃險與馬, 不可以爲固也, **從**古以然. (《左傳》 昭公四年)

  험난한 지세와 말에 의지하는 것이 견고함이 될 수 없는 것은 옛날**부터** 그러했습니다.

- 沛公則置車騎, 脫身獨騎, …… **從**驪山◆下, 道芷陽, 間行. (《史記》〈項羽本紀〉)

  패공은 거기병(車騎兵)을 두고 [항우 군중에서] 몸만 빠져나와 홀로 말을 타고, …… 여산 아래**로부터** 지양을 지나 사잇길로 달아났다.

◆驪山(여산): 당현종(唐玄宗)이 양귀비를 위해 화청궁(華淸宮)이라는 온천궁(溫泉宮)을 세웠던 곳으로 유명하며, 진시황의 묘지가 있다.

• 於是沛公乃夜引兵**從**他道還. (《史記》〈高祖本紀〉)
따라서 패공은 곧 밤에 병사를 이끌고 다른 길**로** 돌아왔다.

• 晏子爲齊相出, 其御之妻**從**門間而窺其夫. (《史記》〈管晏列傳〉)
안자가 제나라의 재상이 되어 외출하는데, 그의 마부의 처가 문틈**으로** 그녀의 남편을 훔쳐보았다.

• 先生之壽, **從**今以往者四十三歲. (《史記》〈范雎蔡澤列傳〉)
선생의 목숨은 지금**으로부터** 앞으로 43년입니다.

• 鄴◆吏民大驚恐, **從**是以後不敢復言爲河伯娶婦. (《史記》〈滑稽列傳褚少孫補〉)
업 지방의 관리와 백성은 몹시 놀라고 두려워하여, 이후**부터** 감히 다시는 하백(河伯)을 위해 아내를 맞이하자고 말하지 않았다.

◆鄴(업): 한대(漢代)에 지금의 하남성 임장현(臨漳縣)에 있던 고을인데, 후한 말에는 문학의 연수(淵藪)였고 삼국시대에는 위(魏)나라의 서울이 되었다.

• **從**山陰道上行, 山川自相映發, 使人應接不暇. (《世說新語》〈言語〉)
산의 북쪽 길**로** 올라가면, 산빛과 물빛이 자연스럽게 서로 비추는 것이 보이는데, 사람들에게 보게 하려고 해도 겨를이 없었다.

• **從**小丘西行百二十步, 隔篁竹聞水聲, 如鳴佩環, 心樂之. (柳宗元, 〈至小丘西小石潭記〉)
작은 언덕**으로부터** 서쪽으로 120보 걸어가면 대나무 숲 사이로 흐르는 물소리가 들리는데, 마치 옥고리를 울리는 것 같아 마음으로 이를 즐거워한다.

• 我**從**去年辭帝京, 謫居臥病潯陽城. (白居易, 〈琵琶行〉)
나는 작년에 경성을 떠난 이후**부터** 심양성에서 좌천 생활을 하며 병이 들어 있다.

• 月梅曰: "客**從**何處來乎?" (兪喆鎭, 《漢文春香傳》)

월매가 물었다. "손님은 어디**에서** 오셨습니까?"

• 自天而降乎, **從**地而出乎? (兪喆鎭, 《漢文春香傳》)

하늘에서 내려왔습니까, 땅**에서** 나왔습니까?

• 雖家無一文之錢者, 率皆修飾邊幅, 峨冠闊袖, 以遊辭於國中. 夫其衣食者, **從**何出乎. (朴齊家, 《北學議》)

비록 집에 돈 한 푼 없는 사람일지라도 모두 옷감의 가장자리를 꾸미고 높은 갓에 넓은 소매 차림으로 나라 안에서 놀고 있다. 대저 그들이 입고 먹는 것은 어디**에서** 나오겠는가.

❷ **전치사** 동작 혹은 행위의 조화와 관련된 대상을 이끌어내며, '~에게' '~와 함께' '~을 향하여'라고 해석한다.

• 項伯乃馳之沛公軍, 私見張良, 具告以事, 欲呼張良與俱去, 曰: "毋**從**俱死也." (《史記》〈項羽本紀〉)

항백은 곧 [그날 밤에] 말을 타고 패공의 군영으로 가서, 몰래 장량을 만나 [항우(項羽)가 유방(劉邦)을 공격하려고 하는] 일을 모두 얘기하고, 장량을 불러서 함께 [유방을] 떠나려고 생각하며 말했다. "[그대는 그**와**] **함께** 죽으려고 하지 마라."

• 審食其**從**太公·呂后間行, 求漢王, 反遇楚軍. (《史記》〈高祖本紀〉)

심이기는 태공, 여후**와 함께** 지름길로 가서 한왕을 찾으려 했으나 오히려 초나라 군사를 만났다.

• 常**從**王媼·武負貰酒. (《史記》〈高祖本紀〉)

항상 왕온, 무부**와 함께** 외상술을 마셨다.

• 陳餘亦怨羽獨不王己, **從**田榮藉助兵, 以擊常山王張耳. (《漢書》〈高帝紀〉)

진여는 또한 항우(項羽)가 자기만 왕으로 봉하지 않은 것을 원망하여,

전영**에게** 구원병을 청하고 상산왕 장이를 공격했다.

- 吾家貧, 欲有所以試, 願**從**君借萬金. (《熱河日記》〈許生傳〉)

  나의 집이 가난하여 조그마한 것을 시험해보고자, 그대**에게** 돈 만 냥을 빌리기를 원합니다.

❸ **접속사** 가설이나 양보를 나타내며, '가령' '설사'라고 해석한다.

- **從**其有皮, 丹漆若何? (《左傳》 宣公二年)

  설사 가죽이 있다 하더라도, [그 갑옷에] 붉은 칠은 어떻게 할 것인가?

【참고】

① 따르다: • 七十而**從**心所欲, 不踰矩. (《論語》〈爲政〉) 일흔이 되어서는 마음이 하고자 하는 대로 **따라도** 법도를 넘지 않았다. • 且而與其**從**辟人之士也, 豈若**從**辟世之士哉? (《論語》〈微子〉) 그대 또한, 사람을 피해 다니는 선비를 **따르는** 것이 어찌 세상을 피해 다니는 선비를 **따르는** 것만 같겠소? • 乃**從**荀卿學帝王之術. (《史記》〈李斯列傳〉) 그래서 순경(荀卿)을 **따라** 제왕의 술책을 배웠다. • 見志不**從**. (《論語》〈里仁〉) [자신의] 생각을 [부모님이] **따르지** 않는다.

② 순종하다, 복종하다: • **從**道不**從**君, **從**義不**從**父. (《荀子》〈子道〉) 도리에 **순종하고** 임금에게 **복종하지** 않으며, 의리에 **순종하고** 부모에게 **복종하지** 않는다.

③ 참여하다: • **從**政. 정치에 **참여하다**. • **從**軍. 군대에 **참여하다**.

從而(종이)

접속사 인과관계를 나타내며, '이로 인하여' '이에 따라서'라고 해석한다.

- 大人之忠儉者, **從而**與之; 泰侈者, 因而斃之. (《左傳》 襄公三十年)

  대인으로 충성스럽고 검소한 자는 **이로 인하여** 그를 따르며, 교만하고 사치스러운 자는 이로 인하여 그를 내쫓으려 한다.

• 亡十九年, 守志彌篤, 惠懷棄民, 民**從而**與之. (《左傳》 昭公十三年)

[중이(重耳)는] 망명 생활 19년 동안 [자기의] 뜻을 지킴이 더욱 굳었고, 혜공과 회공은 백성을 버렸으므로 **이로 인하여** 백성은 [문공을] 가까이했다.

• 湯武存, 則天下**從而**治; 桀紂存, 則天下**從而**亂. (《荀子》〈榮辱〉)

탕왕과 무왕이 있으면 천하는 **이로 인하여** 다스려졌고, 걸과 주가 있으면 천하는 **이로 인하여** 어지러워졌다.

• 是以主有所善, 臣**從而**譽之; 主有所憎, 臣因而毁之. (《韓非子》〈奸劫弑臣〉)

이 때문에 군주가 좋아하는 것이 있으면 신하는 **이로 인하여** 그를 칭찬하고, 군주가 싫어하는 것이 있으면 신하는 이로 인하여 그를 헐뜯는다.

• 道隆則**從而**隆, 道汚則**從而**汚. (《禮記》〈檀弓〉)

도가 융성하면 **이에 따라** 융성해지고, 도가 더러워지면 **이에 따라** 더러워진다.

• 唐虞尙仁, 天下之民**從而**帝之. (皮日休, 〈讀司馬法〉)

당우는 인(仁)을 숭상했으므로, 천하의 백성은 **이로 인하여** 그를 황제로 삼았다.

終(종)

❶ **부사** 비교적 긴 과정 뒤의 결과를 나타내며, '결국' '끝내' '마침내'라고 해석한다.

• **終**必獲鄭, 何必今日? (《左傳》 襄公九年)

결국 반드시 정나라를 취하게 될 텐데, 어찌 군이 오늘 치려 하십니까?

• 爲蛇足者, **終**亡其酒. (《戰國策》〈齊策二〉)

뱀의 발을 그린 사람은 **결국** 그 술을 놓쳤다.

• 於是平原君欲封魯仲連, 魯仲連辭讓者三, **終**不肯受. (《戰國策》〈趙策三〉)

그래서 평원군이 노중련을 봉해주려고 하자, 노중련은 세 차례나 사양하면서 **끝내** 받으려 하지 않았다.

• 然韓非知說之難, 爲〈說難〉書甚具, **終**死於秦. (《史記》〈老子韓非列傳〉)

그러나 한비는 유세의 어려움을 알고 〈세난〉 편을 지어 매우 상세하게 썼지만, **결국** 진나라에서 죽었다.

• 今足下雖自以與漢王爲厚交, 爲之盡力用兵, **終**爲之所禽矣. (《史記》〈淮陰侯列傳〉)

지금 당신은 비록 스스로 한왕과 깊은 우의를 맺었다고 생각하여 그를 위해 힘을 다해 군대를 지휘하지만, **결국** 그에게 사로잡힐 것입니다.

• 大夫種輔翼越王, 爲之深謀, 卒擒强吳, 據有東夷, **終**賜屬鏤而死. (《鹽鐵論》〈非鞅〉)

대부 문종(文種)은 월나라 왕을 보좌하여 그를 위해 심원한 계획을 세워 마침내 강한 오나라를 무찌르고 동이를 차지했지만, **결국** [월나라 왕의] 촉루검을 받고 죽었다.

• 趨權冒勢, **終**亦罹殃. (《晉書》〈潘岳列傳〉)

권력을 좇고 세력을 탐했으나 **결국** 재앙에 걸렸다.

罹: 걸릴 리

• 愚民有所欲言, 而**終**不得伸其情者多矣. (《訓民正音》)

어리석은 백성은 말하고자 하는 것이 있어도 **끝내** 자기 뜻을 펴지 못하는 사람이 많다.

• 遨遊於通都大市中, 金銀寶玩, 靡所不有, 盡日上下街衢, **終**非自家家裏物. (曹植, 〈南冥別集〉)

길이 사방으로 통하는 큰 시장 안을 돌아다녀보면 금과 은, 보물, 완구

ㅈ

며 없는 것이 없는데, 온종일 거리를 오르내리면서 그 값을 물어보아도 **끝내** 자기 집 물건은 아니다.

• 亦皆半是半非, **終**無歸一之期. (李珥, 〈洗滌東西疏〉)

또한 모두 절반은 옳다 하고 절반은 그르다 하여, **끝내** 하나로 귀결될 기약이 없다.

❷ **부사** 처음부터 끝까지 변함이 없음을 나타내며, '늘' '시종' '전반적인' '줄곧' 등으로 해석한다.

• 葉公**終**不正視. (《左傳》 定公五年)

섭공은 **줄곧** 바로 보지 못했다.

• 故官無常貴, 而民無**終**賤. (《墨子》 〈尙賢上〉)

따라서 관리가 항상 귀한 것도 아니고, 백성이 **늘** 천한 것도 아니다.

• 雖然, 受地於先王, 願**終**守之, 弗敢易. (《戰國策》 〈魏策四〉)

비록 그렇지만, 선왕으로부터 봉토를 이어받아 **시종** 그것을 지키기를 원하므로 감히 바꾸지 않겠다.

• 夫子曰: "由, 爾責於人, **終**無已夫!" (《禮記》 〈檀弓上〉)

공자가 말했다. "중유(仲由)야, 너는 다른 사람 비난하는 것을 **늘** 멈추지 않는구나!"

• 生愈恚怒, **終**不易其志. (《宣室志》 〈趙生〉)

조생(趙生)은 더욱 부끄러워하고 분노했지만, **줄곧** 그 뜻을 바꾸지 않았다.

• 惑而不從師, 其爲惑也, **終**不解矣. (韓愈, 〈師說〉)

의문이 있어도 스승에게 가르침을 구하지 않으면, 그 의문은 **끝내** 해결될 수 없다.

❸ **부사** 앞에서 제시한 사람과 사물을 개괄하며, '모두' '전부' 등으로 해

석한다.

• 是君臣·父子·兄弟**終**去仁義, 懷利以相接. (《孟子》〈告子下〉)

이것은 군주와 신하, 아버지와 아들, 형과 동생이 **모두** 인의를 버리고 이익을 생각하여 서로 대하는 것이다.

• 鼻之所以息, 耳之所以聽, **終**以其無用者爲用矣. (《淮南子》〈說山訓〉)

코가 호흡을 하는 것, 귀가 소리를 듣는 것은 **모두** 그 쓸모없음을 쓰임으로 삼은 것이다.

❹ 접속사 한 방면에 그치지 않는 것을 나타내며, '旣(기)' '又(우)' '且(차)' 등과 어울려 관용 형식을 만든다. '~이기도 하고 ~이기도 하다' '~하고 또 ~'라고 해석한다.

• **終**風**且**暴, 顧我則笑. (《詩經》〈邶風 終風〉)

바람이 불**고 또** 사납더니 나를 돌아보고 비웃네.

• **終**溫**且**惠, 淑愼其身. (《詩經》〈邶風 燕燕〉)

따뜻하기도 하**고 또** 은혜로워 그 몸가짐 단정했네.

• **旣**無叔伯, **終**鮮兄弟. (李密, 〈陳情表〉)

이미 숙부와 백부도 없**고 또** 형제도 없다.

【참고】

① 끝나다: • **終**而復始, 日月是也. (《孫子兵法》〈勢〉) **끝나고** 다시 시작하니, 해와 달이 이것이다.

② 끝: • 靡不有初, 鮮克有**終**. (《左傳》 宣公二年) 처음에 [선(善)함이] 있지 않은 [사람은] 없지만, **끝**까지 할 수 있는 [사람은] 드물다.

③ '死(사)'와 같다. 생명이 끊어지다: • 今君雖**終**, 言猶在耳. (《左傳》 文公十七年) 지금 임금은 비록 **돌아가셨으나** 말씀은 오히려 귀에 남아 있다.

終然(종연)

❶ **부사** 일이 발전한 결과를 나타내며, '끝내'라고 해석한다.

- 鯀婞直以亡身兮, **終然**夭乎羽之野. (屈原, 〈離騷〉)

  곤은 너무 강직하여 자신을 망쳤고, **끝내** 우산(羽山) 아래에서 죽었구나.

❷ **접속사** 가설이나 양보를 나타내며, '설사'라고 해석한다.

- **終然**備外飾, 駕馭何所益? (杜甫, 〈鄭典設自施州歸〉)

  설사 [말의] 외관을 잘 꾸몄더라도 수레를 끄는 데 무슨 보탬이 되겠는가?

終已(종이)

부사 비교적 긴 과정 뒤의 결과나 시종 변함없이 지속됨을 나타내며, '결국' '끝내' '시종' 등으로 해석한다. '竟以(경이)' '遂用(수용)' '遂以(수이)' '卒以(졸이)' '終於(종어)' '終用(종용)' '終以(종이)'와 같다.

- 江乙曰: "然則且有子殺其父臣弑其主者, 而王**終已**不知者何也? 以王好聞人之美而惡聞人之惡也." (《戰國策》〈楚策一〉)

  강을이 말했다. "그러면 아들이 그 아버지를 죽이고 신하가 그 군주를 죽이는 일이 있어도, 왕이 **시종** 알지 못하는 것은 무엇 때문입니까? 왕이 사람들의 좋은 점만 듣기 좋아하고 사람들의 나쁜 점은 듣기 싫어하기 때문입니다."
- 恐卒然不可爲諱, 是僕**終已**不得舒憤懣以曉左右. (司馬遷, 〈報任安書〉)

  별안간 당신이 불행을 만나면, 나는 **결국** 마음속의 울분을 펴서 그대로 하여금 알게 하지 못할까 두렵다.

• 於是荊軻就車而去, **終已**不顧. (《史記》〈刺客列傳〉)

이렇게 하여 형가는 수레를 타고 떠났는데, **끝내** 뒤를 돌아보지 않았다.

• 民漸漬惡俗 貪饕險詖, 不閑義理, 不示以大化, 而獨驅以刑罰, **終已**不改. (《漢書》〈禮樂志〉)

백성이 서서히 악습에 물들어 음흉한 것을 탐하고 의리를 이해하지 못하는데, 교화로써 보이지 못하고 단지 형벌로써만 몰아간다면 [그들은] **시종** 바뀌지 않을 것이다.

縱(종)

접속사 가설이나 양보를 나타내며, '가령' '설령' '설사'라고 해석한다. '寧(녕)' '又(우)' '亦(역)' '而又(이우)' 등과 어울리면 어조를 강하게 한다. '縱令(종령)' '縱復(종부)' '縱使(종사)' '縱是(종시)' '縱然(종연)'의 용법과 같다.

• **縱**我不往, 子寧不來? (《詩經》〈鄭風 子衿〉)

설사 내가 다녀가지 않더라도, 그대는 어찌하여 오지 않는가?

• 且予**縱**不得大葬, 予死於道路乎? (《論語》〈子罕〉)

또 내가 **비록** 장례를 성대하게 치르지는 못한다 할지라도, 내가 길바닥에서야 죽겠느냐?

• **縱**不能用, 使無去其疆域. (《荀子》〈君道〉)

설사 등용하지 않더라도 자기 국가를 떠나지 못하게 한다.

• 且籍與江東子弟八千人渡江而西, 今無一人還, **縱**江東父兄憐而王我, 我何面目見之! **縱**彼不言, 籍獨*不愧於心乎? (《史記》〈項羽本紀〉)

하물며 나(항우)는 강동의 8천 명 젊은 병사들과 함께 강을 건너 서쪽으

ㅈ

로 진군했으나 지금 한 사람도 돌아오지 못했으니, **설령** 강동의 부모 형제가 나를 불쌍히 여겨 왕으로 추대하더라도 내가 무슨 면목으로 그들을 대하겠는가! **설령** 그들이 말을 하지 않더라도 내가 어찌 마음속으로 부끄럽지 않겠는가?

◆ 獨(독): '어찌' '설마'라는 뜻으로 '寧(녕)'과 통함.

• **縱**不悉全, 決不盡敗. (庾亮, 〈讓中書令表〉)

설사 모두 보존하지는 못할지라도, 결코 완전히 실패하지는 않을 것이다.

• **縱**大於天地, 亦不能違乎此心. (鄭思肖, 〈心史總後敍〉)

설사 천지보다 큰 변화일지라도, 또한 이런 마음을 어길 수 없다.

【참고】

① 풀어주다, 석방하다: • 一日**縱**敵, 數世之患也. (《左傳》 僖公三十三年) 하루 적을 **풀어준** 것이 몇 세대의 우환이 될 것이다. • **縱**所俘還之. (《舊唐書》〈楊恭仁傳〉) 사로잡은 병사를 **석방해** 돌려보냈다.

② 발산하다, 일으키다: • 莫敢**縱**兵. (《史記》〈項羽本紀〉) 감히 전쟁을 **일으키지** 못했다.

③ 세로: • **縱**橫無礙. **종**횡으로 [행동하여] 거리끼는 것이 없다.

縱令(종령)

접속사 가설이나 양보를 나타내며, '가령' '설사'라고 해석한다. '假復(가부)' '縱復(종부)' '縱使(종사)' '縱然(종연)' '就令(취령)'과 같다.

• **縱令**校事有益於國, 以禮義言之, 尙傷大臣之心. (《三國志》〈魏書 程昱傳〉)

설사 교사의 관직이 국가에 이익이 있다고 하더라도, 예의와 도의로써 말하면 오히려 대신의 마음을 상하게 합니다.

• **縱令**陛下無私於彼, 天下之人誰謂不私乎? (《晉書》〈慕容皝記〉)

설사 폐하께서 그에게 사사로움이 없더라도 천하의 사람들 중에 누가 사사롭지 않다고 말하겠습니까?

• **縱令**勤求, 少有所獲. (向秀, 〈難稽叔夜養生論〉)

설사 부지런히 구하여도 적은 사람만이 얻는 바가 있을 것이다.

• **縱令**其亂人, 戚之而已. (柳宗元, 〈封建論〉)

설사 그들이 사람들을 어지럽히더라도 그 일을 슬퍼할 뿐이다.

• 願受馳驅, **縱令**公事不成, 頸亦不辭滅族. (《資治通鑑》〈陳紀〉宣帝太建十二年)

[나는 명을] 받아 동분서주하기를 원하며, **설사** 당신의 일이 성공하지 못하여 멸족을 당하는 것도 사양하지 않겠다.

縱使(종사)

접속사 가설이나 양보를 나타내며, '가령' '설사'라고 해석한다. '縱然(종연)' '卽使(즉사)'와 같다.

• 考之內教, **縱使**得仙, 終當有死, 不能出世. (《顔氏家訓》〈養生〉)

불리(佛理)로부터 살펴보면, **설사** 신선이 될 수 있을지라도 결국 죽어야 하며 세상을 벗어날 수 없다.

• **縱使**心有至言, 言有偏直, 此委巷之誠, 非朝廷之欲也. (《晉書》〈夏侯湛傳〉)

설사 마음에 지극한 말이 있어도 말이 지나치게 곧기만 하다면, 이는 항간에서의 성실이지 조정의 바람은 아니다.

• **縱使**登高只斷腸, 不如獨坐空搔首. (高適, 〈九日酬顔少府〉)

설사 높은 곳에 올라 너무 슬퍼진다면, 홀로 앉아 공연스레 머리를 긁는 것만 못하다.

ㅈ

坐(좌)

❶ **전치사** 법령이나 금령에 저촉되어 형벌을 받게 되는 원인을 나타내며, '~ 때문에' '~로 말미암아'라고 해석한다.

- 嬰**坐**高祖繫歲餘, 掠笞數百. (《史記》〈夏侯嬰列傳〉)
  하후영(夏侯嬰)은 고조 **때문에** 1년여 동안 구금되어 수백 번 매질을 당했다.
- 古者大臣有**坐**不廉而廢者. (《漢書》〈賈誼列傳〉)
  옛날 대신 중에는 청렴하지 않음**으로 말미암아** 면직당한 사람도 있었다.
- 誕麾下數百人, **坐**不降見斬. (《三國志》〈魏書 諸葛誕傳〉)
  제갈탄(諸葛誕)의 부하 수백 명은 투항하지 않았기 **때문에** 죽임을 당했다.
- 後事泄, **坐**死者六七人. (《三國志》〈吳書 藩夫人傳〉)
  뒤에 일이 누설되자 이 일 **때문에** 죽은 자가 예닐곱이나 되었다.

❷ **전치사** 동작 혹은 행위의 원인을 나타내며, '~ 때문에' '~로 말미암아' '~인 까닭에'라고 해석한다. 용법 ❶과 유사하지만 그보다 광범위하다.

- 母好飮江水, 嗜魚膾, 常以鷄鳴泝流汲江, 子**坐**取水溺死. (《水經注》〈江水〉)
  어머니는 장강 물을 즐겨 마시고 생선회를 좋아하여 항상 닭이 울 때 상류로 가서 강물을 길었는데, [그녀의] 아들은 이 **때문에** 물을 긷다가 빠져 죽었다.
- 停車**坐**愛楓林晩, 霜葉紅於二月花. (杜牧, 〈山行〉)
  수레를 멈춘 것은 단풍나무 숲의 저녁 풍경을 좋아했기 **때문인데**, 서리 맞은 단풍잎이 봄에 핀 꽃보다 더욱 붉구나.

• 禪家戒事理二障, 余戲謂宋人詩, 病政**坐**此. (胡應麟,《詩藪》)

선가에서는 용사(用事)와 이(理)의 두 가지 장애를 경계하는데, 나는 송나라 사람의 시가 정치를 병들게 한 것은 이 **때문이라고** 희롱하여 말했다.

❸ **부사** 동작이나 상황이 매우 빠르게 일어남을 나타내며, '頓(돈)' '猝(졸)'과 같은 뜻이다. '갑자기' '잠깐' '즉시' '~하려 하다' 등으로 해석한다.

• 有東海人黃公, 少時能乘龍御虎 …… 立興雲霧, **坐**成山河. (《太平廣記》卷二百八十四 〈鞠道龍〉)

동해인 중에 황공이란 자가 있었는데, 젊었을 때 용을 타고 호랑이를 부렸으며 …… 즉석에서 구름과 안개를 일으키고 **갑자기** 산과 강을 만든다.

• 江湖一相許, 雲霧**坐**交歡. (陳子昂, 〈秋日遇荊州府崔兵曹使宴〉)

강과 호수가 하나로 서로 허락하며 구름과 안개가 **즉시** 서로 응대한다.

• 同心一人去, **坐**覺長安空. (白居易, 〈別元九後咏所懷〉)

뜻이 맞는 사람이 가버리니 **잠시** 장안이 텅 빔을 느낀다.

• 寒英**坐**銷落, 何用慰遠客? (柳宗元, 〈早梅〉)

한겨울에 홀로 폈던 매화가 떨어지**려 하니**, 어떻게 멀리서 온 나그네를 위로할까?

• 何事上春日, **坐**令芳意闌? (劉禹錫, 〈庭梅咏寄人〉)

무슨 일로 이른 봄날, 자기 향기를 다하**려 하는가**?

❹ **부사** '看(간)' '見(견)' '觀(관)' 등과 함께 쓰여 '보다'라는 의미를 더하는 역할을 한다.

• 見兵事起, 欲**坐觀**成敗. (《史記》〈田叔列傳〉)

전쟁이 일어남을 **보고** 성패를 관망하려고 했다.

• **坐見**吾道遠, 令人看白頭. (岑參, 〈送陶銑棄擧荊南覲省〉)

이 길이 멀어 **보여**, 사람들로 하여금 백발을 보게 한다.

ㅈ

• **坐見**幽州騎, 長驅河洛昏. (杜甫, 〈後出塞〉)

유주의 기병을 **보니**, 황하와 낙수의 어둠 속으로 길게 달린다.

• 六出花◆飄入戶時, **坐看**修竹變琼枝. (《太平廣記》〈高駢〉)

눈꽃이 집으로 날아들었을 때 쭉 뻗은 대나무가 옥가지로 변하는 것을 **보았다**.

◆六出花(육출화): 눈꽃.

❺ **부사** 어떤 행동이 목적을 이루지 못하거나 효과가 없음을 나타내며, '텅 비게' '헛되이'라는 뜻으로 쓰인다.

• 玉柱空掩露, 金樽**坐**含霜. (《江文通集》〈望荊山〉)

옥기둥(비파)은 공연히 이슬을 어루만지고, 금술동이는 **헛되이** 서리를 머금고 있구나.

• 睢盱大志小成遂, **坐**使兒女相悲憐. (柳宗元, 〈行路難 三首〉)

원대한 이상을 품었지만 실현할 수 없었고, **헛되이** 자손들을 슬프게 한다.

• 後之在位者, 蓋未嘗求其說而試之以實也, 而**坐**曰天下果無才, 亦未之思而已矣. (王安石, 〈材論〉)

후세 자리에 있는 자는 일찍이 그 이치를 연구하여 실제 속에서 운용하지 않으며, 천하에는 과연 인재가 없다고 **헛되이** 말하니, 또한 생각하지 않은 것일 뿐이다.

• 胡爲**坐**自苦, 呑悲仍撫膺? (白居易, 〈反鮑明遠白頭吟〉)

어찌하여 **헛되이** 스스로 힘겨워하며, 슬픔을 삼키고 여전히 가슴을 치는가?

❻ **부사** 동작·상태·상황이 어느 한 점에 있음을 나타내며, '바야흐로'라고 해석한다.

• 春風**坐**相待, 晩日莫淹留. (韓翃, 〈贈張建〉)

봄바람은 **바야흐로** 서로 기다리는데, 석양은 오래 머무르지 않는구나.

• 故鄕今日友, 歡會**坐**應同. (陳子昻, 〈初入峽苦風寄故鄕親〉)

오늘 고향의 친구, 즐겁게 모여 **바야흐로** 함께 자리하네.

【참고】

'坐(좌)'는 땅에다 자리를 펴고 무릎을 꿇고 팔을 다리 위에 놓은 모습을 형상화한 글자이다.

① 앉다: • 席不正, 不**坐**. (《論語》〈鄕黨〉) 자리가 바르지 않으면 **앉지** 않으셨다. • 耕者忘其犂, 鋤者忘其鋤. 來歸相怨怒, 但**坐**觀羅敷. (《漢樂府》〈陌上桑〉) 밭 가는 자는 쟁기질하는 것을 잊어버리고, 김매는 자는 호미질하는 것을 잊어버리네. 돌아와서 서로 원망하고 화내는데 단지 **앉아서** 미인만 쳐다보네.

② 자리, 자리하다. 이 뜻은 나중에 '座(좌)'로 쓰임: • 孔子與之**坐**而問焉. (《論語》〈憲問〉) 공자께서는 그와 함께 **자리하며** 물으셨다. • 公子引侯生坐上**坐**. (《史記》〈魏公子列傳〉) 공자는 후생(侯生)을 이끌어 윗**자리**에 앉혔다.

③ 죄를 범하다: • 王曰: "何**坐**?" 曰: "**坐**盜." (《晏子春秋》〈內篇雜下〉) 왕이 물었다. "무슨 **죄를 범했는가**? [그가] 대답했다. "도둑질을 **범했습니다**."

④ 연좌되다: • 會李竟**坐**與諸侯王交通, 辭語及霍氏, 有詔云山不宜宿衛, 免就第. (《漢書》〈霍光列傳〉) 마침 이경(李竟)은 제후, 왕들과 내통한 일로 **연좌되었으나**, 말이 곽가(霍家)에 이르자 [황제는] 소칙을 내려 곽운(霍云)과 곽산(霍山)이 궁궐을 지키기에 마땅하지 않다고 하면서 면해주고 사저로 가게 했다. • 魏諷反, 廙弟偉爲諷所引, 當相**坐**誅. 太祖令曰: "叔向不**坐**弟虎, 古之制也." 特原不問. (《三國志》〈魏書 劉廙傳〉) 위풍이 반역했을 때 유이의 동생 유위를 위풍이 끌어댔으므로 유이는 **연좌되어** 처형당하게 되었다. 태조(조조)가 명했다. "숙향은 동생 양설호(羊舌虎)의 죄에 **연좌시키지** 않는 것이 옛날의 제도다." [그러고는] 특별히 유이를 사면하고 책임을 묻지 않았다. • 累遷秘書丞, **坐**事免. (《晉書》〈謝靈

ㅈ

運列傳〉) 거듭 승진하여 비서승이 되었으나 일에 **연좌되어** 면직되었다. • 丁茶山, **坐**其兄, 被逮也. (黃玹,《梅泉野錄》) 정다산(정약용丁若鏞)은 그의 형[의 죄]에 **연루되어** 붙잡혔다.

疇(주)

❶ **대사** 사람을 묻는 데 쓰이며 '誰(수)'와 통용되고, '누구'라고 해석한다. 용례는 드물다.

- 帝曰: "**疇**咨若時登庸?" (《尙書》〈堯典〉)
  황제가 말했다. "**누가** 사계절의 [변화에] 순응하여 [다스릴 사람을] 물어서 등용하겠는가?"
- 罔若淑而不昌, **疇**逆失而能存. (《史記》〈司馬相如列傳〉)
  착한 행동을 따라 하면 창성하지 않는 자가 없고, **누구**든지 이치를 거스르면 오래 존속할 수 없습니다.

❷ **어조사** 별 뜻은 없다.

- **疇**昔之夜, 飛鳴而過我者, 非子也耶? (蘇軾,〈後赤壁賦〉)
  어젯밤에 울면서 나를 스쳐 지나간 이가 그대 아닌가?

卽(즉)

❶ **부사** 앞의 동작이나 행위가 다음 동작이나 행위와 긴밀하게 연결됨을

나타내며, '곧' '바로' '즉시' 등으로 해석한다.

- 趙奢許諾, **卽**發萬人趨之. (《史記》〈廉頗藺相如列傳〉)

  조사가 허락하여 **즉시** [군사] 만 명을 파견하여 그곳으로 달려가게 했다.

- **卽**使吏卒共抱大巫嫗投之河中. (《史記》〈滑稽列傳褚少孫補〉)

  즉시 병사들에게 함께 무당을 안아서 강물 속으로 던지게 했다.

- 擧家稱善, **卽**從后言. (《三國志》〈魏書 后妃傳〉)

  집안의 모든 사람은 옳은 말이라고 하며 **바로** 견후의 건의에 따랐다.

- 權旣宿服仰備, 又睹亮奇雅, 甚敬重之, **卽**遣兵三萬人以助備. (《三國志》〈蜀書 諸葛亮傳〉)

  손권(孫權)은 벌써부터 유비에게 깊이 탄복하여 흠모했으며, 또한 제갈량이 고상하고 뛰어난 인물임을 보고 그를 매우 존경했으므로, **즉시** 3만 명의 군대를 파견하여 유비를 도왔다.

- **卽**斬紹使, 送印綬詣太祖. (《三國志》〈魏書 李通傳〉)

  그러고서 **즉시** 원소의 사자를 죽이고, 인수를 태조(조조)에게 보냈다.

- 及郡下, 詣太守, 說如此. 太守**卽**遣人隨其往. (陶淵明, 〈桃花源記幷序〉)

  군에 도착하여 태수를 알현하고 이런 일을 말하니, 태수는 **즉시** 사람을 보내어 그가 갔던 곳을 따라가게 했다.

- 北風卷地百草折, 胡天八月**卽**飛雪. (岑參, 〈白雪歌送武判官歸京〉)

  북풍이 대지를 말아 올려 온갖 풀이 꺾이고, 변방 밖의 날씨 8월이면 **곧** 눈이 날린다.

❷ **부사** 사실을 확정하며, '바로 ~이다'라고 해석한다.

- 梁父, **卽**楚將項燕. (《史記》〈項羽本紀〉)

  항량(項梁)의 부친이 **바로** 초나라 장수 항연**이다**.

- 吾翁, **卽**若翁. (《史記》〈項羽本紀〉)

  나의 아버지가 **바로** 너의 아버지**이다**.

ㅈ

• 呂公女, **卽**呂后也. (《漢書》〈高帝紀〉)

여공의 딸이 **바로** 여후**이다**.

• 游公母, **卽**祁太伯母也. (《漢書》〈原涉列傳〉)

유공의 모친이 **바로** 기태백의 모친**이다**.

• 古文貴達, 學達**卽**所謂學古也. (袁宗道, 〈論文〉)

고문에서 '達'을 귀중하게 여기니 '達'을 배우는 것이 **바로** 옛것을 배우는 것**이다**.

• 老氏曰, 有生於無, 不知虛**卽**氣也. (《花潭集》〈太虛說〉)

노씨(노자老子)가 유는 무에서 생겨난다고 했는데, 허(虛)가 **바로** 기(氣)**임**을 알지 못했다.

• 貧僧**卽**蓮花道場六觀大師弟子也. (金春澤, 《漢譯九雲夢》)

빈승이 **바로** 연화도량 육관대사의 세자**이다**.

❸ **전치사** 시간이나 지점 혹은 대상을 나타내며, '바로 ~에서/으로/을'이라고 해석한다.

• 項羽晨朝上將軍宋義, **卽**其帳中斬宋義頭. (《史記》〈項羽本紀〉)

항우는 아침에 상장군 송의를 만나, **바로** 그 군영 안**에서** 송의의 목을 베었다.

• 吳王**卽**山鑄錢. (《史記》〈吳王濞列傳〉)

오왕은 **바로** 산**에서** 돈을 주조했다.

• 項伯許諾, **卽**夜復去. (《漢書》〈高帝紀〉)

항백이 허락하자 **바로** 이날 밤**에** 돌아갔다.

• 召黃門郎揚雄**卽**充國圖畫而頌之. (《漢書》〈趙充國列傳〉)

황문랑 양웅을 불러서 **바로** 조충국의 화상**을** 그려 그를 찬미했다.

• 或**卽**其所見而名之, 或莫之見而臆之. (蘇軾, 〈日喩說〉)

어떤 사람은 **바로** 그가 본 것**으로** 도를 설명하고, 어떤 사람은 아무것도 보지 않고 도를 억측한다.

- 安市人, 望見帝旗蓋, **卽**乘城鼓噪, 帝怒. (金富軾,《三國史記》)
  안시성 사람들이 황제의 깃발과 일산을 바라보고 **바로** 성**으로** 올라가 북을 치며 소리를 지르자 황제가 노여워했다.
- 適公所, 見之, **卽**往草澤中, 取三四蛙, 投之. (《國朝人物考》)
  공이 있는 곳을 지나가다가 그것을 보고, **바로** 풀이 있는 연못 속**으로** 가 서너 마리의 개구리를 잡아서 던졌다.

❹ **접속사** '則(즉)'과 통하고, 둘을 이어주거나 인과관계임을 나타내며, '곧' '바로' '~하니' '~하면'이라고 해석한다.

- 民死亡者, 非其父兄, **卽**其子弟. (《左傳》 襄公八年)
  백성 중에 사망한 사람은 그들의 부형 아니면 **곧** 그들의 자제였다.
- 今日不雨, 明日不雨, **卽**有死蚌. (《戰國策》〈燕策二〉)
  오늘 비가 내리지 않고 내일도 비가 내리지 않**으면** 죽은 조개가 생길 것이다.
  蚌: 씹조개 방
- 先**卽**制人, 後則爲人所制. (《史記》〈項羽本紀〉)
  먼저 손을 쓰**면** 상대방을 제압할 수 있고, 나중에 손을 쓰면 상대방에게 제압당하게 된다.
- 且壯士不死**卽**已, 死**卽**擧大名耳. (《史記》〈陳涉世家〉)
  하물며 장사는 죽지 않으**면** 그뿐이지만, 죽으려**면** 대단한 명성을 남길 뿐이다.
- 欲予秦, 秦城恐不可得, 徒見欺; 欲勿予, **卽**患秦兵之來. (《史記》〈廉頗藺相如列傳〉)
  [화씨벽을] 진나라에 주려니 진나라의 성을 얻지도 못하고 한갓 속을까 두려웠고, 주지 않으려**니** 진나라 군대가 침략해올까 걱정이 되었다.

• 賤**卽**買, 貴**卽**賣. (《鹽鐵論》〈本議〉)

싸**면** 사고, 비싸**면** 판다.

❺ **접속사** 가설이나 양보를 나타내며, '만약' '만일' '설사'라고 해석한다. '雖(수)~卽(즉)~'의 형태로 쓰이면 양보 뒤에 전환하는 것을 나타낸다.

• **卽**治亂之刑如恐不勝, 而奸尙不盡. (《韓非子》〈難二〉)

설사 혼란을 다스리는 형벌이 견딜 수 없을 만큼 두려울지라도 간사함은 여전히 없어지지 않을 것이다.

• **卽**有所取者, 是商賈之人也. (《戰國策》〈趙策三〉)

만일 취하는 바가 있다면 이 사람은 장사꾼이다.

• **卽**戎寇至, 傳鼓相告, 諸侯之兵皆至求天子. (《呂氏春秋》〈疑似〉)

만일 오랑캐의 도적이 쳐들어올 때 북소리를 전달해 서로 알리면, 제후의 군대가 모두 와서 천자를 구원하게 했다.

• **卽**不幸有方二三千里之旱, 國胡以相恤? (賈誼, 〈論積貯疏〉)

만일 불행하게도 사방 2, 3천 리에 가뭄이 든다면 나라는 무엇으로 [백성을] 구휼하겠는가?

• **卽**君百歲後, 秦必留我. (《史記》〈秦本紀〉)

설사 군주가 세상을 떠난 다음이라도 진나라는 틀림없이 나를 구류할 것이다.

• 王**卽**不聽用商鞅, 必殺之, 無令出境. (《史記》〈商君列傳〉)

왕이 **만일** 상앙을 등용하지 않는다면, 반드시 그를 죽여서 국경을 나가지 못하도록 해야 합니다.

• 公子**卽**合符, 而晉鄙不授公子兵而復請之, 事必危矣. (《史記》〈魏公子列傳〉)

공자가 **설사** 부절을 맞추더라도 진비가 군대를 공자에게 주지 않고 다시 [위왕(魏王)에게] 청하면, 일이 반드시 위험하게 될 것입니다.

• 士務附, 天下**雖**有變, **卽**權不分. (《史記》〈酈生陸賈列傳〉)

사대부는 가까이하려고 힘쓰므로 천하에 **설사** 변고가 있을지**라도** 대권은 분산되지 않을 것이다.

• **卽**饑寒毒熱不可忍, 不去也. (宗臣, 〈報劉一丈書〉)

설사 굶주림과 추위에 떨고 찌는 듯한 더위로 참을 수 없다 하더라도 떠나지 않을 것이다.

• 四面空碧, **卽**天都亦府首矣. (徐宏祖, 〈游黃山日記〉)

사방의 하늘이 푸르러 **설사** 천도봉(天都峰)일지라도 고개 숙인다.

❻ **접속사** 이미 이루어진 사실을 근거로 결과를 추론하며, '이미'라고 해석한다.

• 君**卽**不能, 願君堅塞兩耳, 無聽其談也. (《戰國策》〈趙策一〉)

당신이 **이미** [소진(蘇秦)의 말을 사용]할 수 없다면, 당신은 두 귀를 꽉 막고 그의 말을 듣지 마십시오.

• **卽**不傳季子, 光當立. (《史記》〈吳世家〉)

이미 [왕위는] 막내아들에게 전해지지 않았으니, [나] 광이 그 자리를 맡아야 한다.

ㅈ

[참고]

① 가까이 가다: • **卽**位. 지위에 **올라간다**. [즉 황제나 제후가 되는 것.] • 不**卽**不離. **가까이 가지도** 않고 멀리 떠나지도 않는다. • 可望而不可**卽**. 바라볼 수는 있으나 **가까이 갈** 수는 없다. • **卽**之也溫. (《論語》〈子張〉) 그를 **가까이에서 보면** 온화하다.

② 눈앞, 최근: • 成功在**卽**. 성공이 **눈앞**에 있다.

卽今(즉금)

부사 구의 첫머리나 서술어 앞에 쓰이고, 동작의 시행 혹은 상황의 출현이 바로 그 당시임을 나타내며, '현재'라고 해석한다.

- **卽今**千種恨, 惟共水東流. (杜甫, 〈憶弟〉)

  현재 수많은 한은 모두 물이 동쪽으로 흐르기 때문이다.

卽令(즉령)

접속사 가설이나 양보를 나타내며, '설사 ~하더라도'라고 해석한다.

- **卽令**別復生, 不得放歸本處. (《河東記》〈肖洞玄〉)

  설사 별도로 다시 태어난다 **하더라도** 본지로 쫓겨날 수는 없다.

卽已(즉이)

상황에 대한 제한을 나타내며, '~면 그뿐이다'라고 해석된다.

- 且壯士不死**卽已**, 死卽擧大名耳, 王侯將相寧有種乎! (《史記》〈陳涉世家〉)

  하물며 장사는 죽지 않으**면 그뿐이지만**, 죽으려면 대단한 명성을 남길 뿐인데, 왕후장상이 어찌 씨가 있겠는가!

則(즉)

❶ **부사** 어떤 사실을 확인하고 주로 판단문에 쓰이며, '곧' '~면' '바로'라고 해석한다.

- 王曰: "此**則**寡人之罪也." (《孟子》〈公孫丑上〉)
  [제나라] 왕이 말했다. "이것은 **바로** 과인의 죄다."
- 豈人主之子孫**則**必不善哉? (《戰國策》〈趙策四〉)
  임금의 자손**이면** 틀림없이 착하지 않겠는가?
- 日初出, 大如車蓋; 及日中, **則**如盤盂. (《列子》〈湯問〉)
  해가 막 뜰 때는 크기가 수레 덮개만 하다가, 정오가 되**면** 쟁반이나 사발만 해진다.
  盂: 사발 우
- 此**則**岳陽樓之大觀也. (范仲淹, 〈岳陽樓記〉)
  이것은 **곧** 악양루의 장엄한 풍경이다.
- 凡稻旬日失水, **則**死期至. (《天工開物》〈乃粒 稻〉)
  벼는 열흘간 물이 없으**면**, 죽을 기일이 올 것이다.
- 諸君無意**則**已, 諸君而有意, 瞻余馬首可也. (《清稗類鈔》〈馮婉貞〉)
  만일 여러분에게 [고향을 지키려는] 뜻이 없다**면** 그만이지만, 만일 여러분에게 뜻이 있다면 내 말의 머리를 보면 됩니다.

❷ **부사** 이미 이루어진 일을 강조하고, 문장 끝의 '矣(의)'와 어울리며, '모두' '이미'라고 해석한다.

- 鄭穆公使視客館, **則**束載厲兵秣馬矣. (《左傳》僖公三十三年)
  정나라 목공이 사람을 시켜 객사를 살펴보게 하니, **이미** 수레를 잘 묶었으며 병기를 손질하고 군마에게 먹이를 먹이고 있었다.

ㅈ

• 公使陽處父追之, 及諸河, **則**在舟中矣. (《左傳》僖公三十三年)

진양공(晉襄公)은 양처보를 시켜 그들을 쫓게 했는데, 황하에 이르렀을 때 [그들은] **이미** 배에 타고 있었다.

• 使子路反見之. 至, **則**行矣. (《論語》〈微子〉)

[그러고는] 자로로 하여금 돌아가 그를 만나도록 했다. [자로가] 도착했을 때는 **이미** [그들이] 떠난 뒤였다.

• 靡笄之役, 韓獻子將斬人, 郤獻子駕, 將救之, 至, **則**旣斬之矣. (《國語》〈晉語五〉)

미계(靡笄)의 전쟁에서 한헌자가 사람을 죽이려 하자 극헌자가 수레를 타고 가서 구하려고 했으나, [극헌자가] 이르렀을 때는 [한헌자가] **이미** 그 사람을 죽인 후였다.

• 其子趨而往視之, 苗**則**槁矣. (《孟子》〈公孫丑上〉)

그의 아들이 달려가서 보니 볏모가 **모두** 말라 있었다.

• 使使往之主人, 荊卿**則**已駕而去楡次矣. (《史記》〈刺客列傳〉)

사람을 시켜 [형가가 묵고 있는] 주인집에 가보게 했는데, 형가는 **이미** 수레를 타고 유차를 떠난 뒤였다.

❸ **접속사** 양보를 나타내며, 뒤 문장에 의미를 전환하는 '雖然(수연)' '抑(억)' '然(연)' '而(이)' 등이 온다.

• 美**則**美矣, 抑臣亦有懼矣. (《國語》〈晉語九〉)

아름답기는 아름다우나 나는 또한 두렵다.

• 滕君, **則**誠賢君也. 雖然, 未聞道也. (《孟子》〈滕文公上〉)

등나라의 임금은 정말로 현명한 임금이다. 비록 이렇지만 [나라를 다스리는] 이치를 듣지 못했다.

• 臣**則**嘗能斲之, 雖然, 臣之質死久矣. (《莊子》〈徐無鬼〉)

나는 전에는 그것을 깎을 수 있었는데, 비록 그러했지만 나의 [기술의]

바탕이 되었던 [사람이] 죽은 지 오래되었다.

- 子言**則**可, 然吾國小, 西迫强趙, 南近齊. (《史記》〈蘇秦列傳〉)

  당신의 말은 옳지만, 우리나라는 작은 나라로서 서쪽으로는 강대한 조나라에 붙어 있고 남쪽으로는 나라와 가깝소.

- 楚**則**失矣, 而齊亦未爲得也. (《漢書》〈司馬相如列傳〉)

  초나라가 잘못했지만, 제나라 역시 잘했다고 할 수 없다.

❹ **부사** 범위를 한정하며, '겨우' '근근이' '단지' '~만'이라고 해석한다.

- 問誰宴焉, **則**宋公鄭伯. (《國語》〈楚語上〉)

  누가 연회에 참석했는지 물으니, **단지** 송공과 정백이라고 했다.

- 小人之學也, 入乎耳, 出乎口, 口耳之間, **則**四寸耳, 曷足以美七尺之軀哉! (《荀子》〈勸學〉)

  소인의 학문은 귀로 들으면 [곧바로] 입으로 나오는데, 입과 귀 사이는 **겨우** 네 치이니 어찌 일곱 자나 되는 몸을 아름답게 할 수 있을 것인가!

- 豈揣其分量, **則**止於此乎? (陳亮, 〈又甲辰答書〉)

  어찌 그 능력을 헤아려 **단지** 여기에 머물렀겠는가?

  揣: 헤아릴 췌

❺ **접속사** 두 일이 시간적으로 연속됨을 나타내며, '곧' '~면' '즉'이라고 해석한다.

- 入**則**與王圖議國事, 以出號令; 出**則**接遇賓客, 應對諸侯. (《史記》〈屈原賈生列傳〉)

  궁궐로 들어가**면** 회왕(懷王)과 국가의 큰일을 의논하여 명령을 내리고, 궁궐을 나오**면** 빈객을 접대하고 제후[의 사신]를 응대했다.

- 臏至, 龐涓恐其賢於己, 疾之, **則**以法刑斷其兩足而黥之. (《史記》〈孫子吳起列傳〉)

ㅈ

손빈(孫臏)이 도착하자 방연은 그가 자기보다 나은 것을 두려워하고 질투하여, **곧** 죄를 씌워 그의 두 다리를 자르고 얼굴에 글자를 새겼다.

- 周王數百年, 秦二世**則**亡, 不如都周. (《漢書》〈婁敬列傳〉)
  주 왕조는 수백 년이었지만 진 왕조는 2대 만에 **곧** 멸망했으니, 주 왕조의 수도에 [도읍을 정]하는 것만 못하다.
- 吾恂恂而起, 視其缶, 而吾蛇尙存, **則**弛然而臥. (柳宗元, 〈捕蛇者說〉)
  나는 두려워 일어나 항아리를 [열어] 보고, 내 뱀이 여전히 있으면 **곧** 안심하고 누웠다.
- 旣其出, **則**或咎其欲出者, 而予亦悔其隨之而不得極夫游之樂也. (王安石, 〈游褒禪山記〉)
  이미 그곳에서 나오고 보니 **곧** 나가자고 한 사람이 원망스러웠고, 나 역시 그들을 따라 나오게 되어 그것의 끝까지 가는 재미를 보지 못한 것이 후회스러웠다.
- 北方有白雁, 似雁而小, 色白, 秋深**則**來. 白雁至**則**霜降, 河北人謂之霜信◆. (《夢溪筆談》〈雜志〉)
  북방에 백안(白雁)이 있는데, 기러기와 비슷하지만 작고 흰색이며 가을이 깊어지**면** 온다. 백안이 오**면** 곧 서리가 내리므로 황하 이북 사람들은 그것을 '상신'이라고 했다.
  ◆霜信(상신): 서리 내리는 소식.

❻ **부사** 두 일이 인과관계에 있음을 나타내며, '곧' '~면' '즉'이라고 해석하거나 해석하지 않는다.

- 其所善者, 吾**則**行之; 其所惡者, 吾**則**改之. (《左傳》 襄公三十一年)
  그들이 좋아하는 것은 내가 곧 실행하고, 그들이 싫어하는 것은 내가 곧 고친다.
- 學而不思**則**罔, 思而不學**則**殆. (《論語》〈爲政〉)

배우기만 하고 생각하지 않**으면** 미혹되고, 생각하기만 하고 배우지 않**으면** 위태롭다.

• 水之積也不厚, **則**其負大舟也無力. (《莊子》〈逍遙遊〉)

물이 축적된 것이 많지 않**으면** 큰 배를 띄우기에 무력하다.

• 木受繩**則**直, 金就礪**則**利. (《荀子》〈勸學〉)

목재는 먹줄에 따라 가공하**면** 바르고, 금은 숫돌에다 갈**면** 예리하다.

• 强本◆而節用, **則**天不能貧; 養備而動時, **則**天不能病; 循道而不貳, **則**天不能禍. (《荀子》〈天論〉)

농업을 강화하고 비용을 절약하**면** 하늘이 가난하게 할 수 없고, 기르고 비축하며 적당한 때에 활동하**면** 하늘이 병들게 할 수 없으며, 영원불변한 도를 따라 일관되게 하**면** 하늘이 재앙을 만나게 할 수 없을 것이다.

◆本(본): '근본' '근원'이란 뜻인데, 여기서는 민생의 근본이 되는 '농업'을 지칭한다.

• 獻圖**則**地削, 效璽◆**則**名卑. 地削**則**國削, 名卑**則**政亂矣. (《韓非子》〈五蠹〉)

지도를 바치**면** 토지가 깎이고, 옥새를 바치**면** 명예가 떨어진다. 토지가 깎이**면** 국가는 쇠약해지고, 명예가 떨어지**면** 정치가 혼란해진다.

◆璽(새): 옥새. 진한(秦漢) 이전에는 보통 도장이란 뜻으로 쓰이다가 진한 이후 천자의 도장을 가리키게 되었다.

ㅈ

• 橘生淮南**則**爲橘, 生於淮北**則**爲枳. (《晏子春秋》〈內篇雜下〉)

귤나무가 회하(淮河) 이남에서 자라**면** 귤나무가 되고, 회하 이북에서 자라**면** 탱자나무가 된다.

枳: 탱자나무 지

• 使梁睹秦稱帝之害, **則**必助趙矣. (《戰國策》〈趙策三〉)

만일 양나라가 진나라 왕이 제(帝)라고 일컫는 피해를 안다**면** 틀림없이 조나라를 도울 것이다.

• 父母之愛子, **則**爲之計深遠. (《戰國策》〈趙策四〉)

부모가 자녀를 사랑하**면** 그들을 위한 계획을 깊고 원대하게 한다.

- 凡事豫**則**立, 不豫**則**廢. (《禮記》〈中庸〉)

  일은 미리 준비하**면** 성공하고, 준비하지 않으**면** 실패한다.

- 三十日不還, **則**請立太子爲王, 以絶秦望. (《史記》〈廉頗藺相如列傳〉)

  [대왕이] 30일 만에 돌아오지 않으**면** 태자를 왕으로 추대하여 진나라의 바람을 끊겠습니다.

- 足下爲漢**則**漢勝, 與楚**則**楚勝. (《史記》〈淮陰侯列傳〉)

  그대가 한나라를 위하**면** 한나라가 이길 것이고, 초나라에 협조하**면** 초나라가 이길 것이다.

- 向吾不爲斯役, **則**久已病矣. (柳宗元, 〈捕蛇者說〉)

  일찍이 내가 이 부역을 하지 않았다**면** 이미 오래전에 병이 났을 것이다.

- 居廟堂之高, **則**憂其民; 處江湖之遠, **則**憂其君. (范仲淹, 〈岳陽樓記〉)

  [몸이] 조정의 높은 지위에 있으**면** 백성을 걱정하고, 강호의 먼 곳에 있으**면** 임금을 걱정한다.

- 兼聽**則**明, 偏聽**則**暗. (《資治通鑑》〈唐紀〉太宗貞觀二年)

  여러 방면의 의견을 들으**면** 지혜로워지고, 오직 한 방면의 의견만 들으**면** 어리석어진다.

❼ **접속사** 전환을 나타내며, '그러나' '오히려' '~하니'라고 해석한다.

- 今至大爲不義攻國, **則**弗知非, 從而譽之, 謂之義. (《墨子》〈非攻〉)

  지금 [남의] 나라를 공격하는 큰 불의를 저지르는데도 **오히려** 그릇됨을 알지 못하고, 동조하여 칭찬하며 의롭다고 말한다.

- 滕, 小國也; 竭力以事大國, **則**不得免焉, 如之何則可? (《孟子》〈梁惠王下〉)

  등나라는 작은 나라이기 때문에 힘을 다해서 큰 나라를 섬기**지만**, 화를 피할 수 없으니 어떻게 하면 좋겠습니까?

- 求牛**則**名馬, 求馬**則**名牛, 所求必不得矣. (《呂氏春秋》〈審分〉)

  소를 찾으면서 **오히려** 말이라고 말하고, 말을 찾으면서 **오히려** 소라고 말한다면, 찾는 것을 틀림없이 얻지 못할 것이다.

- 故有社稷莫不欲安, 俄**則**危矣; 莫不欲存, 俄**則**亡矣. (《韓詩外傳》 四)
  그러므로 국가를 가지고 있으면서 안정되려고 하지 않는 이는 없으**나** 오래지 않아 위태로워졌고, 존속하려고 하지 않는 이는 없으**나** 오래지 않아 멸망했다.
- 實欲言十**則**言百, 百**則**言千矣. (《論衡》〈儒增〉)
  실제로는 10을 말하려 했으**나** 100을 말했고, 100을 말하려 했으**나** 1000을 말했다.
- 愛其子, 擇師而教之; 於其身也, **則**恥師焉, 惑矣! (韓愈, 〈師說〉)
  그의 아들을 사랑하여 스승을 택해 아들을 가르치게 하면서, 그 자신은 **오히려** 스승에게 배우는 것을 부끄럽게 여기니 [정말로] 미혹되도다!
- 至**則**無可用, 放之山下. (柳宗元, 〈三戒 黔之驢〉)
  [당나귀를] 옮겨 왔으**나** 사용할 곳이 없어서 산기슭에 버렸다.

❽ **접속사** 응대나 병렬 관계를 나타내며, 강조하는 어감이 있다.

- 及楚, 楚子饗之, 曰: "公子若反晉國, **則**何以報不穀?" 對曰: "子女玉帛, **則**君有之; 羽毛齒革, **則**君地生焉." (《左傳》 僖公二十三年)
  [중이(重耳)가] 초나라에 이르자 초성왕(楚成王)이 주연을 베풀며 그에게 말했다. "공자가 만약에 진(晉)나라로 돌아가면 무엇으로 나에게 보답하겠는가?" [중이가] 대답했다. "미녀·보옥·비단은 당신이 갖고 있고, 새털·짐승 털·상아·가죽은 당신의 토지에서 생산되는 것입니다."
- 父母之年, 不可不知也. 一**則**以喜, 一**則**以懼. (《論語》〈里仁〉)
  부모의 나이는 알고 있지 않을 수 없다. 한편으로는 [오래 사시는 것을] 기뻐하고, 한편으로는 [노쇠하신 것을] 두려워하기 때문이다.
- 入**則**無法家拂士, 出**則**無敵國外患者, 國恒亡. (《孟子》〈告子下〉)
  들어가서는 법도 있는 집안과 보필하는 선비가 없고, 나가서는 적국과

ㅈ

외환이 없으면 국가는 항상 멸망하게 된다.

- 是故無事**則**國富, 有事**則**兵强, 此之謂王資. (《韓非子》〈五蠹〉)

  이 때문에 변고가 없을 때는 나라가 부유하고, 전쟁이 일어났을 때는 병력이 막강한데, 이것을 왕 노릇 하는 바탕이라고 한다.

- 鄒魯之臣, 生**則**不得事養, 死**則**不得飯含◆. 然且欲行天子之禮於鄒魯之臣, 不果納. (《戰國策》〈趙策三〉)

  추나라와 노나라의 신하들은 [임금이] 살아 있을 때는 [예에 따라] 공양하지 못했고, 죽은 후에도 반함하지 못했다. 그러나 [제민왕(齊湣王)이] 추나라와 노나라의 신하들에게 천자의 예를 행하고자 했지만 결국 받아들이지 않았다.

  ◆飯含(반함): 죽은 사람의 입 속에 쌀과 옥을 넣어주는 것.

- 故生**則**朝周, 死**則**叱之, 誠不忍其求也. (《戰國策》〈趙策三〉)

  [주열왕(周烈王)이] 살아 있을 때는 주나라에 조회하다가 죽자마자 [그 아들을] 크게 책망하니, 진실로 [주나라의] 요구를 견딜 수 없었기 때문이다.

❾ **접속사** 가설을 나타내며, '만약' '만일 ~하면'이라고 해석한다.

- **則**晉今日取郭, 而明日虞從而亡爾. (《公羊傳》僖公二年)

  만일 진나라가 오늘 곽나라를 취한다**면**, 내일은 우나라가 따라서 멸망할 것입니다.

- 大寇**則**至, 使之持危城, **則**必畔, 遇敵處戰, **則**必北. (《荀子》〈議兵〉)

  만약에 강한 도적이 쳐들어왔는데 그들에게 위험한 성을 지키게 **하면** 반드시 배반할 것이고, 적을 맞아 싸우게 **하면** 반드시 달아날 것이다.

  北: 달아날 배

- 彼**則**肆然而爲帝, 過而遂正於天下, **則**連有赴東海而死耳. (《戰國策》〈趙策三〉)

그(진왕秦王)가 **만약** 제멋대로 제(帝)가 되어 천하에 잘못된 정치를 행한다**면** 나 노중련(魯仲連)은 동해에 뛰어들어 죽을 뿐이다.

• 曰: "謹守成皐, **則**漢欲挑戰, 愼勿與戰." (《史記》〈項羽本紀〉)

[항왕(項王)이] 말했다. "성고를 반드시 지켜야 하므로 **만약** 한나라 군대가 싸움을 걸더라도 삼가고 그들과 싸우지 마라."

• 今聞章邯降項羽, 項羽乃號爲雍王, 王關中. 今**則**來, 沛公恐不得有此. (《史記》〈高祖本紀〉)

지금 장한이 항우에게 항복하자 항우는 그를 옹왕이라 부르며 관중에서 왕 노릇 하게 한다고 들었습니다. 지금 **만약** 공격해온다고 해도 패공께서는 아마 이곳을 차지하지 못할 것입니다.

⑩ 어조사 수식어와 피수식어 사이에 사용되며, '~의'라고 해석한다. 《시경》에 이따금 보인다.

• 匪鷄**則**鳴, 蒼蠅之聲. (《詩經》〈齊風 鷄鳴〉)

닭**의** 울음소리가 아니라 파리가 웽웽거리는 소리다.

• 匪東方**則**明, 月出之光. (《詩經》〈齊風 鷄鳴〉)

동방**의** 밝음이 아니라 달이 뜰 때의 빛이다.

• 秦不哀吾喪, 而伐吾同姓, 秦**則**無禮, 何施之爲? (《左傳》僖公三十三年)

진나라는 우리의 상사를 애도하지 않고 우리와 같은 성을 가진 국가를 공격하니, 진나라**의** 무례함에 무슨 은혜를 말하겠는가?

⑪ 어조사 '哉(재)'와 통하며, 대사와 어울려 의문을 나타낸다.

• 百仞之山, 任負車登焉, 何**則**? 陵遲故也. (《荀子》〈宥坐〉)

백 인이나 되는 높은 산을 짐수레가 올라가는 것은 무엇 때문**인가**? 능선이 완만하기 때문이다.

ㅈ

【참고】

|'則'을 '칙'으로 읽으면| ① 준칙, 법칙: • 是知天咫, 安知民**則**? (《國語》〈楚語上〉) 이 사람은 천도를 조금 아는 것이니 어찌 백성 [다스리는] **법**을 알겠느냐? • 願依彭咸之遺**則**. (《楚辭》〈離騷〉) 팽함이 남긴 **준칙**에 따르기를 원한다.
② 모방하다, 본받다: • 惟天爲大, 惟堯**則**之. (《孟子》〈滕文公上〉) 오직 하늘이 큰데, 요임금만이 그것을 **본받았다**.

則安/則案(즉안)

❶ **부사** 사실을 확인하며, '곧' '바로'라고 해석한다.

- 凡攻人者, 非以爲名, **則案**以爲利也, 不然則忿之也. (《荀子》〈富國〉)
  무릇 남[의 나라]을 공격하는 자는 명성을 떨치기 위해서가 아니면 **곧** 이익을 위해 하는 것이며, 그것도 아니라면 분노 때문이다.

❷ **접속사** 호응이나 병렬 관계를 나타내며, 시간이나 장소를 나타내는 부사어 뒤에 쓰인다. 해석할 필요는 없다.

- 文王誅四, 武王誅二, 周公卒業, 至於成王**則安**無誅矣. (《荀子》〈仲尼〉)
  문왕은 네 나라를 토벌했고, 무왕은 두 나라를 토벌했으며, 주공은 마침내 대업을 완성했는데, 성왕에 이르러서는 [어떤 국가를] 토벌하는 일이 없었다.
- 其陰則生之楂梨, 其陽**則安**樹之五麻. (《管子》〈地員〉)
  산 북쪽에는 풀명자나무와 배나무가 자라고 있고, 산 남쪽에는 다섯 종류의 삼이 심어져 있다.

則已矣(즉이의)

어조사 '則已(즉이)'는 '而已(이이)'처럼 한계(한정)를 나타내며 '矣(의)'는 단정을 나타낸다. '~에 불과하다' '~일 뿐이다'라고 해석한다.

- 其視下也, 亦若是**則已矣**. (《莊子》〈逍遙遊〉)

  그곳에서 아래를 내려다보아도 역시 이와 같**을 뿐이다**.

則將(즉장)

접속사 앞의 내용이 뒤에 이어지는 내용의 조건임을 나타내며, '~한다면'이라고 해석한다.

- 危而不持, 顚而不扶, **則將**焉用彼相矣? (《論語》〈季氏〉)

  위험에 처했는데도 도와주지 않고, 넘어지려 하는데도 붙잡아주지 않는**다면**, 장차 어찌 그런 신하들을 쓰겠는가?

ㅈ

非(비)/不(불)~則(즉)~

선택 관계를 나타내는 관용 형식으로서, '~가 아니면 ~이다'라고 해석한다.

- 是**非**王之支子母弟甥舅也, **則**皆蠻·荊·戎·狄之人也, **非**親**則**頑, 不可入也. (《國語》〈鄭語〉)

  이런 [국가는] 주 왕실의 서자·외삼촌·숙부·조카**가 아니면** 만(蠻)·형(荊)·융적(戎狄) 사람**이고**, [왕실의] 종친**이 아니면** 완악한 사람**이니** [그러한 곳으로] 들어갈 수 없습니다.

- 故明據先王, 必定堯舜者, **非**愚**則**誣也. (《韓非子》〈顯學〉)

따라서 분명 선왕[의 도통(道統)]을 근거로 삼아 반드시 요순[의 주장]을 긍정하는 것은 어리석**지 않으면** 속는 것**이다**.

• 釋斧斤之用, 而欲嬰以芒刃, 臣以爲**不**缺**則**折. (賈誼, 〈治安策〉)

도끼의 사용을 그만두고 날카로운 칼로써 끊으려 한다면, 제 생각으로는 [칼이] 이지러지**지 않으면** 끊어질 것**입니다**.

曾(증)

❶ **부사** 경험을 나타내며, '일찍이'라고 해석한다.

• 讒佞之人, 則誠不善矣, 雖然則奚**曾**爲國常患乎? (《晏子春秋》〈外篇 重而異者〉)

참언하고 아첨하는 사람은 진실로 선하지 않으나, 비록 그렇더라도 어찌 **일찍이** 나라의 장구한 걱정거리가 되겠는가?

• 梁王以此怨盎, **曾**使人刺盎. (《史記》〈袁盎鼂錯列傳〉)

양왕은 이 때문에 원앙을 원망하여 **일찍이** 사람을 보내 원앙을 죽이려 했다.

• 孟嘗君**曾**待客夜食. (《史記》〈孟嘗君列傳〉)

맹상군은 **일찍이** 빈객을 접대하며 저녁 식사를 하고 있었다.

• 去年**曾**經此縣城, 縣民無口不冤聲. (杜荀鶴, 〈再經胡城縣〉)

지난해에 **일찍이** 이 현의 성을 지났는데, 현의 백성 가운데 불평하는 소리를 하지 않는 이가 없었다.

❷ **접속사** 앞뒤의 문장을 이어주며, '곧' '바로'라고 해석한다. '則(즉)'과 같다.

• 誰謂河廣? **曾**不容刀. 誰謂宋遠? **曾**不崇朝. (《詩經》〈衛風 河廣〉)

누가 황하가 넓다고 했는가? **바로** 칼조차 받아들이지 않거늘. 누가 송나라가 멀다고 했는가? **바로** 아침 전에 갈 수 있거늘.

• 吾以子爲異之問, **曾**由與求之問. (《論語》〈先進〉)

나는 당신이 뭔가 특별한 질문을 할 줄 알았는데, 결국 **바로** 자로와 염유에 대해 물었군요.

• 爾何**曾**比予於管仲? (《孟子》〈公孫丑上〉)

너는 어찌 **곧** 나를 관중과 비교하느냐?

• 老臣病足, **曾**不能疾走, 不得見久矣. (《戰國策》〈趙策四〉)

저는 다리가 아파 **곧** 빨리 걸을 수 없어서 오랫동안 뵐 수가 없었습니다.

• 汝心之固, 固不可徹, **曾**不若孀妻弱子◆. (《列子》〈湯問〉)

너의 사상은 완고하여 진실로 뚫을 수 없으니, **곧** 과부와 어린아이보다 못한 것이다.

◆弱子(약자): 어린아이.

• 而計其長, **曾**不盈寸. (魏學洢, 〈核舟記〉)

그러나 그것의 길이를 재보니 **곧** 1촌도 못 되었다.

ㅈ

❸ **부사** 동작·행위·일의 발생이 의외임을 나타내며, 부정의 뜻을 지닌 말 앞에 쓰여 강조를 나타낸다. '결과적으로' '~까지' '심지어' '~조차'라고 해석한다.

• 以君之力, **曾**不能損魁父之丘, 如太行·王屋何? (《列子》〈湯問〉)

당신의 힘으로는 괴보 같은 작은 언덕**조차** 덜어낼 수 없는데, [그 큰] 태항산과 왕옥산을 어떻게 하겠소?

• 以殘年餘力, **曾**不能毁山之一毛, 其如土石何? (《列子》〈湯問〉)

말년의 남은 힘으로는 **심지어** 산에 있는 풀 한 포기도 뽑을 수 없는데, 흙과 돌을 어떻게 할 수 있겠는가?

• 紂貴爲天子, 死**曾**不如匹夫. (《淮南子》〈衡王傳〉)

주(紂)는 귀함이 천자였으나 죽어서는 **심지어** 보통 사람보다 못했다.

• 且君老矣, 旦暮之人, **曾**不能待而欲弑之. (《史記》〈晉世家〉)

더구나 임금께서는 늙어서 머지않아 돌아가실 사람인**데도** 그것을 참지 못하고 죽이려 했습니다.

❹ **부사** 반문을 나타내며, '어찌' '왜' 등으로 해석한다.

• **曾**謂泰山不如林放乎? (《論語》〈八佾〉)

어찌 태산의 신이 [예의 근본을 물은] 임방보다도 못하다는 말인가?

• 今翟**曾**無稱於孔子乎? (《墨子》〈公孟〉)

지금 제가 **어찌** 공자를 칭찬하지 않겠습니까?

• 先生旣來, **曾**不發藥乎? (《莊子》〈列禦寇〉)

선생께서 기왕 오셨으니 **어찌** 약이 [될 만한 말씀을] 해주시지 않겠습니까?

增(증)

부사 동작 혹은 행위가 더해짐을 나타내며, '더욱' '더하여' 등으로 해석한다.

• 秦伯猶用孟明, 孟明**增**修國政, 重施于民. (《左傳》文公二年)

진목공(秦穆公)이 오히려 맹명을 등용하자, 맹명은 **더욱** 나라의 정치를 닦으며 백성에게 은혜를 많이 베풀었다.

• 於是**增**封千戶, 竝前二千戶. (《後漢書》〈荀彧列傳〉)

그래서 [순욱에게] 봉지 1천 호를 **더하여**, 이전 것과 합쳐 2천 호가 되었다.

【참고】

증가하다: • 霸以外寬內明得吏民心, 戶口歲**增**, 治爲天下第一. (《漢書》〈黃霸列傳〉) 황패(黃霸)는 겉은 너그럽고 내심이 분명했으므로 관리와 백성의 믿음을 얻어, 인구가 해마다 **증가했으며** 그가 다스리는 군(郡)이 천하에서 제일이었다.

之(지)

❶ **대사** 일인칭·이인칭·삼인칭 모두를 대신한다. '그(들)' '그녀(들)' '나(우리)' '당신(들)' 등으로 해석한다.

- 莊公寤生, 驚姜氏. 故名曰'寤生', 遂惡**之**, 愛共叔段, 欲立**之**. (《左傳》隱公元年)

  [형인] 장공은 거꾸로 태어나서 어머니 강씨를 놀라게 했다. 그래서 '오생'이라 이름했는데, 끝내는 **그**(장공)를 미워하고 [동생인] 공숙단을 사랑하여, **그**(공숙단)를 태자로 세우고자 했다.

- 將諫, 士季曰: "諫而不入, 則莫**之**繼也. 會請先, 不入, 則子繼**之**." (《左傳》宣公二年)

  [조돈(趙盾)이 진영공(晉靈公)에게] 충고하려는데 사계가 말했다. "[당신이] 충고를 했는데 받아들이지 않으면 **당신**을 이을 사람이 없습니다. 내가 먼저 할 테니 받아들이지 않으면 당신이 **나**를 이어주십시오."

- 從左右, 皆肘**之**, 使立於後. (《左傳》成公二年)

  좌우에서 모두 **그**를 끌어당겨 뒤에 서게 했다.

  肘: 끌 주

- 與朋友交言而有信, 雖曰未學, 吾必謂**之**學矣. (《論語》〈學而〉)

  친구와 사귈 때 말에 믿음이 있으면, 비록 배우지 못했다고 해도 나는

ㅈ

반드시 배움이 있는 **사람**이라고 하겠다.

- 聖人, 吾不得而見**之**矣. 得見君子者, 斯可矣. (《論語》〈述而〉)
  성인은, 내가 만나보지 못하는 **사람**이구나. 군자라도 만나볼 수 있다면 그것만으로 좋겠다.
- 赤也爲**之**小, 孰能爲**之**大? (《論語》〈先進〉)
  적(공서화)이 하는 일이 [**그**] 작은 것이라고 한다면, 그 누가 하는 일이 [**그**] 큰일이라고 하겠느냐?
- 子曰: "愛**之**, 能勿勞乎? 忠焉, 能勿誨乎?" (《論語》〈憲問〉)
  공자께서 말씀하셨다. "**그**를 아끼면서 수고롭게 하지 않을 수 있겠는가? 진심이면서 깨우치게 하지 않을 수 있겠는가?"
- 子曰: "衆惡**之**, 必察焉; 衆好**之**, 必察焉." (《論語》〈衛靈公〉)
  공자께서 말씀하셨다. "모두가 **그**를 미워하더라도 반드시 살펴보아야 하고, 모두가 **그**를 좋아하더라도 반드시 살펴보아야 한다."
- 將命者出戶, 取瑟而歌, 使**之**聞之. (《論語》〈陽貨〉)
  명을 전하는 사람이 문을 나서자 거문고를 가져와 노래를 불러 **그**로 하여금 그 소리를 듣도록 했다.
- 王坐於堂上, 有牽牛而過堂下者, 王見**之**, 曰: "牛何之?" (《孟子》〈梁惠王上〉)
  왕이 당 위에 앉아 계실 때, 소를 끌고 당 아래를 지나는 사람이 있어 왕이 **그**(소를 끌고 가는 자)를 보고 말했다. "소는 어디로 가느냐?"
- 故用兵之法: 十則圍**之**, 五則攻**之**, 倍則分**之**, 敵則能戰**之**, 少則能逃**之**, 不若則能避**之**. (《孫子兵法》〈謀攻〉)
  그러므로 용병의 법칙은 다음과 같다: [병력이 적군의] 열 배면 **그들**을 포위하고, 다섯 배면 **그들**을 공격하고, 두 배면 **그들**을 분산시키고, 똑같으면 **그들**과 싸우고, 적으면 **그들**과의 싸움을 피하고, 상대가 안 되면 **그들**로부터 달아난다.
- 今之世而不然; 厚刀布*之斂以奪**之**財, 重田野之稅以奪**之**食, 苛關市之徵

以難其事. (《荀子》〈富國〉)

오늘날 세상은 이렇지 않으니 화폐(즉 세금)를 무겁게 부과하여 **그들**의 재산을 빼앗고, 토지세를 무겁게 거두어 **그들**의 양식을 빼앗으며, 관과 저자의 세금을 가혹하게 거두어 그들의 교역을 어렵게 한다.

◆ 刀布(도포): 옛날의 화폐.

- 此俱出父母之懷妊, 然男子受賀, 女子殺之者, 慮其後便, 計**之**長利也. (《韓非子》〈六反〉)

이들은 모두 부모가 임신하여 낳았지만, 남자아이는 축하를 받고 여자아이는 죽임을 당하는 것은 그들의 장래 이익을 고려하고 **그들**의 먼 이익을 계산하기 때문이다.

- 曾子之妻之市, 其子隨**之**而泣. 其母曰: "女還, 顧反爲女殺彘." 妻適市來, 曾子欲捕彘殺之. 妻止**之**曰: "特與嬰兒戲耳." (《韓非子》〈外儲說左上〉)

증자의 아내가 시장에 가는데, 그의 아들이 **그녀**를 따라가며 울었다. 그 어머니가 말했다. "너는 돌아가거라, [시장에서] 돌아와 너에게 돼지를 잡아주겠다." 아내가 시장에서 돌아오니 증자가 돼지를 잡아서 죽이려 했다. 부인이 **그**(증자)를 말리며 말했다. "[나는] 단지 어린아이와 농담했을 뿐인데."

- 吾有老父, 身死莫**之**養也. (《韓非子》〈五蠹〉)

나에게는 늙은 아버지가 있는데 내가 죽으면 **그**를 보살필 사람이 없다.

- 遂散六國之從, 使**之**西面事秦. (李斯, 〈諫逐客書〉)

드디어 6국의 합종(合從)을 깨뜨리고 **그들**로 하여금 서쪽으로 진나라를 받들게 했다.

- 縱江東父兄憐而王我, 我何面目見**之**! (《史記》〈項羽本紀〉)

설사 강동의 부모 형제가 나를 동정하여 왕으로 모시더라도, 내가 무슨 면목으로 **그들**을 보겠는가!

- 鄙語有之, "牽牛徑人田, 田主奪**之**牛◆." (《史記》〈陳杞世家〉)

ㅈ

속어에 가로되, "소를 끌고 남의 밭을 지나가면 밭주인은 **그**의 소를 빼앗는다."

◆田主奪之牛(전주탈지우): 《사기(史記)》 〈초세가(楚世家)〉에는 '田主奪其牛(전주탈기우)'라고 되어 있다.

• 臣, 范陽百姓蒯通也, 竊憫公之將死, 故弔**之**. (《漢書》 〈蒯通列傳〉)

저는 범양의 백성 괴통인데, 당신이 죽을 것을 슬퍼하여 **당신**을 위문하는 것입니다.

• 生乎吾前, 其聞道也, 固先乎吾, 吾從而師**之**. (韓愈, 〈師說〉)

나보다 먼저 태어나 [나보다 일찍] 도를 이해했으면 진실로 나보다 먼저이니, 나는 **그**를 좇아서 스승으로 삼는다.

• 君將哀而生**之**乎? (柳宗元, 〈捕蛇者說〉)

당신이 **저**를 불쌍히 여겨 살려주시겠습니까?

• 吏護**之**還鄕. (柳宗元, 〈童區寄傳〉)

관리들이 **그**를 호위하여 고향으로 돌아가게 했다.

• 有怠而欲出者, 曰: "不出. 火且盡." 遂與**之**俱出. (王安石, 〈游褒禪山記〉)

어떤 사람이 피곤하여 나가려 하자 말했다. "나가지 마라. 불이 곧 꺼질 것이다." [그러고는] **그**와 함께 모두 나왔다.

• 朱蒙非人所生, 其爲人也勇, 若不早圖, 恐有後患, 請除**之**. (金富軾, 《三國史記》)

주몽은 사람의 소생이 아니고 그 사람됨이 용맹스러우니, 만일 일찍 도모하지 않으면 뒤에 근심이 있을까 두려우므로 **그**를 제거하기를 청합니다.

• 我有不同天之讐, 汝能爲我除**之**, 獲居大位, 則娶爾女爲妃. (一然, 《三國遺事》)

나에게 같은 하늘 밑에서 살 수 없는 원수가 있는데, 당신이 나를 위해 **그**를 제거해주면 높은 지위를 차지한 다음 당신 딸을 아내로 맞아 비로 삼겠다.

- 崔鐵城瑩, 少時其父常戒**之**曰: "見金如石." (成俔, 《慵齋叢話》)

  철성부원군 최영이 어렸을 때, 그의 아버지는 항상 [이렇게] **그**를 훈계하며 말했다. "금 보기를 돌같이 해라."

❷ **대사** 비교적 가까운 사물·상황·방향·장소를 가리키며, '그쪽' '이(그)' '이것' '이곳' '이러한'이라고 해석하거나 문맥에 맞게 적절히 해석한다.

- 江有汜, **之**子歸. (《詩經》〈召南 江有汜〉)

  장강은 갈라져 흐르는데, **이** 아가씨가 시집가네.

- **之**子于歸, 遠送于野. (《詩經》〈邶風 燕燕〉)

  이 아가씨가 시집가네, 멀리 교외의 들에서 보내네.

  歸: 시집갈 귀

- 坎坎伐檀兮, 寘**之**河之干兮. (《詩經》〈魏風 伐檀〉)

  쿵쿵 박달나무를 베어 **그것**을 황하가에 놓네.

- 請京, 使居**之**, 謂之京城太叔. (《左傳》 隱公元年)

  [강씨(姜氏)가 공숙단(共叔段)을 위해] 경읍(京邑)을 청하자 [장공(莊公)은 공숙단을] **그곳**에 살게 하고, 그를 경성태숙이라 했다.

- 遂寘姜氏于城潁而誓之曰: "不及黃泉, 無相見也." 旣而悔**之**. (《左傳》 隱公元年)

  [장공(莊公)이] 강씨를 성영(城潁)에 안치하고 맹세했다. "황천에 가기 전에는 서로 만나지도 말자." [그러나] 얼마 후에 **이 일**을 후회했다.

- 小人有母, 皆嘗小人之食矣, 未嘗君之羹. 請以遺**之**. (《左傳》 隱公元年)

  저에게는 어머니가 계시는데, 제[가 먹는] 음식은 모두 맛보았지만 임금님의 고깃국은 먹은 적이 없으니 **이** 국을 [어머니께] 보내도록 허락해주십시오.

- 若晉取虞, 而明德以薦馨香, 神其吐**之**乎? (《左傳》 僖公五年)

ㅈ

만약에 진나라가 우나라를 취하고 덕을 밝혀서 향기로운 제물을 바친다면 신이 **이것**을 토해내겠습니까?

- 自始合◆, 苟有險, 余必下推車, 子豈識**之**? (《左傳》成公二年)

  싸움을 시작한 뒤로 길이 험난하면 나는 틀림없이 내려서 수레를 밀었는데, 그대가 어찌 **이것**을 알겠는가?

  ◆合(합): 교전한다는 뜻.

  合: 싸울 합

- **之**人之言不可, 以當, 必不審. (《墨子》〈經說下〉)

  이 사람의 말이 옳지 않은데, 타당하다고 생각하는 것은 반드시 살피지 않았기 때문이다.

- 七十者衣帛食肉, 黎民不饑不寒, 然而不王者, 未**之**有也. (《孟子》〈梁惠王上〉)

  일흔 살 된 사람이 비단옷을 입고 고기를 먹으며, 백성이 굶주리지 않고 추위로 고생하지 않게 되니, 이렇게 하고도 [천하에] 왕 노릇 하지 못한 **그런 사람**은 없었습니다.

- 齊宣王問曰: "文王之囿方七十里, 有諸?" 孟子對曰: "於傳有**之**." (《孟子》〈梁惠王下〉)

  제선왕이 물었다. "문왕의 사냥터가 사방 70리였다는데, 이런 일이 있습니까?" 맹자가 대답했다. "사적에 **그런 말**이 있습니다."

- 禹疏九河, 瀹濟◆漯, 而注諸海; 決汝漢, 排淮泗, 而注**之**江. (《孟子》〈滕文公上〉)

  우(禹)는 아홉 물줄기를 통하게 하고, 제수(濟水)와 탑수(漯水)를 개통해 그것들을 황해(黃海)로 들어가게 했으며, 여수(汝水)와 한수(漢水)를 트고 회수(淮水)와 사수(泗水)에 끌어넣어서 **그것들**을 장강(長江)으로 들어가게 했다.

  ◆濟(제): 제수(濟水). 연수(沇水)의 하류에 있다.

• 雖有天下易生之物也, 一日暴**之**, 十日寒**之**, 未有能生者也. (《孟子》〈告子上〉)

설사 천하에 쉽게 자라는 식물이 있더라도, 하루 동안 **그것**을 햇빛에 쪼이고 열흘 동안 **그것**을 얼리면 자랄 수 있는 것이 없다.

• **之**人也, **之**德也, 將旁礴萬物以爲一. (《莊子》〈逍遙遊〉)

이러한 사람, **이러한** 덕은 만물을 뒤섞어 하나로 통일시키려 한다.

• **之**二蟲又何知? (《莊子》〈逍遙遊〉)

이 두 마리 벌레가 또 무엇을 알겠는가?

• **之**八者, 存可也, 亡可也. (《莊子》〈在宥〉)

이 여덟 가지는 있어도 좋고 없어도 좋다.

• 及至其致好之也, 目好**之**五色, 耳好**之**五聲, 口好**之**五味, 心利**之**有天下. (《荀子》〈勸學〉)

그가 학문의 극치에 이르렀을 때, 눈은 오색보다 **그것**을 좋아하고, 귀는 오성보다 **그것**을 좋아하며, 입은 오미보다 **그것**을 좋아하고, 마음은 천하를 끌어안은 것보다 **그것**을 이롭게 여긴다.

• **之**主者, 守至約而詳, 事至佚而功. (《荀子》〈王霸〉)

이 군주는 지키는 것이 지극히 간략하면서도 세밀한 데까지 미치고, 하는 사업은 지극히 편안하면서도 공적이 있다.

• 陳常與宰予, **之**二臣者, 甚相憎也. (《呂氏春秋》〈審己〉)

[제나라의] 진상과 재여, **이** 두 신하는 서로 매우 미워합니다.

• **之**歌者非常人也. (《呂氏春秋》〈擧難〉)

이런 노래를 하는 사람은 보통 사람이 아니다.

• 均**之**二策, 寧許以負秦曲. (《史記》〈廉頗藺相如列傳〉)

이 두 대책을 비교할 때 차라리 [저들의 요구를] 받아들여서 잘못을 진나라에 씌우는 게 낫습니다.

• 淵深而魚生**之**, 山深而獸往**之**, 人富而仁義附焉. (《史記》〈貨殖列傳〉)

연못이 깊으면 물고기는 **그곳**에서 살고, 산이 우거지면 짐승은 **그곳**에

ㅈ

서 돌아다니며, 사람이 부유하면 인의가 그 몸에 붙게 된다.

• 亮躬耕壟畝, 好爲梁父吟◆. 身長八尺, 每自比於管仲·樂毅, 時人莫**之**許也. (《三國志》〈蜀書 諸葛亮傳〉)

제갈량은 몸소 밭을 갈고 〈양보음〉을 잘 지었다. 키는 8척이고 항상 자기를 관중과 악의에 비유했으나 당시 사람들은 **그것**을 인정하지 않았다.

◆〈梁父吟(양보음)〉: '양보음(梁甫吟)'이라고도 쓰며, 제갈공명이 촉한에 군사(軍師)로 나아가기 전, 남양(南陽)의 융중(隆中)에 은거하면서 항상 이 시를 노래 불렀다고 한다.

• 驢不勝怒, 蹄**之**. (柳宗元, 〈三戒 黔之驢〉)

당나귀는 화를 참지 못해 **그것**을 찼다.

• 殺鼠如丘, 棄**之**隱處, 臭數月乃已. (柳宗元, 〈三戒 永隱氏之鼠〉)

죽은 쥐가 마치 산더미 같은데, **그것들**을 보이지 않는 곳에 버려도 냄새는 몇 달이 지나야 비로소 없어질 것이다.

• 問之, 則曰: "吾祖死於是, 吾父死於是, 今吾嗣爲**之**十二年, 幾死者數矣." 言**之**, 貌若甚戚者. (柳宗元, 〈捕蛇者說〉)

[내가] 그에게 물었다. "나의 할아버지는 이 일을 하다가 돌아가셨고, 나의 아버지도 이 일을 하다가 돌아가셨으며, 지금 나는 **이 일**을 이어받은 지 12년 되었는데 죽을 뻔한 것이 여러 번입니다." **이런 일**을 말하는데 그의 얼굴이 매우 슬픈 듯했다.

• 其西南諸峰, 林壑尤美, 望**之**蔚然而深秀者, 瑯琊也. (歐陽修, 〈醉翁亭記〉◆)

그 서남쪽의 많은 산봉우리는 숲속 골짜기가 더욱 아름다운데, **그쪽**을 바라보면 초목이 무성하여 더욱 수려한 곳이 낭야(瑯琊)이다.

◆〈醉翁亭記(취옹정기)〉: 송(宋) 인종(仁宗) 경력(慶曆) 5년에 구양수는 서른아홉 살이었는데, 조정에서 물러나 저주(滁州)의 지사(知事)가 되었다. 이 글은 취옹정의 유래 및 경치와 자신의 유락의 심정을 술회한 기사문(記事文)이다.

• 人心之所同然者, 謂**之**公論, 公論之所在, 論**之**國是. (李珥, 〈洗滌東西疏〉)

사람의 마음이 똑같이 그렇다고 하는 것, **이것**을 공론이라 하고, 공론이 있는 곳, **이것**을 국시라고 한다.

❸ **대사** 다음에 이어지는 문장 전체를 가리킨다. 주로 다른 사람의 말을 인용할 때 그 인용문 앞에 쓰이며, 앞뒤 내용을 살펴 적절히 해석한다.

- 野語有**之**曰: "聞道百, 以爲莫己若者", 我之謂也. (《莊子》〈秋水〉)
  속어에 **이런 말**이 있다. "백 가지 도리를 들으면 누구도 자기를 따를 수 없다고 생각한다." 이것은 바로 나를 말한 것이다.
- 夫子曰: "小子識**之**, 苛政猛於虎也." (《禮記》〈檀弓下〉)
  공자(孔子)가 말했다. "너희는 **이것**을 기억해야 한다, 가혹한 조세가 호랑이보다 사납다는 것을."
- 臣聞**之**. "兵不如者勿與挑戰, 粟不如者勿與持久." (《史記》〈張儀列傳〉)
  나는 **이런 말**을 들었다. "병력이 [적보다] 못하면 도전하지 말고, 양식이 [적보다] 못하면 오래 싸우지 마라."
- 潁川兒乃歌**之**曰: "潁水淸, 灌氏寧; 潁水濁, 灌氏族." (《史記》〈魏其武安侯列傳〉)
  영천 일대의 어린아이들이 **이런 노래**를 불렀다. "영수가 맑으면 관씨가 편안하고 영수가 혼탁하면 관씨가 멸족을 당한다."

❹ **전치사** '于(우)/於(어)'에 상당하는데, 동작 혹은 행위의 대상이나 장소를 이끌며, '~에게' '~에 대하여' '~에 있어서'라고 해석한다. 진한 이전의 전적에 보인다.

- 以容取人乎? 失**之**子羽. 以言取人乎? 失**之**宰予. (《韓非子》〈顯學〉)
  용모로 사람을 취했던가? 자우**에게** 실수했구나. 말로 사람을 취했던가? 재여**에게** 실수했구나.
- 人**之**其所親愛而辟焉, **之**其所賤惡而辟焉, **之**其所畏敬而辟焉, **之**其所哀矜

ㅈ

而辟焉, **之**其所敖惰而辟焉. (《禮記》〈大學〉)

사람들은 자기가 친애하는 사람**에 대한** 편견이 있고, 자기가 경시하고 미워하는 사람**에 대한** 편견이 있으며, 자기가 두려워하고 존경하는 사람**에 대한** 편견이 있고, 자기가 동정하고 연민하는 사람**에 대한** 편견이 있으며, 자기가 거들먹거리고 소홀히 여기는 사람**에 대한** 편견이 있다.

• 主春者張. 昏而中可以種穀, 上告於天子, 下布**之**民. (《說苑》〈辨物〉)

봄은 주재하는 것은 장성(張星)이다. [장성이] 초저녁에 남중(南中)하는 [때에] 곡식을 씨 뿌릴 수 있어, 위로는 천자에게 고하고 아래로는 백성**에게** 선포한다.

❺ 접속사 '與(여)'에 상당하며, '~와'라고 해석한다. 선진 문헌에 드물게 보인다.

• 鄋瞞◆伐宋, 司徒皇父帥師禦之, 耏班御皇父充石, 公子穀甥爲右, 司寇牛父駟乘◆ …… 皇父**之**二子死焉. 宋公於是以門賞耏班, 使食其征. (《左傳》文公十一年)

수만이 송나라를 공격하자 사도 황보가 군대를 이끌고 이를 막을 적에, 이반이 황보충석의 수레를 몰고 공자 곡생이 우(右)가 되었으며, 사구 우보는 사승(駟乘)이 되어 …… **황보와** 두 아들이 거기에서 죽었다. 이때 송공이 관문 하나를 이반에게 상으로 주어 관문세를 받아먹도록 했다.

◆鄋瞞(수만): 춘추시대 북적(北狄)의 하나.

◆駟乘(사승): 전쟁용 수레를 끄는 네 번째 사람.

• 得**之**不得, 曰有命. (《孟子》〈萬章上〉)

[벼슬을] 얻는 것**과** 얻지 못하는 것은 천명에 달렸다.

❻ 어조사 수식어와 피수식어 사이에 놓여 명사구를 만든다. '~의'라고 해석하거나 해석하지 않는다.

• 或舂或揄 或簸或蹂 釋**之**叟叟 烝**之**浮浮. (《詩經》〈大雅 生民〉)
어떤 사람이 절구질을 하면 어떤 사람은 퍼내고, 어떤 사람이 까부르면 어떤 사람은 벼를 비벼 까고, 쌀을 싹싹 씻어 더운 김을 올려서 익힌다.
• 蹇叔**之**子與師. (《左傳》僖公三十三年)
건숙**의** 아들은 군대에 참가했다.
• "我**之**懷矣, 自詒伊慼." 其我之謂矣! (《左傳》宣公二年)
"나**의** 그리움이여, 스스로 이 우환을 가져왔구나." 이는 아마도 나를 말하는 것이리!
• 吾以子爲異**之**問, 曾由與求之問. (《論語》〈先進〉)
나는 당신이 뭔가 특별한 질문을 할 줄 알았는데, 결국 자로와 염유에 대해 물었군요.
• 是誰**之**過與? (《論語》〈季氏〉)
이는 누구**의** 잘못이겠느냐?
• 帶長鋏**之**陸離兮, 冠切雲◆**之**崔嵬. (《楚辭》〈涉江〉◆)
긴 검을 찼고, 높고 높은 관을 썼다.
◆切雲(절운): 옛날 모자의 명칭.
◆〈涉江(섭강)〉: 굴원이 추방되어 강 건너 깊은 산속으로 들어갈 때의 애달픈 심경을 노래한 시다.
• 諸侯又以其知力, 爲未足獨治其四境**之**內也, 是以選擇其次, 立爲鄕**之**宰. (《墨子》〈尙同下〉)
제후는 또 그의 지혜와 힘만으로는 홀로 나라를 다스리기에 부족하다고 여겼기 때문에, 그다음 사람을 선택해서 향**의** 우두머리로 임명했다.
• 百畝**之**田, 勿奪其時, 數口**之**家可以無饑矣. (《孟子》〈梁惠王上〉)
백 묘**의** 밭에서 그것들을 [경작하는] 시기를 빼앗지 않으면, 몇 식구**의** 가족이 굶주리지 않을 수 있다.
• 螾無爪牙**之**利·筋骨**之**强. (《荀子》〈勸學〉)

ㅈ

지렁이는 날카로운 발톱과 이빨, 강한 힘줄과 뼈가 없다.

螾: 지렁이 인

- 王獨不見夫蜻蛉◆乎? 六足四翼, 飛翔乎天地**之**間. (《戰國策》〈楚策四〉)

  군왕께서 설마 그 잠자리를 보지 못했습니까? 다리가 여섯이고 날개가 넷인데, 천지**의** 사이에서 날아다닙니다.

  ◆蜻蛉(청령): 잠자리.

- 今君有區區**之**薛, 不拊愛子其民, 因而賈利之. (《戰國策》〈齊策四〉)

  지금 당신은 매우 작은 설읍(薛邑)을 갖고 있는데, 그곳의 백성을 자식같이 어루만지고 사랑하지 않는 것은 결국 상인의 수단을 이용해서 그들에게 이익만을 꾀한 것입니다.

- 彼秦者, 棄禮義而上首功**之**國也. (《戰國策》〈趙策三〉)

  저 진나라는 예의를 버리고 무엇보다 전공(戰功)을 숭상하는 나라이다.

- 豎子不用臣**之**策, 故令自夷於此. (《史記》〈淮陰侯列傳〉)

  그 녀석은 나**의** 계책을 쓰지 않았기 때문에 스스로 멸망했다.

  夷: 멸할 이

- 今臣敗亡**之**虜, 何足以權大事乎? (《史記》〈淮陰侯列傳〉)

  지금 나는 전쟁에 패한 망국**의** 포로인데, 어떻게 당신과 함께 중대한 일을 꾀할 수 있겠습니까?

- 曉大著文章多亡失, 今**之**存者不能十分**之**一. (《三國志》〈魏書 程昱傳注〉)

  정효는 문장을 많이 써놓았으나 거의 망실되어 지금 남아 있는 것은 10분**의** 1도 채 못 된다.

- 春冬**之**時, 則素湍綠潭, 回淸倒影. (《水經注》〈江水〉)

  봄과 겨울에는 흰 여울물이 연못에 이어 있고, 빙빙 도는 맑은 물이 [양쪽 물가의] 경치를 거꾸로 비추고 있다.

- 是以君后**之**善惡, 臣子**之**忠邪, 邦業**之**安危, 人民**之**理亂, 皆不得發露以垂勸戒. (金富軾, 《三國史記》)

이 때문에 임금**의** 선함과 악함, 신하**의** 충성과 간사함, 국가**의** 안녕과 위태로움, 백성**의** 다스려짐과 혼란을 모두 드러내어 권계로 드리우지 못한다.

- 時**之**人群罵而衆斥之. (《惺所覆瓿藁》〈聞罷官作〉)
  당시 사람들이 떼를 지어 꾸짖고 많은 무리가 배척했다.
- 蘭雪軒許氏, 草堂曄**之**女, 逆筠**之**妹也. (《錦溪筆談》)
  난설헌 허씨는 초당 허엽**의** 딸이고, 반역한 허균**의** 누이다.
- 一日**之**狗, 不知畏虎. (丁若鏞, 《耳談續纂》)
  하룻강아지가 범 무서운 줄 모른다.
- 鷄鳴後, 往春香**之**家. (兪喆鎭, 《漢文春香傳》)
  닭이 운 뒤에 춘향**의** 집으로 갔다.

❼ **어조사** 주어와 술어 사이에 놓여 우리말의 주격 조사 역할을 한다. '~은/는/이/가'라고 해석한다.

- 貢**之**不入, 寡君之罪也. (《左傳》 僖公四年)
  공물**이** 납부되지 않은 것은 우리 임금의 죄다.
- 皮**之**不存, 毛將安傅? (《左傳》 僖公十四年)
  가죽**이** 없어지면 털은 장차 어디에 붙일 것인가?
- 臣**之**壯也, 猶不如人; 今老矣, 無能爲也已. (《左傳》 僖公三十年)
  저**는** 젊었을 때에도 오히려 다른 사람만 못했는데, 지금은 늙었으니 할 수 있는 것이 없습니다.
- 苟子**之**不欲, 雖賞之不竊. (《論語》〈顔淵〉)
  만약 선생**께서** 욕심을 부리지 않는다면, 비록 상을 주면서 하라고 해도 [백성은] 훔치지 않을 것입니다.
- 民**之**有口也, 猶土之有山川也. (《國語》〈周語上〉)
  백성**이** 입을 가진(백성에게 입이 있는) 것은 대지에 산과 강이 있는 것

ㅈ

과 같다.

• 此猶文軒**之**與敝輿也. (《墨子》〈公輸〉)

이것은 마치 아름다운 수레**가** 찢어진 수레와 같은 것이다.

• 宋何罪**之**有? (《墨子》〈公輸〉)

송나라는 무슨 죄**가** 있습니까?

• 寡人**之**於國也, 盡心焉耳矣. (《孟子》〈梁惠王上〉)

나**는** 나라에 대하여 마음을 다할 뿐이다.

• 口**之**於味也, 有同耆焉. (《孟子》〈告子上〉)

입**은** 맛에 대해 모두 똑같은 기호가 있다.

• 始臣**之**解牛之時, 所見無非牛者. (《莊子》〈養生主〉)

처음에 신**이** 소를 해체할 때는 보이는 것은 단지 소뿐이었습니다.

• 吾聞北方**之**畏昭奚恤也, 果誠何如? (《戰國策》〈楚策一〉)

나는 북방의 각 나라**가** 소해휼(昭奚恤)을 두려워한다고 들었는데, 과연 어떠한가?

• 夫破人**之**與破於人, 臣人**之**與臣於人也, 豈可同日而言之哉! (《戰國策》〈趙策三〉)

다른 사람을 이기는 것**이** 다른 사람에게 지는 것과, 다른 사람을 신하로 삼는 것**이** 다른 사람의 신하가 되는 것을, 어찌 같은 날에 말할 수 있겠는가!

• 父母**之**愛子, 則爲之計深遠. (《戰國策》〈趙策四〉)

부모**가** 자녀를 사랑하면 그들을 위한 계획을 깊고 원대하게 한다.

• 雖我**之**死, 有子存焉. (《列子》〈湯問〉)

설사 내**가** 죽더라도 내 아들은 남는다.

• 天**之**亡我, 我何渡爲? (《史記》〈項羽本紀〉)

하늘**이** 나를 멸망시키려는데 내가 어찌 [강을] 건너가겠는가?

• 吾聞之周生曰: "舜目蓋重瞳子." 又聞項羽亦重瞳子. 羽豈其苗裔邪? 何興

之暴也! (《史記》〈項羽本紀〉)

나는 주생(周生)이 한 말을 들었다. "순(舜)의 눈은 아마도 눈동자가 두 개일 것이다." 또 항우 역시 눈동자가 두 개라고 들었다. 항우는 어찌 순 임금의 후손이겠는가? [그가] 일어나는 것**이** 얼마나 빨랐던가!

- 欲勿予, 卽患秦兵**之**來. (《史記》〈廉頗藺相如列傳〉)

  [화씨벽(和氏璧)을] 주지 않으려고 생각하니, 곧 진나라**가** 공격해올까 두렵다.

- 悍吏**之**來吾鄉, 叫囂乎東西, 隳突乎南北. (柳宗元, 〈捕蛇者說〉)

  사나운 관리**가** 우리 마을에 와서, 도처에서 시끄럽게 외치며 이리저리 마구 뛰어다녔다.

- 然五人**之**當刑也, 意氣揚揚, 呼中丞之名而罵之, 談笑以死. (張溥, 〈五人墓碑記〉)

  그러나 이 다섯 사람**은** 형을 당할 때 기개가 드높았고, 중승의 이름을 부르며 그를 욕하고 담소하면서 죽었다.

❽ 어조사 어절이나 문장 끝에 쓰이면 '也(야)' '矣(의)' '兮(혜)' 등에 상당하는데, 진한 이전의 문헌에 간혹 보인다.

- 鸜**之**鵒**之**, 公出辱**之**. (《左傳》昭公二十五年)

  구욕새가 오면 국왕이 출국했다가 치욕을 받으리.

  鸜: 구욕새 구 | 鵒: 구욕새 욕

- 則是世俗之君子之視義士也, 不若視負粟者**之**. (《墨子》〈貴義〉)

  이 세속적인 군자를 의사(義士)로 보는 것은 곡식을 짊어진 사람으로 보는 것만 못하다.

- 吾嘗終日思矣, 不如須臾之所學; 吾嘗跂而望**之***, 不如升高而博見也. (《大戴禮記》〈勸學〉)

  나는 일찍이 하루 종일 생각한 적이 있으나 잠깐 동안 배우는 것만 못했고, 나는 일찍이 발돋움하고 바라본 적이 있으나 높은 곳에 올라가서 널리 보는 것만 못했다.

◆之(지): 이 구의 '之(지)'는 '矣(의)'에 상당한다. 《순자(荀子)》 〈권학(勸學)〉에는 '吾嘗跂而望矣(오상기이망의)'라고 되어 있다.

❾ 어조사 실제적인 뜻은 없으며, '假(가)' '鈞(균)' '譬(비)' '猶(유)' 등의 동사와 어울려 관용어가 되는 경우도 있고, 또 형용사 '大(대)' '小(소)' '遠(원)' '邇(이)' 등과 합성된 경우도 있다.

- 永歌**之**不足, 不知手之舞之足之蹈之也. (《詩經》 〈周南 關雎◆序〉)
  길게 노래해도 부족하여, 손이 춤을 추고 발이 춤을 추는 것도 모른다.
  ◆〈關雎(관저)〉: 《시경》 〈주남(周南)〉의 첫 편으로 아리따운 아가씨를 그리는 젊은이의 마음을 노래했다. 그러나 《모시집전(毛詩集傳)》에서는 후비의 덕을 노래한 것이라고 했고, 취완리(屈萬里) 교수는 신혼을 축하하는 시라고 했다.
- 邇**之**事父, 遠**之**事君, 多識於鳥獸草木之名. (《論語》 〈陽貨〉)
  가까이로는 부모를 섬길 수 있고, 멀리로는 임금을 모실 수 있으며, 새와 짐승과 풀과 나무의 이름을 많이 기억하게 된다.
- 譬**之**宮牆, 賜之牆也及肩, 闚見室家之好. (《論語》 〈子張〉)
  궁궐의 담장에 비유한다면 나의 담장은 어깨에 미치므로 집 안의 좋은 것을 엿볼 수 있다.
- 猶**之**與人也, 出納之吝謂之有司. (《論語》 〈堯曰〉)
  오히려 남에게 주어야 하는데도 출납을 인색하게 할 경우 [쩨쩨한] 벼슬아치라고 한다.
- 天油然作雲, 沛然下雨, 則苗勃然興**之**矣. (《孟子》 〈梁惠王上〉)
  하늘에 구름이 뭉게뭉게 일어 비가 주룩주룩 내리면 볏모가 왕성하게 자란다.
- 譽者或過其實, 毁者或損其眞. 鈞**之**, 未覩厥容貌, 則論言. (《史記》 〈仲尼弟

子列傳〉)

칭찬하는 사람 중에는 그 실제보다 지나친 [사람도] 있고, 헐뜯는 사람 중에는 그 참모습을 깎아내린 [사람도] 있다. 어느 것이나 모두 그들의 용모를 보지 못하고 평론하여 말한 것이다.

• 秦以城求璧而趙不許, 曲在趙; 趙予璧而秦不予趙城, 曲在秦. 鈞**之**二策, 寧許以負秦曲. (《史記》〈廉頗藺相如列傳〉)

진나라가 성을 가지고서 벽옥을 요구했는데 조나라가 허락하지 않으면 잘못은 조나라에 있고, 조나라가 벽옥을 주었는데 진나라가 조나라에게 성을 주지 않으면 잘못은 진나라에 있습니다. 이 두 계책을 비교해보면 차라리 [진나라의 요구를] 들어주어서 진나라에 잘못을 지우는 것이 좋겠습니다.

• 頃**之**, 烟炎張天, 人馬燒溺者甚衆. (《資治通鑑》〈漢紀〉獻帝建安十三年)

잠깐 동안에 연기와 불꽃이 하늘에 퍼졌고, 불에 타거나 물에 빠진 사람과 말이 매우 많았다.

【참고】

① 가다: • 齊閔王將**之**魯. (《戰國策》〈趙策三〉) 제민왕이 노나라로 **가려고** 했다. • 何必公山氏之**之**也? (《論語》〈陽貨〉) 어찌하여 꼭 공산씨에게 **가려고** 하십니까? • 牛何**之**? (《孟子》〈梁惠王上〉) 소는 어디로 **가느냐**?

② 이르다, 닥치다: • **之**死矢靡他. (《詩經》〈鄘風 柏舟〉) 죽음이 **닥치더라도** 딴 마음 먹지 않기를 맹세한다.

止(지)

❶ **부사** '只(지)'와 통하고 범위를 한정한다. '겨우' '근근이' '단지' 등으로 해석한다.

- **止**可以一宿, 而不可久處. (《莊子》〈天運〉)

  겨우 하룻밤만 묵을 수 있고 오래 머물 수 없다.

- 嘗與門人夜集, 客有虞暠. 求詹事五官, 勉正色答云. "今夕**止**談風月, 不宜及公事." 故時人服其無私. (《南史》〈徐勉傳〉)

  [서면(徐勉)이] 일찍이 문인들과 함께 밤에 모였는데, 손님 중에 우호(虞暠)라는 사람이 있었다. [그가] 담사(詹事, 관직명) 오관(五官)을 요청하니, 서면이 정색하며 말했다. "오늘 저녁은 **단지** 자연을 말할 뿐이지, 공적인 일을 언급해서는 안 된다." 따라서 당시 사람들은 그의 사심 없음에 감복했다.

- 虎因喜, 計之曰 "技**止**此耳!" (柳宗元, 〈三戒 黔之驢〉)

  호랑이가 이에 기뻐하며 이를 따져보고 말했다. "[당나귀의] 재주가 **단지** 이것뿐이구나!"

- 若**止**印三二本, 未爲簡易. (《夢溪筆談》〈活板〉)

  만일 **겨우** 두세 권만 인쇄한다면 간편하다고 할 수 없다.

- 一屠晩歸, 擔中肉盡, **止**有剩骨. (《聊齋志異》〈狼〉)

  한 백정이 저녁에 귀가할 때, 짐 속의 고기는 다 팔리고 **단지** 뼈만 남아 있었다.

❷ **어조사** 구 끝에 쓰여 완료·단정·의문 등을 나타내는데, 문장의 뜻에 따라 적절하게 해석한다. 《시경》에 보인다.

- 亦旣見**止**, 亦旣覯**止**, 我心則降. (《詩經》〈召南 草蟲〉*)

이미 보고 이미 만나니, 내 마음이 놓이네.

◆〈草蟲(초충)〉: 먼 곳에 있는 남편을 그리워하는 여인의 마음을 읊은 시다.

覯: 만날 구

• 魯道有蕩, 齊子由歸. 旣曰歸**止**, 曷又懷**止**? (《詩經》〈齊風 南山〉)

노나라 길은 평탄한데, 제나라 여인이 이 길을 따라 시집을 갔네. 이미 출가했는데 무엇 때문에 다시 그리워하나?

• 墓門有梅, 有鴞萃**止**. (《詩經》〈陳風 墓門〉◆)

묘문에 매화나무가 있네, 올빼미가 그곳(가지 위)에 모여 있네.

◆〈墓門(묘문)〉: 비행이 많은 관리를 풍자한 시다.

萃: 모일 췌

• 采薇采薇. 薇亦作**止**. 曰歸曰歸. 歲亦莫**止**. (《詩經》〈小雅 采薇〉◆)

고비 따세, 고비 따세. 고비 싹이 벌써 땅을 뚫고 나왔네. 돌아가세, 돌아가세. 1년이 또 되었으니.

◆〈采薇(채미)〉: 국경을 지키는 병사들의 애환을 읊은 시로, 출정하는 이를 전송할 때 노래로 불렀다고 한다.

• 高山仰**止**, 景行行**止**. (《詩經》〈小雅 車舝〉)

높은 산을 우러르네, 큰길을 가네.

• 民亦勞**止**, 汔可小息. (《詩經》〈大雅 民勞〉)

백성은 수고롭다, 조금 쉬게 해야겠다.

【참고】

① '趾(지)'와 같다. 다리: • 當斬左**止**者, 笞五百. (《漢書》〈刑法志〉) 왼쪽 **다리**를 베어야 할 [죄에] 해당하는 자는 태형 5백 대[로 대신한]다.

② 멈추다: • 人莫鑒於流水而鑒於**止**水. (《莊子》〈德充符〉) 사람은 흐르는 물에 [용모를] 비춰보지 않고, **멈춰** 있는 물에 비춰본다. • 或百步而後**止**, 或五十步而後**止**. (《孟子》〈梁惠王上〉) 어떤 사람은 100보 간 후에 **멈추고**, 어떤 사람은 50

보 간 후에 **멈춘다**.

③ 금지하다, 저지하다: • **止**詐僞, 莫如刑. (《韓非子》〈有度〉) 거짓을 **막기에는** 형벌만 한 것이 없다. • 交戟之士欲**止**不內. (《史記》〈項羽本紀〉) 서로 싸우는 병사를 **저지하려** 해도 받아들이지 않았다.

只/祇/衹/秖(지)

❶ **부사** 범위를 한정하며, '겨우' '다만' '단지' '오직' 등으로 해석한다. 때때로 부정의 뜻을 나타내는 '不(불)'과 '不(불)~只(지)~' '只(지)~不(불)~' 형식을 구성하여 두 일이 대조됨을 나타낸다.

- 誠不以富, 亦**祇**以異. (《論語》〈顔淵〉)
  진실로 부유하게도 하지 못하고, 또한 **단지** 기이한 것을 취할 뿐이다.
- 雖殺之, 無益, **只**益禍耳. (《史記》〈項羽本紀〉)
  비록 그를 죽인다 해도, 이로움은 없고 **단지** 재앙만 더할 뿐이다.
- 度殘暴而不節, 淵仍業以載凶, **秖**足覆其族也. (《三國志》〈魏書 公孫度傳〉)
  공손도(公孫度)는 잔혹하고 포학하고 절제하지 않았으며, 공손연(公孫淵)은 그의 사업을 계승하여 흉악한 행동을 했으나, **단지** 그들의 가족을 멸망시키기에 족했다.
- 自聞茅屋趣, **只**想竹林眠. (杜甫, 〈示侄佐〉)
  혼자 초가집의 정취를 들으니 **단지** 대나무 숲에서 잠자고 싶을 뿐이다.
- 今夜鄜州月, 閨中**只**獨看. (杜甫, 〈月夜〉)
  오늘 밤 부주의 저 달을, 아내는 **다만** 혼자 바라보겠지.
- 故雖有名馬, **秖**辱於奴隷人之手, 駢死於槽櫪之間, 不以千里稱也. (韓愈, 〈雜說四〉)

그러므로 비록 뛰어난 말이 있더라도 **겨우** 노예의 손에서 수치를 당하고, 보통 말과 같이 마구간에서 죽기 때문에 천리마라고 일컬어지지 못한다.

- **祗**令文字傳青簡, 不使功名上景鍾. (柳宗元, 〈同劉二十八哭呂衡州兼寄江陵李元二侍御〉

  단지 문장을 후세에 전하도록 했을 뿐, 공적을 세우는 이상을 실현하도록 하지는 않았다.

- 敬則聞之. 竊曰: "東今有誰, **只**是欲平我耳." (《資治通鑑》〈齊紀〉 明帝永泰元年)

  왕경(王敬)은 듣고 나서 살며시 말했다. "동쪽에 또 누구인가, **단지** 평아(平我)가 되고자 할 뿐인데."

- 占與罵曰: "殿下常來, 云何於今日乃作此語! **只**汝是賊!" (《資治通鑑》〈宋紀〉 文帝元嘉三十年)

  점여가 꾸짖어 말했다. "전하께서는 항상 [여기에] 오셨는데 어찌하여 오늘 이런 말을 하는가! **단지** 너는 죄인일 뿐이다!"

- 不照綺羅筵, **只**照逃亡屋. (聶夷中, 〈咏田家〉)

  [권세가의] 화려한 옷과 풍성한 주연을 비추지 말고, **오직** 달아난 파산 농가를 비추라.

ㅈ

❷ **어조사** 대부분 감탄을 나타내며, '~는구나' '~하네'라고 해석한다. 운을 맞추기 위해 '只(지)'를 도치하기도 한다. 선진 시기 문헌에 한정적으로 보인다.

- 樂**只**君子, 福履成之. (《詩經》〈周南 樛木〉◆)

  군자가 즐거워**하네**, 온 복이 그에게 덮여 있네.

  ◆〈樛木(규목)〉: 〈모시서(毛詩序)〉에서는 후비가 질투하지 않고 여러 첩을 두루 돌봐주는 것을 읊은 시라 했지만, 군자의 부귀영화를 생각한 내용이라고 보는 것이 옳을 듯하다.

- 母也天**只**, 不諒人**只**! (《詩經》〈鄘風 柏舟〉)

어머니는 하늘**인데** 사람 [마음]을 헤아리지 못하시**는구나**!

• 樂**只**君子, 殿天子之邦. (《詩經》〈小雅 采菽〉)

군자가 즐거워**하네**, 천자의 나라를 안정시키네.

• 名聲若日, 照四海**只**! 德譽配天, 萬民理**只**! (《楚辭》〈大招〉◆)

명성은 태양같이 사해를 비추**는구나**! 덕망은 하늘같이 커서 만민을 다스리**네**!

◆〈大招(대초)〉: 내용은 대체로 〈초혼(招魂)〉과 비슷하다. 왕일(王逸)은 이 작품을 굴원(屈原)이 지은 것으로 보아 굴원 자신이 분연히 일어나 자기의 혼을 부른 것이라고 했다. 주자(朱子)는 경차(景差)가 스승 굴원의 혼을 부른 것이라고 했다. 경차의 말은 평담하고 순박하며, 뜻 또한 깊고 우아하므로 〈대초〉와 일치한다고 생각했기 때문이다.

【참고】

| '祇(지)'는 | 지신(地神): • 禱爾于上下神**祇**. (《論語》〈述而〉) 너를 위해 하늘과 **땅의 신**에게 기도하노라.

只使(지사)

접속사 가설이나 양보를 나타내며, '설사' 등으로 해석한다.

• 日月星宿, 亦積氣中之有光耀者, **只使**墜, 亦不能有所中傷. (《列子》〈天瑞〉)

해와 달과 별도 역시 기(氣)가 쌓인 가운데 빛을 내는 것이니, **설사** 떨어지더라도 또 맞아서 다치게 할 수는 없다.

只且(지저)

어조사 구 끝에 쓰여 감탄이나 강조를 나타내며, '~구나' '~인가'라고 해석한다. 《시경》에 보인다.

- 惠而好我, 攜手同行. 其虛其邪◆, 旣亟**只且**! (《詩經》〈邶風 北風〉)

  점잖고 나를 좋아하는 사람과 손잡고 함께 가야지. 어찌 우물쭈물할까, 빨리 떠나야겠**구나**!

  ◆邪(서): '舒(느릴 서)'와 같다.

- 君子陽陽, 左執簧, 右招我由房. 其樂**只且**! (《詩經》〈王風 君子陽陽〉◆)

  군자는 몹시 기뻐하며 왼손에는 생황(笙簧)을 들고, 오른손으로는 방 안에서 나에게 손짓하니 얼마나 즐거**운가**!

  ◆〈君子陽陽(군자양양)〉: 부부의 화락함을 노래한 시.

- 從吾所好, 其樂**只且**! (《孔叢子》〈記問〉)

  내가 좋아하는 바를 따르니, 그것이 즐겁**구나**!

至(지)

❶ **부사** 최고의 정도나 일반 정서에서 벗어남을 나타내며, '가장' '매우' '지극히' 등으로 해석한다.

- 公輸子自以爲**至**巧. (《墨子》〈魯問〉)

  공수반(公輸盤)은 스스로 재주가 **매우** 뛰어나다고 생각했다.

- 商君治秦, 法令**至**行. (《戰國策》〈秦策一〉)

  상앙(商鞅)이 진나라를 다스리자 법령이 **매우** 잘 시행되었다.

- 彭祖, **至**壽也. (《呂氏春秋》〈爲欲〉)

팽조는 **지극히** 장수했다.

- 卓王孫大怒曰: "女**至**不材. 我不忍殺, 不分一錢也."(《史記》〈司馬相如列傳〉)

  탁왕손은 매우 화가 나서 말했다. "[내] 딸은 **지극히** 재주가 없다. 내가 차마 죽이지는 못하지만, 한 푼의 돈도 나눠주지 않겠다."

- 今臣亡國賤俘, **至**微**至**陋. (李密, 〈陳情表〉)

  지금 나는 망국의 비천한 포로이며, **매우** 미약하고 **매우** 미천합니다.

- 夫三尺童子, **至**無知也, 指仇敵而使之拜, 則怫然怒. (胡銓, 〈戊午上高宗封事〉)

  3척 키의 어린아이는 **지극히** 무지하지만, 원수를 가리키며 그에게 절하라고 하면 매우 화를 낼 것이다.

- 語貴含蓄. 東坡云. "言有盡而意無窮者, 天下之**至**言也." (姜夔, 〈白石道人詩說〉)

  시어는 함축을 귀하게 여긴다. 소동파가 말했다. "말은 다함이 있으나 뜻은 무궁하다는 것은 천하의 **지극한** 말이다."

- 孝女知恩, 百姓連權女, 性**至**孝, 少喪父, 獨養其母. (金富軾, 《三國史記》)

  효녀 지은은 백성 연권의 딸인데, 성품이 **매우** 효성스러워 어릴 때 아버지를 여의고서 홀로 그 어머니를 봉양했다.

- 此是天下**至**寶. (一然, 《三國遺事》)

  이것은 천하의 **지극한** 보배다.

- 其恩**至**深, 其倫之重, 其情最切. (李滉, 《退溪集》)

  그 은혜가 **지극히** 깊고, 그 윤리가 지극히 무거우며, 그 뜻이 가장 간절하다.

❷ **전치사** 시간·장소·지위·수량의 미침을 나타내며, '~가 되자' '~까지' '~에 이르러'라고 해석한다.

- 讀書欲睡, 引錐自刺其股, 血流**至**足. (《戰國策》〈秦策一〉)

  책을 읽다가 잠이 오면 송곳을 가져다가 자기 넓적다리를 찔러 발**까지**

피가 흘렀다.

• 魏其與其夫人益市牛酒, 夜灑掃, 早帳具至旦. 平明, 令門下候伺, **至**日中, 丞相不來. (《史記》〈魏其武安侯列傳〉)

위기후는 그의 부인과 함께 고기와 술을 많이 사고, 밤새도록 집안을 치우고서 일찍 모든 것을 차리니 아침이 되었다. 날이 밝자 곧 아랫사람들을 시켜 살피게 했는데, 정오**가 되어도** 승상은 오지 않았다.

• **至**其時, 西門豹往會之河上. (《史記》〈滑稽列傳褚少孫補〉)

그때**에 이르러** 서문표는 강변으로 가서 그들을 만났다.

• 近幸臣妾從死者多**至**數十百人. (《漢書》〈匈奴列傳〉)

가까이 모시며 총애하던 신하와 첩으로 따라 죽은 자가 수천 명**에 이른다**.

• 子毓嗣, 亦**至**青州刺史. (《三國志》〈魏書 臧覇傳〉)

그의 아들 손육이 뒤를 계승했는데, 그 역시 청주자사**까지** 되었다.

• **至**其月日, 王果崩, 群臣葬於狼山之陽. (《三國遺事》〈紀異〉)

그달 그날**에 이르러** 과연 왕이 죽었으므로 신하들이 낭산 남쪽에 장사지냈다.

• **至**興化鎭, 選騎兵萬二千, 伏山谷中. (鄭麟趾 等, 《高麗史》)

흥화진**에 이르러** 기병 1만 2천 명을 뽑아서 산골짜기에 잠복시켰다.

• **至**商武丁八年乙未, 入阿斯達山, 爲神. (徐居正, 《東國通鑑》)

상나라 무정 8년 을미일**에 이르러** 아사달산으로 들어가 신이 되었다.

• 自昏**至**夜, 街巷行燈, 相續不絶. (洪錫謨, 《東國歲時記》)

해질 무렵부터 밤**까지** 길거리에 등불이 서로 이어져 끊이지 않는다.

• 大幹則不斷峽橫亘, 南下數千里, **至**慶尙太白山, 通爲一派嶺. (李重煥, 《擇里志》)

큰 줄기는 끊임없이 골짜기가 옆으로 뻗어 남쪽으로 수천 리를 내려가, 경상도 태백산**에 이르기까지** 통하여 한 줄기의 산봉우리가 되었다.

ㅈ

❸ **전치사** 일정한 상황 혹은 조건이 이루어짐을 나타내며, '~가 되면' '~까지' '~에 이르러'라고 해석한다.

- **至**攘人犬豕鷄豚者, 其不義又甚入人園圃竊桃李. (《墨子》〈非攻上〉)

  다른 사람의 개·돼지·닭·새끼 돼지를 훔치는 사람**에 이르면**, 그의 의롭지 못함은 다른 사람의 과수원에 들어가 복숭아와 오얏을 훔치는 것보다 더욱 심하다.

- **至**使人有功當封爵者, 印刓敝, 忍不能予. (《史記》〈淮陰侯列傳〉)

  부리는 사람이 공을 세워 벼슬을 주어야 할 경우**가 되면**, 인장이 닳을 때까지 만지작거리며 차마 주지를 못한다.

- 故言九州山川, 尙書近之矣. **至**禹本紀, 山海經◆所有怪物, 余不敢言之也. (《史記》〈大宛列傳〉)

  그러므로 구주의 산천을 서술한 것은《상서》의 [기록이] 그것(사실)과 가깝다. 〈우본기〉와《산해경》에 있는 기이한 물건**에 이르면**, 나는 감히 말하지 않겠다.

  ◆《山海經(산해경)》: 중국의 신화와 전설의 보고로서 주(周)나라 이전에 유전(流傳)된 것으로 보이는 신화와 전설들의 총집인데, 특히 하족(夏族)들에 의한 남방적인 색채가 짙은 해와 달, 물과 하늘 등 대자연의 현상을 해석하거나 그 대자연에 대한 도전과 정복을 암시한 것들이 주종을 이룬다.

- 荊州雖沒, 常願據守漢川, 保全土境, 生不負於孤弱, 死無愧於地下, 而計不得已, 以**至**於此. (《三國志》魏書 文聘傳)

  유 형주(유표)는 비록 죽었지만 저는 언제나 한천을 지키며 영토를 보존하면서, 살아서는 외롭고 약한 [유종을] 등지지 않고, 죽어서는 [유표에게] 부끄럽지 않기를 원했지만, 제 뜻은 실현되지 못하고 이 지경**에까지** 왔습니다.

【참고】

① 이르다: • 秦師又**至**. (《左傳》 文公二年) 진나라 군대가 또 **이르렀다**. • 今遂**至**使民延頸擧踵. (《莊子》 〈胠篋〉) 오늘날 마침내 백성이 목을 길게 빼고 발돋움하게 하기에 **이르렀다**.

② 완전하다: • 周之德, 其可謂**至**德也已矣. (《論語》 〈泰伯〉) 주나라의 덕은 아마도 **완전한** 덕이라고 할 수 있을 것이다.

③ 지극함: • 此亦飛之**至**也. (《莊子》 〈逍遙遊〉) 이것도 날아가는 것의 **지극함**이다.

④ 간섭하다: • 何暇**至**於暴人之所行. (《莊子》 〈人間世〉) 어느 겨를에 난폭한 사람의 행위에 **간섭하겠는가**.

至竟(지경)

부사 사리를 끝까지 추구함을 나타내며, '결국' '도대체'라고 해석한다.

- **至竟**江山誰是主? 苔磯空屬釣魚郎. (杜牧, 〈題橫江館〉)

  도대체 누가 이 강산의 주인인가? 푸른 이끼 덮인 돌[의 주인]은 한낱 낚시꾼이겠지.

- **至竟**息亡緣底事? (杜牧, 〈題桃花夫人廟〉)

  결국 식나라가 멸망한 것은 무슨 일 때문인가?

至夫(지부)

접속사 일정한 조건이 갖추어짐을 나타내며, '~까지' '~에 이르러서'라고 해석한다.

- 君臣也者, 以計合者也. **至夫**臨難必死, 盡智竭力, 爲法爲之. 故先王明賞

以勸之, 嚴刑以威之. (《韓非子》〈飾邪〉)

군주와 신하란 계산으로 결합된 것이다. [신하는 나라의] 어려움**에 이르러서는** 죽음을 무릅쓰고 지혜를 다하며 힘을 다하는데, 법 때문에 그렇게 하는 것이다. 그러므로 선왕은 상을 분명히 함으로써 그들을 격려하고, 형벌을 엄격히 함으로써 그들에게 위엄을 보인다.

- **至夫**秦用商鞅之法, 東弱韓魏. (《史記》〈魯仲連鄒陽列傳〉)

 진나라는 상앙의 법을 사용함**에 이르러서** 동쪽으로 한나라와 위나라를 약화시켰다.

至若(지약)

접속사 일정한 조건이 갖추어짐을 나타내며, '~에 이르러서'라고 해석한다. '若至(약지)'라고도 쓴다.

- **至若**北道姚氏 …… 南陽趙調之徒, 此盜跖居民間者耳, 曷足道哉! (《史記》〈游俠列傳〉)

 북도의 요씨 …… 남양의 조조와 같은 무리**에 이르면**, 이들은 도척이 민간에 사는 것일 뿐이니, 어찌 말할 가치가 있겠는가!

- **至若**詩書所述虞夏以來, 耳目欲極聲色之好. (《史記》〈貨殖列傳〉)

 《시경》과 《서경》에서 서술하는 우나라나 하나라 이래의 것**에 이르면**, 귀와 눈은 아름다운 소리와 아름다운 모습을 한껏 즐기려 한다.

- **至若**春和景明, 波瀾不驚, 上下天光, 一碧萬頃……. (范仲淹, 〈岳陽樓記〉)

 봄날이 화창하고 경치가 선명하며 물결이 일지 않아, 하늘과 호수 빛이 한결같이 푸르러 만 이랑이나 됨**에 이르러**…….

至於(지어)/至于(지우)

❶ **접속사** 일정한 조건이나 상황이 갖추어짐을 나타내며, 해석할 필요는 없지만 '~로 말하면' '~에 이르러'라고 해석해도 무방하다.

- 子曰: "今之孝者, 是謂能養. **至於**犬馬, 皆能有養, 不敬, 何以別乎?" (《論語》〈爲政〉)
  공자께서 말씀하셨다. "오늘날의 효라는 것은 부모를 봉양하는 것을 말한다. 개나 말 따위도 모두 [서로를] 먹여주고 있으니, 공경하지 않는다면 무엇으로 구별하겠느냐?"
- 惟耳亦然, **至於**聲, 天下期於師曠, 是天下之耳相似也. (《孟子》〈告子上〉)
  귀 또한 그러한데, 소리**로 말하면** 천하 사람이 사광을 기준으로 삼으니, 이는 천하 사람들의 귀가 서로 비슷하기 때문이다.
- **至於**斟酌損益, 進盡忠言, 則攸之·禕·允之任也. (諸葛亮, 〈出師表〉)
  참작하고 가감하여 충성된 말을 다 아뢰는 것은 곽유지(郭攸之)와 비위(費禕), 동윤(董允)의 책임입니다.
- 今武宣皇后·文德皇后各配無窮之祚, **至於**文昭皇后膺天靈符, 誕育明聖, 功濟生民, 德盈宇宙, 開諸後嗣. 乃道化之所興也. (《三國志》〈魏書 后妃傳〉)
  지금 무선황후와 문덕황후는 각각 영원히 제사를 받게 되었으며, 문소황후**로 말하면** 하늘이 내려준 징험을 받들어, 영명한 폐하를 낳아 기르고, 공은 백성을 구제했으며, 덕은 세상에 가득하여 이 자손들이 왕실을 이을 수 있는 기초를 열어주었습니다. 그리하여 우리 왕조의 교화가 일어나게 되었습니다.
- 表跨蹈漢南, 紹鷹揚河朔, 然皆外寬內忌, 好謀無決. 有才而不能用, 聞善而不能納, 廢嫡立庶, 舍禮崇愛. **至于**後嗣顚蹙, 社稷傾覆, 非不幸也. (《三國志》〈魏書 董二袁劉傳〉)
  유표는 한수 남쪽을 지배하고 원소는 황하 북쪽에 세력을 구축했으나,

ㅈ

그들은 모두 겉으로는 관대했지만 속으로는 질시했고, 모략을 잘했으나 결단력이 없었다. 인재가 있어도 등용하지 않았고, 좋은 말을 듣고도 받아들이지 못했으며, 적자를 내쫓고 서자를 세웠으며 예의를 버리고 편애를 숭상했다. 그러므로 후계자의 시대**에 이르러서** 고통을 당하고 사직이 엎어진 것이 결코 불행만은 아니었다.

- 仲宣獨自善於辭賦, 惜其體弱, 不起其文. **至於**所善, 古人無以遠過也. (《三國志》〈魏書 王粲傳〉)

  중선(왕찬)은 유독 사와 부에 뛰어났는데, 안타깝게도 그 몸이 약하여 문장을 지을 수 없었소. 그가 만든 좋은 작품**에 이르면** 고인들도 멀리 넘지 못하오.

- 禮, 天子之器必有金玉之飾, 飲食之肴必有八珍之味, **至於**凶荒, 則徹膳降服. (《三國志》〈魏書 衛覬傳〉)

  예법에 천자의 기물에는 반드시 금이나 옥의 꾸밈이 있어야 하고, 음식은 반드시 여덟 가지 진미가 있어야 하나, 흉년**이 되면** 음식은 줄이고 복장을 소박하게 해야 한다고 했습니다.

- 大禹聖人, 乃惜寸陰; **至於**衆人, 當惜分陰. (《資治通鑑》〈晉紀〉明帝太寧三年)

  대우(大禹)는 성인임에도 촌음을 아꼈으니, 일반 사람들은 당연히 분음을 아껴야 한다.

❷ **부사** 일이 발전된 정도 혹은 상황을 나타내며, '~까지' '심지어' 등으로 해석할 수도 있고 해석하지 않을 수도 있다.

- 內諫爭於王, 外責傅相, 引經義, 陳禍福, **至於**涕泣, 蹇蹇亡已. (《漢書》〈龔遂列傳〉)

  [공수(龔遂)는] 안으로는 왕에게 간쟁하고, 밖으로는 태부(太傅)·국상(國相)을 감독하며, 경전의 대의를 인용하여 재앙과 복을 진술했는데,

눈물을 흘리기**까지** 하며 충성을 다해 마지않았다.

- 見人不平, 必手刃之; 見人饑寒, **至於**解衣推食, 略無難色. (《瀟湘錄》〈王常〉)

  [왕상(王常)은] 불공평한 사람을 보면 반드시 직접 그를 죽였고, 굶주리고 추위에 떠는 사람을 보면 **심지어** 옷을 벗어주고 음식을 주면서 조금도 어려워하는 기색이 없었다.

❸ 전치사 동작 혹은 행위의 시간이나 장소, 도달하는 정도나 결과, 관련된 대상이나 범위 등을 이끌며, '~에 관하여' '~에 대하여' '~에 이르러' 등으로 해석한다.

- 故凡同類者, 擧相似也, 何獨**至於**人而疑之? (《孟子》〈萬章下〉)

  그러므로 같은 부류의 사물은 모두 서로 유사한데, 무엇 때문에 유독 사람**에 대해서만** 이 점을 의심하는가?

- 赤章曼枝因斷轂而驅, **至於**齊, 七月而仇由亡矣. (《韓非子》〈說林〉)

  그래서 적장만지는 수레바퀴의 축을 자르고 달려 제나라**에 이르렀고**, 일곱 달 만에 구유국(仇由國)이 멸망했다.

- 吾蚤行夫子之教, 必不悔**至於**此矣. (《韓非子》〈內儲說上〉)

  내가 일찍이 부자의 가르침을 실행했다면, 반드시 여기**에 이르러** 후회하지 않았을 것이다.

  蚤: 일찍 조

- 時科禁酒, 而邈私飮**至於**沈醉. (《三國志》〈魏書 徐邈傳〉)

  그 당시 금주령이 시행되었으나 서막은 몰래 마셔서 만취하는 데**에까지 이르렀다**.

- **至於**通材達識, 義烈節士, 嘉言善狀, 皆見於篇, 則足爲後法. (曾鞏, 〈寄歐陽舍人書〉)

  통달한 재주와 지식, 의리가 굳은 절개 있는 선비들, 아름다운 말과 빼어난 행장들**에 이르기까지** 모두 그 편(작품)에 나타났으니, 후세의 모범

ㅈ

이 되기에 충분하다.

• **至於**今, 號稱易治. (蘇軾, 〈韓文公廟碑〉)

오늘**에 이르러** [조주(潮州)는] 쉽게 다스려지는 곳으로 일컬어진다.

至如(지여)

접속사 일정한 조건이나 상황이 갖추어짐을 나타내며, '~로 말하면' '~에 이르러서는' 등으로 해석한다.

• **至如**蕭何, 發蹤指示, 功人也. 且諸君獨以身隨我, 多者兩三人. (《史記》〈蕭相國世家〉)

소하**로 말하면** 개의 줄을 놓아 방향을 알려주니, 공로는 사냥꾼 같소. 더욱이 그대들은 단지 혼자서 나를 따랐고 많아 봤자 두세 명뿐이었소.

• **至如**留侯所見老父予書, 亦可怪矣. (《史記》〈留侯世家〉)

유후는 노인장이 [자신에게] 준 책을 본 것으**로 말하면**, 또한 정말 기이한 것이다.

• 何曰: "諸將易得耳, **至如**信者, 國士無雙." (《史記》〈淮陰侯列傳〉)

소하(蕭何)가 말했다. "여러 장수는 쉽게 얻을 수 있지만, 한신 같은 자**로 말하면** 국가적인 인재로 둘도 없는 인물입니다."

• **至如**黯見, 上不冠不見也. (《史記》〈汲鄭列傳〉)

급암(汲黯)이 알현하기**에 이르면**, 왕은 관을 쓰지 않고는 만나지 않았다.

厎(지)

부사 동작 혹은 행위에 대한 강조나 긍정을 나타내며, '꼭'이라고 해석한다.

- 吾言**厎**可行乎? (《史記》〈夏本紀〉)
  내 말이 **꼭** 행해질 수 있겠는가?

直(직)

❶ **부사** 범위를 한정하며, '다만' '단지' 등으로 해석한다.

- **直**不百步耳, 是亦走也. (《孟子》〈梁惠王上〉)
  다만 1백 보가 아닐 뿐, 이 역시 달아난 것입니다.
- 寡人非能好先王之樂也, **直**好世俗之樂耳. (《孟子》〈梁惠王下〉)
  나는 선왕의 음악을 좋아하지 않고, **단지** 세속의 음악을 좋아할 뿐입니다.
- 安陵君受地於先王而守之, 雖千里不敢易也, 豈**直**五百里哉? (《戰國策》〈魏策四〉)
  안릉군은 선왕에게서 봉지(封地)를 받아 그것을 지키고 있으니, 설사 천 리의 토지라도 감히 바꾸지 않을 것인데, 어찌 **겨우** 5백 리[의 토지로 바꾸]겠습니까?
- 高帝曰: "公罷矣! 吾**直**戲耳." (《史記》〈劉敬叔孫通列傳〉)
  고조(유방)가 말했다. "공은 그만하시오! 나는 **단지** 농담했을 뿐이오."
- 是**直**可欺當時之人, 而不可欺後世也. (歐陽修, 〈與高司諫書〉)
  이것은 **단지** 당시 사람들을 속일 수 있을 뿐, 후대 사람들을 속일 수는

ㅈ

없다.

• 雖形體眉目悉具, **直**如芻狗, 略無生氣, 何足取也? (葉燮,《原詩》 外篇)

비록 형체나 눈썹과 눈이 모두 갖추어져 있더라도 **단지** 짚으로 만든 개와 같아서 전혀 생기가 없을 것이니, 어찌 취할 수 있겠는가?

• 不然, **直**灌夫使酒而已. (郭兆麟,《梅岩詩話》)

그렇지 않다면, **단지** 관부가 술기운으로 기세부린 것일 뿐이다.

• 作者初非措意, **直**如化工. (王又華,《古今詞論》)

작자는 처음부터 꾸며 만들려는 뜻 없이, **다만** [조물주가] 만물을 만드는 것처럼 할 뿐이다.

❷ **부사** 어떤 행동을 지체 없이 실행하거나 일 또는 상황이 지속됨을 나타내며, '곧장' '쭉'이라고 해석한다.

• 平王襄**直**使人開府取罍樽, 賜任王后. (《史記》〈梁孝王世家〉)

평왕양은 **곧장** 사람을 보내 창고 문을 열고, 구름무늬를 그린 오지 술그릇을 취해서 임 왕후에게 하사했다.

• 侯生攝敝衣冠, **直**上載公子上坐, 不讓. (《史記》〈魏公子列傳〉)

후생은 낡은 의관을 걸치고 **곧장** 위공자(魏公子)의 상좌에 올라앉아, 사양하지 않았다.

• 自從明宰投巫後, **直**至如今鬼不神. (汪遵, 〈西河〉)

현명한 현관이 무당을 [물속으로] 던진 이후부터 현재까지 **쭉** 귀신은 신기를 발휘하지 못했다.

• 自從雪裏唱新曲, **直**到三春花盡時. (劉禹錫, 〈踏歌詞〉)

눈 속에서 새로운 노래를 부른 이후부터 **쭉** 춘삼월 꽃이 다할 때까지 노래했다.

• 蔡之精兵皆在洄曲及四境拒守, 守州城者皆羸老之卒, 可以乘虛**直**抵其城. (《資治通鑑》〈唐紀〉 憲宗元和十二年)

채나라의 정예부대는 모두 회곡과 사방의 경계를 지키고 있으며, 주성(州城)을 지키는 자들은 모두 약하고 늙은 병사들이기 때문에 틈을 타서 **곧장** 그 성에 이를 수 있다.

❸ **부사** 행위가 의도적임을 나타내며, '고의로' '특히'라고 해석한다.

- 晏子對曰: "齊命使各有所主, 其賢者使使賢王, 不肖者使使不肖王. 嬰最不肖, 故**直**使楚矣." (《晏子春秋》〈內篇雜下〉)

  안자가 대답했다. "제나라가 사신을 임명할 때는 각기 일정한 대상이 있으니 현명한 자는 어진 임금이 있는 곳에 사신으로 보내고, 어리석은 자는 아둔한 임금이 있는 곳에 사신으로 보냅니다. 저 안영은 가장 어리석으므로 **특히** 초나라에 사신으로 온 것입니다."

- 有一老父, 衣褐, 至良所, **直**墮其履圯下, 顧謂良曰: "孺子下取履!" (《史記》〈留侯世家〉)

  한 늙은이가 갈옷을 입고 장량(張良) 앞으로 오더니, **고의로** 그의 신발을 다리 아래로 떨어뜨리고서는 머리를 돌려 장량에게 말했다. "이 녀석아, 내려가서 신을 주워 와!"

❹ **부사** 앞뒤의 뜻이 상반되거나 예상 밖의 의미를 함유하고 있음을 나타내며, '결국' '오히려' 등으로 해석한다.

- 何昔日之芳草兮, 今**直**爲此蕭艾也? (屈原, 〈離騷〉)

  어찌하여 과거의 향기로운 풀들(군자)이 오늘은 **오히려** 쑥 덤불(소인)이 되었는가?

- 可以爲富安天下, 而**直**爲此廩廩也! (賈誼, 〈論積貯疏〉)

  천하를 풍요롭고 안정되게 할 수 있었는데, **오히려** 이런 위험한 형세를 만들었다.

- 神像**直**有如此褻慢. (《艾子雜說》)

신의 형상이 **결국** 이처럼 치욕을 받게 되었다.

褻: 더럽힐 설

❺ **부사** 두 동작이나 일이 연속됨을 나타내며, '곧'이라고 해석한다.

- 根爲上言其利, 上**直**欲從單于求之. (《漢書》〈匈奴列傳〉)

  왕근이 황상에게 그 이로움을 말하자, 황상은 **곧** 선우에게 가서 그것을 얻고자 했다.

- 後數日, 有白馬丈夫來買, **直**還二萬, 不復躊躇. (《廣異記》〈三衛〉)

  며칠 후, 백마를 탄 남자가 [비단을] 사러 와서 **곧** 2만 관을 돌려주고는 다시 꾸물대지 않았다.

- 有花堪折**直**須折, 莫待無花空折枝. (無名氏, 〈雜詩〉)

  꽃을 꺾을 수 있으면 **곧** 꺾어야지, 꽃이 전부 떨어진 뒤 헛되이 가지를 꺾지 마라.

❻ **부사** 동작·모양·사물 등의 진실성에 대한 긍정을 나타내며, 과장되게 강조하는 어기를 함유하고 있다. '정말(로)' 등으로 해석한다.

- 子乃規規然而求之以察, 索之以辯, 是**直**用管窺天, 用錐指地也. (《莊子》〈秋水〉)

  당신은 미미한 방법으로 [장자의] 고상한 철리를 찾고, 궤변으로 그의 사상을 탐색하니, 이것은 **정말** 구멍으로 하늘을 보고, 송곳으로 땅을 가리키는 것과 같다.

- 暖風熏得游人醉, **直**把杭州作汴州. (林升, 〈題臨安邸〉)

  따스한 바람이 나그네를 도취시키니, [그들은] **정말로** 항주를 [고향] 변주로 여기는구나.

❼ **접속사** 가설을 나타내며, '설사'라고 해석한다.

- 吾素志無廊廟, **直**王丞相時果欲內吾, 誓不許之. (王羲之, 《報殷浩書》)

나는 본래 큰 관리가 될 뜻이 없었으므로 **설사** 왕승상이 정권을 쥐고 있을 때 나를 기용하려고 했어도 그에 응하지 않을 것을 맹세했을 것이다.

• **直**使今年留得在, 更教何處過明年? (元好問, 〈續小娘歌〉)

설사 금년에 살아남을지라도, 다시 어느 곳에서 다음 해를 지낼까?

【참고】

| '直'을 '직'으로 읽으면 | ① 바르다, 강직하다: • 木**直**中繩. (《荀子》〈勸學〉) 나무도 먹줄을 받아야 **바르게** 된다. • 寄**直**於曲. (劉熙載, 《藝概》〈詞曲概〉) **강직한** 것을 완곡한 것에 의탁한다. • 詩猶文也, 忌**直**貴曲. (施補華, 《峴傭說詩》) 시도 산문에서와 같이 **직설적인** 것을 피하고 완곡한 것을 귀하게 여긴다.

② 정직하다: • 以**直**報怨. (《論語》〈憲問〉) **정직한** 마음으로 원망을 갚는다. • 夫君之**直**臣, 父之暴子也. (《韓非子》〈五蠹〉) 임금에게는 **정직한** 신하요, 아버지에게는 포학한 아들이다.

③ 상대하다: • 魏之武卒, 不可以**直**秦之銳士. (《漢書》〈刑法志〉) 위나라의 정예병으로는 진나라의 정예병을 **상대할** 수 없다.

④ 숙직하다: • 黃壯元彬然, 中秋**直**玉堂. (李仁老, 《破閑集》) 황장원 빈연이 중추에 옥당(한림원)에 **숙직하다**.

| '直'을 '치'로 읽으면 | 값어치: • 家產**直**不過五百金. (《史記》〈張湯傳〉) 집안 재산의 **값어치**는 금 5백 냥에 불과하다. • 玉盤珍羞**直**萬錢. (李白, 〈行路難〉) 옥쟁반의 좋은 음식은 만금의 **값어치**가 있다.

盡/儘(진)

❶ **부사** 전부를 총괄함을 나타내며, '모두' '전부'라고 해석한다.

• 陳相見許行而大悅, **盡**棄其學而學焉. (《孟子》〈滕文公上〉)

진상은 허행을 보고 크게 기뻐하며, 그가 배운 학설을 **모두** 버리고 [허행에게서] 배웠다.

• 於是焉河伯欣然自喜, 以天下之美爲**盡**在己. (《莊子》〈秋水〉)

이에 하백이 흔연히 스스로 기뻐하며, 천하의 아름다움이 **모두** 자기에게 있다고 생각했다.

• 燕兵獨追北, 入至臨淄, **盡**取齊寶. (《戰國策》〈燕策一〉)

연나라 군대가 단독으로 패배한 병사들을 추격하여 임치까지 들어가 제나라의 보물을 **전부** 취했다.

• 沛公欲王關中, 使子嬰爲相, 珍寶**盡**有之. (《史記》〈項羽本紀〉)

패공은 관중에서 왕을 칭하려고 [진(秦)]자영(子嬰)을 재상으로 삼았으며, 진귀한 보물을 **모두** 차지했다.

• 秦將王翦破趙, 虜趙王, **盡**收入其地. (《史記》〈刺客列傳〉)

진나라 장수 왕전은 조나라를 격파하고 조나라 왕을 포로로 잡았으며, 조나라 토지를 **전부** 점령했다.

• 韋乘車載雞酒; 僞爲候者, 門開, 懷匕首入殺永. 幷殺其妻, 徐出, 取車上刀戟, 步出去. 永居近市, 一市**盡**駭. (《三國志》〈魏書 典韋傳〉)

전위는 수레를 타고 닭과 술을 싣고서 방문객으로 가장해 문을 열고 비수를 품고 들어가 이영을 죽였다. 아울러 그의 아내를 죽인 후에 천천히 나와 수레 위의 칼과 창을 갖고 걸어갔다. 이영의 집은 저자에 가까이 있었는데, 시장 사람들이 **모두** 놀랐다.

• 觸草木, **盡**死. (柳宗元, 〈捕蛇者說〉)

[그 뱀이] 초목에 닿으면 **모두** 죽는다.

❷ **부사** 정도가 매우 높음을 나타내며, '지극히'라고 해석한다.

• 子謂韶◆, "**盡**美矣, 又**盡**善也." 謂武◆, "**盡**美矣, 未**盡**善也." (《論語》〈八佾〉)

공자께서 〈소(韶)〉를 일러 말씀하셨다. "**지극히** 아름답고, 또 **지극히** 선하구나." 〈무(武)〉를 일러 말씀하셨다. "**지극히** 아름답지만, **지극히** 선하지는 않구나."

◆韶(소): 순임금 때의 악곡 이름.

◆武(무): 주나라 무왕 때의 악곡 이름.

- 至於貫穿今古, 覼縷格律, **盡**工**盡**善, 又過於李. (白居易, 〈與元九書〉)

  [두보의 시는] 고금을 꿰뚫어 율격을 성숙되게 함에 이르러서는, **지극히** 정미하고 **지극히** 아름다워 이백보다 더욱 뛰어났다.

  覼: 자세할 라

❸ 부사 힘써 구하여 최대한도에 도달하는 것을 나타내며, '온 힘으로' '전부' '힘껏'이라고 해석한다.

- 四分公室, 季氏擇二, 二子各一, 皆**盡**征之而貢于公. (《左傳》 昭公五年)

  [노(魯)나라의] 공실이 [통치하는 백성을] 넷으로 나누어, 계손씨(季孫氏)가 둘을 골라서 차지하고 [숙손씨(叔孫氏)와 맹손씨(孟孫氏)] 두 가문이 각각 하나씩 취했는데, 모두 **힘껏** 세금을 징수하고 노 임금에게는 [적당히] 공물을 바쳤다.

- 虛坐**盡**後, 食坐**盡**前. (《禮記》 〈曲禮上〉)

  한가할 때는 **온 힘으로** 뒤에 가서 앉고, 밥 먹을 때는 **온 힘으로** 앞으로 가서 앉는다.

- 張芝臨池學書, 池水**盡**黑, (《晉書》 〈王羲之傳〉)

  장지(張芝)가 연못에서 글씨 쓰는 연습을 하여, 연못물이 **전부** 검게 변했다.

❹ 접속사 조건이나 제한이 없어서 마음 놓고 할 수 있음을 나타내며, '가령' '비록'이라고 해석한다.

ㅈ

• 惟有落紅不禁, **盡**教飛舞出宮墻. (武衍, 〈宮詞〉)

단지 떨어지는 꽃을 멈추게 할 수 없으니, **비록** 날아다니고 춤추며 궁궐 담을 넘는다 하더라도.

• 莫怪詩成無淚滴. **盡**傾東海也須乾. (《太平廣記》卷二百七十二)

시가 이루어지고 눈물 흘리지 않았다고 괴이하게 여기지 마라. **설사** 동해를 엎을지라도 반드시 말랐을 것이다.

【참고】

① 다하다: • 知無不言, 言無不**盡**. 아는 것은 말하지 않음이 없고, 말을 하면 **다 하지** 않음이 없다. • 取之不**盡**, 用之不竭. 저것을 취해도 **다함**이 없고, 저것을 써도 끝이 없다. • 人**盡**其才, 物**盡**其用. 사람은 그 재주를 **다 쓰고**, 사물은 그 용도를 **다하라**. • **盡**力而爲. 힘을 **다하여** 행하라.

② 모든: • **盡**人皆知. **모든** 사람이 다 안다.

迭(질)

부사 동작 또는 행위가 교대로 시행됨을 나타내며, '교대로' '번갈아' '순서대로' '잇따라' 등으로 해석한다.

• **迭**用柔剛. (《周易》〈說卦傳〉)

부드러움과 강함을 **번갈아** 사용한다.

• 請無與子而與弟, 弟兄**迭**爲君, 而致國乎季子◆. (《公羊傳》襄公二十九年)

아들에게 주지 말고 아우에게 주어서, 형제들이 **순서대로** 임금이 되어 국가의 대권이 계자에 이르게 하십시오.

◆季子(계자): 막내아들.

• 五者皆亂, **迭**相陵, 謂之慢. (《禮記》〈樂記〉)

오음(五音)이 전부 어지러워 **교대로** 서로 범하는 것을 '만(慢)'이라고 한다.

• 弄七劍, **迭**而躍之, 五劍常在空中. (《列子》〈說符〉)

[난자(蘭子)는] 일곱 자루의 검을 **번갈아** [위로] 던졌는데, 다섯 자루는 항상 공중에 있었다.

• 既焚既釃, 奇迹**迭**出. (柳宗元, 〈永州韋使君新堂記〉)

이미 태우고 이미 술을 거르니, 기이한 자취가 **잇따라** 나타났다.

疾(질)

부사 동작의 진행 속도가 매우 빠름을 나타내며, '급히' '빨리' '시급히' 등으로 해석한다.

• 車中不內顧, 不**疾**言, 不親指. (《論語》〈鄉黨〉)

수레 안에서는 내부를 돌아보시지 않았고, 말씀을 **빠르게** 하시지 않았으며, 직접 손가락질을 하시지 않았다.

• 戰勝勿追, 不勝**疾**歸. (《吳子》〈應變〉)

전쟁에서 승리하면 쫓지 말고, 승리하지 않으면 **빨리** 철수한다.

• 老臣病足, 曾不能**疾**走, 不得見久矣. (《戰國策》〈趙策四〉)

저는 다리가 아파 곧 **빨리** 걸을 수 없어서 오랫동안 뵙지 못했습니다.

• 故大亂天下者, 在於不論其義而**疾**取救守. (《呂氏春秋》〈禁塞〉)

그러므로 천하를 크게 어지럽히는 것은 의리를 따지지 않고서 **급히** 구하고 지키는 것을 옹호함에 있다.

• 莊生曰: "可**疾**去矣. 愼毋留!" (《史記》〈越王句踐世家〉)

ㅈ

장생이 말했다. "**빨리** 떠나야 한다. 절대 머물지 마라."

• 今**疾**進, 出其不意, 此所謂先人以奪其心也. (《三國志》〈魏書 賈逵傳〉)

지금 **급히** 진군하여 [적이] 예상하지 못한 곳으로 나가는 것, 이것이 이른바 선수를 쳐서 상대방의 사기를 빼앗는 것이다.

• 蝮蛇◆一螫手, 壯士**疾**解腕. (陸龜蒙, 〈離別〉)

독사가 한번 손을 물면, 장사는 **시급히** 팔뚝을 자른다.

◆蝮蛇(복사): 독사.

【참고】

① 질병〔病〕: • 父母唯其**疾**之憂. (《論語》〈爲政〉) 부모는 오로지 그(자식)의 **질병**을 근심한다. • 諱**疾**忌醫. **병**을 숨기고 의사를 기피한다.

② 결점: • 寡人有**疾**, 寡人好色. (《孟子》〈梁惠王下〉) 과인에게 **결점**이 있으니, 과인은 여색을 좋아합니다.

③ 증오하다, 싫어하다: • **疾**惡如仇. 악을 **증오하기**를 원수처럼 한다.

④ 사납다: • **疾**風知勁草. **사나운** 바람이 불면 억센 풀을 알 수 있다. • 撫劍**疾**視. 칼을 어루만지며 **사납게** 본다.

朕(짐)

대사 본래 누구든지 사용할 수 있었으나 진시황 때부터 황제가 자신을 가리킬 때만 사용했고, '나' '짐'이라고 해석한다.

• **朕**躬有罪, 無以萬方; 萬方有罪, 罪在**朕**躬. (《論語》〈堯曰〉)

제 몸에 죄가 있다면 그것은 온 세상 사람들 때문이 아니며, 온 세상 사람들에게 죄가 있다면 그 죄는 **저** 자신에게 있습니다.

• 帝高陽之苗裔兮, **朕**皇考曰伯庸. (《楚辭》〈離騷〉)

황제 고양의 후예이며, **나**의 돌아가신 부친은 백용이다.

• **朕**爲始皇帝. (《史記》〈秦始皇本紀〉)

내가 최초의 황제가 된다.

• 後桀黨與有譖光者, 上輒怒曰: "大將軍忠臣, 先帝所屬以輔**朕**身. 敢有毁者, 坐之." (《漢書》〈霍光列傳〉)

후에 상관걸(上官桀)의 무리 중에 곽광을 참언하는 자가 있자, 황제(한 소제漢昭帝)가 진노하여 말했다. "대장군(大將軍)은 충신으로 선제(先帝)께서 **나**를 보좌하도록 의뢰한 사람이다. 감히 그를 비방하는 자가 있으면 벌을 주겠다."

坐: 죄입을 좌

• 今皇帝以幼年, 煢煢在疚, **朕**且佐聽政. (《後漢書》〈和帝紀〉)

지금의 황제는 어린 나이에 홀로 장기간 앓고 있는데, **나**는 장차 그를 도와서 정사를 처리할 것이다.

疚: 오래 앓을 구

• 將立席几筵, 命百官總己, 以須君到, **朕**然後御坐. (《三國志》〈魏書 華歆傳〉)

자리에서 일어나 좌석을 같이하며 백관들에게 자신의 임무를 총괄하도록 명하고 그대가 도착하기를 기다려서, **나**는 그런 후에야 자리에 앉을 것이오.

• 君深慮國計, **朕**甚嘉之. …… 是以觀兵以闚其釁. 若天時未至, 周武還師, 乃前事之鑒. **朕**敬不忘所戒. (《三國志》〈魏書 華歆傳〉)

그대가 국가의 계획을 깊이 생각했고, **짐**은 이 점을 매우 가상하게 생각하오. …… 이 때문에 군사를 정비하여 그 틈을 엿보는 것이오. 만일 때가 이르지 않았다면 주무왕이 군대를 철수시킨 일이 바로 과거의 귀감이 될 것이오. **짐**은 그대의 충고를 잊지 않을 것이오.

ㅊ

且(차)

❶ **부사** 가까운 미래를 나타내며, '장차' '~하려 하다'라고 해석한다.

- 不者, 若屬皆**且**爲所虜. (《史記》〈項羽本紀〉)
  그렇지 않으면 너희는 모두 **장차** [패공에게] 포로가 될 것이다.
- 驢一鳴, 虎大駭, 遠遁, 以爲**且**噬己也, 甚恐. (柳宗元, 〈三戒 黔之驢〉)
  당나귀가 한 번 우니 호랑이는 크게 놀라 멀리 달아나며, 자기를 물**려 한다** 생각하고 매우 두려워했다.
- 有怠而欲出者曰: "不出, 火**且**盡." (王安石, 〈游褒禪山記〉)
  게으름을 피우다가 나가려고 하는 어떤 이가 말했다. "나가지 않으면 불이 **장차** 꺼질 것입니다."

❷ **부사** 앞의 동작·행위·상황이 뒤의 동작·행위·상황을 이끄는 것을 나타내며, '곧' '그러면' '그렇다면' '즉' 등으로 해석한다.

- 病愈, 我**且**往見, 夷子不來. (《孟子》〈滕文公上〉)
  병이 나으면 내가 **곧** 가서 만날 테니, 이자는 올 필요 없다.
- 凡敵人之來也, 以求利也. 今來而得死, **且**以走爲利. (《呂氏春秋》〈愛士〉)

ㅊ

무릇 적이 [쳐들어]오는 것은 이익을 얻기 위해서이다. 지금 [쳐들어]와서 죽는**다면** 달아나는 것을 이익으로 여길 것이다.

• 雖欲幸而勝, 禍**且**始長. (《呂氏春秋》〈禁塞〉)

비록 요행히 승리하려 해도 화가 **곧** 자라기 시작한다.

• 後不至數歲, 諸侯偕冠, 陛下**且**見之矣. (《賈子新書》〈權重〉)

이후 몇 년이 지나지 않아 제후들은 모두 관례를 행할 것이고, 폐하는 **곧** 그것을 보게 될 것입니다.

❸ **부사** 일정한 기준이나 목표에 근접함을 나타내며, '거의' '머지않아 곧' '~에 가까운'이라고 해석하거나 문맥에 따라 적절히 해석한다.

• 秦伐魏, 取安邑; 伐趙, 取晉陽; 伐楚, 取鄢郢矣. 覆三國之軍, 兼二周之地, 擧韓氏, 取其地, **且**天下之半. (《戰國策》〈齊策三〉)

진은 위를 공격하여 인읍을 얻었고, 조를 공격하여 진양을 얻었으며, 초를 공격하여 언과 영을 얻었다. 세 나라의 군대를 전복시키고 두 주(周)의 토지를 겸병하며 한을 점령하여 그의 토지를 빼앗았으니, [차지한 영토는] **거의** 천하의 반이다.

• 北山愚公者, 年**且**九十. (《列子》〈湯問〉)

북산의 우공은 나이가 **곧** 아흔이 된다.

• 聞陳王敗走, 秦兵又**且**至, 乃渡江矯陳王命, 拜梁爲楚王上柱國. (《史記》〈項羽本紀〉)

[소평(召平)은] 진왕이 패주했고 진나라 병사가 **머지않아** 공격해올 것이라는 소문을 듣고는, 곧 강을 건너 진왕의 명을 사칭하여 항량(項梁)을 초왕 상주국으로 임명했다.

• 後燕王盧綰復反, 率其黨**且**萬人降匈奴. (《漢書》〈匈奴列傳〉)

후에 연왕 노관이 또 배반하여 만 명**에 가까운** 그의 무리를 이끌고 흉노에게 투항했다.

• 曉養性之術. 時人以爲年**且**百歲, 而貌有壯容. (《三國志》〈魏書 華他傳〉)

[화타(華佗)는] 본성을 기르는 방법을 잘 알고 있었다. 당시 사람들은 그의 나이가 백 살**에 가깝다고** 생각했는데, 모습은 장년 같았다.

• 城中居人戶, 亦**且**數萬. (韓愈, 〈張中丞傳後敍〉)

성안에 사는 가구가 또한 **거의** 수만이다.

❹ **부사** 형편에 맞추어 임시로 어떤 동작이나 행위를 함을 나타내며, '우선' '잠깐' '잠시'라고 해석한다.

• 不直則道不見, 我**且**直之. (《孟子》〈滕文公上〉)

곧지 않으면 도가 나타나지 않을 것이니, 나는 **우선** 곧게 만들겠다.

• **且**吾嘗試問乎女. (《莊子》〈齊物論〉)

우선 나는 네게 한번 물어보겠다.

• 民勞, 未可. **且**待之. (《史記》〈伍子胥列傳〉)

백성이 지쳤으니 아직 안 됩니다. **잠시** 기다리십시오.

• 先生**且**休矣. 我將念之. (《史記》〈淮陰侯列傳〉)

선생께서는 **잠시** 쉬십시오. 제가 [이 문제를] 생각해보겠습니다.

• 嘻! **且**待夫子也. (《說苑》〈指武〉)

아! **우선** 선생을 기다린다.

• 然大擧之後, 將士疲勞, 不可便用, **且**徐緩之. (《三國志》〈魏書 鄧艾傳〉)

그러나 크게 군대를 일으킨 후이므로 장수와 병사들은 피로하여 곧 용병할 수 없으니, **잠시** 이 일을 늦추십시오.

• 帝以吳蜀未平, **且**寢. (《三國志》〈魏書 鍾繇傳〉)

명제는 오와 촉이 평정되지 않았으므로 **잠시** 보류했다.

• 我醉欲眠君**且**去. 明朝有意抱琴來. (李白, 〈山中與幽人對酌〉)

나는 술 취해 졸리니 그대는 **우선** 가게. 내일 아침에 술 생각 있거든 거문고 안고 오게.

• 存者**且**偷生◆, 死者長已矣◆. (杜甫, 〈石壕吏〉)

산 놈은 **우선**은 어떻게 해서든지 산다지만, 죽은 놈은 영원히 끝나는 것이오.

◆偷生(투생): 생명을 훔치듯이 산다는 뜻.

◆長已矣(장이의): 영원히 끝난다는 뜻.

• 今晉雖無德, 未有大罪, 願陛下**且**按兵積穀, 以待其釁. (《資治通鑑》〈晉紀〉孝武帝太元七年)

지금 진나라가 비록 덕은 없지만 아직 큰 죄가 없으니, 폐하께서 **잠시** 병사를 살피고 식량을 축적하여 그들의 허점을 기다리시기 바랍니다.

釁: 틈 흔

❺ **부사** 범위를 제한하며, '단지'라고 해석한다.

• 無與王遇, **且**攻其右. (《左傳》桓公八年)

왕과 맞닥뜨리지 말고, **다만** 그의 오른쪽을 공격하십시오.

• **且**愁江郡何時到, 敢望京都幾歲還! (白居易, 〈舟行阻風寄李十一舍人〉)

단지 강주(江州)에 언제 도착할지를 걱정할 뿐, 감히 경성으로 언제 돌아갈지를 바라겠는가!

❻ **접속사** 병렬 관계를 나타내는데, '且(차)~且(차)~' 형식으로 쓰이는 경우가 많다. '또한' '뿐만 아니라' '한편으로는 ~, 다른 한편으로는 ~'이라고 해석한다.

• 洧之外, 洵訏◆**且**樂. (《詩經》〈鄭風 溱洧〉)

유수(洧水)의 언덕은 실제로 넓을 **뿐만 아니라** 놀기에도 좋다.

◆訏(우): '盱(우)'와 같고 즐거운 모습이라는 뜻. '樂(락)'과 같은 의미다.

洧: 물이름 유 | 訏: 클 우

• 邦有道, 貧**且**賤焉, 恥也; 邦無道, 富**且**貴焉恥也. (《論語》〈泰伯〉)

나라에 도가 있는데도 가난**하고** 천한 것은 부끄러운 일이며, 나라에 도가 없는데도 부유**하고** 귀한 것은 부끄러운 일이다.

- 百工之事, 固不可耕**且**爲也. (《孟子》〈滕文公上〉)

  각종 공인의 일은 본래 밭갈이**하면서** 할 수 있는 일이 아니다.

- 王不行, 示趙弱**且**怯也. (《史記》〈廉頗藺相如列傳〉)

  [만일] 왕이 가지 않으면 조나라가 약하고 **또한** 비겁하다는 것을 보여주는 셈이다.

- 見信死, **且**喜**且**憐之. (《史記》〈淮陰侯列傳〉)

  [유방(劉邦)은] 한신(韓信)이 죽은 것을 보고, **한편으로는** 기뻤지만 **다른 한편으로는** 불쌍히 여겼다.

- 居一二日, 何來謁上, 上**且**怒**且**喜. (《史記》〈淮陰侯列傳〉)

  하루 이틀 머물다가 소하(蕭何)가 와서 황상(유방劉邦)을 알현하니, 황상은 **한편으로는** 노여워하면서 **다른 한편으로는** 기뻐했다.

- 越時居梁地, 中立, **且**爲漢, **且**爲楚. (《漢書》〈田儋列傳〉)

  팽월(彭越)은 당시 양(梁)에 있으면서 중립을 지키며, **한편으로는** 한나라를 원조하고 **다른 한편으로는** 초나라를 원조했다.

- 險道傾仄, **且**馳**且**射. (《漢書》〈鼂錯列傳〉)

  험한 길은 기울어 있는데, [그는] **한편으로는** 말을 달리면서 **다른 한편으로는** 화살을 쏘았다.

- 令淮北屯二萬人, 淮南三萬人, 十二分休, 常有四萬人, **且**田**且**守. (《三國志》〈魏書 鄧艾傳〉)

  회북의 둔병 2만 명과 회남의 3만 명을 열에 둘씩 번갈아 쉬게 하고, 항상 4만 명으로 하여금 **한편으로는** 밭을 갈고 **다른 한편으로는** 지키도록 하십시오.

- 先生倉猝以手搏之, **且**搏**且**却. (馬中錫, 《中山狼傳》)

  [동곽(東郭)] 선생이 급히 손으로 이리를 잡아서, **한편으로는** 두들겨 패

고 **다른 한편으로는** 물러났다.

猝: 갑작스러울 졸 | 刦: 물러날 각('卻'의 속자)

• 凡四方之士, 無有不過而拜**且**泣者. (張溥, 〈五人墓碑記〉)

무릇 사방의 사람들이 [그들의 묘 앞을] 지나갈 때 절**하고** 울지 않는 자가 없다.

• 階伯, 愛其少**且**勇, 不忍殺. (一然, 《三國遺事》)

계백은 그 젊고 **또** 용감함을 아껴 차마 죽이지 못했다.

• **且**歌**且**舞. (一然, 《三國遺事》)

한편으로는 노래 부르면서 **다른 한편으로는** 춤을 춘다.

• 述等, **且**戰**且**行, 至薩水. (《朝鮮古今名賢傳》)

우문술(宇文述) 등은 **한편으로는** 싸우면서 **다른 한편으로는** 달아나 살수에 이르렀다.

• 奈之何民不飢**且**寒哉. (李珥, 《擊蒙要訣》)

어떻게 백성이 굶주리고 **또** 춥지 않겠는가.

❼ **부사** 한 가지 일을 들어 다른 일의 발전을 추론하는 것을 나타내며, '더욱' '또한' '~조차' '~하고도'라고 해석한다.

• 人情莫不愛其身, 身**且**不愛, 安能愛君? (《韓非子》〈難一〉)

사람의 본성은 자기 몸을 사랑하지 않는 이가 없는데, [그는] 자기 몸**조차도** 아끼지 않으니 어찌 임금을 사랑할 수 있겠습니까?

• 死馬**且**買之五百金, 況生馬乎! (《戰國策》〈燕策一〉)

죽은 말**조차** 5백 금으로 샀는데, 하물며 산 말이야!

• 忠**且**見棄, 吾不之楚何適? (《戰國策》〈秦策一〉)

충성**하고도** 오히려 버림을 받았으니, 내가 초나라로 가지 않으면 어디로 가겠는가?

• 臣死**且**不避, 卮酒安足辭? (《史記》〈項羽本紀〉)

나는 죽음**조차** 피하지 않는데, 어찌 한잔 술을 거절하겠는가?

• 夫罪輕**且**督深, 而況有重罪乎? (《史記》〈李斯列傳〉)

죄가 가벼운**데도** 벌은 심하니, 하물며 중죄가 있음에랴?

• 雖謝天才, **且**表學問, 亦一理乎? (鍾嶸, 〈詩品序〉)

비록 천재는 사양한다 해도 **또한** 학문을 표방하는 것이니, 역시 일리가 있는가?

❽ **부사** 동작·행위·상황이 변하지 않음을 나타내며, '~면서도' '여전히' 등으로 해석한다.

• 不識王之不可以爲湯武, 則是不明也. 識其不可, 然**且**至, 則是干澤也. (《孟子》〈公孫丑下〉)

[제나라] 왕이 탕왕(湯王)이나 주무왕(周武王)이 될 수 없음을 알지 못했다면, 이것은 [맹자의] 밝지 못함이다. [제나라 왕이 탕왕이나 무왕이] 될 수 없음을 알**면서도** 왔다면, 이것은 [맹자가] 은택을 구한 것이다.

• 今日知消息, 他鄕**且**舊居. (杜甫, 〈得家音詩一〉)

오늘 소식을 들으니 타향은 **여전히** 옛집이다.

❾ **접속사** 동작·행위·상황이 한층 더 나아감을 나타내며, '다시 말하면' '~뿐만 아니라' '아울러' '하물며' 등으로 해석한다.

• 公語之故, **且**告之悔. (《左傳》 隱公元年)

정장공(鄭莊公)은 까닭을 말하고 **아울러** 그것을 후회한다고 말했다.

• 不替孟明曰: "孤之過也, 大夫何罪? **且**吾不以一眚掩大德." (《左傳》 僖公三十三年)

맹명을 교체하지 않고 말했다. "나의 잘못이니, 대부에게 무슨 죄가 있겠는가? **하물며** 나는 한 가지 잘못 때문에 큰 덕을 가리지는 않겠소."

眚: 잘못 생

大

• 危而不持, 顚而不扶, 則將焉用彼相矣? **且**爾言過矣. 虎兕出於柙, 龜玉毁於櫝中, 是誰之過與? (《論語》〈季氏〉)

위험에 처했는데도 도와주지 않고, 넘어지려 하는데도 붙잡아주지 않는다면, 장차 어찌 그런 신하들을 쓰겠는가? **그러니** 네가 하는 말은 잘못되었다. 호랑이나 코뿔소(들소라고도 함)가 우리에서 뛰쳐나오고, 점치는 거북과 귀한 옥이 궤 안에서 깨졌다면, 이는 누구의 잘못이겠는가?

兕: 외뿔소 시 | 柙: 우리 합 | 櫝: 궤 독

• 靜郭君曰: "受薛於先王, 雖惡於後王, 吾獨謂先王何乎? **且**先王之廟在薛, 吾豈可以先王之廟予楚乎?" (《呂氏春秋》〈知士〉)

정곽군이 말했다. "선왕에게서 설나라를 받았거늘 비록 후대의 왕에게 밉보였다고 해서 내가 홀로 선왕에게 변명하리오? **뿐만 아니라** 선왕의 사당이 설나라에 있는데, 내가 어찌 선왕의 사당을 초나라에 줄 수 있겠소?"

• 以君之力, 曾不能損魁父之丘, 如太行·王屋何? **且**焉置土石? (《列子》〈湯問〉)

당신의 힘으로는 괴보 같은 작은 언덕조차 덜어낼 수 없는데, [그 큰] 태항산과 왕옥산을 어떻게 하겠소? **더구나** [그 많은] 흙과 돌을 어디에 버릴 것인가?

• 公等遇雨, 皆已失期. 失期當斬. 藉弟令毋斬, 而戍死者固十六七. **且**壯士不死卽已, 死卽擧大名耳. (《史記》〈陳涉世家〉)

그대들은 비를 만나 모두 이미 기한을 넘겼다. 기한을 넘기면 마땅히 목을 베어야 한다. 설령 [그대들의] 목이 베이지 않더라도 변경을 지키다가 죽는 사람이 본래 열 가운데 예닐곱은 된다. **하물며** 장사는 죽지 않으면 그뿐이지만, 죽으려면 대단한 명성을 남길 뿐이다.

• 蚡事魏其, 無所不可. 何愛數頃田! **且**灌夫何與也? (《史記》〈魏其武安侯列傳〉)

나(전분田蚡)는 위기를 섬기면서 허락하지 않은 것이 없었는데, 어찌 몇

이랑의 밭을 아끼겠는가! **하물며** 관부는 무엇 때문에 참견하는가?

• 以是事人, 雖披中情, 墮肝膽, 猶身疏有罪, 言甘見怪, 方首尾不救, 何救恤人? **且**以子之才, 窮該典籍, 豈將闇于大道, 不達余趣哉? (《三國志》〈魏書 臧洪傳〉)

이것으로 사람을 섬기면, 비록 속마음을 털어놓고 정성을 다하여도 몸은 멀어지고 죄를 짓게 되며, 말은 감미롭지만 의심을 받아서 앞뒤가 서로 구할 수 없는 상황이 될 텐데 어찌 다른 사람을 돌볼 수 있겠습니까? **하물며** 그대의 뛰어난 재주로 경전을 모두 읽고 이해했으니, 어찌 지극한 이치에 어둡겠으며 나의 뜻을 이해하지 못하겠습니까?

• 仁言於太祖曰: "圍城必示之活門, 所以開其生路也. 今公告之必死, 將人自爲守. **且**城固而糧多, 攻之則士卒傷, 守之則引日久. 今頓兵堅城之下, 以攻必死之虜, 非良計也." (《三國志》〈魏書 曹仁傳〉)

조인은 [이때] 태조(조조)에게 말했다. "성을 포위할 경우에 반드시 [적에게] 출구를 보여주는 것은 살길을 열어주기 위함입니다. 지금 공께서는 그들을 반드시 죽이라고 하셨고, [성안에서] 장수들은 스스로를 지키고 있습니다. **더욱이** 성은 견고하고 식량이 많으므로, 그들을 공격하면 [우리] 병사들은 부상을 입을 것이고, 그들을 [포위하여 달아나지 않도록] 지킨다면 매우 오랜 시일을 낭비해야 합니다. 지금 견고한 성 아래에 주둔하여 필사적인 적군을 공격하는 것은 좋은 계책이 아닙니다."

• 夫變情厲性, 彊所不能. 人臣言之既不易, 人主受之又艱難. **且**人之所樂者富貴顯榮也, 所惡者貧賤死亡也, 然此四者, 君上之所制也. (《三國志》〈魏書 衛覬傳〉)

성정을 바꾸어 본성을 연마하는 것은 억지로 할 수 있는 것이 아닙니다. 신하가 그러한 말을 하는 것은 쉽지 않고, 군주가 그것을 받아들이는 것 또한 어렵습니다. **게다가** 사람이 좋아하는 것은 부귀와 명예이고 싫어하는 것은 빈천과 죽는 것인데, 이 네 가지는 모두 군주가 만들어주는 것입니다.

• 於是固曰: "殺之無損, 徒有惡名. **且**制之在我." 遂奉之. (《三國志》〈魏書 杜畿傳〉)

그래서 위고(衛固)는 "그를 죽여도 손해를 입히지 못하면서, 다만 [태수를 죽였다는] 악명만이 있겠다. **더구나** 그를 제어하는 것은 내 손에 달려 있다."라고 하고서 두기를 잘 대접했다.

• 曄獨曰: "蜀雖狹弱, 而備之謀欲以威武自彊, 勢必用衆以示其有餘. **且**關羽與備, 義爲君臣, 恩猶父子. 羽死不能爲興軍報敵, 於終始之分不足." (《三國志》〈魏書 劉曄傳〉)

유엽 홀로 말했다. "촉나라가 비록 국토가 좁고 세력도 약하지만, 유비의 생각은 위엄과 무력으로써 스스로를 강하게 하려고 하며, 세력은 반드시 병력을 이용하여 그들에게 여유가 있음을 보여주려 할 것이다. **더구나** 관우와 유비는 의리상으로는 군신의 관계지만 은혜는 부자와 같다. 관우가 죽었는데 군사를 일으켜 적에게 복수하지 않고는 삶과 죽음을 함께하기로 한 분의(分義)에 부족할 것이다."

• 余悲之, **且**曰: "若毒之乎?" (柳宗元, 〈捕蛇者說〉)

나는 그를 가엾게 여기며 **아울러** 말했다. "그대는 뱀 잡는 것을 고통이라고 생각하는가?"

⑩ **접속사** 선택을 나타내며, '또한' '혹은'이라고 해석한다.

• 王以天下爲尊秦乎? **且**尊齊乎? (《戰國策》〈齊策四〉)

왕께서는 천하 사람들이 진나라를 추존한다고 생각하십니까? **혹은** 제나라를 추존한다고 생각하십니까?

• 漢之聖者, 在高祖之孫**且**曾孫也. (《史記》〈封禪書〉)

한나라의 군주는 고조의 손자 **혹은** 증손자 대에서 나올 것이다.

• 富貴者驕人乎? **且**貧賤者驕人乎? (《史記》〈魏世家〉)

부귀한 사람이 다른 사람에게 교만합니까? **혹은** 가난하고 천한 사람이 다른 사람에게 교만합니까?

• 丞相豈少我哉? **且**固我哉? (《史記》〈李斯列傳〉)

승상은 어찌 나를 어리다고 깔보는가? **혹은** 나를 고루하다고 함부로 대하는 것인가?

• 足下欲助秦攻諸侯乎? **且**欲率諸侯破秦也? (《史記》〈酈生陸賈列傳〉)

그대는 진나라를 도와 제후를 공격하려는가? **혹은** 제후를 거느리고 진나라를 공략하려는가?

• 孔子問: "子巧乎? **且**有道術乎?" (《說苑》〈雜言〉)

공자가 물었다. "당신은 책략이 있소? **혹은** 도술이 있소?"

⓫ **접속사** 역접을 나타내며, '그러나' '~하지만'이라고 해석한다.

• 狄應**且**憎, 是用告我. (《左傳》成公十三年)

적나라는 [진나라에] 응했**지만** 싫어하여, 이것을 우리에게 말했다.

• 窮**且**益堅, 不墮青雲之志. (王勃, 〈滕王閣序〉)

곤궁**하지만** 더욱 견고하니, 청운의 뜻을 잃지 않는다.

⓬ **접속사** 가설이나 양보를 나타내며, '만일' '설사'라고 해석한다.

• **且**靜郭君聽辨◆而爲之也, 必無今日之患也, 此爲一也. (《呂氏春秋》〈知士〉)

만일 정곽군이 제모변의 말을 듣고 그렇게 했더라면, 틀림없이 오늘의 걱정거리가 없었을 것이니, 이것이 [제 말을 듣고 따르는] 첫 번째 경우입니다.

◆辨(변): 사람 이름으로 제모변(劑貌辨)을 말한다.

• **且**柳下季可謂此能說矣, 非獨存己之國也, 又能存魯君之國. (《呂氏春秋》〈審己〉)

만일 유하계가 이 일을 잘 설득하겠다고 말할 수 있었다면, 비단 자기

나라를 존립케 했을 뿐만 아니라 노나라도 존립케 할 수 있었을 것이다.

- 君**且**欲霸王, 非管夷吾不可. (《史記》〈齊世家〉)

  임금께서 **만일** 패왕이 되려 하신다면, 관중(管仲)이 아니고는 안 됩니다.

- 今君與廉頗同列. 廉君宣惡言, 而君畏匿之, 恐懼殊甚. **且**庸人尙羞之, 况於將相乎? (《史記》〈廉頗藺相如列傳〉)

  지금 당신은 염파와 지위가 같습니다. 그런데 그가 [당신에 대해] 나쁜 말을 퍼뜨리는데도 당신은 두려워하고 피하며 몹시 겁을 냅니다. [이런 짓은] **설령** 보통 사람이라도 오히려 수치스러워하는데, 하물며 재상임에랴?

- 是馬也, 雖有千里之能, 食不飽, 力不足, 才美不外現, **且**欲與常馬等不可得, 安求其能千里也? (韓愈, 〈雜說四〉)

  이 말은 비록 하루에 천 리를 갈 능력이 있으나 먹는 것이 충분치 않아서 힘이 부족하여, 재주가 뛰어나지만 겉으로 나타나지 않는다. **설사** 보통 말과 같이 하려 해도 할 수 없는데 어찌 그가 천 리를 갈 수 있기를 바라리오?

- 玉兎擣藥與誰餐? **且**與豪客留朱顏. (馬存, 〈邀月亭〉)

  옥토끼는 약 찧어 누구에게 먹이려는가? **만일** 호탕한 젊은이에게 준다면 붉은 얼굴 간직할 수 있겠지.

⑬ **어조사** 이유를 설명하거나 어구의 조화를 돕는 역할을 하며, '夫(부)'와 비슷하고 해석할 필요가 없다.

- 若是, 則第子之惑滋甚. **且**以文王之德, 百年而後崩, 猶未洽於天下. (《孟子》〈公孫丑上〉)

  이와 같으면 저의 미혹이 더 심해집니다. 문왕(文王)의 덕으로도 백 년이 지나서야 세상을 떠났지만, 또한 [그의 덕치가] 천하에 충분히 퍼지지 못했습니다.

• 夫隨其成心而師之, 誰獨**且**無師乎? (《莊子》〈齊物論〉)

자기의 편견을 따라 그것을 스승으로 삼는다면, 누가 스승이 없겠는가?

• 景公過晏子, 曰: "子宮小近市, 請徙子家豫章之圃." 晏子再拜辭曰: "**且**嬰家貧, 待市食而朝暮趨之, 不可以遠." (《韓非子》〈難二〉)

[제(齊)]경공이 안자를 방문하여 말했다. "그대의 집은 작고 시장에 가까우니, 그대의 집을 예장의 채소밭 근처로 옮기게." 그러자 안자가 두 번 절하고 사양하며 말했다. "우리 집은 가난하여 장사를 해서 먹기 때문에 아침저녁으로 시장에 가야 하므로 먼 곳으로 갈 수 없습니다."

• 公孫鞅使人謂公子卬曰: "今秦令鞅將, 魏令公子當之; 豈**且**忍相與戰哉!" (《呂覽》〈無義〉)

공손앙이 사람을 보내 공자 앙에게 말했다. "지금 진나라는 나를 장수로 삼았고 위나라에서는 당신에게 맡겼는데, 어찌 차마 서로 싸우겠소!"

⓮ **어조사** 감탄을 나타내며 '哉(재)'에 상당하는데, 《시경》에만 보인다.

• 狡童之狂◆也**且**! (《詩經》〈鄭風 褰裳〉)

저 녀석은 망령되고 우매하**구나**!

◆狂(광): 우매하게 행동하고 망령된 말을 하는 것.

• 椒聊**且**! 遠條**且**! (《詩經》〈唐風 椒聊〉◆)

산초나무여! 길고 긴 가지**여**!

◆〈椒聊(초료)〉: 이 시는 곡옥(曲沃)의 환숙(桓叔)이 강성해지고 정치를 잘하자 그의 후손들이 강대해져서 진(晉)나라를 차지할 것을 알고 노래한 것이다. 산초나무 가지가 멀리 뻗었다는 것은 국운의 발전을 비유한 것이다.

⓯ **대사** 장소나 상황을 나타내며, '여기' '이' '이렇게'라고 해석한다.

• 匪**且**有**且**, 匪今斯今, 振古如茲. (《詩經》〈周頌 載芟〉)

여기만 **이런** 상황이 아니고, 올해만 이런 상황이 아니라 옛날부터 이러했다.

且苟(차구)

접속사 가설을 나타내며, '만일' '설령'이라고 해석한다.

- **且苟**所附之國重, 此必使王重矣. (《戰國策》〈燕策一〉)

  만일 [왕이] 협력하는 나라가 비중 있는 나라가 되면, 이것은 반드시 왕을 비중 있는 존재로 만들 것입니다.

且方(차방)

부사 동작의 진행이나 상태의 지속을 나타내며, '마침' '바야흐로'라고 해석한다.

- 今夫儒·墨·楊·秉◆, **且方**與我以辯, 相拂以辭, 相鎭以聲, 而未始吾非也, 則奚若矣? (《莊子》〈徐無鬼〉)

  지금 유(儒)·묵(墨)·양(楊)·병(秉) 사가(四家)가 **마침** 나와 변론을 하는데, 말로 서로 대항하고 소리로 서로 억누르지만 아직 나를 그르다고는 하지 않으니 이런 건 어떤가?

  ◆秉(병): 공손룡의 자.

且夫(차부)

❶ **접속사** 이미 서술한 데서 내용이 추가되거나 의미가 더함을 나타내며, '게다가' '다시 말하면' '또한' '뿐만 아니라' '하물며'라고 해석한다.

- 君亟定變法之慮, 殆無顧天下之議之也. **且夫**有高人之行者, 固見負於世; 有獨遠之慮者, 必見驁◆於民. (《商君書》〈更法〉)

임금께서는 빨리 법률을 바꾸려는 생각을 정하여, 천하의 논의를 돌아보지 말아야 합니다. **게다가** 뛰어난 행실이 있는 자는 본래 사람들의 반대에 부딪히게 되며, 혼자 원대한 생각이 있는 자는 반드시 백성의 조소를 받기 마련입니다.

◆鷔(오): 백성에게 흉한 꼴을 보인다는 뜻.

鷔: 흉조 이름 오

- 如不待其招而往, 何哉? **且夫**枉尺而直尋者, 以利也. (《孟子》〈滕文公下〉)
 만일 부름을 기다리지 않고 간다면 어떻겠는가? **하물며** 한 자를 굽혀 여덟 자를 편다는 것은 이익이라는 관점에서 말한 것이다.
- **且夫**水之積也不厚, 則其負大舟也無力. (《莊子》〈逍遙遊〉)
 또한 물의 쌓임이 두텁지 않으면 큰 배를 띄울 힘이 없다.
- 今秦婦人嬰兒, 皆言商君之法, 莫言大王之法, 是商君反爲主, 大王更爲臣也. **且夫**商君, 固大王之仇讎也. 願大王圖之. (《戰國策》〈秦策一〉)
 지금 진나라의 부녀자와 아이들은 모두 상군의 법에 대해 말하고 대왕의 법에 대해 말하지 않는데, 이것은 상군이 도리어 주인이 되고 대왕은 바뀌어 신하가 되는 것입니다. **뿐만 아니라** 상군은 진실로 대왕의 원수입니다. 원컨대 대왕께서는 헤아려보십시오.
- 天下方未定, 故可因遂就宮室. **且夫**天子四海爲家, 非壯麗無以重威, 且無令後世有以加也. (《史記》〈高祖本紀〉)
 천하가 아직 평정되지 않았으므로, 이를 틈타 궁실을 지어야 한다. **게다가** 천자는 천하를 집으로 삼는 법이니, 궁전이 웅장하고 화려하지 않으면 존귀와 위엄이 없게 되며, 또한 후세에도 더욱 웅장하고 화려한 궁전을 지을 수 없게 될 것이다.
- 會稽之事, 天以越賜吳, 吳不取. 今天以吳賜越, 越其可逆天乎? **且夫**君王蚤朝晏罷, 非爲吳邪? (《史記》〈越王句踐世家〉)
 회계산의 일은 하늘이 월나라를 오나라에게 준 기회인데, 오나라는 취

大

하지 않았습니다. 이제 하늘이 오나라를 월나라에게 주는데, 월나라가 어찌 하늘의 뜻을 거스른단 말입니까? **또한** 군왕께서 일찍이 조정에 나가셔서 저녁에 돌아가셨으니 오나라를 [치기] 위한 것이 아니었습니까?

- 由是言之, 卜筮有何負哉! **且夫**卜筮者, 埽除設坐, 正其冠帶, 然後乃言事, 此有禮也. (《史記》〈日者列傳〉)
  이렇게 본다면 복서가 어찌 이치를 거스른다고 하겠습니까! **또한** 복서는 깨끗이 청소하고 자리를 정하고 의관을 바르게 한 뒤에야 일에 대해 말하므로 이것에는 예가 있습니다.
- **且夫**事有求利而得害者. (《舊唐書》〈陳子昻列傳〉)
  다시 말하면 일이란 이익을 구하려 하지만 해를 얻는 경우도 있다.
- **且夫**天地之間, 物各有主, 苟非吾之所有, 雖一毫而莫取. (蘇軾, 〈赤壁賦〉)
  게다가 천지 사이에 사물은 저마다 주인이 있으니, 진실로 나의 소유가 아니라면 한 터럭이라도 취하지 않는다.

❷ **어조사** 구의 첫머리에 쓰여 화제를 제시하는데, 해석하지 않아도 된다. 여기서 '且(차)'와 '夫(부)'는 동일한 뜻이다.

- **且夫**騈於拇者, 決之則泣. (《莊子》〈騈拇〉)
  엄지발가락과 둘째발가락이 달라붙은 것을 갈라놓으면 운다.
- **且夫**屬其性乎仁義者, 雖通如曾史, 非吾所謂臧◆也. (《莊子》〈騈拇〉)
  그 본성을 인의에 붙이고 있는 자는 비록 증삼(曾參)이나 사추(史鰌)만큼 통달한다 해도 그것은 내가 말하는 선(善)이 아니다.
  ◆臧(장): 선(善)으로 참된 도에 통한다는 뜻이다.
- **且夫**天下非小弱也, 雍州◆之地·殽·函◆之固, 自若也. (賈誼, 〈過秦論〉 上)
  [진(秦)나라는] 천하에서 결코 작거나 약하지 않으며, 옹주의 지세·효산(殽山)·함곡관(函谷關)의 견고함도 옛날과 같다.
  ◆雍州(옹주): 옛 구주(九州)의 하나로서 지금의 섬서성(陝西省) 북부와 감숙성(甘肅省)

서남부 지방이다.

◆殽(효)·函(함): 효산(殽山)과 함곡관(函谷關). 모두 진(秦)나라의 요충지로서 막기는 쉽고 공략하기는 어려워 승패의 관건이 된다.

• **且夫**思有利鈍, 時有通塞. (《文心雕龍》〈神思〉)
구상은 빠르기도 하고 더디기도 하며, 때에 따라 통하기도 하고 막히기도 한다.

且使(차사)

접속사 가설을 나타내며, '만약' '만일' 등으로 해석한다.

• 黥布, 天下猛將也, 善用兵, 今諸將皆陛下故等夷, 乃令太子將此屬, 無異使羊將狼, 莫肯爲用. **且使**布聞之, 則鼓行而西耳. (《史記》〈留侯世家〉)
경포는 천하의 맹장으로 군사를 잘 다루는데, 지금 여러 장군은 모두 폐하의 옛 동료들이니 태자로 하여금 이들을 거느리게 하시면 양에게 이리를 거느리게 하는 것과 다를 바가 없어서 그들이 힘을 기울이려 하지 않을 것입니다. **만일** 경포로 하여금 이 소문을 듣게 한다면, 북을 치며 서쪽으로 진군해올 것입니다.

• **且使**我有雒陽負郭◆田◆二頃, 吾豈能佩六國相印乎? (《史記》〈蘇秦列傳〉)
만일 나에게 낙양 교외에 2백 이랑의 밭만 있었다면, 내가 어찌 6국 재상의 인장을 지닐 수 있었겠는가?

◆郭(곽): 도읍을 둘러싼 성. '廓(곽)'과 같다.

◆郭田(곽전): 성곽 밖의 땅.

郭: 둘레 곽, 외성 곽

大

且如(차여)

접속사 가설을 나타내며, '만약' '만일' 등으로 해석한다.

- **且如**桓立, 則恐諸大夫之不能相幼君也. (《公羊傳》隱公元年)
  만일 환공(桓公)이 임금이 된다면, 아마도 모든 대부가 어린 임금을 보좌할 수 없을 것이다.

且又(차우)

접속사 상황이 진전됨을 나타내며, '게다가' '더욱이'라고 해석한다.

- 子魚辭曰: "能以國讓, 仁孰大焉? 臣不及也, **且又**不順." (《左傳》僖公八年)
  자어가 사양하며 말했다. "나라를 양보할 수 있는데, 인(仁)이 이보다 클 수 있겠습니까? 신은 [덕으로 그에게] 미치지 못하고 **게다가** [적장자를 세우는 순리를] 따르지 않는 것입니다."
- 擧天下而圖之, 莫徑結於趙矣. **且又**淮北宋地, 楚·魏之所同願也. 趙若許約, 楚·魏·宋盡力, 四國攻之, 齊可大破也. (《戰國策》〈燕策三〉)
  천하를 동원하여 그것을 도모하려면 조나라와 결맹하는 것보다 빠른 길은 없습니다. **더욱이** 회수 이북의 [옛] 송나라 땅은 초나라와 위나라도 모두 원하는 곳입니다. 조나라가 만약 맹약을 맺고 초·위·송이 전력을 기울여 네 나라가 제(齊)나라를 공격하면 제나라는 크게 패할 것입니다.
- 樊噲, 帝之故人也, 功多, **且又**乃呂后弟呂嬃之夫, 有親且貴. 帝以忿怒故, 欲斬之, 則恐後悔. (《史記》〈陳丞相世家〉)
  번쾌는 황제의 옛 친구이며 공도 많고, **게다가** 여후의 동생 여수의 남편이므로 친하고도 귀한 존재입니다. 황제께서 일시의 분노 때문에 [그를] 죽이려고 하시지만, 나중에 후회하실까 두렵습니다.

- 春申君曰: "足下置之. 李園, 弱人也, 僕又善之. **且又**何至此!" (《史記》〈春申君列傳〉)

  춘신군이 말했다. "그대는 그만두시오. 이원은 나약한 사람이며, 나는 또 그를 정성껏 대접하고 있소. **게다가** 그런 일이 일어날 수 있겠는가!"

且猶/且由(차유)

접속사 어떤 일의 당위성을 입증하기 위한 전제를 나타내며, '~까지' '~도 오히려' '또한'이라고 해석한다. 대부분 '況(황)'과 어울려 강조를 나타낸다.

- 管仲**且猶**不可召, 而況不爲管仲者乎? (《孟子》〈公孫丑下〉)

  관중**도 오히려** 부를 수 없는데, 하물며 관중 [같은 정도의 일을] 하지 않으려는 사람이겠는가?

- 見**且由**不得亟, 而況得而臣之乎? (《孟子》〈盡心上〉)

  만나보는 것**도 오히려** 자주 할 수 없는데, 하물며 신하로 삼음에랴?

- 水**且猶**可以忠信誠身親之, 而況人乎? (《列子》〈說符〉)

  물**까지** 충신과 성신의 도로써 그것과 가까이해야 하는데, 하물며 인간이야?

- 善**且由**弗爲, 況不善乎? (《淮南子》〈說山訓〉)

  선행 **또한** 하지 않는데, 하물며 선하지 않은 것임에랴?

- 且君子 …… 臨事**且猶**旰食, 而何暇博奕之足耽? (韋曜, 〈博奕論〉)

  그리고 군자는 …… 일에 임하면 **또한** 밥도 제때에 먹지 못하는데, 어느 겨를에 바둑에 탐닉하겠는가?

  旰: 해 질 한, 늦을 한

大

此(차)

❶ **대사** 비교적 가까운 사람·사물·장소·시간 등을 나타내며, '여기' '이(이것)' '이러한' '이렇게' 등으로 해석한다.

- 余姑翦滅**此**而朝食! (《左傳》 成公二年)

  나는 우선 **이들**(진나라 군대)을 섬멸하고 나서 아침을 먹겠다!

- 夫撫劍疾視曰: "彼惡敢當我哉?" **此**匹夫之勇, 敵一人者也. (《孟子》〈梁惠王下〉)

  검을 어루만지며 노려보면서 말했다. "그가 어떻게 감히 나를 당해내겠는가?" **이것**은 한 평범한 사내의 용감함이며, 한 사람을 대적하는 것입니다.

- 故君子敬其在己者, 而不慕其在天者; 小人錯其在己者, 而慕其在天者. …… 君子小人之所以相懸者在**此**耳. (《荀子》〈天論〉)

  그러므로 군자는 자기에게 있는 것을 공경하고 하늘에 있는 것을 흠모하지 않으며, 소인은 자기에게 있는 것을 그르치고 하늘에 있는 것만을 흠모한다. …… 군자와 소인이 현격히 다른 원인이 **여기**에 있다.

- **此**吾者, 邦之蠹也. (《韓非子》〈五蠹〉)

  이 다섯 사람은 나라의 좀이다.

- 非**此**母不能生**此**子. (《史記》〈酷吏列傳〉)

  이러한 어머니가 아니면 **이러한** 아들을 낳을 수 없다.

- 醫能治之, 而上不使, 可爲流涕者**此**也. (《漢書》〈賈誼列傳〉)

  의사는 치료할 수 있는데 황상이 하게 하지 않으니, 눈물 흘릴 만한 일이 **이것**입니다.

- 有道伐無道, **此**天理也, 所從來久矣. (《春秋繁露》〈堯舜湯武〉)

  도가 있는 쪽이 도가 없는 쪽을 치는 것, **이것**이 하늘의 이치이니 기원이 오래되었다.

- 故以言擧人, 若以毛相馬, **此**其所以多不稱擧. (《鹽鐵論》〈利議〉)

  그러므로 말[言]에 근거하여 인재를 뽑는 것은 마치 털 색깔에 근거하여 말[馬]을 선택하는 것과 같은데, **이것**이 추천된 대부분의 사람이 직책에 적합하지 않은 까닭이다.

- **此**誠危急存亡之秋也! (諸葛亮, 〈出師表〉)

  이는 진실로 위급하여 [국가가] 존립하느냐 망하느냐 [하는 다급한] 때입니다!

- 先帝在時, 每與臣論**此**事, 未嘗不嘆息痛恨於桓·靈也. (諸葛亮, 〈出師表〉)

  선제께서 살아 계실 때는 매번 신과 **이러한** 일을 얘기했는데, 환제(桓帝)와 영제(靈帝)가 하는 일에 대해서 탄식하고 유감스러워하지 않은 적이 없었습니다.

- **此**人心存漢室, 而才兼於人. (《三國志》〈蜀書 姜維傳〉)

  이 사람의 마음은 한나라 왕실에 있으나 재능은 다른 사람보다 뛰어나다.

- 天下洶洶, 人懷危懼, 陛下但爲寄坐, 豈得久安! **此**非先帝詔陛下及臣升御牀之本意也. 臣雖朽邁, 敢忘往言? (《三國志》〈魏書 曹爽傳〉)

  [지금] 천하는 흉흉하고 사람들은 걱정하고 두려워하는데, 폐하는 단지 앉아만 있으니 어찌 오랫동안 편안할 수 있겠습니까! **이것**은 선제께서 폐하와 신을 침상으로 불러 명하신 참뜻이 아닙니다. 신은 비록 늙고 쇠약하지만, 감히 지난날의 말씀을 잊겠습니까?

- 今王室將危, 賊臣未梟, **此**誠天下義烈報恩效命之秋也. (《三國志》〈魏書 臧洪傳〉)

  현재 왕실은 위태로운데 간신은 아직 제거되지 않았으니, **이**는 진실로 천하의 정의롭고 열렬한 선비들이 황은에 보답하고 목숨을 바칠 시기입니다.

- 后少而父永奇之曰: "**此**乃吾女中王也." 遂以女王爲字. (《三國志》〈魏書 后

大

妃傳〉)

곽후가 어렸을 때, 그녀의 아버지는 그녀를 기이하게 여겨 말했다. "**이 아이**는 내 딸 중에서 왕이다." 그러고는 여왕이라고 이름 지었다.

• 以鶉首◆而賜秦, 天何爲而**此**醉? (庾信, 〈哀江南賦〉)

섬서(陝西) 일대를 진(秦)나라에게 주다니, 하늘이 어찌 **이렇게** 혼미한가?

◆鶉首(순수): 남방(南方)의 별자리. 전국시대의 천문가가 중국 영토를 하늘의 28수에 배당하여 분할했는데, 순수는 지금의 섬서(陝西) 일대에 해당된다.

• 吾欲聞彼, 將以改**此**也. 聞彼而不改**此**, 雖聞何益? (《中論》〈修本〉)

나는 그것을 듣고 **이것**을 바꾸려고 했다. 그것을 듣고 **이것**을 바꾸지 않는다면 설령 들었다 하더라도 무슨 보탬이 있겠는가?

• 遷客騷人, 多會於**此**. (范仲淹, 〈岳陽樓記〉)

좌천된 관원과 시인이 **여기**에 많이 모였다.

• **此**花雖絶艶而必無香氣. (金富軾, 《三國史記》)

이 꽃은 비록 매우 아름답지만 틀림없이 향기가 없을 것이다.

• 骨立若吟哦, **此**狀良可嗤. (李奎報, 〈詩癖〉)

뼈만 남아서 읊고 있는 **이** 모습이 참으로 우습다.

• 文榮應聲曰: "大監勿急. **此**易禦爾." (黃玹, 《梅泉野錄》)

문영이 빠른 목소리로 말했다. "대감은 서두르지 마십시오. **이것**은 쉽게 막을 수 있습니다."

❷ **접속사** 연접을 나타내며, 굳이 해석하지 않는다.

• 有德**此**有人, 有人**此**有土, 有土**此**有財, 有財**此**有用. (《禮記》〈大學〉)

덕이 있으면 백성이 있고, 백성이 있으면 토지가 있으며, 토지가 있으면 재물이 있고, 재물이 있으면 용도가 있다.

• 自生民以來, 善政少而亂俗多, 必待堯舜之君, **此**爲志士終無時矣. (《後漢

書》〈黃瓊列傳〉)

인류가 생겨난 이래로 잘 다스려진 때는 적고 풍속이 혼란했던 적이 많은데, 반드시 요순 같은 군주를 기다려야 한다면, 뜻있는 선비라도 끝내 때를 만나지 못할 것이다.

此夫(차부)

대사 대사가 이어서 사용된 것으로 비교적 가까운 사람이나 사물을 가리키며, '이(이것)'라고 해석한다. '夫此(부차)'로도 쓰인다.

- **此夫**文而不采者與? (《荀子》〈賦〉)

  이것은 무늬는 있으나 빛깔은 없는 것인가?

- **此夫**爲盜不操矛弧者也. (《史記》〈日者列傳〉)

  이는 도둑질을 하되 창과 활을 들고 있지 않은 것이다.

此若(차약)

대사 대사와 어조사가 이어서 사용된 것으로 중점은 '此(차)'에 있고, 비교적 가까운 사람이나 사물을 가리키며, '이(이것)' '이러한' '이런' 등으로 해석한다.

- 子游之徒, 有庶子祭者, 以**此若**義也. (《禮記》〈曾子問〉)

  자유의 문도 가운데에 서자가 제사 지내는 경우가 있었는데, **이러한** 의례다.

- **此若**言何謂也? (《管子》〈山國軌〉)

  이 말이 무슨 말인가?

大

• 若以**此若**三聖王者觀之, 則厚葬久喪, 果非聖王之道. (《墨子》〈節葬下〉)

만일 **이** 세 분 성왕의 일에 [비추어]본다면, 후한 장례와 긴 상기(喪期)는 결국 성왕의 도가 아니다.

此以(차이)

접속사 전치사+목적어 구로서 결과나 결론을 나타내며, '이로 인해'라고 해석한다.

• 君子賢其賢而親其親, 小人樂其樂而利其利. **此以**沒世不忘也. (《禮記》〈大學〉)

군자는 그 어진 이를 존경하고 그 가까운 이를 가까이하며, 소인은 그 풍류를 즐기고 그 이익을 이롭게 여긴다. **이로 인해** [사람들은] 종신토록 [성인의 공덕을] 잊지 못한다.

次(차)

부사 동작 혹은 행위나 서술한 사실이 어떤 상황 뒤에 발생했음을 나타내며, '이어서'라고 해석한다.

• 先斷其舌, **次**斬手足, **次**鑿其眼目, 以鑊煮之. (《後漢書》〈董卓列傳〉)

먼저 그들의 혀를 자르고, **이어서** 손과 발을 자르며, **이어서** 눈을 뽑은 후에 가마솥에 삶았다.

• 先殺妻子, **次**以自殺. (《三國志》〈蜀書 后主傳〉)

먼저 처자식을 죽이고, **이어서** 자살했다.

• 故三準旣定, **次**討字句. (《文心雕龍》〈鎔裁〉)

그러므로 세 가지 표준을 정하고 나서 **이어서** 자구를 살핀다.

• 初生河間王孝琬 …… **次**生兩公主. (《北齊書》〈文襄元后傳〉)

처음에 하간왕 효완(孝琬)을 낳고 …… **이어서** 두 공주를 낳았다.

【참고】

① 순서: • 敢問其**次**. (《論語》〈子路〉) 감히 그다음 **순서**를 여쭙겠습니다.

② 다음, 버금가다: • 其**次**以兵. (《呂氏春秋》〈禁塞〉) 그**다음**은 무력으로써 대적하는 것이다. • 昔顔淵有高妙**次**於聖之才, 聞一知十. (《新論》〈啓寤〉) 옛날에 안연은 성인에 **버금가는** 뛰어난 재지가 있어 하나를 들으면 열을 알았다.

③ 공간: • 游意乎無窮之**次**. (《呂氏春秋》〈論人〉) 끝없는 **공간**에서 마음대로 노닐다.

④ 주둔하다, 머물다: • 師退, **次**於召陵. (《左傳》僖公四年) [제(齊)나라의] 군대가 물러나 소릉에 **주둔했다**. • 秦伯素服郊**次**. (《左傳》僖公三十三年) 진목공이 상복을 입고 교외에서 **머물렀다**. • **次**中山, 將大獵以懼楚. (韓愈, 〈毛穎傳〉) 중산에 **주둔하면서** 크게 사냥을 하여 초나라를 두렵게 하려고 했다.

⑤ 제멋대로: • 共工氏固**次**作難矣. (《呂氏春秋》〈蕩兵〉) 공공씨는 늘 **제멋대로** 난리를 일으켰다.

借/藉(차)

접속사 가설이나 가설적 양보를 나타내며, '가령' '만약' '설사' 등으로 해석한다.

• **借**曰未知, 亦旣抱子. (《詩經》〈大雅 抑〉)

설사 그가 이해하지 못한다 하더라도 또한 이미 아들을 안고 있구나.

• 公等遇雨, 皆已失期, 失期, 當斬, **藉**弟令◆毋斬, 而戍死者固十六七. (《史記》〈陳涉世家〉)

그대들은 비를 만나 모두 이미 기한을 넘겼다. 기한을 넘기면 마땅히 목을 베어야 한다. **설령** [그대들의] 목이 베이지 않더라도 변경을 지키다가 죽는 사람이 본래 열 가운데 예닐곱은 된다.

◆弟令(제령): '가령 ~라 할지라도'라는 뜻으로 '借(차)'와 같다.

• **借**有可從, 擧世笑之. (柳宗元, 〈師友箴〉)

설사 따를 만한 점이 있어도 온 세상이 그를 비웃는다.

• **借**有二人坐獄遇赦, 則曲者幸免, 直者銜冤. (《資治通鑑》〈後晉紀〉 高祖天福二年)

설령 두 사람이 감옥에 갇혔다가 사면된다 할지라도, 마음이 굽은 자(즉 죄지은 자)는 요행히 면할 것이고, 곧은 자가 누명을 쓸 것이다.

【참고】

| '藉'를 '자'로 읽으면 | ① [풀로 엮은] 깔개. '깔다'라는 동사로 파생된다. • **藉**地而坐. 땅에 **깔고** 앉는다.

② 의지하다: • **藉**刑以去刑. (《商君書》〈開塞〉) 형벌에 **의지하여** 형을 없앤다.

③ [섞여] 어지럽다: • 狼**藉**. 종횡으로 **어지럽다**.

| '藉'를 '적'으로 읽으면 | 무시하다: • 人皆**藉**吾弟. (《史記》〈魏其武安侯列傳〉) 사람들은 모두 내 동생을 **무시한다**.

| '借(차)'는 | 빌리다, 빌려주다: • 有馬者, **借**人乘之. (《論語》〈衛靈公〉) 말〔馬〕을 가진 사람이 [말이 없는] 다른 사람에게 **빌려주어** 그것을 타도록 했다. • 非其人而教之, 齎盜糧, **借**賊兵也. (《荀子》〈大略〉) 적합한 사람이 아닌데도 가르친다면, 강도에게 양식을 보내주고 적병에게 무기를 **빌려주는** 것과 같다.

借令(차령)

접속사 가설을 나타내며, '만일' '설사'라고 해석한다.

- **借令**由士爲大夫, 舍雉而執雁, 其誌也隨之. (劉禹錫, 〈明贊論〉)

  설사 사(士)로부터 대부가 되고 꿩을 버리고서 기러기를 잡는다 하더라도, 그 뜻을 따르는 것이다.

借使(차사)

접속사 가설을 나타내며, '만일' '설사'라고 해석한다.

- **借使**嬰有庸主之才, 僅得中佐, 山東雖亂, 三秦◆之地可全而有, 宗廟之祀未當絶也. (賈誼, 〈過秦論〉 下)

  만일 자영이 평범한 군주의 재질이 있고 단지 중등의 인재를 얻었다면, 산동이 비록 어지럽더라도 진나라의 영토는 보전할 수 있었을 것이고 종묘의 제사는 끊이지 않았을 것이다.

  ◆三秦(삼진): 옹(雍)·색(塞)·적(翟) 등 세 나라. 항우(項羽)가 진(秦)을 멸하고 그 영토를 분할하여 항장(降將)인 장한(章邯)·사마흔(司馬欣)·동예(董翳)를 왕으로 책봉했기 때문에 삼진이라 했다.

- **借使**秦王計上世之事, 並殷周之迹, 以制御其政, 後雖有淫驕之主, 而未有傾危之患也. (《史記》〈秦始皇本紀〉)

  만일 진나라 왕이 상고의 역사와 은(殷)나라와 주(周)나라의 사적을 살펴서 그 정사를 관리했다면, 후대에 교만하고 사치스러운 군주가 나오더라도 국가가 기울고 위태롭게 되는 환란은 없었을 것이다.

- **借使**盡得其地, 何補於國? (《元史》〈趙世炎傳〉)

  설령 그 땅을 다 얻는다 해도 나라에 무슨 보탬이 있겠는가?

大

借如(차여)

접속사 가설을 나타내며, '가령' '만일'이라고 해석한다.

- **借如**諸司清要之職, 當用第一之人. 及其要官闕時, 或以下等叨進. (張九齡, 〈封事〉)

  가령 각 관서의 청렴하고 중요한 직책의 경우에는 시험에서 일등 한 사람을 채용해야 한다. 주요 관직이 비었을 때는 간혹 [성적이] 낮은 사람으로 채운다.

- **借如**今日死, 亦足了一生. (元稹, 〈續遣病〉)

  만일 오늘 죽는다 해도, 또한 한평생이 만족스럽다.

差(차)

부사 정도를 나타내며, '대략' '비교적' '약간' '조금' 등으로 해석한다.

- 元始中, 車師後◆王國有新道, 出五船北, 通玉門關◆, 往來**差**近. (《漢書》〈西域列傳〉)

  [한평제(漢平帝)] 원시 연간에 차사후 왕국에 새로운 길이 생겼는데, 다섯 척의 배가 북쪽으로부터 나와 옥문관을 통과하니, 왕래하는 거리가 **조금** 가까워졌다.

  ◆車師後(차사후): 후한 시대 현재의 투루판 분지 북쪽에 있던 나라.

  ◆玉門關(옥문관): 서역으로 통하는 관문으로, 감숙성(甘肅省) 돈황(燉煌) 부근에 있음.

- 帝時遣人觀大司馬何爲, 還言方修戰攻之具. 乃嘆曰: "吳公**差**彊人意, 隱若一敵國矣." (《後漢書》〈吳漢列傳〉)

  광무제는 그 당시 사람을 보내 대사마가 무엇을 하고 있는지 살피도록 했는데, [파견된 사람이] 돌아와 [오한은] 마침 전쟁에서 공격하는 기구를 손질하고 있었다고 말했다. [광무제는] 이에 감탄하여 말했다. "오공은 **비교적** 사람들의 뜻을 분기시킬 수 있고, 그 위엄은 혼자서 나라를 대적할 만하다."

• 公欣然曰: "白雪紛紛何所似?" 兄子胡兒◆曰: "撒鹽空中**差**可擬." (《世說新語》〈言語〉)

사공(謝公)이 기뻐하며 말했다. "흰 눈이 날리는 것이 무엇 같은가?" 조카 사랑(謝朗)이 대답했다. "공중에 소금을 흩뿌리는 것에 **대략** 비할 수 있습니다."

◆胡兒(호아): 사랑의 아명.

撒: 뿌릴 살

【참고】

| '差'를 '차'로 읽으면 | ① [서로의] 차이, 간격: • **差**之毫釐◆, 謬以千里. 호리만 한 **차이**가 천 리를 그르친다. ◆毫釐(호리): 원뜻은 저울눈의 호와 이지만, 아주 짧은 거리나 극히 적은 분량을 말함.

② 착오, 어긋나다: • 一念之**差**. 한 생각의 **착오**. • 百試不**差**. 백 번 시험해도 **어긋나지** 않다.

③ 차등: • 論征孫權功, 諸將已下進爵增戶各有**差**. (《三國志》〈魏書 文帝紀〉) 손권을 정벌한 공적을 논하며, 여러 장수 이하는 작위를 올려주고 식읍도 늘려주었는데, [공적에 따라] **차등**을 두었다.

④ 파견하다: • **差**遣. **파견하다**. • **差**使. 사신을 **파견하다**.

⑤ 병이 낫다. 이 뜻은 후에 '瘥(차)'라고 썼다.

⑥ 등급을 분별하다: • 列官職, **差**爵祿. (《荀子》〈大略〉) 관직을 배열하는데, 작위와 봉록에 따라 **분별한다**.

| '差'를 '치'로 읽으면 | 가지런하지 않다: • 參**差**. **가지런하지 않음**.

嗟(차)

감탄사 강한 어조로 감상이나 한탄을 나타내는데, 공손하지 않게 부르는 소리로 쓰이는 경우도 있다. '아' '야'라고 해석한다.

- **嗟**! 我士, 聽無嘩. (《尙書》〈秦誓〉)

  아! 나의 병사들이여, [내 말을] 듣고 시끄럽게 떠들지 마라.

- **嗟**我兄弟, 邦人諸友, 莫肯念亂, 誰無父母! (《詩經》〈小雅 沔水〉)

  아! 내 형제여, 온 백성과 모든 친구가 [나라의] 어지러움을 생각하려 들지 않으니, 부모 없는 이 누구인가!

- **嗟嗟**臣工, 敬爾在公. (《詩經》〈周頌 臣工〉)

  아아! 신하들이여, 네가 공가(公家)에 있음을 공경할지니.

- 黔敖左奉食, 右執飮, 曰: "**嗟**! 來食!" (《禮記》〈檀弓下〉)

  검오(黔敖)는 왼손에 먹을 것을 들고 오른손에 마실 것을 쥐고서 말했다. "**야**! 와서 먹어라!"

- **嗟**! 土室之人, 顧無多辭. (《史記》〈匈奴列傳〉)

  아! [우리처럼] 흙집에 사는 사람들이여, [자신을] 돌아보고 많은 말을 하지 마시오.

- **嗟**余薄祜*, 少遭不造. (《晉書》〈嵇康傳〉)

  아! 나는 박복하게도 어려서 불행을 만났네.

  * 薄祜(박호): 박복하다는 뜻.

  遭: 만날 조

【참고】

[크게 소리 내어] 탄식하다: • **嗟**嘆. **탄식하고** 한탄하다.

嗟來(차래)

감탄사 비탄이나 고통을 나타내며, '아'라고 해석한다.

- 子桑戶死, 未葬, …… 或編曲, 或鼓琴, 相和而歌曰: "**嗟來**! 桑戶乎! **嗟來**! 桑戶乎! 而已反其眞, 而我猶爲人猗!" (《莊子》〈大宗師〉)

  자상호가 죽고 나서 아직 장사 지내지 않았는데, …… 어떤 이는 작곡을 하고 어떤 이는 거문고를 타며 소리를 맞추어 노래했다. "**아**! 상호여! **아**! 상호여! 그대는 이미 그대의 본질로 돌아갔지만, 우리는 아직 사람이구나!"

嗟夫(차부)

감탄사 감탄이나 감개를 나타내며, '아'라고 해석한다. '嗟乎(차호)'와 같다.

- **嗟夫**! 予嘗求古仁人之心, 或異二者之爲, 何哉? (范仲淹, 〈岳陽樓記〉)

  아! 나는 일찍이 옛 어진 사람의 마음을 찾아보았는데, 간혹 이 두 가지 행위와 다른 경우는 무엇 때문인가?

- **嗟夫**! 大閹◆之亂, 縉紳◆而能不易其志者, 四海之大, 有幾人歟? (張溥, 〈五人墓碑記〉)

  아! 환관의 난에 진신이면서도 그 뜻을 바꾸지 않을 수 있는 자가 넓은 세상에 몇 명이나 있을까?

  ◆閹(엄): 환관. 거세당하여 주로 궁궐 문을 열고 닫거나 군주 옆에서 시중드는 일을 했다.

  ◆縉紳(진신): 홀(笏)을 큰 띠〔紳〕에 꽂음. 파생되어 공경(公卿)이나 고관을 일컫는다.

  閹: 고자 엄, 환관 엄

嗟乎(차호)

감탄사 감탄이나 감개를 나타내며, '아' '아아'라고 해석한다.

- **嗟乎**! 神人以此不材. (《莊子》〈人間世〉)

  아아! 신인(神人)도 이 나무와 같은 쓸모없음으로써 지켜가는구나.

- **嗟乎**! 夫造物者, 又將以予爲此狗狗也. (《莊子》〈大宗師〉)

  아아! 조물주가 또 내 몸을 이렇게 오그라들게 하려는구나.

- 文帝曰: "**嗟乎**! 此眞將軍矣! (《史記》〈絳侯周勃世家〉)

  문제가 말했다. "**아**! 이 사람은 진정한 장군이구나!"

- **嗟乎**! 燕雀安知鴻鵠之志哉! (《史記》〈陳涉世家〉)

  아! 제비와 참새가 어찌 기러기와 고니의 뜻을 알겠는가!

- 秦王見〈孤憤〉〈五蠹〉之書, 曰: "**嗟乎**! 寡人得見此人與之游, 死不限矣!" (《史記》〈老子韓非列傳〉)

  진시황(秦始皇)은 〈고분〉 〈오두〉 같은 글을 보고 말했다. "**아**! 내가 이 사람을 만나 교류할 수 있다면, 죽어도 한이 되지 않겠구나!"

- **嗟乎**! 利誠亂之始也! (《史記》〈孟子荀卿列傳〉)

  아! 이익이란 진실로 혼란의 시작이로구나!

- 王大駭曰: "**嗟乎**! 淳于先生誠聖人也." (《史記》〈孟子荀卿列傳〉)

  양혜왕(梁惠王)이 크게 놀라며 말했다. "**아**! 순우 선생은 진실로 성인이시오."

- 伍子胥仰天嘆曰: "**嗟乎**! 讒臣嚭爲亂矣, 王乃反誅我." (《史記》〈伍子胥列傳〉)

  오자서는 하늘을 우러러 탄식하며 말했다. "**아**! 간신 백비(伯嚭)가 반란을 준비하고 있는데, 왕은 오히려 나를 죽이시는구나."

- 上怒曰: "亨◆之." 通曰: "**嗟乎**! 冤哉亨也!" (《史記》〈淮陰侯列傳〉)

  황상이 노여워하며 말했다. "저놈을 삶아라." 괴통이 말했다. "**아**! 원통하구나, 삶겨 죽는 것이!"

◆亨(팽): '烹(삶을 팽)'과 같음.

• 李斯拘執束縛, 居囹圄中, 仰天而歎曰: "**嗟乎**, 悲夫! 不道之君, 何可爲計哉?" (《史記》〈李斯列傳〉)

이사는 붙잡혀 묶인 채 감옥에 갇혀 하늘을 우러러보며 탄식하면서 말했다. "**아**, 슬프구나! 도리를 모르는 군주를 위하여 무슨 계책을 세울 수 있겠는가?"

• 高帝曰: "**嗟乎**, 有以也夫! 起自布衣, 兄弟三人更王, 豈不賢乎哉!" (《史記》〈田儋列傳〉)

고제가 이렇게 말했다. "**아**, 역시 이유가 있었구나! 한낱 평민에서 몸을 일으켜 삼 형제가 번갈아 왕이 되었으니, 어찌 어질지 않겠는가!"

• **嗟乎**! 時運不齊, 命途多舛. (王勃, 〈滕王閣序〉)

아! 시운이 고르지 않고, 운명이 매우 기구하다.

舛: 어그러질 천

• **嗟乎**! 師道之不傳也久矣. (韓愈, 〈師說〉)

아아! 스승의 도가 전해지지 않은 지 오래다.

• **嗟乎**! 使六國愛其人, 則足以拒秦. (杜牧, 〈阿房宮賦〉)

아! 만약 6국이 그 백성을 아꼈다면 충분히 진나라를 물리쳤을 텐데.

• **嗟乎**! 一人之心, 千萬人之心也. (杜牧, 〈阿房宮賦〉)

아! 한 사람의 마음이 천만 사람의 마음이다.

• **嗟乎**! 風俗頹敝如是, 居位者雖不能禁, 忍助之乎? (司馬光, 〈訓儉示康〉)

아! 풍속이 이와 같이 퇴폐했으니, [높은] 자리에 있는 사람들이 비록 금할 수 없다 해도, 차마 그것을 조장하는가?

• **嗟乎**! 孟嘗君特鷄鳴狗吠◆之雄耳. (王安石, 〈讀孟嘗君傳〉)

아! 맹상군은 단지 닭 울음소리와 개 짖는 소리를 내는 자들의 영웅일 뿐이다.

◆鷄鳴狗吠(계명구폐): 닭 우는 소리를 흉내 내고, 개처럼 꾸며 도둑질함. 보잘것없는 기능을 가진 사람을 비유.

ㅊ

• **嗟乎**! 聖人之爲慮深矣! (唐順之, 〈信陵君救趙論〉)

아! 성인의 헤아림이 깊구나!

遄(천)

부사 동작 혹은 행위의 시행이 빠름을 나타내며, '바로' '빨리'라고 해석한다.

• 人而無禮, 胡不**遄**死? (《詩經》〈鄘風 相鼠〉)

사람으로서 예의가 없는데, 왜 **빨리** 죽지 않는가?

• 君子如怒, 亂庶**遄**沮. (《詩經》〈小雅 巧言〉)

군자가 만일 노여워한다면, 어지러움은 **바로** 막아질 것이다.

• 此怪之徵, **遄**棄, 殃可銷. (《尹文子》〈大道上〉)

이것은 괴이한 징조이니, **빨리** 버리면 재앙을 없앨 수 있다.

• 榮汝之糧, 不若**遄**歸也. (《列子》〈周穆王〉)

당신의 식량을 허비하는 것은 **빨리** 돌아가는 것만 못하다.

• 遙吟俯暢, 逸興**遄**飛. (王勃, 〈滕王閣序〉)

멀리 바라보며 읊고 고개 숙여 노래하니, 호방한 흥취가 **빠르게** 일어난다.

薦(천)

부사 동작 혹은 행위의 반복을 나타내며, '번번이' '이어서' '재차' 등으로 해석한다.

• 冬, 晉**薦**饑, 使乞糴于秦. (《左傳》 僖公十三年)

겨울에 진나라는 **재차** 기황을 만났으므로, 사람을 보내 진(秦)나라에서 양식을 빌리려 했다.

• **薦**伐吳國, 滅厥民人. (《左傳》 哀公十五年)

번번이 오나라를 쳐서 그 백성을 죽였다.

• 天災流行, 戾於弊邑, 饑饉**薦**降, 民羸幾卒. (《國語》 〈魯語上〉)

자연재해가 유행하여 우리나라에 이르러서, 기근이 **재차** 생겨 백성은 쇠약하여 거의 죽을 지경이다.

• 禍菑**薦**至, 莫盡其氣. (《史記》 〈曆書〉)

재앙이 **이어서** 닥치면 아무도 그 기운을 다하지 못한다.

【참고】

① 꼴(짐승이 먹는 풀): • 麋鹿食**薦**. (《莊子》 〈齊物論〉) 사슴이 **풀**을 먹는다.

② 진헌하다, 바치다: • 元始元年正月, 莽白太后下詔, 以白雉**薦**宗廟. (《漢書》 〈王莽列傳〉) 원시 원년 정월, 왕망(王莽)은 태후에게 고하여 조서를 내려 흰 꿩을 종묘에 **바쳤다**.

大

輒(첩)

❶ **부사** 항상 그러함을 나타내며, '언제나' '왕왕' '항상' 등으로 해석한다.

• 沛公不好儒. 諸客冠儒冠來者, 沛公**輒**解其冠, 溲溺其中. (《史記》 〈酈生陸賈列傳〉)

패공은 유생을 좋아하지 않았다. 많은 손님이 유생의 관을 쓰고 오면, 패공은 **항상** 그들의 관을 벗기고 그 속에다 소변을 보았다.

• 而少年慕其行, 亦**輒**爲報仇, 不使知也. (《史記》〈游俠列傳〉)

젊은 사람들은 그의 행동을 앙모하며, **왕왕** [곽해(郭解)를 위해] 원수를 갚고는 그에게 알리지 않았다.

• 光時休沐出, 桀**輒**入代光決事. (《漢書》〈霍光列傳〉)

곽광(霍光)이 때때로 목욕을 하고 궁궐을 나가면, 걸(桀)은 **항상** 궁궐로 들어와서 곽광을 대신하여 정사를 결정했다.

• 予友梅聖兪, 少以蔭補爲吏, 累擧進士, **輒**抑於有司. (歐陽修, 〈梅聖兪詩集序〉)

나의 벗 매성유는 어려서는 조상의 덕으로 작은 관리 노릇을 했는데, 몇 차례 진사 시험에 응시했으나 **번번이** 시험관에 의해 떨어졌다.

• 長者加以金銀華美之服, **輒**羞赧棄去之. (司馬光, 〈訓儉示康〉)

어른들은 금은으로 된 화려한 옷을 입혀주면, **항상** 부끄러워 얼굴을 붉히며 그것을 내던졌다.

赧: 붉힐 난

• 每有酒適, **輒**撫弄以寄其意. (《宋書》〈陶潛傳〉)

매번 술이 알맞게 취하면, **언제나** [거문고를] 타서 그 뜻을 기탁한다.

• 今之君子之在勢者, **輒**曰天下無才. (曾國藩, 〈原才〉)

오늘날 군자 중 권세 있는 자들은 **왕왕** 천하에 인재가 없다고 말한다.

❷ **부사** 앞뒤 문장이 밀접하게 연결됨을 나타내며, '곧' '곧바로' '즉시'라고 해석한다.

• 復曰: "能徙者, 予五十金." 有一人徙之, **輒**予五十金, 以明不欺. (《史記》〈商君列傳〉)

[상앙이] 다시 말했다. "그것을 옮길 수 있는 사람에게 금 50냥을 주겠다." 그러자 어떤 사람이 그 나무를 옮겼다. 나는 **즉시** 금 50냥을 주어 기만하지 않음을 밝혔다.

• 信之下魏破代, 漢**輒**使人收其精兵, 詣滎陽以距楚. (《史記》〈淮陰侯列傳〉)

한신(韓信)이 위(魏)나라를 항복시키고 대(代)나라를 물리치자 한왕(漢王)은 **즉시** 심부름꾼을 보내 그의 정예병을 모은 다음 형양으로 가서 초나라 군사를 막게 했다.

• 每一書已, 向**輒**條其篇目. (《漢書》〈藝文志〉)

매번 한 책이 끝나면, 유향(劉向)은 **곧** 그 편목을 나누었다.

條: 나눌 조

• 時郡界大亂, 賊以萬數. 遣使往來, 交易市買, 昭厚待之, 因用爲間, 乘虛掩討, **輒**大克破. 二日之中, 羽檄◆三至. (《三國志》〈魏書 董昭傳〉)

그 당시 군 경계가 매우 혼란스러워 도적이 만 명이나 되었다. [동소는] 사신을 파견하여 오가며 교역을 하여 그들을 잘 대해주었으며, 이를 계기로 이간시켜 허점을 틈타 토벌하여 **즉시** 크게 쳐부수었다. 이틀 동안에 승리를 알리는 우격(羽檄)이 세 차례나 도착했다.

◆羽檄(우격): 군사상 급하게 전하는 격문으로 닭깃을 주로 사용했다.

• 欲詣洛者, 爲封過所, 欲從郡還者, 官爲平取, **輒**以府見物與共交市, 使吏民護送道路. 由是民夷翕然稱其德惠. (《三國志》〈魏書 倉慈傳〉)

[이민족들 중에서] 낙양으로 가려는 자가 있으면 그들을 위해 통행증을 만들어주었으며, 군으로부터 돌아가려는 자가 있으면 관부에서 그들을 위해 가치를 평가해주었고, **곧** 관부에서는 현물로 그들과 교역하기도 하고 관리와 백성을 도로로 보내 그들을 호송하도록 했다. 이로부터 한나라 백성과 이민족은 모두 일치하여 그의 덕과 은혜를 칭송했다.

• 太守與客來飮於此, 飮少**輒**醉. (歐陽修, 〈醉翁亭記〉)

태수는 손님과 함께 이곳에 와서 술을 마셨는데, 술을 조금 마시고도 **곧** 취했다.

• 時時得句**輒**寫之, 五言平淡用一律. (謝邁, 〈陶淵明寫眞圖〉)

이따금 글귀를 얻으면 **즉시** 그것을 적었는데, 오언은 평이하고 담박하

大

기가 한결같았네.

• 書或不正, **輒**擧劾之. (許愼, 〈說文解字敍〉)

글자가 간혹 바르지 못하면 **곧바로** 검거하여 죄를 다스렸다.

• 忽催租人至, 令人意敗, **輒**以此一句奉寄. (葛立方, 《韻語陽秋》)

문득 세금 재촉하는 자가 와서 시상을 그르쳤으니, **곧바로** 이 한 구절을 바쳤지요.

❸ **부사** 동작이나 상황의 지속이 짧음을 나타내며, '잠시'라고 해석한다.

• 日暮, 前路不可及. **輒**寄外舍. (《廣異記》〈黎陽客〉)

날은 저물고 앞길에 이르지 못하여, **잠시** 행랑채에 머문다.

• 竊聞今夕佳賓幽會, 不免**輒**窺盛筵. (《傳奇》〈顔濬〉)

오늘 저녁 귀한 손님이 모인다는 말을 듣고, **잠시** 연회를 보지 않을 수 없다.

❹ **부사** 동작의 주체 혹은 대상에 예외가 없음을 나타내며, '모두'라고 해석한다. 부정을 나타내는 '無(무)' '未(미)' '不(불)' 등과 함께 쓰이면, '조금도 ~하지 않음이 없다'라고 해석할 수 있다.

• 張負女孫五嫁而夫**輒**死, 人莫敢娶. (《史記》〈陳丞相世家〉)

장부의 손녀가 다섯 차례 결혼해 남편이 **모두** 죽자, 사람들은 감히 그녀를 아내로 맞이하지 않았다.

• 自幼至長, 唯習儒經, 彌管歌聲, **輒未**曾學. (《原化記》〈車中女子〉)

어려서부터 성인이 될 때까지 단지 유가 경서만을 배웠고, 관현악이나 음악에 대해서는 **조금도** 배운 적**이 없다**.

• 家人又伺其言語行步, **輒無**少異. (《原化記》〈崔尉子〉)

집안사람들 또한 그의 언행을 관찰했는데, 모두 [그의 아버지와] **조금도** 다름**이 없었다**.

輒便(첩변)

부사 앞뒤 문장이 긴밀하게 연결됨을 나타내며, '곧' '즉시'라고 해석한다.

- **輒便**往山中, 憩感配寺, 與山僧飯訖而去. (王維, 〈山中與裴秀才迪書〉)
  곧 산속으로 들어가 감배사에서 휴식을 취하고 스님들과 밥을 먹고서 떠났다.

請(청)

부사 상대방이 어떤 일을 하기를 희망하거나 상대방에 대한 존경을 나타내며, '청컨대'라고 해석하거나 해석하지 않는다. 동사 앞에 부정을 나타내는 부사가 있으면 '請(청)'을 해석하지 않는다.

- 欲與大叔, 臣**請**事之. 若弗與, 則**請**除之. (《左傳》 隱公元年)
  만일 태숙에게 주려 하신다면, **청컨대** 신은 그를 섬기겠습니다. [그러나] 만약 그에게 주지 않으시려면, **청컨대** 그를 제거하십시오.
- 昔者夫差恥吾君於諸侯之國. 今越國亦節矣, **請**報之. (《國語》 〈越語上〉)
  과거에 [오왕(吳王)] 부차는 제후국에서 우리 임금을 욕보였습니다. 지금 월나라는 또 절도가 있으니 **청컨대** 이 원수를 갚겠습니다.
- 楚王曰: "善哉! 吾**請**無攻宋矣." (《墨子》 〈公輸〉)
  초왕이 말했다. "잘 말했다! 나는 송나라를 공격하지 않겠다."
- 狡兎有三窟, 僅得免其死耳. 今君有一窟, 未得高枕而臥也. **請**爲君復鑿二窟. (《戰國策》 〈齊策四〉)
  교활한 토끼는 세 개의 굴이 있으므로 간신히 죽음을 피할 수 있습니다.

大

그런데 지금 당신은 하나의 굴만 있으므로, 베개를 높이 베고 편히 잘 수 가 없습니다. **청컨대** 제가 당신을 위해 굴 두 개를 더 파겠습니다.

鑿: 뚫을 착

- 噲曰: "此迫矣! 臣**請**入, 與之同命." (《史記》〈項羽本紀〉)

번쾌가 말했다. "지금은 매우 급박합니다! 신이 **청컨대** 들어가서 그(유방劉邦)와 생사를 함께하고자 합니다."

- **請**以秦之咸陽爲趙王壽. (《史記》〈廉頗藺相如列傳〉)

청컨대 진나라의 [수도] 함양을 바쳐 조나라 임금을 위해 축수해주십시오.

- 璧有瑕, **請**指示王. (《史記》〈廉頗藺相如列傳〉)

구슬에 티가 있는데, **청컨대** 제가 왕에게 가리켜 보이겠습니다.

【참고】

청하다, 초대하다, 방문하다: • **請**京, 使居之. (《左傳》 隱公元年) [강씨(姜氏)가] 경읍(京邑)을 **청하자**, [장공(莊公)은 공숙단(公叔段)을] 그곳에서 살게 했다. • 子犯**請**擊之. (《左傳》 僖公三十年) 자범은 [진문공(晉文公)에게 진(秦)나라 군사를] 공격하라고 **청했다**. • 公子往數**請**之, 朱亥故不復謝. (《史記》〈魏公子列傳〉) 공자가 찾아가서 여러 번 [주해(朱亥)를 빈객으로] **청했지만**, 주해는 고의로 답례도 하지 않았다. • 乃置酒**請**之. (《漢書》〈孝宣許皇后列傳〉) 주연을 마련하고 그를 **초대했다**.

逮(체)

❶ **전치사** 조건이나 기회를 교묘하게 이용하는 것을 나타내며, '~을 틈

타서'라고 해석한다. '逮及(체급)'이나 '逮至(체지)'처럼 뒤에 동사가 오는 경우도 있다.

- 夷德無厭, 若隣於君, 疆埸之患也. **逮**吳之未定, 君其取分焉. (《左傳》 定公四年)

  오나라의 천성은 만족할 줄 모르니, 만일 임금과 이웃하게 되면 변방의 근심거리입니다. 오나라가 [초나라를 완전히] 점령하지 않은 **틈을 타서** 임금께서는 [초(楚)나라의 땅을] 나누어 가지십시오.

- 願君**逮**楚趙之兵未至於梁, 亟以少割收魏. (《史記》〈穰侯列傳〉)

  바라건대 당신(양후穰侯 위염魏冉)은 초나라와 조나라의 병사가 아직 대량(大梁, 위魏나라의 수도)에 이르지 않은 **틈을 타서** 빨리 약간의 땅을 떼어주어 위나라와의 [관계를] 수습하십시오.

❷ **전치사** 시간적 조건을 나타내며, '~이 되어서야' '~에 이르러'라고 해석한다.

- **逮**夜至於齊. (《左傳》 哀公六年)

  밤**이 되어서야** 제나라에 도착했다.

- **逮**奉聖朝, 沐浴清化. (李密, 〈陳情表〉)

  저는 성조(聖朝, 진晉)를 받들게 **되어서야** 청명한 교화를 입게 되었습니다.

- **逮**於晉世, 則傅玄曉音, 創定雅歌, 以咏祖宗. (《文心雕龍》〈樂府〉)

  진대**에 이르러**, 부현이 음악에 밝아 아정한 가사를 창작하여 진(晉) 왕조의 조종을 노래했다.

- **逮**至吳王闔閭, 違禮厚葬, 十有餘年, 越人發之. (劉向, 〈諫營昌陵疏〉)

  오나라 왕 합려**에 이르러** 상례 규정을 어기고 장례를 성대하게 했는데, 10여 년이 지나 월나라 사람들이 그의 묘를 파헤쳤다.

- **逮**我皇帝, 定鼎於茲, 始足以當之. (宋濂, 〈閱江樓記〉)

우리 황제**에 이르러서야** 이곳에 도읍을 정하여 비로소 그것에 응할 수 있었다.

- 每進見, 侍笑語, **逮**夜方出. (《資治通鑑》〈唐紀〉 玄宗開元元年)

  매번 나아가 뵙고 우스갯소리를 하며 모시다가 밤**이 되어서야** 비로소 나왔다.

【참고】

따라가다, 시간에 대다: • 恥躬之不**逮**也. (《論語》〈里仁〉) 몸이 **따라가지** 못함을 부끄러워한다. • 魏武侯謀事而當, 群臣莫能**逮**. (《荀子》〈堯問〉) 위무후는 일을 꾀하면 들어맞아서, 여러 신하가 **따라갈** 수 없었다.

遞(체)

부사 동작 혹은 행위가 순서에 따라 번갈아 진행되거나 연속적으로 진행됨을 나타내며, '번갈아' '순서에 따라' 등으로 해석한다. '遞遞(체체)'의 형태로 쓰이는 경우도 있으나 의미는 같다.

- 巧謀并行, 詐術**遞**用. (《呂氏春秋》〈先己〉)

  간교한 꾀가 한꺼번에 행해지고 거짓된 술책이 **번갈아** 사용되었다.

- **遞**興廢, 勝者用事◆. (《呂氏春秋》〈蕩兵〉)

  번갈아 홍성하고 멸망하면서, 이기는 자가 권세를 부렸다.

  ◆用事(용사): 권세를 부리다, 정권을 장악하다.

- 於是合場**遞**進, 按次而俟. (傅毅, 〈舞賦〉)

  이에 광장에 모여 **순서대로** 나가는데, 차례를 살피면서 기다렸다.

- 未及前賢更無疑. **遞**相祖述復先誰? (杜甫, 〈戲爲六絶句〉)

선현에 미치지 못함을 괴이하게 여기지 마라. **번갈아** 본떠 서술하니 또 한 누가 먼저이겠는가?

• 切切百千語, **遞遞**三四更. (楊萬里, 〈感秋〉)

소곤대는 수많은 말소리, **번갈아** 삼경, 사경까지 이어진다.

• 死罪以下, **遞**減一等. (《宋史》〈眞宗紀〉)

사형죄 이하의 사람들은 **순서에 따라** 한 등급씩 감해졌다.

遞相(체상)

부사 둘 이상의 주체가 상호 교류함을 나타내며, '서로'라고 해석한다.

• 顯與河東裴子野, 南陽劉之遴, 吳郡顧協, 連職禁中, **遞相**師友◆, 時人莫不慕之. (《梁書》〈劉顯傳〉)

유현(劉顯)은 하동의 배자야, 남양의 유지린, 오군의 고협과 계속 조정에서 직책을 맡았으며, **서로** 사우(師友)가 되었으므로 당시 사람들 가운데 흠모하지 않는 자가 없었다.

◆師友(사우): 벼슬 이름. 동궁을 도와 인도하는 직책.

ㅊ

遞(체)~遞(체)~

동작·행위·상태·상황이 교대로 나타남을 나타내며, '교대로' '때로는 ~하고, 때로는 ~하다' '차례로'라고 해석한다.

• 以其**遞**處之, **遞**去之, 至於君也. 而獨爲之流涕, 是不仁也. (《晏子春秋》〈內篇諫上〉)

[각 군왕은] **교대로** 군주의 자리에 있다가 **교대로** 그 자리를 떠났는데,

당신에게까지 이르렀다. 그런데 [당신은] 유독 그 때문에 눈물을 흘리니, 이것은 어질지 못한 것이다.

- **遞**興**遞**廢, 勝者用事. (《史記》〈律書〉)

  교대로 흥기하고 **교대로** 쇠하니, 승리한 쪽이 권세를 부렸다.

初(초)

❶ **부사** 동작 혹은 행위가 발생한 지 오래되지 않은 것을 나타내며, '막' '방금' '처음'이라고 해석한다.

- 天下**初**定未久. (《史記》〈外戚世家〉)

  천하가 **막** 평정된 지 오래지 않다.

- 楚漢**初**起, 武臣略定趙地. (《漢書》〈蒯通列傳〉)

  초와 한이 **처음** 흥기할 때 무신들이 조나라 땅을 탈취하여 평정했다.

- 天漢元年, 且鞮侯單于**初**立, 恐漢襲之. (《漢書》〈蘇武列傳〉)

  천한 원년 [흉노] 저제후가 **막** 선우로 즉위했는데, 한나라가 쳐들어올 것을 두려워했다.

- **初**登山半, 卽見之. (范成大, 〈峨眉山行紀〉)

  막 산에 오른 지 반쯤이면 곧 그것을 보았다.

- 時操軍衆已有疾疫, **初**一交戰, 操軍不利. 引次江陽. (《資治通鑑》〈漢紀〉獻帝建安十三年)

  당시 조조 군사들은 이미 병들어 있었는데, **처음** 한 차례 교전에서 조조 군대가 불리했다. [그러자 조조는] 물러나 장강 북쪽에 주둔했다.

❷ **부사** 동작이나 행위의 시작을 나타내며, '당초' '시초에' '이전에' '처음

으로'라고 해석한다. 부정의 뜻을 지닌 '非(비)' '無(무)' '不(불)'과 이어서 사용하면 과거부터 현재까지 모두 이와 같음을 나타내며, '애초부터 ~하지 않다' '처음부터 ~하지 않다'라고 해석한다.

- **初**, 鄭武公娶於申, 曰武姜. (《左傳》 隱公元年)
  이전에 정무공(鄭武公)은 신국(申國)에서 아내를 맞았는데, 무강(武姜)이라고 했다.
- 遂爲母子如**初**. (《左傳》 隱公元年)
  마침내 어머니와 아들 사이가 **이전**같이 되었다.
- **初**, 內蛇與外蛇鬪於鄭南門中, 內蛇死. 六年而厲公入. (《左傳》 莊公十四年)
  이전에 정나라의 남문 안에서 안팎의 뱀 두 마리가 싸웠는데, 문 안쪽의 뱀이 죽었다. [그러고 나서] 6년이 지나 여공은 [정나라로] 들어갔다.
- 右廣◆**初**駕, 數及日中, 左則受之, 以至於昏. (《左傳》 宣公十二年)
  오른쪽 광(廣)은 **먼저** 수레를 몰아 매일 정오까지 하고, 왼쪽 광은 그것을 받아 밤까지 이르렀다.
  ◆廣(광): 친위병을 좌우로 나누어 각 부를 '廣(광)'이라고 함. 수레 15량이다.
- **初**稅畝. '初'者何? 始也. '稅畝'者何? 履畝而稅也. (《公羊傳》 宣公十五年)
  처음으로 토지세를 거두었다. '초(初)'란 무엇인가? 시작하다라는 뜻이다. '세묘(稅畝)'란 무엇인가? 토지 면적을 계산하여 세를 걷는다는 뜻이다.
- **初**置張掖·酒泉郡. (《史記》〈平準書〉)
  처음으로 장액군(張掖郡)과 주천군(酒泉郡)을 두었다.
- **初**起時, 年二十四. (《史記》〈項羽本紀〉)
  처음 기병했을 때 스물네 살이었다.
- 伍子胥**初**所與俱亡故楚太子建之子勝者, 在于吳. (《史記》〈伍子胥列傳〉)
  오자서가 **당초에** 함께 도망한 옛날 초(楚)나라 태자 건(建)의 아들 승(勝)은 오(吳)나라에 있었다.

• 帝曰: "善. 恨見君晩. 群臣**初**無是言也." (《後漢書》〈蓋勳列傳〉)

영제(靈帝)가 말했다. "좋소. 내가 그대를 너무 늦게 만난 것이 한스럽소. 신하들은 **처음부터** 이러한 말을 하지 않았소."

• **初**, 儉與夏侯玄·李豐等厚善. (《三國志》〈魏書 毌丘儉傳〉)

당초에 관구검은 하후현, 이풍 등과 우의가 매우 두터웠다.

• **初**不中風, 但失愛於叔父, 故見罔耳. (《三國志》〈魏書 武帝紀注〉)

본래 중풍이 아닌데, 단지 숙부께 사랑을 받지 못하기에 속였을 뿐입니다.

• **初**以尙書郞爲滎陽令, 入爲吏部郞. (《三國志》〈魏書 諸葛誕傳〉)

처음에는 상서랑의 신분으로 형양현의 현령이 되었다가, 중앙으로 들어가 이부랑이 되었다.

• **初**, 亮自表後主曰: "……若臣死之日, 不使內有餘帛, 外有贏財, 以負陛下." 及卒, 如其所言. (《三國志》〈蜀書 諸葛亮傳〉)

전에 제갈량은 직접 후주에게 표를 올려 말했다. "……만일 신이 죽는 날, 안에는 남은 비단이 있고 밖에는 재물이 있어서 폐하께 부끄럽게 하지는 않을 것입니다." 제갈량이 죽었을 때 그가 말한 것과 같았다.

• **初**極狹, 才通人. (陶淵明, 〈桃花源記〉)

처음은 매우 좁아 겨우 사람이 지날 수 있다.

• 隣人曰: "吾**初**不爲, 是何見謝也?" (陶潛, 〈搜神後記〉)

이웃 사람이 말했다. "나는 **애초부터** 만들지 않았는데, 이 어찌 감사받을 일인가?"

• 惟岷山之導江, **初**發源乎濫觴◆. (《文選》〈江賦〉)

민산(岷山)은 장강의 발원지인데, **처음에는** 남상에서 발원했다.

◆濫觴(남상): 잔을 띄움. 황하나 양자강 같은 큰물도 처음에는 술잔을 띄울 정도의 적은 물에서 시작한다는 말. 여기에서 파생되어 사물의 시초나 근원을 비유한다.

• 劍外忽傳收薊北, **初**聞涕淚滿衣裳. (杜甫, 〈聞官軍收河南河北〉)

검남(劍南)은 홀연히 계북(薊北)으로 전해져, **처음으로** 듣고 흘린 눈물이 옷에 가득하구나.

• 夜將艾, 似聞悉窣有人聲, **初**以爲盜賊將至, 則匍匐伏於林木中. (《玄怪錄》〈肖志忠〉)

밤이 다하려는데 갑자기 인기척이 들리는 듯하여, **처음에는** 도적이 온 것으로 생각하고 숲속에 엎드렸다.

率: 갑작스러울 솔

• 日往市, 得粉便去, **初**無所言. (劉義慶, 《幽明錄》)

[그 남자는] 매일 시장으로 가서 밀가루를 얻어 떠났는데, **처음부터** 아무 말도 하지 않았다.

• '隔水問樵夫.' **初**非想得. (王夫之, 《薑齋詩話》)

'물을 사이에 두고 나무꾼에게 물어본다.'는 [구절은] **본래** 생각하여 얻은 것이 아니다.

【참고】

'初(초)'는 앞에 오면 형용사로서 명사를 수식하고, 동사 뒤에 오면 명사로서 동사의 목적어가 된다: • 奉**初**以還, 不忍後命. (《左傳》 昭公二十年) [당신은] **최초의 명령**을 받들어 돌아갔지만, 차마 [죽이라는] 이후의 명령은 받들지 못했습니다.

稍(초)

❶ **부사** 동작·행위·상황이 점진적으로 변화함을 나타내며, '점점'이라고 해석한다.

• 自繆公以來, **稍**蠶食諸侯, 竟成始皇. (《史記》〈秦始皇本紀〉)

목공(繆公) 이래로 [진나라는] **점점** 제후들을 잠식하여, 결국에는 진시황 때 [통일 대업을] 이루었다.

• 項王乃疑范增與漢有私, **稍**奪之權. (《史記》〈項羽本紀〉)

항왕은 이에 범증이 한(漢)과 결탁했다고 의심하여 **점점** 그에게서 권력을 빼앗았다.

• 騎**稍**多, 步兵不可勝數. (《三國志》〈魏書 武帝紀〉)

기병이 **점점** 많아졌고 보병도 이루 헤아릴 수 없었다.

• 賊前後至**稍**多, 韋以長戟左右擊之, 一叉入, 輒十餘矛摧. (《三國志》〈魏書 典韋傳〉)

적군이 앞뒤로 **점점** 많아지자 전위는 긴 창으로 좌우를 공격했는데, 한 번 치고 들어갈 때마다 10여 개의 창이 부러졌다.

• 僕自去年八月來, 病疾**稍**已. 往時間一二日作, 今一月乃二三作. (柳宗元, 〈與李翰林建書〉)

나는 작년 8월 이래로 복통이 **점점** 가벼워졌다. 과거에는 하루 이틀 걸러 한 차례씩 발작을 했는데, 지금은 한 달에 두세 차례 발작한다.

• **稍**近, 益狎, 蕩倚◆冲冒. (柳宗元, 〈三戒 黔之驢〉)

[호랑이가] **점점** 접근하여 더욱 방자하게 [당나귀와] 밀치락거리며 부딪쳤다.

◆蕩倚(탕의): 본래는 남의 마음을 움직여 가까이한다는 뜻이나, 여기서는 밀치락거린다는 뜻이다.

狎: 방자할 압 | 冲: 부딪칠 충

• 雅頌則涉於理路◆, 去性情爲**稍**遠矣. (許筠, 《惺所覆瓿藁》〈題唐絶選刪字〉)

아와 송은 이로(理路)에 관계되어 성정(性情)의 거리가 **점점** 멀어졌다.

◆理路(이로): 이치를 파악하려는 방면.

❷ **부사** 정도가 깊지 않거나 수량이 많지 않음을 나타내며, '대개' '약간' '조금'이라고 해석한다. 비교적 송대(宋代) 이후의 문장에서 볼 수 있다.

• 世之傳神寫照者, 能**稍**得其形似, 已得稱爲良工. (朱熹, 〈送郭拱辰序〉)

세상에서 정신을 전하고 사실대로 비출 수 있는 사람은 **대개** 외모와 비슷하게 그릴 수 있으므로 뛰어난 화공이라고 칭할 수 있다.

• **稍**不如意, 則鞭笞酷虐◆. (《容齋逸史》〈方臘起義〉)

조금이라도 [자신의] 뜻과 같지 않으면 혹독하게 매질을 했다.

◆酷虐(혹학): 몹시 학대함.

• 乃使人復葺南閣子, 其制**稍**異於前. (歸有光, 〈項脊軒志〉)

바로 사람들을 시켜 남각자를 다시 수리하게 했는데, 그 규모는 이전 것과 **약간** 다르다.

• 邇年獄訟, 情**稍**重, 京兆◆五城卽不敢專決. (方苞, 〈獄中雜記〉)

근년에 이르러 소송 사건의 양상이 **약간** 심각하므로, 경조 오성의 관리들이 감히 독단하지 못한다.

◆京兆(경조): 임금의 궁성이 있는 곳. '경사(京師)'와 같다.

稍稍(초초)

부사 동작 혹은 행위가 점진적으로 변화함을 나타내며, '점점' '점차'라고 해석한다.

• 漢王間往從之, **稍稍**收其士卒. (《史記》〈項羽本紀〉)

한왕은 지름길로 가서 그에게 의탁하고는 **점차** 그의 사졸들을 수습했다.

• 坐乃起更衣◆, **稍稍**去. (《史記》〈魏其武安侯列傳〉)

앉아 있던 사람들이 화장실에 간다고 [핑계 삼아] 일어나더니 **점점** 떠났다.

◆更衣(갱의): 본래 '옷을 갈아입는다'는 뜻이나, 여기서는 '화장실에 간다'는 뜻이다.

• 居七日, 胡騎**稍稍**引去. (《漢書》〈韓王信列傳〉)

7일을 머물다가 오랑캐 기마는 **점차** 철수했다.

屬(촉)

부사 일이 얼마 전에 발생했거나 일정한 시기와 꼭 부합되는 것을 나타내며, '때마침' '방금' '운 좋게' '지금 막'이라고 해석한다.

- 下臣不幸, **屬**當戎行, 無所逃隱. (《左傳》 成公二年)
  저는 불행히도 **때마침** 당신의 대오를 만나 숨을 곳이 없습니다.
- **屬**見不穀◆而下, 無乃傷乎. (《國語》〈晉語六〉)
  지금 막 나를 보고 수레를 내렸는데, 상처를 입었을 리가 없다.
  ◆不穀(불곡): 불선(不善)이라는 뜻으로 제후(諸侯)의 겸칭. 과인(寡人)과 같은 뜻.
- 天下**屬**安定, 何故反乎? (《史記》〈留侯世家〉)
  천하가 **지금 막** 안정되었는데 무엇 때문에 모반하겠는가?
- 吾者**屬**當重任, 曾不能明道處分……. (《三國志》〈吳書 魯肅傳〉)
  나는 **운 좋게** 중임을 맡았지만, 결국 밝은 도리로 일을 처리할 수 없어…….

【참고】

|'屬'을 '촉'으로 읽으면| ① 이어지다: • 起臨洮**屬**之遼東. (《史記》〈蒙恬列傳〉) 임조부터 요동까지 **이어져** 있다. • 相**屬**於道. (《漢書》〈郊祀志〉) 길에 **이어져** 있다.

② 따르다, 수행하다: • 騎能**屬**者, 百餘人耳. (《史記》〈項羽本紀〉) 기병 중에 **따르는** 자는 백여 명뿐이었다.

③ 맡기다, 의탁하다, 부탁하다: • 使人**屬**孟嘗君, 願寄食門下. (《戰國策》〈齊策四〉) 사람을 통해 맹상군에게 **의탁하여** 그의 집에서 기식하기를 원했다. • 以兵**屬**蒙恬. (《史記》〈李斯列傳〉) 병사들을 몽염에게 **맡겼다**. • **屬**予作文以記之. (范仲淹, 〈岳陽樓記〉) 나에게 글을 지어 이것을 기록하도록 **부탁했다**.

④ 보다: • 盤桓瞻**屬**. (《齊民要術》〈園籬〉) 머뭇거리며 떠나지 못하고 바라**본다**.

| '屬'을 '속'으로 읽으면 | ① 귀속하다: • 當陽君·蒲將軍皆**屬**項羽. (《史記》〈項羽本紀〉) 당양군(當陽君)과 포장군(蒲將君)은 모두 항우에게 **귀속했다**. • 長沙·江夏·桂陽以東**屬**權. (《三國志》〈吳書 吳主傳〉) 장사(長沙)·강하(江夏)·계양(桂陽) 동쪽을 [손권(孫權)에게] **귀속시켰다**.

② 무리: • 而養游俠私劍之**屬**. (《韓非子》〈五蠹〉) 기르는 것은 유협과 사사로이 칼을 휘두르는 **무리**다.

屬適(촉적)

부사 일의 앞뒤가 교묘하게 합치됨을 나타내며, '때마침'이라고 해석한다.

- 太祖曰: "與卿言而不答, 何也?" 詡曰: "**屬適**有所思, 故不卽對耳." (《三國志》〈魏書 賈詡傳〉)

  태조(조조)가 말했다. "그대에게 말해도 대답이 없으니 무엇 때문인가?" 가후(賈詡)가 말했다. "**때마침** 생각하는 바가 있었기 때문에 즉시 대답하지 못했을 뿐입니다."

總(총)

❶ **부사** 전체를 아우름을 나타내며, '모두'라고 해석한다.

- 詩**總**六義, 風冠其首. (《文心雕龍》〈風骨〉)

  《시경》에는 **모두** 육의가 있는데, 국풍이 그 첫 번째를 차지한다.

- 聖賢書辭, **總**稱文章, 非采而何? (《文心雕龍》〈情采〉)

  성현의 저작은 **모두** 문장이라고 일컫는데, 문채가 없다면 어찌하겠는가?

• 獻可替否, **總**歸於筆札◆. (《史通》〈語言〉)

시행할 수 있는 일을 건의하고 할 수 없는 일을 바꾼 것은 **모두** 글로 귀결된다.

◆筆札(필찰): 붓과 종이. 글씨의 모양이나 솜씨, 서법.

• 兩畫**總**似, 後畫者佳. (《唐畫斷》〈周昉〉)

두 그림 **모두** 유사한데, 뒤쪽의 그림이 훌륭하다.

❷ **부사** 어떤 동작이나 상황이 항상 같음을 나타내며, '언제나' '줄곧' '항상' 등으로 해석한다.

• 人言頭上髮, **總**向愁中白! (辛棄疾, 〈菩薩蠻〉)

사람들은 머리의 머리카락을 말하니, **항상** 근심하느라 하얗구나!

• 高秋**總**饋貧人食, 來歲還舒滿眼花. (杜甫, 〈題桃樹〉)

가을이 깊어지면 **항상** 가난한 사람들에게 먹을 것을 주고, 내년에는 또 다시 꽃을 활짝 피우리.

• 千門萬戶曈曈日, **總**把新桃換舊符. (王安石, 〈元日〉)

막 떠오른 태양이 수많은 집을 밝게 비추면, **모두가** 복숭아나무 부적을 새것으로 바꾼다.

❸ **접속사** 가설을 나타내며, '설사' '~하면' 등으로 해석한다.

• 莫言塞北無春到, **總**有春來何處知? (李益, 〈度破訥沙〉)

북쪽을 막고 봄이 도래하지 않는다고 말하지 말지니, **설사** 봄이 온다 해도 어느 곳에서 오는지 아시오?

• **總**使花時常病酒, 也是風流. (歐陽修, 〈浪淘沙〉)

꽃이 피는 시절에는 언제나 술 마시고 **설사** 병이 있을지라도 풍류를 즐긴다.

趨(추)

부사 동작이 빠름을 나타내며, '빨리' '즉시'라고 해석한다.

- 定公越席而起曰: "**趨**駕! 召顏淵." (《荀子》〈哀公〉)
  정공은 자리를 넘어 일어나 말했다. "**빨리** 수레를 몰아라! 안연을 불러라."
- 若不**趨**降漢, 今爲虜矣. (《漢書》〈高帝紀〉)
  만일 한나라에 **빨리** 항복하지 않으면, 오늘 포로가 될 것이다.

[참고]

달리다: • 其子**趨**而往視之, 苗則槁矣. (《孟子》〈公孫丑上〉) 그의 아들이 **달려가서** 보니 볏모가 모두 말라 있었다.

就(취)

❶ **전치사** 동작 혹은 행위의 표준이나 근거, 논술하는 사물의 범위를 이끌며, '~에 따라서' '~에 근거하여'라고 해석한다.

- 吾**就**子所能而作耳. (韓愈, 〈石鼎聯句詩序〉)
  나는 당신들이 할 수 있는 바**에 따라** 했을 뿐이다.
- **就**六經言, 詩又首之. (白居易, 〈與元九書〉)
  육경**에 근거하여** 말하면, 《시경》이 또 맨 앞에 위치한다.

❷ **접속사** 가설이나 양보를 나타내며, '설령' '설사' 등으로 해석한다.

- **就**能破之, 尙不可有也. (《三國志》〈魏書 荀彧傳〉)

설령 그들을 이길 수는 있을지라도 여전히 소유할 수는 없다.

• **就**與劉孫不平, 不過令吾不作三公而已. (《三國志》〈魏書 辛毗傳〉)

설사 유방(劉放)과 손자(孫子)가 사이가 좋지 않다 해도, 나를 삼공이 되지 못하게 하는 것에 불과할 뿐이다.

• **就**有人問者, 猶尙辭以不解. (嵇康, 〈家誡〉)

설사 어떤 사람이 묻는다 하더라도 여전히 이해하지 못한다며 사양한다.

• **就**其善鳴者, 其聲淸以浮, 其節數以急, 其辭淫以哀, 其志弛以肆, 其爲言也, 亂雜而無章. (韓愈, 〈送東孟野序〉)

설사 잘 우는(감정을 잘 서술하는) 자라 하더라도 그 소리가 맑아서 경박하고, 그 절조가 [너무] 빨라서 급하며, 그 말이 음란하여 애상하고, 그 뜻이 풀어져서 방자하며, 그 말은 난잡하여 조리가 없을 것이다.

❸ **부사** 동작이나 상황이 어느 정도에 접근하는 것을 나타내며, '막'이라고 해석한다.

• 三徑**就**荒, 松菊猶存. (陶潛, 〈歸去來兮辭〉)

세 갈래 오솔길은 **막** 황폐해지려는데, 소나무와 국화는 아직 있구나.

【참고】

① 가까이하다: • 金**就**礪則利. 쇠는 숫돌을 **가까이하면** 날카로워진다. • 游必**就**士. (《荀子》〈勸學〉) 노는 데는 반드시 선비를 **가까이한다**.

② 향하다: • 施薪若一, 火**就**燥也; 平地若一, 水**就**濕也. (《荀子》〈勸學〉) 나무를 똑같이 널어놓아도 불은 마른 쪽으로 **향할**(타들어갈) 것이고, 땅을 똑같이 골라도 물은 습기 찬 데로 **향할** 것이다. • 避重**就**輕. 무거운 것을 피하고 가벼운 쪽을 **향한다**.

③ 완성하다: • 三窟已**就**. (《戰國策》〈齊策四〉) 세 개의 굴이 이미 **완성되었다**. • 功成業**就**. 공이 이루어지고 일이 **완성되다**.

④ 도달하다: • 河海不擇細流, 故能**就**其深. (李斯, 〈諫逐客書〉) 강과 바다는 가늘게 흐르는 물줄기를 가리지 않으므로 그 깊이에 **도달할** 수 있다.

就令(취령)

접속사 가설이나 양보를 나타내며, '가령' '설사' 등으로 해석한다.

- **就令**敵決可和, 盡如倫議, 天下後世謂陛下何如主也? (胡詮, 〈戊午上高宗封事〉)

  설사 적이 반드시 화친할 수 있더라도 완전히 왕륜(王倫)의 건의와 같다면, 천하 후세 [사람들이] 폐하를 어떤 임금이라고 생각하겠습니까?

驟(취)

❶ **부사** 일이 거듭됨을 나타내며, '여러 차례' '자주' '항상'이라고 해석한다. '數(삭)'과 같다.

- 公子商人**驟**施於國. (《左傳》 文公十四年)

  공자(公子) 상인(商人)은 국내에 **여러 차례** [재물을] 베풀었다.

- 宣子**驟**諫, 公患之. (《左傳》 宣公二年)

  선자(조돈趙盾)가 **여러 차례** 간언하자 [진영(晉靈)]공은 그를 싫어했다.

- **驟**戰則民罷, **驟**勝則主驕, 以驕主使罷民, 然而國不亡者, 天下少矣. (《呂氏春秋》 〈適威〉)

  자주 전쟁을 하면 백성이 지치고 **자주** 이기면 군주가 오만해지는데, 오만한 임금이 피곤한 백성을 다스리고도 나라가 망하지 않는 일은 천하에 드물다.

• 召公曰: "昔吾**驟**諫王, 王不從, 以及此難也." (《史記》〈陳丞相世家〉)

소공이 말했다. "예전에 내가 **여러 번** 왕께 간언했지만, 왕께서 따르지 않아 이 같은 재난에 이르렀습니다."

• 靈公立十四年, 益驕. 趙盾**驟**諫, 靈公弗聽. (《史記》〈趙世家〉)

영공은 자리에 올라 14년이 되자 더욱 교만해졌다. 조돈이 **여러 차례** 간언했으나 영공은 듣지 않았다.

❷ **부사** 동작 혹은 행위의 급박함이나 돌연함을 나타내며, '갑자기' '급히'라고 해석한다.

• 如波濤夜驚, 風雨**驟**至. (歐陽修, 〈秋聲賦〉)

마치 파도가 밤에 놀라고, 비바람이 **갑자기** 닥치는 듯하다.

• 道士曰: "俯首**驟**入, 勿逡巡!" (《聊齋志異》〈芳山道士〉)

도사가 말했다. "머리를 숙여 **급히** 들어가고 배회하지 마라!"

【참고】

① 빨리 달리다: • 載**驟**駸駸. (《詩經》〈小雅 四牡〉) 말이 **빨리 달리는**구나.

② 갑작스럽다: • **驟**雨◆不終日. (《老子》 二十三章) **소나기**는 하루 종일 내리지 않는다. ◆驟雨(취우): 갑자기 내리는 비, 곧 소나기.

浸/寖(침)

❶ **부사** 정도나 수량이 서서히 증가함을 나타내며, '점차'라고 해석한다.

• **浸**而長也. (《周易》〈遯卦〉)

점차로 늘어난다.

• 官事**寖**以秏廢. (《史記》〈酷吏列傳〉)

관청의 일이 **점차로** 황폐해졌다.

• 質樸日消, 恩愛**寖**薄. (《漢書》〈禮樂志〉)

질박함은 날로 소멸하고 은덕과 사랑은 **점차** 엷어진다.

❷ **부사** 정도가 더욱 심화됨을 나타내며, '더욱' '한층'이라고 해석한다. '浸浸(침침)' 혹은 '浸潯(침심)'이라고도 쓴다.

• 旬日之間, **浸**大也; 三年之後, 如車輪焉. (《列子》〈湯問〉)

열흘 사이에 **더욱** 커지더니, 3년 뒤에는 수레바퀴만 해졌다.

• 府亦使其不言, 故盜賊**寖**多. (《史記》〈酷吏列傳〉)

관청에서도 말하지 못하게 했으므로 도적은 **더욱** 많아졌다.

• 蓄積歲增, 戶口**寖**息. (《漢書》〈刑法志〉)

쌓아놓은 것이 해마다 증가하고 가구가 **더욱** 불어났다.

• 政由王氏出, 災異**浸**甚. (《漢書》〈劉向列傳〉)

정치가 왕씨에게서 나오면서 재해와 괴이한 일이 **더욱** 심해졌다.

• **寖**信女須等. (《漢書》〈廣陵厲王列傳〉)

여수(女須) 등을 **더욱** 믿었다.

【참고】

| '浸'은 | ① 스미다: • **浸**透. **스며**들다. • **浸**入. **스며**들다.

② 잠기다: • 城不**浸**者三版◆. (《史記》〈趙世家〉) 성에서 **잠기지** 않은 높이가 24척이나 된다. ◆版(판): 일설에는 1장이라고도 하지만, 8척이 옳다. 版: 여덟 판

③ 물을 대다: • 一日**浸**百畦. (《莊子》〈天地〉) 하루 5천 이랑에 **물을 댄다**. 畦: 쉰이랑 휴

| '寖'은 | '浸(침)'의 옛 글자이다.

ㅌ

他/它/佗(타)

❶ **대사** 사람이나 사물을 대신하며, '다른 것' '다른 사람' 등으로 해석한다.

- 且夫兄弟之怨, 不徵於**他**. 徵於**他**, 利乃外矣. (《國語》〈周語中〉)
  또한 무릇 형제 사이의 원한에는 **다른 사람**을 불러들이지 않습니다. **다른 사람**을 불러들이면 이익은 남에게 돌아갑니다.
- 王顧左右而言**他**. (《孟子》〈梁惠王下〉)
  왕(제나라 선왕宣王)은 좌우를 돌아보고 **다른 것**을 말했다.
- 夫秦非**他**, 周室之建國也. (《呂氏春秋》〈悔過〉)
  진나라는 **다른 국가**가 아니라 주 왕실이 세운 국가이다.
- 今上非**他**, 神宗之孫, 光宗猶子, 而大行皇帝之兄也. (史可法, 〈復多爾袞書〉)
  지금의 황제는 **다른 사람**이 아니라 신종의 손자이자 광종의 조카이며, 또 대행 황제(곧 숭정 황제)의 형이다.
- 昔詩人所刺, 春秋所譏, 指象如此, 殆不在**它**. (《漢書》〈杜鄴列傳〉)
  옛 시인들이 풍자한 것과 《춘추》가 기롱한 것이 바로 이와 같은 유의 일이니, 아마도 **다른 것**에 있지 아니할 것이다.

ㅌ

❷ **대사** '그'라고 해석한다.

• 還**他**馬, 赦汝罪. (《後漢書》〈方術列傳〉)

그의 말을 돌려주면 당신의 죄를 용서하겠다.

【참고】

'他(타)'는 《설문해자》에 '它(타)'로 되어 있고, '它(타)'는 '蛇(타)'와 같으며 사람 이외의 사물을 일컫는 데는 쓰이지 않았다.

다르다: • 子不我思, 豈無**他**人? (《詩經》〈鄭風 褰裳〉) 신이 나를 생각하지 않는다면, 어찌 **다른** 사람이 없을까요? • **他**山之石, 可以攻玉. (《詩經》〈小雅 鶴鳴〉) **다른** 산의 돌도 옥을 가는 데 쓰일 수 있네. • 制, 巖邑也, 虢叔死焉, **佗**邑唯命. (《左傳》 隱公元年) 제읍(制邑)은 험한 지방으로 괵숙이 [그곳에서] 죽었으니, **다른** 지방이라면 [나는] 명령을 따르겠습니다. • 至於**他**邦, 則曰: "猶吾大夫崔子也." (《論語》〈公冶長〉) **다른** 나라에 이르러 말했다. "우리나라 대부 최자와 같다." • **他**人不知, 己獨知之. (《墨子》〈非儒下〉) **다른** 사람들은 알지 못하는데, 자신만 홀로 그것을 안다. • 於是沛公, 乃夜引兵從**他**道還. (《史記》〈高祖本紀〉) 그래서 패공은 밤에 병사들을 이끌고 **다른** 길로 돌아왔다. • 欲赴**佗**國奔亡. (《史記》〈滑稽列傳〉) **다른** 나라를 향해 달아나려고 했다. • 後以**他**事論死. (《漢書》〈石顯列傳〉) 후에 **다른** 일 때문에 죽을죄로 판결했다.

誕(탄)

❶ **부사** 정도가 보통 이상임을 나타내며, '크게'라고 해석한다.

• 王歸自克夏, 至于亳, **誕**告萬方. (《尙書》〈湯誥〉)

왕이 하나라를 물리치고 돌아와 박읍에 이르러 온 나라에 **크게** 알렸다.

• 後曁武王, **誕**將天威, 咸劉厥敵. (《尙書》〈君奭〉)

뒤에 무왕과 함께 하늘의 위엄을 **크게** 받들어 그들의 적을 전부 죽였다.

• 天惟五年, 須暇之子孫, **誕**作民主, 罔可念聽. (《尙書》〈多方〉)

하늘은 5년간 [상탕(商湯)의] 자손이 [악을 고치고 선을 따르기를] 기다리고 여가를 주어 **크게** 백성의 군주가 되게 했는데, 생각하고 들을 만한 것이 없었다.

❷ **어조사** 별다른 뜻은 없으며, 해석하지 않는다.

• **誕**后稷之穡, 有相之道. (《詩經》〈大雅 生民〉)

위대한 후직의 농사는 땅의 도에 합당케 하신 거네.

• **誕**略有常, 審言行于篇籍, 光藻朗而不渝耳. (《文選》〈典引〉)

책략은 항상성이 있지만 편적에서 자기의 언행을 살피니, 광채는 비록 밝지만 변화는 없다.

【참고】

① 낳다: • **誕**育丞相. (《三國志》〈魏書 武帝紀〉) 승상을 **낳아** 기르다.

② 허망하다: • 口銳者多**誕**而寡信. (《說苑》〈尊賢〉) 말을 잘하는 사람은 **허망함**이 많고 성실함이 적다.

ㅌ

脫(탈)

❶ **부사** '倘(당)'과 통하고, 어떤 상황 혹은 사태에 대한 가능성 있는 추측이나 일이 우연히 발생했음을 나타낸다. '우연히' '혹시' 등으로 해석한다.

• 不如詣闕◆自歸. 事旣未然, **脫**可免禍. (《後漢書》〈李通列傳〉)

조정에 가서 자수하는 것만 못하네. 일은 이미 그렇게 되지 않았으니 **혹시** 화를 면할 수도 있을 것이네.

◆詣闕(예궐): 대궐에 이름. 입궐.

• 王汝南旣除所生服, 遂停墓所. 兄子濟每來拜墓, 略不過叔, 叔亦不候濟. **脫**時過止, 寒溫而已. (《世說新語》〈賞譽〉)

왕여남은 상복을 벗은 후에도 무덤 부근에서 살았다. 형의 아들 왕제(王濟)가 매번 묘에 왔으나 거의 숙부에게 들르지 않았고, 숙부도 왕제를 기다리지 않았다. **우연히** 들를 때에도 몇 마디 날씨 인사에 그칠 뿐이었다.

❷ **접속사** 가설이나 전제를 나타내며, '만약' '만일' 등으로 해석한다.

• **脫**我以行陣, 令軍發足以爲行糧而已. (《三國志》〈魏書 袁渙傳注所引袁氏世家〉)

만일 내가 행군에 참여하여 군대에 출발 명령을 내린다면 식량만을 휴대하도록 했을 것이오.

• 卿幸可早爾離絶, **脫**得富貴, 相迎不晩也. (《晉書》〈列女傳·孟昶妻周氏傳〉)

그대가 다행히 일찌감치 [나와] 관계를 끊을 수 있어서, **만일** [내가] 부귀를 얻는다면 그때 그대가 맞이하여도 늦지 않을 것이다.

• **脫**因水旱, 穀麥不收, 恐百姓之心, 不能如前日之寧帖. (魏徵, 〈十漸不克終疏〉)

만약 홍수나 가뭄으로 인하여 농작물을 거둘 수 없다면, 아마도 백성의 심정이 이전처럼 편안할 수는 없을 것이다.

• 然墨子之道, 兼愛爲本, 吾終當有以活汝. **脫**有禍, 固所不辭也. (馬中錫, 《中山狼傳》)

그러나 묵자의 학설은 겸애를 근본으로 삼으니, 내가 너를 구제할 방법이 반드시 있을 것이다. **만일** 재난이 있다 하더라도 반드시 사양하지 않을 것이다.

❸ **부사** 어떤 사건이나 상황이 순식간에 발생하여 예측하기 힘든 것을 나타내며, '갑자기'라고 해석한다. '탈연(脫然)'이라고 써도 마찬가지다.

- 如不時定, **脫**遇秋霖, 深爲艱阻. (《隋書》〈段文振傳〉)

  만일 시기가 결정되지 않았는데 **갑자기** 가을비라도 만나게 된다면, 매우 힘들게 될 것이다.

【참고】

① 떨어지다: • 木葉微**脫**! (謝莊, 〈月賦〉) 나뭇잎이 시들어 **떨어지는**구나!

② 벗다: • **脫**吾帽, 向君笑. (李白, 〈扶風豪士歌〉) 나는 모자를 **벗고** 임금을 향해 웃었다.

③ 벗어나다: • 魚不可**脫**於淵. (《老子》 三十六章) 물고기는 연못에서 **벗어날** 수 없다.

脫其(탈기)

접속사 문장 첫머리에 쓰여 가설을 나타내며, '만일'이라고 해석한다.

- **脫其**不勝, 取笑於諸侯, 失權於天下矣. (《吳子》〈勵士〉)

  만일 이기지 못하면, 제후에게 조롱당하고 천하에서 권력을 잃을 것이다.

- **脫其**不諱, 便當以後事付應. (《晉書》〈王敦傳〉)

  만일 죽는다면, 곧 뒷일로써 부응해야 할 것이다.

脫若(탈약)

접속사 가설을 나타내며, 주어와 술어 사이에 쓰여 '만약'이라고 해석한다.

• 汝等後世, **脫若**富貴於今日者, 愼勿積金一斤·綵帛百匹已上, 用爲富也. (《魏書》〈楊播傳〉)

너희가 후세에 **만약** 현재보다 부귀하게 된다면, 결코 한 근의 황금과 백 필 이상의 비단을 저축하고서 부유하다고 생각하지 마라.

• 汝等**脫若**萬一蒙時主知遇, 宜深愼言語, 不可輕論人惡也. (《魏書》〈楊播傳〉)

너희가 **만약** 만에 하나 임금에게 인정받게 된다면, 마땅히 언변을 특히 삼가야 하며 함부로 다른 사람의 결점을 얘기해서는 안 된다.

脫誤(탈오)

접속사 가설을 나타내며, '만일'이라고 해석한다.

• 貧賤難可居, **脫誤**有功, 富貴可致. (《三國志》〈吳書 呂蒙傳〉)

가난하고 신분이 낮아 살기가 어려운데, **만일** 전쟁에서 공을 세우면 부귀를 얻을 수 있을 것이다.

脫或(탈혹)

접속사 가설을 나타내며, '만일'이라고 해석한다.

• **脫或**未從, 焉能損益. (張倫, 〈諫遣使報蠕蠕表〉)

만일 따르지 않는다면, 어찌 손해와 이익이 있을 수 있겠는가.

太/大/泰(태)

부사 정도가 지나침을 나타내며, '그리도' '너무' '대단히' '저리도'라고 해석한다. 선진·양한까지는 대부분 '泰(태)'를 사용했고, 후세에는 '太(태)'를 사용했다.

• 昊天已威, 予慎無罪. 昊天**泰**憮, 予慎無辜. (《詩經》〈小雅 巧言〉)

하늘이 이미 위엄이 있으나 나는 진실로 죄가 없다. 하늘이 **대단히** 크다 해도 나는 진실로 죄가 없다.

憮: 클 호

• 今子既上無君侯有司之勢, 而下無大臣職事之官, 而擅飾禮樂, 選人倫, 以化齊民, 不**泰**多事乎? (《莊子》〈漁父〉)

지금 당신은 이미 위로는 군후나 유사의 권세가 없고, 아래로는 대신이나 관직의 벼슬이 없는데, 자기 마음대로 예악(禮樂)을 정리하고 인륜을 선정하여 백성을 교화하려 하니 **너무** 바쁘지 않겠소?

• **太**剛則折, **太**柔則卷. (《淮南子》〈氾論勳〉)

너무 굳세면 꺾이고, **너무** 부드러우면 휘어진다.

• 阿母謂府吏, 何乃**太**區區! (《玉台新詠》〈焦仲卿妻〉)

어머니가 부리에게 하는 말이, 어찌하여 **그리도** 용렬한가!

• 本是同根生, 相煎何**太**急! (曹植, 〈七步詩〉)

본래 같은 뿌리에서 태어났건만, 서로 지지고 볶는 것이 어찌하여 **저리도** 급한가!

• 暮婚晨告別, 無乃**太**怱忙! (杜甫, 〈新婚別〉)

저녁에 결혼하고 새벽에 이별을 고하니 **너무** 급하지 아니한가!

【참고】

|'泰'는| 편안하다: • 政教積德, 必致安**泰**之福. (《潛夫論》〈愼微〉) 정치와 교화가 덕을 쌓으면 반드시 **편안한** 복을 이루게 된다.

殆(태)

❶ **부사** 추측이나 반신반의하는 것을 나타내며, '아마(도)' '혹시' 등으로 해석한다. '殆其(태기)' '殆將(태장)'이라고 쓰여도 매한가지다.

- 國不忌君, 君不顧親, 能無卑乎? **殆**其失國! (《左傳》昭公十一年)
  나라가 군주를 두려워하지 않고 군주는 친척을 살피지 않으니, 쇠락하지 않을 수 있겠는가? **아마도** 국가를 잃을 것이다!
- 吾嘗見一子於路, **殆**君之子也. (《史記》〈趙世家〉)
  나는 일찍이 길에서 한 아이를 보았는데, **아마** 당신의 아들인 듯합니다.
- 張儀, 天下賢士, 吾**殆**弗如也. (《史記》〈張儀列傳〉)
  장의는 천하의 어진 선비인데, 나는 **아마** [그만] 못할 것입니다.
- 評曰: "董卓狼戾賊忍, 暴虐不仁, 自書契已來, **殆**未之有也." (《三國志》〈魏書 董二劉袁傳〉)
  평하여 말한다. "동탁은 탐욕스럽고 잔인하며 포학하고 비정했으니, 문자로 역사를 기록한 이래로 이와 같은 자는 **아마** 없었을 것이다."
- "今兄旣不能法柳下惠和光同塵◆於內, 則宜模范蠡遷化於外. 坐而自絶於時, **殆**不可也!" 望之不從, 尋復見害. (《三國志》〈魏書 衛覬傳〉)
  "지금 형님은 유하혜를 본받아 속내를 감추고 시류에 영합할 수 없으니, 그렇다면 응당 범려를 본받아 [나라] 밖에서 죽어야 합니다. 그런데 [형님은] 앉아서 스스로 세상과 단절하고 있으니, **아마** 안 될 것입니다!" 유망지는 그의 충고를 듣지 않고, 얼마 후 다시 화를 당했다.

◆和光同塵(화광동진): 세상의 흐름에 따라 행동할 뿐 예기(銳氣)를 드러내지 않음.

• 宮等以重兵臨之. 非有以深結其心, 三城必動. 君, 民之望也, 歸而說之, **殆**可! (《三國志》〈魏書 程昱傳〉)

진궁(陳宮) 등이 중무장한 병사를 이끌고 [이 세 성에] 다가오고 있소. 만일 [굳게 지킬] 마음을 다잡지 못한다면 세 성의 민심은 반드시 동요될 것이오. 정군(鄭君, 정욱)은 백성이 기다리는 사람이니 돌아가서 그들을 설득하면 **아마도** [지킬 수 있을] 것이오!

• 此**殆**天所以資將軍. 將軍豈有意乎? (《三國志》〈蜀書 諸葛亮傳〉)

이는 **아마도** 하늘이 장군을 돕는 것인가 봅니다. 장군께서 어찌 생각이 있었겠습니까?

• 他日**殆**可謂曲盡其妙. (陸機, 〈文賦〉)

다른 날에 **아마도** 그 오묘함을 다 드러냈다고 말하게 될 것이다.

• 然則非詩之能窮人, **殆**窮者而後工也. (歐陽修, 〈梅聖兪詩集序〉)

그렇다면 시가 시인을 궁하게 만드는 것이 아니라, **아마도** 궁해진 뒤에 [시가] 공교해지는 것일 것이다.

• 軒◆凡四遭火, 得不焚, **殆**有神護者. (歸有光, 〈項脊軒志〉)

항척헌(項脊軒)은 네 차례나 화재를 당하고도 타지 않았으니 **아마도** 신의 보호가 있었던 것 같다.

◆軒(헌): 항척헌. 귀유광이 곤산(昆山)에 거처할 때의 서재 이름.

• 虹螮蝀字皆從虫, **殆**有物爲之. (李睟光, 《芝峯類說》)

홍(虹)·체(螮)·동(蝀) 자에 모두 충(虫)이 따르니 **아마** 동물이 있어서 그것을 만든 것일 터이다.

• 觀其金安扶植之意, **殆**亦上天所置之命吏也. (朴趾源, 《熱河日記》)

편안하게 하고 북돋우며 심는 뜻을 보면, **혹시** 또 하늘이 명한 관리가 아닐까.

ㅌ

❷ **부사** 말하는 것과 실제 상황이 거의 차이가 없고 어떤 기준에 근접했음을 나타내며, '거의' '대개' '대체로'라고 해석한다.

- 石廟前又翼列諸獸, 但物謝時淪, 凋毁**殆**盡. (《水經注》〈灅水〉)
  석묘 앞에 또한 각종 짐승만 두 줄로 배열되어 있을 뿐, 만물이 시들고 시대가 쇠하여 **거의** 훼손되었다.
- 其石之突怒偃蹇◆, 負土而出, 爭爲奇狀者, **殆**不可數. (柳宗元, 〈鈷鉧潭西小丘記〉)
  [작은 언덕 뒤의] 돌이 불쑥 솟아 땅을 뚫고 나와서 다투어 기이한 형상을 이룬 것이 **거의** 헤아릴 수가 없다.
  ◆偃蹇(언건): 높이 솟은 모양.
- 酈元之所見聞, **殆**與余同, 而言之不詳. (蘇軾, 〈石鐘山記〉)
  역도원(酈道元)이 보고 들은 바는 **거의** 나와 같지만, 그러나 [그는] 말하는 것이 상세하지 못하다.
- 民饑疾癘, 死者**殆**半. (曾鞏, 〈趙州趙公救滅記〉)
  백성은 굶주리고 병들어서 죽은 자가 **거의** 절반이나 된다.
  癘: 염병 려
- 唐人以詩名家, 姓氏著於後世, **殆**不滿百. (計有功, 〈唐詩紀事序〉)
  당나라 사람으로 시로써 일가를 이루어 성씨가 후세에 빛난 자는 **대개** 백 명이 채 안 된다.
- 公凝坐頷首◆, **殆**欲下拜. (洪邁, 《容齋隨筆》〈嚴先生祠堂記〉)
  엄공(嚴公)은 정신을 통일하고 앉아 머리를 끄덕였는데, **거의** 엎드려 절을 하려는 것 같았다.
  ◆頷首(함수): 머리를 끄덕여 허락의 뜻을 보임.
- 況聞高麗王公仁厚勤儉, 以得民心, **殆**天啓也, 必爲三韓之主. (一然, 《三國遺事》)
  더군다나 고려의 왕공은 인후하고 근검하여 민심을 얻었으니, **거의** 하늘이 열어준 것으로 반드시 삼한의 주인이 될 것이다.

- 兩公所云不同者, **殆**此而已. (崔滋, 《補閑集》)

  두 분이 말한 바가 같지 않은 것은 **대체로** 이럴 따름이다.

❸ **부사** 미래의 일을 추측함을 나타내며, '장차'라고 해석한다.

- 女心傷悲, **殆**及公子同歸. (《詩經》〈豳風 七月〉)

  네 마음 슬프니, **장차** 공자들과 함께 돌아가려 한다.

- 遠方君子, **殆**有至者. (《論衡》〈指瑞〉)

  먼 곳의 군자가 **장차** 올 것이다.

❹ **부사** 단정이나 확신을 나타내며, '반드시'라고 해석한다. '必(필)'과 같은 뜻인데 '殆必(태필)'이라고 쓰면 뜻이 강조된다. 부정의 뜻을 나타내는 말 앞에서는 '전혀'라고 해석한다.

- 君亟定變法之慮, **殆**無顧天下之議也. (《商君書》〈更法〉)

  임금께서는 신속히 법을 고칠 계획을 결정하고, **반드시** 천하의 의론을 돌아보지 말아야 합니다.

- 吾見晉君之容, 而聽三却之語矣, **殆**必禍者也. (《國語》〈周語下〉)

  나는 진나라 군주의 모습을 보았고, 또 세 번 퇴각했다는 말을 들으니 **반드시** 화가 미칠 것이다.

- 如餓豺狼焉, **殆**必亡者也. (《國語》〈楚語下〉)

  마치 굶주린 시랑 같아서 **반드시** 망할 것이다.

- 君自此爲之, 則**殆**不成. (《莊子》〈徐無鬼〉)

  임금께서 그러한 생각이라면 [좋은 정치는] **반드시** 이루지 못할 것입니다.

- 座**殆**尙在於門. (《呂氏春秋》〈自知〉)

  임좌(任座)는 **반드시** 문에 있을 것입니다.

ㅌ

[참고]

① 위태롭다: • 病勢危**殆**. 병세가 **위태롭다**. • 思而不學則**殆**. (《論語》〈爲政〉) 생각하기만 하고 배우지 않으면 **위태롭다**. • 聞賢而不擧, **殆**; 聞善而不索, **殆**. (《管子》〈法法〉) 어질다는 말을 듣고도 임용하지 않으면 **위태롭고**, 착하다는 말을 듣고도 찾지 않으면 **위태롭다**. • 知彼知己, 百戰不**殆**. (《孫子兵法》〈謀攻〉) 상대를 알고 자신을 알면 백 번 싸워도 **위태롭지** 않다.

② 의심나다: • 多見闕**殆**. (《論語》〈爲政〉) 많이 들으면서도 **의심나는** 것은 남겨 둔다.

殆於(태어)

부사 추측이나 반신반의하는 것을 나타내며, '거의' '아마도'라고 해석한다. '殆乎(태호)'라고도 쓰는데, '殆其(태기)' '殆有(태유)'와도 비슷한 뜻이다.

- 寇退則反, **殆於**不可. (《孟子》〈離婁下〉)
  적이 물러났다고 해서 돌아오니, **아마도** 불가할 듯합니다.
- 七言律至是, **殆於**無可指摘, 而體格漸卑, 氣運日薄, 衰態畢露矣. (胡應麟, 《詩藪》)
  칠언율시는 이에 이르러 지적할 만한 것이 **거의** 없으니, 체제나 격식이 점점 낮아지고 기운이 날로 엷어져 쇠락하는 자태가 확실히 드러났다.

殆乎(태호)

부사 추측이나 반긍정을 나타내며, '殆於(태어)'와 유사하다. '아마도'라고 해석한다.

• 見之者, **殆乎**覇. (《莊子》〈達生〉)

그것을 본 자가 **아마도** 패주가 될 것이다.

• 若是, 則大事**殆乎**弛. (《荀子》〈王制〉)

이와 같으면, 큰일은 **아마도** 늦춰질 것이다.

• 弟子謂田駢曰: "客, 士歟?" 田駢曰: "**殆乎**非士也." (《呂氏春秋》〈士容〉)

제자들이 전병에게 말했다. "손님은 선비입니까?" 전병이 대답했다. "**아마도** 선비가 아닐 것이다."

• "往必克蜀, **殆**不還**乎**." 艾憮然不樂. (《三國志》〈魏書 鄧艾傳〉)

"가면 반드시 촉나라를 이기겠지만, **아마도** 돌아오지 못할 것이다." [그러자] 등애는 시무룩하며 즐거워하지 않았다.

迨(태)

❶ **전치사** 어떤 일정한 시간 안에서 조건이나 기회를 이용하는 것을 나타내며, '~을 틈타'라고 해석한다. 《시경》에 처음 보이며 그 이후에도 계속 사용되었다.

• **迨**天之未陰雨, 徹彼桑土, 綢繆◆牖◆戶. (《詩經》〈豳風 鴟鴞〉)

비가 내리지 않는 날**을 틈타** 뽕나무 뿌리의 껍질을 벗겨 창문을 잘 동여맸다.

◆綢繆(주무): 꽉 동여맴. 서로 얽혀 있다는 뜻도 있다.

◆牖(유): 벽을 뚫어 낸 격자창.

牖: 들창 유

• 宋公與楚人期, 戰於泓◆之陽◆. 楚人濟泓而來, 有司復曰: "請**迨**其未畢濟而擊之!" (《公羊傳》僖公二十二年)

송나라 양공(襄公)과 초나라 사람은 홍수 북쪽에서 교전하기로 기약했다. 초나라 사람이 홍수를 건너오니, 담당 관리가 다시 말했다. "청컨대 그들이 아직 다 건너지 못했을 **때를 틈타** 그들을 치십시오!"

◆泓(홍): 하남성을 흐르는 환수(渙水)의 지류인데, 홍수라고 한다.

◆陽(양): 하천의 북쪽을 일컬음.

陽: 북쪽 양

❷ **전치사** 어떤 사실이 발전된 시간을 나타내며, '~가 되어서' '~할 때'라고 해석한다. '迨及(태급)'이라고도 쓴다.

- **迨**諸父異爨, 內外多置小門, 墻往往而是. (歸有光, 〈項脊軒志〉)

  삼촌들이 분가**할 때** 안팎으로 작은 문을 많이 만들었는데, 담장도 왕왕 이러했다.

  爨: 불 땔 찬, 밥 지을 찬

- **迨**至蜀, 存者百餘人. (《王氏見聞記》〈王承休〉)

  [왕승휴(王承休)의 부하가] 촉나라에 도착**했을 때**, 생존자는 백여 명이었다.

- 女**迨**夜分◆方去. (《夷堅志》〈甲志〉)

  여자는 한밤중**이 되어서야** 비로소 떠났다.

  ◆夜分(야분): 한밤중. 야반(夜半)과 같음.

- **迨**長, 以文名於四方. (《元史》〈黃溍傳〉)

  성장**했을 때** 글로써 사방에 이름을 날렸다.

❸ **부사** 상황이나 동작이 어떤 정도에 매우 근접함을 나타내며, '거의'라고 해석한다.

- 外扞凶徒, 內防危堞, 晝夜不息, **迨**將五旬. (陸贄, 〈奉天請罷瓊林大盈二庫狀〉)

밖으로는 흉악한 무리를 막고, 안으로는 위험한 성을 지키려고 밤낮으로 쉬지 않은 지 **거의** 50일이 되었다.

【참고】

만나다: • 然卒**迨**於禍. (柳宗元, 〈三戒〉) 그러나 갑자기 화를 **만났다**.

特(특)

❶ **부사** 범위를 한정하며, '耳(이)' '爾(이)' '而已(이이)' 등과 호응하는 경우가 있다. '겨우' '다만' '단지'라고 해석한다.

- **特**犯人之形, 而猶喜之. (《莊子》〈大宗師〉)

  다만 사람의 형체를 얻어 태어나기만 해도 오히려 그것을 기뻐한다.

- 吾**特**與汝其夢未始覺者邪? (《莊子》〈大宗師〉)

  단지 나와 너만이 [그 변화의 도리도 깨닫지 못하고] 아직도 꿈속에서 깨어나지 못하는 자가 아닐까?

- **特**與嬰兒戱耳. (《韓非子》〈外儲說左上〉)

  단지 어린아이와 농담했을 뿐이다.

- 未嘗見人如中山陰姬者也, 不知者**特**以爲神. (《戰國策》〈中山策〉)

  일찍이 중산음의 여자 같은 사람을 보지 못했으며, 모르는 사람들은 **다만** 신이라고 생각한다.

- **特**王子慶忌爲之賜而不殺耳. (《呂氏春秋》〈忠廉〉)

  단지 왕자 경기가 은혜를 베풀어 죽이지 않았을 뿐이다.

- 臣之所見, 蓋**特**其小小者耳. (司馬相如, 〈子虛賦〉)

  신이 본 바는 아마도 **단지** 그 자질구레한 것뿐일 겁니다.

• 曹參雖有野戰略地之功, 此**特**一時之事. (《史記》〈蕭相國世家〉)

조참은 비록 들에서 싸워서 토지를 빼앗은 공이 있지만, 이것은 **단지** 한 때의 일이다.

• 丞相**特**前戲許灌夫, 殊無意往. (《史記》〈魏其武安侯列傳〉)

승상은 **단지** 일전에 장난삼아 관부에게 대답했지만, 근본적으로 [위씨(魏氏) 집에] 갈 뜻이 없었다.

• 高帝曰: "公罷矣, 吾**特**戲耳." (《漢書》〈叔孫通列傳〉)

고제가 말했다. "공은 그만둘지니, 내가 **다만** 희롱했을 뿐이다."

• 孟嘗君**特**鷄鳴狗吠之雄耳. (王安石, 〈讀孟嘗君傳〉)

맹상군은 **단지** 닭 울음소리와 개 짖는 소리를 내는 자들의 영웅일 뿐이다.

• 其記籍者, **特**名狀數目而已. (《王文成公全書》〈尊經閣記〉)

적에 기록된 것은 **단지** 이름과 행장 몇 세목일 뿐이다.

• **特**不曾檃括◆, 協韻爾. (羅大經, 《鶴林玉露》)

단지 일찍 잘못을 바로잡지 않고 운에 맞추었을 뿐이다.

◆檃括(은괄): 잘못을 바로잡다.

❷ **부사** 일반적인 상황이 아님을 나타내며, 동사나 형용사 앞에 쓰이고 '각별히' '특별히'라고 해석한다.

• 而彭祖乃今以久**特**聞. (《莊子》〈逍遙遊〉)

그러나 팽조(彭祖)는 지금까지 오래 산 것으로 **특별히** 알려져 있다.

• 河東, 吾股肱◆郡, 故**特**召君耳. (《史記》〈季布欒布列傳〉)

하동은 나에게 매우 중요한 군이기 때문에 **특별히** 그대를 불렀다.

◆股肱(고굉): 다리와 팔. 신체에서 팔과 다리처럼 '매우 중요한' 것을 의미한다.

• 安帝雅聞衡善術學, 公車**特**徵. (《後漢書》〈張衡列傳〉)

[한(漢)] 안제는 장형(張衡)이 술학에 정통하다는 말을 많이 듣고, 관용

수레를 보내 **특별히** 초빙했다.

- **特**遷一等, 以廣直言之路. (《後漢書》〈陳忠列傳〉)

  특별히 한 등급 승진시켜 직언하는 길을 확대했다.

- 勇至樓蘭◆, 以鄯善歸附, **特**加三綬. (《後漢書》〈班勇傳〉)

  반용(班勇)이 누란에 온 것은 선선이 한나라에 귀속하여 **각별히** [반용에게] 관직 3등급을 올려주었기 때문이다.

  ◆樓蘭(누란): 한(漢)·위(魏) 시대 서역(西域)의 지명. 선선(鄯善)이라고도 함.

- 今天下尚未定, 此**特**求賢之急時也. (《三國志》〈魏書 武帝紀〉)

  지금 천하가 아직 안정되지 않았으니, 지금이야말로 **특히** 현인을 구하는 것이 급한 때다.

- 縣有龍泉水, 可以砥礪◆刀劍, **特**堅利. (《水經注》〈滍水〉)

  [서평(西平)]현에는 용천수(龍泉水)가 있어서 칼을 갈 수 있었는데, **특별히** [칼이] 견고하고 날카로웠다.

  ◆砥礪(지려): '숫돌'이라는 뜻이 있으나 여기서는 '갈다'라는 동사로 쓰였다.

- 上頗欲知外事, 故**特**優遇之. (《譚賓錄》〈裴延齡〉)

  황상은 자주 외부 일을 알려고 했기 때문에 **특별히** 그를 잘 대우했다.

❸ **부사** 일의 성과가 없음을 나타내며, '헛되이'라고 해석한다.

- 君不愛宋民, 腹心◆不完, **特**爲義耳? (《韓非子》〈外儲說左上〉)

  왕께서는 송나라 백성을 아끼지 않아서 심복들이 온전치 못한데도 **헛되이** 도의만을 실행하려 하십니까?

  ◆腹心(복심): 배와 심장. '현명하고 지혜로운 신하' 또는 '매우 요긴하여 없어서는 안 될 사람'으로 파생되었다.

- 會羽季父左尹項伯素善張良, 夜馳見張良, 具告其實, 欲與俱去, 毋**特**俱死. (《漢書》〈高帝紀〉)

  마침 항우의 숙부 좌윤 항백은 평소에 장량과 사이가 좋았으므로 밤에 말을 타고 달려가 장량을 만나 그 실정을 모두 말하고, [자기와] 함께 떠나서 **헛되이** [유방(劉邦)과] 함께 죽지 못하게 하려 했다.

❹ **부사** 뜻밖의 의미를 나타내며, '乃(내)'와 비슷하다. '도리어' '오히려' 등으로 해석한다.

- 吾以爲夫子爲無所不知, 夫子**特**有所不知. (《荀子》〈子道〉)
  나는 선생은 모르는 것이 없을 것이라고 생각했는데, 선생도 **도리어** 모르는 것이 있었다.

【참고】

① 황소: • 遣使者以**特**牛祠中岳◆. (《三國志》〈魏書 明帝紀〉) 사신을 보내 **황소**를 [바쳐] 중악(中岳)에 제사 지내게 했다. ◆中岳(중악): 숭산(嵩山)의 별칭.

② 세 살 난 짐승: • 胡瞻爾庭有縣**特**兮. (《詩經》〈魏風 伐檀〉) 어찌 이 정원에 **세 살 난 짐승**이 매여 있는 것을 보겠는가.

③ 혼자: • 張良多病, 未嘗**特**將也. (《史記》〈留侯世家〉) 장량은 병이 많아 **혼자** [군대를] 지휘한 적이 없었다.

ㅍ

叵(파)

❶ **부사** 《설문해자》의 주석에 '不可(불가)'[불가하다]라고 되어 있는 회의자(會意字)로서 부정을 나타낸다. '叵可忍(파가인)'[참을 수 없다]에서 보듯 '叵(파)'는 '不(불)'과 같다. 한(漢)나라 초기에 처음 보인다. '~하지 않다(못하다)' '~할 수 없다'라는 뜻으로 해석한다.

- 雖**叵**復見遠流, 其詳可得略說也. (許愼, 〈說文解字敍〉)
  비록 다시 [문자의] 먼 흐름을 볼 **수는 없지만**, 그 상세함은 대략 말할 수 있다.
- 布目備曰: "大耳兒最**叵**信." (《後漢書》〈呂布列傳〉)
  여포(呂布)가 유비(劉備)에게 눈을 부릅뜨고 말했다. "큰 귀를 가진 녀석은 전혀 믿을 **수 없다**."
- 布因指備曰: "是兒最**叵**信者." 於是縊殺布. (《三國志》〈魏書 張邈傳〉)
  여포가 손가락질하며 유비에게 말했다. "이 녀석은 전혀 믿**지 못할** 놈이구나." [조조는] 결국 여포를 목매달아 죽였다.
- 吾門人多矣, 尹子**叵**測也. (《新唐書》〈尹愔傳〉)
  나는 제자가 많은데, 윤자는 헤아릴 **수가 없다**.

❷ **부사** 두 일이 인과관계에 있음을 나타내며, '곧' '드디어'라고 해석한다.

• 帝知其終不爲用, **回**欲討之. (《後漢書》〈隗囂列傳〉)

황제는 그가 결국 [자기를 위해] 힘쓰지 않을 것임을 알고는 **드디어** 그를 토벌하려고 했다.

• 超欲因此**回**平諸國, 乃上疏請兵. (《後漢書》〈班超列傳〉)

반초는 이 기회를 틈타서 **곧** 각국을 평정하려고 했으며, 이에 상소하여 군대를 요청했다.

❸ **부사** 정도가 아주 높음을 나타내며, '자못'이라고 해석한다.

• 其是非◆**回**繆於聖人. (《漢書》〈司馬遷列傳贊〉)

그의 평가는 성인과는 **자못** 다르다.

◆是非(시비): 옳고 그름과 선악을 구분하여 평가함.

頗(파)

❶ **부사** 정도가 높음을 나타내며, '매우' '자못'이라고 해석한다. 이 용법은 주로 한나라 이후에 나타났다.

• 宗室諸公莫敢爲言, 唯袁盎明絳侯無罪. 絳侯得釋, 盎**頗**有力. (《史記》〈袁盎鼂錯列傳〉)

왕족과 군신들은 감히 말하는 이가 없고, 단지 원앙만이 강후가 잘못이 없음을 증명했다. 강후가 석방된 데에는 원앙의 힘이 **자못** 컸다.

• 太祖之破袁術, 仁所斬獲**頗**多. (《三國志》〈魏書 曹仁傳〉)

태조(조조)가 원술을 격파할 때 조인이 죽이거나 사로잡은 적군이 **자못** 많았다.

• 樂安廉昭以才能拔擢, **頗**好言事. (《三國志》〈魏書 杜恕傳〉)

낙안의 염소는 재능으로 뽑혔는데, [문제가 생기는] 일에 대해서 말하기를 **매우** 좋아했다.

• 散騎常侍陳留蘇林·光祿大夫京兆韋誕·樂安太守譙國夏侯惠·陳郡太守任城孫該·郎中令河東杜摯等亦著文賦, **頗**傳於世. (《三國志》〈魏書 劉劭傳〉)

산기상시 진류 사람 소림과 광록대부 경조 사람 위탄, 낙안태수 초국 사람 하후혜, 진군태수 임성 사람 손혜, 낭중령 하동 사람 두지 등도 문장과 부를 써서 **자못** 세상에 전해졌다.

• 常著文章自娛, **頗**示己志. (陶淵明, 〈五柳先生傳〉)

항상 문장을 지어 스스로 즐기며 **자못** 자신의 뜻을 보여주었다.

• 初至北營, 抗辭慷慨, 上下**頗**驚動. (文天祥, 〈指南錄後序〉)

[원군(元軍)이] 처음에 막 북쪽 진영에 이르자, 저항하는 문사가 강개하니 [적군의] 위아래가 **매우** 놀라 요동쳤다.

• 五峯比肩, 不甚峭削, **頗**似筆架. (《徐霞客游記》〈游白岳日記〉)

다섯 봉우리가 어깨를 나란히 하고 서 있는데, 그다지 가파르지 않아 **자못** 붓걸이 같았다.

• 吾之軍士, **頗**雄壯否? (羅貫中, 《三國志演義》 四十五回)

우리의 군사는 **자못** 웅장하지 않은가?

• 新羅號爲君子之國, **頗**知書記, 有類中國. (金富軾, 《三國史記》)

신라는 군자의 나라로 일컬어지며 **자못** 글을 기록할 줄 알아 중국과 유사하다.

• 朕生而**頗**聖, 先知公主自遠而屆. (一然, 《三國遺事》)

짐은 태어나면서부터 **자못** 성스러워 공주가 먼 곳에서 올 줄 미리 알았다.

• 在中朝, 親見滕王閣, **頗**不如所聞云. (李睟光, 《芝峯類說》)

중국에 있을 때 등왕각을 직접 보았는데, **자못** 들은 바와 같지는 않았다.

❷ **부사** 정도가 깊지 않거나 수량이 많지 않음을 나타내며, '약간' '조금' 등으로 해석한다.

- 臣願**頗**采古禮, 與秦儀, 雜就之. (《史記》〈劉敬叔孫通列傳〉)

  저는 고대의 예법과 진나라의 의법(儀法)을 **약간** 합쳐서 [한나라의 의례를] 만들고자 합니다.

- 二十尙不足, 十五**頗**有餘. (《漢樂府》〈陌上桑〉)

  스무 살에는 아직 미치지 못했고, 열다섯 살보다는 **조금** 많습니다.

- 涉淺水者見蝦, 其**頗**深者察魚鱉, 其尤深者觀蛟龍. (《論衡》〈別通〉)

  물이 얕은 곳을 건너면 조그만 새우를 볼 수 있고, 물이 **조금** 깊은 곳에선 물고기와 자라를 볼 수 있으며, 물이 더 깊은 곳에선 교룡을 볼 수 있다.

- 光武中興, 深懷圖讖, **頗**略文華. (《文心雕龍》〈時序〉)

  광무제가 [한나라를] 중흥하던 무렵에는 예언하는 책에 매우 치중하여 문사를 **약간** 홀시했다.

  讖: 참서 참

❸ **부사** 동작 혹은 행위의 주체나 대상을 총괄함을 나타내며, '다수' '대부분' '모두' 등으로 해석한다.

- 外人射中單于鼻, 諸夫人**頗**死. (《漢書》〈陳湯列傳〉)

  성 밖의 사람이 활을 쏘아 선우의 코를 맞히자, 여러 부인이 **모두** 죽었다.

- 唯王褒**頗**與信相埒, 自餘文人, 莫有逮者. (《周書》〈庾信傳〉)

  단지 왕포만이 유신(庾信)과 **대체로** 서로 동등할 뿐이고, 그 밖의 문인들 중에는 미치는 자가 없다.

  埒: 같을 날

【참고】

치우치다, 불공평하다: • 不偏不**頗**. 치우치거나 **불공평하지** 않다. • 循繩墨而不**頗**. (屈原, 〈離騷〉) 법도를 따르고 **치우치지** 않는다.

頗(파)~否(부)

부사구로서 의문을 나타내며, '정말로 ~지 못하다'라고 해석한다.

- 人盜君膏藥, **頗**知之**否**? (《搜神記》 卷十七)
  다른 사람이 그대의 고약을 훔쳤는데, **정말로** 이 일을 알**지 못하는가**?

頗益(파익)

부사 정도가 깊어짐을 나타내며, '더욱더'라고 해석한다.

- 以此持論**頗益**堅. (徐光啓, 〈甘薯疏序〉)
  이 때문에 [나는] 이 논점을 견지하고 **더욱더** 굳건하다.

便(편)

ㅍ

❶ **부사** 두 일이나 사건이 시간적으로 매우 가까움을 나타내며, '곧' '곧바로'라고 해석한다. '卽(즉)'과 같으며 선진 시기에는 적게 보이다가 한대 이후에 많이 보인다.

- 若乃夫沒人, 則未嘗見舟而**便**操之也. (《莊子》 〈達生〉)

만일 그가 잠수할 수 있는 사람이면, 일찍이 배를 본 적이 없어도 **곧** [배에 타서] 다룰 수 있다.

- 楊僕使使上書, 願**便**引兵擊東越. (《史記》〈東越列傳〉)

  양복은 사신을 파견하여 글을 올리고, **곧** 병사를 이끌고서 동월을 공격하기를 원했다.

- 南中諸郡, 幷皆叛亂, 亮以新遭大喪, 故未**便**加兵. (《三國志》〈蜀書 諸葛亮傳〉)

  남중의 여러 군이 한꺼번에 반란을 일으켰는데, 제갈량은 방금 큰 상(유비가 죽은 것)을 만났기 때문에 **곧** 병사를 일으켜 토벌하지 않았다.

- 林盡水源, **便**得一山. 山有小口, 仿佛若有光. **便**舍船, 從口入. (陶淵明, 〈桃花源記幷序〉)

  숲은 시냇물이 발원한 곳에서 끝났는데, [어부는 거기에서] **곧** 산 하나를 발견했다. 산에 작은 동굴이 있었는데 마치 빛이 있는 것 같았다. [그는] **곧** 배를 버리고 굴로 들어갔다.

- 卽從巴峽穿巫峽◆, **便**下襄陽◆向洛陽. (杜甫, 〈聞官軍收河南河北〉)

  즉시 파협에서 무협을 통과하여, **곧바로** 양양으로 내려가 낙양을 향할 것이다.

  ◆巫峽(무협): 삼협(三峽)의 하나로서 호북성 파동현(巴東縣) 서쪽에 있다. 사천성 무산현(巫山縣)과 접경하며 무산(巫山) 가까이를 흘러감.

  ◆양양(襄陽): 호북성에 있는 현.

- 古人說雄深雅健, 此**便**是含蓄不露也. (魏慶之, 《詩人玉屑》)

  옛사람들이 말하는 웅장하고 깊으며 전아하고 강건함이란 **곧** 함축적이고 드러나지 않는 것이다.

- 律令格式, 有不便者, 卽**便**改張. (金富軾, 《三國史記》)

  율령과 격식에 불편함이 있는 것은 **곧** 바꾸었다.

- 王聞之感歎, 爲之停樂, **便**引之正室, 聞說道妙, 以及理世之方, 數日乃止.

(金富軾,《三國史記》)

왕이 그것을 듣고 감탄하여 음악을 멈추고, **곧** 그를 정실로 불러들여 도의 오묘함과 치세의 방법에 관한 말을 들었는데, 며칠 만에야 그쳤다.

❷ **부사** 반문을 나타내며, '설마' '어떻게' 등으로 해석한다.

- 自古一賢能制難, 有金湯**便**可無張許? (劉克莊, 〈賀新郞〉)

  예로부터 한 어진 사람이 어려움을 제어할 수 있으니, 금성(金城)이나 탕지(湯池)가 있다고 하여 **설마** 장순(張巡), 허원(許遠)[처럼 강한 저항 세력]이 없을 수 있겠는가?

❸ **접속사** 가설을 나타내며, '가령' '설령'이라고 해석하거나 해석하지 않기도 한다. 이러한 용법은 당나라 이후부터 쓰여진다.

- **便**與先生成永訣, 九重◆泉下盡交期. (杜甫, 〈送鄭十八虔貶臺州司戶〉)

  설령 선생과 영원히 이별하게 되더라도 저승에서라도 끝까지 사귈 것을 기약한다.

  ◆九重(구중): 하늘, 즉 저승을 뜻하며 '구천(九天)'과 같다.

- **便**做春江都是淚, 流下盡, 許多愁. (秦觀, 〈江城子〉)

  봄날의 강물이 모두 눈물 되어 전부 끝없이 흘러가네, 그 많은 시름을 싣고서.

- **便**倒傾海水浣衣塵, 難湔滌. (劉克莊, 〈滿江紅〉)

  설령 바닷물을 쏟아 옷의 먼지를 씻는다 하더라도 깨끗하게 씻기는 어렵다.

- 畫工着色饒渠巧, **便**有此容無此姿. (楊萬里, 〈過上湖嶺望招賢江南北山〉)

  화공이 색을 칠하고 경치 묘사가 교묘하다고 하는데, **설령** 이런 모습이 있다 하더라도 이러한 [생동하는] 자태는 없을 것이다.

【참고】

① 편안하다: • **便**寧無憂. (《墨子》〈天志中〉) **편안하고** 근심이 없다.

② 편리하다: • 人人自**便**. 사람마다 스스로 **편리하다**. • 形不利勢不**便**. 형세가 유리하지 못하고 지세가 **편리하지** 못하다.

③ 간편하다: • **便**裝. 평상복. • 陵**便**衣獨步山營. (《漢書》〈李陵列傳〉) 이릉(李陵)은 **간편한** 옷을 입고 산 위의 군영으로 혼자 걸어갔다.

④ 이익: • 女所謂**便**者, 不便之**便**也. (《荀子》〈議兵〉) 당신이 말하는 **이익**은 [많은 사람에게] 이롭지 않은 **이익**이다.

便縱(편종)

접속사 가설이나 양보를 나타내며, '설령'이라고 해석한다.

- **便縱**有千種風情, 更與何人說◆! (柳永, 〈雨霖鈴〉)

  설령 천 가지의 풍류가 있다고 하더라도 다시 누구와 더불어 기뻐하리오!

  ◆說(열): '悅(기쁠 열)'과 같음.

偏(편)

❶ **부사** 성질이나 동작의 정도가 보통보다 높음을 나타내며, '매우' '특히' 등으로 해석한다.

- 公曰: "訏謨定命, 遠猷辰告." 謂此句**偏**有雅人深致. (《世說新語》〈文學〉)

  공(사안謝安)이 말했다. "위대한 계획으로 정령(政令)을 정하고, 원대한

정책으로 때에 맞춰 알린다." [구절이 가장 좋다고] 말한 것은 이 구에 **특히** 시인의 깊은 뜻이 있음을 일컫은 것이다.

• 獨有宦游人, **偏**驚物候新. (杜審言, 〈和晉陵陸丞早春游望〉)
  유독 벼슬살이하는 사람은 만물의 새로움에 **매우** 놀란다.

❷ **부사** 범위를 제한하며, '다만' 등으로 해석한다.

• 中庭多雜樹, **偏**爲梅咨嗟. (鮑照, 〈梅花落〉)
  뜰 안의 많은 나무, **다만** 매화 때문에 한탄하네.
• 料得夜來天上鏡, 只應**偏**照兩人心. (劉禹錫, 〈懷妓〉)
  생각건대 저녁 하늘의 달은 **다만** 두 사람의 마음만을 비추는 듯하구나.

遍/徧(편)

부사 동작 혹은 행위가 모두에게 미침을 나타내며, '두루' '모두'라고 해석한다. 당송 대 이후부터는 조동사 뒤에서 보어의 역할을 했다.

• 公疾, **遍**賜大夫. (《左傳》 昭公三十年)
  소공(昭公)은 병이 들자 대부들에게 **두루** 상을 내렸다.
• 故聖人爲法, 必使之明白易知. 名正, 愚知**遍**能知之. (《商君書》〈定分〉)
  그러므로 성인이 법도를 만들면 반드시 명백하고 알기 쉽게 한다. 명분이 바르면 어리석은 사람이나 지혜로운 사람이나 **두루** 알 수 있다.
• 足可以**遍**行天下. (《荀子》〈性惡〉)
  발은 천하를 **두루** 다닐 수 있다.
• 門弟子不能**徧**觀而盡識也. (韓愈, 〈送王秀才序〉)
  문하의 제자들은 **두루** 보고 모두 알 수 없었다.

• 大率如此, 不可**徧**擧. (白居易, 〈與元九書〉)

대체로 이와 같으니 **모두** 열거할 수는 없다.

暴(폭)

부사 일이 갑자기 일어남을 나타내며, '갑자기' '급히' 등으로 해석한다. 대사인 '己(기)' '我(아)' 등과 상대적으로 쓰이면 '상대방'으로 해석한다.

• 澭水**暴**滋, 荊人弗知. (《呂氏春秋》〈察今〉)

옹수가 **갑자기** 불어났으나 형나라 사람들은 알지 못했다.

• 今**暴**得大名, 不祥; 不如有所屬. (《史記》〈項羽本紀〉)

지금 **갑자기** 큰 명성을 얻는 것은 상서롭지 못하니, [다른 사람의] 부하가 되느니만 못하다.

• 第中鼠**暴**多, 與人相觸, 以尾畫地. (《漢書》〈霍光列傳〉)

집 안에 쥐가 **갑자기** 많아져서 사람들과 서로 부딪치며, 꼬리로 땅에 그림을 그렸다.

第: 집 제 | 觸: 부딪칠 촉

• 建成夜召世民, 飲酒而酖之. 世民**暴**心痛, 吐血數升. (《資治通鑑》〈唐紀〉高祖武德九年)

[당나라 태자] 이건성(李建成)은 한밤중에 이세민(李世民)을 불러 술을 먹여 그를 살해하려고 했다. 이세민은 **갑자기** 가슴의 통증을 느끼며 몇 되의 피를 토했다.

• 屠**暴**起, 以刀劈狼首, 又數刀斃之. (《聊齋志異》〈狼〉)

백정이 **갑자기** 일어나 칼로 이리의 머리를 깨고, 다시 여러 번 칼질하여 그것을 죽였다.

[참고]

| '暴'을 '폭'으로 읽으면 | ① 햇볕을 쪼이다: • 一**暴**十寒. 하루는 **햇볕을 쪼이고** 열흘은 얼린다.

② 드러내다: • 功足以**暴**於天下矣. (司馬遷, 〈報任安書〉) 공은 족히 천하에 **드러낼** 수 있다.

| '暴'을 '포'로 읽으면 | ① 업신여기다: • 自是之後, 以强凌弱, 以衆**暴**寡. (《莊子》〈盜跖〉) 이후로는 강한 것으로써 약한 것을 업신여기고, 많은 것으로써 적은 것을 **업신여겼다**.

② 사납다: • 何其**暴**而不敬也? (《呂氏春秋》〈至忠〉) 어찌 그리 **사납고** 불경한가? • **暴**秦之欲無厭. (蘇詢, 〈六國論〉) **사나운** 진나라의 욕심은 만족이 없다.

③ 포악하다: • 將軍身被堅執銳, 伐無道, 誅**暴**, 復立楚國之社稷, 功宜爲王. (《史記》〈陳涉世家〉) 장군은 친히 군복을 입고 무기를 들고서 무도한 자를 토벌했으며, **포악한** 자를 주륙하여 초나라의 사직을 다시 세웠으므로, 공로는 응당 왕이 되어야 한다. • 孟子曰: "古之爲關, 將以禦**暴**." (《孟子》〈盡心下〉) 맹자가 말했다. "옛날에 관소를 설치한 것은 **포악한** 자를 막기 위함이었다."

彼(피)

대사 먼 사람이나 사물, 시간, 장소 등을 가리키며, '그것' '그(들)' '저(들)' '저런' 등으로 해석한다.

- 逝將去女◆, 適**彼**樂土. (《詩經》〈魏風 碩鼠〉)

  장차 너를 버리고 떠나 **저** 안락한 땅으로 가리라.

  ◆女(여): '汝(너 여)'와 같다.

- **彼**竭我盈, 故克之. (《左傳》莊公十年)

저들은 힘이 다했고 우리 편은 사기가 왕성했기 때문에 [우리가] 이겼다.

- 則將焉用**彼**相矣? (《論語》〈季氏〉)

  장차 어찌 **그런** 신하들을 쓰겠는가?

- **彼**一時, 此一時也. (《孟子》〈公孫丑下〉)

  그것은 그때이고, 이것은 이때이다.

- **彼**, 丈夫也; 我, 丈夫也, 吾何畏**彼**哉? (《孟子》〈滕文公上〉)

  그도 남자이고 나도 남자인데, 내가 어찌 **그**를 두려워하겠는가?

- 知**彼**知己, 百戰不殆. (《孫子兵法》〈謀攻〉)

  상대를 알고 자신을 알면 백 번 싸워도 위태롭지 않다.

- 息壤◆在**彼**. (《戰國策》〈秦策二〉)

  식양이 **저기** 있습니다.

  ◆息壤(식양): 전국시대 진(秦)나라 무왕(武王)이 무장 감무(甘茂)와 참언을 믿지 않겠다 고 맹세한 땅으로, '굳은 약속'을 말할 때 자주 사용된다. 결국 '식양재피(息壤在彼)'는 "전에 그곳에서 한 맹세를 잊으실 수야 있겠습니까."라는 의미다.

- 秦始皇帝游會稽, 渡浙江, 梁與籍俱觀, 籍曰: "**彼**可取而代也!" (《史記》〈項羽本紀〉)

  진시황제가 회계를 순행하고 절강을 건널 때, 항량(項梁)과 항적(項籍)이 함께 구경하다가 항적이 말했다. "**저 사람**[의 자리]을 빼앗아 대신하면 좋겠다!"

- 及燕, 置酒, 太子侍, 四人者從太子. 年皆八十有餘, 鬚眉皓白◆, 衣冠甚偉. 上怪之, 問曰: "**彼**何爲者?" (《史記》〈留侯世家〉)

  연회할 때가 되어 술을 차려놓고 태자가 옆에 서서 모시는데, 네 사람이 태자를 따랐다. [그들의] 나이는 모두 80여 살이고 수염과 눈썹이 희며 의관(衣冠)이 특별했다. 황제가 이상하게 생각하여 물었다. "**그들**은 무엇을 하는 자들인가?"

  ◆皓白(호백): 아주 흼.

• 以德若**彼**, 用力如此, 蓋一統若斯之難也! (《史記》〈秦楚之際月表序〉)

덕으로 [천하를 귀화시키면] **저**와 같고 힘을 사용하여 [정벌하면] 이와 같으니, 아마도 천하를 통일하는 것이 이렇게 어렵구나!

• 孫子曰: "今以君之下駟與**彼**上駟, 取君上駟與**彼**中駟, 取君中駟與**彼**下駟." (《史記》〈孫子吳起列傳〉)

손자가 말했다. "지금 당신의 하등 말로 **그들**의 뛰어난 말에 대항하고, 당신의 상등 말로 **그들**의 중등 말에 대항하고, 당신의 중등 말로 **그들**의 하등 말에 대항하십시오."

• 廣身自射**彼**三人者. (《史記》〈李將軍列傳〉)

이광(李廣)은 몸소 **그** 세 사람을 쏘았다.

• 有風自南, 翼**彼**新苗. (陶淵明, 〈時運〉)

바람이 남쪽에서 불어와 **저** 새싹들을 돋운다.

• **彼**不我恩也. (《柳河東集》〈童區寄傳〉)

그는 나를 좋아하지 않는다.

• 余雖不能詩, 然嘗好論詩, 以爲詩之境界, **彼**千餘年來鸚鵡名士占盡矣. (梁啓超, 〈新大陸游記〉)

내가 비록 시를 짓지는 못하지만 일찍이 시를 논하기는 좋아했는데, 시의 경계란 **저** 천여 년간 재능 있는 명사들이 모두 차지해왔다고 생각한다.

• **彼**林邑獻鸚鵡, 猶言苦寒, 思歸其國, 況二女遠別親戚乎? (金富軾, 《三國史記》)

저 임읍에서 바친 앵무새도 오히려 고통을 말하며 자기 나라로 돌아가려고 하거늘, 하물며 두 딸이 멀리 친척을 이별함에 있어서랴?

• 天所降卵, 化爲聖君, 居位而延齡, 則一百五十八年也, 自**彼**三皇而下, 鮮克比肩者歟. (一然, 《三國遺事》)

하늘이 내린 알이 변하여 성군이 되어 임금의 자리에 있으면서 오래 살아 158세나 되었으니, **저** 삼황 이래 견줄 만한 자가 드물다.

• **彼**衆我寡. (一然,《三國遺事》)

저쪽은 많고 우리 쪽은 적다.

彼其/彼己(피기)

대사 삼인칭이나 먼 사물을 대신하며, '그' '그것'이라고 해석한다.

• 君子曰: "**彼己**之子, 邦之司直." (《左傳》 襄公二十七年)

군자가 말했다. "**그**의 자식은 나라의 사직이구나."

• **彼其**髮短而心甚長. (《左傳》 昭公三年)

그는 머리카락은 짧지만 마음은 매우 크다.

• **彼其**道遠而險, 又有江山, 我無舟車, 奈何? (《莊子》〈山木〉)

그 길은 멀고도 험하며 강과 산도 있으나, 나는 배와 수레가 없으니 어찌할까?

• **彼其**寬也, 出無辨矣, 女又美之! (《荀子》〈堯問〉)

그의 관대함은 분별이 없는 데서 나오거늘, 그대는 또한 그것을 찬미하는구나!

• **彼其**無他異, 而獨通於聲. (《韓非子》〈外儲說左下〉)

그는 다른 특이한 점이 없으며, 오직 소리(음악)에만 뛰어나다.

彼此(피차)

대사 이쪽과 저쪽을 동시에 나타내며, '쌍방'이라고 해석한다.

• 今劉表新亡, 二子不協, 軍中諸將, 各有**彼此**. (《資治通鑑》〈漢紀〉 獻帝建安十三年)

지금 유표가 막 죽었는데, 두 아들(유기劉琦·유종劉琮)은 [서로] 돕지 않고 군영 안의 여러 장수는 각각 **쌍방**에 [치우쳐] 있었다.

• 狼終不得有加於先生, 先生亦極力拒, **彼此**俱倦, 隔驢喘息. (馬中錫,《中山狼傳》)

이리는 끝내 동곽(東郭) 선생을 해칠 수 없었으며, 동곽 선생 또한 있는 힘껏 저항했으니, **쌍방**이 모두 피곤해져 당나귀의 탄식을 사이에 두고 있었다.

被(피)

조동사 동사 앞에 쓰여 피동문을 만들며, '~에 의하여' '~을 당하여' '~을 받아'라고 해석한다. 어떤 때는 주체가 생략되기도 한다.

• 信而見疑, 忠而**被**謗, 能無怨乎? (《史記》〈屈原列傳〉)

[굴원(屈原)은] 신실했지만 의심을 받았고, 충성스러웠지만 비방**을 받았으니**, 원한이 없을 수 있겠는가?

• 湯爲天子大臣, **被**汙◆惡言而死, 何厚葬乎! (《史記》〈酷吏列傳〉)

장탕은 천자의 대신으로서 추악한 평**을 받고** 죽었는데, 어떻게 후한 장례를 한단 말인가!

◆汙(오): '汚(더러울 오)'와 같다.

• 僕誠以著此書, 藏諸名山, 傳之其人, 通邑大都. 其人, 謂與己同志者, 則僕償前辱之責, 雖萬**被**戮, 豈有悔哉? (司馬遷,〈報任少卿書〉)

저는 진실로 이 책(《사기》)을 지어 명산에 감추고는 [뜻을 같이하는] 사람들에게 전하여 광대한 도읍에 알려졌습니다. 그 사람들 [중에] 나와 뜻을 같이한다고 말하는 자가 있으면 제가 이전에 받았던 치욕을 씻을 수 있을 것이니, 설령 만 번 죽음을 **당하더라도** 어찌 후회가 있겠습니까?

• 石慶雖以謹得終, 然數**被**譴. (《漢書》〈公孫賀列傳〉)

석경은 비록 조심하여 명대로 살 수 있었으나 여러 차례 견책을 **당했다**.

• 屈原, 楚賢臣也, **被**讒放逐, 作離騷賦. (《漢書》〈賈誼列傳〉)

굴원은 초나라의 어진 신하였는데, 참소를 **당하여** 쫓겨나 〈이소부〉를 지었다.

• 永平五年, 兄固**被**召詣校書郎. (《後漢書》〈班超列傳〉)

영평 5년에 형 반고(班固)가 부름을 **받아** 교서랑이 되었다.

• 及丹**被**徵, 遣子昱候於道. (《後漢書》〈王丹列傳〉)

왕단(王丹)이 부름을 **받자**, 아들 욱을 보내 길에서 기다리게 했다.

• 孔融**被**收, 中外惶怖. (《世說新語》〈德行〉)

공융이 잡**히자** 안팎이 두려워했다.

• 李弘度常歎不**被**遇. (《世說新語》〈言語〉)

이홍도는 인정**받지** 못하는 것을 항상 한탄했다.

• 嵇康**被**誅後, 山公擧康子紹爲秘書丞. (《世說新語》〈政事〉)

혜강이 죽음을 **당한** 후, 산도(山濤)는 혜강의 아들 혜소를 비서승으로 삼았다.

• 諸葛恢大女適太尉庾亮兒. …… 亮子**被**蘇峻害, 改適江虨. (《世說新語》〈方正〉)

제갈회의 큰딸은 태위 유량의 아들에게 시집갔다. …… 유량의 아들이 소준에게 살해**된** 후 강빈에게 개가했다.

• 卽日**被**尙書召, 以朓補中軍新安王記室參軍. (《文選》〈拜中軍記室辭隋王箋〉)

오늘 상서성(尙書省)의 조서를 **받으니**, 나 사조(謝朓)를 중군신안왕의 기실참군에 임명하는 것이었습니다.

• 今國之賢相, **被**他國之拘執, 其可畏不犯難乎? (金富軾, 《三國史記》)

지금 나라의 재상이 남의 나라에 잡**히게** 되었으니, 두려워 어려움을 무릅쓰지 않겠는가?

- 寧**被**笑於今人, 無爲後人所笑. (李奎報, 〈與金秀才懷英書〉)

  차라리 지금 사람들에게 비웃음**을 당할**지언정 후세 사람들에게 웃음거리는 되지 마라.

- 重根**被**拘於旅順獄, 日人欲取其誣服, 滯囚二百餘日之間, 威脅利誘. (朴殷植, 《韓國獨立運動史》)

  안중근이 여순 옥에 갇**히자**, 일본 사람들은 그를 억지로 승복시키려고 2백여 일 동안 가두고는 위엄으로 협박하고 이익으로 꾀었다.

【참고】

① 받다, 걸치다: • 俱起佐命, 同**被**國恩. (《文選》〈爲幽州牧與彭寵書〉) 모두 일어나 천명을 보좌하여, 함께 국가의 은혜를 **받을** 것이다. • **被**褐而出, 衣錦而入. (《呂氏春秋》〈用衆〉) 베옷을 **걸치고** 나갔다가 비단옷을 입고 들어온다.

② 이불: • 帳**被**. 휘장과 **이불**.

必(필)

부사 행위 주체의 결연한 의지나 사실에 대한 확신을 나타내며, '반드시' '참으로'라고 해석한다.

- 天未絶晉, **必**將有主. (《左傳》 僖公二十四年)

  하늘이 진나라를 멸망시키지 않는다면 **반드시** 주군이 있을 것이다.

- 雖曰未學, 吾**必**謂之學矣. (《論語》〈學而〉)

  비록 배우지 못했다고 해도 나는 **반드시** 배움이 있는 사람이라고 하겠다.

• 如有復我者, 則吾**必**在汶上◆矣. (《論語》〈雍也〉)

만약 다시 저를 찾아온다면 저는 **분명히** 문수(汶水)가로 달아나 있을 것입니다.

◆汶上(문상): 문수(汶水)의 가. 문수는 산동성에 있는 강.

• 苟有過, 人**必**知之. (《論語》〈述而〉)

만약 허물이 있어도, 남이 그러한 점을 **반드시** 알려준다.

• 子曰: "**必**也正名乎." (《論語》〈子路〉)

공자께서 말씀하셨다. "**반드시** 명분을 바로잡아야겠다."

• 人主失守則危, 君臣釋法任私**必**亂. (《商君書》〈修權〉)

군주가 [권세를] 지키지 못하면 위험하고, 군주와 신하가 법도를 버리고 사사로이 하면 **반드시** 혼란스러워진다.

• 故明主之吏, 宰相**必**起於州部◆, 猛將**必**發於卒伍. (《韓非子》〈顯學〉)

따라서 현명한 군주는 벼슬을 임용함에 있어 재상은 **반드시** 주부에서 승진해 올라오고, 용맹스런 장수는 **반드시** 병졸의 대오에서 선발한다.

◆州部(주부): 지방 관청을 비유.

• **必**以長安君爲質, 兵乃出. (《戰國策》〈趙策四〉)

반드시 장안군(長安君)을 인질로 삼으면 구원병이 나올 것이다.

• 王**必**無人, 臣願奉璧往使. (《史記》〈廉頗藺相如列傳〉)

왕께 **참으로** 사람이 없다면 제가 [화씨(和氏)의] 구슬을 받들고 사신으로 가기를 원합니다.

• 誠得樊將軍◆首與燕督亢◆之地圖, 奉獻秦王, 秦王**必**說見臣. (《史記》〈刺客列傳〉)

만일 번장군의 머리와 연나라의 독항 일대의 지도를 가져다가 진왕에게 바친다면, 진왕은 **반드시** 기쁘게 나를 맞이할 것이다.

◆樊將軍(번장군): 전국시대 진(秦)나라의 무장인 번오기(樊於期)를 가리킴.

◆督亢(독항): 전국시대의 하북성에 있던 지명인데, 연나라 형가가 진왕에게 이곳의 지도

를 바쳤음.

• 吾**必**有以重報母. (《史記》〈淮陰侯列傳〉)

나는 **반드시** 아주머니께 후하게 보답하겠습니다.

• 臣聞智者千慮, **必**有一失; 愚者千慮, **必**有一得. (《史記》〈淮陰侯列傳〉)

제가 듣건대 지혜로운 사람도 천 번을 생각하면 **반드시** 한 번의 실수가 있고, 어리석은 사람도 천 번을 생각하면 **반드시** 한 번의 얻음이 있다고 합니다.

• 若非仙人, **必**敗其質. (《宣室志》〈張果〉)

만일 신선이 아니라면 **반드시** 그의 체질을 파괴시킬 것이다.

• **必**加鍊琢之工, 然後足以垂光虹蜺輝映千古. (李仁老,《破閑集》)

반드시 갈고닦는 공을 더한 후에야 찬란한 광채를 천고에 드리울 수 있다.

• 凡效古人之體者, **必**先習讀其詩. 然後效而能至也. (李奎報, 〈答全履之論文書〉)

무릇 고인의 문체를 본받으려면 **반드시** 먼저 그 시를 익숙하게 읽어야 한다. 그런 뒤에 본받아야 이를 수 있다.

• 自古詩評者, 未**必**能詩; 能詩者, 又未**必**善評. (金萬重,《西浦漫筆》)

옛날부터 시를 평하는 사람이 **반드시** 시에 능한 것은 아니고, 시에 능한 사람이 또 **반드시** 평을 잘한 것은 아니다.

• 孝, 百行之源也, 言**必**忠信, 行**必**篤敬, 以安父母之心. (《明心寶鑑》)

효는 모든 행동의 근원이니, 말은 **반드시** 충성되고 미쁘게 하며 행동은 **반드시** 독실하고 공경하게 함으로써 부모의 마음을 편안하게 해야 한다.

ㅍ

【참고】

① 기필하다: • 毋意, 毋**必**, 毋固, 毋我. (《論語》〈子罕〉) [근거 없는] 억측을 하지 않으셨고, **기필하는** 게 없으셨으며, 고집을 부리지 않으셨고, 나만이 옳다고 하지도 않으셨다.

② 결연하다: • 是以賞莫如厚而信, 使民利之; 罰莫如重而**必**, 使民畏之.(《韓非子》〈五蠹〉) 이 때문에 상은 후하고 신실하여 백성이 상 받는 것을 이롭게 여기게 하는 것이 낫고, 벌은 엄중하고 **결연하여** 백성이 그것을 두려워하게 하는 것이 낫다. • 故明主**必**其誅也. (《韓非子》〈五蠹〉) 그러므로 현명한 임금은 그 형벌을 [집행하는 데] **결연하다**.

③ 필연적: • 我倚名族, 亡秦**必**矣. (《史記》〈項羽本紀〉) 나는 명문에 의탁했으니 진(秦)을 멸망시키는 것은 **필연적**이다. • 賊有黠數, 其來**必**矣. (《三國志》〈魏書 鄧艾傳〉) 적군은 교활하고 계산을 잘하므로 그들이 오는 것은 **필연적**입니다. • 今掩其空虛, 破之**必**矣. (《三國志》〈魏書 鄧艾傳〉) 지금 그 빈 곳을 엄습하면, 그들을 격파시키는 것은 **필연적**입니다.

必須(필수)

부사 사실의 필연이나 확정을 나타내며, '반드시'라고 해석한다.

- 是以綴字屬篇, **必須**練擇. (《文心雕龍》〈練字〉)
  이 때문에 글자를 연결하여 글을 지을 때는 **반드시** [글자] 선택을 신중히 해야만 한다.
- 此人**必須**亡去. 不然, 當爲擒矣. (《唐摭言》〈宣慈寺門子〉)
  이 사람은 **반드시** 도망갈 것이다. 그러지 않으면 반드시 붙잡힐 것이다.
- **必須**也不是善良君子. (《水滸傳》十八回)
  반드시 선량한 군자는 아니다.

必將(필장)

부사 이치에 대한 추론과 확정을 나타내며, '반드시' '틀림없이'라고 해석한다.

- 故枸木**必將**待檃栝烝矯然後直, 鈍金**必將**待礱厲然後利. (《荀子》〈性惡〉)
  따라서 구부러진 나무는 **반드시** 도지개에 넣고 불에 쬐어준 연후에 곧게 되고, 무딘 쇠는 **반드시** 숫돌에 간 연후라야 날카로워진다.
  礱: 갈 롱
- 不築, **必將**有盜. (《韓非子》〈說難〉)
  [담을] 보수하지 않으면 **틀림없이** 도둑이 들 것입니다.
- 主人**必將**倍殯棺, 設北面於南方. (《史記》〈魯仲連鄒陽列傳〉)
  주인은 **반드시** 관을 뒤로하여 북쪽을 향하고 있는 자리를 남쪽으로 만들어놓는다.

畢(필)

부사 전부를 총괄함을 나타내며, '皆(개)' '盡(진)'과 같은 뜻이다. '모두' '전부' 등으로 해석한다.

- 萬物**畢**同**畢**異, 此之謂大同異. (《莊子》〈天下〉)
  만물은 **모두** 같은 것도 [입장에 따라서는] **모두** 다른데, 이것을 '대동이'라고 한다.
- 儒墨**畢**起. (《莊子》〈在宥〉)
  유가와 묵가가 **전부** 일어났다.
- 責**畢**收, 以何市而反? (《戰國策》〈齊策四〉)

빚을 **전부** 받아서 [그 돈으로] 무엇을 사 가지고 돌아올까요?

市: 살 시

- 諸將效首虜, **畢**賀. (《史記》〈淮陰侯列傳〉)

  장수들은 적의 머리와 포로를 바치며 **모두** 축하했다.

- 不過旬月, 軍食**畢**盡, 擊之可破也. (《後漢書》〈呂布列傳〉)

  열 달도 지나지 않아서 [조조] 군대의 식량은 **전부** 없어질 것이니, [그 때 가서] 그를 공격하면 격파시킬 수 있다.

- 群賢**畢**至, 少長咸集. (王羲之, 〈蘭亭集序〉)

  여러 현인이 **전부** 도착했고, 나이가 어린 자와 나이가 많은 자들도 다 모였다.

- 水大而物之浮者大小**畢**浮. (韓愈, 〈答李翊書〉)

  물이 많으면 뜨는 물건은 크든 작든 간에 **전부** 뜬다.

【참고】

① 완성되다: • 王者之事**畢**矣. (《荀子》〈議兵〉) 왕자(王者)의 사업이 **완성되었다**.

② 다하다: • 臣聞忠臣**畢**其忠. (《呂氏春秋》〈自知〉) 저는 충신은 그의 진심을 **다 한다고** 들었습니다. • 語未**畢**, 余泣, 嫗亦泣. (歸有光, 〈項脊軒志〉) 말을 아직 **다 하기** 전에 내가 울자, 노파 또한 울었다.

③ 별자리 이름. 28수(宿)의 열두 번째 별.

畢竟(필경)

부사 일이 최종적으로 도달하는 귀결점을 나타내며, '결국' '필경' 등으로 해석한다. '究竟(구경)' '止竟(지경)' '至竟(지경)'과 같다.

- 人生能幾何? **畢竟**歸無形. (王維, 〈嘆殷遙〉)

사람이 얼마나 살 수 있을까? **결국** 형체가 없는 데로 돌아간다.

- **畢竟**成功何處是? (許渾, 〈聞開江宋相公申錫下世〉)

결국 성공은 어디에 있단 말인가?

ㅍ

ㅎ

何(하)

❶ **대사** 동사나 전치사 앞에 쓰여 사물·사람·장소를 묻는다. '누구' '무엇' '어디'라고 해석한다.

- 民**何**安焉? (《左傳》宣公十二年)
  백성은 **무엇**으로써 안정되는가?
- 管子曰: "然則君將**何**求?" 曹子曰: "願請汶陽之田." (《公羊傳》莊公十三年)
  관자(관중管仲)가 말했다. "그러면 당신은 **무엇**을 구하려 합니까?" 조자가 말했다. "문수 북쪽의 땅을 원합니다."
- 文姜者**何**? 莊公之母也. (《公羊傳》莊公二十二年)
  문강(文姜)이란 **누구**인가? [노(魯)]장공(莊公)의 어머니다.
- 內省不疚, 夫**何**憂**何**懼? (《論語》〈顏淵〉)
  안으로 반성하여 꺼림칙하지 않다면, **무엇**을 근심하고 **무엇**을 두려워하겠느냐?
  疚: 꺼림칙할 구
- 子夏云**何**? (《論語》〈子張〉)
  자하는 **무엇**이라고 말씀하시던가?

ㅎ

• **何**由知吾可也? (《孟子》〈梁惠王上〉)

무엇으로 말미암아 내가 할 수 있다는 것을 아는가?

• 牛**何**之? (《孟子》〈梁惠王上〉)

소는 **어디**로 가느냐?

• 孟嘗君曰: "客**何**好?" 曰: "客無好也." 曰: "客**何**能?" 曰: "客無能也." (《戰國策》〈齊策四〉)

맹상군이 말했다. "손님은 **무엇**을 좋아하는가?" 말했다. "손님은 좋아하는 것이 없습니다." [맹상군이] 말했다. "손님은 **무엇**을 잘하는가?" 말했다. "손님은 잘하는 것이 없습니다."

• 寡人將去斯而之**何**? (《列子》〈力命〉)

나는 장차 이곳을 떠나서 **어디**로 갈 것인가?

• **何**爲不去也? (《禮記》〈檀弓下〉)

무엇 때문에 떠나지 않는가?

• 大王來**何**操? (《史記》〈項羽本紀〉)

대왕은 **무엇**을 가지고 왔습니까?

• 溫曰: "**何**姓?" 宓曰: "姓劉." (《三國志》〈蜀書 秦宓傳〉)

장온(張溫)이 말했다. "성이 **무엇**이오?" 진복(秦宓)이 말했다. "성은 유요."

• 福生有基, 禍生有胎, 納其基, 絶其胎, 禍**何**自來? (枚乘, 〈上書諫吳王〉)

복의 발생에도 기초가 있고 재앙의 발생에도 근원이 있는데, 그 [복이 생기는] 기초를 받아들이고 [재앙이 일어나는] 근원을 끊어버리면 재앙이 **어디**에서 오겠는가?

• 不由生者之形骸, 則此骨骼從**何**而至此邪? (范縝, 《神滅論》)

스스로 살 수 있는 몸이 아니거늘, 이 골격은 **어디**로부터 여기에 이르렀겠는가?

骸: 정강이뼈 해 | 骼: 백골 격

❷ **대사** 원인·이유·방법을 묻거나 반문을 나타내며, '무엇 때문' '어떻게' '어째서' '왜' 등으로 해석한다.

• 肉食者謀之, 又**何**間焉? (《左傳》莊公十年)

권세 있는 자가 그것을 꾀하는데, [그대는] 또 **어째서** 참견하려 하는가?

• 吾不免是懼, **何**敢告子? (《左傳》襄公二十二年)

나는 이 두려움을 면치 못하는데, **어떻게** 감히 당신에게 말하겠습니까?

• 夫子**何**哂由也? (《論語》〈先進〉)

선생께서는 **어째서** 중유(仲由)를 비웃습니까?

哂: 비웃을 신

• 隣國之民不加少, 寡人之民不加多, **何**也? (《孟子》〈梁惠王上〉)

이웃 나라의 백성이 더 적어지지 않고, 과인의 백성이 더 많아지지 않는 것은 **무엇 때문**입니까?

• 今恩足以及禽獸, 而功不至於百姓者, 獨**何**與? (《孟子》〈梁惠王上〉)

지금 [임금의] 은혜가 충분히 금수에까지 이르는데, 공이 백성에게 이르지 못하는 것은 유독 **어째서**입니까?

• 彼, 丈夫也; 我, 丈夫也, 吾**何**畏彼哉? (《孟子》〈滕文公上〉)

그도 남자이고 나도 남자인데, 내가 **어찌** 그를 두려워하겠는가?

• **何**許子之不憚煩! (《孟子》〈滕文公上〉)

어찌하여 허자는 번거로움을 꺼리지 않는가!

• 百仞之山, 任負車登焉, **何**則? 陵遲故也. (《荀子》〈宥坐〉)

백 인이나 되는 높은 산을 짐수레가 올라가는 것은 **무엇 때문**인가? 능선이 완만하기 때문이다.

• **何**不試之以足? (《韓非子》〈外儲說左上〉)

어째서 발로 그것을 시험해보지 않는가?

• **何**居? 我未之前聞也 (《禮記》〈檀弓上〉)

어째서인가? 나는 이전에 이런 일을 듣지 못했다.

ㅎ

• 子刑**何**哭之悲也! (《新序》〈雜事〉)

당신은 형벌을 받았다고 하여 **어찌** 이처럼 슬피 우는가!

• 若爲傭耕, **何**富貴也? (《史記》〈陳涉世家〉)

너는 고용되어 밭을 경작하는데 **어떻게** 부귀할 수 있겠는가?

• 此特群盜, 鼠竊狗盜耳. **何**足置之齒牙間? (《史記》〈劉敬叔孫通列傳〉)

이들은 단지 도적 떼로서 마치 쥐와 개가 도둑질하는 것에 불과합니다. **어찌** 말할 가치가 있겠습니까?

• **何**子居之高, 視之下; 儀貌之壯, 語言之野也! (《論衡》〈書虛〉)

어찌하여 그대는 지위는 높은데 시야는 낮으며, 용모는 장대한데 말은 투박한가!

• 冠雖敝, 必加於首; 履雖新, 必關於足. **何**者? 上下之分也. (《漢書》〈儒林列傳〉)

관은 비록 해졌어도 반드시 머리에 써야 하고, 신은 비록 새것이라도 반드시 발에 신어야 한다. **무엇 때문**인가? 위아래의 구분이 있기 때문이다.

履: 신 리

• 徐之, **何**迺◆驚人如是! (《漢書》〈霍光列傳〉)

천천히 하지, **왜** 그렇게 사람을 놀라게 하는가!

◆迺(내): '乃(이에 내)'와 같다.

• 群曰: "夫議刑爲國, 非爲私也. 且自明主之意, 吾**何**知焉?" (《三國志》〈魏書 陳群傳〉)

진군(陳群)이 말했다. "대체로 형벌에 대한 논의는 국가를 위한 것이지 사사로운 정을 위한 것이 아닙니다. 더구나 이것은 성군의 의향에서 나온 것이니, 제(진군)가 **어찌** 알겠습니까?"

• 艾怒曰: "存亡之分, 在此一擧, **何**不可之有?" 乃叱忠·纂等, 將斬之. (《三國志》〈魏書 鄧艾傳〉)

등애가 화를 내며 말했다. "살고 죽는 구분은 이 한 번의 싸움에 있는데,

어찌 불가함이 있겠는가?" [그러고는] 등충(鄧忠)과 사찬(師纂) 등을 질타하며 그들의 머리를 베려고 했다.

❸ **대사** 사람 혹은 사물의 성질을 묻거나 불특정 대상을 가리키며, '무슨' '무엇' '어느 것' '어떤' '왜'라고 해석한다. 어기사 '居(기)' '也(야)' '者(자)' '哉(재)' '則(즉)' 등과 함께 쓰기도 한다. 스스로 묻고 대답하는 경우에도 쓰인다.

- 以此攻城, **何**城不克? (《左傳》僖公四年)
  이 군대로 성을 공격하면 **어느** 성인들 공략하지 못하겠는가?
- 地震者**何**? 動地也. (《公羊傳》文公九年)
  지진이란 **무엇**인가? 땅이 흔들리는 것이다.
- 宗廟會同, 非諸侯而**何**? (《論語》〈先進〉)
  종묘의 일과 회동이 제후의 일이 아니면 **무엇**이겠느냐?
- **何**哉? 爾所謂達者? (《論語》〈顔淵〉)
  무엇이냐? 네가 말하는 통달이라는 것이?
- 前世不同教, **何**古之法? (《商君書》〈更法〉)
  지나간 시대에는 교화가 각기 다른데, **어느** 왕조의 옛 법을 본받을 수 있겠는가?
- 所以然者**何**? 水土異也. (《晏子春秋》〈內篇雜下〉)
  원인은 **무엇**인가? 물과 흙이 다르기 때문이다.
- 走出門者**何**? 白馬也? (《韓非子》〈內儲說上〉)
  문으로 달려 나간 것은 **무엇**인가? 백마인가?
- 此**何**術也? (《史記》〈淮陰侯列傳〉)
  이것은 **무슨** 전술인가?
- 今大王誠能反其道, 任天下武勇, **何**所不誅! 以天下城邑封功臣, **何**所不服! 以義兵從思東歸之士, **何**所不散!" (《史記》〈淮陰侯列傳〉)

ㅎ

지금 대왕께서 진실로 [항우의] 그 길을 반대로 하여 천하의 용감한 사람을 임용하면 **어떤** 적인들 멸망시킬 수 없겠습니까! 천하의 성읍(城邑)을 공 있는 신하에게 분봉하여 주면 **어떤** 적인들 복종하지 않겠습니까! 정의를 내세워 동쪽으로 돌아가고 싶은 병사를 따르게 하면 **어떤** 적인들 흩어져 달아나지 않겠습니까!

- 吾所以有天下者**何**? 項王之所以失天下者**何**? (《漢書》〈高帝紀〉)

  내가 천하를 차지하게 된 이유는 **무엇**인가? 항왕이 천하를 잃은 까닭은 **무엇**인가?

- 不知**何**一男子, 自謂秦始皇. (《論衡》〈實知〉)

  알지도 못하는 **어떤** 한 남자가 스스로 진시황이라고 할 것이다.

- 子路**何**人也? (《論衡》〈定賢〉)

  자로(子路)는 **어떤** 사람인가?

- 臣夜人定後, 爲**何**人所賊傷, 中臣要害. (《後漢書》〈來歙列傳〉)

  저는 한밤중에 **어떤** 놈에게 상처를 입었는데 급소를 맞았습니다.

- 初, 漢熹平五年, 黃龍見譙, 光祿大夫橋玄問太史令單颺. "此**何**祥也?" (《三國志》〈魏書 文帝紀〉)

  이전 한나라 희평 5년(176)에 황룡이 초현에 출현했는데, 광록대부 교현이 태사령 단양에게 물었다. "이는 **무슨** 조짐이오?"

- 或以責褚曰: "征南宗室重臣, 降意呼君, 君**何**故辭?" (《三國志》〈魏書 典韋傳〉)

  어떤 사람이 허저(許褚)를 질책하며 말했다. "정남 장군은 조공(曹公)의 인척이고 조정의 중신인데, 자신을 낮추어 그대를 불렀거늘 당신은 **무엇** 때문에 거부했소?"

- 子貢曰: "如有博施於民而能濟衆, 何如? 可謂仁乎?" 子曰: "**何**事於仁, 必也聖乎! 堯·舜其猶病諸!" (《論語》〈雍也〉)

  자공이 여쭈었다. "만약 백성에게 널리 베풀고 백성을 구할 수 있다면 어떻습니까? 인(仁)이라고 할 수 있습니까?" 공자께서 말씀하셨다. "**어**

찌 인을 행하는 것[뿐]이겠는가, 반드시 성인일 것이다! [그것은] 요임금과 순임금도 오히려 부족하게 여기셨다!"

- 況僕據金城之固, 驅士民之力, 散三年之畜, 以爲一年之資, 匡困補乏, 以悅天下. **何**圖築室反耕哉? (《三國志》〈魏書 臧洪傳〉)

  하물며 나는 철벽같은 성을 차지하고, 병사와 백성의 힘을 모아 3년 동안 비축한 것을 나누어주었으며, 이를 1년의 밑천으로 삼아 곤궁한 사람들을 구제하고 가난한 사람들을 도와 천하를 기쁘게 했습니다. **무엇 때문에** 궁실을 짓느라 농사를 거스르는 일을 꾀하겠습니까?

- 主人當鑒我曹輩, 反旌退師, 治兵鄴垣, **何**宜久辱盛怒, 暴威於吾城下哉? (《三國志》〈魏書 臧洪傳〉)

  주인은 우리의 생각을 명확히 살피고 깃발을 돌려 군대를 철수하여 업성에 군대를 주둔시켜야 하거늘, **어떻게** 오랫동안 치욕스러워하고 노여워하면서 우리 성 아래에 위세를 드러낼 수 있습니까?

- 太祖謂曰: "卿昔爲本初移書, 但可罪狀孤而已. 惡惡止其身, **何**乃上及父祖邪?" (《三國志》〈魏書 王粲傳〉)

  태조(조조)가 말했다. "그대는 옛날 원본초(원소)를 위해 격문을 지을 때 단지 나의 죄상만을 열거하면 되었을 것이다. 죄악을 비방하는 것은 나 자신에게 국한되어야 하거늘 **무엇 때문에** 위로 우리 부친과 조부에게까지 이르렀는가?"

- 問女**何**所思? 問女**何**所憶? (無名氏, 〈木蘭詩〉)

  딸에게 묻노니 생각하는 바는 **무엇**인가? 딸에게 묻노니 회상하는 바는 **무엇**인가?

- **何**哉? 蓋踵其事而增華, 變其本而加厲. (蕭統, 〈文選序〉)

  어찌 된 것인가? 대개 그 일을 이어 화려함을 더하고, 그 근본을 바꿔 매서움을 더한 것이다.

- 王充者**何**? (韓愈, 〈後漢三賢贊 三首〉)

ㅎ

왕충은 **어떤 사람**인가?

- 又不知相遇是**何**年, 相見在**何**地. (白居易, 〈與元九書〉)

  또한 [우리 두 사람이] **어느** 해에 만났는지 **어느** 곳에서 만났는지 모르겠다.

❹ **부사** 정도가 매우 높음을 나타내며 감탄의 의미도 있다. '무척' '어찌나' '얼마나'라고 해석한다.

- 人主無賢, 如瞽無相, **何**倀倀! (《荀子》〈成相〉)

  군주가 어짊이 없으면 마치 맹인에게 도와주는 사람이 없는 것과 같으니 **얼마나** 갈팡질팡하겠는가!

- 羽豈其苗裔邪? **何**興之暴也! (《史記》〈項羽本紀〉)

  항우는 어찌 순임금의 후손이겠는가? [그가] 일어나는 것이 **얼마나** 빨랐던가!

- 受賜不待詔, **何**無禮也! (《漢書》〈東方朔列傳〉)

  황제가 내리신 [고기를] 받으면서 조서를 기다리지 않았으니 **얼마나** 무례한 일인가!

- 四顧**何**茫茫, 東風搖百草. (《古詩十九首》〈迴車駕言邁〉)

  사방을 돌아보면 **얼마나** 아득한지, 봄바람이 온갖 풀을 흔든다.

- 水**何**澹澹◆, 山島竦峙◆. (曹操, 〈觀滄海〉)

  바닷물이 **얼마나** 출렁거리고 산과 섬이 우뚝 솟아 있는지.

  ◆澹澹(담담): 물이 출렁거리는 모양.

  ◆竦峙(송치): 우뚝 솟음. '竦(송)'은 '聳(솟을 용)'과 같다.

  竦: 우뚝 솟을 송

- 秦王掃六合◆, 虎視**何**雄哉! (李白, 《古風 五十九首》三)

  진왕이 천하를 휩쓰는 것은 사나운 호랑이가 노려보는 것처럼 **무척** 웅장하구나!

◆六合(육합): 천지와 사방, 즉 천하.

- 後來鞍馬**何**逡巡, 當軒下馬入錦茵. (杜甫, 〈麗人行〉)

  뒤에 오신 말 탄 분 **어찌 그리** 망설이시나, 집에 이르자 말 내려 비단 방으로 들어가네.

- 郡吏來**何**暴, 縣官不敢抗. (梅堯臣, 〈汝墳貧女〉)

  군의 이속이 **어찌나** 포악하던지, 현의 관리는 감히 저항도 못하네.

- 掠人婦女罪**何**極. (一然, 《三國遺事》)

  남의 부녀자를 겁탈한 죄 **얼마나** 큰가.

- 吾子**何**拒之甚耶! (李奎報, 〈答全履之論文書〉)

  그대는 **어찌 그리** 심하게 배격하는가!

何遽/何渠(하거)

부사 원인을 묻거나 반문을 나타내며, '어찌' '왜'라고 해석한다.

- 子墨子曰: "雖子不得福, 吾言**何遽**不善, 而鬼神**何遽**不明?" (《墨子》〈公孟〉)

  묵자(墨子)가 말했다. "비록 그대가 복을 얻지 못했다고 하더라도, 내 말이 **어찌** 옳지 않을 것이며 귀신은 **어찌** 밝지 않겠는가?"

- 塘有萬穴, 塞其一, 魚**何遽**無由出? 室有百戶, 閉其一, 盜**何遽**無從入? (《淮南子》〈人間訓〉)

  제방에 만 개의 구멍이 있는데, 그중 하나를 막는다고 하여 **어찌** 물고기가 나갈 길이 없겠는가? 궁실에 백 개의 문이 있는데, 그중 하나를 닫는다고 하여 **어찌** 도둑이 들어갈 문이 없겠는가?

- 我不如往. 往, **何遽**必辱? (《史記》〈鄭世家〉)

  내가 가는 것이 낫겠다. 간다고 해서 **어찌** 반드시 치욕이겠는가?

- 尉他大笑曰: "吾不起中國, 故王此. 使我居中國, **何渠**不若漢?" (《史記》〈酈

ㅎ

生陸賈列傳〉)

위타가 크게 웃으며 말했다. "나는 중원 지역에서 일어나지 않아 여기에서 왕이 되었다. 만약 내가 중원 지역에 살았다면 **어찌** 한(漢) 왕조에 못 미쳤겠는가?"

- **何渠**不若彼癡獃魍魎者耶? (洪大容, 〈答徐成之論心說〉)

  어찌 저 어리석고 도깨비 같은 자만 못하겠는가?

何其(하기)

부사 의문·반문·감탄을 나타내며, '어떻게' '어찌' '얼마나' '왜' 등으로 해석한다. '其(기)'는 별다른 뜻이 없다.

- 二三子**何其**戚也! (《左傳》僖公十五年)

  너희는 **어찌** 그리 상심하는가!

- 雖有君命, **何其**速也? (《左傳》僖公二十四年)

  비록 그대가 군주의 명령을 받았다지만, **어떻게** 그처럼 빨랐는가?

- 君子之言禮, **何其**尊也! (《禮記》〈哀公問〉)

  군자가 예의를 말함이 **얼마나** 고귀한가!

- 子之迂也! **何其**正也? (《史記》〈孔子世家〉)

  선생님은 우활하시구나! **어떻게** 바로잡을 수 있겠습니까?

- 利不可謀, **何其**迂闊! (李贄, 〈賈誼〉)

  이익을 도모하지 말라니 **얼마나** 황당한가!

- 雖欲相棄, **何其**速歟? (《河東記》〈盧佩〉)

  설사 서로 포기하려 해도, **왜** [이렇게] 서두르는가?

- 公之生涯, **何其**困哉? (《集異記》〈賈人妻〉)

  당신 생애는 **왜** 이렇게 곤궁한가?

何乃(하내)

부사 '何(하)'와 접속사 '乃(내)'가 결합된 형태로 반문이나 반어를 나타내며, '어떻게' '어째서' '어찌' '하물며' 등으로 해석한다.

- 今怨高祖辱我王, 故欲殺之, **何乃**汚王爲乎? (《史記》〈張耳陳餘列傳〉)
  지금 고조가 우리 왕을 모욕한 것을 원망하여 그를 죽이려고 한 것인데, **어찌** 우리 왕을 더럽히는 일이 되겠는가?
- 今王衆不過數十萬, 皆蠻夷, 崎嶇山海間, 譬若漢一郡. 王**何乃**比於漢? (《史記》〈酈生陸賈列傳〉)
  지금 왕의 백성은 수십만에 불과하며 모두 만이인 데다 험준한 산과 바다 사이에 사니, 비유하면 한나라의 한 군과 같습니다. 왕께서는 **어찌** 한나라와 비교하십니까?
- 辟陽侯曰: "平原君母死, **何乃**賀我乎?" (《史記》〈酈生陸賈列傳〉)
  벽양후가 말했다. "평원군의 어머니가 돌아가셨는데, **어찌하여** 나에게 축하를 하는가?"
- 今將軍尙不得夜行, **何乃**故也! (《史記》〈李將軍列傳〉)
  지금의 장군도 야행할 수 없는데, **하물며** 전임(이 장군)이야!
- 此其兄弟遇誅, 不亦宜乎! **何乃**罪地脈哉? (《史記》〈蒙恬列傳〉)
  이에 그들 형제가 죽임을 당한 것 또한 마땅한 것 아니겠는가! **어찌** 지맥을 끊은 탓으로 죄를 돌리겠는가?"
- 且秦擧咸陽而棄之, **何乃**越也? (《史記》〈東越列傳〉)
  그리고 진나라는 [수도] 함양조차 버렸는데, **하물며** [변방의] 월나라임에랴?
- 及就席, 上曰: "**何乃**遲爲?" (《南史》〈張邵傳〉)
  자리에 나아가자 황상이 말했다. "**어째서** 늦었는가?"

ㅎ

何當(하당)

부사 장차 다가올 시간을 나타내며, '어느 날' '언제나' '언제쯤'이라고 해석한다. '何日(하일)'과 같다.

- 一去數千里, **何當**還故處? (《樂府詩集》〈橫吹曲辭: 紫騮馬歌辭〉)

  한번 떠나가면 수천 리니, **언제쯤** 고향으로 돌아올는지?

- 曰: "曹州刺史**何當**入朝?" 或曰: "即今冬也." (《北史》〈柳裘傳〉)

  말했다. "조주자사는 **언제쯤** 입조합니까?" [그러자] 어떤 사람이 말했다. "금년 겨울일 것입니다."

- **何當**載酒來, 共醉重陽節. (孟浩然, 〈秋登萬山寄張五〉)

  언제쯤 술을 지고 올라와 중양절에 함께 취해볼는지.

- **何當**金絡腦, 快走踏淸秋? (李賀, 〈馬詩〉)

  언제 금색 굴레를 쓰고 빨리 달려 맑게 갠 가을을 밟을까?

- **何當**共剪西窓燭, 却話巴山夜雨時. (李商隱, 〈夜雨寄北〉)

  언젠가 함께 서쪽 창문에서 촛불 심지 자르며 파산의 밤비 내릴 때를 얘기하겠지.

- 一死尙可忍, 百歲**何當**窮! (陳師道, 〈妾薄明二首〉)

  한 번 죽는 것은 오히려 참을 만한데, 죽을 때까지 **언제나** 궁핍할지니!

何等(하등)

대사 사물이나 성질을 반문하듯 묻거나 상황을 부정하는 것을 나타내며, '무슨' '무엇' '어떤' 등으로 해석한다.

- 陛下在, 妾又**何等**可言者? (《史記》〈三王世家〉)

  폐하께서 계신데 제가 또한 **무엇**을 말씀드릴 수 있겠습니까?

• 實皇帝者, **何等**也? (《論衡》〈道虛〉)

진실로 황제란 **무엇**인가?

• 汝言漢人死盡, 今是**何等**人也? (《後漢書》〈南匈奴列傳〉)

너는 한나라 사람이 다 죽었다고 말했는데, 지금 이들은 **어떤** 사람들인가?

• 布於白門樓上謂軍士曰: "卿曹無相困. 我自首當明公." 陳宮曰: "逆賊曹操, **何等**明公!" (《三國志》〈魏書 呂布傳注引獻帝春秋〉)

여포(呂布)가 백문루 위에서 군사들에게 말했다. "그대들은 나를 가두지 마라. 나는 명공(明公, 조조)에게 자수할 것이다." 진궁이 말했다. "역적 조조가 **무슨** 명공인가!"

• 不知公對杜襲道**何等**也. (《三國志》〈魏書 杜襲傳〉)

그대가 두습에게 **어떤** 것들을 말했는지 모르겠다.

• "此**何等**城?" 或曰: "金城湯池, 天賦之國." (《北史》〈唐邕傳〉)

"이는 **어떤** 성인가?" 어떤 사람이 말했다. "금성탕지로서 하늘이 준 나라이다."

• 子胥聞之, 愕然大驚曰: "**何等**謂?" (《吳越春秋》 定公四年)

오자서가 그 말을 듣더니 깜짝 놀라며 말했다. "**무슨** 말인가?"

• 元濟始懼, 曰: "**何等**常侍◆, 能至於此!" (《資治通鑑》〈唐紀〉 憲宗元和十二年)

[오나라] 원제가 비로소 두려워하며 말했다. "**어떤** 상시가 여기에 올 수 있겠는가!"

◆常侍(상시): 시중드는 사람.

ㅎ

何物(하물)

대사 '何似(하사)'로도 쓴다. 사람 혹은 사물을 모두 대신하며, 지칭하는 대상이 구체적이지 않을 경우에 쓴다. '무엇' '어느 것' '어떤 사람'이라고 해석한다.

- **何物**可比於君子之德乎? (《管子》〈小問〉)

  무엇이 군자의 덕망에 비유될 만한가?

- 凡上者, 民之表也. 表正, **何物**不正? (《孔子家語》〈正言解〉)

  무릇 황상이란 백성의 표상이다. 표상이 올바르면 **어떤 사람**이 바르지 않겠는가?

- (文宣)問左右曰: "**何物**最黑?" 對曰: "莫過漆." (《北齊書》〈上黨剛肅王渙傳〉)

  [문선이] 주위 사람들에게 물었다. "**무엇**이 가장 검은가?" 대답했다. "옻칠보다 더 [검은] 것은 없습니다."

- 盧志於衆坐問陸士衡. "陸遜陸抗是君**何物**?" 答曰: "如卿於盧毓盧珽." (《世說新語》〈方正〉)

  노지가 여러 사람이 앉아 있는 데서 육사형(육기陸機)에게 물었다. "육손(陸孫)과 육항(陸抗)은 당신에게 **어떤 사람**입니까?" 대답했다. "마치 그대에게 노육(盧毓)과 노정(盧珽)이 있는 것과 같습니다."

- **何物**老嫗, 生此寧馨兒◆? (《晉書》〈王衍傳〉)

  어느 부인이 이런 뛰어난 아이를 낳았는가?

  ◆寧馨兒(영형아): 진(晉)나라 때의 속어. 본래 '이와 같은 아이'라는 뜻인데, 여기서는 뛰어난 아이란 뜻으로 쓰였다.

  嫗: 여자 구

- 其間旦暮聞**何物**? 杜鵑啼血猿哀鳴. (白居易, 〈琵琶行〉)

  그사이 아침저녁으로 **무엇**을 들었는가? 두견새가 피 토하며 울부짖었고, 원숭이가 구슬피 울었지.

- 問左右. "此是**何物**?" (《顏氏家訓》〈勉學〉)

  주위 사람에게 물었다. "이것은 **무엇**인가?"

何所(하소)

흔히 쓰는 관용적 표현으로 술어가 도치된 의문문이다. '누구에게' '무엇을' '무엇인가'라고 해석하거나 앞뒤 문맥에 따라 적절히 해석한다.

- 我之大賢與, 於人**何所**不容? (《論語》〈子張〉)
  내가 크게 현명하다면 다른 사람에 대해 **무엇인들** 포용하지 못하겠는가?
- 齊王曰: "天下**何所**歸?" (《史記》〈酈生陸賈列傳〉)
  제나라 왕이 말했다. "천하는 **누구에게** 돌아가는가?"
- **何所**聞而來? **何所**見而去? (《世說新語》〈簡傲〉)
  무엇을 들으려고 왔습니까? **무엇을** 보려고 갔습니까?
- 問女**何所**思? 問女**何所**憶? (《北朝民歌》〈木蘭詩〉)
  묻노니 네가 생각하는 **것은 무엇이냐**? 묻노니 네가 기억하는 **것은 무엇이냐**?
  女: 너 여 | 憶: 기억할 억

何誰(하수)

대사 사람을 묻는 데 사용되며, '누구'라고 해석한다. '誰何(수하)'와 같은 뜻이다.

- 上曰: "若所追者**何誰**?" 曰: "韓信也." (《史記》〈淮陰侯列傳〉)
  황상이 말했다. "그대가 쫓아간 사람은 **누구**인가?" [그러자] 말했다. "한신입니다."
- 我已爲東帝, 尙**何誰**拜? (《史記》〈吳王濞列傳〉)
  나는 이미 동방의 제왕이 되었는데, 또한 **누구**에게 절하겠는가?

ㅎ

• 不知**何誰**最賢, …… 不知**何誰**最不肖. (《晉書》〈劉寔傳〉)

누가 가장 현명한지 모르겠고, …… **누가** 가장 형편없는지 모르겠다.

• 借問此**何誰**? 云是鬼谷子. (郭璞, 〈游仙詩〉)

잠시 묻노니 이 사람은 **누구**인가? 귀곡자라고 한다.

何翅(하시)

부사 반문의 어기로서 어떤 범위에 제한되지 않음을 나타내며, '어찌 ~에만 그치랴'라고 해석한다. '何翅(하시)'는 '奚啻(해시)'라고도 한다.

• 子游曰: "愛民謂之德教, **何翅**施惠哉?" (《孔子家語》〈正論解〉)

자유가 말했다. "백성을 아끼는 것을 '덕교'라고 하니, **어찌** 은혜를 베푸는 **데에만 그치랴**?"

何也(하야)

대사 '무슨' '무엇'이라고 해석한다.

• 人之所惡**何也**? (《荀子》〈彊國〉)

사람들이 싫어하는 바는 **무엇**입니까?

• 是以聖人韜光◆, 賢人遁世, 其故**何也**? (蘇統, 〈陶淵明集序〉)

그러므로 성인이 빛을 감추고 현인이 세상에서 은둔하는 것이니, 그 까닭은 **무엇**인가?

◆韜光(도광): 빛을 감추다.

何若(하약)

대사 상황이나 성질, 가부를 묻고, '무슨' '무엇인가' '어떤가' '왜' 등으로 해석한다.

- 子觀越王之志**何若**? (《墨子》〈魯問〉)
  그대가 보기에 월왕의 뜻이 **어떤가**?
- 此爲**何若**人也? (《墨子》〈公輸〉)
  이는 **어떤** 사람인가?
- 順天之意**何若**? (《墨子》〈天志下〉)
  하늘의 뜻을 따른다는 것은 **무엇인가**?
- 女以爲**何若**? (《戰國策》〈齊策六〉)
  네가 생각하기에 **어떠한가**?
- 謂其侍者曰: "我**何若**?" (《呂氏春秋》〈達鬱〉)
  모시는 자에게 말했다. "나는 **어떠한가**?"
- "得此三人者以事大王, **何若**?" 王曰: "足矣." (《史記》〈蘇秦列傳〉)
  "이 세 사람(증삼曾參·백이伯夷·미생尾生)을 찾아서 대왕을 섬기게 하면 **어떻겠습니까**?" [연]왕이 말했다. "만족하오."
- 僕欲北攻燕, 東伐齊, **何若**而有功? (《史記》〈淮陰侯列傳〉)
  나는 북쪽으로 연나라를 공격하고 동쪽으로 제나라를 치려고 하는데, **어떻게** 하면 공을 이루겠는가?
- 常恚◆ 謂勝曰: "我視君**何若**?" (《漢書》〈龔勝列傳〉)
  하후상(夏侯常)이 화가 나서 공승(龔勝)에게 말했다. "나를 그대와 비교하면 **어떠한가**?"

  ◆恚(에): 원한을 품고 분노함.

  恚: 성낼 에

- 公曰: "其賢**何若**?" (《說苑》〈善說〉)

공이 말했다. "그 어짊은 **어떠한가**?"

- 忠臣之事君也, **何若**? (《新序》〈雜事〉)

  충신이 군주를 섬기는 것은 **어떤가**?

- 結重連黨, **何若**七國? (《三國志》〈魏書 武帝紀注〉)

  여러 사람을 규합하여 한 당을 만든 것은 칠국과 [비교하여] **어떤가**?

- 器械之堅利者**何若**? (柳宗元, 〈非國語〉)

  기계(무기)가 견고하고 예리하면 **어떻습니까**?

何如(하여)

❶ 대사 앞에 제시된 내용을 받아서 그 상황·성질·정도·방법·가부(可否)를 물으며, '무엇인가' '어떠한가' '왜' 등으로 해석한다.

- 毁鄕校, **何如**? (《左傳》 襄公三十一年)

  향교를 헐면 **어떻겠는가**?

- 子貢曰: "貧而無諂, 富而無驕, **何如**?" (《論語》〈學而〉)

  자공이 물었다. "가난하면서도 아첨하지 않고, 부유하면서도 교만하지 않으면 **어떻습니까**?"

- 求, 爾**何如**? (《論語》〈先進〉)

  구(염유)야, 너는 **어찌하겠느냐**?

- 德**何如**則可以王矣? (《孟子》〈梁惠王上〉)

  덕이 **어떠하면** 왕 노릇 할 수 있습니까?

- 伯夷伊尹, **何如**? (《孟子》〈公孫丑上〉)

  백이와 이윤은 **어떻습니까**?

- 以子之矛攻子之楯, **何如**? (《韓非子》〈難勢〉)

  그대의 창으로 그대의 방패를 찌르면 **어떻게** 되는가?

• 吳起**何如**人也? (《史記》〈孫子吳起列傳〉)

오기는 **어떤** 사람인가?

• 扁鵲曰: "其死**何如**時?" 曰: "鷄鳴." (《史記》〈扁鵲倉公列傳〉)

편작이 말했다. "그가 죽은 것은 **어느** 때(언제)인가?" 말했다. "새벽입니다."

• 今欲徙淮南民, **何如**? (《三國志》〈魏書 蔣濟傳〉)

지금 회남의 백성을 이주시키려고 하는데, **어떻소**?

• 今孤以土地之廣, 士民之衆, 欲徼福齊桓, 擬跡高祖, **何如**? (《三國志》〈魏書 張範傳〉)

지금 나는 넓은 영토와 많은 백성을 이끌고서 제환공에게 복을 구하고, 고조의 사적을 따르려 하는데, **어떻소**?

• 又帝聞渙昔拒呂布之事, 問渙從弟敏. "渙勇怯**何如**?" (《三國志》〈魏書 袁渙傳〉)

또 조조는 원환이 옛날에 여포의 명령을 거부했던 일을 듣고 원환의 사촌동생 원민(袁敏)에게 물었다. "원환의 용감성은 **어떤가**?"

• 此國家大事. 顧君計**何如**耳, 吾可以私憾而忘公義乎? (《三國志》〈魏書 李典傳〉)

이것은 국가의 큰일이오. 당신의 계책이 **어떤지**를 볼 뿐이지, 우리가 사사로운 원한으로 공의를 잊을 수 있겠소?

• 余將告於莅事者, 更若役, 復若賦, 則**何如**? (柳宗元, 〈捕蛇者說〉)

내가 장차 일을 맡은 사람에게 말하여, 너의 일을 바꾸고 너의 부세를 회복시켜주면 **어떻겠는가**?

莅: 주관할 리 | 若: 너 약

• 視五人之死, 輕重固**何如**哉? (張溥, 〈五人墓碑記〉)

이 다섯 사람의 죽음을 보니, 그 경중이 진실로 **어떠한가**?

• 長跪讀素書, 書中竟**何如**? (作者 未詳, 〈樂府上〉)

ㅎ

무릎 꿇고 편지 읽었는데, 편지의 뜻은 필경 **무엇이었는가**?

- 萬春之拒唐**何如**耶? (洪萬宗, 《旬五志》)

  양만춘(楊萬春)이 당나라에 맞선 것은 **어떻습니까**?

❷ **대사** 비교를 나타내며, '~에(과) 비[교]하면 어떠한가'라고 해석하거나 문맥에 맞추어 적절히 해석한다.

- 予秦地**何如**毋予, 孰吉? (《史記》〈平原君虞卿列傳〉)

  진나라에 토지를 주는 것을 주지 않는 것**과 비교할 때** 어느 쪽이 유리**한가**?

- 長安**何如**日遠? (《世說新語》〈夙惠〉)

  장안을 태양**과 비교하면 어떤 것이** 먼가?

- 或問顧長康. "君箏賦**何如**嵇康琴賦?" (《世說新語》〈文學〉)

  어떤 사람이 고장강에게 물었다. "그대의 《쟁부》를 혜강의 《금부》**와 비교하면 어떠한가**?"

- 借問行路人, **何如**霍去病. (曹景宗, 〈競病韻〉)

  길 가는 사람들에게 묻노니, 곽거병**과 비교하면 어떠한가**?

- 爾終日吟想, **何如**一見? (蔣防, 《霍小玉傳》)

  당신은 온종일 읊으며 생각하는데, **어찌** 한 번 보는 것**에 비하겠소**?

何與(하여)

대사 중점은 '何(하)'에 있으며 비교의 의미를 강하게 나타낸다. '~보다 어떠한가' '~에(과) 비교하면 어떠한가'라고 해석한다.

- 楚王之獵, **何與**寡人? (《史記》〈司馬相如列傳〉)

  초나라 왕의 수렵은 과인**과 비교해서 어떠한가**?

• 此**何與**於殷人屢遷? (張衡, 〈西京賦〉)
이는 은(殷)나라 사람이 여러 번 천도한 것**과 비교하면 어떠한가**?
• 宣王曰: "古者所好**何與**寡人所好?" (《說苑》〈尊賢〉)
선왕이 말했다. "옛날 사람이 좋아한 것을 과인이 좋아하는 것**과 비교하면 어떠한가**?"

何爲(하위)~爲(위)

대사 반어를 나타내며, '무엇 때문에 ~하려고 하겠는가'라고 해석한다.
• 兩君合好, 夷狄之民**何爲**來**爲**? (《穀梁傳》定公十年)
두 군주가 잘 화합한다면, 오랑캐의 백성이 **무엇 때문에** 쳐들어오**려고 하겠는가**?

何爲者/何謂者(하위자)

대사 '何爲/何謂(하위)'와 '者(자)'가 결합된 형태로서 대부분 사람에 대해 물으며, '어떤 사람'이라고 해석한다. 경멸의 어기를 띠기도 하며, '어떤 것'이라고 해석하기도 한다.
• 客指孔子曰: "彼**何爲者**也?" 子路對曰: "魯之君子也." (《莊子》〈漁父〉)
손님이 공자를 가리키며 말했다. "저 사람은 **어떤 사람**인가?" 자로가 대답했다. "노나라의 군자입니다."
• "子**何爲者**也?" 曰: "我狐父之人丘也." (《列子》〈說符〉)
"그대는 **어떤 사람**이오?" 말했다. "나는 호보의 구라는 사람이오."
• 衣冠甚偉, 上怪而問曰: "**何爲者**?" (《新序》〈善謀〉)

의관이 매우 불만하므로 황제가 괴이하여 물었다. **"어떤 사람**인가?"

- 縛一人來, 王問. "**何謂者**?" 左右曰: "齊人, 坐盜." (《太平廣記》〈詼諧一·晏嬰〉)

  한 사람을 포박하여 오자, 왕이 물었다. **"어떤 사람**인가?" 주위 사람이 말했다. "제나라 사람인데 도둑질에 연루되었습니다."

  縛: 묶을 박

何以(하이)

대사 반문을 나타내며, '무엇으로써' '어떻게' '어찌'라고 해석한다. '何以(하이)~爲(위)'로 쓰면 '무엇 하는가' '어찌 ~하는가'라고 해석한다.

- 得寵而忘舊, **何以**使人? (《左傳》僖公十四年)

  [새로] 총애하는 사람을 얻고서 옛날(총애하던 사람)을 잊는다면, **무엇으로** 사람을 부리겠습니까?

- **何以**豊財? (《左傳》宣公十二年)

  무엇으로써 재산을 풍부하게 할까?

- 桓公問於鮑叔曰: "將**何以**定社稷?" 鮑叔曰: "得管仲與召忽, 則社稷定矣." (《管子》〈大匡〉)

  환공이 포숙에게 물었다. "장차 **무엇으로써** 사직을 안정시킬 수 있겠소?" 포숙이 말했다. "관중과 소홀을 얻으면 사직은 안정될 것입니다."

- **何以**報德? 以直報怨, 以德報德. (《論語》〈憲問〉)

  무엇으로 은덕을 갚는가? 곧은 마음으로 원망을 갚고, 은덕으로 은덕을 갚는다.

- 士庶人曰: "**何以**利吾身?" (《孟子》〈梁惠王上〉)

  선비와 서민들은 "**무엇으로** 내 몸을 이롭게 할까?"라고 한다.

- 一旦山陵崩, 長安君**何以**自託于趙? (《戰國策》〈趙策四〉)

  하루아침에 그대가 세상을 떠나면, 장안군은 **어떻게** 조나라에 몸을 의탁하겠는가?

- 項王曰: "此沛公左司馬曹無傷言之. 不然, 籍◆**何以**至此?" (《史記》〈項羽本紀〉)

  항왕(項王)이 말했다. "이것은 그대의 좌사마(左司馬) 조무상(曹無傷)이 말한 것이다. 그러지 않았다면 내가 **어떻게** 여기에 왔겠는가?"

  ◆籍(적): 항적(項籍), 곧 항우.

- 雖辭理明直, 若無他證, **何以**取勝? (《燕巖集》〈答蒼厓〉)

  비록 말의 논리가 분명하고 곧다 해도, 만일 다른 증거가 없으면 **어떻게** 이기겠는가?

- 父有罪, **何以**召其子**爲**? (《史記》〈楚世家〉)

  아버지에게 죄가 있는데, 그 자식을 불러서 **무엇 하겠는가**?

- 一人逃死, 禍及萬家, **何以**生**爲**? (《後漢書》〈夏馥列傳〉)

  한 사람이 죽음을 피해 달아나자 재앙이 모든 집에 미치니, **어찌** 살겠는**가**?

何者(하자)

대사 의문을 나타내며 '누구' '무엇'이라고 해석한다.

- 冠雖敝, 必加於首; 履雖新, 必關於足. **何者**? 上下之分也. (《史記》〈儒林列傳〉)

  관은 비록 해졌어도 반드시 머리에 써야 하고, 신발은 비록 새것이라도 반드시 발에 신어야 한다. **무엇** 때문인가? 위아래의 구분이 있기 때문이다.

ㅎ

• **何者**爲雙聲? **何者**爲疊韻. (《南史》〈謝弘微傳〉)

무엇이 쌍성인가? **무엇**이 첩운인가?

• 四祖曰: "**何者**是道人?" (《祖堂集》三)

사조가 말했다. "**누가** 도인인가?"

何足(하족)

대사 반문을 나타내며, '어찌 ~하겠는가'라고 해석한다.

• 謝曰: "臣亡國之臣, **何足**問!" (《史記》〈秦本紀〉)

사양하면서 말했다. "신은 망한 나라의 신하인데, **어찌** 하문할 수 있으리오!"

• **何足**數哉! **何足**數哉! (《史記》〈酷吏列傳〉)

어찌 다 말할 수 있**겠는가**! **어찌** 다 말할 수 있**겠는가**!"

何許(하허)

대사 '何(하)'는 의문을 나타내고, '許(허)'는 장소를 물으며 '所(소)'와 같다. 구체적으로 정해지지 않은 막연한 장소를 가리키며, '어느 곳' '어디'라고 해석한다.

• 先生不知**何許**人也. (陶淵明, 〈五柳先生傳〉)

선생이 **어디** 사람인지 알지 못한다.

• 數聲不盡又飛去, **何許** 相逢綠楊路. (劉禹錫, 〈百舌吟〉)

몇 번 울지도 못하고 또 날아가니, 푸른 버들 길 **어디**에서 만나리.

• 人家在**何許**, 雲外一聲鷄. (梅堯臣, 〈魯山山行〉)

인가는 **어디**에 있는가, 구름 밖으로는 외마디 닭 울음소리뿐이거늘.

• 喚起淡妝人, 問逋仙◆今在**何許**? (姜夔, 〈法曲獻仙音〉)

소박하게 차려입은 사람을 불러 은둔한 선인이 지금 **어디**에 있느냐고 물었다.

◆逋仙(포선): 은둔한 선인.

逋: 숨을 포

• 長嘯空宇碧, **何許**蓬萊山? (朱熹, 〈讀道書作〉)

짙푸른 하늘 보며 길게 휘파람 부는데, **어디**가 봉래산일까?

• 泛驚問吏曰: "此**何許**也?" 吏曰: "此非人間也." (《太平廣記》〈定數四·韋泛〉)

범경이 놀라서 관리에게 물었다. "이자는 **어디** 사람인가?" 관리가 말했다. "이자는 인간이 아닙니다."

• 此**何許**? (范成大, 〈范村記〉)

여기는 **어디**인가?

• 百結先生, 不知**何許**人. (金富軾, 《三國史記》)

백결 선생은 **어디** 사람인지 알지 못한다.

咸(함)

부사 지정한 범위 안에서 전체를 아우르며, '모두' '전부'라고 해석한다.

• **咸**則三壤, 成賦中邦. (《尙書》〈禹貢〉)

모두 [상·중·하] 세 종류의 토양으로 등급을 정하여 중원의 세금을 매겼다.

• 外內**咸**服. (《左傳》 襄公四年)

안팎의 사람들이 **모두** 복종했다.

• 於諸侯之約, 大王當王關中, 關中民**咸**知之. (《史記》〈淮陰侯列傳〉)

제후의 맹약에 따라 대왕은 마땅히 관중에서 왕 노릇 해야 하며, 관중의 백성도 **모두** 이것을 안다.

• 嘗一龍機發而地不覺動, 京師學者**咸**怪其無徵. (《後漢書》〈張衡列傳〉)

일찍이 한 용의 기관(機關)이 움직였으나 땅이 움직이는 것을 느끼지 못하여, 경성(京城)의 학자들은 **모두** 징조가 없는 것을 괴이하게 생각했다.

• 衆議**咸**云: "蜀, 小國耳, 名將唯羽." (《三國志》〈魏書 劉曄傳〉)

여럿이 논의하는데, **모두**가 말했다. "촉은 작은 나라이며, 뛰어난 장수는 관우뿐입니다."

• 長安士庶**咸**相慶賀, 諸阿附卓者皆下獄死. (《三國志》〈魏書 董卓傳〉)

장안의 선비와 서민은 **모두** 서로 경축했고, 동탁에게 영합한 자는 전부 감옥에 넣거나 처형했다.

• 瑒弟璩, 璩子貞, **咸**以文章顯. (《三國志》〈魏書 王粲傳〉)

응창(應瑒)의 동생 응거(應璩)와 응거의 아들 응정(應貞)은 **모두** 문장으로 이름을 날렸다.

• 州郡牧守, **咸**共忽恤民之術, 脩將率之事. (《三國志》〈魏書 杜恕傳〉)

주나 군의 지방관은 **모두** 한결같이 백성을 구휼하는 방법을 소홀히 한 채, 군대를 통솔하는 일을 익히고 있습니다.

• 然儒生學士, **咸**欲錯綜以三代之禮, 禮弘致遠, 不應時務, 事與制違, 名實未附. (《三國志》〈魏書 傅嘏傳〉)

그러나 유생과 학사는 **모두** 삼대의 예법을 섞어 쓰려 했지만, 그 예법이 넓고 심원하여 그 당시 정치와 맞지 않았으며, 일과 제도가 어긋났고 명칭과 실질이 부합되지 않았다.

• 村中聞有此人, **咸**來問訊. (陶淵明, 〈桃花源記〉)

마을에 이런 사람이 있다는 것을 듣고 **모두** 와서 소식을 물었다.

• 堅望山上草木**咸**爲人狀, 此卽堅戰敗處. (《水經注》〈肥水〉)

부견(符堅)이 팔공산(八公山) 위의 초목을 보니 **모두** 사람의 형상 같았는데, 이곳은 바로 부견이 싸움에서 패배한 곳이다.

• 毅之族**咸**霑澤. (李朝威, 〈柳毅傳〉)

유의(柳毅)의 가족은 **모두** 은혜를 입었다.

【참고】

보편적: • 小賜不**咸**. (《國語》〈魯語上〉) 작은 베풂은 **보편적**이지 못하다.

盍/闔/盖(합)

부사 의문이나 반문을 나타내며, '어떻게 ~않는가' '어찌 ~않는가'라고 해석한다. 강한 어기를 나타낼 때는 '不(불)'과 함께 쓰기도 하는데, 이 경우에도 뜻은 같다.

• **盍**請濟師於王? (《左傳》桓公十一年)

어찌하여 [초나라] 왕에게 구원병을 청하지 **않는가**?

• 必偪我, **盍**去諸? (《左傳》哀公六年)

반드시 우리를 핍박할 텐데, **어찌하여** 그들을 제거하지 **않는가**?

• **盍**不起爲寡人壽乎? (《管子》〈小稱〉)

어찌하여 일어나지 **않고** 과인을 위해 축수하는가?

• **盍**各言爾志? (《論語》〈公冶長〉)

각자 자신의 포부를 한번 말해보지 **않겠느냐**?

• 不睦內而圖外, 必內爭, **盍**姑謀睦乎? (《國語》〈晉語六〉)

안을 화목하게 하지 못하고서 밖을 도모하면 반드시 내부에서 다투게

ㅎ

될 것인데, **어찌** 먼저 화목을 꾀하지 **않는가**?

- 子**盍**爲我言之? (《孟子》〈公孫丑下〉)

  그대는 **어찌하여** 나를 위하여 그에게 말하지 **않는가**?

- **闔**不亦問是已? (《莊子》〈徐無鬼〉)

  어찌하여 또한 이 원리를 묻지 **않는가**?

- 夫子**闔**行邪? (《莊子》〈天地〉)

  선생께서는 **어찌하여** 가지 **않습니까**?

- 伍奢有二子, 不殺者爲楚國患. **盍**以免其父召之? (《史記》〈楚世家〉)

  오사에게 두 아들이 있는데, 없애지 않으면 초나라의 근심거리가 될 것입니다. **어찌하여** 아버지의 죄를 용서해준다고 하면서 그들을 불러들이지 **않습니까**?

- 其母曰: "**盍**亦求之, 以死誰懟? (《史記》〈晉世家〉)

  그의 어머니가 말했다. "**어찌하여** 또 그를 구하지 **않고**, 죽음으로써 누군가를 원망하려느냐?"

- 伯夷·叔齊在孤竹, 聞西伯善養老, **盍**往歸之? (《史記》〈周本紀〉)

  백이와 숙제는 고죽에 있었는데, 서백이 노인을 잘 봉양한다는 소문을 듣고도 **어찌** 서백에게 귀의하지 **않았겠는가**?

- 齊人聞而懼曰: "孔子爲政必霸, 霸則吾地近焉, 我之爲先并矣. **盍**致地焉?" (《史記》〈孔子世家〉)

  제나라 사람들이 이 소문을 듣고 두려워하며 말했다. "공자가 정치를 하여 [노나라가] 반드시 우두머리가 되면, 우리나라의 땅이 그들에게 가까워 우리가 먼저 병합될 것이다. [그런데도] **어찌하여** 땅을 노나라에 내주지 **않는가**?"

【참고】

| '闔'은 | ① 문을 닫다: • 築者**闔**門. (《左傳》定公八年) 담을 쌓는 사람이 문을

닫았다.

② 덮다: • 雖**闔**棺, 亦不恨矣. (《淮南子》〈脩務〉) 비록 관을 **덮는다** 해도 또한 원망은 없을 것이다.

闔胡(합호)

대사 원인을 물으며, '어찌 ~하지 않는가'라고 해석한다.

• **闔胡**嘗視其良◆, 旣爲秋柏之實矣. (《莊子》〈列禦寇〉)

어찌 일찍이 나의 묘를 [찾아와] 보지 **않았는가**, 이미 잣나무의 열매가 열렸는데.

◆良(랑): '랑(埌)'이라고도 쓰며, 묘지를 말함.

奚(해)

❶ **대사** '何(하)'와 비슷하고 사물이나 장소를 물으며, '무엇' '어디'라고 해석한다.

• 衛君待子而爲政, 子將**奚**先? (《論語》〈子路〉)

위나라 임금(출공出公)이 선생님을 우대하여 정치를 맡기시면, 선생님께서는 **무엇**을 먼저 하시겠습니까?

• 彼且**奚**適也? (《莊子》〈逍遙遊〉)

그것은 장차 **어디**로 가려고 하는가?

• 顔回見仲尼, 請行, 曰: "**奚**之?" 曰: "將之衛." (《莊子》〈人間世〉)

안회는 중니(공자)를 만나 여행하겠다고 청했다. [공자가] 말했다. "**어디**

ㅎ

로 갈 것인가?" [그러자] 말했다. "위나라로 가려고 합니다."

- 水**奚**自至? (《呂氏春秋》〈貴生〉)

  물은 **어디**로부터 오는가?

❷ **부사** 성질·상태·원인·방식·시간 등을 묻거나 어조사와 어울려 반문을 나타내며, '무슨' '어떤' '어떻게' '어찌' '왜'라고 해석한다. 단독으로 쓰일 경우는 '어떠냐' '어떠한가'라고 해석한다.

- 余髮如此種種, 余**奚**能爲? (《左傳》 昭公三年)

  나의 머리카락이 이와 같이 짧고 적은데, 내가 **무엇**을 할 수 있겠는가?

- 或謂孔子曰: "子**奚**不爲政?" (《論語》〈爲政〉)

  어떤 사람이 [관직에 있지 않은] 공자에게 말했다. "선생께서는 **어찌하여** 정치를 하지 않으십니까?"

- 誦詩三百, 授之以政, 不達, 使於四方, 不能專對, 雖多, 亦**奚**以爲? (《論語》〈子路〉)

  《시경》 3백 편을 암송했으나 그에게 정무를 맡겼을 때 통달하지 못하고, 사방의 나라에 사신으로 가서 독립적으로 교섭할 수 없다면, 비록 독서를 많이 했더라도 또한 **무슨** 소용이 있겠는가?

- 若知其不義也, 夫**奚**說書其不義, 以遺後世哉? (《墨子》〈非攻〉)

  만일 그것이 불의임을 알았다면, **무엇 때문에** 그 불의[한 일]를 기록해 후세에 남겼겠는가?

- 此惟救死而恐不贍, **奚**暇, 治禮義哉? (《孟子》〈梁惠王上〉)

  이렇게 하면 오로지 죽음을 구제하기에도 부족할까 걱정인데, **어느** 겨를에 예의를 다스리겠습니까?

- 君**奚**爲不見孟軻也? (《孟子》〈梁惠王上〉)

  임금께서는 **왜** 맹자를 만나지 않았습니까?

- 許子**奚**爲不自織? (《孟子》〈滕文公上〉)

허자는 **어찌하여** 스스로 옷감을 짜지 않는가?

• **奚**不去也? (《孟子》〈萬章下〉)

어찌하여 떠나지 않는가?

• 以德, 則子事我者也, **奚**可以與我友? (《孟子》〈萬章下〉)

덕을 가지고 말하면, 당신은 나를 섬기는 사람이니 **어찌** 나와 벗할 수 있겠는가?

• 予嘗爲女妄言之, 女亦以妄聽之, **奚**? (《莊子》〈齊物論〉)

내가 당신에게 한번 허튼소리를 해볼 테니, 당신도 허튼소리로 들어봄이 **어떻겠소**?

• 今子問乎若, 若知之, **奚**故不近? (《莊子》〈知北游〉)

지금 나는 당신에게 묻는데, 당신이 그것(도道)을 안다면 **무슨** 이유로 접근하지 못하는가?

• 闔不亦問是已, **奚**惑然爲? (《莊子》〈徐無鬼〉)

무엇 때문에 이것을 묻지 않고, **어찌** 의혹을 품는가?

• 從道而出, 猶以一易兩也, **奚**喪? 離道而內自擇, 是猶以兩易一也, **奚**得? (《荀子》〈正名〉)

정도로부터 출발하면 마치 하나를 둘로 바꾸는 것과 같으니 **무엇**을 잃겠는가? 정도를 떠나 마음대로 선택하면 이것은 마치 둘을 하나로 바꾸는 것과 같으니 **무엇**을 얻겠는가?

• 故法術之士**奚**道得進, 而人主**奚**時得悟乎? (《韓非子》〈孤憤〉)

따라서 법술을 지닌 인사가 **무슨** 방법으로 [임금 앞에] 나아갈 수 있겠으며, 임금은 **어느** 때에나 깨달을 수 있겠는가?

• 令朝至而暮變, 暮至而朝變. 十日而海內畢矣, **奚**待期年? (《韓非子》〈難一〉)

명령이 아침에 하달되면 저녁에 변하고, 저녁에 하달되면 [다음 날] 아침에 변할 것이다. [그리하여] 열흘이면 전국이 모두 변할 것인데, **어찌**

ㅎ

1년을 기다리겠는가?

- 天下之刖者多矣, 子**奚**哭之悲也? (《韓非子》〈和氏〉)

  천하에는 발꿈치를 베인 자가 많거늘 당신은 **어찌** 그리 슬피 웁니까?

  刖: 발꿈치 벨 월

- **奚**以知其然也? (《呂氏春秋》〈貴生〉)

  어찌 그것이 그러한 것을 알겠는가?

- 爲之而樂矣, **奚**待賢者? (《呂氏春秋》〈誣徒〉)

  그것을 행하여 즐겁다면 **어찌하여** 어진 사람을 기다리겠는가?

- 此**奚**疾哉? **奚**方◆能已之乎? (《列子》〈仲尼〉)

  이것은 **무슨** 질병인가? **어떤** 처방으로 그것을 치료할 수 있는가?

  ◆方(방): 보통 네모진 것이나 방향을 뜻하지만, 여기서는 처방이란 뜻으로 쓰였다.

- 吾得一人, 而一國盜爲盡矣, **奚**用多爲? (《列子》〈說符〉)

  나는 한 사람을 얻어서 전국의 도적을 전부 잡았으니, 많은 사람을 **어디**에 쓰겠소?

- 君已有齊, **奚**以薛爲? (《新序》〈雜事〉)

  당신은 이미 제나라를 가졌는데, 설 땅에 성을 쌓아서 **무엇** 하시겠습니까?

- 既自以心爲形役兮, **奚**惆悵而獨悲? (《宋書》〈陶潛傳〉)

  이미 스스로 마음을 육체의 노예로 삼았거늘, **어찌** 상심하여 유독 슬퍼하겠는가?

- 而宋人多好以詩議論, 即**奚**不爲文而爲詩哉? (屠隆, 〈文論〉)

  그러나 송나라 사람들은 대부분 시로써 의논하기를 좋아하니, **어찌** 문장을 짓지 않고 시를 짓지 않는가?

- 若并面廢之, 亦**奚**以律爲哉? (李東陽, 〈麓堂詩話〉)

  만약 이것들을 폐하려 한다면 **어떻게** 율시를 지을 수 있겠는가?

- 外得於有, 內會於無. 顯得趣乎其中, **奚**有事於絃上工夫? (《花潭集》〈無絃

琴銘〉)

밖으로는 유(有)에서 얻고 안으로는 무(無)에서 만난다. 그 가운데에서 흥취를 얻을 것이지 **어찌** [거문고] 줄 위의 공부를 일삼으랴?

【참고】

[여자] 노예, 노복: • 從小**奚**奴. (《新唐書》〈李賀傳〉) 어려서부터 **노예**였다.

奚距/奚詎/奚遽(해거)

부사 강한 반문을 나타내며, '무엇 때문에' '설마 ~은 아니겠지' '어떻게' '어찌' 등으로 해석한다.

- 衛**奚距**然哉? (《韓非子》〈難四〉)

  위나라는 **설마** 이러하지는 **않겠지**?

- 人之情性, 莫先於父母. 父母皆見愛, 而未必治也. 君雖厚愛, **奚遽**不亂? (《韓非子》〈五蠹〉)

  사람의 성정에서 [자식에 대한] 부모[의 사랑]보다 앞서는 것은 없다. [그러나] 부모가 모두 [자식에게] 사랑을 보여준다고 해서 [자식이] 반드시 화순한 것은 아니다. [그렇다면] 임금이 비록 [백성을] 깊이 사랑하더라도 **어찌** 잘 다스려지기만 하겠는가?

- 故子從父命, **奚詎**爲孝; 臣從君命, **奚詎**爲貞? (《孔子家語》〈三恕〉)

  그러므로 아들이 아버지의 명령에 순종하는 것이 **어찌** '효'가 되겠으며, 신하가 임금의 명령에 순종하는 것이 **어찌** '정절'이 되겠느냐?

奚啻/奚翅(해시)/奚適(해적)

부사 반문하는 어감이 강하고 어떤 범위에 한정하지 않는 것을 나타내며, '어찌 ~에만 그치겠는가'라고 해석한다.

- 公執之曰: "違君命者, 女亦聞之乎?" 對曰: "臣以死奮筆, **奚啻**其聞之也?" (《國語》〈魯語上〉)
  노선공(魯宣公)은 그(이혁里革)를 체포하고서 말했다. "군주의 명령을 위반한 자는 [어떠한 처분을 해야 하는지] 너도 들었겠지?" [이혁이] 대답했다. "나는 죽을 각오로 서신을 썼는데, **어찌** 듣기**만 했겠습니까?**"
- 取食之重者與禮之輕者而比之, **奚翅**食重? 取色之重者與禮之輕者而比之, **奚翅**色重? (《孟子》〈告子下〉)
  먹는 것의 중요함을 예의 가운데 가벼운 것과 비교하면, **어찌** 먹는 것이 중요한 데**만 그치겠는가**? 아내를 맞이하는 것의 중요함을 예의 가운데 가벼운 것과 비교하면 **어찌** 아내를 맞이하는 것이 중요한 데**만 그치겠는가**?
- 隋其失鹿◆, 天下共逐之, 稱王稱帝者, **奚啻**一人? (《資治通鑑》〈唐紀〉高祖 武德二年)
  수(隋)나라가 정권을 잃자 천하가 그것을 [서로 차지하려고] 다투었으니, 왕이라 칭하고 제(帝)라 칭한 자가 **어찌** 한 사람**에 그쳤겠는가**?

  ◆鹿(록): 사슴은 여러 사냥꾼이 다투어 쫓아가 잡는 짐승이므로, 여러 사람이 경쟁하여 얻으려는 권력을 가리킴.

  鹿: 사슴 록

奚若(해약)

대사 성질이나 상황을 묻고, '어떠한가'라고 해석한다. '何如(하여)'와 같다.

• 是其言也, 君以爲**奚若**? (《國語》〈周語中〉)

이것은 그의 말인데, 당신이 생각하기에 **어떠한가요**?

• 夫子以爲孟浪之言, 而我以爲妙道之行也, 吾子以爲**奚若**? (《莊子》〈齊物論〉)

선생은 실없는 소리라고 생각하지만 나는 오묘한 도의 실행이라고 생각하는데, 그대는 **어떻게 생각하시오**?

• 子夏問孔子曰: "顔回之爲人**奚若**?" (《列子》〈仲尼〉)

자하가 공자에게 물었다. "안회의 사람됨은 **어떻습니까**?"

• 天久不雨, 吾欲暴尫而**奚若**? (《禮記》〈檀弓下〉)

하늘이 오랫동안 비를 내리지 않으므로, 나는 꼽추를 [햇볕에] 태우려고 하는데 **어떠한가**?

奚如(해여)

대사 성질·상황·의견·방법을 묻는 데 쓰이며, '어떠한가' '어떻게'라고 해석한다.

• 今有人見君, 則眱其一目, **奚如**? (《韓非子》〈說林〉)

지금 어떤 사람이 임금을 보고 한쪽 눈을 감는다면 **어떻게** 하시겠습니까?

眱: 애꾸눈 첩

• 吾欲攻韓, **奚如**? (《韓非子》〈外儲說右上〉)

내가 한나라를 치려고 하는데, **어떤가**?

• "日在天, 視其**奚如**?" 對曰: "正圓." (《呂氏春秋》〈淫辭〉)

"태양은 하늘에 떠 있는데 그것을 보면 **어떠한가**?" 대답했다. "동그랗다."

• 燕王問曰: "齊王**奚如**?" (《史記》〈燕召公世家〉)

연나라 왕이 물었다. "제나라 왕은 **어떤가**?"

• 卿以爲**奚如**? (《史記》〈平原君虞卿列傳〉)

경은 **어떻게** 생각하시오?

• 殺天子之民, 罪**奚如**? (《說苑》〈建本〉)

천자의 백성을 죽이면 죄가 **어떠한가**?

偕(해)

부사 두 사람 이상이 어떤 일을 동시에 하는 것을 나타내며, '모두' '함께' 라고 해석한다.

• 其母曰: "能如是乎, 與女**偕**隱." (《左傳》僖公二十四年)

그의 어머니가 말했다. "[네가] 이렇게 할 수 있다면 너와 **함께** 은거하겠다."

• 公衍, 公爲之生也, 其母**偕**出. (《左傳》昭公二十九年)

공연과 공위가 태어날 때, 그들의 어머니들은 **함께** [산실로] 나갔다.

• 且夫**偕**出**偕**入難. 聚居異情惡, 不若走梁. (《國語》〈晉語二〉)

또한 **함께** 달아났다가 **함께** 귀국하는 것은 곤란하다. 한곳에 모여 살면 각자 생각이 달라서 원망이 생기니 양나라로 가는 것만 못하다.

• 古之人與民**偕**樂, 故能樂也. (《孟子》〈梁惠王上〉)

옛날 임금은 백성과 **함께** 즐겼으므로, 즐길 수 있었습니다.

• 謂公扈, 齊嬰曰: "……今有**偕**生之疾, 與體**偕**長. 今爲汝攻之何如?" (《列子》〈湯問〉)

[편작(扁鵲)이] 공호와 제영에게 말했다. "……현재 [당신들] **모두**에게 생긴 병이 몸과 **함께** 자라고 있는데, 지금 당신들을 위해서 그것을 치료하면 어떻겠소?"

• 乃以酈食其爲廣野君, 酈商爲將, 將陳留兵, 與**偕**攻開封. (《史記》〈高祖本紀〉)

이에 역이기를 광야군에 봉하고 역상을 장군으로 삼아, 진류의 군사를 거느리게 하여 **함께** 개봉을 공격했다.

行(행)

❶ **부사** 행위나 상황이 곧 발생하려는 것을 나타내며, '곧' '곧 ~하게 될 것이다' '즉시' '~하려고 한다'라고 해석한다.

• 十畝之間兮, 桑者閑閑兮, **行**與子還兮. (《詩經》〈魏風 十畝之間〉)

10무나 되는 밭 사이에 뽕 따는 자가 한가하고 한가하니, [나는] **곧** 그대와 함께 돌아가련다.

• **行**略定秦地. (《史記》〈項羽本紀〉)

[항우 군대가] 진나라 땅을 공격**하려고 한다**.

• 漢興兵誅郢, 亦**行**以驚動南越. (《史記》〈南越列傳〉)

한나라는 군사를 일으켜 영을 토벌했으니, 또 **곧** 남월(南越)을 경동시**킬 것입니다**.

• 十八歲當一小發, 服此散, 亦**行**復差. (《三國志》〈魏書 方技傳〉)

열여덟 살이 되면 병이 한 차례 도질 텐데, 이 가루약을 복용하면 **곧** 차도가 있**을 것이다**.

• 羨萬物之得時, 感吾生之**行**休. (陶淵明, 〈歸去來兮辭〉)

만물이 때를 얻음을 부러워하고 우리 인생이 **곧** 끝**날 것**을 느낀다.

ㅎ

❷ **부사** 일정한 시간에 가까워짐을 나타내며, '거의'라고 해석한다.

• 南方老人用龜支床足, **行**二十餘歲. 老人死, 移床, 龜尙生, 不死. (《史記》〈龜策列傳〉)

남방 노인이 거북이로 침대 다리를 받친 지 **거의** 20여 년이 되었다. 노인이 죽자 침대를 옮겼는데, 거북이는 아직도 살아 있고 죽지 않았다.

• 歲月易得, 別來**行**復四年. (曹丕, 〈與吳質書〉)

세월은 빠르구나, 이별한 지 **거의** 4년이 되는구나.

• 黙黙在此, **行**一年矣. (韓愈, 〈送孟東野序〉)

조용히 이곳에서 거주한 지 **거의** 1년이 되어간다.

• 所以受讁已還, **行**及半歲. (劉禹錫, 〈上杜司徒書〉)

그로므로 좌천된 이래로 **거의** 반년이 되려 한다.

❸ **부사** 동작이나 상황의 누적을 나타내며, '또' '또한' 등으로 해석한다. '旣(기)'와 서로 응한다.

• **旣**痛逝者, **行**自念也. (曹丕, 〈與吳質書〉)

고통스럽게 죽어가는 사람은 **또** 스스로 생각한다.

【참고】

① 길: • 遵彼微**行**. (《詩經》〈豳風 七月〉) 그 작은 **길**을 따르다.

② 가다: • **行**百里者, 半於九十. (《戰國策》〈秦策五〉) 백 리를 **가는** 자는 90리가 절반이다. • **行**不由徑, 非公事, 未嘗至於偃之室也. (《論語》〈雍也〉) **갈** 때엔 지름길로 다니지 않고, 공적인 일이 아니면 제집에 온 적이 없습니다.

③ 운행: • 天**行**有常. (《荀子》〈天論〉) 하늘의 **운행**에는 일정한 원리가 있다.

④ 실행하다: • 身體力**行**. 몸소 체험하고 힘써 **행한다**. • 賞**行**罰威. (《荀子》〈富國〉) 상이 **실행되고** 벌이 위엄 있다.

⑤ 행위, 품행: • 言**行**一致. 말과 **행동**이 일치한다. • **行**成於思, 毁於隨. (韓愈, 〈進學解〉) **품행**은 사고하는 데서 완성되고 게으른 데서 망가진다. • 聽其言而信

其**行**. 그의 말을 듣고 그의 **행위**를 믿는다.

⑥ 행렬: • 屬當戎**行**. (《左傳》 成公二年) 군대의 **행렬**에 이어 붙다.

行幾(행기)

부사 일정한 시기에 접근함을 나타내며, '거의'라고 해석한다.

- 高帝身披堅銳, 蒙霧露, 沐霜雪, **行幾**十年. (《漢書》〈韓安國列傳〉)
  고제께서는 몸소 갑옷과 투구를 입고 안개와 이슬을 맞으며 서리와 눈에 젖은 지 **거의** 10년이나 되었습니다.

行將(행장)

부사 가까운 미래를 나타내며, '곧'이라고 해석한다.

- 僕夫早嚴駕, 吾**行將**遠游. (曹植, 〈雜詩〉)
  노복이 일찌감치 거마를 조였으니, 나는 **곧** 멀리 주유하려 한다.
- 冬衣殊未制, 夏服**行將**綻. (白居易, 〈秋霽〉)
  겨울옷은 아직 만들어지지 않았는데, 여름옷이 **곧** 해지려 하는구나.
  綻: 옷 터질 탄
- 巨是凡人, 偏在遠郡, **行將**爲人所并. (《資治通鑑》〈漢紀〉 獻帝建安十三年)
  오거(吳巨)는 보통 사람인데, 멀리 떨어진 군(郡)에 치우쳐 있으니 **곧** 다른 사람에게 합병될 것이다.
- 夫我有功, 彼無情乃若是, **行將**蒙禍. (馬中錫, 《中山狼傳》)
  나는 공로가 있는데도 그들의 무정함이 이와 같으니 **곧** 재앙을 만날 것이다.

幸(행)

부사 상대방에 대한 존경을 나타내고, 당신이 이렇게 하는 것이 나에게는 행운이라는 의미이며, 해석하지 않아도 된다. 서간문에도 자주 쓰인다.

- 秦王跪而請曰: "先生何以**幸**教寡人?" (《戰國策》〈秦策三〉)

  진왕이 무릎을 꿇고 청했다. "선생은 무엇으로써 과인을 가르치겠습니까?"

- 陛下**幸**憂邊境, 遣將吏, 發卒以治塞, 甚大惠也. (鼂錯, 〈言守邊備塞疏〉)

  폐하께서 변경을 걱정하여 장군과 관리를 파견하고 군사를 일으켜 변방을 다스리게 한 것은 매우 큰 은혜입니다.

- 臣從其計, 大王亦**幸**赦臣. (《史記》〈廉頗藺相如列傳〉)

  저는 그의 건의를 따랐고 대왕도 나를 용서하셨습니다.

- 隔闊相思, 發于寤寐, **幸**相去步武之間耳. (《三國志》〈魏書 臧洪傳〉)

  오랫동안 당신을 생각하며 자나 깨나 만나고 싶었고, **다행히** 서로의 거리는 몇 발짝이면 닿을 뿐입니다.

【참고】

① 행운, 요행: • 不**幸**短命死矣. (《論語》〈雍也〉) 불**행**하게도 목숨이 짧아 죽었습니다. • 朝無**幸**位, 民無**幸**生. (《荀子》〈王制〉) 조정에는 **요행**으로(부당하게) 자리를 차지한 자가 없고, 백성은 **요행**으로(부당하게) 살아가는 자가 없다.

② 총애하다: • 君**幸**於趙王. (《史記》〈廉頗藺相如列傳〉) 그대는 조(趙)나라 왕에게 **총애받는다**.

③ 바라다: • **幸**來告我. (《史記》〈滑稽列傳補〉) 나에게 알려주기를 **바란다**.

④ [황제가] 행차하다: • 始皇帝**幸**梁山宮. (《史記》〈秦始皇本紀〉) 시황제가 양산궁으로 **행차했다**. • 明皇**幸**蜀圖. 명황이 촉으로 **행차하는** 그림.

向/嚮/鄕(향)

❶ **전치사** 동작 혹은 행위가 향하는 대상이나 장소, 시간을 나타내며, '~에' '~에게' '~으로' '~을 향하여' 등으로 해석하거나 앞뒤 내용에 맞추어 어감을 살려 적절하게 해석한다.

- 民倍主位而**嚮**私交. (《商君書》〈愼法〉)
  백성이 임금을 배반하고 사적**으로** 교제하는 추세다.
- 項王·項伯東**嚮**坐, 亞父南**嚮**坐, …… 沛公北**嚮**坐, 張良西**嚮**侍. (《史記》〈項羽本紀〉)
  항왕과 항백은 동쪽**을 향하여** 앉았고, 아보(범증)는 남쪽**을 향하여** 앉았으며, …… 패공은 북쪽**을 향하여** 앉았고, 장량은 서쪽**을 향하여** 모셨다.
- 夫水**嚮**冬則凝爲冰. (《淮南子》〈俶眞訓〉)
  물은 겨울**에** 얼어 얼음이 된다.
- 日磾每見畫, 常拜, **鄕**之涕泣然後去. (《漢書》〈金日磾列傳〉)
  김일제(金日磾)는 [어머니의] 초상화를 볼 적마다 항상 절을 하고 그것**을 향하여** 눈물을 흘린 후에 떠난다.
- **鄕**晨, (成帝)傅褲襪, 欲起, 因失衣, 不能言. (《漢書》〈外戚趙後列傳〉)
  새벽**에** [성제(成帝)는] 옷을 입고 일어나려 했으나 옷을 잃어버렸기 때문에 말을 할 수 없었다.
- 餘虜走**向**洛川, 復相屯結. (《後漢書》〈段熲列傳〉)
  나머지 적은 낙천(洛川) 쪽**으로** 달아났다가 다시 모였다.
- 小弟聞姉來, 磨刀霍霍**向**猪羊. (無名氏, 〈木蘭詩〉)
  어린 동생은 누나가 온다는 말을 듣고 칼을 번쩍이도록 갈아 돼지와 양**을** 잡았다.
- 是歲, 權**向**合肥新城. (《三國志》〈吳書 吳主傳〉)

ㅎ

올해는 손권(孫權)이 합비의 새 성**으로** 향할 것이다.

• 有人**向**張華說此事. (《世說新語》〈德行〉)

어떤 사람이 장화**에게** 이 일을 말했다.

• 此身死了死了, 一百番更死了, 白骨爲塵土, 魂魄有也無, **向**主一片丹心, 寧有改理也歟. (鄭夢周, 〈丹心歌〉)

이 몸이 죽고 죽어 일백 번 고쳐 죽어, 백골이 진토 되어 넋이라도 있고 없고, 임**을 향한** 일편단심이야 어찌 바뀜이 있으리오.

• 夜夜祈**向**月, 願得見生前. (申師任堂, 〈踰大關嶺望親庭〉)

밤마다 달**을 향해** 비오니, 생전에 뵈올 수 있게 하소서.

• 慈親鶴髮在臨瀛◆, 身**向**長安獨去情. (申師任堂, 〈泣別慈母〉)

흰머리의 자애로운 어머니는 임영에 계시는데, 이 몸은 장안**을 향해** 홀로 떠나는 마음이여.

◆臨瀛(임영): 강릉의 옛 지명.

• 遠水連天碧, 霜楓**向**日紅. (李珥, 《栗谷全書》)

멀리 강물은 하늘에 닿아 푸르고 서리 맞은 단풍은 해**를 향해** 붉다.

❷ **접속사** 가설을 나타내며, '만약' '만일'이라고 해석한다.

• **鄉**亡桓公, 星遂至地, 中國其良絶矣. (《漢書》〈五行志下〉)

만약 제환공(齊桓公)이 없었다면, 별은 땅에 떨어지고 중국은 진실로 멸망했을 것이다.

亡: 없을 무

• 形之龐也類有德, 聲之宏也類有能. **向**不出其技, 虎雖猛, 疑畏終不敢取. (柳宗元, 〈三戒 黔之驢〉)

몸집이 비대한 것이 마치 덕이 있는 것 같았고, 소리가 큰 것이 마치 재능이 있는 것 같았다. **만일** 그 기능을 나타내지 않았다면 호랑이가 비록 흉포하더라도 의심하고 무서워하여 마침내 감히 취하지 못했을 것이다.

• **嚮**吾不爲斯役, 則久已病矣. (柳宗元, 〈捕蛇者說〉)

만약 내가 이 부역을 하지 않았다면 오래전에 이미 병들었을 것입니다.

❸ **부사** 어떤 일이나 상황이 일찍이 발생했거나 존재한 시간을 나타낼 때는 '이전에' '종전에' 등으로 해석하고, 어떤 일이나 상황이 과거의 어떤 한때로부터 현재까지 줄곧 이와 같음을 나타낼 때는 '여전히' '줄곧' 등으로 해석한다.

• **向**其先表之時可導也, 今水已變而益多矣, 荊人尙猶循表而導之, 此其所以敗也. (《呂氏春秋》〈察今〉)

이전에 그들이 앞서 표시를 할 때는 [물길을] 인도할 수 있었지만, 지금은 물이 이미 바뀌어서 불었는데도 초나라 사람들은 여전히 표시를 따라 군대를 이끌어갔으니, 이것이 바로 그들이 실패한 원인이다.

• 聽其聲, 則**向**所遇女子也. (《原化記》〈車中女子〉)

소리를 들으니 **이전에** 만났던 여자이다.

• 離宮宿衛人**向**多露處. (《李師師外傳》)

이궁에서 경호하는 사람은 **줄곧** 밖에서 노숙했다.

• 此處**向**不平靜, 自豁達先生過後, 永無爲祟者. (《子不語》 卷四)

이곳은 **줄곧** 안정되지 않았는데, 활달 선생이 온 이후부터 영원히 떠받드는 자가 없게 되었다.

❹ **부사** 동작의 발생 시간이 오래되지 않았음을 나타내며, '막' '방금' '아직'이라고 해석한다.

• **向**吾入而弔焉, 有老者哭之如哭其子, 有少者哭之如哭其母. (《莊子》〈養生主〉)

방금 나는 들어가 조문을 했는데, 늙은이는 자기 아들에게 곡하듯이 곡을 하고, 젊은이는 자기 부모에게 곡하듯이 곡을 했다.

ㅎ

• **向**霍黃之言直, 臣是以知君仁君也. (《新序》〈雜事〉)

방금 곽황의 말이 곧았으니, 저는 이 때문에 임금께서 어진 군주임을 알았습니다.

• 玄就車與語曰: "吾久欲注, 尙未了. 聽君**向**言, 多與吾同. 今當盡以所注與君." (《世說新語》〈文學〉)

정현(鄭玄)이 수레로 달려가 그에게 말했다. "나는 오랫동안 [《춘추》에] 주를 달려고 했지만, 아직 완성하지 못했다. 당신이 **방금** 한 말을 들으니, 대부분 나와 같다. 지금 응당 내가 주 단 것을 당신에게 전부 주어야겠다."

❺ **부사** 앞으로 도달하거나 접근하게 될 수량이나 정도를 나타내며, '거의' '곧(머지않아)' 등의 의미로 해석한다.

• 軍興已來, 已**向**百載. (《三國志》〈吳書 華覈傳〉)

군사를 일으킨 지 이미 **거의** 백 년이나 된다.

• 此樹我所種, 別來**向**三年. (李白, 〈寄東魯二稚子〉)

이 나무는 내가 심었지, 떠나온 지 **거의** 3년이 되어가는구나.

• 桑葉露枝蠶**向**老, 菜花成莢蝶猶來. (范成大, 〈初夏〉)

뽕잎 따고 가지 드러내니 누에는 **곧** 늙으려 하고, 꽃을 따고 꽃받침 생기니 나비 또한 날아오네.

• 我殘年**向**盡, 見此盛衰, 不勝傷感. (蔣防, 《霍小玉傳》)

나에게 남은 생명 **곧** 다하려 하니, 이러한 성하고 쇠함을 보고 슬픈 감정을 금하지 못한다.

【참고】

① 창문: • 塞**向**墐戶. (《詩經》〈豳風 七月〉) 북쪽 **창문**을 막고 문을 바른다. • 門戶牖**嚮**. (《荀子》〈君道〉) 출입문과 들**창**. • 刮楹達**鄉**. (《禮記》〈明堂位〉) 둥근 기

등을 깎아 **창문**을 만든다.

② 향하다: • 時藿**向**陽. (潘岳, 〈閑居賦〉) 때때로 콩은 햇빛을 **향한다**. • 樂和而民**嚮**方矣. (《呂氏春秋》〈音初〉) 음악이 조화를 이루면 백성은 방정한 데로 **향한다**. • **鄕**長者所視. (《禮記》〈曲禮上〉) 어른이 보는 곳을 **향한다**.

③ 과거: • **向**也不怒, 而今也怒. (《莊子》〈山木〉) **과거**에는 화내지 않았으나 지금은 화를 낸다. • **嚮**之壽民, 今爲殤子矣. (《呂氏春秋》〈察今〉) **과거**의 장수한 백성이 지금은 일찍 죽는다. • **鄕**也吾見於夫子而問知. (《論語》〈顔淵〉) **아까** 제가 선생님을 뵙고 앎에 대해 여쭈었다.

④ 고을: • 一**鄕**. 1만 2,500가구.

向來(향래)

부사 부사 '向(향)'과 어조사 '來(래)'가 결합된 것이다. 시간을 나타내며, '막' '줄곧' 등으로 해석한다. 위진남북조시대에 처음 보이며 그 이후에 점점 많아졌다.

- 丞相乃嘆曰: "**向來**語乃竟未知理源所歸." (《世說新語》〈文學〉)
  승상이 이에 탄식하면서 말했다. "**막** 한 말은 곧 이치의 근원이 돌아가는 바를 결코 아는 것이 아니다."
- **向來**相送人, 各自還其家. (陶淵明, 〈挽歌詩〉)
  막 장례를 치른 사람은 제각기 자기 집으로 돌아갔다.
- 公但注目於此舟, 則如公**向來**所願耳. (《纂異記》陳季卿)
  공은 단지 이 배만 주목하면 공이 **줄곧** 바라던 대로 될 것입니다.

向令(향령)

접속사 부사 '向(향)'과 접속사 '令(령)'의 결합으로 과거에 대한 가정을 나타내며, 한(漢)나라 때부터 용례가 있었다. '만약' '만일' 등으로 해석한다. '向若(향약)'과 같다.

- **向令**伍子胥從奢俱死, 何異螻蟻? (《史記》〈伍子胥列傳〉)

  만약 오자서(伍子胥)가 [그의 부친] 오사를 따라 함께 죽었다면, 땅강아지나 개미와 무엇이 다르겠는가?

- **向令**韓信用權變之才, 爲若叔孫通之事, 安得謀反誅死之禍哉? (《論衡》〈定賢〉)

  만일 한신이 임기응변의 재주가 있었다면 숙손통과 같은 일을 했을 테지 어찌 모반을 도모하다 죽게 되는 재앙을 얻었겠는가?

- **向令**田豐在此, 不至於是也. (《三國志》〈魏書 袁紹傳注〉)

  만일 전풍이 이곳에 있었다면 이 정도에 이르지 않았을 것이다.

- **向令**運未有統, 時仍割分, 則太宗龍行乎中原, 建德虎視於河北, 相持相支, 勝負豈須臾辨哉? (殷侔, 〈竇建德碑〉)

  만일 천운이 계통이 없고 시세가 여전히 나누어졌다면, 태종(이세민)은 중원에서 우두머리로 행세하고 두건덕은 하북에서 강하게 지키며 서로 버티었을 것이니, 승패가 어찌 짧은 시간에 결정되었겠는가?

向使/嚮使/鄉使/鄉使(향사)

접속사 부사 '向/嚮/鄉/鄉(향)'과 접속사 '使(사)'의 결합으로, 의미의 중점은 앞 글자에 있다. 과거의 일에 대한 가설을 나타내며, '만약' '만일' 등으로 해석한다.

• **向使**四君却客而不內, 疏士而不用, 是使國無富利之實, 而秦無强大之名也. (李斯, 〈諫逐客書〉)

만일 [당시] 네 군주가 빈객을 거절하여 받아들이지 않고 선비를 멀리하여 임용하지 않았다면, 이것이 국가에 부유하고 이로운 실리가 없게 했을 것이고, 진나라에 강대하다는 명성이 없게 했을 것입니다.

• **鄕使**管子幽囚而不出, 身死而不反於齊, 則亦名不免爲辱人賤行矣. (《史記》〈魯仲連鄒陽列傳〉)

만일 관중이 옥에 갇힌 채 세상에 나오지 못했거나 죽을 때까지 제나라로 돌아올 수 없었다면, 그는 끝내 천박한 행동을 했다는 욕을 피할 수 없었을 것입니다.

• **鄕使**秦已并天下, 行仁義, 法先聖, 陛下安得而有之? (《史記》〈酈生陸賈列傳〉)

만약 진나라가 천하를 통일한 이후에 인의를 실행하고 고대 성왕을 본받았다면, 폐하가 어떻게 천하를 차지할 수 있었겠습니까?

• **嚮使**秦緩其刑罰, 薄賦斂, …… 則世世必安矣. (《史記》〈平津侯主父列傳〉)

만약 진(秦)나라가 형벌을 가벼이 하고 부세를 적게 거두었다면, …… 그렇다면 대대로 반드시 편안했을 것입니다.

• **鄕使**聽客之言, 不費牛酒, 終亡火患. (《漢書》〈霍光列傳〉)

만약 [당신이] 객의 말을 들었다면 소고기와 술을 낭비하지 않고, 마침내 화재도 발생하지 않았을 것이다.

• **向使**能瞻前顧後, 援鏡自戒, 則何陷於凶患乎? (《後漢書》〈張衡列傳〉)

만약 앞뒤를 두루 살피고 [지난 일을] 거울삼아 스스로 경계할 수 있었다면 어찌 재난에 빠졌겠는가?

• **嚮使**撰次不得其人, 文字暖昧, 雖有美實, 其誰觀之? (韓愈, 〈進平準西碑文表〉)

만약 저술하는 데 알맞은 사람을 찾지 못하여 문장이 정확하지 않다면,

비록 좋은 내용이 있더라도 누가 그것을 보겠는가?

- **向使**三國各愛其地, 齊人勿附於秦, 刺客不行, 良將猶在. 則勝負之數, 存亡之理, 當與秦相較, 或未易量. (蘇洵, 〈六國論〉)

  만약 [한(韓)·위(魏)·초(楚)] 세 나라가 각기 자기 땅을 아꼈다면 제(齊)나라 사람은 진(秦)나라에 의지하지 않았고, [연(燕)나라의] 자객이 가지 않았으며, [조(趙)나라의] 뛰어난 장수가 아직 건재할 것이다. [그렇다면] 승패의 운명과 존망의 이치로 볼 때 [6국(六國)은] 진나라와 경쟁이 되었을 것이고, [승패는] 추측하기 쉽지 않았을 것이다.

- **鄉使**晉使再來, 則南北不戰矣. (《資治通鑑》〈後晉紀〉齊王開運二年)

  만일 진나라 사신이 다시 온다면, 남과 북은 싸우지 않을 것이다.

向者/鄕者/嚮者(향자)

부사 과거를 나타내며, '방금' '아까는' '이전에' '일찍이' '조금 전에' 등으로 해석한다.

- **向者**見客之容, 而今也見客之意. (《晏子春秋》〈內篇雜下〉)

  이전에는 객의 모습을 보았으나 지금은 객의 뜻을 본다.

- **向者**遇桀·紂, 必殺之矣. (《戰國策》〈秦策五〉)

  일찍이 [그가] 걸왕(桀王)이나 주왕(紂王)을 만났다면 반드시 죽임을 당했을 것이다.◆

  ◆중기(中期)를 해친다면 당신도 걸이나 주 같은 폭군이 된다는 뜻.

- 須賈曰: "**鄕者**與我載而入者." (《史記》〈范雎蔡澤列傳〉)

  수가가 말했다. "**방금** 나와 함께 수레를 타고 와서 들어간 사람이다."

- 沛公謝曰: "**鄕者**聞先生之容, 今見先生之意矣." (《史記》〈酈生陸賈列傳〉)

  패공은 사과하며 말했다. "**아까는** 선생의 차림새가 거창하다는 말만 들었는데, 이제 선생의 마음을 알았소."

- 吾**鄕者**望子, 疑以爲人君也, 子至而人臣也. (《說苑》〈臣術〉)

내가 **이전에** 그대를 바라보았을 때는 임금인 듯하더니, 그대가 가까이 오니 신하로군요.

- **向者**陛下間關道, 危如累卵, 當時尙不忍北面臣敵. (胡銓, 〈戊午上高宗封事〉)

이전에 폐하는 관도 사이에서 [전전하여] 위태롭기가 계란을 포개놓은 듯했으나 그때도 오히려 차마 북면하여 적에게 신하 노릇을 하지는 않았습니다.

許(허)

❶ **어조사** 대략적인 수량을 나타내며, '~남짓' '~여'라고 해석한다.

- 帝嘗幸其府, 留飮十**許**日. (《後漢書》〈馮魴列傳〉)

황제는 일찍이 그의 도읍으로 돌아가 머물면서 열흘 **남짓** 동안 술을 마셨다.

- 赴河死者五萬**許**人. (《後漢書》〈皇甫嵩列傳〉)

물을 건너다가 죽은 자가 5만 명 **남짓**이다.

- 百姓化其恩禮, 其出居者, 皆歸養其父母, 追行喪服, 推財相讓者, 二百**許**人. (《後漢書》〈何敞列傳〉)

백성은 그 은혜와 예의에 감화되어 머물던 곳에서 나와 모두 돌아가 그 부모를 섬겼으며, 상복을 따르고 재물을 미루며 사양하는 자가 2백**여** 명이나 되었다.

- 山有石壁, 二十**許** 丈. (《水經注》〈浙江水〉)

산에 석벽이 있는데, [높이가] 스무 길 **남짓**이다.

• 直以眞率少**許**, 便足對人多多**許**. (《世說新語》〈賞譽〉)

[왕술(王述)은] 단지 그의 진솔함과 적은 재산만 가지고도 충분히 다른 사람의 많은 재산에 맞섰다.

• 潭中魚可百**許**頭, 皆若空游無所依. (柳宗元, 〈小石潭記〉)

못 안의 고기가 대략 백 마리 **남짓**인데, 모두 마치 의지하는 것 없이 허공에서 노는 것 같다.

❷ **대사** 비교하는 사물을 지시하거나 상황의 정도 혹은 상태 등을 나타내며, '얼마나' '이' '이와 같이' '이처럼' 등으로 해석한다.

• 風吹冬簾起, **許**時寒薄飛. (《樂府詩集》〈子夜歌〉)

바람이 불어 두터운 발을 들어올리니, **이**때 찬 기운이 세차게 들어왔다.

• 非無杯觴用, 當柰**許**寒何? (《樂府詩集》〈九月折楊柳歌〉)

술잔 없이 술을 마시려는 것은 아니니, 다만 **이와 같은** 추위를 어찌하리?

• 相送勞勞渚. 長江不應滿, 是儂淚成**許**. (《樂府詩集》〈華山畿〉)

노로(勞勞) 물가에서 사랑하는 사람과 이별했다. 장강(長江)이 본래 가득하지는 않았는데, 이것은 나의 눈물이 **이렇게** 만든 것이다.

• 且飮不須論**許**事, 從今然有佳天色. (丘宗山, 〈滿江紅〉)

이 일을 논의할 필요 없이 잠시 술 마시세, 이후로 아름다운 하늘색이 있으리.

• 已是不成眠, 如何更遭**許**? (楊萬里, 〈夜雨不寐〉)

이미 잠을 이루지 못했는데, 어떻게 다시 **이처럼** 만나겠는가?

• 强尊前抖擻舊精神, 誰能**許**? (管鑑, 〈滿江紅〉)

술잔 앞에서 옛 정신을 떨치려 했지만, 누군들 **이와 같이** 할 수 있겠느냐?

• 彼雖有過, 然遭君亦甚矣. 可憐**許**, 請從此放之. (《河東記》〈板橋三娘子〉)

그녀는 비록 과실이 있지만, 당신을 만나 또 심해졌다. **얼마나** 불쌍한가, 여기에서 그녀를 놓아줄 것을 요청한다.

❸ **어조사** '乎(호)'와 통하고, 문장 끝에 쓰여 의문이나 감탄을 나타낸다. 용례는 매우 적다.

- 奈何**許**? 石闕生口中, 銜碑不得語. (《古漢樂府》〈讀曲歌〉)
  어떻게 **합니까**? 석궐이 태어날 때부터 입 속에 있었으므로 슬픔을 머금어도 말을 할 수 없습니다.
- 可惜**許**! (晏殊, 〈雨中花〉)
  정말 애석**하구나**!

【참고】

① 허락하다: • 公弗**許**. (《左傳》 隱公元年) 공은 **허락하지** 않았다.

② 인정하다: • 時人莫之**許**也. (《三國志》〈蜀書 諸葛亮傳〉) 당시 사람들이 아무도 그를 **인정하지** 않았다.

③ 보답하다: • 納我而無二心者, 吾皆**許**之上大夫之事. (《左傳》 莊公十四年) 나를 받아들이고 두 마음이 없는 자에게는, 내가 모두 상대부의 관직으로 **보답하려** 한다.

夾(협)

부사 동작 혹은 행위의 협력이나 두 방향에서 일을 진행시키는 것을 나타내며, '쌍방으로' '앞뒤로부터' '양쪽에' '함께' 등으로 해석한다.

- 昔周公, 太公股肱周室, **夾**輔成王. (《左傳》 僖公二十六年)
  옛날에 주공과 태공은 주 왕조의 중신이 되어 **함께** 주성왕을 보좌했다.
- 會天大風, 超令十人持鼓藏虜舍後, 約曰: "見火然, 皆當鳴鼓大呼." 餘人悉持兵弩**夾**門而伏. (《後漢書》〈班超列傳〉)

ㅎ

마침 거센 바람이 불자 반초(班超)는 열 사람에게 북을 가지고서 흉노 막사의 뒤쪽에 숨어 있으라고 명령한 뒤 약속하며 말했다. "불이 보이면 모두 북을 치고 크게 소리 지르라." 그 나머지 사람들은 모두 무기와 화살을 지니고 문 **양쪽에** 매복했다.

- 李嗣業之與回紇出賊陳後, 與大軍**夾**擊, 自午及酉, 斬首六萬級. (《資治通鑑》〈唐紀〉 肅宗至德二載)

  이사업은 위구르와 함께 적진의 뒤에서 출동하여 대군과 **함께** 공격하니, 오시부터 유시까지 머리 6만 개를 베었다.

兮(혜)

어조사 문장의 호흡을 고르거나 글자 수를 맞추며 가벼운 감탄을 포함한다. 특별한 뜻은 없으므로 해석하지 않는다.

- 不稼不穡, 胡取禾三百廛**兮**? 不狩不獵, 胡瞻爾庭有縣貆**兮**? (《詩經》〈魏風 伐檀〉)

  심지도 않고 거두지도 않으면 어떻게 3백 호의 전세를 취할 수 있겠습니까? 사냥하지 않으면 어떻게 당신의 뜰에서 매달린 오소리를 볼 수 있겠습니까?

- 禍**兮**福之所倚, 福**兮**禍之所伏. (《老子》 第五十八)

  화는 복이 의존하는 바이며, 복은 화가 숨는 곳이다.

- 王孫**兮**歸來, 山中**兮**不可久留. (《楚辭》〈招隱士〉)

  왕손이 돌아오네, 산속에서 오래 머무를 수 없구나.

- 皇天之不純命**兮**, 何百姓之震愆? 民離散而相失**兮**, 方仲春而東遷. (《楚辭》〈九章 哀郢〉)

하늘이 본분을 다하지 못하고, 어찌하여 백성에게 재난을 만나게 하십니까? 백성이 뿔뿔이 흩어져 서로를 잃고, 바야흐로 중춘(음력 2월)에 동쪽으로 피난하는구나.

- 誠旣勇**兮**又以武, 終剛强**兮**不可凌. 身旣死**兮**神以靈, 魂魄毅**兮**爲鬼雄. (《楚辭》〈九歌 國殤〉)

  [그들은] 진실로 용감하고 이미 씩씩하기도 하며, 또 무예에 정진하고 임종할 때도 무시당하지 않았네. 몸은 이미 죽었으나 정신은 혼령이 되었으니, 혼백은 진실로 의연하여 귀신들의 영웅이 되었구나.

- 桂棹**兮**蘭槳, 擊空明**兮**泝流光. 渺渺**兮**余懷! 望美人**兮**天一方. (蘇軾, 〈赤壁賦〉)

  계수나무 노와 목란 삿대로 물속의 달그림자를 쳐서 흐르는 달빛을 맞는다. 아득하고 아득하여라, 내 마음이여! 미인을 바라보니 하늘 저편에 있네.

- 朝友麋鹿, 暮猿與栖**兮**! (王守仁, 〈瘞旅文〉)

  아침에는 사슴과 친구하고 저녁에는 원숭이와 더불어 깃든다!

惠(혜)

부사 상대에 대한 존경을 나타내며, 해석하지 않거나 문맥에 따라 적절히 해석한다.

- 子**惠**思我, 褰裳◆涉溱. (《詩經》〈鄭風 褰裳〉)

  그대가 나를 생각한다면 치마 걷고 진수(溱水)라도 건너련만.

  ◆褰裳(건상): 치마를 걷어올리다.

- 終風且霾, **惠**然肯來? (《詩經》〈邶風 終風〉)

ㅎ

• 聲之精者, 莫大**乎**言. (《栗谷全書拾遺》〈人物世藁序〉)

소리 중에서 정미한 것은 말**보다** 큰 것이 없다.

• 倭船之來, 恒在淸明之後. 前**乎**此, 風候不常, 淸明後方多東北風, 且積久不變. (李睟光,《芝峯類說》)

왜인의 선박이 오는 일은 항상 청명 이후에 있었다. 이**보다** 앞서면 바람이 일정치 않고, 청명 이후가 되면 바야흐로 동북풍이 많으며, 또 오래도록 변하지 않는다.

❷ **전치사** 장소나 시간을 나타내며, '~로' '~로부터' '~에서' 등으로 해석한다.

• 吾獨窮困**乎**此時也. (屈原, 〈離騷〉)

나는 특히 이때**에** 곤궁했다.

• 鷄鳴狗吠相聞, 而達**乎**四境, 齊有其民矣. (《孟子》〈公孫丑上〉)

닭 우는 소리와 개 짖는 소리가 서로 들려 사방의 변경**에** 이르니, 제나라는 이런 [정도의] 백성을 가졌다.

• 奮**乎**百世之上, 百世之下, 聞者莫不興起也. (《孟子》〈盡心下〉)

백대 이전**에서** 분발하면 백대 이후에도 [이러한 풍도를] 들은 자가 [감동하여] 분발하지 않는 자가 없다.

• 擢之**乎**賓客之中, 立之**乎**群臣之上. (《戰國策》〈燕策二〉)

빈객들 중**에서** 뽑아 [나를] 여러 신하 위**에** 세웠다.

擢: 뽑을 탁

• 楚人生**乎**楚, 長**乎**楚, 而楚語, 不知其所受之. (《呂氏春秋》〈用衆〉)

초나라 사람은 초나라**에서** 나서 초나라**에서** 성장하여 초나라 말을 하지만 누구에게서 배웠는지를 알지 못한다.

• 易稱, "男正位**乎**外, 女正位**乎**內; 男女正, 天地之大義也." (《三國志》〈魏書 后妃傳〉)

《역경(易經)》에 "남자는 밖**에서** 위치를 바르게 하고, 여자는 안**에서** 위치를 바르게 하니, 남자와 여자가 바름이 천지의 대의이다."라고 했다.

- 蘊**乎**內, 著**乎**外. (謝榛,《四溟詩話》)

  안**에서** 쌓여 밖**으로** 드러난다.

- 行之**乎**仁義之途, 游之**乎** 詩·書 之源. (韓愈,〈答李翊書〉)

  인의의 길**에서** 걸었고,《시경》과《서경》의 근원**에서** 노닐었다.

❸ **전치사** 동작 혹은 행위의 대상을 이끌어내며, 피동의 성격을 띤다. '~에게' '~에 대하여' '~에 의하여' '~을'이라고 해석한다.

- 觀**乎**天文, 以察時變. (《周易》〈賁〉)

  하늘**에 의하여** 형상을 관찰함으로써 시서(時序)의 변화를 살핀다.

- 萬嘗與莊公戰, 獲**乎**莊公. (《公羊傳》莊公十二年)

  [송(宋)의] 만(萬)은 일찍이 [노(魯)]장공과 싸우다가 장공**에게** 붙잡혔다.

- 王痍者何? 傷**乎**矢也. (《公羊傳》成公十六年)

  [초나라] 왕이 다친 것은 무엇 때문인가? 화살**에** 부상을 입은 것이다.

- 或問**乎**曾西. (《孟子》〈公孫丑上〉)

  어떤 사람이 증서**에게** 물었다.

- 俄則束**乎**有司而戮乎大市. (《荀子》〈非相〉)

  오래지 않아 관리**에게** 체포되어 큰 저자에서 사형되었다.

- 君子博學而參省**乎**己, 則知明而行無過矣. (《荀子》〈勸學〉)

  군자가 널리 배우고 끊임없이 자기**에 대하여** 성찰하면, 지혜가 밝아져서 행동에 잘못이 없을 것이다.

- 魯今且郊◆, 如致膰◆**乎**大夫, 則吾猶可以止. (《史記》〈孔子世家〉)

  노나라는 이제 곧 교제사를 지낼 것인데, 만일 대부**에게** 제사 고기를 보내주면 나는 오히려 머무를 수 있을 것이다.

◆郊(교): 천자가 하늘과 땅에 올리던 제사.

◆膰(번): 종묘사직의 제사에 쓰던 고기. 천자는 제사를 지낸 뒤 그 고기를 나라의 대부들에게 나누어주는 것이 예(禮)였다.

郊: 제사 이름 교 | 膰: 제육(祭肉) 번

- 寧赴常流而葬**乎**江魚腹中耳. (《史記》〈屈原賈生列傳〉)

  차라리 흐르는 강물에 몸을 던져 물고기의 배 속**에** 장사를 지내겠다.

- 吾嘗疑**乎**是. (柳宗元, 〈捕蛇者說〉)

  나는 일찍이 이 말**에 대해서** 의심했다.

- 天地之間, 萬物之衆, 惟人最貴, 所貴**乎**人者, 以其有五倫也. (《童蒙先習》)

  천지 사이, 만물의 무리 가운데에서 오직 사람이 가장 귀하니, 사람**을** 귀하게 여기는 까닭은 사람에게는 다섯 가지 윤리가 있기 때문이다.

❹ **전치사** 동작 혹은 행위의 원인을 이끌거나 동작 혹은 행위가 지켜야 할 준칙을 나타내며, '~ 때문에' '~에 근거하여' '~에 [달려] 있어' '~에 따라' 등으로 해석한다.

- 德蕩**乎**名, 知出**乎**爭. (《莊子》〈人間世〉)

  덕은 명예심 **때문에** 없어지고, 지식은 경쟁심 **때문에** 생긴다.

- 不動**乎**衆人之非譽. (《荀子》〈正名〉)

  많은 사람의 비난이나 칭찬 **때문에** 흔들리지 않는다.

- 君子素其位而行, 不願乎其外. 素富貴, 行**乎**富貴; 素貧賤, 行**乎**貧賤. (《禮記》〈中庸〉)

  군자는 본래 그 지위에 따라 행동하고, 본분 이외의 것을 바라지 않는다. 원래 부귀하면 부귀함**에 따라** 행동하고, 원래 빈천하면 빈천함**에 따라** 행동한다.

- 陣而後戰, 兵法之常. 運用之妙, 存**乎**一心. (《宋史》〈岳飛傳〉)

  진을 친 뒤에 전쟁하는 것이 병법의 일반적인 규칙이다. [하지만] 운용의 묘는 [지휘관의] 한 마음**에 달려 있다**.

• 蓋豐荒異政繫**乎**時也. 夷夏殊法牽**乎**俗也. (劉禹錫, 〈答饒州元使君書〉)

풍년과 흉년에 정치를 달리하는 것은 천시(天時)**에 근거한** 것이다. 사이(四夷)와 화하(華夏)가 법을 달리하는 것은 풍속**에 근거한** 것이다.

❺ **어조사** 문장 끝에 쓰여 의문을 나타낸다. 의문문으로 해석한다.

• 管仲儉**乎**? (《論語》 〈八佾〉)

관중은 검소했습니까?

• 子見夫子**乎**? (《論語》 〈微子〉)

어르신, [우리] 선생님을 보셨습니까?

• 然, 胡不已**乎**? (《墨子》 〈公輸〉)

그러나 어찌 그만두지 않는가?

• 叟不遠千里而來, 亦將有以利吾國**乎**? (《孟子》 〈梁惠王上〉)

선생은 천 리를 멀다 하지 않고 왔으니, 또한 내 나라에 이익이 있겠습니까?

• 滕, 小國也, 間於齊楚, 事齊**乎**, 事楚**乎**? (《孟子》 〈梁惠王上〉)

등나라는 작은 나라이며 제(齊)와 초(楚) 사이에 끼어 있으니, 제나라를 섬길 것인가, 초나라를 섬길 것인가?

• 交隣國有道**乎**? (《孟子》 〈梁惠王下〉)

이웃 나라와 사귀는 데 도가 있습니까?

• 許子必種粟而後食**乎**? (《孟子》 〈滕文公上〉)

허자는 반드시 곡식을 심은 후에 먹는가?

• 堯舜不復生, 將誰使定儒墨之誠**乎**? (《韓非子》 〈顯學〉)

요순은 부활할 수 없으니, 누가 유가와 묵가의 진실을 확정시키겠는가?

• 何以王齊國, 子萬民**乎**? (《戰國策》 〈齊策四〉)

어떻게 제(齊)나라에서 왕 노릇 하면서 온 백성을 자녀로 삼겠는가?

• 誰習計會, 能爲文收責於薛者**乎**? (《戰國策》 〈齊策四〉)

누가 회계에 익숙하여 나를 위해 설읍에 가서 빚을 받아올 수 있겠는가?

- 大王嘗聞布衣之怒**乎**? (《戰國策》〈魏策四〉)

  대왕께서는 일찍이 백성의 성난 목소리를 들으셨습니까?

- 襄王曰: "先生老悖**乎**? 將以爲楚國祆祥**乎**?" (《戰國策》〈楚策四〉)

  양왕이 말했다. "선생께서는 망령이 나셨소? [나의 이러한 행위를] 초(楚)나라에 재앙이 있을 조짐으로 여기시오?"

  祆: 재앙 요

- 壯士, 能復飮**乎**? (《史記》〈項羽本紀〉)

  장사는 다시 [한잔] 마실 수 있는가?

- 御使中丞, 能申其父之論**乎**? (《三國志》〈魏書 陳群傳〉)

  어사중승(진군陳群)이 그 부친의 의논을 펼칠 수 있겠는가?

- 凡若此者, …… 有取**乎**? 抑其無取**乎**? (柳宗元, 〈與韋中立論師道書〉)

  무릇 이와 같은 것은 …… 취할 것이 있는가? 아니면 취할 것이 없는가?

- 牧爲民有**乎**, 民爲牧生**乎**? (丁若鏞, 《與猶堂全書》)

  수령이 백성을 위해서 있는가, 백성이 수령을 위해서 있는가?

❻ 어조사 문장 끝에 쓰여 반문을 나타내며, '豈(기)' '孰(숙)' '安(안)' '何(하)' 등과 호응한다.

- 蔓草猶不可除, 況君之寵弟**乎**? (《左傳》 隱公元年)

  풀도 자라나면 오히려 제거하지 못하는데, 하물며 임금이 사랑하는 아우임에랴?

- 阻而鼓之, 不亦可**乎**? (《左傳》 僖公二十二年)

  [적이 험한 지형에] 가로막혀 있을 때 공격하면 또한 좋지 않겠습니까?

- 計中國之在海內, 不似稊*米之在大倉**乎**? (《莊子》〈秋水〉)

  중국이 사해 안에 있는 것을 헤아려보면, 돌피가 큰 창고 안에 있는 것과 같지 않겠는가?

◆稊(제): 쓸모없는 사물의 비유.

稊: 돌피 제

• 梁王安得晏然而已**乎**? (《戰國策》〈趙策三〉)

양왕이 어찌 편안할 수 있겠는가?

晏: 편안할 안

• 先生獨未見夫僕**乎**? (《戰國策》〈趙策三〉)

선생께서 설마 노비를 보지 못하셨습니까?

• 舟已行矣, 而劍不行. 求劍若此, 不亦惑**乎**? (《呂氏春秋》〈察今〉)

배는 이미 갔으나 칼은 가지 않았다. 칼을 찾는 것이 이와 같으면 또한 미혹되지 않은가?

• 孔子不能決也, 兩小兒笑曰: "孰爲汝多知**乎**?" (《列子》〈湯問〉)

공자가 [누가 옳고 그른지를] 결정하지 못하자 두 아이가 웃으면서 말했다. "누가 당신더러 지식이 많다고 했습니까?"

• 日夜望將軍至, 豈敢反**乎**? (《史記》〈項羽本紀〉)

밤낮으로 장군께서 오시기를 바랐는데, 어찌 감히 모반하겠습니까?

• 王侯將相寧有種**乎**! (《史記》〈陳涉世家〉)

왕후장상이 어찌 씨가 있겠는가!

• 布衣之交尙不相欺, 況大國**乎**? (《史記》〈廉頗藺相如列傳〉)

백성의 사귐도 오히려 서로 속이지 않는데, 하물며 큰 나라임에랴?

• 天下之事, 有難易**乎**? (彭端淑, 《白鶴堂詩文集》)

천하의 일이 어렵고 쉬움이 있으랴?

• 古人有言, 衆口鑠金, 今海中傍生, 何不畏衆口**乎**? (一然, 《三國遺事》)

옛사람의 말에 여러 사람의 말은 무쇠를 녹인다고 하니, 이제 바닷속의 짐승인들 어찌 여러 사람의 말을 두려워하지 않겠는가?

• 相國此詩, 傳播大國, 信**乎**? (李奎報, 《白雲小說》)

상국의 이 시가 대국(중국)에 전파되었다는 것이 사실입니까?

• 天人之心, 能無慍**乎**? (《容齋逸史》〈方獵起義〉)

백성의 마음을 성내게 하지 않을 수 있겠는가?

❼ **어조사** 문장 끝에 쓰여 추측을 나타낸다.

• 詩曰: "孝子不匱, 永錫爾類." 其是之謂**乎**! (《左傳》隱公元年)

《시경》에 "효자[의 효도]는 다함이 없어, 영원히 너와 같은 부류에게 [영향을] 끼친다."라고 한 것이 아마도 이런 경우를 말한 것인가 보구나!

匱: 다할 궤

• 必也正名**乎**! (《論語》〈子路〉)

반드시 명칭을 바르게 하겠다!

• 三月, 黃龍見譙. 登聞之曰: "單颺之言, 其驗茲**乎**?" (《三國志》〈魏書 文帝紀〉)

3월에 황룡이 초현에 나타났다. 은등(殷登)은 그 소식을 듣고서 말했다. "단양의 말이 이렇게 증명되는가?"

❽ **어조사** 감탄·바람·격분·탄식·멈춤 등을 나타낸다.

• 參**乎**, 吾道一以貫之. (《論語》〈里仁〉)

삼(參, 증삼)아, 나의 도는 하나로 꿰뚫는다.

• 已矣**乎**! (《論語》〈公冶長〉)

끝났구나!

• 仕非爲貧也, 而有時**乎**爲貧. (《孟子》〈萬章下〉)

벼슬하는 것은 가난 때문이 아니지만, 때로는 가난 때문에 하기도 한다.

• 故言有召禍也, 行有招辱也, 君子愼其所立**乎**! (《荀子》〈勸學〉)

그러므로 말이 재앙을 부르고 행동이 치욕을 초래하니, 군자는 그 처지에 대해 신중하라!

• 生**乎**由是, 死**乎**由是. (《荀子》〈勸學〉)

삶은 이 길을 따르고, 죽음은 이 길을 따른다.

• 以容取人**乎**, 失之子羽; 以言取人乎, 失之宰予. (《韓非子》〈顯學〉)

외모를 보고 사람을 취하여 자우를 잘못 [선택]했고, 말로 사람을 취하여 재여를 잘못 [선택]했다.

• 願君顧先王之宗廟, 姑反國統萬人**乎**! (《戰國策》〈齊策四〉)

원컨대 임금께서는 선왕의 종묘를 생각하시어 우선 나라로 돌아와 만백성을 통솔하십시오!

• 曾子曰: "十目所視, 十手所指, 其嚴**乎**!" (《禮記》〈大學〉)

증자가 말했다. "열 쌍의 눈이 주시하고 열 쌍의 손이 가리키니, 엄하구나!"

• 天**乎**! 吾無罪! (《史記》〈秦始皇本紀〉)

하늘이시여! 나는 죄가 없습니다!

• 後三年, 吳其墟**乎**! (《史記》〈越世家〉)

3년 뒤, 오나라는 [월나라에게 멸망하여] 폐허가 될 것이다!

• 嗟**乎**! 燕雀安知鴻鵠之志哉! (《史記》〈陳涉世家〉)

아! 제비와 참새가 어찌 기러기와 고니의 뜻을 알겠는가!

• 胡爲**乎**遑遑欲何之? (陶潛, 〈歸去來辭〉)

무엇 때문에 서둘러 어디로 가려 하는가?

• 嗚**乎**! 孰知賦斂之毒有甚是蛇者**乎**? (柳宗元, 〈捕蛇者說〉)

아! 조세 징수의 잔혹함이 이 독사보다 더 심함을 누가 알겠는가?

• 龜**乎**龜**乎**出水路. (一然, 《三國遺事》)

거북아 거북아, 수로 부인을 내놓아라.

• 惜**乎**, 當時吾預經席, 不贊其言也. (李珥, 《於于野談》)

애석하구나, 당시 내가 경석에 참여하여 그의 말에 찬성하지 않은 것이.

• 許生, 掩卷起曰: "惜**乎**." (《熱河日記》〈許生傳〉)

허생이 책을 덮고 일어나며 말했다. "슬프구나."

ㅎ

❾ **어조사** 부사나 형용사 뒤에 쓰여 어기를 도울 뿐 뜻은 없다. 해석하지 않는다.

- 周監於二代, 鬱鬱**乎**文哉! (《論語》〈八佾〉)
  주나라는 [하와 은] 두 왕조를 거울로 삼았으니, 찬란하구나, 그 문화(문물제도)여!
- 巍巍**乎**其有成功也! 煥**乎**其有文章◆! (《論語》〈泰伯〉)
  높고도 높도다, 그가 이룬 공적이여! 빛나는구나, 그 문장이여!
  ◆文章(문장): 본래는 무늬·문채·글 등을 가리키는 말로 쓰이나, 여기서는 예악(禮樂)과 제도 등 한 나라의 문명을 형성하는 것을 이른다.
- 以無厚入有間, 恢恢**乎**其於游刃必有餘地矣. (《莊子》〈養生主〉)
  얇은 칼날을 [뼈마디] 사이에 넣으니, 넓고 넓어 칼을 놀려도 반드시 남는 틈이 있다.
- 故今之墓中全**乎**爲五人也. (張溥, 〈五人墓碑記〉)
  그러므로 지금 묘 안에 완전한 것은 다섯 사람이다.

乎而(호이)

어조사 '而(이)'에 중점이 있고, 문장 끝에 쓰여 감탄을 나타낸다.

- 俟我◆于著◆**乎而**. 充耳以素**乎而**, 尙之以瓊華◆**乎而**. (《詩經》〈齊風 著〉)
  문간에서 나를 기다리고 있**구나**. 흰색 비단실을 귀에 걸고 그 위에는 붉은 보석을 더했**구나**.
  ◆我(아): 출가한 여인 자신.
  ◆著(저): 정문(正門) 안의 문간 양쪽에 있는 방.
  ◆瓊華(경화): 붉은빛이 도는 구슬을 꽃 모양으로 장식한 것.
  俟: 기다릴 사

乎爾(호이)

어조사 '爾(이)'에 의미의 중점이 있고 '너희보다' '너희에게' 등으로 해석하며, 문장 끝에서 단정을 나타내기도 한다.

- 子曰: "二三子以我爲隱乎? 吾無隱**乎爾**." (《論語》〈述而〉)
  공자께서 말씀하셨다. "너희는 내가 숨기는 게 있다고 생각하느냐? 나는 **너희에게** 숨기는 게 없다."
- 子曰: "以吾一日長**乎爾**, 毋吾以也." (《論語》〈先進〉)
  공자께서 말씀하셨다. "내가 **너희보다** 나이가 조금 더 많지만, 나를 그렇게 생각하지 말거라."
- 由孔子而來至於今, 百有餘歲, 去聖人之世若此其未遠也, 近聖人之居若此其甚也, 然而無有**乎爾**. 則亦無有**乎爾**. (《孟子》〈盡心下〉)
  공자 이래로 지금까지 백여 년이 되었으니, 성인의 시대와 떨어진 것이 이와 같이 멀지 않고, 성인이 거한 곳과의 거리도 이와 같이 매우 가까운데도 [공자의 도를 보고 들어 아는 사람이] 아무도 없**구나**. 그렇다면 [그럴 사람이] 역시 아무도 없겠**구나**.

乎哉(호재)

어조사 의문·반문·감탄을 나타내며, '~이구나' '~하겠는가'라고 해석한다.

- 善敗由己, 而由人**乎哉**? (《左傳》僖公二十年)
  잘하고 못하고는 자기로부터 말미암는 것이지 다른 사람으로부터 말미암**겠는가**?
- 若寡人者, 可以保民**乎哉**? (《孟子》梁惠王上)
  나 같은 사람도 백성을 보존할 수 있**습니까**?

ㅎ

- 彼以其富, 我以吾仁; 彼以其爵, 我以吾義, 吾何慊◆**乎哉**? (《孟子》〈公孫丑下〉)

  그가 그의 재물에 의지하면 나는 나의 인덕에 의지하고, 그가 그의 벼슬에 의지하면 나는 나의 도의에 의지하는데, 내가 무엇이 불만이**겠는가**?

  ◆慊(겸): 불만을 품고 이를 갊.

  慊: 앙심 먹을 겸

- 不識. 此語誠然**乎哉**? (《孟子》〈萬章上〉)

  알지 못하겠습니다. 이 말이 사실**입니까**?

- 吾縱生無益於人, 吾可以死害於人**乎哉**? (《禮記》〈檀弓上〉)

  나는 마음대로 살면서 사람들에게 이익을 준 것이 없는데, 내가 죽어서 사람들에게 해를 끼칠 수 있**겠는가**?

- 棄疾以亂立, 嬖淫秦女, 甚**乎哉**! 幾再亡國! (《史記》〈楚世家〉)

  기질이 변란으로 자리에 오르고, 진(秦)나라 여자를 총애함이 지나치**구나**! 거의 다시 나라를 망하게 하다니!

- 然與趙·魏終爲諸侯十餘世, 宜**乎哉**! (《史記》〈韓世家〉)

  그러나 [한씨가] 조씨, 위씨와 더불어 10여 대 동안 제후를 지낸 것은 마땅하**구나**!

- 美**乎哉**! 河山之固. 此魏國之寶也. (《史記》〈孫子吳起列傳〉)

  아름답**구나**! 산하의 견고함이여. 이것은 위나라의 보물이다.

- 董生勉**乎哉**! (韓愈, 〈送董邵南序〉)

  동 선생(동소남董邵南)이 애쓰는**구나**!

得無/得毋(득무)~乎(호)

관용 형식으로서 '~하지 않다' '~할 수 없다'라고 해석한다.

- 日食飮**得無**衰**乎**? (《戰國策》〈趙策四〉)
  매일 드시는 음식은 줄**지 않으셨지요**?
- 高帝曰: "**得無**難**乎**?" (《史記》〈劉敬叔孫通列傳〉)
  고제가 말했다. "아마도 어렵**지 않은가**?"
- 信問酈生. "魏**得毋**用周叔爲大將**乎**?" (《漢書》〈韓信列傳〉)
  한신(韓信)이 역생에게 물었다. "위나라는 아마도 주숙을 대장으로 삼지 **않겠는가**?"

無乃(무내)~乎(호)

관용 형식으로서 '아마도 ~하지 않은가'라고 해석한다.

- 師勞力竭, 遠主備之, **無乃**不可**乎**? (《左傳》 僖公三十二年)
  군사가 지치고 힘이 다하여 멀리 있는 군주가 방비할 것이니 **아마도** 불가**하지 않겠습니까**?
- 居簡而行簡, **無乃**大簡**乎**? (《論語》〈雍也〉)
  사는 모습이 소탈하고 행동도 소탈하면, 너무 소탈**하지 않습니까**?

胡(호)

❶ **부사** 이유나 원인을 묻고 '何(하)'보다는 좁은 범위에 쓰이며, '어떻게' '어찌(하여)' '왜'라고 해석한다.

- 不稼不穡, **胡**取禾三百廛兮? (《詩經》〈魏風 伐檀〉)
  심지도 않고 거두지도 않았는데 **어찌** 벼 3백 전을 취하겠는가?

廛: 터 전. 2.5무(畝)를 말함.

• 余**胡**弗知? (《左傳》 襄公二十六年)

내가 **어찌** 알지 못하는가?

• 夫**胡**可以及化? 猶師心者也. (《莊子》〈人間世〉)

어찌 상대편을 감화시킬 수 있는가? [너는] 여전히 네 생각만 좇는 사람이구나.

• 上**胡**不法先王之法? (《呂氏春秋》〈察今〉)

주상께서는 **어찌하여** 선왕의 제도를 본받지 않으십니까?

• 人主其**胡**可以不好士? (《呂氏春秋》〈愛士〉)

군주가 **어찌** 선비를 좋아하지 않을 수 있으리오?

• 吾子**胡**不位◆之? 請相吾子. (《呂氏春秋》〈離俗〉)

그대는 **어찌하여** [천자의 자리에] 임하지 않습니까? 그대를 보필하겠습니다.

◆位(위): '涖(리)'와 같으며 '임하다'라는 뜻.

相: 보좌할 상

• 夫百人作之, 不能衣一人, 欲天下亡寒, **胡**可得也? (賈誼, 〈治安策〉)

백 사람이 만들어도 한 사람을 입힐 수 없는데, 천하 사람을 춥지 않게 하려 하나 **어떻게** 할 수 있겠는가?

• 楚王叱曰: "**胡**不下?" (《史記》〈平原君虞卿列傳〉)

초왕이 꾸짖었다. "**어찌하여** 내려가지 않는가?"

叱: 꾸짖을 질

• 爾輩諫於王而廢我女, **胡**顧見我乎? (一然, 《三國遺事》)

너희가 왕에게 간하여 내 딸을 폐했는데, **어찌하여** 나를 만나려 하는가?

• 宜與歷代之文, 竝行於天地間, **胡**可泯焉而無傳也? (徐居正, 〈東文選序〉)

마땅히 역대의 문과 천지 사이에서 나란히 가야 하거늘, **어찌** 사라져 전하지 않을 수 있겠는가?

• 吾女春娘, 若非李郎之故, **胡**爲乎獄中? (兪喆鎭,《漢文春香傳》)

내 딸 춘향이가 만일 이 도령 때문이 아니라면 **어찌** 감옥 안에 있겠는가?

❷ **대사** 사물·장소·성질을 묻고, '무슨' '무엇' '어디' '어떤'이라고 해석한다.

• 此**胡**自生? (《墨子》〈兼愛〉)

이것은 **어디**로부터 생긴 것인가?

• 卽不幸有方二三千里之旱, 國**胡**以相恤? 卒然邊境有急, 數千百萬之衆, 國**胡**以饋之? (賈誼, 〈論積貯疏〉)

만일 불행히 사방 2, 3천 리에 가뭄이 들면 나라는 **무엇**으로써 [백성을] 구휼할 것인가? 갑자기 변방에 전쟁이 일어나면 수많은 군사를 나라는 **무엇**으로써 먹일 것인가?

• 其得意若此, 則**胡**禁不止? 曷令不行? (《漢書》〈王褒列傳〉)

그들이 이처럼 뜻을 얻었으니 **어떤** 금법(禁法)인들 지키지 않겠는가? 어떤 명령인들 실행하지 않겠는가?

• 相國**胡**大罪, 陛下繫之暴也? (《漢書》〈蕭何列傳〉)

상국 소하(蕭何)가 **무슨** 큰 죄가 있기에 폐하께서는 심하게 구금하십니까?

胡其(호기)

대사 '胡(호)'와 '其(기)'가 결합된 형태로 원인 혹은 반문을 나타내며, '어찌하여' '왜'라고 해석한다.

• 齊桓公飮酒, 醉, 遺其冠. 耻之, 三日不朝, 管仲曰: "此非有國之耻也. 公**胡其**不雪之以政?" (《韓非子》〈難二〉)

ㅎ

제환공이 술을 마시고 취하여 관을 벗었다. 이를 부끄러워하여 사흘 동안 조회를 하지 않자, 관중이 말했다. "이것은 나라의 치욕이 아닙니다. 공께서는 **어찌하여** 정치로써 그 치욕을 씻지 않습니까?"

胡如(호여)

부사 어떤 일에 대해 상대의 견해를 물으며, '어떠한가'라고 해석한다.

- 吾爲子殺之亡之, **胡如**? (《戰國策》〈魏策二〉)
  내가 당신을 위해 [그런 자를] 죽이거나 달아나게 하면 **어떠한가**?

胡爲(호위)

대사 의문이나 반문을 나타내며, '무엇 때문에' '어찌하여'라고 해석한다.

- 微君之故, **胡爲**乎中露? (《詩經》〈邶風 式微〉)
  그대가 아니라면 **어찌하여** 이슬을 맞겠습니까?
- **胡爲**至今不朝也? (《戰國策》〈齊策四〉)
  어찌하여 지금까지 [그녀를] 조회에 [참여]하게 하지 않았는가?
- **胡爲**廢上計而出下計? (《漢書》〈黥布列傳〉)
  어찌하여 상등의 계책을 버리고 하등의 계책을 꺼냅니까?
- 然明謂子産曰: "何不毁鄕校?" 子産曰: "**胡爲**?" (《新序》〈雜事〉)
  연명이 자산에게 말했다. "어찌하여 향교를 헐지 않는가?" 자산이 말했다. "**무엇 때문에** [헐겠는가]?"
- 處世若大夢, **胡爲**勞其生. (李白, 〈春日醉起言志〉)
  이 세상살이 꿈과 같은데, **어찌하여** 그 삶을 수고롭게 하리.

號(호)

부사 반문을 나타내며, '어떻게' '어찌하여'라고 해석한다.

- 魯哀公問於孔子曰: "紳◆委◆章甫◆有益於仁乎?" 孔子蹴然◆曰: "君**號**然也?" (《荀子》〈哀公〉)
  노나라 애공이 공자에게 물었다. "넓은 허리띠를 매고, 위(委)나 장보(章甫)를 쓰는 것이 인(仁)에 보탬이 됩니까?" 공자가 얼굴빛을 바꾸며 말했다. "그대는 **어찌하여** 그러십니까?"
  ◆紳(신): 예복에 매는 넓은 띠.
  ◆委(위): 주나라의 관 이름.
  ◆章甫(장보): 은나라의 관 이름.
  ◆蹴然(축연): 얼굴빛이 변하는 모양.

【참고】

① '呼(호)'와 같다. 호령: • 發**號**施令. **호령**을 내려 명령을 실시한다.

② 칭하다: • 今韓信兵**號**數萬, 其實不過數千. (《史記》〈淮陰侯列傳〉) 지금 한신의 군사가 수만이라고 **칭하지만**, 사실은 수천 명에 지나지 않다.

或(혹)

❶ **대사** 불특정한 대상을 가리키며, 사건·사람·시간·장소 등을 모두 대신할 수 있다. '어떤 때' '어떤 사람' 등 가리키는 대상에 적절하게 해석한다.

- 宋人**或**得玉, 獻諸子罕, 子罕弗受. (《左傳》襄公十四年)

송나라 사람 중에 **어떤 이**가 옥을 얻어 자한에게 바쳤으나 자한은 받지 않았다.

- **或**告子旗, 子旗不信. (《左傳》 昭公八年)

어떤 사람이 자기에게 보고했지만, 자기는 믿지 않았다.

- **或**謂孔子曰: "子奚不爲政?" (《論語》〈爲政〉)

어떤 사람이 [관직에 있지 않은] 공자에게 말했다. "선생께서는 어찌하여 정치를 하지 않으십니까?"

- 一夫不耕, **或**受之饑; 一女不織, **或**受之寒. (賈誼, 〈論積貯疏〉)

한 남자가 경작하지 않으면 **어떤 이**가 이 때문에 굶주리고, 한 여인이 베를 짜지 않으면 **어떤 이**가 이 때문에 떨게 된다.

- 慈石召鐵, **或**引至也; 樹相近而靡, **或**軵之也. (《呂氏春秋》〈精通〉)

자석이 철을 끌어들이는 것은 **어떤 힘**이 그것을 이끌어내는 것이고, 나무가 서로 가까이에서 마찰하는 것은 **어떤 힘**이 그것들을 움직이는 것이다.

- 今**或**聞無罪, 二世殺之. (《史記》〈陳涉世家〉)

지금 **어떤 사람**은 [부소(扶蘇)가] 죄를 짓지 않았는데 이세 황제가 그를 죽였다고 들었다.

- 人**或**傳其書至秦. (《史記》〈老子韓非列傳〉)

어떤 사람이 그(한비韓非)의 책을 진나라에 전했다.

- 左右**或**欲引相如去. (《史記》〈廉頗藺相如列傳〉)

[진왕(秦王)을] 모시는 사람 중에 **어떤 사람**이 인상여(藺相如)를 끌어내려고 했다.

- 爲醫**或**在齊, **或**在趙. (《史記》〈扁鵲倉公列傳〉)

[편작은] 의사 노릇을 하는데, **어떤 때**는 제나라에 있고 **어떤 때**는 조(趙)나라에 있다.

- 人固有一死, **或**重於泰山, **或**輕於鴻毛. (司馬遷, 〈報任安書〉)

사람은 물론 한 번 죽지만, **어떤 죽음**은 태산보다 무겁고 **어떤 죽음**은 기러기 털보다 가볍다.

- 又入水擊蛟, 蛟**或**浮**或**沒. (《世說新語》〈自新〉)

  또 물속으로 들어가 교룡을 치자, 교룡이 **어떤 때**는 떠오르고 **어떤 때**는 가라앉았다.

- 飢窮稍甚, 尙書郎以下, 自出樵采, **或**飢死牆壁間. (《三國志》〈魏書 董卓傳〉)

  굶주림과 곤궁함이 점점 심해지자 상서랑 이하는 몸소 나가 땔나무를 꺾고 야채를 뜯었으며, **어떤 이**는 성벽 사이에서 굶어 죽기도 했다.

- 然則聖人垂制, 不爲變(異)豫廢朝禮者. **或**災消異伏, **或**推術誤謬也. (《三國志》〈魏書 劉劭傳〉)

  그러나 성인이 제도를 정할 때, 변이 때문에 미리 조례를 폐지하지는 않습니다. [그것은] **어떤 때**는 재난과 변괴가 점점 사라지기도 하고, **어떤 때**는 추측하는 방법에 잘못이 있기도 하기 때문입니다.

- 今賊雖盛, 然皆新合, **或**有脅從, 未必同心. (《三國志》〈魏書 蘇則傳〉)

  지금 적군은 비록 강성하지만 모두 최근에 규합했고, **어떤 자**들은 협박을 받아 따르는 자도 있을 것이니 반드시 한마음이지만은 않을 것입니다.

- **或**哀矜折獄, **或**推誠惠愛, **或**治身淸白, **或**摘姦發伏, 咸爲良二千石◆. (《三國志》〈魏書 倉慈傳〉)

  [그들 중] **어떤 이**는 [백성을] 불쌍히 여겨 재판을 하고, **어떤 이**는 정성과 은혜와 애정을 나타냈으며, **어떤 이**는 몸을 닦아 청렴결백했고, **어떤 이**는 나쁜 일을 적발하여 드러냈으므로, 모두 양이천석(良二千石)이 되었다.

◆良二千石(양이천석): 선량한 지방 관리. 중국 한(漢)나라 때의 지방 태수(太守)의 연봉이 2천 석(石)이었다.

ㅎ

• 所以然者, 制宜經遠, **或**不切近, 法應時務, 不足垂後. (《三國志》〈魏書 傅嘏傳〉)

그렇게 된 까닭은 이치에 맞게 제정하면 오래 시행할 수 있지만 **어떤 것**은 최근에는 맞지 않을 수 있고, 법령이 당시의 수요에는 부합되지만 후세에 전해지기에는 충분하지 못하기 때문입니다.

• 而議者**或**欲汎舟徑濟, 橫行江表; **或**欲四道並進, 攻其城壘; **或**欲大佃彊埸, 觀釁而動, 誠皆取賊之常計也. (《三國志》〈魏書 傅嘏傳〉)

의논하는 사람들 중 **어떤 자**는 배를 띄워 제수를 건너 형주를 소탕하려 하고, **어떤 자**는 사방에서 동시에 진격하여 그 성이나 보루를 공격하려 하고, **어떤 자**는 변방 지역에서 대규모의 둔전을 하면서 기회를 봐서 행동을 일으키려 하니, 이런 것들은 확실히 모두 적을 공격하는 변하지 않는 계책입니다.

• 時帝頗出游獵, **或**昏夜還宮. (《三國志》〈魏書 王郎傳〉)

이때 황제는 자주 수렵을 하러 나갔는데, **어떤 때**는 어두워져서야 궁으로 돌아왔다.

• 山果多瑣細, 羅生雜橡栗. **或**紅如丹砂, **或**黑如點漆. (杜甫, 〈北征〉)

조막만 한 산열매들, 도토리와 섞여 늘어서 있는데, **어떤 것**은 붉기가 단사 같고 **어떤 것**은 검기가 옻과 같다.

瑣: 작을 쇄

• **或**告元濟曰: "官軍至矣." (《資治通鑑》〈唐紀〉 憲宗元和十二年)

어떤 사람이 오원제에게 말했다. "관군이 도착했습니다."

• 回視日觀以西峰, **或**得日, **或**否. (姚鼐, 〈登泰山記〉)

고개를 돌려 해를 보니 서쪽 산봉우리가 보이는데, **어떤 때**는 햇빛이 있는 것 같고 **어떤 때**는 없는 것 같다.

• 余謂詩**或**寓義於情而義愈至, **或**寓情於景而情愈深, 此亦三百五篇之遺意也. (劉熙載, 《藝概》〈詩概〉)

내가 생각건대 시에서 **어떤 것**은 감정에 뜻을 기탁하여 뜻이 더욱 지극해지고, **어떤 것**은 경물에 감정을 기탁하여 감정이 더욱 깊어진 것이 있는데, 이것 또한 [《시경》] 3백5편의 유풍(遺風)이다.

- 世之言詩者, **或**得其聲而遺其味, **或**有意而無其辭. (鄭道傳, 〈若齋遺藁序〉)
  세상에서 시를 말하는 자 가운데 **어떤 이**는 소리는 얻었으나 그 맛을 놓쳤고, **어떤 이**는 뜻은 있으나 말이 없다.
- 聞之者, **或**從**或**違. (李珥, 〈洗滌東西疏〉)
  그것을 듣는 자 가운데 **어떤 이**는 따르고 **어떤 이**는 어긴다.
- 濟州牧本耽羅國**或**稱乇羅. (李荇·洪彦弼, 《新增東國輿地勝覽》)
  제주목은 본래 탐라국인데 **간혹** 탐라라고도 한다.
- 貪邪橫猾雖間**或**見用, 未嘗得久. (《王文公文集》 〈本朝百年無事箚子〉)
  탐욕스럽고 사악하며 교만하고 교활한 사람이 **간혹** 임용된다 하더라도 일찍이 오래 간 적이 없다.
- 取其省力易爲, **或**比擬, **或**夾寫◆. (黃子云, 《野鴻詩的》)
  힘이 덜 들고 하기 쉬운 것을 취하여, **어떤 때**는 모방하고 **어떤 때**는 덧붙일 뿐이다.

◆夾寫(협사): 글을 완성하고 나서 다시 글자를 첨가하는 것.

❷ **부사** 추측이나 완곡한 긍정을 나타내며, '대개' '아마도' '혹시'라고 해석한다.

- 夫子之墻數仞, 不得其門而入, 不見宗廟之美, 百官◆之富. 得其門者**或**寡矣. (《論語》 〈子張〉)
  선생님의 담장은 몇 인(길)이므로 그 문을 찾아 들어가지 못하면 종묘의 아름다움과 백관의 풍성함을 보지 못합니다. 그 문을 찾은 자도 **대개** 적습니다.

◆官(관): 본래 가옥을 뜻했지만, 후대로 내려오면서 '관직'의 의미로 쓰임.

ㅎ

• 刃之與利, **或**如來說. (范縝, 〈神滅論〉)

칼과 예리함[의 관계]은 **아마도** [네가] 말한 것과 같을 것이다.

• 故今具道所以, 冀君實◆**或**見恕也. (王安石, 〈答司馬諫議書〉)

그러므로 지금 이유를 모두 말한 것은 **아마도** 군실이 양해를 얻을 수 있기를 바라서일 것이다.

◆君實(군실): 사마광(司馬光)의 자.

• 莫如以吾所長, 攻敵所短, 操刀挾盾, 猱進鷙擊, **或**能免乎? (《清稗類鈔》〈馮婉貞〉)

우리의 장점으로 적의 단점을 공격하는 것만 못하니, 칼을 잡고 방패를 들고 원숭이처럼 [민첩하게] 공격하거나 매처럼 [용맹하게] 공격하면 **아마도** 화를 면할 수 있을 것이다.

• 問治經爲擧子業, **或**無害於爲學耶? (李滉, 《退溪全書》)

경서를 잘 외우는 것을 과거 보는 자들의 일로 삼는 것이 **혹시** 학문을 하는 데 해롭지 않겠습니까?

❸ **부사** 행위 혹은 상황의 중복이나 연속, 누적 등을 나타내며, '또한'이라고 해석한다.

• 旣立之監, **或**佐之史. (《詩經》〈小雅 賓之初筵〉)

이미 감찰을 세우고, **또한** 사(史)로 보좌하게 했다.

• 物有不可忘, **或**有不可不忘. (《史記》〈魏公子列傳〉)

일에는 잊어서는 안 되는 것이 있고, **또한** 잊지 않아서는 안 되는 것이 있다.

• 祖士少好財, 阮遙集好屐. …… 人有詣祖, 見料視財物, …… **或**有詣阮, 見自吹火蠟屐. (《世說新語》〈雅量〉)

조사(祖士)는 젊어서부터 재물을 좋아했고, 완요집(阮遙集)은 나막신을 좋아했다. …… 어떤 사람이 조씨(祖氏) 집에 가면 그가 재물을 세는 것을 보았으며, …… **또한** 어떤 사람이 완씨(阮氏) 집에 가면 그가 나막신에 묻은 더러운 것을 태우는 것을 보았다.

❹ **어조사** 부정문에 쓰여 부정어기를 강하게 하며, 실제적인 뜻은 없으므로 해석할 필요가 없다.

- 如松柏之茂, 無不爾**或**承. (《詩經》〈小雅 天保〉)
  소나무와 잣나무가 무성한 것처럼, 그대를 계승하지 않을 사람이 없다.
- 雖使五尺之童適市, 莫之**或**欺. (《孟子》〈滕文公上〉)
  설령 어린아이를 시장에 가게 해도 아무도 그를 속이지 않을 것이다.
- 殘賊◆公行, 莫之**或**止. (賈誼, 〈論積貯疏〉)
  잔적이 공공연히 유행하고 있는데도 [누구도] 그것을 막지 못한다.
  ◆殘賊(잔적): 농업 생산을 뒤로하고 사치하는 것.
- 厥後心常勤念, 雖寢與食, 未嘗**或**舍. (白行簡, 〈李娃傳〉)
  그 이후에 마음속으로 항상 깊이 생각하며, 설령 잠잘 때나 밥 먹을 때라도 일찍이 [잊어]버린 적이 없다.

❺ **접속사** 가설을 나타내며, '만일'이라고 해석한다.

- 今大城陳蔡葉與不羹, **或**不充, 不足以威晉. (賈誼, 〈大都〉)
  지금 진·채·섭과 불량에 큰 성을 쌓지만, **만일** [그 성에 사람을] 채우지 못하면 진나라를 위협하기에는 부족할 것이다.
- **或**僧有所欲記錄, 當作數句留院中. (蘇軾, 〈答謝民師推官書〉)
  만일 중이 기록하고자 하는 것이 있다면, 마땅히 몇 구절을 써서 사원에 남겨두어야 한다.
- **或**言僞而堅, 則血膚取實. (《唐闕史》〈趙和〉)
  만일 거짓말을 하고도 완강하면 [당신의] 피부를 피범벅으로 만들어서라도 진실을 취할 것이다.

ㅎ

• **或**有急, 但乘其鶴, 卽千里之外也. (《瀟湘錄》〈襄陽老叟〉)

만일 긴급한 일이 있을 때에는 단지 그 학만 타면 곧장 천 리 밖까지 이른다.

• **或**再生, 便爲地仙耳. (《太平廣記》 卷六十九)

만일 다시 살아나면, 지상의 신선이 될 것이다.

❻ **접속사** 선택을 나타내며, '더러는' '때로는'이라고 해석한다.

• **或**當其左, **或**當其右; **或**當其前, **或**當其後, 單于可擒. (《新序》〈善謀〉)

때로는 그들의 왼쪽을 공격하고, **때로는** 그들의 오른쪽을 공격하며, **때로는** 그들의 앞쪽을 공격하고, **때로는** 그들의 뒤쪽을 공격하여, 선우를 붙잡을 수 있다.

• 負汚辱之名, 見笑之行, **或**不仁不孝, 而有治國用兵之術, 其各擧所知, 勿有所遺. (《三國志》〈魏書 武帝紀注〉)

수치스러운 이름을 얻고 비웃음을 받는 행위를 하며, **더러는** 어질지 않고 효성스럽지 않더라도, 국가를 다스리고 군대를 지휘할 재능이 있다면, 각기 아는 바를 추천하여 빠뜨리지 말도록 하시오.

• 丞相從江行, **或**歸南歸北皆可. (文天祥, 〈出眞州〉)

승상은 강을 따라 갔는데, 남쪽으로 돌아가**거나** 북쪽으로 돌아가**거나** 모두 가능했다.

【참고】

미혹되다, 이상하다: • 孟子曰: "無**或**乎王之不智也." (《孟子》〈告子上〉) 맹자가 말했다. "왕이 지혜롭지 못한 것이 **이상할** 것이 없구나."

或恐(혹공)

부사 추측을 나타내며, '아마도'라고 해석한다.

- 停船暫借問, **或恐**是同鄕. (崔顥◆, 〈長干行〉)

  배를 멈추고 잠시 물어보면, **아마도** 같은 고향 사람일지도 모른다.

  ◆崔顥(최호): 성당(盛唐)의 시인이며 변주(汴州) 사람이다. 현존하는 그의 시 43수는 대체로 기상이 웅혼하며, 특히 〈황학루(黃鶴樓)〉는 이백도 붓을 던져버렸다는 일화가 말해주듯이 명작에 속한다.

或者(혹자)/或諸(혹저)

❶ **부사** 추측이나 간접적인 부정을 나타내며, '대개' '아마도' '어쩌면'이라고 해석한다.

- 天其**或者**欲使衛討邢乎? (《左傳》 僖公十九年)

  하늘은 **어쩌면** 위(衛)나라를 시켜 형(邢)나라를 토벌하게 하려는 것인가?

- 晉公子有三焉, 天其**或者**將建諸! (《左傳》 僖公二十三年)

  진공자는 [특이한 점이] 세 가지 있으니, 하늘이 **아마** 그를 군주로 세우려는가 보구나!

- 今天**或者**大警晉也. (《左傳》 宣公十二年)

  지금은 하늘이 **아마도** 우리 진(晉)나라에 각별히 경고하는 것 같다.

- 昔者辭以病, 今日弔, **或者**不可乎? (《孟子》 〈公孫丑下〉)

  어제는 병을 핑계로 [왕의 부름을] 거절했는데, 오늘 문상하러 가는 것은 **어쩌면** 불가하겠지요?

- 今**或者**一人有煬君者乎? (《韓非子》 〈內儲說上〉)

  지금 **어쩌면** 한 사람이 군주를 속이고 있겠지요?

ㅎ

❷ **접속사** 선택을 나타내는 의문구 앞에 쓰이며, '그렇지 않으면' '여전히' '혹은'이라고 해석한다.

- 不知神之所在. 於彼乎? 於此乎? **或諸**遠人乎? (《禮記》〈郊牲牲〉)

  신이 있는 곳을 모르겠다. 저기에 있는가? 여기에 있는가? **그렇지 않으면** 사람과 멀리 떨어진 곳에 있는가?

❸ **대사** 불특정한 대상을 가리키며, '어떤 사람'이라고 해석한다.

- **或者**又曰: "夏商周漢封建而延, 秦郡邑而促." (柳宗元, 〈封建論〉)

  어떤 사람이 또 말했다. "하·상·주·한은 봉건제로 오랫동안 존속했고, 진나라는 군현제로 빨리 망했다."

酷(혹)

부사 정도가 매우 높음을 나타내며, '매우' '지극히'라고 해석한다.

- 韓康伯數歲, 家**酷**貧, 至大寒, 止得襦. (《世說新語》〈夙惠〉)

  한강백은 몇 해 동안 집안이 **매우** 빈궁하여 큰 추위가 닥쳐도 겨우 짧은 옷만을 입었다.

- 何無忌, 劉牢之之甥, **酷**似其舅. (《晉書》〈何無忌傳〉)

  하무기는 유뢰지의 생질인데, 외삼촌과 **매우** 닮았다.

  舅: 외삼촌 구

- 比◆壯, 經書通念曉析, **酷**排釋氏. (李漢, 〈韓昌黎集序〉)

  장년에 이르렀을 때 경서에 통달하여 분석에 밝았으며, 불교를 **매우** 배척했다.

  ◆比(비): '及(급)'과 같음.

比: 미칠 비

• 詢之于人. "何爲**酷**嗜如此?" 答曰: "辟瘴, 下氣, 消食." (《筆記文選讀》〈檳榔〉)

사람들에게 물었다. "무엇 때문에 [빈랑(檳榔)을] 이처럼 **지극히** 좋아하는가?" [그러자] 대답했다. "장기(瘴氣)를 물리치고, 기를 내려주며, 소화를 도와주기 때문이다."

[참고]

① [술맛이나 향기가] 짙다, 강렬하다: • **酷**烈馨香. (曹植, 〈七啓〉) **강렬한** 향기. • **酷**酒. **향기 짙은** 술.

② 잔혹하다, 포악하다: • **酷**吏. **포악한** 관리. • 刑罰暴**酷**, 輕絶人命. (鼂錯, 〈賢良文學對策〉) 형벌이 **잔혹하여** 사람의 목숨을 가볍게 끊는다. • 苛**酷**. 가혹.

還(환)

❶ **부사** 동작이나 상황이 반복됨을 나타내며, '다시' '또'라고 해석한다.

• 如是, 則舜禹**還**至, 王業**還**起. (《荀子》〈王霸〉)

이와 같으면 순임금과 우임금이 **다시** 이를 것이니, 왕업이 **다시** 일어날 것이다.

• 仲殷乃明日復至其所, 老人**還**至. (《原化記》〈張仲殷〉)

장중은은 이튿날 다시 그곳으로 갔으며, 노인 **또한** 이르렀다.

• 倚危亭, 恨如芳草, 萋萋刬盡**還**生. (秦觀, 〈八六子〉)

우뚝 솟은 정자에 기대니 원한은 무성한 풀과 같아서, 무성해져 다 깎아도 **또** 자란다.

❷ **부사** 정도가 한층 깊음을 나타내며, '더욱'이라고 해석하거나 해석하지 않는다.

- 日氣斜**還**冷, 雲峰晚更霾. (庾信, 〈晚秋〉)

  햇빛이 기우니 **더욱** 차갑고, 구름 낀 봉우리 저녁이 되니 더욱 어둡다.

  霾: 흙비 올 매

- 水白澄**還**淺, 花紅燥更濃. (庾信, 〈喜晴〉)

  물이 희고 맑으니 **더욱** 얕고, 붉은 꽃 마르니 더욱 짙다.

❸ **부사** 앞뒤의 행위나 상황이 반전되거나 상대되는 것을 나타내며, '도리어' '오히려'라고 해석한다.

- 譬畵虎不成, **還**爲狗者也. (《三國志》〈魏書 陳思王植傳注〉)

  비유컨대 호랑이를 그리다가 완성시키지 못하고 **도리어** 개를 그리게 된다.

- 似歌先斂, 欲笑**還**顰, 最斷人腸. (歐陽修, 〈訴衷情〉)

  노래하려는 듯하다가 우선 움츠리고, 웃으려다가 **도리어** 얼굴 찡그리니, 가장 사람의 간장을 끊어지게 한다.

❹ **접속사** 가설을 나타내며, '만일'이라고 해석한다.

- 斂迹歸山田, 息心謝時輩. 晝**還**草堂臥, 但見雙峰對. (岑參, 〈終南雙峰草堂作〉)

  발길을 거두어 전원으로 돌아가 잡념 털고 시류배들과 헤어진다. 한낮에 **만일** 초당에 눕는다면 오직 서로 마주한 두 산봉우리만 보이리.

況(황)

❶ 접속사 앞의 사실과 견주어 뒤의 사실은 지극히 당연함을 나타낸다. '也(야)' '哉(재)' '乎(호)' 등과 어울리고, 앞 구절에 왕왕 '尙(상)' '猶(유)' 등이 온다. '하물며'라고 해석한다.

- 居其室, 出其言不善, 則千里之外違之, **況**其邇者乎? (《周易》〈繫辭傳〉)
  집에 있으면서 하는 말이 좋지 않으면 천 리 밖의 사람들이 모두 그것을 반대할 것인데, **하물며** 가까이 있는 사람이야?
- 困獸猶鬪, **況**國相乎? (《左傳》 宣公十二年)
  곤궁하면 짐승도 도리어 덤비는데, **하물며** 나라의 재상임에랴?
- 天地尙不能久, 而**況**於人乎? (《老子》 二十三章)
  천지도 오히려 영원할 수 없거늘, **하물며** 사람이야?
- 親昆弟有過, 不違, 而**況**疏遠乎? (《商君書》〈賞刑〉)
  친형제도 죄를 지으면 [벌을] 면할 수 없거늘, **하물며** [관계가] 소원한 사람이야?
- 管仲且猶不可召, 而**況**不爲管仲者乎? (《孟子》〈公孫丑下〉)
  관중도 오히려 부를 수 없거늘, **하물며** 관중이 되기를 원하지 않는 사람이야?
- 富貴則親戚畏懼之, 貧賤則輕易之, **況**衆人乎! (《史記》〈蘇秦列傳〉)
  친척들도 부귀해지면 두려워하고 가난하면 업신여기는데, **하물며** 일반 사람이야!
- 臣以爲布衣之交尙不相欺, **況**大國乎? (《史記》〈廉頗藺相如列傳〉)
  나는 일반 백성도 교제할 때 또한 서로 속이지 않는다고 생각하는데, **하물며** 대국임에랴?
- 夫賢聖下筆造文, 用意詳審, 尙未可謂盡得實, **況**倉卒吐言, 安能皆是?

ㅎ

(《論衡》〈問孔〉)

무릇 성현이 붓을 들어 문장을 지을 때 마음을 다하여 자세히 생각해도 오히려 완전히 실제와 부합되게 말할 수 없었는데, **하물며** 황급하게 말을 하면 어찌 모두 옳을 수 있겠는가?

• 家人有寶器, 尙函匣而藏之, **況**人主之山海乎? (《鹽鐵論》〈禁耕〉)

일반 사람도 귀중한 물건이 있으면 또한 상자에 넣어서 감추는데, **하물며** 군왕의 자연자원이야?

• 明者睹未萌, **況**已著邪? (《後漢書》〈班超列傳〉)

현명한 사람은 아직 싹트지 않은 일도 보는데, **하물며** 이미 드러난 것임에랴?

• 賜伎樂名倡, 令曰: "魏絳◆以和戎之功, 猶受金石之樂◆, **況**將軍乎?" (《三國志》〈魏書 夏侯惇傳〉)

악기와 가기를 내리고, 명령했다. "위강은 융족과 강화한 공적으로 금석지악을 [상으로] 받았는데, **하물며** 장군에게 있어서랴?"

◆魏絳(위강): 춘추시대 진나라의 대장.

◆金石之樂(금석지악): 종(鐘)과 경(磬)을 쓰는 음악.

• 夫微物尙不可欺以得志, **況**國之大事, 其可以詐立乎?" (《三國志》〈魏書 王粲傳〉)

무릇 미물이라도 속여서는 목적을 이룰 수 없는데, **하물며** 국가의 큰일을 속여서 세울 수 있겠습니까?"

• **況**乃餌煉丹砂而服之乎? (《抱朴子》〈仙藥〉)

하물며 단사를 약으로 제련하여 복용한 경우임에랴?

• 杜尙如此, **況**不逮杜者乎? (白居易,〈與元九書〉)

두보조차 이와 같은데, **하물며** 두보에 미치지 못하는 사람이야?

• 夫希世之珍, 必出驪龍之頷, **況**通幽名變之文哉? (皎然, 〈評論〉)

세상에 흔치 않은 보배는 반드시 검은 용의 턱 밑에서 나온 것인데, **하**

물며 귀신의 세계까지 통하고 변화의 문장에 있어서랴?

- 新羅固多奇士, 不可輕也. 少年尙如此, **況**壯士乎? (一然, 《三國遺事》)

  신라는 진실로 빼어난 병사가 많으니 가벼이 할 수 없을 것이다. 소년도 오히려 이와 같거늘 **하물며** 장사임에랴?

- 夫世之嗜常惑凡者, 不可與言詩, **況**筆所未到之氣也? (崔滋, 《補閑集》)

  대개 세상에서 일상적인 것을 즐기고 평범한 것에 미혹된 자와는 함께 시를 말할 수 없는데, **하물며** 붓이 닿지 않는 기상이야?

- 在中國且然, **況**在邊遠乎? (鄭道傳, 《三峯集》)

  중국에 있어서도 그러한데, **하물며** 변방 먼 곳에 있어서랴?

❷ **부사** 정도가 깊어짐을 나타내며, '더욱' '더욱이'라고 해석한다.

- 憂心悄悄, 僕夫**況**瘁. (《詩經》〈小雅 出車〉)

  [나의] 마음은 걱정되어 불안하니, 마부는 **더욱** 파리하구나.

- 以衆故, 不敢愛親, 衆**況**厚之. (《國語》〈晉語一〉)

  백성 때문에 감히 자기의 친족을 사랑하지 않으니, 백성은 그를 **더욱** 신임했다.

- 今子曰中立, **況**固其謀也. (《國語》〈晉語二〉)

  현재 당신이 중립을 말한 것은 그들의 음모를 **더욱** 견고하게 만드는 것이다.

- 王**況**自縱. (《墨子》〈非攻〉)

  [주]왕은 **더욱** 방종했다.

- **況**恪才非四賢, 而不慮不患, 其亡可待也. (《三國志》〈魏書 鄧艾傳〉)

  더욱이 제갈각은 재능이 네 명의 현인(자서子胥·오기吳起·상앙商鞅·악의樂毅)에 미치지 못하는데도 생각하지도 않고 근심하지도 않으니, 그의 멸망을 기다릴 수 있을 것이다.

ㅎ

❸ 부사 동작이나 상황이 막 시작됨을 나타내며, '마침' '바야흐로' 등으로 해석한다.

- **況**我夜初靜, 當軒鳴綠琴. (儲光羲, 〈霽后貽馬十二巽〉)
  마침 밤이라 막 조용해지려는데, 마루에서 거문고를 울려본다.
- **況**乃金天夕, 皜露霑群英. (陳子昂, 〈感遇〉 二十二)
  마침 깊은 가을 저녁이라 흰 이슬이 온갖 꽃을 적신다.

❹ 접속사 이미 서술한 이유나 상황을 보충하며, '그리고' '다시 말해서' 등으로 해석한다.

- 一旦當權者熟察其本末, 禍將及矣. **況**欺天負人, 鬼神不佑, 無自貽其殃也. (白行簡, 《李娃傳》)
  일단 정권을 잡은 사람은 그 본말을 깊이 관찰하여도 [우리에게] 재앙이 장차 이를 것이다. **그리고** 하늘을 속이고 사람을 등지면 귀신조차 돕지 않으니, 스스로 재앙을 초래하지 말아야 한다.
- 以君才地名聲, 人多景慕, 願結婚媾, 固亦衆矣. **況**堂有嚴親, 家無冢婦, 君之此去, 必就佳姻. (蔣防, 《霍小玉傳》)
  당신 같은 재주와 명성은 많은 사람이 앙모하니, 당신과 결혼하기를 원하는 자 또한 많을 것이다. **그리고** 집에 어머니가 계시는데 정식 며느리가 없으니, 당신은 이번에 가서 반드시 결혼해야 한다.
- 値此好風月, **況**佳賓在席, 不可無詩也. (《宣室志》 〈梁璟〉)
  이 아름다운 경치를 만났고, **그리고** 자리에 아름다운 빈객이 있으니 시가 없을 수 없다.

【참고】

비교하다: • 以往**況**今. 지난 것을 가지고 지금 것과 **비교하다**.

況於(황어)

접속사 앞의 사실에 견주어 뒤의 사실이 지극히 당연함을 나타내며, '하물며'라고 해석한다. 문장 끝에 '乎(호)'가 함께 쓰이는 경우가 많다.

- 由此觀之, 君不行仁政而富之, 皆棄於孔子者也, **況於**爲之强戰? (《孟子》〈離婁上〉)

  이로부터 보건대 군주가 어진 정치를 행하지 않는데도 그들을 부유하게 하면 모두 공자에게 버림받게 되는데, **하물며** 그들을 위하여 억지로 전쟁하는 사람임에랴?

- 雖桀·紂猶有可畏◆可取者, 而**況於**賢者乎? (《呂氏春秋》〈用衆〉)

  비록 걸과 주 같은 폭군에게도 공경할 만하고 얻을 만한 것이 있거늘, **하물며** 어진 사람임에랴?

  ◆畏(외): 여기서는 공경한다는 뜻으로 쓰였다.

- 天下, 重物也, 而不以害其生, 又**況於**它物乎? (《呂氏春秋》〈貴生〉)

  천하는 중요한 것이지만 그 때문에 생명을 해쳐서는 안 되는데, 또 **하물며** 다른 사물에 있어서랴?

- 且庸人尙羞之, **況於**將相乎? (《史記》〈廉頗藺相如列傳〉)

  또한 보통 사람들도 오히려 그것을 부끄럽게 여기거늘, **하물며** 장수와 재상임에랴?

- 且布衣之交, 猶有務信誓而蹈水火, 感知己而披肝膽, 徇聲名而立節義者. **況於**束帶立朝, 致位卿相, 所務者非特匹夫之信, 所感者非徒知己之惠, 所徇者豈聲名而已乎? (《三國志》〈魏書 杜恕傳〉)

  더구나 보통 사람의 사귐에서도 오히려 신의를 지키는 데 힘써서 위험을 무릅쓰고, 자기를 알아주는 데 감동하여 간담을 열어젖히며, 명성을 지키기 위해 목숨을 바쳐서 절의를 세우는 자가 있습니다. **하물며** 관대를 띠고 조정에 서서 지위가 경상에 이른 자가 힘써야 할 것은 다만 필

ㅎ

부의 신의만이 아니며, 감동하는 것은 단지 자기를 알아주는 은혜만이 아니니, 목숨을 바쳐야 할 것이 어찌 명성뿐이겠습니까?

• 雖仲尼爲謀, 猶不能盡一才, 又**況於**世俗之人乎! (《三國志》〈魏書 杜恕傳〉)
비록 중니(공자)가 도모할지라도 한 사람의 재능도 충분히 발휘할 수 없을 텐데, 또 **하물며** 세속에 사는 사람이야!

• 視之若鴻毛, 而**況於**他人乎? (蕭統), 〈陶淵明集序〉)
그 보기를 기러기 털처럼 [가볍게] 여기는데, **하물며** 다른 사람에 있어서랴?

• 天尙如此, **況於**君乎? **況於**鬼神乎? (皮日休, 〈原謗〉)
하늘도 오히려 이와 같거늘, **하물며** 군주임에랴? **하물며** 귀신임에랴?

• 蓋未有用意於其間者, 而**況於**古詩之流乎? (朱熹, 〈答楊宋卿〉)
대체로 그러한 것들에 마음을 쓴 사람이 없었는데, **하물며** 고시의 부류에 있어서야 [어떻겠는가]?

況乎(황호)

접속사 앞의 사실에 견주어 뒤의 사실이 지극히 당연함을 나타내며, '하물며'라고 해석한다.

• 以大夫之招, 招虞人◆, 虞人死不敢往; 以士之招, 招庶人, 庶人豈敢往哉? **況乎**以不賢人之招, 招賢人乎? (《孟子》〈萬章下〉)
대부의 부름(대부를 부르는 예)으로 우인을 부르면 우인은 죽어도 감히 가지 않는데, 선비의 부름(선비를 부르는 예)으로 서인을 부르면 서인이 어찌 감히 가겠는가? **하물며** 어질지 않은 사람의 부름으로 어진 사람을 부름에랴?

◆虞人(우인): 산림과 연못을 관리하는 벼슬아치.

• 夫以草木之微, 依情待實, **況乎**文章, 述志爲本, 言與志反, 文豈足徵! (《文

心雕龍》〈情采〉)

나무나 풀처럼 하찮은 것도 정에 의지해서 결실을 기다리거늘, **하물며** 문장은 뜻을 서술함을 근본으로 삼는 것이니, 말과 뜻이 상반된다면 글이 어찌 [뜻을] 드러낼 수 있겠는가!

會(회)

❶ **부사** 일이 교묘하게 들어맞음을 나타내며, '꼭' '때마침' '마침'이라고 해석한다.

• **會**秦圍趙. (《戰國策》〈趙策三〉)

때마침 진나라가 조나라를 포위했다.

• 我持白璧一雙, 欲獻項王; 玉斗一雙, 欲獻亞父. **會**其怒, 不敢獻. (《史記》〈項羽本紀〉)

내가 흰 구슬 한 쌍을 가지고 가서 항왕에게 바치고, 옥두 한 쌍을 가지고 가서 아보(범증)에게 바치려 했으나, **때마침** 그들이 노하여 감히 바치지 못했다.

• **會**天大雨, 道不通. (《史記》〈陳涉世家〉)

때마침 큰비가 내려 길이 막혔다.

• 御史大夫郗慮辟劭, **會**慮免. 拜太子舍人, 遷秘書郎. (《三國志》〈魏書 劉劭傳〉)

어사대부 치려가 유소를 초빙했는데, **마침** 치려는 면직되었다. 유소는 태자사인에 임명되고, [다시] 비서랑으로 [자리를] 옮겼다.

• 又以爲宜制禮作樂, 以移風俗, 著樂論十四篇. 事成未上, **會**明帝崩, 不施行. (《三國志》〈魏書 劉劭傳〉)

또 응당 예악제도를 제정하여 풍속을 바꾸어야 한다고 생각하고, 《악론(樂論)》 14편을 지었다. 완성은 했으나 아직 바치지는 않았는데, **마침** 명제가 세상을 떠났으므로 시행하지 못했다.

- **會**魏郡太守栗攀爲兵所害, 紹以昭領魏郡太守. (《三國志》〈魏書 董昭傳〉)
  마침 위군태수 율반이 병사에게 살해되자, 원소는 동소에게 위군태수의 일을 맡겼다.
- **會**高宗崩, 靈駕將還長安. (《舊唐書》〈陳子昂列傳〉)
  때마침 고종이 [낙양에서] 죽어 영구가 장안으로 돌아오려 했다.
- **會**得白鹿, 屬文長作表. (袁宏道, 〈徐文長傳〉)
  때마침 흰 사슴을 얻었으므로 서문장(徐文長)에게 표문 쓰는 일을 맡겼다.

❷ **부사** 의지가 확고하거나 사리가 불변함을 나타내며, '꼭' '반드시'라고 해석한다. 한나라 이후에 많이 나타난다.

- 吾已失恩義, **會**不相從許. (無名氏, 〈孔雀東南飛〉)
  나는 이미 은혜와 의리를 잃었으니, **반드시** 서로 좇아 허락할 수 없다.
- 高秋八九月, 白露變爲霜. 終年**會**飄墮◆, 安得久馨香? (宋子侯, 〈董嬌饒〉)
  깊은 가을 8, 9월에 이슬이 변해 서리가 되면, [복사꽃과 오얏꽃은] 목숨이 다해 **반드시** 흩날리며 떨어지리니 어찌 오래도록 향기를 보존할 수 있겠는가?

◆飄墮(표타): 나뭇잎 같은 것이 바람에 나부끼어 떨어짐. '표령(飄零)'과 같다.

【참고】

① 모이다: • 嘉賓四面**會**. (阮籍, 〈咏懷〉) 귀한 손님들이 사방에서 **모였다**.

② 기회: • 適逢其**會**. 마침 그 **기회**를 만났다.

③ 회계: • **會**計. 재물의 관리 및 출납에 대해 계산함.

會當(회당)

조동사 이치로 보아 반드시 그러해야 함을 나타내며, '마땅히' '~해야 한다'라고 해석한다.

- 人生在世, **會當**有業. (《顔氏家訓》〈勉學〉)

  사람이 세상에서 살아가려면 직업이 있어**야 한다**.

- **會當**凌絶頂, 一覽衆山小. (杜甫, 〈望岳〉)

  마땅히 가장 높은 봉우리에 올라 뭇 산이 작은 것을 한번 죽 보련다.

  凌: 올라갈 릉

- 汝但妄奏事, **會當**斬汝. (《資治通鑑》〈后唐紀〉 明宗天成四年)

  네가 단지 상주하는 일을 함부로 했으니 너를 베어**야겠다**.

- **會當**報國恥, 豈必懷封侯. (陳子龍, 〈出自薊北門行〉)

  마땅히 나라의 치욕을 갚아야지 어찌 반드시 제후에 봉해지는 것을 품겠는가.

會須(회수)

조동사 이치로 보아 반드시 그러해야 함을 나타내며, '마땅히 ~해야 한다' '반드시 ~해야 한다'라고 해석한다.

- 烹羊宰牛且爲樂, **會須**一飮三百杯. (李白, 〈將進酒〉)

  양을 삶고 소를 저며놓고는 잠시 즐거워하네, 한 번에 **반드시** 3백 잔을 마셔**야 하리**.

  宰: 고기 저밀 재

- **會須**用中國人. (《北齊書》〈杜弼傳〉)

  반드시 중원 사람을 써**야 한다**.

ㅎ

侯(후)

❶ 대사 성질을 묻거나 불특정한 대상을 나타내며, '무슨' '어떤' 등으로 해석한다. 또한 원인을 묻거나 반문을 나타내면 '어째서' '왜'라고 해석한다.

- 法無限, 則庶人田**侯**田, 處**侯**宅, 食**侯**食, 服**侯**服? (《法言》〈先知〉)

  법이 한도가 없다면 백성은 **어떤** 토지를 경작하고, **어떤** 집에서 살며, **어떤** 음식을 먹고, **어떤** 옷을 입겠는가?

- 今**侯**渫過而不辭? (《呂氏春秋》〈觀表〉)

  지금 **어찌** 무시하고 [우재(右宰)에게] 알리지 않는가?

  渫: 업신여길 설

- 君乎君乎, **侯**不邁哉? (《史記》〈司馬相如列傳〉)

  군주여, 군주여, **어째서** 가지 않으십니까?

❷ 어조사 문장의 첫머리나 가운데에 쓰여 문장의 호흡을 고를 뿐, 뜻은 없다. '維(유)' '伊(이)'와 비슷하며, 《시경》에 보인다.

- **侯**誰在矣? 張仲孝友. (《詩經》〈小雅 六月〉)

  누가 있는가? 효성이 지극하고 우애가 깊은 장중(張仲)이다.

- 擇三有事, 亶**侯**多藏. (《詩經》〈小雅 六月之交〉)

  세 명의 경(卿)을 선택하되, 진실로 재물이 많은 사람으로 한다.

  亶: 진실로 단, 참으로 단

【참고】

후작(고대 다섯 등급의 작위에서 두 번째): • 晉**侯**秦伯圍鄭. (《左傳》 僖公三十年) 진**후**와 진백이 정(鄭)나라를 포위했다.

訖/迄(흘)

❶ **부사** 상황이 처음부터 끝까지 지속됨을 나타내고, 보통 '無(무)' '不(불)' 등의 부사 앞에 쓰이며, '끝내'라고 해석한다.

- 康居驕黠, **訖不**肯拜使者. (《漢書》〈西域列傳〉)

  강거왕(康居王)은 교만하고 교활하여 **끝내** [한조(漢朝)의] 사자를 만나려 하지 않았다.

  黠: 교활할 할(속음은 '힐')

- 融負其高氣, 志在靖難◆; 而才疏意廣, **迄無**成功. (《後漢書》〈孔融列傳〉)

  공융은 높은 기상을 믿고 나라의 어지러움을 평정하려는 뜻을 가졌으나, 재주는 성긴데 뜻만 커서 **끝내** 성공하지 못했다.

  ◆靖難(정난): 국가의 위난(危難)을 평정함.

- 王播卒, 謀復輔政甚力, **訖不**遂. (《新唐書》〈元稹列傳〉)

  왕파가 죽자 다시 국정을 보좌하는 자리에 돌아가고자 꽤 힘을 들였으나 **끝내** 이루지 못했다.

❷ **전치사** 시간을 나타내는 단어 앞에 쓰여서 행위 또는 상황이 지속된 시간을 나타낸다. '~에 이르기까지' 등으로 적절히 해석한다.

- 以**迄**於今. (《詩經》〈大雅 生民〉)

  지금**까지 이르다**.

- 乃因史記作春秋, 上至隱公, 下**訖**哀公十四年, 十二公. (《史記》〈孔子世家〉)

  이에 [공자는] 역사의 기록에 의거하여 《춘추(春秋)》를 지었으니 위로는 은공(隱公)에 이르고 아래로는 애공(哀公) 14년**에 이르기까지** 모두 열두 임금의 역사를 다루었다.

ㅎ

• 昭帝既冠◆, 遂委任光, **訖**十三年, 百姓充實, 四夷賓服. (《漢書》〈霍光列傳〉)

소제는 스무 살이 넘었으나 곽광에게 위임하여 13년**이 되자** 백성은 [생활이] 충실해졌고 사방 오랑캐들은 복속했다.

◆冠(관): 약관(弱冠) 20세의 나이.

• 而禁苛暴, **訖**今不改. (《漢書》〈成帝紀〉)

그리고 가혹하고 사나운 것을 금했으나, 지금**에 이르러도** 고쳐지지 않는다.

【참고】

끝나다, 마치다: • 刈◆**訖**則速耕. (賈思勰, 《齊民要術》〈大豆〉) 수확이 **끝나면** 빨리 밭갈이한다. ◆刈(예): 곡식을 베어 거둠. 刈: 벨 예

嘻/譆(희)

감탄사 강렬한 감정을 나타내며, '아'라고 해석한다.

• 從者曰: "**嘻**! 速駕!" (《左傳》定公八年)

시중드는 사람이 말했다. "**아**! [수레가] 빨리 달리는구나!"

• 慶父聞之, 曰: "**嘻**! 此奚斯之聲也!" (《公羊傳》僖公元年)

경보가 [곡소리를] 듣고 말했다. "**아**! 이것은 해사의 소리다!"

• 文惠君曰: "**譆**! 善哉! 技蓋至此乎?" (《莊子》〈養生主〉)

문혜군이 말했다. "**아**! 훌륭하구나! 기술이 어떻게 이 정도까지 도달했는가?"

• **嘻**! 聖人! (《莊子》〈天地〉)

아! 성인이시여!

• **嘻**! 子之先生死矣. 弗活矣. 不以旬數矣. (《莊子》〈應帝王〉)

아! 당신의 선생은 죽을 것입니다. 살지 못합니다. 열흘도 못 넘길 것입니다.

• 湯曰: "**嘻**! 盡之矣. 非桀其孰爲此也!" (《呂氏春秋》〈異用〉)

탕[임금]이 말했다. "**아**! 모두 잡는구나. 걸이 아니고서야 누가 이런 짓을 하리!"

• 曰: "**譆**! 是必夫奇鬼也. 我固嘗聞之矣." (《呂氏春秋》〈疑似〉)

말했다. "**아**! 이것은 필시 괴이한 귀신의 짓일 게다. 나도 일찍이 이런 일을 들은 적이 있다."

• **嘻**! 亡一羊, 何追者之衆? (《列子》〈說符〉)

아! 양 한 마리 잃었는데 어찌 그리 쫓아간 사람이 많느냐?

• 簡子召之, 曰: "**譆**, 吾有所見子晰也." (《史記》〈趙世家〉)

간자가 그를 불러 말했다. "**아**, 내가 본 적이 있는 자절이군요."

• **嘻**! 善! 子來! (《史記》〈田敬仲完世家〉)

아! 좋구나! 네가 왔구나!

• 其妻曰: "**嘻**! 子毋讀書游說, 安得此辱乎?" (《史記》〈張儀列傳〉)

그(장의)의 아내가 말했다. "**아**! 당신이 글을 읽어 유세하지 않았던들 어찌 이런 수모를 겪었겠습니까?"

• 籍曰: "**嘻**! 殺父乃可, 至殺母乎!" (《晉書》〈阮籍傳〉)

완적(阮籍)이 말했다. "**아**! 아버지를 죽인 것은 그래도 괜찮지만, 어머니를 죽임에 이르러서야!"

• **嘻**! 吾與爾猶彼也. (王守仁, 〈瘞旅文〉)

아! 나와 네가 그와 같다.

ㅎ

噫/意(희)

감탄사 상심이나 동정을 나타내며, 대체로 단독으로 쓰인다. '아아' '오호라' 등으로 해석한다.

- 顔淵死. 子曰: "**噫**! 天喪予. 天喪予." (《論語》〈先進〉)
  안연이 죽자 공자께서 말씀하셨다. "**아**! 하늘이 나를 버리시는구나. 하늘이 나를 버리시는구나."
- **噫**! 甚矣哉! 其無愧而不知恥也甚矣! (《莊子》〈在宥〉)
  아! 심하도다! 그들은 부끄러움이 없고 수치도 모르는 것이 심하구나!
- 陟彼北芒兮, **噫**! 顧覽帝京兮, **噫**! 宮闕崔嵬兮, **噫**! 民之劬勞◆兮, **噫**! 遼遼未央兮, **噫**! (《後漢書》〈梁鴻列傳〉)
  저 북망산에 올라, **아**! 궁궐을 돌아보니, **아**! 궁궐은 산같이 높구나, **아**! 백성의 고생이 많았겠구나, **아**! [고생할 날이] 아득하고 끝이 없구나, **아**!
  ◆劬勞(구로): 힘들게 일하여 피로함.
  央: 다할 앙
- **噫**! 風雪花草之物, 三百篇中豈舍之乎! (白居易, 〈與元九書〉)
  아! 바람·눈·꽃·풀 같은 자연이 [《시경》의] 3백 편 안에서 어찌 버려졌겠는가!
- **噫**! 微斯人, 吾誰與歸? (范仲淹, 〈岳陽樓記〉)
  아! 이런 사람이 아니면 나는 누구와 더불어 돌아갈까?
- **噫**! 菊之愛, 陶後鮮有聞. (周敦頤, 〈愛蓮說〉)
  아! 국화에 대한 사랑은 도연명 이후로 드물게 들었다.
- 彼朝爲讎敵, 暮爲君臣, 靦然◆而自得者, 又讓之罪人也. **意**! (劉基, 〈豫讓論〉)
  저 아침에는 원수였다가 저녁에는 임금과 신하가 되어 뻔뻔스럽게 스스로 흡족해하는 것은 또한 예양의 죄인이다. **아**!

◆靦然(전연): 뻔뻔스런 모양.

• **噫**! 君之於吾吳, 有情如此, 如之何而使吾民能忘之也! (歸有光, 〈吳山圖記〉)

아! 그대가 우리의 오현에 대해 정이 이와 같으니, 어떻게 하면 우리 백성이 그를 잊을 수 있도록 하겠는가!

• **噫**! 習之中人, 甚矣哉! (劉蓉, 〈習慣說〉)

아! 습관이 사람을 중독시킴이 심하구나!

噫吁嚱(희우희)

감탄사 정도가 심한 찬미를 나타내며, '아아'라고 해석한다.

• **噫吁嚱**, 危乎高哉! 蜀道之難難於上靑天. (李白, 〈蜀道難〉)

아아, 험하고도 높구나! 촉으로 가는 길이 푸른 하늘에 오르는 것보다 어렵고도 어렵구나.

噫嘻/噫噫(희희)

감탄사 찬미를 나타내며, '아아'라고 해석한다. '嗟嗟(차차)'와 같다.

• **噫嘻**! 成王◆, 旣昭假◆爾. (《詩經》〈周頌 噫嘻〉)

아아! 성왕이시여, 이미 너희에게 강림하셨다.

◆成王(성왕): 주무왕(周武王)의 아들.

◆昭假(소격): 소격(昭格)과 같은 말로 신의 강림을 의미한다.

• **噫噫**, 亦太甚矣先生之言也. (《史記》〈魯仲連鄒陽列傳〉)

아아! 또한 너무도 심하구나, 선생의 말이.

• 嗚呼**噫嘻**! 吾想夫北風振漠, 胡兵伺便◆. (李華, 〈弔古戰場文〉)

오호라, **아아**! 나는 북풍이 사막을 떨치고 오랑캐 병사가 기회를 엿보는 것을 생각한다.

◆伺便(사편): 기회를 엿보다.

- 予曰: "**噫嘻**! 悲哉! 此秋聲也, 胡爲乎來哉?" (歐陽修, 〈秋聲賦〉)

  내가 말했다. "**아아**! 슬프구나! 이는 가을의 소리거늘 어찌하여 왔는가?"

- **噫噫**! 余安能知, 子又安能知? (李摯, 《焚書》)

  아아! 내가 어찌 알 수 있으며, 그대 또한 어찌 알 수 있겠는가?

참고 문헌

참고 문헌

이 책을 집필하면서 참조한 문헌을 1~5차로 나누어 가나다순으로 수록했다. 1차 참고 문헌은 이 책을 집필하면서 문법의 설명을 많이 참조한 것으로, 예문의 선정과 설명 등에 적지 않은 도움을 받은 자료들이다. 해당 부문마다 각주 처리를 해야 마땅하지만, 사전이라는 성격상 이렇게 모아서 수록했다. 2차 참고 문헌은 보다 심도 있고 광범위한 논의를 위한 것이다. 3차 참고 문헌은 이 책을 집필하면서 의거한 판본을 중심으로 수록한 것인데, 이 책에 인용된 예문의 범위가 광범위하고 출전마다 판본이 서로 다른 것이 적지 않아 구체적으로 수록했다. 4차 참고 문헌은 국내의 번역본 등으로 해석에 참조한 책들이다. 5차 참고 문헌은 문법 용어 정리 등에 참고한 국내의 주요 학술논문과 학위논문 들이다.

1차 참고 문헌

高樹藩 編纂,《文言文虛詞大詞典》, 湖北教育出版社, 1992.

裴學海,《古書虛字集釋》, 臺北: 廣文書局, 1989.

——,《古書虛字集釋》, 北京: 中華書局, 2004.

謝紀鋒,《虛詞詁林》, 黑龍江新華書店, 1993.

陝西師範大學詞典編寫組 編,《古漢語虛詞用法詞典》, 陝西人民出版社, 1988.

楊伯峻,《古漢語虛詞》, 北京: 中華書局, 1981.

——,《論語譯註》, 北京: 中華書局, 1992.

——,《孟子譯註》, 北京: 中華書局, 1992.

——,《文言語法》, 北京: 北京出版社, 1987.

———,《春秋左傳詞典》, 北京: 中華書局, 1985.
———,《春秋左傳注》, 北京: 中華書局, 1981.
楊伯峻·何樂士,《古漢語語法及其發展》(上·下), 北京: 語文出版社, 2001.
楊伯峻 著, 윤화중 譯,《中國文言文法》, 청년사, 1989.
楊淑璋·徐玉敏 編著,《虛詞的 應用》, 北京: 中國物資出版社, 1990.
呂叔湘,《文言虛字》, 香港: 大光出版社有限公司, 1981.
倪志僩,《論孟虛詞集釋》, 臺北: 商務印書館, 1981.
王引之,《經傳釋詞》, 臺北: 華聯出版部, 1980.
廖振佑,《古代漢語特殊語法》, 內蒙古人民出版社, 2001.
劉淇,《助字辨略》, 臺北: 開明書店, 1985.
柳町達也,《漢文讀解辭典》, 東京: 角川書店, 1979.
殷德森,《實用古漢語虛詞》, 太原: 山西教育出版社, 1990.
李炳傑 編著,《國文虛字釋例》, 臺灣: 學生出版社印行, 1981.
張在雲 外,《詞詮校議》, 昆明: 雲南教育出版社, 1998.
丁長虹·韓闕林,《常用文法虛詞手册》, 河北人民出版社, 1983.
編輯部 編,《文言虛詞淺釋》, 陝西人民出版社, 1977.
中國社會科學院語言研究所古代漢語研究室 編,《古代漢語虛詞詞典》, 商務印書館, 2000.
楚永安,《文言複式虛詞》, 中國人民大學出版社, 1986.
何金松,《虛詞歷時詞典》, 武漢: 湖北人民出版社, 1994.
何樂士,《左傳虛詞研究》, 北京: 商務印書館, 1989.
何樂士 外,《古代漢語虛詞通釋》, 北京: 北京出版社, 1985.
漢語大詞典編輯委員會,《辭源》, 商務印書館, 2015.
———,《漢語大詞典》, 漢語大詞典出版社, 1986.
韓崢嶸,《古漢語虛詞手册》, 吉林: 人民出版社, 1985.
許世瑛,《常用虛字用法淺釋》, 臺北: 復興書局, 1986.

김원중 편저,《한문해석사전》, 글항아리, 2013.

金元中 編著,《虛辭小辭典》, 현암사, 1995.
趙鍾業,《漢文通釋》, 형설출판사, 1986.
崔信浩,《漢文講義》, 현암사, 1986.

2차 참고 문헌

高名凱,《漢語語法論》, 北京: 商務印書館, 1986.
郭錫良 主編,《古漢語語法論集》, 語文出版社, 1998.
屈萬里,《尙書今註今譯》, 臺北: 商務印書館, 1980.
———,《詩經釋義》, 臺北: 文化大學出版部, 1980.
段玉裁,《說文解字注》, 臺北: 黎明文化公司, 1986.
董治國,《古代漢語句型大全》, 天津: 天津古籍出版社, 1988.
馬忠,《古代漢語語法》, 濟南: 山東教育出版社, 1983.
舒化龍 編,《漢語發展史略》, 內蒙古: 內蒙古教育出版社, 1983.
邵增樺,《韓非子今注今譯》, 臺北: 商務印書館, 1987.
孫玄常,《漢語語法學簡史》, 安徽: 安徽教育出版社, 1983.
宋寅聖,《韓非子'是'字用法研究》, 臺北: 中國文化大學 碩士學位論文, 1991
狩野直喜,《漢文研究法》, 東京: みすす書局, 1980.
楊家駱,《文通校注》, 臺北: 世界書局, 1979.
楊伯威,《古漢語應試指南》, 上海人民出版社, 2000.
黎錦熙,《新著國語文法》, 臺北: 臺北商務印書館, 1978.
呂淑湘,《現代漢語八百句》, 北京: 商務印書館, 1980.
易孟醇,《先秦語法》, 湖南: 湖南教育出版社, 1989.
王力,《古代漢語》, 北京: 中華書局, 1981.
———,《中國語法理論》,《王力文集》第1卷, 山東教育出版社, 1943, 1984.
———,《中國語言學史》, 太原: 山西人民出版社, 1981.
———,《中國現代語法》,《王力文集》第2卷, 山東教育出版社, 1944, 1985.
———,《漢語史稿(中册)》, 中華書局, 1958, 1980.

———, 《漢語語法史》, 商務印書館, 1989.
于富章 編, 《古代漢語語法新編》, 長春: 東北師範大學出版部, 1987.
阮元 校刻, 《十三經注疏》(上·下), 北京: 中華書局, 1980.
李作南·李仁孝, 《古今漢語語法比較》, 北京: 內蒙古人民出版社, 1985.
張之強, 《古代漢語》, 北京: 北京師範大學出版部, 1984.
趙元任, 《中國話的文法》, 香港: 中文大出版社, 1980.
陳奇猷, 《韓非子集釋》, 臺北: 華正書局, 1987.
夏宗陶, 《四書中'考'字探討》, 臺北: 廣文書局, 1980.
許世瑛, 《中國文法講話》, 臺北: 開明書店, 1966.
許愼, 《說文解字》, 臺灣: 有限公司印行, 1970.
許仰民 編著, 《古漢語語法》, 河南: 河南大學出版社, 1988.
許威漢, 《古漢語語法精講》, 上海文學出版社, 2002.
洪成玉, 《古漢語複音虛詞和固定結構》, 杭州: 浙江教育出版社, 1984.

濮之珍, 김현철 外 역, 《중국언어학사》, 신아사, 2003.
楊伯峻, 윤화중 역, 《중국문언문법》, 청년사, 1989.

3차 참고 문헌

賈誼, 《賈誼集》, 上海人民出版社, 1975.
———, 《新書》, 四部叢刊.
葛洪, 《抱朴子》, 四部叢刊.
康有爲, 《大同書》, 北京古籍出版社, 1956.
顧野王, 《玉篇》, 中國書店.
顧炎武, 黃汝成 集釋, 《日知錄集釋》, 上海古籍出版社, 1985.
郭茂倩 編, 《樂府詩集》, 上海古籍出版社, 1982.
管仲, 《管子》, 四部叢刊.
歐陽修, 《歐陽修全集》, 北京市中國書店, 1986.

——, 《新五代史》, 中華書局, 1974.
屈原, 《楚辭》, 中華書局, 1957.
董仲舒, 《春秋繁露》, 中華書局, 1975.
杜甫, 《杜詩詳注》, 中華書局, 1979.
馬建忠, 《馬氏文通》, 商務印書館, 1998.
墨翟, 《墨子》, 四部叢刊.
班固, 《白虎通》, 叢書集成.
白居易, 《白居易集》, 中華書局, 1979.
范曄, 《後漢書》, 中華書局, 1965.
司馬光, 《資治通鑑》, 中華書局, 1986.
司馬遷, 《史記》, 中華書局, 1959.
徐陵, 《玉臺新咏》, 北京文學古籍刊行社, 1955.
徐仁甫, 《廣釋詞》, 四川人民出版社, 1981.
蘇軾, 《東坡樂府》, 上海古典文學出版社, 1957.
——, 《蘇東坡全集》, 中國書店, 1986.
孫武, 《孫子兵法》, 中華書局, 1977.
荀況, 賜詩同注, 《荀子》, 上海人民出版社, 1974.
沈德潛, 《古詩源》, 中華書局, 1977.
沈約, 《宋書》, 中華書局, 1974.
顔之推撰, 王利器 集解, 《顔氏家訓集解》, 上海古籍出版社, 1980.
揚雄, 《法言》, 四部叢刊.
嚴可均 編, 《全漢文》, 中華書局, 1958.
—— 編, 《前後魏文》, 中華書局, 1958.
—— 編, 《全後漢文》, 中華書局, 1958.
呂不韋, 陳奇猷 校釋, 《呂氏春秋校釋》, 學林出版社, 1984.
吳兢, 《貞觀政要》, 上海古籍出版社, 1978.
吳楚材, 吳調侯 選, 《古文觀止》, 中華書局, 1959.
王克仲 集注, 《助語詞集注》, 中華書局, 1988.

王念孫,《廣雅疏證》, 江蘇古籍出版社, 1984.
王符,《潛夫論》, 四部叢刊.
王夫之,《楚辭通釋》, 上海人民出版社, 1975.
王肅輯,《孔子家語》, 四部叢刊.
王充,《論衡》, 上海人民出版社, 1974.
袁珂,《山海經校注》, 上海古籍出版社, 1983.
劉昫,《舊唐書》, 中華書局, 1975.
劉安,《淮南子》, 四部叢書.
劉知幾 撰, 浦起龍 釋,《史通通釋》, 上海古籍出版社, 1978.
劉向,《新序》, 四部叢書.
——— 集錄,《戰國策》, 上海古籍出版社, 1985.
劉熙,《釋名》, 叢書集成.
李白, 李琦 輯注,《李太白全集》, 中華書局, 1977.
李百藥,《北齊書》, 中華書局, 1974.
李延壽,《南史》, 中華書局, 1975.
———,《北史》, 中華書局, 1974.
李誼 校注,《尉繚子》, 四川省社會科學出版社, 1986.
李贄,《焚書》, 中華書局, 1975.
張廷玉 外,《明史》, 中華書局, 1974.
莊周,《莊子》, 四部備要.
曹操,《曹操集》, 中華書局, 1974.
左丘明,《國語》, 中國書店, 1985.
朱熹,《朱子語類》, 中華書局, 1986.
陳壽,《三國志》, 中華書局, 1959.
陳與義,《陳與義集》, 中華書局, 1982.
陳廷敬,《詞譜》, 中國書店, 1979.
韓非, 陳奇猷 校注,《韓非子集釋》, 上海古典文學出版社, 1974.
韓愈,《昌黎先生集》, 上海蟫隱廬影印宋世綵堂刻本, 1928.

———, 馬通伯 校注,《韓昌黎文集校注》, 上海古典文學出版社, 1957.
許愼,《說文解字》, 中華書局, 1977.
玄奘,《大唐西域記》, 上海人民出版社, 1977.
嵇康,《嵇康集》, 北京文學古籍刊行社, 1956.
桓寬,《鹽鐵論》, 上海人民出版社, 1974.
桓譚,《新論》, 上海人民出版社, 1977.
黃庭堅,《黃庭堅詩選》, 上海古典文學出版社, 1957.

4차 참고 문헌

고려대학교 편,《신명심보감》, 고려대학교민족문화연구소, 1995.
김광수 역,《손자병법》(孫子), 책세상, 1999.
김근 역,《여씨춘추》(呂不韋), 글항아리, 2012.
김원중 역,《노자》(老子), 휴머니스트, 2018.
——— 역,《논어》(孔子), 휴머니스트, 2019.
——— 역,《명심보감》(范立本), 휴머니스트, 2017.
——— 역,《사기》(司馬遷)(전 6권), 민음사, 2015.
——— 역,《삼국유사》(一然), 민음사, 2008.
——— 역,《손자병법》(孫子), 휴머니스트, 2016.
——— 역,《정관정요》(吳兢), 휴머니스트, 2016.
——— 역,《정사 삼국지》(陳壽)(전 4권), 휴머니스트, 2018.
——— 역,《한비자》(韓非子), 휴머니스트, 2016.
김원중 역해,《당시》, 민음사, 2008.
——— 역해,《송시》, 민음사, 2009.
김종무,《논어신해》, 민음사, 1989.
———,《맹자신해》, 민음사, 1990.
김충열,《김충열 교수의 노장철학강의》, 예문서원, 1995.
김필수 외 역,《관자》(管子), 소나무, 2007.

김학주 역, 《논어》(孔子), 서울대출판부, 2009.
—— 역, 《중용》, 서울대출판부, 2015.
—— 역, 《시경》, 명문당, 2002.
—— 역, 《서경》, 명문당, 2002.
—— 역, 《순자》(荀子), 을유문화사, 2001.
—— 역, 《장자》(莊子), 연암서가, 2010.
—— 역, 《열자》(列子), 연암서가, 2011.
김형찬 역, 《논어》(孔子), 홍익출판사, 2003.
남만성 역, 《芝峯類說》(李睟光), 을유문화사, 1994.
동양고전연구회 역주, 《논어》, 민음사, 2016.
—— 역주, 《대학》, 민음사, 2016.
—— 역주, 《맹자》, 민음사, 2016.
—— 역주, 《중용》, 민음사, 2016.
류종목, 《논어의 문법적 이해》, 문학과지성사, 2000.
박기봉 역, 《맹자》, 비봉출판사, 2005.
박이문, 《노장사상》, 문학과지성사, 1985.
박재희, 《3분고전 1·2》, 작은씨앗, 2011·2013.
濮之珍 著, 김현철 外 譯, 《중국언어학사》, 신아사, 2003.
성백효, 현토신역(懸吐新譯) 부 안설(附 按說) 《대학·중용집주(大學·中庸集註)》, 한국인문고전연구소, 2016.
——, 현토신역 부 안설 《논어집주》(천·지·인), 한국인문고전연구소, 2013.
——, 현토신역 부 안설 《맹자집주》, 한국인문고전연구소, 2014.
성백효 역주, 《고문진보》(전집), 전통문화연구회, 1991.
—— 역주, 《논어집주》, 전통문화연구회, 2011.
—— 역주, 《맹자집주》, 전통문화연구회, 2010.
—— 역주, 《시경집전》(상·하), 전통문화연구회, 1993.
—— 역주, 《주역전의》(상·하), 전통문화연구회, 1998.
안동림 역, 《장자》(莊子), 현암사, 2004.

오강남 역,《노자》(老子), 현암사, 1995.
—— 역,《장자》(莊子), 현암사, 1999.
오규 소라이(荻生徂徠), 임옥균 외 역,《논어징》(전 3권), 소명출판, 2010.
우재호 역,《맹자》(孟子), 을유문화사, 2007.
유동환 역,《손자병법》(孫子), 홍익출판사, 2000.
이석호 역,《회남자》(劉安), 세계사, 2005.
이운구 역,《순자》(荀子), 한길사, 2006.
임동석 역,《설원》(劉向), 동서문화사, 2009.
—— 역,《안자춘추》, 동문선, 1997.
—— 역,《전국책》, 전통문화연구회, 2002.
이병도 역,《삼국사기》(金富軾), 을유문화사, 1985.
이성규 편역,《사기》(司馬遷), 서울대출판부, 1987.
이세동 역,《대학·중용》, 을유문화사, 2018.
이을호 역,《논어》(孔子), 박영사, 1973.
이장우 외 역,《고문진보》(黃堅), 을유문화사, 2007.
정범진 외 역,《사기》(司馬遷), 도서출판 까치, 1994.
정세근,《노장철학》, 철학과 현실사, 2002.
정태현,《춘추좌씨전》, 전통문화연구회, 2001.
차주환,《동양의 지혜—논어》, 을유문화사, 1972.
최석기 역,《대학》(朱熹), 한길사, 2014.
—— 역,《중용》(朱熹), 한길사, 2014.
최영갑 역,《대학·중용》(子思·朱熹), 펭귄클래식코리아, 2013.
최진석,《노자의 목소리로 듣는 도덕경》, 소나무, 2008.
홍인표 역주,《서포만필》(金萬重), 일지사, 1997.

5차 참고 문헌

학술논문

김경아, 〈《孟子》에 보이는 否定副詞 考察〉, 《중국어문학논집》, 제51집, 2008.

———, 〈《孟子》에 보이는 情態副詞 考察〉, 《중국어문학논집》, 제53집, 2008.

———, 〈《孟子》의 範圍副詞 硏究〉, 《중국어문학논집》, 제49집, 2008.

박상령, 〈고대한어(古代漢語) 부사(副詞)의 정의〉, 《人文社會科學硏究》, 제20집, 2008.

박세늬, 〈《논어(論語)·학이(學而)》 11장(章) 해석에 관한 소고(小考)—'기(其)' 자를 중심으로〉, 《건지인문학》, 제22집, 2018.

박향란, 〈고대 중국어 '소(所)'의 문법화 연구〉, 《中國文學》, 제42집, 2004.

백지영, 〈《孟子章句·梁惠王》 注文의 于/於 교체·탈락 현상에 반영된 문법 변화의 기제〉, 《중국어문학논집》, 제78집, 2013.

변형우, 〈《논어(論語)》 "견지부종(見志不從)" 관련 문장에 대한 어법특징 고찰〉, 《中國文學硏究》, 제63집, 2016.

———, 〈《논어(論語)》·《맹자(孟子)》에 나타난 '하(何)' 용법 고찰〉, 《中國文學硏究》, 제75집, 2019.

———, 〈《논어(論語)》 형용사의 어법기능에 대한 연구〉, 《中國學報》, 제49집, 2004.

안기섭, 〈고대한어 '今夫, 若夫, 且夫'가 단어인가〉, 《中國人文科學》, 제72집, 2019.

———, 〈古代漢語 實詞類 품사 분류의 非文法性에 관하여〉, 《中國人文科學》, 제43집, 2009.

———, 〈고대한어 '於(于)'의 介詞性에 대한 의문〉, 《中國人文科學》, 제50집, 2012.

———, 〈고대한어(古代漢語) "언(焉)"의 풀이에 대한 일고찰(一考察)—선진(先秦), 양한(兩漢) 시기를 중심으로〉, 《중국어문학》, 제61집, 2012.

———, 〈고대한어 '如'의 쓰임과 품사에 대하여〉, 《中國人文科學》, 제58집, 2014.

———, 〈古代漢語 '已'의 품사 분별과 의미항에 대한 몇 가지 의문〉, 《中國人文科學》, 제59집, 2015.

———, 〈고대한어(古代漢語) "자(者)"의 구조(構造)[결구(結構)] 조사성(助詞性)에 대한 의문—선진(先秦), 양한(兩漢) 시기의 기본 통사 형식에 근거하여〉,

《중국언어연구》, 제42집, 2012.
———, 〈古代漢語 조사 '也'의 기능에 대한 새로운 접근〉, 《中國人文科學》, 제60집, 2015.
———, 〈古代漢語 助詞 '之'의 機能에 관한 新論〉, 《中國人文科學》, 제40집, 2008.
———, 〈古代漢語 '乎'의 기능 기술에 대한 의문〉, 《中國人文科學》, 제63집, 2016.
안기섭·김은희, 〈고대한어 '而'의 連詞性에 대한 의문〉, 《中國人文科學》, 제51집, 2012.
안기섭·정성임, 〈古代漢語 '及·至'의 전치사·접속사 기능에 대한 의문〉, 《中國人文科學》, 제57집, 2014.
———, 〈고대한어 '乃, 則, 且'의 부사성〉, 《중국어문학》, 제48집, 2006.
———, 〈古代漢語 '술어+목적어'의 의미 유형 기술에 관한 성찰〉, 《中國人文科學》, 제37집, 2007.
———, 〈古代漢語 '與'의 전치사·접속사 기능에 대한 의문〉, 《中國人文科學》, 제56집, 2014.
안기섭·정성임·박상령, 〈古代漢語 문장성분과 품사에 관한 논의(1)〉, 《中國人文科學》, 제32집, 2006.
안성재, 〈修辭의 定義 및 《論語》의 修辭活用 考察〉, 《중국학》, 제57집, 2016.
안재철, 〈한문문법(漢文文法)의 통사론교육론연구(統辭論教育論研究)〉, 《한문교육연구》, 제42집, 2014.
여병창, 〈古代漢語 語法研究의 構造單位와 語彙單位〉, 《중국인문학회 정기학술대회 발표논문집》, 제5호, 2006.
———, 〈古代漢語關係動詞研究〉, 《中語中文學》, 제39집, 2006.
———, 〈古代漢語 '焉'字 用法 考察－《孟子》 용례를 중심으로〉, 《中國學論叢》, 제59집, 2018.
———, 〈古代漢語 "以"字의 語義, 句法 分析〉, 《漢文學報》, 제15집, 2006.
———, 〈古代漢語 '得'字 語義·語法 分析〉, 《中國人文科學》, 제46집, 2010.
———, 〈《論語》 '焉'字 用法 考察〉, 《中國文學研究》, 제70집, 2018.
———, 〈《論語》 품사 및 어법기능 분석 考〉, 《中國人文科學》, 제55집, 2013.

———, 〈《荀子》"以"字用法硏究〉, 《중국어문학논집》, 제25집, 2003.
유선영, 〈《상서(尙書)》의 목적어 전치 유형 및 그 특징에 관한 연구〉, 《중국언어연구》, 제30집, 2009.
윤애경, 〈《논어》에 나타난 부사 "亦"의 용법 및 조선어번역문제〉, 《중국조선어문》, 제2호, 2015.
이세동, 〈《논어》의 문법적 이해〉, 《중국어문학》, 제36집, 2000.
이소동, 〈所介VP 구조와 所(介)VP 구조의 비교 연구—《史記》를 중심으로〉, 《泰東古典硏究》, 제25집, 2009.
이종한, 〈韓中 兩國의 《論語》 '之'字 解釋에 關한 比較 硏究〉, 《중국어문학》, 제41집, 2003.
임명화, 〈古代漢語 '相'字 代詞 기능 再探〉, 《중국어문학논집》, 제42집, 2007.
임옥균, 〈《孟子》 〈盡心〉章 "君子不謂性", "君子不謂命" 解釋의 註釋史的 考察〉, 《동양철학》, 제25집, 2006.
장호득, 〈《논어(論語)》 m계 부정사의 통사적 층위와 특징 연구〉, 《중국언어연구》, 제36집, 2011.
———, 〈《논어(論語)》 p계 부정사의 통사적 층위와 특징 연구〉, 《중국언어연구》, 제29집, 2009.
정만호, 〈《論語》·《孟子》의 經文과 朱子 集注의 文法 比較: 문법 설명 양상과 의의를 중심으로〉, 《한문학논집》, 제44집, 2016.
———, 〈한문 문법을 고려한 고전번역 방법 試論〉, 《어문연구》, 제75집, 2013.
정성임, 〈古代漢語 副詞의 범주 재고찰〉, 《中國硏究》, 제70집, 2017.
———, 〈古代漢語 '于·於'의 介詞범주 재고찰〉, 《中國學硏究》, 제57집, 2011.
정순영, 〈'感歎詞'의 정의와 문법적 의미범주에 관한 小考〉, 《漢文古典硏究》, 제35집, 2017.
———, 〈《삼국유사(三國遺事)》의 어기조사(語氣助詞) 연구(硏究)〉, 《漢文古典硏究》, 제15집, 2007.
정진매·변형우, 〈《論語》《孟子》에 나타난 동사 '謂'의 어법특징 고찰〉, 《中國文學硏究》, 제56집, 2014.

조은정, 〈상고중국어 시기 近指代詞 용법과 그 변천 연구〉, 《중국언어연구》, 제68집, 2017.

최남규, 〈《論語》의 '仁'자에 대한 再考: 언어학적 연구방법을 통해〉, 《中國人文科學》, 제26집, 2003.

한경숙, 〈《논어(論語)》 "여(如)", "하(何)"의 의미구조와 통사적 특징 고찰〉, 《동양학》, 제59집, 2015.

한학중, 〈《논어, 학이》 어법분석〉, 《중국어문학》, 제38집, 2001.

———, 〈고대한어(古代漢語) "견어(見於)"와 관련한 개사(介詞) "어(於)"의 특수용법〉, 《중국언어연구》, 제17집, 2003.

허성도, 〈고대한어(古代漢語) 어기사(語氣詞) '야(也)'의 기능에 대하여〉, 《中國文學》, 제50집, 2007.

———, 〈《孟子》에 나오는 '能, 可, 可以'의 가능 조건에 대하여〉, 《東亞文化》, 제49집, 2011.

현성준, 〈先秦時期"不"否定句研究〉, 《中國文學研究》, 제31집, 2005.

———, 〈先秦至西漢時期否定副詞"非"的用法和結構研究〉, 《중국어문학논집》, 제30집, 2005.

학위논문

김경아, 〈《孟子》의 副詞 用法 硏究〉, 한양대학교 박사학위논문, 2009.

박상령, 〈《史記》 副詞語 語彙의 品詞論的 硏究〉, 전남대학교 박사학위논문, 2006.

이강재, 〈《論語》 上十篇의 解釋에 대한 硏究〉, 서울대학교 박사학위논문, 1998.

정명수, 〈古代漢語 名詞化規則 硏究〉, 서울대학교 박사학위논문, 2004.

정진매, 〈春秋戰國時代 指示代詞 '是', '此'의 語法特性 比較硏究: 《左傳》, 《論語》, 《孟子》, 《荀子》를 중심으로〉, 성균관대학교 박사학위논문, 2014.

한문 해석 사전

허사 1000자로 익히는 한문 해석의 모든 것

1판 1쇄 발행일 2020년 6월 29일

편저자 김원중

발행인 김학원
발행처 (주)휴머니스트 출판그룹
출판등록 제313-2007-000007호(2007년 1월 5일)
주소 (03991) 서울시 마포구 동교로23길 76(연남동)
전화 02-335-4422 **팩스** 02-334-3427
저자·독자 서비스 humanist@humanistbooks.com
홈페이지 www.humanistbooks.com
유튜브 youtube.com/user/humanistma **포스트** post.naver.com/hmcv
페이스북 facebook.com/hmcv2001 **인스타그램** @humanist_insta

편집주간 황서현 **편집** 김인숙 임미영 **디자인** 김태형
조판 홍영사 **용지** 화인페이퍼 **인쇄** 청아디앤피 **제본** 영신사

ISBN 979-11-6080-453-9 91700

이 도서의 국립중앙도서관 출판예정도서목록(CIP)은 서지정보유통지원시스템 홈페이지(http://seoji.go.kr)와
국가자료공동목록시스템(http://www.nl.go.kr/kolisnet)에서 이용하실 수 있습니다.(CIP제어번호: CIP2020024489)